KB161931

제8판

공인회계사 / 세무사
합격 수기

월간회계 편집실 編

- 최고득점자 · 최연소자 · 최고령자 · 여성합격자들과의 인터뷰!
- 합격자들의 효율적인 공부방법, 추천도서, 스트레스 극복법!
- 용기를 북돋아 주는 합격생들의 생생한 조언!
- 최근 합격수기를 통한 출제경향 파악!

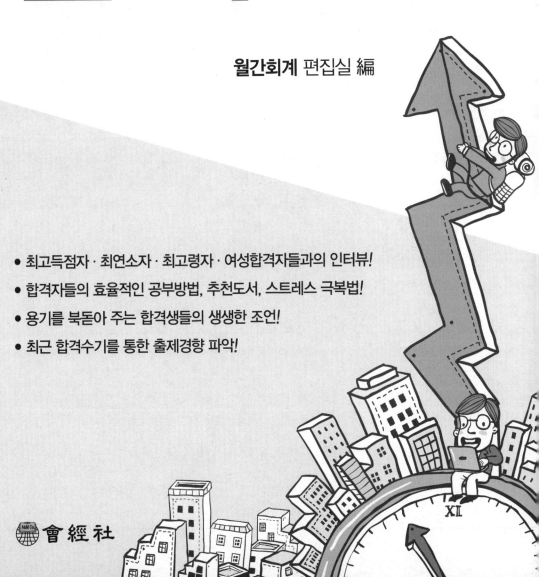

會經社

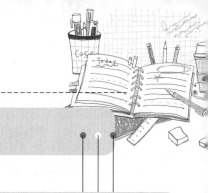

"경제활동이 세계화되고 전문지식인들의 수요가 급증함에 따라 회계·세무분야에서도 공인회계사·세무사의 역할은 갈수록 그 중요성이 커지고 있다.

개인적으로는 미래에 대한 보장을 위해, 사회적으로는 사회 안정을 위해 보다 우수한 공익성과 전문성을 가진 공인회계사·세무사가 요구된다.

공인회계사는 타인의 위촉에 의하여 회계에 관한 감사·감정·증명·계산·정리·입안 또는 법인설립에 관한 회계와 세무대리 및 그 부대업무를 수행하는 사람을 말한다.

오늘날 경제규모의 확대에 따른 기업에 대한 이해관계가 다양해지고 복잡화되어 가는 상황에서 공인회계사는 객관적이고 독립적인 조정의 역할을 할 수 있는 기업회계에 대한 심판자로서 건전한 국가경제발전에 기여하는 공익적 지위를 가진다. 또한, 정보산업사회의 등장과 새로운 아이디어로 무장한 벤처기업의 출현, 경제개방에 따른 외국계 기업의 진출 등에 따른 현대경제사회에서의 그 역할 범위가 점차 확대되고 있다.

세무사는 세무사의 규정에 의한 조정의 자격을 가지고 납세의무자의 위촉으로 조세에 관한 신고·신청·청구 및 이의신청 등의 대리와 세무서류의 작성 등을 업으로 하는 사람으로 납세의무자는 물론 세무 관련행정관청의 업무에도 기여하므로 세무업무에 관한 전문변호사라고 하겠다. 또한, 그 업무영역이 자진납부제도, 개별공시지가의 행정심판 대리권, 세무신고서류 확인 증명업무의 추가 등으로 크게 확대되는 등 조세 전문가로서의 그 입지가 더욱 넓혀져 가고 있다.

따라서, 자본주의 파수꾼이라고 할 수 있는 공인회계사와 세무사 자격시험을 준비하고 있는 수험생들을 위해 먼저 걸어간 선배 공인회계사, 세무사들이 겪어 온 수험생활의 애로사항, 공부방법론, 슬럼프 극복과정, 추천도서, 동차합격의 목표를 달성키 위한 전략 등 객관성 있는 내용의 정보로 월간회계에 게재된 합격수기와 인터뷰 기사 중 최근 자료를 모아 『공인회계사·세무사 합격수기(제8판)』을 내놓게 되었다.

본서의 구성은 공인회계사 편과 세무사 편으로 나누었다. 공인회계사 편과 세무사 편에서는 공인회계사와 세무사 시험 합격자들과의 인터뷰 내용과 합격수기로 구성되어 새로이 수험생활을 하는 수험생들의 길잡이 역할을 하도록 하였다.

　　수험생들이 자신이 의도하는 최종목표에 도달하는 힘든 과정 속에서 어려움을 극복하는데 조금이나마 도움이 되기를 바라면서 끝으로 지금의 수험생활이 고달프고 힘들어도 최종목표에 도달하면 즐거운 추억으로 남을 것이니 수험생 여러분들은 자신의 위치에서 최선을 다해 주기를 바란다.

2022년 1월
『월간회계』 편집실에서 …

차 례 Contents

● 공인회계사편 ●

세무사편

공인회계사편

2021년 제56회 공인회계사시험

최고득점·최연소 합격자 인터뷰

 김 민 지
1999년 2월 24일 출생
하나고등학교 졸업
서울대학교 정치외교학부 정치학 4학년 재학
2021년 제56회 공인회계사 제2차시험
최고득점 합격자

 이 새 롬
2000년 8월 15일 출생
대원외국어고등학교 스페인어과 졸업
고려대학교 경영학과 재학
2021년 제56회 공인회계사 제2차시험
최연소 합격자

1. 자기소개, 응시동기, 합격소감은?

A **김민지** 안녕하세요. 서울대학교 정치외교학부 정치학 전공 4학년 김민지입니다. 2차 시험이 끝난 후 두 달 동안 떨어지면 어떡하지, 더 공부할 자신은 없는데, 하고 걱정했었는데 생각지도 못하게 수석을 하게 되어 놀랍고 기쁩니다. 1차 시험 때는 12월부터 합격할 것 같다는 느낌이 들었는데, 2차 시험 때는 시험 직전에서야 60점은 넘길 수 있지 않을까 하는 생각이 들었었습니다. 시험이 끝난 후 따로 채점을 해보지 않아서 붙을 것 같다는 확신은 없었지만, 준비과정에서 최선을 다했기 때문에 어떤 결과가 나와도 과거를 후회하지 않을 자신은 있었습니다.

저는 대학교 3학년이었던 2019년 한 해 동안 진로에 대해 고심한 끝에 공인회계사 시험을 준비하기로 결정했습니다. 우선 특정 분야에 대해 전문성을 가지고 싶었고, 숫자를 다루는 일을 하고 싶었습니다. 경제학 이외의 공인회계사시험 수험과목을 이전에 접해본 적이 없어서 적성에 맞을지 확신은 없었지만 일단 시도를 해봐야 그 점을 알 수 있다고 판단했고, 다행히 적성과 흥미에 맞아서 좋은 결과를 얻을 수 있었습니다.

A **이새롬** 안녕하세요, 저는 올해 56회 공인회계사 시험에 합격한 이새롬입니다. 합격자 발표를 앞두고 다녀온 제주도 여행 마지막 날에 전화로 합격 소식을 듣게 되었습니다. 2차 시험을 준비하면서 지칠 때 제주도 여행을 생각하면서 힘을 얻곤 했었는데, 합격 전화와 함께 여행을 마무리할 수 있어서 정말 감사했습니다. 전화를 받았을 때 첫 번째 로는 공부를 다시 안 해도 되어 참 다행이라는 안도감이 들었고, 두 번째로는 부모님이 좋아하실 것 같아서 무척 기뻤고, 마지막으로는 그간의 수험생활이 떠올라 울컥했던 것 같습니다.

제가 공인회계사 시험에 대해 관심을 갖게 된 것은 진로 고민이 많던 1학년 겨울방학 이었습니다. 관심 분야가 다양하고 경험하고 싶은 것도 많아서 이런저런 시도를 많이 하고 고민을 했었는데, 우선 저의 전공에서 전문가가 되어야겠다는 생각이 들었습니다. 코로 나19로 대학 수업을 비롯해 각종 행사와 모임이 비대면화된 것도 일찍 공부를 시작하기로 결정한 것에 영향을 주었습니다.

 2. 1, 2차 시험대비 수험대책으로 자신만의 효율적인 각 과목별 공부방법과 준 비요령은?(수험기간, 공부시간, 수험정보 입수경로 등 포함)

A 김민지

[전반적으로]

저는 2020년 1월부터 2021년 6월까지 총 1년 6개월간의 수험기간을 거쳐 합격하였 습니다. 1년 6개월 간 총 세 학기 휴학을 하였고, 2020년에 독학사 2, 3단계 시험을 통해 학점을 이수하였습니다.

처음 공부를 시작했을 때 주변에 같은 시험을 준비하는 친구나 선후배가 없어서 정보를 얻기 힘들었습니다. 그래서 스스로 공부계획을 세울 자신이 있을 때까지는 학원 커리큘 럼을 따라가기로 마음을 먹었고, 2020년 1월에 나무경영아카데미 봄기본 종합반 실강에 등록했습니다. 1월 6일에 종합반 개강이었는데, 그 전까지 회계원리 인터넷 강의를 다 듣지 못했어서 처음 2주 동안은 복습 대신 회계원리 강의를 들었습니다. 이후에는 당일 복습을 하고 주말에는 진도별 모의고사를 응시하면서 진도를 따라갔고, 예습이나 누적 복습은 하지 않았습니다. 2월 말부터는 코로나로 인해 온라인 강의로 전환했고, 도서관에서 공부했던 2020년 7, 8월을 제외하고는 계속 집에서 공부했습니다.

봄기본 종합반 수강 후에는 심화 종합반을 온라인으로 수강했습니다. 네 과목 모두 심화 강의를 수강했고, 이 시기에도 당일 복습만 하고 추가적인 회독은 하지 않았습니다. 객관식 기간에는 강의를 듣지 않고 문제만 풀었습니다. 혼자 문제 푸는 시간을 많이 확보하기 위한 선택이었고, 일단 문제집을 풀어보면서 필요하다고 판단되는 과목에 한하여 강의를 들을 계획이었으나 결국 필요하다고 판단되는 과목이 없었습니다.

생활은 8시~13시, 14시~18시, 19시~22시 30분 이렇게 세 타임으로 나누어서 공부했고, 정해놓은 시간을 어긴 적은 한 번도 없었습니다. 2020년 6월까지는 일주일 중 이틀은 저녁 타임(19시~22시 30분)에 쉬었고, 잠시 도서관을 다닌 2020년 7, 8월에는 도서관 마감시간인 22시까지만 공부하는 대신 일주일에 한 번의 저녁 타임만 쉬었습니다. 9월부터는 다시 집에서 원래 타임대로 공부하면서 일주일에 한 번의 저녁 타임만 쉬었습니다. 1차 시험 직전인 2월에는 한 번도 쉬지 않았고, 대신 하루 공부시간을 더 늘리지도 않았습니다.

9월까지는 학원 커리큘럼을 따라가면서 당일 복습을 했고, 10월부터는 8시~11시에 재무회계, 11시~13시에 경제, 14시~15시에 재무관리, 15시~18시에 세법, 19시~21시에 상법, 21시~21시 30분에 원가관리회계, 21시 30분~22시 30분에 경영을 공부했습니다. 12월 중순부터 1월말까지는 재무회계 공부시간 중 30분을 빼서 회계감사 강의를 들었고, 2월에는 그 시간에 정부회계를 공부했습니다.

객관식 공부를 시작할 때쯤에 이 정도로 미천한 실력이라면 1차 시험에 합격할 수 없겠다는 불안감이 들었고, 그래서 더욱 객관식 문제 풀이에 매진했습니다. 그러던 중 12월이 되자 당장 다음 날 시험을 봐도 합격할 것 같다는 느낌이 들었고, 나태해지지 않기 위해 도정환 선생님의 회계감사 유예강의를 하루에 30분씩 듣기로 결심했습니다. 2차에만 있는 과목인 회계감사 강의를 듣다가 1차에 떨어지는 불상사를 막기 위해서라도 나머지 시간동안 객관식 공부를 열심히 하게 되었습니다. 회계감사 강의를 처음 들었을 때 다른 과목들과 너무 다른 느낌이어서 낯설었고, 이것을 1차 시험 끝나고 처음 들었다면 회계감사 과목을 포기했을 수도 있겠다는 생각이 들었습니다.

1차 시험 전에 세 학원의 사설 모의고사를 구입하여 풀었고, 3사 평균 490점대가 나와서 따로 공부 방법을 바꾸지는 않고 계속 기출문제와 객관식 교재를 반복했습니다. 시험 직전에는 기출문제와 여러 번 틀렸던 문제를 반복하는 데에 주력했습니다.

1차 시험을 치고 하루 쉰 후 화요일부터 원래의 루틴대로 공부를 시작했습니다. 2차 공부 시작하고 첫 이틀 동안 회계감사 유예강의를 모두 수강했습니다. 1차 시험 치기 전에 강의를 절반 정도 들어두었기 때문에 이틀 안에 수강할 수 있었습니다. 이때 강의를 들으면서 복습은 전혀 하지 않았습니다. 회계감사 강의를 수강 완료한 후에는 하루에 각 과목별로 2.5시간씩 다섯 과목 모두 공부했습니다. 2차 준비기간에는 동차를 목표로 공부하다보니 전 과목의 실력이 서로 비슷하게 되도록 신경을 썼습니다. 그래서 부족하다고 느끼는 과목의 시간은 더 늘리고 괜찮은 것 같은 과목의 시간은 줄이면서 과목별 투입시간은 유동적으로 결정했습니다.

[1차 준비]

1) 경영 (92.5점)

경영은 기본 강의 수강 후 손 놓고 있다가 10월부터 하루에 한 시간씩 공부했습니다. 처음에는 내용이 하나도 기억이 안 나서 김윤상 선생님 객관식 교재를 사서 앞부분의 개념 설명을 봐가면서 문제를 전수로 풀었고, 그 다음에 김윤상 선생님 기출문제집을 사서 두 번 풀었습니다. 이후 전수환 선생님의 객관식 교재를 사서 전수로 풀었고, '하루에 끝장내기' 교재도 풀었습니다. 이후부터는 객관식 틀렸던 문제와 기출문제를 계속 반복해서 풀었습니다. 기출문제집은 모든 해설을 꼼꼼히 읽으면서 공부했고, 관련된 개념 중에 기억이 안 나는 건 기본서에서 발췌해서 해설에 옮겨 적으면서 기출문제집에 단권화했습니다.

재무관리는 김민환 선생님 기출문제집을 계속 풀었습니다. 25분으로 시간을 재고 풀었고, 시험 때까지 총 8번 풀었습니다. 기출에 너무 익숙해져서 새로운 문제를 풀어보고 싶어서 중간에 일일특강 교재를 3번 풀었습니다.

2) 경제 (92.5점)

전공은 아니지만 진입 전에 학교에서 경제원론, 화폐금융론, 거시경제이론 등 경제학과 과목을 수강했었습니다. 비록 객관식을 처음 풀 때 기본강의 서브노트를 읽어보지 않고서는 문제가 풀리지 않을 정도로 다 잊어버린 상태였지만, 이전에 관련 과목을 수강했던 것이 경제학적 사고에는 도움이 많이 되었던 것 같습니다. 다이어트 경제학 개정 전에 교재를 사서 풀었는데, 첫 회독 때 너무 쉬운 문제나 계속 반복되는 문제는 X표 쳤고, 회독하면서 X표를 늘려 갔습니다. X표 치지 않은 것들만 시험 때까지 총 6번 풀었습니다. 그리고 손병익 선생님 기출문제집을 사서 3번 풀었습니다. 저는 2019년, 2020년 기출문제와 이전 기출문제 중 난이도 높은 문제들을 하나도 그냥 넘기지 않고 꼼꼼히 분석해서 익혀둔 것이 가장 도움이 되었다고 생각합니다.

3) 상법 (100점)

심유식 선생님 객관식 문제집을 푸는데 양이 너무 많아서 뒷부분 하는 동안 앞부분을 다 잊어버리는 게 느껴졌습니다. 그래서 얇은 빈출지문노트(심유식 선생님)를 사서 3번 풀었습니다. 그렇게 하니까 어느 정도 윤곽이 잡힌 느낌이 들어서 다시 객관식 교재로 돌아갔고, 객관식 교재는 전수로 총 4번 풀었습니다. 이후에는 정인국 선생님 기출문제집을 5번 풀었습니다. 암기가 잘 안 되는 부분은 포스트잇에 적어서 A4 용지에 붙여놨고, 시험 전 날에는 그것만 보았습니다.

4) 세법 (92.5점)

이승철 선생님 객관식 교재의 필수문제만 반복했습니다. 중간에 불안해서 전수로 한 번 풀었었는데 그럴 필요는 없었던 것 같습니다. 필수문제 중에서도 법인세법 기타사항, 비거주자의 소득에 관한 과세, 상증세법에서의 재산의 평가 부분은 공부하지 않았고, 이외에는 모두 챙겨갔습니다. 객관식 교재와 이전 연도 '하루에 끝장내기' 교재를 번갈아가면서 계속 풀었고, 개정판 출시 후에는 개정판으로 갈아탔습니다. 객관식 교재는 총 7번, '하루에 끝장내기' 교재는 총 8번 풀었습니다. 또한 중간에 기출실록을 2번 풀어봄으로써 시험 형식에 적응하고자 했습니다.

5) 회계학 (144점)

재무회계 기출 BEST 문제 4번, 재무회계 기출 BEST 모의고사 2번, 객관식 Final 재무회계 4번, 김현식 선생님 객관식 교재 5번을 풀었습니다. 재무회계 35문제를 50분 안에 푸는 연습을 했고, 그 결과 실제 시험에서는 50문제 전체를 55분 안에 풀 수 있었습니다. 원가회계는 임세진 선생님 기출문제집만 계속 풀었습니다. 정부회계는 9월 말에 김현식 선생님 강의를 듣고 선생님께서 교재에 표시하라고 하신 부분을 10월말, 11월말, 12월말에 한 번씩 읽었고, 2월부터는 매일 30분씩 읽었습니다.

[2차 준비]

2차 강의를 일단 결제해두고, 혼자 연습서를 풀다가 막히는 부분이 있으면 그 부분만 강의를 수강하는 식으로 연습서 첫 회독을 했습니다. 원가관리회계는 강의를 수강하지 않았고, 재무회계, 세무회계, 재무관리는 강의를 상당히 많이 수강했습니다. 모든 과목에서 기출문제에 가장 큰 비중을 두었고, 다음으로 연습서에 비중을 두었습니다. 대략 기출문제집 60%, 연습서 35%, 모의고사집 5% 정도의 비중으로 공부했습니다. 모의고사 문제집은 재무회계의 신현걸/김현식/최창규 모의고사, 세무회계의 주민규 Final 세무회계연습, 원가관리회계의 이승근/홍상연 회계사 2차 대비 모의고사집을 풀었는데, 한 번씩 풀어보는 정도였고 거의 비중을 두지 않았습니다.

연습서는 재무회계의 경우 전수로 풀고, 세무회계, 재무관리, 원가관리회계는 필수문제만 풀었습니다. 회계감사를 제외한 네 과목은 기출문제집을 따로 구입하여 반복적으로 풀었습니다.

회계감사는 유예강의 수강 직후 '하루에 끝장내기' 교재를 사서 읽기 시작했으나 전혀 머리에 안 들어오는 느낌이어서 그만 두고 '회계감사 REVIEW'를 풀었습니다. 이 교재를 2회독 한 후에는 기본서를 1회독 했고, 이후 '하루에 끝장내기' 교재로 돌아가서 본격적으로 암기하기 시작했습니다. 처음에는 그 많은 양을 모두 암기할 자신이 없어서 키워드 위주로 익숙해지도록 공부했었으나, 작년 기출문제가 기준서 문장을 암기해야 풀 수 있도록 나왔다고 하여 마지막 2회독 정도는 기준서 문장을 완성도 있게 외우려고 노력했습니다. 처음부터 기준서를 그대로 암기하려고 노력했다면 더 높은 점수를 얻을 수 있었을 거라고 생각됩니다.

전반적으로 회독 수가 매우 많은데, 처음부터 이러한 회독 수를 목표로 한 것은 아니었습니다. 저는 매일 정해놓은 시간에 정해놓은 과목을 공부했을 뿐인데, 첫 회독에 두 달 가까이 걸리던 것이 마지막 회독 때는 2주~4일로 소요시간이 줄어들면서 회독 수가 많아졌습니다. 저보다 회독을 훨씬 적게 하셔도 합격하실 수 있으니 참고 부탁드립니다.

이새롬

1. (수험기간, 공부시간, 수험정보 입수경로 등)

2학년 1학기 재학 중 2020년 4월경 시작하여, 이후 두 학기를 휴학하고 2020년 2월 1차 시험, 2021년 6월 2차 시험을 치렀습니다. 2020년 여름방학까지는 동아리 활동을 계속하였고, 학점은행제를 이용해 필요학점을 이수하느라 하루 평균 6시간 공부했습니다. 2020년 9월부터 본격적인 수험생활을 시작하고는 하루에 10~13시간 공부하였습니다. 강의를 듣는 시간이 많아 순공시간은 그보다 적을 것입니다. 컨디션이 좋지 않은 날은 반나절 정도 충분히 휴식했습니다. 2021년 3월~6월 2차 수험기간에는 8~10시간 공부하였습니다. 1차 기간 때보다 공부시간이 적은 이유는 1차와 비교하여 2차 시험 문제 사이즈가 크고 난이도도 높아서 집중하여 문제를 풀고 나면 에너지 소모가 컸기 때문입니다. 공부시간이나 생활패턴에서 정답은 없다고 생각합니다. 방대한 양을 다루는 장기적인 공부인 만큼 오랜 기간 자신이 크게 스트레스받지 않으면서 충분한 공부량을 확보할 수 있는 방법을 찾는 것이 중요한 것 같습니다.

[1] 1차 시험 공부방법

저는 기본강의를 들을 때 두 과목을 각각 3강씩 같이 들었는데, 8월까지 재무관리/중급회계〉세법/경제 〉 고급회계/원가관리의 순서대로 수강했습니다. 9월부터 12월까지는 객관식 강의 (재무회계 〉 세법 〉 재무관리 〉 경제) 하나와 기본강의 (상법〉경영학 〉 기타세법 〉정부회계) 하나를 같이 들었습니다. 저는 기본강의를 들을 때는 최대한 진도를 빨리 나가려고 해서 복습을 거의 하지 않았는데, 객관식 강의를 들을 때에는 개념 복습과 문제풀이 반복 연습을 하는 시간을 오래 가졌습니다. 강사님들의 풀이를 공책에 따라 적고 해설지처럼 활용했고, 풀이를 여러 번 보면서 강사님들과 최대한 비슷하게 사고하려고 노력했습니다.

(1) 경영학

① 일반경영

경영학은 기본강의를 듣고 노트에 요약 정리하면서 전 범위를 복습한 후에 바로 기출문제집을 풀었습니다. 그리고 선지를 모두 꼼꼼하게 여러 번 읽으면서 익숙해지려고 했고, 틀린 선지는 따로 모아 정리해두고 OX 문제처럼 활용했습니다. 경영학은 실제 시험에서 출제 범위가 공부해온 것과 조금 다른 것 같아서 당황했던 기억이 납니다. 과목 특성상 출제범위에 변동성이 있으므로 완벽하게 대비하는 것은 어렵기 때문에 출제가능성이 높은 부분에서 확실하게 점수를 얻을 수 있도록 기출문제의 선지들을 잘 익히는 것이 중요하다고 생각합니다.

② 재무관리

재무관리는 처음에는 생소하고 어려운 개념과 산식이 많아서 이해하는 데 시간이 조금 걸렸지만, 나중에는 가장 쉽고 재미있게 공부했던 과목입니다. 산식을 도출하는 과정이 복잡해 보일 수 있으나 여러 번 쓰면서 숙달되면, 이후에는 문제를 보고 정해진 개념과 산식을 잘 떠올리기만 하면 되어서 생각보다 어렵지 않다고 느꼈습니다. 객관식 강의를 수강한 이후에는 기출문제집을 풀었는데 2000년도부터 2020년도까지 연도별 기출문제를 각각 세 번 이상 반복해서 풀었습니다.

(2) 경제원론

경제원론은 기본강의 수강 시 복습을 하지 않았더니 머리에 남은 것이 없어서 걱정이 많았습니다. 그래서 객관식 강의를 들어가기 전에 먼저 작년도 요약강의(일일특강)를 빠르게 듣고 해당 교재의 문제를 풀었습니다. 그 다음에는 객관식 강의를 진도에 맞게 수강하면서 문제풀이를 병행했고, 완강 후 전수 1회독, 표시 1회독 하였습니다. 경제원론은 여러 번 노트 정리를 하면서 개념을 복습했습니다. 공인회계사, 공인노무사, 보험계리사, 감정평가사 시험 문제가 5개년씩 실린 경제학 기출문제집을 구매하여 전부 풀었습니다. 시험마다 난이도가 다르긴 하지만, 전 범위를 다룰 수 있고, 다른 시험의 문제들을 정확하고 빠르게 풀이할 수 있으면 쉬운 문제를 빨리 풀어 중요한 문제를 위한 시간을 확보할 수 있을 것이라 생각했습니다. 격일에 한 번 정도 한 회차씩 풀었고, 공인회계사 시험 문제는 1회독 더 하였습니다. 경제원론은 어렵기로 악명 높은 만큼 고득점을 기대하지 않아서 기출문제를 풀 때도 정말 어려운 문제는 넘기고 비교적 쉬운 문제부터 확실히 푸는 방식으로 연습했고, 실제 시험에서 시간 분배를 잘하는 데에 도움이 되었던 것 같습니다.

(3) 상법

상법의 경우, 다른 과목에 비해 객관식 문제풀이를 많이 하지는 않았습니다. 기본강의 수강 완료 후에는 일정 범위 강의노트를 복습한 후 해당 부분 OX 문제를 푸는 방식으로 공부했습니다. 이렇게 1회독 복습한 후 객관식 문제집을 풀어보았는데 헷갈리는 문제가 거의 없어서 쉽다고 느꼈습니다. 그런데 이후 다른 과목을 공부하느라 상법에 소홀했더니 다시 풀었을 때 모르는 문제가 많았고 시간도 많이 소요되었습니다. 이때 상법은 개념만 확실히 공부해도 되겠다고 느끼고 처음부터 꼼꼼하게 다시 정리하고 일정 범위를 자주 복습하는 시간을 가졌습니다. 암기를 할 때는 앞글자 암기 방법이 아주 도움이 되었습니다. 1차 시험 3주 전부터는 10개년도 기출문제를 매일 하나씩 풀고 틀린 문제의 선지를 공책에 보기 쉽게 정리했습니다. 또한 선지 OX로 구성된 문제집과 심화 모의고사 문제집을 풀면서 헷갈리는 개념이나 선지를 같은 공책에 정리하여서 시험 당일에 가져가 쉬는 시간에 읽었습니다. 상법은 공부를 충분히 하면 매우 쉽고, 공부량이 부족하면 매우 어렵게 느껴지는 과목입니다. 어느 정도 숙달된 후에는 길지 않은 시간 내에 복습하고 오답정리만 해도 높은 성적을 얻을 수 있으니 1차 시험을 준비할 때 소홀하지 않았으면 합니다. 그리고 문제를 풀 때 막히는 부분이 많다고 생각되면 문제 풀이를 줄이고 대신 개념을 수차례 읽고 쓰며 정리하는 것을 추천합니다.

(4) 세법

세법은 재무회계 다음으로 객관식 강의를 들었습니다. 객관식 강의는 연습서 강의를 들을 시간이 부족해서 결정한 차선책이었지만, 지금 생각해보면 강사님이 써머리를 처음부터 짚어주기 때문에 꼼꼼하게 암기하고 말문제를 대비하는 데에 도움이 되었고, 객관식 문제를 일정한 산식에 따라 빠르게 풀이하는 방식을 배울 수 있어서 좋은 선택이었다고 생각합니다. 기본강의 수강 시에 써머리를 다시 읽어보는 정도로 복습을 하고 암기를 하지 못했는데, 객관식 강의를 들을 때는 하루 30분~ 1시간 정도 시간을 내어 암기하였습니다. 세법 객관식 강의를 듣고 나서 문제를 처음으로 혼자 풀어보았을 때, 아예 손을 대지 못하는 문제들이 대다수였습니다. 필수적인 암기도 되어 있지 않고 계산법이 익숙하지 않아서 세 번 반복해서 풀 때까지 모범답안을 따라 쓰는 수준이었던 것 같습니다. 모범답안을 여러 번 보게 되니 풀이의 도출 과정과 산식을 잘 숙지하게 되었고 네 번째부터는 꽤 능숙하게 문제풀이를 할 수 있게 되었습니다.

(5) 회계학

① 재무회계

재무회계는 이 시험의 기본이라고 생각해 가장 먼저 객관식 강의를 듣고 문제풀이도 많이 했습니다. 김재호 강사님은 수업 시작과 끝에 수업내용을 요약해주시는데 그걸 녹음해두었다가 복습 중 헷갈리는 부분이 있을 때 다시 들었습니다. 문제풀이는 9회차까지 당일복습을 하다가 10회차부터 진도가 어느 정도 쌓이자 가로풀기를 했습니다. 처음에는 문제가 많이 쌓이지 않아서 4의 배수로 가로풀기를 하다가 10의 배수로 바꿨던 것 같습니다. 객관식 강의 완강 후에는 다시 챕터별로 복습하고 번호순서대로 문제를 풀었고, 10월 중순부터 기출베스트모의고사를 풀었습니다. 9월, 10월에 재무회계를 마스터하겠다는 생각으로 시간 투자를 많이 하였는데, 그 이후 시험 보기 전까지 재무회계는 기출베스트모의고사와 객관식Final모의고사를 풀기만 했습니다. 회차마다 날짜와 점수를 적어서 회독 수가 늘수록 시간이 줄고 점수가 느는 것을 확인했습니다. 여러 번 틀리거나 풀이 속도가 느린 문제들은 눈에 띄게 표시해서 몰아서 연습하기도 했습니다.

② 원가관리

원가관리는 기본강의를 듣고 버릴 생각으로 방치해두었다가 12월에 요약강의(하끝)를 원가파트만 수강했습니다. 하끝 문제만으로 객관식 원가를 커버하기는 어려워서 1차에는 큰 도움이 되지 않았지만 2차 때 연습서강의를 수강할 때 이해를 수월하게 하는 데에 효과적이었던 것 같습니다.

③ 정부회계

정부회계는 12월에 강의를 수강했습니다. 노트에 정리를 하면서 이해하고 외우고 필요하면 강의를 한 번 더 듣기도 했습니다. 문제는 강의교재와 기출문제집을 풀었고, 개정사항은 2월에 우리경영, 나무경영 모의고사를 풀 때 알게 되어 그때 반영했습니다. 다른 과목도 마찬가지로 개정사항이 있는지 꼭 모의고사를 볼 때 꼼꼼히 확인하시길 바랍니다.

[2] 2차 기간 공부방법

1차 시험 이후 일주일 정도 휴식하고 2차 공부를 시작했습니다. 휴식기간 동안 2차 대비 강사를 선택하고 수험서를 주문했습니다. 3월에서 4월 초까지 회계감사/재무회계/재무관리 2차 강의를 들었고, 4월 중반에서 5월 중반까지 회계감사 요약강의/세무회계/원가관리 강의를 들었습니다. 이후 연습서와 모의고사 문제집의 문제를 풀고 오답 정리하고, 개념 확인하는 것을 반복하였습니다. 2차 준비기간 동안 4개월 안에 다섯 과목의 강의를 모두 수강하고 연습서를 반복 숙달하고 모의고사를 통해 점검하기까지, 보통의 스케줄을 따라가기만 해도 벅차다는 것을 알고는 있었지만 동차생활을 실제로 하면서 절실하게 느꼈습니다. 그럼에도 회계감사를 동차에서 가져가기로 한 이유는 두 번의 시험 기회를 놓치고 싶지 않았고, 스스로에게 한계를 두고 싶지 않았기 때문입니다.

연습서를 3월달에 처음 보게 되어서 걱정이 많았는데, 다행히 1차 준비 기간 동안 객관식 문제풀이 연습을 하면서 어느 정도 각 과목에 대한 감이 생기고 나름의 문제 풀이 틀을 갖추었기 때문에 2차 강의를 듣는 데 큰 어려움은 없었습니다. 2차 공부는 1차 공부의 연장선으로 강의를 집중해서 듣고, 강사님 풀이를 공책에 적어서 해설지처럼 활용하고, 문제를 반복해서 푸는 것 말고는 특별한 것이 없습니다. 다만, 2차 기간이 매우 짧고 시간이 부족하기 때문에 1차 때처럼 서너 번씩 문제를 풀지 못할 것이라 생각해서 처음부터 틀린 문제나 중요하다고 생각하는 문제를 크게 표시해 두었습니다. 시간이 부족한 동차생은 쉽게 맞춘 문제는 과감히 넘어가고 한 번이라도 틀린 문제는 반드시 반복해서 연습하는 것이 효율적일 것 같습니다.

회계감사는 2차 시험을 준비할 때 처음 접한 과목으로, 다른 과목과 달리 전부 서술형으로 출제되어서 공부 방법이 달랐습니다. 3월에 기본강의를 듣고 노트를 읽으며 복습하였는데 속도가 더딘 것 같아서 4월부터 요약 강의를 새로 신청하여 들었습니다. 저는 기본강의 이후에는 요약교재만 반복해서 읽고 해당 강의를 들으며 암기했습니다. 한 번은 노트북 타이핑으로, 한 번은 공책에 수기로 교재 전체를 따라 적으면서 눈에 익도록 했습니다. 시험 한 달 전부터는 매일 범위를 정해서 소리 내어 읽고 외웠습니다. 시험 1주 전에 갑자기 다래끼가 났는데 눈 마사지를 하면서 쉬는 동안 요약 강의를 한 번씩 더 들었고, 마지막 정리하는 데에 도움이 되었던 것 같습니다.

🎙 3. 1, 2차 수험기간동안 Group Study는 어떻게 이루어졌으며 실전 시험에는 어느 정도의 효과가 있었습니까?

🅐 **김민지** 공인회계사 시험은 1, 2차 모두 답이 명확하게 도출되는 유형이고, 각 과목의 연습서나 기출문제집에서 모범답안과 풀이를 참고할 수 있으므로 Group Study를 굳이 할 필요가 없다고 생각합니다. 생활패턴을 유지하기 위한 출석체크 스터디 등을 하면 도움이 될 수도 있겠으나, 저는 아무것도 하지 않았습니다.

🅐 **이새롬** 저는 1차 수험기간에는 생활스터디, 2차 수험기간에는 연습서스터디에 가입했습니다. 생활스터디는 기상시각과 공부시간을 인증하는 방식이고, 연습서스터디는 연습서 문제풀이를 답안지 양식에 하여서 일정량 이상 인증하는 방식이었습니다. 과목별 스터디

는 하지 않아서 시험에 직접적인 영향은 없지만, 균형 있는 공부 습관을 잡는 데에 도움이 되었습니다.

4. 최근 1, 2차 시험과목별 출제경향과 수험대책은 어떤 것이 있습니까?

Ⓐ **김민지** 최근 1차 시험의 경영학과 경제학에서 미리 대비하기 힘든 어려운 문제나 새로운 문제가 출제되고 있습니다. 이를 대비하기 위해 공부량을 늘리거나 공부범위를 넓히는 것은 효율적이지 않으므로 실전에서 그런 문제를 만났을 때 대처하는 방법을 익히는 것이 더 중요하다고 생각합니다. 저는 1차 시험장에 다음과 같은 유의점을 포스트잇에 적어가서 시험 직전에 한 번 읽고 시험을 보았습니다. "1. 모든 문제를 시간 안에 푸는 것이 중요: 쉽다고 여유롭게 풀지 말고, 어렵다고 시간 오래 쓰지도 말 것. 2. 일단 처음부터 끝까지 한 번 다 보면서 헷갈리는 문제는 답할 후보 추려놓고 OMR 마킹하면서 확답하기. 3. 모든 문제에 배점이 같다." 모의고사에 응시해보면서 실제 시험에서 이렇게 행동할 수 있도록 연습하는 것을 추천 드립니다.

세법과 회계학은 근래 난이도가 높지 않으므로 실수를 줄이는 것이 가장 중요하다고 생각합니다. 저는 틀린 문제의 해설에 정확히 어떤 부분에서 실수를 했는지 표시해두었고, 반복되는 실수는 따로 포스트잇에 적어두고 시험장에서 시험 직전에 보았습니다. 1차 시험에서는 실수를 해도 보기에 답이 없을 경우 실수했다는 사실이 드러나곤 하지만, 2차 시험에는 보기가 없기 때문에 실수를 해도 잘 티가 나지 않고 초반부의 사소한 실수로 인해 답안 도출과정 전체가 틀릴 수도 있습니다. 그렇기 때문에 실수를 그냥 넘기지 않고 최대한 줄여가는 것이 매우 중요하다고 생각합니다.

Ⓐ **이새롬** 난이도나 신유형에 대한 출제경향은 솔직히 잘 모르겠습니다. 수험생으로서는 공부한 내용 안에서 최대한 꼼꼼하게 대비하는 것이 최선이라고 생각합니다. 1차 시험에서 새롭게 출제된 내용이거나 중요하게 다룬 문제는 2차 시험을 준비할 때 주의 깊게 보는 것도 도움이 되는 것 같습니다.

5. 수험생활 중에 본 1, 2차 각 과목별 도서목록을 정리해 주시면 고맙겠습니다.

Ⓐ **김민지**

(1) 1차 시험 때 공부한 과목별 도서목록

① 일반경영 : 핵심경영학연습(기본서), 김윤상 객관식, 김윤상 기출문제집,

　　　전수환 객관식, 하루에 끝장내기
　② 재무관리 : 김종길 재무관리(기본서), 김민환 기출문제집, 일일특강
　③ 경제 : 경제학연습(기본서), 다이어트 경제학 7판, 손병익 기출문제집
　④ 상법 : 심유식 강의노트(서브노트), 심유식 객관식, 심유식 빈출지문노트,
　　　정인국 기출문제집
　⑤ 세법 : 이승철 서브노트, 이승철 객관식, 하루에 끝장내기, 세법 기출실록
　⑥ 재무회계 : 김현식 에센셜(서브노트), 재무회계 기출 BEST 문제,
　　　재무회계 기출 BEST 모의고사, 객관식 Final 재무회계, 김현식 객관식
　⑦ 원가관리회계 : 김용남 원가관리회계(기본서), 임세진 기출문제집
　⑧ 정부회계 : 김현식 정부회계

(2) 2차 시험 때 공부한 과목별 도서목록
　① 재무회계 : 김현식 재무회계연습, 김기동 기출풀이집,
　　　신현걸/김현식/최창규 모의고사
　② 원가관리회계 : 김용남 원가관리회계연습, 홍상연 기출문제집,
　　　이승근/홍상연 모의고사집
　③ 세무회계 : 이승철 세무회계연습,
　　　주민규 Final 세무회계연습(기출문제가 포함되어 있음.)
　④ 재무관리 : 김종길 재무관리연습, 김민환 기출문제집
　⑤ 회계감사 : 도정환 회계감사(기본서), 회계감사 REVIEW, 하루에 끝장내기

Ⓐ 이새롬

(1) 1차 시험
　① 경영학
　　• 일반 경영 : 경영학워크북(최중락), 객관식경영학(전수환), 실전모의고사(최중락)
　　• 재무관리 : 객관식 재무관리(김종길), 하루에끝장내기[이하 하끝](김민환),
　　　　1차 기출문제집(김민환)
　② 경제원론 : 일일특강(김판기), 다이어트경제학(김판기), 연도별기출문제(정병열)
　③ 상법 : 상법 강의노트(심유식), 상법OX(심유식), 빈출지문노트(심유식),
　　　객관식 상법신강(김혁봉, 정인환), 하끝(정인국)
　④ 세법 : 세법Summary(강경태), 객관식 세법(주민규), 하끝(주민규)
　⑤ 회계학

- 재무회계 : 기출Best(김재호), 기출Best모의고사(김재호), 객관식Final(김재호)
- 원가회계 : 하끝(임세진)
- 정부회계 : 정부회계(김강호), 기출문제집(김강호)

(2) 2차 시험
　① 재무관리 : 재무관리연습(김종길), 2차 기출문제집(김민환)
　② 세법 : 세무회계연습(강경태), 세무회계리뷰(강경태), 세무회계 기출문제집
　③ 회계감사 : Study guide(이창우 외 3인), 회계감사Review(도정환), 하끝(도정환)
　④ 원가관리 : 원가관리회계(김용남), CPA파이널2차(강경태),
　　　　　　　　 2차대비 모의고사집(이승근, 홍상연)
　⑤ 재무회계 : 재무회계연습(김재호), 2차Final재무회계(김재호)

6. 수험생입장에서 구하기 어려웠다거나 보강되었으면 하는 특정 과목이나 내용의 수험서가 있습니까?

김민지　모든 선생님들께서 기출문제집을 발간하시는 것이 아니라서 과목별로 기출문제집을 찾는 데에 어려움이 있었습니다.

이새롬　특별히 보강되었으면 하는 수험서는 없었습니다. 출제범위나 유형에 변화가 생길 때 수험서에 곧바로 반영해야 하는데, 이런 부분은 잘 이루어지고 있는 것 같습니다.

7. 수험공부 시 학원 강의, 인터넷강의, 강의tape중 이용도 측면에서 어떤 방법을 선호했습니까?

김민지　인터넷 강의를 선호합니다. 원하는 시간에 원하는 장소에서 원하는 속도로 수강할 수 있는 장점이 있기 때문입니다. 제가 처음에 학원 실강에 등록한 이유는 예전에 혼자 독서실에서 공부하는 게 너무 외로웠던 기억이 있기 때문인데, 코로나로 인해 학원이 영업중지를 하여 집에서 공부해보니 체력 소모도 덜하고 집이 너무 좋아서 이후로는 계속 집에서 공부했습니다.

이새롬　저는 수험기간 내내 인터넷 강의를 수강하며 공부하였습니다. 과목별로 강사를 직접 선택하고 강의 순서나 속도도 자율적으로 조절할 수 있어서 좋았습니다.

8. 수험생활 중 애로사항과 본인만의 스트레스 해소방법은?

김민지 수험생활 중 예상치 못한 자극을 받으면 공부할 때도 계속 생각나고 공부에 방해받곤 했습니다. 따라서 시험 직전에는 이러한 변수를 줄이기 위해 쉬는 시간에 예능을 볼 때에도 예전에 봤던 예능만 보고, 유튜브를 볼 때에도 알고리즘에 휘둘리고 싶지 않아서 따로 저장해놓은 영상만 봤습니다.

　또한 일주일에 하루를 통째로 쉬는 대신 이틀을 저녁 시간만 쉬었습니다. 하루를 통째로 쉴 경우 다음 날 다시 공부를 시작하는 데에 몸과 마음의 준비가 많이 필요하고, 쉬는 날 하루 종일 알차게 놀기보다는 습관적으로 핸드폰을 뒤적이며 많은 시간을 보낼 가능성이 높기 때문입니다. 그렇지만 이 부분에 대해서는 사람마다 생각이 다를 것입니다. 저는 쉬는 날에 영화를 보거나 책을 읽었습니다. 황폐한 수험생활에 매몰되지 않고 삶에 대한 고민을 계속 하기 위한 선택이었습니다.

이새롬 수험생활에서 가장 힘든 점은 멘탈 관리인 것 같습니다. 수험생의 일상은 매우 단순하고 지루해 보이지만, 내면에서는 하루에도 수많은 감정이 들어서 스스로 위로하고 응원하고 채찍질하는 일의 연속이었습니다. 저는 시간이 부족한 것을 느끼고 아직 합격하기에는 내 실력이 많이 모자라는구나, 하는 생각이 들 때가 가장 힘들었습니다. 저는 그런 날에는 푹 쉬고, 다음 날 일찍 일어나서 하루 혹은 한 주 동안 부족하다고 생각하는 과목이나 챕터를 집중적으로 공부하여서 자신감을 얻으려고 했습니다.

　극심한 스트레스가 쌓였을 때는 일찍 잠자리에 들거나 낮잠을 잤습니다. 잡생각을 하지 않게 되고 피로가 풀려서 상쾌하게 공부를 다시 시작할 수 있었던 것 같습니다. 공부하기 싫어지는 시간대에는 달콤한 디저트 등 좋아하는 간식을 먹으면서 공부했습니다.

9. 학점이수제도와 영어시험대체제도가 시행됨에 따른 주의해야 할 점이나 영어 공부한 방법은?

김민지 비전공자의 경우 학점은행이나 독학사 시험을 통해 학점이수를 해야 합니다. 학점은행은 리스크는 적지만 시간과 돈이 많이 들어가서 저는 독학사 시험을 통해 학점을 이수했습니다. 독학사 시험은 자주 있는 것이 아니고 각 단계별로 1년에 한 번씩밖에 시험이 없으니 진입을 결심하시자마자 일정을 확인하시기 바랍니다. 과목별로 모든 단계의 시험에 응시할 필요는 없고, 1~3단계 중 한 단계의 원하는 과목 시험에 응시하고 합격하면 5학점을 인정받을 수 있습니다. 또한 시험 합격과 별개로 국가평생교육진흥원 학점은행제 사이트에서 학습자등록을 하고 학점인정을 신청해야 합니다. 그 절차를 통과한

후에 금융감독원에 학점이수내역을 제출할 수 있으니 모든 일정을 꼼꼼히 확인하시기
바랍니다. 독학사 시험 자체는 그리 어렵지 않아서 서점에서 독학사 시험 준비용으로 나온
교재를 구입하여 과목별로 2~3시간 정도 보고 응시했습니다. 영어 공부는 따로 하지 않고
토익에 응시했습니다.

Ⓐ **이새롬** 저는 경영학과이지만 6학점이 모자라서 학점은행제로 세법, 원가관리 두 과목을
수강하고 이수했습니다. 시험을 앞둔 1월에 겨우 성적을 제출하고 인증을 받을 수 있어서
그전까지 긴장해야 했습니다. 영어시험으로는 8월경 텝스를 치렀는데, 높은 점수는 아니
지만, 기준점수를 초과하는 데에 큰 어려움은 없었습니다. 저는 그러지 못했지만, 공부
에만 집중하기 위해서는 학점이수와 영어시험을 일찍이 완료해 두는 것이 가장 좋다고
생각합니다.

10. 제2차시험 부분합격제도에 따른 부분합격과목 활용사례나 주의해야 할 점은?

Ⓐ **김민지** 2차 시험은 부분합격제도가 있어서 해당 연도 1차 시험에 합격한 동차생의 경우
일부 과목은 버리고 나머지 과목에만 집중하는 전략을 선택할 수 있습니다. 그렇지만 저는
버리는 과목 없이 모든 과목을 준비하여 동차로 합격했습니다. 1차 때 고득점하신 분들은
다섯 과목 모두 들고 가시는 것을 추천 드립니다. 2020년 여름에 심화종합반을 수강하
며 연습서를 처음 접한 후 1차 시험 끝날 때까지 연습서를 다시 보지 않았는데, 1차 시
험이 끝나고 연습서를 두 번째로 풀어보니 이해의 정도가 이전과는 너무 달라져 있어서
1차 시험 준비를 열심히 했던 것이 2차 공부에도 많은 도움이 된다는 것을 느꼈습니다.

Ⓐ **이새롬** 저는 동차로 합격하였기 때문에 부분합격제도를 활용하지는 않았습니다.

11. 수험생에게 당부하고 싶은 말은?

Ⓐ **김민지** 저도 어떤 교재로 어떻게 공부를 해야 할지 선택함에 있어서 많은 고민을 했었
습니다. 합격수기를 읽어보아도 저 사람은 머리가 좋아서 저렇게 할 수 있었던 것 아닐까,
저 사람은 체력이 좋아서 저렇게 할 수 있었던 것 아닐까 하는 생각이 들었습니다. 사람
마다 다른 상황과 상태에서 공부를 하기 때문에 공부 방법을 선택할 때에는 자신의 현
상태를 잘 파악하고 그에 적합한 대응책을 찾는 것이 중요할 것입니다. 수험생활의 목표는
결국 실전에서 문제를 잘 풀어내는 것입니다. 자신의 선택이 그 목표에 도움이 되는지
매순간 고민한다면 괜찮은 답을 찾을 수 있을 것입니다.

A **이새롬** 공인회계사 시험은 공부할 양이 정말 많고, 그 수준도 높아서 모든 과목에서 합격할 수 있는 수준으로 실력을 끌어올리기까지 많은 연습과 숙달을 필요로 합니다. 그러나 또 다르게 생각하면 공부해야 할 양이 많기는 하지만 어느 정도 정해져 있다는 뜻이기도 합니다. 우리는 시험일까지 전체 범위 중에서 내가 확실히 아는 부분을 넓혀 나가야 합니다. 시간이 갈수록 공부해야 할 범위를 줄여 나간다는 생각으로 빈 공간을 하나씩 차근차근 채워 나가면 됩니다. 과목이 다양하고 양이 많아서 처음에는 휘발성이 강하겠지만, 큰 갈래를 먼저 잡고 작은 구멍들을 채우는 방식을 여러 번 반복하면 언젠가 합격할 실력에 가까워진 자신을 발견하게 될 것입니다.

　이 공부를 하고 계신 수험생분들, 진심으로 존경하고 응원합니다. 부디 몸과 마음 건강하게 수험생활하셨으면 좋겠습니다. 지치고 힘든 날도 있겠지만 하루를 만족스럽게 보낸 후 뿌듯하게 잠자리에 드는 날이 더 많기를 바랍니다. 젊은 날을 바쳐 노력하는 만큼 합격의 기쁨은 무엇보다도 달콤할 것입니다.

 ## 12. 앞으로의 계획은? 끝으로 하고 싶은 말은?

A **김민지** 저는 아직 졸업까지 두 학기가 남아서 복학하고 학교를 다닐 계획입니다. 졸업 후에는 일단 회계법인에 입사하고 싶고, 계속 재미있는 일을 찾아서 하고 싶습니다. 또한 사회의 일원으로서 다른 구성원들과 더불어 살아가며 좋은 사회를 만드는 데에 기여하고 싶습니다. 끝으로 수험생활 동안 든든한 버팀목이 되어주신 사랑하고 존경하는 부모님께 감사드립니다.

A **이새롬** 저는 이른 나이에 공부를 시작하고 최연소 합격이라는 영광을 얻을 수 있었지만, 단지 순서가 바뀌었던 것으로 생각합니다. 보다 넓은 세상을 보고, 좋은 취미를 찾고, 그동안 못했던 다양한 경험을 하고, 원하는 공부를 하고 싶습니다. 아직 학부생으로 졸업까지 5학기가 남았는데 학교로 돌아가 학업에 열중하고, 방학 기간에는 회계법인 파트 업무를 통해 실무 경험을 할 계획입니다.

　끝으로 감사한 분들께 인사를 남기고 싶습니다. 가장 가까이에서 제가 공부하는 모습을 지켜보고 외롭지 않게 곁을 지켜주신 엄마, 아빠, 오빠, 아낌없는 사랑으로 힘이 되어 주셔서 감사합니다. 1차시험, 2차시험, 최종 합격까지 애정이 담긴 응원과 축하를 보내 주신 친척분들, 친구들, 동기들, 언니오빠, 선후배님들께 정말 감사드립니다! 열성적으로 가르쳐주신 강사님들, 수험정보와 조언을 많이 얻었던 고려대학교 커뮤니티를 비롯한 고려대학교 학우님들께도 감사의 말을 전합니다. 주변 분들의 사랑과 도움을 받으면서 목표한 바를 이룰 수 있었던 것을 감사히 여기고 잊지 않겠습니다. 받은 것보다 더 많이 베풀 줄 아는 사람이 되겠습니다. 감사합니다.

2019년 제54회 공인회계사시험

최고득점·최연소 합격자 인터뷰

남 동 신
1990년 11월 23일 출생
경기외국어고등학교 졸업
서울시립대 세무학과 졸업
2019년 제54회 공인회계사 제2차시험
최고득점 합격자

유 정 연
1998년 1월 26일 출생
은광여자고등학교 졸업
고려대학교 경영학과 재학
2019년 제54회 공인회계사 제2차시험
최연소 합격자

 1. 자기소개, 응시동기, 합격소감은?

A **남동신**   저는 경기외국어고등학교, 시립대 세무학과를 졸업한 남동신 입니다. 처음 공부를 시작한 년도는 2014년도 가을 입니다. 공인회계사 시험에 도전한 계기는 주변에 취업 준비를 하는 친구들을 보니 도저히 자신도 없었고 학점도 돌이킬 수 없는 상태에 있었기 때문에 시험에 합격만 하면 일자리를 구할 수 있는 부분에 끌렸습니다. 당연하게도 너무 기쁘다는 것 말고는 달리 할 말이 없네요. 과목별 최고득점을 할 수도 있지 않을까 하는 과목이 있었기 때문에 올 해 합격을 하게 된다면 전화가 올 거라고 생각은 했는데 전체 수석이라는 말에 장난 전화가 아닐까 의심도 들었습니다. 그래도 수석 합격보다도 저는 오랜 수험생활 동안 공부를 하면서 방법론적으로 고민을 많이 했었는데 저의 방법이 틀리지 않았다는 사실을 증명해낸 것이 더 기쁩니다.

유정연　안녕하세요. 제54회 공인회계사 시험에 동차로 최종합격한 유정연입니다. 처음 최연소 합격 소식을 들었을 때 전혀 예상하지 못했기에 인터뷰를 하고 있는 지금에서야 조금씩 실감이 나는 것 같습니다. 동차로 합격하기만을 정말 간절히 바랐는데 운이 좋게도 최연소로 합격하게 되어 너무 감사합니다. 한편으로는 제가 이런 얘기를 들을 수 있을 만큼 성실하게 수험에 임했는가에 대해서 생각해보게 되었고 더욱 열심히 살아야 되겠다는 생각이 들었습니다.

처음에 이 시험을 쳐야겠다고 생각하게 된 이유는 회사에서 발생할 수 있는 여러 가지 부정을 바로잡고 자신만의 전문 분야를 갖춰 활동하는 회계사라는 직업에 굉장히 큰 매력을 느꼈기 때문입니다. 공인회계사 시험이 끝이 아닌 새로운 시작이라는 것을 잘 알고 있습니다. 대한민국의 공인회계사로서 부끄럽지 않도록 스스로 발전하고 성장해나가는 모습 보여드리겠습니다.

2. 1, 2차 시험대비 수험대책으로 자신만의 효율적인 각 과목별 공부방법과 준비 요령은?(수험기간, 공부시간, 수험정보 입수경로 등 포함)

남동신

(1) 1차시험

1차 시험의 경우는 2차 시험에 비해 상대적으로 쉽고 작은 문항들을 빠르게 많이 풀어내야 하는 것이 관건이라고 생각합니다. 2차 시험은 시간이 모자란 경우가 별로 없지만 1차시험에서 1교시의 경영, 경제학이나 3교시의 회계학 같은 경우는 모든 문제를 풀지 못하는 경우가 있어서 공부를 할 때 개념을 정확히 이해하고 맞추는 것도 중요하지만 문제를 얼마나 빠르게 풀 수 있는지도 당락을 가르는 중요한 요인이라고 생각합니다. 저 같은 경우는 엑셀로 답을 체크할 수 있는 표를 만들어서 연도별 기출 문제를 푸는 방식으로 공부를 했습니다. 답안카드 위에는 무슨 과목의 몇 년도 기출 문제인지와 풀이에 걸린 시간 몇 번째로 푸는지 4가지를 적고 회차가 넘어갈수록 정답률을 높이고 풀이에 걸린 시간은 줄여갈 수 있도록 노력했습니다. 단순히 몇 문제를 맞췄는지에만 초점을 두시고 공부하는 경우가 있는데 이렇게 생각을 해보시기 바랍니다.

40문제를 처음에는 1시간 만에 풀고 5문제를 틀렸고 두 번째로 풀 때 똑같이 5문제를 틀렸지만 시간은 30분밖에 안 걸렸다면 틀린 문제 수가 똑같다고 해서 실력이 오르지 않았다고 할 수는 없습니다. 그런데 주제 별로 문제가 수록되어 있는 객관식 책만 보신다거나 따로 신경 써서 문제 풀이에 걸린 시간이라는 부분을 체크하지 않는 경우에는 본인이 어느 정도 실력을 가지고 있고 실제 시험에서 어떤 점수가 나올 것인지에 대한 예측이 어렵다고 생각합니다. 꼭 시간의 중요성을 생각을 해보시고 문제를 더 잘 맞히는 것은 당연히 중요하지만 더 빨리 푸는 능력 또한 합격에 미치는 영향이 크다는 사실을 공부 계획을 하실 때 고려 하셨으면 합니다. 저의 경우를 예로 들면 기존 기출문제들에 대해 과목별이나 연도별로 난이도에 따른 편차는 있지만 평균적으로 실제 시험에서 주어진 시간의 절반에 90% 이상의 정답률을 확보하는 것을 목표로 공부했습니다.

또한 1차 시험을 준비하시는 분들의 경우 문제를 잘 맞히는 것보다 잘 틀리는 것이 중요하다고 생각합니다. 대한민국에서 중고등학교를 다니고 수능을 준비하셨던 분들은 다들 그렇겠지만 문제를 풀고 틀렸을 때 받는 스트레스가 상당히 큽니다. 10년이 넘는 학창시절동안 문제를 틀리면 큰일이 나는 것처럼 세뇌가 되어있는 우리들이 이 공부를 하면서 40문제짜리 객관식 시험에서도 몇 십문제를 틀릴 수 있다는 사실은 생각보다 큰 악영향을 줍니다. 즉 시험장에서 모르는 문제가 출제되었을 때 그 문제 하나만 틀리는 것이 아니라 한 문제를 못 풀었다는 사실이 멘탈을 흔들고 뒤에 풀어서 맞출 문제까지 틀리게 하는 경우가 많습니다. 나는 당연히 틀릴 수밖에 없다는 사실을 받아들이고 문제를 틀렸을 때 받는 스트레스를 의도적으로 컨트롤 하는 연습을 하셔야 합니다. 게다가 이 시험은 보통 사람이 하나의 전공을 가진다고 했을 때 일평생 접할 일도 없는 다른 분야의 지식을 여러 개를 섞어놓았기 때문에 개중에 개개인의 성향이나 적성에 맞지 않는 과목이 존재하고 그런 과목에서 고득점을 하는 것은 굉장히 힘든 일입니다. 그렇기 때문에 과목 별로 본인이 틀려도 되는 문제의 개수를 미리 정하고 그에 따른 과목 별 목표 점수가 최종 합격선을 넘을 수 있도록 계획을 세웠습니다. 이때에도 기출 문제집을 활용하시면 과목 별로 목표 설정이 보다 용이할 것이라고 생각합니다.

1차 시험은 과목별로 특별히 다른 공부 방법이 없었고 말문제와 계산형 문제 두 가지로 구분해서 준비했습니다. 말문제의 경우 기출 지문들을 빠르게 여러 번 읽어서 눈에 익혀두고 실제 시험장에서 문제를 읽어나가다가 거슬리는 지문을 정답으로 체크하는 방법으로 풀었고, 계산문제의 경우 속도를 올리기 위해 최대한 글씨를 안 쓰고 계산기만으로 풀 수 있게 연습했습니다.

(2) 2차시험

2차 시험은 다른 무엇보다 평정심을 유지하는 게 고득점으로 이어지는 방법이라고 생각합니다. 제가 평정심을 유지하기 위해서 취한 방법은 2차시험에서 주어지는 시간과 답안지라는 자원을 최대한 효율적으로 사용하는 것이었습니다. 즉 모르는 문제야 어차피 모르기 때문에 안 풀면 되고 시간이 모자라거나 답안지가 모자라서 문제를 풀지 못하는 상황을 예방하는 전략을 선택했습니다. 또한 다섯 과목을 모두 공부해야 하기 때문에 과목 별로 범위를 늘리기 보다는 상대적으로 적은 양을 여러 번 반복해서 깊이를 챙기고자 했습니다. 작년에 연습서 3회독을 하지 못했던 세법과 재무관리에서 60점을 넘지 못했기 때문에 올해에는 목표를 전과목 최소 3회독으로 잡았고 최초에 세웠던 계획은 주어진 시간인 4,5,6 월 세 달 간 한 달에 5과목 1회독씩을 하고 6월에는 3주차 까지 1회독을 마친 후 마지막 주에는 오답을 정리하고 시험장에 들어가려 했지만 당연스럽게도 실패했고 5월쯤 연습서의 2회독을 절반도 채 진행 하지 못하고 기출문제와 모의고사 형식의 문제집으로 교체하였습니다. 모의고사를 풀 때의 저의 목표치는 시험에서 출제되는 문제의 80%를 풀고 그 중 80%를 맞춘다면 64점으로 합격권이었기 때문에 미리 각 과목별로 쳐다도 보지 않을 주제들을 선정하고 그 외의 문제들만 풀어서 모든 과목을 1시간 내에 80점 이상의 득점을 하는 것으로 했습니다. 경험상 실제 시험 점수는 평상 시 풀던 것의 80% 미만으로 나오는 경우가 많았기 때문에 공부를 할 때는 80점 정도를 받아야 실제 시험에서 60점을 넘을 수 있을 것이라고 생각했습니다. 과목별로 좀 더 상세한 공부 방법은 다음과 같습니다.

세법

세법은 가장 약했던 과목이었습니다. 2차 시험 특성상 1차시험처럼 약한 과목의 투입 시간을 줄이는 것은 리스크가 너무 높기 때문에 가장 많은 시간을 투자한 과목입니다. 연습서로 1회독을 하면서 버리고 갈 문제와 한 번 더 풀어볼 문제를 선정했습니다. 그 후 절반 정도로 줄어든 문제들을 한 번 더 풀고, 모의고사 형태의 교재로 넘어갔습니다. 책의 앞부분에는 주제별 문제가 있는데 그 문제들을 하루에 3문제씩 첫날은 1, 2, 3번 둘째 날은 2, 3, 4번을 푸는 식으로 계속해서 반복하고 뒷부분에 있는 기출 모의고사를 하루에 2회씩 5월 중순부터 스터디가 있는 날을 제외하고 일주일에 4~5일 정도 꾸준히 풀었습니다. 세법 기출문제 같은 경우는 답안지를 7장, 시간은 1시간을 제한으로 두고 풀었습니다. 세법의 경우 상속세 증여세 부분을 맞추지 못하면 합격이 불가능한 경우가 없다고 생각을 해서 특별히 준비를 하지 않았는데 저처럼 여러 과목을 공부하셔야 하는 상황이라면 지엽적인 주제들은 과감하게 버리시는 게 좋은 전략이 될 것 같습니다.

재무관리

재무관리 또한 연습서 1회독을 하면서 오답이나, 중요하다고 생각되는 문제들을 선정하여 풀었고, 그 후 10년 간 기출문제를 2회 정도 반복해서 풀었습니다. 재무관리 또한 세법과 같이 답안지 7장과 1시간제한을 두었습니다. 시중에 있는 모의고사 문제도 1회 풀었는데 큰 도움이 된 것 같지는 않고 재무관리의 경우 기출문제를 깊이 있게 소화시키는 것이 좋다고 생각합니다. 특히 항상 나온다고 할 수 있는 CAPM과 기업구조이론 옵션 같은 경우에는 어떤 문제가 나와도 당황하지 않고 풀 수 있는 실력을 갖추는 것이 중요합니다. 특정한 주제에서 각 연도별로 문제를 어떻게 출제했는지를 분석해 보면서 내가 출제위원이라면 어떤 식으로 문제를 낼지 고민을 많이 하면서 공부했고, 기억력이 좋지 않아 공식들을 자주 까먹었기 때문에 혼자서 공식들을 증명해 보면서 그 과정에서 '몇 년도의 문제는 이걸 이용해서 출제를 했는데 다음 년도에는 이렇게 바꿔서 문제가 나왔네?' 같은 사고를 하며 공식을 까먹어도 문제를 풀 수 있도록 준비했습니다.

회계 감사

회계 감사는 1차 시험이 끝나고 4월 말 까지 온라인 강의를 수강하였고 그 후 매주 모의고사를 보는 GS 수업을 들었습니다. 진도별로 시험을 보기 때문에 1주일 동안 정해진 범위만 보고 일요일에 가서 시험을 보고 강평을 들었는데, 집에 가기 1시간 정도 전에 해당 범위의 교재를 읽고 일요일에 보는 시험에서도 가급적 1시간 안에 풀려고 노력했습니다. 아무래도 다른 과목보다 글로 써야 하는 양이 많아서 8회중 4번 정도밖에 1시간 안에 푼 적이 없는 것 같습니다. 종강 후에는 동 모의고사 8회분을 한 번 더 풀었고 2번 문제를 푸는 동안 답안지들을 보며 제가 틀렸던 부분과 중요한 부분들을 교재에 빨간색으로 표시해서 시험 직전엔 빨간 표시 된 문장들만 읽고 시험장에 들어갔습니다. 감사는 오히려 눈으로 보거나 입으로 말하는 것보다 많이 써보면서 특정 문항의 정답을 손에 익히는 것이 좋다고 생각합니다. 정답을 직접 쓰면서 문장을 가다듬고 그 문장이 빠른 속도로 써질 수 있도록 연습하면 좋을 것 같습니다.

원가 회계

원가 회계는 연습서 필수 리스트에 있는 140문제 정도를 하루에 5문제씩 꾸준히 풀었습니다. 작년에 함께 공부하시던 분께서 필수 문제를 3번 보면 원가는 떨어질 수가 없다고 하셨는데 그 말만 믿고 작년에도 올해도 하루 5문제를 꾸준히 풀었습니다. 다만 올해에는 2회 정도 반복을 하고 모의고사 문제집을 풀었습니다. 하루에 1시간 이상 투입하기가 좀 아까워서 최대한 빨리 푸는 방법을 많이 연구했고, 몇몇 주제들을 제외하고는 대부분 챕터를 펜을 사용하지 않고 계산기만으로 정답을 찾을 수 있게 되었습니다. 특히 종합원가 부분 같은 경우에는 글씨를 전혀 안 쓰고 문제 흐름에 따라 답을 적을 수 있는데 이런 식으로 하면 한 문제 풀이에 5~10분 정도 밖에 소요되지 않아 시간도 절약하고 머리로 생각을 많이 하다 보니 개념에 대한 이해도 깊어진 것 같습니다.

재무회계

재무회계 또한 시간 절약에 굉장히 많은 노력을 한 과목입니다. 연습서 풀이할 때는 하루에 20문제 정도 풀면서 1회독을 마치고 다른 과목과 동일하게 1회독 때 선별했던 문제들을 한 번 더 풀고 나서 모의고사 문제집으로 넘어갔습니다. 차변을 M- 대변을 M+라고 생각하고 손으로 쓰지 않고 계산기로 바로 분개를 한다고 생각하고 입력하면 MR을 눌렀을 때 찾는 계정과목의 금액이 나오기 때문에 계산기로 문제 푸는 연습을 많이 하면 1차시험에도 2차 시험에도 도움이 많이 됩니다. 혹은 대부분의 문제가 1차 방정식 이므로 자료에 주어진 숫자들을 눈으로 쭉 보면서 = 를 기준으로 좌변에 들어가야 할 숫자는 M-로 우변에 들어가야 할 숫자는 M+키로 입력을 하시면 답이 나옵니다. 현금흐름표처럼 분개를 주로 이용하는 문제들은 위쪽 방식으로, 연결회계처럼 여러 계정과목의 금액을 찾아야 하는 문제는 아래의 방식으로 문제를 풀었습니다. 답안지를 10장 시간은 1시간 10분을 제한으로 두고 모의고사 문제집을 풀었습니다.

저의 경우 하루 실 공부 시간을 측정해보니 9시간을 넘기기가 힘들어서 위에 적은 과목별 제한 시간대로 세법 3~4시간, 재무관리 2시간, 감사 1시간, 원가 1시간, 재무회계 1시간 30분 정도로 잡고 하루에 매일 5과목을 전부 보려고 했었습니다. 당연히 사람이 하루도 빠짐없이 저렇게 공부를 할 수는 없고 스터디가 있는 날은 일정의 차이는 있었지만 저 계획을 기본적인 틀로 삼고 수험 기간의 70% 이상은 성공적으로 수행했다고 생각합니다.

유정연

1. 재무회계

재무회계의 경우 중급회계와 고급회계 기본강의에서 배운 내용이 2차시험 때까지 계속 적용되기 때문에 기본에 해당하는 분개하는 법부터 충실히 연습하는 것이 필요합니다. 또한 다른 어떤 과목보다도 시간 압박이 크기 때문에 위의 분개를 통한 이해를 바탕으로 문제의 각 유형마다 문제풀이 틀을 완전히 체득하는 것이 1차 및 2차 시험의 고득점을 위한 방법이라고 생각합니다. 과목의 특성 상 이해와 암기의 성격이 모두 있기 때문에 처음 이해를 하고 문제를 풀었다 하더라도 여러 번 반복해서 풀어보지 않으면 감을 놓치기가 쉬워 꾸준히 전체범위를 훑어주는 것이 중요합니다. 재무회계 연습서는 재시 시절에 세 번 이상 반복하여 풀어보았습니다. 2차기간에는 3월과 4월 2주차까지 익숙하게 풀었던 연습서를 전수로 다시 한 번 풀고 그 진도에 맞춰 스터디원들과 진도별 gs 모의고사를 풀었습니다. 그 후에는 새로운 문제에도 제가 풀었던 풀이방식이 적용되는지 확인하고 다른 문제 스타일에 익숙해지기 위해 다른 강사의 연습서 필수문제 및 모의고사, gs모의고사를 푸는 것으로 마무리하고 시험장에 들어갔습니다. 모의고사를 통해 마지막까지 재무회계 전범위에 대한 문제풀이 접근방식을 숙지하고 있는 지 계속 확인하고 보완하려고 한 것이 중요했습니다.

- 김기동 〈재부회계연습〉, 18/19gs모의고사
  김재호 〈재무회계연습〉, 〈2차 파이널 재무회계〉
  신현걸 〈재무회계모의고사〉
- 1차 : 김재호〈객관식 재무회계파이널〉〈기출베스트 모의고사〉
  김기동〈객관식 재무회계〉

2. 세무회계

세법의 경우 1차, 2차를 합하여 세세한 부분까지 암기해야하는 양이 굉장히 많은 과목입니다. 강의를 듣고 공식을 암기하더라도 과목의 특성 상 바로 다음날 다시 보더라도 까먹기 쉽습니다. 하지만 다시 공식암기와 문제풀이를 반복하고 실수하는 부분을 따로 적어 오답노트를 만들어 그것만 무한 반복해서 보면 어느 시점에 문제풀이 방식이 익혀지고 실수도 빠르게 줄여나갈 수 있습니다. 2차 시험의 경우 답안작성 역시 중요한 부분이기 때문에 세무조정 등 어떠한 문제가 나왔을 때 답뿐만 아니라 그에 대한 자신만의 답안 작성 방법을 정해놓는 것이 필요하다고 생각합니다. 저는 재시 때 연습서를 여러 번 반복해서 보았었기 때문에 1차 시험이 끝난 후에 바로 실전연습에 돌입할 수 있었습니다. 3월부터 4월 2주차까지 총 6주간 그동안 익숙하게 풀어왔던 세무회계 연습서 필수문제를 진도별로 1회독하고 진도 나가는 것에 강제성을 부여하고 실전연습을 위해 매주 2회씩 진도별 모의고사집을 풀었습니다. 연습서 1회독을 한 후 5월까지는 전 범위에 대한 모의고사집을 주 2회씩 시간을 재고 풀고 진도별 모의고사집의 2회독을 병행하였습니다. 세무회계의 경우 전 범위로 계속해서 훑어주고 실전 연습을 하는 것이 매우 중요하다고 생각합니다. 이후 6월에는 그 동안 풀어왔던 연습서와 모의고사집을 오답위주로 정리하고 그동안 다른 과목을 챙기느라 공부하지 못한 상속세 및 증여세법 등 기타세법 부분을 학습하였습니다.

- 이승철 〈세무회계 연습〉, 정우승 〈세무회계 모의고사집〉, 강경태 〈세무회계리뷰〉
- 1차 : 이승철 〈객관식 세법〉, 주민규 〈하루에 끝장내기〉

3. 원가회계

원가관리회계의 경우 2차기간에 연습서 강의를 처음 들었고 다른 과목들에 비해서

1차와 2차시험 사이의 문제의 크기나 난이도의 격차가 크다고 느껴졌던 과목입니다. 2차 시험에서 60점 이상을 받기 위해서는 원가파트의 가장 핵심적인 문제들을 푸는 문제틀이 확실하게 머리에 정립되어 있어야 한다고 생각합니다. 저는 그래서 4월에 연습서 강의를 들은 후부터 모의고사집과 파이널교재로 핵심적인 각 강사들이 뽑은 핵심적인 문제들을 여러 번 반복하여 풀었고 한 문제를 푸는 데 시간이 오래 걸리는 만큼 6월에는 그 때까지 풀어두었던 답안지들을 참고하여 눈으로 풀다가 막히는 부분만 손으로 풀면서 문제를 회독하는 속도를 올렸습니다.

- 김용남 〈원가관리회계〉, 강경태 〈CPA파이널 2차 원가관리회계〉
  이승근 〈원가관리회계 모의고사집〉

4. 재무관리

재무관리의 경우 처음에 들을 때 그 논리를 이해하기가 제일 어려운 과목이라고 생각합니다. 저 역시 초시 때 기본강의를 들었지만 제대로 이해하지 못하고 흘러가는 강의만 보다가 결국에 제대로 가져가지 못한 기억이 있습니다. 재시 때 역시 여름방학에 연습서 강의를 꼼꼼하게 들으려고 했음에도 모든 파트마다 몇몇 문제에 대해서는 이해하지 못하고 넘어간 부분이 많았습니다. 결국 동차 때 다시 한번 강사를 바꾸어 연습서 강의를 수강하였고 한 강의로 이해하지 못하고 넘어갔던 부분이 보완되는 기분을 느꼈습니다. 저는 재무관리는 솔직히 처음 접하는 문제는 누구든지 쉽게 풀이를 떠올릴 수 없다고 생각을 했고 다른 동차생들보다 우위에 서는 방법은 최대한 다양한 문제를 접하는 것이라고 생각했습니다. 따라서 제가 수강한 두 강의의 연습서를 모두 가져가고 싶은 욕심이 생겼고 5월말까지 각각 2회독을 마쳤습니다. 제가 이렇게 가능했던 이유는 처음 문제를 풀때 필수문제리스트에 다시 풀어야할 것 같은 문제를 적었고 문제를 풀어놓은 답안지에 틀린 이유가 다시 봐야하는 이유를 꼼꼼하게 작성하여 다시 볼 때는 적어둔 사항을 확인하고 문제를 풀었기 때문이라고 생각합니다. 6월에는 이전까지 푼 문제의 오답정리를 하였습니다. 또한 스터디를 통해 재무관리 기출문제집을 풀었고 이영우 단기특강을 수강하여 실전연습을 하는 것으로 마무리했습니다.

- 이영우 〈재무관리 연습〉, 단기특강, 김종길 〈재무관리 연습〉
  김민환 〈재무관리 기출문제집〉
- 김종길 〈객관식 재무관리〉, 일일특강

5. 회계감사

2차시험 준비과정에서 처음 접하게 되는 회계감사는 저 역시도 처음에 버릴 것을 고려했을 정도로 마지막까지 많은 부담이 되었습니다. 1차시험 직후 처음에 강의를 들으며 재밌다고 느꼈었는데 다른 과목들과 병행하다보니 강의를 들을수록 앞에 있는 내용이 기억나지 않아 힘들었습니다. 저는 처음에 강의를 들을 때부터 목차를 들고 다니면서 그 날 수업내용을 그날그날 다 외우려고 노력했고 강의를 수강한 직후부터 감사목차스터디를 구해 내일내일 일정 분량씩 암기하였습니다. 그 덕분에 시험전날 목차를 다 외운 깃을 확인하고 시험장에 들어갈 수 있었습니다. 감사의 경우 목차를 완전하게 암기하는 것이 기본적으로 해야 하는 부분이라고 생각하기 때문에 일단 외웠다고 생각한 다음에 실제를 이 문제가 시험에 출제되었을 때 머릿속에서 출력될 수 있는지 확인하는 것이 중요합니다. 감사목차스터디의 경우 매일 밤에 스터디원들 중 출제자가 일정한 범위 내에서 문제를 출제하면 이를 목차를 보지 않고 시험지에 적고 이를 시간 내에 카톡방에 찍어올리는 방식으로 진행하였고 2회독부터는 같은 방식으로 범위를 누적하여 진행하였습니다. 목차 2회독이 끝난 시점인 6월 초부터는 어느 정도 감사의 내용이 숙지되어 있는 것처럼 느껴졌고 암기한 문장을 바탕으로 문제 상황에 맞는 답안을 작성하는 연습을 하기위해 권오상 선생님과 도정환 선생님의 gs모의고사를 구해 직접 답안을 작성해보았고 모범답안과 비교하여 부족한 부분을 보완하였으며, 나아가 모범답안 자체를 암기하는 것으로 마무리했습니다.

- 권오상〈스터디가이드〉, gs모의고사

6. 경제학

경제학의 경우 재시 12월에 객관식 강의를 빠르게 듣고 1,2월에는 문제풀이 연습을 하다가 시험을 봤습니다. 1차 시험에서 제게 가장 어려웠던 과목은 경제학이었습니다. 처음에 보고 문제가 안 풀리면 1교시이고 시간이 매우 부족하다보니 심적으로 굉장히 당황스럽기 때문입니다. 저는 이를 극복하기 위해 감평사, 7급, 국회8급 등 다른 시험의 경제학과목 기출을 구했고 매일 실제 시험시간보다 줄여서 일정한 문제를 풀었습니다. 다른 시험의 문제도 접하다 보니 처음보는 문제에 대한 대응력을 기를 수 있었고 시험 당일에도 원래 실력대로 시험을 치를 수 있었던 것 같습니다.

- 김판기 〈다이어트 경제학〉, 정병열 〈연도별 cpa, 공무원 기출문제집〉

7. 경영학

경영학의 경우 평소에 문제를 풀거나 해설을 참고하여 단권화 노트에 모든 내용을 다 담으려고 했고, 그 단권화 노트를 수도 없이 반복하여 읽었습니다. 경영학이라는 과목은 사실 매번 강의와 교재에서 다루는 내용을 벗어나 새로운 내용이 출제되기도 하지만 백점을 맞아야하는 시험이 아니기 때문에 공부한 내용만 확실히 맞추자는 생각으로 시험에 임하였던 것 같습니다.

• 전수환 〈객관식 경영학〉, 최중락 〈연도별 기출문제집〉

8. 상법

상법의 경우 저한테는 가장 자신있는 과목이었습니다. 서브노트에 모든 내용을 단권화하고 내용들을 다 암기한 후 연도별 기출문제집을 풀면서 출제된 내용이 계속하여 반복되는 것을 느꼈고 시험 전까지도 계속 안정적인 점수가 나왔습니다.

• 심유식 〈상법 서브노트〉
  정인국 〈연도별 상법 기출문제집〉 〈상법 하루에 끝장내기〉

3. 1, 2차 수험기간동안 Group Study는 어떻게 이루어졌으며 실전 시험에는 어느 정도의 효과가 있었습니까?

A **남동신** 1차 시험을 준비하는 동안은 아침에 규칙적으로 학원에 가기 위해 출석 스터디를 하였습니다. 저는 한 번 지각했을 때의 리스크를 극대화하기 위해서 대면 출석체크와 사진 출석체크를 여러 개 결합해서 최대한 늦지 않고 학원에 가려고 했습니다. 1회 지각이나 결석 시 벌금이 크지 않으면 그냥 내고 늦잠을 자는 경우가 많아서 극단적인 방법을 선택한 것 같습니다.

2차 시험의 경우 출석 스터디뿐만이 아니라 함께 모의고사 스터디도 전 과목을 진행했습니다. 함께 문제를 푸는 스터디의 경우 혼자 공부할 때는 안하고 집에 갈 것을 앉아서 풀게 해주기 때문에 저에게는 굉장히 큰 도움이 되었습니다. 특히 올해는 운이 좋게도 스터디에서 이야기 했던 문제들이 출제가 상당히 많이 되어서 그 덕분에 수석합격이라는 영광을 누리게 되지 않았나 싶습니다.

A **유정연** 재시 때 재무회계와 세무회계 스터디를 진행하였고 1차시험 막바지에는 경상경 스터디 및 1차 모의고사 스터디, 2차기간 중에는 전과목에 대하여 스터디를 만들어 함께 문제를 풀었습니다. 저는 혼자 공부를 하는 경우 어느 정도 보다가 막히는 경우 답지를 바로 보거나 실제로 암기가 된 것이 맞는지 스스로 확인하지 못하고 외웠다고 생각하는 경우가 많다고 생각했습니다. 이를 스터디를 통해 극복할 수 있었고 끝까지 긴장감을 유지하면서 실전연습을 하다가 시험을 보러 갈 수 있었다고 생각합니다. 또한 계획하던 스터디대로만 따라가면 처음의 계획을 어느 정도 실행할 수 있고 어려운 문제의 경우 잘하는 사람들에게 물어보면 오래 고민하지 않고 설명되는 부분이 많기 때문에 그

룹스터디에서 도움을 많이 받았다고 생각합니다. 저 또한 제게 질문해주시는 분들에게 답변하면서 헷갈리는 부분에 대한 논리를 제대로 쌓을 수 있었습니다.

🎤 4. 최근 1, 2차 시험과목별 출제경향과 수험대책은 어떤 것이 있습니까?

🅰 **남동신**   1차 시험의 경우 기출 문제를 조금씩 변형하여 출제가 되는 것이 80~90% 정도 된다고 생각합니다. 아예 기존에 없던 신유형의 문제들이 예를 들어 40문제 중에 8개가 출제되면 그 해의 그 과목은 어려웠던 과목, 90%를 충족시켜 4문제 정도가 출제되면 쉬웠던 과목이라고 이야기가 나오는 것 같습니다. 하지만 난이도와 무관하게 평균 80점을 획득하신다면 1차 시험에 정말 무리 없이 합격을 하실 수가 있기 때문에 반복 되서 출제되는 80%의 문제들을 정확하게 익히셔야 합니다. 앞서 말씀드린 바와 같이 잘하는 과목과 못하는 과목의 편차는 있겠지만 기본적으로 40문제(회계의 경우 50문제)의 5배수인 200문제 정도를 최소한의 완벽하게 숙지해야할 범위라고 생각 하시고 추가적인 부분은 본인의 역량에 맞게 선택을 하시는 전략이 유효하리라 생각합니다. 다들 한번씩 들어보셨겠지만 대각선의법칙 이라는 것이 있는데 우세한 곳에서 이익을 극대화 하여 대각선에 있는 열세인 쪽의 손해를 메꿔야 합니다.

   2차 시험의 경우 과목별로 이야기를 하겠습니다. 세법의 경우 일정한 출제 경향이 존재하지는 않는 것 같고 상·중·하의 난이도로 반복이 되는데 패턴이 존재하지가 않습니다. 문제의 형식은 상당히 정형화가 되어 있지만 각 문제의 난이도가 동일한 주제에서도 널뛰기를 하는 과목이므로 특히 반복해서 출제되는 법인세 빈출 주제와 소득세, 부가세 종합문제의 경우 실제 시험보다 자료가 방대한 문제들을 풀며 대비하는 게 효과적일 것이라 생각합니다.

   재무관리의 경우는 총 7문제가 출제되는데 이 중 건드리면 안되는 문제가 몇 개냐에 따라 그 해의 난이도가 결정이 된다고 생각합니다. 보통 2~4개 정도인데 올해는 3번 문제와 4번 문제 정도가 아니었나 생각이 듭니다. 그런데 제가 작년과 올해 2차시험을 복기를 해본 결과 재무관리 같은 경우 풀지 말라고 낸 문제를 안풀어도 합격에는 지장이 없습니다. 다만 아무것도 쓰지 않고 소위 말하는 백지답안을 제출하는 것은 절대 안됩니다. 문제라도 똑같이 써서 내셔야해요. 정리하자면 연도별로 정리된 기출문제를 보시면서 어떤 문제가 풀지 말라고 낸 문제인지 구분하는 연습을 하시고, 그런 문제들을 파지검사 시간에 선별하신 후 나머지 문제들을 열심히 푼 다음에 안 푸는 문제들에 대해서 여러 가지 이야기를 작성해 주시면 됩니다.

   회계 감사는 기출 분석을 심도있게 해본 적은 없는데 그 이유는 늘 평이했기 때문이고 다른 과목과 마찬가지로 어렵고 지엽적인 부분이 얼마나 많이 출제되느냐에 따라 난이도가 결정이 됩니다. 다만 항상 기본적인 문제들의 배점 비율이 60%를 넘기 때문에 아무 말이나 써주시면 됩니다.

원가 회계도 재무관리와 비슷하게 난이도의 편차가 해마다 심한 편인데 유예생의 비율이나 뭐 작년 난이도 같은걸 이용해 예측을 하는 경우가 많은데 큰 의미는 없는 것 같습니다. 출제 경향이나 난이도가 큰 의미가 없는 이유는 어차피 과목별로 합격시켜야 할 인원이 정해져 있기 때문에 대략적으로 본인의 답안지의 순위가 반만 접는다면 합격 하신다고 생각하시면 됩니다. 가장 중요한 것은 역시 마찬가지로 파지 검사를 하시면서 풀지 말아야 할 문제를 선별하는 작업입니다. 올 해 같은 경우에는 1번 문제였고 작년 같은 경우 학습곡선 문제가 풀면 안되는 문제 였습니다. 문제를 고르신 후에는 배점 10 점당 답안지 한쪽을 분배 하셔서 칸을 비우고 편한 문제부터 푸시는게 정답입니다. 앞서 과목 별 공부 방법에서 이야기 했던 답안 길이를 조절할 수 있는 능력이 여기서 참 중요 하다고 생각됩니다. 문제를 번호 순서대로 풀지 않기 때문에 뒤에 답안지가 모자란 경우 가 생길 위험이 있으므로 쉬운 문제들의 풀이과정을 생략하는 연습을 하는 것이 최대한 모든 문항에 답안을 작성 가능하게 해줍니다.

계속 같은 말을 반복하는 것 같아 죄송하지만 재무회계 또한 어려운 문제가 몇 문제 나오고 쉽게 풀 수 있는 문제들이 배점비율의 60%를 넘습니다. 정말 와 닿지가 않는 챕터가 있다면 한 두 챕터 정도 버리셔도 합격하실 수 있고 혹은 특정 챕터의 지엽적인 주제 가령 올해 출제 되었던 해외 연결 문제 같은 경우에는 굳이 풀지 않아도 상관이 없었다고 생각 합니다.

다만 2차시험에서는 변동성을 최소화하기 위해 1차시험과는 달리 어려운 과목의 투입 량을 높여주시는게 좋은 것 같고 저 같은 경우에는 두 번 모두 다섯 과목을 공부하는 바람에 과목 별로 버리고 가는 주제도 많은 편이었고 공부의 깊이가 깊지 않아 유예생 분들에게는 큰 도움이 되지 못할 것 같아 죄송합니다.

🅰 **유정연**   2차 시험의 경우 유예공부로 넘어가는 경우 어떤 과목이든 공부해야하는 양이 몇 배로 늘어나고 매 시험마다 시험의 난이도와 채점방식이 달라지기 때문에 동차기간 에 힘들더라도 모든 과목을 다 가져가는 것이 제 전략이었습니다. 하지만 2차기간이 워 낙 짧기 때문에 이를 위해서는 1차 기간 동안 세무회계와 재무회계 최소한 이 두 과목에 대해서는 연습서 강의를 듣고 2차 수준의 문제를 여러 번 반복해서 풀어봐야 한다고 생 각합니다. 저는 재시 당시에 1학기에는 재무회계 강의, 여름방학 때는 세무회계강의, 9월 에는 재무관리 과목을 들었고 11월까지 세 과목 연습서를 모두 2번 이상 풀었고 2차기 간에는 강의를 줄여 들으면서 공부해두었던 과목에 대해서는 바로 문제풀이에 돌입하였 습니다.

5. 수험생활 중에 본 1, 2차 각 과목별 도서목록을 정리해 주시면 고맙겠습니다.

Ⓐ 남동신

1차시험
- 경영학 : 전수환 객관식 경영학, 기출문제집
- 재무관리 : 김민환 하루에 끝장내기, 기출문제집
- 경제학 : 정병열 경제 기출문제집
- 상법 : 이수천 객관식 상법, 기출문제집
- 세법 : 주민규 하루에 끝장내기
- 재무회계 : 김재호 기출베스트, 재무회계FINAL
- 원가회계 : 임세진 기출문제집

2차시험
- 세법 : 강경태 연습서, 리뷰
- 재무관리 : 김민환 연습서, 기출문제집
- 감사 : 권오상 스터디가이드
- 원가회계 : 임세진 연습서, 이승근 모의고사
- 재무회계 : 김재호 연습서, FINAL, 식규걸 모의고사

6. 수험생입장에서 구하기 어려웠다거나 보강되었으면 하는 특정 과목이나 내용의 수험서가 있습니까?

Ⓐ **남동신** 딱히 없습니다.

Ⓐ **유정연** 재무관리 개념 요약서 공식모음집이 새로이 필요하다고 생각합니다. 2차과목 중 회계감사의 경우 목차, 재무회계의 경우 워크북, 세무회계의 경우 서브노트, 원가회계의 경우 파이널문제집 등 시험 직전에 암기한 공식들의 기억을 살리고 말문제를 대비하기 위해 보는 책들이 있는데 재무관리의 경우 직전에 무슨 책을 봐야할 지 애매했습니다.

7. 수험공부 시 학원 강의, 인터넷강의, 강의tape중 이용도 측면에서 어떤 방법을 선호했습니까?

A 남동신 저 같은 경우 인터넷 강의 수강을 선호 했습니다.

A 유정연 저는 일부 인터넷강의가 열리지 않는 gs모의고사 수업을 제외하고 모두 인터넷강의로 수강하였습니다. 인터넷강의로 수강 시 거의 1.8배속으로 수강하고 원하는 부분만 발췌하여 들을 수 있어서 훨씬 효율적이라고 생각합니다.

8. 수험생활 중 애로사항과 본인만의 스트레스 해소방법은?

A 남동신 딱히 애로사항이라고 할 만한 부분은 없었습니다. 저는 게임을 정말 좋아하는데 직접 하면 돌이킬 수가 없어서 매일 밤마다 자기 전에 게임 방송이나 경기를 보다가 잠들었습니다. 수험생 분들이 각자의 취미를 즐길 시간이 없으니 저처럼 대리만족을 하는 것이 스트레스 해소에 도움이 될 수도 있을 것 같습니다. 다만 저렇게 보다가 더 하고 싶어져 본인의 취미를 즐기러 가는 경우도 상당히 많으니 조심하셨으면 합니다. 저도 게임 끊고 공부에만 집중하는 데에만 3년이란 시간이 걸렸습니다.

A 유정연 체력 관리에 크게 신경 쓰지 못했기 때문에 2차 시험 한 달 남은 시점부터 체력적으로 힘들었습니다. 원하는 시간에 일어나지 못해서, 또 이전만큼 집중력을 오래 유지하지 못해서 버리게 되는 시간이 많아졌고 계획한대로 하루 일정을 마무리하지 못한 것이 특히 힘들었습니다. 2차기간이 정말 시간이 많이 부족하기 때문에 힘들지만 최대한 미리 체력관리를 해둘 것을 당부 드립니다.

시험 중 저는 고시반에서 같이 공부하던 언니, 오빠들과 스트레스를 풀기 위해 가끔 근처에 쇼핑하러가거나 학교 라운지에서 야식을 시켜먹었습니다. 또한 저희 학교 건물들이 너무 예쁘고 산책하기 좋은 환경이라 공부가 안될 때마다 감사목차를 들고 산책하면서 감사기준을 암기했습니다.

9. 학점이수제도와 영어시험대체제도가 시행됨에 따른 주의해야 할 점이나 영어공부한 방법은?

A 남동신 이 부분은 제가 경험을 해보지 못해서 잘 모르겠습니다.

A 유정연 영어공부의 경우 학교 경영학과 수업이 상당 부분 영강으로 진행되기 때문에 고등학교 때까지 공부했던 영어를 어느 정도 유지하고 있을 수 있었습니다.

🎙️ 10. 제2차시험 부분합격제도에 따른 부분합격과목 활용사례나 주의해야 할 점은?

🅰️ **남동신** 부분 합격을 해본 적이 없어 감히 말씀드리기가 어렵습니다.

🅰️ **유정연** 사실 저는 1차기간 중 2차시험이 끝나자마자 교환학생을 계획하고 있었기 때문에 교환학생을 다녀오기 위해서는 2차시험에서 최소한 3과목은 붙여놔야 한다고 생각을 했고 원래 연습서 공부를 어느 정도 해두었던 재무회계와 세무회계, 재무관리의 경우 연습서만 보는 것이 아니라 모의고사집 등 실전 연습을 충분히 하여 유예생 수준으로 보수적으로 공부하자는 마음가짐으로 임했습니다. 따라서 유예생들과 함께 공부를 했고 결과적으로 그 세과목에 대해서는 시험을 본 후 안정적으로 붙을 수 있겠다고 생각을 하였고 교환학생을 올 수 있었습니다. 따라서 동차기간에 자신이 있다고 생각하는 과목들에 대해서는 유예생이 공부하는 정도로 보수적으로 공부하는 것이 부분합격제도를 활용하는 방법이라고 생각합니다.

🎙️ 11. 수험생에게 당부하고 싶은 말은?

🅰️ **남동신** 오랜 기간 공부하면서 정말 힘들었습니다. 공부가 힘든 게 아니라 공부를 너무 안 했기 때문에 공부조차 힘들게 할 수 없는 한심한 제 모습을 보는 게 힘들었습니다. 다만 올해는 공부를 저 나름대로는 정말 열심히 했는데 꾸준하게 공부를 하다 보니 공부를 하느라 힘든 것은 익숙하고 당연해져서 힘든지도 모르는 상태가 되었습니다. 꾸준히 힘들면 안 힘들어 집니다. 여러분. 조금만 더 힘드시면 달콤한 합격이 여러분들을 기다리고 있습니다.

🅰️ **유정연** 강사를 선택하는 것에 관련하여 말씀드립니다. 처음 시작할 때 저는 어떤 강사든 합격생은 있고 누구를 선택하든 상관이 없다는 생각에 나와 잘 맞는지에 대해서 생각하지 않고 과목별로 처음 보이는 강사를 선택했습니다. 저는 이것이 초시 때 떨어진 이유 중에 하나라고 생각했고 다시 공부를 시작할 때 거의 모든 과목의 강사를 바꿔듣게 되었습니다. 진입하시기 전에 합격한 사람들의 조언을 충분히 듣고 강사를 신중하게 선택하시길 바랍니다.

다음으로 모의고사 및 학교 자체 시험 등 본인의 실력을 객관적으로 볼 수 있는 계기를 많이 만들어두어 꾸준히 동기부여를 시키는 것이 정말 중요합니다. 일단 바로 응시해야 하는 시험이 있으면 스트레스를 받더라도 그 기간에 효율이 정말 높습니다. 또한 한 과목만 잘하는 것이 아니라 많은 범위의 여러 과목을 균형있게 챙겨야하는 시험이기 때문에 결과를 확인했을 때 전체 과목들 중에서 내가 상대적으로 어디가 약한지 느끼고 어떻게 보충해야하는 지 생각하여 앞으로의 계획에 반영할 수 있습니다.

마지막으로 2차시험에 대해서 풀어야하는 문제 수가 너무 많고 한문제마다 푸는 데 시간도 오래 걸리기 때문에 매번 문제를 풀 때마다 이 문제를 다시 풀어야하는지 생각하면서 푸는 것이 중요합니다. 저는 각 과목별 강사님들이 미리 작성해주신 필수문제리스트를 항상 책에 끼워서 다니면서 한 문제를 풀 때마다 그 위에 틀린 문제, 중요한 문제를 각각 표시해두었고 문제를 푼 답안지에는 틀린 이유 또는 몰랐던 내용을 다른 색깔 볼펜으로 적어두고 해당 문제를 3번째 볼 때부터는 그 적어둔 내용을 먼저 읽어보고 알면 넘어가는 방식으로 시간을 단축시켰습니다.

12. 앞으로의 계획은? 끝으로 하고 싶은 말은?

A 남동신 앞으로는 회계법인에 입사하여 회계사로써의 역량을 키워나갈 예정입니다.

끝으로 시험을 포기하려던 저를 한번 더 도전하도록 설득해주신 부모님께 먼저 감사드리고 20년이 넘는 세월 한결같이 제 옆에 친구로 있어준 상현이, 병철이, 재훈이, 한동, 기현이, 수진이 감사하고 공부하던 긴 세월 참 많이도 얻어먹었던 우리 명치 웅식이, 연호, 우철이, 유근이, 승규, 창이, 주문이 방구석에서 같이 랩하던 BDG의 유남이, 성민이, 재두, 성빈이, 참새, 민찬이, 인산이, 종수 감사합니다. 진짜 가족같았던 예슬이, 보경이, 유란이, 은지, 늦잠자면 전화해서 깨워주던 선미, 개미, 같이 공부하느라 고생했던 푸름이, 아미, 희원이, 유경이 다들 고맙습니다.

마지막으로 제일 사랑하는 내 동생 동현아. 올해는 드디어 너한테 좋은 소식 가져갈 수 있게 됐다. 너무 보고싶고 생일 축하한다. 곧 보자.

A 유정연 앞으로의 계획은 교환학생을 잘 마무리하고 올해 말 파트업무를 통해 회계사로서의 경험을 쌓고 앞으로 졸업까지 남은 1년간 어떤 공부를 해야 할 지 고민해보고자 합니다. 시험 합격 후 주변에 연락해주신 현직 선배님들께서 회계사님이라고 처음 불러주셨을 때의 감동이 정말 컸습니다. 지금 현재 공부하고 계시는 수험생분들도 그 감동을 같이 공유하고 싶습니다. 풀리던 문제가 갑자기 안 풀리고 틀렸던 문제를 또 다시 틀릴 때 등 수험기간 중 자신감이 떨어지는 시기가 분명이 올 것입니다. 저도 정말 내가 할 수 있을까에 대해서 많은 고민을 했었는데 지금 수험생활을 하시는 모든 분들께서 스스로를 믿고 끝까지 버텨서 성취하시기 바랍니다!

최고득점·최연소 합격자 인터뷰

김 용 재
1995년 11월 17일 출생
서울외고 중국어과 졸업
연세대학교 경영학과 2학년 재학 중
2018년 제53회 공인회계사 제2차시험
최고득점 합격자

김 태 윤
1997년 4월 14일 출생
운정고등학교 졸업
UNIST 경영공학부 2학년 2학기 재학 중
2018년 제53회 공인회계사 제2차시험
최연소 합격자

 1. 자기소개, 응시동기, 합격소감은?

김용재 　안녕하세요 이번 제53회 공인회계사 시험 수석 합격자 김용재입니다.

저는 회계사의 경제적 안정성을 이유로 시험에 도전했습니다. 집안 형편이 여유롭지 않고, 아버지께서 일반 회사원들처럼 머리를 하는 일이 아닌 몸으로 하는 일을 하시다보니 연세 더 드시기 전에 하루라도 더 빨리 제 진로가 안정되어서 아버지의 짐을 덜어드려야 한다는 생각이 진로 선택에서 가장 중요한 요인이었습니다. 회계사를 합격하게 된다면 졸업 전에도 파트 업무를 통해 등록금과, 저의 생활비를 마련할 수 있기 때문에 회계사 시험에 도전하기로 결정했습니다.

합격 소식을 처음 들었을 때는 마냥 기뻤는데 막상 정신을 차리고 보니 엄청난 부담감이 되더라고요. 수석 합격자라는 기대에 부응할 수 있도록 최선을 다하겠습니다.

⚠ 김태윤　저는 올해 22살(만21살, 1997년 4월 14일 생)로 자율형공립고인 운정고등학교를 졸업했고 3기 학생회장을 역임했었습니다. 대학은 UNIST 경영공학부 2학년 2학기를 재학중입니다.

회계사에 대해 어렴풋이 도전하고 싶다고 생각한 것은 1학년 여름방학 때 혼자 유럽여행을 떠났을 때 였습니다. 당시 혼자 떠났기에 매일매일 새로운 동행 분들을 구해서 여행했는데 그때 우연히 회계사 분을 만나 동행을 하며 회계사에 대한 이모저모를 알게 되고 회계사라는 금융분야의 전문가에 대해 매력을 느꼈습니다. 또한 회계사 공부를 통해 배우는 내용이 제가 지금 공부하고 있는 전공에 있어 저만의 강점을 만들어 줄 수 있다고 생각했습니다. 그리고 당시에 조금은 느슨하게 살고 있던 제 모습에서 벗어나 한 번쯤 정말 최선을 다했다는 말이 부끄럽지 않게 20대 초반을 보내고 싶었습니다.

개강을 일찍 하였기 때문에 평소처럼 수업을 듣고 있다가 나가서 전화를 받고 최연소 합격 소식을 들었을 때 정말 너무 놀랐고 최연소 합격했다는 사실이 너무 믿기지 않았습니다. 동차합격만 해도 정말 좋을 것 같았는데 우연한 기회에 최연소 합격까지 하게 되어 영광이고 앞으로도 회계사 공부를 처음 시작했을 때의 마음가짐을 잃지 않고 열심히 노력하고 싶습니다.

🎤 2. 1, 2차 시험대비 수험대책으로 자신만의 효율적인 각 과목별 공부방법과 준비 요령은? (수험기간, 공부시간, 수험정보 입수경로 등 포함)

⚠ 김용재

(1) 2015년 3월~2017년 2월 : 군대에서 기본 강의 1회독을 시험자격요건 취득

저는 1학년을 마치고 21살이 되자마자 병역의 의무를 이행하기 위해 1월에 바로 입대했습니다. 그리고 군대에서 성패를 갈랐던 결정적인 차이를 만들고 제대했습니다. 제 동차, 그리고 수석 합격은 군대에서 결정되었다고 할 수 있을 만큼 군에서의 공부는 제 수험 전반에 엄청난 영향을 미쳤습니다. 저는 자대 배치를 받으면서부터 공부를 시작해 제대할 때까지 중급회계부터 시작해서 거시경제학, 고급회계, 정부회계를 제외한 모든 과목의 기본강의를 들었습니다.

군대에 있을 때에는 6시에 퇴근 후, 저녁을 먹고 샤워를 한 뒤, 7시 반부터 9시 반 청소 시간 전까지 공부를 했습니다. 10시에 점호가 끝난 뒤에 바로 생활관에 있는 독서실로 향했습니다. 점호가 끝나자마자 방을 나가지 않으면 생활관에 있는 선후임들이랑 같이 TV를 보게 되어서 자연스럽게 그날 밤 공부를 못하기 때문입니다. 취침 시간이 10시 반이었는데 연등을 12시까지 할 수 있어서 저는 보통 11시까지 공부를 하고 방에

들어와 잠을 잤습니다.

　대부분의 사람들이 제가 군대에서 공부를 했다고 말을 하면 '군대에서 공부하기 힘들었겠다.'는 반응이 제일 먼저 나옵니다. 아침 일찍 일어나서부터 땀을 흘리며 고된 일과를 끝내고, 샤워하고 내무반에 들어오면 눕고 싶은 게 당연하죠. 실제로 저도 부대 회식으로, TV에서 재미있는 프로그램이 나와서, 혹은 그냥 하기 싫어서 공부를 하지 않은 날들도 있습니다. 하지만 그럼에도 불구하고 군대 환경을 통해 공부의 중요성을 피부로 느끼며 다시 한 번 의지를 다질 수 있었습니다. 저희 부대에는 '기체정비'란 병과가 있었습니다. 기술학교 출신들이 많았고, 고졸 출신도 꽤 있었습니다. 반면에 행정병들은 수능 성적으로 선발하기 때문에 주로 고학력의 학사과정의 사람들이 많았습니다. 정비병들은 추운 겨울에는 손이 얼었는데도 걸레로 칼라 묻은 비행기를 닦아야 하고, 더운 여름에는 사우나 같은 이글루 안에서 항공기가 뿜어내는 열기와 싸워야 했습니다. 반면에 행정병들은 스트레스를 많이 받는 업무를 하지만 더울 땐 시원한 에어컨 밑에서, 추울 땐 따뜻한 히터 아래에서 일을 할 수 있었습니다.

　저는 불평등하고, 양극화가 만연한 대한민국 사회에서 군대가 그나마 평등한 사회라고 생각합니다. 나이가 몇 살이건, 밖에서 무슨 일을 했건, 부모님이 얼마나 대단한 분이시건 입대일자로 선후임이 결정되고, 모두 똑같은 월급을 받으며 같은 기간 복무하기 때문입니다. 그런데 '이렇게 평등한 조직에서조차 공부에 따라 다른 삶을 산다면, 밖은 얼마나 공부가 중요할까?'라는 생각이 자연스럽게 들었습니다. 퇴근해 생활관에 오면 스트레스도 많이 받았고 피곤하지만 제대 후 사회에서 훨씬 더 고생할 것을 생각하면 정신이 번쩍 들며 PMP를 켰습니다.

　군 생활과 수험 공부를 병행하는 과정 끝에 저는 2017년 1월에 제대한 후, 도서관에서 거시경제학까지 수강하고, 바로 2월에 참가에 의의를 두는 마음으로 1차시험에 응시했습니다. 짧은 공부 시간 때문에 회계학과 세법에서는 점수가 나오지 않아서 합격할 수 없었지만 총점 339점으로 (17년도 커트라인 379) 1년만 더 하면 1차는 충분히 붙을 수 있겠다는 자신감을 갖고 학원에서 공부를 시작할 수 있었습니다.

(2) 2017년 3월~2017년 6월 : 3월 봄기본 종합반 수강

　학원을 다닐 때에는 아침 7시 반에 일어나 밥을 먹고 8시에 집에서 나가, 학원에 8시 반에 도착해서 8시40분부터 수업을 들었습니다. 오전 수업만 있는 경우도 있고, 오후 수업까지 있는 경우도 있는데요, 수업이 끝나면 당일에 배운 내용을 복습했습니다. 저는 잠이 많아서 보통은 11시 쯤, 아무리 늦어도 12시 안에는 잠자리에 들려고 노력했습니다.

　1월에 제대하고 바로 공부를 하니 주변에서 우려의 목소리가 많았습니다. '학교를 다

니면서 좀 공부하다가 시작하는 것이 않겠냐,' '제대해서 바로 공부하려면 힘들지 않겠냐.'

첫 번째 우려는 학교 강의와 학원 강의의 차이를 잘 모르기 때문에 생기는 것이라고 생각합니다. 학교 수업과 학원 수업의 차이는 두 가지가 있습니다. 우선, 학교 강의는 수험생들은 위한 강의가 아닙니다. 대학교는 학원과 달리 시험을 합격시키려고 존재하는 것이 아니라 학문을 발전시키기 위해 깊이 연구하는 기관입니다. 당연히 그 수업의 목표도 차이가 날 수밖에 없습니다. 학원에서는 시험에 잘 나오는 것을 중요한 것으로 간주하고, 시험 문제를 빨리 풀 수 있는 방법을 가르칩니다. 때로는 논리적으로 완벽하진 않지만 대부분의 문제에 적용 가능한 편법으로 문제를 풀기도 합니다. 이와 달리 학교에서는 CPA 문제에 관점을 두고 수업을 진행하지 않습니다. 순수 이론과 관련된 개념도 많이 배우고, 중간, 기말 고사에는 CPA 시험에서 거의 다루지 않는 논술형 문제도 출제됩니다. CPA 과목 중 상법에서 그 차이가 가장 극명하게 드러난다고 생각합니다. CPA 상법은 전부 객관식입니다. 한마디로, 제시된 지문이 맞는 말인지, 틀린 말인지만 파악하면 됩니다. 하지만 학교 수업은 법'학'에 대해서 배웁니다. 다른 학교를 다니는 지인을 통해서 상법 수업에 대해 들었는데, 조문을 암기해서 쓸 줄 알아야 되고, 심지어는 본인의 생각도 표현할 줄 알아야 한다고 합니다. 공부목적에 따라 적합한 수업을 선택하시길 바랍니다.

학교 강의는 수업의 방향이 수험을 목적으로 이루어지지 않는다는 특징을 지니지만, 저는 그것보다 수업 시수가 더 중요한 차이를 만든다고 생각합니다. 학원에서는 하루에 4시간씩 수업을 진행합니다. 회계사 과목 중 강의 수가 가장 짧은 회계원리로 예를 들면, 강의가 약 50개 정도 됩니다. 각 강이 대부분 70~80분 정도 되고, 총 강의시간은 60시간입니다. 대학교의 한 학기는 16주인데, 중간 기말고사 2주와 첫 주 OT, 그리고 명절까지 수업을 하지 않으므로 실질적으로 12~13주 간 수업이 진행됩니다. 대부분의 수업이 3학점이므로 한 과목에 대해서 최대 39시간 강의가 이루어지는 셈입니다. 학원 강의 시간이 학교 강의 시간의 1.5배에 달합니다. 방대한 양에 비해서 수업 시간이 절대적으로 부족하므로 강의가 다루는 범위, 혹은 깊이에서 부실할 수밖에 없습니다. 가장 양이 적은 회계원리에서 이 정도 차이가 날 정도이니, 세무회계나 재무관리 등의 과목은 문제가 더 크다고 할 수 있습니다. 학교를 다니면서 좀 공부하다가 시작하는 것이 않을까 하는 걱정은 굳이 안 하셔도 될 것입니다. 학원 강의만 제대로 공부해도 시험을 보는데 어떠한 지장도 없습니다.

물론 학교에서 조금이라도 배워놓으면 공부를 본격적으로 할 때 도움이 되긴 할 것입니다. 개념을 들어보았고, 중간·기말고사를 보면서 문제도 몇 번 풀어보았기 때문입니다. 하지만 이 때문에 수험 진입을 늦추지는 않길 바랍니다. 저는 1학년만 마치고 진입했고,

학교에서 경제학 입문을 제외한 어떠한 CPA 과목도 듣지 않았습니다. 학원 강의만으로도 충분히 합격 가능합니다. 오히려 늦게 진입할수록 부담이 많아 공부에 집중하기 힘들 것이라 생각합니다. 빨리 합격하고 학교에 돌아간다면 부수적으로 학점을 좋게 받을 수 있는 장점도 있습니다. 고민 중이시라면, 일 년이라도 빨리 진입할 것을 추천합니다.

제대해서 바로 공부하려면 힘들지 않겠느냐는 두 번째 우려는 생각보다 큰 문제가 아니었습니다. 군대라는 답답한 곳에서 나와서, 사회에 나온 것만으로도 충분히 행복했고, 저에게는 학원마저도 충분히 자유롭게 느껴졌기 때문입니다. 군대에 있으면 생각지도 못한 제약이 참 많습니다. 저는 업무나 공부 외적으로 생활에 제약이 걸리면 굉장히 답답해하는 성격을 갖고 있습니다. 가령, 군대에서는 밖에 있을 때 모자를 벗으면 안 되고, 주머니에 손을 집어넣고 걸어도 안 되며, 걸으며 음식물을 먹는 것도 안 됩니다. 이런 제약이 풀리니 제대 후에 처음으로 학원에서 수업을 들을 땐 신나기까지 했습니다. 오히려 학교로 복학했다가 다시 학원으로 돌아왔다면 정말 놀고 싶고, 너무 답답해서 제가 과연 꾹 참고 공부를 할 수 있었을지 의문입니다. 아직 군 문제가 해결되지 않은 분들은 입대를 먼저 해서 군대에서 최대한 많이 공부를 하고, 학점도 모두 이수한 후 군에서 가져온 건강한 몸과 생활 패턴을 바탕으로 본격적인 수험생활을 시작하기를 권합니다.

(3) 2017년 7월~2017년 9월 : 심화 종합반 수강

기본 종합반 종강 후, 심화 종합반까지 학원에서 현장 강의를 수강하였습니다. 재무회계, 세무회계, 재무관리, 원가관리 4과목을 1.5차 느낌으로 강의하는데, 군대의 공부가 1차 합격에서 결정적이었다면, 동차 합격에서는 심화반 시기가 중요한 밑거름이 되었다고 생각합니다. 연습서를 강의하지만 1차생들을 상대로 수업하기 때문에 선생님들께서 큰 틀 위주로 가르치시고, 각 챕터의 1,2번 문제 정도만 풀어서 1차생들도 간단한 2차 문제를 접할 수 있습니다.

이를 거치고 객관식 문제를 푸니 문제를 내다 말았다는 느낌을 받을 수 있었습니다. 전체 틀을 아니까 자연스럽게 문제 푸는 속도도 빨라졌습니다. 가장 시간 압박이 큰 것이 3교시 회계학인데요, 원가 문제는 구경도 못하고 찍는 수험생들이 참 많습니다. 저는 심화반 시기에 2차 문제를 풀면서 전체 흐름을 파악했기 때문에 객관식 책을 공부할 때 문제 풀이 속도를 빠르게 향상시켜, 회계학 50문항을 다 풀고 고득점을 할 수 있었습니다.

저는 다른 수험생들보다 여유가 있는 편이어서 심화반 시기에 감사를 인터넷 강의로 혼자 들었는데요, 이것이 동차에 엄청난 도움이 되었습니다. 초시생들은 현실적으로 심화반 강의 따라가기도 힘들지만, 제가 아는 재시생들에게는 꼭 여름에 감사 강의를 들으라고 강조합니다. 회계감사 과목이 2차에 새로 추가되는 과목이고, 다른 4과목과 전혀 스타일이 다른 과목이어서 동차를 가로막는 아주 큰 장애물입니다. 유예생분들은 동차 때 한 번 듣고, 또 유예 때는 과목도 적으니 감사에 많은 시간을 투입할 수 있는 반면 동차생들은 회세잼원 하느라 바쁜데 감사의 암기량도 엄청나기 때문에 현실적으로 유예생들과 경쟁하는 것이 불가능합니다. 실제로 제가 올해 시험 볼 때에도 동차생과 유예생들은 다른 건물을 쓰는데, 감사 시간이 되니 수험생분들이 우르르 시험장을 빠져나갔습니다. 저희 고사장은 약 1/4 가량이 아예 감사를 포기하고 응시하지 않았습니다. 재시생분들은 동차를 위해서라면 여름에 감사 수업을 듣는 것을 강력 추천 드립니다.

저는 학원 생활을 했는데요, 단체로 공부를 하는 생활에 예상치 못한 문제점이 있었습니다. 대부분의 학생들은 공부를 열심히 하는데 극히 일부의 학생들은 그렇지 않았다는 점입니다. 모두가 같이 최선을 다 하는 분위기면 더 자극을 받고, 동기 부여가 되어서 열심히 하는데, 노는 사람들이 조금이라도 있으면 분위기가 흐려져서 열심히 하는 사람들이 기운이 빠지는 경우가 종종 있었습니다.

저는 이런 경우가 발생할 때마다, 그들의 웃음이 언제까지 계속될 수 있을까 속으로 생각했습니다. 학원이든, 고시반이든, 도서관이든, 혹은 저처럼 군대에서든 주변에 재밌게 놀고 있는 사람들이 있을 것입니다. 그런 사람들을 보면 참 행복해 보이고, 같이 놀고 싶다는 생각이 들 것입니다. 하지만 명심하길 바랍니다. 최후에 웃는 사람이 누구일지. 조금만 참고 더 늦게 웃는 사람이 훨씬 더 행복하고, 더 오래 웃을 수 있을 것입니다. 남들처럼 생각하고, 남들처럼 행동하면 남들과 다른 삶을 살 수 없습니다.

(4) 2017년 10월~2018년 2월 중순 : 도서관에서 연습서 복습 및 1차 준비

10월 초까지 심화 종합반을 수강하고 학원 생활을 끝낸 후, 그 뒤부터 동차까지 집 근처에 있는 도서관에서 공부를 했습니다. 이때에는 오전(9~13시), 오후(14~18시), 밤(19시~22시) 세 시간으로 나누어 했습니다. 오전 공부를 끝낸 뒤 자전거를 타고 집에서 점심을 먹고 다시 학교로 돌아와 오후에도 도서관에서 공부를 했습니다. 집에서 저녁 먹고 나서 밤에는 제 방에서 공부를 했습니다.

저는 집 근처에서 공부를 한 것도 굉장히 큰 도움이 되었다고 생각하는데요, 수험생에게 있어서 통학 거리가 길다면 체력적으로 대단히 힘들 것이라고 생각합니다. 아침에는 일어난 지 얼마 안 되서 힘들고, 저녁에는 하루 종일 공부해서 체력이 다 소진된 상태일 텐데 심지어 출퇴근 시간대에는 사람도 너무 많아 '지옥철'에서 발 디딜 틈도 없이 이동하기 때문입니다. 이렇게 통학을 한다면 학원이나 학교에 오기도 전에 지쳐서 제대로 공부를 할 수 없을 것이라 생각합니다. 통학 시간이 왕복 2시간이 넘는다면 자취를 하시거나, 공부를 집근처에서 하시기를 권장합니다.

10월 중순부터 1차 응시 전까지의 기간은 굉장히 바쁜 시기였습니다. 1차 객관식과 2차 주관식을 모두 대비해야 하는 시기였으니까요. 심화반을 수강하면서 감사까지 인강으로 들었는데 다 마치지 못해서 심화반 종강 후 10월 중순까지 감사를 완강 하는데 대부분의 시간을 할애했습니다. 여유가 없어서 복습은 전혀 못하고 강의만 듣는데 급급했었는데, 2월 초가 되니 '이 때 감사를 한 번 더 복습할 걸.'하는 아쉬움이 남더군요.

감사를 완강한 후, 11월 중순까지 심화반 4과목 세무회계, 재무관리, 원가회계)의 연습서를 다시 한 번 풀었습니다. 대부분의 학생들이 객관식반으로 넘어가면서 시간적 여유가 없어서 연습서를 복습하지 못합니다. 이 단계부터는 저처럼 온라인 강의로 넘어가시길 바랍니다. 한 마디로 말씀드리면, 배울 건 이미 거의 다 배웠습니다. 더 이상 추가되는 내용은 많지 않습니다. 세법 같은 경우는 매년 개정이 되고, 개정 폭 또한 크기 때문에 강의 없이 혼자 대비하는 것이 어렵지만, 다른 과목들은 심화반까지 열심히 따라오셨다면 굳이 다시 강의를 들으실 필요가 없다고 생각합니다. 저는 세법과 상법 딱 두 과목만 인터넷 강의로 듣고, 다른 과목의 모르는 문제는 학원의 인터넷 게시판이나, 객관식 종합반을 수강하는 다른 학생에게 질문하여 해결하였습니다. 이렇게 객관식 준비 시점에서 학원을 다니지 않고, 본인이 취약한 몇 개의 과목만 수강한다면 시간을 많이 절약할 수 있기 때문에 심화반 종강 후에 연습서를 복습할 여유가 생길 것입니다.

심화반 때 기초적인 문제 몇 개만 다루기 때문에 복습하는데 그리 많은 시간이 걸리진 않았습니다. 오히려 바로 객관식 문제를 보는 것보다, 주관식 문제를 스스로 한 번 풀어보는 것이 문제 풀이 속도를 높이는데 더 도움이 된다고 생각합니다. 학원을 다니면서 선생님이 풀어주시는 것을 보기만 하면 볼 때는 다 이해가 되고, 소화한 것처럼 보이지만, 실제로는 그렇지 않습니다. 그건 선생님이 푼 것이지, 제가 푼 것이 아니니까요. 막상 직접 풀어보면 어떻게 푸는 것인지 막막할 때가 의외로 많습니다. 정 힘들면 선생님이 푸신 것을 노트에 적었다가, 그를 읽어보면서 풀이 순서를 익히는 정도라도 하시는 것이 좋습니다.

기본기가 탄탄한 재시생의 경우 11월까지 연습서를 보시다가 12월부터 객관식 준비를 해도 충분히 가능하다고 생각합니다. 봄에 경영학, 상법, 경제학을 미리 해두고, 여름에 2차 과목을 준비하면서 감사까지 수강한 후, 12월부터 객관식 준비를 하는 것입니다. 어차피 1차는 2차를 위한 관문일 뿐, 합격만 하면 아무런 의미가 없습니다. 그래서 최적의 전략은 1차 과목은 합격할 정도로만 만들어 놓고, 최대한 많은 시간을 2차 과목에 투입하는 것이라고 생각합니다. 그리고 겹치는 과목이 많으므로 2차 과목만 잘 해놓더라도 1차 합격이 그리 어렵지 않을 것입니다. 1차 대비는 빠른 시간에 많은 문제를 푸는 감만 익히는 훈련이라고 생각하시고 힘을 빼시길 바랍니다. 회계사 시험의 메인 게임은

2차입니다.

(5) 2018년 2월 말~2018 6월 : 2차 준비

2월 중순에 1차 시험을 보고, 가채점을 해보니 무난하게 합격할 수 있는 점수였습니다. 다행히도 예년보다 1차 시험이 2주가량 당겨져서 2차를 준비할 수 있는 여유가 더 생겼습니다. 3월부터는 다시 전력 질주를 해야 되므로 남은 2월은 여유롭게 공부를 했습니다. 주로 오후까지는 공부하고, 저녁 약속을 잡는 식으로 스트레스를 풀었습니다. 그동안 못 만났던 친구들도 만나고, 사촌동생과 스키장을 가기도 했습니다. 1차 공부하느라 스트레스도 많이 받고 긴장하셨을 텐데 조급해하지 마시고 1, 2주 정도는 재충전의 시간을 갖는 것이 좋을 것 같습니다. 3월부터 6월까지 4달의 시간 짧다고 생각하실 수 있는데 계속해서 긴장을 유지하기는 상당히 긴 시간입니다. 5월에는 날씨도 좋고, 학교에서 축제도 할 텐데 이 때 안 흔들리시려면 2월 달에 미리 노시는 것이 나을 것 같습니다.

2차 대비는 과목을 둘로 나누어 준비했습니다. 오전과 오후에는 4월 중순까지는 감사와 세무회계, 5월까지는 재무회계와 재무관리를 중점적으로 공부하고, 밤에는 상대적으로 제가 좋아하는 원가회계를 공부했습니다. 동차 준비를 하면서 제일 까다로운 과목은 회계감사였습니다. 심화반 시기에 한 번 들었음에도 불구하고, 시간적 여유가 없어서 복습을 하지 못하고 강의만 겨우 듣고 동차 생활을 시작하였습니다. 물론 강의를 한 번 들었기 때문에 주요 흐름은 알지만, 여전히 감사는 2차에서 가장 어려운 과목이었습니다. 5월에는 시험이 얼마 남지 않은 상황이어서 결정을 내려야 했습니다. '감사를 버릴 것인지, 아니면 다 유예가 될 수도 있지만 감사를 들고 갈 것인지' 이 상황에서, 저는 감사에 제 시간을 올인 하는 전략을 택했습니다. 거의 감사 1유예생인 것처럼 공부했는데요, 5월부터 6월 초까지 감사에 제 공부시간의 약 80% 가량을 투입했습니다. 1유예가 되든, 2유예가 되든 어차피 유예 생활을 해야 된다면, 확률이 낮지만 동차를 노려보자는 생각으로 감사에 집중했습니다. 다행히도 시험 직전에 모의고사를 보고, 전 과목의 실전 감각을 다시 끌어 올릴 때 4과목의 실력이 생각보다 잘 유지 되어서 동차가 가능했다고 생각합니다. 제가 사용한 전략은 나머지 4과목에 자신이 있을 때 사용하셔야 됩니다. 탄탄하지 않은 상태에서 동차생이 제 글을 보시고 감사에 올인 하시게 된다면 4, 5유예가 뜰 수 있으니 신중하게 판단하시길 바랍니다.

(6) 요약노트 만들기

군대에서의 공부가 제 단기 동차 합격의 핵심적인 요인이지만, 이것이 다는 아니었습니다. 제 생각에는 학습 방법 측면에서 요약노트를 만든 것이 결정적이었다고 생각합니다. 작년 1차를 경험 삼아 보면서 느낀 것이, 분명 한 문제 한 문제 내용은 보면 아는데, 얇게 정리된 책이 없어서 시험 직전에 빠르게 회독 수를 늘릴 수 없다는 것이었습니다. 물론 시험 직전 대비용으로 학원에서 집필하는 책들이 있는데, 그것들은 역설적으로 '하루에 끝낼 수 없을 만큼' 너무 두꺼웠습니다. 회계학과 세법을 과락에 가까운 점수를 받은 후, 3월 종합반부터 학원을 다닐 때에는 경제학, 재무회계, 재무관리, 경영학을 노트에 수기로 요약해서 그것을 학원을 다니면서 지하철에서 계속 들고 다니면서 봤습니다. 수험가에서 자주 쓰는 말 중에 '누적적 복습'이라는 말이 있는데요, 매일 복습을 할 때에 오늘 배운 내용만 보는 것이 아니라 이전에 배운 내용까지 포함해서 전 범위를 복습하라는 말입니다. 하지만 회계사 수험 범위가 워낙 방대하다보니 이것이 현실적으로 쉽지 않습니다. 저는 제 노트로, 지하철에서 누적적 복습을 실천했습니다.

저는 군대에서 1회독을 하고 학원을 다녔기 때문에 어디서 문제가 출제되는 지 대략적으로 파악하고 있었습니다. 그래서 기본반을 다닐 때 자주 출제되는 문제를 어떻게 풀 것인지 선생님의 수업을 참고해 제가 보완해서 문제별 풀이법을 노트에 수기로 기록했습니다. 세법의 경우는 양이 워낙 많아 수기로 쓸 엄두가 도저히 나지 않아 얇게 만들어진 시중 '노트북'을 활용하였습니다. 노트북의 저자인 강사 분께서는 반드시 기본서인 '세법개론' 책을 같이 보라고 말씀하시는데 저는 노트북만 봐도 무방하다고 생각합니다.

기본반 종강 후 심화반을 다닐 때에는 2차 주관식 문제를 풀면서 제 풀이법의 오류를 수정하고, 다듬었습니다. 객관식 문제는 작기 때문에 편법으로도 풀리는 경우가 많은데, 주관식 문제는 크기가 커서 편법이 적용되지 않는 경우가 많아 풀이법을 좀 더 정교하게 만들었습니다.

그리고 심화반 종강 후 도서관에서 공부하기 시작한 객관식 준비 시점에 제가 만든 노트를 한컴으로 일일이 옮겼습니다. 가을에 타이핑으로 하루하루 배운 분량을 조금씩 치다보니 세법도 전 범위를 책으로 만들 수 있었습니다. 만약 1차만을 위해서라면 책을 만들지 않았을 겁니다. 하지만 양이 방대한 2차를 대비하기 위해서 가을 객관식 준비 시점에 시간이 다소 오래 걸리더라도 책을 썼습니다. 결과적으로 만든 것이 회계학과 세법입니다. 2차 때는 회계사 카페에 있는 자료를 토대로 회계감사까지 과목별로 각각 A4 100쪽 이내로 만들었습니다. 책을 단면 인쇄로 만들어서 문제를 풀다가 틀리거나, 처음 보는 내용이 나올 경우 빈 면에 옮겨서 그 책을 내용 정리 겸 오답노트로 활용했습니다. 시험 직전에는 시중 교재는 거의 보지 않고 제가 만든 책만 봤고, 시험장에도 다른 수험생들은 무거운 책을 들고 갈 때 저는 가볍게 시험장으로 향할 수 있었습니다.

제 방법을 '모든' 수험생들에게 추천해드리고 싶지는 않습니다. 이것은 제가 처한 상황에서 최적을 고민하면서 만든 방법이기 때문입니다. 수험생 여러분이 각자 처한 환경과 학습 정도는 천차만별일 것입니다. 책을 쓰는 것은 각 과목에 대한 이해와 더불어, 출제 경향에 대한 분석, 그리고 많은 시간적 여유를 필요로 합니다. 오히려 '수석이 그렇게 공부했다니 나도 그렇게 해야지'라는 생각으로 시도했다가 엄청난 시간을 낭비할 수 있습니다. 다만 제 방법을 소개해드리는 것은 이것이 어렵지만 효과적인 방법이니 본인의 판단 하에 시도해보시길 제안하는 것입니다.

Ⓐ 김태윤

(1) 1차 수험기간(2017.7~1차 시험)

1차 공부는 가을종합반 실강을 수강하며 시작하였습니다. 가을종합반으로 시작하였기 때문에 1차기간 중에는 연습서를 따로 볼 시간은 없었습니다. 그리고 기본강의가 종강하는 시점이 12월 중순일만큼 봄에 시작하신 다른 분들에 비해서는 시간적 여유가 없었습니다. 그래서 1차 준비기간중의 큰 틀은 객관식과 기본강의를 병행하는 것이었습니다. 객관식은 대부분의 과목을 기본강의의 챕터가 끝날 때마다 복습과 함께 풀이해주었습니다. 처음엔 당연히 안풀리고 오래 걸리는 것이 당연하다고 생각했고 풀어나가는 과정에서 개념이 어떻게 적용되는지를 항상 상기시키며 풀이했습니다. 과목의 공부순서는 종합반 순서를 따라서 수강하였습니다.

강의 순서는 중급, 경제 → 고급(2주) → 세법, 경영학, 원가 → 상법, 재무관리 이었습니다. 가을종합반 시작의 특성상 1차기간 중에는 당연히 연습서를 펼칠 시간은 없었고 객관식강의도 세법과 경제학만 완강하고 재무회계의 경우 어렵다고 생각되는 파트만 일부 수강하였습니다. 1차기간의 가장 중요한 시기는 제 기준으로 12월~2월 중순의 기간이라고 생각합니다. 사실상 7월부터 12월까지의 기간은 이 기간을 달리기 위해 필요한 스트레칭이라고 생각합니다. 아직도 12월 중순에 기본강의가 끝나서 처음 수강했던 경제학을 펼쳤을 때 많은 부분을 까먹어서 착잡했던 기억이 나곤합니다. 하지만 제가 수강한 경제학 선생님께서 말씀하셨듯 "배운 것은 희미해질 뿐 지워지지 않는다."라고 생각하며 조금씩 다시 채워나간 것 같습니다.

1) 세법

기본강의를 수강하는 기간의 경우 당일배운 내용은 정말 특별한 일이 없는 한은 당일 복습하려고 노력했습니다. 당일 복습은 첫 번째는 강의때 미숙하게 이해한 부분을 체크하고 이 부분을 제대로 이해하려고 했고 두 번째는 해당 내용과 연관되는 문제를 풀었습니다. 연관되는 부분의 문제를 풀며 분명히 알고 있다고 생각했던 산식이나 지문을 잘못 이해했던 부분을 제대로 이해할 수 있었고 관련된 내용 중 중요하게 짚고가야 할 부분을 추리고 해당 부분이 다른 부분과 어떻게 접목되어 응용되는지 알게 되어 추후에 객관식 강의로 넘어갈 때 도움이 많이 된 것 같습니다. 간혹 1차 때 양도세, 상증세, 합병과 분할을 버리시는 분이 있는데 저는 이 3개는 1차 때 챙기지 않는 순간 2차 때는 자연스럽게 버리게 되기 때문에 반드시 챙겨가야 한다고 생각합니다. 이 주제들의 경우 저는 추석기간을 이용하여 전부 수강하였습니다. 그리고 국기법의 경우는 기본강의를 전부 수강하신 후에 들어주시면 좋을 것 같습니다. 국기법은 1차만 놓고 봤을 때 절대 버려서는 안되는 주제이고 저 같은 경우 기본강의 끝나자마자 국기법강의를 수강하였고 단권화하였습니다. 본격적인 복습은 1월 중순부터 하루에 20~30분정도를 투자했습니다. 객관식 강의의 경우 저는 객관식반 커리큘럼을 따라서 시작하였고 하루에 2강의씩 7일 동안 일정하게 14강씩 인터넷 강의로 수강하였습니다. 세법 객관식이 시작하는 시기가 기본강의실강의 마무리 시점이기 때문에 시기적으로도 적절했던 것 같습니다. 회독의 경우 저는 기본서는 2.5회독 정도하였고 객관식의 경우 필수문제 기준으로 부가세는 10~12회독/ 법인세 7~8회독/ 소득세 7~8회독 정도 하였습니다. 12월을 기준으로 전략을 세울 때 세법이 가장 취약하여 하루 공부시간이 통학시간 제외 12~13시간이었고 그 중 4~5시간이상을 세법에 투자하며 법, 소, 부, 기타세법으로 나누어 하루에 모든 범위들을 다 되짚어주었습니다. 예를 들어 1일차엔 법 - 익금문제 소 - 근연기파트 부 - 매출세액 기타세법 - 상증세 2일차엔 법 - 손금 1/2 소 - 금융소득 부 - 매입세액 기타세법 - 양도세 이런 식으로 진행하며 객관식 회독수를 꾀 빠르게 늘릴 수 있었습니다.

2) 상법

상법의 경우 정말 효율적으로 공부를 하기 위해 주로 통학시간을 이용하여 상법을 공부했습니다. 통학시간의 경우 왕복 1시간이었기 때문에 그 시간을 잘 이용하여 1월까지 기본강의 당일복습을 제외하고는 상법을 책상에서 공부하지 않았고 2월부터는 상법에 1시간 30분 정도 책상에서 투자하고 나머지는 통학시간이나 화장실이나 식사시간을 이용하여 공부했습니다. 상법은 객관식 책으로 3회독 정도 하였고 서브노트를 통학하면서 적어도 20회 이상은 읽은 것 같습니다. 통학시간을 효율적으로 이용하기 위해선 그 시간에 볼 수 있는 범위를 미리 정하여 그 부분만 보겠다는 마음가짐으로 임했습니다. 예를 들어 가면서 30분은 상총, 상행위를 올 때는 어수법을 공부하자! 이런 식으로 말입니다.

3) 경영학

경영학의 경우엔 기본강의 수강을 할 때 단권화에 초점을 맞추어 정말 단권화를 열심히 하였고 객관식의 경우 1회독한 후 CPA기출문제를 3회독하며 틀린 문제들은 왜 틀렸는지 오답선지는 어떤 점이 오답인지를 단권화노트에 정리했습니다. 그 덕에 막판에는 경영학 1회독 하는데 40분 정도면 충분했고 시험에서도 일반경영학은 1문제만 틀릴 정도로 고득점했습니다.

4) 경제학

경제학의 경우 어렸을 때부터 흥미가 있었고 종합반 초반에 시작하여 정말 높은 집중력으로 수강했던 것 같습니다. 당일 복습할 때 객관식 문제집을 풀지는 않고 기본서에 있는 많은 문제들을 진도에 밀리지 않게 풀이했고 중요한 그래프의 경우 직접 연습장에 그리며 보지 않고도 그릴 수 있고 내용을 설명할 수 있을 정도로 연습하였습니다. 경제학도 몇몇 챕터들은 단권화하면 좋을 수 있으나 저는 객관식강의에 진입할 때 객관식 교재에다 필요한 부분만 필기하였습니다. 경제학의 경우 객관식강의를 수강하면서 문제풀이 실력이 급상승하기 때문에 시간이 촉박하더라도 수강하시는 게 좋은 것 같습니다. 객관식강의의 경우 12월 중순부터 1월 중순까지 오전타임(8시 - 11시30분)을 모두 할애하였고 강의를 듣기 전 미리 기본서로 내용을 상기시키고 필수문제를 먼저 푼 뒤 강의를 수강하여 강의시간을 최소화할 수 있도록 노력했습니다.

5) 원가관리(회계학)

1차에서 원가관리의 비중은 10문제 정도여서 시간에 쫓기는 많은 분들이 소홀히 하시는 경향이 있지만 저는 원가파트의 딱 떨어지는 틀이 꽤 재미있었기 때문에 같이 가을에 시작하시는 분들에 비해서는 조금 더 많은 투자를 했던 것 같습니다. 관리파트의 경우 저는 수업이 끝난 후 복습할 때 단권화 노트를 이용하여 정리하였고 원가파트의 경우는 1차 때는 따로 정리하지 않았습니다. 관리파트를 정리해 둔 것이 추후 2차 공부를 하는데 수월하게 하는데 도움이 많이 되었습니다. 원가관리의 경우 실강 수업을 들으며 강사분이 설명해주시는 전체 틀을 빠짐없이 연습장에 기록하고 복습할 때는 해당 문제를 되짚으며 정리했습니다. 각 파트가 끝날 때마다 객관식강의를 병행해주었고 기본강의가 끝날 때 객관식 역시 1회독 하였습니다. 1월말까지 원가관리 객관식의 경우 필수문제기준 쉬운 문제는 3~4회독 자주틀리거나 생각이 금방 떠오르지 않는 문제는 5회독 이상 해주었습니다.

6) 재무관리

재무관리의 경우 1차 기준으로 전 범위를 커버하는데 집중했습니다. 특히 선물, 옵션, 옵션의 응용파트 등 어려운 파트 등은 미리 단권화 해놓고 2차 때 조금 더 살을 붙이는 식으로 공부하였습니다. 재무관리의 경우 1차 기준으로 1월부터는 하루에 1시간 정도만 투자하는 것이 당장 목전에 놓인 1차 시험 합격에 중요하다 생각하였고 객관식과 기출문제 풀이에 집중하였습니다. 객관식의 경우 범위를 3개로 나누어 3일 주기로 1회독하였습니다. 시험 2주전부터 재무관리 모의고사 형식의 문제를 사서 시간 내에 풀도록 연습하였습니다. 올해 1차의 경우 재무관리가 조금 어렵게 나온 편이었지만 기출문제를 정확히 풀 수 있고 그 과정에서 사용된 개념들을 정확히 이해하고 있다면 합격에는 지장이 없을 것 같습니다.

7) 재무회계(회계학)

사실 가을종합반 시작과 기존 먼저 시작하신 분들의 실력차이가 가장 큰 과목이 아닐까 생각합니다. 특히 저 같은 경우 1차 기준으로 고급회계는 강의 수가 짧은 강사분의 강의를 수강하였고 연결의 특수주제와 스왑 등의 회계처리, 역취득, 합병회계의 기타 특수한 주제 등은 거의 챙겨가지 못한 채 시험을 쳤습니다. 다만 1차만 놓고 봤을 때 재무회계에서 6할 이상의 득점을 위해서는 고급회계를 완벽하게 하기 보다는 중급회계의 전 범위를 풀 수 있는 실력을 갖추는 게 중요하다고 생각합니다. 특히 연결의 특수주제를 건드리는 것 보다는 오류수정, 법인세회계, 현금흐름표 등의 기본적인 주제이지만 실수가 잦은 부분에 대해 실수를 줄이는 연습을 하는 것이 1차 합격에 조금 더 도움이 될 것 같습니다.

(2) 2차 수험기간(2018.2.14~2차시험)

가을종합반으로 동차를 할 수 있었던 가장 큰 이유는 1차 점수가 안정적인 합격점인 400점을 넘었기 때문이라고 생각합니다. 저는 1차 시험 채점결과가 400점을 넘는 것을 확인하고 시험 다음날은 푹쉬고 그 다음날부터는 독서실에 나와 앞으로의 강의일정을 조율하며 스케줄을 계획하였습니다. 실강의 장점은 집중력이 높고 익숙하지 않은 답지를 모의고사를 통해 주기적으로 확인할 수 있는 점입니다. 저도 처음에는 동차종합반을 수강하려 했으나 1차 시험이 조금 빨리 시행된 탓에 2주의 공백이 생기는 것이 아까웠고 강의종료시점이 6월 초나 되는 것이 부담되어 2차는 인터넷강의를 수강하였습니다. 연습서를 처음 펼쳐보는 것이기 때문에 강의는 5강의를 모두 수강하였고 거의 600강에 육박하는 강의를 5월초까지는 끝내는 것을 목표로 4월 중순까지 하루에 적게는 7~9강 정도를 빠지지 않고 수강하였습니다.

1) 원가관리

1차시험 친후 이틀 정도를 쉰 후 그 다음날부터 3강씩 들어 3월 11일에 완강하였습니다. 만약 1차 때 원가파트를 버리시지 않고 객관식 풀이도 열심히 하셨다면 처음 연습서를 펼쳤을 때 문제 사이즈에 당황하지만 어렵지 않게 따라갈 수 있을 것 같습니다. 강의는 전년도 동차 강의를 수강하였습니다. 이 기간에 1차 때 단권화하지 못했던 원가파트의 심화적인 내용을 단권화하였고 수업을 수강하기 전에 미리 먼저 문제를 풀고 강의를 수강하였습니다. 처음엔 문제를 먼저 푸는 게 시간이 상당히 소모되고 문제 안에 복합적으로 여러 주제가 섞여 들어가 혼란이 오실 수 있지만 그렇게 해야 강의시간도 줄일 수 있고 복습시간도 줄일 수 있습니다. 또한 문제 풀어둔 답안지를 파트별로 모아놓고 틀린 부분이나 생각지 못했던 접근은 붉은색으로 표시해 4월 중순부터 2회독할 때 시간을 많이 줄이도록 노력했습니다. 동차 강의를 완강한 후 4월 중순부터는 주1회씩 유예생분들과 원가모의고사 풀이를 진행하며 실전감각을 키웠습니다. 같이 스터디하신 분들의 실력이 상당해 정말 많이 도움이 된 것 같습니다. 스터디는 6월 중순까지 진행하였습니다. 동차완강 후 4월 중순까지는 다른 강의를 듣느라 바쁘기 때문에 따로 시간 내서 복습은 하지 못하므로 처음 들으실 때 끝내자라는 마음으로 접근하시면 좋을 것 같습니다. 원가연습서의 경우 필수문제를 전수 2회독한 후 틀린 문제와 응용문제는 3~4회독정도 하였습니다. 1차 때처럼 많은 회독수를 동차기간에 늘릴 수 없으므로 한 번할 때 정확히 이해하고 관련 개념의 응용과 연관성을 파악하는 것이 중요하다고 생각합니다.

2) 재무관리

일차 때 연습서를 풀지 않았지만 강의를 수강하면 예제수준부터 차근차근 다시 시작하므로 예제도 소홀히 풀지 않고 1차 때 미숙했던 개념을 채워넣는 것이 중요합니다. 재무관리 역시 문제를 먼저 풀지 않고 강의를 듣는다면 강사분이 풀어주시는 것만 구경한채 시간만 낭비하는 것 같습니다. 저 같은 경우 CAPM, MM과 자본구조관련파트, 옵션의 응용파트 정도만 실전문제의 접근방식정도를 알아두는 형식으로 공부하고 나머지는 기출문제와 예제문제를 전수 2회독 후 필수문제를 한번 더 풀고 시험장에 갔습니다. 올해 재무관리가 어려운 편이었어서 시험장에서 정말 애를 많이 먹었던 것 같습니다. 공부방법의 경우 1회독할 때에는 답을 답안지 양식에 맞추어 실전처럼 풀이하면 시간이 너무 오래 걸리고 비효율적이라고 판단하여 답만 산출할 수 있도록 풀었습니다. 2회독할 때에는 예제 문제를 풀고 관련된 부분에 대하여 혼자 짤막하게 연습장에다 아는 것을 현출해보는 시간을 가졌고 예제 문제를 다 풀고 기출을 풀 때는 실전과 유사하게 답안을 작성해보려고 노력했습니다. 그 과정에서 머리에 잘 각인되지 않는 개념은 다시 본문으로 돌아가서 꼼꼼히 읽고 이해하려 했습니다.

3) 재무회계

1차 때 좁은 범위를 공부했기 때문에 2차에 가서는 2차에 출제되거나 출제가능성이 있는 주제들을 집중적으로 공부했습니다. 특히 고급회계파트는 2차 연습서 공부를 하며

1차 때 어떻게 그 정도 수준의 지식만 갖고 시험을 쳤는지 당황스러울 정도로 새로 배우는 내용이 많았던 것 같습니다. 연습서의 경우 강의를 들을 때 답안지에 강사분이 풀어주시는 문제를 풀고 정리하여 파트별로 묶어놓았습니다. 그 후 2회독시 답안지 두장 정도에 한 파트를 정하여 그 파트와 관련된 주제목록과 내용을 생각나는 대로 현출하고 다시 연습서가서 부족한 부분은 조금 더 채워넣고 이를 표지로 쓰고 그 뒤에는 실력이 부족하다고 생각되어 모든 문제 위주로 풀이하였습니다. 특히 고급회계 파트에 많이 집중했습니다. 3회독 때는 2회독과 마찬가지로 진행하였으나 이미 익숙하게 알고 있는 내용을 제외한 개념을 답안지에 작성하여 표지로 쓰고 각 파트별로 틀린 문제나 정확한 분개 혹은 개념이 생각나지 않는 문제들은 전수로 풀었습니다.

4) 세법

세법의 경우 1차 때 많은 시간을 할애한 덕분에 1차에서도 고득점하였기 때문에 2차 연습서는 가장 마지막 순서에 4과목 강의 막바지에 시작하였습니다. 처음 2차 연습서를 접할 때는 아무래도 4월 중순정도였기 때문에 1개월 반 정도의 공백을 메꾸기 위해서 4월 중순부터 5월 중순까지는 하루에 6시간 정도는 세법에 투자한 것 같습니다. 특히 1차 때는 세밀히 챙겨가지 못했던 증여세 파트와 양도세파트도 조금더 깊이 공부한 것 같습니다. 사실 2차 때는 부가세가 법인세와도 연관되고 소득세가 법인세와도 연관되는 부분이 많았기에 처음 접했을 때 혼란스러운 부분이 있었지만 결국 1차 때 각 개념을 정확하게 숙지한다면 2차 강의를 듣고 이해하는 데는 어려움이 없을 것 같습니다. 하지만 1차 세법에 비해 확실히 시간에 대한 압박이 크기 때문에 문제를 빠르게 파악하는 것이 중요하며 답지 연습도 미리 확실히 해두지 않으시면 답지가 모자라는 일이 종종 발생하기 때문에 회독을 늘리실 때 답안양식을 고려하여 풀이와 답안을 적는 것도 중요한 것 같습니다.

5) 회계감사

감사의 경우 2차 때 처음 접하는 과목이기 때문에 적지 않은 분들이 포기하시나 저 같은 경우 강의는 3월 후반에 시작하여 초반에는 1강씩 저녁먹고 들어주었고 4월 12일에 완강하여 지하철에서 주로 공부하였습니다. 지하철 1시간의 통학시간에 주로 일정챕터를 정해놓고 회독을 하였으며 완강 후 1주일 정도는 복습 후 문제집을 사서 직접 답안지에 작성하는 연습을 책상에서 1시간정도 하였습니다. 아무래도 다른 과목 연습서를 처음 피다보니 할 것이 많아 집에 가서도 바로 자지않고 너무 피곤하지 않다면 감사 1강 정도는 꼭 수강한 후 취침했습니다. 다른 분들은 소위 목차라 불리우는 것들을 많이 다독하시는데 저는 단순암기를 잘 하지 못하는 편이라 목차는 보지 않았고 회계감사의 개략적인 순서가 나온 페이지를 머리에 각인시킬 수 있도록 많이 본 후 각 과정별로 어떤 과정이며 왜 필요한 과정인지를 스토리를 만들어 큰 틀의 흐름을 잡고 기준서의 지문을 그 흐름에 따라 읽었습니다. 그리고 특히 문제집을 통해 문제를 전수1회독 푸는 과정을 통해 어떤 부분이 중요하게 다루어지고 어떤 형식으로 답안을 구성해야할지를 감을 잡았습니다. 그리고 시험 2주전부터 모의고사를 구하여 시간을 정해 풀었고 답안지를 8장이상의 분량이 나오며 관련 키워드가 들어갈 수 있도록 많이 노력하였습니다. 그리고 단기특강도 수강하여 막판에 관련 기준을 총정리하고 들어갔습니다. 감사는 강의듣는 시간을 제외하고는 하루에 1시간 30분정도는 책상에서 나머지는 통학시간을 이용하여 해결하여 나머지 연습서를 공부할 시간을 확보했습니다.

🎙 3. 1. 2차 수험기간동안 Group Study는 어떻게 이루어졌으며 실전 시험에는 어느 정도의 효과가 있었습니까?

Ⓐ **김용재**　2차 준비를 하면서는 스터디를 활용했습니다. 수험생 중에서 1차 준비를 목적으로 스터디를 하시는 분들이 있는데요, 저는 개인적으로 객관식 스터디는 별로 추천 드리고 싶지 않습니다. 저는 스터디를 하는 목적이 혼자 책을 보다가 이해가 안 가는 것을 서로 물어보기 위해서, 혼자 공부하다보면 집중하기 힘드니 같이 모여서 시간을 재고 같이 모의고사나 기출문제를 풀어보기 위해서, 혹은 부수적으로 강의료를 아끼기 위해서라고 생각합니다. 그런데 객관식 문제는 기본적으로 그렇게 난이도가 높지 않습니다. 충분히 혼자서 풀 수 있고, 상법과 경영학 등의 암기과목까지 있는 1차 준비 기간에는 스터디를 하게 되면 시간을 줄이는 것이 아니라 오히려 시간이 오래 걸릴 수도 있습니다. 본인이 학원도 안 다니고, 고시반도 아닌데 혼자서 공부하면 잘 진도도 안 나가고, 이해가 안 가서 옆에서 모르는 걸 바로 바로 질문해서 누군가가 가르쳐줬으면 하는 분만 스터디를 하시길 바랍니다.

저는 동차를 혼자서 도서관에서 공부하다보니 아는 사람도 없고, 수험 정보를 얻을 수도 없었습니다. 세무회계와 재무관리 두 과목을 스터디로 공부하면서 이를 보완했습니다. 세무회계는 3월 초부터 연습서 스터디를 하고 연습서 1회독을 마친 후에는 조원들과 모의고사 책을 풀었습니다. 재무관리는 5월부터 기출문제 스터디를 했습니다.

세무회계를 스터디 한 이유는 강의료를 아끼기 위함이었습니다. 1차 준비를 하면서 심화반에서 2차 연습서를 한 번 풀어보았기 때문에 강의를 거의 안 들을 것 같은데, 풀다가 모르는 문제는 해결이 안 되니 사람들이랑 같이 풀면서 강의를 안 듣고 시간과 돈을 모두 절약할 수 있었습니다.

재무관리를 스터디 한 이유는 다른 과목과 달리 명확히 떨어지지도 않고, 문장을 해석하는 것에 따라 선생님들도 답이 갈리는 만큼 혼자 풀기 어렵다고 생각했기 때문입니다. 5월 말부터 기출문제집 스터디를 해서 일주일에 두 번 씩 만나서 기출문제를 한 회분씩 풀었습니다. 스터디원들이 재무관리를 잘하고, 스터디에도 되게 열심히 참여해주어서 많은 것을 배울 수 있는 기회였습니다.

이처럼 옆에서 같이 공부하는 사람들이 있으니 자극도 많이 되고, 혼자서 계속 도서관에서만 공부하면 2시간 동안 모의고사를 풀면 늘어지고, 중간에 쉴 수도 있는데 같이 2시간 재고 문제를 푸니까 긴장감을 갖고 풀어서 실전 감각을 키울 수 있었습니다. 공인회계사 시험은 1, 2차 시험의 난이도 차이가 굉장히 큽니다. 2차 때 길고, 어려운 주관식 문제에 좌절하며 힘들어하는 수험생분들은 스터디를 통해 어려움을 같이 헤쳐 나아갈 친구를 만드는 것을 추천드립니다.

Ⓐ **김태윤**　1차 수험기간에는 Group Study는 하지 않고 2차 수험기간동안에는 원가관리회계만 Group Study를 하였습니다. 다른 과목도 마찬가지이지만 원가관리는 특히나 더 시간의 압박이 심하고 처음 답안 작성시 어려움이 있는 과목입니다. 그렇기에 Group Study를 통해서 미리 모의고사를 풀어보고 그 과정에서 시간을 얼마나 배분해야하고 실전에서 이런 문제가 나온다면 어느 순서에 풀고 답지를 얼마나 배분해야할지 등을 미리 생각해보는 것이 매우 중요합니다. 이러한 연습을 스터디를 통해 미리 많이 해보았기 때문에 5과목 중 원가관리회계가 가장 고득점할 수 있었던 것 같습니다.

🎙 4. 최근 1, 2차 시험과목별 출제경향과 수험대책은 어떤 것이 있습니까?

Ⓐ **김용재**　최근의 시험 출제 경향은 한 마디로 오리무중입니다. 과목별로 난이도가 매년 들쭉날쭉해서 예측이 거의 불가능하기 때문입니다. 가령, 작년에는 재무관리가 쉽게 출제된 반면 세무회계가 어려웠다고 들었는데 올해는 세무회계가 굉장히 쉽게 출제되고 재무관리가 매우 어렵게 출제되었습니다. 제가 들었던 재무관리 선생님께서는 작년에 재무관리가 쉽게 출제된 것을 보고 이제 재무관리가 정상적인 수준을 유지할 것이라고 말씀하셨는데, 이러한 예측이 빗나갔죠. 이런 상황 속에서 수험생은 실제 출제 난이도를 예측하기 굉장히 어렵습니다.

올해 2차 시험의 전반적인 특징은, 문제 수를 늘리고, 난이도를 낮추었다는 점입니다. 그동안은 아주 큰 문제를 적게 내서 문제의 난이도가 매우 높았고, 심지어는 문제에 오류가 있는 경우도 왕왕 있었습니다. 하지만 올해는 난이도를 낮춘 대신 문제를 많이 출제했기 때문에 수험 내용에 숙달된 사람이 빠르게 풀어야 모든 문제를 풀 수 있었습니다. 예를 들어, 원가관리회계는 최근 수년 간 4문제 정도가 출제되었습니다. 재무회계나 세법처럼 명확한 기준이 있는 것이 아니어서, 출제자들이 상황을 복잡하게 만드는 만큼 문제의 난이도가 결정되었습니다. 2차 원가회계 시험의 문제는 점점 더 어려워졌고, 실무와의 괴리는 날이 갈수록 커졌습니다. 그러다보니 최근의 원가 문제는 심지어 현직에서 원가회계로 10년 이상 근무하신 회계사도 풀 수 없을 만큼 난해한 수준이 되어 버렸습니다. 시험 주최 측에서 이러한 문제점을 인식한 것인지, 다행히도 올해는 기본 내용만 충실히 숙지했다면 풀 수 있는 수준으로 출제했습니다. 다만 6문제를 출제해서 시간이 매우 빠듯했습니다. 시험을 끝나고 같이 공부한 수험생들에게 물어보니 6번 문제는 보지도 못했다는 분들이 굉장히 많더군요.

세무회계에서도 이 같은 경향이 이어졌습니다. 보통 9문제 정도를 출제하는데, 올해는 7문제가 출제되었습니다. 하지만 문제별 '물음'의 수가 더 많아서 문제를 풀면서 문제지가 끝나지 않는 듯한 느낌을 받았습니다. 문제가 많다보니 10매의 답안지도 부족했습니다. 저는 풀면서 중간에 답안지가 모자랄 것 같다는 생각을 해서 중간에 재계산과 같은 부가세 문제는 풀이과정 없이 답만 적어서 제출했습니다.

다양한 시험 분석과 관련해서, 수험생분 들께서는 분석에 너무 좌지우지하지 않으시길 바랍니다. 분석은 예측일 뿐입니다. 올해와 같은 경향이 계속될지, 아니면 올해만의 특이한 현상인지 아무도 알 수가 없습니다. 학원 선생님들께서 어떠한 문제가 나올지, 시험 난이도는 어떨지, 몇 명을 뽑을지 등 많은 예측을 자신 있게 하십니다. 이처럼 수많은 예측들이 쏟아져 나오지만, 올해에도 일부는 맞았고 일부는 틀렸습니다. 그리고 사후에 맞은 예측들만 강조하며 자신을 홍보합니다. 물론 수험생 입장에서 분석에 민감하게 반응할 수밖에 없을 것입니다. 국가대표 축구 경기를 해도 분석 글을 찾아보는데, 인생이 걸린 시험 분석을 무시할 수 있는 수험생은 많지 않을 것입니다. 저도 그런 분석이 나오고, 친구들한테 그런 얘기들을 들으면 자연스럽게 관심이 갔습니다. 그런데 1차를 보고 2차를 보면서 그런 예측들을 반복적으로 들으면서 하나 깨달은 것이 있었습니다. 수험생 입장에서 유일한 전략은 열심히 하는 것밖에 없다는 것입니다.

시험이 어떻게 나오든, 회계사 합격자 수를 증원하든, 수험생은 최선을 다하는 것 말고는 방법이 없습니다. 어느 상황이든 간에 내가 열심히 해서 남들보다 잘하기만 하면 붙으니까요. 이러한 깨달음을 얻고 나서는 주변에서 뭐라고 하던 별로 신경이 쓰이지 않았습니다. 수험생 여러분께서는 분석에 영향 받아 흔들리시기 보다는 본인이 하고 있는 공부에 집중하시길 바랍니다.

A 김태윤 올해 1차시험의 경우 재무관리와 일반경영학의 출제난이도가 예년보다 어려웠던 것 같습니다. 저 같은 경우 1차시험을 준비하면서 재무관리연습서를 보지 않았기 때문에 당시에는 제가 공부하지 않아 풀지 못했던 주제들이 있었지만 그런 문제들을 고려

한다 해도 기출을 정확하게 풀고 그 내용을 정확히 이해한다면 재무관리 16문제 중 10문제 이상을 득점하는데 무리함이 없을 것이라 생각합니다. 일반경영학의 경우에는 특히 기출의 선지를 잘 분석하여 오답도 정확하게 가려낼 수 있어야 올해 같은 유형의 문제들도 잘 풀 수 있다고 생각합니다. 세법의 경우 다양한 주제들이 출제되는 반면 12, 13년도와 같은 난이도로는 잘 출제되지 않기 때문에 기본적인 주제는 빠르게 풀 수 있는 연습을 하시고 양도세, 상증세, 합병등과 같은 주제도 빠짐없이 들고 가시는게 좋을 것 같습니다. 회계학의 경우 고급회계가 지엽적인 주제들이 아직 출제되지 않았고 기본적인 주제는 출제되었기 때문에 준비하시려면 연습서 수준으로 준비하시거나 중급회계나 정부회계의 정답률을 올리는 것을 연습하는 것도 좋다고 생각합니다. 원가관리회계의 경우 올해는 조금 어렵게 나왔지만 공부시간이 부족한 것이 아니시라면 하루에 1시간 정도는 투자하여 2차 시험을 대비하여 어느 정도 준비하시는 것이 필요할 것 같습니다.

2차시험의 경우 재무관리와 재무회계가 어려워 저 역시 마지막까지 합격을 장담할 수 없었습니다. 그러나 결론적으로 생각해 보건데 재무관리의 경우 답안을 내기위한 과정을 최대한 많이 적어내는 것이 필요하고 재무회계의 경우에는 과정보다는 답안에 점수배점이 많이 들어가는 것 같습니다. 그렇기에 분개를 많이 끊는 답안보다는 필요한 분개 혹은 도안만 적어주고 빠르게 답을 구하는 연습을 하시는 것이 좋아 보입니다. 다만 수익파트와 같이 부분점수를 많이 노릴 수 있는 약술형 문제들은 기본서를 중심으로 탄탄하게 준비하시는 것도 필요하다고 생각합니다. 회계감사의 경우 작년엔 굉장히 난해한 문제들이 많았지만 올해의 경우 상당수의 문제들이 수험생이 접해본 형식과 기준의 문제였기 때문에 답안을 작성하는 데는 어려움이 없었지만 그럴수록 채점이 엄격해지는 부분이 있어 강의를 듣는 중에 아주 기본적인 기준서내용은 반드시 완벽하게 암기하는 것이 필요하고 사례문제의 경우 다양한 문제들을 직접 답안지에 쓰며 답안 구성을 연습해보시는 것이 좋습니다. 세법의 경우 난이도가 작년과 올해 조금 차이가 있었지만 그럼에도 기본적인 주제들은 탄탄하게 연습하시면서 양도, 상증 등의 주제들도 반드시 챙겨가셔야 합격할 수 있을 것 같습니다. 특히 양도, 상증의 점수 비중이 거의 20점에 육박하기 때문에 버리시면 안 된다고 생각합니다.

5. 수험생활 중에 본 1, 2차 각 과목별 도서목록을 정리해 주시면 고맙겠습니다.

김용재

- 경제학 : 정병열 저 「경제학 연습」, 김판기 저 「다이어트 경제학」
  경제학 연습이 기본서임에도 불구하고 문제가 굉장히 많습니다. 기본 강의를 들으면서 문제를 풀기가 어렵긴 하지만 힘들더라도 문제를 열심히 푸신다면 객관식 준비 시점에 훨씬 더 편하게 시험을 준비하실 수 있을 것입니다.

- 경영학 : 전수환 저 「에센스경영학」, 김윤상 저 「핵심경영학 연습」

저는 군대에서 기본강의를 듣고, 제대 후 학원에서 기본 강의를 다시 들었습니다. 두 분의 강의를 들었는데 두 분 다 좋았고, 책도 되게 가독성이 좋고, 문제가 많이 실려 있어서 공부하는데 좋았습니다.

- 상법 : 김혁붕 저 「상법신강」, 심유식 저 「객관식 상법」, 「빈출지문노트」

상법신강은 문장으로 기술된 기본서입니다. 최근에 선생님이 기출된 지문은 내용에 전부 밑줄을 그어서 기본서를 보고 문제를 풀면 아주 잘 풀립니다. 맨 처음 상법을 배우기에는 아주 좋습니다.

빈출지문노트는 마지막 정리용 책입니다. 많은 상법 지문 가운데 자주 출제된 지문을 모아서 공부하므로 중요도에 따라 강약 조절을 할 수 있습니다. 상법신강만 보고 서는 상법에 자신이 없었는데 막판에 빈출지문노트를 보면서 그동안 배운 내용이 정리되면서 자신감을 가질 수 있었습니다.

- 재무회계 : 김기동 저 「재무회계연습」

저는 다른 선생님께 계속해서 재무회계를 배우다가, 동차 때 강사를 바꾸어 보았습니다. 각 선생님마다 본인이 잘 가르치는 부분이 다를 수도 있고, 문제를 푸는 자신만의 비법이 있을 수 있기 때문입니다. 결과는 대성공이었습니다. 파생상품과 연결, 보통 고급회계로 분류되는 주제를 잘 이해하지 못했었는데 김기동 선생님의 풀이법을 통해 정확성과 빠른 문제 풀이 속도 두 마리 토끼를 다 잡을 수 있었습니다. 올해 고급회계 문제가 어렵게 나왔음에도 불구하고 고득점이 가능했던 것은 선생님을 바꾸었기 때문에 가능했던 것이 아닐까 합니다.

- 원가회계 : 임세진 저 「CPA 원가관리회계」(1차 대비 기본서), 「CPA 원가관리회계」 (2차 대비 연습서)

원가회계는 두 선생님이 유명한데요, 저는 개인적으로 임세진 선생님의 강의가 좋았습니다. 임세진 선생님의 강의와 책은 기본부터 차근차근 하나씩 서술되어 있다는 느낌을 받았습니다. 수험가에서 '떠 먹여준다'는 평이 많은데요, 저도 동의합니다. 선생님께서 아주 기초적인 풀이 과정까지 자세하게 다 하셔서 일부 수험생들은 다른 선생님의 수업을 선택하는 것을 보았는데 저는 이것이 임세진 선생님의 장점이라고 생각합니다. 논리의 비약 없이 모든 문제마다 과정을 일정하게 진행하므로 풀이만 보더라도 자연스럽게 풀이 순서가 이해될 것입니다. 풀이가 이해된 후에 기본적인 풀이 과정은 화살표로 조금씩 넘기면서 들으면 될 것 같습니다. 기본적인 것은 지나가고 바로바로 핵심만 다뤘으면 하시는 분들은 다른 선생님의 강의를 듣길 바랍니다. 기본 강의를 듣는 시점에서는 임세진 선생님의 강의를 추천합니다.

• 세무회계 : 주민규 저 「와꾸와꾸 세법노트북」, 정우승 저 「객관식 세법」, 정우승 저 「세무회계연습」

저는 거의 모든 과목별로 요약노트를 만들어 공부를 했는데, 기본반 때 세법은 양이 너무 많아서 요약노트를 엄두도 못 냈었습니다. 이 때 와꾸와꾸 노트북으로 공부를 했습니다. 다른 선생님의 강의를 들으면서 주민규 선생님의 노트북을 보는데 어려움은 없었습니다. 이 책의 특장점은 아주 얇다는 점입니다. 저는 지하철, 혹은 버스에서 자리가 없더라도 서서 노트북을 들고 봤습니다. 계속해서 노트북을 반복해서 본다면 세법 실력이 쑥쑥 자랄 것입니다.

심화반까지는 다른 선생님 수업을 듣다가, 객관식부터 선생님을 바꿨습니다. 정우승 선생님의 책이 좋은 점은, 많은 수의 기출문제를 유사한 것들끼리 더 잘 배치해놓았다는 것입니다. 문제를 이론형과 계산형으로 구분해놓고, 한 단원 내에서도 비슷한 유형의 문제들끼리 모아놓았기 때문에 순서대로 문제를 쭉 풀기만 해도 자연스럽게 문제 풀이법이 눈에 들어올 것입니다.

• 재무관리 : 김종길 저 「재무관리연습」

재무관리는 김종길 선생님의 강의만 보아서 다른 선생님의 강의, 그리고 책과 비교하지 못하겠습니다. 김종길 선생님의 책의 장점은 해설에 있다고 생각합니다. 해설이 자세하게 기술되어 있어서 보기 쉽고, 학생들이 자주 질문하는 내용을 각주에 써놓으셔서 혼자 공부를 하면서도 게시판으로 질문을 할 필요를 느끼지 못할 정도로 매우 편했습니다.

• 회계감사 : 권오상 저 「Study Guide」, 도정환 저 「하루에 끝장내기 회계감사」

최근에 위너스 아카데미에서 회계감사 강의를 중단함에 따라 빅3 회계 학원(나무, 우리, 위너스)에서 회계감사 강사는 둘로 압축되었습니다. 권오상 선생님이 수험가에서 압도적인 시장점유율을 보이고 있는데, 올해를 포함한 최근 몇 년 간 수험생들 사이에서 흔히 말하는 '저격'(유명 강사가 가르치지 않거나, 중요하지 않다고 언급한 내용에서 출제가 되는 현상)이 발생한 만큼 다른 선생님의 책을 보는 것도 중요하다고 생각합니다. 18년도에 「하루에 끝장내기」가 출간되었는데, 두께도 얇고, 짧은 시간에 도정환 선생님의 강의를 전반적으로 들을 수 있어서 아주 좋았습니다.

🅐 김태윤

• 상법 : 심유식 著 회계사 상법(기본서), 객관식, 서브노트, 일일특강
• 세법 : 이승철 著 (1차) 서브노트, 객관식 세법, 정정운 著 세법개론

　　　　　이승철 著 (2차) 2018 세무회계연습 I, II
　　　　　강경태 著 (2차) 세무회계 리뷰
- 재무회계 : (1차) 신현걸(최창규, 김현식) 著 IFRS 중급회계, 이만우 著 IFRS 고급회계
　　　　　　　신현걸 著 객관식 재무회계 2권 김재호 著 객관식 final 재무회계
　　　　　　　신현걸 著 정부회계
　　　　　(2차) 김재호 著 재무회계연습. 김재호 著 공인회계사 2차 final 재무회계
　　　　　　　신현걸 著 공인회계사 재무회계 모의고사
- 경제학 : 정병열 著 경제학연습, 김판기 著 객관식 다이어트 경제학, 서브노트
- 경영학 : 김윤상 著 핵심 경영학 연습, 김윤상 著 객관식 경영학,
　　　　　김윤상 著 공인회계사 경영학 기출문제집
- 재무관리 : (1차) 김종길 著 재무관리 3권(기본서), 김종길 著 객관식 재무관리,
　　　　　　　김민환 著 공인회계사 1차 기출문제집
　　　　　(2차) 김종길 著 재무관리연습
- 원가관리 : (1차) 김용남 著 원가관리회계(기본서), 김용남 著 객관식 원가관리회계,
　　　　　　　임세진 著 공인회계사 1차 기출문제집
　　　　　(2차) 김용남 著 원가관리회계연습
- 회계감사 : 이창우 著 회계감사, 노준화 著 CPA 회계감사 REVIEW,
　　　　　도정환 著 하루에 끝장내기 회계감사

6. 수험생입장에서 구하기 어려웠다거나 보강되었으면 하는 특정 과목이나 내용의 수험서가 있습니까?

김용재　　저는 암기를 잘 못해서 공부할 때 많은 양의 정보가 흩어져 있으면 굉장한 어려움을 느꼈습니다. 자료가 한 눈에 딱 정리되어 있어야만 내용이 잘 이해되고, 제 것으로 소화할 수 있었습니다. 시중에 나와 있는 거의 모든 책이 저에게는 공부하기 너무 불편했습니다. 특히 각 과목의 기본서는 1,000페이지에서 2,000페이지에 달합니다. 공부를 시작하는 수험생의 입장에서는 안 그래도 처음 봐서 내용을 모르는데 어떤 것이 출제 포인트인지 표시되어 있지 않고, 양이 방대하다보니 질려버릴 수밖에 없죠.

　　물론 저자의 입장을 이해는 합니다. 시험에서 출제된 내용이 책에 기술되어 있지 않으면 수험생들은 강사를 신뢰하지 않을 것이기 때문이다. 기출문제가 공개된 이후로 신유형의 내용들이 책에 반영되면서 지금과 같은 두꺼운 책이 만들어졌습니다. 수험생들이 명심할 것이 있습니다. 이 많은 내용을 다 알 필요는 없습니다. 제 생각에는 채우는 것보다 오히려 비우는 것이 더 중요하다고 생각합니다.

특히 세무회계에서 이것이 가장 중요하다고 생각하는데요, 양이 워낙 많기 때문입니다. 시험 범위가 법인세, 소득세, 부가세에 국세기본법과 상증세인데, 1차 시험에서는 이론형 문제까지 출제되므로 다뤄야하는 내용이 정말 많습니다. 물론 저는 여유가 있고, 2차까지 생각을 해서 많은 내용을 대비했지만, 본인의 판단 하에 공부를 해도 시험에서 문제를 맞출 수 없을 것이라 생각하는 부분은 과감하게 버리시길 바랍니다. 이 시험은 100점을 맞는 시험이 아닙니다.

Ⓐ **김태윤** 사실 수험기간이 짧은 만큼 많은 수험서를 볼 입장이 않았기 때문에 한 권씩만 열심히 보자라는 태도로 임하여 구하기 어렵거나 보강될만한 수험서를 고려해보진 않았습니다.

7. 수험공부 시 학원 강의, 인터넷강의, 강의tape중 이용도 측면에서 어떤 방법을 선호했습니까?

Ⓐ **김용재** 요새는 인터넷 강의가 워낙 잘 되어 있어서 강의 테잎을 듣는 분은 없을 것이라 생각합니다. 학원 강의와 인터넷 강의를 비교하겠습니다. 저는 3월부터 6월까지 기본반, 그리고 7월부터 9월까지 심화반을 학원에서 현장 강의를 들은 후, 10월부터 동차 끝까지 인터넷 강의에 기반을 둔 독학으로 공부를 했습니다. 학원 강의와 인터넷 강의의 장단점은 명확합니다. 상황에 맞추어, 그리고 본인의 스타일에 맞추어 선택하시길 바랍니다.

우선 학원 강의입니다. 학원 강의의 최대 장점은 강제성이라고 생각합니다. 정해진 수업 시간이 있기 때문에 아침에 힘들어도 학원으로 향해야 되고, 수업 중간에 쉬고 싶어도 쉬는 시간이 될 때까지는 무조건 앉아 있어야하기 때문입니다. 혼자서 공부하다보면 쉴 때 30분이 넘게 쉬기도 하고, 식사 시간을 오래 갖기도 하는데 정해진 스케줄이 있다 보니 자연스럽게 규칙적인 생활을 할 수 있게 됩니다.

또한, 개인적으로 학원 강의가 인터넷 강의보다 집중이 잘 된다고 생각합니다. 저는 군대에서 인강으로만 수업을 듣다가, 처음 학원 수업을 들었을 때 실제 선생님이 앞에 계시기 때문에 수업에 더 몰입이 되는 것을 느꼈습니다. 선생님이 학생들의 반응을 보면서 학생들이 이해하지 못한 것처럼 느껴지면 다시 설명을 하시는 등 피드백이 이루어지므로 자연스럽게 더 집중이 되었습니다.

마지막으로, 현장 강의를 듣게 되면 모르는 것을 선생님께 바로바로 질문할 수 있습니다. 수업을 듣다가 간단한 질문 사항이 생기는 경우가 많은데, 인터넷 강의를 수강하게 되면 물론 인터넷 게시판이 있지만 그를 다 일일이 타이핑해서 설명해야 되므로 굉장히 번거롭습니다. 선생님들이 빠르게 답변하시려고 노력하시지만 답이 올라왔는지 확인해야 되는 수고도 생깁니다. 저도 인터넷 강의를 들을 때에는 정말 궁금한 것이 아니면 질문을 안 했었는데 현장 강의를 들을 때에는 질문을 되게 많이 했었습니다. 그리고 제가 질문을 한 것을 선생님께서 다음 수업 시간에 자세히 설명하시기도 하셨습니다.

다음으로는 인터넷 강의입니다. 인강의 최대 장점은 배속입니다. 저는 보통 1.4배속으로 들었는데, 청력이 좋으신 분들은 1.8~2.0배속으로 듣는 것도 보았습니다. 1.5배속으로만 들어도 현장에서 두 개의 강의를 들을 때 세 개의 강의를 들을 수 있으니 시간을 엄청나게 절약할 수 있습니다. 하지만 인강의 장점을 살리는 데 가장 걸림돌이 되는 것이 인강의 자율성입니다. 본인이 수강 시간을 결정할 수 있기 때문에 쉬는 시간을 많이 갖고, 식사 시간을 길게 가지면 배속으로 시간을 절약한 효과가 상쇄됩니다. 강한 의지와 자제력을 가지신 분들에게는 인터넷 강의를 추천합니다.

결론적으로, 저처럼 심화반까지만 실강으로 듣고, 그 후는 혼자서 하고, 부족한 과목만 인터넷 강의로 골라서 수강하는 것이 시간과 돈을 절약할 수 있는 가장 효과적인 방법이라고 생각합니다. 수험생활 초반에 학원에서 수업을 들으며 규칙적인 생활 패턴을 형성하고, 실력도 어느 정도 쌓는다면, 객관식 준비 시점부터는 스스로 시간을 운영하실 수 있을 것입니다. 내공이 있기 때문에 자신 있는 과목은 수업을 듣지 않아도 되고, 공부를 했던 습관이 있기 때문에 충분히 인터넷 강의의 장점을 살리실 수 있을 것이라 생각합니다.

Ⓐ **김태윤**　저는 1차 때는 학원강의를, 2차 때는 인터넷강의를 이용하여 공부하였는데 스케줄관리 측면에서는 학원강의가 조금더 쉬운 부분이 있으나 진도속도에서는 인터넷 강의가 배속을 이용하여 훨씬 효율이 좋은 점이 있습니다. 그렇기에 본인의 상황이 어떤가에 따라 적절한 방법을 이용하는 것이 좋다고 생각합니다.

🎙 8. 수험생활 중 애로사항과 본인만의 스트레스 해소방법은?

Ⓐ **김용재**　저는 수험생활에서 체력이 달리는 것이 매우 힘들었습니다. 공부를 하면서 체력이 매우 중요하다고 생각하여 꾸준히 헬스를 하였습니다. 일주일에 2,3일은 운동을 하려고 노력했는데요, 학원을 다니면서 복습이 조금 일찍 끝난 날이나, 공부가 잘 안 되는 날은 집 뒤에 있는 산에 올라가서 벤치프레스, 철봉 등의 기구를 사용하여 운동을 했습니다. 무거운 역기를 들거나, 숨이 턱 끝까지 차오를 정도로 뛰다보면 공부로 인한 스트레스는 전혀 떠오르지 않고, 지금 느껴지는 고통에만 집중하여 머릿속은 살고 싶다는 생각밖에 나지 않습니다. 목표량을 달성해서 운동을 마치는 순간에는 살았다는 안도감과

함께 오늘도 해냈다는 성취감을 느낄 수 있었습니다. 이렇듯 저는 헬스를 통해 체력관리와, 스트레스 해소라는 두 가지 목표를 모두 달성할 수 있었습니다.

　운동을 하면 당일은 피곤하지만 그 다음날은 훨씬 더 상쾌하게 일어나서 공부를 할 때 집중이 잘 되었습니다. 대부분의 수험생들이 너무나도 많은 학습량에 좀처럼 시간을 내지 못해 운동을 할 엄두도 내지 못합니다. 하지만 제가 학원에서, 또는 도서관에서 공부를 할 때, 지쳐서 책상에서 엎드려 자는 친구들이 참 많았습니다. 그들이 오랜 시간 책상에 앉아서 열심히 하는 것처럼 보였지만 과연 공부 효율이 높게 나타날 것인가에 대한 의문이 들었습니다. 회계사 시험은 대학교 중간고사처럼 하루 이틀 벼락치기로 끝내는 단거리 레이스가 아니라 몇 년에 걸쳐서 진행되는 마라톤입니다. 초반에는 좀 무리해서라도 많은 시간동안 공부를 할 수 있지만, 오랜 기간을 그렇게 오버 페이스한다면 틀림없이 완주할 수 없을 것입니다. 수험생 분들께서는 힘들더라도 수험생활을 버텨내기 위한 체력을 기르기 위해서 운동을 하시기를 적극 권장합니다. 부가적으로, 졸릴 땐 억지로 공부하시지 마시고 오늘은 주무시고, 그 다음날 맑은 정신으로 공부하는 것이 낫다고 생각합니다. 수험생활에서는 공부시간의 양보단 질이 중요합니다.

김태윤　저는 일요일에는 오전시간을 전부 쉬고 오후에 나가서 공부를 하곤 했습니다. 그렇기에 일요일 오전에는 주로 일찍 일어나서 영화를 보러가거나 가족과 점심식사를 하며 수험기간에 대한 스트레스를 해소했습니다. 그리고 날씨가 좋은 날에는 청개천을 산책하며 조금이나마 스트레스를 풀었습니다.

9. 학점이수제도와 영어시험대체제도가 시행됨에 따른 주의해야 할 점이나 영어 공부한 방법은?

김용재　저는 1학년만 마치고 바로 수험생활을 시작해서 경제학 3학점을 제외한 모든 학점을 스스로 이수했어야 했습니다. 저는 군대에서 기본강의를 들으면서 독학사를 준비해서 휴가 때마다 시험을 봐서 제대할 때 영어 점수와 필수 학점 조건을 모두 충족시켜서 제대하자마자 바로 1차 시험에 응시할 수 있었습니다. 저처럼 저학년 때 공부를 시작하시거나, 비 경영학 전공자분들께서는 학점을 따로 이수하셔야 하는데요, 독학사로 이수하시기를 강력 추천합니다. 시간과 돈 측면 모두에서 가장 효율적입니다. 일반 시중 학원과 연계된 학점은행을 이용하신다면 시간도 너무 오래 걸리고, 비용도 비쌉니다. 제가 다닌 학원의 학점은행을 찾아보니, 15주 과정에 가격은 10만 원가량이고, 3학점이 인정됩니다. 제가 본 독학사는 당시에 수험료가 2만원이었고, 이 금액으로 시험 보는 날에 2~3과목을 한 번에 응시할 수 있었습니다. 전공은 과목 당 5학점씩 인정해주었습니다.

학원을 다닐 때 주위 형들이 독학사 응시 일정을 놓쳐 비싼 돈을 주고 시간까지 써가면 서 학점은행제를 이용하는 것을 보았는데, 독학사 일정을 확인하셔서 학점 취득을 위해 서 시간과 돈을 낭비하는 일을 막길 바랍니다. 1단계에 경영학개론과 경제학입문이 있는 데 3월에 있으니 미리미리 알아보시길 당부합니다.

Ⓐ **김태윤**　학점이수는 공대이기 때문에 학교에서는 채울 수 있는 학점이 별로 없어 대부 분 학점은행제를 이용하였습니다. 시간이 널널할 때 미리미리 해두는 것을 추천드립니 다. 수험기간에 진입하고 나서 이러한 학점은행제가 은근히 시간을 잡아먹어서 수험에 조금 방해되는 부분이 있습니다. 영어의 경우 재학중인 대학교가 100% 영어수업을 진행 하여 큰 무리 없이 수험에 필요한 점수를 취득한 것 같습니다.

🎙 10. 제2차시험 부분합격제도에 따른 부분합격과목 활용사례나 주의해야 할 점은?

Ⓐ **김용재**　부분합격제도, 즉 유예제도의 실행이 장점도 있지만, 저는 개인적으로 이로 인해 수험생들이 강제로 '유예를 당한다'고 생각합니다. 900명 남짓의 합격자 가운데 동 차생의 비율이 극히 낮기 때문입니다. 제가 생각하기엔 부분합격제로 인한 악순환이 반 복되고 있다고 생각합니다. 동차생들은 5과목을 준비하지만 유예생들은 보통 1,2과목만 준비하면서 상대적으로 공부를 할 시간이 많습니다. 유예생들이 적은 과목에 많은 시간 을 투입하면서 그들의 실력이 매우 높다보니 최근의 2차 시험 문제도 그에 상응하는 갖 기 위해서 상상을 초월하는 난이도를 보이고 있습니다. 이렇게 어려운 문제가 출제되다 보니 동차생들은 실제 시험에서 손도 대지 못하고, 자연스럽게 합격자의 대부분이 유예 생들로 채워지는 결과를 만듭니다. 문제는 여기서 끝나지 않습니다. 실제 문제를 금감원 에 공시하는 현재의 상황에서는 어려운 문제가 수험가에 공개되기 때문에 그 문제들이 연습서에 기출문제로 실리면서 공부를 하기가 더 까다로워집니다. 실제 문제도 어려운 데, 공부를 해야 하는 문제집의 수준도 날이 갈수록 높아지니 동차생들은 아예 진입조차 하기 힘듭니다.

　개인적인 생각으로는, 2차 시험은 앞으로도 계속해서 어려워지지 않을까 싶습니다. 올 해는 다행히도 재무관리와 회계감사를 제외하고는 평이하게 출제되었는데요, 재무관리 는 정말 어려웠습니다. 재무관리는 과목의 특성상 기준이 명확히 있지도 않기 때문에 기 존의 이론을 바탕으로 새로운 상황을 만들어서 신 유형의 문제를 만들거나, 신 이론이 발표되면서 아예 그동안 출제되지 않은 내용이 충분히 출제될 수 있을 것이라고 생각합 니다. 어느 경우든 수험생 입장에서는 풀 수가 없습니다. 아주 어렵거나, 아예 처음 보는 문제를 만난다면 '올해는 한 문제가 덜 나왔구나.' 생각을 하고 과감하게 버리시길 바랍니다. 출제자 분도 풀라고 낸 문제는 아닐 것입니다. 유예생분들은 1, 2과목 밖에 안 남았고, 올해 못 붙으면 안 된다는 생각에 모든 문제를 맞춰야 한다는 압박감이 있으실 텐데요, 아무리 못 풀어도 동차생들보다는 좋은 점수를 받을 확률이 높기 때문에 본인을 믿고 여유를 가지라고 말씀 드리고 싶습니다. 회계사 수험가에 유명한 말이 있죠, '이 시험은 남이 못 맞추는 걸 맞춰서 붙는 시험이 아니라, 남들 맞추는 것만 맞춰도 붙는 시험이다.' 너무 어려운 건 스트레스 받지 마시고 중요한 것 위주로 공부하시길 바랍니다.

Ⓐ **김태윤**   저는 유예를 생각하고 처음부터 과목을 전략적으로 버리시기보다는 최대한 많은 과목을 준비하여 시험에 들어가는 것이 좋은 것 같습니다. 특히 매년 몇과목은 난이도가 널뛰기 때문에 그러한 위험을 분산시키고 최대한 부분합격을 많이 노리시기 위해선 5과목 다듣고 수험에 임하시는게 좋은 것 같습니다.

🎙 11. 수험생에게 당부하고 싶은 말은?

Ⓐ **김용재**   지금 제 글을 보러 오시는 글은 대부분 회계사 시험을 공부 중에 난관에 봉착하신 분들이 아닐까 싶습니다. '불안해하지 마세요. 무조건 믿으세요.'라는 말을 전하고 싶습니다. 수험생의 불안은 크게 두 가지라고 생각합니다. 첫째는 합격을 할 수 있을 것인지에 대한 불안이고, 둘째는 회계사라는 선택에 대한 불안입니다.

불합격에 대한 수험생의 불안감과 관련해서는 김판기 선생님께서 하신 말씀이 가장 와 닿았습니다. '슬럼프는 본인이 떨어진다고 생각할 때 온다.' 모든 수험생에게 불안함은 당연한 감정일지도 모르겠습니다. 심지어는 수석을 한 저 또한 동차 때는 참 많이 불안했고, 감사를 포기할까 생각까지 했으니까요. 하지만 '하면 된다' '난 반드시 붙을 거야'라는 생각을 스스로 되뇌이며 포기하지 않았습니다. 포기하지 않고 끊임없이 도전한다면 슬럼프는 없을 것입니다. 제 생각에 회계사 시험은 합격할 것이라는 확신을 갖고 포기만 하지 않는다면 반드시 붙을 수 있는 시험이라고 생각합니다.

공부를 하시는 중간에 흔들리는 상황이 많을 겁니다. 저도 굉장히 힘든 시기가 많았고요. 수험 생활이 녹록치 않기 때문에 '과연 내가 회계사를 선택한 것이 잘한 것인가'하는 의심이 들기 때문입니다. 회계사의 대우가 옛날보다 별로라는 얘기를 듣거나, 회계사 커뮤니티의 글을 볼 때면 정말 '공부를 포기하고 학교로 돌아갈까' 고민도 참 많이 했습니다.

하지만 학교로 와서 법인 설명회를 열고, 같은 시험을 본다는 이유만으로 수험생 모두를 반갑게 맞이하고 저녁을 사주는 업계, 취업자 백만 명 시대에 서류 전형을 통과하지 못해 면접 기회조차 얻기 힘든 요즘, 현실적으로 합격이 어려운 동차생에게도 제한 없이 면접 기회를 주고 임원 분들께서 다른 법인 가지 말고 꼭 우리 법인으로 오라고 새끼손

가락 걸고 약속까지 받아내는 업계가 또 있을까요? 지금 너무 힘들어서 제 수기를 읽으러 오시는 분, 혹은 회계사 진입을 고민하시는 분 모두 동기부여 받고 좋은 결과 얻으시길 바랍니다. 회계사라는 선택, 절대 후회하지 않을 것이라 자신합니다.

A **김태윤**   처음 이 시험에 발을 들였을 때 저는 이번 1년은 살아온 날들 중 가장 치열하게 살아보자라고 마음먹었던 것 같습니다. 그렇기에 주변에서 1년은 짧은 기간이라는 말을 들었을 때도, 12월 중순 다시 복습을 하려 꺼낸 경제학의 내용이 거의 까먹을 때도 무너지지 않고 여기까지 올 수 있었던 것 같습니다. 분명 수험생분들에게 누군가는 불가능을 말할 수도 있고 합격률이 낮다고 말할 수도 있습니다. 하지만 그때마다 처음 발들였을 때의 그 마음가짐을 항상 생각하시며 끝까지 포기하지 않으셨으면 좋겠습니다. 저는 1차 시험전날에 지난 7개월 남짓한 기간동안 제 자신이 진인사(盡人事)했다고 스스로를 안심시키고 결과가 좋지 않더라도 후회는 없을 자신이 있었습니다. 후회없는 노력을 하신 수험생분들 모두 후회없는 결과가 뒤따를 거라 믿고 하루하루 공부하시면 분명 합격하실 거라 생각합니다.

🎤 12. 앞으로의 계획은? 끝으로 하고 싶은 말은?

A **김용재**   아직 학교가 많이 남아서 우선은 학교 생활을 열심히 하고 싶습니다. 그동안 수험 생활하면서 많이 참고, 미뤄두었던 것들을 해보고 싶습니다. 최근에 발표 동아리 '유니테드'에 가입하였는데 되게 좋은 분들이 많은 것 같아 참 애정이 가고 앞으로 열심히 활동하고 싶습니다. 그동안 책으로 공부하는 시간이 많아서 사람들 앞에서 발표를 하는 것이 쉽지 않아 보이지만, 활동을 마무리하면 많은 것을 얻어갈 수 있을 것이라 생각합니다. 12월 말에는 회계법인 입사가 예정되어 있습니다. 수석 합격이라는 주위의 기대가 부담되기도 하지만 그에 부응하는 멋진 활약을 하고 싶습니다.

개인적으로는 대한민국 사회의 양극화가 심화되면서 '개천에서 용이 나는' 경우가 점점 줄어드는 것 같아 매우 안타깝습니다. 최근에 EBS 프로그램을 시청하였는데, 흔히 명문대로 분류되는 대학교의 서울 출신, 그 중에서도 강남 출신 학생들의 비중이 점점 높아졌다는 내용을 보았습니다. 프로그램에서는 부의 대물림 현상이 사회 전반에 만연해지면서 교육에서도 점점 그 양상이 뚜렷해지고 있다는 것을 강조하였습니다. 사법고시도 폐지되어 전문가가 되기 위한 전제조건이 부모님의 부가 된 지금, 공인회계사 시험이 개천에서 용이 날 수 있는 거의 유일한 수단이 아닐까 생각합니다.

저희 부모님은 경동시장 단칸방에서 신혼을 시작하셨고, 저는 야채 장사하시는 아버지 밑에서 자랐다. 그리고 저희 가족은 여전히 강북에서 살고 있습니다. 다행히도 부모님의 많은 헌신과 희생으로 인해 지금은 형편이 조금은 나아져 수험 생활을 하면서 밥 굶을 정도로 가난한 것은 아니었지만, 수험서를 살 때, 그리고 백만 원이 넘는 종합반 강의료를 결제할 때마다 매일 아침 새벽 3시만 되면 일어나서 시장으로 출근하시는 아버지의 모습이 눈에 아른거렸습니다.

학원을 다니면서 지방에서 올라와 학원 근처에서 자취하면서 공부하는 친구들을 많이 보았습니다. 적지 않은 나이에 학원비, 고시원비를 부모님께 타 쓰는 것이 미안해 학원 급식이 아무리 질려도 학원 밖의 밥은 못 먹고 공부하는 수험생들을 볼 때면 참 안타까웠습니다. 학원을 다니면서 다른 수험생들보다도 그렇게 힘들게 공부하는 수험생들에게 마음이 쓰였고, 그들이 꼭 합격하길 바랐습니다.

그들에게 저도 붙었으니 '할 수 있다.' 그리고 '힘내.'라는 말을 전하고 싶습니다. 수기 중간 중간에 돈을 아끼면서도 공부를 할 수 있는 팁들을 적어 놓았습니다. 이를 잘 따른다면 적은 비용으로도 충분히 합격할 수 있을 것이라 생각합니다. 오늘도 외롭고 힘든 싸움을 하고 있을 모든 회계사 수험생에게 이글을 바칩니다. 파이팅.

🅰 **김태윤**   아직은 학기가 많이 남아 좋은 기회에 삼일회계법인에서 파트타임 근무를 하게 되었습니다. 파트타임 근무를 통해 회계사 업무를 조금이나마 배우고 앞으로의 제 커리어에 도움이 될 학문이나 능력을 학기 중에 개발하며 항상 발전하는 사람이 되고 싶습니다. 현재는 전공인 산업경영공학을 학기 중에 열심히 공부하여 앞으로의 회계시장의 변화에 유연하게 대처하고 4차 산업시대가 필요로 하는 회계사가 되기 위해 노력하고 싶습니다. 또한 스스로 가능성을 닫지 않고 좋은 기회가 있다면 또 다른 도전을 하고 싶습니다.

끝으로 감사드리고 싶은 분들게 인사를 드리고 싶습니다.

1년의 수험생활 동안 항상 일찍 일어나셔서 아침밥을 차려주시고 항상 할 수 있다고 말씀해주신 어머니와 물심양면으로 항상 제게 조언을 아끼지 않으셨던 아버지께 제일 먼저 감사의 인사를 드리고 싶습니다. 감사하다는 말이 아직은 어색한 철이 덜든 아들이기에 평소 그런 말을 못했지만 항상 감사하고 사랑합니다. 제 수험기간 고3으로 같이 수험기간을 보내며 같이 고생했던 동생 김지윤 양도 고맙습니다.

또한 시험에 처음 진입하기 전에 조언과 상담을 해주신 경영학부 최상태 교수님께 먼저 감사의 인사를 드리고 싶습니다.

함께 합격응원해주셨던 지도교수님인 임치현 교수님께도 감사의 인사 드리고 싶습니다.

같이 종합반에 다니며 잘챙겨주셨던 시은이 누나, 정은이 누나, 구영이 형, 창한이 형, 종익이 형 모두 감사의 인사드리고 싶습니다.

그리고 2차 수험기간에 같이 원가스터디 하며 같이 합격하신 이경원 누나에게 축하와 함께 감사의 인사드리고 싶습니다.

　그리고 혼자 울산에서 올라와 외롭게 공부하고 있던 제게 자주 연락해주었던 제 룸메이트인 오주석군과 동기 이영빈 군, 박남준 군과 함께 합격 축하해준 OT 20조 동기들 세영이, 상희, 예서, 은지, 정민이, 현준이, 재호형, 재원누나, 기영이형 정말 모두 너무 감사합니다. 특히 최연소 합격사실을 같이 들으며 기뻐해준 룸메인 주석이에게 정말 고맙습니다.

　군대에 있으면서도 1차합격을 축하해주고 수험기간 응원해주었던 최정원 군, 안의찬 군, 이동현 군, 조현익 군, 송찬 군, 태현이 형, 장영민 군 도 너무 감사하고 고등학교 다사다난했던 학생회를 같이 하며 축하해준 유정수 양, 오혜영 양, 안상욱 군과 서지연 양, 박태준 선배, 황수민 선배를 비롯한 많은 학생회 선후배분들, 운정고등학교 김영완 군을 비롯한 많은 동기분들 정말 감사합니다.

　그리고 축하해 주셨던 운정고등학교 2학년 담임이셨던 정택희 선생님께도 너무 감사드립니다.

　경영공학부 현걸이 형, 석주 형 수험기간과 합격 후 아낌없는 조언해주신 전 총학생회장이신 두경서 형과 이근우 형 그리고 함께 축하해주신 재웅이 형을 비롯한 총학생회 정책국 선후배분들께 감사의 인사를 드리고 싶습니다.

　마지막으로 직장에 다니셔서 피곤하셔도 항상 아들 걱정해주시고 저보다 일찍 일어나셔서 아침밥도 차려주신 어머니께 다시 한번 감사의 인사를 드리며 끝내고 싶습니다. 정말 제 주변에는 항상 제게 과분한 분들만 있어 항상 도움받고 여기까지 온 것 같습니다. 모든 분들께 감사드리고 최연소라는데 자만하지 않고 항상 하나라도 더 배우는 자세로 많은 선배 후배 회계사님들로부터 정말 많이 배우며 어제보다는 오늘이, 오늘보다는 내일이 더 나은 회계사가 되도록 노력하겠습니다. 다시 한번 축하해주셔서 감사합니다.

2017년 제52회 공인회계사시험

최고득점·최연소 합격자 인터뷰

주 나 현
1994년 8월 9일 출생
대원외국어고등학교 졸업
서울대학교 경영학과 4학년 재학 중
2017년 제52회 공인회계사 제2차시험
최고득점 합격자

유 승 민
1996년 12월 9일 출생
원광고등학교 졸업
웅지세무대학교 재학 중
2017년 제52회 공인회계사 제2차시험
최연소 합격자

 1. 자기소개, 응시동기, 합격소감은?

주나현 대원외국어고등학교를 졸업하고, 현재 서울대학교 경영학과 4학년에 재학 중인 학생입니다.

전 4학년이 되어서야 회계사 시험공부를 시작했습니다. 대학교에 입학하고, 다양한 전공 수업을 들으며 '케이스 스터디 팀플'을 했습니다. 팀플을 할 때마다 재무제표를 분석해야 했는데, 재무제표 속에서 인사이트를 찾아내시는 교수님들, 같이 팀플을 하며 능숙하게 재무제표를 다루는 예비 공인회계사 선배들을 보면서, '나도 재무제표를 읽고 싶다'라는 생각을 갖게 되었습니다. 단순히 기사나 책 속에서 얻을 수 없는 정보를 직접 재무제표를 분석해 알아내는 모습이 멋있었습니다.

경영학을 배우며 3년 동안, 경영학에 대한 다양한 관점을 습득했지만, 이렇게 졸업하기엔 아쉽다는 생각이 들었습니다. 소위 기업의 언어를 공부해보고 싶다는 생각이 들어서 공인회계사 시험에 도전했습니다. 주변에서 공부를 추천해주시는 교수님들과 선배님들이 계셔서 결심하기 쉬웠던 것 같습니다.

합격 전화를 받고 한 달이 되어가는 지금도 믿기지가 않습니다. 합격하면 정말 기쁠 것이라 생각했는데, 기대 밖의 성적에 마음이 조금 무겁습니다. 이 공부를 했던 선배들이나 친구들보다 더 나은 부분이 있다고 생각되지도, 이렇게 좋은 결과를 받을 자격이 된다고 생각하지 않습니다. 운도 많이 좋았고, 주변에서도 많이 도와주셔서 과분한 결과를 받은 것 같습니다. 아직 많이 부족하지만, 부족한 만큼 더욱 노력하며 사회에 기여할 수 있는 사람이 되겠습니다.

🅰 **유승민** 저는 제52회 공인회계사 시험에 만20세의 나이로 최연소 합격하게 된 유승민이라고 합니다. 저는 고등학교 시절에 이과에서 공부를 했었기 때문에 처음에는 공인회계사라는 직업에 대해 거의 알지 못했습니다. 하지만 대학을 진학하는 과정에서 세무사이신 아버지의 권유로 공인회계사 공부를 시작하게 되었습니다.
[합격소감] 이번 2차 시험에서 감사가 상당히 어려워 합격에 차질이 생길 것 같아 불안했지만 좋은 소식을 들을 수 있게 돼 너무 기뻤습니다.

🍄 2. 1, 2차 시험대비 수험대책으로 자신만의 효율적인 각 과목별 공부방법과 준비 요령은? (수험기간, 공부시간, 수험정보 입수경로 등 포함)

🅰 **주나현** (수험기간, 공부시간, 수험정보 입수경로 등 포함) 과목별 공부방법과 준비요령은 4번에 포함시켜 작성했습니다. 2016년 3월부터 공부를 시작했습니다. 1, 2차 시험 전 각 한 달을 제외하고 매주 2~3회 아침 요가 강습을 받았습니다. 운동을 한 날은 아침 9시 반부터, 하지 않은 날은 8시부터 공부를 시작했고, 밤 11시까지 자리를 지켰습니다. 주말엔 부족한 잠을 보충하고, 보통 오전 10시 정도에 자리에 앉았습니다. 통학시간이 왕복 2시간 정도였기 때문에, 도서관에서 이해가 안 되는 내용을 적어두고 그 내용에 대해 생각해보거나, 세법 세부사항과 같이 암기성이 짙은 내용을 표시해두고, 반복해서 보았습니다. 특히 오가며, '스스로 강의하기'를 했는데, 당일 배운 내용을 정리하는 데 큰 도움이 됐습니다. 많은 선생님께서 강의에서 강조하시는 방법대로, 통학 시간이나 잠들기 전에 그 날 배웠던 주제 한 가지를 중심으로 어떻게 세부 내용이 파생되는지 그려보려 했습니다. 다음 날 책과 비교하는 식으로, 어떤 흐름을 놓쳤고, 그 흐름이 왜 중요한지 등을 생각해보았습니다. 수험 기간 초반에는 주별, 일별 계획도 세워봤지만 각 과목에 대한 이해 정도나 복습 량에 편차가 커, 크게 의미가 없다고 느끼고, 하루하루를

채우는 데에 의의를 뒀습니다.

공부를 시작하기 전에 회계사 시험 준비 학원 사이트나, 학교 커뮤니티에 올라와 있는 수기들을 읽어보며 대략적인 공부 계획을 그려보았습니다. 중간 중간 모르는 부분은 이미 합격한 친구나 선배한테 물어보는 식으로 수험 정보를 습득했습니다. 이를 통해, 제 성격이나 공부해오던 방식에 적합하다고 판단한 조언들을 취사선택해 수험 공부에 적용했습니다. 구체적으로, 초반엔 회계원리 〉중급회계, 원가회계 〉재무관리, 세법 〉상법, 일반경영 〉고급회계, 경제 순으로 기본 강의를 수강했습니다. 1.5차 강의는 재무회계, 세무회계 〉재무관리 순으로 수강했는데, 동차를 목표로 했기 때문에 여름에 최대한 많이 1.5차를 듣고 싶었고, 복습 시간이 많이 소요되었지만 조급해하지 않고 공부했습니다. 따라서 11월 중순이 되어서야 객관식 공부를 시작했는데, 시간을 아끼기 위해 필요하다고 판단한 원가회계와 세법만 강좌를 수강했습니다. 2차 준비 기간엔, 각 과목 당 4~5시간을 공부하고, 하루 반 정도를 주기로 다섯 과목을 한 번씩 보며 공부했습니다. 보는 순서 자체를 통일하지는 않았습니다. 강의는 세무회계와 회계감사 유예 강의만 수강했습니다.

Ⓐ **유승민** 저는 2015년 3월부터 2017년 8월까지 총 2년 6개월간 수험생활을 하였습니다. 처음 공부를 시작하였던 6개월 동안은 7~8시간 정도 공부를 하였고 그이후로 점차 공부시간을 늘려가면서 10시간씩 꾸준히 공부를 하였습니다. 공부도중에는 집중력 유지를 위해 한번에 2시간 이상씩 공부하는 것이 아닌 1시간가량에 5분정도 꾸준히 휴식을 취해 집중력을 유지하도록 했습니다. 공부할 때는 여러 과목을 병행해서 공부하지 않고 한 과목씩만 공부하였습니다. 초시 때 2차시험에서 회계감사 1유예의 결과를 얻고 이듬해 2월 유예강의가 개설되는 시점부터 6시간정도 꾸준히 공부하였습니다. 수험정보에 대해서는 학교 교수님의 조언을 통해 알게 되고 그에 따라 수험계획을 세웠습니다.

공부방법 준비요령

1차

① 회계학

처음 기본강의를 들을 때에 중급회계와 고급회계의 경우 다음에 책을 다시 펼쳤을 때 바로 알아볼 수 있는 수준까지만 공부하고 암기가 잘되지 않는 부분을 억지로 암기하려고는 하지 않았습니다. 객관식 강의를 수강하면서 암기가 필요한 부분을 암기하기 시작했고 객관식 문제를 풀며 틀린 부분을 체크하고 완벽히 풀어낼 수 있을 때까지 계속해서 풀었습니다. 원가관리회계의 경우는 기본적인 개념이 쉽게 다가와 인강으로 기본적인 부분을 충분히 알 수 있었고 처음부터 1차 수준의 객관식 문제를 푸는데 큰 지장이 없었습니다. 정부회계는 분량도 적고 1차시험에서의 비중도 다소 떨어지지만 암기가 필요한 부분이 상당 부분 존재하므로 1차 시험에 임박하여서 공부를 하였습니다.

② 경제학

미시와 국제경제학은 그래프를 그려볼 수 있는 문제는 가급적 그래프를 그려보는 방식으로 공부를 하였습니다. 거시경제학의 경우 처음에 이해가 거의 되지 않았으나 객관식 강의를 수강하며 개념들을 정리하였습니다.

③ 세법

말문제의 경우는 세법 조항들을 그대로 암기할 수밖에 없었습니다. 계산문제는 저의 풀이가 모범답안과 유사할 수 있게 문제를 풀어보았습니다. 계속해서 모범답안에 비슷하게 풀어보려고 노력하다보니 계산문제를 풀기위한 공식이나 양식들이 저절로 암기가 되게 되었고 문제를 푸는 과정에서 발생하는 사소한 실수들이 거의 발생하지 않고 또한 빠른 속도로 문제들을 풀어나갈 수 있었습니다.

④ 경영학

일반경영학의 경우 개인적으로는 어떤 범위까지 공부해야 할지 다소 난해하였습니다. 따라서 일단 기본강의를 수강한 후 객관식 문제집을 혼자 풀어보며 기출문제 중에서 빈출 주제들을 위주로 암기하였습니다. 재무관리는 최근 1차시험에서 난이도가 낮게 출제되므로 기본강의와 객관식 강의를 수강하고 문제집을 계속 풀어보는 것만으로 충분하였습니다.

⑤ 상법

상법은 암기가 반드시 수반되어져야 하는 과목이므로 모든 +과목 중에서 가장 마지막에 공부하였습니다. 시간적 여유가 있을 때마다 암기해야할 사항들을 틈틈이 보고 시험에 임박해서는 기출문제들을 위주로 개념들을 암기하였습니다.

2차

① 재무회계

기본적은 개념이 1차와 크게 차이가 없었지만 1차와 달리 주관식이므로 더욱 정확하게 계산문제를 풀어낼 수 있도록 연습서를 여러 번 풀어보았습니다.

② 세법

1차시험과 달리 세법은 문제의 크기가 갑자기 커집니다. 하지만 1차 때부터 문제를 푸는 양식을 암기해놓고 있었기 때문에 2차시험 문제에 적용하는데 큰 문제는 없었습니다. 다만 1차를 준비할 때 증여세를 공부하지 않아 2차에서도 공부하지 않았고 약술 문제의 경우는 비중이 적다고 판단하여 주요 3법에 더욱 치중하기 위해 공부하지 않았습니다.

③ 원가회계, 재무관리

두 과목 모두 기본개념은 1차 때와 큰 차이가 없지만 문제가 복잡해지는 것뿐이므로 연습서 문제를 계속해서 풀어보았습니다. 이 두 과목은 시험장에서 공부하면서 전혀 볼 수 없었던 유형의 문제가 빈번하게 나오기 때문에 모르는 문제가 나왔을 때 과감히 넘어 가는 것이 굉장히 중요하다고 생각됩니다.

④ 회계감사

회계감사는 1차 때 충분한 공부시간을 투입하지 못하고 떨어졌습니다. 유예 때는 1과 목만 공부하면 되 시간 확보가 충분히 되어 교수님이 언급하신 모든 부분을 암기하였습니다.

🎙 3. 1. 2차 수험기간동안 Group Study는 어떻게 이루어졌으며 실전 시험에는 어느 정도의 효과가 있었습니까?

Ⓐ **주나현** 저는 시간을 확보하기 위해 혼자서 생활했습니다. 그래서 식사 시간을 조정할 수 있었는데, 사람이 많은 점심시간을 피해 3시 쯤 점심을 먹고, 8시쯤에 간식을 먹으며 산책했습니다. 또 개인적으로 친구들의 영향을 많이 받는 편이라 혼자 공부하며 집중력을 높일 수 있었습니다. 그래도 같이 시험을 공부하는 친구와 주기적으로 연락해 알게 된 수험 정보를 공유하고, 이미 붙은 친구들, 선배들에게 궁금증이 생기면 물어보는 등으로, 수험 정보를 얻을 수 있었습니다.

그러나 이런 생활방식 때문에, 시간이 지날수록 외로워지고, 불안과 잡념들이 많아졌 습니다. '붙을 수 있을까,' '붙어도 좋은 회계사가 될 수 있을까,' '사회에서 어떤 역할을 할 수 있을까" 등의 생각이 커지는데, 고민을 나눌 사람이 옆에 없다보니 힘이 들었습니다. 아침저녁으로 가족과 대화하며 마음을 달랬지만, 같이 공부하는 친구가 있었다면 어땠을 까, 란 생각이 들기도 했습니다. 어떠한 공부 방식에도 일장일단이 있는 것 같습니다.

Ⓐ **유승민** 혼자 공부했습니다.

4. 최근 1, 2차 시험과목별 출제경향과 수험대책은 어떤 것이 있습니까?

Ⓐ 주나현

(1) 일반경영

여름에 최중락 선생님의 기본강의를 들었는데, 암기성이 짙어 당황했던 기억이 납니다. 그래서 강의 복습을 할 때, 엑셀 파일에 번호를 매겨 앞 글자를 따거나 단어 연상을 이용해 암기법을 만들어 적어두었습니다. 지금 생각해보면 부끄럽지만, 더 나은 암기법을 생각해내며 수험 기간 나름의 재미를 느꼈습니다. 몇 달이나 다시 복습할 때도 효과적이었습니다. 또한, 기출에 나온 지문이 모두 수록되어있는 선생님의 '워크북'이 특히 유용하다고 느꼈는데, 시험에 가까워지며, 이 워크북과 엑셀 파일만 반복해서 보았습니다. 무한정 범위를 늘리기보단, 기출문제와 이로부터 파생되는 개념에 집중했습니다. 마지막 2주 정도엔 2016년부터 역순으로 기출문제를 풀어봤는데, 적어도 기출된 내용은 숙지했다는 자신감이 생겼습니다.

(2) 상법

김혁붕 선생님의 기본강의를 수강했습니다. 선생님이 말씀하신대로, 수업을 듣고, 어느 정도 내용을 익힌 다음, 본문을 참고하지 않고 문제를 풀어보는 식으로 공부했습니다. 배운 흐름을 가르쳐주신 그대로 이해하려 했고, 이해 및 암기는 밑줄 쳐주신 부분에 집중했습니다. 누적 복습은 하지 못했지만, 수업시간에 다시 언급된 내용이나 앞서 비슷한 내용이 있는 경우엔, 다시 확인하고 넘어갔습니다. 이 기간엔, 통학 시 상법전을 읽으며, 파생되는 신강 내용을 떠올리려 했고, 이를 신강과 다시 비교하는 식으로 학습했습니다. 다시 12월 말에 객관식 상법 공부를 했는데, 이때부턴 매일 상법을 조금씩 봤습니다. 밑줄 친 내용을 반복해 읽으며, 다른 비슷한 규정과 연결했고, 기출문제는 '가로 풀기'를 했습니다. 첫째 날 1장을 공부하고 1번, 6번, 11번 …을 풀고, 둘째 날 2장을 공부하고, 1장의 틀린 내용과 2번, 7번, 12번 …을 풀고 2장의 1번, 6번, 11번 …을 푸는 식으로 공부했습니다. 어려운 기출 지문은 형광펜으로 표시해뒀고, 이와 헷갈리는 상법 조문을 모두 엑셀 파일에 정리해, 시험 직전까지 보았습니다. 시험 전날엔 수업시간에 언급된 상법 조문을 모두 읽었습니다.

(3) 경제학

김판기 선생님의 기본강의를 수강했습니다. 선생님께서 말씀하신 예습은 꼭 15분여 하고 수업을 들었고, 시간이 걸려도 교재에 수록된 연습문제를 모두 풀고 넘어갔습니다.

이해의 비중이 높은 과목이라 판단했기에, 수업이 끝나면 빈 종이에 오늘 배웠던 내용을 수업 흐름대로 적어보고, 모르거나 헷갈리는 내용에 집중해서 공부했습니다. 이런 흐름을 파악하는 데에 있어 예습이 큰 도움이 됐다고 생각합니다. 완강 후에도 약 6주간, 미시와 거시 책을 각 3등분 해, 주말마다 한 부분을 보며, 틀렸던 문제만 다시 풀어보았습니다. 본격적인 객관식 준비는, 11월에 김판기 선생님의 객관식 교재를 구입해 이를 2회독 정도했고, 이후엔 틀렸거나 시간이 많이 걸렸던 문제에 집중했습니다. 시험 전엔 최근 기출문제를 모두 풀어보았습니다. 시험에 나올 가능성이 있지만, 도저히 암기할 수 없었던 내용(예. 경제지표의 구분)은 미리 교재에 표시해두고, 시험 전에 교재에서 뜯어내 스테이플러로 찍어 시험장에 가져갔습니다.

(4) 정부회계, 국세기본법

각 다섯 문제만 출제되지만, 버리고 가기엔 불안한 과목이었습니다. 늦게 시작했고, 양도 생각보다 많아, 공부하며 조급했던 기억이 있습니다. 김강호 선생님의 정부회계와 강경태 선생님의 국기법을 들었습니다. "조금씩 맨날 보자"라는 생각으로 1월부터 매일, 관련 교재를 지하철에서나, 자기 전후로, 반복해 읽었습니다. 완벽한 이해를 하기 보단, 관련 내용을 눈에 익히고자 했습니다. 기출문제 외에는, 수업시간에 언급된 문제만 봤습니다. 특히 국기법과 세법 말 문제 대비용으로 주민규 선생님의 '하루의 끝장내기 세법'의 뒷부분 ○, × 파트만 봤는데, 개정 사항을 모두 반영하고 있어 정리하기 좋았습니다.

(5) 재무관리

2016년 봄에 김종길 선생님의 재무관리 기본강의를 들었는데, 이해가 되지 않아 복습을 소홀히 했습니다. 중간부터 복습을 하려 해도, 앞부분과 내용이 연결되어 있어, 복습을 포기했던 기억도 납니다. 교재 뒤에 있는 연습문제도 거의 풀지 못했습니다. 따라서 뒤늦게나마 김종길 선생님의 2016년 1.5차 동차 강의를 들었는데, 이왕 시작했으니 조바심 내지 않고 필요한 내용을 모두 익히겠다고 다짐했습니다. 개인적인 판단이지만, 공인회계사 수험 과목 중 가장 호흡이 긴 과목이 재무관리가 아닐까 싶습니다. 크게 기업재무, 파생상품의 흐름이 있는데, 효용함수와 같이 앞부분의 기본적인 내용을 놓치면, CAPM이나 기업가치, 투자안 계산과 같은 뒷부분도 연쇄적으로 이해가 되지 않는 것 같습니다. 이런 점에서 1.5차 강의가 정말로 유익하다고 생각했는데, 주제별 '연결'을 강조하시며 수업해주셔서 큰 흐름을 놓치지 않는데 도움이 됐습니다. 누적복습도 더 철저히 했습니다. 선생님께서 수업시간에, '한 번 흔들리고 나면, 배운 내용이 꾸준히 기억나는 과목'이라는 식으로 표현하신 적이 있는데, 공부하면서 개인적으로 와 닿는 말이었습니다.

　　1.5차 강의를 들으며 재무관리에 대한 자신감이 생겨, 객관식과 2차 공부 과정에서 의식적으로 공부 시간을 줄였습니다. 고루고루 공부하기 위해, 한 번 기업재무 쪽을 공부했다면, 다음번엔 파생 쪽을 공부하는 식으로 배운 내용을 환기시켰습니다. 2차 공부는 1.5차 때 공부한 교재로 했는데, 당시 틀린 횟수를 표시해 놓은 것이 공부하면서 좋은 참고가 되었습니다. 이전에 틀린 문제를, 똑같은 방법으로 다시 틀리는 경우가 많다는 점을 깨달았고, '복습 노트'에 이를 기록해, 실제 시험을 볼 때 잊지 않도록 주의했습니다.

(6) 재무회계

　　김기동 선생님의 회계원리, 중급회계, 고급회계, 1.5차 강의를 수강했습니다. 처음 기본강의를 들을 땐, 누적 복습은 못하고 뒤에 있는 연습문제를 느리게나마 풀 수 있는 정도로 내용을 익혔고, 고급회계를 배운 이후부턴 회계의 논리에 조금 익숙해져 누적복습이 가능했습니다. 학교에서 들었던 수업 중, 회계는 이해관계자들이 내린 일종의 정치적 합의이며, 공부하며 "왜?"라는 질문을 해야 한다고 배운 적이 있습니다. 재무회계는 '워크북'에 단권화했는데, 다른 색깔의 펜으로 왜 어떤 규정이 생겨난 것 같은지, 생각나는 대로 적어봤습니다. 선생님께서 수업시간에 말씀해주신 배경들도 이해에 큰 도움이 됐습니다. 이해가 안 되어 암기할 수밖에 없는 부분이 생기면, 또 다른 색깔의 펜으로 암기법을 적어두었습니다. 모르는 부분이 생기면 인터넷 카페에 질문을 했는데, 바로바로 답변해주셔서 좋았습니다.

　　특히, 1차전에 두 차례의 모의고사를 보며, 재무회계 풀이 시간이 가장 부족하다는 걸 알게 됐습니다. 이론을 어느 정도 숙지했는데도, 점수가 잘 나오지 않는 점이 아쉬워, 사이 기간에 재무회계 문제풀이에 시간을 많이 투자했습니다. 김재호 선생님의 "객관식 Final"에 있는 모의고사를 풀며, 무엇보다 시간 관리에 신경 썼습니다. 어느 정도의 침착함과 정확성을 가지고 풀되, 아는 유형의 문제 속도를 크게 높이는 연습과, 어느 정도 시간이 소요되면 별표를 치고 넘어가야하는 지 등의 느낌을 연습했습니다. 6~7회 모의고사를 풀 즈음에, 얼추 시간이 맞겠다는 자신감이 생겼습니다. 실전 감각을 유지하기 위해, 1차 직전 한 주는 IFRS 개정 이후의 기출문제를 하루에 한 회분 씩 풀었습니다. 2차 말문제 대비론, 2차 연습서에 있는 예제들을 핸드폰 사진에 담아 학교에 오가며 봤습니다.

(7) 원가회계

　　김용남 선생님의 기본강의와 객관식 강의를 수강했습니다. 기본 강의를 들을 땐, 개인적으로 다른 과목과 비교했을 때 쉽다고 느꼈습니다. 가을에 다시 공부를 시작했는데,

2~3분이라는 제한 시간 안에 도저히 어떻게 문제를 풀어내야 하는지 막막해 객관식 강의를 듣기 시작했습니다. 이 과정에서, 원가회계는 기본적으로 개념에 대한 이해를 바탕으로 하지만, '빠른 풀이법' 자체를 암기, 학습 하는 것도 못지않게 중요하다는 생각을 했습니다. 또한, 객관식 말 문제 대비용으로 A4 용지 양면에, ABC의 장단점 등 자주 나오는 개념들을 정리해 책상 앞에 붙여놓았습니다. 출제된 적이 없는 주제는 보지 않았습니다.

원가회계 2차 강의를 듣지 않은 분들의 수기를 참고했는데, 김용남 선생님 교재의 예제 문제와 주요 문제 리스트를 확실하게 푸는 것을 목표로 했습니다. 기본적으로 2회독을 하고, 틀린 문제를 추가적으로 봤는데, 관리회계 부분은 시간이 없어 기출 문제만 봤습니다. 2회독을 할 때, 이미 확실히 풀 수 있는 문제들은, 눈으로 풀이과정을 그려보고, 맞는지 확인하는 식으로 접근해 시간을 절약했습니다. 말문제 대비는, 재무회계와 같이 연습서에 있는 예제를 계속 봤습니다.

원가회계는 문제 배점이 크고, 풀기 어려운 문제가 꼭 나오기 때문에 정확도가 높아야 하는 과목임에도 연습할 때 실수가 잦았습니다. 따라서 2차 시험장에 들어가며 가장 걱정됐던 과목이 원가회계입니다. 그래서 비교적 쉬운 문제의 초반부에는 빨리 계산을 검토 해보기로 결정하고, 그에 따라 연습했습니다. 또한, 답을 내지 못해도 풀이 과정이 있으면 점수를 후하게 주는 과목이라고 알고 있어, 연습할 때 안 풀리는 문제가 있으면, 어떤 식으로 풀이과정을 쓸 지 구상해봤습니다.

(8) 세무회계

강경태 선생님의 기본, 1.5차, 객관식, 2차 유예 강의를 수강했습니다. 처음 기본 강의를 접했을 때 난생 처음 접해본 개념들이 나오고, 이해 암기할 사항이 너무 많아 복습을 포기했습니다. '어떻게든 되겠지'라고 생각하며 하루에 인강만 하나씩 듣고, 필기는 하되, 복습은 거의 하지 않았습니다. 다른 수험생들이 기본 강의 때 익힌 내용을 1.5차 때야 공부했고, 1.5차 때 달성할 이해 정도를 객관식 때에야 이뤘습니다. '공부를 해야겠다'는 생각이 든 이후엔, 세법에 가장 많은 시간을 투자했습니다. 학교에선 전체적인 틀과 문제풀이 방법을 익혔고, 학교에 오가는 길에 세부사항을 외웠습니다. 특히, 이 과정에서 '써머리'에 단권화를 했는데, 공부하며 누적된 이해, 궁금증, 암기법을 반복해서 보며, 실력이 느는 듯한 기분이 들었습니다. 1,2차 때 모두, 시험에 가까워지며 소득세법과 같이 암기가 많은 세부 과목의 공부 비중을 늘려갔습니다. 다양한 상증세 과세가액 계산 등 특히 암기성이 짙은 부분은 미리 표시해두었다가, 시험 전 주에 눈에 익히고, 일부는 시험 직전에 보았습니다. 2차 때 약술세법은 보지 못했습니다.

2차 답안작성의 경우, 선생님별로 각 문제 유형을 접근하는 소위 '와꾸'라는 문제풀이

틀이 있는데, 채점하시는 교수님들이 제가 쓴 내용들을 이해하기 어려우실까봐, '와꾸'를 나름대로 변형, 풀어쓰는 방법에 대해서도 생각해봤습니다. 또, 10장이란 답안지 매수가 특히 부족한 과목이란 말을 들었기 때문에 답안 작성 세부과정에 익숙해지려 했습니다. 답은 원 단위로, 근거는 "(단위: 백만 원)"이라고 쓰고 백만 원 단위로 적었습니다.

(9) 회계감사

2차 공부는 권오상 선생님의 유예 강의를 들으며 시작했는데, 무작정 암기만 하는 것 같아 힘들었던 기억이 납니다. 그래서 처음에는 '스터디 가이드'에 있는 문제 상황이나 사례만 읽으면서라도 회계감사 공부 시간을 채웠습니다. 선생님께서 수업시간에 말씀해 주신 실제 감사 경험들도 최대한 떠올려보며, 회계감사에 대한 흥미를 불러일으키고자 했습니다. 예를 들면, 제시된 상황에서 어떤 독립성의 문제가 생길 수밖에 없는지, 이런 문제를 해결하기 위해서 어떤 안전장치가 필요한지, 왜 다른 안전장치보다 어떤 특정의 안전장치가 우선시 되는지, 등을 스스로에게 질문해보았습니다. 이러한 사고방식에 조금 익숙해지니, 천천히 암기와 문제풀이도 가능해졌습니다. 3~4월에 회계감사를 공부할 때는, 항상 '회계 감사 절차' 페이지를 책을 보지 않고 그려보고, 제가 전에 배운 내용들이, 절차의 흐름 속에서 어디에 해당하는 지 확인했습니다. 6월 초에 2016년도 기출문제를 서술형으로 써봤는데, 생각보다 많은 시간이 걸려 놀랐던 기억이 납니다. 실전에선 정말 필요한 내용만 적어야 겠다고 유의했습니다.

🅰 **유승민** 최근 1차시험의 경우는 과거와 달리 전반적으로 평이한 수준의 문제가 나온다고 생각합니다. 하지만 2차시험이 난이도가 어떤 식으로 나올지 전혀 예측이 불가능할 정도이기 때문에 1차시험을 대비할 때부터 기본적인 개념은 2차 수준까지 익혀놓고 2차 수험기간에 문제풀이에 좀더 많은 시간을 투입할 수 있도록 하여야 한다고 생각합니다.

🍄 5. 수험생활 중에 본 1, 2차 각 과목별 도서목록을 정리해 주시면 고맙겠습니다.

🅰 **주나현**

(1) 일반경영
경영학 기본강의(2판), 상경사 (최중락 저)
2017 경영학 워크북, 샘앤북스 (최중락 저)
경영학 기출실록(3판), 상경사 (최중락 저)
객관식 경영학(3판), 샘앤북스 (최중락 저)

(2) 상법

회계사 상법신강 11판, 여울 (김혁붕 저)

2016 CPA 상법전, 위너스경영아카데미 (위너스경영아카데미 저)

(3) 경제학

경제학연습 미시편(제7판), 세경북스 (정병열 저)

경제학연습 거시편(제7판), 세경북스 (정병열 저)

객관식 다이어트 경제학 미시편 6판, 서울 (김판기 저)

객관식 다이어트 경제학 거시편 6판, 서울 (김판기 저)

(4) 정부회계, 국세기본법

2017년 대비 정부회계, T&E (김강호 저)

(5) 재무관리

재무관리 3판, 소은 (김종길 저)

재무관리연습 6판, 소은 (김종길 저)

객관식 재무관리 4판, 소은 (김종길 저)

공인회계사 2차 재무관리 기출문제집, 파란 (김민환 저)

(6) 재무회계

IFRS 회계원리, 샘앤북스 (김기동, 임태종 공저)

IFRS 중급회계 1, 샘앤북스 (김기동 외 공저)

IFRS 중급회계 2, 샘앤북스 (김기동 외 공저)

IFRS 고급회계 3판, 샘앤북스 (김기동 저)

재무회계 워크북, 샘앤북스 (김기동 저)

2017 IFRS 재무회계연습, 샘앤북스 (김기동 저)

2017 IFRS 객관식 재무회계, 샘앤북스 (김기동 저)

2017 객관식 Final 재무회계 (기본문제＋모의고사), 도서출판 원 (김재호 저)

(7) 원가회계

원가관리회계 2판, 용감한 (김용남 저)

객관식 원가관리회계 8판, 용감한 (김용남 저)

원가관리회계연습 9판, 용감한 (김용남 저)

(8) 세무회계

2016 세법 개론, 샘앤북스 (강경태 저)

2016 세법 강의 Summary 1 부가가치세 소득세, 샘앤북스 (강경태 저)

2016 세법 강의 Summary 2 법인세, 샘앤북스 (강경태 저)

2016 세무회계연습 1 법인세, 샘앤북스 (강경태 저)

2016 세무회계연습 2 부가가치세소득세, 샘앤북스 (강경태 저)

2016 객관식 세법, 세경사 (이철재, 주민규 저)

2017 하루에 끝장내기 세법, 세경북스 (주민규 저)

2017 세법 강의 Summary 1 부가가치세 소득세, 샘앤북스 (강경태 저)

2017 세법 강의 Summary 2 법인세, 샘앤북스 (강경태 저)

2017 세무회계연습 1 법인세, 샘앤북스 (강경태 저)

2017 세무회계연습 2 부가가치세소득세, 샘앤북스 (강경태 저)

(9) 회계감사

회계감사 Study Guide 4판, 경문사 (권오상, 이창우, 송혁준, 전규안 저)

ⒶⒶ 유승민

1차

재무회계(중급회계, 고급회계, 정부회계) - 송상엽

원가관리회계 - 송상엽, 경제학 - 김판기, 재무관리 - 김종길

상법 - 오수철, 세법 - 이승철, 경영학원론 - 이인호

2차

재무회계 - 송상엽, 원가회계 - 김용남, 재무관리 - 김종길

세법 - 이승철 회계감사 - 권오상

🎙 6. 수험생입장에서 구하기 어려웠다거나 보강되었으면 하는 특정 과목이나 내용의 수험서가 있습니까?

Ⓐ 주나현   다양한 강의와 수험서가 모두 시중에 있었기 때문에 특별히 없었습니다.

Ⓐ 유승민   회계감사와 재무관리의 경우 기존 수험서에서 다루던 내용이 아닌 생소한 주제

들이 빈번히 출제되었다고 생각됩니다. 새로운 내용의 기출문제들에 대해 단순한 기출문제분석이 아닌 새로운 시험범위로 인식하고 이에 대한 내용이 수험서에 잘 정리되었으면 좋겠습니다.

🎤 7. 수험공부 시 학원 강의, 인터넷강의, 강의tape중 이용도 측면에서 어떤 방법을 선호했습니까?

Ⓐ **주나현** 저는 인터넷 강의를 수강했습니다. 동차를 목표로 했기 때문에, 시간을 더 효율적으로 운영할 필요가 있다고 판단했고, 또 학교 도서관이란 공부 환경이 익숙했기 때문입니다. 대신, 기본강의를 들을 때는 거의 1.0배속 혹은 1.2배속으로 들으며 최대한 현장감을 살리려 했습니다. 1.5차, 객관식, 2차 강의로 넘어가면서 보다 익숙한 내용은 배속을 빠르게 조정하여 수강했습니다. 또, 문제풀이 부분의 경우엔, 항상 강의를 멈춰두고 먼저 문제를 풀고, 선생님의 해설을 들었습니다. 제가 어디서, 어떻게 잘못 생각했는지에 중점을 두었고, 교재에 표시해 두어서 나중에 복습할 때도 편리했습니다. 인터넷 강의를 수강하면 실강생들이 푸는 모의고사가 제공되는 경우가 있는데, 꼭 시간을 맞춰놓고 문제를 풀이하고, 채점 결과를 실강생들의 성적과 비교하면서 제 위치를 확인했습니다. 이 과정을 통해 제가 상대적으로 부족한 과목과 잘하는 과목을 구분할 수 있었고, 이에 따라 공부량도 조절할 수 있었습니다.

Ⓐ **유승민** 저는 수험기간 동안 휴학을 하지 않았기 때문에 학원에 직접 가서 강의를 수강할 수 없었습니다. 따라서 인터넷 강의만으로 공부를 하였습니다. 인터넷 강의를 통해 본인이 취약하다고 생각하는 부분에 더욱 많은 시간을 투입할 수 있었습니다. 또한 현장강의보다 빠른 수강이 가능해 보다 효율적인 시간관리를 할 수 있었습니다.

🎤 8. 수험생활 중 애로사항과 본인만의 스트레스 해소방법은?

Ⓐ **주나현** 앞서 언급했듯, 혼자 공부했기 때문에 외로움, 불안, 잡념이 커졌던 것 같습니다. 떨어질 수 있겠단 불안감은 '볼펜 모으기'로 해소했습니다. 일주일에 5~6개 정도씩 모이는 볼펜들을 보며, 제 자신에게 계속해 '할 수 있다'고 말했습니다. 시험을 보기 직전에도 볼펜을 떠올리며 자신감을 가지려 했습니다. 시험장에 들어갈 때까지도 공부한 내용이 완벽하게 정리됐다는 생각이 들지 않았기 때문에, 계속해서 자신에게 '할 수 있고, 설령 잘 되지 않더라도 수고했다고 말할 만큼은 공부했다'고 말했습니다. 또, 공부를 하기 어려울 정도로 잡념이 많아지면, 학교 안 카페에서 좋아하는 음료를 마시며 일기를

썼습니다. 생각을 정리하고, 어떤 마음가짐으로 남은 수험 기간에 임할 지 다짐하곤 했습니다. 1차, 2차 시험 각 1달 전 정도를 제외하곤 일주일에 2~3회 아침에 요가 강습을 받았는데, 체력적, 정신적 도움을 많이 받았습니다.

A 유승민 수험생활을 하며 허벅지에 종기가 다소 크게 생겨서 간단한 절개 수술을 한 적이 있었습니다. 그로 인해 수술 직후 며칠 정도 앉아서 공부하기가 부담이 되어 공부 계획에 차질이 생긴 적이 있었습니다.

저는 스트레스 해소를 위해 매주 하루 정도는 컴퓨터 게임을 하거나 영화를 보며 휴식을 취했습니다.

9. 학점이수제도와 영어시험대체제도가 시행됨에 따른 주의해야 할 점이나 영어 공부한 방법은?

A 주나현 시험 응시 자격 요건을 미리 준비하지 못했거나, 소명 기한을 놓쳐 시험에 응시하지 못한 주변 경우들을 보았습니다. 전 선배들의 조언에 따라, 8월 달에 일찍 소명 절차를 완료했습니다. 학점이수의 경우, 3년 동안 학교를 다니며 들어놓은 과목들이 많아, 4학년 1학기에 회계 관련 교과목 3개를 수강했습니다. 공인회계사 시험 범위와 완전히 겹치진 않았지만, 수업을 들으며 수험생 입장에선 고민하기 어려웠던 내용들에 대한 교수님의 설명을 들으며, 거시적인 안목을 배울 수 있었습니다. 같은 주제에 대해, 인터넷 강의 선생님들과 학교 교수님들이 다르게 설명하시는 경우도 있었는데, 왜 이런 차이가 생겨났을 지 고민하기도 했습니다.

영어 공부의 경우, 교환 학생을 염두에 두고 공부해서 받은 성적이 있어, 이를 제출했습니다. 학교에서 영어 과목을 듣고, 관련 동아리 활동을 하면서 영어를 공부해두어 시험 응시를 위한 별도의 영어공부는 하지 않았습니다. 주변 경우들을 보니, 수험 공부를 하는 도중에 영어 성적을 획득하는 경우, 공부의 흐름이 끊겨 힘들어하는 것 같았습니다. 개인적으로 판단하실 몫이겠지만, 시험공부를 시작하기 전에 영어 성적 요건은 갖추는 것이 좋을 듯합니다. 영어 성적의 유효기간을 놓치는 경우도 보았기 때문에, 이 부분도 주의할 점이라고 생각합니다.

A 유승민 학점이수제도와 영어시험대체제도 시행에 따라 관련 서류 제출을 마감기한까지 확실히 하는 게 제일 중요하다고 생각됩니다.

(영어는 응시자격 마련을 위해 별도로 공부하지 않음)

🎙 10. 제2차시험 부분합격제도에 따른 부분합격과목 활용사례나 주의해야 할 점은?

Ⓐ **주나현** 다른 부분과 마찬가지지만, 특히 유예제도 활용은 수험생 각자의 판단에 좌우되어야 할 부분이라고 생각합니다. 유예 제도가 도입되며 연도별, 과목별 난이도 편차가 심해졌고, 그렇기 때문에 오히려 '다섯 과목을 다 가져가는 것이 최선의 전략이다'라는 한 강사님의 말이 제게 와 닿았습니다. '잘하면 할 수 있겠다'는 자신감에 동차를 목표로 해 공부했습니다. 동차 기간에 특히 주의한 것은, '균형'이었습니다. 한 과목을 잘보는 것보단, 모든 과목이 합격권 안에 드는 것이 중요했기 때문에, 비교적 자신이 있었던 '재무관리' 공부 비중은 의식적으로 줄이고, 부족하다고 느꼈던 '세무회계'나 '회계감사' 공부 비중은 크게 늘렸습니다. 그리고 앞서 언급했듯, 하루 반 정도를 주기로 다섯 과목을 모두 보면서, 골고루 모든 과목을 공부하려 했습니다. 유예 제도의 여파로, 연도별 전체적인 난이도 편차가 큰데, 올해는 특히 경쟁률이 높아 시험이 어려울 것이 예상됐습니다. 제 자신에게, '어려워도 당황하지 말자'고 얘기했고, 2차 시험 공부를 할 때도, 특히 작년에 비교적 쉬웠던 과목의 경우엔 더욱 더, 세부적인 내용에 신경 써 공부했습니다.

Ⓐ **유승민** 공인회계사 2차시험에는 부분 합격제도가 존재하는 걸 아실 거라고 생갑니다. 이 제도를 활용하기 위해 보통 1차시험에서 시험을 보지 않는 회계감사를 공부하지 않고 나머지 4과목만을 2차시험에 응시하는 방법을 많이 사용합니다. 다만 최근 과목별 난이도가 예측 불가능한 수준이기 때문에 특정 과목을 응시하지 않았을 때 해당 과목이 연달아 어렵게 나온다면 낭패를 볼 수 있다고 생각합니다.

🎙 11. 수험생에게 당부하고 싶은 말은?

Ⓐ **주나현** (11번, 12번을 같이 서술해 보았습니다) 이런저런 이야기를 적어봤지만, 아직도 조심스러운 점은, 제 공부법이 제겐 맞았지만, 다른 수험생들에겐 다를 수 있다고 생각하기 때문입니다. 이 시험을 준비한 선후배들, 친구들과 얘기를 많이 나눠봤지만, 모두 각자의 성격과 공부해오던 방식에 따라 본인에게 맞는 공부를 우직하게 했다는 생각이 들었습니다. 저도, 주변 진도에 신경을 덜 쓰고, 제가 맞는다고 생각한 공부법과 계획을 믿으려 했습니다.

시험이 끝나고 학교 도서관에 가보니, 공인회계사 수험서를 보며 정말 열심히 공부하시는 분들이 더욱 많이 보이는 것 같습니다. 제가 그런 분들보다 나은 점이 있는 것은 아니지만, 조급해하지 마시고 본인이 옳다고 생각하는 공부법과 계획을 믿으시고 하루하루를 보내시길 바랍니다. 저 또한, 공부하면서 느꼈던 감정들을 잊지 않고, 부족한 만큼 사회에 기여할 수 있는 사람으로 성장하겠습니다. 글 읽어주셔서 감사합니다.

Ⓐ **유승민** 공인회계사 시험이 상당히 난이도 높은 시험이긴 하지만 시험 합격을 위해서 기본적인 개념에 충실하고 기출문제들을 위주로 공부하는 것만으로도 합격하는데 는 지장이 없다고 생각합니다. 본인이 무리하게 수험범위를 넓히지 않고 수강하는 강의내용을 믿고 따라간다면 충분히 좋은 결과를 얻어낼 수 있을 것이라고 생각합니다.

🎤 12. 앞으로의 계획은? 끝으로 하고 싶은 말은?

Ⓐ **유승민** 현재 다니는 학교 졸업 후 편입을 하여 경영학에 대해 조금 더 공부를 하고 싶습니다. 회계사 시험은 저에게 살면서 거의 처음으로 무언가를 이룰 수 있게 해주는 기회가 되었습니다. 그런 기회를 거머쥘 수 있도록 전폭적인 지원을 해주신 부모님께 감사드리고 수험과정에서 저의 공부방향에 대해 지속적으로 피드백해주신 학교 교수님께도 감사의 마음을 표현하고 싶습니다.

2016년 제51회 공인회계사시험

최고득점·최연소 합격자 인터뷰

이 샛 별
1995년 2월 6일 출생
잠실여고 졸업
이화여대 3학년 재학중
2016년 제51회 공인회계사 제2차시험
최고득점 합격자

조 만 석
1998년 8월 20일 출생
검정고시
대학교 : 경영학 독학사
2016년 제51회 공인회계사 제2차시험
최연소 합격자

1. 자기소개, 응시동기, 합격소감은?

이샛별 저는 경영학과를 전공으로 하고 있습니다. 저희 학교에서는 매학기 'CPAday'를 통해 회계사이신 선배님들로부터 회계사가 어떤 직업인지 듣고 회계사 시험 준비와 관련된 조언을 얻는 시간이 있습니다. 그곳에서 저는 큰 회계법인의 파트너이신 선배님을 뵈었습니다. 선배님께서는 가만히 계셔도 카리스마가 넘치셨고, 그 모습에 반해 회계사에 관심을 가지게 되었습니다. 그리고 회계원리와 중급회계를 수강하며, 지금까지 몰랐던 회계라는 새로운 분야를 알게 되었고 흥미를 느꼈습니다. 교수님께서 과제로 주신 엔론사태 관련 레포트를 작성하고 회계 관련 기사를 스크랩하면서, 공정한 자본주의 사회를 위해 회계사는 반드시 필요한 존재라는 것을 깨달았고 이에 매료되었습니다. 그래서 저는 회계사 시험을 준비하기로 마음먹게 되었습니다. 학교에서 들은 과목은 회계원리, 중급회계1, 원가관리회계였는데, 학교에서 들은 내용이 수험생활을 처음 시작하는데 있어서 익숙함을 주어 두려운 마음 없이 시작할 수 있었던 것 같습니다. 수험생활을 하며 회계사에 대해 더 깊이 알아가면서 점차 미래에 어떤 회계사가 되고 싶은지 포부도 가지게 되었고 회계사라는 꿈에 대한 열정도 더욱 커졌던 것 같습니다. 아직도 수석이라는 영예는 저에게 과분한 타이틀인 것 같지만, 좋은 결과를 얻을 수 있어 감사할 뿐이며, 제가 이러한 결과를 얻기까지 항상 지지해주고 배려해준 부모님과 할머니, 오빠에게 진심으로 감사의 인사를 전하고 싶습니다.

Ⓐ **조만석** 안녕하세요? 저는 만 18세로 제51회 공인회계사시험에 역대 최연소로 합격한 조만석입니다. 저는 어려서부터 남들과는 전혀 다른 길을 걸어왔습니다. 정규교과과정을 빠르게 마치고 일찌감치 전공분야로 진출하고 싶었습니다. 그래서 초등학교를 2번 월반해서 4년 만에 졸업하고, 2009년과 2010년에 각각 중·고등학교 검정고시를 치렀습니다. 2011년부터는 경영학 독학사를 시작해서 3년 만인 2014년에 학사학위를 취득했습니다.

이때 회계를 처음 접해봤는데 흥미도 있었고 적성에도 잘 맞는 듯했습니다. 저는 말로 풀어내는 것보다는 수학적으로 계산해내는 것을 선호하는데 회계가 딱 그랬습니다. 다른 과목과 달리 객관적이고 명확한 정답이 있는 것도 좋았습니다. 좋아하는 일을 하고 싶었던 저는 회계분야에 어떤 직업이 있나 탐구해봤고, 결국 회계계통 최고의 전문가인 공인회계사에 도전하게 됐습니다.

그간 저만의 길을 면서 힘들 때가 많았습니다. 그때마다 합격해서 회계법인에 입사할 날만을 꿈꾸며 버텨왔는데, 이런 노력이 결실을 보게 되어 매우 기쁩니다. 공식 발표 전날, 금감원으로부터 합격을 알리는 전화를 받았을 때의 기분은 말로 형언할 수 없습니다. 2차를 잘 봤던 터라 어지간히 예상했음에도 불구하고 가슴이 두근거렸습니다. 어쩌면 진정한 일은 이제 시작일지 모르지만, 야심차게 준비한 공인회계사시험에서 좋은 성과를 냈으므로 왠지 모를 자신감이 붙었습니다.

🎙 2. 1, 2차 시험대비 수험대책으로 자신만의 효율적인 각 과목별 공부방법과 준비요령은?(수험기간, 공부시간, 수험정보 입수경로 등 포함)

Ⓐ **이샛별** 저는 15년 1월부터 시험 준비를 시작하여 16년 1차 시험을 보아 합격하고, 이어서 16년 2차 시험에 동차로 합격하게 되었습니다. 1차 기간에는 9시-11시까지 공부했고 1차를 코앞에 앞둔 시기에는 8시~새벽1시까지 공부했습니다. 그리고 2차 때는 9시~12시까지 공부하였습니다. 저는 학원 종합반을 수강하지 않고 저에게 맞는 강사를

골라 단과반으로 수강하였습니다. 학원에서 제공하는 종합반 커리큘럼이 최상의 커리큘럼이 아니라 학원스케줄에 맞춰서 나온 커리큘럼이기 때문에 저만의 커리큘럼이 필요하다고 판단했기 때문입니다. 강사 선택은 합격하신 선배님들의 조언을 받기도 하였고 샘플강의를 들으면서 저에게 맞는 분을 찾았습니다.

재무회계

경우는 1차와 2차 모두 시간이 촉박한 과목입니다. 저는 다른 사람들에 비해 재무회계 문제를 푸는 속도가 빨랐습니다. 그래서 원가관리회계도 시간 내에 풀 수 있었던 것이 고득점을 할 수 있었던 중요한 요인이었습니다. 제가 재무회계 문제 푸는 속도가 빨랐던 이유는 기초를 단단히 했기 때문이라고 생각합니다. 기본강의를 들은 이후 꾸준히 누적복습을 하였고 다 아는 것 같은 내용의 반복이었지만 공부의 끝은 없다는 생각으로 끊임없이 복습한 결과 재무회계의 기초를 단단히 다지게 되었습니다. 이것이 제가 객관식 준비를 할 때 큰 도움이 되어 문제를 빠른 속도로 풀 수 있었습니다. 그리고 재무회계 말 문제들과 정부회계 문제에서 점수를 따야한다고 생각해서 9월경 연습서 공부를 할 때부터 꾸준히 정부회계를 준비했습니다.

원가관리회계

1차와 2차의 갭이 크기 때문에 1차 때 연습서를 봐두시는 것을 추천합니다. 1차 때 연습서를 보면 1차 시험에서 원가관리문제를 포기하지도 않게 되고 2차 준비 때 시간을 많이 절약할 수 있습니다. 2차에서 원가관리회계는 말문제를 반드시 맞춰야 했기에 나올 만한 부분은 체크하고 책을 오려 한곳에 모아 아침 30분씩 정독하는 시간을 가졌습니다. 원가는 한 문제를 푸는데 시간이 많이 소요되는 과목입니다. 그래서 강사님께서 짚어주신 문제만 반복해서 풀고, 푸는 동안 겹치는 유형은 제 임의로 하나씩 누락시켜 점점 범위를 줄여나갔습니다.

세 법

휘발성이 강하기 때문에 다른 과목에 비해 훨씬 더 많은 시간을 할애했습니다. 세법 기본강의를 처음 들은 이후 짧은 시간이라도 하루에 한 번씩은 반드시 세법을 공부하려 노력했습니다. 수리문제에 계산실수가 나오는 것을 감안한다면 말 문제를 꼭 맞춰야 한다고 생각하여 기출문제를 여러번 보았고, 국기법도 9월경부터 시작하여 한달에 두 번씩 정독하였습니다. 그리고 양도소득세나 상증세 같이 공개강의로 올라온 강의들은 왠지 중요성이 떨어지는 것 같다는 생각에 소홀히 하게 될 수 있는데, 따지고 보면 정규강의에 있는 내용들보다 문제비중이 높은 부분이므로 결코 소홀히 하지 말고 꼭 준비하시길 바랍니다.

상 법

세법 못지않게 방대한 양의 암기과목입니다. 그리고 단어도 생소한 내용이 많아 처음에 익숙해지려면 시간이 걸립니다. 저는 상법은 말로만 되어있어 헤이해지기 쉬우므로 수리적인 과목과 함께 진도를 나가시는 것이 좋을 것 같습니다. 상법도 기본강의를 들으며 기출문제를 함께 풀었고, 객관식 강의는 따로 듣지 않고 교재만 구입하여 기출문제와 객관식 교재를 병행하여 보았습니다. 상법전에서 공부한 내용을 체크해두고 간단하게 필기를 해두어, 지하철 이동시간이나 자투리시간에 보면 활용도가 높습니다. 그리고 판례와 조문을 함께 공부하고 스토리를 만들어 암기하면 암기가 훨씬 수월합니다.

경제학

기본강의를 들으며 객관식문제를 풀 수 있는 정도만 함께 풀었습니다. 경제학은 객관식 강의를 들으며 실력이 가장 많이 성장하는 과목이기 때문에 객관식까지 할 수 있는 만큼만 복습해두시고 객관식 때 시간을 쏟으시길 바랍니다. 1차 시험 때는 '경경상'에서 점수를 확보해야 한다고 생각하여 객관식을 준비하며 시간을 가장 많이 쏟았던 과목이 경제학이었습니다. 객관식 준비를 할 때는 가능한 한 전수로 문제를 풀었고, 시험2주전부터 필수문제만 풀었습니다.

경영학

쉬운 듯하면서도 시험문제가 조금만 꼬이게 나오면 이리저리 헷갈리다가 결국 틀리는 과목기 때문에 시험장에서 변수가 큽니다. 그래서 저는 재무관리에서 점수를 따놓아야 한다고 생각하여 재무관리를 더 열심히 공부했습니다. 경영학은 기본강의를 수강한 뒤 작년 하끝교재를 구입하여 그곳에 모든 내용을 정리하였습니다. 그 뒤 기본서는 보지 않았고 하끝교재의 이론과 ox문제를 무한반복하여 보았고 객관식 준비를 할 때 교재를 하나 구입하여 객관식 문제도 같이 반복하였습니다.

재무관리

제가 가장 자신 없었던 과목입니다. 저는 심화재무관리를 듣지 않았는데, 시간이 되신다면 8~9월에 심화나 동차강의를 수강하시는 것이 좋을 것 같습니다. 재무관리도 객관식 강의를 들으며 실력이 가장 많이 향상된 과목 중 하나입니다. 혹시라도 저처럼 재무관리에 자신이 없으시더라도 무조건 포기하지 마시고 일단 객관식 강의를 들어보시는 것을 추천합니다. 2차를 준비할 때는 연습서 문제를 전부 볼 수가 없어 가장 유력한 유형의 문제만 골라 풀었고, 서술형에서 점수를 얻어야 하기 때문에 이론부분도 소홀히 하지 않고 정독했습니다.

회계감사

처음 강의를 수강하고 3-4번 복습하는 동안 꼼꼼히, 구석구석 암기했습니다. 그러고 나니 그 뒤 복습 때는 생각보다 시간이 많이 소요되지 않았습니다. 그리고 2차 시험 1달 전부터 여러 학원의 GS를 풀어보며 구멍난 부분을 메우면서 시험장에 들어갔습니다. 그리고 저는 '목차'는 보지 않았습니다. 목차만 암기해서는 서술할 수가 없다고 생각했기에 목차를 볼 시간에 본책을 더 여러 번 정독했습니다.

Ⓐ 조만석 2014년 초에 본격적으로 시작해서 2016년 6월 2차에 최종합격했으므로 2년 6개월 정도 한 셈입니다. 평균보다 조금 빠른 편이지요. 제가 공부량이 많지 않았음에도 빨리 합격할 수 있었던 데에는 많은 요인이 있겠지만, 본격적인 수험생활에 돌입하기에 앞서 준비단계에서부터 기초를 차근차근 다져온 것도 한몫했다고 봅니다. 독학사를 준비 하면서 기본서를 훑어봤고, 회계자격증도 하나씩 취득하면서 전초전을 치렀습니다.

저는 매일 10시간 남짓 공부했고 잠은 8시간 정도 잤습니다. 아시다시피 수험생치고 공부시간이 매우 짧은 편인지라 진도 자체는 절대 빠르지 않습니다. 대신 공부하지 않을 때에도 배운 내용을 끊임없이 되뇌어보는 것으로 이를 만회했습니다. 즉, 2번 봐야 할 것을 1번만 보겠다는 자세로 공부했습니다. 매일 공부를 마친 후에는 스스로에게 설명한 다는 기분으로 정리했고, 정리가 잘 안 되는 부분은 10번이건 20번이건 체계가 잡힐 때 까지 책을 다시 찾아 읽어봤습니다.

저는 공부를 함께한 친구가 없고, 부모님을 포함해서 주위에 회계분야에 종사하는 지 인도 없습니다. 따라서 다른 분들에 비해 정보가 많이 부족한 것이 사실이었습니다. 수 험생 시절에는 나만 대세에서 뒤쳐져있다는 생각도 들고 어떤 주제가 문제로 나올지 궁 금하기도 했습니다. 하지만 지금 생각하건데 정보력은 별로 중요하지 않습니다. 아무리 좋은 수험정보도 시험문제를 제대로 예측하기는 힘듭니다. 특히 최근에 예상을 깨는 문 제가 많이 나왔기에 우직하게 준비한 것이 효과를 봤다고 생각합니다.

재무회계

1차와 2차 모두 가장 무난했습니다. 연결회계와 주당이익 쪽이 조금 어렵긴 했지만, 전체적으로는 큰 부담은 없었습니다. 1차 때부터 2차 연습서와 동차강의를 병행했는데, 1차와 2차의 난이도차이가 작아서 2차 문제도 풀어볼 만했습니다. 게다가 범위도 넓지 않고 시간도 많이 쓰지 않아도 됩니다. 1차 때에는 의외로 정부회계가 은근히 까다로웠 습니다. 몇 문제 안 나온다고 소홀히 했더니 가장 약한 주제가 되었습니다.

원가회계

자신 있던 과목입니다. 역시 1차 때부터 2차 연습서와 동차강의를 병행했는데, 이게 분명 실력향상에 큰 도움이 되었습니다. 다만 2차 문제가 정형화되어있지 않아 예측가능성이 낮아서 대비하기 어려운 면이 있습니다. 실제로 2차 동차 때에 내심 자신이 있었는데 처음 보는 문제에 배점이 높게 나와서 불합격했습니다. 2차 유예 때에도 이 점이 부담스러웠지만, 결국에는 무리 없이 시험을 봤고 점수도 가장 높게 나왔습니다.

세 법

수험생활 내내 저를 가장 괴롭혔습니다. 휘발성이 강하다기에 가장 마지막에 봤는데 잘못한 결정 같습니다. 너무 늦게 시작했더니 1차 시험일까지 정리가 잘 안 됐습니다. 범위가 다른 과목보다 훨씬 더 넓고, 공부한 내용도 다음에 보면 다 잊어버리다보니 때로는 짜증도 났습니다. 특히 소득세가 가장 골치였고 부가가치세도 만만치 않았습니다. 1차 때는 양도소득세를 아예 버리고 국세기본법과 상속세 및 증여세법에서 만회하는 전략을 짰습니다. 시험 전에는 과락만 면했으면 좋겠다는 생각도 했고, 실제로도 점수가 가장 낮게 나왔습니다. 2차 동차 때에도 여전히 정리가 잘 안 됐지만, 그래도 혹시나 하고 시험을 봤는데 역시나 불합격했습니다. 2차 유예 때에는 유예강의도 듣고 많이 보면서 모든 주제를 깊이 있게 공부했더니, 실력이 크게 향상돼서 여유롭게 합격할 수 있었습니다.

상 법

쉬운 과목이라고 얕잡아봤다가 큰 코 다칠 뻔 했습니다. 시험 1주 전에 모의고사를 풀어봤을 때까지 점수가 좋지 않았습니다. 다행히도 막판에 들은 1일 특강이 효과를 봐서 고득점에 성공할 수 있었습니다.

경제학

1차에서 가장 비교우위에 있던 과목입니다. 미시는 무난했고, 거시도 처음에는 어려웠는데 금방 체계가 잡혔습니다. 대신 감이 흐트러지지 않도록 조금이라도 꾸준히 봐줘야 합니다.

경영학

말로 두루뭉술하게 표현하기 때문에 다소 모호한 면이 있습니다. 그래서 당혹스러운 문제도 있었지만, 전반적으로는 딱히 어렵지 않았습니다. 1차에서 객관식강의를 듣지 않고 자습만으로 준비한 유일한 과목입니다.

재무관리

많은 분들이 힘들어하지만, 저는 수리적 감각이 있어서인지 쉽게 공부했습니다. 역시 1차 때부터 2차 연습서와 동차강의를 병행했습니다. 암기에 대한 부담은 없기 때문에 처음에만 복습을 철저히 하면 나중에는 시간을 많이 쓰지 않아도 됩니다. 결국 1차와 2차 동차 모두 높은 점수를 받았습니다.

회계감사

처음 접했을 때는 도무지 이해가 안 됐습니다. 이걸 어떻게 합격하나 싶었습니다. 언젠가 호기심에 금감원 홈페이지에 들어가서 회계감사관련 실무자료를 찾아봤는데 이게 효과적이었습니다. 책에서 배운 감사기준과 품질관리 등을 정리할 수 있었습니다. 출제될 것을 대비해서 감리지적사례도 면밀하게 읽어봤습니다. 12월까지는 세부적인 내용을 암기하기보다 전체체계를 이해하는 것을 목표로 했고, 1월부터는 세부적인 내용을 외우는 데에 주력했습니다. 완벽한 답안을 작성하기 위해서 원문을 그대로 외웠고, 토씨 하나까지 똑같이 쓰려고 노력했습니다.

3. 1, 2차 수험기간동안 Group Study는 어떻게 이루어졌으며 실전 시험에는 어느 정도의 효과가 있었습니까?

이샛별 저는 스터디를 하지 않았습니다. 대인관계에 신경을 많이 쓰고 영향을 받는 편이기 때문에, 스터디를 하게 되면 신경 쓰일 일이 늘어나 스트레스가 될 수 있다고 생각하여 혼자 공부했습니다.

조만석 저는 불행히도 그룹스터디를 하지 못했습니다. 집이 지방이라 주위에 회계사시험을 준비하는 친구가 없었습니다. 인터넷 카페를 활용할 수 있었겠지만, 이에 대해 알지 못했습니다. 이렇게 홀로 공부하다 보니 애로사항이 많았습니다. 처음에는 시간관리부터도 힘들었고, 공부하다가 막히면 혼자 연구하면서 터득해야 했습니다. 그래서 이해하기까지 오랜 시간이 걸렸습니다. 허나 단점이 있으면 장점도 있는 법, 스스로 생각하면서 알아낼 때의 짜릿함이 있었고 기억에도 더 잘 남았습니다. 누군가에게 설명할 기회가 없다는 약점은 자신에게 배운 내용을 설명한다는 기분으로 정리함으로써 극복했습니다.

만약 다시 수험생으로 돌아가서 그룹스터디를 할 수 있는 기회가 주어진다면 기꺼이 응할 것입니다. 함께 공부함으로써 얻는 장점이 단점보다 훨씬 크다고 생각합니다. 수험전략을 세우는 데에도 도움이 되고, 특히나 어려운 내용을 토의를 통해 지식을 향상시킬 수 있을 것 같습니다. 친구를 도와주면서 내가 다시 정리하는 기회도 제공받게 됩니다.

다만 그룹스터디 전에 자습을 충분히 하고 혼자서 생각해보면서 자습의 장점도 살리는 것이 좋아 보입니다.

4. 최근 1, 2차 시험과목별 출제경향과 수험대책은 어떤 것이 있습니까?

이샛별　제 생각으로는, 최근 전체적으로 1차 시험의 난이도는 점점 쉬워지고 있고 2차 시험은 어려워지고 있는 것 같습니다. 그래서 1차를 공부하시면서 객관식 준비는 10월 말부터 하고, 기본강의를 들은 이후 연습서를 공부하는 시간을 늘리는 것이 좋을 것 같습니다. 그리고 어느 과목에나 기본적인 문제들이 반드시 나오기 때문에, 특정 과목이 어렵다고 해서 포기하지 말고 기본적인 내용이라도 공부하면 풀 수 있는 문제가 많아질 것입니다.

1차에서 회계학은 재무회계가 쉽지만 시간이 없도록 풀이과정이 긴 문제가 자주 나오는 것 같습니다. 기초를 탄탄히 하고 푸는 속도를 늘리는 것을 추천합니다. 그리고 최근 고급회계의 비중이 커지고 있으므로 고급회계 부분을 기본강의 때부터 확실히 이해하고 넘어가야합니다. 상법은 최근 문제가 쉽게 나오고 있는 것 같으니, 양이 방대하다고 겁먹지 말고 기본은 암기하시길 바랍니다. 경영학은 연도에 따라 난이도 편차가 매우 큰 과목입니다. 따라서 경영학에서 점수를 따려고 하지 말고 재무관리에서 점수를 따야 합니다. 재무관리도 최근 몇 년간 1차 문제가 쉽게 나오고 있으므로 기초를 단단히 준비하시길 바랍니다.

2차에서 세법은 시간 내에 도저히 풀 수 없을 만한 문제를 넣는 경우가 있습니다. 그럴 때 과감히 스킵하는 것이 굉장히 중요합니다. 1차도 물론 그러하지만 2차는 더더욱 '매니징'이 필요합니다. 매니징은 공부를 할 때 어려운 부분을 쳐내는 것뿐만이 아니라 시험장에 들어가서도 풀 수 없다고 판단한 문제를 과감히 스킵하는 것도 포함하는 것입니다. 또한 최근 세법이 문제의 양을 매우 늘려 시간 내에 풀 수 없도록 출제하고 있습니다. 그러므로 푸는 속도를 높이고, 이와 동시에 계산 실수를 최대한 줄여 검산시간이 없어도 오답률이 낮게 해야 합니다. 회계감사는 최근 문제 유형이 다양해지고 있습니다. 따라서 여러 강사의 문제를 골고루 접해보는 것이 필요한 것 같습니다. 그래서 저는 감사에 한해서 여러 학원의 GS문제를 풀어보았습니다. 그리고 문제에서 묻고자 하는 것이 무엇인지 캐치하는 것이 중요하기 때문에 기준서를 암기할 때 꼼꼼히, 그리고 정확히 암기하는 것이 필요합니다. 재무관리는 수험서에서 벗어난 범위가 출제되고 있습니다. 이는 15년과 16년에 한정된 출제 스타일이었을 수도 있고, 장기적인 추세가 될 수도 있습니다. 아직은 알 수 없으나 이에 대비하기 위해서는 이론부분을 잘 봐둬야 할 필요가 있는 것 같습니다.

계산문제에서 풀 수 없는 문제가 나오거나 계산 실수를 할 가능성을 염두에 두고 서술형을 반드시 맞추기 위해 이론을 꾸준히 정독하고 답안지에 적는 연습도 할 필요가 있습니다. 원가관리회계는 매번 시험장에서 풀 수 없는 신유형이 나옵니다. 특히 결합원가 파트가 나오면 신유형이 나오기 쉽습니다. 이러한 문제는 모든 응시생이 풀 수 없는 문제이기 때문에, 시험장에서 그런 문제를 만나면 넘어가야 합니다. 맞출 수 있는 다른 문제를 푼 뒤에 남는 시간으로 도전해 보아야 합니다. 2차를 준비하는 동안에도 신유형에는 대비할 수 없으므로, 현재 수험서에 있는 다양한 유형들을 외워두는 것이 좋습니다. 재무회계는 매년 난이도 편차가 크다고 생각합니다. 특히 고급회계에서 어렵게 내면 아무도 풀 수 없는 문제가 되어버립니다. 이 문제 역시 스킵해야 합니다. 그러나 중급회계에서는 비교적 어렵지만 풀 수 있는 문제가 출제되므로 중급회계에서 확실히 점수를 얻어야 합니다. 그리고 서술형에서 생물자산 등 수험생들이 소홀히 하는 부분을 출제하므로 그 단원도 무시하지 말고 정독해야 합니다.

Ⓐ **조만석**　전반적으로 최근에 1차와 2차 모두 난이도가 해마다 들쭉날쭉하고 있기 때문에 예측하기가 힘듭니다. 일부 과목은 수험서에 없는 부분만 골라서 냈나 싶을 정도로 예상치 못한 문제가 나오기도 했습니다. 가장 어려운 과목도 매년 바뀌고 있고요. 저도 시험볼 때마다 과목별 난이도를 예측해봤는데 번번이 틀리긴 했지만, 그래도 도움이 될까 싶어 개인적인 생각을 말씀드리겠습니다.

재무회계

1차부터 어렵게 내는 추세이므로 꼼꼼하게 준비해야 합니다. 몇몇 수험생은 고급회계를 아예 버리기도 하는데 이는 좋지 않아 보입니다. 다소 생소하긴 하지만 풀 수 없을 정도는 아닙니다. 더군다나 2차까지 고려하면 1차부터 반드시 고급회계도 대비해야 합니다. 정부회계가 처음에는 보편적인 내용이 출제되더니 요즘은 점점 세부적인 내용이 나오는 것 같습니다. 저는 너무 소홀히 하다가 실패했는데, 1회독에 시간이 오래 걸리지 않기 때문에 매주 1번씩만 보면 될 것 같습니다.

원가관리회계

1차에서는 세세한 주제까지는 잘 나오지 않습니다. 게다가 출제비중도 높지 않으므로 1차에서는 일반적인 문제만 확실히 다루면 됩니다. 2차는 문제가 정형화되어있지 않고, 문제당 배점도 높아서 불확실성이 높습니다. 올해는 문제 수가 너무 많아 시간이 부족했다는 수험생이 많았습니다. 한 문제를 여러 번 풀기보다는 다양한 문제를 한 번씩만이라도 풀어보는 것이 좋을 듯합니다.

세법

최근에 1차와 2차 모두 난이도가 들쭉날쭉했습니다. 다만 문제가 어렵다고 해도 원가회계나 재무관리처럼 처음 보는 문제가 나오기보다는, 여러 가지 주제가 복합되거나 문제 크기가 커지니까 그래도 부담이 덜합니다. 1차에서는 국세기본법과 상속세 및 증여세법을 버리면 안 됩니다. 국세기본법은 공부시간 대비 출제비중이 가장 높고, 상속세 및 증여세법은 가장 맞히기 쉬운 파트라고 봅니다. 2차에서는 금년도 개정사항이 자주 출제되므로 대비해야 합니다. 시간이 없다면 다양한 문제를 풀기보다는 추려낸 문제를 반복적으로 풀면서 익히는 것이 좋을 듯합니다.

상법

그나마 1차에서 가장 무난한 과목입니다. 난이도 편차도 크지 않으므로 수험서에 있는 내용만 확실히 암기해두면 됩니다. 어음수표법도 상법 내에서는 까다로운 편이지만, 다른 과목에 비해 높은 점수를 받을 수 있으므로 버리는 것은 좋지 않습니다. 단순암기과목이므로 막판에 시간을 투입해서 외우는 것이 효과적입니다. 저도 시험 1주전에 들은 1일 특강이 톡톡히 효과를 봤습니다.

경제학

거시경제보다는 미시경제 쪽에 주력할 필요가 있습니다. 비교적 미시경제가 난이도 편차도 있고, 수험생별로 성적 차이도 크기 때문입니다. 거시경제는 처음에 개념만 잡히면 그다음부터는 딱히 어려운 점이 없습니다. 더불어 현재 이슈가 되는 경제문제를 살펴볼 필요가 있습니다. 아무래도 최근 경제상황과 관련된 문제가 나오는 경향이 있습니다.

경영학

근래에 들어 1차의 난이도가 크게 하락했습니다. 일반경영학은 상법과 마찬가지로 막판에 외우는 것이 효과적이고, 시간이 있다면 1일 특강을 듣는 것이 좋습니다. 1차에서 재무관리를 통째로 포기하기도 있는데 1차가 상대평가로 바뀐 점과 최근에 난이도가 하락한 점을 감안하면 이는 잘못된 선택입니다. 더욱이 2차에서 재무관리가 중요한 점까지 고려하면 1차부터 포기하면 절대 안 됩니다. 다만 너무 어려운 내용은 버리고 범위를 좁혀서 공부해도 무방합니다. 2차에서는 최근에 전혀 본 적 없는 문제가 출제되어 수험생들을 괴롭혔습니다. 따라서 특이한 문제도 1번씩은 풀어봐야 합니다.

회계감사

기준을 그대로 쓰라는 문제보다는 사례문제가 많이 나오는 것 같습니다. 따라서 감리지적사례를 찾아보고, 이슈가 된 회계감사 사건을 파악해둘 필요가 있습니다. 내년부터는 직무윤리가 10% 정도의 비중으로 나온다더군요. 제가 잘은 모르겠지만 내년이 시행 첫 해인 점과 직무윤리가 시험에 출제되는 취지를 고려할 때, 그다지 어렵게 나올 것 같지는 않습니다.

🎤 5. 수험생활 중에 본 1, 2차 각 과목별 도서목록을 정리해 주시면 고맙겠습니다.

🅰 이샛별

(1) 1차
- 재무회계 : IFRS 중급회계 4판(최창규,김현식,신현걸)
  2016 객관식 재무회계 14판(최창규,김현식, 신현걸)
  IFRS 고급회계(김기동) / 2016 IFRS 객관식 재무회계(김기동)
  정부회계(김용석) / 기출베스트(김재호)
- 원가관리회계 : 객관식 원가관리회계 8판(김용남) / 원가관리회계 2판(김용남)
- 세법 : 2016 세법개론(정정운, 임상엽) / 2016 객관식 세법(이승원, 이승철)
- 상법 : 객관식 회계사 상법 9판(오수철, 심유식) / 회계사 상법신강(김혁붕)
- 경영학 : 하루에 끝장내기 경영학(전수환) / 객관식 경영학[4판](전수환)
  에센스 경영학[5판](전수환) / 경영학 기출실록(최중락)
- 경제학 : 객관식 다이어트 경제학 5판(김판기) / 경제학연습 6판(정병열)
- 재무관리 : 객관식 재무관리(김종길) / 재무관리 3판(김종길)

(2) 2차
- 재무회계 : 회계사 재무회계연습 6판(최창규, 김현식, 신현걸)
  2016 IFRS 재무회계연습(김기동)
- 세무회계 : 2016 세무회계연습(이승원, 이승철, 정재연)
- 재무관리 : 재무관리연습 6판(김종길)
- 원가관리회계 : 원가관리회계연습 8판(김용남)
- 회계감사 : 회계감사 Study Guide 4판(권오상, 이창우, 송혁준, 전규안)

🅰 조만석

(1) 기본서
- 중급회계, 고급회계, 정부회계(신현걸, 최창규, 김현식)

- 원가관리회계(김용남)
- 세법개론(임상엽, 정정운)
- 상법(故 오수철)
- 경제학연습(정병열)
- 경영학연습(김윤상)
- 재무관리(이영우)

(2) 1차 대비
- 객관식 재무회계(신현걸, 최창규, 김현식)
- 객관식 원가관리회계(김용남)
- 세법 워크북, 객관식 세법(유은종, 정우승)
- 객관식 상법(故 오수철)
- 다이어트 경제학(김판기)
- 객관식 경영학(김윤상)
- 객관식 재무관리(이영우)

(3) 2차 대비
- 재무회계연습(신현걸, 최창규, 김현식)
- 원가관리회계연습(김용남)
- 세법 워크북, 세무회계연습(유은종, 정우승)
- 재무관리연습(이영우)
- 회계감사 Study Guide(이창우, 송혁준, 전규안, 권오상)

6. 수험생입장에서 구하기 어려웠다거나 보강되었으면 하는 특정 과목이나 내용의 수험서가 있습니까?

이샛별 모든 과목에서 1차,2차 모두 최근 3개년도~5개년도 기출문제는 단원별로 구분하지 않고 뒤에 따로 수록하여 시간을 재고 풀어 볼 수 있는 책이 있으면 좋겠다고 생각했습니다.

조만석 2차 대비 원가관리회계 연습서가 보완되었으면 합니다. 1차를 통과한 분들이므로 이론지식은 웬만큼 갖추었다고 봅니다. 따라서 이론 설명보다는 많은 문제를 수록하는 것에 주안점을 두었으면 합니다. 원가관리회계는 문제를 예측하기가 힘들기 때문에 많은 문제를 풀어보는 수밖에는 없습니다. 시험장에서 처음 보는 문제가 나오면 당황하기 마련이니까요. 저는 수험서를 두 권씩이나 구입해서 봤는데, 그러고도 제 욕심이 과했었는지 뭔가 부족한 느낌을 받아 결국에는 GS모의고사도 풀게 되었습니다. 결론적으로 수험서에 좀 더 다양한 형태의 많은 문제를 실어줬으면 하는 바람입니다.

회계감사

이런 점에서 조금 아쉽습니다. 수험서에 실려 있는 문제 수는 많지만, 기준을 그대로 쓰는 문제가 많고, 사례문제는 기출문제를 제외하고는 많지 않습니다. 물론 새로운 사례문제를 만들어내는 것이 어려운 점은 이해합니다. 하지만 수험서는 몰라도 모의고사에서까지 수험서와 중복되는 기준을 외우는 문제를 많이 내는 것은 납득하기 힘든 면이 있습니다. 저도 모의고사를 풀면서 단순히 외운 것을 쓴다는 느낌이 들었습니다. 모의고사는 공부한 내용을 이해하고 정리할 수 있도록 책에는 없는 감리지적사례를 응용해서 사례문제를 출제해주셨으면 합니다. 그래야 시험에 출제될 것을 대비하는 효과도 있을 테고요.

재무회계연습

본문이 따로 없는 대신 문제 뒤에 해설이 충실하게 있는 것이 특징입니다. 이보다는 앞에 간단하게나마 이론 설명을 하고 뒷부분에 문제를 수록하는 것이 깔끔하고 보기 나을 듯합니다. 가끔씩 본문을 찾아보면서 정리하고 싶은데 이런 점에서 좋지 않습니다. 세무회계에는 국세기본법을 교재와 강의에 포함시키고, 문제도 수록해주셨으면 합니다. 국세기본법을 2차 대비로 저술하면 내용이 그다지 길지 않을 겁니다. 현실이 그렇지 않다보니 시험보기 전까지 약술문제를 소홀히 하게 됩니다. 다 저자들께서 어련히 알아서 잘 쓰시겠지만, 그래도 제 개인적인 생각을 참고해주셨으면 합니다.

7. 수험공부 시 학원 강의, 인터넷강의, 강의tape중 이용도 측면에서 어떤 방법을 선호했습니까?

이샛별 인터넷강의입니다. 저는 학원강의는 들어보지 않았고 모든 강의를 인터넷강의로 수강했습니다. 인터넷강의는 학원 통학시간을 절약할 수 있고, 학원 스케줄에 관계없이 제가 원하는 스케줄을 구성할 수 있기 때문에 실강에서 일어나는 돌발상황들(예를 들어 휴강)에 쉽게 대처할 수 있기 때문입니다. 그리고 배속으로 들어 강의듣는 시간을 줄일 수 있고 이해 안된 부분은 반복할 수 있기 때문입니다. 보통 혼자 공부하면 쳐지고 늘어지는 분들은 학원에 가시는 것을 선호하는 것 같은데, 본인이 어느 정도 절제할 수 있으면 인터넷강의가 훨씬 효율적이라고 생각합니다.

A 조만석   오랫동안 독학으로 공부해온 저로서는 온라인강의가 편하고 잘 맞았습니다. 그래서 학원에는 한 번도 가보지 않고 온라인강의를 듣고 복습하면서 공부했습니다. 사실 지금껏 공부를 제대로 하려면 서울에 집을 얻어서 학원에 다니라는 충고를 수도 없이 들었습니다. 하지만 저는 그렇게 생각하지 않습니다. 온라인강의도 나름의 장점이 많이 있습니다. 시간과 장소에 구속받지 않아도 되고, 잘 이해되지 않는 내용을 다시 들을 수도 있습니다. 배속 기능을 사용함으로써 자신에 맞는 속도로 들을 수도 있습니다. 따라서 온라인강의를 듣고 적정량의 자습으로 보충하면 학원에 다니는 것보다 효과적이라고 봅니다.

물론 본인이 학원에 가서 강의를 들어야 공부가 잘된다면 학원에 다니는 것이 맞겠지요. 하지만 다른 방법을 시도해보기도 전에 학원에서 해야만 진짜 공부라는 선입견에 구속될 필요는 절대 없습니다. 인터넷으로도 얼마든지 좋은 강의를 제공받을 수 있습니다. 결론적으로 비단 강의매체뿐 아니라 모든 학습전략에 있어 주위의 조언을 참고하되, 본인이 직접 이런저런 방법을 시도해보고 자신에게 맞는 전략을 찾아야 합니다.

하루에 강의는 최대 3개씩만 듣고, 남은 시간에는 복습을 철저히 했습니다. 강의를 들은 직후와 매일 저녁, 그리고 3~4일마다 앞서 배운 내용이 다시 살펴봤습니다. 이런 식으로 학습한 내용을 차근차근 정리하면서 머릿속에 쌓아두었기 때문에 다음에 볼 때까지도 기억에 잘 남았습니다. 이런 점에서도 온라인강의가 좋았습니다. 학원에서 강의를 들으면 진도에 쫓겨서 복습도 제대로 못하고, 관성적으로 새로운 강의를 듣는 경우도 발생합니다.

8. 수험생활 중 애로사항과 본인만의 스트레스 해소방법은?

A 이샛별   1차 때는 외로움이 가장 큰 힘든 점이었고, 2차 때는 체력 저하가 가장 힘들었습니다. 1차는 처음 집근처 독서실에서 시작했습니다. 독서실은 매우 어두웠고 아는 사람도 없어 하루종일 누구와도 대화하지 않는 경우가 많았습니다. 저는 점점 우울해져 갔고 공부에 영향을 미치기 시작했습니다. 그래서 6월부터 학교 고시반에 들어갔습니다. 왕복 3시간 거리라 잠을 줄여야 했지만, 학교에서 공부한 뒤로 능률은 오히려 향상되었습니다. 고시반에는 저와 같은 공부를 하는 사람이 많아 위안을 얻었고, 밝은 곳에서 공부하여 우울해지지도 않았습니다. 오며가며 마주치는 친구들과도 잠깐씩 대화할 수 있어 외로움도 많이 사그라 들었습니다. 공부를 하다보면 나 혼자 멈춰있거나 또는 친구들에 비해 뒤쳐진다는 느낌이 들 수 있습니다. 그러나 이 공부를 하는 사람이 나 혼자가 아니라는 것을 알고나면 마음에 큰 위안이 되는 것 같습니다. 이런 면에서는 동료와 함께 공부하는 것도 좋은 것 같습니다. 저는 스터디를 하지 않았지만, 서로 헤이해지지 않고 서로의

기폭제가 될 수 있는 상대가 있다면 함께 공부하는 것도 좋다고 생각합니다.

그리고 저는 운동을 좋아하지 않아 따로 체력관리를 하지 않았습니다. 그리고 앉아만 있어서 먹는 것도 매우 적게 먹었습니다. 원체 체력이 좋은 편이라 1차 기간 동안에는 체력이 떨어지는 느낌은 받은 적이 없는데, 2차 준비기간에는 체력이 떨어져 많이 힘들었습니다. 항상 피곤한 상태였고 집중도도 저하되었습니다. 그러나 2차를 준비하면서 그때서야 운동을 할 수는 없는 상황이었기 때문에 버틸 수밖에 없었습니다. 따라서 체력이 좋으신 분들이라도, 저처럼 나중에 후회하지 마시고 1차 때부터 체력유지를 위해 조금이나마 운동을 하는 것이 필요한 것 같습니다.

Ⓐ **조만석**　수험기간 동안 스트레스가 정말 많았습니다. 특히 저는 아무도 간 적 없는 저만의 길을 걸어왔기에 공부가 안 될 때면 외로움과 두려움이 말도 못했습니다. 주위에 위로하고 격려해줄 사람도 없었고요. 1차를 앞두고 스트레스성 눈썹탈모가 와서 약물치료를 받은 것은 시작에 불과했습니다. 2차 유예생 때에는 매일같이 '이번에도 최종합격하지 못하면 언제 1차부터 다시 보나…'하는 불안감에 견디기조차 힘들었습니다. 밥을 먹을 때에도, 잠을 잘 때에도 온통 시험 생각뿐이었습니다.

시험 직전 1주를 제외하고는 정기적으로 수영장에 다니고, 혼자서도 쉽게 할 수 있는 팔굽혀펴기와 윗몸일으키기를 매일 했습니다. 동시에 건강관리와 체력유지까지 되니 제게는 일석이조인 셈이지요. TV로 여행 프로그램도 자주 봤습니다. 수려한 경치를 감상하는 것도 좋았지만, 외국에서 어렵게 사는 아이들의 이야기가 심금을 울렸습니다. 저는 수험생활이 힘들다고 하지만 당장 생계를 걱정해야하는 그런 친구들에게 공부는 사치였습니다. 그럴 때마다 제가 너무 나약한가 싶었고, 열심히 공부하도록 다짐하는 계기가 되었습니다.

이런 방법들이 스트레스를 푸는데 어지간히 효과를 봤습니다. 하지만 그것도 그때뿐, 책상에 앉으면 다시 같은 상황이 반복되었습니다. 특히 유예 때는 심적 압박감 탓에 무엇을 해도 즐겁지 않았습니다. 다른 분들도 본인만의 스트레스를 푸는 방법이 있을 것입니다. 하지만 근본적으로 부담감을 극복하기 위해서는 좀 더 열심히 공부해서 실력을 기름으로써 자신감을 높이는 수밖에는 없다고 생각합니다. 수험생이 받는 스트레스 대부분은 학업에서 오기 때문입니다.

🎤 9. 학점이수제도와 영어시험대체제도가 시행됨에 따른 주의해야 할 점이나 영어 공부한 방법은?

Ⓐ **이샛별**　영어시험점수의 기한을 잘 살펴보아야 합니다. 매년 꼭 한명씩은 영어시험 점수의 유효기한이 지나 1차 시험에 응시하지 못하는 경우가 있습니다. 그런 일이 없도록

사전에 꼭 확인해야 합니다. 그리고 회계사 공부를 시작한 이후 영어 공부를 함께 한다는 것은 쉬운 일이 아닙니다. 이도저도 아니게 될 확률이 크니, 회계사 공부를 시작하기 전에 영어 점수 먼저 만들어 놓는 것이 좋습니다.

🅰 **조만석** 학점이수는 경영학 독학사를 통해 자연스럽게 충족했습니다. 제가 공인회계사 시험에 도전해야겠다고 결심했을 때는 이미 대부분의 학점을 취득했을 때입니다. 최종적으로 독학사를 통해 경영학사학위도 취득해야 했고, 어차피 제가 배워야 할 전공과목들이자 앞으로 해야 할 일이라는 생각에 공인회계사시험을 위한 학점이수요건 충족에 따로 부담을 갖지는 않았습니다.

영어점수요건도 충족하기 위해 경영학독학사를 하면서 TOEIC을 준비했습니다. 전에 TOEIC 800점에 TOEIC Speaking 160점까지 받아본 적이 있었기에, 크게 부담스럽지 않아서 시간을 조금만 썼습니다. 시험 1달 전부터는 매일 모의고사 1회분씩만 풀어보다가, 시험 1주 전부터는 매일 2회분씩 풀어봤고, 막판 3일 동안만 TOEIC에 매진했습니다. 어쩌면 이것도 과했을지 모르지만, 혹시나 원하는 점수를 받지 못할까봐 그래도 막판에는 최선을 다했습니다.

공인회계사시험에 도전하려는 분들에게 조언해드리자면, 우선 학점이수요건과 영어점수요건을 모두 충족시킨 후에 공인회계사시험을 본격적으로 준비하는 것이 현명한 선택이라고 봅니다. 학점이수와 TOEIC 700점 자체는 크게 어렵지 않습니다. 따라서 시험공부를 진행하면서 필요한 학점도 따고 영어점수도 받으면 된다고 생각하실지 모르겠지만, 수험생활을 하다 보면 시간이 정말 부족해서 여기까지 신경 쓸 여력이 없습니다. 그러다 보면 자격요건을 충족하지 못해 본선을 치르지 못하는 경우가 나올 수도 있고, 시간관리에 실패해서 예선에서 너무 많은 시간과 노력을 소모할 수도 있습니다.

🎖 10. 제2차시험 부분합격제도에 따른 부분합격과목 활용사례나 주의해야 할 점은?

🅰 **이샛별** 부분합격제도가 있기 때문에 장수생이 많아진다고 생각합니다. 이번에는 유예를 받고 한번 더 해서 합격해야지 라고 생각하는 것이 위험한 일입니다. 1차 때는 반드시 이번에 합격하겠다는 마음으로 해야하고, 2차 때도 반드시 동차해야지 라고 생각하고 공부해야 동차하거나 저유를 받을 수 있는 것 같습니다. 2차 때 물리적으로 시간이 부족한 것은 사실입니다. 그래도 실력이 많이 부족하신 경우가 아니라면 5과목 모두 들고가시는 것이 좋다고 생각합니다.

이번 16년 2차 시험의 경우 세법과 재무회계의 난이도가 굉장히 낮았습니다. 그런데 만약 전략적으로 버린 과목이 세법과 재무회계라면 많이 후회할 것 같습니다. 실제 시험에서 어떤 과목이 폭탄이고, 어떤 과목이 상대적으로 합격하기 쉬운 과목이 될지는 아무도 모르는 것입니다. 그래서 저는 최대한 5과목을 모두 시험보는 것이 좋다고 생각합니다.

A **조만석**　모든 제도가 그렇듯, 2차 시험 부분합격제도도 활용하기에 따라 약이 될 수도 독이 될 수도 있습니다. 동차생으로 하여금 각자 사정에 따라 일부 과목을 포기하는 것이 가능하게 함으로써 짧은 시간 안에 모든 과목을 준비해야 한다는 부담감을 덜어주는 장점도 있지만, 특정 과목에 대한 약점을 다른 과목에서 만회할 수 없는 단점도 있습니다. 사실 운도 많이 좌우합니다. 본인이 쉬운 또는 어려운 과목만 피해갈 수도 있습니다. 저는 동차 때에는 포기한 회계감사가 가장 무난하게 나왔다는 뉴스를 접하고 화가 치밀었습니다. 반면 유예 때에는 수험생들을 괴롭힌 재무관리를 피해갈 수 있었습니다.

　저는 동차 시절에 학습량이 공부시간이 짧아서 모두 준비하기는 도저히 무리다 싶었습니다. 학습량을 늘려보려고도 했지만 쉽지 않았습니다. 자는 시간을 줄이고 아침부터 공부하면 오후에 가서는 한계에 봉착했는지 졸음이 밀려왔습니다. 그래서 지금껏 공부를 해본 적 없는 회계감사를 포기하게 됐습니다. 결국에는 세법에 시간을 많이 쓰고도 합격하지 못했으니 실패한 전략입니다. 시험본 후에는 '차라리 세법을 포기할 걸'하는 후회도 밀려왔습니다.

　동차 때에 본인이 학습량이 많다면 모두 가져가는 것이 좋을 듯합니다. 요즘에는 과목별로 난이도가 들쭉날쭉하기 때문에 가능하다면 2번씩 기회를 갖는 것이 좋아 보입니다. 하지만 만약 모두 가져가는 것이 무리라고 생각된다면, 최대한 빨리 버릴 것을 버려야 합니다. 어떤 분들은 초반에는 모두 준비하다가 중반 이후에 선택을 하라고 하시지만, 가뜩이나 시간이 없는 동차생이 시험도 보지 않을 과목에 시간을 낭비할 필요가 없습니다.

　1과목을 포기하겠다고 결심했다면 세법이나 회계감사 중에 1과목을 포기하는 것이 좋을 것 같습니다. 세법은 귀한 시간을 많이 잡아먹고, 회계감사는 생소한 내용이라 실력을 금방 끌어올리기 어렵습니다. 만약 본인이 세법이 약하다면 세법을 포기하고, 그렇지 않다면 회계감사를 포기하는 것을 추천합니다. 재무관리와 원가회계는 문제를 예측하기가 어렵고, 문제당 배점도 커서 유예 때에 안전하게 합격할 확률이 상대적으로 낮으므로 동차 때에 포기하는 것은 다소 위험합니다. 재무회계는 1차와의 난이도차이가 작아서 동차 때에도 크게 부담을 가질 필요가 없고, 합격해놓으면 유예 때에 편안해집니다.

🎤 11. 수험생에게 당부하고 싶은 말은?

A **이샛별**　저는 수험기간 내내 '노력은 배신하지 않는다'라는 말을 되뇌이며 공부했습니다. 시험이 끝난 지금, 그 말은 정말 옳은 말임을 확신합니다. 시험장에서의 운도 중요하

지만, 노력하는 만큼 결과는 나오게 되어있습니다. 긴 수험생활동안 누구나 여러 번 자신이 부족하다는 것을 느끼고 넘어질 때가 옵니다. 그때도 포기하지 않고 하던대로 노력한다면 바라는 것을 이룰 수 있을 것입니다. 이 시험은 성실하게 자기관리 하는 사람이 이기는 시험입니다. 모두 성실하게 하루하루를 버티시어 좋은 결과가 있으시길 바랍니다.

A 조만석 첫째로 합격의 결실을 보기 위해 가장 중요한 일은 자신만의 전략을 찾는 것이라고 봅니다. 따라서 다른 분들의 조언을 참고하되, 이렇게 저렇게 해보면서 자신만의 학습방법을 찾아낼 필요가 있습니다. 둘째로는 꾸준히 공부해야 합니다. 계획은 자신에 맞게 세우되, 그 계획을 매일매일 이어가야 합니다. 어떤 날은 공부가 안되고, 어떤 날은 잘되고 하는데, 그렇다고 공부시간이 컨디션에 따라 변하는 것은 좋지 않다고 봅니다. 마지막으로 부담감을 이겨내야 합니다. 저도 사람인지라 주체하기 힘들 정도로 불안할 때가 많았지만, 그때마다 '사람이 내고 사람이 붙는데 난들 못하랴?'며 스스로 되새겼습니다.

공인회계사시험은 고시답게 매우 어렵습니다. 하지만 절대로 합격이 불가능하지 않습니다. 자신만의 뚜렷한 목표를 세우고 그에 맞춰 최선을 다해 달린다면 반드시 좋은 결과를 거두시리라고 믿습니다. 저는 선배나 친구들의 도움 없이 혼자서도 해냈으니 든든한 조력자의 지원 하에서 열심히 하신다면 결실을 보실 수 있을 것입니다. 특히 힘든 형편하에서 최선을 다하며 외롭게 공부하는 분들께 제가 작은 희망이나마 되기를 바랍니다.

🎤 12. 앞으로의 계획은? 끝으로 하고 싶은 말은?

A 이샛별 저는 아직 졸업이 2년 남았습니다. 남은 대학생활동안은 제가 정말로 하고 싶은 일을 하며 지낼 것입니다. 영어공부를 하고 교환학생을 갔다와서 영어실력을 쌓아 앞으로의 업무에 도움이 되도록 할 것입니다. 그리고 제가 회계감사를 공부하며 느꼈던 회계사의 전문가로서의 품위를 가진 회계사가 되고 싶습니다. 투명하고 공정한 회계사가 되기 위해 항상 노력할 것입니다. 감사합니다.

A 조만석 제가 아직은 여러모로 많이 부족합니다. 사회경험도 없고 화술이나 처세술도 많이 떨어질 것입니다. 실제로 많은 분들이 사회경험이 없는 제가 남들보다 훨씬 어린 나이에 회사에서 적응할 수 있는지에 대해 우려를 표하셨습니다. 남들과 어울리며 사회생활을 잘하면서 실력도 기르는 것이 제게 주어진 과제라고 생각합니다. 궁극적으로 열정을 가지고 실무를 배우면서, 가장 어린 공인회계사에서 실력이 뛰어난 공인회계사로 거듭나고자합니다.

이번에 안진회계법인에 입사했습니다. 저는 회계감사업무를 약 5년 동안 숙달한 뒤, 재무자문 쪽으로 업무영역을 넓혀 멀티능력을 갖춘 전문가가 되고자합니다. 앞으로는 제가 공인회계사가 될 수 있게끔 기반을 마련해준 국가와 사회에 보답하렵니다. 회계정보의 신뢰성과 투명성을 제고함으로써 국가적 위상을 높이는데 보탬이 되고 싶습니다. 공부도 끝난 것은 아닙니다. 우선 그간 소홀히 해왔던 영어를 회화위주로 공부하려 합니다. 한국방송통신대학교 법학과 3학년에 편입해서 상법 외에 민법 등 다른 법률도 익히려 합니다. 이외에도 업무에 필요한 지식이 있다면 추가적으로 배울 생각입니다.

오늘의 성과를 달성하기까지 고마운 분들이 매우 많습니다. 정규교과과정 대신 나만의 길을 가겠다고 고집부린 아들에게 물심양면으로 지원을 아끼지 않으신 부모님, 초등학교 때부터 첫 단추를 잘 끼워주신 선생님, 언제나 곁에서 지켜보며 응원해주신 친척들, 어렸을 때부터 큰형님처럼 저를 배려해준 친구들 등등. 그러나 이에 앞서 제가 공부에 전념할 수 있도록 해준 대한민국에 감사하다는 말씀을 드리고 싶습니다. 만약 제가 다른 나라에서 태어났다면 공부 대신 생계를 위해 막일을 하고 있을지 모를 테니까요. 따라서 이제부터는 국가경제에 활력을 불어넣는 공인회계사가 되어 보답하겠습니다.

2015년 제50회 공인회계사시험

최고득점·최연소 합격자 인터뷰

조 원 호
1991년 2월 18일 출생
광명북고 졸업
성균관대학교 재학중
2015년 제50회 공인회계사 제2차시험
최고득점 합격자

김 동 현
1994년 6월 8일 출생
한영외고 졸업
연세대학교 재학중
2015년 제50회 공인회계사 제2차시
최연소 합격자

1. 자기소개, 응시동기, 합격소감은?

조원호   저는 광명북고를 졸업하고 현재 성균관대학교 영어영문학과 4학년에 재학 중인 조원호입니다. 군대를 가기 전부터 진로에 대해 고민을 많이 했었고 전문지식을 갖고 전문 직종에 종사하며 살아가고 싶다는 생각을 하게 되었습니다. 복수전공으로 경영학을 하게 되었고 첫 수업으로 회계원리를 들었을 때 꽤 흥미로운 분야로 느껴졌고, 수학선생님이셨던 아버지 덕분에 문과지만 숫자에 거부감이 없던 저에게 회계사라는 직업은 단연 매력적이었습니다. 관심을 갖고 좀 더 알아보니 단순히 숫자를 다루는 것만 아니라 회계사가 되면 한 기업에 대한, 더 넓게는 그 기업이 속한 산업에 대한 방대한 지식을 갖출 수 있고 그러한 지식을 갖고 클라이언트에게 양질의 서비스를 제공한다는 점에서 상당히 인상 깊게 다가왔습니다.

사실 발표 이틀 전에 금감원으로부터 전화가 와서 제가 수석이라고 말씀하시는데 기쁘기보다는 믿지 못하겠더라고요. 보이스 피싱인가 싶기도 하고, 그래서 걸려온 번호 그대로 다시 발신해보았더니 정말 금감원이 맞았고 그제야 기쁜 소식을 가족에게 알릴 수 있었습니다.

Ⓐ **김동현** 안녕하세요. 제50회 공인회계사 시험에 최종 합격한 김동현입니다. 올해 2차 시험이 예년에 비해 다소 까다로웠기에 동차합격에 대한 확신은 없었습니다. 게다가 저의 생일은 과거 최연소 합격생들의 생년월일보다 빠른 편이었기에 최연소 합격에 대한 기대 역시 적었습니다. 그러나 생각보다 좋은 점수로 시험에 합격하게 되었고 시험이 어려웠던 탓인지 운 좋게 최연소라는 명예로운 타이틀도 얻게 되어 매우 기뻤습니다. 저는 경영학과에 재학 중이기에 타 과에 비해 공인회계사와 관련된 정보를 많이 얻게 되었고 주위 선배들 역시 CPA시험에 많이 도전하는 것을 보았습니다. 또한 CPA시험은 경영학 학문 전반에 대해 깊게 다루는 시험입니다. 따라서 시험 준비를 통해 학교 수업만으로는 얻기 힘든 전공 전반에 관련된 지식을 습득하고자 하였습니다. 실제로 학교 수업을 통해 회계, 세법, 재무, 일반경영 관련 전공 등을 모두 이수하며 심도 깊은 학습을 하는 것은 불가능 한 일이기에 학교에서는 한 분야의 전공에 집중하여 공부를 하는 것이 일반적인 선택입니다. 저는 CPA공부를 통해 경영 전 분야에 걸친 학습을 하며 저와 맞는 세부 전공에 대한 탐색도 할 수 있는 기회를 얻을 수 있을 것이라고 생각하였습니다.

🎙 2. 1, 2차 시험대비 수험대책으로 자신만의 효율적인 각 과목별 공부방법과 준비 요령은?(수험기간, 공부시간, 수험정보 입수경로 등 포함)

Ⓐ **조원호** 수험기간은 12년도 여름에 제대한 후 학교를 다니면서 인터넷 강의를 수강한 것부터 1과목 유예 생활이 끝난 시점까지로 따지면 정확히 3년이라고 볼 수 있고 휴학기간은 총 1년 반이었습니다. 저는 하루에 보통 13~14시간 동안 학교에 있으려고 노력했고 밥 먹는 시간, 엎드려서 잠깐 휴식을 취하는 시간, 식후에 바람 쐴 겸 캠퍼스를 돌아다니는 시간 등을 제외하고는 항상 도서관에서 앉아 있으려 했습니다. 수험정보는 제가 영어영문학과이므로 CPA를 준비하는 선배들이 많이 없었기 때문에 주변 지인보다는 다음까페와 같은 온라인상에서의 정보를 이용했습니다. 강사나 수험서 선택에 있어서도 온라인 커뮤니티로부터의 도움을 많이 받은 편입니다.

과목별 공부 방법에 대해 말씀드리자면,

재무회계

기본서를 우선적으로 공부하면서 개념을 익혔고 10월 정도부터 객관식을 풀기 시작했습니다. 객관식을 풀어나가면서도 많이 틀리는 단원의 경우 기본서를 다시 확인해보는 등 기본내용을 충실히 하고자 하였고, 객관식은 시간이 관건이기 때문에 최대한 기계적으로 손이 갈 수 있을 만큼 반복해서 객관식문제집을 풀었습니다. 내용정리의 경우에는 1차 막판에 정신없이 공부할 것을 염두에 두어 객관식문제집 편집상 단원마다 앞쪽에 해당 단원의 내용을 요약정리해둔 부분이 있는데, 그곳에 오답률이 높은 내용이나 시험에 빈출되는 내용을 표시하여 정리해 두었습니다. 1차 시험 두 달 전 부터는 기출문제를 따로 모아둔 문제집과 모의고사문제집을 사서 시간을 재고 계속 풀면서 실전감각을 유지하였습니다.

2차의 경우 1차와 달라지는 것은 그 내용의 깊이보다는 문제의 크기라고 볼 수 있습니다. 여러 객관식 문제가 2차에서는 각각의 물음을 구성하여 한 문제가 된다고 생각하시면 되는데 1차와 달리 그 문제풀이를 답안지에 적어야한다는 것이 달라지는 점 중 하나입니다. 따라서 1차 때와 달리 분개의 순서, 답이 도출되는 과정에 대한 이해를 제대로 하시는 것이 중요합니다.

세 법

이 과목을 처음 접했을 때의 그 충격은 어마어마했습니다. 일단 용어 자체가 익숙하지 않아서 너무 힘들었고 휘발성이 강했기 때문에 되도록 세법은 매일 조금씩이라도 보려고 노력했습니다. 하지만 공부를 해나갈수록 소위 말하는 '와꾸'에 암기한 내용을 적용하여 구체적인 숫자를 도출해내는 것에 익숙해져 답 찾아가는 재미는 있었습니다. 말문제의 비중도 계산문제 만큼이나 크기 때문에 절대 소홀히 할 수 없는 부분입니다. 말문제의 경우 보기 자체가 법문구 그대로 나오기 때문에 기출문제를 숙달하는 것이 많은 도움이 되었습니다. 2차 시험에서는 문제의 크기가 커진 것은 물론이고 계산과정에서 앞부분에서 하나라도 고려할 사항을 빼먹는 경우에 마지막 정답까지 완전 빗나가기 때문에 내용도 완벽히 숙지해야 되고 그것을 문제풀이 적용해야 합니다. 문제풀이를 하며 고려하는 것을 깜빡한 내용은 서브노트에 한 번 더 표시해가며 오답정리를 해나갔습니다.

원가관리

1차 시험 직전으로 갈수록 소홀해 지기 쉬운 과목 중 하나입니다. 회계시험에서 재무회계 파트를 먼저 풀다보면 원가관리회계 문제는 풀 시간이 부족하기 때문인데 2차에서 아예 한 과목으로서 차지하고 그 깊이도 1차와는 차이가 크기 때문에 1차 준 비시에 손을 놓기보다는 주요 챕터만큼이라도 내용을 까먹지 않게 기출문제를 조금씩이라도 풀어 감을 유지하는 게 좋다고 생각합니다.

2차 시험 준비 시에는 워낙 문제 사이즈가 커서 한 번 건들면 꽤 오랜 시간이 필요하기 때문에 하루에 6,7문제 정도를 푸는 것이 다른 과목 공부에도 영향을 미치지 않는다고 생각합니다.

재무관리

재무관리는 1차에서 경영학으로서 꽤 큰 비중을 차지하고 있고 원가관리와 마찬가지로 2차에서는 내용의 깊이도 깊어지고 한 과목으로서 준비해야하기 때문에 1차 시험준비 시에도 객관식 문제를 반복적으로 풀어서 그 내용에 대한 숙지가 되어있어야 합니다.

상 법

처음 접하는 과목이었지만 훌륭한 강의 덕에 수월하게 공부할 수 있었습니다. 기본서에 수록되어있는 기출문제를 꼼꼼히 다 풀어보고 상법전과 서브노트를 계속해서 반복하여 공부하였습니다. 기본서에 최대한 내용을 다 담으려고 했고 기본서를 정독하면서 내용을 숙지하였습니다.

경제학

개인적으로 1차 준비하면서 경제학이 가장 어렵게 다가왔습니다. 워낙 깊이가 있는 학문이고 인과관계를 찾는 데에 있어 많은 어려움이 있었기 때문에 1차 시험 준비 당시에 가장 준비하기 어려웠던 과목이었습니다. 객관식 문제집을 반복해서 숙달하였고 특히 잘 와 닿지 않아 어려웠던 단원은 기출문제를 중심으로 문제풀이를 하여 접근하였습니다.

경영학

1차 과목 중 가장 늦게 시작해도 되는 과목이라고 생각합니다. 단순 암기를 통해 충분히 준비할 수 있고 경영학 전공인분들의 경우에는 학교 수업에서 들었던 내용들이 수업시간에 대다수 나오기 때문에 틈틈이 암기만 잘하신다면 좋은 결과 얻을 수 있을 것입니다.

저 같은 경우에는 일반경영학 공부하는 시간은 많이 배정하지 않고 밥 먹을 때나 학교 올라갈 때 포스트잇에 내용을 적어서 들고 다니면서 계속해서 머릿속에 집어넣는 작업을 했습니다.

ⒶA 김동현

1. 시기별 학습과정

(1) 2014.3月~6月 학교를 다니며 공인회계사 시험의 자격요건 갖추기

일정 점수 이상의 어학성적과 특정 분야의 학점이수가 선행되어야만 공인회계사 시험을 치를 수 있는 자격을 얻게 됩니다. 저는 2014년 봄 학기부터 회계사 시험에 대해 알아보기 시작하였습니다. 아직 2학년이었기에 학점이수가 많이 부족한 상황이었고, 관련된 전공 5개를 들으며 부족한 학점을 이수하는 것에 초점을 맞추었습니다. 처음에 목표하였던 계획은 가을학기 휴학 전에 주요 과목에 대한 기본서 강의를 틈틈이 듣는 것이었지만, 학교수업과 병행하며 별도로 CPA 시험공부를 하는 것이 결코 쉽지 않았습니다. 결국 겨우 중급회계의 절반과 법인세법의 절반정도를 수강한 채 한학기가 지나갔습니다. 하지만 여전히 자격요건을 만족하기에 6학점이 부족하였고 이는 학점은행을 이용하여 이수하기로 결정하였습니다.

(2) 2014.7月~2014.11月 휴학 후 학원 강의 가을종합반 수강

학기 중에 인터넷 강의로 수강하였던 과목에 대한 이해도는 매우 부족하였기에 학원에 가서 차근차근 처음부터 다시 배우는 것을 선택하였습니다. 종로에 위치한 나무경영학원에서 가을 종합반을 5개월에 걸쳐 수강하며 모든 과목에 대한 기본 강의를 들었습니다. 학원에서 나이에 맞게 조를 짜주었고 같은 조원들 및 주변 사람들과 식사를 하며 친해졌으며 덕분에 함께 수험 생활을 즐겁게 할 수 있었습니다. 종합반 수강 중에 토익을 응시하였고 부족한 학점은 학점은행을 통해 이수하였습니다.

(3) 2014.12~2015.1 객관식 단과반 수강

객관식 단과반을 실강으로 수강하였습니다. 3과목(세법 경제학 재무회계)만을 신청하였고 다른 과목들은 강의를 듣는 대신 객관식 교재를 사서 직접 풀면서 익혔습니다. 수업 진도보다 더 빨리 문제를 풀어 나갔으며 배운 내용을 잊지 않기 위해 끊임없이 객관식을 반복해서 풀었습니다. 이 기간 동안 객관식 책 전 범위를 빠르게 훑을 수 있는 실력을 기르는 것이 핵심인 것 같습니다. 후반부로 갈수록 세법 과목에 집중하여 공부하였으며 1월 중순부터는 정부회계, 국세기본법, 상증세법 등을 공부하였습니다.

(4) 2015.2.1.~2015.2.15. 1차 공부 마무리

학원 강의가 1월말에 끝났으며 남은 시간동안 혼자 학교 도서관에서 마무리 정리를 하였습니다. 남은 2주 동안 전 과목을 한번 다시 훑고 자주 실수하던 부분을 다시 한번 체크하고 시험장에 들어갔습니다. 이 마지막 2주가 1차 시험에 있어 가장 중요하다고 생각합니다.

(5) 2015.2.23.~2015.6月 독서실에서 인강을 통한 2차 공부

가을종합반으로 공부를 시작하였기에 1차 공부를 할 때에 연습서를 볼 시간이 전혀 없었습니다. 다른 사람들에 비해 2차 공부가 뒤쳐져 있다는 것을 느끼고 보다 효율적인 인터넷 강의를 선택하였습니다. 학원 강의의 장점으로는 스케줄 관리가 쉽고 매주 치르는 진도별 모의고사를 통한 답안지 작성 요령을 익힐 수 있다는 것입니다. 저는 인터넷 강의의 배속 기능을 통해 빠르게 진도를 나갔고 4월 중순 즈음에는 2차 강의 5개를 모두 들을 수 있었습니다. 재무회계와 세법 그리고 회계감사는 1월에 찍은 유예 강의를 통해 학습하였으며 원가와 재무관리는 개정에 민감하지 않은 과목이었기에 작년 강의를 통해 빠르게 학습하였습니다. 또한 인터넷 강의의 단점을 보완하기 위해 직접 강의 수강 계획을 짜서 매일매일 8~9강씩 수강하였으며 복습도 밀리지 않게 규칙적인 생활을 하였습니다. 하루를 크게 세타임으로 나누어 오전 8시부터 11시 30분까지 4강을 듣고 점심 식사를 한 후 오후 12시 20분부터 5시 30분까지 4~5강을 들었으며 오후5시 30분부터 11시까지 들은 강의에 대한 복습을 철저히 하였습니다. 물론 공부 시간 중간에 힘들거나 지칠 때 엎드려 자거나 바람을 쐬는 등 충분한 휴식을 취했습니다. 또한 3,4월에는 토요일 저녁부터 일요일 아침까지 공부를 하지 않고 부족한 잠을 보충하거나 여가 생활을 즐겼습니다. 공부가 안 될 때에는 과감히 일찍 집에 들어가거나 친구를 만나는 등 조급해 하지 않고 쉴 땐 쉬는 것이 꼭 필요하다고 생각합니다. 3~4월에 열의에 차 쉬지 않고 매일 공부한다면 더욱 중요한 후반부에 힘이 빠질 위험이 있으니 자신의 컨디션과 체력을 잘 파악하고 이에 맞게 자신만의 적절한 휴식시간을 정하는 것이 자기관리의 핵심인 것 같습니다.

강의를 다 들은 4월 중순부터는 연습서를 반복해서 보기 시작하였습니다. 1차 때부터 연습서를 많이 보아왔거나, 유예 및 3차생들이라면 여러 연습서를 보며 공부하는 것도 좋겠지만, 저와 같이 연습서를 처음 보는 입장이라면 과목당 한 권을 꼼꼼히 여러 번 보는 것이 더 효율적인 것 같습니다. 또한 저는 연습서를 전수로 풀지 않고 필수문제 위주로 여러 번 보는 전략을 선택하였습니다. 세법과 원가회계는 실전답지 작성이 매우 중요하고 까다롭기 때문에 처음 풀 때부터 실전처럼 답지를 작성하는 연습을 하였습니다. 지치지 않고 꾸준히 같은 페이스로 공부하였고 시험 전까지 각 과목 연습서를 필수 문제 위주로 3~4번 풀고 시험장에 들어갈 수 있었습니다.

2. 과목별 공부방법

(1) 1차과목

세 법

세법이라는 과목 특성상 배울 내용이 매우 많고 2차에서도 많은 시간 투자가 필요한 과목이기에 1차 때부터 많은 시간을 할애하여 공부를 하는 것이 필요합니다. 세법은 배우는 내용과 산식이 복잡하여 기본서를 정독하는 것만으로는 완벽히 이해하기가 까다롭습니다. 저는 객관식 교재를 통해 많은 문제를 접해보고 응용해보는 과정을 겪으며 자연스레 암기를 하였고 세부 규정들에 대해 더욱 깊게 이해할 수 있었습니다. 분명 처음 풀때는 상당히 어렵고 풀리지 않는 문제도 많을 것입니다. 하지만 아는 문제만이라도 확실히 맞추고 모르는 문제는 답지와 기본서 등을 참조하며 부족한 부분을 메꾸어 나간다면 어느 새 세법에 자신감이 붙고 모든 문제를 술술 풀어나갈 수 있을 것입니다. 또한 저는 객관식 세법을 두세 번 푼 후에는 세무회계연습을 공부하는 것이 좋은 것 같습니다. 저는 시간상의 이유로 연습서 공부를 하지 못하였지만 2차 공부를 하며 세무회계를 공부하게 되었고 이를 통해 객관식 세법으로는 배우지 못하는 세법의 큰 틀을 많이 배울 수 있었습니다. 만약 1차 공부에 여유가 있는 수험생이라면 세무회계 연습서는 꼭 보는 것을 추천합니다. 또한 시간이 없더라도 시험 직전에 국세기본법은 꼭 학습하고 가는 것이 좋습니다.

경 제

기본서 '경제학연습'을 통해 공부하였고 이 책에 수록된 많은 문제들을 빠짐없이 여러 번 풀어보는 것이 중요한 것 같습니다. 경제는 암기보다는 논리가 더 중요한 과목입니다. 문제를 풀며 문제 하나하나를 암기하기보다는 그 속의 논리를 체득하는 것이 더 중요합니다. 단순히 틀린 것을 고치고 외우는 방식보다는 맞은 문제도 다시 한 번 고민해보는 습관이 경제학에서는 더 중요한 것 같습니다. 시험 직전에는 좀 더 얇은 객관식 책으로 서너 번 풀고 시험장에 들어갔습니다. 간혹 수험범위를 넘어서는 까다로운 내용이 시험에 출제되곤 하는데 과감히 포기하고 다른 문제를 푸는 것이 좋습니다.

상 법

상법은 대표적인 암기과목입니다. 다만 무작정 암기를 하는 것보다는 관련 법조문의 취지와 논리들을 익힌 후에 꼼꼼히 외우는 것이 중요한 것 같습니다. 앞 글자를 따서 외우거나 특정 단어들과 연관 지어 외우는 등 각자만의 암기 방식이 있을 것입니다. 법조문을 이해하고 꼼꼼히 암기한다면 상법 고득점은 어렵지 않을 것입니다. 저는 굳이 많은 객관식 문제를 다루지 않았고 기본서를 여러 번 보고 관련된 ox 문제를 수없이 반복하여 풀면서 내용을 익혔습니다.

경영학

경영학 강의를 들으면서 그날 배운 내용을 꼼꼼히 암기하였습니다. 경영학도 암기 과목이기에 강의만 미리 들은 후 시험을 앞두고 나중에 외우려고 미뤄두는 경우가 많은데 저는 강의가 끝난 후 바로 그날 배운 것을 암기하는 것이 더 좋은 것 같습니다. 경영학

과목은 내용이 어렵지 않고 많이 접해본 내용이기에 복습하고 암기하는 데에 큰 부담이 없습니다. 게다가 강의를 들은 직후에는 1시간만 투자한다면 충분히 암기할 수 있습니다. 이는 나중에 시험을 앞두고 경영학 내용을 다시 공부할 때 부담을 많이 줄여주므로 미리 공부해두는 것이 좋습니다.

회 계

배점이 150점으로 타 과목에 비해 배점이 높습니다. 2차 시험과 달리 1차 시험은 과목별 합계를 집계하여 점수를 계산하고 합격여부를 결정하므로 회계 고득점은 1차 합격에 있어 매우 중요한 역할을 합니다. 또한 시간의 압박이 매우 큰 과목이므로 정답률을 올리는 것도 필요하지만 빠르게 풀 수 있는 능력을 기르는 것이 더 중요하다고 생각합니다. 회계는 단기간에 실력이 쌓이지 않습니다. 객관식을 많이 푸는 것도 좋지만 여유가 있다면 2차 연습서를 병행하여 공부하는 것이 좋을 것 같습니다. 회계 과목은 1차 내용과 크게 다르지 않아 큰 부담 없이 공부할 수 있을 것입니다. 또한 1차에는 원가회계가 10문제 포함되어있는데 전략적으로 포기하는 수험생이 많습니다. 하지만 저는 2차 시험을 위해서라도 꼭 준비하는 것이 옳다고 생각하며, 올해 1차 시험은 오히려 원가회계 파트에서 점수를 따기 더 편했던 시험입니다. 또한 정부회계에서 5문제가 출제되는데 대부분 말 문제로 출제되며 공부할 내용 역시 매우 적으므로 시험 직전에는 꼭 공부하여야 합니다.

(2) 2차 과목

세 법

2차 세법과목은 공부할 범위가 사실 매우 넓습니다. 하지만 동차생이라면 지엽적인 주제를 과감히 포기하는 것도 좋은 전략인 것 같습니다. 실제로 지나치게 지엽적인 주제는 출제 확률이 낮으며 틀리더라도 합격엔 큰 지장이 없습니다. 여유가 있고 능력이 되는 경우에만 지엽적인 부분까지 학습하는 것을 추천합니다.

답안지 작성 요령이 매우 중요한 과목입니다. 꾸준히 연습한 사람과 처음 답안지를 작성해보는 사람의 답안지의 질은 극명히 차이가 나므로 처음 풀 때부터 실전처럼 작성해보는 것이 좋습니다. 또한 우수 답안지들을 많이 보는 것이 답안지 작성 실력을 기르는 데에 많은 도움이 되는데 저는 학원 gs 및 모의고사 우수답안지 등을 자주 찾아보며 많이 배웠습니다.

재무관리

문제 해석이 가장 중요한 과목입니다. 다양한 기출문제들을 풀며 애매하게 주어진 조건들을 출제의도대로 해석할 수 있는 능력을 기르는 것이 필요합니다. 또한 약술형 문제가 자주 출제되므로 기본 개념을 꼼꼼히 익혀야 합니다. 올해 시험의 경우에는 MM이론의 도출과정 서술과 파마프렌치모형에 대한 서술형 문제가 나왔으며 상대적으로 배점이 매우 높았습니다. 간혹 매우 어렵고 낯선 문제들이 출제되는데 시험장에서 만난다면 제일 나중에 푸는 것이 좋습니다. 쉽고 간단한 문제들을 실수 없이 먼저 풀고 검산한 뒤 어려운 문제에 대해 고민한 흔적을 답안지에 적어낸다면 올해와 같이 재무관리가 어렵게 출제되어도 충분히 합격할 수 있을 것이라 생각합니다.

회계감사

저는 감사 공부시간을 많이 확보하지 못하였습니다. 따라서 통학 시간, 식사 시간 등의 자투리 시간을 이용하여 목차를 외웠습니다. 기준 암기가 회계 감사의 가장 기본이라고 생각합니다. 틈틈이 목차를 보며 목차에 나와 있는 기준들은 완벽히 외웠으며 4월부터 매일 1시간 동안 기본서를 다독하였습니다. 기본서를 읽을 때 기준 자체는 목차를 통해 거의 암기가 된 상태이므로 기준 암기에 치중하기보다 각 기준의 적용되는 상황 및 문제 풀이에 집중하여 학습하였습니다.

원가회계

원가회계는 1차에 비해 2차의 난이도가 월등히 높아집니다. 문제가 길고 복잡하므로 공부시간을 많이 필요로 하는 과목입니다. 또한 실제 시험장에서도 문제 수가 매우 적어 실수 하나가 치명적인 결과를 낳기도 합니다. 따라서 원가회계 공부를 할 때에 많은 문제를 풀기보다는 필수문제만을 추려서 여러 번 풀었으며, 실수를 하지 않기 위해 자주 하는 실수들을 노트에 따로 정리하였습니다. 원가회계는 1교시에 시험을 보기 때문에 아침시간에 매일 4~5문제씩 풀었고 이는 감을 유지하는 데 큰 도움이 되었습니다. 또한 유형이 정해진 원가파트에 더욱 힘을 쏟았고 마지막에는 눈으로 문제를 여러 번 풀며 짧은 시간에 다양한 유형을 공부하였습니다. 시험장에서는 쉬운 문제와 어려운 문제를 쉽게 구별할 수 있습니다. 먼저 쉬운 문제를 완벽히 풀어낸 후 어려운 문제를 손대는 것이 좋습니다.

재무회계

공인회계사 공부를 시작하면 가장 먼저 배우는 과목이 회계입니다. 게다가 재무회계는 1차의 난이도와 크게 다르지 않습니다. 따라서 많은 수험생들이 회계 과목 풀이에 능숙하므로 답이 틀린다면 풀이에 대해 부분 점수를 많이 주지는 않는 것 같습니다. 따라서 재무회계 과목은 답을 맞히는 것이 관건이며, 반복적인 훈련을 통해 빠른 시간 내에 정확히 답을 구할 수 있도록 하는 것이 좋습니다. 저는 연습서와 병행하여 final 모의고사 문제집을 통해 정해진 시간 내에 문제를 푸는 훈련을 하였습니다.

🎙 3. 1, 2차 수험기간동안 Group Study는 어떻게 이루어졌으며 실전 시험에는 어느 정도의 효과가 있었습니까?

Ⓐ **조원호** 1차 수험기간 동안에는 그룹스터디라기 보다는 같이 공부하던 형과 시간을 재고 문제를 푸는 형식으로 공부했습니다. 1차 수험기간 내내 그런 것은 아니고 시험 한두 달 전부터 객관식 문제풀이를 한창 할 때 시간을 재고 푸는 연습을 하였습니다. 1차 시험을 준비하는 데에 있어서 그룹스터디가 필수적이라고는 생각하지 않습니다. 하지만 주관식으로 출제되는 2차 시험을 대비할 때에는 세무회계를 제외한 모든 과목에 대해 그룹스터디를 실시하였습니다. 스터디원들과 합의하에 문제를 선별하였고 하루에 몇 문제를 풀지 결정하였습니다. 서로의 답안지를 채점하며 문제풀이 방법이나 답안작성 요령을 공유할 수 있는 기회가 되어 저한테는 많은 도움이 되었습니다. 또한 스터디 역시 사람과의 약속이기 때문에 최대한 스터디 시간을 지키려 노력했고 아침에 늦잠을 자거나 밤에 일찍 집에 내려가지 않기 위해 일부러 스터디 시간을 아침 9시나 밤 9시 같이 공부의 시작과 끝부분에 잡아두었습니다.

Ⓐ **김동현** 그룹스터디를 별도로 진행하지 않았습니다.

🎙 4. 최근 1, 2차 시험과목별 출제경향과 수험대책은 어떤 것이 있습니까?

Ⓐ **조원호** 올해와 작년의 1차 난이도의 경우, 이전보다 하락했다는 평을 많이 접할 수 있습니다. 난이도는 예전보다 많이 낮아졌지만 그럴수록 아는 것을 틀리는 실수를 하지 않는 것도 중요하다고 생각합니다. 2차의 경우에는 작년과 달리 올해에는 상당히 고난도의 시험이 출제되었으므로 단순히 1차만을 위한 공부가 아닌, 시간적 여유가 된다면 2차를 미리 대비하는 수험계획을 세우는 것이 2차시험에서 다 유예가 되지 않는 방법이라고 생각합니다. 또한 2차 시험을 치러본 경험에 의하면 어느 정도 상대평가이고 주관식이다 보니 모르는 것이 나왔을 때 백지로 남겨두는 것 보다는 그 문제의 주제와 관련되어 자신이 아는 내용을 적고 나오는 것이 훨씬 높은 점수를 획득할 수 있다고 생각하기에 시험장에 끝까지 포기하지 않는 것도 중요하다고 생각합니다.

Ⓐ **김동현** 최근 시험 난이도가 매년 급격히 변하고 있습니다. 또한 2013년 이전의 시험과 달리 1700명을 선발하는 상대평가 방식으로 차차 넘어가는 추세입니다. 올해는 작년 2차 시험에 비해 모든 과목의 난이도가 급상승하였고 결과적으로 평균이 하락하였습니다. 또한 4유예 및 5유예가 약 900명에 근접하는 등 많은 변화가 있었습니다. 올해 급격히 많아진 다유예생들의 1차 재도전으로 인하여 내년 1차 시험의 합격 커트라인이 제

50회 1차 시험에 비해 다소 높아질 것으로 예상합니다. 1차 시험에서 고득점을 하지 못한다면 시험을 본 직후 심적으로 불안하여 2차 시험 공부에 매진하지 못하게 될 위험이 있습니다. 가장 기본적인 부분에서 실수하지 않는 것이 가장 중요하며 지엽적인 부분은 과감히 포기하고 최대한 실수를 줄이는 방식으로 공부하는 것이 좋습니다. 또한 제 51회 시험에서는 경영 경제 상법 등 1차 과목을 절대 소홀히 하지 않는 것이 중요할 것 같습니다.

5. 수험생활 중에 본 1, 2차 각 과목별 도서목록을 정리해 주시면 고맙겠습니다.

조원호

- 재무회계 : 중급회계/고급회계/객관식 재무회계(김영덕), 재무회계연습(김기동), 재무회계기출 BEST문제, 객관식 Final재무회계, 2차재무회계모의고사(김재호)
- 세법 : 세법개론(임상엽 정정운 저), 객관식세법/세무회계연습서(이승원, 이승철 공저), 세무회계연습서(강경태)
- 재무관리 : 재무관리, 재무관리연습(김종길), 객관식재무관리(이영우)
- 원가관리 : 원가관리, 객관식 원가관리회계, 원가관리회계연습(임세진)
- 회계감사 : 회계감사 스터디가이드(권오상)
- 경영학 : 에센스경영학, 객관식경영학(전수환)
- 경제학 : 다이어트 경제학(김판기), 경제학 연습(정병렬)
- 상법 : 상법신강(김혁붕)

김동현

〈주요 참고서적〉

1차

- 회계학 : 김현식·최창규·신현걸〈객관식 재무회계〉〈중급회계〉〈고급회계〉
- 세법 : 임상엽·정정운 〈세법개론〉, 이승원·이승철 〈객관식 세법〉
- 상법 : 오수철 〈상법〉〈객관식 상법〉
- 재무관리 : 김종길 〈재무관리〉
- 경영학 : 김윤상 〈핵심경영학 연습〉〈일일특강〉
- 경제학 : 정병열 〈경제학연습〉 김판기 〈다이어트 경제학〉

2차
- 재무회계 : 김기동 〈재무회계연습〉, 김재호 〈공인회계사 제 2차 재무회계 모의고사〉
- 세무회계 : 정재연·이승철·이승원 〈세무회계연습〉
- 재무관리 : 김종길 〈재무관리연습〉
- 회계감사 : 이창우·권오상 〈회계감사 Study guide〉, 도정환 〈회계감사 gs 3회〉
- 원가관리회계 : 김용남 〈원가관리회계연습〉

6. 수험생입장에서 구하기 어려웠다거나 보강되었으면 하는 특정 과목이나 내용의 수험서가 있습니까?

A **김동현**　각 과목별 모의고사 문제집이 부족합니다. 특히 원가회계와 회계감사 과목의 실전 모의고사 문제집이 부족하기 때문에 학원에서 치르는 진도별 모의고사 없이는 자신의 실력을 객관적으로 측정해 볼 기회가 매우 적은 편입니다. 시중에 출판 되어있는 모의고사 문제집이 부족하기 때문에 동차생들은 고가의 돈을 지불하여 회계감사 gs 문제를 사서 풀거나 단기특강 등에서 제공하는 문제에 의존하곤 합니다. 재무회계 및 세법 과목은 타 과목에 비해 실전 모의고사 형식의 연습서가 있기에 해당 과목 학습이 훨씬 수월하였습니다.

7. 수험공부 시 학원 강의, 인터넷강의, 강의tape 중 이용도 측면에서 어떤 방법을 선호했습니까?

A **조원호**　저는 주로 인터넷강의를 이용하여 공부하였습니다. 학원 강의보다 유용했다고 생각하는 점은 자기 스스로의 시간 조율이 가능하다는 점이 있습니다. 현강과 달리 배속 조절을 통해 시간을 단축할 수 도 있고 자기 컨디션에 맞춰서 수업을 진행할 수 있다는 장점이 있습니다. 자기 관리가 뛰어난 수험생의 경우에는 오히려 인강을 들으며 자기시간을 많이 확보하는 생활을 할 수 있다고 생각합니다. 또한 종합반의 경우에는 학원에서 구성해놓은 강사진으로 수업을 들어야하지만 인강의 경우 자신과 맞는 강사분의 강의로만 구성할 수 있다는 장점이 있습니다. 단점은 위에서 언급했듯이 자기 의지대로 수업을 들을 수 있기 때문에 한 번 미루다 보면 한 없이 밀릴 수 있다는 것입니다. 따라서 인강 수강을 하기로 결정하신다면 최대한 자신이 세워놓은 강의수를 수강하기 위해 실현가능한 계획을 세우는 것이 중요하다고 생각합니다.

A **김동현**　처음 공부를 시작하는 1차 수업은 학원 강의가 더 좋은 것 같습니다. 정보가

많이 없는 상황에서 인터넷 단과 강의를 신청하여 자율적으로 학습할 경우 잘못된 정보로 인해 비효율적인 공부를 하게 될 수 있으며, 500강이 넘는 강의를 홀로 인터넷 강의로 학습하다 지치는 경우도 많습니다. 첫 공부의 시작은 학원 강의를 통해 주변 친구들과 함께 수업을 듣고 모의고사를 치르며 자신의 위치를 파악하는 것이 더 좋다고 생각합니다. 다만 저는 2차 공부는 인터넷 강의를 통해 배속기능을 활용하여 조금 더 효율적으로 공부하였습니다. 2차 수험공부를 시작하거나 1차 시험에 재도전 할 때에는 일반적으로 충분한 정보와 의지가 있으므로 인터넷 강의가 더 좋은 것 같습니다. 인터넷 강의는 배속 기능을 통하여 강의 시간을 줄일 수 있으며 비용 측면에서도 학원 실강에 비해 부담이 적다는 장점이 있습니다.

8. 수험생활 중 애로사항과 본인만의 스트레스 해소방법은?

조원호   저는 보통 일주일 중에 토요일 오후부터 일요일 오후까지의 시간을 휴식을 갖는 날로 잡았는데, 일주일간 공부하느라 부족했던 수면시간도 충분히 갖고 평소 즐겨보던 예능이나 해외축구 중계를 보며 스트레스를 풀었습니다. 수험생활 중 애로사항으로는 잠이 많은 탓에 점심, 저녁 식사시간에 항상 수면을 했다는 점입니다. 시험 직전에는 체력적으로도 지쳐있고 식욕도 떨어져서 식사시간에 식사를 하지 않고 엎드려 잠을 잔적도 있습니다. 물론 막판에는 모두가 다 지쳐있겠지만 그래도 체력적으로 영향을 받지 않고 싶은 분들은 수험생활 초반에 여유가 있다면 운동을 하시는 걸 추천합니다.

김동현   1차 공부를 할 때에는 여유가 있어 친구들을 만나고 운동도 하며 나만의 시간을 가질 기회가 있었지만, 동차 수험 기간인 3~6월은 시간이 부족하여 정신적으로나 체력적으로 많이 힘들었습니다. 2차 공부를 하는 기간에는 토요일 오후부터 일요일 오전까지는 공부를 하지 않고 휴식을 취하며 컨디션 관리에 집중하였습니다. 또한 한 장소에 갇혀 계속 공부하는 것이 너무 지겨웠고 스트레스를 받았기 때문에 가끔은 같은 공부를 하는 친구를 만나 카페에서 같이 공부를 하며 공부를 하는 장소를 자주 바꾸었습니다.

9. 학점이수제도와 영어시험대체제도가 시행됨에 따른 주의해야 할 점이나 영어 공부한 방법은?

조원호   저 같은 경우에 경영학을 복수전공 했음에도 휴학시기 등의 이유로 사이버강의를 통한 학점이수를 하였는데, 이처럼 인터넷을 통한 학점이수를 하는 경우에 금감원 홈페이지에 학점인정 신청 등의 일정을 잘 확인하여 영어는 시험 준비하기 전에 많이 관심이 있었던 터라 영어성적을 확보하는 데에는 큰 어려움이 없었습니다. 종종 커뮤니티 사이트에 올라온 글을 보면 종합반 수강을 하며 학점이수를 하거나 토익 성적을 만드시는 분이 계시던데 본격적으로 공부를 시작하기 전에 시험 자격을 갖추는 게 심리적으로도 안정감을 가져다 줄 수 있다고 생각합니다.

A **김동현** 저는 2학년을 마치지 않은 채로 CPA시험을 준비하였기에 학점 이수가 다 이루어지지 못했습니다. 따라서 학점은행을 통해 남은 학점을 보충하였고, 이 과정에서 수강신청 및 등록, 출석체크 중간 기말 시험 등 여러 가지로 신경 쓸 일이 많았습니다. 별다른 일이 없다면 학교에서 마음 편히 학점이수를 하는 것이 중요하며, 혹시 자신의 영어 실력이 자격요건을 얻기에 부족하다면 공부를 본격적으로 시작하기 전에 미리 준비하는 것이 좋을 것 같습니다.

영어는 따로 공부를 하지 않았기에 공부방법은 적지 않았습니다.

🍄 10. 제2차시험 부분합격제도에 따른 부분합격과목 활용사례나 주의해야 할 점은?

A **조원호** 저 같은 경우에는 부분합격제도를 충분히 활용한 사례라고 볼 수 있습니다. 작년 동차시절에 감사시험에 응시하지 않고 이번에 회계감사 한 과목을 응시하였는데, 최종 합격을 하는 데에는 괜찮은 전략이었다고 생각합니다. 하지만 한 과목 내지 두 과목 응시를 하지 않는 것이 나머지 과목에 대한 집중도를 높이기 위함이지 자신이 좀 더 편하게 공부하기 위함이 아니라는 것은 항상 명심해야합니다.

A **김동현** 부분합격제도를 이용하여 과감히 특정 과목을 전략적으로 공부하지 않고 다른 과목들에 집중하여 학습하는 경우가 많습니다. 하지만 저는 5과목 모두를 공부하여 시험을 치루는 것이 가장 좋다고 생각합니다. 한 과목을 버린 채 네 과목만 공부하게 되면 오히려 나태해지면서 결국 한 과목 당 투입하는 공부 시간은 모든 과목을 공부하는 것과 크게 차이가 나지 않는 경우를 많이 보아왔습니다. 또한 각 과목별 난이도는 매년 달라질 수 있기 때문에 자신에게 주어진 두 번의 기회를 모두 살려 응시하는 것이 더 합격 확률을 올리는 길이라고 생각합니다. 만약 타 수험생들에 비해 실력이 많이 부족하다고 느낀다면, 한 과목은 버리되 절대 투입하는 공부시간을 줄여서는 안 된다는 것을 명심하여야 하며 2과목 이상 버리는 것은 절대 좋은 방법이 아니라고 생각합니다.

🎤 11. 수험생에게 당부하고 싶은 말은?

A 조원호 합격을 위해서는 꾸준함을 바탕으로 한 반복학습이 중요하다고 생각합니다. 장기레이스인 이 시험을 준비하다보면 몸과 마음이 지쳐 그만두고 싶을 때가 분명 찾아올 것입니다. 하지만 그럴 때마다 페이스를 잃지 않고 무던히 자기 갈 길을 걸어 나가야합니다. 계획을 꾸준히 실천하기 위해 수첩이나 자신만의 플래너를 항상 작성하여 자신의 상태에 대해 매일 체크해나가는 것이 중요하다고 생각하고, 이러한 꾸준한 수험생활을 하기 위해서는 함께 공부하는 동지를 만나는 것 역시 중요하다고 생각합니다. 서로 의지할 수 있고 힘이 될 수 있으며 서로에게 선의의 경쟁의식을 불러일으킬만한 좋은 사람들을 만난 것이 저의 합격비결 중 하나라고 생각합니다.

또한 이 시험의 경우 공부할 양이 워낙 방대하기 때문에 남의 말에 휩쓸려 이 강사, 저 강사의 강의를 여러 개 들어보고, 이 책 저 책 찾아다니며 공부의 범위를 확대시키는 것보다는 처음에 자신에게 잘 맞는 강의와 책을 선택하였다면 끝까지 밀고나가는 것이 중요하다고 생각합니다. 기본서든, 객관식문제든, 주관식문제든 계속해서 반복하여 보고 또 보고 하다보면 몇 페이지 어느 위치에 어떤 내용이 있었다라고 머릿속에 떠올릴 수 있을 것입니다.

A 김동현 저와 같이 종합반을 통해 공부를 시작한 수험생들에게 당부하고 싶습니다. 저는 종합반을 수강할 때 그 날 배운 것을 밀리지 않고 복습하는 것이 가장 중요하다고 생각합니다. 시작이 늦은 만큼 배운 것만은 잊지 않고 숙지하겠다는 마음가짐으로 5개월 동안 꾸준히 복습하였고 이는 최종합격을 하는 든든한 기반이 되었습니다.

종합반 과정을 통해 처음 CPA과목을 접한다면 많은 공부 량에 치여 힘들 때가 많습니다. 공인회계사 시험을 준비하며 보게 되는 많은 양의 수험서를 어떻게 공부를 해야 할 지에 대해 의견이 항상 분분합니다. 특히, 암기가 먼저냐 이해가 먼저냐는 모든 공부에 있어 논란거리가 되곤 합니다. 저는 공인회계사 시험과 같이 매우 방대한 양을 기억하고 유지해야하는 시험에 있어서는 이해가 선행되는 공부가 조금 더 효율적이지 않을까라고 생각합니다. 각 과목만의 논리를 먼저 이해하고 세부사항들을 암기한다면 단순히 통 암기를 하는 것보다 기억도 오래가며 응용력도 자연스레 생길 것입니다.

종합반에서는 단기간에 많은 과목을 배우기 때문에 중간에 지치거나 슬럼프가 온다면 걷잡을 수 없을 만큼 복습이 밀리고 앞으로의 수업 역시 따라가기 힘들게 됩니다. 그러므로 지치지 않고 매일 수업을 듣고 복습 할 수 있는 체력을 기르는 것도 중요하지만 이에 더해 수험기간 중에 끊임없이 느껴지는 시험에 대한 막연한 두려움, 자신의 실력에 대한 회의감 등을 이겨내기 위한 정신력을 기르는 것도 중요하다고 생각합니다. 더군다나 가을 종합반을 통해 CPA 시험을 처음 준비하는 수험생들은 시행착오를 겪을 시간조차 없이 빠듯한 일정 속에서 공부합니다. 가을 종합반이 끝나면 어느덧 12월이 되고 객관식 책을 몇 번 펼쳐보다 시험장에 들어갈 수밖에 없습니다. 따라서 수험기간 내내 흐트러지지 않고 꿋꿋이 공부할 수 있는 정신력을 유지하는 것이 무엇보다 중요하다고 생각합니다.

우선, 학원에서 시행하는 진도별 모의고사 등을 통해 자신의 위치를 매주 점검하고 취약점을 보완하며 실전 시험에 익숙해지는 것이 중요합니다. 요즘 1차 시험의 추세는 과거와 다르게 1700명을 선발하는 상대평가 형식으로 330점의 절대평가 컷은 점점 무의미해지고 있습니다. 이러한 상대 평가 제도 하에서 다른 사람들과 비교할 수 있는 모의고사는 매우 중요하며 매주 모의고사를 치러보면서 공부 페이스도 조절하고 과목별 공부 투입 시간을 적절히 조절하는 등 효율적인 공부가 가능할 것입니다. 수능 등 기타 대입 시험과 다르게 CPA시험은 전국적인 모의고사는 오직 1차 시험 직전에 있기 때문에 수험생들은 자신의 현재 실력 및 위치를 점검할 기회가 많지 않습니다. 따라서 항상 시험에 대해 막연한 불안감을 가지고 있으며 시험 당일 까지도 자신의 실력조차 가늠하지 못하는 경우가 많습니다. 이러한 불안감은 수험 생활 내내 자신을 괴롭히며 시험이 다가올수록 공부에 집중하는 것을 방해하곤 합니다. 진도별 모의고사를 꾸준히 응시하여 자신의 실력을 평가하고 부족한 점을 보완하며 자신감을 찾는 것이 1차 합격에 있어 많은 도움을 줄 것이라 믿습니다.

또한 학원에서 알게 된 여러 친구들이 길고 지루한 수험생활을 이겨내는 데 많은 도움을 주었습니다. 저는 홀로 공부하지 않고 같은 공부를 하는 친구들과 함께 수험 생활을 하였고 쉬는 시간에 모르는 것을 질문하기도 하며 평소에도 꾸준히 연락하는 등 서로에게 많은 힘을 주었습니다. 자신과 마음이 맞고 열심히 하는 친구들과 함께 한다면 훨씬 더 수월한 수험생활을 보낼 수 있을 것입니다.

🎤 12. 앞으로의 계획은? 끝으로 하고 싶은 말은?

🅰 **조원호** 앞으로의 계획에 대해 말씀드리자면, 아직 두 학기가 남은 상태이므로 시험준비 때문에 활동하지 못했던 경영학회도 다시 활동하고 그동안 신경쓰지 못했던 영어공부도 착실히 해나가면서 좀 더 내실을 다지는 시간을 가지려고 합니다. 법인에 입사해서는 세무본부에 들어가 조세 전문 회계사가 되는 것을 목표로 하고 있습니다.

항상 공부하면서 마음속에 새겨둔 말이 있습니다. '훗날 지나온 시절을 되돌아봤을 때 젊은 시절의 나에게 미안하지 않게 최선을 다하자.' 20대 청춘을 책상 앞에서 시간을 보낸 다는 것이 어떻게 보면 억울할 수도 있고 외로운 싸움이 될 수도 있습니다. 하지만 무언가를 얻고자하면 항상 잃는 것이 있는 법이라고 생각하였고, '설령 합격을 하지 못하더라도 후회가 남지 않게, 내 자신에게 부끄럽지 않게 생활하자.' 라고 마음먹었던 것이 오늘날의 좋은 결과로 이어졌던 것 같습니다. 젊은 시절을 다 바쳐 공부하신 모든 수험생 여러분들 좋은 결실 맺길 바랍니다. 감사합니다.

A **김동현** 우선은 학교생활에 집중할 계획입니다. 또한 올해 겨울에 회계 법인에서 파트타임으로 일을 하며 다양한 경험을 쌓을 것입니다. 저는 아직 어리고 부족한 점이 많은 학생입니다. 다만 저는 공인회계사 시험 합격이라는 명확한 목표를 향해 꾸준히 노력하였고 덕분에 좋은 결과를 얻을 수 있었다고 생각합니다. 오늘도 자신의 꿈을 이루기 위해 책상 앞에 앉아 공부하는 수험생 여러분들 모두 좋은 결과를 얻길 진심으로 소망하며 제 경험을 담은 이 글이 공인회계사 시험을 준비하는 수험생 여러분에게 조금이나마 도움이 되길 바랍니다. 끝으로, 힘든 수험 기간 동안 항상 응원해주신 부모님과 학교 친구들, 그리고 함께 공부를 하며 힘이 되어준 종합반 친구들에게 무한한 감사를 전하고 싶습니다.

2014년 제49회 공인회계사시험

최고득점·최연소 합격자 인터뷰

김 선 영
1993년 2월 27일 출생
고양외국어고등학교 졸업
성균관대학교 재학중
2014년 제49회 공인회계사 제2차시험
최고득점 합격자

박 종 홍
1994년 1월 1일 출생
세광고등학교 졸업
성균관대학교 재학중
2014년 제49회 공인회계사 제2차시험
최연소 합격자

1. 자기소개, 응시동기, 합격소감은?

Ⓐ **김선영** 안녕하세요. 2014년 공인회계사 시험에서 수석 합격한 김선영입니다. 저는 경제학과로 상경계열 쪽으로 취직을 고민하던 중 공인회계사를 준비하기로 결심했습니다. 솔직히 공부를 시작할 때에는 공인회계사가 정확히 어떤 일을 하는지 잘 몰랐으나, 공부하면서 조금씩 알게 되었습니다. 합격 발표를 듣고 1년 6개월 정도의 수험기간이 헛되지 않았다는 생각이 가장 먼저 들었습니다. 되돌아보면 힘들었던 시간인 만큼 가치 있는 기간이었습니다.

Ⓐ **박종홍** 안녕하세요. 이번 공인회계사 시험 최연소 합격을 한 박종홍이라고 합니다. 저

는 청주 세광고등학교를 졸업했고 현재 성균관대학교 경영학과 3학년 휴학 중입니다. 사실, 이번 최연소 합격은 자신을 하지는 못했습니다. 1차에 최연소합격자가 따로 존재했던 터라 내심 '합격만 하면 됐지 뭘 욕심을 내나'라는 마음가짐으로 2차를 준비해왔었거든요. 그러나 정작 합격발표를 보니 제가 최연소가 되어있어 많이 놀랐습니다. 요즘은 하루하루가 정말 바쁘고 재밌습니다. 어린 나이지만 살면서 가장 좋은 때 인 것 같네요.

응시동기는 처음에는 회계사에 관심이 없었습니다. 있어봤자 두루뭉술하게 금융맨 정도. 1학년 때, 경영학과에 왔음에도 회계사는 단지 3D전문직이라는 뜬소문만 믿고, 회계란 학문이 "기업의 언어"라는 말도 그저 포장에 불과하다고 생각해왔습니다. 하지만, 2학년 때 재무관리와 투자론을 배우는 기간 동안 회사원 선배들을 자주 만나게 되면서 생각이 바뀌었습니다. 왜 회계도 아니고 재무 수업을 듣고, 회사원을 뵀다고 그런 깨달음을 얻었을까요? 답은 "현실"에 있었다고 봅니다. 금융이 제 아무리 정교한 최첨단학문이라 할지라도, 제가 실무를 하게 된다면 그 모든 시황예측과 가치분석은 "재무정보의 개연성"을 파악하는 데에서 상당부분이 이루어진다는 것을 깨달았습니다. "재무정보의 개연성"은 제가 언급한 "현실"을 파악하는 것이라고 봅니다. 재무정보는 회계로 만들어져 있는데 이를 분석해내지 못한다면 저는 그저 명함만 내밀고 영업을 하는 금융맨이 아니고 무엇인가 싶었습니다.

단순히 그런 이유에서만 회계사공부를 끝마쳤다면 저는 아마 천재였을 것입니다. 금융권에 가기위해서 회계를 곁들여 공부하면 될 터인데, 군이 회계사를 힘들게 준비하게 된 이유가 더 있다는 뜻입니다. 그것은 회계사가 세상을 움직이는 가장 큰 두 언어중 하나를 가장 잘 다룰 줄 아는 직업이었기 때문입니다. 두 언어는 법과 시장의 언어라고 생각합니다. 시장의 언어는 크게 회계와 금융, 심리로 나눠지는 것으로 보이는데, 심리가 재무적으로 표현할 수 없다는 것을 감안하면, 회계와 금융을 가장 잘 다루는, 회계사는 제게 있어서 시장에서 가장 범용적인 직업이 될 것이라고 느껴졌습니다. 뿐만 아니라 회계사는 보조적이지만 충분히 시장에서 영향이 큰 "세법"이란 언어도 가장 잘 다룹니다.

이렇듯 굉장히 다재다능한 회계사의 업무 영역과 역량은 제게 회계사 공부를 시작하게 된 계기를 주었습니다.

🎤 2. 1, 2차 시험대비 수험대책으로 자신만의 효율적인 각 과목별 공부방법과 준비 요령은?(수험기간, 공부시간, 수험정보 입수경로 등 포함)

Ⓐ **김선영** 앞서 언급한 대로 저는 1년 6개월 동안 공부하였고, 거의 매일 조금이라도 공부했습니다. 저는 학원이나 학교 고시반에서 공부하지 않고 독서실에서 공부했는데, 집에서 가까워 편리한 만큼 제 의지가 약해지면 뒤쳐지기가 쉽기 때문에 공부시간을 정해

놓고 항상 해이해지지 않으려고 노력했습니다. 1차 시험 전까지는 주로 9시부터 11시까지 공부했고, 2차 시험을 준비할 때에는 부족한 점이 더 느껴져 8시부터 11시 30분까지 공부했습니다. 그리고 저는 저녁과 밤 시간에 체력이 떨어지는지 집중을 많이 못해서, 되도록이면 오전을 최대한 활용하려 했습니다. 집중이 안 되는 시간에 인강을 듣기도 하고, 손으로 푸는 과목을 공부하기도 하면서 어떻게든 버티자는 생각을 가졌습니다.

저는 모든 과목에 있어서 반복학습이 필수적이라고 생각했습니다. 합격은 방대한 공부량을 누가 가장 정확하게 그리고 많이 습득하느냐의 문제라 생각하여, 1차의 객관식 책과 2차의 연습서를 4~5번 이상 풀었습니다. 저는 다양한 책을 보기보다는 한 가지 책을 정확하게 머릿속에 넣는 것이 더 효율적이라고 생각했습니다. 특히, 1, 2차에서 모두 시험 대상인 과목들은 1차를 준비할 때에 좀 더 개념 파악을 제대로 하는 것을 권하고 싶습니다. 2차 공부가 생각보다 더 힘들고 벅찼기 때문에 1차 준비 때 탄탄한 기반이 있는 과목은 정말 큰 힘이 되었습니다.

재무회계

2학년 때 학교 수업으로 회계원리를 수강하여 기본적인 개념은 숙지하고 있었으나, 처음 공부를 시작한 2013년 1월에 중급회계 기본 강의를 들었습니다. 처음에는 알아야 할 개념과 세부 사항이 많게 느껴져 강의를 들을 때 공책에 정리하면서 들었습니다. 그 후의 복습부터는 공책으로 빠르게 보면서 기본서를 읽는 것도 빼먹지 않았습니다. 개념이 헷갈리는 부분에 있어서는 객관식 문제집을 학교에서 빌려서 그 부분만 풀어보기도 했습니다. 2월에 고급회계 기본 강의를 듣고 1학기 학교 수업으로 고급회계를 수강하기도 했습니다. 학교에서 보는 퀴즈와 시험으로 고급회계를 꼼꼼하게 공부할 수 있었는데, 이는 후에 2차 시험 준비 시에 큰 도움이 되었습니다. 여름에는 2차 대비 재무회계연습서를 풀었습니다. 이 기간에는 시간을 재고 풀기 보다는 중요한 개념을 정확히 파악하고 세세한 부분을 조금씩 숙지하는 데에 집중했습니다. 가을이 되면서 본격적으로 객관식 준비를 했는데, 재무회계도 객관식 문제집을 3번 정도 풀었습니다. 그리고 12월부터는 출제빈도가 높은 기출문제모음집과 모의고사로 시간에 맞춰 푸는 연습도 했습니다. 시험 직전에는 모의고사 등에서 틀린 문제와 헷갈리는 부분을 정리한 노트를 계속 보았습니다. 동시에 이론적인 내용은 기본서를 짬짬이 보는 것도 빼놓지 않았습니다.

원가관리회계

본격적인 수험 생활을 시작하기 전인 2학년 때 학교에서 원가관리회계 수업을 들었기에, 원가관리회계는 기본 강의를 듣지 않았습니다. 대신에, 기본서를 혼자 보면서 개념을 정리했습니다. 재무회계와 마찬가지로 숙지가 잘 되지 않는 부분은 객관식 문제집을 빌려서 그 부분만 풀기도 했습니다. 여름에 원가관리회계도 2차 대비 연습서를 풀었습니다. 1차와 2차의 난이도 차이가 가장 큰 과목인 만큼, 연습서를 풀 때에 가장 좌절도 많았고 시간 소요도 많았습니다. 여름에는 하루 전체를 연습서의 5~6문제를 푸는 데에 사용한 적도 꽤 있었습니다. 그러나 틀린 부분 위주로 다시 풀 때에는 아주 조금 나아지기도 했습니다. 반면에 객관식 준비를 할 때에는 가장 고마운 과목 중 하나입니다. 한 번 제대로 문제를 풀어두면 비슷한 문제를 마주쳤을 때 충분히 해결할 수 있었기 때문에, 주로 시간 내에 푸는 연습만을 했습니다. 1차 시험이 끝나고, 가장 먼저 회계감사 강의를 들으면서 원가관리회계 공부를 시작했습니다. 여름에 두 번 정도 풀었음에도 2차 대비 때도 생각보다 더 힘들었습니다. 특히 모든 주제를 마스터하기에는 시간이 촉박하여, 심화 문제를 과감히 버리고 동차합격을 위한 필수문제만을 풀었습니다. 필수문제만을 푸는 것도 처음에는 시간과 정답 면에서 모두 문제가 많았으나, 점차 푸는 횟수가 늘어날수록 조금씩 자신감이 생겼습니다.

세법

1, 2차 시험 모두에서 가장 어렵고 가장 스트레스가 심했던 과목은 세법입니다. 다른 과목에서도 마찬가지이지만, 세법은 특히나 더 작은 부분을 하나라도 놓치면 아무리 다른 부분을 정확하게 알아도 틀리게 되므로 더 신경을 많이 썼습니다. 2013년 3월에 학원에 다니면서 처음 세법을 접했습니다. 강의를 듣는 것 자체도 그 내용의 방대함과 생소함에 많이 힘들었고, 복습하는 것도 버거웠습니다. 이에 세법에 아주 많은 시간을 투자하여 공부했습니다. 세법도 학교 수업을 병행하여 들었는데, 고급회계와 마찬가지로 퀴즈와 시험에 대비한 공부가 2차 시험 공부에 큰 도움이 되었습니다. 다른 과목과 동일하게 여름에는 2차 대비 연습서를 풀고 가을부터 본격적으로 객관식 준비를 했습니다. 특히 세법은 객관식 공부가 2차 시험까지 큰 영향을 미쳤습니다. 과목의 특성상 객관식 공부라 하더라도, 특정 주제를 포기하지 않는 이상 그 주제와 관련한 중심 개념 및 예외 사항 등을 모두 숙지해야 했습니다. 이에 세법은 객관식 문제집 한 권과 제가 정리한 노트만을 보면서 공부했습니다. 세법은 감을 잃지 않기 위해 매일 헷갈리는 부분을 정리한 노트를 조금씩이라도 보았습니다. 이 노트는 법인세부터 국기법과 상증세까지 모두 포함하였는데, 이를 매주 처음부터 끝까지 보면서 중요한 부분을 잊지 않으려고 노력했습니다. 2차 시험을 준비할 때에 세법은 더욱 힘들었습니다. 따라서 사소한 부분을 빼먹지 않으려고 같은 책을 반복하여 풀었고, 매번 문제를 풀기 전에 그 전에 틀렸던 답안지를 반드시 보았습니다. 가장 힘들었던 과목이었지만, 그만큼 가장 많은 노력을 투자했기에 1차와 2차에서 모두 가장 높은 점수를 얻었습니다.

경영학/재무관리

재무관리는 2013년 2월에, 경영학은 5월에 기본강의를 인터넷강의로 들었습니다. 두 과목 모두 기본 강의는 수월하게 들었습니다. 특히 경영학은 다른 과목에 비해 범위가 넓을 뿐 깊은 지식을 요구하지는 않기 때문에, 조금 더 널널하게 공부할 수 있었습니다. 여름에 재무관리는 2차 대비 연습서를 보지 못했습니다. 시간적으로 여유가 없기도 했고, 연습서를 보기에는 아직 실력이 많이 부족하다고 판단되기도 했기 때문입니다. 따라서 기본서를 다시 풀면서 기본을 튼튼히 하고자 했습니다. 두 과목 모두 객관식 문제집을 반복하여 풀었습니다. 경영학은 객관식 문제집을 통해 최신 개념 및 새로운 이론 등까지 거의 모든 부분을 최소한 한 번 정도는 보았습니다. 재무관리는 동일한 책으로 계속 풀기에는 정답이 너무 잘 기억나고, 푸는 의미가 좀 떨어진다고 판단했습니다. 이에 12월~1월에는 다른 객관식 문제집을 풀었는데, 이 때 푼 문제집을 통해 놓칠 뻔 했던 개념들을 정확하게 잡을 수 있었습니다. 2차 대비 시에, 동차합격을 위해 고급문제는 포기하고 필수 문제 및 충분히 풀 수 있는 고급문제 정도까지만 풀었습니다. 다른 과목에서도 마찬가지이겠지만, 특히 재무관리에서는 맞을 수 있는 문제를 맞는 것이 아주 중요하다고 생각합니다. 그래서 기본 유형이더라도 변형되어 출제될 경우 실수 없이 풀 수 있도록 연습했습니다.

경제학

저는 경제학과로 기본적인 경제학 내용이 익숙하긴 했으나, 워낙 범위가 방대하고 지난 1차 경제학의 난이도가 아주 높았던 점을 고려하여 2013년 4월에 기본 강의를 들었습니다. 사실 경제학 공부에 가장 큰 도움이 되었던 것은 기본 강의보다 객관식 문제집이었습니다. 예를 들어 거시 경제학 부분의 이론들은 객관식 문제집을 풀면서 정리된 경우가 많았습니다. 주로 객관식 문제집으로 내용을 정리했고, 틀린 문제가 이해가 안 될 때 기본서를 찾아보는 식으로 공부했습니다. 시간 안배와 관련하여, 객관식 문제를 푸는 시간을 재면서 풀어 시간의 압박감에 익숙해지려 했습니다. 그리고 실제 시험에서는 경영학과 경제학을 1교시에 함께 보므로, 상대적으로 쉬운 경영학을 조금 더 빨리 풀고 경제학을 좀 더 여유 있게 풀 수 있도록 연습했습니다. 학원 모의고사에서는 실수가 꽤 많았지만, 실전 시험에서는 좋은 점수를 얻을 수 있었습니다.

상법

상법 기본강의는 2013년 7월에 들었습니다. 이전의 합격 수기를 보았을 때 상법이 효자 과목이었다는 분들이 많았는데, 기본강의를 듣고 나니 제게는 상법이 가장 부담되는 과목 중 하나였습니다. 다소 생소한 법적 표현도 많았고, 암기해야 할 법조문과 학설의 양도 너무 많게 느껴졌습니다. 어느 과목에서나 그렇듯이 우선 기본서를 많이 읽었습니다. 기본서를 많이 읽고 수록된 기출문제를 풀면서 비록 많이 틀렸으나 조금씩 어색한 부분을 줄여나갔습니다. 처음에는 상법전의 필요성을 크게 느끼지 못했습니다. 그러나 공부를 할수록, 몰랐던 학설이나 판례를 상법전에 추가로 정리하여 법조문과 함께 보았고, 이로써 효율적으로 상법을 공부할 수 있었습니다. 상법도 법과목 중 하나인 만큼 세법과 비슷하게 매일 조금씩 반드시 공부했습니다. 꼭 문제를 푸는 것이 아니더라도 정리된 상법전을 반복해서 보면서 법조문 자체와 추가 내용을 잊지 않으려 했습니다. 그리고 1월부터 풀게 된 모의고사식 문제집도 큰 도움이 되었습니다. 이를 통해 필수 내용을 상기하고, 최근의 새로운 내용도 놓치지 않을 수 있었습니다.

회계감사

사실 2013년 여름에 여유가 있다면 회계감사 기본 강의를 한 번 들어두려 했습니다. 그러나 2014년부터 새로운 회계감사기준이 도입되기도 하고, 생각보다 여름의 심화 공부가 여유롭지 않아 기본 강의를 듣지 못했습니다. 이에 1차 시험이 끝난 직후에 회계감사 기본 강의부터 들었습니다. 빠르게 강의를 듣기 위해 유예강의를 들었는데, 기준이 개정되었기 때문에 동차 강의와 크게 다르지 않다고 들었습니다. 처음에는 암기량이 많고 실무 경험이 전무한 상태에서 감사 기준을 숙지한다는 점에서 쉽지 않았습니다. 그러나 다른 2차 과목과 달리 꼭 매번 손으로 쓰면서 공부하지 않아도 된다는 점과 회독 수가 늘어날 수록 점점 더 난이도가 쉽게 느껴지는 점에서 고마운 과목이 되었습니다. 특히 다른 과목은 2차 시험에 대비하여 답안지를 반드시 작성해보아야 하기 때문에 어깨가 많이 아팠는데, 회계감사를 공부하는 동안만큼은 어깨가 잠시나마 쉴 수 있었습니다. 기본서를 충분히 본 후에는 암기 목록을 프린트하여 매일 2~3장씩 외운 내용을 체크하고, 기출문제도 빼먹지 않고 풀면서 실제로 문제에 접목하는 것도 연습했습니다. 시험 직전에는 일주일에 1~2세트 정도씩 시간을 재고 실제로 답안에 쓰는 연습을 했습니다.

Ⓐ 박종홍 수험기간은 전반적인 시험 준비기간은 다른 분들에 비해 역동적이었던 것 같습니다. 굉장히 짧은 기간 동안 수험생활을 해서 다른 합격자 분들에 비해 고생했다고 하기는 부끄럽습니다. 13년 8월 중순 지나서 공부를 시작했고, 그 해 2학기를 다니면서 1차를 무휴학으로(학점이수를 완성하지 못한 채로 공부를 시작해서 어쩔 수 없이, 학점을 받으려고 학교를 다녔습니다.) 준비해 6개월 만에 합격하고 2차도 동차로 합격했으므로 제가 아는 사례 중에는 역대 최단기간이라고 생각 됩니다.(도합 10개월간 공부했습니다.)

공부시간은 늦게 시작한 만큼 부담감이 매우 큰 상황이었기에, 계획상으로는 쉬는 날을 거의 잡지 않았습니다. 일요일에도 딴 짓 하지 않는 한 도서관에 나와서 공부했습니다. 정말 많이 하던 때(14년 2월)는 하루에 15시간 정도(깨어있는 시간 17~18 시간증 식사 및 생리현상 시간을 제외한 공부시간) 공부했던 것으로 기억합니다. 쉴 틈 없이 공부를 하다 보니 14년 6월말이 되더군요.

수험정보 입수경로는 거의 입수경로가 없다고 봐도 과언이 아닐 정도로, 회계사는 알았어도 회계사 시험만큼은 무지한 상태로 도전했기에, 그저 인강을 들으며 강사님께서 해주신 조언 정도를 수험 정보로 삼아 공부해왔습니다. 다만, 1차시험 때는 고시반 입실 후 같이 식사하던 형에게 조언을 구했었고, 2차시험 때는 고시반 기숙사 룸메이트 형들과 나무경영아카데미 감사GS반에서 권오상 강사님의 조언을 들었었습니다.

1차시험 기간 공부 전략

1. 거시전략 : 짧은 시간 내에 공부를 해내기 위한 전략

주요과목을 오랫동안 공부하고 시험 직전 두 달간은 기타과목에 급 집중하는 전략을 세워뒀습니다. 굉장한 배수진이죠. 주요과목을 해가 넘어가기 전까지 숙달하지 못하면 모든 과목을 망치는 거니깐. 하지만 이 배수진으로 묘사된 전략은 연초 1~2월부터 정통으로 종합반 공부하시는 분들에게도 유효합니다. 똑같은 공부패턴을 단지 6개월로 압축시킨 것일 뿐. 그 이유는 상법과 경영학이 암기 과목이라는 점에 있습니다. 굳이 펜을 잡고 글씨를 써가면서 공부할 필요가 없기에 계속 읽고 상상하면서 반복 숙달을 하면 빠른 시간 안에 합격점수를 받을 수 있다는 것이 후반부에 배치할수록 좋은 이유입니다. 반면 다른 주요과목들은 머리보다 손이 더 익숙해야만 좋은 점수를 받을 수 있기 때문에 절대 단기간 안에 해결할 수가 없습니다.

강의 신청순서는 다음과 같았습니다(전부 인강).

중급회계, 세법입문, 재무관리 → 세법개론 → 원가관리회계 → 미시경제학 → 거시경제학 → year end → 상법, 객관식 세법 → 객관식 경영학 → 객관식재무관리 → 고급회계 → 정부회계 상법(김혁붕)을 제외하고는 전부 나무경영 아카데미 수강하였습니다.

2. 과목별전략

재무회계(김현식)

가장 먼저 공부를 시작해야 하며, 매일매일 꾸준히 해야 한다고 생각합니다. 손으로 열심히 분개하세요. 머리로 잘난 척하면 실전에서 못 풉니다. 1차 재무회계는 시간이 매우 부족하므로 머리보다 손이 빨리 움직여야 합니다.

기본서는 학교에서 중급1, 중급2를 동시에 듣고 있던 터라 책이 너덜너덜 해지게 봤습니다. 부분에 따라서는 1차 때만 5번 이상 본 부분도 있습니다. 객관식 교재는 강의를 듣지 않고 혼자 풀었습니다. 기본강의 때 김현식 강사님께서 안 가르쳐준 부분도 많았지만 혼자서 몇 번 풀다보면 푸는 법, 소위 본인만의 '와꾸'가 잡히는 것 같습니다. 객관식 재무회계는 전수로 3바퀴 돌았습니다. 자주틀리는 문제는 5번 정도 봤구요. 참고로 정부회계는 2월 3주차에 1주간 들었습니다. 굳이 일찍 수강할 필요는 없는 것 같습니다.

세법(이승원, 이승철)

한 바퀴 강의 다 들어도 이해가 안 갑니다. 이유는 세법이 다른 언어로 회계를 응용하기 때문인 것으로 보입니다. 기본강의 한 번 들을 때 이해 안 되는 게 당연한 것이나, 객관식 강의까지 듣고 계속 풀다보면 어느 순간 익숙해지며, 잘해지게 되고나면 다른 과목보다 답이 가장 명확해서 오히려 세법을 좋아하게 될지도 모릅니다. 충당금시리즈 부분은 산식이 거대한 탓에 2차 때도 까먹는 경우가 허다하므로 하루에 퇴직충당금, 연금충당금, 대손충당금 한 문제씩만 쉬운 거라도 풀어주면 좋습니다. 일상충, 압기충은 출제빈도가 낮으므로 그렇게까지 할 필요는 없는 것 같습니다

소득세는 이자배당, 사업, 근로연금기타 → 종합소득공제 → 산출세액공제 일련의 과정을 통째로 암기하시길 바랍니다. 막무가내로 암기하는 게 아니고, 공부하다 보면 나름의 스토리가 느껴지므로 어느 정도 흥미 있게 외울 수 있습니다. 그래서 법인세보다 더 친숙할 때도 있습니다. 양도세도 곁다리로 자주 해주면 좋고요. 올해는 객관식에 2문제나 양도세가 나온 것으로 기억합니다.

부가세는 객관식 시험 수준에서는 타 세법 보다 쉽습니다. 객관식교재 3바퀴만 풀어주세요 기계적으로 풀립니다. 상증세, 지방세는 1차 때는 부담되면 제쳐도 세법 60넘는데 문제없는 것으로 보입니다. 다만 상증세는 1차 끝난 직후라도 공개강의 들어서 따라가야겠죠. 올해는 2차 때 제대로 안 나왔지만, 매년 2차에 7점 이상의 지분을 가진다고 들었습니다. 국기법은 객관식강의 때 바짝 1달간 열심히 해주세요. 4회독정도 하는 데에도 시간 얼마 걸리지도 않고 득점도 쏠쏠하게 됩니다. 다른 기타세법보다 국기법에서 완충점수를 따는 게 좋다고 봐요. 처음에는 읽기도 어려운 법을 어떻게 날로 외우나 싶지만 몇 번하면 또 금방 될 거에요. 자고로, 법소부도 절반은 말 문제이므로, 세법은 말문제가 붙여준다고 해도 과언은 아닙니다.

원가회계(김용남)

처음 들을 때 이해 정말 잘 됩니다. 이 기세를 이용해서 매일매일 그날 강의 복습하세요. 완강 후에는 하루에 30분씩만 매일 시험 전날 까지 풀어주시면 됩니다. 관리회계보

다는 원가회계에 더 중점을 둬야합니다. 2차 때 중점과목이라 해서 미리 1차 때 끙끙거리면서 공부하지 마세요. 하루 30분만 지켜도 '남들보다'는 앞서갑니다.

재무관리(김종길)

세법처럼 처음 들으면 이해 안 됩니다. 수학적 마인드가 좀 필요한 것은 맞지만, 역시 반복하다보면 알아서 재무관리의 눈이 뜨는 날이 옵니다. 저는 객관식 강의 때 떴던 것으로 기억합니다. 선물, 옵션, 채권, 국제재무관리 버리지 마세요. 2차가서 땅을 치고 후회합니다. 2차 출제비중의 절반은 선물 옵션 채권만으로도 충당됩니다. 어차피 붙을 시험이면 1차 때 열심히 해서 다 가져가세요. 재무관리도 계속하다보면 소문과는 다르게 나름대로 명확한 풀이법이 잡힙니다. 실물옵션 중 일부 문제(연기옵션, 포기옵션 등등...)는 눈씻고 봐도 막막하지만 일반옵션, 선물, 채권, 국제재무관리는 오히려 명확한 게 수학에 가깝다고 봅니다.

상법(김혁붕)·경영학(김윤상)

굳이 일찍 할 필요가 없는 것 같습니다. 상법은 12월 다 끝나가서 들었고 경영학은 1월 말 쯤 들었던 것 같습니다. 상법은 강의 듣는 대로 모든 수록문제를 다 풀고 서브노트, 상법책을 계속 정독한 게 비결입니다.(3바퀴 돌았습니다) 경영학은 강의 듣고 복습만 잘하면 됩니다. 1달간 4바퀴는 돌았던 것 같습니다. 13년 1차처럼 어렵게 나오는 경우는 그 누구도 잘 풀어낼 수 없기에, 쉽게 나올 거라 생각하고 하시길 바라요.

경제학(김판기)

올해는 쉽게 나왔는데 최근 5년간 기출 보면 미시에서 정말 매너 없게 어렵게 나옵니다. 미시는 쉽게 공부하려 하지 마시고 수학 공부한다는 생각으로 서브노트에 필기한 그래프나 산식 증명 같은 거 열심히 복습하시길 바랍니다. 거시는 처음 배울 땐 쉽다고 생각 되실지 모르겠으나, 하면 할수록 머리가 복잡해집니다. 미시처럼 증명이 끝나지 않은 곳이라 평소에 갖고 있는 상식과 충돌하는 거시의 내용들이 마구 등장합니다. 저의 경우, 특히나 '채권'의 가격변동이 거시의 이곳저곳에 영향을 주는데, 그 인과관계에 쉽사리 동의하기 힘들 정도입니다. 그래서인지 시험에서는 계산문제 보다는 말문제가 많이 나와 문제 풀기는 쉽습니다. 국제경제학은 그냥 열심히 하면 됩니다. 경제학 같은 경우, 1차 과목 중에 하나에 불과한 데 공부를 지나치게 열심히 하는 분들이 있습니다. 경제학 잘 해봤자 2차가면 무용지물 되므로, 감사인 으로서의 소양을 쌓기 위해 공부하는 것이 아니라 그냥 붙기 위해서라면 붙을 만큼만 하시면 될 것 같습니다. 잘 안 나오는 파트는 과감히 버리시고요.

3. 시험직전전략

건강 망가뜨리지 않을 만큼의 최대한의 강도로 매일매일 전 과목을 공부하는 것이 중요합니다. 혹시 2일에 한 번씩 한 과목 공부하시는 분들은 매일 공부하도록 공부전략 바꿔주세요. 시험 직전에는 손이 머리보다 빠르게 만드는 것이 중요합니다. 점점 회독수를 늘려나가면서 회독 당 공부할 내용을 압축해나가세요. 2월 1달간 과목당 최소 평균 전수 2회독은 할 수 있어야 합니다. 저는 마지막 1주간 빠르게 발췌 2회독을 한 것으로 기억합니다. 빠르게 한 바퀴 도는 것의 비결은 속독이 아닙니다. 공부해야할 내용을 모르는 것 위주로 점점 압축시켜나가는 것입니다.

2월에 있을 전국모의고사를 필히 신청해서 보세요. 실전경험의 필요성은 강조의 여지가 없습니다. 단, 모의고사 틀린 문제를 분석하는 것은 상위권이나 하는 것이고, 우리는 모의고사를 치렀더라도 매일 보던 책을 꾸준히 반복하는 것에 더 집중해야합니다. 모의고사에 나오는 신기한 유형을 알아봤자 합격에는 별로 영향이 없다는 뜻입니다. 본인의 원래 공부를 꾸준히 지켜나가도 1차 붙을 만큼의 지식은 안다고 봅니다.

4. 트릭

계산기 왼손으로 사용하는 것을 논의하시는 분도 있는데, 저처럼 오른쪽 어깨와 손목이 아픈 사람이 아니고서야 굳이 왼손계산법을 연습할 필요는 없습니다. 한 번 하더라도 정확하게 계산하세요. 오히려 시간단축을 위해서는 왼손계산법 보다는 풀이산식의 획일화가 더 중요합니다.

공부시간 관리를 할 땐, 가장 중요한(못하는) 과목을 가장 집중하는 시간에 하루 3시간 이상 배치하세요. 저는 항상, 못하면서 중요한 과목을 3시간 이상 집중투자해서 잘하는 과목으로 바꾸면 그 때 그 자리를 다른 과목으로 채웠습니다. 그전까지는 항상 어떤 일이 있어도 그 못하는 과목을 1순위로 시간 안배를 해주고 남은 시간동안 다른 과목들에 유동적으로 시간을 분배했습니다. 1차 말에는 세법을 가장 못해왔고 가장 세법이 규모가 크므로, 하루에 5시간 정도 세법을 했던 것 같습니다. 법인세 1시간 45분, 소득세 1시간 45분, 부가세 1시간, 국기법 30분. 그렇게 했더니 1차에서 가장 자신있는 과목이 세법이 됐습니다. 세법 정복 불가능은 아닌 것 같습니다.

2차시험전략

1. 거시전략

2차시험은 누구에게나 시간이 매우 부족한 시험이므로 거시적 시간관리가 매우 중요했습니다. 저는 회계감사를 시간관리의 key로 사용했습니다. 회계감사를 3월 첫 주 둘째 주에 유예생 인강을 듣고 완강을 한 후 매일 2시간씩 반복을 하면서 GS반에서 실전 검증을 하고 5월 이후로는 하루에 한시간정도로 공부시간을 압축한 게 다른 과목에 공부시간을 안배한 비결이었습니다. 한 과목에 하루에 3시간씩 공부해야 안심이 되는 게 제 주변사람들의 중론이므로, 회계감사를 1시간으로 압축시켜야만, 다른 과목에 각각 3시간씩 쓰면서 하루에 13시간으로 공부시간을 줄일 수 있습니다. 매일 15시간을 하는 것은 저도 몸이 축나서 힘들더군요.

2. 과목별전략

재무회계(김현식)

1차 때도 객관식 강의를 듣지 않은 터라, 자신이 있었습니다. 그래서 3월 중순부터 연습서를 구입해서 혼자 풀어갔었는데, 문제는 특수유형들을 못 풀어내는 데에 있었습니다. 이 문제들이 과연 시험장에 나올 것인지가 의문이었고, 저만의 풀이법이 경험적으로 만들어 지기는 했으나, 과연 이 풀이법이 맞는 풀이법인지도 장담하기 힘들었습니다. 그래서 5월 달에 개강한 김현식 강사님의 동차강의를 수강하여 필요한 것만 발췌한 것으로 기억합니다. 특수유형은 역시나 별로 많이 다루지 않더군요. 1차 때처럼 매일매일 주요 문제위주로 풀이를 하면서 손으로 익히는 게 가장 중요한 것 같습니다.

세무회계(이승철)

1차 객관식 강의 때 매우 만족한 터라 2차강의도 바로 신청했습니다. 선생님의 장점은 꼼꼼하면서 집중력있는 강의스타일이라고 할 수 있습니다. 거의 농담을 4시간동안 10분도 안 하시는데 집중력 있게 수강할 수 있는 것 보면 묘한 능력이 있으신 거 같습니다. 2차시험 때는 1차시험의 확장팩에 불과하므로 새로 배우는 것은 별로 없었지만, 몇몇이 힘들었습니다. 특히 부가가치세가 1차에 비해 갑자기 어려워지는 감이 있습니다. 문제의 체감난이도가 올라가는 원인은 아무래도 부가가치세 양식에 맞춰서 답안을 작성해야하는 것인 듯합니다. 1차 시험처럼 공급가액이나 산출세액만 뚝딱 계산하면 되는 것이 아니라, 문제에서 요구하는 양식에 따라 여러 가지 숫자를 적어 넣어야 되는데, 풀어보면 어떤 느낌인지 알게 됩니다. 소득세의 경우 1차시험 때 기술했듯이 이배사근연기부터 시작해서 산출세액 공제까지 이어지는 일련의 과정이 통째로 2차시험에 나올 것입니다. 1차 때부터 연습해 온 것을 좀 더 심화하는 과정이라고 생각하면 좋겠네요. 법인세는 늘 그렇듯이 어렵습니다. 열심히 해주세요.

하나 후회하고 있는 것은 2차시험 때는 세법 서브노트를 만들지 않았던 것입니다. 1차시험 때랑 2차시험 때랑 서브노트가 다르게 출간되어서 1차시험 때 만든 것을 2차시험 서브노트에 옮겨 적고 여기에 2차강의 때 배운 것도 다 적어 넣었어야 하는데, 1차

말 때 세법을 잘해진 것만 믿고 오만하게 개념의 단권화 작업을 2차 내내 하지를 않았습니다. 모르는 거 몇 개만 연습서에 필기하는 게 전부. 그 덕에 회독을 할 때마다 세부사항들을 까먹는 사태가 일어났습니다. 6월말까지 복구하느라 호되게 고생했던 것 같네요. 문제를 매일 풀어도 개념을 단권화하지 않으면 금방 공부의 탑이 무너지는 걸 배운 계기였습니다.

재무관리(김종길)

1차 때 제치지 않아서 2차강의 듣는 내내 힘들지 않았습니다. 개념강의 때 외계어처럼 들리던 하마다모형도 이제는 머릿속에 그려지고, 천재나 하는 줄 알았던 선물 옵션 알고 보니 별거 없는 것 같았습니다. 실제로 응용문제가 나오는 부분(실물옵션과 같은)을 제외하고는 재무관리도 단순 반복을 통해 급성장을 할 수 있습니다. 단, 1차 때 버리지 않았을 때를 전제로 급성장이 가능한 것 같으므로, 꼭 버리지 말기를 바랍니다.

문제 유형은 거의 다 계산문제이므로 1차 때처럼 채권의 어려운 말 문제를 걱정할 필요는 없습니다. 강사가 찝어준 몇몇 말문제 유형만 기억해 주시면 될 듯합니다.

김종길 강사님의 특징은 재무관리를 수학적으로 설명하기 보다는 직관적으로 설명해 주시는 것입니다. 저는 원래 수학적으로 증명하는 것을 더 선호하기는 했으나, 짧은 시간 내에 잘 이해하고 잘 풀려면 김종길 선생님의 방식처럼 직관적으로 이해하는 게 중요한 것 같습니다.

원가관리회계(김용남)

1차 때의 자신감을 바탕으로 2차 강의를 들었으나, 관리회계에서 바로 좌절했습니다. 원가회계는 1차 때보다 덩치만 커졌지 그렇게 어렵지 않습니다. 오히려 인간 엑셀이 된 것 같아 계산하는 재미도 있습니다. 관리회계에서는 선생님도 언급하셨듯이 최신파트로 갈수록 정형화된 풀이법이 없어, 시험장에서 만나면 모두가 당황할 것입니다. 그래서 저는 최신 관리회계 문제를 억지로 시간 축내면서 풀기보다는, 선생님의 관록을 믿고 중요 유형 집어주신 것만 풀었습니다. 그리고 말문제를 정말 열심히 공부해간 것 같네요. 시험 며칠 전에 열심히 말문제 리스트를 만들어서 시험장 가는 내내 보고 시험장 안에서도 외웠습니다. 어차피 너무 어려운 관리회계가 나오면 계산문제는 거의 모든 사람이 틀릴 것이므로, 합격자를 늘리기 위해서 2차채점을 하게 된다면 말문제에서 등수가 갈릴 가능성이 높습니다.

참고로 연습서의 심화파트는 선생님도 일부만 다루시므로 일반파트를 더 집중하는 게 중요합니다. 굳이 욕심내서 선생님이 언급하지 않은 심화파트의 다른 유형을 건드릴 필요는 없습니다. 제가 그래서 매우 후회했습니다. 6월에⋯

회계감사

전술했듯이 저에게 가장 전략적인 과목이었습니다. 암기과목인 터라 인강을 미리 3월 1주차 2주차 내내 듣고 책으로 열심히 복습하면서 모르는 것을 인강을 통해 발췌해서 다시 외웠습니다. 그런데, 단순히 회계공부 사이트에 올라오는 목차정리된 것을 외우면 별로 도움이 안 되는 것 같습니다. 저는 학원에서 올려준 자료를 뼈대로만 썼고, 목차정리 제가 직접 했습니다. 그 편이 기억도 훨씬 잘 나고 단순암기를 지양하게 합니다. 목차정리를 직접 하면서 해당 목차내용을 상상하면, 나중에 다시 목차를 볼 때 상상했던 내용이 연상되기 쉽습니다. 더 중요한 것은, 목차를 달달 암기하는 것 보다, 문제를 많이 푸는 것입니다. 다른 과목은 모의고사 문제를 열심히 풀으라는 말을 하지 않았는데, 감사는 많이 푸시길 바라요. 모의고사 문제 나오는 대로 족족 풀고 모르는 부분은 책을 직접 찾아 이해를 합니다. 그 후 정리해놓은 목차를 보고 그 내용이 이 목차와 연결된 다는 것을 본인에게 각인을 시킵니다. 이 작업을 반복하면 단순암기를 벗어나 회계감사를 생생하게 기억하고 있는 경험을 하게 될 것입니다. 저는 그 문제풀이를 위해 GS반에 들어가서 매주 모의고사를 봤습니다. 물론 그 이유만으로 간 것은 아닙니다. 회계감사 공부 시간의 투입비중을 갈수록 줄여나갈 계획이었기에, 나중에 하루에 한 시간 공부하는 정도로 어느 정도까지 실력을 유지할 수 있을까 가늠을 하려는 목적이었습니다. 위에서 말한 것처럼 공부한 덕인지, 하루에 1시간씩만 공부해도 실력이 줄지 않은 것 같았습니다.

3. 시험직전전략

역시나 단권화가 중요합니다. 2차 시험일지라도 개념 노트 단권화한 것을 반복적으로 봐주지 않으면 금새 잊습니다. 전국모의고사를 1차와 마찬가지로 필히 보시길 바랍니다.

전 과목의 풀이법(산식)을 시험 전에 최소 한 번씩은 써보고 시험장에 가시길 바랍니다.

4. 트릭

홍대에서 보기 때문에 미리 가는 시간을 생각해 두길 바랍니다.

모든 과목의 주요 풀이법(산식)을 확정 짓고 시험에 임하길 바랍니다. 당황하면 답안지를 깔끔하게 쓰지 못해 주어진 10장을 다 쓰고도 문제를 다 적어내지 못하는 경우도 있습니다. 풀이법을 확정지으면 어떤 상황에서도 깔끔한 답을 쓸 수 있습니다.

저의 경우에는 트릭으로써, 어깨랑 손목 팔꿈치가 아팠으므로 파스를 오른 팔에 5군데 붙이고 봤었습니다. 통증을 잊기 위해서…

🎙 3. 1, 2차 수험기간동안 Group Study는 어떻게 이루어졌으며 실전 시험에는 어느 정도의 효과가 있었습니까?

A 김선영   저는 Group Study는 하지 않았습니다.

A 박종홍   저는 스터디를 하지 않았습니다. 1차 때는 시작부터 뒤쳐져서 누구와 함께 공부할 여유 자체가 없던 터라, 앞만 보고 달려가느라 못했었습니다. 2차 때는 스터디하는 분들에게 공부 방식을 물어보니, 저한테는 비효율적인 것 같아 보인 게 스터디를 안 한 이유였습니다. 저는 미리 공부해와서 모르는 것을 서로 물어보는 방식을 스터디라고 생각했는데, 보통은 공부 스케줄을 다 같이 미리 확정하고 스터디 날마다 와서 스케줄대로 자습을 하는 것뿐이었습니다. 그 와중에 모르는 것을 타 스터디원에게 물어볼 수는 있으나, 보통 같은 강사에게 수업을 듣고 수능과 다르게 정답이 그렇게 명확하지는 않은 시험 하에서 2차생인 본인이 모르면 거의 다른 2차생도 모르는 경우가 많습니다. 알면 그분은 유예생이거나 머리가 비상한 분인 거겠죠. 저는 그래서 어차피 본인 공부 할 거라면 스케줄에 구애받지 않고 혼자 자유롭게 시간을 쓰는 게 낫겠다 싶어 자습을 택했습니다. 물론, 4~5월에 공부가 잘 안 될 때는 스터디의 강제성을 빌려서 공부를 계속하고 싶은 부러움도 저 역시 있었기에, 본인 의지에 신뢰가 안 갈 때는 스터디를 이용하는 것이 효율적이라고 보입니다.

🎙 4. 최근 1, 2차 시험과목별 출제경향과 수험대책은 어떤 것이 있습니까?

A 김선영   올해 1차 시험은 작년보다 많이 쉬웠다고 평가되고 저도 그렇게 생각합니다. 앞으로도 이런 출제 경향이 유지된다면, 최대한 실수를 줄이도록 연습을 많이 해야 한다고 생각합니다. 저는 개인적으로 객관식 문제집을 풀면서 여러 과목에 있어서 개념 정립이 정확하게 되었습니다. 그만큼 객관식 공부가 2차 공부까지 큰 영향을 미친다고 생각합니다. 시간적인 여유가 있다면 2차까지 대비하여 꼼꼼하게 공부하는 것이 좋겠지만, 그렇지 않다면 지엽적인 부분을 과감히 넘기고 중요한 부분을 정확히 알고 있는 것이 더 효율적일 것입니다.

　　2차 시험은 시험의 난이도와 관계없이, 문제를 푸는 과정에서 항상 작은 실수가 발생할 수 있고 그런 실수 하나로 합격과 불합격이 결정될 수 있습니다. 따라서 난이도에 따라 다른 수험대책을 적용할 것이 아니라, 맞을 수 있는 문제를 정확하게 시간 내에 푸는 연습을 반복하여 할 것을 권합니다. 즉, 최대한 했던 실수는 하지 않도록 반복하고 또 반복해야 할 것입니다. 특히 동차 합격을 원한다면, 심화문제는 과감히 포기하고 나머지 필수 문제를 반드시 정확하게 풀도록 연습해야 합니다.

Ⓐ **박종홍** '쉽다'로 정의할 수 있습니다. 시험문제의 난이도가 과거 5년 중 가장 쉬웠던 것을 보면 '쉽다'는 의미를 알 수 있습니다. 다만, 49회 시험부터는 1차합격자 인원을 1700명으로 제한한 것 때문에, 합격률은 오히려 평년(20%중반)보다 낮은 17%정도였던 것으로 기억합니다. 다시 말해, 시험문제는 쉽게 나오나 합격하기는 더 어려우므로, 고득점을 목표로 삼고 공부해야합니다. 하지만 이 고득점은 고난이도문제를 독파하는 것으로 해결되는 것이 아닌, 기본에 충실한 공부방법으로 해결됩니다. 수석도 80점대인 마당에 시험에 나올지 안 나올지 모르는 고난이도 문제를 풀며 잘난 척 할 시간에, 기본문제위주로 열심히 풀어주시길 바랍니다. 어차피 기본문제라고 무시해도 1주일만 안 풀면 까먹는 게 우리니깐요. 기본문제위주로 열심히 푼다는 것은 쉬운 문제풀이만 하라는 뜻이 아닙니다. 기본이 '근본, 기초'와 같은 의미라는 것을 기억한다면, 개념을 견고하게 다질 수 있게끔 기본 문제의 pool을 만들어야 한다는 의미로 말씀드리는 것입니다.

🎙 5. 수험생활 중에 본 1, 2차 각 과목별 도서목록을 정리해 주시면 고맙겠습니다.

Ⓐ **김선영**
- 재무회계 : 중급회계 상/하(김영덕), 고급재무회계(김문철, 송인만, 전영순, 황문호), 객관식 재무회계(김영덕), 재무회계기출BEST문제(김재호), 재무회계연습(김영덕), 2차재무회계모의고사(김재호)
- 세법 : 세법강의(이철재), 스마트세법(임성종), 객관식 세법(주민규·이철재), 세무회계연습(강경태)
- 재무관리 : 재무관리(김민환), 객관식 재무관리(김민환), 객관식 재무관리(김종길), 재무관리연습(김종길)
- 원가관리회계 : 원가관리회계(임세진), 객관식 원가관리회계(임세진), 원가관리회계연습(임세진)
- 상법 : 회계사상법신강(김혁붕), CPA상법전(이상수), 객관식 회계사 상법(오수철), 모의고사식상법600선(윤승욱)
- 경제학 : 경제학연습 거시/미시(정병열), 다이어트경제학 거시/미시(김판기)
- 경영학 : 에센스 경영학(전수환), 객관식 경영학(김윤상)
- 회계감사 : 회계감사StudyGuide(이창우, 송혁준, 전규안, 권오상)

Ⓐ **박종홍**

1차(특기하지 않으면 모두 최신판)
- 재무회계 : 중급회계, 고급회계, 정부회계, 객관식 재무회계(모두 신현걸 저)

- 재무관리 : 재무관리, 객관식 재무관리(모두 김종길 저)
- 세법 : 세법입문(이승원 저), 세법개론(임상엽·정정운 저),
  객관식 세법 13년·14년판(이승원·이승철 공저)
- 상법 : 상법신강(김혁붕 저)
- 경영학 : 객관식경영학(김윤상 저)
- 경제학 : 미시, 거시 경제학(정병열 저)
- 원가관리회계 : 원가관리회계 객관식원가관리회계(김용남 저)

2차
- 재무회계 : 재무회계연습서(신현걸 저)
- 세무회계 : 세무회계연습서(이승원·이승철 공저)
- 원가관리회계 : 원가관리회계연습서(김용남 저)
- 재무관리 : 재무관리연습서(김종길 저)
- 회계감사 : 회계감사studyguide(권오상 공저)

🎙 6. 수험생입장에서 구하기 어려웠다거나 보강되었으면 하는 특정 과목이나 내용의 수험서가 있습니까?

🅰 **김선영** 제 생각에는 현재 출판되어 있는 수험서 중 한 가지를 제대로 파악하는 것이 좋기 때문에, 특별히 더 필요성을 느낀 수험서는 없습니다.

🅰 **박종홍** 특별히 있지는 않았습니다.

🎙 7. 수험공부 시 학원 강의, 인터넷강의, 강의tape중 이용도 측면에서 어떤 방법을 선호했습니까?

🅰 **김선영** 학원 강의를 세법 기본 강의 하나만 이용했었는데 학교를 다니면서 병행하여서 그런지 체력적으로 부담이 되었습니다. 거의 대부분의 강의는 인터넷강의를 이용했습니다.

🅰 **박종홍** 전술한 내용을 보시면 알겠지만, GS감사반을 제외하고는 모두 인강을 들었습니다. 인강을 선호합니다. 시간을 가장 효율적으로 쓸 수 있는 것이 그 이유입니다.

🎙 8. 수험생활 중 애로사항과 본인만의 스트레스 해소방법은?

🅰 **김선영** 무엇보다 스트레스와의 싸움이 가장 힘들었습니다. 저는 3학년에 공부를 시작

했는데, 주변의 비슷한 또래의 친구들이 교환학생을 가거나 단순히 학교생활 하는 것이 많이 부러웠습니다. 그래서 종종 독서실에서 공부하는 제가 밉기도 했습니다. 이뿐 아니라, 대부분의 고시생들이 가장 힘들어하는 이유가 스트레스인 만큼 저도 모르게 받는 스트레스로 정신적으로 그리고 신체적으로 많은 어려움이 있었습니다. 그러나 비슷한 고시공부를 하는 친구와 매일 연락하면서 조금이라도 외로움을 덜었습니다. 가끔은 울기도 하고 집중이 안될 때 노래를 듣기도 했습니다. 1차 시험 전에 조금 시간적 여유가 있을 때에는 운동을 하기도 했습니다.

　　2차 시험을 준비할 때에는 스트레스가 더욱 더 심했습니다. 많은 공부량과 늘지 않는 실력 때문에 더 많은 압박감이 있었고, 그런 스트레스를 해소할 만큼 마음의 여유조차 없었습니다. 그래서 이 기간에는 이유 없이 두드러기가 나고 불면증도 생기는 등 신체적으로 많이 힘들었습니다. 이 점에 대해서는 다른 분들은 저처럼 힘들어하지 않으셨으면 좋겠습니다. 힘들더라도 최대한 여유를 가지고 자기 자신을 믿어야 하고 미리미리 체력도 길러두어 가장 중요한 기간에 지치지 않기를 바랍니다. 어떤 방법으로도 완벽하게 스트레스가 해소될 순 없었지만, 최대한 나 자신에게 스트레스를 주지 않는 것이 중요하다고 생각합니다.

Ⓐ **박종홍**　1차시험 준비하던 초반기간은 평소에 하던 헬스를 계속 공부와 병행해서(많이 하지는 않았습니다. 대략 1주에 3회 정도) 체력에 큰 문제는 없었습니다. 하지만 고시반 입실시험 진도보다 한참이나 느린 저의 진도 때문에 정신적으로 좀 힘들었습니다. 9월 입실시험에서 보는 과목이 회계학(중급, 고급), 재무관리, 세법 인데 당시 완강을 한 과목이 하나도 없었기에 입실시험을 도전하지도 못했고, 11월말 입실시험은 전 과목을 봤는데, 당시 중급, 원가관리, 미시를 제외하고는 어떤 과목도 객관식을 풀 수준이 안 돼서 태어나서 처음으로 객관식 답안지에 기둥이라는 것을 찍어봤습니다. 예상했던 충격이었기에 당연하다는 듯이 계속 공부해나갔지만 걱정이 안 되는 것은 아니었습니다. 1월 말까지도 고시반 약 150명 중에 130~150등을 왔다 갔다 하는 모의고사 성적이었으니깐요. 그래도 '성적이 낮은 이유는 기타과목을 기둥찍었기 때문이다. 회계학은 이미 중간 등수까지 올라갔다.'는 마음가짐으로 꾸준히 공부를 해나갔습니다. 대신 공부시간을 늘리기 위해 1월부터는 헬스장에 나가지 않고 그 시간도 공부에 쏟았습니다. 그 때 공부를 하루에 약 15시간씩 자주 했던 것 같습니다. 확신을 가지고 꾸준히 했던 덕분일까요? 2월 나무경영아카데미 전국모의고사에서는 예상 평균점수까지 정확히 받아내었습니다. 예상 평균점수는 55점. 기존에 평균점수가 30점대 중후반이었던 것을 감안하면, 한 순간에 평균이 20점이 뛰어넘는 예측인데, 그것이 정확히 맞아떨어졌습니다. 그 자신감을 바탕으로 남은 3주간 더 열심히 제 공부에 충실할 수 있었던 것 같습니다. 1차시험 결과는

그 덕에 예상한 만큼 잘 나왔습니다.

1차시험 때 특별한 스트레스관리 방법으로는, 담배의 유혹이 있기도 했으나 원래 비흡연자여서 흡연을 선택하지는 않았고 1월달부터 식사 후에 법학관 옥상에 가서 서울 한복판을 내려다보며 혼자 생각하곤 했습니다. '머지않은 미래에, 곧 가을에, 저기 회계법인에 가서 내가 넥타이를 매고 일을 할 거야' 하고.

하지만 공부를 강도높게 하다보니 만성비염이 심해졌고 체력도 부족해졌습니다.

몸을 2달간 혹사시킨 탓이었는지, 시험보고 나오는 때 다리가 후들후들 거렸으며, 3월 2차 고시반 입실 전까지 10일 내내 감기에 시달렸습니다.

1차시험 체력부족의 후유증이 3월달에도 나타나고 있어서, 2월달 내내 갔던 이비인후과를 3월달에도 가고 있었습니다. 이대로는 6월말 까지 버티기 힘들겠다는 생각에, 고시반 기숙사 뒤편에 있는 북악산에 가능한 매일 아침마다 1시간 이내로 등산을 갔다 왔습니다. 맑은 날 아침에 등산가면 생각보다 재밌더군요. 적어도 공부하는 것 보다는 재밌고, 높은 산에서 맑은 날에 경치를 보는 것만큼 아름다운 것도 흔치 않은 것 같습니다.

그럼에도, 2차시험에는 1차시험 때보다 체력과 외로움의 부담이 더욱 컸습니다. 체력적 부담은, 5~6월 달에도 1차시험 때처럼 '이대로 가다간 성적이 원하는 만큼 안 나오겠다. 운동할 시간도 공부에 쏟자'는 의식이 다시 솟아나 등산을 그만 둔 탓에 체력부족으로 인한 무기력감이 자주 나타났습니다. 이런 거 보면 인간의 욕심은 끝이 없고 같은 실수를 반복한다는 말을 제대로 실감하고 있는 듯합니다. 또한 엄지손가락에 장애가 있어 펜을 잘 못잡는 탓에 팔 전체를 필기에 개입하게 되어 5월달부터 손목과 팔꿈치 뒤편, 어깨 세부분이 집중적으로 아파왔습니다. 합격한 지금까지 아픈 것을 보면 단순히 스트레스 때문에 아픈 것이 아니라, 근육에 파열이 생긴 것 때문이 아닐까 생각됩니다.

근데, 저는 저만 아픈 줄을 몰랐었습니다. 2차시험기간 때 보통 하루에 A4용지(회계사 시험 2차 답안지)를 단면으로 30~40장정도 썼는데, 다른 분들도, 저처럼 그렇게 공부하니깐 당연히 어깨가 매우 아플 줄 알았습니다. 그러나 회계감사 GS모의고사반을 가서 모의고사를 치고 나서 제대로 깨달았습니다. 모의고사가 끝난 후 주변을 둘러보면 아픈 기색을 하는 분이 없더군요. 저랑 같은 고시반에 계신 다른 응시자 분께도 물어봤으나, '1과목보고 아프면 5과목은 어떻게 보나, 그게 그렇게 아픈가?'라는 반응을 받았습니다. 그 때는 정말 '아 내가 장애인 맞구나(지체장애 5급입니다). 공부 한 번 하기 정말 어렵네' 싶더라구요.

외로움의 부담은 1차시험을 같이 준비해온 분들이 다 떨어지고 혼자 남은 것에서부터 왔습니다. 2차시험 때 새롭게 고시반 기숙사의 룸메이트 형들이 생긴 것은 좋았으나 3분 중 2분은 저와 다른 건물을 쓰셨고 1분은 스터디를 하셔서 저와 생활 시간이 맞지 않아 거의 밤이나 주말에만 만날 수 있었습니다. 그래서 보통 일주일에 5일 정도는 혼자 밥을 먹었었고, 하루에 입을 30분 이상 열은 적이 없었습니다. 그마저도 15분은 가족과 통화하는 것이므로 거의 대화를 한 적이 없는 것 같네요. 그래서 1차시험 때보다 2차시험 때 고향에 더 많이 내려갔던 것 같습니다. 짧으면 3주에 한 번 간적도 있었네요.

3월 달에 삼성병원건강검진을 학교에서 받았는데, 그 결과가 5월 달에 나왔습니다. 그때 결과가 우울 증상이 나와서, 삼성종합검진센터에서 심리상담을 한 번 받은 적이 있습니다. 당시 의사님께서 명상을 하는 것을 추천해 주시며 '너의 내면을 검색하라'를 구독해보는 것을 추천하셨습니다. 그 책을 읽은 이후로부터 식사 후에 명상을 자주 하곤 했습니다. 스트레스 관리에 명상이 도움이 되었던 것으로 기억합니다. 꼭 공부를 하지 않더라도 읽어볼 가치가 있는 책인 것 같습니다.

9. 학점이수제도와 영어시험대체제도가 시행됨에 따른 주의해야 할 점이나 영어 공부한 방법은?

Ⓐ **김선영**   저는 학교에서 학점을 이수했으나 학점은행제도를 잘 이용한다면 학점이수와 동시에 기본개념을 배울 수 있기 때문에 유용할 수 있다고 생각합니다. 그러나 그렇지 않으면 오히려 부담만 될 수 있기 때문에 자신이 분명한 의지를 가지고 이용하는 것이 중요할 것입니다. 영어 성적은 시험 준비를 시작하기 전에 획득한 토익 성적을 이용했습니다.

Ⓐ **박종홍**   학점이수는 미리미리 잘 해두는 것 외에는 방법이 없습니다. 회계사가 관심 없어도 회계학 12학점, 경영학 9학점, 경제학 3학점은 들어서 손해 볼 것 없으니깐요.
영어시험 대체제도는 딱히 드릴말씀이 없습니다. 1학년 때 그냥 한 번 본 토익시험 점수로 금감원에 영어시험성적을 제출했던 것이기에, 회계사 시험을 위해서 영어공부를 한 적은 없습니다. 단지, 대학 와서 외국인 친구들하고 친하게 지내다 보니 조금씩 말이 트인 게 영어에 대한 도움이 많이 되었다고 생각합니다. 그 덕에 1안전 8월에 토플학원에서도 수업을 잘 견뎌낼 수 있었던 것 같습니다.

10. 제2차시험 부분합격제도에 따른 부분합격과목 활용사례나 주의해야 할 점은?

Ⓐ **김선영**   생략

Ⓐ **박종홍**   부분합격 제도가 생겼다고 특정과목을 동차 때 젖히지 마시길 바랍니다. 누군가는 매해 동차를 붙는 다는 사실에 주목하면, 그 누군가가 본인이 되면 좋지 않을까요? 가장 효율적인 방법은 열심히 다 공부하는 것입니다.

혹자는 이런 말을 합니다. 5과목 중에 3~4과목 열심히 하면 그건 다 붙을 수 있는데 괜스레 5과목 다 공부했다가 모든 과목이 하향평준화 되서 2과목만 붙으면 어떡하냐. 매년 2차시험을 보는 분들은 아시겠지만, 어떤 과목에서 어렵게 나올지 쉽게 나올지 알 수 없습니다. 본인이 특정과목을 아무리 열심히 하더라도 그 과목이 실제 시험에서 어렵게 나온다면? 도로아미타불입니다. 저랑 친한 2차생 형 중에는 재무관리를 1차 때 완전 젖혀서 2차 때 제낄까말까 고민하다가 재무관리를 붙들고 동차를 본 분이 있습니다. 선택과 집중을 안 하고 오지랖을 넓혔다고 봐야 할 그 분은 저와 함께 동차로 합격하셨습니다.

분명 2차시험 5과목 다 공부하는 것은 부담스럽습니다. 1차시험 때 전 과목 공부하는 것도 부담스럽습니다. 하지만 나만 부담스러운 게 아닙니다. 내 옆에 있는 수험생도 부담스럽습니다. CPA라는 시험이 전문직 시험이라면 부담스러워야 당연한 것 아닐까요? 그것을 이겨내야 합격자가 될 수 있다고 봅니다.

11. 수험생에게 당부하고 싶은 말은?

김선영 가장 중요한 것은 내가 나를 잘 조절하는 것이라 생각합니다. 제가 이 합격수기를 작성하고 있지만, 이것은 분명히 저의 방법이었을 뿐 완벽하지도 않고 다른 사람들에겐 적합하지 않을 수 있습니다. 그러나 조금 도움이라도 되자면, 앞서 언급한 대로 중요한 부분을 반복 학습하여 정확하게 파악해야 합니다. 그리고 무엇보다도 중요한 점이 스트레스를 조절하여 너무 힘든 수험생활이 되지 않았으면 좋겠습니다. 이 두 가지가 가장 당연한 말이지만 제가 가장 절실하게 느꼈던 점입니다.

박종홍 CPA가 당신께 가치 있는 시험이 맞는다면 그에 걸맞은 노력을 하시길 바랍니다. 합격은 출제위원교수님이 결정해주시는 것이니 그건 열심히 한 후에 걱정해도 늦지 않다고 봅니다.

12. 앞으로의 계획은? 끝으로 하고 싶은 말은?

김선영 이번에 3학년 2학기로 복학을 하는데, 일단은 학교생활을 하면서 좀 더 많은 경험을 쌓고자 합니다. 조금은 늦었지만 교환학생을 지원할 생각도 있습니다. 그동안 공부하면서 하지 못했던 경험을 최대한 많이 즐겨보고 싶습니다. 돌이켜보면 정말 힘든 1년 6개월이었지만 후회는 하지 않습니다. 그런 과정이 있었기에 제가 지금 더 기쁘게 결과를 받을 수 있었습니다. 끝으로 주변에서 묵묵하게 응원해준 분들께 너무 감사합니다. 가장 감사한 어머니부터 함께 공부한 오빠, 항상 마음 속으로 응원해주는 아빠, 고모, 그리고 의미없는 투정도 모두 받아주던 친구들에게 너무 고맙습니다. 이 분들이 아니었다면 제가 여기까지 절대로 오지 못했을 것입니다.

Ⓐ **박종홍** 삼정회계법인에 입사했습니다. 성균관대 선배님이신 회장님과 부대표님 인사 담당 이사님께서 특별히 축하해 주신 것이 많이 와 닿았고, 삼정의 젊은 조직과 부서이 동의 유연성, 높은 성장가능성에 주목했습니다.

　감사부서에서 in charge가 될 때까지 경력을 쌓고 싶습니다. 대략 3~4년의 감사부서 경력을 쌓아야 하는 것으로 알고 있습니다. 그 기간 동안 제 나름대로 가장 가치 있다고 보이는 4대 분야(제조업, 금융, IT, 엔터테인먼트)를 투자은행 애널리스트에 비견될 정도로 익히려고 합니다. 그 후, 제가 감사에서 좀 더 전문성을 발휘할 것인지, 금융권을 염두에 두고 범용성을 더 갖춰 경영자문 부서로 넘어갈 것인지는 입사 후 고려하려 합니다.

2013년 제48회 공인회계사시험

최고득점·최연소 합격자 인터뷰

오 현 지

1993년 1월 15일 출생
서울창덕여고 졸업
서울대학교 경영학과
2013년 제48회 공인회계사 제2차시험
최고득점자

최 진 수

1993년 1월 22일 출생
용인한국외대부속외고 졸업
연세대학교 경영학과
2013년 제48회 공인회계사 제2차시험
최연소 합격자

이 호 빈

1970년 3월 14일 출생
영주중앙고등학교 졸업
성균관대학교 무역학과 졸업
2013년 제48회 공인회계사 제2차시험
최연장 합격자

1. 자기소개, 응시동기, 합격소감은?

오현지 안녕하세요, 저는 이번 49회 공인회계사 시험에 합격한 서울대학교 경영학과 오현지라고 합니다. 아무래도 경영학을 전공으로 하고 있기 때문에, 자연스레 CPA 시험을 접하게 되었습니다. 1학년 입학 당시에도, CPA 공부를 하는 선배들이 있었고, 특히나 새내기 시절이 끝날 무렵에는 동기들 중에서도 CPA 공부를 시작하겠다는 친구들이 생겼습니다. 그 무렵 다들 본인이 원하는 직업을 찾기 위해 여러 활동을 하기 시작했고, 저도 그래야겠다는 생각에 시험 준비를 엉겁결에 시작하게 되었습니다. 한편으로는 대학에 입학하여 1년간 어느 하나에 열정적으로 몰입한 적이 없었기 때문에, 많이 힘들겠지만 오히려 큰 시험 준비를 하면서 고된 생활을 하여 생활습관이나 자세를 고치고 싶은 마음도 컸습니다.

시험을 준비하면서 많이 힘들었지만, 한편으로는 생활습관이나 자세가 많이 개선되었고, 예상치 못하게 경영학에 대해 흥미도 느끼고, 무엇보다도 스스로 '경영학과'라는 정체성을 찾게 되어 시험을 준비하게 된 데에 적어도 후회는 없다, 고 생각했습니다. 그러나 합격발표순간이 일주일 안팎으로 다가왔을 때에는 간절한 마음이 가득했습니다. 정말 다행히 이렇게 합격하게 되어 기쁘고 얼떨떨합니다. 한편 앞으로 모든 것에 임할 때 시험을 준비했던 순간만큼 최선을 다하라는 뜻으로 받아들이려 합니다.

최진수 안녕하세요, 48회 공인회계사 최연소 합격자 최진수입니다. 최연소 합격자로서 합격수기를 작성하게 돼서 영광입니다. 그러나 한편으로는 이 합격수기를 읽을 수험생들에게 막중한 책임을 느끼는 것도 사실입니다. 저는 수험기간 내내 하나의 합격수기를 지하철을 타고 도서관을 오가면서 불안할 때면 말 한 마디 한 마디를 곱씹어 보곤 했는데, 누군가 제 합격수기를 읽고 힘을 내신다면 더없이 기쁠 것 같습니다. 그러나 제 합격수기는 참고로만 이용하시고 본인에 맞는 계획과 생활습관으로 수험생활을 후회없이 보내시기 바랍니다.

사실 저는 대학에 입학하기 전에는 입시만이 중요했지 회계사라는 직업에 대해서는 전혀 아는 바가 없었습니다. 그런데 경영학과에 입학하고 나서 경영대 멘토링 행사을 비롯하여 선배들을 여럿 만날 기회가 있었는데 회계사에 관심이 생겨서 1학년 2학기 때 회계원리 수업을 학교에서 수강하였습니다. 고등학교 때부터 수학은 좋아했던 터라 계산기를 두들기며 대변 차변을 맞춰나가는 일은 매우 즐거웠습니다. 더군다나 제가 하는 재무제표 작성 업무를 어느 상장 기업에서도 똑같이 한다는 상상을 할 때면 전율이 흐르곤 했습니다. 회계 자체가 저한테 맞았고 경영학과 학생으로서 보다 깊이 있는 공부를 해보고 싶어서 CPA를 시작하게 되었습니다.

합격발표가 있은 후에 바로 개강을 해서 합격했다는 사실이 실감은 잘 안 납니다. 다만 매일 7시 반에 안 일어나도 되고 주말에 학교에 안 가도 된다는 사실만으로 충분히 기쁩니다.

Ⓐ 이호빈 안녕하세요. 이번에 공인회계사 시험에 최고령으로 합격한 우리에프아이에스에 근무중인 이호빈입니다.

대학시절 주위 친구들이 CPA 시험을 응시하는 것을 많이 보아 왔지만 정작 나 자신은 회계와는 거리다 멀다고 입버릇처럼 말해왔지만 직장생활 중 업무에 필요하다 보니 재무관련 지식을 쌓게 되고 결국은 시험에 합격하는 기쁨을 누리게 되었습니다.

다른 사람들은 수험기간이 길어 힘들었을 것이라 생각하지만 오히려 젊은이들과 경쟁하고 있다는 생각과 수험생활 중에도 배운 지식이 업무적으로 많은 도움이 되었기에 그렇게 힘든 생활을 했다고 보지는 않습니다.

2차 시험을 치루고 나서 회사일로 바쁘게 2달을 보내고 합격 발표 즈음이 되니 합격하면 아마도 최고령일거란 생각이 문득 들었습니다.

막상 이번 시험에 합격하였다는 것을 알게 된 날 수험기간 동안 막연히 꿈꿔왔던 기쁜 마음보다 하나의 목표를 이루었으니 이제는 또다른 목표를 찾아 가야겠다는 생각이 앞서는 것을 보면 인생에 있어서 공부는 끝이 없다는 느낌이 듭니다.

🎤 2. 1, 2차 시험대비 수험대책으로 자신만의 효율적인 각 과목별 공부방법과 준비요령은?(수험기간, 공부시간, 수험정보 입수경로 등 포함)

Ⓐ 오현지 저의 수험 기간은 2012년 1월~2013년 6월로 약 1년 반입니다.

〈1차시험 준비〉

1회독

1차 시험 준비기간에는, 친구의 추천으로 미래경영아카데미의 강의를 들었습니다. 1학년 2학기가 끝날 무렵 CPA 공부를 시작하기로 마음을 먹고, 겨울방학 때 우선 회계원리를 인터넷강의로 수강하였습니다.(최창규 선생님의 회계원리.)

2학년 1학기에는 학교에서 중급회계, 관리회계 등 학점을 이수하기 위한 강의들을 들으면서, 인터넷강의를 수강하였습니다(김용남 선생님의 원가회계). 또한, 회계과목 다음으로 CPA 시험에서 중요한 과목이 세법이라는 말을 듣고, 세법강의는 수업이 끝나고 저녁 무렵 학원에 가서 수강하였습니다(이승철 선생님의 세법).

학교와 인강을 병행하는 이 시기에는 동기 친구 한 명과 페이스를 맞추어가며 서로 진도를 확인해주는 식으로 공부를 하였습니다. 기말고사가 끝나고, CPA 공부량이 너무나 많은 것도 사실이지만, 듣지 못한 과목이 너무나도 많았기 때문에 이해가 되든 안 되든, 몰아쳐서 듣자는 것으로 의견을 맞추었습니다. 6월 말~8월달까지 재무관리, 상법을 중점으로 인강을 들었습니다. 거시경제학과 고급회계는 들을 수 있는 데 까지 듣기로 하였고, 개인적으로는 재무회계에 대한 이해가 너무나 부족하다고 느꼈기에 김현식 선생님의 강의를 다시 들었습니다.(김종길 선생님의 재무관리, 오수철 선생님의 상법)(김판기 선생님의 거시경제학, 김현식 선생님의 고급회계)(김현식 선생님의 중급회계)

2회독

2012년 8월, 즉 약 반년의 시험준비기간은 혼자 공부하는 시간보다는 대부분 인강을 듣는 형태로 이루어졌습니다. 무조건 완강을 목표로, 모든 과목을 한번씩 훑는 데에 집중하였습니다. 한편 8월 중간부터 시작된 학원의 심화종합반 수업을 통해 각 과목을 깊이 있게 공부하였습니다. 이때부터 혼자 공부하는 시기가 시작되었습니다. 친구는 학원으로 가고, 저는 학교, 집, 도서관 등 장소를 바꾸어가며 인터넷강의를 수강하였습니다.

인터넷강의를 선택한 이유는 첫째로, 통학시간을 단축하기 위함이었습니다. 둘째로, 1학기 때 학원을 다니면서 육체적으로 피로를 느끼면서 한편으로는 '이만큼 피곤할 정도로 학원을 다니고 있으니까 나는 열심히 하고 있는거야' 라는 매너리즘에 빠진 경험을 하였기 때문입니다. 온라인강의를 들으면 순 공부시간을 늘일 수 있을 거라는 생각을 하였습니다. 마지막으로는, 인터넷강의는 배속을 스스로 설정할 수 있기 때문에 보다 효율적인 공부가 가능하기 때문입니다.

인터넷 강의로 들을 경우, 오전 수업이 오후에 올라오기 때문에, 하루 일과는 대체로 다음과 같았습니다. 아침 8시반~ 세법을 제외한 다른 과목을 번갈아 공부/ 10시~ 세법 정리노트 복습→ 세법 주관식 문제 다시 풀어보기+예습/ 2시~ 인터넷 강의 /인터넷 강의가 끝난 후 강의에 대한 짧은 복습 및 노트 정리. 이 시기에 전반적인 이해의 끈을 놓지 않기 위해 노트정리에 집중하였고, 당장은 1차 시험을 준비해야 하지만 아직 시간의 여유가 있었기 때문에 서술형으로 써 보면서 깊이 이해해 보려고 노력하였습니다.

3회독

11월 객관식종합반 수업을 시작하면서, 다소 압박감을 느꼈습니다. 닥쳐온 시험에 대한 생각을 잠시 잊고 조금이나마 여유로운 공부를 해왔다면, 날씨가 추워지면서 시험도 코앞으로 다가온 기분이었습니다. 게다가 당장 시험을 보아야 하는 경영학은 한 번도 보지 않았고, 7월달에 완강에만 급급하였던 상법과 경제학도 2달동안 손을 놓으면서 거의 백지가 된 상태였습니다. 당장은 '시험문제를 맞춰야겠다!' 는 생각이 급했고, 객관식종합반의 각 과목 별 문제집을 완벽히 숙지해야겠다는 결론을 내렸습니다. 경제학의 경우에는 조금 깊이있는 이해가 필요하겠다는 생각에 김판기선생님의 단과강의를 함께 수강하면서 노트정리를 하였습니다. 상법의 경우에도 친구의 추천으로 김혁붕선생님의 강의를 추가로 들었습니다.

(김판기 선생님의 미시경제학, 거시경제학)(김혁붕 선생님의 상법)

시험 직전에는 경영학의 경우나 상법의 경우 전체적인 내용을 정리하여 타이핑, 프린트하여 수시로 보았습니다. 재무관리나 재무회계의 경우에는 객관식 문제를 계속 반복해서 풀었고, 재무관리의 경우에는 특별히 문제를 몇 개 선택하여 따로 문제리스트를 들고 다녔습니다. 경제학이나 세법은 문제를 푸는 스킬보다도 내용을 이해하고 암기하는 데 더 집중했던 것 같습니다.

〈2차시험준비〉

2차 시험 기간은 4개월로 정말 짧은 기간이었기 때문에, 어떤 구체적인 장기플랜 없이 급속도로 지나간 순간입니다. 일단, 1차 시험을 치른 후 나무경영아카데미의 동차종합반 강의를 신청하였고, 1주일 후에 바로 학원에 가 수업을 들었습니다.

이 때 온라인 강의가 아닌 학원 강의를 선택한 이유는 다음과 같습니다. 첫째로, 1차 결과를 통보받은 후 마음이 풀어져, 혼자 공부하면 순식간에 짧은 시간이 훅 가버릴 수도 있겠다는 생각이 들었기 때문입니다. 둘째로, 학원에 이동이 있으면서 온라인 강의 제공시스템에 다소 문제가 생겼다는 소식을 들었기 때문입니다. 버퍼링 등의 문제로 오히려 온라인 강의를 들으면 효율성이 떨어질 수도 있겠다는 생각이 들었습니다. 마지막으로, 2차시험준비기간은 매우 짧기 때문에 육체적인 피로는 신경쓰지 말고 짧고 굵게 불태워야겠다고 다짐했기 때문입니다.

세무회계나 재무관리 과목은 심화종합반 수업이 매우 큰 도움이 되었습니다. 특히 1차를 준비하면서 세무회계 주관식 모의고사 문제를 매일 약 2~3시간 복습했던 것이 서술에 대한 부담을 덜어주었습니다. 재무관리는 동차종합반 수업과 함께 이영우 선생님의 강의를 PMP로 함께 들었습니다. 아무래도 시간이 촉박했기 때문에 강의는 매우 빠른 배속으로 들었고, 문제집의 문제를 혼자 풀어보고 → 강의 내용을 들음으로써 확인하는 식으로 공부하였습니다. 재무회계 과목은 사실상 1, 2차 시험의 간격이 그리 크지 않기 때문에 꾸준히 공부하면 될 것이라 생각합니다. 간격이 가장 큰 과목은, 아무래도 원가회계 과목일 것입니다. 따라서 커리큘럼상 3월 초반부터 진행되는 김용남 선생님의 동차종합반 강의를 충실히 듣고, 특히 강의 뒷부분에 다루는 '심화문제'를 강의 진행 속도에 맞추어 혼자 미리 풀어보는 방식을 통해 원가회계부터 잡아놓는 것이 좋습니다.

회계감사 과목은 너무나 생소한 반면에, 시간은 짧기 때문에 일단 권오상 선생님의 강의를 충실히 듣고, 노트 정리 및 스터디 가이드와 기출문제 사례를 반복해서 보았습니다. 동차생의 입장에서 가장 불리한 과목이지만, 감사목차를 완벽히 외우고 주기적으로 사례를 풀어봄으로써 감각을 잃지 않는다면 60점을 넘길 수 있을 것입니다.

종합반 기간이 끝나고, 시험이 약 한달 남은 시점에서는 막판 정리의 느낌으로 다른 선생님의 문제집을 많이 풀었습니다. 그 이유는 다음과 같습니다. 첫째, 너무나 빠듯한 시간에 대한 압박감, 계속해서 맞닥뜨리는 새로운 유형의 문제, 공부하면 할수록 늘어나는 것만 같은 범위에 정리노트를 본다거나 이미 푼 문제를 눈으로 푸는 데 집중할 수 없었기 때문입니다. 둘째, 매일매일 각 과목별로 일정 개수의 문제를 품으로써 감각을 잃지 않기 위함이었습니다. 이는 특히 원가회계 과목에서 필요한 과정이라는 생각이 듭니다.

세법은 정우승, 강경태 선생님의 문제집을 풀었고, 재무회계는 김재호 선생님의 파이널 문제집을 풀었습니다. 원가회계는 임세진 선생님의 문제집을 풀었습니다.

🅰 **최진수** 전반적인 수험 일정은 다음과 같다.

1) 1차

일반경영

일반 경영은 1차 시험 전 10월말부터 김윤상 선생님의 경영학연습으로 공부하였습니다. 강의를 안 듣고 혼자 공부했는데, 무엇이 중요한지 안 중요한지를 알기 위해서 필기노트를 따로 구입했습니다. 필기노트에 있는 내용을 먼저 공부한 후에 그 내용을 위주로 경영학연습을 읽고 뒤에 있는 문제를 푼 후에 부족한 내용을 또 보충했습니다. 다시 말하자면 경영학의 뼈대를 파악하고 자주 나오거나 중요해서 암기해야 될 부분은 확실히 암기하고 나머지 부분은 다독했습니다. 48회 1차 시험의 경우에는 일반 경영학이 지엽적인 부분에서 출제되는 바람에 많은 수험생들이 경영학 점수가 잘 안 나왔는데, 만약 내년에도 이렇게 나온다면 일반 경영의 공부 폭을 넓히기 보다는 재무관리를 공부하는 편이 훨씬 나은 것 같습니다. 왜냐하면 경영학이 깊이가 있다기보다는 범위가 무궁무진해질 수 있어서 그 모든 것에 대비하는 것이 불가능하기 때문입니다.

재무관리

앞서 언급했듯이 1차 재무관리는 공부하는 편이 좋습니다. 재무관리가 처음에 어려워서 많은 경우 1차 시험에 임박해서 기본서 복습을 포기하는 경우가 많은데 경영학 점수를 안정적으로 확보하기 위해서는 재무관리를 하는 것이 낫습니다. 또한 일단 이해해 놓으면 1차 문제는 어렵게 나오는 편이 아니며 재무관리는 2차 시험에서도 출제가 되기 때문에 1차 때부터 해놓기를 추천합니다. 저는 재무관리 기본 강의는 7월 달에 수강하였으며, 9월에 재무관리 연습서를 5분의 3 정도 풀고 객관식 책은 1월에 풀었습니다. 재무관리 연습서를 풀 때 시간 부족을 이유로 파생상품 부분을 버렸었는데, 끝내 기본강의의 내용을 복습하지 못하고 1차 시험에서도 파생상품은 포기할 수밖에 없었습니다. 만약 9월에 1주일 정도만 재무관리에 투자를 했더라면 1차 시험 직전까지 불안하지는 않았을 것입니다.

경 제

경제 기본강의는 7월에 수강하였으며 객관식 책은 1월에 풀었습니다. 경제학의 경우에는 재무회계와 같이 이론을 아는 것만큼이나 문제를 푸는 것이 중요한 과목입니다. 기본 강의를 들을 때는 중단원이 끝날 때마다 문제를 풀었으며, 문제를 풀 때는 계산식을 손으로 바로 적기 보다는 해당 이론과 식을 머릿속에 떠올리고 계산기를 쳐서 답을 내도록 했습니다. 객관식 문제를 풀 때는 단원별로 푸는데 걸린 시간을 측정해서 어느 부분이 부족한지 파악해서 빨리 풀 수 있도록 노력했습니다.

상 법

상법 기본 강의는 10월, 11월에 수강하였습니다. 1월에 객관식 책을 구입하여 조금 풀기는 했으나 다른 과목에 우선순위가 밀려 앞부분만 조금 풀고 주로 기본서로 1차 시험 전까지 반복했습니다. 저는 끝내 상법을 좋아하지 않았는데, 그 이유를 가만히 생각해보면 가장 큰 이유는 책에 필기를 했기 때문인 것 같습니다. 나중에는 상법전에 단권화를 시켰지만 판례들까지 옮겨적을 수는 없어서 복습을 할 때 기본서를 봐야 했습니다. 그러다보니 매번 정리가 되지 않는 느낌을 받았습니다. 상법은 필기노트를 구입하는 것이 효과적인 것 같고, 만약 상법을 전략 과목으로 삼았다면 기본서뿐만 아니라 객관식 책도 푸는 것이 낫습니다.

세 법

세법의 경우 휘발성이 높아서 지속적으로 공부해야 되는 과목입니다. 전체 수험기간 동안 세법에 쏟은 시간이 삼분의 일에서 반은 되는 것 같습니다. 저는 5-6월 동안 기본 강의를 듣고 8월에는 2차 강의를 듣고 12-1월에는 객관식 책을 풀었습니다. 2차 강의를 들은 때 복습을 제대로 못해 1차 시험을 위한 실력 향상에는 직접적으로 도움이 된 것 같진 않습니다. 하지만 2차 강의를 미리 들어놔서 2차 공부할 때는 강의를 한 번 더 들을 필요가 없다는 장점이 있었습니다. 세법 객관식은 세 번 정도 풀었습니다. 처음에 풀 때는 전수로 풀고 두 번째로 풀 때는 틀린 문제 위주로 풀고 세 번째로 풀 때는 이승철 선생님이 올려주신 추천문제와 틀린 문제를 풀었습니다. 세법을 워낙 못해서인지 틀린 문제를 또 틀리는 경향이 있어서 다른 과목들과 달리 여러 번 손으로 직접 풀어야 했습니다. 물론 풀면서 까먹은 부분은 서브노트로 암기했습니다.

중급회계, 고급회계

중급회계 기본강의는 2~4월, 고급회계 기본강의는 7월, 재무회계(2차) 강의는 8월에 수강하였고 재무회계 객관식 문제집은 11월부터 풀기 시작했습니다. 재무회계는 가장 기본이여서 수험생들이 가장 많이 시간을 쏟지만 워낙 실력자가 많아서 객관식 문제는 어렵게 출제되는 편인 것 같습니다. 다시 말하면, 이론만 안다고 해서 객관식 문제를 수월하게 풀 수가 없습니다. 그래서 저는 다른 과목보다 재무회계 객관식을 가장 먼저 시작했습니다. 또한 빠르게 풀기 위해서 김재호 선생님의 책으로 주말마다 스터디원과 함께 시간을 재고 진도별 모의고사를 풀었습니다. 이 진도에 맞춰서 평일에는 김현식 선생님의 객관식 문제집을 풀었습니다. 김현식 선생님 책으로 풀 때도 경제학과 마찬가지로 단원마다 걸린 시간을 적어서 취약한 단원을 알 수 있었습니다. 1, 2월에 복습을 할 때는 1번, 11번, 21번 식으로 모아서 풀어서 하루에 많은 단원을 한꺼번에 푸는 연습을 했습니다.

원가회계, 정부회계

기본강의는 7월에 듣고 객관식 문제집은 1월에 풀었습니다. 그 전에 학교 수업으로 원가관리회계를 배운 적이 있어서 기본강의는 수월하게 들었으나 1월에 객관식 문제집을 풀려고 하니까 계산 문제가 시간이 너무 오래 걸려서 애를 먹었습니다. 그렇다고 10문제 나오는 원가관리회계에 시간을 많이 투자할 수는 없어서 표준원가랑 차이분석 부분은 끝에 가서 손을 놓았습니다. 실제 시험에서도 원가문제를 다 풀 시간조차 없었습니다. 정부회계는 12월 쯤에 강의를 수강했는데, 선생님이 하라는대로 했는데도 불구하고 전년도에 비해서 어렵게 출제되어서 5문제 중 2문제밖에 맞추지 못했습니다. 정부회계를 다 맞추려 힘쓰기 보다는 재무회계를 더 공부하는 것이 나은 것 같습니다.

2) 2차

세 법

2차 과목 중 세법을 제일 열심히 했습니다. 이승철 선생님의 책으로 전수로 3번 풀었습니다. 4월 중순까지 한번, 5월말까지 한번, 그리고 시험 전까지 한번 풀었습니다. 그 외에 유예강의에 포함되어 있는 모의고사 3회분도 풀었습니다. 실제 시험에서는 유예모의고사보다도 시간이 훨씬 모자랐으며, 2차 연습서에 문제로 나오지 않은 부분이 출제되어 당황했습니다. 그러나 다른 수험생도 상황은 같다고 생각하고 확실히 아는 부분을 풀어서 합격할 수 있었던 것 같습니다.

재무관리

재무관리는 1차 때부터 좋아했던 과목이라 큰 어려움이 없었습니다. 물론 복잡하고 난해한 문제도 많았지만 그 문제가 바탕으로 하는 이론을 확실히 알고 출제자의 의도를 파악하려고 노력한다면 왜 난해하게 읽힐 수밖에 없었는지 이해가 되었습니다. 1회독할 때는 김종길 선생님의 고급재무관리와 고급재무관리 연습문제집을 모두 풀었으며, 2회독할 때는 전체 문제의 20% 정도, 3회독할 때는 그보다 적게 손으로 풀고 나머지는 눈으로 확인하였습니다. 2차 시험에 임박해서는 불안해서 GS도 구했으나 1회 풀고서 너무 어려워서 그만 두었습니다. 덧붙이자면, t-bill, t-bond 부분은 건너뛰었으며 실물옵션은 이해가 처음에 이해가 안돼서 문제 유형을 다 외워버렸는데, 3회독이 끝날 때쯤 이해가 되었습니다. 실물옵션이 출제 빈도는 낮은데 출제되면 폭탄이어서 시간을 많이 쏟았는데 역시나 올해 출제되지 않았습니다. 실물옵션에 너무 힘을 쓰지 않기를 바랍니다.

회계감사

회계감사는 3월에 재빠르게 강의를 듣고 매달 1회독 씩 했습니다. 3월에 유예생 대상으로 한 강의를 들었는데, 거의 매번 쪽지시험이 올라와서 쪽지시험을 풀기 위해서 암기를 해가면서 처음 강의를 들었던 것이 큰 도움이 되었습니다. 처음부터 손으로 쓰는 연습을 할 필요는 없으며 기준을 암기하기만 하면 되므로 부담은 적었습니다. 사례문제의 경우에도 수험생의 입장에서 가장 알맞은 기준을 적용해서 쓰면 되겠거니하고 생각하고 공부했습니다. 유예강의와 함께 제공된 3회분의 모의고사는 시험 직전에 풀었는데, 전체적으로 정리하는데 도움이 되었습니다. 또한 권오상 선생님의 강의의 경우 필기도 하고 스터디가이드에 밑줄을 치기도 하는데 처음 강의를 들을 때 필기노트에 스터디가이드로 가는 레퍼런스를 만들어두면 복습할 때 중복되는 내용 없이 필기만으로 한 번에 정리할 수 있습니다.

원가회계

원가회계는 역시 4월 중순까지 1번 풀고, 5월까지 1번, 그리고 시험 전까지 한 번 풀었는데, 처음에는 전수로, 2,3회독 때는 20%의 문제 정도만 손으로 직접 풀고 나머지는 눈으로 보았습니다. 원가회계는 한 문제가 워낙 커서 처음에 풀 때 시간도 많이 들고 힘든데, 복합문제까지 다 풀어놓으면 다음에 볼 때는 대부분 기억이 나서 편한 과목이 됩니다. 주의할 점은 문제를 풀 때 답안을 보지 않고 끝까지 풀어야 잔실수를 줄여나갈 수 있습니다.

재무회계

1차 때와 마찬가지로 김현식 선생님의 책과 김재호 선생님의 책을 동시에 봤는데 효과적이었습니다. 김현식 선생님 책은 비교적 쉬운 유형 위주로 정리되어 있으며 김재호 선생님 책은 어려워서 6월에 정리할 때 효과적이었습니다. 다른 과목들과 마찬가지로 김현식 선생님 책은 3회독하였으며, 회독을 늘려감에 따라 푸는 문제는 줄여나갔습니다. 현금흐름표와 연결회계가 계속 발목을 잡다가 6월에 김재호 선생님 책으로 정리하면서 이해를 하고 자신 있게 풀 수 있게 되었습니다. 김재호 선생님 책의 문제들이 군더더기 없이 깔끔한데 어려워서 어느 정도 수준 이상이 되었을 때 문제 푸는 속도 향상이나 문제 해결 능력 향상에 큰 도움이 됩니다.

A 이호빈 저의 경우 직장생활을 하면서 시험공부를 하다 보니 처음 시작부터 최종 합격하기까지 약 8년이 걸렸습니다. 처음 시작하는 시점에는 회계에 대한 지식이 전무한 상황에서 출발하였으니 오래 걸린 것이 어찌보면 당연하다고 생각됩니다. 그러다보니 자연히 시행착오도 많이 겪었다고 봅니다. 어느 정도 재무적인 마인드가 있는 분이시라면 직장생활 하면서도 4년 정도에 합격이 가능하리라고 생각합니다.

공부시간은 평일에는 4시간, 휴일에는 10~12시간 가량을 하였습니다. 평소 공부시간에 대해서는 양 보다는 질이 중요하다고 생각하였기 때문에 크게 신경쓰지 않았습니다. 특히 평일에는 직장생활 하면서 저녁에 공부하다 보면 피곤해서 공부가 잘 되지 않는 경우가 있습니다. 그러면 억지로 하기 보다는 차라리 푹 자고 다음날 맑은 정신으로 생활하는 것이 낫다고 생각하였습니다.

수험정보는 주로 인터넷상의 회계 관련 카페를 통해 얻었습니다. 다른 수험생의 공부방법이나 요즘은 어느 강사님의 교재를 잘 보는지 등 대부분의 정보를 카페를 통해 얻을 수 있다 보니 크게 불편한 점은 없었습니다. 그리고 모의고사나 핵심강의 등은 월간회계를 통해서 구입하여 꾸준히 보았습니다.

과목별 공부방법과 준비요령

재무회계

대부분 회계사 시험을 준비하면서 제일 먼저 공부하기 때문에 가장 많은 시간을 투자하지만 그만큼 다른 수험생들도 준비가 잘 된 과목중의 하나이기 때문에 실제 시험장에서는 작은 실수 하나가 당락을 결정할 수 있다고 봅니다.

처음에는 중급회계와 고급회계의 이론과 문제를 병행하여 보면서 각 Chapter의 내용을 이해하면서 어느 정도 수준에 이르면서 연습서 큰 문제 위주로 전체적인 내용을 정리하였습니다.

수험생활 내내 중급회계부터 연습서까지 김영덕 강사님의 책으로 공부하였습니다. 책마다 풀이나 접근방법이 조금씩 다르기 때문에 여러 책을 보게 되면 오히려 정리가 힘들어 진다고 보았기 때문입니다.

세 법

처음에 세법을 공부할 때 기억해야 할 양이 엄청나서 이걸 언제 다 보나 하면서 고민했던 기억이 있습니다. 그러나 지금와서 생각해보면 그 고민은 대부분의 수험생이 겪는 것으로 꾸준히 하다 보면 해결이 되는 것이었습니다.

세법은 세법개론을 공부할 때 요약집을 함께 정리하는 식으로 하였고, 연습서를 보기 시작한 이후에는 요약집만을 참고하면서 큰 문제 위주로 관련 내용을 첨삭하는 식으로 정리하여 시험 마지막에는 각 Chapter별로 정리한 것만 보았습니다.

최근 2년 동안 세법의 출제 난이도가 상당히 올라 갔고 2차시험의 경우 비영리법인 등 지엽적인 문제도 출제되고 있습니다. 이를 역으로 생각해보면 기본적인 문제에서 실수 없이 답안을 작성해야만 합격할 수 있기 때문에 오히려 너무 지엽적인 것에 치중하기보다는 기본에 충실하는 것이 유리하다고 봅니다.

원가회계

저는 요즘 거의 보지 않는 김영주 강사님의 원가회계를 기본서로 초기에 보았고 그 후에는 연습서만 보았습니다. 요즘 시중에 나와 있는 연습서는 대부분 1차 기본서의 내용을 포함하고 있고 강의 시간에 보충해 주는 내용을 연습서에 기록해 두었기 때문에 별도의 기본서는 보지 않았습니다.

연습서의 경우 시험 직전에 모든 문제를 다 풀기에는 시간이 부족하기 때문에 평소에 문제마다 시험직전에 보아야 할 문제와 내용을 별도로 표시하였고, 매 Chapter마다 종합문제 형식의 2~3문제는 반복적으로 풀어보았습니다.

또한 원가회계의 경우 비정형적인 문제가 자주 출제되므로 최대한 문제 풀이시 답안을 보지 않고 시간이 걸리더라도 출제의도를 파악하고자 노력하였습니다.

재무관리

처음에 기본서를 볼 때는 어렵게 느껴지나 연습서까지 풀고 나서 재무관리의 전체적인 구조를 이해하고 난 이후에는 어느 과목보다도 수월하게 준비할 수 있었습니다.

연습서는 이영우 강사님의 책이 문제도 많고 난이도도 있지만 동차때에 심화문제를 제외하고 기본적인 문제를 반복적으로 풀어보고 시험직전에 단기특강을 수강하면서 정리를 하여 만족할 만한 점수를 획득하였습니다.

회계감사

저의 경우에는 지금까지 회계감사만 30번 이상 받아 보았기 때문에 2차 과목 중에서 가장 적은 투입으로 안정적인 점수를 획득하여 부담이 적은 과목이었습니다.

회계감사의 경우 실제로 회사의 내부통제 프로세스를 이해한다면 교재의 내용이 공허한 것이 아니라 단어 하나하나가 마음에 와 닿는 것이라고 생각합니다. 따라서 회계감사는 단순한 암기만으로는 만족할 만한 점수를 획득하기 어렵고 항상 회사의 프로세스 및 내가 회계감사를 나간다고 생각하면서 공부를 하는 것이 도움이 될 것이라고 봅니다.

경영학, 경제학, 상법

1차 과목에만 있는 과목이고 2차 과목에 대한 준비가 어느 정도 되어 있었기 때문에 2010년 이후에는 특별히 기본서는 보지 않고 시험 직전에 요약서 위주로 정리를 하고 객관식 문제를 반복척으로 풀어 보아 최대한 투입되는 시간을 줄이려고 하였습니다.

직장생활을 하면서 평소 2차과목 위주로 공부하신 분이라면 1차시험에서는 이 3과목에 투입되는 시간을 최대한 효율적으로 이용하는 것이 중요하다고 생각됩니다.

3. 1, 2차 수험기간동안 Group Study는 어떻게 이루어졌으며 실전 시험에는 어느 정도의 효과가 있었습니까?

오현지 그룹스터디는 하지 않았습니다.

최진수 1, 2차 수험기간 동안 생활스터디를 했을 뿐, group study는 1차 공부할 때 모여서 재무회계 모의고사 푼 것이 전부입니다. 개인적인 생각으로는 유예생이 아닌 이상 group study를 할 시간에 강의를 한 강이라도 더 듣고 조금이라도 더 혼자서 곱씹어 보는 시간을 갖는 것이 효과적인 것 같습니다. 물론 서로 모르는 부분에 대해서 토론해 보는 것도 사고의 확장 측면에서 유익할 수 있으나 그보다는 차라리 강사에게 질문하는 것이 보다 빠르고 효과적입니다.

이호빈 저의 경우 직장생활을 하고 있어서 혼자서 공부하는 시간도 부족하였기 때문에 Group Study는 한번도 해 보지 못하였습니다. 그러나 혼자 공부하는 것에 비해 Group Study를 하게 되면 자신이 부족했던 부분을 채울 수 있고 준비하는 과정에서 정리할 수 있는 시간을 가질 수 있을 것으로 생각되기 때문에 시간이 허락한다면 하는 것이 도움이 될 것으로 생각합니다.

4. 최근 1, 2차 시험과목별 출제경향과 수험대책은 어떤 것이 있습니까?

Ⓐ **오현지**　이번 1차 시험에서는 1교시 경영학과목이 매우 어려웠습니다. 수험생을 당황스럽게 한 것은, 전반적으로 생각했던 경영학의 범위 내에서 심도있는 응용문제가 나왔다기 보다는 생각지 못한 부분의 범위에서 생소한 문제가 많이 출제되었다는 것입니다. 저 또한 김윤상 선생님의 강의를 통해 객관식 경영학 책으로 공부를 한 터라, 처음 보는 내용이 매우 많았습니다. 저의 경우에는, 다행히 재무관리 부분에서 점수를 획득하여 과락을 면할 수 있었습니다. 이러한 출제스타일이 올해에만 해당될지, 아니면 하나의 경향이 될지는 알 수 없습니다. 하지만, 2차 시험에도 재무관리가 하나의 큰 과목으로 존재하고, 1차시험이 끝난 후 2차시험을 치루기까지 시간이 매우 촉박하기 때문에 재무관리 과목을 1차 시험 준비기간부터 잡아놓는 것이 좋습니다.

Ⓐ **최진수**　최근의 출제경향을 분석할 수 있을 만큼 많이 공부하지는 못했습니다만 제가 느낀 바를 말씀드리겠습니다. 1차 시험의 경우에는 몇 년 전만 해도 전략 과목으로 통했던 경제학과 상법이 계속 어려워지고 있는 추세인 것 같습니다. 경영학은 올해 지엽적인 부분에서 많이 출제가 되었으나 앞으로도 그럴 것 같진 않습니다. 2차 시험의 경우에는 돌아가며 폭탄이 터지는 편인 것 같은데 올해와 작년 연속으로 세법이 어려웠습니다. 앞으로도 어렵게 출제될 것인지 혹은 이번에만 그런 것인지 모르겠습니다. 출제위원이 아닌 이상 앞으로 어떤 과목이 어렵게 출제되고 어떤 과목이 쉽게 출제 될지 아는 것은 불가능합니다. 수험생으로서의 대책은 평년의 난이도를 가정하고 시간이 허용하는 한 가능한 보수적으로 공부하는 것이 맞는 것 같습니다.

Ⓐ **이호빈**　수험생활을 오랫동안 하면서 느끼는 것이지만 요즘 1차 및 2차 시험에서 출제되고 있는 문제들은 과거에 비해 난이도도 높아지고 다소 지엽적인 부분에서 많이 출제되고 있습니다. 따라서 1차시험의 경우에는 난이도와 상관없이 일정 고득점을 받을 수 있는 전략 과목이 1~2과목은 있어야 된다고 봅니다. 2차 시험은 최근 2년 동안 모든 수험생들이 당혹스러워 할 정도로 세법의 난이도가 그 어느 과목보다도 높다고 할 수 있습니다. 저의 경우에는 연습서의 정형화된 문제 이외에 요약서를 통하여 기본적인 내용을 보완하였던 것이 실제 시험에 많은 도움이 되었습니다.

과목별 출제경향과 수험대책

재무회계

1차시험은 어느 부분이 중요하다고 할 수 없을 정도로 전범위에 걸쳐서 출제되기는 하나 자주 출제되는 topic에 대해서는 별도로 정리를 하여 보는 것이 2차시험에서도 많은 도움이 되었습니다. 또한 짧은 시간내에 많은 문제를 풀어야 하기 때문에 평소에도 문제 푸는 스킬을 연습해 두는 것이 좋을 것으로 보입니다.

특히 최근에는 1차 및 2차 모두 고급회계에서 비중있는 문제들이 많이 출제되기 때문에 1차시험 준비때부터 고급회계에 대해서 어느 정도 준비가 되어 있어야 만족할 만한 점수를 획득할 수 있습니다.

세법

요즘 수험생들이 어떻게 공부해야 하는지 가장 고민하는 과목중의 한과목이라고 생각합니다. 특히 2차시험에서 2년 연속 수험생들이 무척 당황해 할 만한 문제들이 계속 출제되었고 앞으로도 그러한 경향이 유지될 가능성이 높기 때문입니다.

시험의 출제경향이 지엽적이고 난이도가 올라갔다고 오히려 부분까지 보려고 하는 것은 오히려 다른 과목에 영향을 미치기 때문에 비효율적인 방법이라고 생각합니다.

결국은 과목당 일정수의 수험생은 합격을 하기 때문에 차라리 기본적인 내용에 충실하여 최대한 실수를 줄이는 것이 바람직하다고 봅니다.

원가회계

최근 원가회계는 1차시험은 과거에 비해 난이도가 높아졌으나, 2차시험은 무난한 문제들이 출제되었다고 봅니다.

그렇다고 1차시험을 위하여 객관식 등을 따로 공부하기 보다는 처음부터 2차시험을 염두에 두고 깊이 있는 공부를 하여 1차와 2차를 동시에 준비하는 것이 필요할 것으로 생각됩니다.

특히 2차시험 전에는 원가회계 연습서를 보려면 많은 시간이 투입되기 때문에 저의 경우에는 1차시험 때부터 미리 준비한 것이 많은 도움이 되었습니다.

재무관리

재무관리는 1차시험에서 많은 수험생들이 단순히 어려운 과목이라고만 생각하여 포기하고 2차시험때 공부하려고 하는 경우가 있는데 출제 문제중에는 기본적인 내용만 알고 있어도 풀 수 있는 문제가 다수 있으므로 최소한 기본적인 사항은 습득하고 있어야 된다고 봅니다.

또한 2차시험에서도 최근에는 기존보다 기본적인 내용을 물어보는 문제의 비중이 높아졌다고 보이므로 동차 때에는 지엽적인 내용보다는 기본적인 문제만 반복적으로 풀어보는 것도 좋은 방법이라고 생각합니다.

회계감사

최근의 출제경향은 단순한 기준의 암기보다는 case에 대하여 적용하는 문제들이 많이 출제되고 있기 때문에 기본적인 내용은 수험생들이 현재 많이 보고 있는 Study Guide로 정리하고 가능한 많은 문제를 풀어 볼 것을 권합니다.

그러나 내년부터는 신국제감사기준에 의해서 출제가 되므로 초기에는 해당 부분에 대해서는 일정부분 출제경향의 변화가 있을 것으로 예상됩니다.

경영학, 경제학, 상법

제가 딱히 최근에는 1차에만 있는 과목은 별도로 비중있게 공부하지 않았기 때문에 작성을 생략하였습니다.

5. 수험생활 중에 본 1, 2차 각 과목별 도서목록을 정리해 주시면 고맙겠습니다.

〈1차시험〉
- 회계학 : 김현식·최창규·신현걸 〈중급회계〉〈고급회계〉〈객관식재무회계〉
  김현식·최창규·신현걸·노준화 〈정부회계〉
  김용남 〈원가관리회계〉〈객관식 원가관리회계〉
- 세법 : 임상엽·정정운 〈세법개론〉, 이승원·이승철 〈객관식세법〉
- 경제학 : 정병열 〈경제학연습(미시, 거시)〉, 김판기 〈객관식 다이어트 경제학〉
- 상법 : 오수철 〈오수철 상법〉〈객관식 상법〉, 김혁붕 〈회계사 상법신강(서브노트)〉
- 경영학 : 김윤상 〈객관식 경영학〉, 김종길 〈재무관리〉, 이영우 〈객관식 재무관리〉

〈2차시험〉
- 재무회계 : 김현식·최창규·신현걸 〈재무회계연습〉, 김재호 〈재무회계 모의고사〉
- 세무회계 : 이승원·이승철 〈세무회계연습〉, 정우승 〈세무회계연습〉,
  강경태 〈세무회계연습〉, 강경태 〈세무회계리뷰〉
- 원가회계 : 김용남 〈원가관리회계연습〉, 임세진 〈원가관리회계〉
- 재무관리 : 이영우 〈고급재무관리연습〉, 김종길 〈재무관리연습〉

- 회계감사 : 이창우·송혁준·전규안·권오상 〈회계감사 studyguide〉

🅐 최진수

1) 1차

경영학

김윤상 〈핵심경영학연습〉, 김종길 〈재무관리〉, 김종길 〈재무관리 객관식 문제집〉

경제학

정병열 〈경제학연습〉, 김판기 〈객관식 다이어트 경제학〉

상법

김혁붕 〈회계사 상법신강〉, 이상수 등 〈상법 진도별 모의고사 600제〉

세법

임상엽 등 〈세법개론〉, 이승철 등 〈객관식세법〉

회계학

김현식 등 〈중급회계, 김현식 등 〈고급회계〉, 김현식 등 〈정부회계〉, 김현식 등 〈객관식 재무회계〉, 김재호 〈Final 재무회계〉, 김용남 〈원가관리〉, 김용남 〈객관식 원가관리회계〉

2) 2차

세법

이승철 등 〈세무회계연습〉

재무관리

김종길 〈고급재무관리〉, 김종길 〈고급재무관리 연습문제집〉

회계감사

권오상 등 〈회계감사 Study Guide〉

원가회계

김용남 〈원가관리회계연습〉

재무회계
김현식 등 〈재무회계연습〉, 김재호 〈재무회계 모의고사〉

Ⓐ 이호빈

1) 1차 시험
• 경영학 : 정순진 경영학연습
• 경제학 : 정병열 경제학연습(미시, 거시)
• 상법 : 김학묵 상법강의
• 세법 : 강경태 세법개론 및 Summary
• 회계학 : 김영덕 중급회계 및 고급회계, 김영주 원가관리회계

2) 2차 시험
• 세법 : 이철재 세무회계연습
• 재무관리 : 이영우 고급재무관리연습
• 회계감사 : 권오상 Study Guide
• 원가회계 : 김용남 원가관리회계연습, 임세진 원가관리회계
• 재무회계 : 김영덕 재무회계연습

6. 수험생입장에서 구하기 어려웠다거나 보강되었으면 하는 특정 과목이나 내용의 수험서가 있습니까?

Ⓐ **오현지** 딱히 떠오르는 것이 없어 생략하겠습니다.

Ⓐ **최진수** 인터넷 강의만을 이용했습니다.

Ⓐ **이호빈** 요즘은 대다수의 수험서가 수험생 입장에서 원하는 방향으로 잘 나오고 있다고 봅니다. 수험생활을 하면서 특별히 어려웠던 점은 없었습니다.

7. 수험공부 시 학원 강의, 인터넷강의, 강의tape중 이용도 측면에서 어떤 방법을 선호했습니까?

Ⓐ **오현지** 인터넷 강의를 선호하였습니다. 앞에서 언급했듯이 통학시간을 줄일 수 있고, 배속이 가능하여 시간관리 측면에서 효율적이기 때문입니다. 또한 개인적으로는 밀폐되고 경직된, 정해진 시간에 조용히 공부를 해야 하는 딱딱한 분위기에서 공부가 잘 되지 않는

편이기 때문에 학교 전산실, 도서관 정보 이용실, 또는 집에서 인터넷 강의를 들었습니다.

A 최진수 인터넷 강의만을 이용했습니다.

A 이호빈 시간적으로 가능하다면 학원 강의를 직접 수강하는 것이 집중도나 이해도 측면에서 유리하다고 생각합니다. 다만 여건이 되지 않는 경우에는 인터넷강의를 통해 듣는 것이 대안일 수 있으나 일장일단이 있다고 봅니다. 인터넷강의는 내가 원하는 시간과 패턴으로 강의를 수강할 수 있으나 자칫 잘못하면 나태해져서 제대로 강의를 다 듣지 못하게 되는 경우가 있었습니다. 저의 경우에는 아침 출퇴근시간에는 주로 모바일 기기를 이용하여 인터넷강의를 수강하였습니다.

강의 tape은 제가 처음 공부시작할 때는 많이 이용했던 방법이나 요즘은 거의 대부분의 수험생이 사용하지 않는 것으로 알고 있습니다.

8. 수험생활 중 애로사항과 본인만의 스트레스 해소방법은?

A 오현지 수험생활 동안 힘들었던 것은, 돌이켜보면 '자유롭지만, 한편으로는 자유롭지 않은 상황' 이었던 것 같습니다. 제 스스로 준비하기로 선택한 시험이기 때문에, 공부하는 데 있어서 고등학교 3학년 때와는 달리 누구 하나 강요하는 사람은 없었습니다. 2012년 9월부터는 휴학을 한 상태였기 때문에, 하루하루가 사실은 완벽히 제 자신의 의지에 의해 통제되는 자유로운 시간들로 이루어졌습니다. 하지만 한편으로는, 시간 시간마다 제 스스로 정한 규칙적인 스케줄이 있었기 때문에 그 어느 때보다 자유롭지 못한 시기이기도 했습니다.

제가 선택한 것은 내 마음대로 스케줄을 짤 수 있다는 자유를 조금이나마 활용하는 것이었습니다. 저에게 가장 맞는 환경에서 공부하고, 먹고 싶은 시간에 식사를 하고, 밤에는 졸리기 때문에 일찍 자는 방식이었습니다. 저의 경우에는 10시 즈음에는 졸음이 쏟아지기 때문에 아예 알람을 맞추어놓고 1시간정도 잔 후, 씻고 1시간 정도 다시 복습을 한 후, 잠자리에 드는 토막잠을 선택하였고, 대신 아침 일찍 일어났습니다. 2차 시험을 준비할 때에는 점심, 저녁을 제대로 챙겨먹으면 속이 부대끼고 졸려서 공부가 잘 되지 않아 오히려 스트레스가 쌓였기 때문에, 카페에서 빵이나 음료수를 먹으며 공부를 하거나, 학원 자습실에서 공부 하면서 학원 내 카페에 파는 간식거리나 편의점 음식으로 식사를 대체했습니다.

또 하나 애로사항은, 2차 시험기간에 '짧고 굵게 가자' 는 생각에 육체적인 피로가 너무 빨리 다가왔다는 것입니다. 이에 동차종합반 중간 즈음에는 학원에 매일 가지 않고,

집에서 복습강의를 듣고 공부를 하는 시간이 많았습니다. 소화가 잘 되지 않는 문제가 더욱 심해져서 점심 저녁을 죽과 같은 유동식으로 해결하였습니다. 또한, 수험생활을 계속해 나가면서 채식 위주의 식단을 하여 앉아서 장시간 공부할 때의 불편함을 다소 덜었습니다.

A **최진수**   수험기간 내내 최상의 컨디션을 유지하며 공부할 수 있는 사람은 없습니다. 비가 와서 공부하기 싫을 수 있고 술이 먹고 싶어 공부하기 싫을 수 있고, 전날밤 핸드폰으로 노느라고 피곤해서 공부하기 싫을 수 있습니다. 이유는 갖다 붙이기 나름입니다. 하지만 공부하기 싫을 때마다 포기해버리면 이 시험은 절대 붙을 수 없다고 저는 생각합니다. 제 경우에는 생활스터디를 하면서 평일에는 아침에 일어나면 9시까지 도서관에 무조건 가는 것을 원칙으로 했습니다. 정 공부가 안 될 때는 도서관을 나와서 산책을 하거나 잠시 낮잠을 자더라도 학교에 있었습니다. 학교에 있으면 도서관에서 열심히 공부하는 학우들의 눈치를 봐서라도 공부를 하게 되었습니다. 물론 주말에는 조금 늦게 집에서 출발하거나 조금 일찍 집에 오기도 했습니다.

1차 시험 때까지는 스트레스를 받아도 그것을 느끼거나 해소할 틈이 없었는데 2차 시험을 준비하면서 본격적으로 전업 수험생이 되어서는 나태해짐에 따라 스트레스를 많이 느끼게 되었습니다. 특히 4-5월에 따뜻해지면서 많이 지쳤었는데, 달리기가 도움이 되었습니다. 밤에 집에 와서 30분 정도 아파트 단지를 뛰면 머리는 쉴 새 없이 흔들리지만 오히려 생각은 차분해지는 느낌이 들어 다음날 다시 공부에 집중할 수 있었습니다.

A **이호빈**   회계사 시험이 단기간에 끝낼 수 있는 것이 아니고 책상에 오래 앉아 있다 보니 체력적인 소모가 많아 매일 일정량의 운동을 병행하는 것이 많은 도움이 된다고 생각합니다. 저도 항상 마음속으로는 그렇게 해야지 하면서도 뜻대로 잘 되지는 않았습니다.

또한 수험생활을 하다 보면 누구나 가끔씩은 슬럼프가 오기 마련이라고 생각합니다. 저의 경우에는 그런 경우가 되면 하루쯤 아무것도 안하고 휴식을 취하거나 가족과 함께 지냈습니다. 공부가 안되는 상황에서 자리에 앉아만 있으면 스트레스만 쌓인다고 보았기 때문입니다.

🍄 9. 학점이수제도와 영어시험대체제도가 시행됨에 따른 주의해야 할 점이나 영어 공부한 방법은?

A **오현지**   시험을 치르기 위한 필수 요건이 무엇인지 확실히 확인하고, 그것을 충족시켰는지 검토해야 합니다. 시험 준비를 위한 공부는 되었음에도, 기본적인 요건이 충족되지 못해 시험을 볼 기회를 놓친다면 너무나 아쉬울 것이기 때문입니다. 저의 경우에는, 1학년

여름방학 때 한 달간 토플을 공부하고 얻은 성적을 이용하였습니다. 시험공부를 하면서 영어시험을 준비하기에는 CPA 시험의 공부량이 너무나 방대하기 때문에, 준비기간 전에 미리 시간을 할애하여 모든 준비를 끝내놓는 것이 바람직합니다. 한편, 영어시험성적의 유효기간을 고려해야 할 것입니다.

Ⓐ **최진수** 학점이수와 영어시험은 가능한 미리 끝내놓는 것이 좋습니다. 특히 학점이수의 경우에는 본인의 경우에는 학교에서 학점이수를 완료하였는데, 졸업학점을 채운다는 측면은 장점이었지만 회계 과목의 경우는 CPA 준비생 및 합격자가 많아서 좋은 학점을 받기는 힘들었습니다. 또한 아무리 CPA 연관 과목이라 하더라도 시험기간은 다른 과목들과 마찬가지로 부담스러웠으며 과제로 시간을 많이 소비해야만 했습니다. 그러므로 장단점을 잘 비교하여 학점이수를 학교에서 할 것인지 외부기관을 통해서 할 것인지를 결정하시기 바랍니다.

Ⓐ **이호빈** 현재 대부분의 수험생들이 대부분 학점이수와 영어시험에 대해서는 크게 수험생활에 있어 문제가 되지 않는다고 봅니다.

🎙 10. 제2차시험 부분합격제도에 따른 부분합격과목 활용사례나 주의해야 할 점은?

Ⓐ **오현지** 생략

Ⓐ **최진수** 개인적인 생각으로는 1차 시험에서 원가관리나 재무회계를 아예 포기한 것이 아니라면 2차 시험에서 5과목 모두 끌고 가는 것이 맞는 것 같습니다. 5과목이 버겁다면 5월 말에 한 두 과목을 포기해도 늦지 않습니다. 만약 3월부터 한 두 과목을 포기한다면 보통의 경우에는 자신이 남들보다 시간이 많다고 생각하고 해이해지기 마련입니다. 또한 5월까지 다섯 과목 모두 공부했다면 설령 2차 시험에서 몇 과목 떨어졌다고 하더라도 유예 때 훨씬 수월할 것입니다.

Ⓐ **이호빈** 부분합격제도는 직장생활을 하는 수험생의 입장에서는 분명 유리한 제도라고 생각합니다.

그러나 제가 생각하기에는 부분합격제도는 모든 과목을 시험을 본 결과 합격하지 못한 일부과목에 대해서 그 다음해에 다시 볼 수 있는 기회를 준 것이라고 생각해야지 애초부터 일부과목만 응시하고 나머지는 다음해에 응시하여 합격하겠다는 위험한 생각이라고 봅니다.

2차시험의 경우 과목별 난이도가 해마다 차이가 있는 상황에서 동차때에는 가능하면 모든 과목을 응시하기를 권유합니다. 2차시험이라고 해서 1차시험과 동떨어진 것은 아니고 조금 더 살을 붙이는 과정이라고 본다면 최소한 기본적인 문제라도 완전히 이해하고 수험장에 들어간다면 의외로 좋은 결과를 볼 수도 있기 때문입니다.

🎤 11. 수험생에게 당부하고 싶은 말은?

🅰 **오현지** 모든 시험의 준비과정이 마찬가지겠지만, 일반적인 대학생활과는 매우 다른 종류의 스트레스를 맞닥뜨리게 될 것입니다. 너무나 바쁜, 정신없는 스케줄, 인간관계에서 느끼는 스트레스가 아닌, 오히려 너무나 단조롭고 지루한, 하루하루가 똑같은 데서 진이 빠지는 기분을 느끼게 되고 혼자 이 외로운 길을 자신만의 의지로 걸어가야 한다는 데서 스트레스를 느끼게 됩니다. 그러나 어떻게 보면, 다른 누군가를 설득시키거나 누군가로부터 인정을 받을 필요는 없고, 다만 내 스스로의 마음만 조절하면 되는 문제라고 볼 수도 있습니다. 단조로운 수험생활 속에서도 하루하루 배워가고, 오늘 하루도 잘 보냈다는 소소한 성취감을 느껴가며 조용한 생활 속에서 오히려 평온함을 찾았으면 좋겠습니다. 저의 경우에는 극히 단조롭고 규칙적인 생활을 하다 보니 오히려 아주 작은 자극의 행복에도 큰 기쁨을 느꼈던 것 같습니다. 예를 들어 아침에 일어났는데 오랜만에 보는 이름의 친구로부터 응원문자가 온다든지, 먼 길의 지하철을 타는 데 처음부터 앉아서 갈 수 있다든지, 하는 것들입니다.

또한, 내가 지금 하고 있는 것, 이 과목을 공부하고 있는 순간에 의미부여를 하면 좋습니다. 저의 경우에는 세법을 공부하면서, 신문에 세법 개정안이 나왔을 때 어떤 의미인지 예전과는 다르게 조금이나마 파악할 수 있게 되는 것이라든지, 부모님이 세법 문제 관련하여 이야기를 나눌 때 무슨 이야기인지 이해할 수 있게 되는 것 등에서 과목에 대한 흥미를 더할 수 있었습니다. 시험 기간 직전에는 물론 '시험만을 위한 공부'에 집중하여야겠지만, 아직 기간이 남은 시기에는 '바쁠수록 돌아가라' 는 말처럼, 전반적으로 과목들에 대해 알아간다, 공부를 한다는 조금은 여유로운 생각을 가지는 것도 나쁘지 않을 것 같습니다.

🅰 **최진수** 붙을지 떨어질지 결과를 알고서 공부하는 것이 아니기 때문에 수험생이면 누구나 불안할 수밖에 없습니다. 특히나 시험에 임박해서는 단지 불안하다는 이유만으로 공부를 포기하고 고민하고 걱정하기 십상입니다. 그럴 때 나 혼자만의 고민이 아니라는 것을 인지하고 내가 지금까지 해온 수험생활에 확신이 있어야 합니다. 그러기 위해서 시험 준비를 하면서 매 순간 이 공부가 다가오는 시험에 어떻게 도움이 되는지 생각을 하셔야 합니다. 만약 어느 하루 나태해져서 공부를 못했더라면 후회는 빠르게 지우시고, 반성만을 마음에 담아두고 꾸준히 앞으로 나아가시길 바랍니다.

A **이호빈** 요즘 직장을 다니면서 회계사 준비를 하시는 분들이 꽤 되는 것으로 알고 있습니다. 물론 학생들에 비해 열악한 환경에서 공부하다 보면 중도에 탈락할 확률이 높을 수밖에 없습니다. 제가 직장생활을 하면서 공부하다보니 많은 시행착오를 겪게 되었고 지금 이 시점에서 직장생활을 병행하면서 다시 공부한다면 이렇게 하겠다고 생각하는 부분은 다음과 같습니다.

첫째, 모든 과목은 단권화 한다.

시험공부는 실제 시험 직전에 빨리 한번 볼 수 있도록 단권화 하여 눈에 최대한 익숙하도록 합니다. 공부범위만 넓혀 놓고 실제 시험장에서는 출제 부분이 가물가물하여 당황했던 기억이 떠오릅니다.

둘째, 시험 직전에 볼 수 없는 부분은 과감히 스킵한다.

특히 2차시험 준비가 미흡한 동차 때에는 1차시험 직후부터 2차시험까지 4개월 동안 모든 범위를 꼼꼼하게 볼 여유가 없습니다. 이때에는 주요 주제에 대해서만 확실히 정리하고 나머지 주제에 대해서는 선별적으로 집중하여 보아 아는 문제에 대한 답안의 완성도를 높이겠습니다.

셋째, 주요 주제에 대해서는 나만의 정리된 요약집을 만든다.

가능한 한 모든 주제에 대해 자신만의 스타일로 정리를 하면 좋겠지만 최소한 주요 주제에 대해서만이라도 정리를 해 보면 책을 보면서 공부하는 것보다 실제 시험장에서 기억되는 정도의 차이가 있는 것을 경험하였습니다.

12. 앞으로의 계획은?

A **오현지** 아직 졸업을 하려면 5학기나 남은 만큼, 대학생활을 하면서 구체적으로 갈 길을 정하려고 합니다. 지금부터 길을 닫아놓으면, 나중에 열어보지 않은 길을 후회할 지도 모른다는 생각이 들기 때문입니다. 당장은 1년간 회계학, 세법, 재무관리 등을 공부해오면서 경영학 전반에 대해 큰 흥미를 느끼고 있습니다. 따라서 현재의 최종목표는 회계학이나 재무, 세법 과목의 교수가 되는 것입니다. 그 과정에서 실무경험도 하고, 대학원을 가 공부를 좀 더 하고 싶습니다. 한편, 현재 대학에 입학하여 경영학과 같이 다른 과목을 깊이 공부해 보지 않았기 때문에, 다른 과목에 대해서도 이번 준비기간과 같이 알아보는 시간을 가져보고도 싶습니다. 사실 CPA 시험을 준비하기 전에는 경영학과 전공 학생임에도 경영학이 도대체 무엇을 가르치는 학문인지 의구심을 느낄 정도로 관심이 없었습니다. 그렇기 때문에, 다른 학문에 대해서도 조금 깊게 알아가면 또 다른 매력을 느낄 수 있지 않을까, 하는 호기심이 있습니다.

A 최진수 아직 학기가 많이 남아있어서 일단 학교를 다니면서 앞으로의 진로에 대해서 천천히 고민해볼 생각입니다. 회계법인에서 일하기 전에 여러 경험을 쌓고 싶습니다.

A 이호빈 우선 회계사라는 목표를 달성하게 되면 직장을 다니면서 대학원을 진학하겠다는 또 다른 계획을 실천할 예정입니다. 이후 기회가 된다면 실무에서 쌓은 경험을 바탕으로 나와 비슷한 길을 가고자 하는 이들에게 강의를 할 수 있었으면 합니다.

13. 끝으로 하고 싶은 말은?

A 오현지 다들 CPA 시험을 준비하게 된 계기도 다를 것이고, 공부하는 데 있어서 스타일이라든지, 전반적인 성향도 다를 것입니다. 따라서 각자 자신에게 맞는 공부방법이 따로 존재할 것이라는 생각이 듭니다. 제 경우에는 마치 절에 들어간 수도승과 같은 느낌으로 공부를 하였지만, 어떤 사람은 주기적으로 스트레스를 마구 푸는 방식으로 공부를 하기도 할 수도 있고, 어떤 사람은 그룹 스터디를 적극적으로 활용하여 공부를 할 수도 있습니다. 그러나 전반적으로 CPA 시험을 공부한다는 공통점을 가지고 있는 이상 모두가 공감할 수 있는 부분 또한 존재할 것입니다. 그 방대한 양 때문에 느끼게 되는 조급함, 이 시험을 준비하기로 선택한 자신의 결정에 대한 불안함 등이 있습니다. 이미 준비를 하는 것으로 결정되었다면, 시험이 한두 달 남은 상황 이전에는 조금 '여유로운 마음가짐'을 가지는 자기통제가 매우 중요합니다. 규칙적으로 정해진 자신만의 생활습관은 지키되, 아직 못 들은 과목이 너무 많고 이해가 안 된다고 해서 너무 큰 스트레스는 받지 않았으면 좋겠습니다. 모두가 그런 과정을 거치고, 오히려 조바심을 갖지 않고 꾸준히 페이스를 유지하다보면 슬럼프를 맞닥뜨리지 않고 좋은 결과에 다다를 수 있을 것입니다. 다음 시험을 준비하시는 분들의 합격을 기원합니다!

A 최진수 수험기간 동안 물심양면으로 지원을 해주신 부모님께 감사를 드립니다.

A 이호빈 오랫동안 옆에서 묵묵히 뒷바라지 하며 합격했을 때 그 누구보다도 기뻐했던 아내 은정, 공부한다고 많은 시간을 해주지 못했던 아들 승규에게 미안한 한편 고맙다는 말을 해주고 싶습니다. 그리고 직장에서 항상 격려의 말을 아끼지 않았던 직장 동료와 부장님에게도 고맙고 이제 조금은 도움이 되는 직장생활을 할 수 있게 되어서 기쁩니다.

2012년 제47회 공인회계사시험

최고득점·최연소 합격자 인터뷰

박 동 선
1986년 2월 22일 출생
마산 제일고등학교 졸업
창원대 세무학과 졸업
삼일회계법인 근무
2012년 제47회 공인회계사 제2차시험
최고득점자

김 준 민
1991년 12월 12일 출생
한국외국어대학교 국제학부 입학
연세대학교 경영학과 3학년 편입
2012년 제47회 공인회계사 제2차시험
최연소자 합격자

정 애 천
1970년 5월 17일 출생
진주삼현여자고등학교 졸업
한성대학교 전산통계학과 90학번
2012년 제47회 공인회계사 제2차시험
최연장자 합격자

🎙️ 1. 자기소개, 응시동기, 합격소감은?

박동선 안녕하십니까. 이번에 제47회 공인회계사 시험에 합격한 박동선이라고 합니다. 사실 세무사 시험에 합격한 후 군 입대를 하면서 '제대 후에는 본격적으로 일을 시작하여 부모님의 부담을 조금이라도 덜어드리자.' 라고 생각했기 때문에 공부를 다시 시작할 계획이 없었습니다. 하지만 상병 즈음에 우연히 참가한 군 종교행사에서 목사님의 설교 중 '자신에게 안주하면 더 이상의 발전은 없다.' 라는 그 한마디에 아주 많이 공감을 가지게 되었고, 마침 부모님께서도 '공부를 더 할 수 있는 기회가 된다면 지원은 해줄 테니 한 번 해봐라.' 라고 하셨기 때문에 다시금 공부를 시작해보고 싶은 마음이 생겨나게 된 것입니다. 그 결과 몇 개의 과목이 겹치기 때문에 다른 고시보다는 시작하기가 수월한 공인회계사 시험을 준비하게 되었고, 내심 2차 시험을 치른 후 예년보다 유난히 어려웠던 세법과 미리 결과를 가늠하기 힘든 회계감사의 결과에 따라 합격할 수 있겠다고 기대는 했었지만 수석은 전혀 기대하지 않았기에 수석을 축하하는 연락을 받은 후 아래층 집에서 올라와 얘기를 할 정도로 기쁨에 겨워 날뛰고 말았습니다.

이 수기를 쓰는 지금도 이미 회계법인의 입사 계획까지 모두 마쳤음에도 불구하고 크게 실감은 나지 않지만, 부모님께서 기뻐하시고 전화기에 불이 날 정도로 여기저기서 연락이 오고 있는 것을 느끼면서 '아, 더 이상 시험 합격을 위한 공부는 하지 않아도 되겠지.' 라는 생각에 마음이 홀가분합니다. 단, 예전 세무사 수석 합격 때 '10년 치 운을 다 쓴 것 같다.' 고 말한 적이 있는데, 이번에는 어떻게 설명해야 할까요?

김준민 47회 공인회계사 시험에 합격한 김준민입니다. 처음 공인회계사를 생각하게 된 계기는 편입을 준비하던 2009년입니다. 연세대학교에 대한 정보를 찾던 중에 연세대학교 경영학과가 공인회계사 배출로 유명하다는 사실을 알게 되었습니다. 2010년 연세대학교 경영학과로 편입 후 공인회계사를 목표로 공부하여 이번 시험에 합격하게 되었습니다.

합격자 명단에 이름이 없다면 어떻게 하나 걱정을 많이 하였습니다. 합격자 발표 하루 전에 다행이도 미리 최연소 합격했다는 전화가 와서 한숨 돌렸습니다. 생각지 못한 최연소 합격이어서 더욱 기쁩니다.

정애천 오랜 기간 도전하며 기다려왔기에 합격소식을 들었을 때 그 감격이란 이루 말할 수 없었다.

어느 곳에서 저와 같이 끊임없는 도전과 실패의 길을 가고 있을 그 누군가에게 부족하지만 저의 이 글이 소망과 빛이 되길 바라며 펜을 들었습니다.

저는 현재 두 딸을 두고 학원강사를 하면서 조용히 저의 뒤를 밀어주던 남편과 함께 지내고 있는 결혼 9년차 주부로 자녀양육이라는 부담감을 안고 끊임없이 이 시험에 도전해 왔습니다. 어떤 환경에서든 부정적인 생각들을 버리고 할 수 있다는 믿음을 지켜왔기에 지금의 합격이라는 선물을 안게 된 것 같습니다.

결혼 전 한두 차례 도전 후 1차 시험을 통과하고 2차 시험에 도전했으나 실패를 하고 결혼 후 두 딸을 키우며 손에서 책을 놓지 않았으나 엄마로서의 역할을 동시에 감당하기는 어려웠습니다. 자녀들의 성장과 함께 육아를 위한 시간이 점점 줄어들고 시험 준비에 집중할 수 있는 시간들을 더 많이 확보할 수 있었으며 끊임없이 도전을 해왔습니다.

공인회계사 시험을 향하여 첫발을 내딛으며

전산을 전공하고 이 곳 분야에 문외한이었던 저로서는 지인들의 조언을 받아 가장 유명한 학원 강사들의 강의로부터 시작했습니다. 요즈음은 직접 학원에 참여해서만 이루어지는 강의 외에 인터넷 강의가 활성화 되어있으니 인터넷 강의를 이용하는 것도 수강생 입장에선 반복해서 강의를 들음으로 자기 것으로 잘 소화하는데 도움이 될 것 같습니다. 회계원리, 중급회계, 원가회계, 세법개론, 세무회계, 고급회계 순으로 회계, 세무파트를 마친 후 ,재무관리, 경제학, 일반경영학 ,상법 순으로 수강했습니다. 차후 재무관리, 원가회계, 경제학은 추가강의 또는 관련 서적으로 보충했습니다. 원가회계는 논리적 체계적인 접근법이 가장 중요한 것 같습니다. 흐름이 비슷한 챕터는 묶어서 체계를 잡는 것이 도움이 될듯합니다. 재무관리는 기본 강의 때부터 기본원리 이해를 철저히 해서 그 후 새로운 문제들도 쉽게 접근할 수 있었습니다 .미시 거시 경제학은 이 중구 교수님 책으로 미시, 거시경제학 시야를 넓혔습니다. 세무회계는 다소 무리가 되어도 본격적인 1차 시험 전에 미리 접해서 세법의 전반적인 체계를 잡았던 것이 차후 반복할 때 별 어려움이 없었던 것 같습니다. 상법은 김학묵 강사님 기본강의로 상법적 사고를 체계적으로 잡을 수 있을 수 있었습니다 고급회계는 전반적인 흐름을 논리적으로 접근해 정확하고 빠르게 풀 수 있었습니다. 전 과목 전반적인 체계가 어느 정도 완성되었을 때 그 전까지의 5개년 분 기출문제를 분석해 시험출제 경향과 향후 실전대비의 방향을 잡을 수 있었습니다.

🍄 2. 1, 2차 시험대비 수험대책으로 자신만의 효율적인 각 과묵별 공부방법과 준비 요령은?(수험기간, 공부시간, 수험정보 입수경로 등 포함)

Ⓐ 박동선

(1) 전반적인 수험 일정

먼저 간단하게 표로 작성하면 다음과 같습니다.

	2010년				2011년												2012년					
	9	10	11	12	1	2	3	4	5	6	7	8	9	10	11	12	1	2	3	4	5	6.
재무회계	강의	독학으로 복습																				
원가관리	X	강의	독학으로 복습																			
세법	강의		독학 복습		세무회계강의		독학으로 복습															
재무관리	X	강의			독학으로 복습															강의		복습
경제학	X				강의			독학으로 복습									X					
상법	X						강의		독학으로 복습								X					
경영학	X									강의		복습					X					
회계감사	X																강의		복습			

2010년 9월~2010년 12월

사실 공부를 시작해야겠다. 고 마음먹고 책을 구입하게 된 것은 군 복무 시절입니다. 그 당시 '그래도 예전에 공부 한 것도 있는데' 라고 생각하고 재무회계 책과 세무회계(!!) 책을 주문하여 펼쳐봤을 때 전혀 손댈 수 없었던 그 충격은 지금도 잊혀지지 않습니다. 약 2년간의 공백이 이렇게 클 줄은 몰랐던 것입니다. 그래서 제대 전까지 추가로 주문한 원가관리회계와 재무회계만이라도 봐 두자. 라고 꾸역꾸역 공부를 시작했으나, 경리행정 병 특유의 야근과 군 생활 막바지에 분대장을 맡게 되면서 군대에서의 공부는 거의 하지 못하게 되었습니다.

그리고 제대 및 마지막 대학 생활 한 학기를 위해 복학을 하면서 대학 고시반에 입실 하여 본격적으로 공부를 시작했으나, 이번엔 아버지의 대장암 판정(다행히 극히 초기였 기 때문에 수술이 쉬웠고 무사히 회복되고 있는 중이십니다.)과 할머니의 상을 치루면서 다시 흔들리게 되었습니다. 약 한 달 정도 부모님과 '내가 지금 이렇게 느긋하게 공부하 고 있을 때냐.' 라는 얘기로 다투게 되었고 결국은 '내후년 1차 시험에서 떨어지면 깨끗 하게 접고 일하겠다.' 는 것으로 합의를 보고 다시 공부를 시작하게 되었습니다.

먼저 토익 준비와 동시에 재무회계와 세법개론 강의를 수강하기 시작했습니다. 토익 의 경우 살면서 처음 준비하는 지라 단기간에 점수를 확보하기 곤란했기 때문에 최우선 적으로 공부 시간을 할당하여 매일 L/C에 2시간, R/C에 2시간씩 투자하여 준비하였습 니다. 고등학교 때부터 영어 문법에는 취약했기 때문에 많이 괴롭긴 했지만, 다행히도 준비한지 1달 만에 토익 점수를 확보할 수 있었습니다. 700점이라는 목표 점수를 단기 간에 달성하기 위해서 L/C에 집중했던 것이 주요했던 것 같습니다.

이후 재무회계와 세법개론 강의를 들으면서 과거의 감을 조금씩 찾아나갈 수 있었고, 원가관리회계의 경우 예전에도 독학으로 준비했기 때문에 무난히 공부를 할 수 있었습니다만(물론 원가관리회계도 강의를 듣긴 했습니다만 성과는 없다시피 했습니다. 그 강사분 및 교재와의 상성도 좋지 않아 결국은 교재를 바꾸게 되었습니다.) 드디어 제게 첫 번째 벽이 찾아왔습니다. 바로 재무관리입니다.

2010년 12월~2011년 6월

사실 예전에 공인회계사 시험 준비를 엄두도 내지 못한 것이 바로 재무관리 때문이었다고 해도 과언이 아닙니다. 고등학교 때부터 수학에 질색이었던 저는 수학적 지식을 필요로 하는 재무관리가 싫었고, 예습을 하는 의미로 수강했던 대학 특강에서도 생전 처음으로 '강의를 들으면서 두통을 느끼는' 상황까지 일어났던지라 처음 재무관리를 시작하면서 많이 막막했었습니다.

그래도 이왕 이렇게 된 거 공부 양으로 커버하자는 생각으로 상대적으로 강의 수가 적고 재미있게 가르쳐 아무 것도 모르는 수험생이 접근하기 용이한 김종길 회계사님의 기본강의를 수강하게 되었습니다. 물론 강의가 재밌다고 재무관리 공부가 쉬운 것은 아니기에 강의를 들은 직후 그 분량을 복습하는데 약 5시간이 소요될 정도로 시간과 노력을 투자했습니다. 하루에 한 과목을 집중적으로 볼 수 있을 정도로 집중력이 뛰어나지 못했던 저로서는 이 때가 가장 힘든 때였다고 생각합니다. 덧붙여 개정된 세법을 이해하면서 또한 개론 이상의 공부를 위해 세무회계를 투입한 것도 바로 이 시기입니다.

그렇게 대부분의 시간을 재무관리에 투자하다 보니 조금씩 이해가 되기 시작했고, 적어도 기본서에 있는 문제 정도는 다 해결할 수 있을 정도의 회독수를 확보하고 난 후 한숨을 돌리려는 찰나, 두 번째 벽이자 공부하면서 가장 짜증을 느낀 과목인 경제학이 기다리고 있었습니다. 대학 강의에서 A학점 이상을 받은 기억의 거의 없었고, 세무사 시험 과목인 재정학을 준비하기 위해 얼마나 고생을 했던가를 생각하니 자연스럽게 결론이 '보통 수험생들이 기타과목 3과목(경제, 경영, 상법)을 시작하는 시기보다 더 일찍 시작해야겠다.'로 수렴하여 다른 사람들보다 2달 가까이 빠른 5월에 경제학을 시작했습니다. 미시 및 거시 경제학 강의를 모두 수강했을 때가 6월이었고, 경제학 복습을 하면서 공부 시간에 빠듯함을 느끼고 왕복 2시간 30분가량의 통학 시간을 아끼기 위해 고시반을 퇴실, 집 근처의 독서실로 자리를 옮기게 되었습니다.

2011년 7월~2012년 2월

이 시기부터는 점심을 거를 정도로 최대한의 공부 가능시간을 확보하기 위해 안간힘을 썼습니다. 아침 9시에 독서실에 도착하여 점심을 거르고 저녁 6시 15분까지 공부,

저녁 먹고 7시 30분에 독서실로 돌아와 12시까지 공부하는 것으로 하루 시간표를 짰고, 과목별로는 각 과목당 2시간 이상 / 한 챕터 이상을 보도록 계획을 잡았습니다. 한 달에 하루 독서실이 문을 닫는 때 외에는 아프지 않는 이상 쉬지도 않았습니다.

7월에는 상법을 시작하였고, 10월에는 경영학을 시작했습니다. 이 두 과목의 경우 아침 일찍 인터넷 강의를 수강 후 독서실로 돌아가자마자 배운 내용을 복습하는 방법으로 공부하였습니다. 암기의 비중이 높은 과목이기 때문에 악필에도 불구하고 서브노트를 작성했던 것으로 기억합니다.

이렇게 1차 전 과목의 강의 수강이 끝나고 나니 시기가 10월 말이 되었고, 본격적으로 객관식 공부를 시작하게 되었습니다. 각 과목별로 객관식 문제집을 한 권씩 잡고 여러 번 풀어보는 방법을 선택했습니다. 특별한 방법이 있다면 '처음엔 시간제한을 두고 풀어보기 / 그 다음엔 시간제한 및 과정 생략 없이 꼼꼼히 풀어보기 / 그 이후에는 반복해서 풀어보기'라는 3단계로 문제 번호를 보자마자 어떤 문젠지 알 수 있을 정도로 반복하는 것이 주요했다고 생각합니다.

그렇게 혼자서 시험을 준비하다가 시험일자가 다가오자 내심 '혼자서 공부하니 내가 합격을 위한 실력에 얼마나 다다랐는지 알고 싶다'고 생각했고 마침 학교에서 학원 모의고사를 주문, 고시반 인원들을 모아놓고 시험을 칠 계획이 있었기에 저도 같이 참가하여 모의고사를 쳐 보았습니다.

이게 웬걸, 제 예상을 한참 뛰어넘는 결과가 나왔습니다. 평균 91점에 총점 519점. 이게 실전이었다면 역대 최고의 점수가 될 정도로 잘 나온 것입니다. 순간 '이렇게 나오면 1차는 충분히 수석하겠는데!'라는 자신감이 들었지만, 이내 '모의고사에서 잘하면 뭐하나, 실전에서 망하면 끝장인 것을.'라는 경계심이 생겨났고, 곧바로 집으로 돌아가 오답을 정리하고 2주 뒤에 있을 1차 시험을 위해 자만 없이 하던 대로 마지막 정리를 해나갔습니다. 이 시기에는 빠르게 전 과목 전 부분을 정리하고 그 중 까다로운 문제나 이론을 별도의 노트에 간략하게 정리하여 시험장에서 훑어볼 수 있게끔 만들었습니다.

2012년 2월 27일 1차 시험일. 시험 전날에 컨디션 조절을 실패하며 두통과 입으로는 담기 힘든 고질병 하나가 겹쳐버려 고사장에 도착할 때까지 기분이 매우 나빴습니다만, 어떻게든 참고 시험에 임한 결과 1차 시험에 합격할 수 있었습니다. 비록 2교시가 다른 시간에 비해 난이도가 높아서 당황스럽긴 하였으나, 애써 긍정적으로 마음을 다 잡으려 노력했기 때문에 3교시를 나쁘지 않게 치룰 수 있지 않았나 생각합니다.

과목	경제학	경영학	상법	세법	회계학	총점
점수	92.5	82.5	97.5	80	138	490.5

2012년 3월~2012년 6월

　예전과 같이 1주일의 휴식 시간을 가지고 서울에 있는 친구들 및 지인들을 찾아가 1차 합격의 소식 및 더 열심히 하겠다는 각오를 전하고 돌아온 후 미리 주문해 둔 2차 교재들을 들고 독서실을 옮겨 새로운 마음으로 2차 준비를 했습니다. 하지만 1차 시험을 준비할 때보다 과목 수가 작아 보다 공부에 여유가 있을 거란 처음 생각과는 달리, 과목 당 분량이 1차와는 수준이 다른지라 오히려 공부시간이 부족해 더욱 쫓기면서 공부를 할 수 밖에 없었습니다. 그래서 저는 2차 준비 시에는 강의를 듣는 것을 최대한 자제하고, 1차 준비 시 잠시 봤던 2차용 연습서를 계속 보는 방법을 선택했습니다.

　먼저 회계감사 강의를 수강하였는데, 2차 시험에서만 존재하는 과목이라 많이 생소했고 다른 과목과는 달리 서술형이기 때문에 준비가 많이 까다로웠습니다. 특히 인터넷으로만 강의를 듣고 혼자서 공부했던 지라 정보가 많이 부족했고 제 실력을 가늠해볼 방법 또한 없었기 때문에 많이 불안했었습니다.

　그리고 계속 불안했던 재무관리도 2차용 강의를 다시 한 번 들었는데, 범위가 확정되지 않은 재무관리란 과목의 특성상 '교재 한 권만으로 준비해도 되는 건가' 라는 생각이 시험 직전까지 제 머릿속을 맴돌았고, 결국 시험 3주 전 모의고사용 교재를 한 권 더 풀어보는 무리수를 두게 되었습니다.

　그렇게 불안감 속에 공부를 하다 시험일이 다가왔고, 시험 전날에 일찍 올라와 숙소를 잡고 그 숙소에서 마지막 정리를 해야겠다는 생각에 캐리어에 책을 가득 넣어 서울로 올라왔습니다만, 역시나 책에 전혀 손이 가지 않아 찝찝한 기분으로 시험장으로 향할 수 밖에 없었습니다.

　시험 첫 날에는 첫 시간부터 충격이었습니다. 마치 1차 시험은 시작에 불과하다. 라고 온 몸으로 외치는 듯한 세법 때문에 제정신을 차릴 수 없었고, 점심밥도 제대로 넘길 수 없었습니다. 하지만 1교시 연연하면 이후 시험에 지장이 있을게 분명하기에 '뭐 나만 이럴까. 남들도 어려웠겠지.'라는 최면을 계속 걸면서 나머지 2교시 재무관리, 3교시 회계감사를 치렀습니다.

　시험 둘째 날에는 첫 날과는 반대로 마음이 편했습니다. 분명 폭탄이 두세 발 떨어질게 분명하다고 생각했단 1교시 원가회계가 '예상보다는' 쉽게 나와서 마음을 편하게 해 준 것입니다. 그리고 작년보다는 확실히 쉬웠다고 평가되는 2교시 재무회계를 마치면서 '세법만 어떻게 해결된다면 합격할 수 있겠다.' 라는 근거 없는 위안을 삼으며 시험장을 나올 수 있었습니다.

과목	세법	재무관리	회계감사	원가회계	재무회계	총점
점수	77.1	91	64.4	96	128	456.5

(2) 과목별 수험 전략

회계학, 세법

세무사 시험을 준비하면서 어느 정도의 경험이 있었기에 다른 과목에 비해서는 준비가 수월했던 과목입니다. 그래서 강의 보다는 복습에 더욱 치중할 수 있었습니다.

회계학의 경우 개념의 이해 및 문제풀이의 반복을 통해 그 개념에 익숙해지는 것이 중요합니다. 그렇기 때문에 여러 문제를 푸는 것 보다는 각 개념 사이사이에 배치되어 있는 예제를 철저히 파악하는 가장 먼저 숙달되어야 할 것입니다.

올해 새로 출제된 정부회계의 경우 간단한 개념 및 계산문제가 출제되었습니다. 향후 몇 년간은 이러한 경향으로 출제될 것으로 예상되므로 시험 막바지에 집중적으로 준비하는 것을 추천합니다.

세법의 경우에는 휘발성이 가장 크다고 하지만 이것은 어디까지나 세세한 법조문 내용에 해당하는 문제일 뿐 세액을 계산하는 큰 가지는 쉽게 잊혀지지 않기 때문에 먼저 과세소득에서 과세표준으로, 과세표준에서 산출세액으로, 산출세액에서 납부세액으로 이어지는 과정을 곱씹으면서 큰 틀을 잡고, 이후 세부적인 내용, 예를 들면 법인세의 세무조정이나 소득세의 종합소득금액의 항목을 이해해 나가면서 반복하는 습관을 가진다면 보다 수월하게 공부해 나갈 수 있을 것입니다. 최근에는 방대한 기본서를 압축해 놓은 부교재도 많기 때문에 기본서로는 이해를, 부교재로는 암기를 하는 것으로도 시험을 준비하는 데는 어려움이 없을 것입니다.

재무관리

수학적 지식이 확보되었다면 수월하나 그렇지 않다면 처음에는 접근하기 조차 힘든 과목입니다. 하지만 어느 정도 공부하다보면 기업재무 부분과 파생상품 부분 각각에서 기초로 하는 개념이 몇 가지되지 않다는 것을 느낄 것입니다. 이를 위해서는 먼저 예제를 하나하나 풀어보면서 이 답이 어떤 과정을 거쳐서 도출되는지 역으로 해체해보는 방법을 추천합니다. 그리고 너무 어려운 문제에 집착하지 않는 마음가짐도 필요합니다. 범위에 제한이 없기 때문에 어려운 이론을 찾다 보면 끝없이 집착하다 결국 시험을 준비하는 범위를 아득히 넘어가 버릴 수 있기 때문입니다. 특히 2차 시험을 준비할 때 이로 인해 기본적인 내용을 소홀히 하여 시험장에서 당황하는 일은 없어야 할 것입니다.

경제학, 경영학, 상법

소위 기타 3과목이자 1차 시험의 전략과목으로 꼽는 과목들입니다. 경영학 및 상법의 경우 다른 과목과는 달리 암기가 중요한데, 그렇다고 무턱대고 분량이 많은 상법 조문,

판례나 경영학 이론을 암기하는 것은 비효율적입니다. 시험에 자주 출제되는 부분이나 중요한 이론의 경우에는 객관식 문제 및 기출문제를 통해서 익혀나가는 것이 대개 생각하는 것보다 더 크게 도움이 되고(기출문제 지문을 완벽히 분석하는 것만으로도 시험 범위의 절반 이상을 다룰 수 있습니다.), 그 외 지엽적인 부분의 경우에는 키워드를 따는 것으로도 충분히 정리가 가능합니다.(대개 이런 부분은 출제 시 심하게 꼬지 않는 경우가 많습니다.)

경제학은 과거 전략과목에서 현재 난이도를 종잡을 수 없는 과목으로 성격이 바뀌었기 때문에 단순히 문제를 푸는 방법으로는 어렵게 나올 경우를 대비하기가 힘듭니다. 그렇기 때문에 평소에 이론 부분을 공부하면서 그래프 및 식을 반복해서 도출하는 연습을 통해 실전에서는 머릿속에서 이를 단시간 내에 꺼낼 수 있도록 해야 할 것입니다.

회계감사

2차 시험에만 출제되는 과목이자 동차생과 유예생의 실력 및 공부량에서 차이가 날 수밖에 없는 과목입니다. 더군다나 동차생의 경우 준비할 수 있는 기간이 약 4개월에 불과하기 때문에 방대한 기본서 및 감사기준을 공부하기가 많이 어려운 것이 현실입니다. 저 같은 경우에는 아침에 스터디 가이드를 반복하여 읽으면서 거기에 있는 문제를 실제 써 나가면서 풀어봤고, 공부를 마치고 독서실을 나가기 30분 전에 프린트 물로 된 요약집을 빠르게 읽어나가 오늘 공부했던 부분을 리마인드 한 후에 집으로 향했습니다. 기준 내용을 묻는 문제든 사례를 해결하는 문제든 간에 기초가 되는 것은 회계감사 기준의 내용이기 때문에 최소한 스터디 가이드에서 다루는 기준 내용은 암기가 되어야 하며, 사례 문제의 경우에는 '만약 내가 감사인이라면 이 상황에서 어떻게 할 것인가.' 라는 생각을 한 번쯤 해보는 것이 보다 유효하게 대비하는 방법이 될 것입니다.

김준민 연세대학교 편입 후 1학기를 수강하고 본격적인 공부를 9월부터 학원에서 시작했습니다. 9월에 학원에 가기 전에는 중급회계와 원가관리회계, 세법의 기본 강의를 PMP로 수강하였습니다. 2010년 9월부터 1차 시험공부를 시작하여 2011년 2월에 1차 시험을 통과하고 2011년 2차 시험에서 세법과 재무관리 두 과목을 유예하여 2012년 8월 2차 시험을 최종합격했습니다.

1차 시험을 공부할 때는 공부해야 할 양에 비해 시간이 부족하여 평일에는 아침 5시에 일어나 학원에 6시 조금 넘어서 도착하여 11시가 되기 전에 집에 갔습니다. 주로 학원 자습실에서 공부하였습니다. 처음 동차로 2차 시험 공부할 때도 3월, 4월까지는 1차 시험 때와 동일한 시간을 공부를 하다가 힘이 빠져서 5월, 6월에는 그다지 집중하지 못했습니다. 2차 시험을 공부할 때는 건강을 생각하며 시간 조절을 해야 합니다. 세법과 재무관리를 유예로 공부하던 2012년 1월부터 6월까지는 오전, 오후로 나누어 공부를 하였고 저녁시간은 모자란 공부를 하거나 쉬었습니다.

주위에 공인회계사를 공부하던 사람들이 적어서 주로 학원에서 수험정보를 입수하였습니다. 인터넷 커뮤니티나 익명적인 공간보다는 자신이 직접 아는 사람들에게 정보를 얻는 것이 좋다고 생각합니다. 1, 2차 과목별 공부방법은 다음과 같습니다.

1) 1차

• 경영학 / 재무관리 : 일반 경영학은 편입을 준비할 때 김윤상 선생님의 책으로 이미 공부를 하였습니다. 주관식 문제를 염두에 두고 공부하였기 때문에 객관식 공부에는 크게 어려움이 없었습니다. 핵심 경영학연습 책의 모든 문제를 풀었습니다. 1, 2월에는 객관식 책을 한 챕터씩 꾸준히 풀었습니다. 재무관리가 저에게는 큰 문제였습니다. 고등학교를 거치지 않았기 때문에 수학에 대한 감이 좋지 않았습니다. 직관적으로 계산이 가능한 것을 계산하지 못 하는 경우도 있었습니다. 재무관리에서 쓰는 기호도 너무 헷갈렸습니다. 저는 처음에 $\delta 12$와 $\delta 1\delta 2$를 구별하지 못했습니다. 또한 이해가 우선시 되는 과목이지만 저는 9월에 수험생활을 시작하였고, 12월이 되어서야 처음 재무관리 강의를 접하여서 재무관리 이론들을 충분히 검토할 시간이 없었습니다. 결국 시험이 임박하여 공부했기에 거의 암기로 공부하게 되었습니다.

• 경제학 : 저는 경제학을 10월에 처음 공부하였습니다. 처음에 경제학원론이라는 과목명으로 얕잡아 본 것이 크나큰 실수였습니다. 학교 강의보다 깊은 지식을 요구하며 더 넓은 범위를 다뤘습니다. 저는 경제학을 공부할 때 수첩보다는 크지만 공책보다는 작은 크기의 스프링 노트에 한 면에는 이론들을 정리하고, 옆면에는 문제를 풀어보고 자주 틀리는 것을 정리하였습니다. 저는 이 노트를 비는 시간에 보면서 경제학을 정리했습니다. 휴대하기 편한 노트를 만드셔서 틈틈이 보시면 좋을 것 같습니다. 표나 그래프는 큼지막하게 그리는 것도 괜찮지만 요령이 생기면 특징만 잡아서 그리면 좋습니다. 한 눈에 비교가 되고 무엇이 다르고 어떻게 변하는지를 확인할 수 있게 해야 합니다. 또한 수업 전에 미리 예습해서 어떤 그래프를 크게 그리고 작게 그릴지 정하면 좋습니다.

정병렬 선생님의 기본서를 모두 본 후 12월 말에 김판기 선생님의 객관식 강의를 들으며 객관식 책으로 넘어갔습니다. 객관식 책이 정리가 잘 되어있고 시험공부에 목적 적합하여 기본서는 이해가 되지 않을 경우에만 보게 되었습니다.

• 상법/세법 : 상법은 10월부터 오수철 선생님의 기본책을 주로 공부하였습니다. 상법 책은 암기하기 편하게 깔끔하게 정리하시는 것이 좋습니다. 저는 필기한 상법 책 외

로 다른 상법 책을 구해 형광펜으로 암기할 부분만 그어 가며 공부했습니다. 익힘 문제를 손이나 종이로 가리고 꾸준히 반복하시기 바랍니다. 객관식 책은 11월 즈음해서 출간되는 것으로 알고 있는데 미리 풀지 마시고 1, 2월에 감이 떨어지기 시작할 때 푸시면 좋습니다.

세법은 제일 막막한 과목입니다. 11월에 이승철 이승원 선생님의 객관식 세법책을 주로 보았습니다. 객관식 세법 책을 자주 보다 보면 요령이 생깁니다. 처음 푸실 때는 많이 틀릴 테니 따로 종이 등에 문제를 적어두며 풀어 보시는 것이 좋습니다. 세법에 관해 이 문제가 확실히 나온다느니 안 나온다느니 여기저기서 들리는 소문이 많습니다. 믿지 마세요. 저도 세법을 공부하며, 이런 소문에 혹하였던 적이 있습니다. 학원 휴게실에서 도시락 먹으면서 여러 소리에 귀를 기울여 보았지만 결국 다 취합해보니 법인세는 익금과 손금이 나오고 기타세는 가볍게 보라라는 말도 안 되는 결론을 얻었습니다. 세법은 배우는 어느 것도 시험에 나올 수 있습니다. 마지막 정리가 아니라면 폭넓게 공부하시기 바랍니다. 세법은 끝까지 잡고 방심해서는 안 되는 과목입니다.

• 재무회계/ 원가관리회계 : 재무회계와 원가관리회계가 엄청난 부담이었습니다. 공부방법이 체계적이지 않던 9월에 객관식 재무회계와 원가관리회계를 공부하여 복습은 꾸준히 했지만 실력은 향상되지 않았습니다. 이런 상황이 누적되어 1월, 2월에는 잘 기억이 나지 않고 무엇을 공부해야 할 지 감도 잡히지 않았습니다. 원가관리회계를 1, 2월에 최소한으로 공부하고 객관식 재무회계 강의를 온라인으로 다시 들었습니다. 1차 시험에서 재무회계 과목이 과락이 나지 않은 것은 운이 따랐다고 생각합니다.

2) 2차 시험

• 세법 : 동차반에서 이승철 이승원 선생님의 세무회계연습 강의를 들었습니다. 보강이 많던 재무관리와 겹쳐 수업을 들어 복습하기 너무 어려웠습니다. 1차 때는 객관식 위주로 암기로 공부를 하여도 통과하는 데는 지장이 없지만 2차는 이해가 우선시 되어야 합니다. 어느 세목에 무슨 세율을 적용하는 이유는 누구를 제재하기 위해서이다와 같이 스토리로 이해하시면 편합니다. 유예 때는 세무회계 책에서 문제를 뽑아 풀어보는 스터디를 한 것이 많이 도움이 되었습니다.

• 재무관리 : 이영우 선생님의 재무관리연습 강의를 들었습니다. 보강이 많아 동차 때는 복습을 거의 못 하고 5월 말에야 겨우 문제를 풀어보기 시작했습니다. 재무관리는 강의에서 한 번 흐름을 놓치기 시작하면 따라 잡는 것이 무척 힘듭니다. 집중하시기 바랍니다. 동차 때는 6월 초에 하는 단기특강을 들으면 중요한 부분이 복습이 되기

때문에 수강하시는 것을 추천합니다. 유예 때는 책의 모든 문제를 풀고 GS에서 책에서 안 다루는 문제도 다루기 때문에 굳이 단기특강을 들을 필요는 없습니다.

- 회계감사 : 저는 회계감사를 A4크기 공책을 눕혀서 그림 그리면서 정리했습니다. 스터디 가이드에도 정리가 잘되어 있으므로 따로 정리할 필요 없이 스터디가이드를 보는 것도 괜찮습니다. 3월부터 회계감사 기준 암기 스터디를 했는데, 이 스터디는 5월부터는 작년 GS문제를 푸는 스터디로 발전하였고 서로에게 긍정적인 자극을 주어 동차 때 모든 스터디원들이 회계감사는 합격했습니다.

- 원가관리회계 : 재무관리와 더불어 가장 어려운 과목이었습니다. 김용남 선생님의 원가관리회계연습 강의를 들었습니다. 문제를 풀다가 막혀서 답을 보아도 무엇이 문제인지 잘 보이지 않는 과목이었습니다. 저는 제가 잘 틀리는 부분에 형광펜을 칠하면서 6월에는 그것만 반복했습니다. 문제가 크고 시간이 오래 걸리기 때문에 문제를 모두 풀 여유는 없을 것이라고 생각합니다. 동차생들은 수업시간에 선생님이 풀어주는 문제만 풀고 들어가셔도 괜찮습니다.

- 재무회계 : 1차 시험과 달리 부담이 다른 2차 과목에 비해 상대적으로 적은 과목이었습니다. 김현식 선생님의 재무회계연습 강의를 들었습니다. 특정한 경우를 생각하고 이럴 때는 회계처리가 어떻게 바뀌는지 생각하면 편리합니다. 공부할 때 부담은 적었으나 선생님이 쉽다고 지나가시는 문제를 매번 맞히지 못해 강의를 들을 때는 부담감이 상당했습니다.

정애천 기본강의로 각 과목 기본적 체계를 잡은 후 1차 도전 하던 해 10월~1월 본격적인 객관식 준비에 들어갔습니다. 신림동 고시촌에서 아침 4시30분에 근처 대학촌교회에서 새벽기도로 하루를 시작하고 식사시간을 제외하고는 공부를 했습니다. 공부만 집중하기 위해 하루의 생활들을 부득이한 경우를 제외하고는 최대한 단순화 시켰습니다. 일요일에는 예배를 드리고 다른 청년들과 교재를 나누면서 지난 한 주간의 태도를 돌아보며 휴식을 취했으며 저녁식사 후 다음날 공부를 위해 가벼운 마음으로 책을 잡았습니다.

1) 1차 시험 최초 도전하던 해 2월 한 달간

시중에 나온 모의고사를 다 구입 해 2~3회 정도 시간을 정해놓고 실전의 감을 익히고 나머지 모의고사에서는 상법과 세법의 문장제 문제 모두와 취약한 과목을 보충 했습니다. 객관식 중 계산형은 풀어야 할 문제와 스킵할 문제를 잘 구분 후 선별해서 풀었습니다. 모의고사에서 회계학과 세법 틀린 계산 문제 중 그때까지 연습이 잘 되어있지 않은 것은 과감하게 포기함으로써 얼마 남지 않은 시간을 효율적으로 이용할 수 있었습니다

2) 1차시험 과목별 학습방법

• 회계학 : 처음 1차 도전할 때는 객관식 교재를 선택해서 스킬터득에 중점을 두고 혼자 풀었습니다. 1차 재도전할 때는 2차 시험 때 공부했던 2차용 교재를 그대로 이용했습니다. 계산형에 비해 문장제 문제를 빠르고 정확하게 풀 수 있도록 준비해 두어 주어진 시간 안에서 기본점수를 확보하는데 도움이 되었습니다.

• 세법 : 객관식교재를 선택해서 스킬 터득에 중점을 두고 혼자 풀었습니다. 각 세법의 차이점, 혼돈되는 부분을 서브로 작성해서 효율적으로 이용할 수 있었습니다, 시험장에서 문장제 문제를 하나도 놓치지 않도록 철저히 준비했습니다. 지방세법도 세부적인 내용까지는 아니더라도 출제가능성이 높은 기본적 내용들을 중심으로 문장제 문제에 대비했습니다. 계산형 문제에 비해 빠른 시간에 점수를 획득할 수 있는 서술형문제를 놓치지 않고 정확하고 빠르게 풀어낸 후 남는 시간을 이용해서 계산형을 풀어 비교적 좋은 결과를 얻을 수 있었습니다.

• 일반 경영학 : 기본 강의 때 수강한 정순진 선생님 경영학을 재정리하면서 다른 저자의 객관식 교재로 보충했습니다. 정순진 선생님 경영학 목차정리를 암기해 각 문제마다 포지션을 파악하면서 풀어나감으로 방대한 양에 대한 부담감을 많이 줄일 수 있었습니다.

• 재무관리 : 기본 강의 때 기본적인 원리이해 위주로 학습이 되어 있었기 때문에 객관식용 교재를 별도 이용하지 않고 그 전에 기본강의 교재를 그대로 사용해서 정리했습니다.

• 경제학 : 기본 강의 때 어느 정도 체계를 잡았기 때문에 기본강의 때 이용했던 경제학 이론정리로 미시, 거시 전체 흐름을 최대한 빠른 시간에 훑고 문제를 선별해서 풀었습니다.

• 상법 : 이해를 토대로 상법의 마인드 형성에 도움이 되었던 김학묵 강사님 강의 도중 밑줄 친 부분을 암기했으며 강의 내용을 다시 테이프로 구입해 수시로 반복해서 들었습니다.

상법전으로 조문이 익숙해질 때까지 반복해서 읽었습니다. 잘 혼돈되는 부분을 서브노트로 작성해두되 잘 정리되어 있는 표도 활용했습니다.

3) 최초 1차 합격 하던 그 해 3월~6월

당시 부분 합격제가 도입되기 전 이었는데 유예생과 전 과목 스터디를 했습니다. 주중 5일간 5 과목 중 한 과목씩 돌아가며 한 교재를 정해 각자 공부해서 선별한 문제로 독서실 스터디룸을 얻어 모의고사 식으로 매일 이루어졌습니다. 혼자 공부할 때 보다 책임감을 가지게 되고 더 적극적 자세로 시험 준비를 할 수 있었습니다. 자연스럽게 정보를 교환 할 수 있어 시너효과가 창출되고 효율적이며 효과적이었습니다.

4) 최초 2차 유예기간

스터디가 이루어졌으나 약속이 잘 지켜지지 않아 시작 된지 잠시 만에 스터디가 무산되었고 잠깐 학원 신설 모의고사 반에 참석했으나 체계적으로 운영되지 않아 그 이후론 쭉 혼자 공부했습니다.

그 후 2차기회가 주어질 때도 혼자 독학했는데 지금 돌이켜 볼 때 학원 모의고사반등을 전혀 이용하지 않아 새로운 문제 유형들을 업데이트하지 못했고 실전스킬을 전혀 익히지 못했던 점이 몇 차례의 2차 실패를 경험했던 주요 원인이었던 것 같습니다.

5) 학점이수와 영어시험제도

학점이수는 사이버대학을 통해 이수했으며 당시 수강해야할 과목에 대해서는 2차 시험 준비가 어느 정도 이루어진 상태라 쉽게 학점 이수가 가능 했습니다. 영어 시험제도가 변경되고 8~9개월간 하루 3~4시간 독학으로 시험 준비를 했습니다. 처음에는 토익과 탭스를 동시에 준비했으나 비효율적인 것 같아 기준 점수 확보가 더 빨라 보이는 토익만 도전했습니다. 처음 리스닝 테스트를 평가받는 큰 부담감이 있었으나 근처 서점에서 가장 기초부터 한 단계씩 밟아 나가며 매달 실전으로 감각을 익혀 나갔습니다. 시험 결과를 분석해 예상보다 점수가 저조한 리딩 5, 6파트를 서점에 문의해 가장 유명한 책으로 시간을 책정해 연습하고 리딩의 파트 7도 실전용 문제집으로 꾸준히 연습하고 파트 1과2를 완벽하게 들을 수 있도록 거의 암기했습니다. 파트 3, 4는 교재에 있는 본문의 문제까지 최대한 많은 양의 문제를 실전의 분위기처럼 풀고 감을 잡는 훈련을 했습니다. 마지막 1.2 개월에는 모의고사용 문제집을 구입해 실전 식으로 집중 연습을 끝낸 후 기준점수를 확보할 수 있었습니다. 2010년 재도전 할 땐 좀 더 자신감이 있었고 처음 때와 달리 리스닝은 동영상 강의수강으로 좀 더 체계적으로 접해 자신감을 한층 더 높일 수 있었으며 현재 한번 더 치른다 해도 무난히 정복 할 수 있겠다는 자신감이 생겼습니다. 어느 상황에서도 할 수 있다 믿고 최선을 다하면 좋은 결실을 맺을 수 있다는 생각이 든 계기가 되었습니다.

6) 2010년 11월~2월

결혼 후는 두 딸을 어린이집에 보내고 기본적인 가사 일을 마친 후 오전 10시쯤 공부를 시작해서 오후 4시까지 점심식사를 제외하고는 공부에 집중했고 그 후 시간에는 육아와 가사일로 공부를 중단했습니다. 10시쯤 아이들을 재우고 한두 시간 공부시간을 추가로 확보했습니다.

회계학, 세법, 재무관리는 특별히 1차 준비를 별도로 하지 않고 2차용 교재로 빠르게 재정리 했으며 경영학은 기존에 봐 왔던 정순진 선생님 경영학 개정판을 구입해 목차정리용을 중심으로 이론을 정리하고 문제를 풀었습니다. 경제학은 기존의 정병렬 선생님 교재를 이용해 빠르게 이론정리를 했고 김판기 선생님 객관식 문제집을 구입해 풀었습니다. 상법은 김학묵 다이어트 상법을 중심으로 진도를 빠르게 나가면서 부족한 부분들을 김학묵 선생님 상법책을 참조했습니다. 최근 시험 경향을 따라 다른 저자의 객관식 문제집으로 학설과 판례를 보충했으며 기존의 서브노트를 효율적으로 활용했습니다. 2월 한 달 간은 그전과 동일하게 철저히 모의고사 중심으로 준비를 했습니다.

7) 2011년 3월~6월

2011년 1차 시험을 치른 후 1주일 동안 휴식을 취하며 재충전을 했습니다. 육아와 병행으로 좀 무리가 되긴 했으나 몇 번의 2차경험이 있었기 때문에 다섯 과목 모두 도전 했습니다. 원가회계와 재무관리는 1차와 달리 깊은 차원의 내용이해를 요함으로 체계 있게 준비가 되지 않고 1차를 스킬위주로 공부해 단시간 내에 합격한 경우라면 자신 있는 일부과목만 도전하는 것이 바람직한 전략이라고 생각됩니다.

8) 2011년 7월~8월

결과를 기다리며 충분한 휴식을 취했습니다.
시험결과 원가회계와 재무관리를 제외한 나머지 세과목 통과 하였습니다.

9) 2011년 9월~2012년 3월 중순

육아·가사가 병행되었기 때문에 하루 평균 4~5시간씩 공부시간이 확보되었습니다. 2과목이라 홀가분한 마음으로 시작했으나 원가회계와 재무관리는 정형화되지 않은 문제도 상당부분 출제되기 때문에 시간이 지날수록 부담이 커져갔습니다.

10) 2011년 3월 중순~6월

수·토요일 육아 문제는 어머께 부탁드리고 종로 웅지패스원 이영우 강사님 재무관리와 김용남 강사님 원가관리회계 GS 모의고사 반에 들어가 본격적인 시험 준비를 했는데 이것이 전 수험기간동안 가장 현명했던 선택 이었지 않았나 싶습니다. 모의고사를 한 회씩 치를 때마다 철저히 복습을 해서 내 것으로 만들고 이해되지 않은 문제는 강평 후 질문했습니다. 이영우 강평시간의 깔끔한 이론정리와 새롭게 떠오르는 이슈까지 고려한 문제들은 지금까지 원리 이해를 위주로 철저히 공부해왔던 재무관리 체계를 더욱 확고히 해주었고 재무관리를 바라보는 시야의 폭을 대폭 확장시키는데 도움이 되었습니다. 집에 도착하면 밤 12시경쯤 되었고 몸은 지치고 피곤했으나 마음만은 즐겁고 가벼웠습니다. 6월 초 수강한 이영우 재무관리 단기특강은 GS 모의고사와의 시너지효과가 정말 컸고 올해 실전에서 큰 도움이 되었습니다. 새로운 문제가 많이 출제될 때 그 회의 모의고사 점수가 평균이하로 떨어져 잠시 낙심이 될 때도 있었으나 3~4번 더 반복해서 풀어 완전히 내 것으로 될 때까지 포기하지 않았습니다. 원가관리회계 역시 그때까지 깊이 생각하고 원리이해위주로 철저히 공부해왔기 때문에 모의고사 처음에는 가벼운 마음으로 접했지만 모의고사를 통해 스피드훈련과 체계적 접근을 확고히 할 수 있어 무척이나 만족했습니다. 6월 한 달 동안 GS 모의고사와 재무관리 단기특강으로 최종마무리 했는데 덕분에 해마다 부담스러웠던 시험 직전 정리까지 잘 마쳤습니다.

11) 2차 시험 과목별 학습방법

- 재무회계 : 김영덕 강사님 재무회계로 단권화시키고 독학으로 2~3회독 하였으며 직접 손으로 풀었습니다. 현금흐름종업원퇴직급여 고급회계 등 혼돈이 많이 되는 부분들은 서브노트를 작성해서 재 복습시 빨리 접근하고 시험 직전 다시 확인함으로 실전에서 스피드 있게 감을 잡을 수 있었습니다. 제 기억에는 2011년 실전에서 4~5문제 꼴로 한문제가 서술형이었는데 시간이 부족해 미처 준비하지 못했던 서술형문제는 거의 놓쳐 그 해 간신히 통과 했습니다. 중요한 서술형문제는 대비해두는 것도 바람직한 것 같습니다.

- 세무회계 : 서점에 문의해 당시 대세인 연습책으로 단권화시켰습니다. 개정된 내용을 업데이트하고 시간관계상 먼저 소득세종합문제와 부가가치세 과세표준, 세액계산 등의 종합문제로 정리하고 법인세법과 나머지 소득세부가가치세 문제를 풀었습니다. 1차 때 서브를 업데이트해서 활용했는데 1차와 달리 2차에서는 특히 소득세법과 부가가치세 세부적인 내용을 요하는 계산형 문제가 많아 정확하게 정리해 둘 필요가 있습니다.

- 원가관리회계 : 이미 여러 가지 2차용 수험서를 주로 독학으로 정리해 비록 다른 수험생보다 문제이해능력이 있었으나 독학의 가장 강력한 단점인 업데이트가 힘들어 다수의 실패를 경험해 왔습니다. 올해 3월 중순부터 웅지패스원 GS 모의고사 반에 들어가 예습과 복습을 철저히 하고 모의고사문제로 더욱 체계화 시켰습니다. 모의고사의 양이 일반적인 시험보다 많아 스피드 훈련이 되었고 문제 구성이 잘되어 있어 최종 정리용로 활용하는데 도움이 많이 되었습니다. 어느 정도 원가관리회계 체계가 잡힌 수험생이라면 개강 전 이라도 한해 전 모의고사를 구해 정리 후 시험 직전 모의고사반 개설시 업데이트할 수 있다면 시험준비에 많은 도움이 되지 않을까 합니다.

- 회계감사 : 처음 2차준비 때 노준화 교수님 책으로 권오상 강사님 강의를 듣고 그후 감사 책에 요약정리내용을 암기하고 문제들을 손으로 풀었습니다. 차후 재도전시 시간절약을 위해 요약 정리된 박스내용만 외우고 선별해서 문제들을 풀고 나머지는 눈으로 보충 했습니다. 시험장에서 모르는 사례문제 등이 나오더라도 외워둔 기준내용을 살짝 바꿔 적어 기준점수 확보에 결정적인 도움을 받았습니다.
- 재무관리 : 이의경 교수님 책으로 기본 체계를 다진 후 이영우 강사님, 김종길 강사님 책으로 독학했으나 올해 3월 GS모의고사 반에 가입해서 이영우 교수님 문제풀이 때 이론정리로 많은 도움을 받았으며 6월 달 인터넷 단기특강내용으로 또 한 번의 체계를 확고히 한 후 실전에서 큰 도움을 받았습니다.

재무관리의 체계가 어느 정도 잡힌 수험생이라면 개강전이라도 한해 전 단기특강 내용을 인터넷으로 수강하고 GS 모의고사를 구해 정리 후 시험 직전 다시 수강해서 업데이트할 수 있다면 시험 준비에 많은 도움이 되지 않을 까 합니다.

3. 1, 2차 수험기간동안 Group Study는 어떻게 이루어졌으며 실전 시험에는 어느 정도의 효과가 있었습니까?

박동선 비록 제가 지방에서 혼자서 공부하여 스터디 같은 것을 경험해 본 적도 없었고 스터디 자체에서 적응할 수 있는 체질도 아니었기 때문에 뭐라 말할 수는 없습니다만, 2차 시험을 준비해 본 결과 적어도 회계감사 같은 과목의 경우 스터디를 통한 의견 교환이 공부에 많은 도움이 될 것이라 생각합니다.

김준민 1차 수험기간동안에는 Group Study를 하지 않았습니다. 동차로 공부할 때는 감사 스터디를 했습니다. 이 스터디에서는 각 주마다 한 사람씩 정해서 출제하여 감사 기준을 외웠습니다. 서로 처음 접하는 과목이기 때문에 출제하는 분들이 꼴찌 하는 경우도 꽤 많았습니다. 이 스터디는 5월부터는 작년 GS문제를 푸는 스터디로 발전하였고 서로에게 긍정적인 자극을 주어 동차 때 모든 스터디원들이 회계감사는 합격했습니다.

유예 공부를 할 때는 세무회계연습 책을 푸는 스터디를 같이 하였습니다. 세법은 2차 공부에서 비교적 쉬운 과목이라고 생각하여 복습을 게을리 하는 경우가 있는데 그러한 태도에 경종을 울리는데 도움이 되었습니다. 서로 한 명씩 정해서 세무회계연습 책에서 문제를 뽑아서 같이 풀어보는 방식으로 실행했습니다. 재무관리는 4월 말부터 작년 GS 문제를 푸는 스터디를 하였습니다. 복습을 하고 논리를 다시 익히는 것에 중점을 두었습니다. 스터디에서 긴장하며 실제 시험처럼 연습하였던 경험이 실제 시험에서 긴장을 덜게 도와주었습니다.

🎙️ 4. 최근 1, 2차 시험과목별 출제경향과 수험대책은 어떤 것이 있습니까?

Ⓐ **박동선** 올해의 경우에는 1차 시험의 난이도가 낮은 반면, 2차 시험의 난이도가 전반적으로 높아져 동차합격자의 수가 예년에 비해 많이 감소하였습니다. 앞으로도 이러한 경향이 계속된다면 '1차 시험을 빨리 붙고, 2차 시험 첫 해에서 몇 과목만 준비하여 부분합격 과목을 확보한 다음 유예 때 여유있게 확보하는' 방법은 그야말로 실패하는 방법이 될 수도 있을 것입니다. 그렇기 때문에 장기적인 관점에서 빠르게 합격하기 위해서는 1차 시험을 준비하면서부터 여유를 가지고 2차 시험 준비까지 어느 정도 할 수 있도록 하여 4개월에 불과한 동차 생활 중 2차 시험 과목 전 과목을 준비할 수 있도록 하는 것이 필요할지도 모릅니다.

Ⓐ **김준민** 저는 수험생이어서 출제경향을 분석한 적이 없어서 현재가 과거와 무엇이 다른지 잘 모르겠습니다. 제가 경험한 것만 놓고 보자면, 각 연도마다 편차가 크다는 것입니다. 2011년도에는 세법과 원가관리회계가 쉬웠지만 재무관리, 회계감사가 어려웠지만 2012년도에는 세법이 어렵고 재무관리가 쉬웠습니다. 2차 시험의 난이도가 1차 시험의 영향을 많이 받지 않을까 추측합니다. 어느 과목의 난이도를 예상하고 그 난이도에 맞춰 공부하기 보다는 자신이 생각하는 난이도보다 살짝 어려운 정도로 공부하시면 좋으실 것 같습니다.

Ⓐ **정애천**

1차시험

- 경영학 : 출제범위가 방대한 만큼 새로운 유형의 시험문제가 많이 출제 되므로 무작정 암기보다 기본강의 때 강사님이 설명을 돕기 위한 예를 참고로 어떤 상황에서 적용되어야 하는지를 이해해보고 다른 문제집 등을 참조해 세부적 내용 이해에 대한 추가 도움을 받는 것 도 필요한 것 같습니다. 하나의 이론일지라도 바라보는 각도를 달리해 보면서 경영학적 마인드를 넓히는 것도 부담 없이 접근하고 정리하는데 도움이 되는 듯합니다. 거의해마다 출제는 문제유형은 실전에서 놓치지 않고 기본점수를 반드시 확보하도록 정확히 암기하고 잘 정리해야겠습니다.
- 회계학 : 문장제 문제의 비중역시 무시할 수 없으므로 기본서와 한국채택기준의 문장을 그대로 인용해 정리해둔 요약집으로 문장제 문제들을 철저히 대비해 두고 계산형 중 출제되었을 경우에 짧은 시간에 정확히 풀 수 있는 문제를 잘 선별해서 실전에서 시행착오를 최대한 줄이면 실전에서 부족한 시간을 효율적이고 효과적으로 잘 이용할 수 있을듯 합니다.

- 경제학 : 대부분의 문제들이 암기가 아닌 이론의 흐름을 정확히 파악하고 문제의 포인트를 정확히 이해해야 풀 수 있는 문제들로 구성되어 있는 듯합니다.
경제학 전반적 이론의 흐름을 잘 정리하고 철저히 원리를 이해해야 하는 것이 바람직한 학습방법인 것 같습니다.
- 상법 : 최근 들어 종전보다 판례문제의 비중이 많이 늘어나는 추세라 중요한 판례를 별도 정리해두는 것이 바람직한 듯합니다. 시험을 앞두고 마지막 각 학원모의고사에 출제된 판례는 강사입장에서 마지막으로 가장 중요하다고 판단된 것으로 구성되어 있기 때문에 반드시 정리해 두는 것이 실전에서 도움이 될 듯합니다.
- 세법 : 1차에서는 문장제문제의 비중이 큰 편이므로 출제 가능한 부분을 놓치지 않고 준비해서 실전에서 짧은 시간에 정확히 풀어낼 수 있도록 준비해두는 것이 바람직한 듯합니다. 짧은 시간 안에 정확히 풀 수 있는 기본 계산형을 잘 선별하는 연습도 필요합니다.

2차시험

- 재무회계 : 대부분의 계산형 문제가 잘 정리된 2차용 교재에서 커버되어 충분히 준비했다면 2차 시험 중 기준점수확보가 가장 예측가능한 과목인 듯합니다. 그러나 작년 시험에서는 서술형 문제의 비중 역시 높은 편 이었는데 서술형 문제에 대비역시 잘 고려되어야 할 것 같습니다.
- 세무회계 : 대부분의 계산형 문제가 잘 정리된 2차용 교재에서 커버되어 충분히 준비했다면 2차시험 중 기준점수확보가 용이한 과목인 듯합니다. 해마다 시험의 난이도의 격차가 있는 듯하니 난이도가 높은 경우를 대비해 실수하지 정확하고 빠르게 푸는 연습이 필요한 듯합니다.
- 원가회계와 재무관리 : 기출문제를 분석해 보면 그 해 수험서에서 수록되지 않은 새로운 문제가 나오는 경우가 종종 있습니다. 기존에 학습해 왔던 책으로 체계적 정리가 이루어 졌다 하더라도 해마다 새롭게 떠오르는 이슈가 되는 문제들을 독학으로 파악하긴 어렵습니다, 학원의 최종 모의고사 반 또는 특강을 이용해서 시험 직전 반드시 업데이트를 하는 것이 효율적이고 효과적인 학습방법인 것 같습니다. 실전에서 새로운 문제나 어려운 문제들이 나오더라도 침착하게 읽고 답안지에 조금이라도 더 적고 나오는 것이 점수를 몇 점이라도 더 확보 할 수 있는 것 같습니다. 먼저 빠르고 정확하게 풀 수 있는 문제를 푼 후 처음 본 어려운 문제는 나만이 아니라 다른 수험생 입장에서도 동일하니 한자라도 더 열심히 적고 나오면 추가 부분점수가 더 주어질 수 있고 결국 이 추가점수가 당락을 좌우할 가능성이 있습니다.

- 회계감사 : 사례문제비중이 늘어나면서 수험생들이 시험장에서 곤란해 하는 경우를 종종 봅니다. 회계감사기준을 정확하게 외워 잘 모르는 문제가 나오더라도 관련 기준내용을 비슷하게 적게 나오면 부분 점수를 받을 수 있는 듯합니다.

5. 수험생활 중에 본 1, 2차 각 과목별 도서목록을 정리해 주시면 고맙겠습니다.

박동선

(1) 1차 시험

- 재무회계, 정부회계 : BASIC 중급회계(이배식 저), IFRS 중급회계,
  고급회계(김기동 저), 객관식 재무회계(김영덕 저),
  정부회계(신현걸 외 공저)
- 원가관리회계 : CPA 대비 최적서 원가관리회계,
  CPA 1차 대비 객관식 원가관리회계(임세진 저)
- 세법 : 세법개론(강경태 저), 객관식 세법(이철재·주민규 공저)
- 재무관리 : 재무관리(김종길 저), 컴팩트 재무관리(김민환 저)
- 경제학 : 경제학연습, 경제학 하루에 끝장내기(정병열 저),
  다이어트 경제학(김판기 저)
- 경영학 : 에센스 경영학. 객관식 경영학, 경영학 하루에 끝장내기(전수환 저)
- 상법 : 회계사 상법신강(김혁붕 저)

(2) 2차 시험

- 재무회계 : 재무회계연습(김기동 저)
- 원가관리회계 : CPA 2차 대비 최적서 원가관리회계연습(임세진 저)
- 세법 : 세무회계, 세무회계리뷰(강경태 저)
- 재무관리 : 재무관리연습(김민환 저), 고급재무관리 이론편, 문제편(김종길 저)
- 회계감사 : 회계감사 및 스터디가이드(이창우 외 공저)

김준민

1차 시험교재

- 경영학 : 김윤상 〈핵심경영학연습〉, 〈객관식 경영학〉,
  이영우 〈재무관리〉, 〈객관식 재무관리〉

- 경제학 : 정병열〈경제학연습(미시, 거시)〉,
  김판기 〈객관식 다이어트 경제학(미시, 거시)〉
- 상법 : 오수철 〈오수철 상법〉, 〈객관식 상법〉
- 세법 : 임상엽·정정운 〈세법개론〉, 이승원·이승철 〈객관식 세법〉
- 재무회계 : 김현식·최창규·신현걸 〈객관식 재무회계〉
- 원가관리회계 : 김용남 〈객관식 원가관리회계〉

2차 시험교재
- 세법 : 정재연·이승원·이승철 〈세무회계연습〉
- 재무관리 : 이영우 〈고급재무관리연습〉
- 회계감사 : 이창우·송혁준·전규안·권오상 〈회계감사〉, 〈회계감사 studyguide〉
- 원가관리회계 : 김용남 〈원가관리회계연습〉
- 재무회계 : 최창규·김현식·신현걸 〈재무회계연습〉

A 정애천

1차 시험교재
- 경영학 : 정순진 〈경영학연습〉, 이영우 〈재무관리〉
- 경제학 : 정병렬 〈경영학연습(미시, 거시)〉
- 상법 : 김학묵 〈상법강의〉, 김학묵 〈다이어트 상법〉
- 세법 : 임상엽 〈세법개론〉
- 회계학 : 김영덕 〈재무회계〉, 김재호 〈재무회계요약〉

2차 시험교재
- 세법 : 정재연·이승원·이승철 〈세무회계연습〉
- 재무관리 : 이영우 〈고급재무관리연습〉
- 회계감사 : 이창우·송혁준·전규안·권오상 〈회계감사〉
- 원가회계 : 김용남 〈원가관리회계〉, 임세진 〈원가관리회계〉
- 재무회계 : 김영덕 〈재무회계〉

🎙 6. 수험생입장에서 구하기 어려웠다거나 보강되었으면 하는 특정 과목이나 내용의 수험서가 있습니까?

Ⓐ **박동선** 회계감사의 경우 대개 교수님들께서 집필한 교재가 위주입니다. 그렇기 때문에 단기간 내에 공부하여 성과를 내야하는 수험 공부를 위해서는 많이 애로사항이 있는 것이 현실입니다. 그래서 개인적으로는 회계감사 과목에 있어 전문 수험서가 필요하다고 봅니다.

Ⓐ **김준민** 재무관리 교재를 이영우 선생님 것만으로 공부를 하였습니다. 이 책의 문제점은 단기간에 많은 유형의 문제를 경험하기에는 문제가 너무 많다는 것입니다. 특히 옵션 파트는 동차로 공부하던 2011년에는 풀 수 있을 정도의 수의 기본 문제가 있었지만 2012년에는 기본문제가 62문제 정도 되는 것으로 기억합니다. 풀기만 하면 모든 문제 유형에 대처 가능하지만 풀기가 힘든 것이 단점입니다. 기본 문제를 줄이거나 다시 재정비하였으면 좋겠습니다.

🎙 7. 수험공부 시 학원 강의, 인터넷강의, 강의tape중 이용도 측면에서 어떤 방법을 선호했습니까?

Ⓐ **박동선** 이번 공인회계사를 준비하면서는 순수하게 인터넷 강의만 수강했는데, 마음가짐을 먹기에 따라 도움이 될 수도 있고 독이 될 수도 있다고 봅니다. 그렇기 때문에 자신을 객관적으로 볼 때 인터넷 강의로 충분한가 여부를 먼저 판단한 뒤에 인터넷 강의를 수강할지 학원 강의를 수강할지 결정해야 할 것입니다.

Ⓐ **김준민** 처음에는 PMP 강의와 인터넷강의를 이용하다가 학원 강의를 이용하였습니다. 저는 인터넷 강의를 들으면 인터넷 서핑을 하는 등 산만했습니다. 반면에 학원의 실강에서는 다른 학생들도 똑같은 공부를 하기 때문에 경쟁심이 자극되어 더 열심히 했습니다. 개개인의 편차가 있겠지만 쉽게 집중하지 못하시는 분이면 학원에 가서 다른 학생들과 같이 공부하는 것을 추천합니다.

🎙 8. 수험생활 중 애로사항과 본인만의 스트레스 해소방법은?

Ⓐ **박동선** 아무래도 혼자 공부하다 보니까 대화할 상대가 없어 답답하고 외로움을 느낄 수밖에 없는 것이 가장 큰 스트레스를 받는 점이었지만 마땅히 이를 해결할 수도 없었기에, 대신 공부하다 짬을 내서 소설책을 읽는 것으로 외로움을 달래곤 했습니다. 물론 더 이

상 견디기 힘들 정도로 외로웠을 때는 제 인생에 가장 큰 정신적 멘토가 되어준 친구에게 전화하여 하소연하기도 했습니다.

🅰 **김준민** 수험생활을 하다보면 속도 안 좋고 몸도 조금씩 안 좋아집니다. 스트레스 상황이 계속되고 커피와 에너지 드링크를 자주 마시기 때문입니다. 처음에는 잘 못 느끼지만 수험생활이 계속될수록 서서히 체감이 옵니다. 일주일에 하루 혹은 특정한 한 때를 정해서 꼭 휴식을 취하시기 바랍니다. 잠이 보약입니다. 힘들거나 아플 때 푹 자고 깨어나면 대부분 회복되었습니다. 근력 운동은 힘이 빠지므로 유산소 운동을 하여 기분을 전환하시는 것을 추천합니다. 1차 시험을 칠 때는 주로 일요일에 한강이나 근처 공원에서 한 시간 정도 달렸습니다.

🅰 **정애천** 조급한 마음을 버리고 침착하게 한 단계씩 밟아 나가 진도에 대한 압박감으로 인한 스트레스를 많이 줄이고 하면 된다는 생각으로 나아갔던 것이 정신건강에 도움이 되었던 것 같습니다, 스트레칭을 충분히 하고 숙면을 취했으며 일요일 하루는 교회에서 조용히 예배를 드리면서 충분한 휴식을 가졌던 것이 다가오는 한 주를 준비하는데 활력소 역할을 감당한 듯합니다.

🎤 9. 학점이수제도와 영어시험대체제도가 시행됨에 따른 주의해야 할 점이나 영어 공부한 방법은?

🅰 **박동선** 본격적인 시험 준비를 하기 전에 미리 해결해야 할 문제들입니다. 특히 토익 같은 영어시험대체제도를 미리 해결하지 못한다면 수험 기간 내내 발목을 잡게 되어 결국은 1년을 허비하게 되는 최악의 사태가 벌어질 수 있기 때문에, 먼저 집중적으로 영어 점수를 확보하는 것이 시험 준비에 있어서 첫 단계가 될 것입니다.

🅰 **김준민** 저는 학점이수요건을 충족하기 위해 2010년 1학기와 계절학기를 다녔습니다. 때문에 공부시기가 조금 뒤처졌습니다. 학원 홈페이지 등에서 사이버MBA와 같은 학점 이수를 할 수 있는 공간이 있습니다. 계획상 학교 수업을 듣기 어려울 경우 이런 공간을 이용하시는 것이 편리하실 것입니다. 저처럼 학점이수요건을 만족하기 위해 계획을 어그러뜨리지 마시기 바랍니다.

🎤 10. 제2차시험 부분합격제도에 따른 부분합격과목 활용사례나 주의해야 할 점은?

🅰 **박동선** '평균 60점, 과목별 과락점수 40점 미만'이라는 다른 시험과는 달리 부분합격

제도에 의해서 실질적인 과목별 과락 점수는 60점입니다. 그렇기 때문에 특정 과목만 집중하다 다른 과목에 소홀하기 된다면 그 과목은 불합격할 가능성이 다른 시험보다 더 높습니다. 또한 앞서 언급했다 시피 부분합격제도를 이용하여 첫 해는 일부 과목만, 다음 해에는 나머지 과목 준비하는 전략은 성공하면 좋지만 실패하면 부담이 배로 돌아오기 때문에 2차 시험을 준비함에 앞서 충분히 고민해야 할 것입니다.

🅰 **김준민** 저도 공인회계사 2차 시험을 재무관리와 세법을 유예로 붙었습니다. 부분합격 제도로 한 번의 기회가 더 주어지므로 합격에는 더 유리하다고 생각합니다. 다만 내년에 또 시험을 볼 수 있으므로 몇몇 과목을 뒤로 미루시는 분들에게 동차시험 때 최대한 많은 과목을 합격하여야 다음 유예 생활을 편하게 할 수 있으므로 충분히 고려하시라고 말씀 드립니다.

🎤 11. 수험생에게 당부하고 싶은 말은?

🅰 **박동선** 공부를 하다보면 쌓이는 실력에 자만하기 쉽습니다. 하지만 이는 언젠가 반드시 발목을 잡을 독이기 때문에 길고 긴 준비 기간에는 자신감 보다는 불안감을, 그리고 시험을 보는 당일만큼은 내가 누구보다 최고라는 자신감을 갖고 시험에 임할 수 있다면 어떤 난이도의 시험이든 흔들리지 않고 합격할 수 있을 것입니다.

🅰 **김준민** 성실하게 공부하라는 말을 드리고 싶습니다. 시험을 넘어야 할 산으로 보시기 바랍니다. 너무 어려워서 하늘처럼 생각하면 오르기도 전에 이것이 내 한계라고 느끼면서 체념하게 됩니다. 이 시험은 해낸 사람이 많은 넘을 수 있는 산입니다. 산을 오르려면 훈련이 필요하고 장비가 필요하듯 공부와 강의로 산을 오를 준비만 충분히 하면 올라가서 정상을 볼 수 있습니다.

동차생들은 자신들이 어떻게 더 오래 공부한 유예생들과 경쟁할 수 있겠냐고 자괴감을 가지는 경우가 있습니다. 제가 세무회계연습과 재무관리연습 유예강의를 실강으로 수강하고 GS모의고사를 매주 치른 경험에 의하면 유예생들도 기본적으로는 동차생들과 똑같습니다. 동차생들이 어려워하는 것은 유예생들도 어려워하고 동차생들이 하기 싫어하는 것은 유예생들도 하기 싫어합니다. 동차생이든 유예생이든 주어진 시간 안에 열심히만 한다면 합격하는 데는 큰 어려움이 없을 것이라고 생각합니다. 동차생들은 무턱대고 과목을 포기하지 마시고 과감히 도전하시기 바랍니다.

🅰 **정애천** 끊임없는 상대적 평가를 통해 다른 사람과 비교됨으로써 나 자신이 얼마나 소중한 존재임을 잊게 하는 세상의 경쟁구조 가운데 어떤 어려운 환경 에서도 긍정적 생각

으로 자신을 향한 끊임없는 격려를 통해 이겨내는 자만이 진정한 승리의 기쁨을 누릴 수 있다고 믿습니다. 항상 긍정 200% 생각을 가지고 끊임없이 포기하지 않고 기쁨으로 나아갈 것을 바라는 마음으로 저도 함께 기도하며 기다리겠습니다.

12. 앞으로의 계획은?

박동선 장기적으로 확실한 계획은 없습니다만, 지금 당장에는 회계법인에서 다룰 수 있는 전반적인 업무를 다 해보고 싶습니다. 그리고 회계법인 내에서도 보다 노력하여 저나 앞으로 합격할 제 후배들이 '학벌을 실력으로 충분히 커버할 수 있는 훌륭한 회계사'라는 평가를 얻을 수 있도록 하겠습니다.

김준민 현재 삼일 회계법인에 파트타임을 신청하여 연수를 기다리고 있습니다. 정장과 가방 등 준비해야 할 것이 첩첩 산중이지만 즐겁습니다. 남은 2학기 동안 수험 생활을 겪느라 하지 못한 동아리나 학회 생활을 하며 즐겁게 보내고 싶습니다. 하지 못 했던 것을 할 예정입니다. 그리고 앞으로 제게 주어질 일들을 묵묵하고 성실하게 수행해 나가 겠습니다.

정애천 누구나 사람은 자신만 바라보며 남을 돌아볼 줄을 잘 모르고 살아 늘 자신 안에 가장 귀한 것을 놓치고 사는 것이 당연한 사회가 된 듯 해 안타까울 때가 종종 있었습니다. 어두움 속환한 빛이 되어 그들과 함께 나누며 사는 것이 저의 인생목표가 된 지금 지금도 어딘가 고통가운데 울고 있을 친구들과 마지막 까지 이글을 함께 할 수 있어 감사한 마음뿐입니다. 그들과 함께 할 필드에서의 시간들을 소망하며 저의 회계사로서의 앞으로 주어진 시간들을 소중히 여기며 훌륭한 선배로서 소임을 다하여 저로 인해 후배 들에게 더 많은 기회들이 나눠질 수 있도록 매사에 최선을 다 하겠습니다.

13. 끝으로 하고 싶은 말은?

박동선 2년 간 절 지켜봐주신 부모님과 제가 합격할 것이라고 믿어 의심치 않았던 친구 해권이, 원진이, 현이, 동희, 순범 형, 그리고 군대까지 면회를 와주고 어려울 때 많이 위로가 되어 주었던 상희 누나를 비롯한 제44기 세무사 동기 형님, 누나들에게 무한한 감사를 전하고 싶습니다.

김준민 수험생활을 뒤돌아보면 정말 역동적인 여정이었습니다. 먼저 제게 무한한 신뢰 를 보내주시고, 오늘 이 합격기를 쓸 수 있게 해주신 부모님께 감사드립니다. 이제부터 조금이나마 부모님께 돌려드릴 수 있게 되어서 너무나 기쁩니다. 조세개론 수업에서 처음 뵌 김태동 교수님께도 그 동안 저를 지켜봐 주신 데에 감사의 말씀을 드립니다. 전 대학교를 떠났음에도 제 공부를 기뻐하신 왕석동 교수님께도 감사의 말씀을 전하고 싶습니다. 수험기간 동안 격려를 아끼지 않으신 정경수 형에게도 감사합니다. 제가 심심할 때 놀아주신 황희순 형도 고맙습니다. 저에게 목표가 되어주신 삼일회계법인 정기성 형에도 감사합니다. 저에게 자극을 준 작년 최연소였던 조현석에게도 감사합니다. 지금 공부하고 계신 신슬기 형도 감사합니다. 저와 함께 세법 스터디를 같이 한 유현우 형과 조준혁 형도 재미있었습니다. 저를 응원해주신 이현정 누나와 이슬기, 신현규, 백감람 형도 반가웠습니다. 그 밖에 문자를 보내주시면 답장을 주신 이민주 양도, 예쁜 김송희 누나도 정말 고맙습니다. 회계 감사 스터디를 이끌며 회계 감사 과목의 합격에 도움을 주신 조완희 형과 스터디 원인 김다영, 송채훈, 황윤진, 김경미에게도 감사의 말씀을 드립니다.

A **정애천**　어렵고 힘든 환경 가운데 저에게 새 힘을 주시고 여기까지 인도하신 하나님께 깊은 감사를 드립니다. 지금까지 늘 애써주신 사랑하는 남편과 엄마시험 합격하라고 응원 해 준 두 딸과 어머니, 저를 위해 끊임없이 기도해주신 엄마, 아버지, 생명의 삶으로 인도하신 대학촌교회 박영범 목사님, 저를 응원해 주신 모든 분들과 이 합격의 기쁨을 나누며 진심어린 감사를 고개 숙여 드립니다. 앞으로도 항상 은혜에 보답하는 자세로 더욱 분발하여 주어진 환경에서 감사 가운데 최선을 다해 이 세상 어두운 곳을 환하게 비쳐주는 빛으로, 세상 구석구석을 썩지 않게 소금의 역할을 감당하는 회계사가 되겠습니다.

2011년 제46회 공인회계사시험

최고득점·최연소 합격자 인터뷰

박 성 민

1986년 9월 10일 출생
홍성고등학교 졸업
성균관대학교 경영학과 06학번
2010년 제45회 공인회계사 제2차시험
최고득점자(동차생)

조 현 석

1991년 2월 9일 출생
화수고등학교 졸업
고려대학교 경영학과
2011년 제46회 공인회계사 제2차시험
최연소 합격자

최 아 람

1986년 9월 6일 출생
청량고등학교 졸업
고려대학교 경영학과 06학번
2011년 제46회 공인회계사 제2차시험
여성최고득점자

1. 자기소개, 응시동기, 합격소감은?

박성민 안녕하세요. 저는 이번 46회 공인회계사 수석의 영예를 안은 성균관대 경영학과 06학번 박성민입니다. 2차 시험 당시 회계감사와 재무관리가 어렵게 느껴져 합격 여부도 불분명했던 터라 처음 수석합격이라는 전화를 받았을 때는 많이 놀라기도 하고 당황스러워 입술이 파르르 떨리던 기억이 납니다. 동차 합격만으로도 기쁜 소식인데 더 좋은 소식을 접할 수 있어 마냥 감사한 마음뿐입니다. 이번 46회 합격 하신 분들 모두 축하드리고 원하시는 꿈 함께 이뤄나가길 바라는 마음입니다.

군 제대 후, 제 진로에 대한 고민과 함께 잘 할 수 있는 것에 대해서 생각해 보았습니다. 경영학과 이다 보니 주변에 회계사 공부를 하는 동기와 선후배들이 많아 CPA에 대해 자연스레 알게 되었고 CPA에 대해 점점 알아갈 수록 진출할 수 있는 분야가 많다는 것을 알았습니다. 또한 저에게는 저를 더 높은 곳으로 이끌어줄 그 무엇인가가 필요했고, 회계에 대한 흥미 등 CPA가 저에게 그야말로 딱 이라는 생각이 들어 2010년 8월 수험생활을 시작하게 되었습니다. 저의 공부방법이 정답은 아닙니다. 하지만 저의 이야기가 수험생분들에게 힘이 되고 도움이 되길 바라는 마음으로 조심스레 글을 씁니다.

조현석 안녕하세요. 46회 공인회계사 시험에 합격한 조현석입니다. 고시반에서 감사책을 펴놓고 눈이 새빨개지도록 공부하던 게 엊그제 같은데 합격수기를 쓰고 있다니 감회가 새롭습니다.

회계사 시험에 관심을 가지게 된 것은 1학년 1학기부터였습니다. 대학에 입학한 직후, 고등학교에서의 저는 우물 안 개구리였다는 것을 깨달았습니다. 대학생으로서 다양한 가능성과 기회를 바라보게 된 저는 큰 감동을 받게 되었고, 앞으로 나 자신은 무슨 일을 해야 할 것인가를 고민하게 되었습니다. 그래서 저는 진로설명회라든지 졸업한 선배들이 오셔서 자신들이 걸어왔던 길을 얘기해주시고 후배들에게 조언을 해주는 자리에는 반드시 참석하여 정보를 얻어갔습니다. 이렇게 얻어낸 정보들과 저의 적성 등을 종합하여 결론을 내린 결과 앞으로 회계지식을 배워둔다면 어느 길로 향하든지 도움이 될 것이고, 저도 이 공부를 잘할 수 있다는 결론에 이르렀습니다. 이런 생각이 굳어지고 있을 즈음, 나중에 고락을 함께하며 가장 친한 친구가 된 한 동기가 와서 회계사 시험을 같이 준비해 보자고 제안했고 저는 서슴없이 제안을 받아들이고 공부를 시작했습니다.

최아람 안녕하세요. 저는 이번 시험에 합격한 최아람입니다. 제가 여성최고득점으로 합격하였다니 저로서는 영광입니다. 중간에 그만두고 싶었던 적도 많았지만 끝까지 포기하지 않고 시험에 합격하게 되어 매우 기쁩니다.

저는 08년에 수험생활을 시작하였습니다. 09년 1차에 합격하여 그 해 2차에 재무관리, 원가관리회계, 회계감사 세 과목이 붙고 다음 해에 세법으로 불합격을 하고 3차생이 되었습니다. 다시 시험을 보기로 결정하기까지 많이 힘들었지만 한 번에 2차를 붙어 정말 다행이었습니다. 한 과목이라도 남으면 그만두고 취업을 하려고 했는데 취업준비를 하지 않아도 되어 매우 기쁩니다.

2. 1, 2차 시험대비 수험대책으로 자신만의 효율적인 각 과목별 공부방법과 준비요령은?(수험기간, 공부시간, 수험정보 입수경로 등 포함)

Ⓐ 박성민

(1) 1차

경영학

개인적으로 공부할 때 제일 고생했던 과목입니다. 군 입대전, 경영학원론과 마케팅관리, 조직행동을 학교에서 수강한 과목이었지만 군 제대후에는 거의 생각나지 않았고 포괄적인 학문이다 보니 처음 접하는 부분도 많아서 힘들었습니다. 인터넷 강의는 미래경영아카데미의 김윤상 강사님의 기본강의를 2010년 11월에 듣고, 동 강사님의 객관식 강의를 들었습니다. 기본서는 3회독정도 했던 것으로 기억합니다. 객관식 강의를 들을 때는 기본강의를 들을 때 필기한 내용과 요약된 것을 숙지하고 문제를 풀었으며, 문제는 객관식 문제집에 있는 문제 2번을 푼 후 그 다음에는 경영학 문제를 풀지는 않았습니다. 오직 필기와 객관식 책에 요약된 내용만 계속적으로 봤습니다. 경영학문제는 매번 어떻게 나올지 모르고 경영학을 공부할 때 시험까지 얼마 남지 않았기 때문에 2번 정도 문제를 푼 것으로 충분하고 기본적인 내용에 충실하고자 했습니다.

재무관리

재무관리는 이용우 선생님의 기본강의를 들었습니다. 기본강의 수강 시, 책에 필기를 정리하였고 한권의 책으로 복습했습니다. 실질적으로 실력이 가장 많이 향상된 때는 2010년 심화반(이영우) 수업을 들었을 때라고 생각합니다. 심화 수업을 듣게 되니 생각도 많이 하게 되고 따라서 이해력도 한 층 향상되었던 것 같습니다. 이후, 1차 시험 보기 직전까지 이용우 선생님의 객관식 책으로 반복하여 정리하였습니다.

경제학

경제학은 김판기 선생님의 기본강의를 들었습니다. 경제학은 어렵게 나오는 추세라고 알고 있어서 조금 일찍 공부를 시작했습니다. 2009년 10월 정도부터 기본강의를 들었습니다. 기본강의를 듣고 복습하는 동시에 2009년 2학기에는 학교에서 미시경제를 수강하고, 2010년 1학기에는 거시경제를 수강했습니다. 인터넷 강의로 경제학을 수강하면서 학교 수업으로 미시 거시 경제를 같이 수강함으로써 많은 시너지 효과를 얻을 수 있었던 것 같습니다. 회계사 시험목적으로 배우는 경제학은 깊이 들어가지 못하는 반면에 학교에서 배운 미시 거시를 통해 경제학을 보다 깊게 이해하고 적용할 수 있었던 계기가 되었던 것 같습니다. 강의 내용을 기본서 책에 필기하면서 기본서 내용을 읽은 후, 필기내용으로 정리, 숙지하고 문제를 풀었습니다. 경제학은 2009년 10월부터 계속 했습니다. 2010년 11월부터는 기본서 대신 김판기 선생님의 객관식 문제집으로 공부했습니다. 기본서의 내용이 너무 많다보니 아무래도 압축해서 봐야하는 기간에는 적합하지 않다고 생각했기 때문입니다. 따라서 필기 내용도 모두 객관식 책에 다시 정리하고 시험을 보기 전까지 객관식 책 하나만 계속적으로 보았습니다.

상 법

이 과목도 개인적으로 어렵게 공부했었지만 흥미를 가진 과목이었습니다. 인터넷 강의는 김혁붕 선생님의 2010년 9월 강의를 들었습니다. 실제로 김혁붕 선생님이 설명해 주시는 판례를 재미있게 설명해 주셔서 강의 내용을 흥미있게 숙지할 수 있었습니다. 이 과목 역시 필기를 하며 강의를 수강하였고, 필기한 내용과 조문의 내용을 모두 본 후 기본서를 봤습니다. 기본서는 김혁붕 선생님이 체크해주신 내용만 보고 이외의 내용은 모두 무시한 채 보지 않았습니다. 시간상 기본서의 모든 내용을 볼 수 없었기에 과감히 버리는 부분도 있어야 한다고 생각했기 때문입니다.

세 법

개인적으로 제일 재미있게 공부했던 과목입니다. 공부는 2010년 3월부터 이승철 선생님의 기본강의를 들었습니다. 공부 방법은 이승철 선생님이 강의시간에 권유하신 방법을 사용했습니다. 모든 필기내용은 노란 기본서에 정리해서 별도의 서브노트는 작성하지 않았습니다. 책의 빈 공간에 필기를 했으며 필기할 공간이 부족한 경우엔 포스트잇을 사용하여 저만의 세법 기본서를 만들었습니다. 공부방법은 하루에 공부할 분량을 정해 그 부분에 해당되는 기본서(필기, 밑줄친 부분)를 모두 외운 후 객관식 문제집을 한번 풀었습니다. 이러한 과정을 계속 반복하다보니 자연스럽게 필기한 내용 모두 숙지할 수 있었습니다. 이후, 오늘 공부할 부분에 대해 큰 목록부터 세부 목록까지 생각나는 대로 연습장에 모두 적은 후 놓친 부분은 기본서를 찾아 채우는 등 기본서를 사전처럼 이용하였고, 제가 모르는 것으로 간주해서 반복해서 외웠습니다. 이후, 2010년 7월에 이승철,이승원 선생님의 심화(동차생을 위한 세무회계)과목을 듣고, 같은 선생님의 객관식 세법을 들은 후 1차 시험을 보았습니다.

회계학

제일 먼저 공부를 시작한 과목이 회계학입니다. 2009년 8월 최창규 선생님의 회계원리를 들었습니다. 같은 해 9월에는 김현식 선생님의 중급회계를 들었습니다. 중급회계 공부방법은 세법과 마찬가지입니다. 김현식 선생님의 기본서에 필기내용을 모두 정리했습니다. 회계라는 것이 논리가 중요하다 보니 단순히 외우기보다는 논리적으로 이해하려고 생각했고, 기준에 말로 표현되어있는 부분과 그 것이 문제로 구현된 형태를 연관 지으려는 노력을 많이 했습니다. 또한 어떤 식으로 응용될 수 있는지 여부도 한번 쯤 생각해 보았습니다. 이렇게 논리적으로 생각하고 이해를 바탕으로 공부하다 보니 응용된 문제도 잘 접근 할 수 있었던 것 같습니다. 2010년 1학기 송인만 교수님의 수업을 통해 중급회계에 깊이 공부하는 계기가 되었고 논리적으로 이해하는 데 큰 도움이 되었습니다. 2010년 7월 김현식 선생님의 심화반 수업 또한 많은 도움이 되었습니다. 이후 객관식 강의는 김현식 선생님, 고급회계는 김영덕 선생님, 원가관리회계는 김용남 선생님의 기본강의와 심화강의 객관식 강의를 들었습니다. 원가관리회계 공부는 말 문제 보다는 문제풀이에 중심을 두고 공부했습니다.

(2) 2차

재무회계

2010년 가을 심화반 수업을 들은 후 재무회계 연습을 풀어보았고 12월 까지 연습서로 1차 공부를 했기 때문에 2차를 시작한 3월에는 큰 어려움은 없었습니다. 김현식 선생님의 강의를 들었고, 2차 시험을 전까지 3회독 했습니다.

세무회계

2010년 가을 심화반 수업을 들은 후 세무회계 연습을 풀어보았고 재무회계와 마찬가지로 12월 달 까지 연습서로 공부했기 때문에 2차 공부에 큰 어려움이 없었던 것 같습니다. 심화반 때보다 더 깊게 들어가는 부분도 있었지만 크게 어렵지는 않았습니다. 이 때 이승철 선생님의 세무회계강의와 연습서로 공부하고, 노란 기본서는 사전정도의 의미로 사용했습니다. 역시 6월 시험을 보기 전까지 3회독을 했습니다. 마지막 3번 째 세무회계 책을 볼 때는 시간이 얼마 남지 않아서 중복되는 문제는 배제한 후 문제를 풀었고 철저히 내용 위주로 공부했습니다. 국기법은 전혀 보고 들어가지 않았습니다. 운이 좋게 2차 시험을 볼 때 국기법에 아는 문제가 나와서 다행이었지만, 국기법까지 공부할 시간이 없었기 때문에 과감히 버리는 부분 중 하나였습니다.

원가관리회계

2010년 7월 심화반 때 한번 심도 있게 배우긴 했으나, 워낙에 1차와 격차가 크다보니 정말 힘들었던 과목 중 하나입니다. 김용남 선생님의 원가관리연습을 듣고 공부는 철저히 복습으로 공부했습니다. 문제를 반복적으로 풀기보다는 문제를 풀면서 이렇게 저렇게 풀어도 보고 생각도 많이 했습니다. 따라서 한 문제 한 문제 풀 때마다 시간이 너무 많이 걸렸습니다. 1회독 때에는 김용남 선생님의 필수 문제와 예제를 풀었습니다. 2회독 때에는 그 문제도 너무 많아서 필수 문제 중 중복된다고 생각되는 문제는 제외시켰습니다.

회계감사

회계감사는 권오상 선생님의 강의를 들었습니다. 처음도 생소한 단어들과 문장들이 튀어나오고 어떻게 공부해야하는 방법도 모르는 상태였습니다. 그래도 하나의 위안이라고 해야 할 것은 동차생 모두가 그러한 기분일 것이라는 것이었습니다. 자신감을 가지고 수업시간에 필기한 내용과 스터디 가이드를 계속적으로 보았습니다. 수업 중간 중간 올라오는 쪽지시험도 빠짐 없이 보았습니다. 아무래도 취약한 과목이라고 생각이 들어서 GS 9회와 10회 모의고사를 학원에서 들었습니다.

재무관리

2010년 7월 달에 들었던 심화반 수업을 바탕으로 해서 2차 과목을 심도 있게 배웠습니다. 어려운 부분도 있었지만, 이미 심화반 때 한 번 심도 있게 들어갔던 부분도 있었던 터라 이해가 되지 않았던 부분은 적었습니다. 공부는 필기한 내용과 재무관리연습 책의 문제를 중점적으로 풀었습니다. 재무관리연습책은 3월부터 2회독했습니다. 6월 초에는 이영우 선생님의 단기특강을 들었습니다. 이후 재무관리의 공부는 단기특강 때 배웠던 내용을 계속 반복해서 보았습니다.

🅰 조현석

(1) 수험전반

계획을 세울 때, 학기-방학 구분을 이용하여 세웠었기 때문에 아래에 기간 구분도 그렇게 되어 있습니다.

2009년 10월~2009년 12월

이 당시 학교에서 회계원리 수업을 듣고 있었습니다. 따라서 따로 학원에서 회계원리 강의를 듣지 않아도 될 것이라 생각하고 학교 수업교재를 미리 독학으로 예습하는 방법으로 회계원리를 공부했습니다. 그리고 학교 수업이 영어강의였기 때문에 외삼촌이 가지고 있던 회계원리 책을 빌려서 한글용어에 익숙해지도록 했습니다. 그리고 1학년 2학기가 끝나갈 무렵까지 중급회계1 기본강의를 인터넷 강의로 수강했습니다.

2009년 12월 - 2010년 2월

겨울 방학 기간 동안에 중급회계2, 원가회계, 관리회계, 재무관리 기본강의를 인터넷 강의로 수강했습니다. 이 시기에는 편안한 마음으로 복습보다는 진도 위주로 빠르게 나아갔습니다. 이렇게 해서 2월부터는 재무관리만 들을 수 있도록 일정이 짜졌습니다. 문제는 제가 2월 중에 수학공부에 재미를 들려서 수학공부도 하기 시작했는데 여기에 재무관리보다 더 많은 시간을 쏟는 바람에 재무관리 강의를 듣고 복습을 그때그때 하지 않았습니다. 따라서 앞의 내용을 제대로 이해하지 못한 채로 진도만 나가는 식으로 공부했는데, 이 때문에 3월 첫째 주까지 재무관리 기본강의를 완강하는 데는 성공했지만 나중에 재무관리를 복습하면서 힘겨운 시간을 보내게 되었습니다.

2010년 3월 ~ 2010년 6월

개강을 하면서 수학공부를 중단했습니다. 그리고 인터넷으로 세법 기본강의를 듣기 시작하면서 재무관리 복습을 병행했습니다. 학교수업으로 중급회계1과 관리회계, 재무관리를 수강했는데 많은 도움이 되었습니다. 그런데 학교 수업을 들으면서 과제를 수행하고 방대한 세법강의를 들으면서 가뜩이나 어려운 과목인데 강의를 듣고 바로 복습이 안 된 재무관리를 복습하는 것은 매우 어려운 일이었습니다. 세법강의를 마치고 인터넷으로 바로 고급회계 기본강의를 수강하여 학기가 끝날 때까지 세법과 고급회계를 마쳤지만, 재무관리는 파생상품 복습을 시작해보지도 못한 채로 복습을 중단했습니다.

2010년 6월 ~ 8월

정진초 하계단기입실이 7월 중에 있었습니다. 입실을 위해 2주정도 밖에 안되는 단기간이었던 것 같지만 회계, 원가를 빠르게 복습하고 1차 기출문제도 풀어보았습니다. 성적이 좋진 않았지만 입실하는 데는 성공했습니다. 평일에는 정진초에 아침 9시쯤에 도착하여 저녁 10시반까지 공부하였고, 쉴 때마다 엎드려 있거나 밖으로 나와서 산책했습니다. 주말에는 집으로 책 몇 개를 싸가서 집에서 공부했습니다. 당시 09학번은 저 말고는 한 명뿐이었는데 친구가 없으면 외로울 것 같아서 이 친구를 불러내어 친해졌습니다. 앞으로도 정진초에는 09학번이 이 친구와 저 뿐이었고 서로 선의의 경쟁자가 되어주었습니다. 입실한 뒤, 저는 정신을 가다듬어서 재무관리 복습을 다시 시작했고, 동시에 경제학 기본강의를 인터넷으로 수강했습니다. 밤낮으로 공부한 결과, 7월 말까지 재무관리 복습과 경제학 강의를 마칠 수 있었습니다. 이때 쯤 하여 저는 세무회계를 인터넷으로 수강할 것인지 고민하기 시작했습니다. 결국 세법문제가 잘 풀리지 않아 걱정스러웠던 저는 세법수준을 늘리기 위해 세무회계를 하기로 결정했습니다. 그리고 하계방학이 끝나갈 즈음 세무회계를 마쳤고, 세무회계를 하길 잘했다고 생각했습니다.

2010년 9월 ~ 12월

9월 중 정진초 정기입실시험이 있었고, 시험 전 주 부터해서 다시 기본과목을 총복습했습니다. 다시 좋은 성적은 아니지만 입실에 성공했습니다. 학교에서는 CPA관련 과목으로 중급회계2와 기업법1, 투자론을 수강했고 역시 도움이 되었습니다. 정진초에서는 매번 2차 시험 형식으로 라운드 모의고사를 진행했고, 이를 위해 재무관리연습을 구매하여 공부하는 등 기본과목 연습책을 보면서 공부했습니다. 이때부터 주관식으로 공부했던 것이 2차공부를 수월하게 할 수 있었던 원동력이 되었던 것 같습니다. 9월에 상법, 10월 경부터는 경영학을 인터넷으로 수강했습니다. 11월에 경제학, 상법, 경영학 복습을 마친 뒤, 12월쯤부터 객관식 공부에 돌입했습니다.

2010년 12월 ~ 2011년 2월

객관식 강의는 인터넷으로 세법과 재무회계를 수강했습니다. 세법과 회계는 틀이 중요하고 빠르게 푸는 것이 요구되며 제가 세법과 재무회계에 상대적으로 약하다고 생각했기 때문입니다. 짧게는 1주에서 2주마다 한 과목씩 객관식 문제집을 풀어냈습니다. 물론 인터넷 강의를 병행한 과목은 좀 더 길게 걸렸습니다. 시험 1주일 전까지 각 과목 객관식 문제집을 다 풀었고, 남은 기간 동안 계속해서 복습했습니다.

시험 당일 혼신의 힘을 다해 문제를 풀었고, 시험이 끝난 뒤 회계과락만 아니면 1차에 합격할 것이라 생각했습니다. 가채점 결과 회계학 75점으로 역시 낮은 점수가 나왔지만 타 과목에서 좋은 점수를 받아 1차 시험을 무사히 통과했습니다.

2011년 3월 ~ 2011년 6월

이 기간 동안에는 휴학을 했습니다. 3월에는 다시 정진초 2차시험 대상 입실시험이 있었고, 2차 시험 형식으로 문제가 나왔습니다. 그리고 다시 정진초에 입실하게 되었습니다. 입실한 뒤, 유예생 대상으로 한 회계감사 강의를 인터넷으로 수강하여 회계감사 진도를 나가면서 이제는 자신감이 붙은 재무관리를 작년에 산 연습책으로 독학했습니다. 세무회계는 작년에 강의를 들었지만, 세법이 바뀌었으니 책을 새로 사서 2011세무회계와 2010세무회계를 비교해가면서 2010세무회계의 필기를 2011에 옮겨가며 다시 2011문제를 혼자 풀어보는 식으로 공부했습니다. 감사강의를 다 듣고 난 뒤에는 유예생을 대상으로 한 재무회계연습강의를 인터넷으로 수강했습니다. 재무회계 실력이 부족하다고 생각했기 때문입니다. 원가회계는 역시 작년에 정진초 라운드모의고사를 보느라 사두었던 연습책을 이용하여 독학했습니다. 그리고 이 기간 중, 전과목의 GS 모의고사를 구해서 풀어보기도 했습니다.

한 시험일에서 2주 전까지 2차 시험진도를 끝냈습니다. 최종 모의고사를 못 본 편은 아니어서 남은 기간 공부하고 들어가면 붙을 수 있겠다는 자신감을 가지고 2주 동안 빠르게 각과목당 틀린 문제를 중심으로 3번 정도 보았습니다.

시험 당일에는 시간 조절이 중요하다고 생각하여 시험지를 받자마자 넘겨보면서 문제 수를 파악하고 시간 구간을 대충 반으로 나누어 예를 들어 지금부터 50분 후에는 5번 문제까지는 끝내야한다는 생각을 가지고 시험에 임했습니다. 몇 분씩 오차가 생겼지만 계속해서 시계를 보면서 완급조절을 했고, 특히 회계감사 같은 경우는 다 쓰기만 하면 붙는다는 생각으로 정확한 답안을 쓰려고 애쓰기보다는 아는 것을 모두 적고 나온다는 생각으로 임했습니다.

2차 시험이 끝난 뒤에는 원가회계만 붙었을 거라는 자신이 있었고 나머지 과목은 50점대일 것 같다는 생각을 떨치지 못했습니다. 시험결과를 보니 재무관리와 원가회계는 70점 대였고 나머지과목은 60점대로 최종합격을 하게 되었습니다.

(2) 각 과목별 구체적 수험방법

1차시험과목

① 경영학 : 경영학은 일반경영학과 재무관리로 나뉩니다. 개인적으로 일반경영학은 가장 공부하기 어려운 과목이었습니다. 내용이 어려운 것은 아니나 학습하기가 어려웠습니다. 특히 사람이름과 그 사람이 주장한 이론을 짝 맞추는 문제가 기출문제인 것을 보고 경악하지 않을 수 없었습니다. 올해에도 비슷한 문제가 나왔고 아마 전 틀렸던 것으로 기억합니다. 게다가 범위가 방대하기 때문에 특별히 애써 외워둔 것이라 하더라도 안 나올 확률이 높습니다. 이를 타개하기 위해서 일반경영학보다는 재무관리에 집중하는 것이 안정적인 점수를 확보할 수 있는 방법입니다. 저는 경영학에서 40%를 차지하는 재무관리에서 90%를 맞고 일반경영학에서 반 넘게만 맞자는 전략으로 공부했습니다. 1차 재무관리의 난이도는 크게 높지 않기 때문에 재무관리를 꾸준히 공부했다면 충분히 좋은 점수를 받을 수 있습니다.

② 경제학 : 개인적으로 저에게는 크게 기억에 남지 않는 과목입니다. 강의를 들을 때, 중단원마다 끊어 듣고 중단원 단위로 복습하는 식으로 공부했습니다. 정병열 경제학을 중심으로 공부했고, 다이어트 경제학은 문제풀이용으로 사용했습니다. 정병열 경제학은 문제 수가 방대한데, 이를 다 복습하는 것은 너무 양이 많아서 저는 한

번만 풀고 틀린 것만 반복해서 보았습니다. 나중에도 정병열 경제학과 다이어트 경제학 틀린 문제만 보려고 해도 하루가 꼬박 걸렸던 것으로 기억합니다.

③ 상법 : 1차 과목 중 제일 재미있게 공부했던 과목 중 하나입니다. 기본강의를 듣고 난 뒤에는 다시 책을 한 번 정독하였고, 상법전을 지하철에서 들고 다니면서 계속 보았습니다. 나중에는 상법전에다가 기본서 내용을 옮겨 넣어서 단권화하였습니다. 그렇게 해서 상법전의 조문을 넘겨보면서 조문마다 관련 판례와 이론들을 떠올리면서 공부하였습니다. 물론 조문과 연관지어지지 않는 판례와 이론도 있는데, 이 경우 상법전 구석구석에 필기했습니다.

④ 세법 : 저는 1,2차를 통틀어 세법 공부에 회계사 시험공부의 반을 투자한 것 같습니다. 세법은 가장 독학하기 힘든 과목이 아닐까합니다. 1차 시험보기 전까지만 해도 세법 기본강의, 세무회계 강의, 세법 객관식 강의를 들어 가장 많은 강의 시간을 차지했습니다. 지하철로 오며 가며는 세법서브노트를 보면서 복습했습니다. 세법은 휘발성이 강하기 때문에 조금이라도 세법공부에 공백기가 생기면 문제가 풀리지 않습니다. 그래도 세무회계를 들어두면 하나의 거대한 틀을 배울 수 있기 때문에 나중에는 서브노트를 보면서 수치만 계속 기억해주면 되는 경지에 오를 수 있습니다. 그런데 세법 산식 틀이라는 것도 수치보다 조금 더 오래 기억에 남는 것뿐이므로 세무회계를 듣고 세법에 자신감이 생겼다고 조금 손을 놓아두었다가는 역시 문제를 보고 당황하게 될 수 있습니다. 또한 수치를 계속 기억하는 것 자체도 고역이므로 계속해서 마음을 놓을 수 없는 과목입니다.

세법과목에서는 국세기본법에서 5문제 정도 나오는데, 낮은 비중은 아닙니다. 가뜩이나 외울게 많은 세법에서 국세기본법을 또 공부하려고 하면 집중도 안 되고 머리가 받아들이기를 거부하는데 이를 극복하고 공부해두면 사실 소득세나 법인세보다 더 안정적으로 점수를 확보할 수 있는 파트입니다.

저는 지방세도 혹시 나오지 않을까 해서 열심히 지방세 공개강의를 들으면서 공부했는데 공부한데서 나오지 않았습니다. 지방세 1문제 정도는 과감하게 버리는 것도 나쁘지 않은 것 같습니다.

⑤ 회계학 : 재무회계와 원가회계로 나뉘어져 있습니다. 문제푸는 시간이 부족하기 때문에 빠르고 정확하게 푸는 법과 못 풀 것 같은 문제는 과감하게 넘어가는 것이 중요한 과목입니다. 저는 못 풀 것 같은 문제를 골라내는 것과 과감하게 다음 문제로 넘어가는 것을 잘 못했기 때문에 고생했습니다.

실제 1차 시험장에서도 1번부터 순서대로 한 문제 한 문제 꼼꼼하게 풀어내려가다가 절반쯤 풀었는데 시간의 80%가 지난 것을 깨닫고 패닉에 빠졌습니다. 정신을 얼른 가다듬고 집중하여 남은 시간동안 간단해 보이고 눈에 확 들어오는 것만 재빨리 풀었습니다.

채점결과 문제의 절반까지는 정답률이 70퍼센트 정도였는데 그 뒤로부터 정답률이 30% 정도로 전체적으로 50%를 맞추어 과락을 면할 수 있었습니다.

2차 시험과목

① 세법 : 앞서 말씀드렸듯이 회계사 시험에서 가장 많은 시간을 할애해야 하는 과목입니다. 저는 1차 때 2010세무회계로 공부했고, 2차 때는 2011세무회계를 사서 작년에 들었던 세무회계 필기를 2010년 책에서 2011년 책으로 옮기면서 공부했습니다. 이렇게 1차 때 세무회계를 들어두었다면 2차 때는 문제를 많이 풀어보는 것이 다시 강의를 들어보면서 복기하는 것보다 더 중요하기 때문에 이런 식으로 공부하는 것도 나쁘지 않은 것 같습니다. 특히 직접 문제를 풀어보고 틀린 것을 확인하는 것이 강의를 듣고 문제를 풀어보는 것보다 저 같은 경우엔 훨씬 기억에 오래 남았던 것 같습니다.

시험 몇 주 전에 인터넷으로 이승철 강사님의 지방세 공개특강을 들었습니다. 올해 지방세 개정으로 지방세가 2차 시험에 나올 것이라고 했기 때문에 다시 기운을 내서 열심히 지방세를 공부했으나 역시 나오지 않았습니다. 다만 올해에는 국세기본법 문제가 한 문항을 통째로 할애하여 나왔는데 2차 때는 따로 집중해서 국세기본법을 듣지 않았으나 1차 때 공부했던 기억을 떠올려 문제를 풀 수 있었습니다. 국세기본법의 중요성을 다시 일깨워 주는 문제였습니다.

② 재무관리 : 1차 때 공들여서 재무관리 공부를 했다면 2차 때는 크게 힘들이지 않고 공부할 수 있습니다. 저는 1차 때도 연습책으로 공부를 했습니다. 물론 1차 때는 연습문제 몇 개만 골라 풀어보았습니다. 2차에 들어와서는 김종길 강사님의 연습문제 중 중급문제를 모두 풀어보았습니다. 중급문제를 모두 한 번 풀어본 뒤, 고급문제도 풀어보려고 했지만 고급문제를 몇 개 풀어본 결과 여기까지 푸는 것은 조금 지나치게 공부하는 것이라고 판단하여 중급문제를 한 번 더 풀어보는 것으로 대체했습니다.

재무관리는 시간이 크게 모자라거나 답안지에 적을 것이 많지 않기 때문에 답안작성에 스트레스는 적은 과목입니다. 하지만 문제를 파악하지 못하면 아무것도 적지 못하거나 동문서답을 하게 됩니다. 따라서 문제를 한 번씩 풀어본 뒤에는 문제를 보고 어떤 풀이과정을 거치는지 머릿속으로 떠올려보는 방법으로 반복해서 복습했습니다.

③ 회계감사 : 처음 회계감사를 시작했을 때는 굉장히 재밌었습니다. 처음으로 실무와

연관된 과목이었고, 이론에서 벗어나 실제적인 예들을 볼 수 있었기 때문입니다. 그러나 회계사 시험에서는 유일하게 글로 써내려가는 과목이기 때문에 공부하기 난해할 수 있습니다. 하지만 그렇다고 해서 회계감사가 수려한 문장력을 필요로 하는 것은 아니기 때문에 필요한 정보만을 떠올려서 깔끔하게 이어줄 수만 있으면 충분합니다. 저는 스터디가이드를 들고 다니면서 지하철에서 읽었고, 책을 펼쳐놓고 기준이나 중요한 예시들을 머릿속에 먼저 떠올려보고 책을 보고 확인하는 식으로 공부했습니다. 유예생 대상 강의를 들었는데 모의고사 문제는 모두 손으로 써서 풀었고, 감사 모의고사 문제를 풀 기회가 있을 때마다 역시 손으로 푸는 연습을 많이 했습니다.

④ 원가회계 : 1차 시험기간에 정진초에서 2차 시험형식으로 원가회계를 준비하던 중 정진초 모의고사로 원가회계를 치른 뒤 충격에 빠졌습니다. 객관식 원가문제 풀이에는 사실 자신이 있었던 터인데 2차 문제는 전혀 손댈 수가 없었습니다. 1차 기간에는 여유가 없었기 때문에 1차공부에만 집중했습니다. 결국 1차를 합격한 뒤에야, 당시의 선명한 충격적 기억만 가지고 2차 시험 원가회계 공부에 돌입했습니다. 2차 원가회계에 대해 가지고 있던 공포감이 워낙 컸기 때문에 연습강의를 들을지 말지 굉장히 고민했습니다. 일단 가지고 있던 연습서 문제를 풀어보고 정 안되겠다 싶으면 강의를 듣기로 결정했고, 단원의 이론을 보면서 복습을 하고 각 단원의 기본문제를 풀어나가는 식으로 김용남 강사님의 원가회계연습책을 처음부터 풀어나갔습니다. 한 번에 다 맞추는 적이 없었고, 괴로웠지만 반드시 문제를 손으로 풀어보았고, 틀린 부분을 해설지에 체크하여 어느 연결고리에서 틀렸는지를 표시 했습니다. 하다보니 혼자서 해결할 수 있을 거라는 생각이 들어 계속 진행한 결과 한 달여 만에 기본문제를 모두 풀 수 있었습니다. 연습책을 두 번째 볼 때는 틀렸다고 표시한 부분들을 다시 눈으로 보고 복합문제를 풀기 시작했습니다. 복합문제를 풀 때는 시간이 조금 촉박했었기 때문에 한 번에 보고 이해가 잘 안되면 눈으로만 해설을 보고 확인하여 넘어가는 경우도 종종 있었습니다. 어쨌든 이런 식으로 불완전하나마 복합문제를 모두 풀어보았습니다. 이렇게까지 하고 나자 원가회계는 어느덧 가장 두려운 과목에서 가장 자신있는 과목이 되었습니다.

⑤ 재무회계 : 1차 때 제대로 점수를 받지 못하고 실력이 부족하다고 생각했었기 때문에 재무회계를 공부하는데 공을 들였고, 제가 취약한 파트를 중심으로 실수하지 않고 풀 수 있을 때까지 반복했습니다. 그 결과 꽤 실력이 상승하여 자신감이 조금 붙었습니다. 실제 시험에서는 그다지 역점을 두지 않고 공부했던 부분들이 나오는 바람에 조금 당황했던 기억이 납니다. 세법과 함께 유일하게 기본강의, 객관식강의,

연습강의를 모두 들은 과목인데 사실 그 강의내용들이 모두 비슷비슷했습니다. 따라서 강의를 들으면서 아는 부분은 시원시원하게 넘길 수 있었고, 취약한 부분에 집중할 수 있었습니다.

🅰 최아람

어느 정도 해야 할까요?

공부를 하면서 가장 많이 한 고민 같습니다. 어느 정도로 공부를 해야 할지 지금 하고 있는 게 옳은 것인지 고민이 많았습니다. 인강을 듣고 복습을 할 때는 분명 다 아는 내용이었는데 2-3일이 지나면 기억이 가물가물한 적이 많았습니다.

제 생각엔 무작위로 아무 문제를 보고 풀 수 있을 때, 풀이 과정이 머릿속에 순식간에 떠오를 때가 공부가 완성된 거라고 생각합니다. 재무회계는 시간이 부족한데 빠른 시간 안에 문제를 풀어야하기 때문에 기본 문제를 보면 바로 풀이가 떠오를 수 있어야 응용문제도 시간 내에 풀 수 있습니다.

공부를 운동하는 것처럼 한다고 생각하면 될 것 같습니다. 운동을 끊임없이 해야 몸이 기억하고 실수를 줄일 수 있습니다. 공부도 끊임없이 연습해야 실수도 줄이고 손이 기억하는 것 같습니다. 단지 암기하고 이해하는 것을 넘어서 몸이 체득할 수 있을 정도로 계속해서 복습하는 것이 중요하다고 생각합니다.

회독수에 연연해하지 마세요.

공부를 하다보면 친구들끼리 몇 회독 했냐고 물어보고 비교하는 경우가 많습니다. 저는 회독수가 많은 편은 아니었습니다. 저는 주로 2-3회독을 했던 것 같습니다. 종종 주변에 잘하는 친구들은 4-5회독을 하는 것 같습니다. 저는 원가관리 연습서의 경우는 책을 다 보지는 못하고 주요문제만 2회독 하였습니다. 재무관리 연습서는 기본 예제문제만 2회독하고 응용문제는 1회독 정도 했습니다. 원가와 재무관리는 제가 좋아하고 다른 과목에 비해 자신 있는 과목이었기 때문에 많은 시간을 할애하지 않았습니다. 회계감사, 재무회계는 2회독하였습니다. 세법은 2차 때 불합격한 원인이 되었기 때문에 3~4회독 정도하고 GS도 풀었습니다.

그리고 저는 객관식 문제를 풀 때 문제 위에 o, x를 표시해서 몇 번 풀었고 몇 번 틀렸는지 알 수 있게 했습니다. 회독수가 늘어날수록 틀린 문제는 계속 틀린다는 걸 알 수 있습니다. 마지막에는 자주 틀리는 문제만 풀면서 시간을 절약할 수 있었습니다. 2차 문제를 풀 때는 답안지에 펀치를 뚫어 링으로 묶어 놓았습니다. 틀린 건 빨간색으로 표시해서 나중에 2회독 한 걸 비교해보면 틀린 부분을 계속 틀린다는 걸 알 수 있습니다.

그래서 마지막에 틀린 부분만 유의해서 보았습니다. 이렇게 해서 효율적으로 공부할 수 있었습니다.

중요한 건 회독수가 아니라 공부내용이 내 머릿속에 있는지 없는지 인 것 같습니다. 몇 회독을 해야겠다고 생각하기 보다는 어떻게 하면 공부내용을 머릿속에 오래 머무르게 할 수 있을까를 생각하시면서 공부하는 게 좋을 것 같습니다.

비교하지 마세요

공부를 하게 되면 분명 저보다 잘하는 사람이 있고 비교하게 되고 좌절하는 경우가 있습니다. 저는 아침에 일찍 일어나지 못해 고시반에서 출석체크하는 날을 제외하고는 9시가 넘어서야 학교에 도착하였습니다. 보통 다른 분들은 8시에 공부를 시작하지만 저는 그렇게 하지 못했습니다. 또한 저녁을 먹은 후에 다시 책상에 앉는 것이 너무 힘들었습니다. 보통 저녁시간이 한 시간이 넘었던 것 같습니다. 주변에 저보다 일찍 와서 늦게까지 공부하는 사람들을 보면 불안했던 적도 많았습니다. 하지만 다른 사람과 비교하지 않고 앉아있는 시간에는 최대 집중하고자 노력하였습니다. 다른 사람을 따라하려고 일찍 온 적도 있었는데 일찍 오는 날에는 너무 피곤해서 제대로 집중하지 못했습니다. 그래서 앉아있는 시간에는 최대한 집중하자고 전략을 짰습니다.

분명 공부를 하다보면 본인보다 어느 부분에서 잘 하는 사람들을 보게 됩니다. 주변 사람들을 보며 자극을 받고 동기 부여하는 것은 좋지만 무작정 따라하는 것은 좋지 않습니다. 무작정 따라하기 보다는 주변 사람들의 좋은 공부방법이나 공부 패턴을 본인 스타일에 맞게 적용하시기를 추천합니다.

공부를 처음 시작할 때 어떻게 공부를 해야 할지 모를 경우 주변 친구들에게 물어보고 조언을 구하는 것은 좋지만 무작정 따라하는 것은 아니라고 생각합니다. 또한 중요한 것은 여러 친구들에게 물어보고 본인 스타일에 맞는 공부방법을 선택하는 것입니다. 주변에 같이 공부하는 친구가 없다면 인터넷에서 합격수기를 여러 가지 찾아보고 참조하시는 것이 좋을 것 같습니다.

싫어하는 과목 vs 좋아하는 과목

보통 공부를 하다보면 본인이 좋아하는 과목과 싫어하는 과목으로 나뉘게 됩니다. 저는 암기하는 것을 매우 싫어하여 상법, 세법, 회계감사를 싫어하였습니다. 본인이 좋아하는 과목과 싫어하는 과목을 잘 파악해 전략을 짜는 것이 매우 중요하다고 생각합니다. 보통 공부를 하게 되면 좋아하는 과목에 더 많은 시간을 할애하게 되고 그래서 좋아하는 과목을 더 잘하게 되고 그래서 더 좋아하게 됩니다. 하지만 싫어하는 과목은 그 반대로 계속 싫어하게 됩니다. 싫어하는 과목을 공부하는 것이 정말 싫겠지만 언젠간 해야 하는 거고 막상 공부하고 나면 별거 아니기 때문에 인내하고 하셨으면 좋겠습니다.

저도 상법과 세법, 회계감사가 너무 싫어서 많이 하지 않았습니다. 많은 사람들이 고 득점하기 쉬운 과목이 상법이라고 말하지만 저는 첫 번째 1차 시험 때 60점을 받지 못했 습니다. 회계감사 역시 이번 시험에서 가장 낮은 점수를 받았습니다.

과목별 공부방법

재무회계

재무회계 출제 유형이 새로워지고 있기 때문에 기본서에 충실하라고 말씀드리고 싶습 니다. 연습서책을 보면 기본서 문제를 약간 변형시켜놓은 문제들이 많습니다. 재무회계 는 정말 기본이 중요한 과목인 것 같습니다. 기본을 100% 본인의 것으로 만든다면 1차, 2차 모두 쉽게 합격하실 수 있을 겁니다.

상 법

상법은 제가 정말 싫어하고 못하는 과목이었습니다. 그냥 열심히 암기하는 방법밖에 없는 거 같습니다. 용어와 기본적인 내용을 확실히 암기하는 게 중요합니다. 저는 암기 하기보다는 문제를 많이 푸는 방법을 선택했는데 조금 잘못된 선택이었던 것 같습니다. 문제를 풀 때는 안다고 생각했는데 실제 시험에서는 기본 내용이 제대로 암기 되지 않아 높은 점수를 받지 못했습니다. 문제를 많이 풀기보다는 기본내용을 확실히 암기하는 게 좋을 것 같습니다. 또한 상법에서 고득점을 해야 1차 합격하기가 수월하기 때문에 상법 에 많은 시간을 투자해서 공부하는 게 좋을 것 같습니다.

경제학

경제학은 철저한 이해가 바탕이 되어야 합니다. 경제학이 어려워지고 있기 때문에 단 순암기만으로 고득점하기 힘든 것 같습니다. 그래프를 암기할 때도 그래프의 의미를 정 확히 이해하고 x축과 y축이 의미하는 것이 뭔지 정확히 아는 것이 중요합니다. 최근 들 어 경제학 시험이 어려워지고 있기 때문에 고득점이 쉽지 않습니다. 그렇기 때문에 좀 더 많은 시간을 투자하고 국제경제학도 버리지 말고 다 꼼꼼히 공부하시기 바랍니다.

원가관리회계

원가는 풀이방법을 정확히 이해하는 것이 중요합니다. 원가는 풀이 방식만 정확히 알 면 의외로 쉽게 풀립니다. 원가문제는 문제가 길기 때문에 도식화하는 것이 매우 중요한 것 같습니다. 문제를 읽으면서 문제의 내용을 최대한 이미지화하면 좀 더 이해하기 쉬운 것 같습니다.

또한 문제를 정확히 읽는 것이 중요한 것 같습니다. 예를 들어 10으로 감소하는지 10만큼 감소하는지를 잘못 읽었던 것이 많았던 것 같습니다. 이런 사소한 실수를 하는 경우가 많기 때문에 문제를 정확히 읽고 숫자부분이나 중요한 부분은 색연필이나 형광펜으로 따로 표시해서 정확히 읽는 것을 추천 드립니다.

저는 문제를 읽을 때 제가 그 문제의 주인공이라고 생각하고 문제를 읽었습니다. 문제에 나오는 회사의 주인이라고 생각하면서 관심을 갖고 읽으면서 좀 더 재미있게 풀 수 있었습니다.

세 법

세법은 단순 암기할 내용이 방대하여 쉽게 잊어버리는 과목입니다. 법인세를 끝내고 소득세를 보면 법인세를 잊어버리고 소득세를 끝내고 다시 법인세를 보면 소득세를 잊어버리기 일쑤입니다. 시험 한 달 전까지도 암기사항을 완벽히 암기하기 못해 불안하였습니다. 저 같은 경우는 시험 일 이주전이 되어야 비로소 온전히 암기가 되었던 것 같습니다.

저는 기억력이 좋지 않은 편이라 1차 시험 전에는 다 외웠던 내용도 1차 시험 후에 다 잊어버렸던 것 같습니다. 암기가 잘 되지 않는다고 하여 스트레스 받지 마시고 계속해서 복습하시면 될 것 같습니다.

회계감사

저는 회계감사를 주로 지하철에서 외웠습니다. 회계감사는 따로 시간 내서 암기하는 것보다 자투리 시간을 활용하면 좋은 것 같습니다. 한꺼번에 많은 양을 암기하기에는 머리에 한계가 있는 거 같기 때문에 조금씩 자주 외우는 것이 효과적인 것 같습니다.

저는 단기특강을 들었는데 좋았던 것 같습니다. 저는 시간이 없어서 강의를 반 정도만 들었지만 강의를 들으면서 그 동안 암기한 내용이 연결되는 것 같았습니다. 시간이 없다면 강의를 안 듣는 게 맞겠지만 시간이 조금이라도 여유 있으시다면 강의 듣는 것을 추천 드립니다. 물론 동차생들 중에는 기본서만으로 합격하는 사람들이 많이 있습니다. 하지만 회계감사가 약하다고 생각되신다면 포기하지 말고 단기특강 듣는 것을 추천합니다.

재무관리

재무관리는 제가 좋아하는 과목이었기 때문에 재미있게 공부하였습니다. 저는 김종길 선생님의 강의를 들었는데 저한테 너무 잘 맞고 좋았던 것 같습니다. 재무관리는 처음 이해를 잘 하는 게 중요하기 때문에 강사선택을 본인 스타일에 맞게 선택하는 게 중요한 거 같습니다.

재무관리는 공식을 확실히 이해하고 암기하는 게 정말 중요한 것 같습니다. 재무관리

2차 문제의 경우 워낙 어렵고 새로운 유형이 많아서 처음 손대기 어려우실 거라 생각됩니다. 남들도 다 비슷비슷하기 때문에 포기하지 말고 본인이 아는 내용을 최대한 많이 쓰는 게 좋은 것 같습니다.

3. 1, 2차 수험기간동안 Group Study는 어떻게 이루어졌으며 실전 시험에는 어느 정도의 효과가 있었습니까?

박성민 특별한 스터디는 하지 않았습니다. 2010년 7월 학교를 휴학하고 학교 고시반 송회헌 시험을 본 후, 입실하게 되었고 본격적으로 CPA를 위한 공부만 하는 수험생활이 시작되었습니다. 같은 공부를 하는 사람들이 곁에 있었기 때문에 시험전반에 대한 정보를 얻을 수 있는 좋은 기회였던 것 같습니다. 또한 1달에 2번 정도 씩 보는 송회헌 모의고사를 통해서 진도를 체크하고, 실력을 점검해 볼 수 있었고, 성적이 공개되는 만큼 어느 정도의 동기 부여가 되어 큰 도움이 되었습니다. 송회헌 첫 시험 시, 평균 60점이 조금 넘는 점수로 송회헌 내 28등이었던 걸로 기억합니다. 제 위에 있었던 분들을 동경했고, 그 동경이 제가 공부할 수 있는 동기가 되었던 것 같습니다.

또한 가을에는 동아리 선배와 후배와 함께 학원 심화종합강의를 인터넷강의로 학교 빈 강의실에서 함께 수강했습니다. 함께 수업을 듣고 진도에 맞춰 모의고사를 보았고 시간관리도 하였습니다. 이 때가 성적이 가장 많이 올랐던 때 것 같습니다. 보다 심도있게 시험과목을 다루다 보니 객관식 문제들을 높은 위치에서 바라볼 수 있는 실력이 쌓였습니다.

조현석 그룹스터디는 한 적이 없습니다. 다만 고시반에서 있었기 때문에 다 같이 모의고사를 보고 자신의 위치를 확인해볼 수 있었고 모르는 문제들은 선배들에게 질문할 수 있었습니다.

최아람 저는 Group Study하기보다는 혼자 공부하는 걸 좋아합니다. Group Study를 하게 되면 책임감도 생기고 여럿이 하면서 힘도 북돋아 줄 수 있어 장점도 있지만 단점도 있습니다. 본인보다 잘 하는 사람과 스터디를 하게 되면 실력 차로 스트레스를 받거나 같이 스터디 하는 사람들끼리 친해져서 스터디에 소홀해지기도 합니다. 이건 각자 공부 스타일이 다르기 때문에 각자의 공부 스타일을 파악하고 선택하는 것이 좋을 것 같습니다. 또한 스터디를 하다가 스터디에 끌려 다닌다는 느낌이 들거나 도움이 되지 않는 것 같으면 과감히 그만두는 것을 추천합니다. 스터디를 잘 활용하면 정말 도움을 많이 받을 수 있습니다. 하지만 스터디를 잘 활용하지 못할 경우 시간 낭비만 하고 도움을 받지 못합니다. 각자의 공부 성향을 본인이 잘 파악하고 스터디 하는 것을 결정하시는 게 좋을 것 같습니다.

4. 최근 1, 2차 시험과목별 출제경향과 수험대책은 어떤 것이 있습니까?

박성민 저 또한 수험생이다 보다 감히 제가 출제경향을 예상하는 것이 어렵습니다. 인터넷 강의 선생님들의 말씀을 듣고 교재를 보면 1차 시험에서 회계학과 경제학이 점점 어렵게 출제되는 것 같습니다. 대비책이라고 할 것은 따로 없는 것 같습니다. 철저히 기본 중심으로 공부하는 것이 중요한 것 같습니다. 남들이 모르는 무엇인가를 찾아 다니는 것보다는 남들도 다 아는 것들을 확실히 알고, 확실히 아는 것에서 점수를 획득하는 것이 중요하다고 봅니다.

조현석 세법과 회계학 같은 경우는 문제가 틀이 정해져 있고 중요한 부분에서 계속 나오는 것 같습니다. 따라서 충분한 연습을 한다면 고득점을 할 수 있을 것 같습니다. 경영학, 상법, 경제학 같은 1차과목은 해마다 난이도 변동이 조금 있는 것 같습니다. 재무관리와 원가회계는 새로운 개념의 문제가 20%정도, 80%는 기존의 틀 안에서 응용이 되는 것 같습니다.

그런데 출제경향을 파악하는 것보다 어차피 합격을 위해서 공부하는 것이라면 충분한 공부량을 확보하는 것이 우선인 것 같습니다. 게다가 출제교수님들께서 어떻게 문제를 낼지는 교수님들만 알고 있기 때문에 경향에 의존하지 않는 것이 좋을 것 같습니다. 물론 그렇더라도 기출문제를 충분히 풀어보는 것은 중요하다고 생각합니다. 왜냐하면 출제 교수님들께서도 기출문제를 참조하셔서 문제를 내시고 상당수 문제들은 기출문제의 포인트들을 활용하기 때문입니다.

최아람 최근 1차가 어렵게 나오는 것 같습니다. 저는 첫 번째 1차 점수와 두 번째 1차 점수가 크게 차이가 나지 않습니다. 두 번째 1차가 공부를 더 많이 한 상태에서 치른 시험임에도 불구하고 점수가 비슷했던 이유는 아마도 시험 문제가 어려웠기 때문이 아닐까 생각합니다. 최근 들어 1차 문제가 과거에 비해 난이도가 올라간 것 같습니다. 특히 고득점하기 쉬웠던 경제학이 어렵게 출제되는 것 같습니다. 재무회계 역시 올해 굉장히 어려웠습니다.

2차도 해마다 난이도가 달라 뭐라 말하기 어렵지만 중요한 것은 기본에 충실하고 암기사항을 정확히 암기하는 것입니다. 문제가 아무리 어렵게 출제되도 결국 합격할 사람은 합격하는 것 같습니다. 최근 문제가 어려워졌다고 해서 걱정하지 말고 자신의 페이스에 맞게 공부하시면 단기간에 합격하실 수 있습니다.

5. 수험생활 중에 본 1, 2차 각 과목별 도서목록을 정리해 주시면 고맙겠습니다.

박성민

1차시험과목

- 경영학 : 김윤상〈핵심경영학연습〉, 이영우〈재무관리〉, 〈객관식재무관리〉
- 경제학 : 정병열〈경제학연습(미시·거시)〉, 김판기〈다이어트경제학(미시·거시)〉
- 상 법 : 김혁붕〈회계사상법신강〉
- 세 법 : 임상엽·정정운〈세법개론〉, 이승원·이승철〈객관식세법〉
- 회계학 : 김현식·최창규·신현걸〈중급회계〉〈객관식재무회계〉, 김영덕〈고급회계〉,
  　　　　김용남〈원가관리회계〉, 〈객관식원가관리회계〉

2차시험과목

- 세 법 : 정재연·이승원·이승철〈세무회계연습〉
- 재무관리 : 이영우〈재무관리연습〉
- 회계감사 : 이창우·송혁준·전규안·권오상〈회계감사〉
- 원가회계 : 김용남〈원가관리회계연습〉
- 재무회계 : 신현걸·최창규·김현식〈재무회계연습〉,

조현석

1차 시험 과목

- 경영학 : 김윤상〈핵심경영학연습〉, 김윤상〈객관식경영학〉, 김종길&조성우〈재무관리〉
- 김종길&오철웅〈재무관리연습〉, 김종길&조성우〈객관식재무관리〉
- 경제학 : 정병열〈경제학연습(미시&거시)〉, 김판기〈다이어트경제학(미시&거시)〉
- 상법 : 김혁붕〈회계사상법신강〉, 오수철〈객관식상법〉
- 세법 : 강경태〈세법개론〉, 강경태〈세무회계연습〉, 이승철&이승원〈객관식세법〉
- 회계학 : 신현걸, 최창규, 김현식〈중급회계〉, 이만우, 신현걸, 최창규, 김현식〈고급회계〉
- 신현걸, 최창규, 김현식〈객관식재무회계〉, 김용남〈원가관리회계〉,
- 김용남〈객관식원가관리회계〉

2차 시험 과목

- 세법 : 강경태〈세무회계연습〉, 강경태〈세무회계리뷰〉
- 재무관리 : 김종길&오철웅〈재무관리연습〉, 김종길&오철웅〈고급재무관리연습문제집〉

- 회계감사 : 이창우, 송혁준, 전규안,권 오상〈회계감사StudyGuide〉
- 원가회계 : 김용남〈원가관리회계연습〉
- 재무회계 : 신현걸, 최창규, 김현식〈재무회계연습〉

최아람 상법 : 첫 번째 1차시험 때는 김혁붕 상법책을 보았고 두 번째 2차 시험 때는 오수철 상법책을 보았습니다.
- 경제학 : 정병렬 경제학연습, 김판기 다이어트 경제학
- 재무회계 : 김영덕 중급회계기본서, 김영덕 김현식 객관식 재무회계(1차),
           김현식 재무회계연습서(2차)
- 원가회계 : 임세진 원가관리회계기본서, 임세진 객관식 원가관리회계,
           임세진 원가관리회계 연습서
- 세무회계 : 이철재 세법개론, 이승철 세무회계연습, 이승철 객관식 세무회계
- 회계감사 : 권오상 회계감사, 스터디가이드
- 재무관리 : 김종길 재무관리 기본서, 김종길 고급 재무관리(2차)
           김종길 객관식 재무관리(첫번째 1차시험 때는 보았지만 두 번째 2차 시험는 고급재무관리를 보았기 때문에 객관식 책을 보지 않고 공식만 암기했습니다.)
- 경영학 : 김윤상 경영학연습, 김윤상 객관식 경영학(풀이부분만 보고 시간이 없어서 문제는 풀지 않았습니다.)

6. 수험생입장에서 구하기 어려웠다거나 보강되었으면 하는 특정 과목이나 내용의 수험서가 있습니까?

박성민 저는 인터넷 강의 위주로 공부를 했기에 학원에서 교재를 구매할 수 있어 구하기 어려웠던 수험서는 없었습니다. 또한 모르는 것을 알고자 하기 보다는 강의에 충실하고 확실히 알아야 될 것은 숙지하되, 몰라도 된다고 짚어주시는 부분은 과감하게 보지도 않고 책장을 넘겼기에 다른 교재 또한 부가적으로 구매하지 않았습니다. 필수적인 것은 확실히 알고 아는 부분에서는 반드시 점수를 획득해야 된다고 생각했기 때문입니다.

하지만 경제학 수험서의 내용이 시험에 필요한 내용만을 위주로 다루다 보니 경제학 전체를 이해하는데 다소 어려움이 있을 것이라고 생각합니다. 저는 수험 강의뿐 아니라 학교 미시, 거시 경제학 수업을 통해 보다 깊게 이해할 수 있어 응용과 적용에 큰 도움이 되었던 것 같습니다.

A **조현석**   저는 특별히 없습니다.

A **최아람**   회계감사 정리 노트가 있었으면 좋겠다고 생각했습니다. 회계감사가 암기할 양
이 방대하지만 그 암기내용을 요약한 노트가 없어서 저는 직접 제가 정리를 하느라 시간
이 오래 걸렸습니다. 가볍게 들고 다닐 수 있는 회계감사 암기 노트가 출간되면 좋겠습
니다.

🎤 7. 수험공부 시 학원 강의, 인터넷강의, 강의tape중 이용도 측면에서 어떤 방법 을 선호했습니까?

A **박성민**   동아리 선,후배와 함께 매일 아침 정해진 시간에 인터넷 강의를 들었습니다.
학원 통학 시간도 줄이고, 강의 속도를 조절함으로써 좀 더 효율적으로 공부할 수 있었
다고 생각합니다. 선 후배와 함께 하다 보니 시간 관리도 철저하게 되고, 강의실에서 들
으니 집중도 잘 할 수 있었습니다. 2차 수험 시 마무리를 위해 학원을 2주정도 다닌 적
도 있습니다.

A **조현석**   주로 인터넷 강의를 활용해서 진도를 나갔습니다.

A **최아람**   저는 주로 인터넷강의를 많이 활용하였습니다. 학원 강의를 들었을 때 가장 집
중도가 높다고 생각하지만 무거운 책을 들고 학원에 통학 하는 것이 생각보다 많이 힘들
어서 저는 인터넷 강의를 주로 들었습니다. 강의를 듣다 딴 짓한 적도 많아서 저는 주로
주말에 몰아서 들었던 것 같습니다. 주말에 모르는 부분만 몰아서 들었습니다. 강의를
들으면서 선생님이 문제를 풀 때는 일시정지하고 제가 먼저 문제를 풀어보았습니다. 풀
수 있는 문제는 그냥 넘어가고 못 푸는 문제만 강의를 보았습니다. 이런 방법으로 하면
빠른 시간 안에 강의를 들을 수 있고 좀 더 집중할 수 있는 것 같습니다.
　기본서 강의는 처음부터 꼼꼼히 강의를 들어야 하겠지만 연습서 강의는 본인이 먼저
예습을 하고 모르는 부분만 찾아서 듣는 것도 좋은 것 같습니다.

🎤 8. 수험생활 중 애로사항과 본인만의 스트레스 해소방법은?

A **박성민**   가장 큰 애로사항은 식사메뉴였습니다. 학교 고시반에서 생활을 하다 보니 늘
학교식당과 학교 주변 밥집에서 매끼 식사를 했는데 하루 걸러 같은 메뉴, 비슷한 메뉴를
먹었습니다. 음식 맛은 좋았지만 아무래도 매일 비슷한 메뉴를 먹다보니 힘들었습니다.
이는 고시생 분들 대다수가 공감하실 겁니다 ^^
　또한 일요일에는 무조건 쉬었습니다. 주중에 바닥난 체력도 보충하고, 제 자신에게도

휴식을 줘야 한다고 생각했기 때문에 일요일에는 늦잠도 자고 TV도 시청하면서 무조건 쉬었습니다. 저 또한 주중에 공부하기 싫고 스트레스 받을 때 있었습니다. 그럴 땐 과감하게 나가서 맛있는 음식도 먹고 바깥 바람도 쐬면서 공부에 대한 생각은 일절 하지 않았습니다. 쉴 때 제대로 쉬면서 논 것이 스트레스 해소방법이었습니다.

A **조현석** 특별히 애로사항은 없었습니다. 다만 학교 고시반에서 공부를 했는데 집에서 지하철로 1시간 정도 통학을 하면서 공부했기 때문에 이 시간이 조금 아깝고 피로도를 높이는 것 같았습니다. 저는 쉬는 시간이면 엎드려 있거나 밖으로 산책을 나갔고 주말이면 농구를 했습니다.

A **최아람** 저는 3차 때 체력이 좋지 않아 힘들었던 것 같습니다. 공부기간이 3년이 넘어가면서 체력이 많이 떨어졌던 것 같습니다. 그래서 공부시간이 부족하지만 3, 4월달에 2차시험을 준비하면서 학교 안에 헬스를 등록해서 다녔습니다. 수험기간이 길어질수록 체력이 많이 부족하기 때문에 운동을 하고 체력을 기르는 게 좋을 것 같습니다. 시험 한 두 달 전에는 운동할 시간이 없기 때문에 그 전에 시간을 내서 운동하는 것을 추천합니다.

저는 스트레스를 받거나 너무 불안할 때 이시형 박사님 책을 많이 읽었습니다. 내가 왜 공부가 안되는지 왜 부정적인 생각만 하는지에 대해 답을 얻었고 힘을 많이 받았습니다. 안철수 교수님의 책도 도움이 많이 되었던 것 같습니다. 안철수 교수님의 바른 마음가짐을 보고 본받아야겠다고 생각하였습니다. 저는 이 분들의 책을 읽으면서 부정적인 마음을 없앨 수 있었고 동기부여할 수 있었습니다.

9. 학점이수제도와 영어시험대체제도가 시행됨에 따른 주의해야 할 점이나 영어 공부한 방법은?

A **박성민** CPA 시험에 대한 결심을 한 즉시, 회계원리와 함께 토익 공부를 하는 것을 권장합니다. 토익은 일정 점수만 넘으면 되는 것이기에 고득점을 받으려고 하지 않아도 되고, 오랜 기간 공부하는 것은 비효율적이라 생각합니다. 저 또한 단기간에 끝내기 위해 토익 학원을 수강하였고 한 달 내에 기준 점수를 획득할 수 있었습니다.

혹여, 수험기간이 길어질 경우 토익 유효기간을 주의해야 합니다. 주위에 토익 유효기간이 만료되어 CPA 시험을 치르지 못한 분도 간혹 있었는데 반드시 유효기간을 숙지하시고 관리해야 합니다.

A **조현석** 금융감독원에 가면 학점이수과목이 어떤 것이 있는지 쉽게 확인할 수 있으니

반드시 먼저 확인해보고 이수해야 할 것입니다.

저는 다행이도 시험을 보기로 결정하기 전에 요구 영어점수를 취득한 시험이 있어서 영어공부에 특별히 스트레스 받지는 않았습니다.

최아람 CPA를 생각하고 있으면 빠른 시일 내에 학점이수를 하고 영어성적을 받는 게 중요할 것 같습니다. 시험을 준비할지 말지 고민하고 계시다면 일단 학점이수와 영어성적을 만드시길 권해드립니다. 학점이수를 하면서 회계공부가 본인에게 맞는지 안 맞는지 판단하는데 도움이 될 것입니다. 또한 CPA를 하지 않는다 하더라도 손해가 되지 않을 것이라 생각됩니다. 영어 성적 역시 CPA를 하지 않고 취업을 하려면 꼭 필요하기 때문에 미리 준비하시기를 추천합니다.

10. 제2차시험 부분합격제도에 따른 부분합격과목 활용사례나 주의해야 할 점은?

조현석 부분합격제도가 도입됨에 따라서 많은 학생들이 시험을 전략적으로 접근할 수 있게 되었습니다. 공부를 하시다가 취약한 부분보다는 자신이 자신있는 과목을 주로 공부하여 먼저 확실하게 몇 과목을 가져간 상태에서 다음 해에 자신이 취약했던 과목만 집중적으로 공부하여 합격하는 방법이 있고, 자신있는 과목보다는 취약한 과목에 먼저 집중하면서 모든 과목을 고른 점수분포 대로 유지하면서 동차를 노리는 방법이 있습니다. 이 점은 수험생 분들이 잘 생각하셔서 판단하셔야 할 것입니다.

최아람 동차생분들 중에 1-2과목을 버리시는 분들이 계시는데 저는 끝까지 5과목 다 가지고 가는 것을 추천합니다. 1-2과목을 버린다고 해서 남은 과목에 시간을 더 투자할 수 있는 건 아니라고 생각합니다. 물론 1-2과목 버려서 좋은 결과를 얻는 사람도 분명 있지만 저는 5과목 모두 가져가는 것을 추천합니다. 5과목 다 공부하는 사람들 중 5개 모두 자신 있어서 하는 사람은 거의 없습니다. 모두 못하는 과목 1-2가지 정도는 있기 마련이지만 끝까지 가지고 가는 것입니다. 모두가 불안하고 잘하지 못하는 것은 마찬가지이기 때문에 특별한 이유가 없는 한 5과목을 다 가져가시기 바랍니다.

또한 처음 한 과목 버리는 것이 어렵지 한 과목 버리면 하나 더 버리고 싶은 유혹을 느끼기 쉽고 자기 합리화하기 쉽습니다. 의외로 자신이 잘한다고 생각한 과목을 불합격하고 자신이 못한다고 생각하는 과목에 합격하는 경우도 많습니다. 그렇기 때문에 무작정 못한다고 포기하지 말고 끝까지 가져가는 게 좋을 것 같습니다.

🎙 11. 수험생에게 당부하고 싶은 말은?

Ⓐ **박성민**   이미 많은 합격자분들께서 좋은 조언들 많이 해 주신 걸로 압니다. 저는 제 개인적인 견해로 후배 수험생들에게 말씀드리려 합니다.

① 수험공부에 있어서 무엇보다 중요한 것은 꾸준한 것이라고 생각합니다. 공부는 엉덩이로 한다는 말이 있습니다. 흔들림 없이 꾸준하게 정해진 시간에 앉아서 공부한다면 분명이 좋은 결과가 있을 것입니다.

② 정기적으로 쉬는 시간을 꼭 가지기를 바랍니다. 저 역시 일요일에는 공부를 하지 않고 늦잠도 자는 등 푹 쉬었습니다. 쉴 때는 정말 휴식을 취해야 합니다.

③ 정말 공부가 안될 때는 뛰쳐나가기를 권장합니다. 몇날 며칠 도서관에 앉아서 공부하는 것은 정말 힘듭니다. 그러다가 가끔씩 정말 공부가 하기 싫고 잡생각이 들 때에는 밖으로 나가 바람을 쐬는 것이 좋다고 생각합니다. 저 역시 그랬습니다.

④ 술은 되도록 마시지 않는 것이 좋습니다. 저도 가끔씩 술을 마셨는데 그 다음날까지 공부하는데 영향을 미치니 술을 마신 후 오히려 스트레스를 받을 때도 많았습니다. 부득이하게 술을 마실 때는 반드시 다음날 까지 염두에 두셔야 합니다.

Ⓐ **조현석**   회계사시험과 같은 장기적인 시험에 대비함에 있어서는 철저한 계획이 선행되어야 합니다. 물론 처음부터 완벽한 계획을 세울 수는 없습니다. 아직 공부를 시작해보지 않았기 때문에 공부시간이 어느 정도 걸릴지 감이 없기도 합니다. 그러나 이 경우에도 반드시 큰 틀이라도 계획을 짜놓는 것이 좋을 것 같습니다. 세부계획은 계획을 진행하면서도 충분히 채워나갈 수 있습니다. 게다가 계획은 아무리 완벽하다고 생각했더라도 아마 계속해서 수정될 것입니다. 그래도 큰 틀에서 방향성을 가지고 나아가고 있다는 느낌을 갖는 것은 중요합니다. 속도를 어느 정도 내야 결승점에 도달할 수 있는지도 수시로 확인할 수 있어 완급조절이 가능합니다. 저는 대략 한 달에서 2주 간격으로 계획을 수정하고 결승점까지의 거리를 쟀습니다.

　회계사 시험은 1년 반 정도가 한 싸이클인데 결코 짧은 시간이 아닙니다. 따라서 자신을 고시생이라는 특별한 신분이라고 생각하고 그 기간동안 자신의 모든 욕구를 참아야 한다고 스스로를 다그치면서 수험기간을 보내게 되면 심신이 먼저 지치게 되지 않을까 합니다. 긴 기간 동안 수험생활을 보내려면 수험생활 자체가 특별한 고행이 아니라 당연한 자신의 일과가 되어야 할 것 같습니다. 따라서 항상 계획을 확인하고 실천하려고 노력하되 하루일과가 일찍 끝나면 쉬기도 하고, 가끔 친구와 만나서 얘기를 나누고 시간을 보내는 등 일상을 보내고 있다는 느낌으로 수험생활을 보내는 것이 더 생산적이지 않을까 생각합니다.

A **최아람** 지금 공부하는 게 정말 힘들고 미래도 불안하고 걱정도 많이 되겠지만 지금 이런 힘든 시간은 금방 지나갑니다. 저 역시 3차생으로서 정말 힘든 시간을 보내고 희망이 보이지 않았지만 지금 이렇게 합격하여 수기를 쓰고 있습니다. 힘든 시간은 언젠가 지나가고 문제가 다 해결될 테니 너무 초조해하지 말고 편안한 마음을 가졌으면 좋겠습니다. 시간은 생각보다 빨리 지나갑니다. 힘든 시간은 잠깐입니다.

12. 월간회계에 바라는 점은?

A **조현석** 앞으로도 수험생들에게 좋은 정보를 제공해주셨으면 좋겠습니다.

A **최아람** 앞으로 수험생들을 위해 좋은 내용 많이 실어주셨으면 좋겠습니다.

13. 앞으로의 계획은?

A **박성민** 이제 막 CPA 시험에 합격해서 얼떨떨한데 법인으로부터 감사한 러브콜을 받아 가고 싶었던 법인을 선택하였습니다. 아직 대한민국의 회계가 신뢰성이 낮다는 말을 들었습니다. 보다 정진해서 대한민국의 회계에 대한 세계의 시선을 바꾸고 투명한 회계를 바탕으로 하여 대한민국의 기업이 세계적인 기업으로 발전할 수 있도록 도움을 주는 회계사가 되고 싶습니다.

A **조현석** 회계사 시험에 합격함으로써 저의 목표 중 하나가 달성되었습니다. 앞으로 어느 커리어패스를 밟는 것이 좋을 것인지, 저의 적성은 어디에 있는가를 찾는 시간을 갖고 싶습니다. 이를 위해서 회계법인에서도 일해보고 다양한 활동을 함으로써 제 자신을 찾아갈 것입니다.

A **최아람** 앞으로 법인에 들어가서 잘 적응해서 전문가가 되고 싶습니다. 업무강도가 높다고 들었는데 지금부터 체력을 기를 생각입니다.

14. 끝으로 하고 싶은 말은?

A **박성민** 수험생활 동안 힘든 점도 있었지만 좋은 결과 앞에서는 모두가 추억이고 보람이라고 생각합니다. 이 글을 보시는 모든 수험생 분들도 조금만 더 힘내시고 자신만의 공부 노하우로 꾸준히 하셔서 좋은 결과 있으시길 기원합니다.

　마지막으로 공부할 수 있는 환경을 마련해준 성균관 대학교에 감사합니다. 앞으로도 회계사를 준비하는 학생들이 더 쾌적하고 편한 환경에서 공부할 수 있길 바랍니다. 또한 묵묵히 지원해 주시고 응원해주신 부모님과 누나들에게 감사의 말 전하고 싶습니다. 송회헌에서 같이 생활했던 202호 형들, 함께 공부한 동아리 선배, 후배, 시험 때마다 응원해준 친구들과 늘 함께 해준 여자친구에게도 감사인사를 전하고 싶습니다.

Ⓐ **조현석** 저는 합격수기를 즐겨보지는 않았습니다. 다만 공부를 하면서 제가 어느 정도 위치에 있는지 파악하기 위해 합격생들은 이 시기에 어디쯤 공부하고 있었는지를 가끔 확인하는 용도로 수기를 활용했습니다. 그래서 저는 수기를 쓰면서 어떤 시기에 무슨 진도를 나가고 있었는지 잘 보이려고 노력했습니다. 다만 복습은 단기적으로 계획을 짜서 했기 때문에 어느 시기에 어떤 과목을 복습하고 있었는지는 잘 기억이 나지 않아서 자세하게 적지 못했습니다. 그래도 큰 줄기는 잘 표현했다고 생각하고 공부하시는 분들에게 참고가 됐으면 좋겠습니다.

마지막으로는 수험기간 중 저를 격려해주시고 뒷바라지 해주셨던 부모님께 감사를 드리고 싶습니다.

Ⓐ **최아람** 저도 공부하면서 합격수기 읽고 용기도 얻고 도움도 많이 받았습니다. 여러분 모두 빠른 시일 내에 좋은 결과 얻으셨으면 좋겠습니다. 이왕 공부하기로 결정하셨다면 다른 생각하지 마시고 긍정적인 생각만 하시고 열심히 하셔서 빨리 합격하셨으면 좋겠습니다.

2010년 제45회 공인회계사시험

최고득점·최연소 합격자 인터뷰

이 지 선
1986년 11월 7일 출생
진명여자고등학교
연세대학교 졸업
2010년 제45회 공인회계사 제2차시험
유예생과 동차생 전체 수석 합격자

백 수 연
1990년 1월 9일 출생
전북여자고등학교
연세대학교 경영학과
2010년 제45회 공인회계사 제2차시험
최연소 합격자

📢 1. 자기소개, 응시동기, 합격소감은?

❓ 공인회계사 시험을 선택하게 된 동기와 합격 후 소감은 어떠했나요?

🅰 **이지선** 안녕하십니까. 저는 제45회 공인회계사 시험에 전체수석으로 합격하게 된 연세대학교 수학과 졸업생 이지선입니다. 많은 분이 의아하게 생각하고 계시겠지만, 부분합격제도가 도입되고 항상 동차로 합격한 분들이 수석의 영예도 동시에 안았었기에 저역시 수석에 대한 기대는 조금도 하지 못했었고 처음 수석합격이라는 연락을 받았을 땐

장난전화가 아닐까 생각했을 만큼 뜻밖의 소식이었습니다. 사실 지난해 제44회 공인회계사 2차시험에서 재무회계를 제외한 4과목을 합격한 뒤 다시 올해 2차시험을 보기까지 주변에서 쏟아지는 "1과목쯤이야"라는 인식과 기대에 남모를 부담감과 걱정이 컸기에 지금은 그저 합격했다는 사실만으로도 무척이나 기쁩니다. 한편, 동차 합격자분들을 비롯해 훨씬 실력이 뛰어나신 분들이 많이 있을 텐데 그분들을 대신해 제가 이렇게 글을 쓰게 되어 영광이기도 하고 조금 부끄럽기도 하지만, 부디 이 시험을 준비하고 계신 수험생 분들께 제 부족한 수기가 조금이라도 도움이 될 수 있기를 바라며 글을 시작하려 합니다.

제 본 전공은 수학이지만 3학년 때부터 이중전공으로 경영학을 함께 공부하기 시작했습니다. 그러던 중 2008년 1학기에 미국으로 교환학생을 다녀오게 되었는데 그 곳에서 회계학을 전공하는 친구와 룸메이트가 되었고 한 학기 동안 가족처럼 가까이 지내고 공부도 함께하면서 자연스럽게 회계사에도 점점 더 많은 관심을 갖게 되었습니다. 돌아올 때 즈음에는 우리 둘 모두 회계사가 되어 다시 만나기로 약속하였고, 교환학생 파견을 마치고 한국으로 돌아왔던 지난 2008년 여름부터 저의 수험생활은 시작되었습니다.

A 백수연 안녕하십니까? 올해 45회 공인회계사 시험에 최연소로 합격한 연세대학교 경영학과 3학년 백수연입니다. 합격과 최연소의 영예를 동시에 누리게 되어 정말 기쁩니다. 최연소합격을 목표로 공부하긴 했지만, 막상 이렇게 꿈을 이루고 나니 감회가 새롭습니다.

새내기 때엔 지인들로부터 CPA시험에 대한 이야기를 종종 들었지만 어떤 것인지 잘 몰랐고 관심도 별로 없었습니다. 그러다가 2학기에는 교내 방송국 YBS에서 방송기자로 활동하게 되면서 기자가 되어야겠다고 생각했습니다. 그러나 언론 분야가 제 적성과 맞지 않는다는 것을 깨닫고 힘겨운 고민 끝에 결국 그만두었습니다.

그 후에는 다른 친구들처럼 교환학생에 지원해볼까 하는 생각으로 TOEFL 시험을 준비했습니다. 그러나 '교환학생을 다녀온 후에는 무엇을 해야지?' 하고 생각해 보니 머릿속에 특별하게 떠오르는 것이 없었습니다. 제가 무엇을 좋아하는지, 어떤 분야에 강점을 보이는지 등 모든 것이 안개처럼 불투명하기만 했습니다. 제 적성을 찾아가기 위해 다양한 프로그램에 참여했지만, 왠지 모를 공허함은 사라지지 않았습니다.

그러던 중 2학년 1학기에 들었던 회계원리 수업은 제게 충격을 안겨주었습니다. 첫 단추를 잘못 끼운 탓에 중간고사 전까지 치렀던 쪽지시험 결과가 꼴찌에서 5등이었습니다. 수강철회를 할까 고민했지만 오기가 발동했습니다. '회계원리! 누가 이기는지 한번 보자!' 중간고사 준비에 열심히 매달렸지만 눈앞이 깜깜했습니다. 책 내용들이 온 힘을 다해 제가 다가가는 것을 거부하는 느낌이었습니다. 하지만 포기하지 않고 강의를 열심히 들었고 이틀 내에는 꼭 복습을 했습니다. 처음부터 잘했던 것이 아니어서인지 하나씩 알아갈 때마다 재미를 붙여갔습니다.

그 때부터 CPA에 대한 호기심이 생겨 경영대학에서 개최하는 'CPA night'란 행사에 찾아갔습니다. 강의실 맨 뒤쪽에서 친구들과 공인회계사님의 설명을 듣고 있다가 우연히 최근에 합격하신 선배님과 이야기를 나눌 기회가 생겼습니다. 그 분께서는 제대를 마치고 7월부터 공부해 한 학기만 휴학하고 1년 만에 동차로 합격하셨다고 말씀하셨습니다. 처음엔 믿어지지가 않았지만 진솔한 이야기를 듣고 나니, '아 나도 저분처럼 되면 좋겠다.'는 꿈이 솟아올랐습니다. 그러나 그 당시에는 '내가 과연 저렇게 할 수 있을까?' 하는 두려움이 더 컸습니다.

그로부터 며칠 후에는 학교 내의 'Career start'라는 프로그램을 통해 회계법인 파트너로 활동하시는 선배님을 뵐 기회가 생겼습니다. 선배님께서는 회계사들의 주 업무가 재고실사인줄로만 알았던 제게 회계사의 업무, 직업 환경 등에 대해 상세히 설명해주셨습니다. 그리고 제게 시험에 도전해볼 것을 권유하셨습니다. 선배님의 말씀을 듣고 나니, 나도 할 수 있겠다는 자신감이 조금씩 생기기 시작했습니다.

CPA 준비를 시작하겠다는 뜻을 품은 후에는 지도교수님께 찾아갔습니다. 교수님께서는 수험기간 동안 힘들더라도 이겨낼 것이라 믿는다며 저를 격려해 주셨습니다.

이 분들 뿐만 아니라 먼저 CPA시험을 준비하셨던 선배님들께서도 제게 수험생활에 관해 여러 가지 조언을 해주셨습니다. 이렇게 다양한 이야기를 듣고, 필요한 정보를 스스로 찾아보며 결정했기 때문에 후회하지 않고 시험공부에 매달릴 수 있었습니다.

2. 자신만의 효율적인 공부방법과 과목별 준비요령

Q 1, 2차시험대비 수험대책으로 자신만의 효율적인 과목별 공부방법과 준비요령은? (수험기간, 공부시간, 수험정보 입수경로 등 포함)

A **이지선** 이과대학이다 보니 주변에 회계사 공부를 하는 친구들이 거의 없어 처음 공부를 결심했던 당시에는 무작정 공부해서 시험 볼 생각만 했지 어떻게 공부해야 할지에 대해서는 전혀 아는 바가 없었습니다. 인터넷의 도움으로 알게 된 사실은 다만 시험이 당장 내년 2월 말에 있다는 것, 그리고 여러 학원의 가을 종합반 등은 이미 마감되었다는 것이었습니다. 2월까지는 좀 시간이 부족한 거 같았지만, 당시 3학년 2학기까지 마쳤던 터라 되도록 학교를 졸업하기 전에 시험을 마치고 싶어 다음 학기는 휴학하기로 하고 우선 2009년 2월 1차시험을 목표로 공부하기 시작했습니다. 2008년 8월, 앞으로 닥칠 수험생활의 어려움 보다는 멋진 회계사가 되어 있을 제 모습만을 상상했기에 두려움보

다는 기대에 부푼 채 본격적인 수험생활에 들어갔습니다.

(1) 기본서 공부기간(2008.8~2008.12)

앞으로의 수험기간이 결코 짧지는 않을 것으로 생각했기 때문에 무리한 계획을 세우기보다는 최대한 규칙적으로만 생활하려고 노력했습니다. 8월에는 학교 도서관에서 공부했으나 동영상 강의를 들으려다 보니 컴퓨터 좌석과 열람실 좌석을 오가며 자리 맡기가 쉽지 않아 9월부터는 집 앞 독서실을 다니게 되었습니다. 노트북을 갖고 다니며 책상에서 인터넷 강의를 들었는데 기계 돌아가는 소리도 조심해야 할 만큼 독서실이 조용해서 되도록 다른 사람들에게 방해되지 않으려고 같은 방을 쓰는 중고등학교 학생들이 학교에 가고 없는 오전 시간에 주로 강의를 들었습니다.

객관식 대비를 해야 하는 1, 2월을 제외하면 남아있는 6개월 동안 1차시험 과목의 모든 기본 강의를 듣고 기본서를 공부해야 했으므로 새로 시작하는 강의를 기다릴 여유가 없어 3, 4월에 이미 종료된 강의를 빠르게 들었습니다.

하루에 보통 6강 정도의 강의를 들었고 남은 시간 동안 그날 강의 들은 내용을 복습했습니다. 강의를 듣는 것만으로는 바로 내 지식이 되지 않는다고 생각했기 때문에 복습할 때는 강의시간에 다 다루지 못하고 지나쳤던 부분까지도 다시 꼼꼼하게 읽으면서 공부했습니다. 사람마다 공부하는 방법이 모두 다르기에 어느 방법이 정답이라고는 말할 수 없지만, 저 같은 경우에는 책 내용과 중복되는 필기는 되도록 하지 않고 강의를 들을 때는 설명 듣는 것에만 더욱 집중했습니다. 요약된 내용만 알아서는 시험문제를 풀 수 없다고 생각하여 항상 책 내용 중심으로 보았기 때문에 서브노트를 따로 만든 과목은 없습니다.

강의를 들으면서 적어두고 싶은 부연 설명 등은 관련된 부분마다 책 위에 직접 작은 글씨로 끼워서 써넣는 식이었는데 이렇게 해야 공부할 때 굳이 여러 노트와 책을 펴 놓고 왔다 갔다 하면서 보지 않아도 놓치는 부분이 없고 복습하면서 책을 볼 때 강의 내용도 자연스럽게 다시 상기가 되어 훨씬 이해가 쉽기 때문입니다.

공부를 하다가 졸음이 쏟아지면 5분-10분 정도 잠시 눈을 붙인 뒤 다시 맑은 정신이 돌아왔을 때 공부를 계속했습니다. 반쯤 졸면서 억지로 한 시간을 버티기보다는 좋은 몸 상태에서 집중력 있게 30분 공부하는 것이 더 효과가 좋다고 생각했기 때문에 공부시간을 측정하거나 늘리는 데 욕심을 내지는 않았습니다.

중급회계, 고급회계, 세법, 재무관리, 원가회계, 경영학, 상법, 경제학 순으로 공부했는데 과목별로 흐름을 끊지 않고 이어가기 위해 되도록 한 과목씩만 계속 공부했습니다. 다른 과목 공부하는 동안에는 예전에 공부했던 것이 모두 기억에서 사라진 것만 같은 불안감이 들 수 있지만 이렇게 해야 진도도 훨씬 빠르고 그 과목의 전체 흐름을 익히면서 깊이 있게 이해할 수 있어 확실히만 해 두면 객관식 문제를 풀면서 다시 공부할 때 빠르게 되새겨지는 효과를 얻을 수 있습니다.

또한, 시간이 부족했으므로 기본서를 여러 번 보는 것은 불가능할 것 같아 항상 모든 책을 볼 때 시험 보기 전까지 다시 볼 수 없다는 마음으로 한 번 볼 때 제대로 보아야겠다고 생각했고 이해가 잘 안 되는 부분에서도 다음으로 미루지 않고 시간을 들여 여러 번 생각하면서 머릿속에 제 방식대로 남겨두려고 노력했습니다.

단순 암기는 얼마 못 가 잊어버리기에 되도록 피했고 기본서에 나와 있는 문제도 골라 풀지 않고 모두 다 풀었습니다. 실제로 이렇게 하다 보니 과목마다 보름에서 길게는 한 달까지 걸렸고 어느새 12월이 되어 안타깝게도 정말로 1차시험을 볼 때까지, 객관식 공부하면서 필요한 부분만 조금씩 찾아봤던 것을 제외하고는 기본서를 다시 공부하지 못했습니다.

(2) 1차시험 준비기간(2009.1~2009.2)

1월이 되어 객관식 공부를 시작하면서부터는 본격적으로 시험에 대비하였으므로 모든 과목에 균형을 맞추어 공부할 수 있도록 식사시간 전후로 과목을 바꿔가면서 객관식 강의와 문제집을 공부했습니다. 이전까지 바탕이 되는 기본서를 충실히 공부해 둔 덕분에, 그동안 정신없이 여기저기 흩어져 있던 내용이 객관식 공부를 하면서 비로소 한꺼번에 정리가 되는 느낌이었습니다.

한편, 학원 종합반 등을 다니면 진도별로 매주 모의고사도 보고 꾸준히 시험에 대비한 연습을 할 수 있는 것으로 보였는데 저는 이렇게 혼자 공부하다 보니 항상 책에 나온 순서대로만 공부하였고 문제 풀 때도 어느 단원의 내용인지 다 알고 푼 셈이라 1차시험이 다가오면서는 점점 불안감이 커졌습니다. 그래서 이제껏 한 번도 모의고사 형식의 시험을 치른 적이 없었던 터라 1, 2월에 각 학원에서 전국모의고사 공지가 나오면 모든 모의고사를 신청해서 보러 갔는데 그게 모두 7번이었던 것으로 기억합니다.

시험이 얼마 안 남은 시점에서도 굳이 이 학원 저 학원 찾아다니며 모든 모의고사를 보러 다녔던 것은 긴 시간 집중하여 시험을 볼 수 있으려면 이에 대비한 훈련이 어느 정도 필요하거니와 실제 시험장에 가서 지금껏 공부해 온 책과는 다른 유형의 문제들을 받더라도 당황하지 않기 위해서였습니다.

결국, 첫 모의고사에서는 시간 내에 푼 과목이 하나도 없었을 정도로 전 과목 과락에 가까운 점수를 받았지만 7회에 걸친 모의고사를 거치면서 차츰 시간 배분에 요령이 생기고 낯선 형식과 다양한 주제들이 섞인 문제에도 익숙해져 침착하게 문제를 풀 수 있는 힘이 생겼습니다.

 3~4번째 모의고사부터는 석차와 점수가 눈에 띄게 올랐고, 실제 시험에서는 회계학 108점, 경영학 80점, 경제원론 72.5점, 상법 82.5점, 세법개론 72.5점으로 총점 415.5, 석차 58의 성적으로 합격하였습니다.

 1차시험을 준비하고 계신 수험생 분들에게 1, 2월은 1차시험에 있어 실력이 급속도로 성장하는 매우 중요한 시기임을 다시 한 번 강조 드리고 싶습니다. 저 역시 첫 번째 모의고사를 본 뒤에는 3월부턴 학교에 다시 복학해야겠다고 당장 결심했을 만큼, 시험은 얼마 안 남았는데 공부한 것은 하나도 없는 것 같고 역시 올해는 무리인 것 같으니 조금 더 확실히 준비해서 내년에 제대로 보아야겠다는 마음이 불쑥불쑥 솟아오르는 때임을 잘 알고 있습니다.

 하지만, 시험이 임박했다고 초조해하지만 말고 그동안 개별적으로 공부해 두었던 내용을 이제 시험에 맞게 체계적으로 잘 정리하기만 하면 된다는 생각으로 자신을 믿고 조금 더 힘을 내면 어느새 2차시험을 준비하고 있는 자신을 발견하게 될 것입니다.

(3) 동차 2차시험 준비(2009.3~2009.6)

 1차시험을 끝내고 2차시험 대비 강의가 시작될 때까지 한 일주일 정도는 펜 한 번 잡지 않고 정말 충분한 휴식을 취했습니다. 학교는 한 학기 더 휴학하기로 했고 이번에는 학원 수강 신청기간을 알고 있었던 터라 학원에 직접 가서 수업을 들을까도 고민했지만 스스로 시간표 조절을 하고 복습할 시간을 충분히 가지려면 온라인 강의가 더 효율적이라는 생각이 들었습니다.

 다만, 2차시험의 특성상 답안지 작성에 대한 부담감이 컸기 때문에 모의고사 연습도 필요할 것 같아 강의는 온라인으로 듣고 학원에서 매주 진도별 모의고사를 볼 수 있는 온라인 종합반을 택했습니다. 하지만, 1차시험 준비를 할 때 같은 학원에서 모든 과목을 수강한 것이 아니었기에 남은 기간이 길지 않은 2차시험까지는 그냥 제가 원래 공부했던 선생님의 논리를 계속 따라가고 싶어 온라인 종합반을 수강하면서 1차 때 들었던 선생님과 다른 과목은 다른 학원에서 다시 온라인 강의를 신청하여 따로 들었습니다.

 물론 회계감사를 제외한 나머지 4과목은 1차시험 때도 공부했던 과목이므로 내용이 새롭지는 않았지만, 문제를 푸는 방식이 많이 다르기 때문에 2차 답안지에 직접 제 손으로 실제 답안처럼 작성해 보는 연습을 충분히 하였습니다. 문제 하나가 워낙 크고 계산과정이 길다 보니 앞부분에서 꼭 한두 번씩 실수를 하는 경우가 잦았는데 이러한 실수를 줄이고 차분하게 마지막까지 올바른 답을 도출해 낼 수 있도록 처음부터 끝까지 혼자 힘으로 문제를 푸는 연습을 팔이 아프도록 많이 했습니다.

 6월에도 1차시험 때처럼 학원 모의고사를 신청해서 두 차례에 걸친 모의고사를 봤는데 이틀 동안 시험 보는 것이 생각보다 쉽지 않았습니다. 그래서 2차시험 당일까지 좋은 컨디션을 유지하는 것이 매우 중요하다고 생각되어 시험 직전까지 무리하지 않고 규칙적인 생활을 꾸준히 이어갔습니다.

(4) 유예 2차시험 준비(2009.9~2010.6)

2009년 2차시험의 재무회계는 시간이 오래 걸리는 문제들이 유난히 많았는데 그 사실을 시험 보기 전에는 당연히 알지 못했습니다. 5과목 중 마지막에 치러지는 시험이었기에 실수 없이 끝마무리를 잘해야겠다는 생각으로 1번부터 정성을 들여 꼼꼼히 풀다 보니 중간 부분에서 시간이 오래 걸리는 문제들을 만났을 땐 문득 시험 시간이 부족하겠다는 생각이 들었고 당황한 상태에서 이 문제 저 문제 건너다니다가 그만 배점이 큰 문제들을 몇 개씩이나 구경도 하지 못한 채 비워두고 시험을 마치게 되었습니다.

결국, 2009년 9월 합격자 발표날, 총점은 419.5, 그러나 원가회계 90, 회계감사 76.5, 세법 85, 재무관리 84점에도 불구하고 재무회계 84점으로 한 과목 유예의 길을 걷게 되었습니다.

처음에는 차라리 부분합격제가 아니었더라면 하는 안타까운 마음이 들었고 재무회계의 경우 새로 도입된 IFRS를 다시 공부해야 하는 상황이었기에 걱정이 앞섰지만, 또 어떻게 생각하면 회계사가 되면 어차피 알아야 할 IFRS를 지금 시험과 더불어 공부할 기회라 생각되어 1과목을 떨어진 것이 아니라 4과목 합격했음에 다시 기쁘고 감사하게 되었습니다.

이미 학교에 복학한 상태에서 이러한 결과를 확인했고 당시 그 학기는 일주일 내내 아침부터 저녁까지 수업이 계속 있었고 대부분이 수학과 전공과목이어서 회계 공부를 병행하기는 거의 불가능했습니다. 그리고 그렇게 수험생임도 망각한 채 한 학기를 보내고 시험이 6개월 정도 남았을 때 마침 1월에 학원에서 재무회계 GS1과정이 열리는 것을 보고 수강하기로 했습니다.

동차 때는 구기준으로 공부하였으므로 집에서는 인터넷 강의로 IFRS 중급회계와 고급회계 기본 강의를 다시 듣고 학원에서는 재무회계 연습 책으로 진행되었던 유예생 대상 강의를 들었습니다. 처음에는 머릿속에서 기존에 알던 구기준과 IFRS가 뒤죽박죽 되었지만, 강의시간에 최대한 열심히 들으면서 우선 새로운 내용을 낯설지 않게 받아들이려 노력했습니다.

사실 오랫동안 공부를 쉬다가 다시 하는 것은 생각만큼 쉽지가 않았습니다. 이미 생활리듬이 하루 종일 독서실에서 공부하며 규칙적으로 생활했던 때와는 너무 달라져 있었고 한 과목이라는 생각에 마음도 많이 풀려 있다 보니 두 과목 유예생의 반은커녕, 동차로

5과목 시험을 준비하는 수험생의 5분의 1만큼도 공부하는 것 같지 않았습니다. 다행히 3월부터 시작되는 마지막 학기 때는 이수해야 할 학점이 얼마 남지 않아 일주일에 이틀만 학교를 나가면 되었기 때문에 그 이틀을 제외한 나머지 5일 동안 열심히 공부할 수 있었습니다.

그리고 제가 동차 합격에 실패했던 가장 큰 원인은 문제를 빠르게 풀지 못하고 주어진 시험 시간을 효율적으로 사용하지 못한 것이었기 때문에 연습을 충분히 해야겠다고 생각하여 동차 때와는 달리 연습서도 4권 정도 보고 거의 모든 학원의, 횟수로 치면 약 20여 회 분량의 GS모의고사 과정을 들었습니다.

학교에 나가는 날을 이용하여 친구들도 많이 만나고 틈틈이 휴식을 취하면서 공부했기 때문에 특별히 슬럼프가 찾아오거나 힘든 일은 없었고 다행히 136점의 좋은 점수를 받아 마침내 제45회 공인회계사 2차시험에 합격하게 되었습니다.

A 백수연 저는 다음과 같이 공부하였습니다.

(1) 1차 시험

경영학

재무관리의 경우 중도에 포기했기 때문에 일반경영학에 대해서만 말씀드리겠습니다.

일반 경영학은 그 범위가 매우 넓고 신이론까지 출제가 되기 때문에 수험서로 정리하는 것이 좋습니다. 그리고 신이론이 등장하기는 하나 이는 일부에 불과하고 대부분의 문제는 기존 이론에 대한 것이기 때문에 기본 내용부터 정리하는 것이 선행되어야 합니다. 저는 요점정리 강의를 듣고 노트정리를 암기했습니다. 그리고 시간이 날 때마다 필기한 내용을 반복해서 읽었습니다. 또한, 설 특강을 들었는데, 몸은 힘들었지만, 시험 직전에 깔끔하게 정리할 수 있어 도움이 되었습니다.

경제학

기본서를 공부할 때에는 노트를 중심으로 공부하고 관련 내용을 책에서 찾아보며 공부했습니다. 기본서 연습문제를 풀 때에는 많이 틀려서 경제학에 지레 겁을 먹고 있었습니다. 하지만, 다이어트 경제학 강의를 들으면서 그동안 배운 지식을 정리해나갈 수 있었습니다. 시간이 얼마 남지 않은 1~2월에는 다이어트 경제학을 완벽히 소화하겠다는 마음으로 이 책에 온전히 집중해도 충분하다고 생각합니다. 문제 구성도 기출문제 위주이고 핵심내용도 깔끔하게 제시되어 있어 막판 정리용으로 좋았습니다.

상 법

저는 시간이 없어 어음수표법 뒷부분을 정리하지 못하고 시험장에 들어갔습니다. 하지만, 가장 높은 비중을 차지하는 회사법에서 거의 다 맞으려고 이 부분을 집중적으로 보았습니다. 기본 강의를 들을 때에는 선생님이 알려주신 개념과 사례를 연결시키는 데 중점을 두었습니다. 그리고 객관식 강의를 들을 때에도 문제 풀이보다는 개념 정리에 더 많은 시간을 보냈습니다. 법 과목의 경우 그 취지를 알고 접근하면 세부 사항들이 체계적으로 연결되므로 조문의 배경을 생각하면서 자연스럽게 암기하는 것이 효과적입니다.

세 법

초반에 많은 시간과 노력을 요구하는 과목입니다. 서브노트를 끼고 다니며 자투리 시간에 열심히 보았습니다. 3%, 5% 등 구체적인 수치는 이해하면서 외우기는 어렵지만, 여러 번 보다 보면 '이러한 이유 때문에 아마도 이 비율을 쓰겠다.'라는 제 나름의 방법으로 암기할 수 있었습니다.

그리고 틈날 때마다 기본서를 읽었습니다. 촉박한 상황에서 기본서의 내용을 모두 점검하기는 어렵지만, 서브노트와 관련된 내용이라도 기본서에서 찾아보는 것이 필요하다고 생각합니다.

객관식 세법은 혼자 풀 때면 꼭 한두 개씩 빠뜨려 틀리는 일이 다반사였습니다. 하지만, 객관식 강의를 들으면서 선생님의 풀이 방법을 정리하고 반복해 풀면서 익혀가다 보니 조금씩 실력이 늘었습니다.

회계학

재무회계의 경우에는 중급회계를 여러 번 보되, 단원별로 회독수를 달리했습니다. 저는 회독수 자체는 중요하지 않다고 생각합니다. 내게 잘 맞는 부분이 있고 그렇지 않은 부분이 있습니다. 처음 공부할 때에는 어떤 단원이 그러한지 알아가는 데 의미를 두고, 파악이 된 후에는 우선순위를 정해 공부하는 것이 바람직하다고 봅니다.

객관식 재무회계를 듣고 한번 다 풀어본 후에는 시험 전날까지 매 단원에서 즉흥적으로 문제를 한두 개씩 뽑아 풀었습니다. 짧은 시간 내에 단원 대부분을 점검할 수 있어 유용했습니다.

원가회계의 경우에는 기본서 개념을 반복해서 정리했습니다. 그리고 객관식을 풀 때에는 종종 실수하는 부분이 많아 포스트잇으로 실수했던 부분을 정리했습니다. 그러다 보니 어느 부분에서 실수를 많이 하는지 파악할 수 있었고 그 부분에 주의를 기울였습니다.

(2) 2차시험

세 법

1차 때 다른 과목보다 많이 본 덕분인지 다른 과목에 비해 접근하기 쉬웠습니다. 그러나 문제의 크기가 커지는 만큼 반복적인 연습이 필요합니다. 문제와 관련된 다양한 개념을 동시에 떠올리지 못하면 정답을 구하기 어렵습니다.

그리고 1차 때와 유사하다는 이유로 개념을 소홀히 하는 경우가 많은데, 문제를 풀다 보면 잘못 아는 것이 은근히 많습니다. 분명히 알고 있다고 생각했는데, 답안지를 보면 틀리는 경우가 종종 있었습니다. 주기적으로 개념 정리를 꼭 하시길 바랍니다.

법인세법, 소득세법, 부가가치세법, 상속세/증여세법이 계산 문제로 주로 출제되는데, 많은 분이 상속세/증여세법을 포기하시는 경우가 간혹 있습니다. 하지만, 전 꼭 공부하시라고 말씀드리고 싶습니다. 다른 세법 분야에 비해 투입 대비 산출이 높은 편이기 때문에 세법 과목을 여유 있게 합격하는 데 도움이 됩니다.

또한 개정된 부분을 소홀히 하시면 안 됩니다. 올해부터 연결납세제도가 도입되었는데, 이번 2차시험에 바로 출제되었습니다. 익숙하지 않더라도 기본 개념이라도 정리하고 들어가실 것을 권합니다.

재무관리

2차시험을 준비할 때 가장 어려웠던 과목입니다. 하지만, 그만큼 열심히 해서인지 실제 시험에서는 가장 높은 점수를 받았습니다. 기본서와 연습서를 함께 공부하는 것이 힘들었지만, 기본서를 통해 기초를 탄탄히 할 수 있어 도움이 되었다고 봅니다. 시험 때까지 계속 갈피를 못 잡아 애가 탔지만, 수업시간에 선생님께서 '다들 못하니까 너무 기죽지 마라'고 말씀하셨던 것을 기억하며 '꼴등으로라도 합격하자!'라며 저 자신을 다독였습니다.

저는 먼저 기본강의를 듣고 복습을 끝낸 후, 학원에서 연습서 강의를 들었습니다. 연습장에 선생님께서 설명하신 내용을 필기하고 복습할 때 주의 깊게 보았습니다. 시간이 부족해 예습보다는 복습에 무게를 두었습니다. 또한, 평소에 어려웠던 문제들을 따로 표시해두고, 시험이 임박했을 때 그 부분을 집중적으로 살펴보았습니다. 저는 선물과 옵션 파트를 어려워했기 때문에 다른 부분들보다 여러 번 보았습니다.

그리고 단기특강이 유용했습니다. 처음에는 단기특강 문제들이 매우 어려워 복습할 때 시간이 많이 소요돼 걱정되었습니다. 그러나 전체적인 내용을 정리하고 새로운 유형을 경험할 수 있어 좋았습니다.

회계감사

앞서 말했듯이 오고 가는 길에는 회계감사 강의를 들었습니다. 생각 외로 도움이 많이 되었다고 생각합니다. 수업시간에 들었던 내용을 한 번 더 듣게 되니 오래 기억에 남았습니다. 그리고 단순히 기준을 암기하기보다는 '내가 회계사라면?'이라는 문구를 머릿속에 새기면서 공부하도록 노력했습니다. 이런 연습이 이루어져야 케이스 문제에서 당황하지 않고 풀어낼 수 있습니다.

시간이 충분하지 않았기 때문에 답안을 글로 써 보는 연습을 자주 하지는 못했지만, 머릿속에서 답안을 작성해 말해보곤 했습니다. 단순히 단어를 나열하거나 암기하는 것 이상으로 직접 표현하는 연습을 하는 것이 중요하다고 봅니다.

원가회계

2차 문제를 접했을 때, '처음 본 과목인가?' 하는 생각이 들 정도로 당황했습니다. 하지만, 단원별로 유형이 정해져 있는 경우가 꽤 있기 때문에 반복해서 연습하다 보면 실력이 늡니다. 문제의 사이즈가 정말 크고 필요한 자료도 흩어져 있어 꼼꼼하게 자료를 정리하는 것이 필요합니다. 저도 줄곧 자료를 빠뜨려 실수하곤 했는데, 핵심 정보는 미리 약자로 한 곳에 적어두고 참조하는 방법이 도움이 되었습니다. 시간이 없다고 무작정 풀기보다는 한 박자 천천히 시간을 두고 문제를 파악하는 것이 정답으로 가는 지름길입니다.

그리고 기본 유형에 중점을 두어 공부했습니다. 심화유형도 핵심문제의 경우엔 한 번씩은 풀어보았으나 시험이 다가올수록 기본 문제를 반복해 풀었습니다. '급할수록 돌아가라.'라는 말처럼 쉬운 문제부터 정복하는 것이 중요하다고 생각합니다.

재무회계

고급회계의 경우 강의를 아예 듣지 않았기 때문에 어떻게 해야 하나 고민을 많이 했습니다. 선생님께서는 '연결' 기본 사례 강의를 반복해서 듣고, 그 외의 내용은 수업시간에 배운 것으로 기본강의를 대신하라고 말씀하셨습니다. 걱정이 되었지만, 시간이 부족했기 때문에 말씀하셨던 그대로 공부했습니다. 한편, 중급회계는, 1차시험과 중복되는 내용이 많아 재미있게 공부했습니다. 그러나 방심하지 않으려고 익숙한 부분일수록 출제 패턴을 암기하는 등 철저히 익히려고 노력했습니다. 선생님께 지적당할까 봐 무서워 아무리 졸려도 눈을 반짝 뜨고 수업을 들었습니다. 그리고 수업시간에 받은 유인물이 꽤 많았는데, 파일에 따로 정리하고 책과 함께 보며 꾸준히 복습했습니다.

아시다시피, '연결'과 '현금흐름표' 부분을 공부하는 것은 2차시험을 합격하는 데 정말 중요합니다. 이 부분은 반복하다 보면 유형을 파악하고 접근할 수 있기 때문에 자신감을 가지고 공부하신다면 꼭 합격하실 것이라고 믿습니다.

3. 1, 2차 수험기간 동안 Group Study는 어떻게 이루어졌으며 실전 시험에는 어느 정도의 효과가 있었습니까?

🅰 **이지선**　주로 온라인 강의를 들으면서 혼자 공부했기 때문에 Group Study를 따로 하지는 않았습니다.

🅰 **백수연**　짧은 시간 내에 준비하느라 자습하는 데 바빠, Group Study를 경험해 보지 못했습니다.

4. 최근 1, 2차시험과목별 출제경향과 수험대책은 어떤 것이 있습니까?

🅰 **이지선**

(1) 1차시험 과목

경영학

경영학은 매우 많은 양과 다양한 분야를 다루고 있기 때문에 시험 문제에 따라 점수 변동이 커 어떻게 보면 가장 과락의 위험이 큰 과목이라고 생각됩니다.

수많은 이론과 학자들이 등장하기 때문에 혼동되지 않도록 연대별, 이론별 등으로 잘 정리해두는 것이 좋고, 문제를 풀 때도 답이 무엇인가에 중점을 두기보다는 보기 문항 하나하나를 체크하면서 정리해 나가다 보면 여러 번 책을 본 것과 같은 효과를 얻을 수도 있습니다.

또한, 재무관리의 비중이 40% 정도 되는데 다행히 저에겐 가장 좋아하는 과목 중의 하나였기 때문에 부족한 경영학 부문을 재무관리 파트에서 많이 커버할 수 있었던 것 같습니다. 재무관리는 단순 암기 과목이 아니기 때문에 한 번만 제대로 이해하고 나면 휘발성은 적은 과목이지만 그 한 번을 제대로 보기에 시간이 조금 오래 걸리는 터라 1차 시험 때 재무관리에 따로 시간을 들여 공부하기를 부담스러워하시는 분들이 많이 있을 것입니다. 하지만, 일반경영학은 새로운 이론도 자주 나오고 어느 부분에서 나올지도 좀 처럼 예측하기 어려워 불안정한 측면이 있는 반면에 재무관리의 경우는 어느 순간부터는 안정적인 점수를 얻을 수 있고 2차시험에서는 독립된 과목으로 나올 만큼 중요하기도 하므로 1차시험 때부터 준비해 두시는 것이 좋을 것 같습니다.

한편, 1차시험을 볼 때 경영학과 경제학 시험지를 함께 받아 110분 안에 풀어내야 하므로 두 과목의 적절한 시간 배분에도 유의하셔야 합니다. 저 같은 경우에는 보통 특별한 계산이 필요 없는 경영학 문제를 먼저 빠르게 풀고 재무관리 문제 중 어렵지 않은 것들만 우선 풀고서 경제학으로 넘어가 문제를 풀었고 시간이 남으면 남겨두었던 재무관리 문제를 마저 풀었습니다.

경제학

고득점의 원천이라 생각했던 경제학이 제가 1차시험을 봤던 2009년도에 갑작스럽게 수많은 수험생을 과락의 불안에 떨게 하였습니다. 이제 뻔한 내용의 숙달된 문제풀이보다는 조금 더 생각이 필요하고 기본이 튼튼해야 잘 볼 수 있는 과목이 된 것 같습니다.

정병열 선생님의 경제학연습 책으로 김판기 선생님 강의를 들으면서 공부했는데 책이 두껍고 문제의 양도 엄청나 강의 시간에는 다 다루지 못하더라도 혼자 복습할 때는 다시 한 번 책을 읽으면서 내용을 정리했고 문제도 하나도 빠짐없이 다 풀었습니다.

객관식 대비를 하면서는 다이어트경제학 책으로 문제를 풀면서 정리했는데 특별히 취약하다고 생각되는 부분은 다시 기본서를 찾아보면서 공부했습니다. 미시경제는 기본적인 개념정리가 잘 되어 있어야 하고 다양한 문제를 풀어보면서 그래프 해석능력과 응용력을 키워야 문제가 어떤 형식으로 나와도 올바르게 접근할 수 있을 것 같습니다. 또한, 거시경제 부분은 학파별, 연대별로 하나의 큰 흐름을 먼저 파악한 뒤 상세한 특징을 잘 정리해 나가는 것이 좋습니다.

상법

암기과목 기피증이 심한 저에게 상법은 이름 그 자체로 마냥 부담스러운 과목이었습니다. 11월이 다 되어 김혁봉 선생님의 강의를 들으면서 상법을 시작했는데, 공부할 때 늘 옆에 두었던 법조문에 점점 화살표와 밑줄, 동그라미, 부연 설명들이 가득해질수록 점차 왜 수험생들이 상법을 고득점을 노릴 수 있는 과목으로 생각하는지 알게 되었습니다.

선생님께서 강의하실 때 어디에 어떻게 쓰고 표시해두어야 좋은지도 직접 말씀해 주셨기 때문에 그대로 따라가다 보니 우리말인지조차 의심스러울 만큼 낯설고 어색했던 법조문이 어느새 가장 좋은 상법교재가 되어 있었습니다. 또한, 주식회사와 같이 출제 비중이 높은 부분이 어느 정도 정해져 있으므로 그런 부분을 중심으로 여러 번 법조문을 읽으면서 익숙하게 만드는 것이 좋고 판례가 포함된 문제도 많이 나오기 때문에 기본서도 충실히 읽어둘 필요가 있습니다.

객관식 책이 따로 없어 1월에도 상법신강 책을 다시 한 번 보고 강의도 한 번 더 들었는데 이 책에 나와 있는 문제들만 해도 상당히 많아 공부하기에 전혀 부족하지 않았습니다.

세 법

세법은 의욕 충만하던 저에게 방대한 양과 좀처럼 외워지지 않는 산식과 규정들로 좌절감을 안겨 준 과목이었습니다. 두꺼운 세법개론 책을 처음 읽으려 했을 때는 항목만 줄줄이 나열되어 있는 것 같아 눈에 잘 들어오지도 않고 어느 부분을 중점적으로 보아야 하는지도 알 수가 없었습니다.

하지만, 포기하고 싶은 마음을 꾹꾹 눌러 참으며 강의를 듣고 책을 복습하기를 계속하다 보니 어느 날 조금씩 이해가 가고 친숙해지면서 자신감이 붙기 시작했습니다. 그리고 본문만 읽다 보면 문제에 어떻게 적용해야 하는지 뜬구름 잡는 느낌이 들 때가 많아서 나중에는 먼저 문제를 풀면서 이런 내용이 어떻게 문제화될 수 있는지를 우선 확인해 본 뒤 본문으로 다시 돌아가 공부했습니다. 그러다 보면 기본서 내용을 볼 때 어떤 부분에 중점을 두고 신경 써서 암기해야 하는지를 조금은 명확하게 알 수 있어 효과적이었습니다.

또한, 국세기본법도 시험에서 적지 않은 비중을 차지하므로 시험 직전에 한 번씩은 꼭 공부해 두시기를 권해 드립니다.

회계학

2차시험과도 그대로 연계되고 세법이나 회계감사 등 다른 과목 공부할 때도 중요한 기본이 되는 과목인 만큼 기초를 튼튼히 다질 필요가 있는 과목인 것 같습니다. 1차시험에서도 시간이 가장 부족한 과목은 역시 회계학이기 때문에 객관식 문제집으로 빠르게 문제 풀 수 있는 능력을 키우는 것도 꼭 필요하지만, 처음에는 기본서 중심으로 회계학 자체를 이해할 수 있도록 노력할 필요가 있습니다.

1차시험 때 시간에 쫓기고 마음이 급해지면 고급회계와 원가회계의 비중은 크지 않다고 생각하여 중급회계만 열심히 해야겠다는 생각이 들 수도 있지만, 고급회계는 적어도 수험목적상으로 이해하는 데에는 시간이 그리 오래 걸리지 않고 하나의 논리만 찾으면 점수를 얻기가 오히려 쉽기 때문에 되도록 1차시험 전에도 공부하는 것이 좋을 것 같습니다.

원가회계 역시 1차시험에 나오는 객관식 문제는 간단하기 때문에 기본서를 한 번 정도만 제대로 공부해도 어느 정도 점수를 확보할 수 있습니다. 한편, 시험에는 문제 양이 시간 내에 다 풀기에는 조금 많기 때문에 굳이 문제를 다 풀려고 욕심내기보다는 시간이 오래 걸리지 않는 문제들을 골라 빠르게 문제를 푸는 것이 중요할 것 같습니다.

저는 주로 원가회계 문제가 더 쉽게 느껴져서 이를 먼저 풀고 재무회계 쪽 문제를 푸는 방식을 택했었습니다.

2차시험 과목

세 법

1차시험 전에 세무회계를 미리 공부하는 것이 좋다는 이야기는 들었지만, 시간적 여유가 없었던 터라 세무회계는 2차시험 준비를 하면서 공부하기 시작했습니다. 객관식 문제와는 달리 문제 하나가 굉장히 크고 자료도 많이 나오므로 빠뜨리지 않고 잘 정리하는 것이 중요합니다.

무엇보다 기본적으로 세법개론내용이 숙지가 되어 있어야 하지만 문제풀이 과정에서 앞에서 작은 실수를 하면 뒤로 갈수록 점점 더 답이 왜곡되어 엉뚱한 결과가 나올 수 있으므로 실수하지 않고 정확하게 문제를 푸는 연습이 필요합니다.

점점 문제가 단편화되고 있다고는 하지만 종합문제 형식으로 나오는 경우도 있고 또한 세법의 전체적인 큰 틀을 잡고 이해하기 위해서라도 시험 전에 종합문제 형식의 문제도 몇 개 풀어보는 것이 좋습니다.

재무관리

앞에서도 말씀드렸지만, 재무관리는 단순 암기과목처럼 휘발성이 강하지 않아 잘 공부해두면 매일같이 상기시키지 않아도 좋은 점수를 얻을 수 있는 반면, 내용 자체가 어려운 부분도 있고 이해가 선행되어야 하므로 실력향상에 시간이 좀 걸리는 과목입니다. 그러다 보니 1차 때 소홀히 해두면 가뜩이나 시간이 부족하게 느껴지는 2차시험 준비기간 동안 초조함을 느껴 자칫하면 시험 막바지에 이르러 포기하고 싶은 과목이 될 수도 있습니다.

그래서 1차시험 전에 시간적 여유가 있을 때부터 준비해두시는 게 좋을 것 같습니다. 또한, 문제를 처음 보았을 때 어떤 이론으로 어떻게 접근할지를 빨리 생각해 낼 수 있어야 하는데 강사 선생님이 풀어주는 것만 구경하고 있다 보면 그 순간에는 그것이 쉽고 당연해 보여 막상 자신이 직접 하려고 했을 때 어려움을 겪을 수 있습니다. 따라서 이론강의를 충분히 들었다면 문제풀이 강의 때는 강사 선생님이 풀이방법을 알려주기 전에 먼저 한 번 고민해보고 혼자 힘으로 문제를 푸는 연습을 많이 해보는 것이 좋을 것 같습니다.

회계감사

제가 공부한 20권가량의 수험서 중 유일하게 분책했던 책이 회계감사 책입니다. 1차시험이 끝난 후에야 처음 본 회계감사는 굉장히 생소한데다 암기할 내용이 많아 부담스러웠습니다.

그래서 2차시험 공부를 시작할 때 가장 먼저 회계감사를 공부했고, 회계감사도 물론 답안지에 쓰면서 공부해야 하긴 하지만 내용을 친숙하게 만드는 게 더 중요하다고 생각했기 때문에 분책한 회계감사 책을 한 권씩 번갈아 가지고 다니면서 여유시간이 생길 때마다 보곤 했습니다. 다른 과목을 공부하다가 팔이 아플 때쯤에도 회계감사 책을 눈으로 넘겨보곤 했습니다.

감사기준을 한 글자도 틀리지 않게 적을 수 있는지를 확인하는 시험은 아니기에 논리를 따라가면서 상황에 맞게 해석하고 이해하다 보면 나중에는 오히려 숫자 하나 틀리면 답이 틀리는 과목보다 수월하게 여겨질 수도 있습니다. 다만, 공부할 때 틈틈이 눈으로 익히는 시간을 늘리도록 하되 답안을 직접 적어보는 연습도 절대 소홀히 하지 마시기 바랍니다.

원가회계

2차시험의 원가회계는 문제의 길이에 압도당해 부담을 느낄 수 있는데, 차분한 마음으로 읽으면서 주어진 자료들을 잘 정리할 수 있는 능력을 키우려면 다양한 문제를 많이 풀어보면서 문제 해독 능력과 응용력을 키우는 것만큼 좋은 방법은 없을 것 같습니다.

이렇게 이론적인 내용보다 문제 풀이가 중요한 과목은 선생님이 풀어주는 것을 보면 다 아는 것 같고 쉬워 보이지만 막상 직접 하려면 어디서부터 어떻게 시작해야 할지 막히는 경우가 많습니다.

그래서 저도 기본적인 이론 내용은 1차시험 때 공부했던 것을 바탕으로 강의는 필요한 부분만 골라 들었고 혼자 문제 푸는 연습을 주로 했습니다. 문제를 푸는 데 시간이 오래 걸리더라도 중간에 끊거나 해답을 참고하지 말고 처음부터 끝까지 혼자 힘으로 풀어가는 연습을 여러 번 하다 보면 금방 자신감이 붙을 것입니다.

또한, 최신 관리회계이론 등 약술로 나올 가능성이 있는 부분은 기본서를 바탕으로 짧게나마 쓸 수 있도록 개념을 정리해 두시는 것이 좋습니다. 시험장에서 주의하셔야 할 것은 문제가 몇 개 되지 않아 한 문제당 배점이 크기 때문에 한 문제라도 아예 백지로 내어서는 안 되고 중간에 어려운 문제에서 막히더라도 계속 지체하지 말고 넘어가 마지막 문제까지 조금씩이라도 다 푸는 것이 좋을 것입니다.

재무회계

회계사 시험공부를 시작하면서 가장 먼저 공부했던 과목이기도 하고 어느 정도 자신 있다고 생각했던 과목이었는데 뜻밖에 저에게 유예생활을 선물해 준 과목입니다. 지난 동차시험에서와 같이 시간 관리를 잘못하여 여러 문항을 문제가 무엇인지도 모른 채 백지로 내는 실수를 또 한 번 반복할까 두려워 유예 준비를 하면서는 문제를 빠르고 정확하게 푸는 연습을 많이 하려고 노력했습니다.

한편, IFRS로 출제되는 첫해라 새로 개정된 내용에 대해서는 기출문제도 없었고 선생님들 간 의견차이가 있어 논란이 되는 부분이 많았기 때문에 4권의 연습서와 함께 모두 합치면 20여 회 분량이 되는 3개 학원의 GS모의고사를 풀었습니다. 모의고사를 볼 때는 주어진 시간 안에 최대한의 점수를 얻는 데만 집중해서 풀었고 집에 돌아와서는 다시 시간에 제한을 두지 않고 처음부터 꼼꼼히 풀어서 문제 하나하나를 놓치는 부분 없이 모두 소화할 수 있도록 노력했습니다.

여러 책을 함께 보다 보니 다소 혼란스러운 부분도 없지 않았지만, 나중에 충분한 훈련이 된 후에는 저만의 논리가 잘 잡혀 문제가 어떤 방식으로 나와도 풀 수 있을 것 같은 자신감이 생겼습니다.

한편, 고급회계의 비중이 점점 높아지고 있으므로 1차 때부터 잘 공부해 두면 점수를 많이 얻을 수 있을 것입니다.

Ⓐ **백수연** 시간이 흐를수록 지식이 축적되기 때문에 시험이 점점 더 어려워지고 다루는 내용도 넓어지고 있습니다.

그런데 시험이 어떻게 출제되든지, 주요 개념과 기본문제를 완벽하게 정리하는 것이 중요합니다. 어려운 문제도 기본에서 파생되는 것이기 때문에, 시험이 어렵더라도 기초가 튼튼하면 흔들리지 않고 풀어낼 수 있습니다.

🎙 5. 수험생활 중에 본 1, 2차 각 과목별 도서목록을 정리해 주시면 고맙겠습니다.

Ⓠ 1·2차 공부를 하시면서 보았던 기본서와 참고서, 문제집 과목별 정리

Ⓐ 이지선

(1) 1차시험 과목
- 경영학 : 김윤상〈핵심경영학연습〉, 김종길·조성우〈재무관리〉, 〈객관식 재무관리〉
- 경제학 : 정병열〈경제학연습(미시·거시)〉, 김판기〈다이어트경제학(미시·거시)〉
- 상법 : 김혁붕〈회계사상법신강〉
- 세법 : 임상엽·정정운〈세법개론〉, 이승원·이승철〈객관식세법〉
- 회계학 : 김영덕〈중급회계(상·하)〉, 〈고급회계〉, 〈객관식재무회계〉
            임세진〈원가관리회계〉, 〈객관식원가관리회계〉

(2) 2차시험 과목

- 세법 : 정재연·이승원·이승철〈세무회계연습〉, 강경태·정우승〈세무회계리뷰〉
- 재무관리 : 김종길·오철웅〈재무관리연습〉
- 회계감사 : 이창우·송혁준·전규안·권오상〈회계감사〉
- 원가회계 : 임세진〈원가관리회계(2차대비)〉, 김용남〈원가관리회계연습〉
- 재무회계 : 신현걸·최창규·김현식〈IFRS 중급회계〉, 〈IFRS 고급회계〉
  　　　　〈재무회계연습〉, 강경보·반선섭〈재무회계연습〉
  　　　　김영덕〈IFRS 재무회계(2차대비)〉
  　　　　웅지세무대학 재무회계 교수진 편저〈재무회계연습〉

백수연

(1) 1차시험 과목

- 경영학 : 김윤상〈핵심 경영학 연습〉
- 경제학 : 정병렬〈경제학연습 - 미시/거시〉, 김판기〈다이어트경제학 - 미시/거시〉
- 상법 : 오수철〈오수철 상법〉, 오수철〈객관식 상법〉
- 세법 : 임상엽·정정운〈세법개론, 객관식〉, 이승원·이승철〈세법〉
- 회계학 : 신현걸·최창규·김현식〈중급회계〉, 신현걸, 최창규,
  　　　　김현식〈객관식 재무회계〉, 김용남〈원가관리회계〉,
  　　　　김용남〈객관식 원가관리회계〉

(2) 2차시험 과목

- 세법 : 정재연·이승원·이승철〈세무회계연습〉
- 재무관리 : 이영우〈재무관리〉, 이영우〈고급재무관리연습〉
- 회계감사 : 이창우·송혁준·전규안·권오상〈회계감사〉,
  　　　　이창우·송혁준·전규안·권오상〈회계감사 study guide〉
- 원가회계 : 김용남〈원가관리회계연습〉
- 재무회계 : 신현걸·최창규·김현식〈재무회계연습〉

6. 수험생입장에서 구하기 어려웠다거나 보강되었으면 하는 특정 과목이나 내용의 수험서가 있습니까?

이지선　요즘 수험서는 공부하기에 정말 편하도록 잘 나와 있어서 어떤 책으로 공부하더라도 시험 대비에 전혀 부족하지 않은 것 같습니다. 다만, 혼자 복습할 때는 수업시간에

다루지 않았던 문제도 모두 풀곤 해서 책의 해답과 제 답이 다르면 당연히 책의 해답에 맞게 이해하도록 노력했는데 나중에 알고 보니 해답이 잘못 나온 경우도 적지 않아 혼란스러울 때가 있었습니다. 물론 워낙 개정이 자주 되다 보니 출판에 시간이 넉넉하지 않은 점도 이해하지만, 수험생들이 잘못된 내용으로 공부하는 일은 없게 되도록 책 교정은 꼼꼼하게 보아주셨으면 합니다.

Ⓐ **백수연** 수험서의 내용 등에 불만족했던 적은 없습니다. 다만, 기본 내용이 압축된 MP3파일이 갖춰졌으면 하는 바람입니다. 저는 학원을 오고 가는 길에 회계감사 MP3파일을 들었습니다. 자투리 시간을 잘 활용할 수 있었고, 기준을 암기하는 데 많은 도움이 되었습니다. 다른 과목도 기본 개념이 정리된 MP3파일이 있다면 암기하는 데 유용할 것입니다.

🎙 7. 수험공부 시 학원 강의, 인터넷강의, 강의tape 중 이용도 측면에서 어떤 방법을 선호했습니까?

Ⓐ **이지선** 과목마다, 혹은 같은 과목이라도 각 부분의 내용에 따라 복습에 필요한 시간이 다르기 때문에 강의 듣는 시간과 혼자 공부하는 복습 시간을 저에게 맞게 조절하기 위해서는 인터넷 강의가 더 효율적인 것 같아 이를 선호했습니다. 나중에 유예로 재무회계 한 과목 시험 준비를 하면서는 기본 강의는 인터넷 강의로, 유예생 대상의 강의 또는 모의고사 과정 등은 학원 강의를 들었습니다.

Ⓐ **백수연** 저는 학원 강의가 잘 맞았습니다. 학원에서는 선생님의 눈을 직접 바라보고 생생하게 설명을 들을 수 있어 집중이 잘 되었습니다. 물론 학원에 다니게 되면 오고 가는 시간이 상당하기는 하지만, 주어진 시간 동안 얻을 수 있는 것이 더 많았습니다. 모르는 부분이 생기면 쉬는 시간에 선생님을 찾아가 질문함으로써 궁금증을 빨리 해소할 수 있었습니다.

　물론, 개개인마다 나름의 방식이 있기 때문에 인터넷 강의나 강의 테이프를 더 선호하신다면 그 방법도 좋을 것입니다. 당연한 말이겠지만, 어떠한 방법을 이용하든지 가장 중요한 것은 자신의 의지입니다.

🎙 8. 수험생활 중 애로사항과 본인만의 스트레스 해소방법은?

Ⓐ **이지선** 회계사 시험은 학교 중간고사나 기말고사처럼 단기간에 공부하고 끝낼 수 있는 시험이 아닌 만큼 오랜 기간 공부해도 질리거나 지치지 않고 끝까지 버텨낼 수 있도록

최대한 자연스럽게, 꾸준히 하려고 노력했습니다. 사실 하루 종일 공부하는 수험생은 오랫동안 앉아 있을 수밖에 없지만, 이 시간이 너무 길어지면 오히려 집중력과 학습효율이 떨어지는 것 같아 2시간에 한 번 정도씩은 잠시라도 휴식을 하고 일어났다가 앉아 바깥바람도 쐬고 다시 머리를 환기시키려고 노력했습니다. 그리고 워낙 걷기를 좋아하는 터라 산책 등을 하며 틈틈이 많이 걸었고 식사시간도 매일 거의 같은 시간으로, 수면 시간도 시험공부를 처음 시작하던 날부터 시험 하루 전날까지도 되도록 일정하게 유지하였습니다.

공부하는 공간과 쉬는 공간은 분리하는 것이 좋을 것 같아 모든 책은 독서실에 두고 집에 오면 아무런 부담이나 압박감 없이 쉴 수 있도록 하였습니다. 점심과 저녁식사를 위해 집에 오면 1시간-1시간 반 정도 있다가 다시 독서실로 돌아가곤 했는데 이 시간에 가족들과 이야기를 나누거나 TV도 보면서 잠시 공부에 대한 스트레스를 잊도록 하였기에 공부하는 기간이 그렇게 힘겹지만은 않았습니다.

공부하는 저를 위해 친구들이 독서실까지 찾아와주는 경우가 대부분이었지만 한 달에 한두 번 정도는 조금 멀리까지 나가서 친구들과 맛있는 것도 사먹고 수다도 떨면서 다시 공부에 집중할 수 있는 힘을 얻곤 했습니다.

🅰 **백수연** 수험 기간 중 가장 힘들었던 것은 외로움을 견뎌내야 했던 것입니다. 특히 2차 시험을 준비했을 때에는 공부하는 게 너무 힘들었지만 털어놓을 곳이 없어 말없이 있던 때가 자주 있었습니다. 하지만, 합격자 명단에 제 이름이 있는 모습을 상상하면서 꾹 참고 버텨냈습니다.

한편, 주말에는 TV 프로를 시청하거나 집 근처 공원을 산책하며 스트레스를 풀었습니다. 답답한 독서실에서 토요일엔 집에 일찍 돌아와 머리를 식히고 나면 집중이 잘 되었습니다. 하루 종일 시험공부에 매달리다 보면 쉽게 지치기 때문에 가끔은 여유를 가져야 시험 직전까지 버틸 수 있습니다.

🎙 9. 학점이수제도와 영어시험 대체제도가 시행됨에 따른 주의해야 할 점이나 영어 공부 방법은?

🅰 **이지선** 다행히 영어 공부는 교환학생 파견을 위한 준비를 할 때 미리 해 두었고 시험 성적도 있었지만, 처음 경영학과 이중전공을 시작했을 때까지만 해도 회계사 시험 준비를 할 생각을 하지 못했었기 때문에 막상 공부를 시작하려 하니 회계 관련 과목의 이수 학점이 모자라 먼저 계절 학기 수업을 들으면서 시험 자격 요건부터 채워야 했습니다. 수험생 여러분도 나중에 혹시 학점이수요건이나 영어성적 때문에 시험에 응시할 수 없게 되는 일이 생기지 않도록 학점인정 과목도 잘 살펴 두시고 특히 영어시험은 성적표

유효기간이 지나지 않도록 주의하시면서 미리미리 준비해두시기 바랍니다.

백수연 교과목명이 다르더라도 수업계획서의 내용이 거의 유사하다면 같은 과목으로 처리될 가능성이 있으므로, 과목 선택 시 주의하시기 바랍니다. 그리고 1과목 정도 더 여유 있게 들어놓는 것도 좋다고 봅니다. 학점 이수 문제로 시험을 응시하지 못하는 일이 없도록 꼼꼼히 점검하셔야 합니다.

그리고 영어 시험은 공부 시작 전이나 수험기간 초에 끝내는 것이 좋습니다. 시험 공부량도 엄청난 가운데 영어 시험까지 준비하는 것은 극도로 부담될 것입니다. 귀찮더라도 미루지 마시고 영어 공부부터 하실 것을 권합니다.

저는 CPA시험에 관심을 가지기 전에 교환학생 준비를 잠깐 했고, 그때 취득한 TOEFL 성적을 제출했습니다.

10. 제2차시험 부분합격제도에 따른 부분합격과목 활용사례나 주의해야 할 점은?

이지선 부분합격제가 도입되면서 일부 과목만 선택하여 집중적으로 공부하겠다는 전략을 세우는 수험생 분들이 많을 것이고 저 역시 불과 4개월 남짓한 짧은 기간에 2차 준비를 하면서 이러다 5개 다 떨어지면 어떡하나 하는 걱정에 고민했던 적이 있습니다. 그런데 제가 유예생활을 경험하면서 느낀 것이지만 1과목이 남았다고 해서 5과목을 모두 공부하는 수험생들이 하는 재무회계 공부의 5배를 하지는 못합니다. 오히려 5과목 수험생들의 5분의 1만큼도 공부하지 않게 되는 것 같습니다. 게다가 매해 어려운 과목은 정해져 있지 않고 그저 그 해에 어렵게 출제되는 과목일 뿐입니다.

과목수가 적게 남았을수록 유예생들의 합격률이 높아지는 것은 사실이지만 중요한 것은 합격률이 아니라 내가 그 합격자 안에 포함되어 있는지 여부라고 생각합니다. 전략적으로 접근한다는 명목으로 일찍부터 몇 개 과목만 선택하여 공부하기보다는 되도록 5과목 모두 준비해서 우선 여러 과목에 합격할 수 있도록 하는 것이 좋을 것 같습니다.

또한, 이제 평균 점수 60을 넘는 것이 아니라 각각의 과목에서 모두 6할 이상의 점수를 획득해야 하므로 과목 간 균형을 맞추는 것도 필요합니다. 사실 2차시험 합격에 필요한 최소 점수는 330점이고 저의 지난해 동차시험에서의 총점은 419.5였지만 한 과목에서의 실수로 다시 한 해를 더 기다려야 했습니다. 이제는 어느 특정과목에서 높은 점수를 받았다고 해서 다른 부족한 과목의 점수를 상쇄시켜 줄 수는 없는 만큼 효율적으로 모든 과목을 고르게 공부하셔서 저와 같은 실수를 겪지는 않으시기를 바랍니다.

백수연 동차로 합격했기 때문에 이에 대해 자세히 말씀드리기는 어려우나, 선생님들께서 재무관리와 원가회계의 경우에는 변동성이 크기 때문에 동차로 합격하는 것이 좋다고 말씀하셨던 것이 생각납니다. 아무래도 이 과목들은 암기보다는 이해, 응용의 폭이 더 크기 때문이 아닌가 싶습니다.

11. 수험생에게 당부하고 싶은 말은?

A **이지선** 각자 자신에게 맞는 공부 방법을 찾는 것이 중요하겠지만 긴 수험기간을 버텨내는 힘은 긍정적인 마음과 자기 자신에 대한 믿음에서 나오는 것 같습니다.

이 공부는 누구도 강요하지 않았고 우리가 스스로 선택한 시험입니다. 원해서 하는 공부인 만큼 동기부여만 잘 되어 있다면 준비생 여러분 모두가 곧 합격자 명단에서 본인의 이름을 찾을 수 있을 것입니다. 고시 공부를 시작한다고 자신을 가두기 시작하면 가뜩이나 힘들고 어려운 공부가 더욱 힘들어지고 우울해지거나 슬럼프에 빠질 수 있습니다. 공부만 하겠다고 모든 인간관계를 끊고 외로움에 시달리기보다는, 시간을 아낀다고 잠을 줄이고 끼니를 거르며 소중한 건강을 잃기보다는, 스탑 워치로 공부하는 시간 1분 1초까지 재어가며 마음을 괴롭히기보다는, 머리를 괴롭히는 수험 생활을 보내시기를 부탁합니다.

시험이 끝난 뒤 아쉬운 점은 '어제 1시간 덜 잘걸'이 아니라 '공부할 때 그 부분을 확실히 더 봐둘걸'입니다. 공부한 시간으로, 회독수로 위로받기보다는 공부하는 그 순간순간에 시험 보기 전까지 다신 이 책을 볼 수 없다는 마음으로 꼼꼼히 최선을 다해서 공부하시기 바랍니다. '어차피 나중에 한 번 더 볼 텐데'라는 마음으로 회독 수만 늘려가다 보면 다시 안 봤어도 잘했을 쉬운 부분은 외울 정도가 되지만 처음에 어려워서 다음에 보기로 미뤄 두었던 부분은 시간이 지날수록 '여기는 어려운 부분'이라는 인식이 점점 더 확고해지면서 거부감과 부담감만 늘어가고 시험이 임박해 오면 '제발 여기서는 나오지 않았으면 좋겠다'는 생각에 두려움만 커질 것입니다.

어느 정도 긴장된 마음은 유지하되 회계사 시험 범위 안에서 자신의 노력으로 이해가 불가능한 부분은 없다고 생각하면서, "할 수 있다."라는 믿음과 자신감을 갖고 시험이 끝나고 후회하지 않도록 공부하는 매 순간순간을 긍정적인 마음으로 최선을 다한다면 반드시 좋은 결과가 여러분을 기다리고 있을 것입니다.

A **백수연** 공인회계사 시험은 그 내용이 방대하고 난이도가 높기 때문에 공부하는 동안 잊어버리는 일이 다반사입니다. 저도 공부할 때 자꾸 잊어버리다 보니 '내가 갑자기 노인이 되었나?' 하는 생각도 들었습니다. 하지만, 대부분의 수험생이 겪는 일이기 때문에 자책하지 마시고 계속 반복하시길 바랍니다. 그러다 보면 어느새 실력이 한층 쌓여 있을

것입니다.

그리고 외로워도 견뎌내십시오. 제가 수험생활을 하면서 가장 힘들었던 것이 외로움을 견뎌야 하는 것이었습니다. 사람들과 어울리는 것을 정말 좋아했고, 지금까지 외로웠던 일이 많지 않았기 때문에 이 낯선 감정을 대하기가 어려웠습니다. 초반에는 우울증에 걸릴 것 같았지만 6개월 정도 지나고 나니 마음을 차분히 가라앉힐 수 있었습니다. 외로움을 이겨내는 것은 매우 힘든 일입니다. 하지만, 꼭 버텨내십시오. 그래야만 합격할 수 있습니다.

🎤 12. 월간회계에 바라는 점은?

🅰 **이지선** 지금까지 그래 왔던 것처럼 앞으로도 항상 여러 수험생에게 시험 준비에 많은 도움이 될 수 있도록 알찬 정보 많이 제공해 주시길 바랍니다.

🅰 **백수연** CPA 수험생들의 입장에서 시험을 준비하는 데 필요한 좋은 정보를 계속해서 담아주시길 바랍니다. 예를 들면, '최저한세, 나는 이렇게 쉽게 풀었다!'라는 것처럼 구체적인 정보를 공유한다면 더욱 좋을 것입니다. 그리고 공부를 할 때면 수험생들이 자신의 감정을 일관성 있게 유지하지 못해 힘들 수가 있습니다. 진솔한 이야기로써 그들이 다시 일어설 수 있도록 힘을 보태주셨으면 합니다.

🎤 13. 앞으로의 계획은?

🅰 **이지선** 지난 8월에 학교를 졸업해서 10월부터는 회계 법인에서 일할 수 있게 되었습니다. 그동안 책으로만 공부해 온 단순한 이론적 지식의 응용을 넘어 사회에 나가 맡게 될 역할에 탄탄한 밑거름이 될 수 있도록 가능하면 다양한 분야에서 여러 경험을 많이 쌓고 싶습니다. 감사분야는 물론이고 비감사 분야도 많이 접해보고 배우면서 제가 잘할 수 있는 분야를 찾아 진정한 전문인으로 거듭나고 싶습니다.

영어공부도 꾸준히 병행해서 기회가 된다면 해외 파견업무 및 외국 기업을 상대로 하는 업무도 담당해보고 싶습니다.

하루하루 다양하게 붉어져 나오는 우리나라 전반적인 경제 문제와 여러 정책의 변화가 우리 국민 모두에게 경제의 흐름과 기업의 역할이 얼마나 큰 의미가 있는 분야인지를 시사하는 만큼, 그리고 여기에 한 국가의 발전 또한 달렸다는 점까지 고려한다면, 공인회계사로서의 역할은 다른 어떤 일보다도 중요하다고 생각합니다.

따라서 저는 이에 맞추어 앞서가는 회계사가 될 수 있도록 이제껏 공부해온 것들, 그리고 앞으로 계속해서 공부하고 또 배워갈 그 모든 것들에 저의 인내와 노력을 더하여 훗날 건강한 우리 경제의 활기를 이어가는데 조금이나마 기여하고 더 많은 사람에게 풍족함과 만족, 기쁨을 안겨 줄 수 있는 사람이 될 수 있도록 항상 노력하겠습니다.

🅰 **백수연** 회계법인 내의 Assurance와 Tax분야에서 경험을 쌓고 싶습니다.

Assurance분야에서는 이론으로 접했던 회계감사기준을 실무에서 적용해보고, 이러한 경험을 통해 현장에서 감사를 통솔하는 위치에 서보고 싶습니다. 그리고 학교에서 법학 과목 강의를 들으며 Tax분야에서 자문을 할 만한 내공을 쌓고 싶습니다. 또한, 영어를 열심히 공부할 것입니다. 지금은 능숙하지 못하더라도 자신감을 가지고 반복하면 해낼 수 있을 거로 생각합니다. 해외로 파견근무를 나갈 만한 실력을 쌓기 위해 열심히 하겠습니다. 그리고 앞으로 남은 대학생활 동안 교환학생 및 다양한 활동에 참가해 견문의 폭을 넓히고자 합니다.

🎙 14. 끝으로 하고 싶은 말은?

🅰 **이지선** 수험기간 내내 제가 공부에만 전념할 수 있도록 아낌없는 지원과 함께 뒤에서 항상 든든하게 응원해 주었던 사랑하는 우리 가족에게 가장 먼저 감사드립니다. 저에게 회계사라는 길을 열어주고 먼저 회계사의 꿈을 이룬 제 예전 룸메이트 Lizbeth와 인터넷 강의로 들었기에 화면으로만 만나 뵈어 아마 제가 수강생이었는지도 모르셨을 선생님들께도 감사드립니다. 그리고 공부할 때 제가 외롭거나 지치지 않도록 가까이에서 챙겨주고 저의 합격 소식에 함께 눈물을 글썽이며 축하해 주었던 소중한 친구들에게도 이 자리를 통해 너무나 고맙다는 인사를 꼭 전하고 싶습니다.

🅰 **백수연** 매일 점심 도시락을 싸주시느라 아침 일찍 일어나시고, 제가 힘들어 할 때마다 제 꿈을 상기시켜주셨던 엄마, 엄마께서 계시지 않을 때면 바쁜 데도 불구하고 제게 아침밥을 차려주었던 동생 종화, 꾸준히 격려 문자를 보내주었던 동생 상희, 아빠, 그리고 이모를 비롯한 친척들에게 감사한 마음을 전합니다. 그리고 힘내라며 제게 용기를 북돋아 주었던 친구들(일일이 열거하진 않았지만 다 알지?)에게도 진심으로 고맙다는 말을 전하고 싶습니다, 정연성 멘토님, 그리고 최원욱 교수님을 비롯해 제게 지금까지 가르침을 주셨던 선생님들께도 정말 감사합니다. 많은 분들 덕택에 수험생활을 무사히 마칠 수 있었습니다. 저도 제 주변 사람들이 어려운 상황에 있을 때 힘이 되는 존재가 되려고 노력할 것입니다.

그리고 많이 부족한 만큼 항상 배우려는 마음가짐으로 열심히 살겠습니다. CPA시험에 합격한 것은 제 인생의 또 다른 시작입니다. 어려운 길이겠지만 힘찬 발걸음으로 다음 목표를 향해 나아가겠습니다.

2009년 제44회 공인회계사시험

최고득점·최연소 합격자 인터뷰

 강 병 하
1985년 3월 29일 출생
전주고등학교 졸업
서울대학교 경제학과
2009년 제44회 공인회계사 제2차시험
최고득점 합격자

 조 규 송
1989년 2월 17일 출생
광주국제고등학교 졸업
숭실대학교 경영학부
2009년 제44회 공인회계사 제2차시험
최연소 합격자

1. 자기소개, 응시동기, 합격소감은?

공인회계사 시험을 선택하게 된 동기와 합격후 소감은 어떠했나요?

강병하 저는 이번 제44회 공인회계사 시험에 수석 합격한 서울대 경제학과 3학년에 재학중인 강병하입니다. 대학교 2학년 때, 경제학부로 전공 선택을 하여 금융, 회계, 재무 쪽에 관심을 두게 되었습니다. 또한 회계의 기초과목인 회계원리를 수강하면서 단지 장부 작성정도로만 알고 있던 회계가 그 외 여러 가지 기능을 하게 된다는 것을 알고서는 회계사 라는 직업에 호기심을 갖게 되었습니다. 후에 회계사가 기본적인 회계감사 업무 영역 이외에 조세 관련업무, 컨설팅, M&A 자문 업무 등 다양한 영역에서 다기능 전문직 역할을 하고 있다는 점에 매력을 느끼고 본격적으로 공인회계사 시험을 준비하였습니다. 최종 합격자 발표를 한 지 며칠이 지났지만, 공식 보도자료로 제 이름을 확인한 후 부모님께 전화로 합격 사실을 알려드리며 수석 합격의 기쁨을 같이 나눴던 순간은 제 인생에서 가장 행복한 기억이 될 것 같습니다.

A 조규송 안녕하세요. 제44회 공인회계사 시험에 동차 최연소로 합격하게 된 숭실대학교 경영학부 3학년 조규송입니다. 처음 공부를 시작하기 전에 최연소합격을 목표로 해야겠다고 생각하고 역대 최연소 합격자들의 합격수기를 읽었었는데 제가 정말 이렇게 목표를 이루고 합격수기를 쓰게 된다는 것이 아직 실감이 나지 않습니다. 지난 1년 7개월의 수험기간이 정말 빠르게 지나간 것 같습니다. 처음 시작했을 때 반드시 동차로 합격하겠다는 확신을 갖고 공부를 시작했고, 이런 근거 없고 무모한 자신감과 불확실성을 보다 근거 있고 실제적으로 구체화시키도록 치열하게 노력을 했는데 마침내 그 결실을 이루게 되어서 너무나 기쁩니다.

제가 공인회계사 시험을 응시하게 된 동기는 대학 1학년시절 꿈을 향한 보다 구체적인 방향을 모색하기 위해 다양한 경영, 경제 학문들을 접하고 창업동아리(시너지)와 경영학부 비전 학회(ycc)활동을 통한 사업제안서 작성, 공모전 참여와 강연회참석 등을 통해서 입니다. 그리고 이러한 활동을 통해 어떤 일에 있어서든 재무활동이 중요하다는 것을 절감하게 되었습니다. finance의 중요성과 금융시장의 역할에 관심을 갖던 저는 실물경제와 금융시장의 연결고리에서 가장 중추적인 일을 하는 회계사의 역할에 매료되었고 회계사시험을 준비하게 되었습니다.

2. 자신만의 효율적인 공부방법과 과목별 준비요령

Q 1·2차시험대비 수험대책으로 자신만의 효율적인 공부방법과 과목별 준비요령은?

A 강병하 2007년 10월 군 제대후 본격적으로 공인회계사 시험을 준비하게 되었습니다. 수험 준비 전에 학교에서 회계사 시험에 도움이 되는 회계원리, 재무관리, 경제원론 등을 미리 선 수강하여 수험생활의 시작은 그리 큰 부담이 되지는 않았습니다. 공인회계사 1차시험의 경우 시험과목의 수가 많고 내용이 방대하기 때문에 저와 같이 본격적인 수험생활을 시작하기 전에 관련 과목을 미리 선 수강하는 것은 수험 기간을 단축하는 효율적인 방법인 것 같습니다. 제대 후 곧바로 중급회계, 원가관리 회계 등 회계학 과목을 중심으로 공부를 시작하였고 겨울에는 집중적으로 세법과 재무관리를 공부하였습니다.

회계사 시험이기에 회계학이 물론 가장 기본이 되고 중심이 되는 과목이겠지만 세법, 재무관리와 같은 과목도 1, 2차 공히 출제되는 영역이기 때문에 중요성에 차등을 두지 않고 수험생으로써 부족함 없이 준비해야 하는 과목이라 생각됩니다. 저의 1년 반 넘는 수험생활에서 가장 힘든 시기는 세법을 처음 공부하기 시작하였던 시기였습니다. 1200 페이지가 넘는 방대한 양을 힘들게 1회독, 2회독 해도 밑빠진 독에 물 붓는 양 그 내용을 쉽게 잊어버렸고, 그러한 저를 자주 책망하기도 하였습니다. 하지만 이제 와서 보건대, 세법뿐만 아니라 다른 과목들도 준비함에 있어서 회계사 시험에서 수험생이 가장 견지해야 할 자세는 끈기와 인내, 그리고 반복인 것 같습니다. 저도 세법을 4회독 정도할 때부터 큰 그림이 그려지기 시작했고, 수없이 많은 법정산식을 단순 암기가 아닌 이해가 동반된 공부를 할 수 있었습니다. 1차 과목인 경제학, 경영학, 상법 그리고 2차 과목인 회계감사 등 시간이 부족하여 깊게 보지 못한 과목들을 공부하면서 저는 촉박함 속에 끈기와 인내, 그리고 반복이라는 세 단어만 생각하며 열심히 저의 길을 걸었습니다. 여러분들도 긴 시간 동안 많은 양을 공부하시게 되더라도, 시험 직전에는 합격이라는 압박감속에 불안감을 자주 느끼실 겁니다. 그럴 때마다 끈기와 인내로 여러분들의 공부 계획을 꿋꿋이 진행하신다면 좋은 결과를 얻으실 거라 생각됩니다.

2008년 1학기 때에는 학점 이수를 위해 학교에 복학하여 학교와 도서관을 오가며 공부를 하였습니다. 제대 후 8개월간 열심히 공부를 진행해 왔지만 1학기 기말고사 후 흔히 말하는 슬럼프를 겪게 되었습니다. 8개월간의 기간이 저에게는 길게 느껴졌고 그만큼 저의 수험생활은 나태해지고 있었습니다. 친구들과 어울리는 것을 워낙 좋아하는 성격이라 서울에서 계속 공부를 하고 싶었지만 충분한 공부시간을 확보하기 위해 과감히 휴학을 선택하고 고향인 전북 전주에 내려갔습니다. 집에 내려가서는 독서실을 정하여 집과 독서실만 오가며 공부를 하였습니다. 그 시기에는 항상 아침 6시 반에 일어나서 동영상 강의를 한시간 정도 보고 밥을 먹고 9시쯤 독서실을 갔습니다. 그리고 오후 3시까지는 기본서를 보며 공부하였고 3시부터 5시까지는 다시 동영상 강의를 봤습니다. 저녁 식사 후에는 오후에 본 동영상 강의를 복습하였고 집에 귀가하기 한시간 전에는 다시 동영상 강의를 들으며 하루 공부를 마무리 하였습니다. 각자에 맞는 공부방법이 수없이 많겠지만 저는 쉽게 지치고 지루함을 느끼는 성격이라 공부하는 것이 지칠 때면 중간 중간에 동영상 강의를 들으며 공부시간을 계속 이어 나갔습니다. 동영상 강의를 쭉 보고 기본서를 보며 다시 복습하는 것도 좋은 방법이지만 저와 같이 중간 중간 동영상을 보면 쉽게 지루하지 않고 하루 공부 시간을 효과적으로 이용할 수 있는 방법이 될 수 있을 것 같습니다.

Ⓐ **조규송** 제가 공부를 할 때 모토로 삼은 것은 '절대시간×집중력×효율성×효과성'입니다. 저는 고승덕 씨의 고시공부스타일을 보고 정말 이 정도로 해야겠다는 생각을 했습니다.

우선 무엇보다도 공부를 하는데 있어서 가장 필수적인 것은 절대시간일 것입니다. 고승덕 씨가 순수 공부시간으로 하루에 17시간을 했지만 저는 그 정도까지는 못했고 수험기간 통틀어 가장 많이 했었던 시간이 15시간 52분, 그리고 평균적으로는 13~14시간에 많이 할 때는 15시간정도씩 했던 것 같습니다.(토요일까지 공부하고 일요일은 주로 교회에 갔습니다.) 그리고 그 시간동안 가장 집중해서 공부하기 위해 저는 스탑워치를 사용했는데, 마치 시험 볼 때 다른 생각 안하고 문제에만 집중하듯이 공부하는 순간에도 스탑워치를 사용하여 짧게 한도를 정하여 집중력을 강화시켰습니다.(즉 절대시간제는 스탑워치와 공부할 때 집중력 높이기 위한 스탑워치 2개를 사용했습니다.) 마지막으로 제가 지금 공부하는 것이 효율적이고 효과적인지를 항상 점검했습니다. 아무리 절대시간이 많고 집중하더라도 시험에 적합하지 않은 것을 깊이 있게 파고들고 연구하는 것은 굉장히 비효율적이고 비효과적인 것입니다. 저는 철저히 시험목적에 적합하게 공부를 했고 너무 어려운 것들은 시간한도를 정해서 그때도 이해가 안되면 외우고 넘어갔습니다. 하나하나 따지고 깊이 있게 이해하기에는 시험공부 할 범위가 너무너무 많기 때문입니다. 그리고 계획을 잘 세우도록 노력했습니다. 저는 수험준비 할 초기부터 이미 2차시험 끝날 때까지 어떻게 공부할지를 미리 거시적인 관점에서 계획했고 거의 그대로 실천했습니다. 다음은 저의 준비시기별로 어떻게 무슨 과목을 준비했는지 밝히겠습니다.

1) 2007년 11월 공부시작 전

저는 카투사 시험에 떨어질 경우 회계사 시험을 준비해야겠다고 생각했습니다. 그리고 카투사 발표가 나기 일주일 전부터 미리 시험에 관한 정보와 합격수기들(특히 동차합격을 목표로 했기 때문에 동차합격수기 위주로만)을 읽었고, 이미 시험을 준비하고 있는 선배들에게 시험에 관한 상담을 하였습니다. 왜냐하면 정확한 정보가 없는 상태에서 멋모르고 무작정 준비할 경우 헛수고일 수 있고, 시험합격이라는 목표를 달성하기 위해서 가장 효율적이고 효과적인 방법으로 준비하기 위해서였기 때문입니다. 여러 정보를 얻었지만 당시 현의제 실장이셨던 정동현 선배님의 굉장히 스파르타식의 연습서 위주의 공부계획이 저의 수험기간과정 및 합격에 가장 큰 영향을 미쳤고 거의 그 계획에 따라 공부를 한 것 같습니다. 마침내 카투사 발표날인 2007년 11월 16일 저녁에 떨어졌다는 소식을 듣고 바로 회계원리를 펴서 공부를 시작했습니다.

2) 2007년 11월~12월

회계원리를 3일만에 독파한 다음 바로 중급회계 강의를 수강하기 시작했습니다. 하지만 시험 준비와 무관한 학교수업(교양, 팀플, 과제 등)과 아직 활동중이였던 동아리활동,

그리고 사람과의 관계 등 공부에만 집중하기에는 시간이 부족함을 절실히 느꼈고 환경적인 변화의 필요성을 절감하게 되었습니다. 우여곡절 끝에 11월말부터 12월말까지(기말고사 준비기간 1주일 제외) 중급회계 강의를 다 듣게 되었습니다. 하지만 모든 것들이 처음 접하는 생소한 개념들이고 너무 급하게 강의를 듣고 복습을 못했기 때문에 강의만 들었을 뿐 머리에 제대로 입력되지 않아 문제를 푸는데 많이 힘들었던 것 같습니다.

3) 2008년 1월~2월

학교 종강 후 고향인 광주 집으로 내려와 공부하기 위한 가장 최적의 환경을 조성하고 절대시간을 확보하기 위해 모든 것들을 다 끊어버리고(신앙적인 것 제외하고) 본격적으로 공부에 임하기 시작했습니다. 이때 하루에 평균 14~15시간씩 공부를 했던 것 같습니다. 이때 당시 제 생활패턴은 불규칙적이긴 했지만 아침 5시에 일어나 새벽기도를 한 후 6시부터 공부를 시작해 밤 11시에 자도록 최대한 노력했으며 밥 먹는 시간과 너무 졸려서 잠깐씩 자는 시간 빼곤(사실 밥 먹으면서도 최대한 공부하며 먹으려 했습니다.) 최대한 공부에 집중했습니다. 이 기간 동안 공부했던 과목은 세법과 원가관리회계에 초점을 맞추고 중급회계를 복습하는 정도로 공부를 했습니다. 월수금은 세법, 화목은 원가관리회계를 오전에 강의 5개씩 듣고 바로바로 복습했으며 오후에는 그 날 강의진도 범위를 다시 한 번 공부했었고, 저녁시간에는 중급회계를 보았습니다. 그리고 주말에는 그 주 공부한 것들을 복습하였습니다. 3월달에 학교 고시반인 현의제의 입실시험이 있었기에 이에 대비하기 위해 2월초쯤에 강의를 다 듣고 2월말까지 원가는 기본서를, 세법은 기본서와 객관식세법을 병행하여 한 번 더 보았고 중급회계는 기본서를 누적하여 계속 공부했습니다. 보통 사람들이 세법을 공부할 때 좌절을 느끼게 될 것이라고 해서 저는 이런 좌절감을 느끼지 않겠다는 오기로 더 치밀하게 누적복습하고 집중해서 강의를 들었기 때문에 오히려 세법의 관문을 수월하게 넘겼던 것 같습니다.

4) 2008년 3월~6월

학점을 채우기 위해서는 2학년까지 마쳐야 했기 때문에 휴학을 하지 않고 계속해서 학교를 다니게 되었습니다. 최대한 회계사 시험 관련 과목들로 장학금 받을 최소 학점으로 수강 신청했었고, 팀플이나 프로젝트 등 시간이 많이 빼앗기는 과목들은 피하도록 했습니다. 3월초 학교 고시반 현의제의 입실시험에 합격했고 공부하기 최적의 조건을 갖춘 고시반(현의제)에서 합격 전까지 계속해서 공부를 했습니다. 3월달에는 중급회계와 세법 기본서를 빠르게 다시 1회독한 후 3월 말부터 2차생들이 보는 재무회계 연습서와 세무회계, 그리고 재무관리 기본서 강의를 듣기 시작했습니다. 4월말까지 강의를 다 듣고 5월부터 6월까지 위 과목들을 1회독씩 더 보았습니다. 그리고 고급회계 강의를 6월에 듣고 복습했으며 원가회계 같은 경우는 따로 시간을 내지 않고 이용규 교수님의 수업시간 및 시험기간을 이용하여 공부하도록 했습니다. 이 시기는 정말 살인적인 일정이었던 것 같습니다. 하지만 이 시기 연습서 공부를 통해 좀 더 깊이 있게 공부하게 됨으로써 정말 열릴 것 같지 않았던 회계적 마인드가 생겼고, 특히 재무회계와 세무회계 같은 경우 6월 달에 있는 2차시험에 내가 응시해도 합격할 수 있을만한 실력을 키우자는 마음가짐으로 공부했기 때문에 실력이 많이 상승했던 시기인 것 같습니다.

5) 2008년 7월~8월

여름방학이 시작되었고 공부시간을 더 확보할 수 있는 시기에 저는 경제학과 재무관리 연습서를 7월달에 강의를 듣고 8월달에는 책을 한 번 더 보도록 했습니다. 그리고 재무회계와 세무회계의 경우 휘발성이 너무나 심했기 때문에 연습서 문제를 누적적으로 풀며 복습하였고 세무회계는 합격한 선배들이 풀었던 GS2순환을 손댔습니다. 이 당시 저는 어느 정도 공부했다는 자만심이 생겨서 여유를 부리기 시작했고 긴장이 풀린 상태로 공부했기 때문에 오히려 여름방학 치고는 절대시간을 많이 채우지 못했던 것 같습니다. 그리고 재무관리연습서 공부가 너무 어려웠기 때문에 공부하다 밖으로 뛰쳐나가는 등 수험기간 이래 가장 힘들었던 시기였습니다.

6) 2008년 9월~12월

2학기 또한 시험과 관련된 과목위주로 수강신청을 해서 학교를 다녔습니다(최소학점 이수 완료). 9월초 합격자 발표가 나오자 내년에 내 이름도 여기 있을까 하는 생각에 여름방학동안 나태해졌던 정신상태가 금방 회복되고 다시 치열하게 공부하기 시작했습니다. 9월달에 상법강의를 듣기 시작했고 재무회계연습서, 세무회계연습서, 재무관리연습서, 경제학은 손을 놓지 않고 계속해서 공부했습니다. 또한 고급회계와 원가회계연습서(최소필수문제 위주) 공부를 제대로 하지 않았기 때문에 새벽에 일어나 매일 두 시간씩 번갈아 가며 시간을 할애했습니다. 10월달에는 암기과목인 상법과 경제학에 시간비중을 많이 두었고 11월부터는 재무회계 같은 경우 객관식으로 전환을 했고 세법은 연습서를, 재무관리는 연습서와 GS1순환 기업재무파트까지 병행해서 공부했습니다. 12월에는 객관식 경영학 강의를 듣고 복습했으며 거의 모든 과목을 1차에 초점을 맞추어 객관식 위주로 공부했습니다.

7) 2009년 1월~2월

1차시험이 가까이 오므로 모든 과목을 실전위주로 모의고사와 객관식을 병행하며 공부했습니다. 객관식 강의는 세법만 들었으며 과목을 7개로 분류하고 하루에 재무회계, 원가회계, 재무관리, 일반경영, 상법, 경제학, 세법을 시간을 나누어 공부했으며 최대한 시간을 제고 모의고사형식으로 문제를 풀었습니다. 한성모의고사에서 전국 2등을 하고 다른 모의고사에서도 평균 70점을 넘자 저는 이제껏 쌓였던 긴장이 한꺼번에 풀려버렸습니다. 그래서 이 시기에 가장 공부를 안했던 것 같습니다. 그래서 저는 마치 1차를 합격이라도 한 듯이 미리 3월달부터의 동차공부계획을 세우곤 했습니다. 흔히들 학원 모의고사보다 실제 시험이 점수가 잘 나온다곤 하지만 저 같은 경우 마지막에 많이 나태해지고 막판정리를 안해서인지 모의고사 가장 잘 봤을 때보다 못한 점수로 1차를 합격하게 됐습니다. 자만하지 않고 끝까지 더 열심히 했을 경우 더 높은 점수를 맞았을지도 모른다는 아쉬움과 욕심을 뒤로 한 채 2차 공부는 끝까지 교만하지 않겠다는 각오를 하였습니다.

- 회계학 : 129점, 경영학 : 62.5점, 경제원론 : 67.5점, 상법 : 77점, 세법개론 : 65점
- 합 계 : 401.5점

8) 2009년 3월~6월

1차 합격의 기쁨을 제쳐두고 바로 동차공부계획을 짜고 공부를 시작했습니다. 우선 3월초에는 한 번도 공부하지 않았던 회계감사를 유예강의로 빠르게 보았고 재무관리의 경우 파생쪽이 약했기 때문에 보충해서 공부했습니다. 그리고 3월부터 5월까지 GS2순환 진도에 맞추어 연습서를 공부했습니다. 회계감사의 경우는 가장 약했기 때문에 가장 많은 시간을 투입하고 스터디가이드를 통해 걸어 다니거나 밥 먹을 때, 자기 전에 등 틈나는 대로 기준을 외우고 mp3 강의를 들었습니다. 주중에 공부하고 토요일에는 고시반 진석이형 및 외부사람들과 스터디를 통해 모의고사를 풀어 실전감각을 읽혔습니다. 6월이 와서는 체력적으로 너무 힘들었고 공부 범위량을 너무 늘려서인지 시험보기 전까지 한 번에 압축해서 정리하기가 힘들었습니다. GS3순환을 실전문제라 생각하며 풀었었고 책의 문제들을 선별하고 GS2순환을 복습하며 막판정리를 하였습니다. 마침내 2차시험날이 왔고 작년과 재작년에 비해 너무나 어려워진 문제들로 인해 진땀을 흘렸지만 내가 어려우면 남들도 똑같이 어려울 거라는 생각으로 하나님께 맡기고 차분히 문제를 풀었고, 시험장을 나왔을 때 "아, 하나님 너무 어려웠습니다. 그러나 어쨌든 여기까지 이끌어 주셔서 감사합니다."라는 고백과 함께 약 1년 7개월의 수험기간을 마무리했습니다.

- 재무회계 : 101점, 원가회계 : 75점, 회계감사 : 70점, 세법 : 75점, 재무관리 : 68.5점
- 합   계 : 389.5점

3. 1, 2차 수험기간 동안 Group Study는 어떻게 이루어졌으며 실전 시험에는 어느 정도의 효과가 있었습니까?

조규송 동차기간 동안 외부스터디를 했습니다. 유예생 및 3차생 분들과 스터디를 했기 때문에 제 실력이 어느 정도인지 파악할 수 있었고, 긴장감을 갖고 실전과 같은 훈련을 했지만 절대시간 측면에서는 혼자 공부하는 것보다 소비되는 시간이 많기 때문에 장단점이 있다고 생각합니다.

4. 최근 1, 2차시험과목별 출제경향과 수험대책

강병하

1. 1차과목

(1) 경영학

경영학 과목은 단순히 한과목이 아니라 인사관리, 생산관리, 마케팅, 조직관리, 재무관리 등 많은 과목들을 한 과목으로 합쳐 놓았기 때문에 경영학 전공을 한 수험생들도 부담스러워하는 과목입니다. 따라서 비전공자라면 전 범위 공부가 아닌 선택 집약적인 공부를 할 수밖에 없습니다. 저는 김윤상 선생님의 핵심경영학 연습으로 공부를 하였습니다. 정확히 3회독을 하였는데 3회독을 하면서도 어쩔 수 없는 수박 겉핥기식 공부로 불안한 마음이 없지 않아 있었지만 마지막 단기 특강으로 총정리를 효율적으로 할 수 있었습니다. 또한 1차공부시 재무관리 공부를 많은 시간 할애하였기 때문에 경영학 과락이라는 불안감을 그나마 떨칠 수 있었던 것 같습니다. 많은 분들이 재무관리 과목이 1차에 출제되는 비중이 적고 공부 난이도가 높기 때문에 포기하시지만, 경영학 과락을 면하기 위해서는 필수적인 수험전략이라 생각됩니다. 또한 1차 공부시에 재무관리를 깊이 있게 공부해 놓으면 2차 공부시에 많은 부담을 덜 수 있고 그만큼 동차합격의 확률도 높아질 것입니다. 경영학은 각 단원 핵심 용어 및 많은 학자들의 이론 중심으로 개념정리를 하고, 재무관리는 기본서에 있는 예제 및 연습서에 나오는 기본문제 중심으로 개념정리를 하는 것이 중요한 것 같습니다.

(2) 경제학

최근 몇 년간 경제학 과목이 평이하게 출제되어 수험기간 중에는 가장 부담되지 않은 과목이었지만 1차시험 당일에는 가장 어렵게 느껴졌던 것 같습니다. 저는 기본서는 정병열 선생님의 책으로 공부하였고 객관식 문제집은 김판기 선생님의 다이어트 경제학으로 준비하였습니다. 올해 경제학 같은 경우에는 미시경제 부분은 단순한 공식 암기로는 풀수 없는 사례문제 및 복잡한 문제들로 많이 출제되었습니다. 미시 경제 부분은 각 단원에 나오는 그래프들을 직접 자신의 연습장에 스스로 그릴 수 있을 정도로 그래프에 대한 이해도를 높이고 용어 및 개념을 확실히 정리해 두어 객관식 대비를 하는 것이 좋을 것 같습니다. 거시경제 부분은 일정수준의 암기를 통해 여러 경제학파간 비교를 명확히 구분할 수 있어야 전체 흐름을 파악하기 용이합니다. 예년에는 객관식 문제집 정도만 준비해도 고득점을 받을 수 있었던 과목이지만 올해 같은 경우에는 기본서를 얼마나 자세히 이해하고 있느냐에 따라 승패가 좌우했던 것 같습니다. 따라서 경제학은 기본서 중심으로 이론 정리를 해가는 것이 효과적이라 생각됩니다.

(3) 상법

상법은 '찬바람 불면 시작해도 늦지 않다' 라고 말하시는 분들이 많지만 저는 생각이 달랐습니다. 상법 또한 회사법, 수표법, 어음법 등 암기해야할 내용이 많기 때문에 1차시험 전 가을, 겨울에 시작하게 되면 자칫 다른 과목 공부에 부담이 될 수 있다는 생각에 남들보다는 빠르게 5월부터 준비하였습니다. 저는 오수철 선생님 교재로 공부를 하였습니다. 법조문에 익숙하지 않은 터라 1회독시에는 기본서를 읽는 것 조차 힘들었지만 2회독부터는 조문들이 눈에 익숙해져갔고 3회독을 하면서부터는 완벽히는 아니지만 핵심문구 중심으로 조문을 입으로 이어나갈 수 있는 정도가 되었습니다. 암기를 잘 하시는 분들이면 기본서 3, 4회독 정도로 충분할 수도 있겠지만 암기력이 약한 분들은 객관식 문제를 풀면서 반복 학습을 하는 것이 효과적일 것 같습니다. 저는 오수철 선생님의 객관식 문제집으로 공부를 하였는데 한 단원에 수없이 반복되는 비슷한 많은 문제를 쭉 순서대로 풀면서 반복학습 효과를 누렸던 것 같습니다. 이러한 반복학습 효과로 공부 투입량에 비해 87.5점으로 높은 점수를 얻을 수 있었습니다.

(4) 세법

1차 과목에서 가장 양이 많은 과목이라고 볼 수 있습니다. 위에서 말씀드렸듯이 수많은 법정 산식들로 인해 휘발성이 가장 강한 과목이라고 생각됩니다. 저는 3, 4회독을 하면서부터 어느 정도 세법에 대한 감이 왔던 것 같습니다. 수험생들께 말씀드리고 싶은 것은 2회독까지 했는데 암기가 잘 안된다고 해서 포기하지 말라는 것입니다. 시중에 나와 있는 교재가 보통 1200페이지가 넘기 때문에 누구나 한 두 번 보고는 절대 이해할 수 없는 양입니다. '세법은 무조건 반복이다' 라는 말씀을 드리고 싶습니다. 저는 3회독 정도 한 후에는 중요한 법정산식들 대부분은 암기하실 수 있었습니다. 제가 애로 사항을 겪은 부분은 암기를 한 내용이 빠른 시간 안에 문제에 적용이 되지 않았던 점입니다. 하지만 2차 과목인 세무회계를 미리 공부하면서 법조문과 법정산식의 의미를 깨달을 수 있었고 그러한 점이 문제 풀이 적용에 효과적으로 작용한 것 같습니다. 많은 선배님들의 '세무회계는 1차 때 보면 좋다' 라는 말을 실감할 수 있었습니다. 물론 기본서 다독 후에 객관식 문제로 넘어가도 충분히 60점을 넘길 수 있지만 2차시험을 고려한다면 1차 때 세무회계를 미리 공부하는 것은 좋은 전략이라 생각됩니다.

(5) 회계학

회계학은 시험 난이도에 따라 점수 편차가 가장 심한 과목이라 생각됩니다. 모의고사를 볼 때는 보통 95점에서 100점 사이를 획득하였지만 올해 회계학은 가장 어려웠던 작년 시험에 비해 평이하게 출제되어 120점을 맞았습니다. 주어진 시간이 짧기 때문에 50문제를 다 풀기는 힘들다고 생각되어 1차시험 한달 전에는 가장 자신 있는 단원, 자주 출제되는 단원, 시간이 많이 소요되는 단원, 난이도가 높아 이해가 잘 안되는 단원으로 4개의 카테고리 정도로 구분하여 실전에서는 자주 출제되고 시간이 가장 적게 걸리는 문제부터 풀었습니다. 다른 과목들은 문제 순서대로 풀었지만 회계학만큼은 시험지를 먼저 가볍게 훑어 빨리 풀 수 있는 문제부터 접근하였습니다. 또한 가장 자신있는 단원이지만 문제 풀이 시간이 많이 필요할 것 같은 문제는 아쉽지만 과감히 지나쳤습니다. 경영학이 공부하는 내용에 있어서 선택과 집중을 필요로 한다면 회계학은 시험문제를 푸는 과정에 있어서 문제에 대한 선택과 집중이 필요한 과목인 것 같습니다. 이러한 점에서 상대적으로 1차시험에 쉽게 출제되는 고급회계를 공부해 두는 것 또한 효과적인 수험전략이라 생각됩니다. 회계학은 출제 가능한 문제를 예상할 수 있을 만큼 나올 것 같은 문제는 절대 틀리지 않고 빨리 풀어야 한다는 생각으로 쉬운 문제라도 반복적으로 푸는 것이 중요한 것 같습니다.

2. 2차과목

(1) 세법

세법과목은 1차 공부를 하면서 세무회계를 2회독 정도 하였기에 다른 4과목에 비해 쉽게 공부할 수 있었습니다. 크게 법인세법, 소득세법, 상증세법, 부가가치세법으로 나눌 수 있는데 4월달에는 이론 중심으로 1회독을 한 다음 5, 6월달에는 세무회계 연습책으로 2회독 정도를 하였습니다. 2차 과목 특성상 앞의 한 부분을 틀리면 뒷부분이 계속 틀리기 때문에 집중력을 잃지 않기 위해 노력하였습니다. 또한 문제 적응력을 높이기 위해 매일 법인세, 소득세, 부가가치세 문제를 빠뜨리지 않고 4, 5문제씩 풀었습니다. 휘발성이 강하기 때문에 법인세법, 소득세법, 부가가치세법 순서로 공부하기 보다는 어느 정도 실력이 쌓인 후에는 법인세는 감가상각부분, 소득세는 사업소득 부분, 부가가치세는 의제매입세액 부분 등과 같이 중요 단원을 스스로 선택해서 풀어보는 식으로 공부하는 것이 점수 획득에는 효과적인 것 같습니다. 교수님이나 강사님들마다 문제 풀이 접근 방법이 가장 상이한 과목중의 하나이기 때문에 책 한 권으로 단권화하거나 서브노트를 만드는 것이 어느 과목보다 중요한 과목이라 생각됩니다. 또한 소득세 부분은 종합문제 형식으로 출제되기 때문에 시험 2, 3주전에 종합문제를 몇 문제 풀어보는 것도 시험장에서 당황하지 않기 위한 좋은 방법이며 올해 같은 경우에는 부가가치세 부분보다 상증세 부분이 배점이 훨씬 크게 출제되었기에 어느 법 하나 소홀히 해서는 안되는 과목이라 생각됩니다.

(2) 재무관리

1차때 경영학 과락을 면하기 위해 재무관리 연습서를 미리 봐왔기에 부담감은 크지 않았습니다. 기업재무 부분은 재무관리 책 앞부분에 나오기 때문에 동차생들도 많이 공부를 하는 부분이지만 선물, 옵션 등 투자론 쪽 부문은 4개월이라는 짧은 기간 동안 동차생들이 깊은 공부를 할 수 없기 때문에 효율적인 공부가 필요한 부분인 것 같습니다. 김세현 선생님의 재무관리 책으로 공부를 하면서 여러 예제를 접할 수 있어서 개념 정리를 쉽게 할 수 있었고 이영우 선생님의 고급재무관리연습의 선물, 옵션 부분은 문제 길이도 적당하고 난이도도 적당하여 부담없이 준비할 수 있었던 것 같습니다. 작년엔 쉽게 출제되어 제 자신 스스로 올해는 어렵게 나올꺼라 생각되어 2차시험전 고급문제를 몇 문제 풀었던 것도 자신감을 가지는데 많이 기여했던 것 같습니다. 기업 재무쪽은 MM이론 등과 같은 문제를 반복적으로 자주 풀어 제한 시간 내에 실수 없이 빨리 푸는 데에 주력하였고 선물, 옵션부분은 마지막 한달 전에는 김종길 선생님의 재무관리 연습책으로도 대비를 하여 다양한 문제를 접해보는 데 주력하였습니다. 공부를 하면서 항상 갈등하였던 것이 '옵션 부분에서 블랙-숄즈 모형을 공부할 것인가' 였는데 올해와 같은 출제 경향이 계속된다면 기본적인 개념은 이해하고 시험장을 들어가는 것이 안전하다고 생각됩니다.

(3) 회계감사

1차에서 한번도 접하지 않은 과목이기에 동차생 입장에서는 가장 호기심이 가는 과목이기도 하지만 그만큼 부담이 되는 과목이기도 합니다. 엄청난 양의 감사 기준 내용은 세법보다 더 휘발성이 강할 수도 있지만 다른 과목과 같이 계산 내용이 아닌 단순 암기 정도를 체크하는 문제들도 많이 출제되기 때문에 동차생 입장에서는 최대한 자신있게 기준을 외우도록 공부를 하는 것이 좋을 것 같습니다. 유예생들은 많은 사례문제를 접하지만 동차생은 4달동안 회계감사 기준 외우기에도 벅찰 수 있는 시간인 것 같습니다. 3, 4, 5월달은 이창우 교수님, 권오상 선생님의 회계감사 Study Guide로만 공부를 하였고 마지막 한 달은 권오상 선생님의 단기특강을 통하여 사례문제 적응능력을 높였던 것 같습니다. 하지만 실전에서는 단순 암기 문제도 서술형으로 출제되기 때문에 직접 써보고 말해보는 공부방법이 효과적일 것 같습니다. 따라서 주기적으로 모의고사 문제를 통하여 해답과 비교하는 등 피드백 과정이 필수적이며, 양이 많지만 내용은 난해하지 않기에 공부하는 공간 어디에서도 쉽게 잠깐 잠깐 공부할 수 있도록 포스트잇이나 메모장을 통하여 복습하거나 취침 전에 강의 테잎을 듣는 방법 또한 시간을 아끼는 좋은 전략이 될 것 같습니다.

(4) 원가관리회계

다른 과목들에 비해 문제 수가 적기 때문에 시험 시간 내내 불안한 과목인 것 같습니다.

보통 한 문제에 20점 정도 배점이 되기 때문에 대부분의 수험생들이 모든 문제를 완벽히 풀려고 하는 경우가 있지만 과목 특성상 100점 맞기가 제일 어려운 과목이 아닐까 싶습니다. 60점이 넘으면 합격이 되는 과목이기 때문에 실전에서는 가장 자신있는 단원 내용이 포함된 문제를 먼저 푸는 것이 효율적이고 공부를 함에 있어서는 문제집을 풀면서 맞힌 문제는 푸는 방법이 잊혀지지 않을 정도의 기간내에서 반복적으로 풀고 틀린 문제는 집중적으로 계속 반복하여 푸는 것이 효과적일 것 같습니다. 위에서 말씀드렸듯이 가장 암기할 내용이 적기에 오히려 문제 유형을 암기하는 것이 60점을 넘기 위한 좋은 방법이 될 것 같습니다. 요 근래에는 각 단원 내용이 복합적으로 출제되기 때문에 복합문제로 출제된 기출문제나 김용남 선생님의 원가관리회계 연습 문제 뒤쪽에 따로 정리되어있는 복합문제를 풀어보는 것이 문제 적응력을 높이는데 좋은 방법이라 생각됩니다.

(5) 재무회계

내년부터는 IFRS로 출제가 되기 때문에 제가 자세히 말씀드리기는 힘들지만 이번 시험 과목 중에서 재무회계 시간이 제일 시간이 부족했던 것 같습니다. 문제 수도 제일 많고 예년과 다르게 할증전환사채, 복잡한 회계오류/수정, 할증연속상환사채 등 예년 기출문제보다는 조금 어렵게 출제되어 많이 애를 먹었던 과목이었던 것 같습니다. 고급회계 부분은 매년 일정한 난이도로 출제되고 배점 비율이 높기 때문에 절대 포기해서는 안되며 중급회계 부분은 실수를 줄이는 방식으로 풀이를 하는 것이 좋은 것 같습니다. 매 문제마다 분개가 필요한 것은 아니지만 이해가 안되는 경우 분개를 통해서 이해도를 높이는 것이 좋은 방법이 될 수도 있을 것 같습니다. 저같은 경우에는 중급회계 부분은 김현식 선생님이 분개를 통해 내용을 자세하게 가르쳐주셔서 고득점을 할 수 있었던 것 같고 고급회계의 경우에는 김영덕 선생님의 강의를 통해 시간 절약을 많이 할 수 있었던 것 같습니다. 부분점수가 가장 적은 과목중의 하나이기 때문에 실수를 줄이는 것이 가장 중요한 것 같습니다.

Ⓐ **조규송**   2007년과 2008년을 통해 앞으로 난이도가 계속해서 낮아질 것이라고 생각했지만 올해 2차시험을 보면 다시 2006년 이전 시대와는 다른 유형이지만 비슷한 난이도를 보여줘, 앞으로 더욱 어려워질 것 같습니다. 앞으로 좀 더 보수적으로 공부해야 할 것 같습니다.

5. 수험생활 중에 본 도서목록 정리

Ⓠ 1·2차 공부를 하시면서 보았던 기본서와 참고서, 문제집 과목별 정리

Ⓐ **강병하**

1. 1차시험
- 경영학 : 김윤상 〈핵심경영학연습〉, 김세현 〈재무관리〉, 이영우 〈객관식 재무관리〉
- 경제학 : 정병열 〈경제학연습(미시편, 거시편)〉, 김판기 〈다이어트경제학〉
- 상　법 : 오수철 〈상법강의〉, 〈객관식 상법〉
- 세　법 : 임상엽·정정운 〈세법개론〉, 이승원·이승철 〈객관식 세법〉
- 회계학 : 신현걸·최창규·김현식 〈중급회계〉, 김영덕 〈고급회계〉
　　　　　김영덕 〈객관식 재무회계〉, 김용남 〈원가관리회계〉

2. 2차시험
- 세　　법 : 정재연·이승원·이승철 〈세무회계연습〉, 〈실전세무회계연습〉
- 재무관리 : 이영우 〈고급재무관리연습〉
- 회계감사 : 이창우 외 〈회계감사〉 Study Guide
- 원가회계 : 김용남 〈원가관리회계연습〉
- 재무회계 : 김영덕 〈재무회계〉, 신현걸·최창규·김현식 〈재무회계연습〉

Ⓐ 조규송

1. 재무회계
신현걸 외 2인 〈중급회계 10판〉 〈객관식 재무회계〉,
김영덕 〈중급회계(상,하), 고급회계, 객관식 재무회계, 재무회계연습〉,
김기동 〈재무회계 개념체계〉,
송인만 외 2인 〈고급재무회계〉 한성GS2순환, 우리GS2순환 일부

2. 원가관리회계
김용남 〈원가관리회계, 원가관리회계연습 미래GS2순환, 미래GS3순환 일부〉,
임세진 〈객관식원가관리회계〉

3. 세법
임상엽 외 1인 〈세법개론〉, 이승철 외 1인 〈객관식 세법, 세무회계연습〉,
이철재 〈객관식 세법〉 일부, 강경태 외 1인 〈세무회계 리뷰〉, 2008년 미래 GS2순환,
2009년 한성GS2순환 미래GS2순환 일부, 미래GS3순환

4. 재무관리
김세현 〈재무관리〉, 이영우 〈고급재무관리연습〉, 김종길 〈객관식재무관리〉,
미래GS1순환, 미래GS2순환, 우리GS3순환

5. 회계감사
권오상 〈회계감사 스터디가이드〉, 유예 모의고사, 미래GS2순환

6. 경제학
정병열 〈경제학연습(미시, 거시)〉, 〈7급 경제학 모의고사〉, 〈경제학기출문제집〉

7. 상법
김혁붕 〈상법신강〉, 오수철 〈상법〉, 〈객관식 상법〉, 등대CPA연구회 〈대학모의고사〉,
이상수 〈CPA상법전〉

8. 일반경영
김윤상 〈핵심경영학연습〉

🎙️ 6. 수험생입장에서 구하기 어려웠거나 보강되었으면 하는 특정 과목이나 내용의 수험서는?

Ⓐ **강병하** 저는 지방에서 공부를 해서 1, 2차시험 직전에 모의고사를 보는데 상당한 애로 사항이 있었습니다. 특히 재무회계의 경우 짧은 시험 시간 때문에 시간 안에 문제를 풀어야 하는 압박감이 제일 심한 과목인 만큼 문제 풀이 능력을 향상시키기 위한 모의고사 형식의 문제집이 가장 필요한 과목인 것 같습니다.

Ⓐ **조규송** 모의고사 형식의 전 범위 형태의 문제집이 별로 없는 것 같습니다.

🎙️ 7. 수험공부 시 학원 강의, 인터넷 강의, 강의 tape 중 이용도 측면에서 가장 선호했던 방법은?

Ⓐ **강병하** 저는 수험생활 초기부터 2차 마무리까지 인터넷 강의에 의존하여 공부를 하였습니다. 물론 지방에서 공부를 하였기 때문에 현실적으로도 학원 실강이 불가능하기도 하였습니다. 아시다시피, 학원 실강은 집중력 있게 수업을 들을 수 있는 장점이 있습니다. 그러나 공인회계사 시험의 경우 과목이 많기 때문에 1차시험 전에 되도록 빨리 1회독을 하고 그 후에 내용 정리를 하는 것이 중요한 시험입니다. 따라서 전체적인 강의 진행 속도가 합격확률을 높이는데 중요한 변수가 될 수 있습니다. 이러한 점에서 온라인 강의는 본인의 역량에 맞게 강의 진도 조절이 가능하고 3, 4시간 계속되는 연강보다는 본인에게 필요한 휴식시간을 어느 정도 확보하며 강의를 들을 수 있기 때문에 온라인 강의가 보다 더 효과적인 방법이라 생각됩니다.

Ⓐ **조규송** 저는 모든 강의를 인터넷으로 수강했습니다. 시간을 아끼기 위해서인데 이동시간이라든지 배속조절 등을 통해 가장 시간을 아낄 수 있기 때문입니다.(저는 모든 강의를 최소 2배속으로 들었습니다.)

🎙️ 8. 수험생활 중 애로사항과 본인만의 스트레스 해소방법은?

Ⓐ **강병하** 공인회계사 시험을 시작하기 전에는 저도 암기력만큼은 자신 있었으나 십여 권이 되는 수험서를 보면서 암기하는 데에 상당한 애로사항이 있었습니다. 수험공부라는 것이 기본적인 암기가 전제가 되어 이해를 하면서 진행을 하는 것이기에 더욱더 암기에 많은 부담감을 느꼈습니다. 이러한 애로사항을 극복하기 위해 노트를 단권화하거나 서브노트도 작성을 해가며 공부를 해보기도 하였지만, 제 생각으로 가장 좋은 방법은 '반복

학습'인 것 같습니다. 반복을 하다보면 암기가 되어 있고, 암기가 되어서 회독수를 늘리다보면 이해가 되지 않았던 부분도 어느새 자연스럽게 이해를 하게 되는 제 모습을 볼 수 있었습니다. 많은 분들이 첫술에 배부르기 위해 1회독시 많은 에너지를 소비하시나 공부를 마라톤과 같이 좀 더 길게 보시면서 2, 3회독하며 깊은 공부를 한다면 제가 느꼈던 암기의 부담감을 어느 정도 떨칠 수 있으실 거라 생각합니다.

저는 스트레스를 그다지 많이 받지 않는 성격이라 특별한 스트레스 해소방법은 없었으나 공부하다가 답답할 때면 영화를 봤습니다. 독서실이나 도서관 같이 폐쇄적인 공간에서 공부를 하다보면 예민해지기 마련인데 영화를 보면서 예민한 감정을 다스릴 수 있었던 것 같습니다.

Ⓐ **조규송** 수험생활 중 애로사항은 체력이었습니다. 제가 운동을 그렇게 좋아하지 않았고 운동으로 체력 키울 시간에 공부 더하자는 생각이어서 공부 시작하고는 2차시험 끝날 때까지 운동은커녕 걸어다니는 것조차 극소화했었습니다. 그리고 오랜 시간 의자에만 앉아 공부하니 처음엔 허리가 아프다가 엉덩이 골반이 아프고 나중엔 다리까지 아프더군요. 그리고 잠이 워낙 많은데 체력까지 약해지니 시험에 임박할 때쯤에는 공부하다 한번씩 푹 쓰러져 잠들어 버리곤 했습니다. 그리고 밤에 잠을 일찍 자지 못하는 것도 힘들었습니다. 만약 아침 6시에 기상이라면 밤 12시에 자서 최소 6시간은 자야 낮에 가장 집중해서 공부할 수 있는데 어떤 때는 새벽 3시가 넘어서까지 잠을 이루지 못했기 때문입니다. 그리고 시간 아낀다고 밥 먹는 시간 이외에는 간식 같은걸 거의 안 먹어서인지 공부하기 전보다 몸무게가 10kg이나 빠졌습니다.

이런 체력적인 면을 극복하기 위해 홍삼, 알로에 등의 건강식품과 커피 및 피로회복제 등을 자주 먹었지만 이런 것들보다는 긴장된 마음상태를 유지하는 것이 가장 큰 극복방법이었던 것 같습니다. 저는 공부시작하고 나서 합격발표가 나오기 전까지 항상 합격할 것만 생각했고 모든 것들을 긍정적으로 생각했지만 딱 잠이 너무 오거나 정신이 나태해질 때만 가장 최악의 상황을 머릿속으로 상상하며 이렇게 가선 안된다며, 정신 차리고 다시 집중해서 치열하게 공부하도록 노력했습니다.

저는 이런 체력적인 면 말고 정신적인 면에서는 큰 슬럼프라든지 스트레스를 받지 않았습니다. 우선 저는 매일 아침, 점심, 저녁, 그리고 밤에 잠깐씩 신앙적인 시간을 가졌는데, 매일매일 하나님께서 제게 주신 꿈과 비전을 위해 기도했고 사명을 갖고 하루하루를 살아가겠다고 의뢰했습니다. 그리고 공부할 때마다 매일 하루하루 꿈을 향해 나아가고 있고 꿈을 향해 정진할 수 있다는 사실에 감사하고, 정말 어떤 이들은 꿈조차 꾸지 못하는데, 저는 꿈을 갖고 이렇게 나아갈 수 있다는 것만 생각해도 모든 일에 감사하게 되고 매 순간순간이 행복한 순간이 될 수 있었습니다. 아! 제 꿈이 궁금하실지도 모르겠네요. 저는 지금은 워렌 버핏처럼 세계경제, 특히 금융시장에 막대한 자금을 통한 강력한 영향력을 미치고 부의재분배를 통해 제3세계 국가 등 꿈을 가질 수 없는 자들에게 꿈을 심어주고 복음을 전 세계에 전하는 것입니다.

🎙 9. 학점이수제도와 영어시험 대체제도가 시행됨에 따른 주의해야 할 점이나 영어 공부 방법은?

Ⓐ **강병하**　2007년도부터 학점이수제도와 영어시험대체제도가 시행되었습니다. 제가 생각하기에 본격적인 시험 공부 전에 영어 점수를 확보하는 것이 중요한 것 같습니다. 시험 공부를 본격적으로 시작하고 나서 느끼는 공부량이 수험 시작 전에 생각하는 시험 공부량보다 훨씬 많기 때문에 영어공부를 같이 병행할 수 있는 심적 여유가 없기 때문입니다. 따라서 영어 점수를 확보한 후 시험공부에 매진하는 것이 바람직하며, 학점이수는 본격적인 수험 생활 시작 전에 이수하는 것보다는 본인이 목표하고 있는 1차시험 시기 전에만 이수 할 수 있도록 계획하면 될 것 같습니다. 경쟁이 심해져 가는 상황에서 휴학이라는 선택사항이 수험생에게 상당히 부담되는 만큼, 학교공부와 시험공부를 어느 정도 연계시켜 시너지 효과를 낳을 수 있기 때문입니다.

Ⓐ **조규송**　학점이수제도같은 경우 수험생이 시험을 응시하는데 있어 가장 기본적인 것이므로 미리 유의하고 어떻게 이수할지 계획을 짜고 준비하는 것이 기본이겠습니다. 그리고 토익 같은 경우는 카투사 준비로 1학년 때 충족을 해놨기에 문제가 없었지만 토익 때문에 발목 잡히신 분들을 많이 보게 됩니다. 8월달이 넘어가서도 토익을 준비하게 되면 다른 과목들이 상당히 힘들어지기 때문에 연초에 안일한 마음을 버리고 열심히 준비해서 넘기는 것이 좋을 것 같습니다.

🎙 10. 제2차시험 부분합격제도에 따른 부분합격과목 활용사례나 주의해야 할 점은?

Ⓐ **조규송**　동차로 합격했기 때문에 특별히 말씀드릴 점은 없지만 2차공부가 부족해서 현실적으로 다른 과목들 실력이 부족하다면 동차기간동안 전략적으로 몇몇 과목만 집중해서 넘기는 것도 좋은 방법이라 생각합니다.

🎙 11. 월간회계에 신설 또는 게재하였으면 하는 내용이나 바라는 점

Ⓐ **강병하**　저는 독서실에서 혼자 공부하면서 해답을 봐도 모르는 문제가 나왔을 경우에 가장 난처했던 것 같습니다. 주위에 물어볼 사람들이 여의치 않았고 학원에 온라인상 질

의를 해도 쉽게 회신이 오지 않은 경우가 많았습니다. 온라인 커뮤니티 상에 수험생들끼리 의견을 공유할 수 있는 공간이 마련되어 있었지만 저의 질문에 대하여 만족할 만한 대답을 얻을 수 있는 경우가 거의 없었습니다. 따라서 매 월마다 학생들이 가장 궁금해하며, 해답만으로는 이해하기 난해한 문제를 몇 문제 선정하여 자세하게 풀이해주는 공간을 만들어 수험생과도 소통할 수 있는 월간회계가 되었으면 하는 바램입니다.

🎤 12. 수험생들에게 당부할 말, 앞으로의 계획, 하고 싶은 말

A **강병하** 올해 2차시험을 보고 동차 합격을 하였지만 시험날 문제를 풀 때에는 정말 곤혹스러웠습니다. 세법의 상증세 부분, 재무관리의 VaR, 회계감사의 표본감사 문제, 원가관리 회계 3번 문제, 재무회계 회계오류/수정 등 예년보다 훨씬 어렵게 출제된 문제들도 많았으며 몇 년 동안 출제되지 않은 영역에서 많은 문제들이 출제되었기 때문입니다. 제가 후배 수험생분들에게 당부하고 싶은 말은 미리 시험 범위를 예단하지 말고 깊고 넓게 공부하셔야 된다는 점입니다. 시간이 촉박하기 때문에 마지막에 가서는 각자마다 일정 영역을 포기하고 지나치게 되는데 올해와 같은 출제 경향이 계속된다면 60점을 넘기 위해서는 본인들이 포기한 영역 외에 나머지 부분에서 문제를 거의 다 맞춰야 한다는 계산이 나옵니다. 이러한 전략 또한 현실적으로는 거의 불가능하기 때문에 그나마 객관식 문제를 본격적으로 준비하기 전인 가을에 되도록 범위를 넓게 잡고 공부하셔서 이러한 리스크를 줄이셨으면 좋겠습니다.

저는 2차시험 과목 중 가장 점수가 높게 나온 과목이 세법이었습니다. 세법을 처음 접할 때에는 양이 너무 많아 부담스럽고 싫었지만 회독수를 더해 갈수록 제 전략과목이 되었던 것 같습니다. 수험기간 중에 세법이 가장 관심이 가고 자신있었던 과목이었던 만큼 앞으로는 조세업무와 관련된 일을 하고 싶습니다.

1년 반이라는 수험기간이 저에게는 짧으면서도 참으로 길었던 시기였던 것 같습니다. 공부를 해 나가면서 지적욕구를 충족하는 만족감도 있었지만 합격과 불합격이라는 양갈래의 길에서 두려움을 느끼며 힘든 적도 많았습니다. 그렇게 힘들 때마다 항상 좀 더 높은 곳을 바라보게끔 저를 이끌고 응원해주신 선생님 같은 저희 아버지와 1년 반 넘게 변치 않는 사랑과 믿음으로 저를 격려해준 어머니에게 진심으로 감사하다는 말씀을 드리고 싶습니다. 매일 새벽에 교회를 나가셔서 저를 위해 기도해준 할머니, 그리고 휴학을 결정하고 집에 내려와 독서실 생활을 할 때 하루도 거르지 않고 따뜻한 밥으로 저녁식사를 차려주시며 저의 건강을 지켜주셨던 외할머니에게도 고맙다는 말씀을 드리고 싶습니다. 또 가끔씩 공부에 지쳐 극도로 예민해지고 불안해 할 때마다 변함없이 항상 같은 자리에서 응원해준 제 여자친구, 그리고 답답할 때마다 제 이야기를 들어주며 편한 말동무가 되어준 소울메이트 정종명, 나태해질 때마다 저를 더욱더 채찍질하게 해준 롤 모델 최영환, 류동균, 공부와의 외로운 싸움을 이어 나가며 힘들 때 가족애를 물씬 느끼게 해준 친척들, 그리고 어릴 때부터 저를 자랑스러운 형으로 여겨주며 끝없이 응원해준 제 동생 재준이에게 진심으로 고맙다는 말을 전하며 이만 줄이겠습니다. 제 글이 여러분들의 수험생활에 조금이나마 도움이 되길 바라며, 모든 분들이 각자가 바라는 꿈을 꼭 이루시기 바랍니다. 파이팅!

Ⓐ **조규송**   저는 "제 자신을 제한하지 말자"라는 것을 제 삶의 모토로 삼고 있습니다. 위에서 말했듯이 제 꿈을 보면 상당히 거창하고 불가능해 보일지도 모릅니다. 하지만 저는 결코 제 자신이 못 할 거라고 제한하지 않습니다. 그러한 꿈이 달성되든 안 되든 이미 자기 자신이 미리 못한다고 단정지어버리고 제한한다면 결코 그러한 것들을 이룰 수 없습니다. 하지만 자신을 제한하지 않는다면 그러한 목표에 항상 도달하지 못할지라도 그에 근접하게 갈 수 있거나 도달하게 되는 가능성을 열어놓는 것이기 때문입니다. 제가 회계사시험을 처음 준비할 때도 많은 사람들이 쉽지 않다고, 힘들 것이라고 했습니다. 거기서 제가 "그래 어렵겠구나, 난 할 수 없겠다"고 단정지었다면 결코 지금 이 자리에 있지 못했을 것입니다. 저는 당시에도 그런 제 자신을 제한하지 않고 반드시 동차로 합격하겠다는 목표를 정했고 마침내 이루었습니다. 저는 제 자신을 제한하지 않습니다. 결과가 어떻게 되든 상관없이 저는 항상 제 자신의 가능성을 열고 그 목표에 합당하고 응당한 노력을 통해 그 가능성을 넓히고 한발 한발 앞으로 나아갈 것입니다.

회계사 시험을 시작하는 예비 수험생으로서 "과연 내가 할 수 있을까" 머뭇거리거나 이미 이 세계에 발을 들여놨지만 불합격의 고배나 많은 어려움 때문에 고민하시는 분들이 계실 것입니다. 제가 비록 어리고 인생의 경험도 많이 부족하기에 감히 무슨 말을 할 자격은 결코 없습니다만 먼저 합격한 자로서 수험생 여러분들에게 당부하고 싶은 것은 일단 하기로 마음의 목표를 정했다면 결코 자신을 제한하지 말고 그 목표를 반드시 이루길 소원합니다. 합격하겠다는 욕심이 있다면 그 욕심에 합당하고 정당한 노력은 반드시 필요한 것입니다. 머리가 엄청 뛰어나지 않는 한 남들 놀 때 다 놀고, 쉴 때 다 쉬고, 잘 때 잠 다 자면서 정당한 노력을 하지 않고 합격하길 바란다면 그건 이루어질 수 없는 욕심이라 생각합니다. 이 시험의 합격을 목표로 공부하고 있다면 그 욕심에 맞는 정당한 노력을 통해 반드시 그 목표를 성취하셔서 더욱 행복하시기를 축복하고 기도합니다.

마지막으로도 이 모든 과정을 인도하시고 최연소 합격이라는 명예를 통해 하나님께 영광을 돌리게 해준 예수님께 전심으로 사랑과 감사를 드립니다. 그리고 항상 전적으로 지원해주시고 기도와 믿음을 통해 교만해지지 않고 신앙적인 성숙을 이끌어주신 부모님과 형을 비롯한 여러 믿음의 가족분들에게 감사의 마음을 전합니다. 이용규 교수님을 비롯한 많은 격려와 힘을 주신 숭실대학교 회계학 교수님들, 그리고 정말 이곳이 없었다면 저의 합격을 말할 수 없는 학교 고시반 현의제와 그곳에서 함께 했던 많은 분들, 처음 공부계획을 잡아준 동현이형, 신앙적인 고민과 어려움을 상담해주고 이끌어주신 종범이형, 정말 친구같이 대해준 교회멤버 대영이형, 승진이형, 내년 수석노리며 앞으로 세계를 움직일 상훈이형과 그 경쟁자 휘돈이형, 3차생이었지만 함께 치열하게 공부했던 진석이형, 6개월간 짝궁하며 각종 먹을 것 등을 통해 저의 몸을 챙겨준 전 실장 종환이형을 비롯한 현의제 실장으로서 정말 수고하셨던 찬혁이형, 흥수형, 1차시험 보기 전 갈 곳 없는 저를 챙겨준 찬일이형, 2차시험 보기 전 잘 곳을 마련해준 진선이형, 그리고 학번차이 조금만 나는 보라누나, 민희누나, 간간히 밥 사주며 몸을 챙겨준 동진이형, 이미 합격했지만 현의제에 열정을 보여준 정성원형, 동아리 선배이자 현의제 선배인 강성원형, 그리고 규백이형, 상진이형, 선웅이형, 상재형, 나랑 나이가 같거나 어린 고시반 막내들, 그리고 추스르고 추스려도 너무나 많아서 여기에 다 적지 못했지만, 제가 어리고 많이 부족해도 격려해주고 힘을 주신 정말 소중한 고시반분들, 스터디 함께 했던 팀원 분들, 그리고 그 이외 분들 또한 모두 정말 너무나 무한하고 넘치는 감사를 드리고 싶습니다.

2008년 제43회 공인회계사시험

최고득점·최연소 합격자 인터뷰

김 종 호

1987년 10월 28일 출생
명덕외국어고등학교 졸업
서울대학교 경영대학
2008년 제43회 공인회계사 제2차시험
최고득점 합격자

김 영 래

1988년 2월 17일 출생
금화초등학교 졸업
재현중학교 졸업
2004년 8월 고등졸업검정고시 합격
2005년 3월 연세대학교 입학
2008년 제43회 공인회계사 제2차시험
최연소 합격자

우 명 언

1984년도 출생
명덕외국어고등학교 영어과 졸업
연세대학교 경영학과
2008년 제43회 공인회계사 제2차시험
여성최고득점자

🎙️ 1. 자기소개, 응시동기, 합격소감

🎚️ 공인회계사 시험을 선택하게 된 동기와 합격후 소감은 어떠했나요?

🅰️ **김종호**　저는 현재 서울대학교 경영학과 3학년으로 재학 중인 김종호입니다. 이번에 생각지도 못하게 수석으로 합격하게 되어 무척 놀랍고 또한 기쁩니다. 처음 수석을 했다는 전화가 왔을 때 그것을 믿지 못해서 금융위원회 보도자료가 나올 때까지 초조하게 있었는데 제 이름을 확인한 순간의 벅찬 느낌은 지금도 잊지 못할 것 같습니다.

제가 공인회계사 시험에 응시하게 된 계기는 1학년 겨울방학이었습니다. 저는 그 때 기회가 되어 SAS Korea라는 기업용 소프트웨어 회사에서 인턴을 할 수 있었는데, 그곳에 계신 조창래 차장님이 특히 제게 많은 조언을 해주셨습니다. 그러면서 자격증에 대한 조언도 많이 들을 수 있어서 공인회계사 자격증을 취득하는 것에 대한 생각을 키워나가게 되었습니다. 이후 학교를 다시 다니면서 친구가 공인회계사 시험을 준비한다는 말에 조금씩 구체적인 생각을 하게 되었고 그 여름부터 공부를 시작하게 되었습니다. 1년이 지난 이 가을 합격하게 되니 지난 1년이 참으로 값진 세월이라는 생각이 들게 됩니다.

🅰️ **김영래**　안녕하십니까? 경제학과에 재학중인 김영래라고 합니다. 최연소합격자라니, 아마 생년월일을 궁금해하실 텐데요. 제 생년월일은 1988년 2월 17일, 소위 빠른 88입니다. 하지만 학번이 05학번이라 최연소라는 말이 아직도 어색하네요. 학교에선 졸업반 취급받는 처지거든요.

cpa시험을 준비하게 된 응시동기를 에둘러 말하자면, 경제학이 저의 스키마를 위한 공부라면 재무관리, 회계, 세법 등은 실제 현실에 사용할 수 있는 유용한 도구로서 남과 차이를 가져올 수 있는 전문적 영역이기에, 저만의 specialty를 가지기 위해서 본 시험을 준비했다고 할 수 있습니다. 물론 좀 더 직설적으로 말하면, 공인회계사 자격증을 얻음으로써 미래에 대한 불안감을 없애고 그 에너지를 보다 생산적으로 활용하여 더 높은 곳으로 비상하기 위한 발판이라고 생각했습니다.

합격소감이라면, 거두절미하고 참 기쁩니다. 예상외로 제 자신이 덤덤한 것을 보며 지난 두달간의 기다림이 저를 지치게 만들었다고 느끼지만 그럼에도 불구하고 기쁘네요. 좋습니다.

🅰️ **우명언**　저는 이번 43회 공인회계사 시험에 동차로 합격한 연세대학교 경영학과 4학년 우명언 입니다. 먼저 이렇게 합격수기를 쓸 수 있도록 기회를 주신 최창규 선생님과 월간회계에 감사드립니다. 공부를 처음 시작할 즈음에 읽었던 많은 선배 합격자들의 수기가 생각납니다. 선배들의 합격수기를 성경구절 읽듯 한 줄도 빼놓지 않고 밑줄 치며 꼼

꼼히 읽고 마음에 새기고는 했었습니다. 그때는 시험에 대한 막연한 두려움과 긴장감으로 매우 조바심 내고 걱정하던 때였는데, 그때 좋은 수기 한편은 저에게 정말로 큰 힘이 되어주었고 나도 최선을 다하면 합격할 수 있다는 자신감으로 다가왔습니다.

합격발표가 난 이후 지금 이 순간 까지도 시험에 합격했다는 것이 실감 나지 않습니다. 되돌아보면 지난 1년은 빠르게 지나갔던 것 같습니다. 꼭 동차 할 수 있을 거라는 무모한 자신감과, 나와는 어울리지 않는 길일지도 모른다는 불안감이 합격자 발표순간까지도 저를 괴롭혔습니다. 1년 더 수험생활을 해야 할 지도 모르는 상황은 큰 스트레스였기 때문에 지금 합격의 기쁨이 매우 큽니다.

저는 2005년 가을부터 2006년 8월까지 유럽으로 교환학생을 다녀온 후, 2006년 9월부터 공인회계사 시험을 준비했습니다. 귀국 후, 4학년이나 되었는데도 정작 취업 준비 등 진로에 대한 심각한 대비를 하지 않고 있어서 매우 걱정이 되었습니다. CPA시험을 마음에 두고 있었지만 회계사를 준비하기 전부터 많은 선배들이 공인회계사 공부를 만류하였습니다. 왜 굳이 힘든 회계사란 직업을 택하느냐는 이유에서 였습니다. 여성으로서 회계사란 직업에 차별이 있을 거란 얘기도 들었고, 그렇다고 제가 남자들보다 뛰어난 여성적 장점을 갖춘 것도 아니라고 생각했습니다. 사실 지금은 어디에서도 여성회계사에 대한 차별을 언급하는 곳을 찾아볼 수 없지만, 남성적인 문화가 다른 곳보다 지배적이라는 평가는 공부를 시작하는 저를 조금은 위축되게 만들었습니다. 하지만 경영학도로서 전공에 대한 깊은 지식 없이 학교를 다녔다는 것에 대해 허탈한 마음이 들었습니다. 저는 어느 분야로 진출하든 전공을 체계적으로 공부해서 전문성을 갖추는 것이 중요하다고 느꼈고, 목표를 정하고 열심히 노력하는 과정 속에서 느끼는 성취감과 즐거움을 경험하고 싶다는 생각에 준비를 시작하기로 마음을 먹었습니다.

2. 자신만의 효율적인 공부방법과 과목별 준비요령

Q 1·2차시험대비 수험대책으로 자신만의 효율적인 공부방법과 과목별 준비요령은?

A **김종호** 수험대책이나 공부방법에 대한 이야기를 하려고 하면, 저로서는 제 방법이 그다지 일반적이지 않다는 점에서 어려움을 느낍니다. 지인들과 이야기를 해봐도 보통 제 방법을 특이하다고 하시는 점으로 봐서는 틀린 생각은 아닌 것 같습니다.

제가 공부를 시작한 것은 동영상 강의를 들을 때 하나하나 기록을 해둬서 지금도 기억이 나는데 2007년 6월 24일입니다. 이것을 보면 만 1년 정도의 시간으로 합격을 하게 된 것이라고 할 수 있는데요, 사실은 아닙니다. 분명 공인회계사 시험을 준비하기 위해 이영우 선생님의 재무관리 첫 강의를 듣기 시작한 것은 저 날이 맞지만 그 전부터도 저는 회계를 공부한 바가 있었습니다. 저는 경영학과 학생이기 때문에 회계 과목들이 다수 전공에 포함되어 있어 2006년 2학기에 이미 회계원리를, 2007년 1학기에 재무회계(중급회계 상반부에 해당합니다)와 관리회계를 수강하였습니다. 그 외에도 경제원론이나 경영학의 몇몇 과목들도 수강하였습니다. 공인회계사 시험을 대비하기 위한 직접적인 수강은 아니었지만 2007년 6월 24일 당시 이미 공인회계사 시험에 필요한 공부를 어느 정도 하고 시작한 것입니다. 특히 회계원리와 관리회계를 가르쳐주신 분은 회계감사 교재의 저자로 유명하신 이창우 교수님이었을 정도니 출발선은 꽤 좋았던 편이라고 하겠습니다. 만약 이러한 제반조건이 갖추어지지 않았다면 제 수험기간은 당연히 훨씬 길어졌을 것입니다.

공부를 본격적으로 시작했을 때부터는 학원에는 가지 않고 집에서 동영상 강의를 들었습니다. 저는 동영상 강의를 들을 때 복습을 하지 않았습니다. 복습이 얼마나 중요한지는 강사분들이 모두 누누이 말하는 바이지만, 저는 2학기를 휴학할 생각이 없었기 때문에 일단 강의를 다 듣는 것이 급선무여서 복습 없이 강의만 들었습니다. 어차피 지금 복습한다고 머리에 남아줄 것이라고 생각하지 않았던 것도 있었습니다. 2학기에 중급회계나 세무회계, 원가회계, 미시경제 등을 학교에서 수강했기 때문에 집에서 따로 복습을 하지 않아도 어느 정도는 복습이 가능했던 점은 다행이었습니다. 그렇지만 방학 중에 전 과목을 끝내기에는 무리가 있어 학기가 시작한 뒤로도 계속 들어 11월에야 강의를 모두 들을 수 있었습니다.

강의는 기본 강의만 듣고 9월부터 책을 보면서 정리하는 것을 시작했는데, 이것도 저는 집에서 공부했습니다. 집에서 공부한 것은 제가 집중력이 탁월하다든가 하는 이유 때문이 아니고 제 공부방법이 워낙 도서관과 맞지 않았기 때문입니다. 저는 공부를 할 때 책을 들고 방에서 왔다갔다하며 내용을 소리내어 읽습니다. 어릴 때부터 그런 습관이 들어서 지금도 그렇게 공부를 하는데, 도서관에서는 도저히 이럴 수가 없죠. 이상하게 가만히 앉아서 입 꾹 다물고 책을 보고 있으면 머리 속에 잘 남지 않아 집 외에는 공부할 곳이 없었습니다. 집에 있으면 소음 등이 방해된다고 흔히들 생각하시지만 제 자신이 소음을 발생시키기에 그건 문제가 아니었습니다. 후에 문제를 풀 때에는 걸어다닐 수는 없었지만 여전히 문제를 푸는 과정을 하나하나 말하면서 풀었기 때문에 그 때도 집에서 공부를 해야 했습니다.

또 하나 제 공부방법 중 일반적이지 않다고 생각하는 것은 계획 부분입니다. 전 계획을 세우는 것을 싫어합니다. 그래서 저는 계획은 매우 성기게 세웁니다. 1차시험을 대비할 때 제 계획은 생각보다 단순했습니다. 1월 31일까지 전과목 정리, 2월 15일까지 객관식 문제집 전부 풀기. 이게 제 계획의 전부였습니다. 1월 1일은 뭘 풀고 2일은 뭘 풀고

등등의 계획은 세우지 않았습니다. 그러다보니 1월 31일까지 전과목을 정리하려면 하루에 몇 단원씩 하면 되겠다는 개략적인 그림이 그려지기 때문에 그에 따라 임기응변으로 날마다 공부해야 할 것을 정했습니다. 이런 성긴 계획은 공부가 잘 되지 않아서 하루를 공치더라도 계획을 깨지 않는다는 게 장점이라고 생각합니다. 계획은 한 번 지키지 못하면 그 후로도 지키지 못한다는 것이 제 지론이라서 말입니다.

이런 내용은 개인적인 특징이므로 권할 만한 것들이 아니고, 제가 다른 수험생 분들에게 공부방법에 관해 조언을 하고 싶다면 두 가지를 말씀드리고 싶습니다. 자주 들은 말이겠지만, 교재는 한 사람의 것을 계속 쓰시고, 책에 있는 것은 다 보시기를 바랍니다. 학원을 다니지 않고도 제가 어려움 없이 공부할 수 있었던 것은 교재가 워낙 좋았기 때문입니다. 요즘에는 어느 교재를 사도 크게 빠진 내용이 없으므로 교재를 여러 권 사서 보는 것은 효율적인 방법이 아니라고 봅니다. 또한 저자마다 각자의 논리가 있기 때문에 기본서와 그 이후의 문제집들은 같은 저자의 것을 보는 것이 그 저자의 논리를 체화해서 실제 시험장에서도 정연한 논리로 답안을 작성하는 것을 돕는다고 생각합니다. 또한 책에 있는 것을 다 보라는 것은, 모든 내용을 공부하시라는 말씀입니다. 출제는 수험생이 하는 것이 아닙니다. 그러므로 공부할 내용도 수험생이 고르는 게 아닙니다. 공부할 내용을 고르는 것은 저자에게 맡겨두시는 편이 좋습니다. 저자가 강의하면서 제외하는 부분이 있다면 그것까지 볼 필요는 없겠지만, 강의에서 들은 것은 모두 공부해야 합니다. 요즘 공인회계사 시험은 갈수록 깊이보다 넓이에 초점을 맞추는 느낌을 주기 때문에 일단 공부를 할 때 양적 확충도 해두는 것이 필요하다고 봅니다. 물론 쉬운 문제가 나왔을 때 풀 수 있을 정도로 공부를 해둬야겠죠.

Ⓐ **김영래**　제가 시험준비기간을 통틀어 모토로 삼았던 것은 '최대한 개념공부는 짧게, 문제풀이시간은 길게' 였습니다. 고등학교 1학년때 자퇴하고 3개월의 개념공부 후 죽어라 문제만 풀었던 과거경험에서 학습된 방법이었습니다. 가장 조심해야 할 것이 '강사가(혹은 교재, 학원) 나와 맞지 않는다' 식의 이유로 여기저기 옮겨다니며 강의를 듣는 행위라고 생각합니다. 강의 퀄리티 차이가 존재함을 부인하진 않지만 강의주기가 기본적으로 한 달이 넘어감을 감안했을 때 개념강의를 하나 이상 듣는 것은 거의 자해에 가까운 선택입니다. 공인회계사 시험문제는 손으로 푸는 문제입니다. 실제로 아무리 '최저한세'와 같은 개념에 대해 강의를 들어도 자신이 한번 풀어보기 전까진 문제에 손도 못 대는 스타일의 문제가 대부분이고, 이에 대해선 많은 분들이 공감하리라 생각합니다. 한 차례의 개념강의를 듣고 문제를 풀다보면 머리속에서 스스로 해당 내용이 재정리됩니다. 그 때, 재정리 내용을 다시 갈무리해서 노트해 둘 수 있다면 그걸로 족하지요.

제 공부패턴이 아침 9시부터 시작해서 4시간하고 2시간 쉬는 스케줄을 세번 반복하여

1시에 잠자리에 드는 패턴이었으니까 총 공부시간은 12시간 가량입니다. 저는 기본종합반을 11월 가량에 마무리하고 2주 가량 저만의 정리노트를 완성한 후에 객관식 문제집만 미친듯이 풀었습니다. 제 목표가 1차시험 응시전 각과목 문제집을 3권씩 풀어제끼는 것이었고, 권 당 3~4일씩 투입하여 실제로 해당 목표를 초과달성했으니 얼마나 문제집에 매진했는지 알 수 있습니다.

문제를 푸는 것이 단순히 풀이에 그치면 시간을 효율적으로 활용하지 못한 것이 됩니다. 저는 큰 파일을 구입하여 과목별로 인덱스를 나누고 가장 사이즈가 큰 포스트잇을 구입해 각 과목별 정리를 붙여나갔습니다. 지금 다시 세어본 결과 1차 상법은 90장, 1차 세법은 108장, 1차 재무관리는 48장, 원가회계는 30장 등등이네요. 포스트잇의 장점은 문제를 푼 후 새롭게 개념을 재정리하고 싶을 때 간단하게 떼어내고 새로 작성할 수 있다는 점입니다. 문제를 풀고 답지를 보면서 부족한 내용을 재정리해서 포스트잇에 옮기고, 이 같은 과정을 각 개념마다 2~3차례씩 반복했던 것 같습니다. 문제를 풀다보면 새로 정리할 내용이 매번 생기니까요.

그 외 1차시험에서 팁은 상법이나 경영학 등 2차시험에 출제되지 않는 과목도 차별하지 말고 같은 비중을 두고 공부하라, 정도입니다. 시험에 대해 어떠한 요령을 피우려는 시각으로 바라보면 정말 끝도 없는 길이고, 차라리 그 시간에 그런 생각을 훌훌 털어버리고 공부하는 것이 효과적이라고 생각합니다. 더군나나 상법·경제학 등은 투입시간 대비 효율이 좋지요.

1차는 과목별 절대평가가 아닌 과락+평균개념이니까 경제학·상법 등이 당신을 낙방의 두려움에서 구해줄 것이라고 생각합니다.

1차 합격 발표 후 3월 20일부터 2차 공부를 시작했습니다. 개념강의를 한달 정도 듣고 그 후 교재를 사서 풀었습니다. 역시 새로 파일을 구입해서 포스트잇을 열심히 붙여나갔습니다. 2차시험에서의 목표는 각 과목별 교재를 2권씩 푸는 것이었고 회계감사를 빼고는 모두 달성했네요. 권 당 1주일 가량이 걸렸습니다. 사실 2차시험은 1차시험의 확장판이라 재무회계나 원가회계같은 과목은 2차강의를 패스했습니다. 이처럼 1차대비가 잘 되어 있으면 2차강의를 한두과목 정도 패스해서 시간을 아끼는 것도 좋은 선택입니다. 특히 원가회계나 재무회계 같은 과목이 이런 과목이지요.

이번 물음의 마지막으로 과목별 팁을 언급할 가치가 있는 것만 간략하게 적겠습니다. 우선 1차시험과목부터 시작하겠습니다. 경제학은 기본 미적공식만 알면 되니까 수학을 두려워하지 말고 정말 열심히 하세요. 평균 뻥튀기하기 가장 좋은 과목입니다, 실제로 올해 1차시험도 그랬으니까요. 상법 또한 같은 성격의 과목입니다. 그리고 그간 면과과목으로 여겨졌던 경영학 문제의 출제난이도가 제법 낮아졌습니다. 2차시험에 출제되는 과목도 아닌데 지나치게 난이도를 높일 필요는 없다는 판단에서 나온 것으로 보이며 향후 이같은 출제경향은 지속되리라 생각되니 경영학도 '해봤자 도움되지 않는다'는 생각을 버리고 하는 것이 좋습니다. 그 외 과목은 대부분 2차시험에도 출제되니까 그야말로 머리 끝부터 발끝까지 해제해서 알아두시는게 기본입니다. 고급회계도 올해 1차에서 25% 이상의 비중을 차지했으며 2차에서 비중있게 다뤄지므로 꼭 미리 공부하라고 조언해 드리고 싶습니다.

2차시험은 회계감사를 빼고는 1차시험보다 오히려 부담이 적었습니다. 회계감사는 강의가 길어서 내용이 방대해 보이지만 외울 내용을 포스트잇으로 정리했더니 60장으로 가장 적게 나온 과목입니다. 올해같은 난이도라면 유예생이 아닌 동차생도 무난하게 합격점수를 받을 것으로 예상되므로 절대 동차생도 포기하지 않았으면 합니다. 그 외는 1차시험의 연장입니다.

A 우명언 2006년 가을, 처음으로 미래경영아카데미의 가을기본종합반에 다니기 시작했습니다. 저는 공인회계사 공부에 대해서는 전혀 준비가 안 되어 있었고 무조건 학원수업을 따라가면 동차합격 할 수 있을 것이라는 믿음을 갖고 시작했습니다. 같이 공부하는 사람도 한명도 없었으며, 종합반에서 정해주는 그룹에도 딱히 속하지 않고 철저히 혼자 공부하리라는 마음으로 학원을 다녔습니다. 아침 9시부터 저녁 6시까지 계속되는 수업을 듣고 저녁 10시~11시까지 학원에서 그날 배운 것을 복습하는 생활을 했습니다. 핸드폰도 거의 꺼놓고 모든 사람들과 연락을 끊고 열심히 했습니다. 정말 지독히 고독한 생활이었습니다. 하루 종일 아무와도 대화를 나누지 않는다는 것은 생각보다 힘든 일이었습니다. 나중에는 입이 너무 근질거려서 혼자 중얼거리면서 노래도 부르고 혼잣말도 하고 외로움을 달래기도 했습니다. 그러자 열심히 공부하고 노력했던 결과가 서서히 나타나기 시작했습니다. 종합반에서는 매주 진도별 모의고사가 진행됐는데, 처음엔 저조했던 모의고사 성적이 차츰 오르더니 나중에는 상위권에 매주 포함되었던 것입니다. 그렇게 성적이 향상됨을 보면서 자신감도 붙기 시작했던 것 같습니다.

그렇게 홀로 힘들게 준비하던 12월 어느 날, 청천벽력 같은 일이 벌어졌습니다. 시험에 응시하기 위해 서류작업을 하다가, 1차시험 자격 중 학점요건을 충족시키지 못했다는 것을 깨닫게 된 것입니다. 너무 공부에만 집중을 하다 보니 가장 기본적인 것을 챙기지 못했었습니다. 그저 막연히 '경영학과니까 설마 학점이 모자라겠어?' 라고 당연하게 여겼었는데, 3학점이 모자랐습니다. 교환학생 때 들었던 과목은 학점으로 인정받기 어려울 수 있다는 것을 계산에 넣지 않았습니다. 4개월 동안 매일같이 쏟아 부었던 노력이 수포로 돌아가는 순간이었습니다. 부모님께 뭐라고 말씀드려야 할지 정말 막막했습니다. 큰 실망감과 함께 공부를 계속해야 하는 것인지에 대해서 진지하게 고민했습니다. 그렇게 몇 주 동안 방황하다가, 일단은 복학을 결정하고 공인회계사 공부는 잠시 뒤로 접어두기로 했습니다. 1년 동안 쭉 휴학을 하면서 준비를 해야 내년에 동차를 할 수 있을 거라는 생각도 들었지만 공부를 계속 진행할 수 없을 만큼 자신감을 상실했고 기분전환이 필요했기 때문입니다. 그래서 1월에는 어학공부와 독서를 하면서 재충전의 시간을 가졌습니다.

2007년 2월부터 다시 공부를 시작했습니다. 학원에서 진행되었던 권오상 선생님의 회계감사 유예생 강의를 들었고, 복학해서는 모든 수업을 회계학과 관련된 수업으로 채웠습니다. 그리고 주말에는 학원에서 최창규 선생님의 고급회계를 들었습니다. 물론 그전처럼 많이 공부하지는 못했지만, 그래도 계속 긴장감을 유지하기 위해 노력했습니다.

여름방학, 본격적으로 공부를 시작하기 위해서 휴학신청을 하고 미래경영아카데미 심화학습반을 신청했습니다. 그러나 다시 저는 급성맹장염으로 7월 한 달 동안 병원에 입원하게 되었습니다. 병원 입원 3주 동안 물 한 모금 못 마실 정도로 크게 고생했기 때문에 몸과 마음이 지쳤지만 용기를 내서 학원에 다니기 시작했습니다. 심화학습반은 동차합격을 목표로 기본강의를 이미 한 번씩 공부했던 학생들을 대상으로 2차 과목인 재무회계, 세무회계, 재무관리를 차근차근 준비 할 수 있도록 돕는 반입니다. 심화반 수강과 동시에 학원에서 운영하는 근처 독서실에 들어갔습니다.

저는 동차합격의 비법으로 독서실 생활을 꼽고 싶습니다. 미래학원에서 운영하는 독서실은 회계사와 세무사자격증을 공부하는 사람들 위주로 운영되고 있었는데, 저와 분위기가 잘 맞았습니다. 너무 숨죽일 듯이 조용하지도 않았고 적당히 부산스럽고 적당히 열심히 하는 사람들이 섞여 있었기에 스트레스보다는 여유와 친근함을 주는 분위기였습니다. 저도 좀 공부할 때 소음을 내는 편이라 주위사람들이 소음에 민감하다면 스트레스를 받았을 텐데, 독서실 사람들은 서로서로에게 관대하게 이해해 주고, 여유를 주는 편이라서 마음 놓고 집중해서 공부할 수 있었습니다.

다시 또 오전강의 - 오후복습의 시간들이 시작되었습니다. 그러나 2006년의 쫓기듯 달렸던 생활이 아니라, 그냥 그날 배운 것을 복습하는 정도로만 만족했으며, 복습하지 못한 부분에 대해서는 미련을 두지 않았습니다. 학원수강이 끝나고 저녁식사 후 3시간 정도 공부하고 귀가했습니다. 그렇게 편하게 심화반을 다니고 난 후, 11월부터는 더 이상 학원수강은 하지 않고 혼자 독서실에서 차근차근 객관식 문제집을 풀어나가기 시작했고, 객관식 문제풀이 동영상 강의를 들으면서 부족한 부분에 대해서 보충하였습니다. 모든 과목은 3회독을 목표로 하였으나 실제로는 2회독정도 한 것 같습니다. 오전 9시에 독서실에 와서 저녁 10시쯤에 집에 귀가했습니다. 1차시험 직전 1달 동안은 버스타고 다니는 것이 힘들어서 어머니께 부탁드려서 10시 반에 차로 귀가했습니다.

1차시험을 통과하고 바로 2차 종합반을 등록하였습니다. 학교에서 혼자 공부하는 것도 생각해봤지만 갑작스런 환경변화에 또 적응하고 싶지 않아서, 다니던 독서실을 계속 다니면서, 학원수업으로 꽉 짜인 스케줄에 따라 준비했습니다. 월요일부터 토요일까지 계속되는 수업을 매일같이 듣고 복습하는 것은 체력적으로 대단히 힘든 일이었습니다. 저는 최대한 스트레스를 줄이기 위해서 되도록 즐거운 이야기만하고 적당한 휴식시간을 가지면서 무사히 수험생활을 마쳤습니다. 저녁 6시에 강의가 끝난 후 1시간 정도 밥을 먹고, 3시간~3시간 반 정도 공부하고 귀가하였습니다. 토요일과 일요일에도 역시 저녁 10시까지 공부했습니다. 다만 일요일에는 1달에 1번 정도 친구들과 약속을 잡아서 저녁을 먹기도 했습니다.

[과목별 준비요령]

(1) 1차시험

2007년 1차시험 준비할 때에는 이미 2006년 가을에 준비했던 경험이 있었기 때문에 큰 부담을 갖지 않고 긴장감만 가지며 공부했습니다. 심화학습반을 다닐 때 충실하게 공부하지 못했기 때문에 1차시험을 공부할 때는 혼자 계획을 잘 세워서 공부하고자 했습니다.

재무회계는 기본서를 1번보고 객관식문제집을 5회독정도 하면서 기본서를 참고하였습니다. 객관식문제집을 1~2회독 할 때까지는 시간이 많이 걸렸지만 나중에 갈수록 점차 시간이 빨라져 이틀에 걸쳐 1회독을 할 수 있게 되었습니다. 원가회계는 기본서를 2회보고 객관식문제집을 5회독했습니다. 회독수에 걸쳐서 모르는 문제만 풀었습니다.

원가관리회계에 나오는 서술형 문제들을 대비해 개념들은 모의고사와 시험장 들어가기 전에 한 번씩 읽어보는 방법을 선택했습니다. 재무관리는 이의경 재무관리 기본서를 1회독도 제대로 하지 못했습니다. 대신 객관식 문제집 앞에 정리되어있는 개념들은 반복해서 읽었고 김용석 객관식재무관리 문제집을 3~4회독 했습니다.

상법은 오수철 상법책을 2회 정독하고 문제들은 처음부터 끝까지 2회 정도 다 풀었습니다. 문제들을 풀면서 상법책을 자주 참고 하면서 내용을 완전히 외우도록 했습니다. 나중에는 기출문제를 2회독했고 최신판례 등도 읽어보았습니다.

경제학은 정병열 기본서를 2회독하고 김판기 선생님의 객관식 문제집을 3회독했습니다. 대신 필기노트를 계속해서 읽어보았고 주요암기내용을 정리한 것을 가지고 다녔습니다. 세법은 가장 많은 시간을 투입했습니다.

세법개론 책은 1번 정도 읽은 것으로 만족하고 서브노트를 참고해가면서 객관식문제집을 4회독했습니다. 상증세와 국기법도 포기하지 않고 2회독 정도 하였습니다. 1차시험 대비해서 2번의 전체 모의고사를 보았는데, 틀린 문제도 꼭 다시 한 번씩 풀어보았습니다.

(2) 2차시험

2차시험기간은 학원 강의 수강 후 복습의 과정이었습니다. 재무회계는 진도와 맞추어서 재무회계 연습서를 2번 정도 풀어보았고, 시험 전까지 재무회계 연습서를 2회독 더했습니다. 세무회계도 진도에 맞추어서 연습서를 2번 정도 풀어보았고, 시험 전까지 2회독 더하고 종합문제집을 반 정도 풀었습니다. 회계감사는 암기카드를 수험기간 내내 들고 다니면서 외웠고, 두꺼운 회계감사 책은 1회 정독한 후, 1회 간단하게 훑어보고, 스터디가이드를 2회독하고, 기출문제 풀이를 1회독하였습니다. 원가회계 또한 진도에 맞추어서 연습서를 2회독하고 시험 전에 주요문제만 1~2회독 더하였습니다. 재무관리도 연습서를 진도에 맞춰서 2~3회독 했고, 시험 전에 주요문제만 1~2회독 더하였습니다. 마지막에 이영우 선생님의 단기특강을 듣고 정리해주시는 그때 받았던 문제들을 2번 풀어 보았습니다. 진도별 모의고사는 빠지지 않고 보았고, 시험 후에 틀린 내용을 1번 정리했습니다. 전체모의고사는 1번 응시했습니다.

🎙️ 3. 1·2차 수험기간동안 Group Study는 어떻게 이루어졌으며, 실전시험에는 어느 정도의 효과가 있었습니까?

Ⓐ **김종호** 저는 집에서 공부를 해서 스터디를 구성하지는 않았습니다.

Ⓐ **김영래** 혼자 독서실에 틀어박혀서 공부한 관계로, 그룹스터디는 커녕 여자친구 외에 사람얼굴도 제대로 보지 못했습니다.

Ⓐ **우명언** 저는 그룹스터디를 하지 않았습니다. 사람들이 모이는 데는 그만큼 시간과 자원이 소요되고 스터디를 통해서 얻는 것 보다 희생해야하는 부분이 크다고 판단하였기 때문입니다. 그냥 마음 맞는 친구들과 모르는 부분에 대해서 질문하고 주로 선생님들께 바로 질문을 드리는 방법을 선택했습니다. 같이 공부하는 친구들 중에 각자 잘하는 부분이 각자 생기게 되었고 서로 질문을 하면서 부족한 부분에 대한 이해를 도모했습니다. 다른 수험생들 사이에서 회계감사를 범위+모의고사 스터디를 하는 그룹도 있었는데 혼자 공부하기 힘든 방대한 양에 대해서 진도를 잡아주는 정도로 스터디를 조성하는 것이 현명하다고 생각합니다.

그러나 만약 학교도서관 등지에서 혼자 공부하는 학생이라서 주위에 도움을 받기가 마땅하지가 않고, 질문도 해결할 수가 없는 상황이라면 스터디를 조성해서 궁금한 점을 반드시 해결하고 넘어가야한다고 생각합니다. 왜냐하면 잘 모르는 부분을 그냥 넘기고 '다음에 다시 생각해봐야지.' 한다면 시험 전날까지 다시 볼 기회가 없을지도 모르기 때문입니다.

🍀 4. 최근 1·2차시험과목별 출제경향과 수험대책

김종호   저는 공인회계사 시험의 출제경향이 어떻게 변해왔는지는 잘 모릅니다. 저는 2006년 기출문제까지만 풀어보았고 그 이전의 기출문제는 문제집에 없으면 보지 못했기 때문에 그렇습니다. 그러나 2006년과 2007년 사이에 상당한 변화가 있었고, 이에 따라 이 3년간의 시험을 두고 제가 느낀 출제경향을 이야기해보자면, 공인회계사 시험은 갈수록 질에서 양으로 옮아가는 느낌을 줍니다. 재무관리의 금리선물이나 연결회계의 부자손연결 등 개별적으로 엄청나게 어려운 문제는 잘 나오지 않습니다. 대부분의 문제는 시간을 충분히 주면 대부분의 수험생이 큰 막힘 없이 풀 수 있습니다. 채점을 생각해서인지 답도 꽤 깔끔하게 나오는 경우가 많습니다. 특히 2차시험의 합격 기준이 바뀌면서 평균이 크게 상승하여 기초적인 수준의 문제를 빠르면서 정확히 푸는 것이 더 중요해지고 있다고 생각합니다. 2차시험의 실질적인 과락이 60점이 된 이상, 몇 문제 제끼는 것의 위험성이 크게 높아진 것도 공부에 있어 양적 확충이 필요하다는 사실을 뒷받침한다고 생각합니다.

1차시험의 경우에는 합격 기준에 변함이 없었으므로 출제 경향이 바뀌었다는 생각은 크게 들지 않습니다만, 과목 조정이 있으면서 회계학이 다른 과목과 함께 응시하지 않게 되었다는 점과 회계학의 배점이 커진 것이 하나의 큰 변화라면 변화라 하겠습니다. 과목별 수험대책의 경우 제 독창적인 방법은 별로 없습니다. 저는 대부분 동영상 강의에서 하라는 대로 공부했고, 그 방법들은 유효성을 검증받은 방법들이니 말입니다.

회계학은 이런 점에서 1차시험의 가장 중요한 과목인데, 문제 풀이에 있어 특히 속도가 중요합니다. 경영학 중 재무관리나 세법도 시간을 많이 잡아먹는 문제들이지만 함께 응시하는 다른 과목에서 시간을 조금 융통할 수 있는 반면 회계학은 그것이 불가능하고, 문제가 특히 길어 생각보다 문제 하나하나가 시간을 많이 요구합니다. 그런 점에서 문제를 푸는 속도를 높이는 것이 필수적인데, 저는 재무회계 분야에서는 김영덕 선생님의 강의를 들은 덕분인지 평소에도 그에 주의를 기울일 수 있었던 것 같습니다. 문제를 풀 때 분개를 하는 것은 좋은 방법이 아니고, 수식을 써가면서 푸는 것 역시 최선은 아닙니다. 되도록 수식을 쓰지 말고 계산기를 두드리면서 수식을 진행시켜 문제지에 풀이를 쓰지 않고도 답을 구할 수 있도록 하는 것이 유용합니다(물론 모든 문제에서 이게 가능하지는 않습니다). 그리고 주의해야 하는 것은, 몇 초 내로 풀이방법이 떠오르지 않는 문제는 바로 넘어가야 한다는 점입니다. 보자마자 손이 움직이는 문제부터 풀고 그런 문제들을 풀어도 늦지 않습니다. 내용의 측면에서 회계학을 공부할 때 시간상 고급회계를 하지 않거나, 원가회계 쪽을 소홀히 하시는 경우도 종종 있는데, 만약 동차를 생각하신다면 그

것은 그다지 좋은 전략이 아닙니다.

1교시는 경영학과 경제원론인데, 이 중 재무관리만 2차시험에 나오므로 동차를 노릴 때에는 재무관리를 집중적으로 공부하고 일반경영학과 경제원론은 시험을 합격할 정도로만 공부하는 것이 유용할 것이라고 생각합니다. 특히 저는 경영학과에 재학 중이다보니 일반경영학을 깊이 공부하지 않아도 어느 정도는 알고 있고, 경제원론은 학교에서 미시경제 수업을 들은 덕에 쉽게 풀 수 있어서 부담은 적었습니다. 재무관리는 1차시험만 놓고 본다면 소홀히 해도 상관없다고 여길 수 있겠지만, 1차시험을 대비할 때에도 파생상품 등의 재무관리 후반부를 해두시는 편이 나중에 편합니다. 일반경영학으로 충분히 보완이 가능하므로 파생상품 문제를 완벽하게 풀 정도까지 하실 필요는 없고 2차시험에 대비할 때 처음 보는 개념에 우왕좌왕하지 않을 정도만 되면 될 것 같습니다. 1교시를 잘 쳐야 점심시간에 우울하지 않으므로 되도록 잘 보는 것이 좋겠지만, 재무관리 외의 내용에 무리할 필요는 없다고 봅니다. 다만, 무리하지 않는다는 게 책에 있는 문제 중 일부만 풀어본다는 식의 말은 아닙니다. 모르는 내용은 알게 되는 그 날까지 파고들 필요까지는 없다는 뜻입니다.

2교시는 상법과 세법인데 상법을 최대한 빨리 풀고 세법에는 넉넉한 시간을 가지고 임하는 것이 필요합니다. 상법은 2차시험에 나오지 않고, 100점을 요구하는 시험이 아니므로 헷갈리는 문제는 고민하지 말고 마음가는 대로 찍으시는 편이 좋습니다. 상법에서 고득점을 달성해 그것으로 다른 과목들을 보완하는 방법이 흔히 쓰이는 전략으로 알고 있습니다만, 시간이 된다면 역으로 접근하는 편이 2차시험까지 생각했을 때 낫습니다. 세법은 공부하는 데 비법이 없고, 시간 투자를 최대한 해야 합니다. 상법을 빨리 푼다면 세법에 80분 정도(상법을 더 빨리 푼다면 그 이상) 배분할 수 있으므로 1차시험을 대비할 때에는 속도보다는 최대한 많은 내용을 습득하는 데 치중해야 할 것 같습니다. 다만 저로서는 세법이 다섯 과목 중 가장 점수가 낮았기 때문에 그다지 나설 처지는 아닌 것 같습니다.

2차시험의 경우 작년부터 합격 기준이 바뀌면서 출제 경향이 많이 달라졌습니다. 그 중에서도 재무회계는 양일간에 시행되는 시험의 마지막에 150분씩이나 풀어야 되니 집중력을 유지하는 데 많은 신경을 써야 합니다. 특히 재무회계는 문제가 많고, 많은 답을 요구하는 문제가 늘어나는 추세 같습니다. 많은 답을 요구한다는 것은 근래 출제된 현금흐름표 문제처럼 하나의 대문제에 많을 때에는 20개에 가까운 소문제가 존재한다는 뜻입니다. 올해는 외화환산과 파생상품 쪽에서도 그런 문제가 있었고, 연결 문제도 그런 편이었던 것 같습니다. 이런 문제는 다 맞기는 쉽지 않지만 여러 개를 맞는 것은 쉽습니다. 그렇기 때문에 재무회계를 공부할 때 그 단원에서 가장 꼬아서 낼 수 있는 형태의 문제들을 정확하게 푸는 연습보다는 단순한 문제들을 지속적으로 빠르게 푸는 연습이 필요합니다. 이를 위해서는 문제를 보자마자 가장 빠르게 답을 낼 수 있는 접근법을 숙지하는 게 필요하다고 생각합니다. 또한 고급회계는 중급회계와 비교해서 그다지 고급스럽지 않습니다. 연결 문제에서 소문제 10개를 낸 것이 현금흐름표 문제에서 소문제 10개를 낸 것보다 훨씬 더 많은 시간과 복잡한 풀이를 요구하는 것이 아니므로 고급회계 문제가 막연히 어려울 것이라는 생각은 버려야 합니다. 고급회계가 150점 중 50점에 육박하는 현실에서는 특히 더욱 그렇겠죠.

세법의 경우 2차시험의 시작점이므로 세법을 망치는 경우 이틀 내내 기분이 우울할 수 있습니다. 그런데 작년과 금년을 볼 때 세법의 출제 유형은 다소 정형화된 것 같습니다. 법인세 40점, 소득세 25점, 부가가치세 20점, 기타 15점으로 내면서 법인세는 주제별로 중형 문제를 내고 소득세나 부가가치세는 하나의 큰 자료에서 많은 독립적인 소문제를 내는 식으로. 그런데 올해의 경우 세법이 다섯 과목 중 가장 양적으로 수험생들을 어렵게 했다고 생각합니다. 요구사항이 무척 많으므로 세법을 공부할 때에는 신속함이 절실하게 요구됩니다. 소득세나 부가가치세 쪽에서는 사소한 내용은 거의 묻지 않고 대범한 문제들을 출제하는 편이므로 법인세보다는 조금 덜 치밀하게 공부해도 될 것 같습니다. 또한 법규 약술 문제가 줄어들어 국세기본법 등의 단순 암기의 중요성도 조금 줄어든 것 같습니다. 제가 예상할 수 있는 바는 아니지만 요즘 양도소득세와 종합부동산세 등 부동산 관련 세제가 논란이 되고 있으니 내년에는 그러한 분야에서 문제가 좀 더 나올지도 모르겠습니다.

재무관리의 경우 제 개인적인 느낌인지는 모르겠지만 작년부터 많이 쉬워졌습니다. 제가 2006년 기출문제를 처음 풀었을 때에는 좌절감을 느꼈는데 작년 기출문제를 처음 풀었을 때에는 제가 1년 늦게 태어난 것이 한스러울 지경이었습니다. 올해도 재무관리는 작년과 유사한 수준이었다고 보는데 파생상품 쪽이 조금 늘어난 것 같습니다. 앞으로도 이럴 것인지는 알 수 없지만, 이런 출제경향이라면 기본서의 내용을 충실하게 숙지하고 원리를 파악하는 것이 중요하다고 생각합니다. 만점을 받아서 자랑스럽긴 하지만, 기본에 충실하라는 것 외에는 딱히 떠오르는 말이 없습니다.

회계감사는 1차시험에 나오지 않는 과목이라 동차생에게는 상당한 부담을 안겨주는 과목입니다. 그런데 저는 2007년 2학기에 학교에서 회계감사 수업을 들었습니다. 이 수업은 송혁준 교수님이 하셨는데 교수님께서 공저자인 권오상 회계사님의 특강을 주선해 주신 덕에 좋은 경험을 할 수 있었던 것이 제 회계감사 공부에 큰 도움이 되었던 것 같습니다. 회계감사 동영상 강의도 12월부터 들어서 1월에 끝냄으로써 3월에 회계감사 책을 펼쳐도 다들 웬만큼 아는 내용이었다는 점도 다행이었습니다. 회계감사 공부는 집에서 하지 않고 주로 통학 시간에 차 속에서 했는데 본교재는 너무 두꺼워서 들고다니지 못하고 스터디가이드만 들고 다녔습니다. 그렇지만 이러한 짬시간에 스터디가이드만 봐도 회계감사는 충분히 할 수 있다고 생각합니다. 물론 본교재에 있는 문제도 다 풀었는데, 제 경우에는 문제에 대한 답안을 컴퓨터로 작성했습니다. 시간을 아끼고 다른 과목을 공부할 때 손이 아파서 지장이 가지 않도록 하기 위해서였지만 이렇게 한 결과 모의고사에서 처음 회계감사 답안지를 작성할 때 그 고난에 생각보다 크게 놀란 기억이 납니다. 평소에 공부할 때에도 가끔은 손으로 쓰는 게 필요할 것 같습니다. 회계감사는 객관적으로 보면 수식 계산 등을 요구하지 않는 점에서 어려운 과목이 아니니 꾸준히 그리고 여러번 책을 보는 것이 방법이라고 생각합니다.

원가회계 역시 세법처럼 문제의 형식은 작년과 금년으로 보면 어느 정도 틀이 잡힌 것 같습니다. 아주 단순하게 25점짜리 대문제 4개로 말이죠. 하나의 대문제가 처음부터 끝까지 일관된 것이라는 보장은 없지만, 원가회계는 이런 식으로 문제가 크다는 점을 염두에 두고 공부해야 할 것 같습니다. 올해 원가회계의 경우 특히 3번 문제가 정수를 이뤘다고 생각하는데(혹자는 4번 문제라고 하실지도 모르겠습니다) 하나를 틀리기 시작하면 걷잡을 수 없이 무너질 수 있는 형태의 문제이므로 이런 큰 문제를 푸는 연습을 충분히 해야 할 것으로 보입니다. 제 경우에는 김용남 선생님의 책으로 공부를 했는데 이 분의 연습서는 문제가 쓸데없이 커보이고 너무 푸는 것이 귀찮았습니다만, 그런 것을 묵묵하게 풀어나간 것이 실제 시험에서는 좋은 결과로 이어진 것 같습니다. 문제가 4개뿐이라서 한 문제에서 수렁에 빠지지 않는 한 시간이 그렇게 크게 부족할 것 같지는 않으므로 조금은 신속함보다는 정확함에 초점을 맞추어야 할 것 같습니다.

Ⓐ **김영래**　2번 물음에서 언급이 된 것 같습니다. 다만 좀 더 맥을 짚는 답변이라면, 출제 난이도가 점점 떨어지고 있다, 정도의 느낌을 받습니다. 따라서 1차나 2차나 한가목도 포기하지 않고 정주행하는 것이 절대적으로 필요합니다.

Ⓐ **우명언**　모든 수험생이 절감하는 부분이겠지만, 공인회계사시험은 우선 방대한 양을 짧은 시간 안에 습득해야한다는 것이 제일 힘든 부분입니다. 난이도 또한 쉽지 않아서, 모든 범위를 이해하고 내 것으로 만들기는 어렵다고 생각합니다. 따라서 시험에 합격하기 위해서는 정확한 이해와 중요부분에 대한 반복 연습이 제일 중요하다고 생각합니다.

1. 1차시험

1차시험은 결코 쉽지 않습니다. 1차시험이지만 2차시험에 버금가는 난이도의 문제들이 출제되고 있습니다. 단지 그 문제들이 지엽적인 부분이 아니라 매우 중요한 부분에서 나오고 있다고 생각합니다. 그래서 저는 1차 공부하는 내내 단지 1차에 국한되지 않는 실력을 쌓기 위해서 노력했습니다. 어려운 문제들을 포기하지 않고 끝까지 파고들었습니다.

(1) 회계학

1차시험 때 제가 가장 낮은 점수를 받았던 과목이 회계학입니다. 1차 원가회계는 수험서에서 봤던 문제들과 크게 다르지 않았습니다. 문제가 매우 정형화되어 있고 기본개념만 이해하였다면 풀 수 있었습니다. 하지만 문제의 크기가 크고 주어진 많은 자료를 정리하기가 쉽지 않았습니다. 시험장에서 원가문제의 크기를 보고 놀라서 뒤쪽 재무회계부터 먼저 풀었던 기억이 납니다. 1차시험 때 짧고 간단한 연습문제만 주력해서 풀었었는데, 주관식 문제도 많이 풀었더라면 더 쉽게 적용하지 않았을까 생각합니다. 결론적으로 1차 원가는 기본서에 나온 객관식과 주관식 문제들을 모두 꼼꼼히 봐야합니다. 그리고 시험전날까지 감을 유지하기 위해서 계속 반복해서 연습해야 합니다. 시험장에서는 빠른 속도가 중요하기 때문입니다.

재무회계는 1차 때 가장 발목을 잡는 부분이었습니다. 양도 많지만 자꾸 기준을 잊어버려서 문제를 어떻게 풀었는지 기억이 나지 않았습니다. 그래서 저는 문제를 풀기보다는 정리해둔 부분을 가끔씩 쭉 읽어서 그 내용을 기억해 두려고 했습니다. 일단 어떻게 푸는지 기본을 파악하고 나면 숫자가 어렵게 나오더라도 금방 적용할 수 있기 때문입니다. 저는 고급회계강의도 듣고 1차 때 고급도 나름대로 준비한다고 하긴 했는데, 시험장에서는 풀 수 없었습니다. 고급회계를 정말 공부할 시간이 없다면 아예 공부하지 않는 것도 선택이라고 생각합니다. 그러나 동차합격이 목표라면 시험 준비까진 아니더라도 1차 때 고급회계를 한번 정독해서 이해해 둬야합니다.

(2) 상법

상법은 법조문 암기와 사례적용으로 나눌 수 있습니다. 단순히 법조문의 가부를 묻는 문제가 아니라 최신 판례 등을 응용하여 사례문제로 출제되고 있습니다. 저는 원래 상법 강의를 듣지 않고 수험서를 처음부터 끝까지 3번 정도 정독해서 시험장에 들어가려고 했었습니다. 그런데 1월쯤에 예년 기출문제를 풀어보았더니 하나도 풀 수 없었습니다. 저는 판례와 사례적용이 부족하다고 생각하고 뒤늦게 객관식 강의를 들었습니다. 그래서 최신 판례와 문제의 출제경향에 대해서 이해할 수 있었고 어떤 부분이 복잡하게 출제되는지 예측할 수 있었습니다. 다행히 상법을 82.5점이라는 높은 점수를 받을 수 있었던 것은 기출문제를 열심히 풀었고 관련된 부분을 정확하게 이해하고 넘어갔기 때문이라고 생각됩니다.

(3) 경영학

저는 재무관리를 매우 재밌게 공부했습니다. 그래서 객관식 문제집도 2권이나 풀고 매우 충실하게 준비했다고 믿었습니다. 그러나 1차시험장에서는 재무관리를 한문제도 풀 수 없었습니다. 지금에 와서 생각해보니 그때는 기출문제를 기초로 정리돼 있는 수험서를 반복해서 공부하는 정도였지 정말로 완벽하게 이해한 것이 아니었던 것입니다. 그래서 새로운 유형으로 출제되는 재무관리 문제를 당황해서 손을 댈 수가 없었던 것 같습니다. 경영학은 67.5점 받았는데, 재무관리는 몇 문제 못 맞추고 다 경영학에서 딴 점수입니다. 경영학은 매년 신개념의 문제가 3~4문제 출제됩니다. 경영학과 학생이라면 수업시간에 한 두번 들어본 개념이기 때문에 운 좋게 맞출 수도 있겠지만 수험생으로서 미리 대비해서 공부하기는 어렵습니다. 그러나 대다수의 문제는 기출문제를 토대로 출제되기 때문에 그냥 기본서에 있는 내용을 잘 암기하는 것이 최선이라고 생각합니다.

(4) 세법

저에게 가장 어려웠지만 또한 가장 자신 있었던 과목이 세법입니다. 세법을 난생 처음으로 공부하기 시작 했을 때는 생소한 용어들 때문에 울음이 나올 뻔 했습니다. 그리고 1회독하고 2회독을 해도 여전히 이해되지 않는 많은 내용들이 정말 버거웠습니다. 그러나 세법은 어떤 과목보다도 공부했던 부분에서 충실하게 출제되는 과목입니다. 2008년 1차 세법시험은 제가 공부했던 부분에서 다 출제되었습니다. 저는 마치 기출문제를 풀듯이 풀 수 있었고, 85점이라는 높은 점수를 받았습니다. 세법을 준비할 때는 연습문제를 여러 번 반복해서 풀었고 문제풀이 방법을 정형화 시켜서 기억해 놓았습니다. 또 국세기본법을 포기 하지 않고 여러 번 읽어서 자연스럽게 기억하는 상식처럼 만들려고 했습니다. 상증세 부분은 자세하게 공부하진 않았지만 선생님들이 중요하다고 말씀하시는 개념들을 마지막에 다시 한 번 정리해서 시험장에 가지고 들어갔습니다.

(5) 경제학

경제학은 누구나 학교에서 수업시간에 공부했던 과목이기 때문에 친근하게 느껴지실 것입니다. 그러나 경제학은 어렵습니다. 미시, 거시 경제학시간에 배웠던 기본적인 개념을 한층 꼬아서 자세한 이해를 요구하는 문제들이 많이 출제됩니다. 저도 상당한 난이도 때문에 간단한 문제임에도 어렵게 공부했던 기억이 납니다. 그러나 기출문제의 유형과 비슷하게 출제되는 특징이 있습니다. 미시경제학은 개념을 묻는 문제보다 수학처럼 문제를 풀 수 있는 실력을 쌓아야 하고, 거시경제학은 학파별로 특징을 잘 암기해서 대표하는 용어들을 기억해 둬야합니다. 또 국제경제학부분도 상당히 많은 문제가 출제되기 때문에 결코 넘어가서는 안 되고, 기출문제를 중심으로 문제유형을 잘 파악하는 것이 중요한 것 같습니다.

2. 2차시험

2차시험의 문제들은 주관식임에도 불구하고 수험생에게 단답형으로 대답하도록 요구하고 있습니다. 채점자의 수고도 덜고, 수험생의 입장에선 간단하고 명확한 문제가 출제됩니다. 문제의 양도 많아져서 모르는 문제가 나오더라도 다른 문제를 풀어서 보완이 가능해졌다고 생각합니다. 결론적으로 말씀드리자면 공부의 양이 너무 많아서 동차합격을 포기하고 나머지 과목에 집중하는 것은 옳지 않은 선택이라고 생각합니다. 어떤 과목이 쉽게 출제될지 모르고 자신이 없는 과목이라도 열심히 배운데서 복습한다면 충분히 합격할 수 있습니다. 또 일단 부분합격을 목표로 한다고 마음을 비우고 나면 생활도 조금 나태해지고 공부가 힘들어질수록 자신의 목표를 자꾸 하향조정하려는 생각이 들기 때문입니다.

(1) 재무회계

재무회계는 문제가 많이 출제됩니다. 그리고 역시 단답형입니다. 큰 문제 하나에 쉬운 문제와 난이도 있는 문제가 5~6개 출제되기 때문에 어려운 주제라고 해서 넘어가지 말고 간단한 개념을 이해하도록 해야 합니다. 고급회계부분은 그 원리까지 파악하기에는 너무 실력과 시간이 부족했습니다. 그래서 수업시간에 선생님이 정리해주시는 부분만 문제 푸는 방식을 외우려고 했습니다. 너무 건성으로 고급회계를 준비하는 게 아닌가 하는 마음도 들었지만 시간이 없는 저와 같은 동차 생들에게는 불가피한 선택이라고 생각합니다. 고급회계문제는 반드시 출제되기 때문에 절대로 넘어가면 안 된다고 믿습니다.

(2) 원가회계

2008년 원가회계는 기본기만 충실하다면 충분히 풀 수 있는 문제가 출제되었습니다. 앞으로도 너무 어렵거나 생소한 개념의 문제는 출제되지 않을 거라 생각됩니다. 하지만 2차 원가회계 연습서 에는 너무나 어려운 문제들이 많습니다. 따라서 주요문제리스트를 참고하면서 주제별로 잘 나오는 유형의 문제를 확실하게 파악하는 것이 낫습니다. 너무 어려운 문제에 시간을 많이 허비하면 전체적인 원가회계의 흐름을 파악 못하는 구렁에 빠질 수도 있고 자신감을 상실할 수도 있기 때문입니다. 서술형 문제를 대비해서 관련된 내용을 두세 번 정도 써보는 연습도 했습니다.

(3) 세무회계

세무회계의 문제는 1차문제 여러 개를 합친 것과 같습니다. 2008년 세무회계문제의 난이도는 낮았습니다. 역시 모든 주제를 잘 이해하고 있었더라면 아무리 큰 문제이더라도 부분적으로는 충분히 맞출 수 있었습니다. 세무회계는 산발적인 자료를 놓치지 않고 잘 적용하는 능력이 중요합니다. 저는 2차 연습서와 종합문제집을 토대로 앞과 뒤에 제시된 자료들을 동그라미 쳐가면서 풀 때 실수하지 않도록 하는 훈련을 했었습니다. 한 문제를 풀더라도 모든 문제의 자료들을 잘 확인해 가면서 푸는 것이 중요합니다. 어떤 세무조정 사항을 구하는 문제가 나왔을 때 무엇을 고려해야 하는지를 미리 기억해 두는 것이 편리합니다.

(4) 재무관리

2008년 재무관리도 핵심개념을 묻는 질문이었습니다. 저는 2차연습서를 다 보지는 않고 주요한 문제를 4~5번 정도 돌려서 푸는 방법을 택했습니다. 물론 후반부에 나오는 파생상품론보다는 앞부분의 기업재무론을 깊이 있게 공부했습니다. 난이도는 점점 어려워지는 추세이지만 이미 많은 연습서에 최신 출제경향을 반영한 문제들이 많기 때문에, 충분히 출제문제를 예상하며 대비할 수 있을 것이라고 생각합니다. 저는 암기했던 공식들을 자꾸 잊어버려서 공식 암기가 중요하다고 생각했었는데, 시험을 보고난 후에 드는 생각은, 원리를 파악한다면 어렵고 복잡한 공식보다는 간단하고 중요한 원리가 되는 몇 가지 공식이 무기가 된다고 믿습니다. 적용능력과 문제 해설능력이 무엇보다 중요한 과목입니다.

(5) 회계감사

시험을 본 후 가장 불안했던 과목입니다. 저는 기준을 통으로 외우지 못했습니다. 그리고 예제도 많이 풀지 못했기 때문에 가장 운 좋게 붙었다고 믿는 과목입니다. 하지만 회계감사는 2차 수험기간 내내 감을 유지하기 위해서 작은 카드를 만들어 들고 다니면서 계속 여러 번 눈에 익히고 입으로 중얼거리려고 했습니다. 시간이 부족했기 때문에 하루에 1~2시간 회계감사 책을 따로 펼치는 것은 불가능했고 전철과 버스에서 귀로는 강의 녹음을 계속 듣고 눈으로는 카드를 계속 훑으면서 전반적인 회계감사 내용을 기억하려고 노력했습니다. 동차 수험생들이 회계감사를 포기하지 않았으면 좋겠습니다. 자기가 공부한 부분에서 나온다면 그리고 적절한 표현능력을 갖추고 있다면, 충분히 합격할 수 있다고 생각합니다.

5. 수험생활 중에 본 도서목록 정리

김종호 전 교재를 선택할 때 책을 보고 선택하지는 않았습니다. 동영상 강의가 제겐 우선이었기 때문에 우선 강의를 선택하고 책은 그 강사의 것으로 선택하여 연습서까지 모두 이어나갔습니다. 그렇기 때문에 교재를 비교분석할 처지도 되지 않고, 또 위에 언급했듯 교재들은 다 비슷비슷합니다. 덧붙이자면, 2차 교재(연습서)는 1차시험을 치른 후에 구입했습니다. 세무회계 교재를 1차시험 전에 보면 도움이 된다는 말은 들었지만 시간이 없었습니다.

1차와 2차는 구분하지 않고 과목별로 정리하겠습니다.

- 재무회계 : 김영덕 〈중급회계(상·하)〉, 〈고급회계〉, 〈객관식 재무회계〉, 〈재무회계〉
- 원가회계 : 김용남 〈원가관리회계〉, 〈원가관리회계연습〉
- 세   법 : 임상엽, 정정운 〈세법개론〉, 이철재 〈객관식 세법〉, 〈세무회계 연습〉, 〈세무회계 종합문제〉(세법개론은 학교 교재여서 구입했는데 이철재 선생님의 세법 기본서를 구입하기에는 비용이 부담이어서 그대로 썼습니다)
- 회계감사 : 이창우 외 〈회계감사〉
- 경 영 학 : 정순진 〈경영학연습〉, 김세현 〈재무관리〉, 이영우 〈객관식 재무관리〉, 〈고급재무관리연습〉(김세현 선생님의 교재는 이영우 선생님이 사용한 것입니다)
- 경 제 학 : 정병열 〈경제학연습(미시편, 거시편)〉
- 상   법 : 김학묵 〈상법강의〉, 〈다이어트상법〉

Ⓐ 김영래

1. 1차시험

(1) 재무회계
송상엽 저 〈중급회계〉, 송상엽 외 4인 공저 〈재무회계〉, 김현식·최창규·신현걸 저 〈객관식재무회계〉 등

(2) 원가회계
송상엽·이승근·엄윤 저 〈원가관리회계〉, 김용남 저 〈객관식 원가관리회계〉 등

(3) 경영학
이인호 저 〈핵심경영학〉, 이인호 저 〈실전경영학〉 등

(4) 재무관리

박정식·박종원·조재호 저 〈현대재무관리〉, 김종길 저 〈객관식재무관리〉, 이영우 저 〈객관식재무관리〉 등

(5) 세법개론

송상엽 외 2인 공저 〈세법개론〉, 이승원·이승철 저 〈객관식세법〉, 송상엽 외 2인 공저 〈객관식세법〉 등

(6) 상법

김형북 저 〈상법신강〉

(7) 경제학

박도준 저 〈경제학〉, 김판기 저 〈객관식다이어트경제학〉, 이재민 저 〈경제학실전연습특강〉

2. 2차시험

(1) 재무회계

송상엽 외 3인 공저 〈재무회계연습〉, 김현식 외 2인 공저 〈재무회계연습〉

(2) 원가회계

김용남 저 〈원가관리회계연습,〉 강경태 저 〈원가관리회계연습〉

(3) 회계감사

이창우 외 3인 공저 〈회계감사〉

(4) 재무관리

이영우 저 〈고급재무관리연습〉, 김민환 저 〈재무관리연습〉

(5) 세무회계

이승철 외 2인 공저 〈세무회계연습〉, 강경태 저 〈세무회계연습〉

ⓐ 우명언

(1) 재무회계

신현걸, 최창규, 김현식 공저 〈중급회계 10판〉
신현걸, 최창규, 김현식 공저 〈2008 객관식 재무회계〉

최창규, 김현식 공저 〈고급회계〉
신현걸, 최창규, 김현식 공저 〈2008 재무회계연습〉

(2) 원가관리회계
김용남 저 〈원가관리회계〉
김용남 저 〈객관식 원가관리회계〉
김용남 저 〈2008 원가관리회계연습〉

(3) 세법
임상엽, 정정운 공저 〈2007 세법개론〉
이승원, 이승철 공저 〈객관식 세법 2008〉
정재연, 이승원, 이승철 〈2008 세무회계연습〉
정재연, 이승원, 이승철 〈2008 실전세무회계연습〉

(4) 경영학
김윤상 저 〈핵심경영학연습〉

(5) 재무관리
이의경 저 〈재무관리〉
김용석 저 〈객관식 재무관리〉
이영우 저 〈2008 고급재무관리연습〉
김용석 저 〈2008 재무관리연습〉

(6) 경제학
정병열 저 〈경제학연습 미시편 / 거시편〉
김판기 저 〈객관식 경제학〉

(7) 상법
오수철 〈상법〉

(8) 회계감사
이창우, 송혁준, 전규안, 권오상 저 〈제3판 회계감사〉
권오상 저 〈회계감사 스터디 가이드〉
미래동차종합반에서 진행되었던 수업을 중심으로 교재를 선택했습니다.
재무회계는 저 나름대로 필기노트를 만들어서 주요 개념들을 정리하였습니다. 그래서 모의고사를 보거나 시험장에 들어가기 직전에 한 번씩 빠르게 훑어보면서 기준을 다시 한 번 외웠습니다. 원가회계와 경영학은 따로 서브노트를 만들지는 않았고 기본서를 하이라이트 치면서 공부했습니다. 세법은 이승철 선생님과 이승원 선생님께서 참고용으로 만드신 서브노트를 구매해서 그 위에 덧붙여 정리했습니다. 세법은 푸는 요령이 중요한 시험이기 때문에 문제풀이와 자주 나오는 세무조정사항을 주제별로 정리했습니다. 세법도 개념정리가 중요하기 때문에, 독서실 책상에 메모를 붙여서 자주 보고 외웠습니다. 재무관리는 공부할 때, 문제 푸는 방법을 자꾸 까먹었기 때문에 문제풀이 노트를 따로 만들어서 풀이 자체를 외워버렸습니다. 나중에는 문제풀이 암기했던 것이 원리가 되어서 다가왔습니다. 경제학은 김판기 선생님 강의를 들을 때 정리했던 노트필기로 공부했습니다. 선생님께서 정리해 주셨던 내용이 책보다 더 잘 정리가 되어 있었고, 필기도 많지 않았기 때문에 가끔 처음부터 끝까지 정독하면서 기억을 다졌습니다. 상법은 기본서는 오수철 상법으로 보았고, 1차시험 마지막에는 기출문제와 최신판례를 정리한 자료집만 보았습니다. 2008년 1차 때, 기출문제와 비슷한 내용과, 최신판례를 응용한 문제가 많이 출제되었던 것으로 기억됩니다. 두꺼운 회계감사 책은 2차 동차종합반 때 1회독을 한 것으로 만족하고 마지막에는 스터디가이드로 돌렸습니다. 그리고 모의고사와 기출문제 풀이집을 한두 번 읽어보면서 자주 나오는 내용을 정리했습니다. 회계감사기준을 외우기 위해서 작은 암기카드를 만들었는데, 카드를 작성하면서 한번 암기하고, 들고 다니면서 여러 번 읽고, 모의고사 전에 한번 보면서 암기했던 것이 실력이 되었던 것 같습니다.

6. 수험생 입장에서 구하기 어려웠다거나 보강되었으면 하는 특정과목이나 내용의 수험서는

A **김종호** 요즘에는 CPA 교재를 서점에서 구입하기도 쉽고 과목마다 잘 비치되어 있으므로 어렵지 않게 입수할 수 있습니다. 다만 처음 재무관리 강의를 들었을 때 김세현 선생님의 재무관리 교재가 개정되는 와중이었는지 서점마다 재고가 없어 조금 돌아다녔던 기억은 납니다. 학원 서점 등은 생각지 못해서 시중 대형 서점만 돌아서 더 그랬던 것 같습니다.

A **김영래** 딱히 없었던 것 같습니다. 회계감사나 상법의 경우 실전문제를 구하기가 어려웠었던 것이 기억나지만 크게 중요한 사항은 아닙니다.

A **우명언** 1차공부할 때 경영학서적을 선택하는데 고민을 했었습니다. 현재 시중에 나와 있는 연습서적은 기본이 부족한 비경영학과 학생들에게 경영학시험을 준비하도록 도와

주는 데는 한계가 있다고 생각합니다. 그렇다고 방대한 경영학과목을 각 주제별로 읽는 것도 비효율적인 것 같습니다. 경영학과목으로 전체적인 시험 난이도가 높아지는 것도 사실이지만, 역시 기출문제와 중요한 부분에 대한 철저한 준비가 점수를 높이는 방법입니다.

🎙 7. 수험공부시 학원강의, 인터넷 강의, 강의tape 중 이용도 측면에서 선호했던 방법

Ⓐ **김종호** 저는 학원 강의는 개정세법 특강 때만 이용했고, 테이프는 듣지 않았습니다(사실 처음에 테이프를 어디서 사는지 몰랐습니다). 저는 결과적으로 인터넷 강의만 활용하였습니다. 셋 중에 어느 것이 가장 유용한지는 사람마다 판단할 일입니다만, 제 경우에는 학원 강의를 직접 듣는 것은 자유도가 부족해서 좋아하지 않았습니다. 테이프는 설혹 구입처를 알았다 하더라도 쓰지 않았을 것 같습니다. 강의는 단순히 목소리만 있는 것이 아니라 판서하는 내용은 물론 그 순간 강사의 몸짓, 표정 등이 모두 포함된 것입니다. 그런 제 생각에 비추어서 본다면 테이프는 나중에 그 내용을 떠올리기에 불리한 면이 있다고 생각합니다. 강의는 주로 방학 때에 들었기 때문에 테이프의 장점인 휴대성도 그다지 와닿지 않았고 말입니다.

Ⓐ **김영래** 인터넷강의에 90% 이상 의존했습니다. 제가 애초에 강의에 길게 집중하는 스타일이 아니기 때문에, 오며가며 시간낭비가 적고 제가 원하는 대로 집중·분산하여 매번 강의수강시간을 선택할 수 있는 인터넷강의를 많이 들었습니다. 다만 이 부분은 본인의 학습스타일에 따라 유리한 것을 선택해야 하는 부분이라고 생각합니다.

Ⓐ **우명언** 저는 대학교 4학년이라는 비교적 늦은 시기에 처음으로 공인회계사시험을 보겠다고 결심하게 되었습니다. 그동안 마땅히 회계학과 관련되어 들어놓은 수업도 없었고, 학교 고시반에 들어가기에도 이미 늦은 시기였기 때문에 가장 효율적인 학습방법은 학원가에서 수학하는 것이라고 판단했습니다. 1차시험과 2차시험모두 종합반에서 준비했던 것은 시험정보에 가장 체계적으로 접근하는 방법이며, 최근 출제경향에 대해서 빨리 파악할 수 있는 길이라고 믿습니다. 물론 독학으로 거뜬히 공부할 수 있는 수험생도 계시겠지만, 저처럼 늦은 시기에 좀 급하게 준비하시는 분이라면 학원의 체계적인 프로그램에 자기 일정을 맞추는 것도 나쁘지 않다고 생각합니다.

다만 독서실 등에서 공부하면서 이동시간을 줄이고 싶으신 분이라면 인터넷강의로 수학하는 것도 효율적이라고 생각합니다. 저는 인터넷강의를 들으면 개인적인 쉬는 시간이 하염없이 늘어나고, 컴퓨터 앞에서도 자꾸 졸았습니다. 1차시험 공부 막판에 정말 바쁘고 모르는 부분만 보충하고 싶었을 때 인터넷 강의로 부분적으로 보충하곤 했습니다.

학원 종합반 수업의 장점이라면 엄청난 진도의 압박에서 해방시켜준다는 것입니다. 수업을 듣고 복습을 하는 정직한 생활은 '어떤 과목이 아직 미진한 것이 아닐까', '이 과목은 얼마나 많이 회독수를 늘려야 하는가'에 대한 고민을 해결해 주었습니다. 수업시간에 파악할 수 있는 출제경향과 문제 난이도는 공부량에 대한 정확한 판단을 내리는데 도움을 주었습니다.

종합반에서 진행되는 모의고사는 필수적이었습니다. 2주에 한 번씩 돌아오는 과목별 진도 모의고사는 계속 저의 위치에 대한 피드백을 들려주고 잘하는 부분과 못하는 부분을 분명하게 알 수 있게 해주어서 시간이 모자라서 허덕이는 저에게 우선순위를 파악하게 해주었습니다. 공부는 혼자 하는 것이지만 평가는 상대적인 것이기 때문에 끊임없는 위치확인은 저를 각성시켜 주었고 성적향상에서 오는 만족감은 시험에 대한 불안감을 많이 해소시켜 주었습니다. 2차 종합반 모의고사를 보면서 답안지 작성 연습도 많이 되었고, 정해진 기간 안에 학습 성취도를 최대로 높이는 작업은 나태해지기 쉬운 장기간의 수험생활에 큰 활력소였습니다. 저처럼 성적표를 가지고 성취감을 느끼시는 분이시라면 모의고사와 함께 공부하는 것이 큰 도움이 될 것입니다. 그리고 비용의 문제로 인해서 학원 강의로 공부하는데 어려움이 있다거나 공부환경을 선택하지 못해 고민하는 친구들을 보았습니다. 그러나 도움을 받을 수 있는 방법은 많습니다. 용기를 가지고 학교 교수님과 학원선생님들께 상담하면 분명히 자신에게 잘 맞는 공부환경을 찾을 수 있을 것이라고 생각합니다.

8. 수험생활 중 애로사항과 본인만의 스트레스 해소방법

김종호 수험생활 중 애로사항이라고 하면 수도 없이 있겠습니다만, 가장 큰 것은 외로움이었습니다. 학원이 아닌 집에서 공부하다보니 거의 모든 시간 혼자 공부하게 되었고, 나이가 적어 공인회계사 시험을 준비하는 주된 연령층에 속하지 못하다보니 주변에 공부하는 사람도 거의 없었습니다. 처음에 있었던 친구는 공부가 잘 되지 않는지 방학 때부터 처지기 시작했습니다. 그래서 저는 1년의 수험기간 내내 단 한번도 공인회계사 시험에 나오는 과목에 대한 질문을 누군가에게 해볼 수가 없었습니다. 결과적으로는 그것이 모든 것을 혼자 해결하려고 노력하도록 만들어주었다고 생각합니다만, 1차시험을 준비할 때에는 인생의 밑바닥을 경험하고 있다는 생각도 하곤 했습니다. 이런 외로움을 극복할 수 있도록 해준 것은 학교였습니다. 제가 수험기간 내내 학교를 휴학하지 않은 것은 합격을 확신할 수 없기 때문이기도 하지만, 학교가 정보를 접할 수 있는 창구이자 사람을 만날 수 있는 장소였기 때문입니다.

 그 외에도 공부를 계속하다보면 스트레스가 쌓이기 마련인데 그것을 해소하는 방법은 여러 가지였습니다. 집에서 공부를 하니 컴퓨터나 TV 등도 쉽게 접할 수 있어 지금도 기억나는 한성별곡, 얼렁뚱땅 흥신소, 쾌도 홍길동, 일지매 등의 드라마도 봤고 소설이나 만화, 게임 등도 수험기간 내내 금하지는 않았습니다. 그렇지만 공부로 인한 스트레스는 공부로 푸는 것이 가장 효과적이고 부작용이 적다고 생각합니다. 공부로 인한 스트레스가 공부로 어떻게 풀리냐 싶지만, 점수가 올라가는 것, 예전에 풀지 못하던 것을 푸는 것, 예전보다 향상된 논리로 정답이 써지는 것 등이 모두 기쁜 일이 아니겠습니까?

Ⓐ **김영래** 수험생활의 애로사항은, 다음날 또 공부에 시달려야 할 것을 생각하니 괴로워서 매번 밤마다 잠을 일찍 들지 못하고 모니터 앞에서 시간을 보낸 것 정도입니다. 스트레스 해소방법은, 하하하, 당연히 여자친구를 만나는 것이지요.

Ⓐ **우명언** 수험생활 중에 나의 가장 큰 애로사항은 식사와 다이어트였습니다. 운동할 시간은 절대 부족했고, 다만 식사를 건강하고 적당하게 하는 정도로 균형을 잡아야 했습니다. 그러나 공부를 하면 매우 피곤해서 먹는 것으로 자꾸 스트레스를 해소하려고 했고, 그래서 어떤 날은 다시 저녁을 굶거나 커피로 대신하면서 지냈습니다. 결국 자꾸 허약해지는 몸 때문에 1차시험과 2차시험 막판에는 자꾸 몸살이 났습니다. 그래서 홍삼 등 건강보조제를 먹으며 체력을 보충했습니다. 여자수험생들은 저처럼 종종 병이 나는 경우가 있는데, 1차시험을 준비하시는 분들이라면 시험 3~4개월 전까지는 미리미리 운동을 하면서 체력을 비축해 놓는 것이 경쟁력을 갖추는 방법이라고 생각합니다.

 두 번째로 큰 어려움은 외로움이었습니다. 공부를 하려고 자리에 앉으면 자꾸 여러 가지 생각이 나서 공부하는 마음을 어지럽혔습니다. 취직한 친구들이나 이미 합격한 친구들과 비교하면서 자신감을 상실하는 것은 좋지 않았습니다. 저는 친한 친구들 4~5명과 계속 밥을 같이 먹으면서 즐거운 대화를 나누었습니다. 다른 사람과 밥을 먹는 것이 시간도 더 걸리고 공부집중을 흐트러뜨린다고 생각해서 혼자 하는 생활을 선택하시는 수험생들도 계십니다. 하지만 저처럼 친구들과 함께 하는 생활에서 힘을 얻는 분이시라면 공감하실 것이라 믿습니다.

 같은 자리에서 너무 오랫동안 앉아 있지 않고 2시간에 한번씩 15분~30분 동안 친구들과 쉬면서 그날 있었던 일이나 농담을 하면서 크게 웃었습니다. 그런 즐거운 기분으로 다시 자리에 앉으면 하루 종일 공부를 하는 쓸쓸한 상황과 시험에 대한 불안감을 잊을 수 있었습니다. 아침에는 꼭 가족과 식사를 하면서 부모님께 감사하는 마음을 가졌고, 저녁에 11시나 12시에 귀가하고 난 후 꼭 TV나 드라마를 1시간정도 보면서 휴식을 취했습니다. 수험생의 삶이 그렇게 절망적이지는 않지만 마음이 쉽게 울적해지고, 포기하고 싶고, 자신감을 자꾸 잃어버렸던 저에게는 스트레스를 줄이는 좋은 길이었습니다.

저에게는 주말은 없었습니다. 일요일 오전에 교회에 다녀오는 것 외에는 다른 일정은 없었기 때문에 매일같이 아침 9시에 독서실에 나와서 저녁 10시 반까지 공부하는 규칙을 세웠습니다. 물론 중간 중간 식사와 쉬는 시간을 꼭 지켰기 때문에 10시 반까지 최대한 공부를 했다고는 할 수 없지만, 규칙적인 생활은 다음날 다시 독서실 자리로 돌아올 수 있게 하는 원동력이었습니다. 어쩌다 저녁식사 약속이 있어서 나갔다가도 다시 독서실 자리로 돌아와서 10시 반까지 자리를 지켰습니다. 공부를 했다는 만족감을 주었고 하루를 공부로 마무리하며 집으로 돌아갈 수 있게 해주었습니다.

9. 학점이수제도와 영어시험대체제도가 시행됨에 따른 어려웠던 점이나 주의해야 할 점은?

A 김종호　영어시험대체제도의 경우에는 제가 1학년 때 카투사 지원을 위해 획득한 점수가 있어서 문제가 없었지만 학점이수제도의 경우에는 공인회계사 시험을 구체적으로 준비하려던 시기에는 학점이 다 차지 않아서 조금 유의했던 것 같습니다. 결과적으로는 작년도 2학기의 학점까지 인정을 했지만, 처음에는 그렇게 될 것인지 확신할 수 없어서 여름 계절학기에 굳이 연세대학교에 교환학생으로 법인세법 수업을 들으러 갔습니다. 장마철에 학교를 다니려니 귀찮은데다 공부를 시작한 시점에 이른 아침마다 그렇게 외출을 하니 집중력을 흩는 경우도 있었지만 그 수업도 나름대로 도움이 되었다고 생각합니다.

저는 학교에서 학점을 이수할 수 있어서 다른 루트를 찾아본 바는 없지만 제가 듣기로는 꼭 학교에서 학점을 이수하지 않아도 방법은 여러 가지가 있다고 알고 있습니다. 그렇기 때문에 미리부터 주의를 기울인다면 학점 때문에 발목이 잡힐 일은 적을 것으로 생각합니다.

A 김영래　딱히 어려웠던 점은 없었습니다. 수험생이나 예비수험생들이 학점이수와 영어시험대체제도에 대해 정보를 가지고 미리 준비하는 것은 기본이겠지요. 토익점수때문에 발목을 잡힐 수도 있으나 토익점수가 공부량과 정비례한다고 생각하지 않으니, 토익 시험일로부터 3~4일 전에만 토익책을 공부하고 그 외에는 자신의 공부페이스대로 수험과목들을 해나가야 한다고 생각합니다.

A 우명언　토익점수는 대학생이 되고 나서 계속 관리했었기 때문에 큰 문제는 아니었습니다. 그러나 학점이수제도를 잘 이해하지 못해 위에서 쓴 바와 같이 낭패를 봤던 경험

이 있습니다. 제가 매우 덤벙거리는 성격이라고는 해도 학점이 모자라는 것을 미리 알지 못했던 것은 정말 큰 부주의였음을 고백합니다. 시험을 준비하는 자세의 가장 기본인 시험자격조건을 미리 확인해서 저처럼 실수를 저지르지 말기를 바랍니다. 기우이겠지만, 1차 시험과 2차시험 응시기간, 학점인정과목신청기간 등을 확인하고 학교 복학과 수강신청 기간 등을 잘 조정해 장기간의 수험계획에 차질이 없도록 준비하시기를 부탁드립니다.

　　토익공부에 관해서 말씀을 드리자면 저는 토익 준비서적 한 권을 여러 번 반복 학습 하는 방법을 선택했습니다. R/C 부분은 mp3를 가지고 다니면서 모든 지문이 다 들릴 때까지 반복해서 들었습니다. L/C부분도 역시 반복학습인데, 모든 영어시험의 기본기인 단어실력을 높이는데 주안점을 두었고, 시간 내에 모든 지문을 빠르게 읽을 수 있도록 문제를 많이 풀어 보았습니다.

　　요즘에는 비경영학과 학생을 위해서 학점취득과정이 여러 교육기관에 잘 준비가 되어 있습니다. 단단한 준비를 하셔서 마지막까지 학점이나 토익 때문에 발을 동동 구르는 일 이 없기를 당부합니다.

🎤 10. 제2차시험 부분합격제도에 따른 부분합격과목 활용사례나 주의해야 할 점

A 김종호　저는 동차로 합격했기 때문에 부분합격제도를 활용하지는 않았지만, 부분합격 제도가 도입되면서 예전보다 동차로 합격하기가 더 어려워지지 않았나 생각합니다. 그런 이유로 전략적으로 2개년 계획을 세워서 수험생활을 시작하는 분들도 늘었다고 알고 있 습니다. 저로서는 5개 과목을 동시에 하는 것과 전략적으로 몇 과목만 공부하는 것 중에 서 어떤 것이 더 효과적인 방법인지는 모르겠습니다. 이것은 시간과 수험생의 처지가 결 정하는 면이 더 클 것 같으니까요.

A 우명언　부분합격을 목표로 공부하지는 않았기 때문에 특별히 말씀드릴 점은 없습니다. 일단 가장 잘하는 과목에 집중해서 부분합격을 하고자 마음먹었다면 끝까지 포기하지 말고 그 과목들을 충실하게 해야 한다고 생각합니다. 마지막에 공부 량에 치이고 불안한 마음에 이것저것 제외하면 결국 몇 과목 합격하지 못하는 결과가 나타난다고 생각합 니다.

🎤 11. 수험생들에게 당부, 앞으로의 계획, 하고 싶은 말

A 김종호　수기를 마치면서 제게 도움을 주셨던 분들을 떠올리니 끝이 없습니다만 그 중 에서도 기억에 남는 분들은 저를 공인회계사의 길로 이끌어주신 조창래 차장님, 회계의

길에서 방향을 잃지 않도록 해주신 이창우 교수님과 정운오 교수님을 비롯한 저희 학교의 회계학 교수님들, 같이 공인회계사를 공부하던 병휴와 경일이, 공인회계사 준비는 아니었지만 같은 고시생 타이틀을 달고 있었던 명수와 민정이, 경제학의 인연으로 제자로 들인 지아, 학교에 갈 때마다 즐거움을 안겨준 종빈이 형과 인호 등 상상력 학형들, 때마다 저를 위로해준 병렬이, 그리고 누구보다도 제게 힘을 안겨주신 아버지와 어머니까지…… 그 중에서도 기억에 남는 분들만 추려도 역시 끝이 없을 정도입니다.

이 분들에게 정말 무한한 감사를 드리고 싶습니다.

그리고 수험생 여러분께도 꼭 드리고 싶은 말씀은, 언제나 높은 목표를 견지하시라는 것입니다. 현실에 안주하기 시작하고, 현실을 벗어날 수 없다고 생각하는 그 순간부터 가능성은 없어진다고 생각합니다. 쉽지 않더라도 높은 목표를 세우고 그것을 향해 달려간다면 결국은 그 목표를 달성하게 될 것입니다.

🄐 **김영래** 당부하고 싶은 말은 없습니다. 모두들 가슴에 품은 생각이 있을 것이고, 저보다 인생경험도 많으시니까요. 제가 고작 합격자라는 이유로 '당부'라는 말을 할 지위에 오르지는 않았겠지요.

앞으로의 계획은 일단 학교를 열심히 다녀야겠지요. 제가 학점이 3점 턱걸이라 학점 튜닝도 열심히 해야 합니다. 제 장래희망 등을 말하는 것이라면, 아직 새하얀 백지입니다. 나아갈 길이 너무도 많다고 생각하고 오늘도 고민 중입니다.

끝으로 하고 싶은 말은 '자신을 믿으라'.

모두가 자신에 대한 믿음이 부족합니다. 당신은 당신 생각 이상으로 대단한 존재입니다. 정말 이 말을 꼭 자신의 가슴안에 새기고 매일같이 반복하시면 도움이 되실 겁니다.

🄐 **우명언** CPA 자격증의 가치에 대한 판단으로 공부를 할 것인가 말 것인가를 고민하던 친구들이 있었습니다. 그러나 저에게 공인회계사 자격증 공부는 하나의 도전이었습니다. 수능공부를 열심히 해서 대학에 입학한 것이 우리나라 젊은이들에게 불가피한 선택이었다면 CPA 자격증은 성인이 되어서 자기가 결정할 수 있는 책임감 있는 결심 중 하나입니다. 젊은 날, 자신의 선택을 믿고 최선을 다하는 과정 자체가 아름답다고 생각합니다.

일단 공부를 하기로 마음먹은 그 순간부터 공인회계사시험 합격하는 장면을 마음속에 그렸습니다. 나는 아직 24살, 놀고 싶고 하고 싶은 일도 많은 대학생이었지만, 공부하는 1년 동안은 제 자신을 '나는 공부하는 사람'이라고 규정지었습니다. 수험생의 현실과 한계를 빨리 자각해서 포기할 것은 포기하고 요구할 것은 요구하는 선택과 균형이 필요합니다. 처음부터 끝까지 나는 반드시 붙는다는 분명한 자기암시를 걸었습니다. 주위에서도 물론 긍정적인 격려로 많이 도와주었지만 불합격 할지도 모른다는 생각을 하지 않으려고 노력했습니다. 동차합격을 해야 한다는 강한 의지가 정말로 동차합격의 기쁨을 실현시켜 주었습니다.

지금까지는 수험생이었기 때문에 누릴 수 있었던 부분도 분명히 있다고 생각합니다. 부모님께서는 항상 물질과 시간을 저를 위해 배려해 주셨고, 좋은 조건에서 공부에만 집중할 수 있었던 환경에 감사합니다. 이제 합격과 동시에 수험생의 특권을 버리고 책임감을 가지고 사회에 나가야 하는 시점에 섰습니다. CPA 수험기간은 저의 능력에 대한 믿음을 키워주었고, 제가 내린 결정에 대한 책임을 경험할 수 있게 하는 좋은 시간이었습니다. 동차합격으로 수험기간을 단축할 수 있었던 행운을 잘 활용해서 앞으로도 최선을 다하겠습니다. 긍정적인 생각과 즐거운 마음으로 살겠습니다. 지루한 합격인터뷰를 읽으신 모든 분들 꼭 합격하시고 원하는 바를 성취하셔서 더욱 행복하시기를 기도합니다.

끝으로 수험기간에 도움을 주었던 분들에게 감사의 마음을 전하고 싶습니다. 항상 기도해주시고 저를 믿어주시는 아버지, 어머니, 명진 언니와 모든 가족들에게 감사합니다. 학습에 절대적인 도움이 되어주셨던 미래경영아카데미의 선생님들께 감사드립니다. 최창규, 김현식, 이승철, 이승원, 김용석, 이영우, 오수철, 김용남, 김판기, 김윤상, 권오상 선생님 감사합니다. 그리고 수험생활을 너무나 즐겁고 행복하게 만들어준 친구들 고맙습니다. 박지은, 임수윤, 이효민, 조유란, 신상현, 임성빈, 정지윤, 박지혜, 강지혜, 김석민, 장주호 등에게 사랑의 인사를 보냅니다.

2007년 제42회 공인회계사시험

최고득점·최연소 합격자 인터뷰

우 현 철

1978년 5월 13일 서울 출생
중화고등학교 졸업
서울대학교 전기공학부 졸업
2007년 제42회 공인회계사 제2차시험
최고득점 합격자

윤 보 령

1987년 2월 5일 출생
중산고등학교 졸업
연세대학교 졸업
2007년 제42회 공인회계사 제2차시험
최연소 합격자

이 지 현

1980년 12월 15일 포항 출생
포항여자고등학교 졸업
성균관대학교 경영학부 졸업
2007년 제42회 공인회계사 제2차시험
여성최고득점자

🎤 1. 응시동기 및 합격소감

🅠 공인회계사 시험을 선택하게 된 동기와 합격후 소감은 어떠했나요?

🅐 **우현철** 안녕하세요? 저는 서울대학교 전기공학부(97학번)를 졸업한 우현철 입니다. 시험에 합격한 것만으로도 기쁜데 운 좋게도 수석을 차지하고, 이렇게 인터뷰를 작성하게 되어 정말 영광스럽기도 하고 한편으로는 제가 이런 글을 쓸 만큼 다른 사람에게 본보기가 될 수 있을까 하는 생각에 부끄럽기도 합니다.

　제 꿈은 원래 공학도였습니다. 고등학교를 졸업하고 대학에 진학할 때에도 망설임 없이 전공을 선택했고, 대학 입학 후에도 공대에 들어왔으니 엔지니어가 되는 것을 당연하게 여기고 별 생각 없이 3년여의 학교생활을 했습니다. 그러던 중 주위 동기들이 하나둘씩 변리사나 사시, 행시 등으로 진로를 변경하는 것을 보고 저도 진지하게 진로에 대해서 고민하기 시작하게 됐습니다. 때마침 친한 고등학교 친구들 중에 회계사 시험 준비를 하는 친구가 두 명이나 있었고, 그들을 통해 막연하게나마 회계사에 대해서 알게 되었습니다. 결국 엔지니어보다는 전문직의 길을 택하기로 하였고, 감사와 세무, 컨설팅 등 그 진출 분야의 다양성에 매료되어 공인회계사 시험 준비를 시작하게 되었습니다.

🅐 **윤보령** 안녕하세요, 저는 이번 회계사 시험에 합격하게 된, 연세대학교 신학과에 재학 중인 윤보령 이라고 합니다. 우선 솔직한 소감은 가장 먼저, 부족한 저에게 이런 큰 영광을 허락하신 하나님께 감사를 드립니다. 선배 회계사님들이 쓰신 합격 수기를 보고 부러워했는데, 이렇게 제가 이렇게 합격수기를 쓸 수 있는 영광을 받은 것에 감개가 무량할 따름입니다. 하지만 한 편으로는, 저보다 뛰어난 분들도 많은데, 단지 나이가 어리다는 이유만으로 인터뷰를 쓰게 된 것에 미안한 마음과 함께 어깨가 무거워짐을 느낍니다. 단지, 저는 제가 공부한 방법이 다른 분들과는 약간은 달랐기 때문에 공인회계사시험을 준비하시는 분들에게 참고가 되었으면 하는 바람으로 적어 봅니다.

　저는 아버지가 회계사인 관계로 어렸을 때부터 공인회계사라는 직업에 대해서 막연한 관심이 있었습니다. 고등학교 때 문·이과를 선택할 때에도 문과를 선택한 것은 바로 회계사를 생각했기 때문이기도 합니다. 그래서 대학을 입학할 때에도 상경계열의 실용학문보다, 학부 때는 기초학문을 하는 것이 더 좋을 것이라는 생각에 신학을 선택하였습니다. 입학해서 1년은 정신없이 놀기만 했습니다. 그리고 2학년이 돼서야 군대 등에 대해서 고민하기 시작하면서 공부를 언제 시작하는 것이 좋을 것인지에 대해서도 생각하기 시작했습니다. 당시에 군대를 언제 가든지 회계사 공부는 할 예정이었기에 우선은 학점은 채워놓자는 생각으로 회계원리와 원가회계를 보고 있었는데, 공부를 하는 김에, 또 어쨌든 해야 할 것이라면, 빨리 시작해서 불확실한 기간을 줄이는 것이 좋지 않을까 하는 생각에 2학년 때부터 시작하게 되었습니다.

Ⓐ **이지현** 어렸을 때부터 수학을 좋아해서 이공계를 가려고 하였으나 실용적인 학문을 공부하고 싶어 경영학부를 선택했고 여자로서 일반 기업에 취업하는 것보다 전문적인 직업을 갖고 싶어 회계사라는 직업을 선택하게 되었다. 그 선택에 있어서 수험 기간 동안 후회해본 적은 없으며 아주 탁월한 선택이었다고 믿고 있다.

작년 동차 때는 평균은 커트라인을 넘겼으나 재무관리 과락으로 불합격하게 되어 올해 시험을 보고 나서 불합격할 것이란 생각은 들지 않았다. 그러나 이렇게 여자 최고득점자라는 우수한 성적으로 합격하게 될 줄은 정말 몰랐다. 아무 걱정없이 공부할 수 있는 환경 만들어주신 부모님께 감사드리고 최상의 조건에서 공부할 수 있도록 해준 우리학교 고시반 송회헌에도 감사하다는 말을 전하고 싶다. ^^

🎤 2. 1·2차시험대비 수험대책으로 자신만의 효율적인 공부방법과 과목별 준비요령

Ⓐ **우현철** 제가 비록 수석으로 합격하긴 하였으나 회계원리에 입문하여 시험에 합격하기까지 상당히 오랜 기간이 소요되었습니다. 물론 수험기간 중간에 군대를 다녀오고 회계사와 전혀 상관없는 전공 공부를 하느라 허비한 시간이 있긴 하지만, 어쨌든 비효율적으로 시험을 준비한 것이 사실입니다. 따라서 아래의 내용 중 2차시험 동차 응시까지는 나쁜 케이스로서 저처럼 공부해서는 절대 안 된다는 것을 보여드리기 위해 간략히 서술하고, 2차시험 유예 생활을 위주로 서술하도록 하겠습니다.

(1) 입문

제가 본격적으로 시험 준비를 시작한 것이 2000년 초 부터였습니다. 그러나 말이 본격적이지 실제로 제 생활은 전혀 고시생의 그것이 아니었습니다. 일주일에 2회 이상 과외 아르바이트를 하였고, 여자 친구도 하루가 멀다 하고 만났으며, 친구들과의 술자리도 시험 준비 전과 다름없이 갖곤 했었습니다. 이러한 생활이 계속되니 당연히 공부가 제대로 될 리 없었고, 시험 결과도 좋을 수가 없었습니다. 그러면서도 공부를 못해서 떨어진 것이 아니라 안 해서 떨어진 것이라고 스스로를 위안하곤 했습니다. 공부를 안 하는 것이 못하는 것보다 더 창피한 것임을 모르고……. 결국 2002년까지 별 소득 없이 시간만 보내다가 군에 입대하기로 결정하였습니다. 지금 와서 돌이켜 보면 이 때 허비한 3년이란 시간이 정말 아깝게 느껴집니다. 어떤 선생님께서 하신 말씀이 생각납니다. "노력 없는 욕심은 재앙이다."

군대는 카투사로 다녀왔습니다. 입대 당시에는 전역하기 전에 1차시험 합격하는 것을 목표로 삼았으나, 아무리 카투사가 편하다고 해도 군대는 군대인지라 시험공부를 한다는 것이 쉽지만은 않았습니다. 결국 2년여의 군 생활 동안 공부한 것이라고는 중급회계 챕터 세 개가 전부였습니다. 2005년 2월에 전역하고 복학한 후에도 졸업을 위한 전공과목 수강 때문에 학기 중에는 시험공부를 제대로 할 수 없었고 졸업 논문을 발표하고 난 후인 2005년 12월 첫째 주가 되어서야 비로소 시험 준비에 전력투구를 할 수 있었습니다.

(2) 1차시험 합격 및 2차 동차 실패

1차시험까지 남은 기간은 3개월, 아무리 군대 가기 전에 준비를 했었다고 해도 약 3년여의 시간이 흐르는 동안 제 머릿속은 거의 포맷이 되어 정상적인 방법으로 합격을 기대하기는 무리였습니다. 저는 밑져야 본전이라는 생각으로 3개월 동안 몇몇 과목에만 집중하고 나머지는 과감히 포기하기로 하였습니다. 재무회계와 상법, 경영일반과 미시경제 그리고 법인세와 부가세에 올인 하고 원가회계와 재무관리, 거시경제와 소득세는 책 한 장도 보지 않았습니다. 누가 보더라도 정말 무모한 방법이었지만 다행히 상법과 영어에서 고득점을 하여 간신히 합격할 수 있었습니다. 제가 1차시험을 이렇게 합격했기 때문에 1차에 대해서는 여러분께 드릴 말씀이 없습니다. 단, 이것 하나만은 확실히 말씀드릴 수 있습니다. 이런 식으로 1차를 합격하면 2차 동차는 죽었다 깨어나도 힘들다는 것을. 게다가 4월에 1차시험 합격자 발표가 날 때까지 마음을 졸이며 제대로 동차준비를 못했기에 동차는 일찌감치 포기했습니다. 대신 1차 때 전혀 준비하지 않았던 원가회계와 재무관리를 집중적으로 준비하여 제 실력을 테스트 해보기로 했습니다. 그 결과 세법 같은 과목에서는 10점대라는 참담한 점수를 받았지만, 준비를 했던 원가회계와 재무관리에서는 50점대의 점수를 받아 역시 하면 된다는 자신감을 얻게 되었습니다.

(3) 2차 유예 생활 – 평균 44점 상승

	재무회계	원가회계	회계감사	세법	재무관리	평균
2006년 2차	42	58.5	33	12.5	51	39.4
2007년 2차	145	78	75	83.5	86	83.8

동차 시험을 그렇게 포기하고 나니 오히려 마음이 홀가분해 시험이 끝나고 이틀정도 휴식 후 바로 다시 공부를 시작할 수 있었습니다. 이 기간이 저에게는 정말 도움이 되고 중요한 시기였던 것 같습니다. 남들은 9월에 있을 발표를 기다리는데 저는 혼자 공부를 해야 한다는 생각에 약간 자괴감이 들기도 하였지만, 한편으로는 남들 놀 때 공부한다는

생각으로 뿌듯하기도 하였고 두 달이라는 시간이 저에게만 덤으로 주어진 것 같아서 더욱 열심히 하게 되었습니다. 그리고 이때부터 올해 시험 볼 때까지 거의 1년 동안 별다른 방황이나 슬럼프 없이 꾸준히 공부를 했고, 이것이 고득점 합격으로 이어진 것 같습니다. 위의 점수는 자랑하려고 적어놓은 것이 아닙니다. 저처럼 실력이 형편없던 사람도 노력하면 얼마든지 고득점을 할 수 있다는 것을 보여드리기 위해 적어놓은 것입니다.

(4) 세부 공부 내용

1) 재무회계

2차 동차 시험을 볼 때까지만 해도 세무회계와 더불어 가장 자신 없는 과목이었습니다. 그래서 다시 중급회계 기본서를 꺼내 들고 자세히 1회독을 하였고, 김현식 선생님의 고급회계 강의와 재무회계연습강의를 들으면서 기초를 탄탄히 다지려고 노력하였습니다. 그 후 학원의 GS과정을 통해 매주 모의고사를 보면서 점점 자신감이 붙게 되었고, 기업회계 기준서도 출력하여 읽어보고 기준서의 예제도 풀어보곤 하였습니다. 결국 이러한 과정을 거쳐서 가장 자신 없던 과목이 가장 자신 있는 과목으로 바뀌게 되었고 시험에서 고득점을 하는 데에 결정적인 역할을 해주었습니다. 수험기간동안 재무회계연습을 6~7회독 정도 한 것 같습니다.

2) 원가회계

원가는 동차 때에 기본서를 빠르게 1회독 한 후, 2차 연습서를 김용남 선생님이 찍어주신 문제만 반복해서 풀었습니다. 유예 때도 같은 책으로 계속 반복하여 풀었고, 어느 정도 자신이 있었기 때문에 하루에 많은 시간을 투자하기 보다는 감을 잃지 않을 정도로 매일 꾸준히 5~6문제씩 풀려고 노력했습니다. GS과정 후에는 그 문제들도 3회 이상 반복해서 풀었습니다. 나중에는 문제만 봐도 답이 떠오를 정도로 반복을 많이 했습니다.

3) 회계감사

감사는 유예 3월부터 시작하였습니다. 원래 계획했던 것보다 많이 늦게 시작하게 되어 불안한 마음도 있었지만, 감사란 과목이 원래 점수 편차가 크지 않은 과목이므로 큰 걱정은 하지 않았습니다. 먼저 권오상 선생님의 강의를 한 번 듣고, 스터디 가이드를 계속 반복하여 암기하려고 노력하였고 마지막에는 단기특강을 수강하였습니다. 결국 기본서는 한 번도 읽지 못하고 시험장에 들어가게 되었는데 결과가 좋아서 정말 다행이라고 생각합니다.

4) 세무회계

세무회계는 동차 때 아예 공부를 안했던 과목이라 재무회계처럼 기초부터 다시 시작했습니다. 강경태 선생님의 세무회계연습 각론을 처음부터 풀면서 서브노트를 만들기 시작했습니다. 서브 작성에 시간이 상당히 걸리긴 했지만 세법 공부에 상당히 유용하게 사용했습니다. 각론을 반복해서 풀고, GS과정 문제도 반복해서 푼 다음에는 이승원, 이승철 선생님의 세무회계 연습을 2회독 하였고, 그 후 강경태 선생님의 세무회계종합문제를 수강하면서 시험 때까지 종합문제를 계속 반복해서 풀었습니다.

5) 재무관리

재무관리는 동차 때 김종길 선생님의 강의로 이의경 교수님의 재무관리를 1회독 하였고, 이때 서브노트를 병행해서 만들었습니다. 그 후 다시 김종길 선생님의 vol.2 수업을 듣고 vol.2를 주요 문제만 3회독 하였고 유예 때는 원가와 마찬가지로 감을 잃지 않게 하루에 조금씩이라도 꾸준히 풀려고 노력했습니다. 그 후 GS과정 문제도 반복해서 풀고 이영우 선생님의 고급재무관리연습에서도 문제를 발췌해 반복해서 풀었습니다.

▲ 윤보령

(1) 공부방법, 시간

공부시간부터 말씀드리자면, 공부시간은 처음부터 끝까지 똑같지는 않았습니다. 그리고 저는 다른 사람들에 비해서 집중력이 좋지 않은 편이어서 최대한 많은 공부시간을 확보해야 했습니다. 초반에는 7시나 8시쯤 학교에 가서 저녁 11시까지 공부하는 것으로 하였고, 강의를 보는 경우에는 하루에 약 10시간 정도 강의를 보았습니다. 그러다가 11월 이후부터 시간이 부족하다는 것을 느끼고 학교에 가는 시간을 점점 앞당기다가 12월 초·중순 정도부터는 아침 4시 반 좀 넘어 일어나서 5시 반 이전에 학교에 도착해서 공부하였습니다. 11시 반과 5시에 각각 점심과 저녁식사를 했고, 식사시간은 30분을 넘기지 않는 것으로 했습니다. 그리고 전체적으로 책상에서 자는 시간을 1시간 이내를 목표로 하였습니다. 그래서 목표 공부시간은 약 15시간 반에서 16시간이었지만, 실제 공부시간은 15시간 정도였던 것 같습니다. 이 생활방식은 2차시험이 끝날 때까지 계속되었습니다.

저는 학교 도서관에서 공부했는데 다른 사람과 같이 공부하거나, 그룹 스터디를 하지 않았습니다. 사실, 아는 사람이 없기도 했지만, 제가 사람을 만나고 노는 것을 굉장히 좋아하기 때문에 공부시간을 확보하기 위해 일부러 혼자 하려고 노력했습니다. 그래서 수험정보나 공부방법 등에 대한 정보 면에서 다른 사람들에 뒤쳐졌고, 공부방법도 조금은 특이했을런지도 모릅니다. 또 저는 성격이 매우 급한 편입니다. 그래서 처음 시험을 보기로 마음을 정했을 때부터 1년을 목표로 해서 계획을 세웠습니다. 그래서 처음에 대략적인 계획을 세울 때에 7, 8, 9월 3개월 동안 1차 과목 전체에 대해서 강의를 듣는 것으로 하고, 10월부터 객관식을 준비하는 것으로 하였습니다.

수험 목적으로 동영상 강의를 본 것은 6월 마지막 주 월요일부터였습니다.

중급회계를 시작으로, 세법, 재무관리, 경제학, 경영학, 상법 순으로 강의를 들었습니다.

원가회계는 독학사 공부를 위해서 잠깐 본 것이 있었는데, 어느 정도 이해가 된다고 생각하여 따로 강의를 보지 않고, 혼자서 기본서 내용을 서브노트에 정리하는 것으로 대체했습니다.

이때 기본 강의에 충실하지 않았던 것 때문에 2차 때까지 원가회계로 많이 고생했습니다. 강의를 들을 때 한 과목마다 수강기간은 2~3주로 하였습니다. 대부분 3주로 하였는데, 2주 동안 강의를 듣고, 이후 1주 동안은 복습을 하는 것으로 하였습니다. 그러기 위해서 강의를 보는 기간에는 1.2배속으로 하여 하루에 10시간 이상씩 강의를 들었습니다. 사실, 이는 매우 비현실적인 계획입니다. 중급회계처럼 혼자 책을 읽은 것이 약간이나마 있고, 경제학 등 고등학교 때나 대학교 수업에서 들은 적이 있는 과목은 그나마 괜찮았지만, 처음 접하는 과목인 세법, 재무관리, 경영학, 상법 등은 충분히 이해하기에는 턱없이 부족한 시간이었습니다.

저도 이해력을 높이기 위해 여러 가지 방법을 시도해 보았지만, 성공이라고 할 만 한 것은 없었습니다. 그래서 중간에 기간을 더 오래 잡고 천천히 차근히 하는 것 또한 생각해 보았지만, 급한 성격에, 우선 진도를 빼고 싶은 생각에 계속 밀어붙였습니다. 이런저런 우여곡절 끝에 계획보다 약간 늦어진 10월 둘째 주에 상법을 마지막으로 전 과목 1회독을 마쳤습니다. 저도 이 방법이 적절했는가에 대해서 아직까지 잘 모르겠습니다. 분명히 너무 시간을 촉박하게 잡아서 전체적인 이해가 거의 없이, 부분에 대해서만 어설픈 이해나 암기만이 되었기 때문에 10월부터 시작된 학교 특강이 없었더라면, 실패했을 가능성도 높았을 것이라고 생각합니다.

하지만 반면에 처음부터 기본강의 일정을 길게 잡아서 객관식 강의와 병행하는 것으로 하였다면 기본강의와 개관식 대비를 함께 해야 하므로 특강에 가해지는 부담이 너무 컸을 것입니다. 비록 완전하게 이해한 것은 아니었지만, 이 때 기본강의를 몰아쳐서 들어 놓았던 것이 객관식 준비를 할 때 어느 정도의 기초를 제공함으로써, 특강 때는 객관식 대비에만 집중할 수 있게 하여 많은 도움이 되었다고도 생각합니다.

학교 특강은 10월 셋째 주 정도부터 시작했습니다. 연대 특강은 상경대학 강당에서 진행되었는데, 비록 강의실이 수업을 듣기에는 적절한 강의실은 아니었지만, 유명한 선생님들의 강의 전부를 저렴한 가격에 학교에서 들을 수 있다는 것은 큰 매력이었습니다. 특히 학교에서 수업을 하기 때문에 학원까지의 이동시간 등이 들지 않는다는 큰 장점이 있기에 특강이 개설되는 학교 가까이의 누구에게나 좋은 기회이지 않을까 싶습니다. 기본강의를 충실히 듣지 않았기 때문에 이 학교 특강에 집중하였습니다. 수업 후에는 반드시 배운 내용을 숙지하고 그 내용에 대한 문제를 모두 풀려고 노력했습니다. 그리고 선생님께서 예습이 필요하다고 말씀하신 과목에 대해서는 반드시 예습을 하고, 문제를 미리 풀어갔습니다. 덕분에 이 특강을 통해서 그동안 하지 못했던 전체적인 이해나 문제 푸는 방법 등을 익힐 수 있었습니다.

1차 특강에서는 과목별로 제 상황이 판이했기 때문에 각각의 과목에 따라서 공부방법을 조금씩 다르게 적용했습니다. 크게 분류하자면 재무회계와 재무관리, 세법, 상법과 경제학, 원가회계와 경영학으로 분류할 수 있는데, 우선 재무회계와 재무관리는 문제풀이 위주로 대비하였습니다. 이 두 과목은 특강이 끝나고 나서도 특강 교재 이외의 다른 책의 문제들을 풀어서 되도록 많은 문제를 풀려고 노력하였고, 문제를 풀면서 틀렸거나, 잘못 생각한 점, 또는 저 나름대로 생각하는 문제 푸는 팁 등은 따로 오답노트를 만들지 않고 책에 눈에 잘 띄게 표시하고, 이후에 주 교재(특강교재)에 옮겨 적었습니다. 그리고 특강교재를 정기적으로 다시 읽으면서 적어놓은 내용 중에서 이미 숙지한 내용은 지우고, 비슷한 내용들을 연결해 적어 놓는 등의 방법으로 정리했습니다. 그리고 시험 직전에는 풀어 놓은 것을 다시 보면서 틀린 것은 다시 풀어보기도 하고 정리해 놓은 팁들을 다시 보면서 눈에 익혀서, 회독 수를 증가시켰습니다. 특히 대부분 회계학은 모든 문제를 다 풀지 않고 최대한 적중률을 높이는 것을 목표로 하는 경우가 많은 듯 합니다만, 저는 무슨 오기에서인지 모든 문제를 다 풀겠다는 목표를 정해놓고 그에 맞춰서 문제 푸는 연습을 했습니다. 그래서 결국 시험에서 모두 다 풀기는 했습니다만, 점수는 그다지 높은 편은 아니었기에, 그것이 그렇게 좋은 방법이었는지는 모르겠습니다.

그리고 상법과 경제학 과목은 문제를 많이 풀기보다는 내용을 충실히 익히는 것이 낫다고 생각해서 문제는 기본서에 있는 연습문제 정도만 풀고 이론과 틀린 문제를 반복적으로 봐서 최대한 회독수를 늘리려고 노력했습니다.

원가회계와 경영학은 상대적으로 거의 공부를 하지 않았습니다. 공부를 하지 않은 것은 이 과목을 더 잘 해서가 아니라 너무 못해서 거의 '포기' 수준에 이른 것입니다. 보통 1차 회계학에서 원가회계를 점수를 올리는 방법으로 많이들 사용하지만, 기본강의를 충실히 듣지 않은 저는 객관식 강의에서 이해도가 떨어질 수밖에 없었고, 다행히 두 과목 모두 다른 과목과 함께 묶여서 하나의 시험과목을 이루고 있기 때문에 공부량을 줄일 수 있었습니다.

마지막으로 세법은 제가 가장 극적이라고 자부하는 과목입니다. 특히 세법은 기본강의에서 거의 전혀 이해한 것이 없었던 상황이어서 2006년 내내 세법 문제는 거의 단

한문제도 풀지 못했습니다. 그래서 세법은 다른 문제집을 더 풀 수 있는 상황이 아니었고, 다른 과목과 다르게 주교재(특강교재) 이외의 문제집을 풀 여유가 없었습니다. 세법은 주교재문을 최대한 많이 보는 것으로 방향을 잡고, 공부계획을 짤 때에 거의 하루도 빠지지 않고 세법을 집어넣었습니다. 아마 1, 2월에 가장 열심히 했던 과목은 세법이었던 것 같습니다. 문제가 쉬웠던 탓도 있겠지만, 덕분에 1차시험에서 77.5점의 점수를 받을 수 있었습니다. 비록 다른 분들에 비해 높은 점수는 아닐 지라도 세법 문제 하나 풀지 못하던 제가 2달 만에 77.5점을 받았다는 점에서 저는 세법을 1차시험에서 가장 성공한 과목이라고 자부합니다.

그리고 최종적으로는 시험 전날에 모든 과목을 1회독 할 수 있을 정도의 속도를 만들어 내야 한다고 생각해서 그것에 맞추어서 정리를 했습니다. 그리고 저는 시험장에서 책을 보아도 그다지 집중도 안 되고, 내용이 눈에서 '튕겨져' 나가는 것 같았기 때문에, 주요 과목은 챕터를 순서대로 외워서 각 챕터별로 주요 내용과 주의할 점 등을 암기하였습니다. 암기한다고 해서 영어단어 외우듯이 암기한 것이 아니고, 회독수가 증가하다 보면 챕터 순서나 이론내용이 어느 정도 암기되기 때문에 별도로 암기하기 위하여 시간을 투자할 필요는 없었습니다. 그리고 시험장에서는 시험 약 10분 전에 책을 모두 앞으로 내놓도록 하기 때문에 그 시간동안 멍하니 있는 것 보다 암기한 챕터 순으로 내용을 상기해 보는 것도 괜찮았던 것 같습니다. 저는 챕터 순서가 외워진 재무관리와 세법, 재무회계에 이 방법을 사용하였습니다.

2차시험은 어떻게 지나갔는지 잘 기억이 나지 않을 정도로, 빨리 지나갔던 것 같습니다. 저는 처음부터 동차를 생각하고 있었기 때문에 객관식 대비에 비해서 시간이 많지 않았기에, 특별히 새로운 내용을 더 많이 배운 것도 아닌데도 항상 시간이 부족한 것처럼 느껴졌던 것 같습니다. 그래서 여러 권의 문제집을 푸는 것보다는 한권의 문제집을 여러번 푸는 것으로 방향을 잡았습니다.

2차시험은 감사를 제외하고 다른 과목은 모두 문제를 푸는 과목이었기 때문에 이번에도 풀다가 틀린 부분은 어떻게 틀렸는지 적어놓고, 나름의 방법을 같이 적어놓았습니다. 특히, 2차에서는 풀이 과정을 모두 작성해야 하기 때문에, 제 나름대로의 답안 작성요령이나, 더 좋을 것 같은 방법 등은 반드시 해답 옆에 같이 적어놓고 다음 번 풀 때에 그 방법대로 해 본 다음 그렇지 않은 경우와 비교해보기도 했습니다. 또, 수업을 모두 마치고 혼자서 문제를 풀면서 공부하는 시간이 충분히 되어야 한다고 생각하였기 때문에 수업을 가능한 한 빨리 끝내는 것이 좋다고 생각하였습니다. 그래서 1차 특강에서 학교 일정 등에 의해 특강 일정이 임의로 여러 번 바뀌어 너무 늦게 끝난 경우가 있어서 2차 특강도 그럴 가능성이 높다고 생각해서 2차 특강 때는 처음부터 학교 특강과 인터넷 강의를 병행하는 것을 고려하면서 특강을 듣기 시작하였고, 후에 학사일정 때문에 일정이 변경되었을 때 너무 늦다고 생각한 원가회계나 소득세법 수업은 인터넷 강의로 대체하였습니다.

이렇게 해서 5월 둘째 주까지 수업을 듣는 것을 모두 마칠 수 있었고, 이후에는 혼자서 모든 문제를 처음부터 다시 푸는 것을 반복하였습니다. 수업이 모두 끝나고 처음부터 모든 문제를 푼 횟수가, 제 기억으로는 세법이 약 4회, 재무회계는 3회에서 4회, 재무관리는 5회 정도 되는 것 같습니다. 원가회계는 기본강의, 객관식강의에서 공부를 충분히 하지 않았기 때문에 모든 문제를 다 풀어 볼 시간과 실력이 없었기에 수업시간에 풀어준 문제와 중요하다고 표시해 준 문제만을 풀었고 그 횟수는 약 4회에서 5회 정도 될 것입니다. 회계감사는 최대한 많이 읽고 연습문제를 푸는 것을 목표로 하였고, 그 횟수는 정확히 기억나지는 않습니다. 단지, 회계감사는 사례문제가 많이 나오기 때문에 사례문제에 대비하기 위해서 책 뒤의 연습문제들을 여러번 풀고, 시간이 없는 경우에는 읽기만 했습니다.

2차에서도 1차에서와 마찬가지로, 챕터를 순서대로 외워서 시험장에서 그것을 상기하는 방법을 사용하였는데, 2차는 1차에 비해 그 양이 상대적으로 방대하기 때문에 크게 도움이 되었는지는 모르지만, 시험 직전 책을 볼 수 없는 시간을 활용할 수 있는 면이 있어서 괜찮았다고 생각합니다. 2차에서도 따로 시간을 내어 챕터를 암기하거나 하지는 않았고, 1차와 2차의 교재가 같은 선생님 교재인 경우가 많아서, 챕터 순서는 거의 그대로였기 때문에 1차 때 보다도 시간이 들지 않았습니다.

Ⓐ **이지현** 책 읽는 속도가 느려서 거의 모든 과목 강의를 2번 이상씩은 들었다. 강의 듣는 걸로 책 읽는 것을 대신 했던 것이다. 상법과 회계감사는 3번 정도 강의를 들은 것 같다. 1차 때는 보통 7시간 정도 했으며 1월달부터는 9시간 정도는 했던 것 같다. 주말에는 고시반 모의고사가 있는 날이 아니면 친구들과 술을 마시거나 스타크래프트를 하면서 휴식을 취했다. 1차 때 평균이 72점 정도였었는데 영어 2개 과락 때문에 불합격할 위기에 처했으나 다행히 구제를 받아 2차 공부를 할 수 있게 되었다. 하지만 4월 중순까지 거의 2차 공부를 하지 못 해 그 이후에는 정말 열심히 공부했었던 것 같다. 그 시간만큼은 내 수험기간 중 가장 열심히 했던 때가 아닌가 생각이 든다. 그때는 스탑워치로 시간을 재지 않았는데 내 생각엔 매일 10시간은 넘게 했었던 것 같다. 유예 때는 2월 전까지 강의 듣고 2과목 스터디를 했으며 3월부터는 일주일 50시간 목표로 공부를 했었다.

(1) 기본기 탄탄하게…

본격적인 수험 생활은 2005년 7월에 우리 학교 고시반 송회헌에 들어오면서부터지만 대학 재학 시절 대부분의 과목들을 수강했었고 회계학은 객관식 문제들을 풀어봤었기 때문에 무난하게 송회헌 생활을 시작할 수 있었다. 하지만 기본이 제대로 되어있지 않은 상태에서 객관식 문제들로 회계학을 공부해서인지 모의고사 성적이 날이 갈수록 떨어지게 되었다. 그 해 10월에 박호근 선생님의 기본서를 읽으면서 연습문제 풀이스터디를 조직해 체계적으로 중급회계를 공부하였으며 회계학 기본서는 2차 끝날 때까지 손에서 놓지 않았다.

동차 때 재무관리 과락으로 불합격하였는데 1차 때 경영학을 2월달에 하게 되어 재무관리 공부할 시간이 없었는데 기본기가 되어있지 않은 상태에서 동차 때 고급재무관리를 보게 되니 문제를 풀어도 이해가 되지 않고 응용력도 생기지 않아 실제 시험에서 쓴맛을 보게 되었다.

유예 시작하면서 이영우 선생님의 기본강의를 들었는데 동차 때 차라리 기본강의로 공부했으면 과락을 면했을걸… 하는 생각이 들었다.

(2) 마인드 컨트롤

나는 절대로 어려운 문제에 매달리지 않았다. 생전 처음 보는 문제나 고급문제라고 적혀있는 것은 과감하게 스킵했다. 내가 못 풀면 남들도 못 푼다고 생각했기 때문이다. 사실 여자수험생들보다 내가 나이가 많은 편이라 반드시 합격해야 한다는 불안감이 있었는데 그럴 때마다 많은 사람들이 합격하는 시험이고 나도 꼭 합격할 수 있다는 자신감을 스스로에게 주었다. 공부하는 동안 자심감을 갖는 것이 중요한데 그래야만 실제 시험에서 긴장하지 않고 평소 자신의 실력을 발휘할 수 있게 된다. 또한 목표를 합격에 두는 것이 아니라 이왕 합격하는 거 우수한 성적으로 합격하자고 다짐하고 공부하는 것이 훨씬 효과적이다.

3. 1·2차 수험기간동안 Group Study는 어떻게 이루어졌으며, 실전시험에는 어느 정도의 효과가 있었습니까?

우현철 원래 공부를 혼자 하다가 학원 GS과정에서 만난 사람들과 스터디를 구성하여 3월부터 같이 독서실에서 공부를 하였습니다. 5월 중순경까지는 GS 문제나 연습서 문제를 모여서 모의고사 형식으로 푸는 스터디를 하였고, 그 후 시험 볼 때 까지는 특별한 공부 스터디보다는 그냥 생활 스터디 형식으로 지냈습니다. 같이 모여서 문제를 풀다 보니 혼자 문제를 풀 때는 느끼지 못했던 긴장감이나 약간의 경쟁의식도 생겨서 개인적으로는 아주 큰 도움이 되었던 것 같습니다.

이지현 나는 수험 기간 내내 모든 과목 스터디를 조직해서 운영하였다. 주위가 산만한 편이고 혼자 공부하면 자리에서 졸기도 많이 해서 스터디를 통해서 진도를 맞추고 다른 사람들이 문제 푸는 속도를 보면서 문제 푸는 속도도 빠르게 할 수 있었다. 1차 때는 기본서 연습문제 스터디, 2월에는 재무회계 모의고사 스터디, 2차 때는 모든 과목 문제 풀이 스터디를 조직해 하루에 스터디를 2개는 기본으로 했었던 것 같다. 스터디 할 때는 취미가 같은 사람들끼리 하는 건 좋지 않은 것 같다. 나와 같이 스터디를 했던 친구들은 다들 고시반에서 열심히 한다고 소문난 사람들이라 그 사람들과 같이 있으면 어울려 놀 일이 거의 없었기 때문에 정말 공부만 할 수 있었다.

4. 최근 1·2차시험과목별 출제경향 및 대책

Ⓐ **우현철** 일개 수험생의 입장에 있던 사람이 출제경향 및 대책을 논할 수는 없을 것 같습니다. 다만 누구나 알고 계신 것이지만 한 말씀 드려 본다면, 부분합격제의 도입 취지를 살리기 위해서는 문제가 어렵게 나오던 쉽게 나오던지 간에 부분점수 등 채점을 통하여 반드시 과목별로 상당수의 부분합격자들을 양산할 것이라는 사실입니다.

따라서 동차합격을 노리시는 분들은 예전처럼 한 두 과목에서 면과락을 하고 다른 한 두 과목에서 고득점을 하여 보전하는 전략보다는, 전 과목 전 범위를 골고루 커버하는 전략이 효과적일 것입니다.

그러나 이 방법은 자칫하면 부분 합격하는 과목이 한 과목도 나오지 못할 가능성도 있기 때문에, 개인의 판단에 따라 신중히 결정하여야 할 것입니다.

Ⓐ **윤보령** 저는 공부 기간이 길지 않고, 문제의 난이도나 경향 등을 파악할 수 있을 만큼 현명하지도 못한 것 같습니다. 그리고 이번 시험은 예년에 비해 여러 다른 상황들에 의해 난도 등에 있어서 많은 다른 점을 보였던 것 같습니다.

1, 2차시험이 예년에 비해 모두 쉬웠어서 올해까지 포함하는 경향은 잘 모르겠습니다. 다만, 2차시험에 대해서 잠시 이야기를 해 보면 이후에도 이렇게 쉽게 나올 경우에는 2차시험의 양상이 많이 달라질 것이 뻔합니다. 모든 과목에서 60점을 넘어야 하기 때문에 '면피'과목이 없어지고, 5과목 모두 60점 이상이 될 정도의 공부는 해야 한다는 것인데, 어떻게 대비해야 하는지는 정확히 모르겠습니다만, 이전보다 양적인 면에 있어서 더 많은 부담이 될 수 있을 것 같습니다.

Ⓐ **이지현** 실제 시험을 쳐보면 알겠지만 시중에서 치는 모의고사 난이도보다 좀 더 쉬울 것이다. 앞에서도 언급했지만 어려운 내용보다는 기본적인 내용들을 확실히 정리하고 넘어가는 것이 중요하다.

기본서에 나와 있는 연습문제들을 풀어보는 것도 도움이 많이 된 것 같다. 특히 재무회계, 재무관리는 기본을 탄탄히 한 다음에 고급으로 넘어가는 것이 좋은 것 같다. 원가회계는 여러 문제들을 풀어보는 것이 좋으며 회계감사는 사례문제 위주로 공부하는 것이 효과적인 것 같다.

5. 수험생활 중에 본 도서목록 정리

우현철

(1) 1차시험
- 재무회계 : 박호근 〈중급회계〉, 김영덕 〈객관식 회계학〉
- 경영학 : 정순진 〈경영학연습〉
- 경제학 : 정병렬 〈미시 경제학연습〉
- 상　법 : 김학묵 〈상법〉
- 세　법 : 이철재 〈세법개론〉, 이철재 〈객관식 세법〉

(2) 2차시험
- 재무회계 : 신현걸·최창규·김현식 〈중급회계〉, 〈재무회계연습〉,
　　　　　　최창규·김현식 〈고급회계〉, 강경보 〈GS문제〉, 김정호 〈GS문제〉
- 원가회계 : 박호근·임명호 〈원가관리회계〉,　김용남 〈원가관리회계연습〉
　　　　　　이승근 〈GS문제〉, 배수환 〈GS문제〉
- 회계감사 : 이창우·권오상 〈회계감사 Study Guide〉
- 세　　법 : 강경태 〈세무회계연습〉, 〈세무회계종합문제집〉,
　　　　　　이승원·이승철 〈세무회계연습〉, 〈GS문제〉, 이경희 〈GS문제〉
- 재무관리 : 이의경 〈재무관리〉, 김종길 〈재무관리 vol.2〉,
　　　　　　이영우 〈고급재무관리연습〉, 〈GS문제〉, 김용석 〈GS문제〉

윤보령
- 재무회계 : 이효익·백원선·최관 〈회계원리〉 신영사
　　　　　　송인만 외 〈중급재무회계〉 신영사
　　　　　　송상엽 외 〈중급회계 8판수정판〉(기본강의) 웅지세무대학 출판부
　　　　　　신현걸·최창규·김현식 〈객관식 재무회계〉(1차 특강교재) 탐진
　　　　　　이효익 〈객관식 회계학〉 신영사, 김영덕 〈객관식 재무회계〉, 다임
　　　　　　신현걸·최창규·김현식 〈재무회계 연습〉 탐진

- 원가회계 : 송상엽 외 〈원가관리회계〉, 도서출판 웅지
  김용남 〈객관식 원가관리회계〉 미래와 사람
  강경태 외 〈객관식 원가관리회계〉 위
- 세법 : 이철재 〈세법강의〉 세경사, 이승원·이승철 〈객관식 세법〉 미래와 사람
  이철재 〈객관식 세법〉 탐진, 이승원·이승철 〈세무회계 연습〉 미래와 사람
- 재무관리 : 이의경 〈재무관리〉 경문사, 김종길 〈객관식 재무관리〉 상경사
  이영우 〈객관식 재무관리〉 웅지, 김용석 〈KIMCPA 객관식 재무관리〉 원
  김만환 〈Compact 재무관리〉 우리경영아카데미
  김세현 〈1차 CPA 재무관리〉 구름사랑, 오준석·설원석 〈핵심 재무관리〉 원
  김종길 〈재무관리 연습〉, 상경사
- 상법 : 오수철 〈오수철 상법〉 H&book, 김학묵 〈상법강의〉 이지문화
  김학묵 〈다이어트 상법〉 이지문화
- 경제학 : 정병열 〈경제학 연습 미시, 거시편〉 세경사
- 경영학 : 정순진 〈경영학 연습〉 조이에듀넷
- 회계감사 : 이창우·권오상 외 〈회계감사〉 경문사
  이창우·권오상 외 〈회계감사 Study Guide〉 경문사

Ⓐ 이지현

- 재무회계 : 박호근 〈중급회계 상·하〉, 〈미래 중급회계〉, 김현식 외 〈객관식 회계학〉,
  박호근 〈객관식회계학〉, 이효익 〈객관식회계학(모의고사 부분)〉,
  김현식 외 〈재무회계연습〉
- 원가관리회계 : 오경수 외 〈원가관리회계〉, 김용남 〈원가관리회계연습〉
- 재무관리 : 김세현 〈재무관리〉, 이영우 〈고급재무관리연습〉
- 세   법 : 이철재 〈세법개론〉, 이승철·이승원 〈객관식 세법〉, 〈세무회계연습〉,
  강경태 〈세무회계연습〉
- 회계감사 : 이창우 〈회계감사＋스터디가이드〉(회계감사는 강의만 듣고 바로 스터디
  가이드로 공부했음)
- 경제학 : 최영한 〈경제학＋김판기 선생님 강의〉
- 경영학 : 정순진 〈경영학〉
- 상   법 : 김학묵 〈상법〉, 조철희 〈상법 중 어음수표법〉

6. 수험생 입장에서 구하기 어려웠다거나 보강되었으면 하는 특정과목이나 내용의 수험서

Ⓐ **우현철** 수험생들에게 가장 어려운 부분 중의 하나가 바로 빠르게 문제를 푸는 것과 문제당 시간 배분인 것 같습니다. 강경태 선생님의 세무회계 종합문제집처럼 다른 과목의 2차 연습서에도 문제당 풀이 시간이 제시가 된다면 수험생들에게 훨씬 도움이 되지 않을까 하는 생각을 공부하면서 많이 했었습니다.

Ⓐ **윤보령** 시중에 이미 많은 훌륭한 도서들이 출시되어 있기 때문에 딱히 더 보완해야 할 도서가 있는지는 모르겠습니다. 다만, 아마도 사법시험 시장이 더 커서 그런지도 모르겠습니다만, 사법시험 문제집에는 진도별 모의고사를 포함해서 모의고사 문제집이 꽤 많았는데, 회계사 문제집 중에는 그런 책이 없는 것 같아서 추가된다면 유용할 것 같습니다.

Ⓐ **이지현** 1차 때 상법공부하면서 객관식 문제를 풀어보고 싶었으나 시중에 상법 객관식만 따로 나온 수험서가 없어서 불편했었던 것 같다. 회계감사 사례위주의 문제들로만 엮어진 수험서도 있었으면 좋았을듯…

 7. 수험공부시 학원강의, 인터넷 강의, 강의TAPE 중 이용도 측면에서 어떤 방법을 선호했습니까?

Ⓐ **우현철** 저는 강의를 들을 때는 가능하면 학원에 직접 가서 강의를 들으려 했습니다. 강의 tape은 서브노트가 있다고 하더라도 선생님의 설명이 어느 부분을 향해 있는지 헷갈리는 경우가 종종 있어서 원래 좋아하지 않았습니다. 인터넷 강의의 경우에는 학원 통학 시간을 줄여주고 강의 속도 조절도 가능하기 때문에 수강 시간을 대폭 줄여준다는 장점이 있으나, 저같이 의지가 강하지 않은 사람들에게는 강의 수강 중 웹서핑 등 딴 짓을 한다거나 언제든 다시 볼 수 있다는 생각에 강의에 집중하는 것이 쉽지 않았습니다. 이런 이유로 저는 다소 시간이 걸리더라도 학원에 직접 가는 것을 선호하였고, 한번 놓치면 다시 들을 수 없다는 생각에 훨씬 집중을 해서 강의를 수강할 수 있었습니다. 만약 의지나 집중력이 아주아주 강하신 분들이라면 인터넷 강의가 훨씬 효율적이겠지만, 자신이 그렇지 못하다고 생각하시는 분들에게는 학원 강의를 추천해 드리겠습니다.

Ⓐ **윤보령** 가장 큰 비중을 차지한 것은 학교 특강이었고, 그 외에는 인터넷 강의를 많이 들었습니다. tape은 1차와 2차 때 각각 상법과 회계감사 tape을 돌아다닐 때 들었습니다. 학원강의는 설날 특강 들은 것 정도 밖에 없는 것 같습니다.

A **이지현** 처음 강의 들을 때는 주로 학교 특강을 이용했고 강의 한 번으로는 이해를 다 하지 못 하기 때문에 강의 테잎을 구입하거나 인터넷 강의를 주로 이용했다.

8. 수험생활 중 애로사항과 본인만의 스트레스 해소방법은?

A **우현철** 군 제대 후에 운동을 거의 하지 않아 유예 때 체력이 많이 부족함을 느꼈습니다. 특히 5월과 6월 마지막 두 달 동안에는 몸이 너무 힘들어서 안 먹던 보약도 먹고 비타민과 자양강장제를 입에 달고 살았습니다. 체력이 약하신 분들은 운동을 하시던 영양제를 드시던 미리 미리 체력관리를 하시는 것이 좋을 듯싶습니다.

스트레스를 받거나 공부가 잘 안될 때에는 잠깐씩 음악을 들었습니다. 책상에 앉아 이어폰을 꼽고 눈을 감고 10분 정도씩 음악 감상을 하고, 그래도 공부가 안될 때에는 음악을 들으면서 공부를 했습니다.

A **윤보령** 앞에서 말씀드렸듯이 저는 계속 혼자 공부했기 때문에 가장 힘들었던 점은 아마도 '외로움'이었지 않나 싶습니다. 하루 종일 혼자 지내다보니 다른 사람과 대화하는 시간은 거의 없었습니다. 아마 가족과 저녁에 하는 것을 포함해서 하루 중 대화시간은 30분 이내였을 듯합니다. 그러다 보면 나중에는 혼자서 생각하는 경우가 많고, 때로는 중얼거리는 경우도 있었던 것 같습니다. 하지만 이것을 딱히 스트레스라고 느낀 적은 없습니다. 물론 행복한 상황이었던 것은 아니었지만, 무슨 일을 하든지 이 정도의 노력은 필요하다고 생각했기 때문에 그저 당연한 것으로 받아들였기 때문에 '스트레스'라고 부를 정도로 크게 느껴지지는 않았던 것 같습니다.

A **이지현** 스타크래프트를 너무 좋아해서 올해 5월까지는 했었다. 저녁 먹고 가서 다시는 학교 올라가지 못 한다는… 결국 같이 숙소 사는 애들이 짐을 챙겨서 내려와주는 경우가 많았다.

스트레스 해소방법으로 동차 때는 동네 한바퀴 조깅하기, 유예 때 일주일에 2번 정도 벨리댄스 배우러 다녔었다.

9. 학점이수제도와 영어시험제도가 시에 따른 어려웠던 점이나 주의해야 할 점은?

A **우현철** 저는 1차에 영어시험이 존재할 때 합격하였고, 학점이수도 그때는 예상하지 못 했었지만 학교 다닐 때 교양으로 들었던 과목들로 모두 충족이 되어서, 미리미리 준비하 시라는 말 밖에는 드릴 말씀이 없습니다.

Ⓐ **윤보령** 2007년도 공인회계사 시험 규정이 변경되면서, 학점을 이수해야하게 되었습니다. 제 경우에 영어는 2006년 2월에 토익시험으로 통과했습니다. 아직 이때는 회계사 공부를 시작할 지에 대해 고민하던 시기였는데 영어시험을 본 것은 공부를 시작하면 영어시험에 대체하기 위해서, 회계사 공부를 하지 않을 경우에는 카투사에 지원하기 위해서였습니다. 하지만, 영어시험을 미리 봐 두었기에 공부를 하는 동안에 회계사 공부와 영어를 병행해야 하는 이중고를 부담하지 않아도 되었던 것 같습니다.

앞에서도 말씀드렸듯이 제 생각에 언젠가는 회계사 공부를 시작해야 할 것이었기에 우선 학점을 채워두자는 생각이 있었습니다. 또 제가 상경계열 전공이 아닌 관계로 경영이나 경제 분야의 수업을 들을 기회가 적기 때문에 학점에 대해서는 따로 신경을 써 두어야 했습니다. 그래서 저는 학교 수업과 방송통신대학교에서 시행하는 독학사 프로그램을 같이 이용하였습니다. 만약, 공부를 빨리 시작하시거나, 상경계열이 아니어서 학점이 충분치 않은 경우에는 독학사를 이용하는 방법도 유용할 수 있다고 생각합니다. 독학사는 학교수업과 병행이 가능하고 무엇보다 좋은 점은 과목당 학점이 5학점씩 인정되기 때문에 과목당 3학점인 학교 수업보다 학점 면에서는(물론 학교 수업에서 배우는 것이 훨씬 많습니다.) 학교강의에 비해 유리합니다. 덕분에 1학년 2학기 때 들은 경제학입문으로 대체한 경제학 3학점을 제외한 21학점을 1학기 만에 채울 수 있었습니다.

영어나 학점은 비단 시험뿐만 아니라 다른 방법으로도 사용될 수 있습니다. 그러므로 아직 여유가 있을 때 영어와 학점부터 미리 이수를 해 놓는 것이 후의 부담을 크게 줄일 수 있는 방법이라고 생각합니다.

Ⓐ **이지현** 영어시험제도는 해당사항이 없었으며 경영학부 출신이라 학점이수 또한 어려움 없이 할 수 있었다.

🎙 10. 수험생에게 당부하고 싶은 말

Ⓐ **우현철** 이미 많은 합격수기 또는 주위 선배나 동기들을 통해 다들 들으셔서 알고 있는 얘기들이겠지만 그 중 제가 중요하다고 생각하는 것들을 다시 한 번 간단하게 말씀드리겠습니다.

(1) 합격을 원하신다면 다른 한 가지는 포기하세요.

친구들을 만나면서 놀 거 다 놀고 공부하면서 합격할 수만 있다면 더 바랄나위 없겠지만 쉽지 않다는 것을 여러분이 더 잘 아실 겁니다. 합격할 때까지 잠시 친구들 안 만난다고 해서 친구와의 연이 끊기는 것은 아닙니다. 시험에 뜻을 품으신 이상 다른 하고 싶은 것이 있더라도 합격하는 날까지 잠시 뒤로 미뤄두세요.

(2) 기본에 충실하세요.

올해 2차시험의 경우 연습서의 고난이도 수준의 문제는 거의 없었습니다. 원가회계와 회계감사가 어렵기는 했지만 나머지 과목은 기본서 내지는 연습서의 평이한 수준의 문제들이 대부분이었습니다. 괜히 어려운 문제 붙잡고 시간을 보내기 보다는 스킵 하는 부분 없이 전 범위를 두루 공부하여 기본을 완벽히 다질 것을 조언 드립니다.

(3) 1차시험을 보고 발표가 날 때까지 허송세월하지 마세요.

긴 말 하지 않겠습니다. 3, 4월이 동차를 위해 얼마나 중요한 시간인지는 여러분이 더 잘 아실 것입니다.

(4) 2차시험시 모르는 문제라도 절대 비워두지 마세요.

교수님 및 학원 선생님들께서 누누이 강조하는 얘기입니다. 시간이 모자라는 경우가 아니라면 뭐라도 쓰십시오. 그래야 부분점수 1점이라도 받는다고 합니다. 정 쓸 말이 없으면 문제라도 옮겨 쓰라고 하시더군요.

A 윤보령 성경말씀에 "구하라 그러면 너희에게 주실 것이요 찾으라 그러면 찾을것이요 문을 두드리라 그러면 너희에게 열릴 것이니"(마태복음 7장 7절) 이라는 구절이 있습니다. 처음 시작할 때 공부기간을 얼마로 잡느냐에 따라 실제 공부기간이 그와 비슷하게 되는 경우가 종종 있습니다. 자신이 1년 안에 합격하겠다고 결심한 경우에는 모든 계획과 일정을 그에 맞추고 또 자신을 그에 따라 채찍질하기 때문에 실제로 그렇게 이루어지는 경우가 많습니다. 얼마 동안 공부를 하든, 체력적이나 정신적인 부담의 총량은 거의 동일할 것이라고 생각합니다. 단지 그것을 얼마의 기간에 걸쳐서 분배하느냐에 따라 수험기간이 결정되는 것 같습니다. 그러므로 만약 지금 시작하려고 하신다면 기간을 길게 잡지 마시고, 짧고 굵게 하는 것을 생각해 보시기를 권유합니다.

A 이지현 시험에 합격하기 위해 공부하는 것이지 이 분야에서 고수가 되기 위해서 하는 게 아니라는 것을 명심하고 효율적으로 공부하기 바란다. 너무 어려운 문제에 매달리지 말고 실수를 최소화하도록 하고 남들 하는 것만큼만 하면 합격할 수 있다는 생각을 하시길…

11. 앞으로의 계획은?

A 우현철 시험 합격이 끝이 아닌 새로운 시작임을 잘 알고 있습니다. 이번에 삼일 회계

법인에 입사하게 되었는데 일단 많은 일들을 배우고 싶고, 법인 내에서 훌륭한 전문가가 되기 위해 노력하겠습니다.

Ⓐ **윤보령** 아직 학교에 매인 몸이어서, 우선은 학교를 졸업해야 하고, 그 중에 여러 다른 방법으로 저의 역량을 키워나가고 싶습니다.

Ⓐ **이지현** 일단은 법인 내에서 열심히 일해서 인정 받는 회계사가 되고 싶다. 그리고 영어공부를 꾸준히 해서 해외법인 파견근무도 하고 싶다. 또한 그 동안 소홀했던 운동을 해서 수험 기간 동안 붙은 내 살들을 좀 떼어내고 싶다.

🎤 12. 끝으로 하고 싶은 말

Ⓐ **우현철** 저의 공부 과정이 평범한 편은 아니라 일반적인 수험생 여러분들에게 많은 도움을 드리지 못할 것 같아서 아쉬운 마음이 듭니다. 그냥 이렇게 공부한 사람도 있구나 하고 참고해 주세요.

정말 사람들 말대로 시험에 합격하고 나니 힘들었던 수험 생활의 기억이 눈 녹듯 사라지는 것 같습니다. 지금 이 글을 읽고 계시는 수험생 여러분들도 곧 좋은 소식이 찾아올 것입니다. 조금만 더 힘을 내서 정진하시길 바랍니다.

마지막으로 저의 뒷바라지 때문에 고생하신 부모님과 동생에게 정말 고맙다는 말을 전하고, 같이 고생하며 공부했던 스터디 멤버들에게도 너무 고맙다는 말을 하고 싶습니다. 이번에 결과가 좋지 않은 친구들도 있지만 내년에는 반드시 좋은 결과가 있을 것이라고 믿습니다. 그리고 못난 친구를 끝까지 이해하고 응원해준 MOL 친구들에게 합격의 영광을 돌리고 싶습니다. 감사합니다.

Ⓐ **윤보령** 가장 먼저 하고 싶은 말이었습니다만, 우선 이런 부족한 저에게 이렇게 큰 영광을 허락하신 하나님께 감사드립니다. 그리고 힘들 때 조언과 상담자 역할을 마다하지 않아주신 아버지와 어머니, 그리고 전부터 공부로서 저에게 본을 보여준 누나에게 감사드립니다. 그리고 제 친구들과 도움을 주신 선생님들, 그 외 모든 사람들에게 감사를 드립니다. 이 공부를 하시는 모든 분들이 각자의 뜻을 훌륭히 이루어 내시기를 기도합니다.

Ⓐ **이지현** 나와 같이 공부했던 후배들, 친구들, 언니들한테 고맙다는 말을 꼭 하고 싶다. 그들이 있었기에 수험생활을 좀 더 즐겁게 알차게 보낼 수 있었던 것 같다. 그리고 나 공부한다고 학교 앞에 와서 맛있는 거 사주고 간 나의 친구들 정말 고맙다.

최종합격자 합격수기

힘들더라도 될 때까지 하는 끈기가 중요합니다

오 준 성

1994년 7월 12일
수원외국어고등학교 졸업
고려대학교 재학
2020년 55회 공인회계사 최고득점 합격

1. 들어가면서

안녕하세요. 저는 이번 55회 공인회계사 시험에 합격하게 된 오준성이라고 합니다. 운이 좋게도 과분한 점수를 받아 마음이 무겁지만, 수기를 통해 조금이라도 도움이 됐으면 좋겠다는 마음으로 글을 쓰게 되었습니다. 부족한 점이 정말 많지만, 수기가 부디 조금이라도 도움이 되면 좋겠습니다.

2. 최근 1,2차 시험 시험 출제경향 및 수험대책

저는 대략적으로 1차 시험 기간에는 아침 9시에서 저녁 11시까지, 2차 시험 기간에는 아침 8시에서 저녁 12시까지 공부하는 것을 큰 틀로 잡았습니다. 쉬는 날은 따로 정하지 않고, 약속이 있거나 정말 힘들 때에 쉬었습니다. 1차 시험 기간에는 대략 1주일에 1번, 2차 시험 기간에는 대략 1~2주일에 1번 쉬었던 것으로 기억합니다. 가끔 공부가 정말 안 되는 기간에는 더 쉬기도 했습니다.

강의는 전부 인터넷 강의를 통해서 들었습니다. 공부는 집 근처 스터디카페에서 했습니다. 학원과 거리가 멀어서 인강을 들었는데 개인적으로는 만족스러웠습니다. 인강의 경우 배속으로 들을 수 있으며, 다시 듣거나 중간에 편한 대로 끊어가면서 들을 수 있다는 장점이 좋았습니다. 혼자서 공부했는데 단점도 꽤 있었습니다. 대표적으로 혼자 공부하다보니 현재 자신이 어느 정도의 위치에 있는지 파악하기가 어렵다는 점이 있습니다. 학원에서 공부하는 경우 진도별 모의고사와 같은 형식으로 어느 정도 감을 잡을 수 있지만, 혼자 공부하면 이와 같은 점을 알 수가 없어서 불안할 수 있다는 단점이 있습니다.

강의는 1차시험의 경우 중급회계 - 원가관리 - 경제학 - 재무관리 - 세법 - 상법 - 고급회계 - 경영학 순서로 들었습니다. 중간에 세법, 재무회계는 연습서 강의를 수강했고, 이후 경제학, 재무관리, 세법은 객관식 강의도 수강했습니다. 2차시험의 경우 3월에는 회계감사, 원가관리, 재무관리 강의를 들었고 4월에는 세법, 재무회계 강의를 들었습니다. 자세한 내용은 아래에 후술하도록 하겠습니다.

공인회계사 시험 응시를 위해서는 회계학, 경영학 및 경제학 학점이 필요합니다. 저는 경영학, 경제학 학점은 학교 수업으로 채울 수 있었지만 회계학 학점은 채우지 못하여 따로 독학사를 통해 학점을 채웠습니다. 개인적으로 독학사가 좋았는데, 이와 관련하여 1차시험 공부 방법 중 원가관리 항목에 서술한 부분이 있으니 참고해주시면 감사하겠습니다.

3. 1차시험 과목별 공부 방법

1차 시험은 주로 '가로풀기' 방식으로 공부했습니다. 저는 여러 수기를 참고했는데, 그 중에서 한 수기에 가로풀기를 통해 좋은 결과를 얻은 분이 계셔서 저도 같은 방법으로 해봤는데 효과가 정말 좋았습니다. 가로풀기는 전 범위의 내용을 공부하는 방법입니다. 오늘이 예를 들어 x월 1일이라고 하면 문제 번호 끝자리가 1인 문제를 다 풀고, 25일이라고 하면 문제 번호 끝자리가 5인 문제를 다 푸는 방식입니다. 책의 5, 15, 25, 35번 문제들을 다 푼다고 생각하시면 될 것 같습니다.

제가 참고한 수기에 따라서, 저는 전 과목 가로풀기를 할 수 있도록 만드는 것을 목표로 정했습니다. 객관식 강의를 들었던 과목은 강의를 들으면서 전날까지 배웠던 내용을 누적하여 복습하는 형식으로, 객관식 강의를 듣지 않았던 과목은 매일 조금씩 진도를 복습하며 계속 누적복습을 통해 가로풀기가 가능한 상태를 만들었습니다. 예를 들어 x월 13일에 1장을 공부했다면, 14일에는 1장의 4, 14, 24, 34번과 2장을, 15일에는 1장과 2장의 5, 15, 25, 35번과 3장을 공부하는 식으로 누적해서 공부했습니다.

매일 전 범위를 복습하는 효과가 있어서 내용을 안 까먹고 계속 기억할 수 있다는 장점이 있지만, 단점도 많다고 생각합니다. 단점은 가로풀기 자체를 하기가 어렵고, 또 시간이 정말 오래 걸린다는 것입니다. 일단 전 범위의 내용을 기억하고 문제를 풀 수 있는 수준까지 공부하는 것 자체가 어려웠습니다. 세법의 경우 가로풀기를 하면 거의 4시간이 걸릴 정도로 시간이 많이 걸렸던 것으로 기억합니다. 그래도 같은 문제를 계속 반복하여 풀다보니 풀이시간이 점점 줄어들어서 공부할수록 가로풀기가 점점 수월해졌습니다.

(1) 경영학

일반경영의 경우 기본강의 - 기출문제 - 모의고사 순서로 공부했습니다. 그 중에서도 기출문제가 정말 중요하다고 생각합니다. 기출문제를 단순히 풀어보고 답을 맞춰보는 것에서 끝나지 않고, 정답 외의 모든 선지를 분석하는 과정이 필요하다고 생각합니다. 예를 들어 정답이 3번이라면, 나머지 1, 2, 4, 5번 선지에 대해서도 완전하게 이해하는 것이 중요하다고 생각합니다. 실제로 여러 번 풀어봐서 익숙한 문제여도, 정답이 아닌 선지만 따로 놓고 보면 정말 어렵게 느껴지기도 했습니다. 이처럼 기출문제를 우선적으로 자세하게 분석하여 공부하는 것이 중요하다고 생각합니다.

시험 직전에는 강사분이 만드신 모의고사 형식의 문제를 풀었습니다. 처음 보는 내용도 많았고, 또 기존보다 상당히 심화된 내용을 묻는 경우가 많았습니다. 풀면서 이런 내용이 이렇게도 생각될 수 있구나 하면서 기존에 알던 내용을 보다 깊게 생각해볼 수 있었습니다. 기출문제를 어느 정도 공부하고, 암기사항을 어느 정도 암기했다면 이처럼 기출문제 외의 문제를 풀어보는 것이 실력 향상에 도움이 될 수 있다고 생각합니다.

경영학은 지극히 개인적인 생각이지만 모두 다 맞추기는 정말 어렵다고 생각합니다. 아무리 공부해도 처음 보는 내용이 꼭 몇 문제씩 시험에 나옵니다. 그렇기 때문에 시험장에서 난생 처음 보는 내용이 나오면 과감하게 넘어갈 마음의 준비를 하시는 것이 좋다고 생각합니다. 이번 1차 시험 당일에도 아예 처음 보는 내용들이 나왔는데, 미리 마음의 준비를 해뒀기 때문에 당황하지 않고 찍고 넘어갈 수 있었습니다. 이렇게 처음 보는 내용은 제외하고, 기출문제를 최우선으로 공부하고 그 다음에 기출 외의 객관식 문제를 푸는 형식으로 1차 시험을 준비했습니다. 시험 전에 경영학 관련 요약서를 구매하여 암기할 사항은 요약서를 통해 암기하였습니다.

(2) 재무관리

재무관리의 경우 기본강의 - 객관식강의 순서로 공부했습니다. 저는 학교에서 재무관리 관련 수업을 많이 들어서 큰 도움을 받았습니다. 특히 학교에서 들었던 선물옵션 강의는 정말 큰 도움이 되었습니다. 혹시 아직 본격적으로 수험생활을 시작하지 않았거나 고민하시는 분들은 학교 수업에서 큰 도움을 받으실 수도 있을 것이라고 생각합니다.

저는 기본강의를 들으면서 거의 모든 과목의 객관식 교재를 사서 풀어보려고 노력했습니다. 강의만 들어서는 도저히 어느 정도로 공부해야 하는 것인지 감이 오지 않았기 때문입니다. 재무관리도 마찬가지였는데, 기본강의를 듣고 객관식문제를 풀면서 상당히 어려움이 많았습니다. 아예 감이 안 오는 문제도 많았고, 풀었더라도 이렇게 푸는 것이 맞는지 의심되는 문제도 정말 많았습니다. 혼자서는 공부하기 어렵다고 생각해서 객관식 강의를 들었고 정말 만족스러웠습니다. 객관식 강의에서는 강사 분께서 직접 문제를 풀어주시기 때문에 문제 접근법이나 빠른 풀이법을 배울 수 있었습니다. 객관식 강의 수강 후에는 시험 전까지 계속 가로풀기를 했습니다. 계속 반복해서 문제를 풀다보니 조금씩 익숙해져서 가로풀기 시간이 줄어들었습니다. 또한 문제들 중에 정말 어렵고, 또 안 나올 것 같은 문제들은 구경만 하고 공부하지 않았습니다. 재무관리의 경우 연도별 기출문제집을 구매하여 풀었는데 실전 연습에 많은 도움이 되었습니다.

(3) 경제학

저는 학교에서 많은 경제학 수업을 들었기 때문에 제 경험이 다른 분들에게 직접적으로 큰 도움이 안 될 것 같다는 걱정이 듭니다. 수험범위에 해당하는 내용의 학교수업을 다 들었기 때문에 기본강의를 듣는 데에는 문제가 없었습니다. 그런데 객관식 문제, 특히 미시경제학 문제를 풀면서 어려움이 많았습니다. 접근법조차 생각나지 않는 문제도 많았고, 도저히 시간 내에 풀 수 없어 보이는 문제도 많았습니다. 그래서 재무관리처럼 객관식 강의를 수강하였습니다.

객관식 강의는 정말 큰 도움이 되었습니다. 객관식 문제를 풀기 위해서는, 강사분의 설명에 따르면 시험장에서 깨닫는 것이 아니라 시험장 들어가기 전에 미리 알고가야 하는 내용들을 외울 필요가 있다고 생각합니다. 기본적으로 자주 출제되는 내용은 풀이법을 미리 외워서 최대한 빨리 풀고, 여기서 아낀 시간을 다른 어려운 문제에 써야 한다고 생각합니다. 예를 들어 기본적인 효용함수의 경우 수요함수를 매번 일일이 계산하여 구하는 것이 아니라 그 식을 외워서 빠르게 푸는 것이 도움이 된다고 생각합니다. 물론 변형된 형태로 나오면 직접 계산을 해야겠지만, 전형적인 형태로 나오는 경우 상당히 시간을 아낄 수 있다고 생각합니다.

올해 경제학이 정말 어려웠던 것으로 기억합니다. 시간이 부족해서 찍은 문제도 많고 몰라서 찍은 문제도 많았습니다. 특히 국제경제학 쪽이 많이 나왔던 것으로 기억하는데, 학교에서 들은 수업이 큰 도움이 되었습니다. 사실 올해처럼 계속 어렵게 나온다면 어떻게 공부해야 할지 감이 안 옵니다. 정말 어려운 문제나 또는 시간이 오래 걸리는 문제는 버렸습니다. 다만 경제학 문제풀이 실력을 키우려면 관련된 공식이나 이론들을 직접 손으로 도출해보는 과정을 거치는 것이 좋다고 생각합니다. 단순암기로 풀 수 없는 어려운 문제의 경우 공식이나 이론을 응용해야 하는데, 이를 직접 도출해보면서 이에 대한 이해가 깊어질 수 있다고 생각합니다. 가장 이상적인 것은 대부분의 공식과 이론을 도출할 수 있는 상태지만 단순한 문제는 일일이 공식을 도출하지 않고 암기한 공식으로 최대한 빨리 풀고 어려운 문제는 남은 시간 내에서 풀기 위해 노력하는 것이라고 생각합니다.

객관식 강의 수강 후에 객관식 가로풀기를 계속 하면서 최대한 문제를 빨리 푸는 연습을 했고, 까먹기 쉬운 내용들을 기억하려고 노력했습니다. 실전연습의 경우 공인회계사 기출문제를 따로 출력하여 시간 내에 푸는 연습을 했습니다. 객관식 문제지로 푸는 것과 실제 시험지 형태로 문제를 시간 내에 푸는 것은 느낌이 또 다르기 때문에, 시험 전에 꼭 실제 기출문제를 원래의 40문제 형태로 풀어보는 것이 좋다고 생각합니다.

(4) 상 법

상법의 경우 기본강의 후 객관식 문제를 가로풀기 하면서 마무리했습니다. 기본강의를 들을 때 강사 분께서 정말 잘 설명해주셔서 따라가는데 큰 어려움은 없었습니다. 다만 진도를 따라가는 것과 암기는 별개이므로, 암기에 따로 시간을 많이 투자할 필요가 있다고 생각합니다. 보통 상법 기본강의를 여름 정도에 많이 들으시는데, 적어도 9월에는 한 번 전 범위를 복습해주시는 것이 좋다고 생각합니다. 암기과목이다보니 복습이 늦으면 늦을수록 나중에 더 고생할 수 있기 때문에, 시간을 내서라도 복습하시는 것이 좋다고 생각합니다. 저는 어수법이 혼자 공부하기에 상당히 어려워서 복습하면서 어수법쪽 기본강의를 다시 들었습니다.

상법의 경우 가을에 복습한 뒤로 꾸준히 시험 직전까지 가로풀기를 했습니다. 가로풀기를 계속 하다보면 문제가 눈에 익어서 익숙함으로 답을 고르는 경우가 있는데, 이때에는 모든 선지에 대해 o/x를 하는 형태로 공부했습니다. 헷갈리거나 몰랐던 내용은 계속해서 노트에 따로 정리하면서 꾸준히 봤습니다. 저는 주식회사 기관들의 선임, 해임 및 정족수 같은 내용이 도저히 외워지지 않았습니다. 그래서 일단은 최대한 외우되, 까먹더라도 시험당일에는 기억할 수 있게 하기 위해서 정리해둔 내용을 시험 당일 쉬는 시간에 읽어서 벼락치기 비슷하게 했습니다. 도무지 외워지지 않는 내용은 이렇게 벼락치기를 통해 시험 당시에만 기억하는 것도 좋다고 생각합니다.

상법의 경우 한 과목이 통째로 100점을 차지하기 때문에 상당히 많은 시간이 필요하다고 생각했습니다. 1차에만 나오는 과목이지만 의도적으로 많이 풀어보려고 노력했습니다. 법조문의 경우 자주 출제되는 조문은 계속 눈에 익혀두려고 했습니다. 한편 문제지를 앞에서부터 풀다보니 뒤쪽은 소홀히 하여 어수법이 약해지는 것을 느꼈습니다. 저처럼 뒤쪽에 있는 주제가 약하다고 생각되시는 분들은 뒤에서부터 역순으로 푸는 것도 좋다고 생각합니다. 저의 경우에는 가로풀기를 뒤에서부터 하면서 어수법 실력이 조금씩 오르기도 했습니다.

(5) 세법

세법의 경우 기본강의 - 연습서강의 - 객관식강의를 수강했습니다. 1차에서 가장 많은 시간을 공부한 과목이었습니다. 기본강의를 들을 때는 강의 듣고 잠깐 쉬고 오면 내용을 다 까먹을 정도로 내용이 머리에 안 들어왔습니다. 기본강의 완강 후 1달 정도 지나서 세법을 복습할 때에도 큰 충격을 받았습니다. 한 챕터를 몇 시간씩 복습하고 객관식문제를 풀어도 정답률이 거의 20%도 안 나왔습니다. 이대로 가면 세법 때문에 떨어질 것 같아서 저는 연습서 강의를 통해 세법을 넘어서야겠다고 생각했습니다. 연습서 강의(2차 강의)는 1차보다 깊은 내용을 다루기 때문에 연습서를 익히면 1차도 잘하게 될 거라고 막연하게 생각했습니다.

기본강의 내용에 대한 이해도 부실했기 때문에 연습서 강의는 들을 때 정말 힘들었습니다. 배속으로 들어도 1시간짜리 강의를 듣는 데 거의 2시간 넘게 걸리는 경우가 많았습니다. 이해가 안 되는 설명은 계속 다시 듣고, 몰랐던 내용은 전부 받아 적으며 최대한 연습서 강의를 소화하려고 노력했습니다. 세법 연습서를 약 2달 동안 들었던 것으로 기억하는데, 이 기간에는 공부시간의 절반 이상을 세법에만 사용했습니다. 하루 종일 세법만 한 날들도 있었습니다.

세법 연습서를 듣고 나니 1차 시험의 계산문제는 비교적 쉽게 풀 수 있었습니다. 다만, 말문제가 다시 발목을 잡았는데, 이는 객관식 강의를 수강하여 보완하였습니다. 말문제가 혼자 공부하기 어려웠는데, 1차 시험에 핀트를 맞춰 수업하는 객관식 강의의 도움을 많이 받았습니다.

범위는 최대한 많이 챙기려고 노력했습니다. 모든 주제를 챙기진 않았지만, 강사 분께서 버리지 말라고 한 퇴직, 양도, 상증, 합병 등을 들고 갔습니다. 개인적으로는 1차 때에 상증세와 같은 범위도 챙긴 것이 좋았다고 생각합니다. 2차 기간에는 1차보다 시간이 훨씬 부족해서 공부 범위를 넓히기가 어려운데, 1차 기간에 그래도 공부해봤던 내용이라는 생각이 있어서 2차 때에도 양도, 상증과 같은 내용을 버리지 않고 공부할 수 있었습니다. 국기법의 경우 연습서강의 완강 후에 들었던 것으로 기억합니다. 지방세는 버렸습니다. 새로 객관식 강의가 올라오기 전까지는 2019년 객관식세법 교재로 공부했습니다. 객관식 강의부터는 계속 누적풀기를 하면서 마무리했습니다. 추가적으로 약 5개년 기출문제를 풀면서 실전 연습을 했습니다. 세법의 경우 분량이 너무 많아 가로풀기를 하는 시간이 오래 걸렸습니다. 그래서 어느 날은 법인세+국기법을, 어느 날은 소득세+부가세를 하는 식으로 나눠서 풀기도 했습니다.

(6) 재무회계

재무회계의 경우 기본강의 - 연습서 강의를 수강하고 객관식 가로풀기와 모의고사형식 문제풀이로 마무리했습니다. 보통 세법과 재무회계는 1차와 2차의 차이가 크지 않아서 연습서 강의를 많이 수강하시는 것으로 알고 있습니다. 저도 연습서 강의를 수강했고 도움이 많이 되었습니다. 연습서까지 강의를 듣고 나니 객관식은 혼자 도전할 수 있을 것 같아서 객관식강의는 따로 수강하지 않았습니다.

재무회계는 가로풀기를 가장 공들여서 했던 과목입니다. 1회차에는 그냥 진도별로 차근차근 풀고, 2회차부터는 가로풀기를 했습니다. 재무회계만 따로 정답률을 기록하면서 가로풀기를 했습니다. 처음 풀 때에는 정답률이 정말 낮았지만, 계속 같은 문제를 보다 보니 점점 정답률이 올라갔습니다. 3회차부터는 시간과 정답률을 계속 신경 쓰면서 가로풀기를 했습니다. 시험 전날까지 정확히 5번 가로풀기를 할 수 있었는데, 이를 통해 실력이 많이 향상되었다고 생각합니다.

저는 3교시 회계학이 1차에서 가장 시간이 부족했기 때문에 문제를 빨리 푸는 연습을 했습니다. 전형적인 문제들은 흔히 말하는 '와꾸'를 통해 계산기로만 빨리 풀어낼 수 있도록 노력했습니다. 사람마다 계산기 사용 방식이 다르겠지만, 저는 계산기의 메모리 기능과 GT 기능을 이용했습니다. 익숙해지고 나니 손으로 글씨를 쓰는 시간이 상당히 줄어들어 도움이 많이 되었습니다. 다만, 계산기 사용이 본질이 아니고 재무회계 공부가 본질이므로 굳이 계산기에 대해 걱정할 필요는 없다고 생각합니다. 문제 당 풀이시간을 점점 줄여가면서 최대한 빨리 푸는 연습을 많이 했습니다. 또 너무 어려운 문제는 안 풀었지만 최대한 많은 범위를 공부하려고 노력했습니다.

재무회계의 경우 모의고사 형식의 문제를 꼭 풀어보는 것이 좋다고 생각합니다. 실전보다 시간을 더 적게 정해서 문제를 푸는 연습을 해야 실전에서 시간압박 때문에 당황하는 경우를 줄일 수 있다고 생각합니다. 시험 직전에는 재무회계 35문제와 원가관리 10문제를 하나의 세트로 해서 시간 내에 푸는 연습을 했습니다. 실제 시험보다 시간을 더 짧게 해서 연습하는 것이 도움이 많이 되었습니다.

(7) 원가회계

원가관리의 경우 기본강의를 수강하고 객관식 및 기출문제를 풀었습니다. 저는 시험요건에 있는 회계학 학점이 부족해서 독학사를 통해 회계학 학점을 채웠습니다. 개인적으로 독학사 원가관리를 대비하여 복습했던 시간이 큰 도움이 되었다고 생각합니다.

독학사 원가관리로 인해 반강제적으로 원가관리를 복습하게 된 것이 제가 원가관리를 1차에서 버리지 않는데 큰 영향을 주었다고 생각합니다. 독학사에 떨어지면 시험조차 못 본다는 생각으로 열심히 복습했습니다. 3월 정도에 들었던 원가관리를 그래도 얼마 지나지 않아서 독학사 대비로 복습함으로써 기억이 상당히 연장되었습니다. 혹시 회계학 학점이 부족하신 분들 중에서 원가관리를 들으신 분이라면 독학사를 통해 반강제적으로 복습하는 시간을 만드시는 것도 좋다고 생각합니다.

원가관리의 경우 가을 정도부터 차근차근 복습하면서 객관식 문제를 풀어 기억을 되살렸습니다. 객관식 교재의 경우 옛날 책을 중고로 구입했는데, 원가관리의 경우 굳이 신판을 구입하지 않아도 된다고 생각합니다. 원가관리의 경우 공인회계사 기출문제가 가장 시험대비에 적합하다는 생각이 들었습니다. 또 기출문제가 가장 어렵게 느껴졌습니다. 연도 별로 기출문제를 모아 둔 문제를 풀면서 내용을 공부함과 동시에 시간을 줄이는 연습을 했습니다. 같은 기출을 여러 번 풀었는데, 반복할수록 점점 익숙해져서 풀이 시간이 줄어들었습니다. 원가관리도 재무회계와 마찬가지로 최대한 계산기만을 사용해서 빨리 풀 수 있도록 노력했습니다. 가장 시간이 부족했던 과목인 만큼 시간을 줄이는 것에 중점을 뒀습니다. 재무회계 35문제와 원가관리 10문제를 한 세트로 푸는 연습을 해서 시간관리 연습을 할 수 있었습니다.

(8) 정부회계

정부회계는 기본강의 수강 후 가로풀기로 마무리했습니다. 저는 11월에 기본강의를 들었습니다. 정부회계의 경우 기본강의 수강 후 계속 누적복습을 했습니다. 얇게 요약집 형태로 나오는 교재를 이용하여 가로풀기를 했는데 상당히 효과적이었습니다. 정부회계 자체가 내용이 그렇게 많은 편이 아니라 가로풀기를 해도 거의 8문제 내외여서 문제를 푸는데 오래 걸리지 않았습니다. 물론 가로풀기를 하기 전까지 내용을 누적복습 하는 데에는 시간이 꽤 걸리지만, 가로풀기 자체는 시간이 오래 걸리지 않았습니다. 하루에 조금씩만 투자하면 5문제를 대비할 수 있다는 생각으로 시험 당일까지 버리지 않고 챙겨갔습니다.

4. 2차시험 과목별 공부 방법

사실 2차 기간에는 어떻게 공부했는지 명확히 정리하기가 어렵습니다. 정확히 계획을 세우고 공부한 것이 아니라 그때그때 가장 필요하다고 생각하는 방법으로 공부했기 때문에 깔끔히 정리하기 어렵지만, 최대한 정리를 해보겠습니다

2차 기간에는 가로풀기를 거의 못했습니다. 1차와 달리 문제풀이 시간이 너무 많이 필요해서 1~2과목만 가로풀기를 해도 하루가 지나갈 정도였습니다. 또한 시간이 너무 짧아서 1차처럼 같은 문제를 여러 번 볼 수가 없었습니다.

1차 준비처럼 문제지를 끊임없이 반복해서 풀 수가 없었습니다. 연습서는 과목과 문제에 따라서 1~3번 정도로 보고, 모의고사 형식의 문제를 많이 보았습니다. 주관식으로

답을 서술해야 하는 2차 시험의 특성상, 답안 작성을 연습하는 것이 필수적이라고 생각했습니다. 따라서 4월정도 까지는 연습서를 공부하고, 5~6월에는 모의고사 풀이의 비중을 높여서 공부하였습니다. 모의고사를 통한 답안작성 연습을 해서 적어도 아는 내용을 틀리지 않게 답안을 작성하는 연습을 하는 것이 중요하다고 생각했습니다. 2차 시험에서 답안을 작성하는 경우, 아는 내용임에도 시간이 부족해서 못 적는 경우도 있고 답안지가 부족하여 답을 더 못 적는 경우도 있습니다. 실전처럼 답안을 작성하면서 어떤 순서로 문제를 풀지, 또 답안지는 어떤 형식으로 적어야 부족하지 않을 지를 연습할 수 있었습니다.

사실 위와 같은 방법은 상당히 불안정한 방법이라고 생각합니다. 연습서 공부를 통해서 내용을 깊이 이해한 후, 모의고사를 통해 실전답안작성 연습을 하는 것이 가장 안정적인 방법일 것입니다. 다만 저는 어떻게든 최소 2달은 실전연습을 하고 싶었기 때문에 억지로 연습서 공부를 줄였습니다. 그래서 연습서를 충분히 공부하지 않고 어거지로 모의고사를 공부한 과목도 있었습니다. 개인적인 성향에 따라서 연습서와 모의고사의 비중을 선택하시는 것이 제일 좋다고 생각합니다. 저는 연습서 공부가 너무 힘들어서 모의고사의 비중을 높였습니다. 제 경우에는 모의고사는 적어도 복습을 제외한 순수 문제풀이는 2시간 이내로 끝나기 때문에 끊임없이 이어지는 연습서 문제를 푸는 것보다 편하게 느껴졌습니다.

정리하자면, 연습서의 방대한 분량을 공부하기가 힘들었고, 또 실전연습이 필요하다고 생각해서 모의고사 풀이의 비중을 높여서 공부했다고 말씀드릴 수 있습니다. 다만 모의고사 문제 수가 연습서의 문제 수보다 확실히 적기 때문에, 공부하면서 부족한 내용은 계속해서 연습서를 통해 보완하는 것이 반드시 필요하다고 생각합니다. 저는 모의고사에서 새로 본 주제 및 유형, 또는 헷갈리는 문제의 경우 관련된 내용을 연습서를 통해 보완하였습니다. 단순히 모의고사만을 계속 풀면 기본적인 실력이 불안해질 수도 있다고 생각합니다.

(1) 세법

세법의 경우 4월부터 시작하였습니다. 3월에는 원가관리, 재무관리, 회계감사 강의를 수강하느냐 시간이 없었기 때문입니다. 저는 1차 시험 준비기간에 연습서 강의를 한 번 들었기 때문에 또 다시 연습서 강의를 처음부터 끝까지 들을 필요는 없다고 생각했습니다. 그래서 먼저 연습서를 혼자 풀어보고, 모르는 내용만 따로 골라서 강의를 듣는 형식으로 공부했습니다.

세법은 꼭 실전모의고사 또는 기출문제를 풀면서 답안작성 연습을 해보시길 추천합니다. 저 같은 경우에는 모의고사를 풀면서 답안지가 부족한 것을 경험하고 답안지 분량을 줄이기 위해 계속 노력했습니다. 세법은 문제 풀이 양식이 다른 과목에 비해 상당히 분량이 큰 편인데, 답안지가 부족하신 분들은 미리 확인하고 대처방법을 생각하시는 것이 좋다고 생각합니다. 저는 소득세에서 금융소득 부분에 대해 기존에 사용했던 풀이양식이 너무 커서 다른 풀이양식으로 바꿨고, 최대한 생략할 수 있는 풀이는 생략하는 형식으로 답안 분량을 줄였습니다. 답은 원 단위로 작성하였고, 풀이는 백만원 단위로 작성하되 "*풀이 단위 : 백만원"과 같은 형식의 주석을 기재했습니다. 합계표와 같은 양식은 최대한 제시된 대로 그리려고 노력했습니다.

IFRS 감가비나 상증에서 일감 떼어주고 몰아주는 내용 등 몇몇 주제들은 왠지 안 나올 것 같고 또 나와서 틀려도 억울하지 않을 것 같아서 공부하지 않았습니다. 다만 1차 때에 공부했던 퇴직, 양도, 상증과 같은 주제들은 2차에도 들고 갔습니다. 1차와 달리 2차에서는 전체 배점에서 한 문제의 비중이 매우 크기 때문에 최대한 많은 주제를 가져가려고 노력했습니다.

(2) 재무관리

재무관리의 경우 작년 동차강의를 신청하여 3월부터 들었습니다. 개인적으로 재무관리와 원가관리 과목은 작년 강의를 들어도 무방하다고 생각합니다. 또한 저는 1차와 2차의 갭이 가장 큰 과목이 재무관리라는 생각이 들었습니다. 상당히 어려운 내용도 새로 배우게 되면서 이해하는 것조차 힘들었던 기억이 납니다. 1차 준비를 하면서 객관식 강의를 수강했던 것이 도움이 되었습니다.

재무관리의 경우 동차용 문제와 유예용 문제의 갭이 또 크게 느껴졌습니다. 동차강의에서 설명하시지 않은 내용은 거의 제외하고 동차용 내용에만 집중했습니다. 어차피 유예용 문제를 챙길 시간도 없고, 동차강의에서 다룬 내용들만 충분히 익힌다면 합격할 수 있을 것이라고 생각했습니다. 따라서 연습서를 계속 풀면서 배운 내용을 익숙하게 만드는 것을 가장 우선으로 생각했습니다.

연습서를 어느 정도 보고 나서 5~6월에는 모의고사 형식 문제의 풀이 비중을 높였습니다. 답안작성 연습을 하는 의미도 크지만, 재무관리의 경우 다양한 문제를 접해보는 것도 좋다고 생각했습니다. 실제 시험에서는 새로운 문제가 나오기 때문에, 익숙해진 연습서 외에 새로운 문제를 풀어보는 경험이 중요하다고 생각했습니다. 또한 모의고사를 풀면서 어려운 문제를 골라내서 이를 건너뛰고 다른 문제를 먼저 푸는 연습도 했습니다. 기출문제의 경우 연도별 기출문제집을 구매하여 풀었습니다.

2차의 경우 재무관리에서 백지를 만들지 않는 것이 중요하다고 생각합니다. 저의 경우 올해 시험장에서 아예 처음 보는 내용도 많았고, 풀이에 대한 확신도 없었습니다. 그래도 일단은 백지를 만들지 말자는 생각으로 어떻게든 답안을 채웠습니다. 만약 제가 확실히 알고 있는 문제만 답안을 적었다면 절대 합격할 수 없었을 것입니다. 확신이 없더라도 본인이 쓸 수 있는 최대한의 답안을 작성하는 것이 합격 확률을 높이는 방법이라고 생각합니다.

(3) 회계감사

회계감사의 경우 유예강의를 신청하여 3월부터 들었습니다. 유예강의는 기본강의와 진도별 모의고사로 구성되어있었습니다. 기본강의만을 먼저 수강한 후에 진도별로 다시 복습을 하면서 진도별 모의고사 강의를 듣는 형식으로 수강하였습니다.

회계감사는 2차 과목 중에서 가장 힘들었던 과목입니다. 기본적으로 회계감사는 암기할 사항이 정말 많다고 생각합니다. 저는 암기해야 할 사항을 전부 앞글자를 따서 외웠습니다. 외우는 방법은 영어 단어를 외우는 것처럼 했습니다. 예를 들어 종이를 반 접어서 왼쪽에는 "~한 상황에서 절차는?" 과 같은 암기사항을, 오른쪽에는 앞글자를 적어서 영어 단어를 외우듯이 하였습니다. 2차 시험 5과목 중 회계감사 과목에 가장 많은 시간을 사용했습니다. 회계감사는 암기할 사항이 정말 많았습니다. 자투리 시간에 암기하는 방법도 있었지만 저는 자투리 시간에는 도저히 외워지지가 않았습니다. 그래서 매일 암기시간을 따로 만들어서 자투리시간이 아닌, 책상에 앉아있는 시간에 암기했습니다.

회계감사는 기준서의 내용을 물어보는 문제도 있지만, 이해를 바탕으로 판단하는 문제도 출제된다고 생각합니다. 저는 시간이 부족해서 회계감사에 대한 깊은 이해를 통해 판단력을 기르기가 어렵다고 생각했습니다. 그래서 최소한 기준서는 되는 데까지 암기하고, 판단형 문제는 시험 당일에 떠오르는 대로 적어야겠다고 생각했습니다.

여러 합격수기를 참고한 결과, 회계감사에서 좋은 성적으로 합격하신 분들이 흔히 말하는 '목차' 내용을 거의 다 암기하셨다는 것을 확인할 수 있었습니다. 목차 내용이 정말 많았기 때문에 전부 다 외우는 것은 불가능했지만, 다른 과목은 떨어지더라도 회계감사만큼은 합격하고 싶다는 생각으로 정말 열심히 외웠습니다. 다행히 이번 시험에 제가 버리지 않고 암기했던 내용들이 꽤 출제되어서 운좋게도 합격할 수 있었습니다.

올해 회계감사는 상당히 시간이 부족했던 것으로 기억합니다. 문제를 계속 풀어도 끝이 없는 것처럼 느껴졌습니다. 저는 최우선 목표를 백지 안 만들기로 정했기 때문에 조금이라도 모르는 내용은 바로 건너뛰면서 최대한 모든 문제를 푸는 방향으로 답을 적었습니다. 아는 내용은 최대한 빨리 적고, 남는 시간에 모르는 내용을 채웠습니다. 모의고사 형식의 문제를 풀면서 시간압박 속에서 답안을 작성하는 연습을 했던 것이 큰 도움이 되었습니다.

(4) 원가회계

원가관리의 경우 19년 동차강의를 신청하여 3월부터 들었습니다. 1차와 달리 2차는 문제 크기가 상당히 커져서 부담스러웠습니다. 한 문제에 30분 이상 걸리는 문제들을 풀다보니 집중력을 유지하기도 어려웠습니다.

1차 때에 원가관리를 버리지 않고 열심히 했던 것이 2차 때에 큰 도움이 되었습니다. 강의에서 기본적으로 종합원가, 표준원가와 같이 전형적인 틀에서 나오는 문제들을 꼭 챙기라는 말을 듣고 중점적으로 공부했습니다. 전형적인 주제들을 확실히 챙기고, 신유형은 힘이 닿는 데까지 준비했습니다.

연습서는 2차 과목 중에서 가장 조금 봤습니다. 연습서가 너무 두꺼워서 손이 가지 않았고, 또 막연히 그냥 풀기가 싫었습니다. 대신에 모의고사 형식의 문제를 많이 풀어 봤습니다. 원가관리의 경우 난이도가 어렵게 출제되면 시간이 상당히 부족할 수 있습니다. 따라서 연습서 공부를 통해 기본적인 문제 풀이 방법을 익힌 후에 모의고사 형식의 문제를 많이 풀면서 실전 답안 작성 연습을 위주로 했습니다.

1차와 마찬가지로 2차에서도 원가관리의 경우 기출문제가 연습하기에 가장 좋다고 생각했습니다. 물론 기출문제가 다시 같은 내용으로 출제되진 않겠지만, 큰 틀에서 원가관리의 논리를 연습하는 데에 도움이 된다고 생각하여 약 10개년 치의 기출문제를 풀었습니다. 추가적으로 다른 모의고사들을 풀었습니다.

원가관리도 답안 작성에 유의할 필요가 있는 과목이라고 생각합니다. 아무리 어렵게 나오더라도 일단 어떤 식으로든 자신이 알고 있는 원가계산 논리를 통해 답안을 작성하는 것이 중요하다고 생각합니다. 서술형의 경우에도 답이 생각나지 않더라도 어떻게든 답안을 채우는 것이 중요하다고 생각합니다.

(5) 재무회계

재무회계의 경우 동차강의를 신청하여 4월부터 들었습니다. 1차를 준비하면서 연습서 강의를 들었지만, 내용을 많이 까먹어서 다시 들을 필요가 있다고 판단했습니다. 올해 새로 찍은 강의를 들었는데, 진도를 빠르게 끝내고 싶은 분들이라면 개인적으로 신규 동차강의보다는 작년에 찍은 유예강의를 수강하는 것이 좋다고 생각합니다. 새로 강의를 촬영하다 보니 진도가 상당히 빠듯하기 때문에 계획에 차질이 생길 수 있습니다. 유예강의를 신청하여 너무 어려운 내용은 생략하고 필요한 내용만 골라서 들으시는 것이 계획한 진도를 맞추는 데에 더 좋을 것이라고 생각합니다.

저는 2차 시험을 준비하면서 재무회계의 비중을 가장 줄였습니다. 2차 수험 기간은 시간이 너무 부족해서 어쩔 수 없이 실력에 따라 과목별 비중을 조정하게 되었는데 2차 5과목 중에서 재무회계 실력이 그나마 높다고 생각했기 때문입니다. 시간을 줄이기 위해 연습서는 미리 풀어보고 모르는 내용만 따로 강의를 수강했습니다. 재무회계의 경우 연습서를 많이 공부하지 못하고 모의고사 형식의 문제를 주로 풀었습니다. 기출문제의 경우 연도별 기출문제집을 구매하여 풀었습니다. 1차와 달리 2차에서 재무회계는 시간이 부족하진 않았기 때문에, 여러 주제를 까먹지 않고 기억하는 것에 중점을 두었습니다. 올해 시험에서 모르는 문제가 꽤 있었습니다. 그래도 빈칸을 두지 않는다는 생각으로 어떻게든 답안을 채웠는데, 이로 인해 점수가 상당히 올랐다고 생각합니다. 어떤 과목이든 백지를 만들지 않도록 연습하시는 것이 좋다고 생각합니다.

5. 수험생활 중에 본 도서목록 정리

1) 1차 과목별로 정리
- 경영학 : 전수환 기본서, 기출문제집, 파이널 모의고사, 하루에 끝장내기
- 재무관리 : 이영우 기본서, 객관식 문제지/ 김민환 기출문제집
- 경제학 : 김진욱 기본서, 객관식 문제지, 파이널
- 상법 : 김혁붕 기본서, 객관식 문제지, 서브노트, 법전
- 세법 : 이승철 서브노트, 객관식 문제지, 연습서/ 정우승 기출문제집
- 재무회계 : 김기동 워크북, 연습서, 객관식 문제지/ 김재호 기출베스트, 파이널
- 원가관리 : 김용남 기본서/ 이승근 객관식 문제지/ 임세진 기출문제집, 하루에 끝장내기
- 정부회계 : 김강호 기본서, 하루에 끝장내기

2) 2차 과목별 정리
- 세법 : 이승철 서브노트, 연습서/ 주민규 파이널
- 재무관리 : 이영우 동차연습서, 단특 / 김민환 기출문제집
- 회계감사 : 권오상 기본서, GS/ 도정환 모의고사, 모의고사
- 재무회계 : 김기동 워크북, 연습서, 기출문제집/ 김재호 파이널, GS/ 신현걸, 김현식, 최창규 모의고사
- 원가관리 : 김용남 연습서/ 오경수 기출문제집 /여러 GS 문제지

6. 마무리하면서

특히 시험이 가까워질수록 여러 모로 스트레스를 받았던 기억이 있습니다. 흔들리지 않고 본인이 해온 공부만을 믿으시며, 끝까지 놓지 않는다면 좋은 결과가 있을 것이라고 생각합니다. 현재 코로나로 인해 공부에만 집중하기 어렵지 않으실까 걱정이 많이 됩니다. 항상 건강 조심하시고, 시험을 준비하시는 모든 분들에게 좋은 결과가 있기를, 또 건강하시기를 진심으로 기원합니다. 감사합니다.

수적석천(水滴石穿)

김 다 현

1999년 3월 9일
대원외국어고등학교 졸업
서울대학교 경영학과 3학년 재학
2020년 55회 공인회계사 최연소 합격

안녕하세요! 저는 이번 55회 공인회계사 시험에 합격한 김다현이라고 합니다. 합격했다는 사실 자체만으로도 충분히 기쁜데, 운이 좋았는지 최연소 합격이라는 영광을 누릴 수 있게 되어 그저 감사할 따름입니다.

저 또한 처음 시험 준비를 시작할 때나 공부가 막막할 때 기합격자 선배님들의 합격 수기를 읽으며 많은 도움을 받았습니다. 부족한 점이 많은 저의 수험 경험이지만, 함께 공인회계사 시험을 준비하시는 다른 수험생 분들께 작은 도움이나마 될 수 있다면 행복할 것 같다는 마음으로 이 합격 수기를 작성하게 되었습니다.

1. 수험 생활 전반

저는 작년 초에, 수험생 선배님들께 정보를 얻으며 처음 중급회계 인강을 들으며 시험 공부를 시작했습니다. 겨울방학 동안 중급회계 인강을 마무리 하고 영어성적인정을 위해 TOEIC 시험을 응시했습니다.

1차를 준비하는 1년간은 학기와 시험공부를 병행했습니다. 경영학과에 재학 중이기 때문에, 대부분의 학점 이수를 학교 수업으로 하고 싶다는 생각에 결정한 것이었습니다.

당시 시험 과목과 연관성이 깊은 전공 수업 위주로 수강하였기 때문에, 다행히도 학교 수업과 시험공부 간의 긍정적인 상승효과가 있었던 것 같습니다. 그래도 최대한 시간을 절약하기 위해 통학 시간 등의 소소한 자투리 시간을 활용하려 노력했습니다.

기본강의의 경우, 저는 중급회계 - 원가회계 - 세법/경제 - 고급회계 - 상법 - 재무관리 - 일반경영의 순서로 수강하였습니다. 과목별로 필수적인 기본강의를 최대한 빨리 들은 다음에는, 복습하면서 개념을 체화하고 암기를 스스로 점검하는 자습시간을 많이 가지며 방대한 범위를 효율적으로 공부하는 데 중점을 두었습니다. 공부할 것이 워낙 많았던 터라 10월부터는 월간, 주간 계획을 과목별로 세우면서 차근차근 빠뜨리는 것 없이 공부할 수 있도록 노력했습니다.

1차 시험에서 다행히 안정적으로 합격할 수 있는 점수를 받았기에, 1차 발표가 난 후 1주일 뒤부터 연습서와 인터넷 강의로 2차 시험을 위한 공부를 시작했습니다. 이 기간에는 감사 - 재무관리 - 원가회계 - 세무회계 순으로 강의를 수강하였고, 동시에 두 과목을 같이 들을 수 있도록 했습니다. 4달가량의 주어진 시간 내에 방대한 양을 공부하는 것이 가장 중요하다 판단했기 때문에 1차 합격 발표가 난 후에는 학교를 휴학하고 2차 공부에 매진했습니다.

수험생활 전반에 있어 가장 중요한 것을 하나 꼽으라고 한다면, 저는 체력과 건강이라고 답하고 싶습니다. 물론 체력과 건강은 모두에게 중요하겠지만, 최종적으로 공인회계사 2차 시험에 합격하는 것을 목표로 하는 우리 수험생들에게는 더욱 필수적이라고 생각합니다. 특히 2차 시험을 준비하는 기간은 운동할 시간도 부족하기 때문에 지치기 쉬웠습니다. 가능하다면 건강을 위해서라도 일정한 생활 패턴을 유지하고, 충분한 수면과 적당한 운동을 공부와 병행하는 것을 추천 드리고 싶습니다.

2. 1차시험 공부 방법

처음 시험을 준비하기 시작할 때, 공인회계사 시험의 다양한 과목과 그 방대한 양 때문에 당황했던 기억이 납니다. 저는 1차시험을 준비할 때 공부할 범위를 줄이는 데 많은 노력을 기울였습니다. 확실하게 아는 것과 모르는 것을 구분하고, 모르는 것만 다음번에 다시 보는 식으로 시험을 보는 그 날까지 계속 공부할 범위를 줄여 나갔습니다.

1차 시험을 준비하며 2차 연습서를 풀어야 하는지에 대한 고민도 있었습니다. 저는 1차 시험 준비를 위한 시간적 여유가 많지 않아 1차 기간에는 재무회계와 세법 연습서만 공부했지만, 여유가 된다면 1차 기간에도 2차 연습서를 공부하는 것이 보다 바람직하다고 생각합니다. 첫째로, 2차 연습서는 객관식 문제에 비해 그 범위가 넓고 깊을 뿐이지 결국에는 1차와 같은 내용을 다루고 있습니다. 저 또한 2차 연습서를 공부하고 나서는 같은 1차 문제를 풀더라도 훨씬 수월하게 풀 수 있었습니다. 뿐만 아니라, 2차 기간은 아주 짧기 때문에, 비교적 긴 1차 기간에 2차 연습서를 미리 한 번 공부해두면 2차 기간을 더욱 효과적으로 보낼 수 있을 것입니다.

저는 시험이 가까워져 올수록 사설 모의고사나 기출문제를 주어진 시간 안에 푸는 연습을 많이 했습니다. 이 연습은 초시생으로서 부족했던 실전 감각을 끌어올리는 데 많은 도움을 주었고, 결론적으로 1차 합격에 주효했다고 생각합니다.

(1) 경영학

1) 일반 경영

빈출되는 경영학 용어나 이론의 경우, 암기를 하기 전에 해당 용어의 정확한 개념과 이론이 나오게 된 흐름 등을 우선적으로 이해하려고 노력한 것이 큰 도움이 되었습니다. 기본 강의를 들으면서 암기가 잘 안 되거나 헷갈리는 내용들은 작은 포스트잇에 따로 정리하여 가지고 다니면서 자투리 시간에 꺼내 읽으며 암기했습니다. 암기가 어느 정도 된 뒤부터는 객관식 문제와 기출문제를 자주 반복하여 풀면서 암기가 잘 되어있는지를 점검했습니다.

2) 재무관리

재무관리는 단순 암기보다는 개념을 이해하고 응용하는 것이 가장 중요하다고 판단하여 기본 강의를 들은 후에 기본서를 철저하게 복습했습니다. 생소한 공식이 워낙 많았기 때문에 어떤 공식을 어떤 상황에서 사용해야 하는지 처음에는 감이 잘 안 잡혔습니다. 그래서 잘 이해되지 않는 공식은 책의 증명과정을 보고, 스스로 다시 증명해보면서 그 도출 원리를 이해하려 했습니다. 저는 2차 시험까지 장기적으로 보았을 때, 이 과정이 저의 재무관리 실력을 향상시키는 데 가장 주효했다고 생각합니다. 기본서 복습을 마무리 지은 후에는 객관식 문제집과 기출문제를 풀면서 빈출 유형을 파악하고 문제 풀이 능력을 길렀습니다.

(2) 경제원론

경제학은 시험 준비 시작 전 베이스가 사람마다 달라, 가장 공부방법이 차이가 많이 나는 과목이 아닐까 생각합니다. 저는 고등학교 때 TESAT이라는 시험을 위해 경제 공부를 조금 했었고, 대학에 와서는 기업 경영과 관련된 미시 경제 이론과 거시 경제 기초를 배운 상태였습니다. 그렇지만 공인회계사 시험 경제학 과목이 워낙 어렵고 경제학부 3~4학년에서 배우는 내용까지 다룬다는 이야기를 들었기 때문에 기본 강의부터 차근차근 들었습니다.

기본 강의를 다 들은 후에는 단원 별로 내용을 복습하면서 연습문제를 병행하여 풀었습니다. 경제학은 모든 과목 중에서도 가장 문제를 많이 풀며 공부했던 과목이었습니다. 특히 미시경제는 단순 암기보다 스스로 문제를 많이 풀면서, 기본적인 개념과 근본이 되는 경제학적 아이디어들을 숙달하고 이를 문제에 적용시키는 능력을 개발하는 것이 중요하다고 생각합니다.

(3) 상 법

상법은 기본 강의를 들을 때부터, 조문 하나하나와 이에 수반된 예외사항과 특정 판례가 나오게 된 배경 및 논리에 집중했습니다. 논리적인 배경을 우선적으로 이해한 뒤, 가지치기를 하듯 구체적인 조문과 판례를 암기하는 것이 저에게는 효율적이고 효과적이었습니다.

개별적인 조문을 암기할 때는, 상술하였듯이 암기해야 하는 범위를 줄여나가려고 노력했습니다. 암기하지 못했다고 판단한 조문은 색깔 펜을 사용하여 표시한 뒤, 다음번에 볼 때는 하이라이트 표시된 조문들 위주로 공부하였습니다. 이 과정을 각기 다른 색의 펜으로 몇 차례 진행하였습니다.

객관식이나 기출 문제를 풀 때는 단순히 정답을 맞히는 것보다 모든 지문, 보기, 선택지를 분석하는 것에 집중했습니다. 시험이 가까워져 오면서는 까다롭거나 헷갈리는 지문들을 하나의 책에 단권화하였습니다. 또, 필요한 경우 앞글자를 따서 암기하기도 했습니다.

(4) 세 법

암기할 양이 방대하고 생소한 세법은 처음에 가장 공부하기 어려웠습니다. 기본 강의를 수강하면서도 자잘한 산식을 외우는 것이 까다로웠을 뿐만 아니라 할 건 많은데 자꾸 앞부분에서 배운 걸 잊어버리는 탓에 공부하기가 막막했습니다. 이를 극복하기 위해 통학할 때 대중교통에서 요약 녹음본을 듣거나 요약서를 읽으며, 각종 산식을 암기하고 세법 특유의 논리와 세법적 사고에 익숙해지려 노력했습니다.

기본 강의를 들으면서 해당 범위의 기초적인 객관식 문제를 함께 풀며 이번에 배운 산식이 어떻게 적용되는지 확인하기도 했습니다. 처음 풀 때는 어떻게 접근해야 할지 감조차 오지 않아, 거의 모범 풀이과정을 보면서 풀었던 거 같습니다. 그렇지만 풀이과정을 보면서라도 이론이 문제에 어떻게 적용되는지 확인해보는 과정이 공부에 많은 도움이 되었습니다.

기본 강의를 다 듣고 바로 연습서를 풀려고 했지만 처음에는 내용이 워낙 많아 초반에 배웠던 내용이 거의 기억나지 않았습니다. 그래서 객관식 세법 필수 문제를 하루에 10개씩 꾸준히 풀고, 특별히 어려웠던 단원을 하나씩 복습하며 연습서를 풀 준비를 했습니다. 세법 연습서는 1.5차 강의로 불리는 심화 강의를 인터넷으로 함께 수강하며 풀었습니다.

(5) 회계학

1) 재무회계

저는 1학년 때 회계원리를 들었기 때문에 중급회계로 재무회계 공부를 시작했습니다. 재무회계 문제는 다른 과목과 비슷하게, 크게 말문제와 계산문제로 나뉩니다. 말문제로 나올 만한 기준서 문장들과 계산문제에서 자주 출제되는 기준서 내용이 조금 다르다고 느꼈기 때문에 저는 이 둘을 어느 정도는 별개로 공부했습니다. 말문제로 출제되는 문장들 위주로 한번 정독하고, 계산문제와 이를 위한 개념을 또 따로 한 번 정독하는 방식으로 공부했습니다.

재무회계 연습서를 풀었던 게 저에게는 많은 도움이 되었습니다. 재무회계 2차 문제는 1차 문제 여러 개를 유기적으로 모아둔 느낌이기 때문에, 연습서를 풀고 난 뒤에는 1차 문제가 그 전보다는 비교적 수월하게 풀렸습니다.

객관식 문제를 시간 내에 푸는 연습 또한 중요하다고 생각합니다. 처음에는 문제 하나를 푸는 데도 꽤 오랜 시간이 걸렸고, 배운 개념을 각각 문제에 대응시키는 것도 어려웠습니다. 그래서 '문제를 보고 머릿속에 바로 대략적인 풀이 방법이 떠오를 때까지' 하는 것을 목표로 하여 객관식 문제집을 반복하여 풀었습니다. 전수로 모든 문제를 풀 때도 있었지만, 대체로 틀린 문제나 푸는 데 시간이 오래 걸렸던 문제들 위주로 회독 수를 늘려갔습니다. 모든 과목이 그렇듯이 회계학 과목 또한 시간이 부족하기 때문에 모의고사를 풀며 문제마다 시간 배분하는 방법을 많이 연습했습니다.

2) 원가회계

중급회계를 들은 다음 3월부터 원가회계 기본 강의를 듣기 시작했습니다. 원가회계는 비록1차에 출제되는 비중은 적지만, 2차에서 어렵게 출제되는 과목이며, 숙달하는 시간이 필요하기 때문에 꼭 챙겨가기로 마음을 먹었습니다. 학교에서도 원가회계와 관리회계 수업을 함께 수강하였기 때문에 원가회계를 공부하기가 비교적 수월했던 것 같습니다. 그 후엔 가을쯤에 기본서에 수록된 예제와 기초적인 연습문제를 풀면서 복습했고, 시험이 가까워질 때 얇은 요약서와 기출문제들을 통해 마지막으로 개념 이해를 점검했습니다.

회계학 시험은 풀 시간이 충분하지 않기 때문에 10개의 원가 문제를 빠르고 정확하게 푸는 것이 가장 중요하다고 생각합니다. 그래서 저는 시간을 재며 기출문제를 풀 때, 문제를 보자마자 풀이가 머릿속에 떠오르지 않으면 일단 건너뛰고 시간이 남으면 다시 돌아와서 푸는 연습을 했습니다.

3) 정부회계

저는 11월쯤에 정부회계 기본강의를 처음 들었습니다. 정부회계는 그 용어가 많이 생소홀했기 때문에 용어와 그 개념에 익숙해지기 위해 기본서를 자주 보려고 노력했습니다. 그래서 기본강의를 들은 뒤부터는, 시간이 애매하게 남거나 다른 과목을 공부하는 것이 지루해질 때, 정부회계 교재를 밑줄 친 부분 위주로 가볍게 눈에 익힌다는 느낌으로 자주 읽었습니다.

3. 2차시험 공부 방법

2차를 준비하는 기간은 1차보다 훨씬 밀도 있고 힘들었습니다. 재무회계를 제외한 네 과목은 인터넷 강의 수강과 연습서 풀이를 병행했고, 재무회계는 연습서와 모의고사를 풀면서 공부했습니다. 또한, 2차는 1차와 달리 서술형으로 답안을 작성해야 하기 때문에, 문제를 풀 때 유형마다 구체적인 답안을 어떻게 논리적으로 작성할 것인지도 준비했습니다. 다른 분들도 많이 말씀하시듯, 문제를 전혀 모르겠어도 백지를 내지 않는 것이 아주 중요하다고 생각합니다. 그래서 저도 혼자 모의고사를 풀 때도 문제와 관련 있는 단순한 개념이나 공식이라도 써보는 연습을 했습니다.

2차 시험은 회계감사를 제외하고는 과목별로 특별한 공부방법이 있었다기보다는 인터넷강의를 듣고 직접 문제를 푸는 일들의 반복이었습니다. 다만 인터넷강의 강사님이 풀어주시는 문제 풀이를 듣기 전에 먼저 문제를 풀어보려 노력했습니다. 문제를 직접 읽고 먼저 풀어보면, 틀리거나 정답을 구하지 못하더라도 기억에 오래 남아 공부 효율이 높아졌던 거 같습니다.

회계감사는 그 생소함 때문에 처음에 접근하기 가장 까다로웠습니다. 회계감사는 감사인이 맞닥뜨리는 다양한 상황에 대응하는 감사절차를 결국 암기해야 하는 과목이기 때문에 어떻게 해야 이걸 다 암기할 수 있을지 고민을 많이 했습니다. 우선 단순암기보다는, 절차를 수행해야 하는 논리적인 이유나 회계감사의 전체적인 흐름을 먼저 고려한 뒤에 암기를 하는 것이 큰 도움이 되었습니다. 또한 빈출되거나 출제 가능성이 높은 질문과 그 답을 파일로 따로 정리하여 프린트 한 뒤, 손이 아파서 쉴 때나 잠들기 전과 같은 자투리 시간에 반복적으로 읽었습니다.

4. 마무리하며

합격 소식을 들었을 때, 처음 이 시험 준비를 시작하며 책을 펼 때의 막막함이 기억났습니다. 같은 길을 걸어온 수험생으로서 이 시험이 정말 쉽지 않다는 걸 알고 있습니다. 그렇지만 보잘것없어 보이는 낙숫물이 댓돌을 뚫는 것처럼, 우리가 보낸 고통스럽고 힘든 하루하루가 결국 언젠가는 우리를 합격에 다다르게 해주는 것 같습니다. 모두 몸과 마음 건강하게 수험생활 하시고 원하시는 바 꼭 이루시길 바라겠습니다! 그리고 사랑하는 부모님, 항상 감사하고 또 감사합니다!

포기하지 않으면 불가능은 없다

양 요 섭

1982년 6월 4일
신목고등학교 졸업
동국대학교 졸업
2020년 55회 공인회계사 최연장자 합격

1. 들어가면서

1) 자기소개

안녕하세요. 저는 제55회 공인회계사시험에 최연장합격자 양요섭입니다. 먼저 합격 수기가 얼마나 중요한지 짧게 말씀드리겠습니다.

저는 1차는 3번 2차는 2번 떨어졌었고 1차 합격하기 전과 2차 합격하기 전 합격 수기를 읽었습니다. 그 당시 제가 느꼈던 점은 조금씩 다르긴 하지만 공통된 부분이 있었다는 것입니다. 그러한 공통된 부분과 자신의 공부방식을 적절히 섞어 공부하는 것을 추천해 드립니다. 또한, 1, 2차에 떨어진 저의 경험을 반면교사로 삼아 같은 실수를 반복하지 말았으면 좋겠습니다.

2) 응시 동기

저는 지방대학을 들어간 후 재수 생활도 하였고 병영 의무를 마치고 복학하여 학교를 다니던 중 편입을 하기로 하였고 학사편입을 위해 자격증과 사이버 강의로 140학점을 채운 후 학사편입을 도전하였습니다. 20대에는 어떤 직업을 가져야 할지 고민도 많이 했었는데 더 넓은 선택을 하고자 편입을 하였고 합격한 학교 중 동국대 회계학과를 선택하게 되었습니다. 회계사가 회계감사만이 아닌 다양한 업무를 할 수 있다는 것을 알게 되었기 때문에 큰 고민을 하지 않았던 것 같습니다.

첫 학기에 가장 기억에 남는 과목은 상법2(회사법)이였으며 회계학과에서 하는 상법2는 수강인원이 꽉 차 법학과에서 하는 상법2를 듣게 되었습니다. 상법1을 안 들어서인지 저 자신의 문제인지 책도 없이 진행되었던 그 과목은 결국 c+을 받게 되었습니다. 이러면 안되겠다는 생각에 여름방학에 김혁붕선생님 강의를 듣게 되었고 상법신강을 보게되면서 감탄을 했었던 기억이 납니다. 2학기 상법1을 수강하게 되었고 반에서 1등을 하게 되어 장학금을 받게 되어 자신감이 생겼던 순간이였습니다. 나도 할 수 있다는 믿음을 갖고 휴학을 하게 되어 공인회계사시험에 도전하게 되었습니다.

3) 합격 소감

아무래도 수험생활을 오래 하다 보니 부모님께 부담을 지어드리기 싫어 합격하기 4년 반 전부터는 친구들도 만나지 않고 집과 독서 실생활만 하였습니다. 필요한 부분이나 과목은 인터넷 강의로 공부하였고 궁금한 사항은 회계동아리나 학원 교수님께 문의했었고 비용을 최소화하기 위해 아파트에서 운영하는 독서실(만원)과 가끔 주말에 공부환경을 바꾸기 위해 학원 자습실에서 공부하였습니다. 20년 2월 코로나로 인해 모든 수험생이 힘들었을 것이라 예상합니다. 그 당시 학원과 독서실도 갈 수 없어서 집안에서만 공부하였는데 그 당시가 수험생활에서 가장 힘들었던 시기였던 것 같습니다. 내가 아닌 가족이 코로나에 걸릴 걱정과 그로 인해 나 자신이 코로나에 걸려 시험을 못 보게 될 수 있다는 생각, 집안에서만 공부해야 하는 답답함, 헬스장도 갈 수 없던 상황에 스트레스를 풀 수 있는 곳이 없어서 가장 고난의 시간이었던 것 같습니다.

우여곡절 끝에 시험에 합격하게 되니 그동안 부모님께 부담을 지어 드린 것과 앞으로 부모님께 무언가를 해드릴 수 있다는 생각에 기뻤습니다.

2. 최근 1,2차 시험 시험 출제경향 및 수험대책

1) 학습방법, 수험기간, 공부시간, 수험정보 입수경로

전 11년 봄 기본 종합반에 들어 가서 공부를 시작하였습니다. 학원강의를 충실히 들었고 열심히 복습도 하던 시절이였습니다. 자신의 의지가 강하다면 인터넷강의를 듣는 것도 나쁘지 않지만 초창기 친구도 하나 없이 인터넷강의를 듣는 것은 너무 외로운 수험생활이 될 수 있기 때문에 봄 기본 종합반에 들어 가서 공부를 하시는 것도 좋다고 생각합니다. 진도별 모의고사도 보기 때문에 자신이 어떻게 공부해야 할 것인지 계속 생각할 수 있는 기회가 될 것이라 생각합니다.

토익은 봄 기본 종합반에 들어오기 전에 준비해 두거나 1차 준비중 꼭 미리 준비해두시길 추천 드립니다. 저는 편입시험을 준비하여 리딩에는 자신 있었으나 리스닝이 부족하였고 토익시험을 보면 5~15점 정도 모자랐기 때문에 8월정도부터 토익시험 보기 몇 일전만 리딩을 준비하며 1~3개 문제만 더 맞으면 패스였기 때문에 준비를 소홀히 했었습니다. 그러다 12월에 객관식 과정을 접고 토익학원으로 가서 일단 시험을 못 볼 수있다는 생각에 토익만 준비했었습니다. 실제로 토익이 점수가 안나와 시험을 못보게 되는 친구들도 있었기 때문에 미리 준비해 두시길 바랍니다.

12월 경제학 객관식 강의를 듣지 못하고 1차 시험을 보게되었는데 경제학이 40점대였습니다. 1차를 떨어진 후 다시 도전하기 위해 학원 봄 기본 종합반을 들어가게 되는 실수를 하였습니다. 떨어지더라도 2차 동차반을 들었어야 했는데 너무 생각없이 공부를 했던 것 같습니다. 13년 1차는 너무 어려워 800명이 안되는 합격자가 발생하였고 1차 시험보기 전 너무 긴장하여 새벽2시반까지 잠을 못자고 6시에 깨어나 머리가 멍한 상태에서 1차 시험장에서 공부좀 하며 중간중간에 쉬기로 하고 출발 하였지만 너무 긴장한 상태라 몸은 무겁고 피곤하고 멍한 상태였지만 쉬는 시간에 잠을 잘 수 없었습니다. 수험생 여러분들은 1차시험직전에 컨디션 조절과 너무 과한 공부로 생활패턴을 깨지 않는 선에서 공부하시고 충분히 잠을 자는 것을 추천드립니다. 먹는 것도 시험전날에는 평소 먹는 것만 드시고 먹는 시간과 양은 일정하게 조절해 주시는 것이 좋습니다. 시험장에는 많은 수험생이 있고 화장실에 줄서서 대기 하고 있기 때문에 수험장 화장실은 거의 이용하시기 어려울 것입니다. 다만 아주 급할시에는 수험장이 아닌 다른 건물에 가보시는 것을 추천합니다. 의외로 다른 건물 화장실은 비어 있어서 급한 볼일은 해결 될 것이라 생각합니다.

13년 시험에 떨어진 후 학교에 복학하게 되었고 졸업을 하고 다시 도전 할 것인지 취업을 할 것인지 결정해야 했습니다. 그러다 복학하고 얼마 후 아버지께서 심근경색으로 쓰러지셨고 4분정도 심장이 멈추게 되어 응급실에 가게 되었습니다. 시간은 11시쯤이였고 중간고사기간 이였습니다. 응급실에 누워있던 아버지의 모습이 아직도 생생하고 깨어나실지 아닐지도 모른 상태에서 걱정하며 중간고사를 봤던 기억이 있습니다. 다행히 중환자실에서 깨어나시고 스탠드시술을 받아 지금은 잘 계시지만 제가 수험생활을 다시 시작하게 되고 포기하지 않게 마음을 잡았던 계기와 힘들 때마다 그 날의 장면을 떠올렸었고 공인회계사 합격도 못 보고 돌아가시면 큰 불효를 저지르는 것이라 생각하며 열심히 공부하게 되었습니다.

반년 준비 후 16년시험에 다시 도전하게 되고 370점을 받고 불합격 되었습니다. 1차

시험에 자꾸 떨어지는 문제가 무엇인지 곰곰이 생각해 보았고 객관식 가로풀기를 하게 되니 17년 425점으로 합격하게 되었습니다. 그이후 18년 19년 1차 시험도 400점을 넘기며 합격하게 되었습니다.

공부시간은 아침 7시에 일어나 8시부터 시작하였고 1차가 다가오는 1월부터는 밥먹기 전부터 공부를 하며 아침먹고 바로 독서실에 공부했으며 저녁 11시까지 공부 하였고 토요일은 독서실이 5시에 문을 닫았기 때문에 5시까지 공부하거나 학원 자습실에서 9~10시까지 공부하였고 일요일은 쉬거나 1월이 되었을 때에는 구립도서관이나 학원 자습실에 오후 5~6시까지 공부하였습니다.

수험정보는 월간회계의 1차, 2차 기출문제집에 기출문제뿐만이 아니라 회계사가 어떠한 업무를 하는지와 직업적 전망, 시험 제도와 운영 및 연도별 선발예정 인원과 합격자 수, 과목별 평균 등 많은 정보가 있고 다음카페에 회계동아리에 가입하여 정보를 얻었습니다. 공부가 안되거나 쉬는 날 이러한 정보를 보며 얼마나 공부해야 하는지 과목별로 추세가 어떤지 개인적으로 판단하며 시험준비를 하였습니다.

저는 그룹스터디를 하지 않았지만 2차 과목에 대한 답안 작성이 고민이신 분들은 2차 과목에 대한 모의고사를 보는 스터디에 가입하셔서 다른 수험생들이 작성하는 답안을 비교하여 단점을 보완하는 것도 좋은 방법이라 생각합니다. 답안을 보기 좋고 깔끔하게 쓰는 것도 점수에 영향을 준다고 생각하기 때문에 악필이더라도 깔끔하게 보일 방법을 생각 해 보셔야 합니다. 저는 개인적으로 표를 그릴 때 시간이 걸리더라도 자로 그렸으며 문제와 문제 사이에 공간을 띄우는 것도 깔끔하게 보일 수 있는 하나의 방법이라 생각합니다.

2차 답안 작성 시 한 문제 한 문제마다 어느 정도를 얼마큼 쓸지 자신만의 틀을 만들어 보셔야 2차 시험을 보실 때 낭비하는 시간이 줄고 많은 문제를 풀 수 있으니 미리 준비하셔야 합니다.

수험생활 중 애로사항과 본인만의 스트레스 해소방법

수험생활 동안 1차나 2차에 합격하기 전에 같은 방식으로 조금만 더 열심히 하면 합격할 수 있다고 생각했고 같은 실수를 반복하여 떨어지게 되었습니다. 1차나 2차에 떨어지게 된다면 왜 떨어졌는지 어떻게 하면 합격할 수 있는지 많은 고민을 해봐야 한다고 생각합니다. 시험 공부량이 워낙 많고 쉬는 시간에는 아무것도 하고 싶지 않을 때가 많은데 합격 수기나 회계동아리에서 정보를 얻는 것이 필요하다고 생각합니다.

1차 시험 직전까지 얼마나 빨리 많은 과목을 볼 수 있는지와 모든 과목의 감을 유지하며 일정을 짜야 하는지 2차 과목은 문제 규모가 크기 때문에 얼마나 많은 문제를 풀 수 있고 어려운 문제는 외울 수 있는지, 계산 실수는 어떻게 줄일 수 있는지 답안 작성은 어떻게 할 것인지 등 혼자 공부하며 이러한 문제를 해결하는데 많은 고민을 했었던 것 같습니다. 이러한 문제는 대부분 합격 수기와 회계동아리에서 해결 했다고 생각합니다.

공부하는 중간에 체력도 문제가 되는 데 오랜 시간 앉아서 공부하다 보면 허리, 등, 목이 아프며 공부에 스트레스가 쌓이면 슬럼프가 오기 때문에 적절한 운동과 맛있는 식사를 하시는 것을 추천합니다. 저는 주로 헬스를 했으며 시간이 부족한 경우 하루에 10분이라도 운동을 했었습니다.

제2차 시험 부분합격제도에 따른 부분합격과목 활용사례나 주의할 점

1차 시험에 합격하면 5과목을 다 볼 것인지 3~4과목을 할 것인지 결정해야 합니다. 저는 4과목을 도전했었고 17년 18년에는 불합격 19년에는 세법과 재무관리합격 하였습니다. 17년, 18년 감사를 동차 강의 들으면서 5월에 버리려면 버리라는 교수님의 말을 듣고 5과목을 다 준비하다가 감사를 벌이고 4과목을 봤는데 결과는 안 좋았습니다. 감사는 처음 시작할 때 많은 부담이 될 수 있으며 다른 과묵하기도 바쁘다 생각합니다. 자신이 정말 똑똑하다고 믿으시는 분들은 5과목을 다 가져가시고 저처럼 평범하신 분들은 2차 시작하기 전 3~4과목을 정해서 그것만 하시면서 동차 강의나 유예 강의는 부족한 과목이나 부분을 인터넷 강의로 듣는 것을 추천합니다. 또한, 2차 시험 시 긴장하기 때문에 답안 작성 시 쓸데없이 힘이 들어가는 경우가 있습니다. 19년 2차 시험 1교시 세법시험 때 너무 힘이 들어가 손에 쥐가 나서 나머지 과목에 어려움을 느낀 적이 있으므로 평상시 답안 작성을 많이 해 보시거나 아귀힘을 늘릴 수 있는 운동을 꾸준히 하시길 바랍니다.

2) 1차 시험 과목별 공부방법

1차는 모든 과목별로 가로 풀기가 중요하다고 생각합니다. 가로 풀기가 무엇이냐 하면 재무회계 같은 경우 재고자산 유형자산 차입원가 자본화 등 단원별로 문제가 많으면 2문제 정도 문제가 적은 파트는 1문제 정도 또는 숙달되면 문제가 많은 파트는 1문제 정도 문제가 적은 파트는 2~3일에 한 번씩 한 문제 정도 푸는 정도로 하시면 합격하는데 무리가 없으리라 생각합니다. 이 과정을 1월부터 하시면 실력이 빨리 향상하는 것을 느끼실 수 있다고 생각합니다.

또한, 말문제도 중요한데 저는 월요일 종일 재무회계와 세법을 한주는 짝수번호 그다음 주는 홀수 번호로 풀면서 말 문제를 정리하였습니다. 경영, 경제, 상법, 정부회계, 원가관리, 재무관리 말 문제는 해당 과목별 공부방법에서 설명해 드리겠습니다.

(1) 경영학

전수환교수님의 기본강의를 듣고 객관식문제집과 하루만에 끝내기 경영학, 기출문제를 보았습니다. 최중락 교수님의 워크북이 역대 기출 선지를 모아 놓았다는 말이 있는데 최중락 워크북으로 공부하셔도 무방할 것입니다.

경영학 암기는 12월 전에는 주말에 2~3주에 한번씩 외웠으며 1월쯤에는 점심시간이나 저녁시간 밥을 먹으며 기출 1회씩 풀었습니다. 객관식문제집도 풀어보았지만 기출이 가장 좋은 것 같고 많은 시간 투자하기에는 2차에 나오지 않는 과목이니 재무관리에 좀 더 투자하시는 것을 추천합니다. 기출은 지겨워도 반복적으로 푸시길 바랍니다.

(2) 경제학

저는 김진욱 교수님의 기본강의를 듣다가 잘 맞지 않아 김판기교수님의 기본강의와 객관식 강의를 들었습니다. 기본강의로 정병열 교수님의 경제학연습책을 보았는데 1차 시험으로는 객관식 다이어트 경제학으로 충분하고 객관식 책에 파트별로 요약이 되어 있는데 이론도 그 책에 있는 것만 봐도 7~80점은 나오리라 생각합니다. 객관식 책을 전수로 2~3회 정도 보고 틀린 문제만 반복적으로 보시면 된다고 생각합니다. 1월쯤에는 아침 7시 정도에 일어나 씻고 바로 경제학 기출1회를 풀었으며 기출이 지겨울 때쯤 객관식 책의 틀린 문제를 40분 정도만 풀고 아침을 먹고 바로 독서실을 갔습니다.

1차 시험 시 시간 배분도 중요하므로 경제학을 풀 때 거시와 국제부터 푸시길 추천해 드립니다. 미시는 어렵게 나오기 때문에 시간 배분하기 어려우므로 거시와 국제에 좀 더 투자하시고 거시부터 풀어야 경제학은 점수가 안정적으로 나온다고 생각합니다.

(3) 재무관리

1차에서는 16문제가 나오지만 2차에는 중요한 과목입니다. 1차에서도 문제가 적어 재무관리를 소홀히 하시는 분이 많으실 텐데 저 또한 그랬고 1차에서 공부하기는 부담스러운 과목이라 생각합니다. 교수님도 그것을 아셔서 문제 난이도는 연도별로 차이가 있기는 하지만 투입한 시간보다 잘 나올 수도 있습니다. 1차 때 재무관리에 익숙해져야 2차 공부가 그나마 할 만하므로 재무관리는 포기하지 않는 것을 추천합니다. 제가 이 과목을 공부하면서 이승근교수님이 하셨던 말이 생각납니다. 교수님께서는 '모든 과목에 모든 파트를 알아야 합격하는 것 같다 비록 깊게는 아니더라도'라고 하셨던 말이 기억이 남습니다. 제가 느끼기에도 안정적으로 합격하시려면 모든 과목과 모든 파트를 공부해야 하지만 시간이 없거나 너무 어려운 경우 그 부분은 버리게 되는데 1차에서는 가능은 하지만 2차에서는 문제 수도 적고 배점이 크기 때문에 버리는 부분은 최대한 없어야 한다고 생각합니다. 그렇지 않다면 운이 좋아야 합격할 수 있으리라 생각합니다.

재무관리는 기본서와 객관식은 김종길교수님으로 공부를 하였고 이 책으로도 충분하고 2~3회 정도 회독했다면 김민환교수님의 기출문제로 1~2일에 한 번씩 1회 기출을 푸는 것을 추천합니다.

(4) 상 법

상법은 김혁붕 교수님의 기본강의와 객관식 강의를 들었고 기본강의 때 필기와 책을 읽고 요약하여 나만의 노트를 만들었는데 시간이 오래 걸리고 힘들기 때문에 김유식 교수님의 요약집을 보시는 것도 좋을 것 같습니다.

개인적으로 상법을 좋아했기 때문에 공부하는 데에는 무리가 없었으나 양이 많으므로 기출문제 이외의 모의고사 책은 추천하지 않으며 기출만 반복적으로 보더라도 80점 이상은 나오리라 생각합니다.

김혁붕 교수님의 객관식 책은 이론이 없고 기출만 있고 파트별로 기출연도 표시되어 있어서 17년도 기출을 풀고 싶으면 일일이 17년도 기출을 찾아 한 장씩 넘기며 찾아서 풀 수밖에 없는 불편함이 있지만, 해설이 자세하고 거의 모든 내용을 담고 있으며 반복적인 문제는 제외되어 있으므로 김혁붕 교수님의 객관식 책을 보았습니다.

(5) 세무회계

기본강의와 객관식 강의는 정우승 교수님의 강의를 들었고 워크북이 점점 방대해지기는 하지만 빠지는 내용이 거의 없어 필기할 필요조차 없을 정도였습니다. 1차에 떨어지고 12월까지 세무회계 연습서를 보다가 1월부터 객관식 가로 풀기를 시작했고 이론문제는 월요일을 정해서 했기 때문에 워크북을 따로 보지 않을 정도로 이론문제는 틀이 잡혔습니다. 계산문제나 이론문제가 헷갈릴 때는 워크북을 수시로 봤으며 말 문제만 공부하더라도 워크북은 다달이 외우지 않아도 되리라 생각합니다. 저는 양도소득세와 상속, 증여도 공부하시는 것을 추천해 드립니다. 증여세는 이론문제만 준비하셔도 되고 양도소득세와 상속세는 어렵지 않게 나오기 때문에 국세기본법보다 맞추기 쉽다고 생각합니다.

(6) 재무회계

재무회계는 김기동 교수님의 기본서 강의와 객관식 강의를 들었으며 김영덕 교수님의 further study도 보았습니다. 김영덕 교수님의 퍼더스터디는 어려우므로 그 책을 풀지 않더라도 합격에는 지장이 없다고 생각하며 객관식 책을 반복적으로 가로 풀기를 하여 감각을 키우는 것이 핵심이라 생각합니다. 재무회계는 마지막 시간에 정부회계와 원가관리회계랑 같이 보기 때문에 개인적으로 가장 시간 조절이 안 되는 과목이었습니다. 빠르게 푸는 연습을 많이 하셔야 하는 과목이며 재무회계가 어렵게 나온다면 원가관리회계로 넘어가야 하는 부담감이 있는 과목입니다. 따라서 전국모의고사시 충분히 연습을 해 보셔야 합니다.

(7) 정부회계 및 원가관리회계

정부회계는 김강호 교수님을 들었으며 개인적으로 정말 잘 가르치신다고 생각했습니다. 강의도 짧고 문제도 많지 않기 때문에 강의만 들으시면 5문제 중 3개 이상은 맞추실 수 있으리라 생각합니다.

원가관리회계는 이승근 교수님의 기본강의와 심화 강의, 김용남 교수님의 객관식 강의를 들었으며 개인적으로 아무리 연습해도 1차에서는 3교시 회계학을 다 풀어본 적이 없으므로 원가관리는 이해가 잘되고 빨리 풀 수 있는 문제들 위주로 공부하였습니다.

17년 1차 일정(1차합격)

12원 전까지는 기본서와 연습서를 봤었고 12월부터 가로 풀기를 시작하여 월요일은 재무회계, 세법 이론문제를 한주는 짝수 그다음 주는 홀수를 풀었습니다.

화요일부터 금요일까지는 아침 7시에 기상하여 씻고 7시 20분부터 경제학 기출1회를 풀었고 아침을 먹고 난 후 독서실로 와서 9시부터 상법 기출1회 세법은 가로 풀기를 하였고 12시에는 이동하면서부터 밥 먹을 때까지 경영학 기출 문제 1회 1시부터는 재무관리나 원가회계1회 그리고 재무회계 객관식 가로 풀기를 하면 4쯤 되는데 그 이후에는 자신이 부족한 부분을 공부하였습니다. 부족한파트의 2차 문제를 풀거나 세법워크북이나 다른 과목의 부족한 부분을 공부하였습니다.

18,19년 1차 일정(1차합격)

17년 일정을 1월부터 시작했습니다.

3) 2차 시험 과목별 공부방법

2차는 주관식으로 1차와는 전혀 다른 세상입니다. 세법을 92.5점을 받고도 2차에서 60점을 못 넘은 적이 있으므로 전략적으로 공부해야 합니다. 1차도 공부량은 많지만 2차는 1문제의 크기가 크므로 깊이도 다르거니와 시간이 오래 걸립니다. 1차에서는 하나의 과목당 책하나만 봐도 합격은 가능하지만 2차는 연습서 한 권만 보는 사람은 없을 것입니다. 저 또한 한 과목당 많은 연습서를 보았고 GS와 모의고사집 등 다양한 문제를 풀었는데 문제는 시간도 없고 문제도 어렵고 양도 많은데 시험 보기 전까지 정리가 되고 기억할 수 있을까? 라는 고민을 많이 했었습니다. 그래서 저는 다른 수험생들이 이와 같은 방식을 쓰는지는 잘 모르겠지만 합격 수기에서 본 적은 없으므로 그 방식을 써 보고자 합니다.

연습서를 풀다 보면 틀린 문제나 어려운 문제를 체크하여 반복적으로 보는데 책을 여러 권씩 보게 되면 이러한 과정이 시간이 오래 걸릴 수 있다는 것입니다. 더군다나 시험 직전에는 최대한 많이 보고 싶은 욕심이 생기기 때문에 최대한 많이 보기 위해서 했던 방식입니다.

연습서를 2~3회 풀다 보면 다른 연습서를 보고 싶어지는데 다른 연습서를 처음 풀때 틀린 문제나 어렵거나 자신이 생각했을 때 좋은 문제는 문제와 답을 요약하여 회계사 답안지에 적고 과목별 혹은 파트별로 L홀더를 사서 모아둡니다. 답안지 한쪽 구석에는 책 이름이나 교수님 이름을 적고 페이지를 적어 둡니다. 나중에 다시 풀 때 문제의 핵심적인 사항을 빠뜨리고 요약하거나 답안을 잘못 풀이하는 때도 있으므로 꼭 표시하시기 바랍니다. 제가 이렇게 하면서 느낀 것은 문제를 요약을 하다 보니 각 문제에서 필요한 단서나 가정을 한 번씩 생각하게 되고 그러한 단서나 가정 때문에 답안이 얼마나 바뀔 수 있는지도 생각해 볼 수 있었던 것 같습니다.

자신이 정리한 문제 중에서 반복적으로 풀다 보면 계속 틀리는 문제가 있는데 그것은 따로 또 모아서 시간을 더 투자하시면 될 것입니다.

이 과정은 처음은 시간이 오래 걸리지만, 시험이 다가올수록 파워풀하다고 말하고 싶습니다.

다만 기본서로 정한 연습서는 충분히 여러 번 본 후에 하시길 추천합니다.

문제 요약의 팁은 하다보면 늘겠지만 한 문제에 4개 물음이 있으면 한 개만 틀렸을 때 틀린 문제와 관련된 개념을 자신이 문제를 정리하여 간단하게 만들 수도 있고 원가관리회계의 경우 결합원가에서 그림으로 문제를 만들거나 하여 자신이 이해할 수 있고 기억날 수 있을 정도면 된다고 생각합니다.

저는 시험 보기 전까지 제가 정리한 문제들만 봤고 하루에 엄청나게 많은 문제를 볼 수 있었습니다. 2차 시험은 많이 풀고 이해해야 하지만 이해를 못 하는 경우 풀이를 외워야 하는 경우도 있으므로 반복해서 봐야 한다고 생각합니다.

많은 합격 수기의 공통은 얼마나 제대로 리뷰를 하여 이해했는지 정도일 것입니다. 결국, 기억에 남는지가 문제인데 이해를 하더라도 잊어버리는 경우가 있으므로 반복적으로 보고 다른 연습서나 모의고사집으로 연습하는 수밖에 없다고 생각합니다.

(1) 세무회계

세법은 어마어마한 양에 압도되는 과목입니다. 양이 많으므로 잘 안 나오는 주제들은 버리거나 하는 과목입니다. 저는 소득세 부분의 동업기업 과세제도 빼고는 다 봤으며 잘 안 나오는 주제는 대표적인 문제와 워크북을 봤습니다. 예를 들어 법인세 중 기업구조 개편거래나 연결납세제도와 비영리법인의 법인세는 많이 나오지 않는 주제이긴 하나 나오면 어렵게 내지 않을 것이라는 예상에 조금이라도 쓸 수 있을 정도는 보고 들어갔습니다.

세무회계는 법인세를 전수로 풀 때 그다음 날 틀린 문제를 바로 푸는 것을 추천합니다. 경험상 틀린 문제를 다음날 다시 풀었을 때 더욱 기억에 남고 주말에 주중에 틀렸던 문제들을 다시 푼다면 진도는 느릴 수 있으나 기억에는 오래 남을 그것으로 생각합니다.

다른 과목도 마찬가지이긴 하지만 답안을 작성할 때 파트별로 자신만의 틀을 만들어 문제를 풀면서 바로바로 풀이와 답안을 작성하는 연습을 하셔야 합니다. 문제지에 풀이를 풀고 답안지에 정리하여 풀이와 답안을 작성할 시간이 없으므로 전체적인 문제와 물음을 보고 어떻게 써야 할지 바로 정하고 작성해야 시간이 부족하지 않으리라 생각합니다. 또한, 숫자 단위가 크기 때문에 풀이는 백만 단위로 작성하고 답은 원 단위로 적으시기 바랍니다. 그리고 답은 잘 보이게 작성하시기 바랍니다.

(2) 재무관리

김종길 교수님을 베이스로 이영우 고급회계와 GS로 공부하였습니다. 이해를 가장 잘 해야 하는 과목이지만 문제를 암기하여 합격하는 것도 불가능하지는 않다고 생각합니다. 저는 김종길 교수님의 강의는 들었지만 이영우 교수님의 강의는 듣지 않았으며 고급재무관리연습을 혼자 풀면서 최대한 자신의 방식으로 이해하려 했고 이해가 되지 않던 문제는 어느 순간 이해가 가는 경우도 있으므로 최대한 고민을 하면서 풀어야 하며 이해가 되지 않는 문제는 중요한 파트의 문제는 풀이를 외우는 것도 한 방법일 수 있습니다. 다만 이러한 문제는 빨리 잊어버리기 때문에 문제를 요약하여 반복적으로 풀어보시길 추천합니다.

2차에서 김종길 교수님의 강의와 책으로 합격하시는 분들도 있지만, 저 같은 경우에는 실력이 부족하여 합격을 못 하다가 이영우 교수님의 책과 GS를 풀고 실력이 급상승했다고 생각합니다. 정말 다양한 문제를 풀어보시는 것이 중요하고 또한 기억하는 것이 무엇보다도 중요합니다.

재무관리는 따로 문제를 요약하여 2차를 얼마 남겨두지 않은 시점에 하루에 100~150문제 사이를 봤었던 것 같습니다.

(3) 회계감사

유예가 발표가 난 후 바로 9월부터 감사를 시작했습니다. 도정환 교수님의 강의를 듣고 저 자신만의 정리 노트를 만들었지만 하루 만에 끝내기 회계감사편을 사시면 따로 필기할 필요는 없는 것 같습니다.

저 자신만의 노트를 일주일에 한 번씩 하루 동안 암기했고 어느 정도 익숙해졌을 때 1월쯤 권오상 교수님의 유예 강의를 듣고 도정환 교수님과 겹치지 않거나 조금 다른 부분은 다른 노트에 정리하였고 암기가 충분히 된 시점에 모의고사를 풀었습니다. 감사는 암기가 되지 않는 상태에서 문제를 푸는 것은 추천하지 않으며 어느 책 한 권만 보더라도 합격하지만 2권 보고 떨어지는 사람은 없다고 생각합니다. 그러니 강의는 듣지 않더라도 책은 사서 문제를 풀어보시는 것을 추천합니다.

(4) 재무회계

재무회계는 문제가 많아 답만 적으시는 분들이 계십니다. 칼 채점한다는 말이 있는데 쉬운 문제는 답만 작성하시고 좀 어려운 문제는 풀이를 적으시길 추천합니다. 다만 쉬운 문제를 계산 실수로 틀린다면 부분점수가 없어서 타격이 크므로 평상시 계산 실수를 하지 않는 연습과 빨리 푸는 연습을 하시고 어려운 문제는 나중에 푸시길 바랍니다.

개인적으로 김재호 교수님의 책이 이해하기 편하며 그다음 단계로 김기동 교수님 그리고 가장 어려운 김영덕 교수님의 책을 보는 것을 추천합니다. 김재호 교수님과 김기동 교수님은 서로 호환이 잘되며 김영덕 교수님 책은 정말 훌륭하다고 개인적으로 생각합니다. 하지만 모두 강의를 잘 가르치므로 자신의 맞는 강의를 듣고 다른 교수님들의 책을 사서 풀어보시는 것을 추천합니다.

(5) 원가관리회계

합격한 과목 중 유일하게 시간이 모자란 과목이었으며 가장 어려웠던 과목이었습니다. 원가는 한 문제 통으로 백지를 내면 안 되기 때문에 풀다가 어렵거나 도저히 못 풀 것 같다고 느끼시면 다음 문제를 푸셔야 합니다. 모든 문제를 조금씩 건드려야 부분점수로 인해 합격에 더 가까울 것으로 생각됩니다.

원가회계를 2번 떨어졌을 때는 통으로 백지를 낸 문제도 있었지만 20년 시험에서는 1, 2, 5번은 난이도가 높지 않아 다 풀고 3, 4번은 조금씩 풀었던 것으로 기억이 납니다.

원가회계의 경우 정말 꼼꼼하게 읽어야 하며 가장 실수를 줄여야 하는 과목이라고 생각합니다. 문제수가 적고 크기 때문에 단서 하나 놓쳐서 틀리거나 중간에 계산 실수를 하면 어려운 문제는 상관없지만, 난도가 낮은 문제에서는 최대한 신경을 많이 써야 한다고 생각합니다. 원가회계에서는 계산 실수를 줄이는 연습과 관리회계는 최대한 다양한 문제를 풀어보시고 강사마다 풀이 방법이 다르므로 최대한 자신이 이해하기 쉬운 강사를 찾으셔서 강의를 듣는 것을 추천합니다.

5. 수험생활 중에 본 도서목록

1) 1차
- 경영학 : 전수환의 에센스 경영학, 객관식 경영학, 하루만에 끝내기, 기출문제집
- 경제학 : 김진욱의 경제학강의, 정병렬의 경제학연습(김판기교수님강의), 김판기의 다이어트 객관식, 경제학 기출문제집
- 재무관리 : 김종길 기본서,객관식, 김민환의 1차 기출문제집
- 상법 : 김혁붕의 상법신강, 객관식문제집
- 세법 : 정우승의 기본강의, 객관식

- 재무회계 : 김영덕,김기동의 기본서, 김기동의 객관식,김영덕의 further study,
- 정부회계 : 김강호
- 원가회계 : 이승근의 기본서, 김용남 객관식

2) 2차
- 세무회계 : 정우승 연습서,주민규 연습서, 이승원 연습서, 주민규 파이널,
  강경태의 세무회계리뷰, 이철재 정우승의 세무회계 모의고사집
- 재무관리 : 김종길의 재무관리연습, 이영우의 고급재무관리연습, 이영우의 GS
- 원가회계 : 임세진 연습서, 김용남 연습서, 이승근의 모의고사집,
  이승우의 원가관리회계 필수문제집, 이승우의 원가관리회계 종합문제집, 이
  승우GS, 김용남GS, 임세진GS
- 재무회계 : 김기동 연습서,김영덕 연습서, 김재호 연습서, 최재형의 기출뽀개기,
  황윤하 연습서, 김현식 연습서, 김문철 고급재무회계,
  신현걸의 재무회계모의고사, 김재호의 파이널 재무회계, 최재형GS,
  김재호GS
- 회계감사 : 노준화의 회계감사, 노준화의 회감감사 리뷰, 권오상의 스터디 가이드, 도
  정환의 모의고사 문제집, 권오상 GS

6. 마무리하면서

1차는 자신에게 맞는 강의를 들으시고 여러 강사를 바꾸실 필요가 없다고 생각합니다. 1차는 효율적으로 한 강사님에게만 들으셔도 되고 2차는 동차가 아니라면 다른 강사를 들어보시는 것도 추천합니다.

1차 전국 모의고사는 2~3회 정도 보시는 것을 추천합니다. 시간 관리가 가장 중요하므로 자신에게 가장 맞는 과목이나 말이나 계산문제의 순서를 정하시는 것도 중요하다고 생각합니다. 예를 들어 경영학을 먼저 풀지 경제학을 먼저 풀지와 경제학 중에서 미시나 거시 중 어떤 것을 먼저 풀 것인지 가장 시간 관리가 잘되고 점수가 잘 나오는지 연습해 보시길 바랍니다.

회계사시험은 포기하지 않으면 다 붙을 수 있는 시험이라고 생각합니다. 다만 효율적으로 공부하지 않거나 포기한다면 떨어지는데 최대한 합격 수기를 읽어보면서 공통점을 느끼고 자신에게 맞는 공부방법을 만들어가야 한다고 생각합니다.

제가 했던 공부방법이 합격의 지름길은 아니며 하나의 예로 참고만 하시고 좀 더 효율적이며 오래 기억될 방법을 항상 고민해 보시기 바랍니다.

모두들 힘내세요. 감사합니다.

자신을 믿고, 한 걸음씩

이 병 로

1991년 6월 24일생
명덕외국어고등학교 프랑스어과 졸업
서울대학교 경제학부 금융경제연계전공 졸업
2018년 53회 공인회계사시험 합격(재무관리 최고득점자)

1. 들어가며

저는 이번 2018년도 제53회 공인회계사 시험에 합격한 이병로입니다.

저는 진로를 두고 주위의 조언을 얻어 오랜 고민 끝에 제 성향에 가장 맞는 공인회계사의 길을 택했습니다. 특히 주위에서 친구들과 선·후배들이 많이 하는 행정고시와 많이 고민했는데 숫자를 좋아하고 길게 답을 풀어쓰는 것보다는 계산을 통해 답을 구하는 시험을 선호하는 제 성향과 더 맞는 것 같았습니다.

올해 2차 시험에서 재무관리 한 과목만 봤기에 시험에 붙을 확률이 높다고는 생각하고 있었지만, 재무관리가 제일 어려웠던 과목으로 꼽히는 등 여러 변수가 있었기에 시험에 합격한 순간은 정말 기뻤습니다. 큰 도움이 될지 모르겠지만 이 길을 뒤이어 걸을 분들의 참고를 위해 이렇게 수기를 남깁니다.

2. 수험 생활 전반에 관해

저는 2015년 8월부터 회계사 공부를 시작하였습니다. 2016년에 시험 삼아 본 1차 시험은 떨어지고 2017년 1차 시험에 붙은 후, 2차에서 재무관리 유예 4과목 합격, 그리고 올해 2018년 최종 합격하였습니다.

진로를 결정하고 막막했지만 도서관에서 회계원리부터 빌려 차근차근 읽어 나아갔습니다. 이는 후에 구체적인 문제를 푸는 기술적인 면에선 도움이 크게 되진 않았지만 기업에서 회계정보가 생성되는 전 과정의 이해를 도와 1차 시험 말 문제, 2차 시험 배경을 묻는 문제 등에서 도움이 된 것 같습니다. 이를 마친 후, 공부를 먼저 시작했던 선배의 조언을 얻어 각 과목에서 유명한 강사들 목록을 받아 맛보기강좌들을 들으며 제 성향에 맞는 강사들의 인터넷 강의를 들으며 본격적으로 수험 생활을 시작했습니다.

저는 2017년 1월부터 6월까지(이하 "동차 기간")는 제외하고 대부분의 수험기간동안 학교로 1시간 정도 거리를 통학하고, 동차 기간 동안은 학교 앞 고시원에서 자취하며 학교 도서관에서 공부를 했습니다. 가족은 학원에서 공부하며 필요한 정보를 얻길 원했지만, 주위 선후배들로부터 학원에서 배우는 것은 많지만 주위 친구들과 자연스레 어울리게 된다며 별로 추천하지 않아 인터넷강의를 들으며 배운 내용을 확실히 제 것으로 만드는 데 초점을 두었습니다.

동차 기간 동안엔 아침 8시에 학교 셔틀에서 만나는 출석체크 스터디를 해서 밤 11시까지 공부를 했고, 그 외 기간은 대체로 아침 10시쯤부터 밤 10시 30분까지 도서관에 있는 것을 목표로 했습니다. 다만, 도서관에서 공부하는 환경과 커뮤니티를 잘 안하는 제 성향으로 인해 수험정보를 입수하는 데 어려움을 겪긴 했습니다. 그래도 필수적인 정보는 고등학교 친구들이나 대학교 선배가 신경 써서 알려줘 큰 문제는 없었던 것 같습니다.

저는 스터디를 많이 하진 않았지만 동차 기간 동안 재무회계와 재무관리, 감사 목차암기 스터디를 했고, 올해 유예 기간에도 재무관리 스터디를 했습니다. 저는 혼자 공부하는 환경에서 부족했던 적절한 긴장감 조성과 진도 체크를 위해 스터디를 하기로 결정했고 대체로 만족스러웠습니다. 또한 단순계산이 아닌, 문제를 접근하는 논리가 중요한 과목들에서 제가 들은 강사의 방식에만 빠지지 않고 또 다른 합리적인 접근을 배우는 데도 큰 도움이 되었습니다.

공부를 하면서 전에 몰랐던 새로운 것을 배울 때의 즐거움도 있었지만, 그보다는 끝이 없는 것 같은 시험 범위와 복습할 때 하나도 기억 안 날 때의 무력감이 컸습니다. 이를 극복하기 위해서 저는 가장 2가지를 신경 썼습니다.

먼저 공부를 할 때 계획을 못 지킬 때도 고려하여 넉넉하게 잡더라도 Top-down 방식으로 계획을 하려 했습니다. 각 과목의 특성을 고려하여 언제 무슨 과목을 공부할지 계획을 세우고, 그 다음 해당 과목 내에서 어떻게 공부할지, 예를 들어 내용 암기에 집중할지, 가로풀기(한 단원 문제들을 다 푸는 게 아니라 모든 단원마다 한 문제씩 풀기) 등 문제를 더 많이 풀지를 정하고 시작했습니다. 한정된 시간 내에 시험 범위를 모두 커버하기는 어렵기에 선택과 집중이 필요한데, 이는 세부적인 것 하나하나보다는 그 과목을 목차로 크게 볼 때 가능합니다. 그리고 개인적인 경험일 수 있지만 위에서 좀 더 큰 시각으로 보면 내용의 앞뒤가 연결이 잘 돼 암기 같은 것도 더 잘 된 것 같습니다.

그 다음은 흔히 멘탈 관리라 부르는 감정 컨트롤이었습니다. 평소 주위에서 멘탈이 강하다는 평가를 많이 해서 큰 걱정을 하지 않았지만, 때때로 몰려오는 막막함과 미래에 대한 불안함은 저도 모르게 주위 사람들에게 짜증이나 신경질적인 반응을 보이기도 했습니다. 저는 조급함에서 오는 스트레스를 해소하기 위해 동차 기간을 제외하면 일주일 중 하루 저녁 정도는 휴식을 취했습니다. 물론 다음 날까지 영향을 줄 정도로 과도하게 논 건 아니고 당시 여자친구와 같이 밥을 먹거나 카페에서 이야기하며 수험 생활의 예민함에 매몰되지 않도록 했습니다. 또, 저는 밥을 한 번에 많이 먹지 않고 대신 여러 번 자주 먹는 스타일인데 그 때마다 도서관에서 행시를 공부하는 친구 등과 이런저런 이야기도 하며 긴장을 풀기도 했습니다.

3. 1차 시험 과목별 공부 방법

1차 시험은 아시다시피, 1교시는 재무관리를 포함한 경영학과 미시경제이론, 거시경제이론, 국제경제학이 포함된 경제학, 2교시는 상법과 세법, 3교시는 정부회계와 원가·관리회계가 포함된 회계학으로 되어 있습니다. 이 중 2차 시험에도 포함된 재무관리, 세법, 원가·관리회계, 재무회계는 1차보다는 2차를 목표로 연습서 중심으로 공부했고 이는 후술하겠습니다.

저는 전공인 경제학과 암기가 대부분인 경영학은 12월말부터 1차 시험 직전인 2월까지 단기간에 많은 시간을 투입해서 효율적으로 공부했고, 이를 추천 드리고 싶습니다. 두 과목을 오래 잡고 공부하는 것은 정해진 점수를 받고 합격하는 것이 목표인 시험엔 비효율적입니다. 상기 기간 동안 경제학은 교재를 1회독한 후 가로풀기를 통해 꽤 넓은 범위의 주요 문제들을 잊지 않는 것을 목표로 했습니다. 문제를 풀며 틀린 문제는 1차 시험 직전에 복습했지만 어렵지만 출제빈도가 낮을 것으로 생각되는 문제들은 과감히 생략하고 넘어갔습니다. 경영학은 아예 객관식 책만 사서 주로 단순암기로 접근했습니다. 도저히 이해가 되지 않는 부분은 인터넷 검색 등을 통해 배우기도 했지만, 주로는 앞글자만 따서 외우는 방법 등을 이용하여 암기 위주로 접근했습니다.

다만, 역시 암기가 주인 상법은 법률 용어가 많고 문제에 나오는 예도 일상생활에서 많이 접하지 못해 생소하게만 다가왔습니다. 제가 처음 시험을 본 2016년에 기본 강의를 들었기에 2017년엔 교재를 혼자 읽으며 복습하고 문제만 풀 생각이었지만 생각보다 기억이 안 나고 너무 난해해 다시 문제풀이 강의를 들으며 공부했습니다. 제가 선택한 인강 강사님이 회계사시험 뿐 아니라 변호사시험에 나오는 문제들도 소개해 더 폭넓게 이해가 잘 되었던 것 같습니다.

또 다른 암기과목인 정부회계는 12월말에 한 번 인강을 보며 익혔고, 시험 직전에 한 번 더 상기를 위해 공부했습니다. 배점의 비중도 그리 높지 않고 재무회계 실력이 탄탄하다면 단순암기에 가까운 과목이라 그 정도면 충분할 것 같습니다.

재무관리와 원가·관리회계는 최근 1차 시험 문제들도 어려워지고 있는 게 큰 특징입니다. 2차 시험에 나올 법한 주제가 출제되기도 하고 계산이 꽤나 오래 걸리는 문제도 있습니다. 따라서 보다 심화된 2차 시험을 목표로 연습서로 공부하는 게 점점 중요해 보입니다. 물론 시간이 더 짧은 1차 시험을 위해 공식을 만들어 빠른 계산으로 풀 수도 있지만, 2차 시험 용 연습서를 많이 보면 문제 해결로의 접근 자체가 빨라져 대부분 해결될 것으로 생각됩니다.

세법은 그 정도가 더 강해 연습서를 돌리며 어려운 계산 문제들을 풀다 보면 1차 시험에서 간단한 문제들은 눈으로도 풀 수 있을 정도가 됩니다. 다만, 거의 1차 시험에만 출제되는 범위인 국세기본법이나 말 문제는 객관식 세법 책을 통해 공부했습니다. 2차 시험 연습서를 많이 보고 자신감이 생긴 후에는 일자 등 잘 안 외워지는 단순 암기 내용 중 시험에 나올 법하지 않은 것들은 과감히 포기하기도 했습니다.

재무회계 역시 일부 말 문제와 간단한 계산을 위해 객관식 책을 공부하긴 했지만 이 역시 2차 시험을 목표로 연습서를 많이 보는 것을 권장합니다. 물론, 1차 시험을 가능한 빨리 붙고 2차 시험에서 유예과목 수를 최대한 줄이는 방법을 선호하는 사람도 있지만 저는 진득이 2차 시험을 목표로 공부함으로써 본인의 진짜 실력을 키우는 것이 시험 합격 뿐 아니라 그 이후 회계사로서 성장하는 데에도 훨씬 도움이 될 것으로 생각합니다.

4. 2차 시험 과목별 공부 방법

2차 시험은 역시 아시다시피 세법, 재무관리, 회계감사, 원가·관리회계, 재무회계로 이뤄져 있습니다.

저는 저에게 생소하고 많은 반복이 필요한 재무회계와 세법에 가장 많은 시간을 투자했습니다. 2016년 1차 시험에 떨어진 직후에는 다른 과목 기본 강의를 들으며 공부하고 그 해 7월부터 11월 정도까지는 두 과목의 연습서를 3회 정도 반복했는데 이는 큰 도움이 되었습니다. 그 전에는 조금이라도 다른 과목을 보고 다시 보면 볼 때마다 새로웠던 내용들이 자세한 공식이 생각나지 않더라도 제 것이 된 것 같았습니다. 또한 동차기간 동안 1주에 한 번 스터디를 하며, 숙제로 일정 범위의 문제들을 풀어온 후 스터디에서 주요 문제만 뽑아서 다시 푸는 연습이 크게 도움이 되었습니다. 문제를 풀 때 답이 맞는지만 확인할 게 아니라, 해설을 보며 문제를 풀 때 작은 것이라도 놓친 건 없는지 확인하며 꼼꼼히 공부하려 노력했습니다. 이런 과정을 통해 어느 정도 내재화된 후에는 가로풀기를 통해 넓은 범위의 내용들을 잊지 않으려 노력했습니다.

　재무관리는 동차 기간과 유예 기간 좀 다르게 접근했습니다. 동차 기간에는 시간이 부족하여 기출 문제를 위주로 보고 다양한 주제보다는 자주 나오는 문제들을 확실히 푸는 방식을 택했는데 결국 불합격의 결과를 받았습니다. 유예 기간에는 이를 반면교사 삼아 한 달 반 정도를 인강을 통해 1회독한 후, 바로 꼼꼼한 복습으로 앞 뒤 내용을 연결해 가며 암기와 이해를 동시에 하려 했습니다. 동시에 1주일에 한 번 해당 단원이나 모의고사 문제를 푸는 스터디를 하며 문제를 푸는 기술도 익혔습니다.

　회계감사는 전체적인 흐름 파악에 중점을 두었습니다. 개인적인 경험이지만 동차 기간 전에 기본 강의를 들었을 때 이 과목은 감사기준과 여러 법률들이 많아 꼼꼼하게 보면 끝도 없을 것 같은 느낌이 들었기에 중요한 것들은 외우되 너무 세부적인 내용에 매몰되지 않으려 노력했습니다. 다만, 외워야 할 내용은 목차 암기 스터디를 하면서 스터디원들과 시험에 나올 법한 중요한 것들을 뽑아서 쭉 빈 종이에 외운 것들을 쓰는 것을 했습니다. 때로는 밥을 먹으면서도 외운 것들을 서로 물어보는 퀴즈를 내기도 하며 계속해서 넓은 범위의 내용을 상기하는 것에 초점을 두었습니다.

　원가·관리회계는 제가 기본 강의를 들으며 제일 불안함이 컸던 과목이었습니다. 복잡한 내용도 있지만 논리가 있는 원가회계는 자신이 있었지만, 관리회계는 개인적으로 접근 방법이 잘 안 떠오르기도 하고 문제마다 특유의 해답이 있는 것 같아 자신이 없었습니다. 그래서 원가회계 문제만이라도 확실히 잡고 관리회계는 재무관리와 유사한 문제들을 최대한 건드려보는 방식으로 접근했습니다. 원가회계는 심화 주제의 문제들도 다 풀어보고 들어갔고 관리회계는 기본 내용과 말 문제로 나올 법한 내용들만 외워갔습니다.

5. 수험생활 중에 본 도서목록 정리

　재무회계는 기본 강의는 김기동 강사님의 교재로 익혔고, 2차 시험은 김재호 강사님의 연습서와 파이널 모의고사를 사용했습니다. 최근 모의고사, GS 등 다양한 문제집이 출시되었지만, 개인적으로는 김재호 강사님의 연습서만 완벽히 제 것으로 만들면 시험에 합격하는 데에는 큰 무리가 없을 것으로 생각됩니다.

　세무회계는 기본 강의는 이승철 강사님의 교재로 배웠고, 2차 시험은 정우승 강사님의 연습서를 사용했습니다. 개인적으로 이승철 강사님은 피부에 와닿게 설명을 잘 해줘 세법에 입문할 때 기초를 다지기에 적합하고, 정우승 강사님은 강의나 교재에서 제법 세부적인 내용까지 들어가 있어 꼼꼼히 공부하려는 제 성향에는 더 맞았던 것 같습니다.

　원가·관리회계는 김용남 강사님의 교재와 연습서를 사용했습니다. 심화내용까지 공부하려 했던 원가회계가 정리가 잘 되어있고 관리회계는 다소 난해했던 것 같지만 다른 강사의 연습서를 보지 않아 더 상세한 비교가 불가능한 점 죄송합니다.

회계감사는 권오상 강사님의 교재를 사용했습니다. 주위에선 도정환 강사님의 연습서도 많이 봤던 것 같은데 저는 한정된 시간으로 인해 너무 범위를 넓히기보다는 시험에 합격할 정도로만 효율적으로 투입하기로 결정했습니다.

재무관리는 동차 기간에는 김민환 강사님의 교재를 봤고 유예 기간에는 김종길 강사님의 교재를 주로 보고 이영우 강사님의 교재도 참고했습니다. 시험 범위와 일정한 기준 같은 게 없는 과목의 특성 상 가끔 강사님들마다 접근법이 다른 문제들도 있었는데 이는 제가 생각하기에 더 합리적인 논리를 취하려 노력했습니다.

경영학은 전수환 강사님의 객관식 교재를 사용했습니다. 가끔 가다 본문 내용에서 이해가 안 됐던 부분이 문제 해설에서 제시되어 있어 해설까지 꼼꼼하게 볼 것을 추천드립니다.

경제학은 김진욱 강사님의 교재와 하끝을 사용했습니다. 김진욱 강사님은 행시 경제학도 가르치는 만큼 원리부터 꼼꼼히 배울 수 있고 암기가 필요한 내용도 앞글자를 잘 따줘서 많은 도움이 되었던 것 같습니다. 하끝으로 가로풀기를 통해 넓은 범위의 세세한 내용도 잊지 않으려 했습니다.

상법은 김혁붕 강사님의 교재를 사용했습니다. 교재가 다양한 예를 들며 상세히 설명이 잘 되어있고, 상술한 것처럼 강사님이 변호사시험 문제까지 다뤄 더 폭넓게 이해가 가능했습니다. 최근엔 주위에서 심유식 강사님의 교재도 많이 보는 것 같습니다.

정부회계는 김용석 강사님의 교재를 사용했습니다. 개정된 법률에 따라 적절히 교재 내용이 수정될 뿐 아니라 시험에 나올 법한 문제들이 계산이 필요한 항목과 암기가 필요한 항목으로 구분되어 적절히 설명되어 공부하기 편했습니다.

6. 마무리하며

제가 수기를 쓴 건 수험생 여러분께 미약하게나마 도움이 되고 싶어서였는데 쓰면서 제 수험생활을 쭉 돌아보니 여러 감정이 교차합니다. 진로를 결정하고 회계원리를 마친 다음날 하루 종일 인강을 보며 복습하기 바빴던 공부 첫 날이 기억나며, 당시의 초심을 상기하게 됩니다. 그 때부터 지금까지 저는 회계사로서 성장하는 것이 목표입니다. 이를 위해 저는 우선 회계 법인에서 다양한 경험을 하고자 합니다. 그 후, 제 적성에 맞는 분야에 더 파고들어 그 분야에서 전문성을 가진 회계사가 되어 전문가로서 이 사회에 이바지하고 싶습니다.

수험생에게 가장 당부하고 싶은 것은 너무 조급해 하지 말고 자신을 믿으라는 점입니다. 저도 이 공부를 시작할 때, 많은 시험과목, 두꺼운 교재들과 넓은 시험 범위를 보면서 막막해지고 한숨만 나왔습니다. 그럼에도 불구하고, 자신을 믿고 하나씩 하나씩 하다

보면 조금씩 끝이 보이기 마련입니다. 자신만 힘든 게 아니라 그 길을 먼저 지나간 선배들도 그랬었고, 지금 같이 걷고 있는 수험생들도 모두 같은 불안함을 겪는다는 점을 기억하며 하루하루 성실히 노력하는 게 중요한 것 같습니다. 그리고 그렇게 하다보면 충분히 원하시는 바를 성취하실 수 있을 것입니다.

끝으로 수험 생활을 하면서 도움을 받은 사람들이 많았는데, 무엇보다 우리 가족에게 꼭 고마움을 전하고 싶습니다. 아버지 이원식, 어머니 박영신, 형 이병목, 형수님 송현지, 동생 이병우 등 가족의 넘치는 응원과 격려 덕분에 수험생활을 잘 버틴 것 같습니다. 또, 소중한 악반 동기들, 특히 동현, 다현, 종화, 준상, 지혜, 병기, 정주, 찬호, 헌재에게 고맙고 앞으로도 좋은 일만 가득하길 바랍니다. 수험기간 동안 많이 응원해주고 귀중한 정보도 전해준 소영 누나, 한솔이 형과 긴 말이 필요 없는 제 오른팔인 후배 사윤이에게도 고맙다는 말 전하고 싶습니다.

또 나이를 먹어도 항상 고등학생 같은 기영, 재익, 종현, 진환, 정호, 찬일, 기천, 효상, 규원, 영진 등 불어과 친구들에게 고맙습니다. 여러모로 제일 힘들었던 동차 기간 동안 같이 공부하고 스트레스도 같이 푼 안나, 다은이한테도 고마움을 전합니다. 스터디로 알게 됐지만 이젠 그 사실을 잊을 정도로 친해진 보현이, 민수에게도 감사합니다. 아울러, 제가 이렇게 수기를 쓸 수 있게 만들어 준 스터디원들, 현익이, 성욱이, 현익이형에게 감사를 표하고 밝은 미래도 기원합니다. 마지막으로 이 글을 읽어주신 수험생 등 모두에게 다들 좋은 일만 있길 소망합니다. 감사합니다.

공인회계사 합격수기

긴 터널을 빠져나가면서

정 재 영

1991년 3월 8일생
안양외국어고등학교 졸업
성균관대학교 국어국문학과 수료
2018년 53회 공인회계사시험 합격(회계감사 최고득점자)

1. 들어가면서

안녕하세요. 저는 53회 공인회계사 시험에서 회계감사 과목 최고 득점으로 합격하였고, 이번에 삼정회계법인에 입사하게 된 정재영입니다. 짧지 않은 수험기간 동안 합격만을 바라보면서 정신적으로나 체력적으로 힘든 순간들이 많았기 때문에 합격 발표를 듣는 순간 다행이라는 생각이 제일 먼저 들었던 것 같습니다. 이후에 금융감독원으로부터 회계감사 최고득점자라는 전화를 받았을 때 그제야 합격의 기쁨을 실감할 수 있었습니다.

저는 초시 1차시험에도 떨어져보고 다유예도 겪는 등 수험생활을 평탄하게만은 보내지 않았기 때문에 아직까지 제가 합격수기를 쓴다는 것이 조심스럽습니다. 하지만 제가 겪었던 경험들을 겪고 있는 수험생들에게 이 합격수기가 조금이라도 도움이 될 수 있으면 하는 마음으로 글을 씁니다.

2. 응시동기

저는 비상경계였지만 경영학 복수전공을 통해 회계사라는 직업에 대해 알게 되었고 전문직의 매력에 끌려 회계사 시험에 도전하게 되었습니다. 많은 비상경 학생들이 회계사 시험을 잘 알지 못하고 또한 주변 선후배 중에서도 회계사가 많지 않아 정보를 얻기가 힘듭니다. 저희 학교에서도 상경계에서 합격자가 50~60명 이상 나오지만 저희 과에서는 많아도 1년에 1~2명 나오거나 아예 없는 경우가 많았습니다. 저 또한 정보를 얻기 힘들었고 제 합격수기가 비상경 학생들에게 작지만 큰 도움이 되어서 많은 비상경 학생들도 회계사 시험에 도전하고 성공했으면 좋겠습니다.

회계사 시험은 과목 특성상 대부분의 합격자가 경영, 경제학과 학생이고 비상경 그 중에서도 특히 인문학과 학생은 매우 적습니다. 많은 비상경 학생들은 회계사 공부에 있어 상경계 학생들이 많은 이점을 가지고 시작한다고 생각해서 아예 도전조차 안 하는 경우도 있습니다. 물론 경영학과 학생이 이점을 가지고 공부를 시작할 수 있지만, 방대한 수험과목을 생각하면 결국에는 큰 차이가 없을 것이라고 생각합니다. 본인이 속한 과가 어디기보다는 본인이 얼마나 노력하고 끈기 있게 공부했는 지가 더 중요하다고 생각합니다. 그래도 수험기간 중간중간 복학할 때 회계, 세법 등 관련 과목을 들으면 좋기에 저처럼 경영학 복수전공을 하시는 것을 추천 드립니다. 물론 복수전공을 안 한다고 해도 대부분의 공부는 휴학 중에 이루어지기에 큰 걱정은 안 해도 된다고 생각합니다. 최대한 시험기간에만 바싹 공부해서 학점을 얻을 수 있는 과목들과 온라인 강의로 수강신청을 하시는 것을 추천 드립니다.

3. 최근 1차시험 출제경향 및 공부방법

(1) 출제경향 및 공부방법

1차 시험에서 합격하기 위해서는 가져갈 수 있는 과목과 범위는 버리지 않고 최대한 다 가져가는 것이 맞다고 생각합니다. 회계사 1차시험은 양이 너무나도 많고 들을 인강도 많기에 많은 학생들이 인강만 듣다가 제대로 복습하거나 객관식 회독 수를 늘리지 못한 채 시험장에 들어갑니다. 저 또한 이와 비슷한 이유로 초시에 1차 합격을 하지 못 했습니다. 공부시간은 많았지만 자기 공부할 시간은 없고 강의수강만 하면 정작 중요한 문제를 풀 수가 없습니다. 최대한 빠르게 객관식 인강을 듣고 최소 1월부터는 객관식 회독 수를 늘리는 방식이 좋은 것 같습니다.

또한 많은 학생들이 1차 공부를 하면서 2차 연습서도 같이 봐야하나 심화강의나 동차 강의를 같이 들어야 하나 고민합니다. 간단하게 말하면 순수하게 1차 합격을 위해서라면 굳이 연습서를 보거나 관련 강의를 들을 필요는 없다고 생각합니다. 그러나 이 시험은 2차까지 있기에 2차까지 생각하면 큰 도움이 된다고 생각합니다. 학원이나 고시반 모의 고사 또는 기출 문제를 풀어보면서 본인이 어느 정도 합격권이라고 생각을 하시면 추천 드리고 많이 부족하시다면 연습서보다는 객관식 회독 수를 늘리는 것이 더 좋은 방법이라고 생각합니다. 1차 재시생분들도 꼭 연습서 강의를 듣고 풀기보다는 객관식에 어느 정도 익숙한 지 알아보고 결정하는 것을 추천 드립니다. 1차를 붙어야 2차를 볼 수 있기 때문입니다.

또한 저는 2차시험이나 유예 때도 마찬가지였지만 많은 책을 풀기보다는 과목당 1권의 책을 중심으로 공부하였습니다. 특히 1차 시험 때는 본인이 수강하는 강사의 객관식 책 1권이면 대비하는 데 충분하다고 생각합니다. 다양한 책을 1회독하는 것보다 한 강사의 객관식 책을 3~4회독 하는 것이 더 좋다고 생각합니다.

(2) 과목별 공부방법

1) 재무회계

재무회계는 1차시험에서 가장 키 포인트라고 생각합니다. 1문제당 3점이라 가장 배점이 크고 수험생마다 편차가 있으며 공부한 만큼 성적도 오르는 정직한 과목이기 때문입니다. 또한 처음에 시작하는 과목이기에 수험생들이 상대적으로 쉽다고 생각하거나 양이 적다고 생각하지만 다른 과목과 비교하면 결코 쉽지도 않고 양도 많다고 생각합니다. 가장 기본이 되는 과목이고 2차시험에서도 큰 비중을 차지하는 과목이기에 1차 시험 때부터 빠지는 부분 없이 공부하는 것을 추천 드립니다. 저 또한 처음에는 시간이 모자랐고 항상 실수를 했습니다. 그러나 객관식 회독 수를 늘리면서 문제 푸는 시간도 빨라졌고 실수도 줄었습니다. 1권의 객관식 책을 여러 번 풀다 보니 나중에는 풀이방법을 외워서 보자 마자 문제를 풀거나 답이 기억나는 것도 있었습니다. 그럴 때마다 머릿속에서 공회전 하는 것은 아닌지 걱정이 되었고 다른 객관식 책을 풀어봐야 하나 고민하였습니다. 그러나 먼저 합격한 지인이 문제를 보자마자 풀이방법이 바로 기억난다는 것 자체가 실력이 올라오는 것이라고 말해주었고 그것을 믿고 1권의 객관식 책만 계속 공부하였습니다. 실제 시험은 다른 문제가 나와도 결국 지금까지 나왔던 문제와 비슷한 유형이 나오기에 객관식 책의 문제들이 익숙해질 정도로 많이 푸는 것을 추천 드립니다. 또한 재무회계에 나오는 각종 회계처리 방법을 단순히 암기하기보다는 왜 그렇게 회계처리를 하는지 이해하려고 하였습니다. 예를 들어 연결회계에서 많은 산식들이 왜 그렇게 계산하는지 단순히 암기하지 않고 왜 그런 산식이 나왔고 연결회계에서 그렇게 회계처리를 하는 이유가 무엇인지 회계 실질의 관점에서 이해하였습니다. 그렇게 하면 빈출 문제를 꼬아서 만든 새로운 문제도 이해하고 풀 수 있다고 생각합니다.

2) 원가회계

원가회계는 1차 수험생들에게 가장 계륵같은 과목이라고 생각합니다. 양은 적지도 않으면서 정작 1차 시험에서는 30점밖에 차지하지 않기 때문입니다. 많은 수험생들이 1차 시험이 다가올수록 원가회계를 공부하지 못하고 실제 시험장에서는 한 번호로 찍기도 합니다. 그러나 원가회계는 2차시험에서 주요 과목 중 하나이고 30점이라는 점수도 중요하기 때문에 꼭 공부를 해야 한다고 생각합니다. 저 또한 원가회계 공부할 시간이 많이 부족하여 고민이 많았습니다. 그러나 1차 수준의 원가회계는 큰 시간투자를 안 하고도 준비할 수 있다고 생각합니다. 특히 굳이 객관식 강의를 안 들어도 기본강의만 들어도 충분히 객관식 대비가 가능하다고 생각합니다. 평소에는 다른 과목을 공부하느라 바빴기 때문에 원가 같은 경우에는 하루 30분 정도 시간을 쪼개서 공부하는 방식을 선택하였습니다. 하루에 30분정도만 원가회계 기출문제를 모의고사 형식으로 풀었습니다. 30분이라는 짧은 시간이었지만 매일매일 반복하니 어느 정도 실력이 올라왔고 실제 시험에서도 대부분의 문제를 풀었습니다. 또한 2차시험에서도 원가를 어느 정도 해 놨기에 큰 도움이 되었습니다. 수험생분들도 원가회계를 포기하시지 마시길 바랍니다.

3) 일반경영학

경영학은 흔히 경경상이라고 불리는 전략 과목 중 하나입니다. 경영학은 범위를 넓히면 무한대로 넓힐 수 가 있고 다른 과목에 비해 수험생들 간에 실력 편차가 적습니다. 굳이 범위를 넓히거나 어려운 부분을 공부하기보다는 지금까지 나온 기출 주제만 공부해도 충분하다고 생각합니다. 그 이상 공부해봤자 그것이 실제로 나온다는 보장도 없기 때문입니다. 기본강의를 수강한 후 객관식을 수강하기 보다는 하끝같은 파이널 강의를 듣고 기출문제집을 반복적으로 푸는 것을 추천 드립니다. 경영학은 위에서도 말했지만 기출분석과 기출풀이 말고는 별다른 공부할 거리가 없기 때문입니다. 경영학 또한 나중에는 원가와 비슷하게 하루 30분~1시간 정도 이론 암기와 기출풀이를 반복하시는 것을 추천 드립니다. 또한 20년에 1번씩 나오는 통계 쪽 어려운 문제들은 굳이 학습하시기보다는 패스하시어도 괜찮다고 생각합니다. 차라리 그 시간에 다른 주요과목들을 공부하는 것이 더 좋기 때문입니다.

4) 재무관리

재무관리는 개인적으로 가장 어려운 과목이었습니다. 이론 자체부터 너무 생소하고 실제 문제풀이도 너무 어려웠습니다. 기본강의를 들으면서 가장 힘든 과목 중 하나였습니다. 그러면서도 비중은 경영학 과목 내에서 일반경영학보다 적은 비중입니다. 처음에 너무도 어려웠고 문제를 풀기도 힘들었지만 최대한 이론을 이해하려고 노력하였습니다. 그리고 객관식 강의를 들으니 문제 푸는 방법도 알게 되었고 어느 정도 자신감이 생겼습니다. 재무관리가 매우 어렵다고 생각하시는 분들은 처음부터 포기하지 마시고 객관식 강의까지 듣는 것을 추천 드립니다. 기본강의가 이론위주의 설명이라 어렵다면 객관식 강의는 그것을 바탕으로 실제로 문제를 풀 수 있는 스킬을 알려주기 때문입니다. 객관식 강의를 꼭 들어야 되는 과목 중 하나라고 생각합니다. 재무관리 또한 위의 원가회계와 일반경영학처럼 나중에는 30분~1시간 정도 기출문제 위주로 풀면서 대비하시는 것을 추천 드립니다. 재무관리는 2차 시험에서는 난이도가 급상승하고 범위도 넓어지지만 1차시험은 기출위주로만 공부하여도 충분하다고 생각합니다. 또한 전체 1차시험에서 비중이 낮기에 너무 큰 시간투자는 안 좋다고 생각합니다.

5) 세법

세법은 가장 암기할 것이 많은 과목입니다. 특히나 휘발성이 강해서 공부를 1주일만 안 해도 까먹는 과목입니다. 그렇기 때문에 세법은 워크북을 조금씩 보더라도 매일매일 공부하는 것을 추천 드립니다. 세법은 또한 상증세와 국기법 등 여러 특수주제가 있습니다. 많은 수험생들이 다른 과목을 공부하고 세법 나머지 주제를 공부하느라 바빠서 이것을 빼먹는 경향이 있습니다. 그러나 국기법같은 특수주제가 오히려 암기량은 적으면서 문제는 쉽게 나와 고득점의 열쇠라고 생각합니다. 또한 많은 수험생들이 말문제를 소홀히 하는 경향이 있는데 말문제의 비중을 생각하면 말문제가 오히려 공부 효율은 더 좋다고 생각합니다. 휘발성이 강하고 처음 객관식 문제를 풀면 계속 틀리지만 계속 반복하면 정답률이 올라갑니다. 처음에는 고통스러워도 꾹 참고 계속 문제를 푸는 방식밖에 없다고 생각합니다.

6) 상법

상법 또한 암기할 것이 많은 과목 중 하나입니다. 그와 동시에 1차에서 고득점을 기록할 수 있는 전략 과목입니다. 저는 김혁붕 강사의 상법강의를 들었는 데 이 경우에는 굳이 객관식 강의를 들으실 필요는 없는 것 같습니다. 기본강의를 듣고 기본서를 복습하고 관련 상법전의 법조문을 암기하는 전통적인 방식이 가장 좋은 것 같습니다. 또한 기출문제를 중심으로 문제를 최대한 많이 푸는 것도 암기에 큰 도움이 됩니다. 결국 문제의 보기 하나하나가 법조문 그 자체이거나 기본서 내용 중 하나이기 때문입니다. 시간이 부족하면 눈으로 라도 문제를 훑는 식으로 공부하는 것을 추천 드립니다. 어느 정도 실력이 올라오면 단원 별 기출문제가 아닌 연도별 기출문제를 푸는 방식을 추천 드립니다. 방대한 양을 커버할 수 있는 좋은 방법이라고 생각합니다.

7) 경제학

경제학은 저 개인적으로 1차 시험에서 가장 키 포인트라고 생각합니다. 수험생들 간에 편차도 꽤 존재하고 공부하는 대로 성적이 나오는 과목이기 때문입니다. 경제학은 기본강의와 객관식 강의의 괴리가 꽤 크다고 생각합니다. 기본강의만 들어서는 그 뒤에 문제를 풀기가 매우 어렵습니다. 그렇기 때문에 기본강의 때 문제를 굳이 풀려고 노력하기보다는 빠르게 기본강의 진도를 나가는 것을 추천 드립니다. 그 후 객관식 강의를 들으시면 문제 푸는 스킬을 배울 수 있고 문제도 잘 푸실 수 있습니다. 객관식 경제학 책에 있는 문제를 다 회독을 하면서 매 회독 시 푸는 문제를 다르게 해서 하는 것을 추천 드립니다. 짝홀 방식이나 1회는 기출문제 2회는 필수문제 이렇게 푸는 방법입니다.

4. 최근 2차시험 출제경향 및 공부방법

(1) 출제경향 및 공부방법

많은 수험생들이 1차시험을 통과하고 매우 기뻐합니다. 그러나 이 시험의 진정한 시작은 2차시험이라고 생각합니다. 많은 수험생들이 2차시험에서 좌절하고 수험계를 떠나기도 합니다. 그렇기 때문에 1차시험 후 길어도 1주일간의 휴식만 취하고 바로 2차시험 준비에 돌입하시는 것을 추천 드립니다. 2차 시험은 1차시험에 비해 과목 수는 적지만 난이도와 양 모두 1차 때에 비해 급속도로 증가합니다. 또한 유예제도의 존재로 인해 1유나 2유 등 저유예들이 너무나도 지엽적으로 시험을 준비해서 실제 시험출제도 점점 그게 맞추어서 어려워지고 있습니다. 그렇기 때문에 동차생이 절대적으로 불리한 시험입니다. 그래서 많은 동차생이 한 과목을 버리거나 하는 식의 전략적 선택을 합니다. 이와 관련해서 많은 논쟁이 있지만 본인이 1차 수험기간 도중 동차 강의를 하나도 듣지 않았다면 1과목 정도는 전략적으로 버리는 것이 괜찮을 것 같습니다.

또한 저는 2차 공부를 하면서 연습서 문제표를 만들어서 제가 틀린 문제를 체크하였습니다. 이 과정을 통해 제가 자주 틀리는 주제가 무엇인지 파악할 수 있었고 시험 기간 마지막에 큰 도움을 주었습니다.

동차기간에 5과목의 강의를 다 듣고 공부하는 것은 매우 힘듭니다. 5개 강의를 다 듣고 나면 채 한 달의 시간도 남지 않습니다. 그렇기 때문에 최대한 강의를 빠르게 듣는 것을 추천 드립니다. 미리 연습서 강의를 들으셨다면 과감하게 동차기간에는 그 과목 강의를 스킵하시는 것이 낫다고 생각합니다. 또한 아무리 힘드셔도 끝까지 포기하지 않는다는 심정으로 하시길 바랍니다. 아무리 유예생들이 절대적으로 유리해도 동차생들도 붙을 정도로 나오는 과목이 존재하고 이 과목들을 붙어야 저유나 동차합격으로 갈 수 있기 때문입니다.

한편 저는 어렵게 1차를 합격하고 다유예라는 결과를 받았을 때 큰 충격을 받았습니다. 다시 1차를 봐야 한다는 걱정이 컸습니다. 그래도 마음을 가다듬고 연습서 공부를 다시 시작했습니다. 1차 걱정을 많이 했지만 한 번 1차를 붙어 보신 분들은 큰 걱정하실 필요 없이 11월까지는 연습서 위주로 공부하시어도 된다고 생각합니다. 간혹 몇몇 분들이 1차를 포기하시고 2차를 준비하시는 분들이 있는 데 너무 큰 위험이라고 생각합니다. 저 같은 경우도 다유예인 상태에서 1과목을 못 붙었는데 1차시험을 치지 않았다면 유예

탈락했을 것입니다. 다행히도 1차 시험을 붙어 놔서 2유예로 빠질 수 있었습니다. 또한 1차를 붙어 놓으시면 마음이 어느 정도 안정되는 효과도 있습니다. 그 다음해에 한 번 더 기회가 있다는 사실이 심리안정에 큰 도움을 주었습니다. 다유예인 상태에서 2차시험을 준비할 때는 굳이 범위를 넓히기 보다는 동차생들이 공부하는 것을 더 완벽하게 한다는 마음가짐으로 하는 것이 좋다고 생각합니다.

(2) 과목별 공부방법

1) 재무회계

재무회계는 1차와 2차간의 갭이 가장 작은 과목입니다. 하지만 최근 고급회계에서 지엽적인 주제들이 종종 출제되면서 유예공부를 할 때 이 부분을 가장 신경 쓰며 공부했습니다. 이 부분은 연습서 뿐만 아니라 송인만 교수님의 고급재무회계 책을 활용하여 연결회계에서 아직까지 나오지 않았던 주제나 최근에 이슈가 되었던 주제 등을 유형별로 공부하였습니다. 하지만 동차기간에는 역시 한 권의 연습서를 여러 번 보아 숙달하는 것이 더 효율적이고 효과적인 방법이라 생각합니다. 저 또한 유예 때에도 굳이 여러 권의 책을 공부하기 보다는 한 권의 메인 연습서 위주로 공부하고 다른 한 권은 서브로 삼고 공부하였습니다. 메인 연습서에는 나오지 않고 서브 연습서에 나오는 주제만 따로 공부하는 방식을 통해 효율적으로 공부할 수 있었습니다. 한편 재무회계 답안지 작성 방법에 대해서는 답안지에 어느 정도 풀이과정을 포함하는 것이 부분 점수를 얻는 데에 도움이 될 것이라 생각합니다. 물론 정답을 적는다면 답만 간결하게 작성한다 하더라도 합격에는 지장이 없을 것입니다. 하지만 계산 실수를 유발하는 문제나 회계처리 및 이유에 대해 서술하는 문제들이 최근 출제되면서 답이 틀리더라도 풀이과정을 통해 부분 점수를 획득할 수 있게 되었다고 생각합니다. 저 역시도 시험 직후 답만 가지고 채점한 예상점수는 100점 내외였지만 실제로 126점을 받아 예상점수보다 훨씬 높은 점수로 합격할 수 있었습니다.

2) 원가회계

원가는 1차와 2차의 갭이 가장 큰 과목입니다. 특히 많은 수험생이 1차 때 원가를 소홀히 하기에 처음 2차 공부할 때 원가는 큰 어려움으로 다가옵니다. 무엇보다 사이즈가 커지고 주제 또한 심화주제를 다루게 됩니다. 그렇지만 기출 문제를 보시면 어느 정도 유형별로 나오는 것을 알 수 있습니다. 그렇기 때문에 강사가 집어주는 주요문제를 중심으로 유형별 학습을 추천 드립니다. 또한 유형별 학습이 중요하기 때문에 굳이 여러 강사의 책을 보기보다는 1권의 책으로 반복 학습하는 것이 좋다고 생각합니다. 답안지 작성할 때도 꼼꼼하게 작성하기 보다는 세세한 계산과정은 생략하고 필수 계산과정과 정답만 보이도록 하는 것이 좋다고 생각합니다. 또한 직접재료원가를 DM 으로 적는 등 최대한 시간을 절약하는 것이 중요합니다. 또한 김용남 강사님의 연습서의 경우 뒤에 부분에 심화주제가 몰려 있는 데 많은 동차생이 이 부분을 건너뜁니다. 그러나 대부분의 문제는 이 심화주제에서 나오기 때문에 꼭 이 부분을 공부하시길 바랍니다.

3) 세무회계

세무회계는 1차 시험 때와 비슷하게 내용도 방대하고 문제도 어렵습니다. 또한 1차에서는 안 나오지만 2차에는 나오는 개념들도 있습니다. 유예시면 다 하시는 것이 좋지만 동차 기간에는 어느 정도 전략적 선택이 필요하다고 생각합니다. 자주 빈출 되지 않은 주제는 과감하게 버리시는 것을 추천 드립니다. 세무회계 또한 답안지 작성이 중요합니다. 채점자가 알아볼 수 있게 직관적으로 작성하시고 최대한 줄일 수 있는 것은 줄이는 것이 좋습니다. 예를 들어 '익금산입 및 손금불산입'을 '가산조정'으로 표현하는 방식입니다.

4) 회계감사

회계감사 과목은 2차 기간에 처음 배우는 과목입니다. 그래서 그만큼 생소하고 처음에는 많이 어렵습니다. 그러나 한 번 공부하고 나면 가장 복습하기 수월한 과목입니다. 연습서 강의를 들으신 후 목차와 함께 연습서를 공부하시는 것을 추천 드립니다. 많은 수험생이 시간 절약을 위해서 정리된 목차만을 공부하시는데 연습서의 말 글을 읽어야 회계감사의 흐름을 파악할 수 있다고 생각합니다. 회계감사 또한 마지막 유예 과목 중 하나였습니다. 유예 때 저는 인터넷 카페에 올라와 있는 목차를 바탕으로 저만의 살을 붙여서 새로운 목차를 만들었습니다. 회계감사에서 유명한 두 강사님의 내용을 빠짐없이 목차에 기록하였고 그것을 바탕으로 공부하였습니다. 그러면서도 연습서의 말 글도 같이 읽었습니다. 88.6점이라는 고득점을 할 수 있었던 것은 올해 출제된 시험문제에서 대부분 감사기준을 물었고, 최대한 기준 그대로 외우려고 노력했던 공부방식이 통하였기 때문이라고 생각합니다. 하지만 기준을 그대로 외우지 않더라도 맥락을 이해하고 핵심 키워드를 포함시켜 답안을 논리적으로 작성한다면 점수를 얻는 데에는 전혀 지장이 없을 것입니다. 또한 손으로 직접 쓰는 연습이나 시간을 관리하는 부분에 있어서는 GS 등의 문제풀이가 큰 도움이 되었습니다. 도정환 선생님의 GS 모의고사를 실강으로 수강하면서 최대한 시험장이라고 생각하며 멘탈이나 시간관리를 연습하였고, 문제를 분석하거나 답안을 작성하는 방법에 대해 도움을 얻을 수 있었습니다.

5) 재무관리

재무관리는 2차시험에서 난이도가 급상승하는 과목입니다. 또한 범위도 어떻게 보면

제한 없는 과목입니다. 그렇다고 수험생이 대학원 수준의 재무관리를 공부하기는 어렵다고 생각합니다. 기출문제를 중심으로 공부하고 강사가 집어 주는 일부 문제를 푸는 방식이 좋다고 생각합니다. 또한 과거 기출에서 포인트를 얻은 문제가 출제되기 때문에 그와 관련된 내용을 공부하는 것이 중요합니다. 예를 들어 작년에 어떤 주제에 계산 문제가 새롭게 나오면 그 주제에 대한 말문제가 올해 나올 수 있습니다. 생소한 주제가 작년에 나왔다면 그 주제는 꼭 공부하시길 바랍니다.

5. 마무리하면서

공부를 하면서 매우 힘들었고 특히 다유예가 떴을 때는 심적으로 많이 힘들었습니다. 그러나 가족의 응원과 친구들, 특히 같이 공부하는 지인들의 응원으로 이겨낼 수 있었습니다. 공부하는 과정은 외롭습니다. 꼭 기상 스터디나 문제풀이 스터디를 같이 하시는 것을 추천 드립니다. 생활습관을 바로잡을 수도 있고 무엇보다 같이 공부하면서 의지할 수 있는 든든한 친구들을 만들 수 있기 때문입니다. 같이 공부하는 친구들과 함께 합격하게 되어서 매우 기쁘고 아쉽게 이번 기회에는 합격하지 못한 친구들도 꼭 합격하기를 바랍니다.

마지막으로 수험기간 내내 묵묵히 저를 믿어주고 응원해주신 가족들, 친구들에게 감사의 인사드리고 싶습니다. 또한 제가 회계사 공부를 할 수 있는 계기를 만들어주고 공부하는 데 여러 방면으로 큰 도움을 준 제 모교인 성균관대학교에게도 감사드립니다.

끝날 때까지 끝난 것이 아니라는 믿음으로

백 유 라

1993년 5월 17일생
광남고등학교 졸업
연세대학교 경영학과
2018년 53회 공인회계사시험 합격(세법 최고득점자)

　안녕하세요. 제 53회 공인회계사 시험에 합격한 백유라입니다. '이 또한 지나가리라.'는 말이 실감되는 요즘입니다. 합격의 행복감보다는 아직 얼떨떨하고, 힘들었던 수험기간이 무사히 지나갔다는 안도감이 더 크게 느껴집니다. 세무회계와 재무회계, 두 과목을 유예로 응시하였고 운 좋게도 세무회계 최고득점자라는 결과를 얻어 수기를 작성하는 행운을 맞이하였습니다. 이 글을 적으며 사람마다 맞는 공부스타일이 다르기 때문에 저의 글이 모두에게 해당되지는 않을 것이라는 점에서 조심스럽습니다. 시행착오와 어려움도 많은 수험기간이었지만, 저의 경험이 같은 시험을 준비하시는 분들께 작은 도움이라도 되길 바라는 마음에서 글을 시작합니다.

1. 들어가면서

　저는 대학 입학 후, 경영학과생으로서 할 수 있는 일을 고민하였습니다. 제 이름을 걸고 전문성 있는 일을 하고 싶었습니다. 재학시절 회계와 재무관리 수업을 들은 후, 저의 적성과 맞는다는 생각을 했습니다. 이후 인턴생활 중 내부감사를 접하였고, 이 때 회계사라는 직업에 관심을 가지게 되었습니다. 회계사가 하는 감사업무는 사회적으로 가치가 있는 일 일 뿐만이 아니라, 경영학과로서의 특징과 전문성을 살릴 수 있는 일이었습니다. 선배 회계사님들의 조언을 통해 회계사가 비단 감사업무만 수행하는 것이 아니라 자신의 전문성에 따라 다양한 분야로 진출 할 수 있다는 것을 알게 되었습니다. 저의 관심분야 또한 회계사 시험과목과 겹쳤던 터라, 회계사로서 전문성을 시작하고자 공부를 시작하게 되었습니다.

저는 2016년 1월, 3학년 1학기를 휴학 후 학원 종합반 수강을 시작으로 총 2년 6개월 간 CPA시험을 준비하였습니다. 17년 1차 합격 후, 재무관리, 회계감사, 원가관리회계를 동차 합격하였고, 올해 남은 두 과목을 합격하였습니다.

2. 1, 2차 시험 준비과정 및 셀프 피드백

(1) 회계사 시험을 돌아보며

회계사 시험을 준비하며 저에게 이 시험의 가장 어려운 점은 시험범위가 광범위하다는 것이었습니다. 기억력이 부족한 저로서는 많은 내용을 기억하는 것에 한계를 느끼며 불안했습니다. 하지만 이러한 불안감을 컨트롤하며 모든 과목을 일정수준 이상으로 유지하는 것이 좋은 결과를 얻는 길이라 생각합니다. 저는 제 스스로가 뷔페식당의 쉐프라 생각하며 공부했습니다. 고급 레스토랑의 쉐프처럼 하나하나 정성스럽게 집중하기 보다는 모든 요리가 따뜻하게, 그리고 부족하지 않게 계속적으로 체크하는 노력이 더 중요한 시험이기 때문입니다. 저는 수험기간 동안 어떻게 더 많은 내용을 기억할 것인지 고민했습니다. 제가 이 시험을 준비한 방식과 시행착오, 그리고 추천하고 싶은 방법 등을 공유해보고자 합니다.

(2) 시기별 공부 방법

1) 1차 대비

a. 1차 공부 개괄

사실 저는 1차 시험을 넉넉한 점수로 합격한 경우는 아닙니다. 하지만, 2차 공부까지 해 보면서 저의 1차 공부 때의 문제가 무엇이었는지를 알게 되었습니다. 자세한 얘기를 시작하기 전, 우선 1차를 준비하는 동안 모든 내용을 완벽하게 숙지하지 못하였음에 대해 불안해하지 마시라는 얘기하고 싶습니다. 저의 경우, 개념을 완벽하게 숙지하지 못하였다는 생각에 12월까지 개념서 공부를 전체 공부의 70%정도를 할애하며 문제풀이에 시간을 많이 할애하지 않았었습니다. 하지만, 개념서를 계속 붙잡고 있기 보다는 절반 정도 개념을 안다는 생각이 들면 객관식교재와 기출문제를 위주로 문제를 꾸준히 풀어 전범위에 노출되는 빈도를 높이고, 얇은 개념서(서브노트 혹은 단기특강 교재 등)에 자신이 지속적으로 틀리거나 생소하지만 중요하다고 판단되는 개념을 포스트잇 등으로 정리하여 요약본을 만드는 것이 더 효율적이라 추천하고 싶습니다.

b. 개념학습기; 2016년 1월~2016년 6월

이 시기에는 기본적인 개념들에 익숙해지고, 공부하는 습관을 잡는 것이 중요합니다. 공부를 시작하기로 다짐을 하고 저는 이왕 시작하는 것, 집중해서 하고 싶다는 마음으로 휴학을 하였습니다. 휴학을 한 후 같이 공부를 시작한 친구를 따라 나무경영아카데미의 1월 종합반을 수강하였습니다. 종합반을 수강하는 기간 동안 평일에는 수업시작보다 1시간 일찍 등원하여 전날 배운 내용을 복습하였고, 수업이 끝난 후에 2~3시간 동안 남아 그날 수업을 복습하고 귀가하였습니다. 주말에는 휴식을 취하였습니다. 고급회계의 경우 부족함을 느껴 김기동 선생님의 인터넷 강의를 별도로 수강하였습니다. 16년 상반기 동안은 공부습관을 들이는데 집중을 하며 기본강의를 정부회계를 제외한 모든 과목을 수강하였습니다.

c. 개념복습 및 심화기; 2016년 7월~8월

이 시기에는 기본강의로 학습한 개념을 복습하며 요약 정리하여 개념의 뼈대를 잡는 것이 중요하고, 동차에 대비하여 연습서 문제집을 풀어보시는 것을 추천합니다. 기본강의 수강 후, 공부한 내용이 기억나지 않아 이를 극복방법을 고민하다 학원에서 심화반 강의를 수강하였습니다. 학원수업을 따라 재무회계, 세무회계, 재무관리, 원가관리회계 네 과목을 위 기간 동안 연습서로 공부하였습니다. 앞 선 기간과 마찬가지로 강의시작 전 1시간 일찍 학원에 가 전날 수업을 복습하였고, 수업이 끝난 후 2~3시간 동안 복습하였습니다. 이 시기부터는 주말에도 나와 공부하기 시작하였고, 같이 공부하던 친구와 주말에 출석체크 스터디를 하였습니다.

심화반을 학원 강의로 수강하는 것은 개인적으로 추천하지 않습니다. 심화반은 지칠 수 있는 시가에 처지지 않고 꾸준히 공부를 하게 된다는 장점은 있습니다. 다만 단점으로는 이미 기본강의 때부터 긴 기간 동안의 학원 강의 수강으로 집중력이 저하되기 때문에 효과적인 공부 방법은 아니라는 것입니다. 또한 단순히 강의를 쫓아가기 보다는 주요한 네 과목에 대해 개념을 안정적으로 다지고 가는 것이 필요하다고 생각합니다. 다시 선택하게 된다면, 저는 이 기간 동안 기본강의를 복습하며 개념서를 요약 정리할 것입니다. 방대한 양으로 요약이 힘들다면, 전년도 일일특강 등을 활용하여 핵심적인 내용을 위주로 개념의 뼈대를 잡을 것입니다. 그 후 심화강의가 아닌 2차 강의를 인강으로 수강하며 연습서를 풀어 공부한 개념에 살을 붙이며 동차를 대비할 것입니다.

d. 개념응용 및 문제풀이기; 2016년 9월~12월 중순

이 시기에는 많은 객관식 문제를 풀어 살을 붙이고, 내가 부족한 부분이 무엇인지를 파악하여 채워나가는 것이 중요합니다. 저는 독서실에서 강의의 필요성을 느낀 재무회계, 재무관리, 세무회계, 경영학, 경제학만 객관식 강의를 선택적으로 수강하였고, 나머지 과목은 객관식 책만 구매하여 혼자 풀며 정리하였습니다. 다만, 상법은 나무에서 기본강의를 수강한 후에도 이해가 되지 않아 다른 강사님의 기본강의를 재수강하였습니다. 상법의 경우 시간부족으로 객관식 교재를 별도로 풀지는 않았고, 최근 5개년 기출문제를 반복적으로 풀었습니다. 이때부터는 일주일 중 쉬는 날 없이 오전 8시부터 밤 10시까지는 규칙적으로 공부하였습니다. 주말의 경우 늦잠은 자는 경우는 있었지만 공부를 아예 하지 않은 날은 없었습니다. 또한 공부한 내용을 금방 잊어버리는 저의 약점을 극복하고자 그날 공부한 내용을 적은 연습장을 잠들기 전에 다시 한 번 살피고 버리기는 습관을 가졌습니다. 버릴 것이기 때문에 신경을 써서 복습할 수 있었습니다.

사실 저는 이 시기 공부 중 개념과 문제풀이에 7:3정도의 비중을 두고 공부를 하였습니다. 하지만 만약 다시 선택한다면, 문제풀이에 6정도를 할애하고, 개념은 정리된 요약본에 모르는 내용을 포스트잇으로 정리하여 추가하는 식으로 더 많은 문제를 풀어보기 위해 노력할 것 같습니다.

e. 세부부분 학습 및 정리기; 2016년 12월 말~ 2017년 1월 말

이 시기에는 정부회계와 국기법과 같은 세부부분을 학습하고, 전체적으로는 회독수를 늘려 전체 내용을 고르게 학습하고 정리해 두는 것이 중요한 시기입니다. 저는 시험 전날 하루 만에 전 과목을 복습하고 들어갈 수 있도록 정리하겠다는 마음으로 그간 공부한 내용 중 계속 틀린 문제를 정리하고, 반복적으로 틀리는 개념을 포스트잇에 적어 요약본 개념서에 붙여 링크를 걸어두었습니다. 또한 전체 내용에 노출되는 것이 필요하다고 생각하여 객관식문제집을 가로풀기로 하였고, 과목별로 적어도 주 2회씩 기출문제를 시간을 재며 풀었습니다. 양이 너무 많아 버거운 경우, 저는 객관식 문제집 보다는 기출문제를 권하는데, 기출문제를 중심으로 자주 틀리는 내용만 객관식 문제집으로 보충하는 전략을 추천합니다. 개념이 완벽하지 못하다는 불안감을 딛고 일어나 문제를 바탕으로 강조되는 개념들을 체크하여 계속 실수하는 부분을 잡아내고, 회독수를 늘려 부족한 부분을 체크해야합니다. 더불어 정부회계와 국기법 등 세법의 세부부분에 대한 강의를 수강하였습니다.

f. 직전 반복기; 2017년 2월

정리된 개념서와 링크한 문제 중 계속 틀린 문제들을 위주로 반복학습을 하였습니다.

마찬가지로 틀린 문제 위주로 가로풀기를 통해 전 범위를 다루도록 노력했습니다. 시험을 일주일 정도 남겨두고는 시험장에 갈 때 들고 갈 내용을 정리한다는 생각으로 요약/체크하였습니다. 재무회계와 세법, 상법, 경영학, 그리고 경제학은 (개념이 더 위주인 과목으로 판단했기 때문) 요약 개념서에 내용을 정리하고 쉬는 시간에 볼 내용을 체크해두었고, 원가와 재무관리는 기출문제 5개년 어치에 출제된 내용과 간단한 개념을 문제지에 정리하였습니다. 위에서도 말한 것처럼 저는 개인적으로 기억력이 취약하여 시험 전날 이렇게 추린 내용을 전수로 복기하였고, 시험장에 가서도 '끝날 때까지 끝난 것이 아니다.' 라는 생각으로 정리해간 내용을 빠르게 확인한 후 시험에 응시하였습니다. 1차 시험을 대비함에 있어 그간 공부한 내용을 가능한 요약적으로 정리하고 반복 학습하는 것이 중요합니다. 또한 할 수 있다는 자신감을 가지는 것이 가장 중요한 것 같습니다.

2) 2차 대비

a. 2차 공부 개괄

주관식으로 출제되는 2차를 준비할 때에는, 평소에 답안지 작성하는 것과 시간 조절 연습을 하시기를 추천합니다. 예를 들어 재무회계의 경우, 연습장 한 페이지 당 한 문제의 풀이과정을 적을 수 있게 양 조절하는 연습하는 것이 도움이 될 것입니다. 더불어 저는 동차를 준비하는 과정에서 회계감사를 제외한 과목은 버리지 마시고 모두 응시하기를 권하고 싶습니다. 시간의 제약으로 일부 과목만 응시하는 경우가 더러 있습니다. 하지만 저는 어떤 과목을 버리는 것은 너무 위험한 선택이라고 생각합니다. 해마다 과목별 난이도가 다르기 때문에 과목을 버린 해에 쉽게 나와 버리는 불운이 생길 수도 있습니다. 물론 시간이 부족한 동차기간이지만, 하겠다는 생각으로 노력한다면 또 충분히 할 수 있는 기간입니다.(물론 저는 유예이긴 했지만요ㅎㅎ) 저는 가능하다면 5과목 모두 공부하시기를 추천하고, 한 과목 정도 유예로 넘기실 계획이라면 회계감사를 추천합니다. 또한 연습서에만 매진할 것이 아니라, 기출문제나 모의고사를 통해 풀 사이즈의 문제를 풀어보는 연습도 추천하고 싶습니다.

b. 동차 시작기간; 2017년 3월~2017년 4월

2차 공부를 시작하며 본격적으로 큰 사이즈의 문제를 푸는 데에 익숙해지고 1차에서 공부하지 않았던 개념을 채워 넣는 기간이었습니다. 1차가 끝났다고 모든 시험이 끝난 것이 아니므로 다시 페이스를 되찾아 공부를 하는 것이 중요합니다. 저는 1차 시험을 치룬 후 1주일 정도 쉰 뒤, 바로 2차 공부를 시작하였습니다. 독서실에서 세무회계와 재무관리, 그리고 회계감사만 2차 강의를 인강으로 수강하며 연습서를 풀며 공부하였습니다. 5과목을 균형 있게 보기위해 하루에 3과목씩은 공부할 수 있도록 계획을 세웠습니다.

월수금은 세무회계와 원가관리회계, 화목토는 재무관리와 재무회계를 공부하는 식으로 강의를 수강하는 과목과 미수강 과목을 겹치게 배치하여 공부하였고, 회계 감사의 경우 매일매일 조금씩 강의를 듣는 방식으로 공부하였습니다. 일요일에는 주중에 공부한 내용을 복습하거나 달성하지 못한 목표를 채우는 식으로 공부하였습니다. 4월까지 강의 수강하는 것을 포함하여 연습서는 2회독하였습니다. 2차는 공부하는 기간 자체가 짧기 때문에 회독수를 많이 늘리기는 어려울 것 같다는 생각에 1차 때와 마찬가지로 당일 공부한 내용은 자기 직전에 공부한 연습장을 다시 읽어보는 방식으로 반복학습 하였습니다.

c. 동차 직전기간; 2017년 5월~6월

연습서의 회독을 늘리고 각 과목의 단원별로 대표적인 문제를 체크하여 그 것만큼은 확실히 알고 가겠다는 마음으로 공부한 시기입니다. 시험에 출제되는 수와 같은 문항 수만큼 연습서를 가로풀기로 시간을 재며 풀었고, 1차 때 정리해 두었던 요약 개념서에 2차를 준비하며 추가로 알게 된 개념을 덧붙여 정리하였습니다. 틀렸거나 중요하다고 생각되는 문제만으로 가로풀기를 계속하여 회독 수를 늘리는 방식으로 공부하였습니다. 시험 직전에 다가서는 책의 목차를 뜯어 제가 늘 틀리는 문제유형과 개념을 정리하여 시험 전 쉬는 시간에 확인할 수 있도록 요약본을 만들었습니다. 회계 감사의 경우 단독으로 시간을 빼기에는 시간이 부족하였습니다. 5월에는 저녁 1시간씩 수강한 인터넷 강의의 남은 시간을 이용하여 2배속으로 전체내용을 다시 강의를 들으며 개념서를 속독하며 개념을 확실히 잡는 방식으로 공부하였습니다. 또한 감사 서브노트(감사 목차)를 하루에 5페이지씩 공부하겠다는 계획으로 틈틈이 읽었습니다. 6월에는 감사 서브노트에 중요한 것을 체크해두고, 직전 모의고사 강의를 수강하여 실전 문제를 풀었습니다.

d. 휴식기; 2017년 7월~12월

3학년 2학기는 복학하여 한 학기동안 수업을 들으며 잠시 쉬어갔습니다. 유예과목이었던 재무회계와 세무회계 과목을 위주로 수강신청 하였고, 재무회계의 경우 수익인식 등의 개정강의를 학기 중에 인터넷 강의로 수강하였습니다.

e. 유예 준비기; 2018년 1월~3월

본격적으로 다시 2차 공부를 시작하게 되었고, 이 기간에는 2차 강의를 수강하였습니다. 같은 강의를 반복하여 들으면 지루할 것 같다는 생각에 강사님을 바꾸고 싶어 동차 때와는 다른 강사님의 2차 강의를 수강하였습니다. 올해 세무회계의 개정 등으로 개강이 늦어져 1,2월에는 주로 재무회계를 위주로 공부하였습니다. 유예생인 만큼 가능한 많은 내용을 다루고 싶어 제가 강의를 수강하지 않는 강사님의 연습서도 구매하여 재무회계의 경우 2권의 연습서를 풀었습니다. 강의 수강과 예습, 복습으로 2월까지 연습서를 2.5회독을 하였습니다. 3월에 세무회계 강의를 수강하며 재무회계 연습서를 다시 1회독하였습니다. 세무회계는 1,2월에는 워크북을 읽어보는 정도의 학습을 하였고, 3월 강의가 개강한 후 강의를 수강하며 마찬가지로 2.5회독 정도를 하였습니다. 늦어도 4월 중순까지 강의를 완강하겠다는 생각으로 강의를 집중적으로 수강한 기간입니다.

f. 유예 마무리; 2018년 4월~6월(유예 본격기)

연습서 회독을 늘리고 실전형식의 문제에 많이 노출되어 전체 내용에 노출되고 시간 조절을 연습하는 시기였습니다. 재무회계의 경우에는 GS 실강반을 수강하여 일주일에 한 번씩 모의고사를 치렀습니다. 이 외의 날에는 두 권의 연습서의 회독을 늘렸습니다. 두 권의 단원의 순서가 다른 점을 이용하여 두 권을 동시에 앞 단원부터 순서대로 학습을 하였습니다. 이를 통해 복수의 단원에 일시에 노출되고자 하였습니다. 연습서의 회독이 늘어난 후에는 모의고사 형식의 문제집을 구매하여 시간을 체크하며 문제를 풀어 실전감각을 기르고자 하였습니다. 세무회계도 마찬가지로 전체 내용에 노출되는 것이 중요하다고 생각하여 진도별 모의고사와 모의고사 형식의 Final교재를 구매하여 학습하였습니다. 5월부터는 적어도 이틀에 한 번씩은 모의고사 사이즈의 문제를 풀고 복습하였습니다. 이에 더불어 연습서는 가로풀기로 3주에 1회독 할 수 있는 양으로 할당하여 반복학습하며 제가 모르거나 자주 틀리는 내용을 포스트잇에 정리해 서브노트에 문제 링크를 걸어두었습니다. 이런 공부 방식으로 시험 직전에는 재무회계의 연습서의 경우 각 5~6회독을 하였고, 모의고사도 전수로 4회 반복 학습하였습니다. 세무회계의 경우도 유사하게 연습서 6회독, 모의고사 Final 5회독을 하였습니다. 풀었던 모의고사들의 내용을 정리하고자 큰 포스트잇에 한 회차에서 제가 틀린 내용을 간추려 정리해 두었고, 시험에 들어가기 전 그 내용들을 학습하였습니다.

(3) 과목별 공부 방법

1) 경영학

개념을 단권화하는 것이 가장 중요합니다. 기본강의를 수강할 때 일일특강이라는 교재를 구하여 그곳에 바로 개념을 정리해 두는 것을 추천합니다. 그리고 객관식 문제를 풀 때 모르거나 생소한 개념을 단권화 해둔 책에 메모해두어 자주 틀리는 개념을 반복적으로 학습할 수 있도록 하였습니다. 개념을 바탕으로 객관식 책과 기출문제를 많이 풀어보는 것을 추천합니다. 개념서에 없지만 문제에는 등장한 개념을 정리해두는 것이 필요합니다. 수험기간동안 저는 나무경영아카데미의 김윤상 선생님의 기본강의만 수강하였습니다. 동 선생님의 일일특강 교재에 개념을 정리해 두었고, 객관식 교재와 5개년 기출문제집을 공부하였습니다.

2) 경제학

고등학교 시절 비경제선택자이었기 때문에 생소한 과목이었습니다. 경제학은 16년 5월에 기본강의를 수강하며 개념을 정리하였습니다. 양이 꽤 많은 과목이므로 서브노트에 필요한 개념을 잘 정리해 둘 것을 추천합니다. 10월에 다이어트 경제학 교재와 객관식 강의로 공부하였습니다. 2회독 정도 단원 순서대로 문제를 푼 후 12월부터는 가로풀기를 하여 매일 모든 단원에서 2문제씩 푸는 형태로 공부를 하였습니다. 또한 기출문제를 3개년 정도 반복적으로 풀었습니다. 저는 김판기 선생님의 기본강의와 객관식 강의를 수강하였고, 다이어트 경제학과 기출문제집을 교재로 공부하였습니다.

3) 상법

암기는 당연히 바탕이 되어야 하겠지만, 그보다는 법리를 이해하는 것이 우선 되어야 하는 과목이라고 생각합니다. 상법은 강사님마다의 강의 스타일이 매우 다른 과목이여서 암기에 자신이 있으신 분들은 나X학원의 강사님을, 저처럼 이해 없이는 암기에 자신 없는 분들은 위XX학원의 강사님을 추천합니다. 샘플 강의를 들어보고 선택하여야 할 과목입니다. 이 과목도 마찬가지로 기본강의를 들으며 서브노트에 개념을 잘 정리해 두는 것이 중요합니다. 문제풀이는 개인적으로는 객관식문제집보다 기출문제들을 완벽히 숙지하는 것이 도움이 많이 되었습니다. 기출문제를 전수로 5회 정도 풀면서 법조항이 문제에서 어떻게 표현되는지 유형을 파악하고 이를 바탕으로 개념서를 꼼꼼히 읽었습니다. 저는 5월에 수강한 기본강의를 거의 이해하지 못하여 9월에 강사님을 바꾸어 기본강의를 다시 수강하는 시행착오를 하였습니다. 시간적 제약으로 객관식 문제를 많이 풀지 못하였지만 대신 기출문제를 열심히 보았던 덕에 1차에서 결과적으로 상법이 다른 과목들에 비해 점수가 높게 나온 편이었습니다. 저는 지금은 회계사 강의를 하시지 않는 이수천 강사님의 기본강의를 9월에 수강하였고, 기출문제집을 반복적으로 학습하였습니다.

4) 세무회계

공부를 시작한 이래로 가장 자신이 없는 과목이 세법이었습니다. 1차 점수가 가장 낮은 과목이었고, 동차 중 가장 열심히 준비하였음에도 유예가 된 과목이었습니다. 저의 이러한 시행착오는 제가 개념이 완벽하게 기억나지 않아 개념에만 집중하고 문제풀이를 등한시하였기 때문입니다. 세무회계 문제의 상당부분은 결국에 계산하는 형식의 문제로 출제되고, 개념만 안다고 개념과 문제풀이가 연결되지 않습니다. 1차 기본강의를 들을 때는 서브노트에 깔끔하게 내용을 잘 정리하며 객관식 문제를 조금 풀어보고, 심화과정에 들어서면서부터 많은 문제풀이가 필요합니다. 특히 가로풀기와 모의고사 형태의 문제를 통해 전체 내용에 다루어야합니다. 저는 개념서는 진도를 정하여 꾸준히 반복학습하고,

하루에 법인세 5문제 소득세 3문제 부가가치세 3문제 같은 식으로 전체 내용의 문제를 풀 수 있도록 학습계획을 세웠습니다. 또한 모의고사 형태의 책으로 문제를 푸는 것이 가장 효과적이었습니다. 모의고사 문제들을 풀면서 제가 틀린 문제의 포인트를 포스트잇에 적어 개념서에 붙여두고 개념서를 공부할 때도 제가 틀렸던 문제와 틀린 이유를 복기할 수 있도록 하였습니다. 늘 가장 자신 없는 과목이었지만 지금은 가장 좋아하는 과목 중 하나이기도 하며, 이번 53회 공인회계사 시험에서 세법 최고득점자라는 좋은 결과를 얻을 수 있었습니다. 저는 1차와 동차 때는 이승철 선생님의 강의를 수강하였고, 2차 유예 때는 정우승 선생님의 강의를 수강하였습니다. 교재의 경우 1차는 이승철 선생님의 기본서와 객관식 세법으로 공부하였고, 2차는 유예를 기준으로 정우승 선생님의 연습서와 주민규 선생님의 Final 세무회계연습으로 공부하였습니다.

5) 재무관리

1차는 기본강의와 심화강의를 수강하면서 연습서에 개념을 정리하였습니다. 9월에는 객관식 강의를 수강하였고, 10월 중반부터는 교재 순서대로 반복하였습니다. 11월에 객관식을 매일 단원마다 한 문제씩 가로풀기 하여 회독수를 늘렸습니다. 이에 더해 12월부터는 기출문제를 매일 5문제씩 5개년 치를, 1월 이후에는 이틀에 한 회씩 시간을 재며 풀었습니다. 2차의 경우 강의를 수강하며 1회독을 하고, 그 후 가로풀기로 홀짝 단원을 나누어 번갈아 공부하였습니다. 운이 좋게 17년 재무관리 2차는 쉬운 편에 속하였지만, 당시의 잘 출제되지 않던 단원에 대한 내용도 학습했어야 했습니다. 저는 이러한 부분은 제가 연습서의 목차를 뜯어 목차에 핵심개념을 정리해 두고 시험 직전에 한번 훑어 본 후 시험을 봤습니다. 강의는 김종길 선생님의 강의를 수강하였고, 1차의 경우 객관식 재무관리와 기출문제집, 2차의 경우 재무관리연습서로 공부하였습니다.

6) 회계감사

2차에 처음 접하는 과목이지만 개인적으로는 논술형 시험이여서 성향에 맞는 과목이었습니다. 감사의 경우, 문제풀이보다 내용이해도를 높이고자 2차 동차를 준비하는 과정에서 한 인강을 3월과 5월에 배속으로 두 번 수강하였습니다. 이후에 기본서와 감사 목차를 활용하여 자투리 시간에 암기하였습니다. 또한 선생님께서 강의내용을 요약해주시는 부분을 녹음하여 틈틈이 들었습니다. 2차 시험을 치루기 직전에는 단기완성 강의를 통해 모의고사를 3회 정도 풀어 문제풀이 감각을 익혔습니다. 저는 권오상 선생님의 2차 유예강의를 수강하며 회계감사 study guide로 학습하였습니다.

7) 원가관리회계

1차 기본강의를 수강하며 필수적인 개념을 단기특강 교재에 요약해두었습니다. 심화

강의를 들으며 큰 사이즈 문제를 다루었는데, 미리 큰 문제를 풀어본 경험이 동차준비 때에 도움이 되었습니다. 9월부터 객관식을 풀었고 별도로 강의를 수강하지는 않았습니다. 11월에는 틀린 문제위주로 가로풀기를 하며 회독수를 늘렸습니다. 12월에 들어서는 5개년 치 기출문제를 시간을 재며 풀었습니다. 1차 시험장에 5개년 기출문제의 유형과 개념을 정리하여 가지고 갔습니다. 동차를 준비하면서도 중시하였던 것은 가로풀기였습니다. 홀짝 단원으로 나누어서 연습서를 가로풀기로 학습하였고, 개념은 진도를 정하여 진도별로 반복하였습니다. 재무관리와 마찬가지로 2차 마지막에는 연습서의 목차를 뜯어 각 단원마다 제가 자주 틀리는 개념이나 서술형으로 출제될 내용을 요약해 두었습니다. 저는 강의는 김용남 선생님의 1차 기본강의와 심화반만 수강하였습니다. 1차는 김용남 선생님의 기본서와 객관식교재, 일일특강, 그리고 금감원 사이트에서 인쇄한 기출문제를 풀었고, 2차는 김용남 선생님의 연습서로 학습하였습니다.

8) 재무회계(정부회계)

많은 문제를 풀어보는 것이 중요한 과목입니다. 기본강의를 수강하며 서브노트에 개념을 정리해 두었습니다. 기본강의 때 객관식 문제를 풀어보면 개념과 문제를 더 잘 연결할 수 있어 추천합니다. 1차 준비 때, 연습서를 많이 풀어본다면 객관식 문제를 풀이하는 것은 상대적으로 쉽게 느껴지므로 9월까지 연습서를 보았습니다. 10, 11월에는 객관식 문제를 강의를 수강하며 공부하였고, 12월 말에 5개년 기출문제를 풀어 실전사이즈 문제에 익숙하게 하였습니다. 정부회계의 경우에는 1월 초에 강의를 수강하고 해당 교재에 있는 내용과 5개년 기출문제를 4회독하였습니다. 동차 때는 강의를 듣지 않고 혼자 연습서의 필수문제를 3회독을 하고 시험장에 들어갔습니다. 유예에 들어서는 3월 초까지 강의를 수강하고 2권의 연습서를 2.5회독 하였습니다. 3월~5월에는 연습서의 회독을 늘리고 GS강의를 수강하며 실전 형식의 문제를 풀며 시간조절을 연습했습니다. 5월에는 이에 더불어 모의고사 문제집을 시간을 체크하며 풀었습니다. 연습서는 최종 각각 6회, 5회독 하였고, GS문제와 모의고사는 전수로 3회 풀은 뒤 틀린 문제만 2회독 정도 하였습니다. 2차 재무회계는 많은 문제를 풀어보기를 추천합니다. 저는 김현식 선생님의 1차 기본강의, 심화반, 객관식 강의를 수강하였고, 고급회계는 김기동 선생님의 기본강의를 수강하였습니다. 유예 2차에 김기동 선생님의 강의와 GS를 수강하였습니다. 교재는 1차에 김현식 선생님의 기본서와 객관식 교재 그리고 모의고사 문제집을 풀었고, 유예 2차는 김기동, 김재호 선생님의 연습서와 GS모의고사, 그리고 김현식 선생님의 모의고사 문제집을 공부하였습니다.

(4) 공부와 관련하여 덧붙이고 싶은 말

공부를 하실 때는 규칙적인 생활과 운동을 하시라 말씀드리고 싶습니다. 저는 1차와 동차 때는 운동을 거의 하지 않고 몸을 혹사하다보니 공부를 하며 몸이 많이 상하여 고생했었습니다. 체력이 떨어지다 보니 공부의 효율도 떨어졌었습니다. 그래서 2차 유예 때는 적어도 하루에 30분은 걷거나 아침수영을 하였습니다. 조금씩이라도 운동을 하니 오히려 정신도 더 맑고 집중력이 유지가 잘 되었습니다. 공부만으로도 바쁜 수험기간이 겠지만 틈틈이 몸을 움직여 건강을 챙기는 것도 수험생활의 연장인 것 같습니다.

그리고 공부를 시작하실 때 자신에게 맞는 강의의 형태와 강사님을 찾으시길 바랍니다. 결과적으로 저는 학원보다는 인터넷강의가 더 적합한 사람이었습니다. 놓친 부분을 다시 들을 수 있고 재생속도를 조절가능하다는 점에서 저에게 더 효과적이고 효율적인 방법이었습니다. 또한 회계사 시험의 시험범위와 그 난이도를 생각하였을 때 강의의 도움은 필요하며, 강사님의 스타일과 학생의 스타일에 따라 받아들이는 내용이 달라집니다. 저는 사실 제 스타일과 학원, 그리고 강사님의 스타일에 대한 고민을 하지 않고 친구의 추천 따라 학원에 들어갔습니다. 굳이 다른 강사님을 염두에 두지 않고 내가 열심히 한다면 선생님은 누구여도 상관없다고 생각하였습니다. 하지만 이것이 저의 실수 중 하나라고 생각합니다. 공부를 하다보니 강사님의 스타일에 따라 제가 받아들이는 내용의 깊이가 상당히 달라졌음을 경험하였습니다. 여러 강사님의 맛보기 강의를 들어보시고 고민 후에 결정하시길 바랍니다.

마지막으로 방대한 양을 잘 요약하여 단권화 해두는 것이 공부의 양을 줄이며 효과적으로 기억하는 데 큰 도움이 됩니다. 제가 가장 공부를 하며 스스로 잘한 일이라 생각하여 이 글을 쓰며 계속 강조했던 것 같습니다. 기억력에는 한계가 있으니 어차피 모든 내용을 계속 기억할 수는 없습니다. 나올 만한 내용을 더 효과적으로 암기할 수 있도록 공부하다 보면 시험에서 좋은 결과를 얻을 수 있을 거라 믿습니다.

4. 마무리하면서

공부를 하는 동안 좋은 추억도 있었고, 힘든 일도 많았습니다. 과연 내가 이 많은 양을 다 공부하고 시험장에 들어갈 수 있을까하는 불안감에 잠이 오지 않은 날도 있었습니다. 하지만 그런 불안감이 올 때마다 끝날 때까지 끝난 것이 아니라는 생각을 하며 마음을 다잡았습니다. 저와 비슷한 감정을 느끼는 분이 계시거나, 느끼게 되시더라도 불안해하지 말고 시험장에서 수험번호를 쓰는 그 순간까지 포기하지 않고 최선을 다하라 응원하고 싶습니다. 최선을 다한다면 정말 그 노력은 배신하지 않을 것이라고 믿습니다. 어제가 오늘인지 오늘이 내일인지 구분이 안가는 수험기간이었지만 오지 않을 것만 같던 시험날도 다가오고 끝나지 않을 것 같던 수험기간도 시간이 지나니 끝이 찾아왔습니다. 열심히 노력하여 공부하고 계신다면 분명 좋은 결과가 함께 할 것이라고 믿습니다.

끝으로 제가 다른 것에 한 눈 팔지 않고 공부에 매진할 수 있게 도와주신 부모님과 가족들, 그리고 저를 위한 기도를 매일같이 해주신 할머니에게 진심을 담아 감사의 말을 전하고 싶습니다. 또한 공부하는 기간 동안 제가 모르는 것을 알려주고 서로 의지가 되어 주었던 친구들 덕분에 즐거운 추억과 좋은 결과로 마무리할 수 있는 수험생활이었습니다. 잘 할 수 있을 거라 늘 응원해준 오랜 친구들에게도 감사함을 표현하고 싶습니다. 수험기간이 끝난 만큼 그 동안 받은 응원과 사랑을 보답하고 싶습니다. 또, 수험공부로 하지 못했던 다른 분야도 남은 1년의 대학생활 동안 배워보고 싶습니다. 긴 글 읽어 주셔서 감사하고 모든 분께 바라는 결과가 함께 하길 응원합니다.

합격의 지름길로 인도하는 공부 습관을 형성해라

박 정 규

1992년 9월 23일생
Crescenta Valley High School(캘리포니아,미국)
성균관대학교 글로벌경영학과
2017년 52회 공인회계사시험 합격(회계감사 최고득점자)

1. 자기소개 및 응시동기

안녕하세요. 제52회 공인회계사 시험 회계감사 과목에서 최고득점으로 합격한 박정규입니다. 지난 8월 24일, 그토록 간절히 바라던 합격소식을 받은 후 그간 2년간 수험생활이 주마등 같이 머릿속을 스쳐 지나가면서, 대장정이 막을 내린 후 찾아온 기쁨은 평생 기억에 남을 정도로 달콤하고 행복했습니다. 금융감독원으로부터 제가 86점의 성적으로 최고득점자라는 믿기 힘든 소식을 통보받았을 그 순간의 전율은 그 어떠한 말로도 형용할 수 없을 정도로 아찔했습니다. 아직 누군가에게 조언을 해주기에는 스스로 많이 어리고 여러 가지 면에서 부족한 점이 많지만, 저의 경험을 공유함으로써 공인회계사 시험을 준비 중인 단 한 사람에게라도 도움이 되었으면 하는 소박한 바람으로 이 합격 수기를 작성하는 바입니다.

사실 처음 회계사 시험 도전을 계획했을 때 주변에서 의아해하는 사람들이 대부분이었습니다. 아버지의 직업 특성상 유년기 폴란드에서 4년, 고등학교 때 미국에서 4년 등 총 8년간 해외생활을 한 후 한국에서 대학에 입학한 저이기에, 2차 응시 과목들이 논술 형태로 구성된 공인회계사 시험은 너무 어렵고 저한테는 맞지 않을 것이라는 의견이 다분 했으며, 솔직히 군대에 가기 전 학부 수업 중 회계원리 과목을 수강하면서 배운 회계 지식이 전부인데다 공인회계사가 우리 사회 및 경영환경에서 정확히 어떠한 역할을 수행하는지에 대한 기초적인 지식도 없는 상태였습니다. 하지만 경영학도로서 소위 '경영학의 꽃'이라 불리는 공인회계사가 된다는 것은 수험생 입장에서 제가 갖고 있는 여러 불리한 장애물을 뛰어 넘어 멋지게 도전해 볼 만한 가치가 충분히 있다고 굳게 믿어 회계사 공부를 시작했습니다.

2. 전반적인 학습방법, 수험기간, 공부시간 등 수험대책

저는 스스로의 부족함을 엄격하게 관리해 나간다는 나름대로의 원칙을 지키며 살아갑니다. 즉, 부족함을 부끄럽게 여겨 숨기려하지 않고, 오히려 제가 갖고 있는 장점은 살리되 단점은 그 간극을 메우기 위해 끊임없이 노력하는 형입니다. 앞서 말씀 드렸듯이 고등학교까지의 12년 정규교육과정 중 절반 이상을 해외에서 보낸 저의 독특한 이력은 회계사 수험생으로서 극복해야 할 가장 큰 도전 과제 중 하나였으며, 초기단계 예상대로 수험생활은 그리 순탄치 않았습니다. 이 시험을 준비하는 여타 응시생들과는 달리 대학 수학능력시험을 보지 않은 채 수시로 대학에 입학함에 따라, 다른 수험생들이 대학입시 준비과정에서 획득한 언어능력이나 수리능력을 처음에는 쉽게 따라잡을 것 같아 보이지 않았습니다. 심지어 너무나도 당연하고 보편적으로 여겨지는 학습 수단인 인터넷 강의마저도 저에게는 이전에 한 번도 경험해보지 못한 미지의 세계였습니다. 하지만 돌이켜 보면 제가 갖고 있는 많은 핸디캡들이 오히려 더욱 스스로를 채찍질하며 열심히 공부할 수 있는 원동력으로 작용, 좋은 결실을 맺게 된 것 같습니다.

인터넷 강의가 익숙하지 않아 15년 3월 나무경영아카데미의 봄 종합반을 현장강의로 수강하면서 본격적인 시험 준비에 돌입했습니다. 당시 치열한 자리경쟁에서 지지 않기 위해 밤잠을 줄이고 심지어 씻는 것을 포기하면서까지 새벽 일찍 학원으로 달려가 거의 맨 앞자리에 앉아 선생님들의 강의에 열중했습니다. 하지만 과목들이 추가되고 진도가 누적 될수록, 더 이상 현장강의의 속도를 수월하게 따라가기 힘들 정도로 뒤쳐졌습니다. 사실 당시 진도별 모의고사 성적이 만족스럽지 않아 거의 매일 자괴감 속에 괴로워하며 보낸 적도 많았습니다. 이 시기에 멘토들과의 직접적인 상담 및 선배 회계사분들의 수기를 수시로 꺼내 읽으며 무너져가는 각오를 새롭게 다잡았던 것으로 기억합니다.

6월쯤 같이 공부를 시작한 친구의 권유로 현장강의에서 인터넷 강의로 전환을 했는데, 이것은 제가 수험기간 중 취했던 많은 선택들 중 합격의 지름길로 인도하는데 가장 큰 역할을 한 전환점이 되었습니다. 인터넷 강의의 시간적 효율성에 감탄한 저는 곧 바로 집 앞에 있는 1인 독서실로 수험준비에 필요한 모든 짐을 옮겼습니다. 많은 수험생들이 집중력 및 개인 의지 등의 이유로 인터넷 강의보다는 현장강의를 선호하는 것으로 알고 있습니다. 하지만 합격에 대한 강한 열의가 있는 수험생과 인터넷 강의가 만났을 때 이룰 수 있는 성과는 가히 말할 수 없을 정도로 놀랍다는 것을 직접 경험했습니다. 인터넷 강의의 배속 기능으로 강의 시간을 반 정도로 줄인 저는, 저한테 주어진 하루가 다른 수험생들에게는 이틀이라는 생각을 하며 묵묵히 공부에 전념할 수 있었습니다. 초기단계 현장강의를 들을 때보다 두 배 정도 주어진 자습시간은 저에게 너무나도 소중했으며, 공부에 대한 스트레스를 잊은 채 그저 늘어난 자습시간에 감사하며 기분 좋게 공부에만 전념했습니다. 7월부터 1차 시험 직전까지 약 8개월 넘는 기간 동안 독서실에서 도시락을 먹어가며 평균 14시간 정도 공부시간을 유지한 채 시험 준비에 몰입했습니다. 개인적으로 최종 2차 시험 합격을 위한 기반을 탄탄하게 하는 1차 시험 직전 몇 개월은 회계사 수험생에게 동차기간만큼이나 중요한 시기라고 생각하며, 저로서는 이 시기가 전체 수험기간 중 가장 잡념 없이 효율적이고도 효과적으로 공부에만 몰두했던 때라고 기억합니다. 일주일에 여섯 번, 14시간씩 공부를 하면서도 스트레스를 잘 관리하고 페이스를 유지할 수 있었던 원동력은 바로 합격에 대한 희망이었다고 생각합니다. 수험 준비에 돌입하여 초기단계 환경적인 차이로 인해 다른 수험생들에 비해 부족하다고 느꼈던 핸디캡의 격차가 줄어드는 기분은 저를 더욱 더 결기 있게 만들었으며, 실제 모의고사 점수 및 등수가 공부를 하면 할수록 그에 걸맞게 상승해주어 기분 좋게 공부 할 수 있었으며, 최선을 다해 노력하면 반드시 뜻을 이룰 수 있다는 자신감을 가지며 공부한 결과 만족할 만한 성적으로 1차 시험을 합격할 수 있었습니다.

아마도 모든 합격자들이 입을 모아 동의하겠지만, 1차 시험 합격 발표 후 느끼는 행복감은 그리 오래가지 않습니다. 물론 1차 기간 동안 재무회계, 세법, 그리고 재무관리의 심화강의를 통해 2차 과목들을 어느 정도 학습해 놓은 상태였지만, 4개월도 남지 않는 기간 동안 1차 시험보다 더욱 더 깊이 있고 방대해진 범위의 심화된 내용들을 객관식이 아닌 서술 형태로 10장/15장 써내려가야 한다는 중압감은 잠이 오지 않을 정도의 큰 압박과 부담감으로 다가왔습니다. 또한 8개월이라는 기간 동안 마치 1차 시험이 전부인 양 휴식 없이 달려온 저에게 1차 시험 합격의 보상심리가 작용되고, 그 뒤에 넘어야 할 더 높은 산이 있다는 사실에 그동안 스스로에게 위안을 준 추진력이 힘을 잃는 기분도 들었습니다. 당시 저는 또 다시 주변정리와 공부환경에 변화를 주는 것이 옳다는 판단 하에 모교인 성균관대학교 공인회계사 준비반인 송회헌에 들어갔습니다. 솔직히 말해 고시반에서의 공부가 1차 시험 직전 혼자 독서실에서 공부 할 때보다 효과적이었다고는 말씀 드릴 수 없습니다. 아마도 1차 시험 직전의 추진력이 지속되었다면 동차 때 회계감사 과목마저 합격할 수 있지 않았을까 하면서 못내 아쉬워하기도 했습니다. 하지만 8개월 동안 혼자 공부하면서 심신이 지칠대로 지친 상태에서 고시반에 들어가지 않으려고 고집을 부렸다면 동차 때 다섯 과목을 전부 공부하며 시험을 끝까지 완주할 수 있었을까

하는 의문이 먼저 들었고, 결과적으로 고시반에 합류하기로 한 제 판단 역시 전체 수험 생활을 돌이켜봤을 때 정말 잘한 선택 중 하나라고 굳게 믿습니다.

고시반에서 만난 친구들은 같은 목표를 바라보며 힘든 시간을 버텨가며 꿈을 꾸는 각자의 염원과 희망이 끈끈한 연결고리가 되어 인생에 있어 동반자와도 같은 소중한 인연으로 저에게 다가왔습니다. 이후 "과목별 공부 방법"에서 보다 자세히 설명 드리겠지만, 저는 1차 때부터 비교적 자신이 있던 재무회계를 제외하고는 모든 과목들의 스터디를 동차 기간 때부터 동시에 진행했습니다. 동차 기간 때는 시간적 제약으로 인해 깊이 있는 탐구나 사고를 진행하지는 못하였기 때문에 단순히 진도스터디 위주로 진행했으며, 다행히 저를 포함한 모든 친구 수험생들이 책임감 있게 참여해 비교적 빠르게 전 과목의 회독수를 올리는 등 어려움 끝에 2차 시험을 성공적으로 마무리 했습니다. 당시 동차 기간 초반에는 주 6일 평균 9시간, 후반에는 주 6일 평균 11시간 공부를 했습니다. 결과는 57.1점인 회계감사를 제외하고 나머지 과목들은 합격했습니다.

고생 끝에 얻은 결과이고, 또 열심히는 했지만 다소 난이도가 있었던 시험 특성상 결과에 대해 크게 기대를 하지 않고 있었기 때문에, 2.9점 차이로 동차합격의 감격을 맛볼 수 없었다는 생각 보다는 4과목을 합격 했다는 사실에 기쁜 마음으로 시험 결과를 긍정적으로 받아 들였습니다. 회계감사만이 마지막 관문이었던 유예기간 동안의 학습은 이후 "과목별 공부 방법"에서 설명하도록 하겠습니다.

3. 과목별 공부 방법 (기타)

이미 많은 합격 수기들에서 과목별 구체적인 공부 방법을 너무나도 체계적으로 잘 정리하고 있어 저는 회계감사를 제외한 나머지 과목에 대해서는 비교적 간략하게 언급하겠습니다. 어디까지나 제가 공부를 하면서 고안한 방식들이며, 이 글을 읽으시는 수험생들은 개인의 성향에 맞게 취사선택 하시면 될 것 같습니다.

우선 공통적으로 참고하실 사항은 저의 수강과 관련된 내용입니다. 저는 모든 1차 과목의 기본강의 및 객관식 강의를 수강했으며 동차 기간 때도 모든 2차 과목의 강의를 동시에 수강했습니다. 많은 수험생들이 특정 과목들의 객관식 강의나 2차 강의를 시간상 이유로 수강하지 않습니다. 개인적으로 느끼기에는 인터넷강의를 배속으로 들으면 그 어떠한 강의도 사실 많은 공부시간을 뺏는 것 같지는 않습니다. 시간은 절대 부족하지 않습니다. 익숙해지기만 하면 상대적으로 빠른 선생님들의 강의도 나중에는 인터넷강의의 2배속이 느리다고 느끼는 순간이 올 것입니다. 게다가 선생님들이 효율적으로 범위를 추려주기 때문에 기본강의, 객관식강의, 그리고 2차 강의를 막론하고 자습을 통해 훨씬 효과적으로 성적을 올릴 수 있다고 생각합니다.

다음으로는 하루에 전 과목을 반드시 학습해야하는 중요성에 대해 강조하고 싶습니다. 저는 엑셀을 이용해 월말마다 월간 계획을 작성, 일요일마다 주간 계획을 짜고, 하루의 끝엔 다음 날의 계획을 조정해가면서 학습을 수행했습니다. 계획 수립시 각 과목에 할당되는 공부 시간뿐만 아니라 과목별 진도를 고려하여 작성했습니다. 즉, 각 과목별로 1회독 목표기간을 (예: 2주) 정해 목표 기간 안에 1회독을 달성하기 위한 하루의 목표 진도량을 설정하고 (예: 18단원/2주 = 쉬는 날 빼고 하루에 1.5단원), 하루에 어느 특정 과목에만 너무 치중하지 않기 위해 모든 과목들의 목표 진도량에 소요되는 시간의 합이 하루 전체 공부 시간을 (예: 14시간) 초과하지 않도록 계획을 수립 및 조정했습니다. 여기서 가장 중요한 것은 모든 과목에 시간을 배분하려고 노력해야 한다는 것입니다. 흔히 수험가에서는 회계사 시험을 '밑 빠진 독에 물 붓기'로 비유를 합니다. 방대한 양의 공부로 인해 열심히 이해하고 암기한 특정 과목 및 주제들도 시간이 지나 다른 것을 챙기다 보면 어느 순간 머릿속에서 백지가 되기 때문입니다. 따라서 저는 한 과목의 하루 공부 시간이 단 30분이 되더라도 사람의 머리는 해당 과목을 당일 날 어느 정도 그나마 공부했다는 생각에 위안이 들어, 밤에 잠을 자려고 누웠을 때 놓치고 있는 과목에 대한 불안감을 어느 정도 해소할 수 있다고 생각합니다. 최소한 이런 식으로 모든 과목을 챙기는 동시에 스트레스를 관리할 수 있었습니다. 실제 1차시험 직전 두 달 동안 원가회계는 하루에 단 30분씩만 시간을 할당했으며, 2차시험 직전 한 달 동안 재무회계는 단 1시간만의 시간만 할당했습니다. 어차피 대다수의 수험생들은 비슷한 기억력과 실력을 갖고 있습니다. 불안감을 해소시켜 안정된 마음으로 완주만 할 수 있다면, 이미 합격의 문턱에 남들보다 한 걸음 더 나아간 것입니다.

(1) 재무회계

회계학은 세법과 함께 제가 가장 집중적으로 공부한 전략과목이었습니다. 두 과목 모두 정직한 과목입니다. 공부량과 모의고사 점수의 상관관계가 가장 명확하여 공부하는 보람이 가장 큰 과목이었습니다. 회계학은 시간이 많이 부족한 과목입니다. 하지만 객관식 서적의 회독을 늘릴수록 풀이속도가 증가하는 것을 체감하실 수 있을 것입니다. 저는 9~10월까지 친구들한테 "분개맨"이라는 별명을 갖고 있을 정도로 학교의 회계 모의고사에서 모든 문제를 분개를 통해 접근을 했으며 25문제를 겨우 풀 수 있을 정도의 풀이속도를 갖고 있었습니다. 9월까지 기본 이론들을 숙달 시킨 상태에서 김기동 선생님의 강의를 듣고 풀이 속도에 신경을 쓰기 시작했습니다. 그리고 나서 10월부터 1차 시험 전까지 나무경영아카데미, 김기동 선생님, 그리고 김재호 선생님의 객관식 책을 각각 다섯 번씩 전수로 풀고 실력이 일취월장하여, 그 이후 전국모의고사뿐 아니라 실제 2016년 1차 시험 회계학에서 50문제를 다 풀고도 시간의 여유가 있었습니다. 1차 시험의 회계학은 절대로 '40문제만 풀고 10문제는 찍어도 되는 과목'이 아닙니다. 1차 때 공부를 열심히 한 덕에 2차 때 재무회계는 김기동 선생님의 유예강의를 열흘 만에 완강한 이후 2차 시험 때까지 매일 한 시간씩 감을 올려놓고 필수문제만 3회독 한 뒤 시험장에 들어 갔습니다.

1) 세법(이승철)

회계사 공부를 시작하기 전부터 가장 입문하기 어려운 과목이라는 말을 너무 많이 들어 가장 크게 걱정을 하며 학습을 시작한 과목이지만 막상 염려 한 것만큼 무시무시한 과목은 아니었으며, 나중에는 오히려 가장 좋아하는 과목이 되었습니다. 아마 세법을 좋아하게 된 가장 큰 이유는 이승철 선생님의 완벽한 강의가 아닐까 생각합니다. 선생님 강의에 시작부터 매료되어 합격할 때까지 선생님의 말씀을 일일이 따르며 충성스럽게 공부했습니다. 세법은 크게 할 말이 없습니다. 워낙 양이 많기 때문에 1차, 2차를 막론하고 미친 듯이 암기를 하고 많은 양의 문제를 풀기만 하면 다른 수험생들과의 변별력을 쉽게 갖출 수 있는 효자 과목입니다.

2) 원가회계(김용남)

원가회계가 2차 시험에서 수험생들을 워낙 고통스럽게 하는 것으로 악명 높은 과목으로 알려져 있기 때문에 저는 1차 때부터 지레 겁을 먹고 원가회계를 꾸준하게 공부를 했습니다. 객관식 강의 수강 이후 김용남 선생님의 책에서 각 단원별로 대표적인 필수문제들을 직접 선별한 이후 해당 문제들만 시험 전에 10번 이상 풀이를 하고 시험장에 들어갔습니다. 같은 문제를 반복해서 풀었기 때문에 나중에는 문제를 통째로 외워버려 시험 두 달 전부터 하루에 30분씩만 투자하고, 1주일에 한 번 전 범위를 빠르게 복기하며 감을 유지했습니다. 1차 때 비교적 열심히 공부를 해 2차 때 원가 파트는 쉽게 적응을 했지만, 관리 파트에서 많은 스트레스를 받았습니다. 동차 시간 때 시간이 너무 촉박해 어쩔 수 없이 개념 위주로 공부를 하며 시험 날 저의 응용력에 모험을 걸기로 마음을 먹었으며, 막판에는 김용남 선생님의 필수문제 리스트만 3회독을 하고 불안한 마음으로 시험장에 들어갔습니다.

3) 재무관리(김종길)

고시반 친구들과 수험 시절 재무관리에 대해 항상 웃으며 했던 말이, 이후에 누군가가 수기를 쓰게 된다면 재무관리는 이해 과목이 아닌 암기 과목이라는 말을 반드시 담자고 얘기했었습니다. 물론 이해가 따르지 않는 암기는 없다고 하지만, 재무관리의 휘발성은 조금의 과장을 더해 세법의 휘발성과 그 정도가 비슷하다고 생각합니다. 1차 때 감을 잡지 못해 기본강의를 두 번이나 듣고 이후 종합반 일정에도 없던 심화강의를 혼자 시간을 내어 복습했음에도 불구하고 개념이 명확하지 않은 상태로 1차 시험장을 들어갔습니다. 하지만 1차 기간 동안 쏟아 부은 그러한 노력들이 결실을 맺어서인지 2차 기간 때 동차강의를 수강하면서 덩굴처럼 꼬여있던 개념들이 점점 머릿속에 자리를 잡아 갔습니다. 재무관리도 문제풀이가 개념을 확립시키는데 정말 중요한 과목이라 생각합니다. 2차 기간 초반 김종길 선생님의 연습서에 있는 문제들을 이론과 병행하며 무턱대고 전수로 1회독을 풀고 나니 재무관리를 많이 이해했다고 느꼈습니다. 2회독을 하니 1회독 후 재무관리를 이해했다고 믿은 제 자신이 큰 착각을 범했다는 것을 알았습니다. 하지만 연습서의 3회독을 마치고 난 후, 시험 날 재무관리는 제가 세법 다음으로 자신 있게 시험장을 입성한 과목이었습니다.

4. 회계감사 공부 방법

[강의순서] (동차기간) 권오상 16년 유예강의 → (유예기간) 도정환 17년 기본강의
→ 도정환 17년 리뷰강의 → 권오상 GS, 도정환 GS, 선영규 GS, 최충규 GS

(1) 전반적 학습 방법

1차 시험을 합격하자마자 기대에 부푼 채 2차생의 상징인 회계감사 책을 곧 바로 구입하여 권오상 선생님의 2016년 유예강의로 공부를 시작했습니다. 회계감사는 처음 수강 할 때 굉장히 쉽다고 느꼈습니다. 선생님들은 보통 감사 기준을 실무와 연결 지어 수험생들이 이해하기 쉽게 설명을 해주십니다. 사례들과 연관 지으면 기준들은 너무나도 당연한 말들 같아지고, 사례들을 일일이 필기하기에는 애매할 정도로 예로 들어주시는 사례들은 간단하며 또 다양했습니다. 복습을 소홀히 하며 강의를 끝내고 공부를 위해 4월에 책을 폈을 때, 필기가 없이 밑줄만 많이 그어진 스터디가이드를 보며 제가 아무것도 모르고 있다는 것을 깨우쳤습니다. 지금 저는 책에다가 무조건 사례들을 다 필기해야 한다고 주장하는 것이 아니라, 회계감사 과목의 특성에 대해서 설명하는 것입니다. 회계감사는 대부분 실제 감사업무를 수행하다가 맞이한 상황이나, 맞이할 수 있다고 판단하는 상황들을 규정해놓은 기준들을 공부하는 과목입니다. 실무 경험이 있는 선생님들은 쉽게 다양한 경험에 빗대어 기준들을 수험생들에게 이해하기 쉽게 알려줄 수 있지만, 실무 경험이 없는 수험생 입장에서는 기준 자체를 해석할 수는 있더라도 실제 기준들의 의미를 파악하기에는 한계가 있는 것 같습니다. 또한 기준들을 따로 떼어내어 공부하면 이해가 된다는 착각이 들다가도, 여러 기준들 간의 관계나 전체로서의 감사기준을 이해하려고 노력하는 순간 회계감사가 상당히 어려운 과목이라는 것을 알 수 있습니다. 과거에는 전체로서의 감사기준을 이해하는 것이 시간적으로 비효율적이라 판단하여 많은 수험생들이 부분 부분의 기준들만 확실히 암기를 한 뒤 시험에 응시를 했었고, 개인적인

의견으로는 15년도 시험까지는 해당 방법이 효율적이고 또 목적에 적합한 공부 방법이라고 생각합니다. 하지만 16년 이후의 출제경향을 봐서는 하나의 기준을 암기하는 것보다는 기준들 간 연계성 및 전체 회계감사의 흐름을 이해하는 것이 바람직한 수험 전략이라고 생각합니다. 다음으로는 제가 2차 시험 불합격 이후 17년 1월에 다시 감사 공부를 시작하고 나서 익혔던 개인적인 팁들을 공유하고자 합니다.

우선은 시간 관리 전략입니다. 감사는 다른 과목들과 마찬가지로 시간이 굉장히 부족합니다. 저는 운 좋게도 글 쓰는 속도가 남들보다 빨라 시험시간을 따로 체크하지 않고 그저 최선을 다해 빠르게 푸는 방법으로 모의고사들을 시간 안에 치렀습니다. 하지만 시험한달 전 여러 선생님들의 GS를 풀면서 생소한 문제들을 만났을 때 당황을 해서 시간에 쫓기는 경험을 여러 번 한 뒤, 시간 안배의 중요성을 깨닫고 나름대로 고안한 방법을 사용했습니다. 저는 제가 푼 문제의 점수 합계를 기준으로 시간을 관리했습니다. 예를 들어, 시험 시간이 1시간 지났을 때, 푼 점수의 총점이 50점을 넘는지 생각을 하면서 풀이 속도를 조절했습니다. 보통 시험지 초반에 있는 문제들을 나중에 풀기 위해 하나 둘 넘기기 시작하다가 시험 중간에 남은 시험시간을 확인 했을 때 자신이 총 몇 문제를 더 풀어야 하는지 감이 오질 않아 넘겼던 문제를 다시는 못 보는 일이 빈번하게 발생합니다. 따라서 저는, 문제를 풀 때 대충 몇 점의 배점을 챙기고 있는지 머릿속으로 계산하면서 시험을 응시하는 습관을 만들었습니다. 따라서 어려워서 넘겼던 문제들도 무조건 다시 돌아와서 답안을 채워 넣는 연습을 했습니다. 1시간이 지났을 때 50점 이상의 배점을 챙겼다고 판단하면, 이후의 문제들은 조금 더 신중하게 문제를 읽고, 답안도 더 자세히 쓸 수 있어 점수 획득에 유리했던 것 같습니다.

둘째는 문제풀이 및 스터디에 대해서 말씀드리겠습니다. 감사는 손으로 많이 써야하는 과목이라고 그럽니다. 저도 여기에 대해서는 동의를 하는 바이지만, 손으로 많이 써야한다는 것은 같은 문제를 여러 번 푸는 것보다는 다양한 문제를 풀어 새로운 문제에 접근하는 방법을 배우라는 의미인 것 같습니다. 이미 푼 문제의 경우, 두 번 정도 배운 것을 답안에 현출하는 방법을 익힌다면, 그 다음부터는 눈으로만 머릿속으로 내용을 정리하며 푸는 것이 시간적으로 효율적인 것 같습니다. 동시에 이따금 쓰는 감을 살리기 위해 본인이 생각하는 가장 좋은 모의고사 몇 개를 추려놓고 필요할 때 손으로 쓰면서 자신감을 올리는 것도 괜찮았던 방법이었습니다. 개인적으로 16년도 감사 기출과 도정환 선생님의 15년도 GS들을 그런 용도로 활용 했습니다. 유예기간에 진도, 문제풀이, GS 등 감사의 모든 것은 스터디를 통해서 했습니다. 앞서 말했듯이 감사는 실무에서 발생 하였거나 발생 할 수 있는 여러 가지 상황들을 규정해 놓은 과목입니다. 선생님들은 모든 상황을 다 설명 못하기 때문에 3~4명의 친구들끼리 같이 공부하면서 궁금한 것이 있을 때마다 물어보며 공부를 수행 했습니다. 너무 지나치게 지엽적인 질문들은 독이 된다고 믿을 수 있지만, 지엽적인 질문들에 함몰되어 시간을 크게 쓰지만 않는다면 유연한 사고에 도움을 주는 것 같습니다. 이런 연습들은 17년도 시험과 같이 공부하면서 절대 안 나올 것 같다고 판단한 질문들만 모아놓은 시험에서 큰 도움을 준 것 같습니다.

마지막으로 현재 주변에 많은 수험생 지인들이 가장 많이 질문하는 교재 선택에 대해 말씀드리겠습니다. 저 같은 경우, 유예기간 때 감사기준을 암기하기 위해 동차 때 공부한 회계감사 목차에 직접 수험시장에 존재하는 많은 책들을 단권화 했으며, 회계감사의 전체적인 흐름 파악 및 기준들 간 연계를 깊숙이 이해하기 위해 노준화 교수님의 책을 메인 교재로 다독하고 이효익 교수님의 책도 부분적으로 활용 했습니다. 단권화된 목차를 통해 세세하고 지엽적인 감사기준들을 외우고, 줄글의 다독을 통해 감사 기준들 속 논리 및 흐름을 이해하며 덕분에 좋은 성적을 얻게 된 것 같습니다.

5. 마무리하면서

많이 부족한 합격 수기 읽어주셔서 감사하며, 이 글을 읽는 모든 수험생들에게 좋은 결과가 있기를 바랍니다. 아울러 공부하면서 만난 친구들, 선생님들, 교수님들, 그리고 특히 수험기간 동안 아들의 스트레스를 전부 받아주신 저희 부모님에게 감사하다는 말씀 전하고 싶습니다.

버티는 자가 승리한다

1993년 11월 8일생
서울성남고등학교 졸업
고려대학교 경제학과
2017년 52회 공인회계사시험 합격(동차 합격 / 재무관리 최고득점자)

박 계 형

1. 들어가면서

안녕하세요, 독자 여러분. 저는 2017년 CPA시험에 동차합격하게 된 고려대학교 경제학과 박계형이라고 합니다. 나이는 올해 25살이고, 운이 좋게 초시에 동차합격하게 되었습니다. 회계사가 되고자 했던 생각은 군대에서 처음 하게 되었고, 그에 따라 입대 전 들었던 회계학원리를 군대에서 복습하고, 중급회계 책을 사서 군대동기의 도움으로 독학을 시작했습니다. 제대 후(2015년 2학기, 2016년 1학기)에는 경영학과 이중전공을 시작하여, 회계와 관련된 전공과목들을 미리 들으며 계속해서 공부를 하였습니다.

본격적인 공부는 2016년 2학기를 휴학하고 가을종합반을 인터넷강의로 들으며 시작하였습니다. 그렇게 2017년 1차 시험을 총점 463.5점으로 통과하였고, 2017년 1학기까지 마저 휴학하고 5과목 모두를 준비하여 동차합격 할 수 있었습니다(재무회계: 92, 원가회계: 76, 회계감사: 69.3, 세법: 81.5, 재무관리: 88.5). 비록 보잘 것 없는 글솜씨이지만, CPA 준비생 여러분들에게 저의 합격수기가 많은 도움이 되었으면 합니다.

2. 시험 준비

지금부터는 제가 공부한 방법에 대해 말씀드리겠습니다. 저는 가을종합반 인강을 듣기 시작한 2016년 6월말부터는 월요일부터 토요일까지 매일 순공부시간 10시간을 채우는 것을 목표로 했습니다. 일요일에는 충분한 휴식을 취했습니다. 순공부시간은 스톱워치로 측정했으며, 자기 자신에게 조금 더 엄격해지기 위해 공부시간을 최대한 보수적으로 측정했습니다. 그렇게 하다 보니, 목표시간을 채우지 못하는 경우가 많아졌지만, 그래도 평균적으로 9시간 30분 정도가 유지되도록 노력했습니다. 제가 여기서 강조하고 싶은 것은, 공부를 할 때는 꾸준히 해야 한다는 것입니다. 공부시간이 과도하게 들쭉날쭉하는 것은 좋지 않습니다. 매일매일 자신이 정한 할당량을 채울 수 있도록 노력하십시오. '오늘 덜한 대신 내일 더하면 되지' 라는 생각은 공부능률을 떨어뜨릴 것입니다. 저처럼 일요일에 완전히 쉬는 것을 택하는 한이 있어도, 본인이 지속적으로 유지 가능한 공부 패턴을 설정하는 것이 중요하다고 생각합니다.

많은 분들이 궁금해 하시는 것 중 하나가 1차 준비 기간에 연습서를 볼 것인가 하는 문제입니다. 저는 아무래도 1차 준비 기간에 연습서를 보지 않고 동차합격을 했다 보니, 굳이 1차 준비 기간에 연습서를 볼 필요성은 없다는 입장입니다. 시간이 남아 연습서를 공부할 수 있다면, 가장 1순위로는 세무회계를 추천합니다. 세무회계 준비는 분명 세법의 이해도를 많이 올려줍니다. 그 다음으로는 재무회계 정도가 괜찮은 것 같습니다. 그 외에 다른 과목들은 크게 추천하지는 않습니다만, 여유가 되신다면 본다고 해가되지는 않을 것입니다.

추가적으로 말씀드리고 싶은 것은 바로 부분합격제도에 대한 것입니다. 2차 준비를 시작할 때 한 과목을 버리고 싶은 욕심이 굉장히 많이 들게 되는데, 그래도 저는 전 과목을 다 대비하는 것을 추천하고 싶습니다. 그 이유는, 한 과목을 버린다고 해서 그 시간을 온전히 다른 과목 공부에 쏟지 않는다고 생각하기 때문입니다. 1차 때 연습서를 한 번도 보지 않고, 2차 때 다섯 과목 모두를 준비해본 입장으로서, 제가 한 과목을 버리고 네 과목만 공부했다고 해서 나머지 네 과목 점수가 극적으로 올라갈 것 같지는 않았습니다. 하루하루 꾸준히, 열심히 공부하신다면 다섯 과목 대비도 충분히 해낼 수 있습니다.

3. 1차 과목별 공부방법

(1) 재무회계

재무회계(중급회계, 고급회계)의 경우 타 과목들에 비해 휘발성이 낮고, 시험 비중도 높아 가장 먼저 완성시킬 것을 추천합니다. 공부 방법은 그저 문제를 많이 풀어보시는 것을 권합니다. 재무회계는 논리가 일관적인 측면이 많아, 문제를 푸시면서 기본문제에 감을 잡으신다면, 웬만한 응용문제도 푸실 수 있을 것입니다. 종종 1차를 준비하시면서 고급회계를 버리려고 하시는 분들이 계시는데, 그것은 정말로 막고 싶습니다. 1차 수준의 고급회계 문제는 중급회계 문제보다 훨씬 쉬운 경향이 있기 때문에, 고급회계 이해도를 높이신다면 고급회계 문제들이 효자노릇을 해줄 수 있을 것입니다. 고급회계 공부할 때의 팁을 드리자면, 귀찮더라도 한번쯤은 연결정산표를 직접 그려보시는 것을 추천합니다. 기본 강의를 들으시면 강사가 작성하는 것을 볼 수 있는데, 그것으로 만족하지 마시고 스스로 혼자서 작성해보는 것을 권합니다. 분명 연결파트를 이해하는 데에 큰 도움을 줄 것입니다.

회계학에서 5문제가 나오는 정부회계의 경우도 준비하시는 것을 추천합니다. 1차 시험을 앞두고 들으셔도 좋지만, 저는 추석연휴쯤에 들어버리는 것이 좋다고 생각합니다. 한번 들어놓고 시험 막바지에 완성시키는 것과, 시험 막바지에 부랴부랴 처음부터 듣는 것은 굉장히 느낌이 다릅니다. 추석연휴 때 3~4일 정도 4시간씩 투자하면서 필기 꼼꼼하게 해놓으시고, 1월에 다시 펴십시오. 1월 초에 2~3일 4시간씩 투자하시면 충분히 리마인드 가능하고, 시험 때까지 까먹을 때쯤 한번 씩 펴보는 정도로 마무리하시면 됩니다.

(2) 경제학

CPA 과목 중 두 번째로 완성시키길 권하는 과목이 바로 경제학입니다. 경제학의 경우에도 휘발성이 낮은 편이고, 1차 시험 점수비중이 높아 미리 완성하시면 효자노릇을 해줄 수 있는 과목입니다. 경제학을 공부할 때 가장 중요한 것은 기본개념의 이해입니다. 기본 강의를 들을 때, 노트필기를 꼼꼼히 하시며 기초를 탄탄히 하십시오. 경제학의 경우 응용문제가 매우 많습니다. 응용할 수 있는 여지가 매우 많은 과목이기 때문에, 유형 하나하나를 전부다 대비하기 어렵습니다. 그렇기 때문에 기초가 더욱 중요한 것이고, 기초를 탄탄히 하는 가운데 응용문제를 풀면서 테크닉 하나씩을 기본 개념 위에 얹는다는 느낌으로 공부하는 것이 좋습니다.

(3) 일반경영학

가을종합반 시간표상, 경제학 과목이 끝나고 곧바로 이어진 과목이 경영학이었습니다. 경영학의 경우 이론적으로는 시험을 앞두고 벼락치기식으로 공부해도 괜찮지만, 아무래도 시험이 다가올수록 복습할 것이 더 많아지고, 또 마지막에는 상법이 엄청난 시간을 잡아 먹을 것이기 때문에 미리 들어두는 것을 추천합니다. 경영학의 경우 많은 부분 암기과목의 특징을 가지고 있어, 핵심정리 노트를 만들어 수차례 반복해서 읽어보는 것이 큰 도움이 될 것입니다. 또한, 경영학의 경우 다른 과목에 비해 어려운 응용문제는 많이 나오지 않으므로, 객관식 책을 풀고 오답정리만 잘 하신다면 고득점하실 수 있을 것입니다.

(4) 세법

CPA 시험의 꽃이라고 할 수 있는 세법입니다. 처음 배울 때 매우 어렵고, 암기할 것도 많으니, 시간을 굉장히 많이 잡아먹는 과목이라 할 수 있습니다. 저의 경우에는 고급회계가 끝난 후(9월 초) 세법강의를 듣기 시작했습니다. 세법공부에 대해 말씀드리고 싶은 것은, 세법을 언제 시작하느냐는 본인의 자유지만, 세법 공부를 시작한 순간부터는 단 하루도 빠짐없이 세법 공부를 해야 한다는 것입니다. 세법은 휘발성이 매우 강해서, 하루라도 손을 놓으면 감을 잃기 딱 좋습니다. 저 같은 경우에는, 기본 강의를 들을 때는 그 날 배운 것 정리 및 복습, 그리고 관련 객관식 세법 문제들을 풀어보았고, 기본 강의가 끝난 후에는 법인세 파트와 이외 세법 파트를 격일로 번갈아서 공부했습니다.

세법 공부를 하며 가장 애매한 부분 중 하나는 기타세법에 관한 내용입니다. 저의 경우에는 법인세, 소득세, 부가가치세 부분은 빠짐없이 모두 준비했고, 기타 세법은 국세기본법, 상속세 정도를 준비했습니다. 증여세의 경우에도 준비하기는 했지만, 시간 관계상 많은 시간을 쏟지는 못했고, 결국 거의 준비하지 않은 것이나 다름없는 상황이 되었습니다. 시간이 있으시면 모두 다 준비하시되, 시간이 없으시다면 증여세 '일감 떼어주기, 일감 몰아주기' 파트, 증여세 전체, 상속세 및 증여세 전체 순으로 버리시는 것을 추천합니다. 국세기본법과 양도소득세는 제 개인적인 의견으로는 필수라고 생각합니다. 물론, 위 내용은 순전히 제 개인적인 의견입니다.

세법 공부에 있어 애매한 부분 중 또 다른 하나가 바로 개정사항입니다. 개정사항이 연말이 되어서야 확정되기 때문에, 개정사항이 반영된 최신 객관식 세법 책은 1월이 되어서야 나옵니다. 그렇다고 1월까지 객관식 세법을 풀지 않는 것은 매우 위험하니, 최신 객관식 세법 책이 나오기 전까지는 작년 책을 사용하며 기본 강의와 병행하고, 신간이 나왔을 때 한 권 더 구매하는 것이 좋다고 생각합니다.

(5) 원가관리회계

원가관리회계 공부의 핵심은 바로 Format 잡기라고 생각합니다. Format만 잡고나면 웬만한 문제가 쉽게 풀리는 것을 느끼실 수 있고, 반대로 Format을 제대로 잡지 못한다면 조금의 응용문제만 나와도 쉽게 흔들리는 현상을 목격할 수 있습니다. 그렇다면 그 Format을 어떻게 잡아야 할 것인가? 이 Format 잡기는 기본 강의를 들을 때부터 해나가야 합니다. 처음 원가관리회계를 들으실 때 강사가 끊임없이 그리는 T계정, 그 T계정에 빼곡히 적히는 숫자들을 보면 현기증이 나실 겁니다. 하지만 견디시고 그 모든 숫자를 노트에 필기하십시오. 그리고 혼자서 연습장에 그 T계정들을 똑같이 써내려가며 숫자가 어떻게 흘러가는지 감을 잡으십시오. 그 다음 객관식 문제를 천천히 풀어보며 그

Format에 맞춰 문제를 정리해보십시오. 이 과정을 반복하다보면 개별원가계산, 종합원가계산, 결합원가계산, 표준원가계산, 변동원가계산, CVP분석, 온갖 차이분석 등에 대한 Format이 완성될 것입니다. 이렇게 완성시킨 Format들은 노트에 잘 정리하여 잊지 않도록 하십시오. Format만 머릿속에 확실히 들어있다면 원가관리회계 80%는 완성되었다고 생각합니다. 나머지 할 일은 객관식 문제를 계속해서 풀면서 그 Format을 다양하게 응용하는 방법을 연습하시면 되겠습니다.

Format 잡기는 결코 쉬운 과정이 아닙니다. 하루 이틀 한다고 완성되는 것이 아닙니다. 고로, '나중에 해야지' 라는 마인드로 하시면 매우 힘들어집니다. 기본 강의를 들으면서, 지속적으로 복습하는 과정을 통해 Format 잡기를 해나가셔야 합니다. Format 잡기가 고통스럽더라도, 한번 마스터해놓으면 리마인드가 빠르기 때문에, 기본 강의를 들을 때 시간을 투자하여 Format을 확실히 잡으시고, 시험이 다가올수록 원가관리회계에 투자하는 시간을 차차 줄여나가는 것을 추천합니다.

(6) 재무관리

2차 시험에서 재무관리 과목은 까다롭기로 악명높지만, 1차 수준의 재무관리를 공부하는 것은 크게 어렵지 않다고 생각합니다. 공부방법은 딱히 특별한 것은 없고, 그저 기본 개념 탄탄히 하고 문제풀기 정도 하시면 되겠습니다. 다만, 재무관리 공부 시 유의할 점 중 하나는 복습을 철저히 해야 한다는 것입니다. 재무관리의 경우, 처음에 배우는 화폐의 시간가치, NPV, IRR, 영업현금흐름 등에 대한 기초가 흔들리게 되면 그 이후에 배울 모든 내용의 기초가 흔들리게 됩니다. 재무관리의 경우 앞 챕터의 내용이 뒤 챕터 내용과 굉장히 밀접한 관계를 갖는 경우가 많으므로, 항상 앞에 배웠던 내용이 헷갈리지 않도록 잘 정리해두시는 것이 중요합니다. 이것만 주의하시면 1차 대비에는 크게 지장이 없으실 겁니다.

(7) 상법

1차 준비를 하며 가장 공부하기 힘들었던 과목이 상법이었습니다. 저 개인적으로는 세법보다 훨씬 공부하기 힘들었던 것 같습니다. 너무도 생소한 법적 용어, 풀어도 풀어도 끝이 없는 OX문제들, 단어 하나 차이로 뒤바뀌는 정답 등등 모든 것이 저를 힘들게 했습니다. 하지만 상법은 버릴 수가 없는 과목임을 알기에, 하루하루 버티는 마음으로 공부를 계속 했더니 상법 85점까지 받을 수 있었습니다.

처음 상법 공부에 대한 개념이 없었을 때, 저는 상법 기본강의를 들으며 그 진도에 해당하는 OX문제들을 풀고 채점하는 과정을 거쳤습니다. 초기에는 할 만 했지만, 가면 갈수록 그 양과 난이도를 쫓아갈 수 없었습니다. 그래서 저는 OX문제를 푼다기 보다 그냥 문장한번씩 가볍게 읽어보는 정도로 넘겼고, 대신 객관식 상법을 맨 땅에 헤딩하는 심정으로 풀기 시작했습니다. 이 때 문제 부분은 깨끗하게 남긴 상태에서 해설 부분에 제가 틀린 이유를 적고, 새로 알게 된 점을 서브노트에 정리하였습니다. 이런 과정을 반복하며 상법에 대한 감을 찾아가기 시작했고, 회사법이 끝난 시점부터 본격적으로 객관식 문제를 풀며 채점을 시작했습니다. 객관식 상법 문제풀이가 절반 이상 마무리 될 쯤이 돼서야 다시 OX문제를 보기 시작했습니다.

상법을 처음 풀면서 느낀 것은 '참 졸렬한 과목이다'라는 생각이었습니다. 정말 글자 하나 바꿔놓고 옳지 않은 지문이라고 써놓은 것을 보면서 샤프심을 몇 개를 부러뜨렸는지 모릅니다. 하지만, 정말 300번은 함정에 빠지면서 당하고, 또 당하다 보면 슬슬 함정이 눈에 보이기 시작합니다. 또, 빈출 지문이 눈에 익게 되면서 확실히 답이 아닌 문장을 가려낼 능력을 가지게 됩니다. 이러한 과정을 거치며 상법 점수는 올라가기 시작할 것입니다.

상법 암기. 매우 중요합니다. 상법이야말로 대표적인 암기과목이라 생각합니다. 그래서 외워줄 부분은 확실히 외워줘야 합니다. 그렇지만 처음부터 하루 종일 법 문구만 보며 외워지길 기다리는 것은 매우 어렵다고 생각합니다. 문제에 자주 나오는 지문은 정해져있습니다. 그런 지문들은 문제를 반복적으로 풀게 되면 자연스럽게 눈에 익습니다. 그렇게 눈에 익은 지문들을 베이스로 노트필기를 다시 읽으면 10배는 더 쉽게 외워집니다. 그러니 상법에 대한 이해도가 약간 부족하다고 느껴지는 시점부터 맨 땅에 헤딩하는 심정으로 객관식 상법을 풀어보시는 것을 추천합니다.

(8) 공통

객관식 문제집을 풀 때 제가 애용하는 방법은 바로 속칭 '가로풀기'라고 하는 기술입니다. 저는 모든 과목 객관식 문제집을 '가로풀기'를 이용해서 풀었습니다. 저 같은 경우에는 대부분 4배수로 가로풀기를 하였습니다. 그 말인 즉슨, 문제를 1, 5, 9, 13, 17 순으로 4문제에 1문제씩 풀었다는 뜻입니다. 이렇게 마지막 챕터까지 풀고 나면, 다시 처음 챕터로 돌아와 2, 6, 10, 14, 18의 순으로 문제를 푸는 것입니다.

이런 식으로 객관식 문제를 풀었을 때의 장점은 첫 번째로, 과목의 처음부터 끝까지의 내용을 빠르게 훑을 수 있다는 것입니다. 객관식 문제집을 순서대로 푸는 경우 자주 발생하는 현상이, '애써서 끝까지 풀었는데 처음으로 돌아와 보니 아무 것도 기억이 안 난다' 하는 현상입니다. 가로풀기를 하는 경우, 이러한 현상을 억제해줄 수 있습니다.

가로풀기의 두 번째 장점은 바로 틀린 문제를 계속 복습하고, 오답정리를 수월하게 할 수 있다는 것입니다. 첫 번째 가로풀기를 완료하고 두 번째로 풀기 시작할 때, 우리는 자연스럽게 전에 틀렸던 문제들을 다시 풀어 볼 수 있게 됩니다. 그 과정에서 자신이 어떤 문제를 주로 틀리는지 알 수 있게 되고, 복습할 때 다시 볼 문제들을 체크할 수 있습니다. 문제를 다 풀고 난 뒤에는 체크된 문제들만 보면 되고, 그 과정을 반복하며 점점 보아야 할 문제 수를 줄여나가면 됩니다. 이렇게 문제집을 이용하면 오답정리 및 복습을 보다 수월하게 할 수 있을 것입니다.

물론, 이런 가로풀기 방식을 모든 문제에 대해 추천하는 것은 아닙니다. 기본서에 있는 문제는 그냥 순서대로 푸는 것을 추천합니다. 기본 개념을 잡는 과정에서는 분명 비슷한 문제를 많이 풀어야 할 필요성이 있기 때문입니다.

또 하나 말씀드리고 싶은 것이 바로 시간관리의 중요성입니다. 처음 문제를 푸실 때는 차근차근, 문제와 연관되어있는 기본 개념을 이해하며 푸는 것이 도움이 될 수 있지만, 결국 시험 막바지에 다다라서는 빠르게 푸는 것을 연습해야 합니다. 빠르게 풀기 위해서는 계산기 속도를 올리는 것도 물론 좋지만, 가장 핵심적인 것은 답만을 빠르게 찾아내는 능력입니다. 편법이 있다면 과감하게 이용하시고, 답을 찾는 과정에서 쓸데없는 계산이 들어가 있었다면 피드백하여 비슷한 문제에서 같은 오류를 범하지 않도록 하십시오. 이렇게 문제 푸는 속도를 높이고, 학원 모의고사를 최대한 이용하여 시간에 대한 감각을 키우십시오.

시간 관리 능력의 연장선에 있는 것이 하나 있는데, 그것은 바로 문제 거르기입니다. 어려운 문제는 우선 거르는 것이 상책입니다. 또, 시간이 오래 걸리는 문제는 풀 수 있어도 일단 넘기시고 나중에 푸십시오. 문제를 거르는 것에 익숙하지 않으신 분은 반드시 학원 모의고사를 보시고 문제를 거르는 연습, 혹은 문제 거르기의 필요성을 느끼는 것을 추천합니다.

4. 2차 과목별 공부 방법

(1) 세법

분명 어려운 과목이지만, 공부한 만큼 결과가 따라주는 과목이기도 합니다. 2차 준비 시 세법의 공부 방법은 특별한 것은 없는 것 같습니다. 그저 외울 것은 꾸준히 외워주고, 문제를 푸는 것 정도가 가장 좋은 것 같습니다. 세법은 한 만큼 나오는 과목입니다. 많이 풀어보면 풀어볼수록, 점수는 높아질 것입니다.

2차 준비 때에도 기타 세법에 대한 고민을 많이 하시게 될텐데, 결국에는 1차 때 들고 간 것과 비슷하게 들고 가게 되는 것 같습니다. 저 같은 경우에는 그래도 증여세를 조금 보완하여 '일감 몰아주기', '일감 떼어주기'를 제외하고는 전부 준비하였습니다. 기타세법은 많이 들고 가면 당연히 좋지만, 그것으로 인해 다른 부분의 숙련도가 떨어지는 일은 없도록 해야 합니다.

(2) 재무관리

1차 문제와 2차 문제의 괴리가 매우 큰 과목 중 하나입니다. 재무관리 2차 강의를 들어보시면, 1차 때 전혀 언급되지 않았던 내용을 많이 배우게 됩니다. 따라서 2차 강의를 듣는 과정에서 새로 배우는 내용을 잘 정리하는 것이 중요합니다. 2차 재무관리 문제의 경우, 응용 가능성이 무궁무진하여 생전 처음 보는 문제를 시험장에서 마주하게 될 가능성이 높은 편이니, 기본 개념 및 수업에서 다룬 내용에 충실하여 어떤 문제가 나와도 어느 정도는 쓰고 나올 수 있도록 대비하는 것이 중요합니다.

(3) 회계감사

2차 준비를 하며 처음으로 마주하게 되는 과목이다 보니, 회계감사를 버리고 1유예를 노려볼까하는 생각이 많이 들게 될 것입니다. 하지만, 앞서 말했듯 저는 회계감사까지 같이 준비하는 것을 추천합니다. 회계감사 강의를 들으며 강사가 강조하는 부분만 잘 외워간다면, 충분히 붙으실 수 있습니다. 회계감사는 암기과목의 성격이 강하니, 노트정리를 꼼꼼히 잘 하시고 시간이 날 때마다 읽어보며 계속 리마인드 하는 것이 좋다고 생각합니다.

(4) 원가관리회계

재무관리와 더불어 1차와 2차의 괴리가 가장 큰 과목 중 하나입니다. 처음에 원가관리회계 연습서를 구매하시면, 그 두께에 압도되고, 그 두꺼운 두께 중 거의 90%가 문제로 이루어져있다는 것에 다시 한 번 좌절할 것입니다. 또한, 2차 원가관리회계 문제들은 사이즈가 매우 크기 때문에, 한 문제만 풀어도 지치는 느낌이 들 것입니다. 하지만 아무리 힘들어도 버티시고, 할 수 있는 만큼 하십시오. 저 같은 경우, 한정된 시간에 연습서의 모든 문제를 다 푸는 것은 시간이 부족할뿐더러 바람직하지도 않다고 느껴 필수 문제들만 풀기로 마음먹었습니다. 그나마도 심화 챕터들 문제는 필수문제조차 풀지 못한 것이 많았습니다. 그래도 1차 준비를 하며 Format 잡기가 잘 되어있는 상황이었기 때문에, 어떤 문제가 나오더라도 어느 정도는 쓸 수 있는 기반을 마련할 수 있었습니다. 결국 2차 준비 때도 1차와 마찬가지로 Format에 따라 푸는 연습을 하는 것이 좋다고 생각합니다.

(5) 재무회계

저에게는 쉬운 듯 어려운 과목이었습니다. 분명 다른 과목들에 비해 연습서가 풀만하다는 느낌을 많이 받았지만, 정작 시험 점수를 보니 가장 아슬아슬했던 과목이었습니다. 풀만하다고 방심하지 마시고, 연습서를 계속 돌려보며 감을 유지하는 것이 핵심입니다.

또, 재무회계 2차 시험 준비시 시간조절문제도 항상 신경써야 합니다. 다른 시험에 비해 30분을 더 주니 시간이 넉넉하다고 착각할 수 있지만, 직접 시험을 풀어보시면 시간이 생각보다 모자라다는 것을 느끼실 수 있을 겁니다. 재무회계를 준비 할 때에는 모의고사를 몇 번 풀어보며 시간 조절 능력을 기르는 것이 좋다고 생각합니다.

(6) 공통

1차를 붙고 2차 준비를 시작했을 때, 우리에게 주어지는 시간은 대략 4개월 정도입니다. 배워야 할 분량 및 풀어야 할 문제량을 고려했을 때, 매우 부족한 시간입니다. 저처럼 동차강의를 듣는 경우, 인강을 6월 초까지 들어야 하기 때문에, 온전히 혼자 공부하는 시간은 한 달도 되지 않습니다. 그래서 2차 때 공부시간관리가 더욱 중요합니다. 1차를 붙고 나서 해이해질 틈이 없습니다. 1차는 예선전에 불과하였고, 2차가 본선이라는 마음가짐으로 절대 나태해지는 일 없이 끝까지 달리는 것이 중요합니다.

2차 준비 시 또 어려운 부분 중 하나가 답안지 작성입니다. 답안지 작성 요령은 연습서를 풀면서 직접 써보시면 점차 늘겠지만, 실제 시험이 다가옴에 따라 시간 조절을 위해 답안 분량 조절을 신경 쓸 때가 올 것입니다. 저의 경우에는 자신 있는 문제는 답만 적는 식으로 최대한 간결하게 썼고, 자신 없는 문제는 부분점수를 얻기 위해 길게 썼습니다. 이러한 답안 작성이 합리적이라는 것을 알지만, 정작 답안을 써보면 자신 있는 문제를 더 완벽하게 쓰고 싶고, 자신 없는 문제는 답안 쓰기가 꺼려질 것입니다. 이러한 심리적인 경향을 극복하고, 자신 있는 문제에서 시간을 아끼고, 자신 없는 문제에 시간과 분량을 투자하는 것이 중요합니다. 자신 없는 문제에 어떤 말을 써서라도, 백지로 내는 것을 최대한 피해야 합니다. 이렇게 하여 백지로 낸 문제가 없도록 한다면, 좋은 성적을 거두실 수 있을 것입니다.

5. 마무리하며

지금까지 열심히 제가 공부한 방법에 대해 서술하였지만, 사람마다 공부 스타일이 다르기 때문에 이것이 절대적인 공부방법이라고 할 수 없습니다. 그럼에도 제가 자신 있게 말씀드릴 수 있는 한 가지는, 어떠한 공부방법을 택하든 노력 없이 쉽게 합격할 길은 없다는 것입니다. 시험의 당락을 결정하는 주된 요소는 끊임없이 노력하는 자세입니다. 소소한 공부 방법은 조금의 효율성을 높여줄 뿐이고, 가장 중요한 것은 끝까지 버티는 것입니다. 끝까지 무너지지 않고 버티는 사람이 시험에 붙을 수 있습니다.

어떤 식으로 공부하든, 시험을 준비하는 과정에서 분명 밑 빠진 독에 물을 붓는 듯한 느낌을 받을 것입니다. 워낙 공부해야할 양이 방대하고, 공부하는 내용의 휘발성이 강한 까닭입니다. 그럼에도 의심을 거두고, 끝까지 버티며 공부하는 사람이 합격할 수 있습니다.

알던 내용을 잊어버려 스스로에게 답답해도, 끝이 보이지 않는 공부 양에 막막해도, 좌절하지 않고 나무에 물을 주듯 꾸준하게 공부를 해 나간다면, 씨앗에 불과했던 작은 지식들이 어느 순간 커다란 나무가 되어있는 것을 확인할 수 있을 겁니다. 항상 기억하십시오. CPA는 버티는 자가 붙는 시험입니다. 의심을 거두고 하루하루 정진하십시오. 감사합니다.

6. 수험생활동안 본 도서목록

(1) 1차 준비

- 재무회계 : 중급회계(최창규, 김현식), 고급회계(최창규, 김현식),
2017 객관식 재무회계(최창규, 김현식), 정부회계(최창규, 김현식),
2017 재무회계 기출 BEST 모의고사 (김재호),
2017 객관식 Final 재무회계(김재호)
- 세법 : 2016 세법개론(임상엽, 정정운), 2016 객관식 세법(정우승),
2017 객관식 세법(이승원, 이승철)
- 재무관리 : 재무관리 1,2,3(김종길), 객관식 재무관리(김종길)
- 원가관리회계 : 원가관리회계(김용남), 객관식 원가관리회계(김용남)
- 경제학 : 경제학연습(정병열), 객관식 다이어트 경제학(김판기)
- 경영학 : 핵심경영학연습(김윤상), 객관식 경영학(김윤상)
- 상법 : 회계사 상법(오수철, 심유식), 회계사 객관식상법(오수철, 심유식)

(2) 2차 준비

- 재무회계 : 2017 재무회계연습(최창규, 김현식)
- 세법 : 2017 세무회계연습 1,2(이승원, 이승철)
- 재무관리 : 재무관리연습(김종길)
- 원가관리회계 : 원가관리회계연습(김용남)
- 회계감사 : 회계감사 Study Guide(권오상)

공부도 휴식도 규칙적으로

신 근 영

1991년 6월 12일생
강진고등학교 졸업
서울과학기술대학교 경영학과 졸
2017년 52회 공인회계사시험 합격(재무회계 최고득점자)

1. 들어가면서(자기소개, 응시동기, 합격소감)

　안녕하세요, 제52회 공인회계사 시험에 최종합격한 서울과학기술대학교 경영학과 졸업생 신근영입니다. 공부를 시작하며 막막했던 때가 엊그제 같은데, 어느새 최종합격하여 합격수기를 쓰고 있으니 감회가 새롭습니다. 합격수기를 의뢰받고 어떤 식으로 수기를 써야할 지 생각해보았습니다. 개인적인 감상은 최대한 배제하고, 저의 경험과 제가 공부하며 가졌던 생각들을 가감 없이 서술하는 것이 여러분에게 도움이 될 것 같다는 생각이 들었습니다. 저는 주변에 조언을 구할 곳이 마땅치 않았기 때문에 혼자 공부하다시피 했습니다. 제 능력은 부족하지만, 이 수기를 보고 계시는 여러분은 제가 겪었던 어려움과 시행착오를 조금이나마 덜 겪으셨으면 합니다. 수기를 읽기 전에 마음에 새기실 점은, 공부 방법에 정답은 없다는 것입니다. 어디까지나 제 개인적인 경험을 바탕으로 여러분에게 조언을 드리는 것이므로, 여러분은 본인에게 필요한 부분만 취하시면 됩니다.

　공부를 하다보면 포기해야 할 것들도 많고, 힘든 순간도 찾아올 것입니다. 저 역시도 그랬습니다. 하지만 합격한 지금은, 힘들었던 그 순간마저도 추억으로 느껴집니다. 여러분도 꼭 공인회계사 시험에 최종합격 하시어, 힘들었던 순간들을 추억하며 한바탕 웃을 수 있기를 기원합니다.

2. 전반적인 수험 과정과 학습 tip

다시 한 번 말씀드리지만, 공부 방법에 정답은 없습니다. 각자의 역량이 다르고 각자가 처한 상황이 다르기 때문입니다. 저는 2015년 7월에 공부를 시작하여, 2016년 동차 시험에서 재무회계를 제외한 네 과목에 부분합격하고 2017년에 최종합격했습니다. 2015년 2학기와 2016년 1학기를 휴학하였고, 2017년 2월에 졸업했습니다. 만 2년간의 학습 과정을 아래에 서술하겠습니다.

- 2015.07.01.~2015.09.03. 수험생활 시작부터 공부 환경을 만들기까지

공인회계사가 되기로 마음먹고, 시험 과목이 무엇인지도 정확히 모른 채 무작정 학원 가을 종합반에 등록했습니다. 이 시기에는 공부에 완전히 집중하지는 못했습니다. 학원 수업을 듣고 그날 배운 것을 복습하는 수준이었습니다. 흔히들 말하는 누적복습은 하지 못했습니다. 변명이지만, 왕복 두 시간의 통학거리 때문에 기숙사에 돌아오면 공부가 손에 안 잡혔습니다. 이대로는 안 되겠다는 생각에, 8월 중순에 서둘러 학원 근처에 하숙집을 잡고 이사했습니다. 이때부터 핸드폰 사용시간을 측정해주는 어플을 사용했습니다. 측정 어플이 보여주는 결과는 충격적이었습니다. 평소 핸드폰을 자주 보지 않는다고 생각했는데도 하루에 4~5시간을 핸드폰 화면을 쳐다보는 데에 허비하고 있었습니다. 아침에 일어났을 때, 수업 시작 전, 쉬는 시간, 밥 먹을 때, 잠들기 전에 잠깐씩 보는 것이 모이니 어마어마한 시간이 된 것입니다. 4시간동안 공부를 했다면 어땠을까 하는 생각에 제 자신이 한심했습니다. 곧바로 카카오톡과 페이스북을 삭제했습니다. 하지만 핸드폰을 쳐다보던 관성은 그대로였습니다. 카카오톡과 페이스북을 하던 시간이 유튜브와 네이버로 넘어갔을 뿐이었습니다. 결국 핸드폰 잠금 어플을 이용해 하루에 정해진 시간에만 핸드폰을 사용할 수 있도록 설정해놓고 나머지 시간에는 일절 보지 않으려 노력했습니다. 여러분도 목표한 공부시간이 나오지 않는다면 쓸데없는 곳에서 시간이 허비되고 있지는 않은지 확인해보시기 바랍니다. 공부시간 확보에 방해가 되는 것들은 본인의 통제 하에 두려고 하지 마시고 아예 제거하셔야 합니다. 외로움을 많이 타시는 분들이 아니라면, SNS와 메신저를 제거하는 것만으로도 공부시간을 조금이나마 더 확보할 수 있을 것입니다.

- 2015.09.04.~2015.11.05. 본격적인 공부 시작부터 가을종합반 종료까지

이때부터 공부 다이어리를 작성하기 시작하였고, 유예생활이 끝나는 날 까지 계속 썼습니다. 공부 방법에 정답은 없다고 했습니다만, 공부 다이어리를 작성하는 것만큼은 강력히 추천합니다. 사실 공부 다이어리를 작성하는 것은 공부 방법이라기보다는 공부를 계속할 수 있도록 동기부여 하는 보조수단에 가깝습니다. 지금 이렇게 합격수기를 작성할 수 있는 것도 매일매일 무슨 공부를 했는지 기록해둔 덕분입니다. 공부 다이어리 작

성 방법에도 역시 정답은 없습니다. 꾸준히 매일매일 기록하는 것에 의의가 있습니다. 여러분이 공부 다이어리를 작성하시는 데에 참고할 수 있도록 제가 했던 방법을 소개해 드리겠습니다.

① 다이어리를 구입합니다. 다이어리는 1주일단위로 나뉘어있고 칸의 크기가 넉넉한 것이 좋습니다. 칸이 너무 좁으면 불편합니다.

② 공부를 시작하기 전에 오늘 해야 할 공부를 머릿속에 떠올려보고 다이어리에 적습니다. 목표는 구체적일수록 좋습니다만, 처음이니 간단하게라도 시작해봅시다. 예) 재무회계 재고자산, 법인세 손금

③ 하루를 적당한 크기로 나눕니다. 저는 오전, 오후, 저녁으로 나누었습니다. 생활패턴을 고려해서 3~4부분으로 나누면 적당합니다.

④ 앞에서 나눈 부분마다 공부한 시간을 체크하여 적습니다.

⑤ 공부를 마칠 때 오늘 목표를 달성했는지 체크합니다.

공부량을 직접 확인하고 비교할 수 있습니다. 이런 식의 피드백은 공부를 계속할 수 있도록 동기부여 하는 데에 큰 도움이 됩니다. 또한, 최근에 공부하지 못하고 있는 과목을 파악할 수 있으므로 이후의 학습 계획을 짤 때 참고할 수 있는 자료가 됩니다. 하루하루 작은 목표를 달성하는 것에 집중하다보면 공인회계사 시험 합격이라는 큰 목표도 달성할 수 있을 것입니다.

종합반을 수강하면서 가장 중요하게 생각했던 것은 복습입니다. 공부량이 쌓일수록 예습은커녕 복습도 제대로 하기 힘들어집니다. 그날 배운 것은 반드시 그날 복습하는 것을 원칙으로 세우고 공부했습니다. 누적복습을 하면 훨씬 좋겠으나, 저는 시간이 매우 부족하여 동차 기간 동안 한 번도 누적복습을 해 본 적이 없습니다. 그러니 누적복습을 하지 못했다고 해서 공부를 잘못하고 있다는 생각은 안하셔도 됩니다. 공인회계사 시험은 양이 워낙 많다보니 공부하다보면 밑 빠진 독에 물 붓는 듯한 생각이 듭니다. 분명히 이해하고 넘어갔다고 생각한 부분도 나중에 다시 보면 여전히 알쏭달쏭 하실 겁니다. 지극히 자연스러운 현상이니 본인의 역량을 탓하며 자책하지 마세요. 흩어지는 기억을 조금이라도 더 오래 붙잡아두기 위해서는 책을 더럽게(?) 쓰는 것을 추천합니다. 저는 책을 깨끗하게 보는 편이라서 처음에는 책에 이런저런 필기를 해 놓는 것을 지양했습니다. 이렇게 하다 보니 나중에 책을 다시 봤을 때, 깨끗한 책만큼 제 머릿속도 깨끗했습니다. 이해가 됐으면 어떤 식으로 이해를 했는지 의식의 흐름을 책에 적어두시고, 이해가 안됐으면 안 된 대로 적어두세요. 자세히 적어둘수록 나중에 이해하기 편해집니다. 책에 적는 게 싫으면 포스트잇에 써 붙여도 좋습니다. 적어두지 않으면 똑같은 부분에서 똑같이

막히고 똑같은 고민을 한 번 더 하셔야합니다. 적어두면 복습할 때 고민하는 시간을 줄일 수 있습니다. 공부하고 나서 며칠 뒤에 다시 볼 때는 적어두나 안적어두나 별 차이가 없을 수 있습니다. 하지만 앞서 말했다시피 공인회계사 시험의 공부량은 생각보다 훨씬 많습니다. 공부하다보면 최근 학습일이 한 달을 훌쩍 넘기는 경우가 부지기수입니다. 여러분의 필기는 이때 진가를 발휘할 것입니다.

  - 2015.11.09.~2016.02.28. 객관식 공부 시작부터 1차 시험일 까지

  이론 종합반이 끝나고 3일을 쉰 후에 객관식 종합반에 등록했습니다. 처음에는 객관식 종합반을 실강으로 들으며 진도를 맞춰 따라갈 생각이었습니다. 하지만 보름정도 수강한 후에 생각이 바뀌었습니다. 모든 수업을 실강으로 듣기에는 제가 가진 시간이 많지 않다고 느꼈습니다. 혼자서 공부할 수 있는 부분은 혼자 하는 것이 공부시간 확보에 도움이 되겠다는 생각을 했습니다. 자습시간 확보를 위해 실강은 재무회계와 미시경제학만 듣고 나머지는 모두 인터넷으로 수강하기로 했습니다. 시험장에 들어가는 것은 선생님이 아니라 여러분입니다. 강의만 듣다보면 모두 이해하고 있다는 착각에 빠지기 쉽습니다. 직접 복습해보고 취약한 부분을 확인하는 시간을 꼭 확보하시기 바랍니다. 이때부터는 모든 수업을 인터넷으로 수강했습니다. 인강의 장점은 원하는 시간에 공부할 수 있고 배속을 빠르게 하여 강의 시간을 단축할 수 있다는 점입니다. 인강으로 공부하실 때는 절대로 진도를 미루면 안 됩니다. 실강을 듣는다는 생각으로 정해진 시간에 정해진 양을 수강하는 것이 좋습니다. 수강시간의 자유로움이 여러분에게 독이 될 수 있으므로 본인이 세운 계획을 반드시 지켜주세요. 객관식 강의를 수강한 과목은 재무회계, 정부회계, 경제학, 세법입니다. 나머지는 혼자서 객관식 교재를 풀어보고 막히는 부분은 기본서를 다시 보는 방법으로 공부했습니다. 주변사람들은 모두 객관식 종합반을 수강하는데 저 혼자만 자습하고 있으려니 불안한 마음이 든 것도 사실입니다. 하지만 시행착오를 겪을 시간이 없었기 때문에 제가 선택한 방법에 믿음을 갖고 공부했습니다. 자기 실력은 자기가 제일 잘 아는 법입니다. 여러분도 여러분만의 계획을 만드셨다면 의심 없이 실행하세요. 공부할 때는 의심 없이 공부했지만 지나고나니 아쉬운 부분도 있었습니다. 제가 생각했을 때, 객관식 강의가 크게 필요하지 않은 과목은 경영학일반과 원가관리회계입니다. 나머지 과목은 시간이 충분하시다면 객관식 강의를 듣는 것이 이론 복습과 문제풀이 요령을 익히는 데에 도움이 된다고 생각합니다. 경영학일반은 객관식 교재를 풀어보며 기본서와 노트 필기를 반복하여 보는 것만으로도 충분히 대비되었다고 생각합니다. 원가관리회계 역시 객관식 교재를 직접 풀어보며 이론을 복습하는 방법이 효과가 있었다고 생각합니다. 하지만 이것은 어디까지나 제 개인적인 생각이며, 여러분이 느끼기에 경영학일반과 원가관리회계가 어렵게 느껴지신다면 강의를 수강하는 것이 도움이 될 것입니다.

실력 점검을 위해 1차 시험 4주 전과 2주 전에 시행되는 학원 전국 모의고사를 신청했습니다. 첫 번째 모의고사는 총점 269.5점으로 6할을 넘겨 득점한 과목이 하나도 없었습니다. 이미 예상하고 있던 점수였기 때문에 충격은 덜했습니다. 2주 뒤에 있을 모의고사에서 더 나은 점수를 득점하면 될 일이었습니다. 두 번째 모의고사는 총점 354.5점을 득점했습니다. 2주 만에 점수가 100점 가까이 오르니 더욱 자신감이 생겼습니다. 이 기세를 몰아 남은 2주간 최선을 다해 공부했고, 실제 시험에서도 좋은 결과를 얻을 수 있었습니다.

시험 직전의 4주는 그 중요성을 아무리 강조해도 지나치지 않은 것 같습니다. 그 전까지 해온 모든 공부가 오직 이 4주간을 위한 공부라고 해도 과언이 아닙니다. 1차 시험 4주 전의 제 상태는 좋게 봐줘도 1.5회독 정도였습니다. 하지만 4주간 각 과목을 최소 2회독정도 더 한 것 같습니다. 말이 안 된다고 생각하실 지도 모르겠습니다만, 이 기간 동안의 집중력은 엄청난 폭발력을 가지고 있습니다. 복습을 충실하게 했다면, 마지막 4주 동안 실력을 엄청나게 끌어올릴 수 있으니 최후의 순간까지 절대로 포기하지 마세요.

- 2016.03.05.~2016.06.26. 동차 기간

1차 시험을 가채점 해본 결과 합격권의 점수를 얻었습니다. 많은 분들이 이 시점에서 해방감과 1차 시험 합격의 안도감에 젖어 공부에 집중하지 못합니다. 이 시험은 끝나는 날까지 끝난 것이 아니므로 한 며칠 깔끔하게 쉰 후에 다시 공부리듬을 잡아주세요. 저는 5일을 쉰 후 곧바로 2016년도 2차 동차 종합반을 인터넷으로 수강하기 시작했습니다. 실강 스케줄을 따라 전날 촬영한 강의를 다음날 수강하는 식으로 공부했습니다. 동차기간에도 가장 중요한 것은 복습입니다. 그날 수강한 강의는 반드시 그날 복습했습니다. 오전에 강의를 듣고 오후에 그날 배운 것을 복습하고 나면, 오후 늦게부터 저녁까지는 전에 배운 것을 복습하는 시간으로 삼았습니다. 시험 두 달 전까지 이런 식의 공부 패턴을 유지했습니다. 재무관리와 회계감사는 완강 후 2회독 중이었고, 세무회계와 원가관리회계는 아직 수강 중이었습니다. 이 시점에서 저는 동차 수험기간에 재무회계를 포기하기로 마음먹었습니다. 1차 시험에서도 재무회계로 애를 먹었기 때문에 재무회계까지 가져가는 것은 객관적으로 무리라고 판단했습니다. 동차 기간에 어떤 과목을 포기하는 것은 그다지 추천하는 방법은 아닙니다. 각 과목마다 난이도에 변동성이 존재하므로 모든 과목을 준비하는 것이 위험을 최대로 상쇄하는 것이라고 생각합니다. 그러나 자신이 생각하기에 다섯 과목을 모두 가져가는 것이 도저히 불가능하다고 생각된다면, 부분합격제도를 십분 활용하시기 바랍니다. 이때도 두 과목 이상 포기하는 것은 추천하지 않습니다. 가장 취약하다고 생각하는 과목을 한 과목 포기하시되, 회계감사만큼은 끝까지 공부하는 것을 추천해드립니다. 회계감사는 2차 과목으로 처음 등장하기 때문에 많은 분

들이 회계감사를 포기합니다. 포기하지 않고 끝까지 충실하게 회독수를 늘려가는 것만으로도 회계감사에서 다른 동차생들에 비해 우위를 점할 수 있습니다.

2차 시험을 보기 전까지 재무관리 4회독, 세무회계(법,소,부, 상증세) 3회독, 회계감사 3회독, 원가관리회계 2회독 하였습니다. 연습서에 수록된 모든 문제를 전수로 풀이한 것은 아닙니다. 선생님들이 수업시간에 중요하다고 강조하신 문제들을 위주로 회독한 것입니다. 동차 기간에는 모든 문제를 다 접해보지 않아도 괜찮습니다. 2차 시험지를 받아보시면 생전 처음 보는 문제들밖에 없을 겁니다. 모든 문제가 다 어려운 것은 아니므로 동차 기간에는 난이도 중상의 문제들까지 해결할 수 있을 정도로 공부하시면 된다고 생각합니다. 실제로 시험의 당락을 결정하는 문제들은 남들도 다 틀리는 어려운 문제들이 아니라, 남들은 맞추고 나만 틀리는 문제들입니다. 공부하면서 본인이 자주 하는 실수들을 정리해두고, 막바지에는 이런 실수들을 반복하지 않도록 연습하시는 게 좋습니다.

- 2016.11.20.~2017.06.25 유예기간(재무회계 1과목 유예)

재무회계의 기초가 부족하다고 생각했기 때문에 회계원리부터 다시 수강했습니다. 회계원리를 수강한 이후에는 중급회계와 고급회계 기본강의를 다시 들었습니다. 학교 수업과 교내 근로를 병행하며 여유 있게 회계원리와 기본강의를 수강했고, 본격적인 공부는 2월 초부터 시작했습니다. 유예기간의 학습과정은 재무회계 학습에 대한 이야기가 대부분이므로 아래의 과목별 학습방법에 상술하겠습니다.

3. 1차 시험 과목별 공부 방법

〈수험생활 tip〉

과목별 공부 방법을 적기 전에 전반적인 수험생활 팁을 하나 드리고자 합니다. 공부를 할 때 만나는 가장 큰 적은 스트레스입니다. 공인회계사 시험은 단거리 달리기가 아니기 때문에, 스트레스를 관리해주며 페이스를 유지하는 것이 중요합니다. 수험 기간에 받는 스트레스를 관리하기 위해서는 규칙적으로 생활하는 것이 가장 좋습니다. 정해진 시간에 정해진 활동을 하면 일상이 단순해지고 스트레스 받을 일이 줄어듭니다. 노는 것도 일주일에 한 번 정도 시간을 정해 규칙적으로 놀아주는 것이 좋습니다. 저는 토요일 밤에 예능프로그램을 보고, 일요일 아침에 느지막이 일어나 게임을 하며 스트레스를 풀었습니다. 정말 공부가 안 되는 날에는 밖으로 나가 영화 한 편 보고오기도 했습니다. 공부하다가 노는 게 나쁜 것이 아닙니다. 중요한 것은 노는 것 자체가 목적이 돼서는 안 된다는 것입니다. 노는 것의 목적은 다시 공부할 활력을 얻기 위해서 머리를 환기하고 마음을 새롭게 다잡는 것입니다. 이 점을 명심하시고, 규칙적으로 공부하고 또 규칙적으로 놀면서 나름대로 즐거운 수험생활을 보내시면 좋겠습니다.

〈경영학 일반〉

경영학개론 정도의 수준이기 때문에 경영학과가 아닌 학생들도 쉽게 접근할 수 있습니다. 경영학은 기본강의만 수강하고 객관식은 객관식 교재를 직접 풀어보는 것으로 대비했습니다. 기본강의를 들을 때 만들어둔 필기노트가 객관식 공부에도 큰 도움이 됐습니다. 객관식 문제를 풀며 헷갈리는 개념들은 모두 필기노트에 정리하여 단권화했습니다. 문제풀이 전에 해당 부분의 노트필기를 복습하고 난 후에 푸는 방식으로 공부했습니다.

〈재무관리〉

재무관리는 1차 시험에서는 비중이 낮지만 2차 시험에 한 과목으로 나오기 때문에 객관식 공부를 할 때 이해를 탄탄히 해두면 나중에 수월합니다. 재무관리 역시 기본강의만 수강하고 객관식은 객관식 교재를 직접 풀어보는 방식으로 공부했습니다. 이 부분은 객관식 강의를 듣는 것이 더 나앗을 것 같다는 아쉬움이 있습니다. 앞서 말했듯이 재무관리는 2차에도 출제되는 과목이므로 양이 굉장히 많습니다. 혼자서 공부하다보면 어디까지 해야 할 지 감이 안 올 수도 있습니다. 객관식 강의를 수강하며 주요 출제범위 위주로 학습하는 것이 1차 합격을 위해 목적적합하다고 생각합니다. 저는 마지막에 재무관리에 대한 감을 유지하기 위해서 재무관리 일일특강을 수강했는데 실전에서 큰 도움을 받았습니다.

〈미시경제학, 거시경제학〉

경제학이라는 이름으로 묶여있지만 공부량은 각각 1차 과목 하나라고 봐도 무방합니다. 미시경제학과 거시경제학은 기본강의와 객관식 강의를 모두 수강했습니다. 미시경제학을 공부하실 때는 계산문제에 초점을 맞추고 공부하는 것이 좋습니다. 잘 안 풀린다고 쉽게 답을 보지 마시고 충분한 시간동안 고민을 하는 것이 실력향상에 도움이 됩니다. 미시경제학은 처음부터 끝까지 한줄기의 흐름입니다. 각 단원을 분리해서 생각하지 마시고 큰 틀에서 보면 이해하기 조금 더 수월해집니다. 거시경제학은 고전학파와 케인즈학파의 대립을 마치 이야기책 보듯이 공부하면 재미도 있고 암기하기 쉽습니다.

〈상법〉

대표적인 암기과목입니다. 법대생이 아닌 이상 처음 들었을 때 이해할 수 없는 것이 당연합니다. 무조건 반복해서 익숙해지는 방법밖에는 없는 것 같습니다. 기본강의만 수강하고 객관식강의는 수강하지 않았습니다만, 상법도 객관식 강의를 수강하는 것이 더 좋다고 생각합니다. 객관식 강의를 수강하며 이론을 한 번 더 복습할 수 있기 때문입니다. 그렇지 않아도 생소한 법조문을 혼자서 공부하기란 쉽지 않은 일 인 것 같습니다.

공부할 때는 정말 머리 아프고 답답하지만 회독이 쌓이면 의외로 실전에서 효자과목 노릇을 톡톡히 할 수 있습니다. 1차 시험 직전에 일일특강을 들으며 암기 범위를 좁힌 것이 도움이 됐습니다.

〈세법〉

세법은 기본강의와 객관식강의를 모두 수강했습니다. 세법은 암기과목이지만 이해하면 할수록 암기할 내용이 적어집니다. 예를 들어 세법상 감가상각비의 상각범위액을 구하는 산식은 그 식이 도출된 과정을 이해하면 굳이 암기하지 않아도 될 정도입니다. 상각범위액을 구하는 산식 말고도 이해하면 암기량을 줄일 수 있는 내용이 세법에 많이 있습니다. 이해할 수 있는 부분은 최대한 이해하고 넘어가는 것이 세법 암기량을 줄이는 방법입니다. 또한 법인세와 소득세 사이에 비슷한 듯 다른 내용이 많이 때문에 공부할 때 이 둘을 비교하여 암기하면 좋습니다.

〈재무회계〉

재무회계 역시 기본강의와 객관식 강의를 모두 수강했습니다. 개인적으로 1차 시험에서 가장 어려웠던 과목이 재무회계입니다. 가장 처음 접하고 가장 오래 본 과목이지만 이상하게도 문제가 잘 안 풀렸습니다. 지금 와서 생각해보니 기본적인 개념을 잘 이해하지 못한 것 같습니다. 저와 같은 시행착오를 겪지 않으시려면 처음 공부할 때 회계원리부터 착실히 이해하고 넘어가는 것이 중요합니다.

〈원가관리회계〉

원가관리회계는 객관식 강의를 수강하지 않고 혼자서 교재를 풀어보는 것으로 대신했습니다. 1차 시험에서 비중이 낮기 때문에 기본강의에서 이해한 개념을 객관식 교재를 풀어보며 확인하는 수준으로 공부해도 괜찮다고 생각합니다. 그러나 2차 시험에서는 한 과목으로 등장하므로 아예 포기하거나 등한시해서는 안 됩니다. 우리 시험의 최종 목표는 2차 시험 합격이므로 처음 기본강의를 들을 때 문제풀이 방법과 개념을 잘 숙지합시다.

〈정부회계〉

시중 교재로 강의를 들으면 충분히 대비됩니다. 시간 투입대비 효과는 최고라고 생각합니다. 절대 버리시면 안 됩니다.

〈1차 시험 실전 tip〉

시험 전날 잠이 안 올 수도 있습니다. 남들이라고 편하게 자고 온 사람 없으니 자신 있게 시험장에 갑시다. 실전에서는 어려운 문제를 과감하게 넘길 수 있는 배짱이 있어야

합니다. 주어진 시간 안에 모든 문제를 다 풀겠다는 생각은 버리세요. 이 시험은 100점 맞는 시험이 아닙니다. 시간 내에 마지막 문제까지 확인하고, 풀 수 있는 문제를 모두 풀어내는 것이 중요합니다. 모의고사를 보실 때 이 점을 유의해서 보셔야합니다. 모의고사는 실전에서의 시간 관리를 연습하는 시험입니다. 모의고사 점수에 집착하지 말고 시간 관리에 중점을 두세요. 이런 연습은 실전에서 빛을 발합니다. 제 경우에는 3교시 회계학 시간에 그 효과를 톡톡히 보았습니다. 평소에는 재무회계를 먼저 풀고 원가관리회계를 풀었지만 실전에서는 재무회계가 제 예상보다 어렵게 출제되었고, 곧바로 저는 문제 푸는 패턴을 바꾸어 원가관리회계부터 풀이했습니다. 다행히 원가관리회계에서 많이 득점하여 재무회계에서의 부진을 만회할 수 있었습니다. 앞부분의 재무회계에서 안 풀리는 부분에 집착했다면 뒷부분의 원가관리회계에서 점수를 얻을 수 없었을 것입니다.

4. 2차 시험 과목별 공부 방법

〈다섯 과목 공통 사항〉

회독수가 쌓이더라도 손으로 직접 풀이해보는 것이 가장 좋습니다. 문제풀이한 연습장을 버리지 말고 각 회독별로 모아두는 것을 추천합니다. 회독수가 쌓일수록 점점 더 나아지는 답안지를 보면 공부하는 재미도 느낄 수 있습니다. 실제 시험을 본다는 느낌으로 2차 시험지에 답안작성 연습을 하는 것이 바람직합니다. 연습장에 직접 풀어보면서 틀린 문제는 왜 틀렸는지, 고민했던 문제는 왜 고민했는지 적어두세요. 한번 막힌 곳에서 또 막히기가 쉽기 때문에 버리지 말고 꼭 모아두셨다가 학습 자료로 쓰시기 바랍니다.

2차 시험 준비를 하실 때 가장 처음 하는 고민 중의 하나가 답안지 작성 방법일 것입니다. 답안지 작성 방법은 학원 홈페이지에서 GS모의고사 모범답안을 참고하시면 좋습니다. 모범답안의 풀이 양식을 전부 따라하라는 것이 아닙니다. 우선 연습장에 나름대로 본인만의 풀이를 하다보면 아쉬운 부분이 생깁니다. 이 부분을 조금 더 깔끔하게 표현할 수는 없을까 하는 고민이 생겼을 때 모범답안을 보시면 차용할 아이디어가 보일 것입니다.

〈세무회계〉

동차기간에 가장 많은 시간을 투입했던 과목입니다. 그만큼 어렵고 양이 많습니다. 요약노트를 만들어서 틈나는 대로 읽고 손으로 반복해서 풀었습니다.

〈재무관리〉

최근 재무관리 시험이 어렵게 출제되는 경향이 있었지만 당락을 결정하는 문제는 어려운 문제가 아니라 쉬운 문제들입니다. 남들이 다 맞추는 쉬운 문제에서 실수하지 않도록 기본 개념을 확실히 이해하는 것이 좋습니다.

〈회계감사〉

회계감사는 직접 쓰면서 풀어보기에는 시간이 많이 부족하다고 느꼈습니다. 기본서를 소설책 읽는다는 느낌으로 여러 번 읽었습니다. 기본서를 읽을 때 감사의 전체적인 흐름을 머릿속에 떠올리면서 읽어야합니다. 감사 플로우 차트를 생각하면서 회독수를 늘려가면 이해도 잘되고 암기할 내용도 많지 않습니다. 잠들기 전이나 공부마치기 전 같은 자투리 시간에 회계감사 기본서를 읽은 것이 회독수를 늘리는 데에 도움이 됐습니다.

〈원가관리회계〉

1차와 2차의 갭이 워낙 큰 과목이라서 처음 주관식 공부를 하면 문제의 크기 때문에 멘탈이 흔들릴 수 있습니다. 실전에서 원가관리회계 문제를 잘 풀어내려면 응용력을 길러야합니다. 응용력 향상에는 역시 기본개념을 정확히 이해하고 반복 숙달하는 방법이 가장 좋은 것 같습니다.

〈재무회계〉

동차기간에 포기했던 유일한 과목입니다. 기초가 부족했다고 생각했기 때문에 유예공부를 시작하며 회계원리부터 다시 수강했습니다. 여러분도 재무회계의 기초가 부족하다고 생각하신다면, 입문과목이라고 무시하지 마시고 회계원리 책을 다시 한 번 보시는 것을 추천합니다. 회계원리에서 반드시 숙지하고 넘어가셔야 하는 부분은 회계순환과정과 개념체계입니다. 이 부분의 개념이 흔들리면 재무회계의 큰 흐름을 읽어내기가 어렵습니다. 시간이 별로 없으신 분들은 최소한 회계원리 기본서에 있는 예제를 통해 분개부터 마감까지 일련의 과정을 익혀주세요. 그런 다음 자산·부채·자본의 정의와 수익·비용의 정의를 정확하게 이해하셔야합니다. 수익·비용은 자본의 변동을 설명하기 위한 임시계정이라는 점, 그리고 자본의 변동은 곧 자산·부채의 변동이라는 점을 잘 이해하시면 기계적으로 하던 분개가 조금 다르게 보일 것입니다.

최근(2016, 2017) 재무회계 2차 시험의 출제경향을 보아도 회계원리의 중요성이 조금 더 높아진 것 같습니다. 최근 두 차례의 시험에서 수험생들을 당황하게 만든 문제는 어려운 계산문제가 아니라 회계처리와 그 근거를 묻는 문제들이었습니다. 이런 문제들에 당황하지 않고 나름의 근거를 제시할 수 있으려면 회계원리에서 개념체계를 확실히 배워야합니다.

유예기간에 재무회계 스터디를 했는데 큰 도움이 됐다고 생각합니다. 정해진 진도에 맞춰 문제를 풀어보고 일주일에 한 번씩 모여서 각자 중요하다고 생각하는 문제를 취합하여 다시 풀어보는 방식으로 진행했습니다. 충실하게 진도 나가기에도 좋고, 먼저 풀어보고 나서 중요한 문제를 다시 풀어보는 것이기 때문에 연습서를 1.5회독 정도 한 효과를 거둘 수 있었습니다.

2차 시험 과목별 공부 방법을 작성해보았는데 제가 봐도 부실한 것 같습니다. 동차기간에 정신없이 공부만 해서 그런지 세세한 공부방법이 잘 기억나지 않습니다. 대신 여러분이 주목해서 보셔야 할 부분은 다섯 과목 공통 사항으로 적어드린 부분입니다. 다섯 과목 모두 해당 방법으로 공부하여 좋은 결과를 얻었기 때문에, 한 번 시도해보시고 여러분께 맞는 방법이라 생각된다면 쭉 밀고나가도 괜찮다고 생각합니다.

〈2차 시험 실전 tip〉

실전에서 답안지 작성의 핵심 포인트는 '간절함'입니다. 여러분의 합격하고 싶은 간절한 마음을 답안지에 잘 녹여내야 합니다. 내가 이만큼 열심히 했고 이만큼 공부했다는 것을 답안지를 통해 이야기하세요. 마지막 순간까지 절대로 펜을 놓지 마시고 쓸 말이 없다면 만들어서라도 쓰세요. 더 이상 쓸 종이가 없다면 이미 쓴 내용을 다시 한 번 보세요. 종료 사이렌이 울렸을 때, 절대로 후회나 아쉬움이 남으면 안 됩니다. 똑같은 답이라면 누구에게 1점이라도 더 줄지 출제위원님의 입장에서 여러분들이 생각해보세요.

또 한 가지 중요한 실전 팁은 1차 시험에서와 마찬가지로 어려운 문제를 넘기는 배짱입니다. 풀 수 있는 문제를 정확히 풀어내고 못 푼 문제에는 할 수 있는 최선을 다 하는 것이 합격으로 가는 지름길입니다. 모의고사를 볼 때 이 점을 유의해서 시간관리 연습을 해야 합니다.

5. 수험생활 중에 본 도서목록 정리

경영학일반		경영학 기본서, 객관식 교재(김윤상 저, 박도준 강의)
재무관리	1차	재무관리(이의경 저, 김용석 강의), KIMCPA 객관식 재무관리(김용석 저, 김용석 강의)
	2차	SMART 재무관리연습(김용석 저, 김용석 강의)
경제학		경제학연습 미시편(정병열 저, 장선구 강의), 경제학연습 거시편(정병렬 저, 김판기 강의)
상법		회계사 상법, 회계사 객관식 상법, 회계사 상법 일일특강(문승진 저, 문승진 강의)
세법	1차	지니 세법 I · II(김문철 이병현 공저, 김문철 강의)
	2차	세무회계연습 01,02(김문철 양소영 공저, 김문철 강의)
재무회계	1차	IFRS회계원리(반선섭 외 7명 저, 최정인 강의), Toss Plus 중급회계(강경보 오준석 최정인 황준성 저, 최정인 강의), Toss Plus 고급회계(반선섭 강경보 공저, 최정인 강의) Toss Plus 객관식 재무회계(강경보 반선섭 최정인 저, 최정인 강의)

	2차	IFRS회계원리(반선섭 외 7명 저, 강경보 강의), Toss Plus 중급회계(강경보 오준석 최정인 황준성 저, 강경보 강의), Toss Plus 고급회계(반선섭 강경보 공저, 강경보 강의), Toss Plus 재무회계연습(반선섭 강경보 공저, 강경보 강의), IFRS재무회계연습(김기동 저, 김기동 강의), 재무회계연습(김재호 저), Final 재무회계(김재호 저), 재무회계 모의고사(신현걸 최창규 김현식 저)
원가관리회계	1차	원가관리회계(김용남 저, 이장규 강의), 객관식 원가관리회계(김용남 저)
	2차	원가관리회계연습(김용남 저, 이장규 강의)
정부회계	CPA 정부회계(김용석 저, 김용석 강의)	
회계감사	ISA 회계감사(노준화 저, 최충규 강의)	

6. 마무리하면서

이렇게 2년간의 수험생활을 정리해보니 저에게도 의미 있는 시간이 된 것 같습니다. 제 지인들이 공인회계사 공부를 시작한다면 해주고 싶었던 말들을 녹여내어 쓴다고 노력했는데, 보기에 어떠셨을지는 모르겠습니다. 결과적으로 중구난방 자전적인 수기가 돼버린 것 같습니다만, 제 수기를 보신 분들이 자신감과 위안을 얻고 돌아가신다면 그걸로 만족스러울 것 같습니다. 시험은 자신과의 싸움입니다. 남들이 뭐라던 간에 휘둘리지 마시고, 자신을 믿고 끝까지 공부하시면 좋은 결과 있을 것으로 확신합니다.

끝으로 이 지면을 빌려, 자식 뒷바라지 하느라 고생하신 어머니와 응원해준 가족들, 친구들 그리고 수험생활 내내 함께 동고동락하며 힘이 돼준 여자친구 현욱이에게 고마운 마음을 전하고 싶습니다.

인내는 쓰고 그 열매는 달다

배 경 진

1993년 3월 9일생
매산여자고등학교 졸업
고려대학교 경영학과
2016년 51회 공인회계사시험 합격(회계감사 최고득점자)

1. 들어가면서

저는 이번 제51회 공인회계사시험에서 두 과목을 응시하여 회계감사 84.9점, 원가회계 89점을 맞아 회계감사 과목 수석으로 최종합격을 하게 되었습니다. 2014년도에 학교를 처음 휴학하고 오직 공인회계사 시험합격이라는 목표를 안고 시작한 수험생활을 이렇게 합격수기를 쓰는 것으로 마침표를 짓게 되니 감회가 새롭고 영광스럽습니다.

저는 고려대학교 자유전공학부에 진학하여 1학년을 지내는 동안 학과와 진로에 대해 깊은 고민을 하였고, 그 결과 경영학과 전공에 진입하게 되었습니다. 2학년 동안 경영학과 전공과목을 듣게 되었는데 그 중 회계와 재무과목에 흥미가 생겼습니다. 또한 자격증의 중요성을 강조하시는 부모님의 권유로 공인회계사 시험을 고려하게 되었고, 이에 전공을 살리고, 흥미를 살릴 수 있는 공인회계사 시험을 응시하겠다는 마음을 갖게 되었습니다. 2학년을 마치고 난 후의 다짐이라 주변에 공인회계사 시험을 응시하는 동기들은 극소수 였고, 조언을 구할 선배들도 별로 없는 상황이어서 무작정 인터넷에 올라와 있는 합격수 기를 읽고 수험생활을 시작하게 되었습니다.

제가 1차나 동차 시험에서 우수한 성적을 거둔 것은 아니지만, 이 수기를 쓰면서 자신 있게 말할 수 있는 것은 저의 정해진 공부습관을 바탕으로 끊임없는 노력을 했다는 것입 니다. 학습 계획서 맨 앞 쪽에 '사람은 자신의 미래를 결정짓지 못한다. 대신 습관을 만들면 그 습관이 미래를 대신 정해준다.'라고 적어 놓았습니다. 이 문구를 항상 가슴 속에 새기며 공부습관이 합격에 밑거름이 될 것이라고 생각하고 공부를 했습니다. 저의 학습 방법이 정답이 아니지만 수험생들에게 조금이나마 공부 방향을 잡을 수 있는데 참고가 될 수 있으면 좋겠습니다.

2. 수험생활

(1) 1차 수험기간 (2014년 2월 ~ 2015년 02월)

저는 2학년까지 마치고 2014년 2월부터 본격적으로 수험생활을 시작하였습니다. 학원 봄 종합반에 등록하여 2주일 정도 다녔으나, 고등학교 때부터 도서관이나 독서실에서 혼자 공부하는 것에 익숙한 저에게 학원은 잘 맞지 않아서 학교 도서관으로 공부장소를 옮기고 기본강의를 인터넷 강의로 수강하였습니다.

처음 도서관에서 혼자 공부할 때는 도서관에 오는 시간과 집에 가는 시간이 일정하지 않아 공부습관이 잘 잡히지 않았습니다. 주변 선배들의 조언으로 도서관내에 구성된 생활스터디에 들어가서 정해진 시간에 학교에 와서 정해진 시간에 식사를 하고, 정해진 시간에 집에 가는 규칙적인 습관을 들이기 시작하였습니다. 이러한 공부습관을 스터디를 통해 바로 잡았으며 유예기간까지도 유지하게 되었습니다. 저는 월요일부터 금요일까지는 보통 아침 8시쯤에 학교 도서관에 나와서 저녁 10시정도까지 공부하였습니다. 토요일은 보통 저녁을 먹기 전까지 공부하고, 일요일은 도서관을 가지 않고 집에서 충분히 쉬거나 친구를 만나며 스트레스를 해소하고 체력관리를 하였습니다. 그리고 저는 계획표가 매우 중요하다고 생각하여, 대략적인 월 계획을 세우고 매주 월요일 아침에 주 계획을 세웠으며, 매일의 계획도 매일 아침에 학습계획서에 작성하여 지키도록 노력하였습니다. 하루하루 공부할 양을 정하여 그것이 지켜지면 형광펜으로 표시하여 집에 갈 때 형광펜으로 도배된 저의 계획서를 보고 뿌듯해하며 집으로 돌아갔습니다.

인터넷 강의를 혼자 들어 진도가 뒤처지지 않기 위해 봄 종합반 커리큘럼을 따라서 모든 기본강의를 7월까지 들었습니다. 따라서 저는 봄 종합반 커리큘럼과 똑같이 기본강의를 하루에 보통 6개씩 들었습니다. 인터넷 강의를 수강하고는 거의 모든 과목을 저만의 서브노트를 만들어 정리하였습니다. 일부 과목은 강사님이 직접 만드신 서브노트를 활용하여 살을 붙이는 식으로 하여 단권화에 노력하였습니다. 강의를 듣고 나서 바로 서브노트를 만들면서 강의 내용을 복습하였으며, 단권화는 공부할 과목이 많고 양이 많은 회계사 시험에 꽤나 효과적이었습니다. 또한 2014년 봄에는 학점이수조건에서 회계학 학점이 부족하였기 때문에 독학사 시험을 치러 학점이수 조건을 충족하였습니다.

8월과 9월에는 재무회계와 세무회계 2차 강의를 수강하였습니다. 기본강의를 듣고 객관식도 풀지 않은 채 바로 연습서를 보았기 때문에 스스로 연습서 문제는 어려워서 풀지는 못하였지만 복습차원으로 들었습니다. 하지만 나중에 1차를 합격하고 2차를 공부할 때 2차 연습서를 본 과목은 더 수월했던 것 같습니다.

10월엔 하루를 아침, 점심, 저녁 3파트로 나누어 아침엔 재무관리 심화강의를 듣고 객관식 재무관리 책을 병행하여 공부하였고, 점심에는 상법과 경제를 번갈아 가며 공부하고, 저녁에는 객관식 세법과 객관식 재무회계를 번갈아 가면서 풀었습니다. 11월에는 객관식 경제 강의를 수강하며 객관식을 풀었으며, 남은 시간에 여러 과목을 번갈아 가면서 공부하였습니다. 12월부터는 주 2회 객관식 문제풀이 스터디를 통해 실전감각을 익히도록 노력했습니다. 사실 저는 1월에 조금 긴 슬럼프가 왔는데, 이때에도 도움이 된 것이 스터디였던 것 같습니다. 스터디로 인해 그 주에 주어진 범위에 대해 복습이라도 해야 된다는 생각에 슬럼프 기간이었지만 조금이라도 공부를 할 수 있었던 것 같습니다.

마지막 두 달 동안은 여러 과목을 빨리 보는 것이 중요하다고 생각합니다. 과목의 수와 공부의 양이 방대한 공인회계사 시험에서 중요한 것은 시험장에 얼마만큼 많은 양의 내용을 들고 갈 수 있느냐 인 것 같습니다. 저는 앞서 말했던 단권화한 노트와 서브노트를 이용하여 하루에 3~4과목씩 복습하고 문제를 풀었습니다.

1월에는 전국 모의고사로 나무모의고사와 위너스모의고사를 보았으나 그 성적은 330점대로 좋지 않았습니다. 하지만 성적에 연연해하지 않고 마지막까지 최선을 다한 결과 모의고사 성적보다 대략 60점 가량 높은 성적을 받게 되었습니다. 1차 과목은 경영, 경제, 상법 등 암기 과목이 많기 때문에 공부한 것을 얼마나 정리하여 시험장까지 들고 갈 수 있느냐가 중요하기 때문에 정리를 하고 안하고의 점수 차이는 매우 큰 것 같습니다. 따라서 모의고사 성적에 너무 큰 신경을 쓰지 말고 끝까지 자기페이스를 유지하며 공부하는 것이 중요한 것 같습니다. 또한 전국모의고사를 한 번은 꼭 치루기를 권하는데, 1차 시험장에서 시간배분을 어떻게 할 것인지 스스로 터득하게 되기 때문입니다.

저는 시험장에도 서브노트와 단권화 노트를 가져가서 쉬는 시간에도 공부하였으며, 실제로 바로 직전에 외운 내용이 많이 나와 시험을 볼 때 희열을 느꼈던 것이 기억에 남습니다. 결과적으로 1차 시험은 무난히 합격을 하게 되었습니다.

(2) 동차 수험기간 (2015년 3월 ~ 2015년 6월)

1차 시험을 마치고 설을 지내며 충분히 휴식시간을 가진 다음에 회계감사 강의를 수강하였습니다. 1차 기본강의 들을 때와 마찬가지로 한 강의를 듣고 나서 바로 서브노트를 만드는 식으로 공부하였습니다. 2월엔 시험이 끝난 여운이 남아 열심히는 못했던 것 같습니다. 본격적으로는 3월부터 공부를 하였습니다.

회계감사 강의를 3월 중순쯤에 모두 들었으며 3월에 원가회계강의도 같이 수강하였습니다. 또한 3월부터는 회계사 2차 시험을 대비하는 스터디에 들어가 회계감사 목차암기 스터디를 시작하였습니다. 회계감사과목은 2차에 처음 접하는 과목이기 때문에 생소함에 압도당했습니다. 목차 스터디를 하면서 암기를 병행하였으나, 기초적인 이해가 부족하였기 때문에 회계감사는 뿌연 안개 길을 걷는 느낌이 들었습니다. 결과적으로 회계감사는 5월 중에 공부를 그만 두었는데, 15년도 2차 시험에 1유예생과 2유예생이 많다는 사실과 이렇게 5과목 다가져가다가는 4,5유예가 될 수 있겠다는 두려움이 앞섰던 것 같습니다. 나중에 시험을 친 결과 회계감사과목은 52.5점으로 떨어졌지만, 5월에 공부를 그만둔 것 치고는 잘 나온 점수를 보고 5,6월에 조금만 더 회계감사에 투자했더라면 좋은 성적이 나오지는 않았을까 후회는 하였습니다. 하지만 회계감사과목을 버림으로 인해 다른 과목에 더 많은 시간을 투자했기 때문에 다른 과목을 합격할 수 있었던 것 같습니다. 또한 원가회계는 김용남 교수님의 강의를 수강하였는데, 심화부분은 수강하지 않았습니다. 제가 혼자 판단하여 심화부분은 지엽적이고 유예생이 듣는 부분이라 생각하였기 때문입니다. 하지만 원가회계는 심화부분에서 2차 시험에 대거 출제되어 문제를 제대로 풀지 못하였는데, 이로써 3월에 공부하였던 두 과목이 유예과목이 되었습니다.

3월에 회계감사와 원가회계를 공부하고, 4월에 들어서 재무관리와 세무회계 인터넷 강의를 수강하였습니다. 세무회계는 유예강의를 수강하여 미리 업로드 된 강의를 들어 매일 4강씩 수강하였으며, 재무관리는 동차강의를 수강하여 업로드 되는 즉시 강의를 들었기 때문에 매주 6~9강씩 5월까지 들었습니다. 세무회계는 1차 시험에서 간신히 60점이 넘은 과목이기 때문에 취약하다고 생각하여 투입을 많이 하였습니다. 재무관리는 1차 공부하면서 심화강의 들은 것이 많은 도움이 되었다고 생각합니다. 재무회계는 취약한 부분이라고 생각하는 파트만 강의를 수강하였으며, 5월 중후반까지 2차 강의를 모두 수강하였습니다.

2차 과목은 모두 강의를 듣기 전에 스스로 연습서 문제를 풀어보고 강의를 수강하였는데 시간은 많이 소요되었으나 더 효과적이었다고 생각합니다. 그리고 재무회계과목은 푼 문제들을 틀린 부분은 체크하여 모두 보관하였는데, 나중에 시험장 들어가기 전에 틀린 문제들 위주로 빠르게 검토할 수 있어 큰 도움이 되었습니다. 또한 저는 동차 때는 GS를 풀지 않았는데, 동차 때는 연습서 한 권으로 필수문제를 반복하여 푸는 편이 좋은 것 같습니다.

1차 시험 볼 때의 긴장감과는 차원이 다르게 2차 시험 때는 극도의 긴장감과 불안감이 앞섰습니다. 짧은 네 달의 동차수험기간 동안 공부가 충분하지 않았다는 느낌과 회계감사 과목도 버렸는데 다른 과목도 잘 못 본다면 다시 1차 시험을 치러야한다는 두려움이 컸던 것 같습니다. 이럴 때 일수록 타 수험생과는 비교하지 않고 '나는 내가 할 수 있는 최선을 다했다.'라는 마음가짐을 갖는 것이 중요합니다.

실제로 시험을 볼 때 첫 과목인 세무회계 시험을 치를 때 너무 떨어 어떻게 문제를 풀었는지도 모를 정도로 시간이 순식간에 지나갔습니다. 또한 세무회계 시험에 1번문제가 매우 어려웠는데, 1번은 당연히 풀어야 한다는 강박관념에 20분 이상 그 문제에 지체하여 시험을 말린 느낌이었습니다. 15년도 2차 시험은 모든 과목이 극악의 난이도를 자랑하였습니다. 저는 어느 과목 확실히 붙을 것이라 자신이 없어서 2차 시험을 치르고는 문제지를 모두 방안 구석에 두고 두 달 동안 아무 생각 없이 휴식을 취했습니다. 2차 시험 결과 원가회계 57점과 회계감사 52.5점으로 두 과목 유예가 되었습니다.

(3) 유예 수험기간 (2015년 9월 ~ 2016년 6월)

저는 상당히 보수적입니다. 이 보수적인 성향은 유예기간 때 더 빛을 바랬습니다. 주변에서 원가회계는 변동성이 커서 아무리 공부해도 동차생이랑 유예생이랑 큰 차이가 없는 과목이라는 소리를 많이 들어왔기 때문에 원가회계에 대한 부담감이 컸습니다. 더구나 원가회계 16년도 유예생이 매우 적어서 시험이 어렵게 출제될 것이라는 예측이 돌아 원가회계를 철저하게 대비해야겠다는 생각을 하였습니다.

15년 가을학기에 복학하여 모두 회계와 관련된 과목으로 시간표를 짰습니다. 학교 수업으로 회계감사와 원가회계 과목도 수강하였으며, 회계감사 기본강의를 스터디원들과 같이 수강하며 조금씩 공부를 하였습니다. 2유예는 1월부터 시작해도 충분하다는 말이 있지만 저는 보수적으로 가을학기 다니면서도 틈틈이 공부하였습니다. 2유예 합격률이 100프로가 아니므로, 합격하지 못하는 10프로 안에 제가 들면 절대 안 된다는 생각에, 모든 위험을 제거하자는 마음으로 공부를 하였습니다.

가을 학기를 마치고 1월 초에 학교 도서관을 다시 다니기 시작하였습니다. 1월과 2월엔 다시 공부습관 들이기를 목표로 조금씩 공부시간을 늘려가고 운동을 병행해갔습니다. 1월과 2월에는 하루 평균 6시간 공부했던 것 같습니다. 원가회계는 따로 유예강의가 나오지 않기 때문에 15년도 동차강의를 수강하였습니다. 일주일에 강의를 9강씩 정도 듣고 복습을 하였습니다. 동차강의로 임세진 교수님의 강의를 들었는데, 공부 방법으로 답안지를 모으는 방법을 말씀하셔서 그것을 실천하기로 하였습니다. 제가 동차기간에 재무회계과목 공부할 때 답안지를 모았는데 이것이 매우 큰 도움이 되었기 때문에 원가회계도 그 방법을 동일하게 적용하였습니다. 스스로 문제를 풀고 강의를 듣고, 틀린 부분을 체크하고, 다시 2회독 할 때부터는 1회독 때 풀었던 답안지에 다시 틀린 부분이나 주의할 부분을 다른 색 볼펜으로 체크하는 방법으로 계속 그 답안지에 첨가해나갔습니다. 결과적으로 매우 추천하는 방법으로 다른 과목도 이러한 방법으로 공부하는 게 2차 공부 때 많은 도움이 될 것이라 생각됩니다.

1월 말부터는 회계감사 권오상 교수님의 유예강의를 수강하였습니다. 2월 중순까지 원가회계 2차 강의를 모두 수강하고 회계감사강의는 3월 중순까지 수강하였습니다. 원가회계는 강의를 들으며 임세진 교수님의 책에 있는 문제를 전수로 풀었으며, 회계감사는 강의를 들으며 목차암기를 병행하였습니다. 두 과목 모두 미리 만들어둔 저만의 서브노트가 있었기 때문에 유예 때 강의를 들으며 살을 점점 더 붙이는 식으로 정리하였습니다.

3월부터는 생활스터디에 들어가서 아침 9시에 도서관에 나와 저녁 10시정도까지 공부하였습니다. 동차 때보다는 타이트하지 않게 틈틈이 쉬기도 하며 여유롭게 공부하였습니다. 아침에 시험이 있는 원가회계는 아침 9시부터 오후 3~4시까지 공부를 하고, 오후에 시험이 있는 회계감사는 그 이후에 10시까지 공부하는 식으로 하루를 보냈습니다. 4월까지 원가회계는 임세진 교수님의 책을 전수로 2회독을 마쳤으며, 김용남 교수님의 문제 중에 임세진 교수님의 책에 없는 문제들을 골라 풀었습니다. 회계감사는 권오상 교수님의 책을 정독하고 목차암기를 꾸준히 하였습니다.

4월 말부터는 회계감사 권오상 교수님과 도정환 교수님의 GS를 수강하였습니다. 또한 원가회계는 문제풀이 스터디에 들어가서 시간을 재고 스터디원들과 김용남 교수님의 문제를 빠르고 정확하게 푸는 연습을 하였고, 5월쯤엔 원가회계 GS를 풀었습니다. 이러한 실전 연습은 실제로 시험에 큰 도움이 되었습니다. 특히 회계감사는 권오상 교수님의 GS는 문제수가 많은 편이어서 시간이 부족했는데, 실전처럼 2시간 안에서 그러한 문제를 푸는 연습을 하다 보니 실전 시험에서도 시간배분을 적절히 할 수 있었습니다. 또한 원가회계도 정해진 시간에서 정확히 푸는 연습을 하여 원가문제 풀이에 자신감을 점점 붙이게 되었습니다. GS와 모의고사를 풀고 나서는 회계감사 원가회계 두 과목 모두 오답노트를 만들었는데 시험장 가기 전에 저의 취약했던 부분을 다시 검토할 수 있어서 많은 도움이 되었습니다.

GS과정에서 항상 상위 30프로 안에 들었으며, 6월에 나무전국모의고사에서는 원가회계 93점, 회계감사 95점을 맞아 이 페이스대로 유지하면 합격에 지장이 없겠다는 생각을 하게 되었습니다. 하지만 동차 때와는 달리 체력적으로는 힘들지 않았으나, 시험이 다가올수록 정신적으로 스트레스를 많이 받았습니다. '혹시나 실수를 많이 하면 어떡하지? 시험 날 컨디션이 너무 좋지 않아 시험을 망치면 어떡하지?'라는 생각을 많이 하였는데, 지금 생각해보면 그러한 걱정을 쓸데없이 너무 많이 하지 않았나 싶지만, 전국의 유예생들은 다들 저와 비슷한 심정으로 시험을 맞이했을 것이라 생각됩니다.

시험 보기 전에도 동차와는 다른 엄청난 긴장감으로 시험장에 도착하였지만, 막상 시험이 시작되는 사이렌 소리가 울리고 나서는 문제를 정신없이 푸느라 긴장감은 제로에 가까웠던 것 같습니다. 회계감사와 원가회계 모두 GS문제를 푸는 느낌으로 시험을 임했습니다. 시험 중에 답안을 적지 못하여 채점을 하지는 못하였습니다. 채점을 못하니 불안하여 체감난이도가 꽤 높았던 원가회계를 시험보고 3일 후쯤에 다시 풀어 보며 채점을 해보았는데, 합격에는 지장 없겠다고 결론을 내리고 발표 날을 기다렸습니다. 8월 발표 날에 다가올수록 불안감에 잠을 잘 못 이루기까지 하였지만, 감사하게도 좋은 성적으로 합격하게 되었습니다. 합격 발표 날에 너무 긴장한 탓에 합격을 확인하고 엄청난 기쁨보다는 안도의 한숨이 먼저 나왔던 것 같습니다.

3. 과목별 공부 방법

(1) 재무회계

① 1차 공부 : 기본강의를 수강하고 저는 2차 강의를 수강하였습니다. 앞서 말했지만 섣불리 2차 연습서를 본 감이 있어 내용 복습차원으로 들었던 것 같습니다. 객관식으로는 먼저 김재호 교수님의 기출BEST를 풀고, 김현식 교수님의 객관식 책을 풀었습니다. 또한 시험 두 달 전부터 문제풀이 스터디를 통해 시간을 재고 푸는 연습을 하였습니다. 원가회계를 거의 버렸으므로, 중급회계와 고급회계는 버리는 파트 없이 모두 대비하였습니다. 또한 정부회계는 12월 말에 수강하였는데, 철저히 대비한 덕에 정부회계에서 점수를 잘 얻을 수 있었습니다.

② 2차 공부 : 1차 공부를 할 때 연습서 강의를 한 번 수강하였으므로, 강의 전체를 듣지 않고 고급회계파트와 현금흐름파트 등 필요한 부분만 수강하였습니다. 김재호 교수님의 2차 연습서로 공부하였는데 필수문제들만 있어 그 한 권을 반복해서 정확하게 풀도록 연습하였습니다. 따로 실전연습은 시간이 없어 하지 못하였습니다.

(2) 세무회계

① 1차 공부 : 재무회계와 동일하게 기본강의를 수강하고 2차 강의를 수강하였습니다. 세법이 어렵다고 하여, 기본강의를 수강할 때 1배속~1.2배속으로 들었으며 천천히 충분히 이해를 하도록 노력을 하였습니다. 개정 객관식 세법책이 나오기 전에 그 전년도 판으로 풀었으며, 1월 말쯤 개정 객관식 세법책이 나오고서는 달라진 문제들만 체크하여 새로 풀었습니다. 국기법에 대한 대비가 부족하여 국기법에서 많이 틀렸는데, 국기법의 비중이 1차에서 작은 편이 아니므로 국기법은 꼭 대비하기를 추천 드립니다.

② 2차 공부 : 세법에 대한 흥미는 있는 편이라 세무회계문제를 풀 때가 2차 공부 중에 가장 재밌었는데, 그래서 가장 많이 투입한 과목이기도 합니다. 세법은 휘발성이 강하므로 하루에 문제는 풀지 않더라도 서브노트를 통해 복습은 꼭 하였습니다. 복습할 때는 하루에 법·소·부 한 파트씩 뽑아서 두루 공부하였습니다. 동차 때 상

증세 부분을 대비하는 것이 부담스러웠지만, 적당히 투입한 결과 적당히 풀고 나왔던 것 같습니다.

(3) 원가회계

① 1차 공부 : 원가회계 기본강의는 수강하였으나, 객관식을 풀 때쯤 주변에서 어차피 실제 시험에서 원가회계를 풀 시간도 없을 것이라고 하여, 원가회계는 원가파트만 조금 문제를 풀어 대비하였습니다. 실제로 1차 시험을 치를 때 재무회계와 정부회계를 풀고 나니 시간이 얼마 남지 않아 대비했던 원가파트 두 문제정도만 풀고 한 번호로 찍었습니다. 저의 방법이 절대 정답은 아니며, 1차 때 원가를 버렸기 때문에 동차 때 못 붙었는지도 모르기 때문에 참고만 하시기 바랍니다.

② 2차 공부 : 원가회계가 변동성이 커서 위험한 과목이라고 하지만, 정형화된 문제들을 충분히 익힌다면 정말 새로운 문제가 아니라면 응용하여 풀 수 있을 것이라 생각됩니다. 앞서 말했지만, 1회독 할 때 자신이 풀은 답안지를 모아 거기에 계속해서 첨가해 나가는 방법을 추천 드립니다. 동차 때는 연습서 한 권으로 필수문제를 충분히 익히는 것을 추천 드리며, 유예생이라면 GS를 풀면서 실전 감각을 익히기를 추천 드립니다. 유예생 때는 김용남 교수님과 임세진 교수님 책의 모든 문제를 전수로 풀었습니다. 혼자 문제를 풀 때에도 정해진 시간(약 15분)내에 풀도록 연습하였으며, 조금은 타이트한 시간에서 푸는 연습을 꾸준히 한 결과 빠르고 정확하게 풀게 되었던 것 같습니다. 또한 유예 때는 말문제도 시험 치르기 한 달 전부터 따로 대비하였습니다. 그리고 전수로 2회독 풀고 난 후에는 가로풀기로 모든 단원에서 한 문제씩 풀었는데, 도움이 많이 되었습니다.

(4) 재무관리

① 1차 공부 : 저는 1차 공부 할 때 재무관리에 시간을 꽤 투자한 편입니다. 심화강의를 듣고 객관식도 병행하면서 풀었습니다. 재무관리는 이해뿐만 아니라 산식의 암기가 중요하기 때문에, 중요한 산식은 큰 포스트잇에 정리하여 항상 재무관리를 공부하기 전에 다시 한 번 암기를 하였습니다. 1차 시험에 일반경영학이 꽤 까다롭게 출제되어 일반 경영에서 많이 틀렸지만, 재무관리 문제를 거의 다 맞아 경영학의 점수를 챙길 수 있었습니다.

② 2차 공부 : 1차 때 재무관리를 대비해 놓아 2차를 공부할 때 조금은 수월하였습니다. 까다로운 문제들은 풀지 않고 필수 문제들만 철저하게 대비하였습니다. 재무관리는 문제도 많이 풀었지만 제가 1차공부하면서 정리해놓은 노트를 계속해서 복습하여 이해를 충분히 할 수 있도록 노력하였습니다. 2차 시험에 재무관리가 매우

까다롭게 출제되었지만, 기본문제들을 잘 대비하였기 때문에 다행히 잘 넘긴 것 같습니다.

(5) 회계감사

회계감사는 일단 회계감사에 대한 큰 이해의 틀을 잡는 것이 중요하다고 생각합니다. 2차 때 처음 접하는 과목이기 때문에 생소할 수 있지만, 처음 강의를 수강할 때 빨리 강의를 들어야겠다는 생각보다는 충분히 이해를 하자는 마음을 갖는 것이 좋습니다. 강의를 수강하고는 암기 또한 병행되어야하기 때문에 목차암기를 추천 드립니다.

유예생이라면 GS과정을 한 개 이상 수강하는 것이 좋을 것 같고, 기본서를 반복해서 읽어 그 흐름을 잡을 것을 권합니다. 저는 유예공부기간에 답안 작성 연습을 GS과정과 스터디를 통해서 많이 하였습니다. 문장력이 없는 저였지만 이러한 연습을 통해 좋은 결과를 얻을 수 있지 않았나 생각합니다. 저는 저만의 서브노트를 중심으로 암기를 하고 큰 흐름은 책을 읽으며 잡았습니다. 그래서 문제를 접하였을 때 이 문제가 서브노트의 어느 부분인지 떠올렸고, 무엇을 물어 보는 것인지 생각해낼 수 있었으며, 답을 써내려 갈 수 있었습니다.

(6) 경영, 경제, 상법

경영학은 봄 종합반에서 기본강의를 수강하고 11월 말부터 다시 보기 시작하였습니다. 서브노트를 중심으로 암기를 하고, 객관식문제를 풀었습니다. 경영학의 비중은 매우 작게 잡아서 짜투리 시간이나 등하교 시간에 외웠습니다.

경제학은 유일하게 객관식 강의를 수강했던 과목입니다. 경제학의 기본이 없던 저는 객관식 경제학을 바로 풀기가 어려웠습니다. 기본강의는 김판기 교수님의 강의를 수강하고 객관식 강의로는 김진욱 교수님의 강의를 수강하였습니다. 저에게는 두 분의 강의가 서로 시너지가 되어 경제학을 잘 대비할 수 있었던 것 같습니다.

상법의 경우 양이 꽤 방대하였는데, 반복해서 암기를 하였습니다. 상법 또한 저만의 노트를 만들었는데, 시간이 많이 소요되었습니다. 상법의 경우 서브노트 만드는 것을 그다지 추천하지는 않습니다. 상법 문제는 상법신강 책에 있는 문제를 반복하여 풀며 대비하였습니다.

4. 참고도서목록
- 재무회계 : 중급회계(신현걸), 고급회계(이만우), 객관식 재무회계(김현식),
　　　　　　 재무회계 기출 BEST 문제(김재호), 정부회계(신현걸),
　　　　　　 재무회계연습(김재호)
- 세무회계 : 세법개론(임상엽), 객관식 세법(이승철), 세무회계연습(이승철)

- 원가회계 : 객관식 원가관리회계(김용남), 원가관리회계(김용남), 원가관리회계(임세진)
- 재무관리 : 재무관리(김종길), 객관식 재무관리(김종길), 재무관리연습서(김종길)
- 회계감사 : 회계감사스터디가이드(권오상), 회계감사(문두철)
- 경영학 : 경영학연습(김윤상), 객관식 경영학(김윤상)
- 경제학 : 경제학연습(정병열), 객관식 경제학 강의(김진욱)
- 상법 : 상법신강(김혁붕)

5. 마무리하면서

공인회계사 시험을 치르겠다고 다짐한 수험생들에게 끝까지 합격이라는 목표만을 바라보고, 하루하루 정해진 공부습관으로 대비해 나간다면 충분히 좋은 결과가 있을 것이라고 말해주고 싶습니다. 장기간 레이스인 만큼 스스로 스트레스를 해결하는 방법이나 휴식방법을 정하여 큰 슬럼프 없이 수험생활을 하시길 바랍니다.

마지막으로, 저에게 도움을 주신 분들에게 감사의 말을 전하고 싶습니다. 저 혼자 공부 하였더라면 이러한 결과를 얻지 못했을 것이라 생각합니다. 먼저 항상 따뜻한 응원을 해주셨던 아버지, 그리고 저와 똑같이 수험생활 하신 것이나 다름없는 어머니께 감사의 말씀을 드리고 싶습니다. 가장 가까이서 응원해준 오빠, 저의 진로를 가장 먼저 상담해 주셨던 회계사 고모부, 저를 아껴주신 경희 고모님, 공창현 선생님께 감사의 인사드립니다. 그리고 옆에서 응원해준 혜빈이, 예지에게 고맙다는 말 전하고 싶습니다.

수험생활 희로애락을 공유하였던 지현이, 재균오빠, 성현오빠, 수현이, 윤나, 수찬오빠, 상빈오빠, 지완언니, 지은언니, 윤서언니 같이 공부 할 수 있어서 힘든 수험생활이 조금 더 밝고 힘차지 않았나 생각이 드네요. 똑똑하고 긍정적이었던 스터디원들 덕분에 이렇게 좋은 결과를 얻을 수 있었고, 고맙다는 말 전하고 싶습니다.

공인회계사 합격수기

노력하면 이루어진다

홍 현 제

1990년 7월 17일생
브니엘고 졸업
고려대학교 경영학과 졸업
2016년 51회 공인회계사시험 합격(세법 최고득점자)

1. 들어가면서

안녕하세요? 제 51회 공인회계사 시험에 최종합격한 고려대학교 경영학과 홍현제입니다. 우선, 이렇게 합격수기를 쓸 수 있는 기회를 갖게 됨을 영광으로 생각하며, 저의 합격수기가 다른 분들에게 꼭 조금이나마 도움이 되었으면 합니다. 저는 2014년 8월에 행정고시와 CPA사이에서 진로를 고민하다가 CPA를 시작하게 되었습니다. 아래에서 저의 수험생활에 관련하여 솔직하고 자세하고 기술하도록 하겠습니다.

2. 최근 1,2차 시험 출제경향 및 수험대책

저의 경우에는 다른 분들이 많이 하시는 스터디를 활용하거나 고시반에 입실하는 등의 방법을 전혀 이용하지 않고, 오로지 인터넷 강의와 스스로 학습을 통해 공부를 하였습니다. CPA 수험 공부를 시작하려고 마음을 먹은 시기가 다른 분들보다 많이 늦었었기 때문에 고시반이나 스터디를 활용하는 것보다는 혼자서 스스로 빨리 진도를 나가고 복습을 많이 하는 것이 중요하다고 생각하였기 때문입니다. 하지만 스터디나 고시반을 이용하지 않았기 때문에 그만큼 수험 정보나 모르는 것을 공유할 수 있는 기회는 적었습니다. 주변에 아는 CPA 준비생들이 거의 없었기 때문에, 혼자서 최대한 회계 관련 카페 등을 방문하면서 수험대책이나 방법들을 알아보았습니다. 하지만 스터디나 고시반을 활용하는 것을 반대하지는 않습니다. 저 같은 경우에는 1차시험을 준비하기 위한 시간이 상대적으로 짧았기 때문에 그러한 생각 자체를 하지 못한 것이기 때문입니다. 실제로 주변에 합격한 다른 친구들을 보면 대부분 스터디나 고시반을 활용했던 것으로 보입니다. 그렇기 때문에 스터디나 고시반 등을 활용하여 다른 준비생들과 함께 공부할 수 있는 것도 좋다고 생각합니다. 1차 시험을 준비할 때에는 시간이 많이 부족했기 때문에 온라인 가을종합반 강의를 수강하였습니다. 제가 가을종합반 강의를 신청할 때에는 이미 가을 종합반이 개강한지 두 달 지난 시점이었기 때문에, 저는 진도를 최대한 빨리 맞추어 따라가는 것에 중점을 두었습니다. 처음에 재무회계부터 강의를 수강하기 시작하였습니다. 저는 경영학과를 전공하였기 때문에 학교에서 회계원리 수업이나 중급회계1 수업을 들었던 상태였습니다. 나름대로 학교에서 배웠던 경험이 있기 때문에 자신감을 가지고 중급회계부터 수강을 시작하였습니다. 하지만 강의는 생각보다 따라가기가 만만하지 않았고, 강의 중에 선생님께서 회계원리를 꼭 먼저 수강하고 중급회계를 수강하라는 말씀을 듣게 되었습니다. 그래서 저는 잠시 중급회계 강의를 멈추고 회계원리 압축강의를 빠르게 한 번 들었습니다. 그 후 중급회계를 수강하니 확실히 체계가 잡히고 이해가 잘 되었습니다. 혹시나 CPA 공부를 처음시작하시는 수험생이 계시다면 꼭 회계원리를 선수강하시기를 추천 드립니다. 저는 그렇게 가을 종합반 진도를 따라서 쭉 강의를 수강하였습니다. 하지만 이미 개강을 한지 어느 정도의 시간이 지난 후였기 때문에 하루에 강의를 많으면 12개 이상씩 꾸준히 들으면서 진도를 따라잡았습니다. 고등학생 시절부터 인터넷 강의를 자주 듣던 저의 경우에는 강의를 한꺼번에 많이 듣는 것에 대한 거부감 같은 것이 없었기 때문에 하루에 12개 이상에서 최대로 많이 들을 때는 20개 정도의 강의를 수강했던 기억이 납니다. 하지만 본인이 소화할 수 있는 강의수가 그렇게 많지가 않다면 매일매일 꾸준히 본인의 분량만큼의 강의를 듣고 착실히 복습하는 것도 좋다고 생각합니다. 저의 경우에는 진도를 따라가기가 바빴기 때문에 복습보다는 진도에 포커스가 맞추어져 있었습니다. 그래서 상대적으로 복습의 비중은 남들보다 적을 수밖에 없었습니다. 이러한 저의 약점을 커버하기 위해 강의를 들으면서 강의내용을 곧바로 숙지할 수 있도록 노력했습니다. 강의를 듣다가 잠시 멈추고 문제를 풀어본다던지 하는 방법으로 최대한 강의 중에 복습시간을 확보해나갔습니다. 1차 시험의 경우에는 모두 객관식이기 때문에 이러한 방법이 어느 정도 유효했던 것으로 생각됩니다. 객관식이라는 특성상 주관식처럼 깊은 이해나 풀이의 과정을 요구하지 않습니다. 그렇기 때문에 수업시간에 선생님께서 알려주시는 틀만 받아들이고 그대로 풀어내기만 하면 쉽게 답을 낼 수 있습니다. 본인이 어떠한 주제를 완벽하게 이해한다면 더할 나위 없이 좋겠지만, 저의 경우에는 이해보다는 암기와 문제풀이에 중점을 두고 공부했습니다. 그렇기 때문에 강의에서 선생님들께서 말씀해주시는 문제 풀이의 요령이나 방법을 스킬적인 측면으로 받아들였습니다. 1차 시험을 준비할 수 있는 기간이 상대적으로 짧기 때문에, 확실한 이해보다는 암기와 문제풀이에 치중할 수밖에 없는 상황도 있었습니다. 하지만 제가 1차 시험을 공부하면서 느낀 것은 어느 정도의 암기와 문제풀이 스킬만 확실히 익히면 충분히 합격을 기대해볼 수 있다는 것이었습니다. 그렇기 때문에 1차 공부를 하시는 수험생 여러분들께서는 혹여나 본인이 정말 이해가 안된다하는 주제가 있더라도 낙담하지 마시고 편안하게 그 틀 또는 문제풀이 방식을 암기하는 것으로 공부하셔도 무관하다고 생각합니다. 결국, 2차 시험에 갔을 때, 연습서 강의를 듣게 되면 이해되지 않고 암기했던 부분들이 자연스럽게 이해가 되기 때문입니다. 1차 시험의 경우에는 공부해야할 양이 정말 많습니다. 시험의 난이도가 중요한 문제라기보다는 공부해야할 양이 정말 많은 것이 가장 중요하다고 생각합니다. 결국 많은 양을 누가 여러 번 자주 봤느냐가 1차 시험의 성패를 좌우한다고 생각합니다. 강의를 수강하신 후에는 최대한 많이 전 과목을 골고루 회독할 수 있는 충분한 복습이 필수적입니다. 저의 경우에도 1차 시험일이 다가올수록 1차 시험 과목의 방대한 양에 정말 많은 부담을 느꼈고 마지막 한 달은 거의 매일 밤을 새다시피 책을 봤었습니다. 봐도 끝이 나지 않는 공부가 1차 시험 공부였던 것 같습니다. 저보다 충분한 수험기간을 가지고 출발하시는 수험생들께서는 꼭 충분한 복습을 통하여 다독을 할 수 있는 기본 토대를 만들어 놓으시길 추천을 드립니다. 또한 저의 경우에는 시간이 부족하였기 때문에 기본강의만 듣고 혼자서 복습을 통해서 문제풀이 등의 나머지 부분을 최대한 해결하였습니다. 하지만 조금 더 시간이 충분한 수험생의 경우에는 객관식 강의를 필요한 과목을 선별해서 꼭 들으시길 추천 드립니다. 객관식 강의를 통해서 더욱 깊은 이해와 더불어 문제를 충분히 풀면서 객관식 시험에 적합한 스킬을 터득할 수 있기 때문입니다. 그렇게 1차 시험 날이 되었고 생각보다 2015년도 1차 시험의 커트라인이 낮았기 때문에 운이 좋게 전체에서 반 정도 되는 등수로 1차 시험에 합격할 수 있었습니다. 1차 시험이 끝나고 1차 시험 합격자 발표까지 약 한달 정도의 시간이 주어지는데 이 시간을 꼭 잘 활용하시길 바랍니다. 실제로 이 기간 동안에는 공부가 생각보다 잘 되지 않습니다. 혹시나 불합격하진 않을까라는 불안감과 1차 시험이 끝난데서 오는 쉬고 싶은 마음이 함께 공존하기 때문입니다. 저 역시도 발표 일까지는 제대로 집중하지 못했습니다. 2014년도 1차 시험이 워낙 커트라인이 높았기 때문에 불합격할지도 모른다는 불안감도 있었습니다. 그 한 달 정도의 시간동안 저는 재무회계 2차 연습강의만 완강을 하였고, 따로 복습은 하지 않았습니다. 이제 와서 돌이켜보면 이 한 달이라는 시간이 얼마나 소중한 시간이었는지를 깨닫게 됩니다. 다른 수험생들께서는 이 한 달이라는 시간동안 2차 시험에 대비하여 남들보다 하루빨리 준비하시고 충분히 복습하시길 추천을 드립니다. 실제로 1차 시험 합격자 발표 후 2차 시험까지 시간이 얼마 없기 때문에 한 달이라는 시간은 정말 소중할 수밖에 없습니다. 어차피 최종합격을 목표로 공부하는 것이기 때문에 주저 없이 2차 시험 공부를 충실히 시작하시는 것이 좋다고 생각합니다. 2차 시험에서도 저는 고시반이나 스터디를 활용하지 않고 오로지 인터넷 강의를 통해서 학습하였습니다. 연습 강의를 2차 시험을 준비할 때 처음 들었기 때문에 처음에 조금 생소하기도 하고 어려웠습니다. 그래서 2차 시험에 적응하는데 조금 어려움을 겪었습니다. 수험 기간이 조금 더 충분한 수험생께서는 회계, 세법, 재무관리 등 주요과목의 경우에는 1.5차 심화강의를 수강하는 것도 추천해 드립니다. 주관식을 한 번 경험해보는 것은 2차 시험을 처음 준비할 때에 생각보다 큰 차이를 낼 수 있다고 생각합니다. 1차 합격자 발표 날까지 재무회계 2차 연습강의를 다 들었고, 합격자 발표 직후에는 회계감사 강의를 수강하기 시작하였습니다. 회계감사 강의를 수강하면서 동시에 원가회계나 재무관리 등 다른 과목을 병행하여 공부하였습니다. 그렇게 모든 과목의 강의를 완강할 수 있었습니다. 하지만 주관식 강의가 아예 처음이었기 때문에 다섯 과목을 모두 가져가는 것이 저에게는 큰 부담으로 느껴졌고, 결국, 세법 한 과목을 포기하기로 결정하였습니다. 세법 과목을 포기하고 네 과목에만 최대한 집중해서 한 과목 유예를 목표로 남은 기간 동안 복습하였습니다. 각 과목별로 최소한 답안지 3권은 쓴다는 생각으로 공부를 하였고 네 과목 모두 최소한 답안지 3권 이상을 써서 공부하였습니다. 2차 시험의 경우에는 눈으로 푸는 것이 아니라 손으로 푸는 것이 정말 중요하다고 생각합니다. 그만큼 답안지를 많이 사용했다면 본인 스스로를 믿고 충분한 자신감을 가지셔도 좋다고 생각합니다. 실제로 2차 시험 전날 저는 책상 옆에 쌓여 있는 답안지를 보며 해낼 수 있다는 자신감이 들었습니다. 저는 1차 시험, 2차 시험 모두 집에서 혼자 공부를 하였기 때문에 조금 더 고독하게 공부를 하였습니다. 그 과정에서 오는 스트레스 등을 푸는 것도 저에게는 중요한 일이었습니다. 저는 스트레스를 운동을 통해서 풀었습니다. 매일 집에서 홈트레이닝을 통해서 웨이트 운동을 하였습니다. 스트레스를 적절하게 풀어주는 것이 상당히 중요하다고 생각합니다. 스터디나 고시반을 활용하시는 분들은 함께 공부하는 친구들과 얘기도 하고, 고민도 공유하며 스트레스를 푸는 것도 좋은 방법일 수 있습니다. 하지만 저처럼 혼자서 공부하시는 분들은 운동이나 아니면 본인만의 스트레스 해소방법 하나정도는 가지고 있는 것이 좋습니다. 실제로 준비하는 수험과정이 만만치 않고 힘든 것이 사실이기 때문에 적절하게 제때 스트레스를 푸는 것이 상당히 중요합니다. 첫 번째 2차 시험에서 세법을 제외한 네 과목에 응시를 하였고, 운이 좋게 네 과목 모두 합격할 수 있었습니다. 그리고 이번에 1유예 생활을 끝으로 2차 시험에 최종합격할 수 있었습니다. 1,2유예 수험생들께서는 유예생활을 해보시면 아시겠지만 생각보다 시간이 정말 많습니다. 하지만 시간이 많이 남는 만큼 나태해질 수 있기 때문에 경계하셔야 합니다. 저의 경우에는 한 과목이 남았었지만 확실한 합격을 위해서 휴학을 선택했습니다. 하지만 굳이 휴학을 추천 드리고 싶지는 않습니다. 본인 스스로가 본인의 성향을 잘 파악하여 최선의 선택을 하시면 좋겠습니다. 유예 생활 중에는 실강 GS를 한 학원에서 수강하였고, 나머지 학원의 문제들도 구해서 모두 풀어보았습니다. 저의 경우에는 휴학을 했었기 때문에 정말로 시간이 많았고, 그 시간을 그냥 온전히 모두 세법 공부에 투자하였습니다. 시중에 나온 연습서는 거의 모두 다 풀었습니다. 1유예 생활 때 사용한 답안지가 동차생활 할 때 사용했던 답안지보다도 많았던 것으로 기억합니다. 하지만 결국 합격이 목표이기 때문에 꼭 저처럼 무리하실 필요는 없다고 생각합니다. GS 강의는 하나는 꼭 실강으로 수강해보시는 것을 추천 드립니다. 실제로 시험의 긴장감도 예행 연습해볼 수 있고 실력 있는 많은 유예생들과 경쟁하며 실력을 향상할 수 있는 좋은 기회이기 때문입니다. 또한 성적이 공시되기 때문에 이것이 알게 모르게 큰 자극제가 됩니다. 1,2유예생분들은 특히 꼭 GS를 수강해보시는 것을 추천을 드립니다. 유예생활 중에 어느 정도의 긴장감을 유지하는데 아주 좋습니다.

3. 1차 시험 과목별 공부 방법

(1) 회계학

재무회계의 경우, 우리경영아카데미 가을기본종합반 김재호 선생님의 강의를 수강하였습니다. 재무회계의 경우 강의를 통한 이해가 선행된 이후에는 김재호 선생님의 기출베스트와 파이널 재무회계 객관식 문제집을 모두 풀었습니다. 그리고 틀린 문제들은 다시 한번 체크해놓고 푸는 식으로 실수를 줄여나갔습니다. 회계학의 경우에는 시간이 절대적으로 부족하기 때문에 문제를 속도 있게 푸는 연습을 평소에 많이 하시는 것이 좋습니다. 그래서 저의 경우에도 역시 객관식 문제를 빠르게 푸는 것을 중점으로 두고 연습했습니다. 원가회계의 경우 우리경영아카데미 임세진 선생님의 가을기본종합반 강의를 수강하였습니다. 원가회계는 그 특성상 휘발성이 강하지 않기 때문에 강의를 수강하고 나서 임세진 선생님의 객관식 원가회계를 통해 최대한 많은 문제를 풀며 정리했습니다. 정부회계의 경우에는 저는 준비하지 않았습니다. 하지만 회계학에서 고득점을 받으면 남들보다 아주 유리하기 때문에 정부회계의 경우에도 놓지 말고 강의를 수강하시기를 추천합니다.

(2) 세법개론

세법의 경우 1차 시험 때에는 우리경영아카데미 가을기본종합반 주민규 선생님의 강의를 수강하였습니다. 강의를 수강하는 동시에 기본서에 있는 문제를 함께 풀었습니다.

그리고 주민고 선생님의 객관식 세법책을 통해서 시험까지 정리하였습니다. 시험 막바지에는 하루에 끝장내기 세법을 통해서 정리를 할 수 있었습니다. 1차 세법개론의 경우에는 문제를 푸는 틀만 제대로 익히고 있어도 계산 문제의 경우에는 쉽게 풀리기 때문에 많은 문제를 통해 틀을 익히는 것이 중요합니다.

(3) 경영학

우리경영아카데미 전수환 선생님의 기본 강의를 수강하였습니다. 일반 경영학의 경우 양이 많지가 않기 때문에 기본서를 적당히 회독한 후에 객관식 경영학으로 마무리하였습니다. 재무관리의 경우 우리경영아카데미의 김민환 선생님의 기본강의를 수강했습니다. 그 후 객관식 재무관리를 풀면서 1차 시험에 대비하였습니다.

(4) 상법

우리경영아카데미의 이수천 선생님의 강의를 수강하였습니다. 상법의 경우에는 암기가 위주라고 생각합니다. 기본서를 다독하고, 상법 핸드북에 단권화를 한 후에 객관식 상법으로 마무리 하였습니다.

(5) 경제학

우리경영아카데미의 정병열 선생님의 강의를 수강하였습니다. 강의 수강후에는 '경제학 연습' 책을 계속 반복하여 풀었습니다. 경제학의 경우, 조금 어려울 수 있지만 경제학 연습에 있는 모든 문제를 꾸준히 풀다보면 어느 정도 실력이 올라오는 것을 느낄 수 있습니다.

4. 2차 과목별 공부방법

(1) 세법

동차기간에는 세법을 응시하지 않기로 결정했기 때문에 강의만 듣고 복습은 전혀 하지 않았습니다. 유예생활을 시작할 때 정우승 선생님의 1.5차 심화강의로 시작하였습니다. 그리고 정우승 선생님의 2차 동차강의를 수강하였고, 이승철 선생님의 유예강의를 한 번 더 수강하였습니다. 유예기간에는 정우승 선생님의 연습서, 이승철 선생님의 연습서, 강경태 선생님의 연습서, 세무회계리뷰, 김문철 선생님의 연습서를 모두 각 4~5회독 이상씩 봤던 것 같습니다. 처음에는 전수로 시작하여 뒤로 갈수록 틀리거나 실수하기 쉬운 문제 위주로 회독하였습니다. 또한 나무경영아카데미 GS강의를 실강으로 수강하여 실전감각을 기르는데 도움을 얻었습니다. 그리고 2차 시험 전에 치루는 각 학원 전국모의고사를 모두 응시하였습니다.

(2) 재무회계

김재호 선생님의 연습서를 3회독 하였습니다. 1,2회독 째에는 전수로 회독하였고 3회독 째에는 틀린 것, 실수하기 쉬운 것 위주로 한 번 더 회독하였습니다. 그리고 파이널 재무회계로 마무리 하였습니다. 파이널 재무회계를 풀면서 실전에 필요한 감각을 충분히 익힐 수 있었습니다. 그리고 2차 시험 전에 치루는 각 학원 전국모의고사를 모두 응시하였습니다.

(3) 원가회계

임세진 선생님의 원가관리회계 연습서를 5회독 하였습니다. 첫 번째는 필수 문제 위주로 회독하였고, 두 번째 부터는 조금 난이도 있고 지엽적인 문제들의 비중을 늘려가며 회독하였습니다. 그리고 2차 시험 전에 치루는 각 학원 전국모의고사를 모두 응시하였습니다. 원가회계의 경우 꾸준하게 끝까지 손으로 직접 풀어보는 것이 정말 중요합니다.

(4) 재무관리

김민환 선생님의 재무관리연습서를 3회독 하였습니다. 김민환 선생님의 연습서 같은 경우에는 문제 수가 그렇게 많지 않고 중요한 주제 위주로 압축적으로 구성이 되어있기 때문에 회독수를 늘리기 편했습니다. 재무관리의 경우에는 거의 전수로 3회독 했던 것 같습니다. 그리고 2차 시험 전에 치루는 각 학원 전국모의고사를 모두 응시하였습니다.

(5) 회계감사

권오상 선생님의 강의를 수강하였고, 스터디가이드를 꾸준히 읽었습니다. 처음에는 목차를 위주로 암기하는 연습을 하였고, 뒤로 갈수록 스터디 가이드 본문을 직접 읽으면서 암기의 범위를 확대해 나갔습니다. 스터디가이드에 있는 사례문제들도 직접 손으로 써보면서 실전감각을 익히기 위한 노력을 했습니다. 그리고 2차 시험 전에 치루는 각 학원 전국모의고사를 모두 응시하였습니다.

5. 수험생활 중 본 도서목록 정리

(1) 1차

• 재무회계 : 중급회계 1,2 김영덕 저, 고급회계 김영덕 저, 기출베스트 김재호 저, 파이널 재무회계 김재호 저

- 원가회계 : 원가관리회계 임세진 저, 객관식 원가관리회계 임세진 저,
  하루에 끝장내기 임세진 저
- 경영학 : 에센스 경영학 전수환 저, 객관식 경영학 전수환 저
- 재무관리 : 재무관리 김민환 저, 객관식 재무관리 김민환 저, 하루에 끝장내기 김민환 저
- 상법 : 상법 기본서 이수천 저, 객관식 상법 이수천 저
- 세법 : 세법개론 강경태 저, 객관식 세법 주민규 저, 하루에 끝장내기 주민규 저
- 경제학 : 경제학연습 1,2 정병열 저

(2) 2차
- 재무회계 : 재무회계연습 김재호 저, 파이널 재무회계 김재호 저
- 원가회계 : 원가관리회계연습 임세진 저
- 재무관리 : 재무관리연습 김민환 저
- 회계감사 : 회계감사 스터디가이드 권오상 저
- 세법 : 세무회계연습 1,2 정우승 저, 세무회계연습 1,2 이승철 저,
  세무회계연습 1,2 강경태 저, 세무회계연습 1,2 김문철 저,
  세무회계리뷰 강경태 저

6. 마무리하면서

우선 합격수기를 작성할 수 있게 되어서 너무나 영광입니다. 제가 CPA라는 시험을 겪으면서 느낀 것은 '이 시험은 노력한 사람을 절대 배신하지 않는다' 라는 것입니다. 지금 제 합격수기를 읽고 계신 수험생 여러분들도 스스로에게 후회가 남지 않을 만큼 노력을 한다면 꼭 합격의 기쁨을 누리실 수 있을 것이라고 생각합니다. 저는 이제 삼일 회계법인에 입사를 앞두고 있습니다. 그리고 삼일회계법인에서 최고의 전문가가 되기 위해 또 다른 새로운 시작을 할 것입니다. 저의 합격수기를 읽고 계신 수험생 여러분들 모두 최선의 노력으로 꼭 합격의 기쁨을 맛보시기를 바랍니다. 나중에 법인에서든 어디에서든 꼭 함께 얼굴을 볼 수 있는 날이 왔으면 좋겠습니다. 감사합니다.

세무사편

최고득점·최연소 합격자 인터뷰

2021년 제58회 세무사시험

최고득점·최연소 합격자 인터뷰

문 기 창
1971년 11월 3일 출생
제주 제일고등학교 졸업
국립세무대학교 내국세학과 졸업
제주세무서 부가가치세과 부가1팀장(현재)
2021년 제58회 세무사 시험
　최고득점 합격자

이 혜 란
1999년 6월 4일 출생
마산제일여자고등학교 졸업
부산대학교 경영학과 3학년 재학 중
2021년 제58회 세무사 시험
　최연소 합격자

 1. 자기소개, 응시동기, 합격소감은?

Ⓐ **문기창**　안녕하세요. 제58회 세무사 시험에서 수석으로 합격하게 된 문기창입니다.

저는 국립세무대학교 내국세학과를 졸업하여 1992년 3월 국세청에 입사하였으며 현재는 제주세무서 부가1팀장으로 근무하고 있습니다.

세무공무원으로 공직생활을 하면서 세무사 자격증 취득에 대한 염원을 갖고 있었으나 과연 내가 이 시험에 합격할 수 있을까 하는 두려운 마음에 공부를 시작하지 못하였습니다. 2017년 2월부터 더 이상 미룰 수 없다는 판단에 합격까지 5년은 넘기지 않는다는 각오로 수험생활을 시작했습니다.

다섯 번째 도전하는 시험에서 정말 나에게 마지막이길 기도하는 마음으로 합격자 발표일 전까지 합격에 대한 걱정이 많았습니다.

합격 확인 후에 힘들고 괴로웠던 수험생활이 끝났구나 하는 기쁨과 안도의 마음으로 하루를 지내고 있는데 수석 합격이라는 연락을 받고 처음에는 정말 실감이 나지 않았습니다. 내 인생에 이런 영광도 얻을 수 있어 너무나도 감격스러우면서도 저보다 훨씬 뛰어난 다른 수험생들에게서 영광의 자리를 뺏은 것 같아 죄송한 마음입니다.

A **이혜란** 안녕하세요. 저는 현재 부산대학교 경영학과 재학 중이며 제58회 세무사 시험에 최연소로 합격한 23살 이혜란입니다.

평소 미래를 생각하며 타인과 차별화된 나의 전문적인 지식으로서 자립할 수 있는 진취적인 사람이 되고 싶었습니다. 세무공무원이신 삼촌의 추천으로 세무사라는 직업을 알게 되었습니다. 학창 시절 수학을 좋아했던 저는 계산기로 숫자를 다루는 세무사에 매력을 느꼈습니다. 아직 나이가 어려 기회가 많다고 자만하지 말고 지금 당장 시작하라는 지도교수님의 말씀에 시험을 일찍부터 준비하였고, 이로 인해 최연소합격의 영광까지 얻을 수 있었습니다.

발표 당일 세무사 시험 합격을 보자마자 이제 더 이상 시험공부를 다시 안 해도 된다는 기쁨에 너무 짜릿했고 지난 수험기간의 힘들었던 기억이 추억이 되는 순간이었습니다. 가족들과 친구들의 응원과 격려 덕분에 합격을 할 수 있었던 것 같아 너무나 감사합니다.

2. 1, 2차 시험대비 수험대책으로 자신만의 효율적인 각 과목별 공부방법과 준비요령은? (수험기간, 공부시간, 수험정보 입수경로 등 포함)

A **문기창**

1. 수험기간

시험과목은 국세청 근무경력 20년으로 2차 일부 과목 면제에 따라 회계학 1, 2부로 한정되지만, 직장생활과 병행하고 근무지가 제주도라는 특수성으로 학원 모의고사반을 수강하거나 group study를 할 수 없었습니다. 저 혼자 책과의 계속되는 싸움으로 실력을 키워나갈 수밖에 없었던 점이 5년간의 오랜 수험기간으로 이어지게 했습니다.

2. 공부패턴

첫 번째 도전은 시간적 여유가 없어 기본서와 기출문제, 학원 모의고사를 풀어보는 정도의 학습량으로 마무리하였습니다. 이후에는 연습서를 중심으로 어느 한 단원도 건너 뛰지 않는 방법으로 거의 모든 문제를 통달할 정도로 공부수준을 끌어올리고자 노력하였 습니다. 돌이켜보면 자신에게 맞는 연습서 교재 선택이 중요하며 회계학은 세밀함의 차이가 점수에는 엄청난 차이가 난다는 것을 정말로 뼈저리게 느끼게 됩니다.

3. 수험전략

회계학1부의 재무와 원가회계는 배운지가 너무 오래돼서 기초부터 시작하면서 접근이 쉽지 않았는데 올해 시험에서는 최근 출제경향을 분석하여 대책을 수립하고 세밀한 부분을 보강하는 전략으로 고득점을 받을 수 있었습니다.

회계학2부는 연습서 전 범위를 꾸준히 숙달 반복하였으며 시험일이 다가오면서 실전에서 시간 내에 모든 문제를 풀 수 있도록 노력하였습니다.

4. 구체적인 과목별 수험준비

1) 회계학1부

회계학1부는 합격의 성패가 달린 과목이며 고득점을 원하는 수험생이 많은 과목으로 저는 수험생활 중 가장 많은 시간을 할애하였습니다.

재무회계는 기본적인 문제가 반드시 출제되므로 버리는 주제 없이 기본적인 문제는 완벽히 풀 수 있도록 노력하였으며 세무사 2차 재무회계 연습서(김재호), 세무사 2차 FINAL 재무회계(김재호)를 반복해서 풀어본 것이 실력 상승에 매우 도움이 되었습니다.

원가회계는 정말로 저에게 많은 아픔을 준 과목으로 처음부터 제일 힘들게 다가왔으며 공부량이 늘어도 쉽게 점수가 오르지 않아서 애를 태웠는데 세무사 2차 연습 원가관리회계(임세진), CTA 원가관리회계 필수문제집(이승우), 세무사 2차대비 모의고사집(홍상연)의 주요 문제를 통달할 정도로 수준을 끌어올려서 올해 시험에서 좋은 결과를 받을 수 있었습니다.

2) 회계학2부

회계학2부는 국세청 근무 경력자로서 회계학1부에 비하여 심적 부담은 다소 덜했으나 세무사시험은 출제자의 의도에 따라 정확히 답을 맞히지 못하면 점수를 받지 못하므로 지속적인 반복학습을 하고자 노력하였습니다.

세무회계는 올해 시험을 보더라도 전 범위를 공부하는 것을 추천하며 시간 내에 모든 문제를 풀 수 있을 정도로 많이 보고 많이 풀어보는 것이 정답이라고 생각합니다. 저는 세무회계 연습서(강경태)를 올해까지 10회독 이상하였고 실전 연습으로 세무회계 리뷰(강경태)를 병행하여 공부한 것이 많은 도움이 되었습니다.

Ⓐ 이혜란

1. 전반적인 수험 기간

2019년 가을부터 1차 과목 공부와 2학년 2학기를 병행하며 시험 준비를 시작했고, 2020년부터는 휴학을 하고 전업수험에 임하였습니다. 2020년도 세무사 1차 시험에 합격하고 2021년 유예로 2차 시험까지 합격해 총 2년간 수험생활을 했습니다.

2. 공부 패턴

휘발성이 강한 세법은 하루라도 공부를 안 하면 다음 날 분명 이틀 전에 공부했는데 처음 보는 낯선 필기들이 적혀있는 경험을 하게 됩니다. 따라서 하루도 빠짐없이 공부하고자 노력하였습니다. 주중에는 학교 도서관에서 8시 30분에 무조건 공부를 시작하도록 준비했고 도서관 마치는 시간인 밤 11시에 집으로 돌아갔습니다. 주말에는 카페에서 강의를 듣거나 늦잠을 잔 후 도서관을 가는 등 여유롭게 공부했습니다. 순공시간은 주중에 최소 10시간을 유지하였고, 주말에는 5~6시간씩만 공부하였습니다. 인터넷 강의로 혼자 공부하였지만 나태해지지 않기 위해 공부시간 인증 스터디, 조특법 논제 기상 스터디, 공스타그램을 통해 세무사 시험을 준비하는 사람들과 소통하고 자극을 받았습니다.

3. 1차 시험 준비

세무사 1차는 객관식 시험으로 기출을 습득하는 것이 전부라고 생각합니다. 각 과목별 기본강의를 듣고 객관식 문제 풀이강의를 들으며 반복적으로 기출문제를 풀다 보면 비슷한 유형의 문제들을 볼 수 있습니다. 유형별로 정리하였고 새로운 유형의 문제는 포기하고 준비했던 문제 유형이 시험에 나오면 반드시 풀겠다는 생각으로 선택과 집중을 했습니다. 저는 경제를 어려워했고 방대한 양의 세법도 익숙하지 않아서 1차 시험에서는 회계학개론과 행정소송법을 좀 더 잘 받을 수 있도록 노력했습니다. 인터넷 강의는 KG 미래경영아카데미로 대학생 패스를 효율적으로 이용해 공부했습니다.

1) 재정학

기본강의를 수강하고 객관식 기본 문제를 풀어보며 풀이과정에 대해 이해하려고 노력하였습니다. 기출문제 10개년 정도를 반복해서 풀었고 정답이 아닌 보기지문들도 전부 분석하였습니다. 100점을 목표로 공부하는 시험이 아니기에 약 3개월 남은 시점에서는 내가 정확히 풀 수 있는 문제인지 판단하고, 어렵다고 느낀 문제는 과감히 포기하는 연습을 하였습니다. 마지막 정리할 때는 한 챕터씩 A4용지에 기본개념과 자주 틀리는 문제 등을 적어서 시험 전날에는 30분 만에 A4용지 몇 장만으로 재정학을 다 훑을 수 있도록 준비하였습니다.

2) 회계학개론

원가관리회계는 기본강의를 들은 후 문제를 풀어보고 시험까지 하루에 1시간씩 투자하여 감각을 유지하였고 재무회계는 기본강의를 들을 때는 모든 내용을 이해하려고 노력하였습니다. 하지만 시험시간이 부족하기 때문에 모든 파트를 공부하되, 빈출되는 문제나 쉬운 문제는 무조건 맞는다고 목표를 세웠고 어려운 부분은 기본만 공부했습니다. 시험 몇 달 전부터는 실전연습을 위주로 공부하였습니다. 매일 기출문제를 1부 뽑아서 점차 시간을 줄여가며 지정된 시간 내에 풀 수 있도록 연습하였습니다.

3) 세법학개론

방대한 양의 세법을 어떻게 하면 잘 정리할 수 있을지를 고민했습니다. 기본강의와 객관식강의를 수강 후 시간이 많이 걸리는 계산문제는 과감히 포기하고 말문제 위주로 공부하였습니다. 하지만 계산문제를 전부 포기하진 않았고 내가 자신 있는 파트는 시험장에서 풀 수 있도록 정확하게 공부하였습니다. 1차를 준비할 때는 세법에 대한 지식이 부족한 상태라 스트레스도 많이 받았지만, 항상 '100점을 목표로 하는 시험이 아니다!'를 생각하며 차근차근히 정리해 나갔습니다.

4) 행정소송법

선택법은 공부량이 적은 행정소송법을 선택했습니다. 객관식 강의를 들으며 조문을 이해하고 문제를 풀어보는 방식으로 조문을 외워갔습니다. 반복해서 풀다 보면 충분히 고득점을 확보할 수 있는 과목입니다.

4. 2차 수험 준비

동차를 준비 시, 1차 시험 후 3개월 만에 전체를 숙지하고 시험을 치는 것은 불가하여 1차 시험과 마찬가지로 선택과 집중이 필요합니다. 그러나 유예를 준비할 때는 전범위를 정확하게 공부하여야 합니다. 저는 그나마 1차 시험 시 준비했던 회계학 1부와 회계학 2부는 고득점, 리스크가 있는 세법학 1, 2부 면과를 목표로 유예 공부를 하였습니다.

1) 회계학 1부

회계학 1부에서 고득점을 받을 목표로 공부했습니다. 유예 때 김재호 재무회계연습 책이 다른 책보다 문제가 쉽고 깔끔하게 나와서 기본기를 연습하는 데 사용하였고, 김영덕 재무회계연습 책과 김기동 유예 모의고사 과정을 통해서 지엽적이고 어려운 내용을 공부하였습니다. 여러 책들로 다양한 문제를 풀어보며 고득점을 위해 대비했으나 마지막에는 김재호 강사님의 책을 단권화하여 수차례 회독하며 2차 시험을 대비하였습니다. 원가회계는 감각을 유지할 정도로 하루에 1시간씩 챕터를 나누어 문제를 푸는 연습을 하였습니다.

2) 회계학 2부

세무회계는 동차 때 1차 준비처럼 중요한 챕터만 들고 가야 하지만, 유예는 어떠한 문제가 나오든지 풀어야 하기 때문에 방대한 양일지라도 전 범위를 공부하시길 바랍니다. 짧은 기간에 모든 범위를 봐야 하기 때문에 공부 계획하는데, 어려움을 겪어 학원 모의고사에 맞춰 일주일 공부 범위를 정했습니다.

지엽적인 내용은 노트에 적어 잊지 않도록 주기적으로 상기시켰고, 규정을 정독한 후 문제를 풀었습니다. 문제를 여러 번 풀어 익숙해지는 것도 중요하지만 시험이 다가올수록 세부적인 규정을 정확히 숙지하는 것이 중요한 부분입니다.

3) 세법학 1, 2부

동차 때에는 다른 과목만으로도 벅차기 때문에 세법학 법령만 들입다 외웠습니다. 세법학 1, 2부의 전 범위를 3개월 안에 공부하려면 판례를 건들이지 않는 것이 좋다고 생각합니다. 유예 때에는 중요한 판례까지 정리해서 암기하여야 합니다. 판례를 보며 포인트가 어느 부분에 있는지 연습하고 어떠한 법령을 써야 할지 생각해보는 시간을 가졌습니다. 모범답안을 참고하여 핵심내용, 글 구조 등을 익혔고 모의고사를 통해 답안 작성하는 것을 연습했습니다. 세법학 1부는 세무회계를 연습하면서 세법학을 함께 공부했고 세법학 2부 중 조세특례제한법은 기상 스터디를 통해 아침마다 조문 3개씩 간단하게 쓰는 방법으로 조문을 익혔습니다. 마지막에는 코어 세법학으로 단권화하였지만 이번 58회 2차 시험의 경향을 볼 때 강사님께서 중요하다고 말씀하신 부분 외의 부분도 한 번씩 읽어보며 숙지하여야 할 듯합니다.

3. 1, 2차 수험기간 동안 Group Study는 어떻게 이루어졌으며 실전 시험에는 어느 정도의 효과가 있었습니까?

이혜란 1차 시험은 관식으로 이루어졌기 때문에 혼자서도 충분히 할 수 있다고 생각하여 그룹 스터디는 따로 하지 않았습니다.

2차 시험공부는 세법학 그룹 스터디를 하였습니다. 특히나 조세특례제한법 조문이 너무 많기 때문에 시간을 내서 공부하는 것이 필요하다고 생각했습니다. 기상 스터디는 주일마다 범위를 정해 아침 7시 30분까지 조세특례제한법 조문 3개를 취지, 요건, 사후관리를 적고 인증하는 방식으로 운영되었습니다. 아침시간에 틈내서 조문을 보는 것만으로도 기억에 남아 마무리 정리를 할 때 도움이 많이 되었습니다.

혼자 공부하는 것이 지루하고 나태해지기 쉽기 때문에 대학교 사람들과 공부시간 인증 스터디를 하였습니다. 다양한 시험을 준비하는 사람들과 공부시간을 공유하며 자극을 많이 받았기 때문에 끝까지 공부패턴을 유지하며 공부할 수 있었습니다.

🎤 4. 최근 1, 2차 시험과목별 출제경향과 수험대책은 어떤 것이 있습니까?

Ⓐ **문기창**　회계학 1.2부의 경우 재무회계는 연도별로 한 문제에 한 가지 주제를 물어보는 경우와 한 문제에 비교적 많은 주제를 복합적으로 출제되는 경우로 나뉘어져 있어 버리는 주제 없이 모든 주제의 기본적인 문제는 반드시 풀 수 있어야 합니다.

　　원가회계는 매년 비슷하게 출제되는 경향이며 세무회계는 올해 예년과 달리 지엽적인 부분의 주제가 한 문제를 차지하는 유형의 문제가 출제되어 주제를 선택해서 공부하는 방법을 지양하는 것이 필요합니다.

Ⓐ **이혜란**　기출문제를 분석해보면 아시다시피, 최근 1차 시험의 난이도가 상승하였습니다. 재정학과 행정소송법도 준비를 잘 해야겠으나 2차 시험 범위에도 해당하는 회계학개론과 세법학개론에 좀 더 많은 시간을 투자해야 된다고 생각됩니다. 객관식 시험은 문제 유형만 잘 파악해도 합격할 수 있으나 2차 시험을 대비하여 기초를 탄탄하게 다지는 연습이 필요합니다.

　　2차 시험에서는 대체적으로 회계학 1부가 어려운 과목이나, 이번 연도의 시험이 유독 쉬웠던 것 같습니다. 내년부터는 다시 난이도를 조절하여 회계학 1부가 어려워질 것으로 생각됩니다. 따라서 재무회계를 소홀히 공부하지 마시고 어려운 문제도 풀어보며 실전에서 당황하지 않는 연습을 할 필요가 있습니다. 또한 세법학에 대한 부담이 증가하였습니다. 강사님이 중요하다고 했던 부분 외의 부분도 정리하여야 합니다. 작년에 나온 파트라고 해서 무심코 넘기지 말고 꼼꼼히 공부하시길 바랍니다.

🎤 5. 수험생활 중에 본 1, 2차 과목별 도서 목록을 정리해 주시면 고맙겠습니다.

Ⓐ **문기창**

　1. 회계학1부
　• IFRS 중급회계(상·하) (김기동 저/샘앤북스)
　• 세무사 대비 최적서 원가관리회계(임세진 저/파란)
　• 세무사 2차 재무회계 연습(김재호 저/회계사랑세무사랑)
　• 세무사 2차 FINAL 재무회계(김재호 저/회계사랑세무사랑)
　• 세무사 2차 연습 원가관리회계(임세진 저/파란)

- CTA 원가관리회계 필수문제집(이승우 저/세경북스)
- 세무사 2차 대비 모의고사집(홍상연 저/상경사)
- IFRS 세무사 2차 재무회계 기출문제집(김영덕 저/다임)
- 세무사 2차 원가관리회계 기출문제집(임세진/파란)

2. 회계학2부
- 세무회계연습 1.2(강경태 저/샘앤북스)
- 세법강의 SUMMRY(강경태 저/샘앤북스)
- 세무회계리뷰(강경태 저/샘앤북스)
- FINAL 세무회계 연습(주민규 저/세경북스)

🅰 이혜란

1. 1차대비
- 재정학 : POINT 재정학 (장선구 저/ 비앤엠북스)
          객관식 재정학 (장선구 저/ 비앤엠북스)
- 회계학개론 : IFRS 중급회계 상, 하 (이승준 저 / 와이낫 출판)
              객관식 재무회계 (이승준 저 / fides)
              2020 객관식 원가관리회계 (현진환 저 / 로앤오더)\
              회계학 1부 기출풀이집 (김기동 저/ 샘엔북스)
              세무사 1차 기출문제집 원가관리회계 (임세진 저 / 파란)
- 세법학개론 : 지니세법 (김문철 저 / 가치산책)
              객관식 세법 상,하 (김문철 저 / 가치산책)
              세무사 세법 기출문제집 (김문철 저 / 가치산책)
- 행정소송법 : 세무사 행정소송법 (문승진 저 / 법학사)

2. 2차대비
- 회계학 1부 : 이승준의 재무회계 상, 하 (이승준 저 / 로앤오더)
              First class 재무회계연습 (이승준 저 / 로앤오더)
              IFRS 세무사 2차대비 재무회계연습 (김영덕 저 / 다임)
              세무사 2차 재무회계연습 (김재호 저 / 회계사랑세무사랑)
              원가관리회계연습 (이장규 저 / 가치산책)
              2차 유예대비 심화 원가관리회계 (이승우 저 / 샘앤북스)

- 회계학 2부 : 세무회계연습 1,2 (김문철 저 / 가치산책)

  세무회계연습 1,2 (강경태 저 / 샘앤북스)

  세무회계 기출실록 (정우승 저 / 상경사)

- 세법학1,2부 : 세법학 1,2 (정정운 저/ 상경사)

  다이어트 세법학 논제편 (이진욱 저 / 도서출판 배움)

  임팩트 세법학 1,2 (유은종 저 / 상경사)

  코어 세법학 (유은종 저 / 상경사)

  핵심쟁점별 조세 판례집 (유은종 저 / 세경사)

6. 수험생입장에서 구하기 어려웠다거나 보강되었으면 하는 특정 과목이나 내용의 수험서가 있습니까?

Ⓐ **이혜란**   수험생 입장에서 세법학은 양이 방대하며 논술 문제라 어떻게 공부해야 할지 고민을 많이 하게 하는 과목입니다. 2차 시험의 3, 4교시가 세법학이라 비중이 큰 과목이지만 그에 비해 세법학 관련된 수험서가 회계학보다 많이 부족하다고 생각합니다. 답안 작성할 때 참고할 글의 구조, 형식 등과 관련된 자료들을 구하기 어려울뿐더러 사례 쟁점 파악 연습을 할 수 있는 참고서가 필요합니다.

7. 수험공부 시 학원 강의, 인터넷 강의, 강의 tape 중 이용도 측면에서 어떤 방법을 선호했습니까?

Ⓐ **이혜란**   여건이 허락한다면 학원 강의를 들으며 현장에서 여러 사람과 함께 공부하는 것이 제일 좋은 방법이라고 생각합니다. 하지만 저는 지방에 거주하며 경제적인 부분에서 효율적으로 공부하고 싶었기에 인터넷 강의를 수강하였습니다. 인터넷 강의는 현장 강의와 다르게 자신에게 맞춰서 공부할 수 있다는 것이 큰 장점입니다. 자제력을 발휘하여 공부시간을 정한다면 현장 강의가 아니더라도 인터넷 강의로서 충분히 집중력을 끌어낼 수 있습니다.

8. 수험생활 중 애로사항과 본인만의 스트레스 해소방법은?

Ⓐ **문기창**   수험생활이 길어지면서 안구건조증이 심해지고 직장생활과 병행하여 수험생활을 이어가다 보니 공부에 전념할 수 없었던 점이 힘들었습니다.

저는 하루에 1시간 정도는 걷기운동을 꾸준히 하면서 정신적인 스트레스를 풀고자 하였으며 허리·목 통증이 생기면서 통증 완화를 위하여 집에서 체력단련 운동을 시작하여 지금까지도 지속적으로 해오고 있습니다.

Ⓐ **이혜란** 공부하면서 산책 말고는 개인적인 운동을 하지 않았기 때문에 공부하다가 쓰러져 응급실에 갔을 때도 있었습니다. 시험이 다가올수록 건강의 절실함을 느꼈습니다. 짧지 않은 수험생활이므로 운동을 1시간 이상 꼭 하시길 바랍니다. 또한 혼자 수험생활을 하였기 때문에 수험 관련 정보를 얻기가 힘들었습니다. 혼자 공부하시는 경우 과하지 않게 가끔씩 커뮤니티로 다른 수험생들이 어떻게 공부하는지, 과목별 중요한 포인트가 무엇인지 살펴보는 것도 필요합니다. 저는 사람들을 만나 소통함으로써 에너지를 얻고 스트레스를 해소합니다. 따라서 수험에 방해되지 않는 선에서 일주일에 약속을 1번만 잡는 것으로 나만의 틀을 정하였고 친구들과의 만남은 유지하며 스트레스를 해소하였습니다.

🎙 9. 영어시험대체제도에 따른 주의해야 할 점이나 영어 공부 방법은?

Ⓐ **이혜란** 1차 시험을 준비하는 초반에 영어를 미리 준비하는 것이 좋습니다. 사람에 따라 다르겠지만 2주에서 한 달 정도 영어공부를 중점으로 하고 본격적인 1차 과목 기본강의를 듣기 전에 영어점수를 확보하시길 바랍니다. 나중으로 미루다 보면 회계, 세법과목에 집중하기에도 부족한 시간 영어 때문에 번거로울 수 있습니다.

🎙 10. 수험생들께 당부하고 싶은 말은?

Ⓐ **문기창** 세무사 시험을 준비하는 모든 수험생은 방대한 공부량과 합격에 대한 두려움으로 몸과 마음이 지칠 때가 많습니다. 하지만 저 자신도 힘들고 괴로운 수험생활을 이겨낼 수 있었던 것은 자기 자신에 대한 믿음이라고 생각합니다. 정말로 불합격이 계속되면 고뇌의 시간을 가질 수 있지만 할 수 있다는 확신을 가지고 자기 자신이 세웠던 계획을 지키고 꾸준히 공부한다면 합격의 기쁨을 누리실 수 있을 것으로 생각합니다.

Ⓐ **이혜란** 긴 수험기간 속에서 끝이 언제 올지 막막하고 좌절할 때가 많았고 공부할 양도 벅차 지금 잘하고 있는지 의문이 들 때도 있었습니다.

그러나 모의고사 성적, 지금 처한 상황으로서 미리 장담하지 말고 나는 무조건 합격한다는 믿음으로 하루하루 꾸준히 공부하다 보면 좋은 결과가 있을 것입니다. 너무 불안해하지 말고 끝까지 최선을 다하시길 바랍니다.

11. 앞으로의 계획은? 끝으로 하고 싶은 말은?

A 문기창 국세청에 몸담은 지 30여 년의 공직생활에서 얻은 세법지식과 다양한 실무경험을 바탕으로 납세자의 권익보호와 국세행정의 협력자로서 최선을 다하는 세무사가 되고 싶습니다.

첫 번째 도전에서 잠을 자려는데 긴장감으로 3시간도 자지 못하고 깨어났던 기억과 합격을 염원하며 수험생활 5년 동안 사용했던 수많은 볼펜심을 보관했던 애절한 마음 등은 내 머릿속에 영원히 기억될 것입니다.

이 자리를 빌려 따뜻한 격려와 위로로 어려움을 이겨내고 버틸 수 있도록 도와준 가족, 친구, 직장 동료분들에게 감사의 말씀을 전합니다.

A 이혜란 세무사 자격증의 꽃은 개업이지만 아직 20대 초반이라 다양한 경험을 쌓아 전문성을 기르고 싶습니다. 남은 대학 생활 동안 다양한 분야를 경험해보며 전문적 지식을 활용하고 싶습니다. 긴 수험기간 동안 우울할 때도 많이 있었으나 그럴 때마다 시험이 끝나면 하고 싶은 버킷리스트를 작성하여 견뎌냈습니다. 여유가 많아진 지금은 작성했던 버킷리스트를 하나씩 달성해볼 계획입니다.

'부의 추월차선' 책 내용 중 "과정이 없다면 사건도 없다."라는 말이 있습니다.

저는 유예 시험을 치고 나서 결과가 어떻게 되든 아무런 후회가 없다는 생각을 했습니다. 2년간의 수험기간 동안 정말 최선을 다했고 시험일만 바라보며 온 힘을 다해 공부를 하였기 때문입니다. 운 좋게 최연소합격이라는 영광을 얻었지만, 수험 과정에서 얻었던 값진 경험은 절대로 잊을 수 없을 것입니다. 수험을 준비하는 모든 분도 후회 없는 수험기간을 보내어 시험 당일 자신의 역량을 최대한 발휘할 수 있길 기도합니다.

2020년 제57회 세무사시험

최고득점·최연소 합격자 인터뷰

 이 은 별
1990년 12월 4일 출생
수원 영덕고등학교
이화여자대학교 조형예술학부 동양화과 졸업
이디야커피 마케팅팀 근무
2020년 제57회 세무사 제2차시험
최고득점 합격자

 **신 승 환**
2000년 10월 26일 출생
고등학교 검정고시
2020년 제57회 세무사 제2차시험
최연소 합격자

 1. 자기소개, 응시동기, 합격소감은?

Ⓐ **이은별** 안녕하세요. 57회 세무사 시험 합격자 이은별입니다.

저는 대학교 졸업 후 회사원으로 사회생활을 하면서 진로에 대해 다시 고민하게 되었고, 전문성을 가지고 오랫동안 일할 수 있는 직업을 가지고 싶다고 생각하게 되어 세무사 시험에 도전하게 되었습니다. 회사를 그만두고 전업으로 수험생활을 하며 합격할 수 있을까 두려움이 있었는데, 이번 세무사 시험에 합격하게 되어 기쁘고 감사합니다.

Ⓐ **신승환** 안녕하세요, 저는 57회 세무사시험에서 최연소로 합격한 신승환이라고 합니다.

합격이라는 두 글자를 보았을 때 너무나 행복했고, 그동안 열심히 공부했던 기억이 스쳐 지나가면서 너무나 감격스러웠습니다.

2. 1, 2차 시험대비 수험대책으로 자신만의 효율적인 각 과목별 공부방법과 준비요령은? (수험기간, 공부시간, 수험정보 입수경로 등 포함)

Ⓐ 이은별

[수험기간]

회사에 다니면서 1차 과목 일부(회계원리, 원가관리회계)를 공부했습니다. 이후, 회사를 그만두고 전업으로 공부해야겠다는 확신이 들어 2018년 말 퇴사 후 전업으로 공부를 시작했고, 작년 겨울 2차 시험까지 2년이 넘는 기간 동안 수험생활을 했습니다.

[공부패턴]

회사와 수험생활을 병행하던 때에는 공부에 크게 집중할 수 없어, 주 2~3일 정도를 매일 1~2시간 정도 공부했습니다. 퇴사 후 전업으로 공부할 때는 체력을 유지하는 것에 집중하기 위해 매일 순공시간을 7~8시간 정도 채우되, 일주일에 하루 이상은 반드시 휴식하는 루틴을 유지했습니다. 집중력이 깨지는 시간대인 오후 5시 이후에는 운동하거나 산책을 하며 체력을 유지하고 생각을 환기시켰습니다. 외부로부터의 자극을 최소화하기 위해 가급적 뉴스, 영상 시청은 하지 않으려고 노력했고, 친구들과의 연락, 만남도 최소화했습니다.

[수험전략]

세무사 시험의 최근 출제 경향이나 수험전략에 대해서는 학원 홈페이지와 과거 합격자분들의 합격 후기를 참고했습니다. 비전공자로서 베이스가 없었던 터라, 회계 과목에 대해 접근이 쉽지 않았고, 따라서 1차 시험의 경우 재정학과 선택법에서 고득점하는 전략을 선택했습니다. 1차 시험 합격 후에는 회계 과목을 보다 탄탄히 준비하여 2차 시험의 전략으로 회계학 1, 2부에서 고득점하는 전략을 선택했습니다.

[과목별 공부방법]

1. 1차 시험 과목

1) 재정학

경제학 베이스가 없는 상태로 재정학 기본강의를 수강했고, 처음 공부 당시 많은 어려움을 겪었던 과목 중 하나였습니다. 기본강의 수강 후, 기본서를 여러분 읽었고, 암기 후 기본서의 문제들을 3~4번 정도 반복해서 풀이했습니다. 고득점 과목으로 전략을 세웠기 때문에, 주제 대부분을 암기하려고 노력했지만, 베이스가 없는 상태였고 수험기간이 충분하지 않았던 터라, 암기만으로는 이해가 되지 않는 주제들이 있었습니다. 1차 시험이 임박해서는 실전에서 시간 배분을 효율적으로 하기 위해 계산 문제 중 풀이가 가능한 주제와 그렇지 않은 주제를 나누어 풀 수 없는 문제는 과감하게 포기했습니다.

2) 회계학개론

회계원리 수강 후 원가관리회계, 재무회계 순으로 기본강의를 수강했습니다. 강의 수강 - 기본서 반복 복습 - 문제 풀이의 형식으로 공부했고, 기본강의 수강 시 잘 이해가 되지 않고 어렵게 느껴졌지만 전 범위에 대해 공부하려고 노력했고, 전 범위를 가져가되 재무회계의 경우 시험이 임박해서는 빈출 되는 주제에 집중하며 문제를 풀이했습니다. (1차 시험 과목 중 회계학개론의 점수가 가장 낮았고, 이는 수험기간이 부족한 데에 비해 전 범위를 커버하려고 하다 보니 발생한 현상이라고 판단합니다.) 기본강의 수강 후 객관식 강의를 들을 시간이 충분하지 않아, 객관식 강의를 듣지 않고 기출문제 및 객관식 문제집만 별도로 반복해서 풀이했습니다. 1차 시험 50일 전부터는 문제 풀 때 시간을 재고, 시간 내에 풀이하는 연습을 했습니다.

3) 세법학개론

세법개론 기본강의를 수강하며, 세법에 익숙해지기 위해 기본서를 여러분 읽었습니다. 법인세, 소득세, 부가가치세법의 빈출 주제 위주로 공부했고, 말문제와 계산문제를 나누어 출제되는 방식에 따라 논제별로 공부 방법을 달리해서 준비했습니다. 객관식 강의는 듣지 않는 대신, 기본서를 여러분 읽는 시간을 가졌고, 1차 시험에 가까웠을 때는 기출문제를 반복해서 풀이했고, 시간을 재며 객관식 문제집과 모의고사를 풀이했습니다.

4) 행정소송법

선택법은 시험 범위가 비교적 적은 행정소송법을 선택했고, 기본서를 반복해서 읽고, 조문이 적은 만큼 전체 조문을 외우려고 노력했습니다. 객관식 강의는 듣지 않았고, 객관식 문제집과 OX 문제를 풀이하며, 마지막까지 조문 전체를 외워가며 마무리했습니다.

2. 2차 시험 과목

1) 회계학 1부

(1) 재무회계

1차 시험 준비 당시, 충분한 시간을 투자해 공부하지 못했기 때문에 기본이 많이 부족했고, 1차 시험에서 낮은 점수를 받아 자신감이 가장 부족한 과목이었습니다. 따라서 1차 시험 이후 강의 수강 전 기본서를 2~3번 반복해서 읽고, 문제를 풀어본 뒤에 2차 강의를 수강했습니다. 주제별로 기본서를 읽고 연습서 문제를 푸는 형식으로 공부하되, 자주 틀리는 부분은 강의를 다시 듣고, 기본서 문제를 다시 풀어보며 반복해 익숙해지려고 노력했습니다. 유예 1기 때부터 혹시 모를 출제 가능성에 대비하기 위해 세무사 고급회계 강의를 듣고, 해당 주제에 대해서도 문제 풀이를 반복했습니다. 재무회계의 경우, 문제 풀이 감각을 유지하기 위해 매일 일정한 양의 문제를 분개와 함께 풀이하려고 노력했습니다.

(2) 원가관리회계

1차 시험 준비 당시, 재무회계보다 양이 적어 원가관리회계에 조금 더 집중해서 공부했고, 1차 시험 이후 유예강의 수강 후 연습서를 반복적으로 풀이하며 감각을 유지하려고 했습니다. 유예 2기 기간부터는 자주 틀리는 주제 위주로 기본서를 다시 읽었고, 출제 예상 주제 위주로 회계사 기출문제를 풀어보며 2차 시험에 대비했습니다.

2) 회계학 2부

1차 시험 이후, 기본서를 2번 정도 다시 읽고 유예 강의를 수강했습니다. 처음에는 빈출 되는 주제를 위주로 문제를 풀이했고, 유예 1기 이후에는 최대한 모든 주제를 커버하기 위해 그동안 공부하지 못한 부분을 채우려고 노력했습니다. 문제를 반복해서 풀이함에도 실력이 그에 비례해서 늘지 않는다는 생각이 들 때는 문제 풀이를 중지하고 각 세목의 주제별 내용을 백지 복습하는 시간을 가졌습니다. 이후 유예 종합반 모의고사를 포함한 다양한 모의고사와 기출문제 등을 풀이하며 문제 풀이 감각을 유지했고, 유예 3기부터는 지엽적인 주제와 난이도 높은 문제들을 풀이하며 실전에 대비했습니다. 세무회계의 경우 단순 풀이만 반복하기보다는 원리를 이해하려고 노력했습니다.

3) 세법학 1부

세법학 1부는 익숙하지 않았던 세목인 국세기본법과 상속세증여세법의 내용을 여러 번 읽어 익숙해지는 것으로 공부를 시작했습니다. 처음에는 공부 방향을 잡지 못해 막막했지만, 기본서를 다독하는 과정에서 세목별로 논제가 되는 내용의 가지를 만들 수 있었고, 큰 가지를 만든 뒤 논제별로 구체적인 조문과 판례, 사례를 덧붙여 나가는 방식으로 공부했습니다. 답안 작성을 위해 조문을 기본적으로 암기하고, 그 과정을 반복한 뒤에 관련된 판례와 사례를 요약하여 암기했습니다. 조문 암기는 여러 번 읽어본 뒤, 책을 덮고 백지복습을 하며 백지에 조문을 써보는 방식으로 진행했고, 판례나 사례의 경우, 기본서의 본문 중 핵심이 되는 내용과 답안 작성에 활용할 만한 문구를 별도로 암기했습니다. 모범답안을 참고하여 목차를 잡는 방법과 논제별로 답안에 반드시 작성되어야 할 핵심 내용을 익혔고, 조문과 판례를 충분히 암기한 뒤에 답안 작성을 반복해서 연습했습니다. 2차 시험 직전에는 코어세법학을 매일 회독하며 조문에 대한 암기의 감을 잃지 않으려 노력하고, 동시에 출제가 예상되는 판례 위주로 내용과 핵심 문구를 반복해서 암기했습니다.

4) 세법학 2부

세법학 2부는 조문과 사례 암기 위주로 공부했습니다. 세법학 2부 답안에서는 조문의 비중이 다소 크다고 생각되어 백지 복습을 활용해 가능한 전 범위의 조문을 암기하려고 했고, 부가가치세법과 지방세법은 관련된 판례와 사례를 세법학 1부와 동일한 방법으로 암기했습니다. 세법학 2부는 지엽적인 사례형 출제에 대비하기 위해 학원 모의고사와 모의고사 책을 활용해 다양한 사례를 암기했습니다. 2차 시험이 임박해서는 매일 세목별로 조문의 내용을 구술로 암기가 제대로 되었는지 확인했고, 출제가 예상되는 논제에 대해서는 백지복습하며 답안작성 감각을 유지하려 했습니다.

🅰 **신승환** 저는 2018년 5월부터 공부를 시작하였고 2019년 1차 시험에 합격한 후 올해 유예로 최종합격하여 약 2년 6개월간 시험공부를 하였습니다.

오전 9시 이전까지 자리에 착석해 공부를 시작하였고 오후 11시 30분 정도까지 공부했습니다. 코로나로 인해 시험연기발표가 있고 난 뒤에는 저녁에 1시간씩 운동했습니다.

시험이 다가올수록 공부시간을 더 많이 확보하기 위해 식사 시간을 최소화했습니다.

저는 동네독서실에서 혼자 공부하였기 때문에 주변에 세무사시험을 준비하는 사람이 없었습니다. 그래서 저는 세무사수험생 카페인 "예비 세무사의 샘"을 통해 수험정보를 입수했습니다. 카페를 통해 합격수기도 많이 읽어보고, 합격자들의 조언도 많이 구했습니다.

(각 과목의 공부방법은 4번 질문에서 한꺼번에 작성하였습니다!)

🎙 3. 1, 2차 수험기간 동안 Group Study는 어떻게 이루어졌으며 실전 시험에는 어느 정도의 효과가 있었습니까?

🅰 **이은별** 유예 2기 전까지는 학원에 다니지 않고, 인터넷 강의만으로 시험을 준비했습니다. 혼자서 수험생활을 하다 보니 자극이 필요했고, 보다 타이트한 생활을 하기 위해 순공시간 인증 또는 출석체크 스터디를 활용했습니다.

유예 기간에는 2차 시험이 코로나19로 연기되어 늘어난 기간 동안 세법학 모의고사 스터디를 오프라인으로 참여했습니다.

개인적으로 공부하며 부족하다고 느끼는 부분에 대해 스터디를 활용하려 했고, 공부

습관의 지속성을 유지하는 방면으로 스터디가 많은 도움이 되었다고 생각합니다.

Ⓐ **신승환** 저는 수험기간 동안 그룹 스터디를 하지 않았습니다.!!

🎤 4. 최근 1, 2차 시험과목별 출제경향과 수험대책은 어떤 것이 있습니까?

Ⓐ **신승환** 1차 시험과 2차 시험의 대비 방법이 다르다고 생각합니다.

1차시험 공부방법

1차 시험의 경우 1차 시험은 실력이 부족해도 전략을 잘 세우고 실전연습을 많이 한다면 충분히 합격할 수 있다고 생각합니다.

(1) 행정소송법 및 재정학

재정학과 행정소송법의 경우 기출문제에 나왔던 지문이 계속 반복해서 나오므로 각 과목의 기본강의를 완강하고 기출문제를 반복해서 푸는 것이 중요하다고 생각합니다. 시험이 다가올수록 재정학의 경우 30분, 행정소송법의 경우 20분의 시간을 재고 매일 1회씩 풀며 실전 연습을 한다면 실제시험에서 좋은 결과가 있을 것입니다.

(2) 회계학개론

1차시험의 당락을 좌우하는 매우 중요한 과목입니다. 처음 공부하실 때부터 버리는 부분 없이 열심히 공부해야 하는 과목입니다. 재무회계나 원가관리회계는 어려운 문제나 지엽적인 문제를 푸는 것보다 기본적인 문제를 잘 푸는 것이 중요하다고 생각합니다. 문제를 풀 때 관련 이론을 먼저 떠올리며 출제될 수 있는 유형을 정리해보고 파악해보는 것이 도움이 되었습니다.

1차 시험에서의 회계학은 실력만큼이나 전략이 중요하다고 생각합니다. 시험장에서 풀 문제를 확실하게 정하고 자신 없는 주제는 과감하게 포기하는 것이 중요합니다. 실제 시험장에서 많은 문제를 풀지 않고도 충분히 합격할 수 있습니다

(3) 세법학개론

세법개론강의를 듣고 난 후 여유가 된다면 곧바로 객관식 문제를 푸는 것보다 세무회계강의를 듣는 것을 추천합니다. 세법 계산 문제를 통해 세법이 터 깊게 이해가 되고 재미있게 느껴집니다. 1차 시험이 다가오면 "하루에 끝장내기" 책을 반복해서 보았습니다. 기타세법 역시 요약서(엣지 세법)를 반복해서 보았습니다. 법인세나 소득세의 지엽적인 주제는 과감하게 포기하였고, 국세기본법과 부가가치세법은 다 맞추는 것을 목표로 하였습니다.

2차시험 공부 방법

동차 준비할 때는 선택과 집중이 중요하지만 유예 때는 모든 범위를 공부해야 합니다. 연습서를 지겨울 정도로 반복해서 보았고 이를 바탕으로 실전 모의고사 연습을 많이 하였습니다. 2차 시험은 전략보다는 공부량이 중요한 것 같습니다. 2차과목 특성상 공부한 만큼 성적이 나오기 때문에 모든 과목을 고르게 공부하고 직접 실전답안지에 적어가며 문제를 많이 풀어보는 것을 추천합니다.

(1) 회계학 1부

회계학 1부는 기본적인 문제가 출제됩니다. 어렵고 지엽적인 문제까지 완벽하게 풀어야겠다는 욕심은 버려야 합니다. 대신 버리는 주제 없이 모든 주제의 기본적인 문제는 완벽하게 풀 수 있어야 합니다. 회계학은 조금만 손을 놓고 있어도 금방 감이 떨어지므로 매일 꾸준히 문제를 풀기를 권해드립니다.

저는 1차시험 때 공부방법과 마찬가지로 문제를 풀 때 관련 이론을 먼저 떠올리고 각 주제별로 출제될 수 있는 유형을 정리해보고 파악해보는 것이 도움이 되었습니다. 재무회계의 경우 유예2,3기 모의고사보다 "회계사용 Final 재무회계(김재호)"를 풀어보는 것이 실력상승에 크게 도움이 되었습니다. 시험 막판에는 계속 모의고사를 반복하며 주제별로 정리해 나갔습니다.

(2) 회계학 2부

동차 때는 과락을 넘기는 것을 목표로 공부하고 선택과 집중을 해야겠지만, 유예 때는 전 범위를 모두 공부하시고 시간 내에 모든 문제를 다 푸는 것을 목표로 공부하기를 추천합니다.

세무회계는 양이 매우 방대합니다. 먼저 계산구조를 이해하는 것이 중요하다고 생각합니다. 문제를 많이 풀다 보면 세세한 규정들은 자연스럽게 암기가 될 것입니다.

저는 연습서를 10회독 이상하였고 이를 바탕으로 유예2,3기 모의고사를 통해 부족한 부분을 보완하였습니다. 세무회계는 많이 보고 많이 푸는 게 정답이라고 생각합니다.

(3) 세법학 1,2부

과거에 법령만 잘 적으면 과락은 면한다라는 말이 있었습니다. 저는 이 말만 믿고 동차 때 요약서 한 권을 통째로 암기하였습니다. 동차모의고사 반에서도 우수한 성적을 받았었습니다. 하지만 시험장에서 매우 당황하였는데 어떤 법령을 써야 하는지 모르겠고 문제도 뭘 묻는 건지 이해가 안 되었기 때문입니다.

시험 출제경향이 과거와는 많이 변하였습니다. 과거에는 법령을 직접 물어봤다면 현재

시험에서는 판례 및 사례를 중심으로 문제가 출제됩니다. 출제자는 보다 높은 수준의 세법지식을 요구하며, 법령을 사례에 어떻게 적용시킬 수 있는지 판단하고자 합니다.

57회 세법학2부 문제를 통해 많은 수험생들은 같은 생각을 했을 것 같습니다. 이러한 시험 출제경향에 대비하기 위해서는 처음부터 요약서 위주로 공부하는 것보다는 기본서를 통하여 실력을 쌓는 것이 중요하다고 생각합니다. 법령의 세세한 규정을 암기하기보다는 각 법이 가지고 있는 중요한 논리를 이해하고, 판례에 나오는 중요한 문구들과 개념들을 암기하는 것이 더 좋을 것입니다.

저 역시 유예 때 기본서를 정말 많이 반복하여 보았고 판례도 최대한 많이 보았습니다. 암기는 중요한 법령 및 개념과 판례 문구를 중심으로 했습니다. 저는 쓰면서 암기하기보다는 눈으로 여러 번 보았고, 속으로 중얼거리며 외웠습니다.

 5. 수험생활 중에 본 1, 2차 과목별 도서 목록을 정리해 주시면 고맙겠습니다.

Ⓐ 이은별

[1차 시험 활용도서]
- 재정학연습 (정병열 저/세경북스)
- 일일특강 재정학 (김판기 저/서율)
- 이승철 서브노트 세법개론 (이승철 저/용빈)
- 세법개론 (정정운·임상엽 저/상경사)
- IFRS 회계원리 (김재호 저/원)
- IFRS 중급회계 상·하 (김재호 저/회계사랑세무사랑)
- 재무회계 기출 BEST (김재호 저/회계사랑세무사랑)
- 세무사 대비 최적서 원가관리회계 (임세진 저/파란)
- 세무사 1차 원가관리회계 기출문제집 (임세진 저/파란)
- 세무사 행정소송법 (정인국 저/세경북스)
- 하루에 끝장내기 행정소송법 (정인국 저/세경북스)
- 세무사 행정소송법 연도별 기출문제 (정인국 저/세경북스)

[2차 시험 활용 도서]
- 세무사 2차 재무회계연습 (김재호 저/회계사랑세무사랑)
- IFRS 세무사 재무회계연습 (김기동 저/샘앤북스)
- IFRS 세무사 고급회계 (김기동 저/샘앤북스)

- 세무사 2차 FINAL 재무회계 (김재호 저/회계사랑세무사랑)
- 세무사 2차 연습 원가관리회계 (임세진 저/파란)
- 세무사 2차 원가관리회계 기출문제집 (임세진 저/파란)
- CTA 원가관리회계 50제 (이승우 저/위너스경영아카데미)
- 세무회계연습 (이승원·이승철·정재연 저/용빈)
- 세법 노트북 (주민규 저/세경사)
- 세무회계 연습 (주민규 저/세경사)
- 세무회계 연습 FINAL (주민규 저/세경북스)
- 세법학 (정정운 저/상경사)
- 세법학 (유은종 저/상경사)
- 임팩트 세법학 (유은종 저/상경사)
- 코어 세법학 (유은종 저/상경사)
- 핵심쟁점별 조세 판례집 (유은종 저/세경사)

A 신승환

1차시험
- 재무회계 : 중급회계 1,2 (김재호 저), 재무회계 기출BEST (김재호 저),
  객관식 재무회계 FINAL (김재호 저),
- 원가관리회계 : 세무사 원가관리회계 (임세진 저),
  객관식 원가관리회계 (임세진 저),
- 재정학 : 재정학 연습 (정병열 저), 재정학 기출문제 (정병열 저)
- 행정소송법 : 세무사 행정소송법 (정인국 저),
  연도별 행정소송법 기출문제 (정인국 저)
- 세법학개론 : 세법개론 (강경태 저), 엣지 세법 (정우승 저)
  세법강의 써머리 1,2 (강경태 저), 객관식 세법(주민규 저),
  하루만에 끝장내기 세법(주민규 저)

2차시험
- 재무회계 : 세무사 재무회계 연습(김기동 저), 세무사2차 재무회계 연습 (김재호 저),
  FINAL재무회계(김재호 저)
- 원가관리회계 : 세무사2차대비 원가관리회계연습 (임세진 저)

- 세무회계 : 세무회계 연습1,2 (강경태 저), FINAL세무회계 연습(주민규 저),
  세무회계 리뷰(강경태 저)
- 세법학 : 세법학 1,2,3 (원재훈 저), 세법학 ZIP 1,2(정정운 저),
  CORE 세법학 (유은종 저)

6. 수험생입장에서 구하기 어려웠다거나 보강되었으면 하는 특정 과목이나 내용의 수험서가 있습니까?

🅰 **신승환** 없었습니다!!

7. 수험공부 시 학원 강의, 인터넷 강의, 강의 tape 중 이용도 측면에서 어떤 방법을 선호했습니까?

🅰 **이은별** 체력이 약한 편이라 서울로 통학을 하며 강의를 수강하기에는 무리가 있다고 판단해 인터넷 강의를 활용했습니다. 유예 2기 이후에는 실전 감각을 익히기 위해 학원에서 진행하는 종합반을 수강했습니다.

🅰 **신승환** 저는 인터넷 강의를 선호하였습니다. 저는 모의고사를 응시하러 학원에 간 것을 제외하고는 모두 인터넷 강의로 공부하였습니다. 인터넷 강의로 수강하면 배속을 높여 빠른 시간 내에 완강할 수 있습니다. 이로 인해, 복습시간을 최대한 많이 확보할 수 있었습니다. 그리고 모르는 부분이나 잘못들은 부분에 대해서 다시 들을 수 있어 좋았습니다. 모의고사는 직접 학원에 가서 응시하는 것을 추천하지만 그 이외 강의수강은 인터넷 강의로 수강하는 것을 추천합니다.

8. 수험생활 중 애로사항과 본인만의 스트레스 해소방법은?

🅰 **이은별** 감정 변화에 빠지거나 평정심을 잃을 때가 있었는데, 마음을 다잡기 위해 운동을 하거나 강아지와 산책을 하며 환기하는 시간을 가졌습니다. 몸을 움직이며 생각을 정리하고, 공부한 내용을 떠올리는 시간을 보낸 것이 수험기간을 버티는 힘이 되었던 것 같습니다. 또한 주변의 격려와 위로 덕분에 수험생활을 지속할 수 있었습니다. 이 자리를 빌려 도움 주신 가족, 친지, 친구, 세무사 선배님들께 감사의 말씀을 전합니다.

🅰 **신승환** 저는 2년이 넘는 수험기간 동안 동네 독서실에서 혼자 공부했습니다. 가끔씩 외로움을 느끼곤 했습니다. 무엇보다도 저는 제 주변 친구들과 달리 대학에 진학하지 않고

시험 준비를 하였기 때문에 제 도전이 실패로 끝난다면 아무것도 남지 않게 되어 불합격에 대한 부담감이 매우 컸습니다.

공부가 안되거나 불안하고 외로울 때 재충전의 시간을 가졌습니다. 제 주변에는 마음을 터놓고 이야기할 형들과 누나들이 있는데, 지치고 힘들 때 온종일 형, 누나들과 시간을 함께 보내거나, 같이 운동하였습니다. 또한 제가 이 시험을 왜 준비하고 있는지 연습지에 적어보는 것도 도움이 되었습니다.

9. 영어시험대체제도에 따른 주의해야 할 점이나 영어 공부 방법은?

🅰 **이은별**　대학교 재학 중일 때부터 취업을 위해 토익 공부를 했습니다. 토익의 경우, 각 파트의 문제 유형에 적절하게 공부하는 것을 추천합니다.

🅰 **신승환**　세무사시험 공부와 영어공부를 병행해서 공부하는 수험생들이 있습니다. 하지만 저는 세무사시험 공부 이전에 영어점수를 우선 취득하는 것을 추천합니다. 간혹 시험접수 이전까지 영어점수를 취득하지 못하여 세무사시험에 응시하지 못하는 수험생들이 있고, 영어시험에 대한 스트레스로 인해 회계 및 세법 공부에 집중하지 못하는 수험생들 역시 보았습니다. 따라서, 영어점수를 먼저 취득하시는 것을 추천합니다.

영어시험에는 토익과 지텔프를 많이 응시하는데 과거에 토익을 응시한 경험이 없다면 지텔프를 응시하는 것을 추천합니다. 지텔프가 기준영어점수를 획득하는데 비교적 용이 하다고 합니다.

또한 공인영어점수 유효기간도 반드시 확인해보아야 합니다.

🍄 10. 수험생들께 당부하고 싶은 말은?

🅰 **이은별**　세무사 시험은 수험기간이 긴 시험 중 하나입니다. 저 또한 진입 당시 방대한 공부량에 압도되어 막막하다고 느낄 때가 많았지만, 두려움을 이겨내고 꾸준히 노력한다면 합격의 기쁨을 누리실 수 있을 것으로 생각합니다. 제대로 공부하고 있는지 의문이 들 때 합격 수기들을 찾아보며 제 위치와 방향을 수정해 나갔습니다. 저는 체력이 약해 긴 수험생활을 버티기 위해 체력을 가장 우선순위로 관리하고자 했고, 체력을 유지할 수 있 도록 일별 순공시간을 무리해서 잡지 않았으며 주말에는 하루 이상 반드시 휴식을 취하며 체력을 회복할 수 있는 시간을 가졌습니다. 합격자분들의 다양한 수기를 참고하되, 본인의 성향과 특성을 파악하여 그에 맞는 자신만의 효과적인 공부 방법을 찾고 흔들림 없이 수험생활을 이어 나가시는 것이 중요하다고 생각합니다.

　　구체적인 공부 방법에 대해서는 과목별로 과목의 특성에 맞게 시험을 준비하되, 기본서를 기준으로 기본을 탄탄히 다진 뒤에, 본인이 취약한 부분을 보완하고 지엽적인 논제에 대비하는 방식으로 공부해 나가는 것을 추천합니다.

Ⓐ **신승환**　우선 6개월 동안의 집체교육을 받을 것입니다. 구체적인 계획은 실무교육 및 수습세무사 생활 이후에 세울 것입니다.

　　저는 대학에 나온 것도 전공자도 아니었지만, 2년 반 동안 열심히 노력한 결과 합격하였습니다.

　　이번 저의 합격은 수험생들에게 용기와 희망을 준다고 생각합니다.

　　누구든지 정말 최선을 다해 노력한다면 누구든지 합격할 수 있는 시험이라고 생각합니다.

　　다른 사람과 비교하지 않고 매일매일 합격에 한발 나아가고 있는 나 자신에 초점을 맞추어 포기하지 않고 꾸준히 공부하신다면 분명 좋은 결과가 있을 것입니다.

　　수험생 여러분의 합격을 진심으로 응원합니다.

 11. 앞으로의 계획은? 끝으로 하고 싶은 말은?

Ⓐ **이은별**　세무사 시험에 합격했지만, 또 다른 도전의 출발선에 놓인 것으로 생각합니다. 앞으로 다양한 분야와 방면으로 실무 경험을 쌓아가며, 세무사로서 자질과 실력을 충분히 갖추고 믿을 수 있는 세무전문가로 성장하는 것이 현재의 제 목표입니다. 2020년 제 57기 세무사 합격자분들 모두 축하드리며, 지금 이 시간도 자신과의 싸움을 하며 치열하게 수험 생활을 하고 계신 모든 수험생분들에게도 좋은 결과가 있기를 진심으로 응원합니다.

Ⓐ **신승환**　(당부하고 싶은 말에 대해서는 10번 질문에 같이 하였습니다)

2019년 제56회 세무사시험

최고득점·최연소 합격자 인터뷰

홍 수 연
1994년 08월 31일 출생
명일여자고등학교 졸업
상지대학교 졸업
2019년 제56회 세무사 제2차시험
최고득점 합격자

임 민 정
1997년 11월 20일 출생
순천매산여자고등학교 졸업
순천대학교 회계학과
2019년 제56회 세무사 제2차시험
최연소 합격자

1. 자기소개, 응시동기, 합격소감은?

홍수연 안녕하세요. 안녕하세요. 56기 세무사 합격자 홍수연입니다.

제가 세무사에 응시하게 된 동기는 저의 적성에 잘 맞는다고 판단되었기 때문입니다. 대학에 들어와 회계, 세법이라는 과목을 처음 접하게 되었고 적성에 잘 맞아 재미있게 공부를 하게 되었습니다. 그렇게 대학생활을 하다 보니 4학년이 되어 취업을 생각해야하는 시기가 왔습니다. 취업에 대해 고민을 하며 여러 가지 직업에 대해 알아보다가 세무사라는 직업을 발견했고 세무사에 대해 알아보면서 세법을 이용한 세무사의 업무에 대해 흥미를 느끼게 되어 공부를 시작하게 되었습니다.

합격한지 얼마 되지 않아 아직은 합격을 실감하지 못하고 있습니다. 아직은 얼떨떨한 기분인 것 같습니다. 처음 성적을 확인할 때에는 몇 번을 다시 확인했는지 모릅니다. 하지만 저의 가족이 저보다 더 기뻐하는 모습을 보며 합격을 한 것에 대한 기쁨과 뿌듯함을 느끼고 있습니다. 저의 노력에 대한 보상을 받은 것 같아 앞으로 나아가는데 자신감도 생겼습니다.

Ⓐ **임민정** 안녕하세요. 이번 제56회 세무사 시험에 최연소로 합격한 임민정이라고 합니다. 현재 순천대학교 회계학과 3학년에 재학 중입니다.

고등학교 때 꿈꾸었던 학과에 진학하지 못하게 되어 남들보다 진로에 대한 고민을 일찍 시작하였습니다. 입학 시 우려와 달리, 회계학과에 진학 후 수업에 흥미를 느끼고, 좋은 학점을 취득하게 되면서 회계에 대한 관심과 흥미가 높아졌고, 회계사 공부를 하던 언니를 통해 세무사시험에 관심을 가지게 되었습니다. 정체되어 있는 삶이 아닌, 끊임없이 공부하고 노력하는 전문가로서의 삶이 매력적으로 다가왔습니다. 또한, 세법 지식이 없어 어려움을 겪는 사람들에게 도움이 될 수 있다는 점도 제가 추구하는 직업관과 부합하여 세무사 시험에 도전하기로 하였습니다.

발표 전, 기대를 하다 실망하는 것이 두려워 마음을 담담히 하고 있었습니다. 합격을 확인하고는 그동안의 고생했던 기억이 스쳐지나 가면서 정말 감격스러웠습니다. 수험기간 동안 막연히 바라던 것들이 실현되어서 정말 다행스럽고 행복합니다.

🎙 2. 1, 2차 시험대비 수험대책으로 자신만의 효율적인 각 과목별 공부방법과 준비요령은? (수험기간, 공부시간, 수험정보 입수경로 등 포함)

Ⓐ **홍수연** 저는 총 2년 3개월의 수험기간을 보냈습니다. 동차 때 불합격 후 유예기간을 걸쳐 합격하게 되었습니다.

저는 동차 때 까지는 모든 과목을 학원에 나가 강의를 들었습니다. 학원에 다니면서 같은 공부를 하는 친구들을 만나게 되었고 그 친구들과 대화를 하며 수험정보도 얻으며 즐겁게 공부를 했습니다.

공부시간은 동차 때는 학원 수업을 들었기 때문에 9시 까지 학원에 나가 수업을 듣고 수업이 끝나면 당일 복습을 하였습니다. 봄기본 종합반 – 심화반까지는 일요일은 쉬는 날로 잡았습니다. 객관식 종합반부터는 일요일에도 학원에 나가 공부를 하였습니다. 다만, 일요일에는 좀 더 여유롭게 학원을 나가는 것으로 체력을 보충하였습니다. 유예기간 동안에는 인강으로 부족한 과목들만 강의를 들었기 때문에 공부시간을 자유롭게 조정할 수 있었습니다. 그렇기 때문에 다소 늘어질 수도 있어 오전 10시까지는 학원을 나가는 것을 목표로 하였습니다. 제가 공부를 하면서 가장 많이 지키려고 노력하는 것은 학원 마감할 때 까지 학원에 남아 있는 것입니다. 잠이 부족한 날에는 잠을 충전하고 학원에 조금은 늦게 가더라도 집에 돌아오는 시간은 학원 마감을 찍고 오는 것으로 일정했습니다. 물론 학원에서 있으면서 하루 종일 공부한 것은 아니었습니다. 제가 생각하기에 공부할 때 가장 중요한 것은 스트레스를 덜 받는 것이라 생각합니다. 공부 중 스트레스 해소법으로 제가 택한 방법은 친구들과 대화하며 맛있는 것을 먹는 것입니다. 그렇게 하여 학원에 가는 재미도 생기게 되었던 것 같습니다. 그래서 저는 밥시간을 1시간 30분 정도로 넉넉히 투자하였습니다. 실제 공부시간은 매일매일 달랐지만 평균적으로 학원에서 12시간 이상 있으려 노력하였습니다.

제가 생각했을 때 저만의 특별한 공부법은 없습니다. 사람마다 성향이 달라 공부방법도 다르다고 생각하기 때문입니다. 하지만 조금이나마 도움이 되고자 저의 공부방법을 적어봅니다.

재무와 원가는 기본에 충실하게만 공부한다면 응용된 문제도 풀 수 있다고 생각합니다. 회계라는 과목이 원리에 맞춰진 과목이기 때문에 세법과 달리 안 배운 응용문제라도 기본만 충실이 되어 있다면 도전해 볼 수 있는 것 같습니다. 따라서 처음 공부 시에 분개하는 연습을 많이 해놓는 것이 도움이 됩니다. 그리고 재무와 원가 모두 한 단원 한 단원 연결되어 있는 과목이기 때문에 한 단원마다 개별적으로 생각하지 않고 넓게 공부하는 것이 중요하다고 생각합니다.

세법은 너무 암기에 스트레스 받지 마시고 문제를 풀어가며 내용을 이해하는 것이 좋다고 생각합니다. 말로만 설명 들었을 때보다 직접 문제를 풀어보았을 때 이해되는 부분이 많은 것 같습니다. 이해를 바탕으로 세법을 공부한다면 암기도 어렵지 않을 것입니다. 그리고 법인세 공부시 재무회계가 잘되어 있다면 도움이 많이 되니 법인세와 재무를 별개의 과목이 아니라 연계해서 생각하시면 세무조정시에도 도움이 많이 되는 것 같습니다.

재정학과 선택법은 객관식 때 열심히 암기만 하셔도 될 것 같습니다. 봄기본 할 때에 너무 스트레스 받지 마시고 객관식 준비 전까지 재무, 원가, 세무회계를 익숙하게 해놓으시고 객관식 때 시간투자를 하시면 좋을 것 같습니다.

세법학은 처음에는 정말 힘든 과목입니다. 양도 많고 외워도 휘발성이 너무 강합니다. 일단 처음에는 단순암기가 필요하다고 생각합니다. 그렇게 암기하다보면 큰 내용들이 보이고 그 내용들 간의 연결이 보이게 되어 두 번째 암기할 때 좀 더 편하고 세 번째 암기할 때 좀 더 편하게 되는 것 같습니다. 모든 과목이 좁게 보다는 넓게 보는 것이 중요한 것 같습니다. 한 파트만 보는 것이 아니라 여러 파트를 연계해서 공부한다면 도움이 많이 될 것입니다.

Ⓐ **임민정**   2017년 7월부터 공부를 시작하였고 2018년 1차 시험을 합격한 후 올해 유예로 최종합격하기까지 약 2년간 시험을 준비했습니다.

월요일부터 토요일까지 오전 8시에 독서실에 도착하여 공부를 시작하고 오후 11시에 귀가하였습니다.

일요일에는 조금 일찍 귀가하여, 재충전의 시간을 가졌습니다.

점심과 저녁은 정해진 시간에, 한 시간 이내로 해결하고 그 외의 시간은 공부하는 방식으로 생활 패턴을 매우 단순화 하였습니다.

집근처의 독서실에서 세무사 준비를 시작 하였고, 작년 12월부터는 서울에 올라와 학원 독서실을 다니며 수험생활을 보냈습니다.

올해 공인회계사 시험에 최종합격한 언니가 수험생활을 먼저 보내고 있어 시험과 관련된 많은 정보를 쉽게 얻을 수 있었습니다. 또한 시험과목의 특성과 학원 커리큘럼 , 강의와 책을 선택하는 데 있어서 많은 도움을 주었습니다.

그 외의 추가적인 수험정보가 필요할 때에는 세무사 수험생들이 정보를 공유하는 인터넷 카페의 글들을 찾아보았습니다.

〈1차 시험〉

최소 3회독 이상을 진행하며 같은 문제를 반복해서 풀어야 하기 때문에 문제를 푼 흔적이나 고민을 책에 남기지 않고 모든 문제를 연습장에 풀었습니다.

말 문제는 헷갈리거나 어려운 선지를 표시해 종이에 옮겨 적고 반복해서 보는 방식으로 대비하였습니다.

계산 문제는 틀렸거나 유의해야 할 문제를 체크하고 내가 잘못 생각한 이유, 유의할 점, 완전히 숙지하지 못한 개념 등을 적은 형태의 포스트잇을 문제 위에 붙이고 접어두었습니다.

어느 정도 회독수를 높인 상태에서, 표시해 놓은 문제나 포스트잇의 붙인 내용을 누적으로 반복해 나가며 공부한 내용을 압축해갔습니다.

그리고 어려운 개념이나 명확히 정리되지 않은 개념을 서브노트에 내 방식대로 정리하여 공부했던 것도 약점을 보완하는 데 도움이 되었습니다.

1차 시험 약 한 달 전에는 각 학원에서 전국모의고사를 진행합니다. 2개 정도의 모의고사를 신청해 근처 도서관에서 실제시험과 동일한 시간에 OMR카드작성 까지 완료해보며 실전연습을 하였습니다. 이 과정이 1차 시험의 시간 관리를 하는 데에 많은 도움이 되었습니다.

〈2차 시험〉

• 회계학 1부, 2부

회계학의 경우 계산에 대한 정확한 답을 내리는 것이 중요합니다. 그렇기 때문에 각 파트별로 유의할 점이나, 자주 함정을 걸어놓는 부분 등을 먼저 떠올리고 문제를 풀이해야 실수하지 않습니다.

또한 틀린 문제의 경우 내가 잘못되게 사고한 과정과 자주 실수하는 부분 등을 파악하여 오답노트형식으로 작성하였던 것이 정확한 문제풀이에 많은 도움이 되었습니다.

회계학 2부는 모의고사를 응시하는 경험이 필수적이라고 생각합니다. 가급적 점수를 획득하기 쉬운 문제를 먼저 푸는 것이 중요하기 때문에 시험지를 받고 어떤 문제를 먼저 풀지 선별하는 것이 중요합니다.

또한 문제를 꼼꼼하게 읽는 것 역시 매우 중요합니다. 작은 단서를 놓쳐 고려할 사항을 빠트리고 풀이하게 되면 답이 완전히 달라지기 때문입니다. 시간배분을 잘 하여 문제지를 다시 한 번 확인하며 놓친 단서가 있는지 확인하는 것도 좋은 방법입니다.

• 세법학 1부, 2부

기본서로 개념을 충분히 이해한 후 요약서나 서브노트에 부족한 사항을 추가해가며 공부했습니다.

세법학에서 가장 중요한 것은 문제에서 물어본 사항에 대해 논점을 이탈하지 않고 서술하는 것입니다. 저는 동차시험을 준비할 때 내용에 대한 충분한 이해를 하지 않고 활자를 암기하는 것에만 치중하여 시험 당시 문제를 정확히 이해하지 못해 답안 작성에 어려움을 겪었습니다. 시간이 충분하다면 이를 지양하고 기본서를 반복해서 공부하며 개념을 충분히 이해된 후 암기하는 것을 추천합니다.

또한 판례 학습의 경우 너무 방대한 판례 모두를 소화하는 것을 목적으로 하기 보다는 중요성 있는 판례나 학원 모의고사에 출제된 판례 위주로 개념과 연계하며 공부하는 것이 효과적이라고 생각합니다.

주관식 시험의 특성상 대비하지 않은 부분이 출제될 경우 점수에 미치는 타격이 매우 큽니다. 따라서 유예생의 경우는 공부 범위를 최대한 보수적으로 가져가는 것이 바람직하다고 생각합니다.

3. 1, 2차 수험기간동안 Group Study는 어떻게 이루어졌으며 실전 시험에는 어느 정도의 효과가 있었습니까?

Ⓐ **홍수연**   저는 수험기간동안 따로 그룹스터디를 하지 않았습니다. 저는 공부를 할 때 그

날 당일에 오늘 할 스케줄을 정하였습니다. 오늘 공부하다 부족하다 생각하면 내일 그 과목을 또 공부하는 것으로 유동적인 공부 스케줄이었습니다. 그룹 스터디를 하게 되면 그 그룹스터디 진행을 위해 공부를 하여야 합니다. 이러한 것이 저에게는 부담감으로 다가왔습니다. 그래서 평소에 공부를 할 때에는 혼자만의 공부를 하고 모르는 것은 친구들과 같이 고민하고 선생님께 질문하는 방법으로 진행하였습니다.

Ⓐ **임민정** 2차를 처음으로 준비할 때에는 세법학 동차gs우편 모의고사(유은종 강사님)를 신청하여 독서실에서 응시했습니다. 세법학을 처음 접해보아 출제 방식을 알게 되고, 답안 작성을 익히는 것에 도움이 되었습니다.

유예2기는 회계학 1부, 2부는 위너스 경영아카데미에서, 세법학 1부, 2부는 나무경영아카데미(정정운 강사님)에서 응시했습니다.

유예 2기 gs모의고사의 경우 진도별 모의고사를 진행합니다.

각 주마다 정해진 진도만큼을 공부해가고 모의고사를 응시하고 복습하는 형식으로 체계적으로 공부할 수 있다는 장점이 있습니다.

이 기간에는 모의고사 등수가 정체되어서 좌절하기도 하였으나 문제점을 찾고 이를 개선하는 과정을 겪으며 실력을 상승시킬 수 있었습니다.

회계학의 경우 연습서에 있는 같은 문제를 반복해서 풀다보면 모르는 문제를 안다고 착각하거나 잘한다고 생각해서 마음이 풀어지기도 하였는데, 모의고사 응시 경험을 통해 같은 유형의 문제라도 조금 더 경각심을 가지고 문제를 풀이할 수 있게 되었습니다.

또한 실전에서 어떤 순서로 문제를 풀지, 어떻게 계산 근거를 적는 것이 부분점수 획득에 유리한지 등을 알게 되었기 때문에 매우 효과적 이었습니다.

세법학의 경우 모의고사 응시를 통해 법령의 정확한 암기가 부족하다는 것을 깨닫게 되어 중요한 부분을 가리고 떠올려 보거나 형광펜으로 밑줄을 긋는 방식을 통해 정확한 암기에 더 치중하며 공부하였습니다. 그리고 중요성 있는 판례 등 모의고사를 통해 알게 된 사항 들을 자주 보는 책에 단권화하는 과정이 효과적이었습니다.

유예3기는 회계학 1부, 2부는 우리경영 경영아카데미에서, 세법학 1부, 2부는 나무경영아카데미(정병창 강사님)에서 응시했습니다.

유예 3기 gs모의고사의 경우 전 범위 모의고사를 진행합니다. 각 주마다 소화하는 범위를 늘려나가며 실전에 맞게 내용을 압축, 요약하는 것이 효과적이었습니다.

기존에 수강하던 교재와 강사님을 교체해보는 것도 좋았습니다. 강사님마다 중요하다고 강조하시는 부분이나 문제의 난이도 등이 약간 다른데, 익숙하지 않은 문제 형식을 접해 보는 경험이 시험 대비에 도움이 되었습니다.

4. 최근 1, 2차 시험과목별 출제경향과 수험대책은 어떤 것이 있습니까?

홍수연 최근 1차의 경우 출제경향을 보면 재무, 원가회계를 어렵게 내는 것으로 알고 있습니다. 다른 과목들은 평이하게 나오는데 재무, 원가부분에서 과락이 많은 것으로 알고 있습니다. 이러한 과락을 피하기 위해서는 앞에서도 말씀드렸다 시피 기본원리와 큰 연결고리를 잘 파악하며 공부를 하시고, 시험 문제를 풀 때 모르는 문제가 나왔다고 당황하지 않고 풀 수 있는 문제를 빠르게 파악하여 푸는 것을 연습하는 것이 좋다고 생각합니다. 1차는 시간에 굉장히 쫓기며 문제를 풀기 때문에 긴장상태에서 문제를 푸는 연습이 필요합니다. 세무회계의 경우에는 말문제가 많이 나오기 때문에 기타세법까지 공부하여 말문제를 많이 맞추는 것이 중요하다고 생각합니다. 재정학과, 선택법은 암기과목이기 때문에 암기만 잘 되어 있다면 문제없을 것 같습니다.

2차의 경우에는 과목마다 예측하지 못했던 문제들이 나오는 것으로 알고 있습니다. 따라서 모든 과목을 너무 많이 범위를 줄이지 않는 것이 중요하다고 생각합니다. 모든 과목을 전체 범위를 다 공부하면 좋지만, 시간에 쫓겨 선택과 집중으로 특정 범위를 공부하지 않기로 마음을 먹었다면, 공부하기로 마음먹은 범위에 대해서는 제대로 공부할 필요가 있는 것 같습니다. 예측하지 못했던 문제들을 만나도 당황하지 않고 잘 풀 수 있는 문제를 정확히 맞힌다면 합격에는 문제없다고 생각합니다. 세법학 같은 경우는 처음 보는 문제를 만나도 백지로 내지 않고 무언가라도 적어서 답지 제출하는 연습이 중요하다고 생각합니다.

임민정

〈1차 시험〉

1차의 경우 빠르게 풀 수 있는 문제를 먼저 풀이하여 안정적인 점수를 확보하는 것이 중요합니다.

상대적으로 빨리 풀 수 있는 말 문제나, 행정소송법 등의 선택법, 재정학 등을 먼저 풀이하고 회계학이나 세법의 계산문제를 푸는 것이 시간 관리에 있어 용이합니다.

간혹, 평균 60점만 넘으면 합격하기 때문에 법인세 계산 문제를 버리는 분들도 있는데, 이는 2차 시험 대비까지 생각한다면 바람직하지 못한 방법입니다.

세무사 시험의 경우 1차 시험과 2차 시험의 간격이 매우 짧다는 면을 유념하여, 회계학만큼은 1차 시험을 대비할 때에 탄탄한 기본기를 쌓는 것이 좋습니다.

〈2차 시험〉

• 회계학 1부

56회 시험의 경우 평소 출제방식과 같이 재무회계에서, 한 문제에 한 단원의 문제만 출제되었습니다.

반면 55회 시험 당시 재무회계에서, 여러 단원을 각 물음에서 조금씩 묻는 형식의 문제가 출제되었습니다.

이와 같이 어떤 형식으로 출제될 것을 예상하기 힘들기 때문에, 전 년도 시험 출제 여부를 따지지 않고 전 범위 모두를 안정적으로 학습하는 것이 필요합니다.

• 회계학 2부

55회와 56회 시험 모두 부가가치세와 소득세가 평이하게 출제되었고 법인세의 경우 조금 난이도 있게 출제되었습니다. 부가가치세와 소득세는 평이하게 출제될 경우 점수획득에 유리하기 때문에 먼저 푸는 것이 유리합니다. 법인세의 경우 정확한 답을 계산하지 못하였더라도 세무조정 과정 등 문제 풀이과정 중 부분점수를 획득할 수 있는 부분이 많기 때문에 이를 놓치지 않아야 합니다.

• 세법학 1부, 2부

세법학 1부는 사례문제형식이 대부분이기 때문에 사례에서 논점이 되는 것이 어떤 사항인지를 정확히 파악하는 것이 중요합니다.

세법학 2부 중 조세특례제한법은 중요성 있다고 알려진 부분이 출제되었고, 법령만 잘 암기하면 충분한 점수 획득할 수 있는 형식으로 출제되었습니다. 따라서 이를 놓치면 다른 수험생들과 많은 점수 차이가 발생하므로, 포기하지 않고 학습해야 합니다.

세법학은 학원가에서 중요성 있게 다뤄지는 부분이 출제되기도 하지만, 예상과 다른 부분이 출제되기도 합니다. 따라서 모든 부분을 안정적으로 공부하는 것이 필요합니다. 그리고 기본서 내용을 충분히 학습하는 것도 낯선 문제가 출제될 경우 답안 서술의 근거를 적는데 유용하였습니다. 이 점을 유의하여 학습하는 것을 추천합니다.

5. 수험생활 중에 본 1, 2차 각 과목별 도서목록을 정리해 주시면 고맙겠습니다.

Ⓐ 홍수연

• 재무회계 : IFRS 중급회계, 고급회계(신현걸, 최창규, 김현식 저),
　　　　　최창규 중급회계 서브노트, 재무회계연습(신현걸, 최창규, 김현식 저)
　　　　　객관식 재무회계(신현걸, 최창규, 김현식 저)

- 원가회계 : 원가관리회계(김용남 저), 객관식 원가관리회계(김용남 저),
  원가관리회계연습(김용남 저)
- 세무회계 : 이승철 서브노트, 세무회계연습Ⅰ,Ⅱ(이승원, 이승철, 정재연 저)
  객관식 세법(이승원, 이승철 저)
- 재정학 : 재정학 연습(정병렬 저), 일일특강 재정학(김판기 저),
  재정학 기출문제(정병렬 저)
- 상법 : 세무사 상법(심유식, 오수철 저), 세무사 객관식 상법(심유식, 오수철 저)
  세무사 상법 강의노트(심유식 저), 세무사 일일특강 상법(심유식 저)
- 세법학 : 세법학Ⅰ,Ⅱ(정병창, 김태원 저), 세법학 강의노트(정병창 저),
  세법학 스터디 가이드(정병창 저)

🅐 임민정

1차
- 재무회계 : IFRS 중급회계1(김기동, 김태동)
  IFRS 중급회계2(김기동, 김태동)
  IFRS 재무회계 워크북(김기동)
  IFRS 객관식 재무회계(김기동)
  객관식 Final 재무회계(김재호)
- 원가회계 : 원가관리회계(김용남)
  단기완성 원가관리회계(김용남)
  2000~2015 객관식 기출문제집 원가관리회계(임세진)
- 세법 : 세법강의(2017)(이철재, 정우승, 유은종)
  세법워크북1(이철재, 정우승, 유은종)
  세법워크북2(이철제, 정우승, 유은종)
  Edge 세법(이철재, 정우승, 유은종)
  객관식 세법(정지선, 윤성만, 유은종, 정우승)
- 재정학 : 재정학 연습(정병열)
  일일특강 재정학(김판기)
- 행정소송법 : 세무사 행정 소송법(정인국)
  세무사 행정소송법 연도별(2005~2017) 기출문제(정인국)

2차

- 재무회계 : IFRS 재무회계 워크북(김기동(동차, 유예))

   IFRS 세무사 재무회계 연습(김기동(동차, 유예))

   세무사 2차 재무회계 연습(김재호(유예))

- 원가회계 : 세무사 원가관리회계연습(김용남(동차))

   세무사 2차 연습 원가관리회계(임세진(유예))

- 세무회계 : 세법워크북 1(이철재, 정우승, 유은종(동차, 유예))

   세법워크북 2(이철제, 정우승, 유은종(동차, 유예))

   세무회계연습 1(이철재, 정우승(동차, 유예))

   세무회계연습 2(이철재, 정우승(동차))

   세무회계 기출실록(이철재 정우승(동차))

   세무회게연습1(부가가치세법, 소득세법)(강경태(유예))

- 세법학 : 임팩트 세법학1(유은종(동차))

   임팩트 세법학2(유은종(동차))

   CORE세법학(유은종(동차))

   세법학1(정정운(유예))

   세법학2(정정운(유예))

   세법학 Study Guide(정병창(유예))

6. 수험생입장에서 구하기 어려웠다거나 보강되었으면 하는 특정 과목이나 내용의 수험서가 있습니까?

홍수연 수험 생활을 하면서 보강되었으면 하는 과목이나 수험서는 없었습니다. 시중에 있는 수험서를 꼼꼼히 공부만 한다면 합격에는 문제없다고 생각합니다.

임민정 이미 수험가에는 여러 강사님과 여러 목적의 수험서가 충분히 있어 구하기 어려운 수험서는 없었습니다. 다만, 오탈자가 많거나 문제의 풀이나 답에 오류가 많을 경우 공부하는 데 약간의 불편함이 있었던 경험은 있습니다.

세법학은 기본서에 있는 사례문제가 따로 구성된 책이 있으면 좋겠다고 생각했습니다. 공부가 어느 정도 된 상태면 단권화한 서브노트와 요약서를 주로 보게 되는데, 공부 중 사례 문제를 확인하기 위해 기본서의 각 부분을 찾아보는 것이 조금 번거로웠습니다.

🎤 7. 수험공부 시 학원 강의, 인터넷강의, 강의tape중 이용도 측면에서 어떤 방법을 선호했습니까?

Ⓐ **홍수연** 저는 동차 때는 학원강의를 들었고 유예 때는 인터넷강의를 들었습니다. 자신이 혼자 공부시간을 정하여 그 시간을 지켜 공부하는 것이 힘든 스타일이라면 학원강의를 듣는 것을 추천합니다. 저도 처음에는 혼자 공부시간을 계획하는 것이 힘들어서 학원강의를 선호하였습니다. 학원강의를 들을 경우 공부의지가 약할 때 수업시간에 자리에 앉아있으면 강의를 듣게 되어 의지를 잡아주는데 도움이 되었습니다. 또한, 선생님께 바로바로 질문할 수 있어 이해를 하는 것에도 도움이 되었습니다. 다만 학원강의를 듣기로 결정하셨다면 출석을 잘 하셔야 합니다. 어느 정도 기본기를 잡고 책상에 앉아 공부하는 것에 익숙해 졌을 때에는 인터넷강의를 들었습니다. 인터넷강의를 이용할 경우 배속으로 들을 수 있어 학원강의보다 시간절약이 가능했고 쉬는 시간을 내 마음대로 조정이 가능하며 이해가 안되는 부분은 여러 번 반복하여 들을 수 있어 좋았습니다. 일단 배속으로 들으니 시간절약이 정말 많이 되어 저의 개인 공부시간이 늘어나게 되어 유예기간동안에는 인터넷 강의를 선호하게 되었습니다. 정말 혼자 계획대로 공부를 잘 하시는 분이라면 인터넷강의를 들으며 자신의 계획대로 공부하는 것이 좋다고 생각합니다.

Ⓐ **임민정** 지방에서 공부할 때에는 인터넷 강의를 주로 사용하였습니다. 인터넷 강의의 경우 이미 학원에서 업로드된 강의를 내 진도 상황에 맞춰 필요한 강의를 선택하여 들을 수 있다는 장점이 있습니다. 또한 배속 기능을 활용하여 이해가 쉽게 되는 부분의 경우는 빠르게 수강할 수 있어 시간을 단축할 수 있다는 장점이 있습니다.

　1차 시험 대비 과정이나 2차 연습서, 세법학 기본강의의 경우에는 이러한 인터넷 강의의 장점을 활용하여 공부하였습니다.

　2차 동차과정 중에는 세법학 우편모의고사를 신청하여 답안지를 팩스로 보낸 후 해설을 인터넷 강의로 신청하는 방법을 사용하였습니다. 하지만 실력이 충분하지 않았기 때문에 모의고사를 보는 과정을 두려워했고, 종종 모의고사를 치기로 약속한 시간대를 미루기도 하였습니다.

　2차 유예과정 중에는 유예 2기, 유예3기 모의고사는 모두 학원 강의를 활용하였습니다. 다수의 수험생들이 함께 모의고사에 응시하기 때문에 더욱 실전처럼 시험에 응시할 수 있었고, 모의고사 스케줄에 따라서 이후 공부 스케줄도 규칙적으로 진행할 수 있었습니다. 그리고 각 회차 마다 본인의 등수를 확인할 수 있다는 점이 좋았습니다. 처음에는 잘했다고 생각한 과목의 점수가 정체되어 있거나, 다른 수험생들과의 점수를 비교하는 과정이 힘들었지만, 약점을 보완하고 수험생활을 좀 더 경각심을 가지고 공부할 수 있는 계기가 되었습니다.

개인적인 의견으로는 상황이 허락한다면, 모의고사 과정만큼은 학원 강의를 활용하는 것을 추천합니다.

🎤 8. 수험생활 중 애로사항과 본인만의 스트레스 해소방법은?

Ⓐ **홍수연** 수험생활 중 가장 애로사항은 수면시간 부족이었습니다. 평소에 잠이 많은 편인 저는 공부시간을 늘리기 위해 잠을 줄이는 것이 가장 힘들었습니다. 무작정 잠을 줄여 피곤이 쌓이게 되면 머리가 멍해져 공부에 집중이 잘 되지 않고 효율성도 떨어졌습니다. 그래서 저는 잠깐이나마 공부하다가 잠을 청하는 것을 선택했습니다. 너무 피곤한 날에는 밥시간에 밥먹는 것을 생략하고 책상에 엎드려 푹 잤습니다. 그렇지 않더라고 피곤하다면 30분씩 눈을 감고 잠을 청하는 것도 좋았습니다. 그렇게 잠깐이나마 부족한 수면시간을 채워주면 머리가 맑아지고 집중도 잘되어 공부에 효율이 높아졌습니다.

수험기간 중 스트레스 해소 방법은 맛있는 것을 먹으며 수다 떠는 것이었습니다. 수험기간에는 어느 날은 공부가 잘 되지 않아, 어느 날에는 수업이 어려워, 등등 여러 가지 이유로 스트레스가 생깁니다. 그럴 때는 휴식시간은 식사시간에 친구들과 맛있는 것을 먹으며 같은 고민을 나누고 때로는 아예 공부와 관련 없는 대화를 나누며 머리를 식히는 것이 저의 스트레스 해소에 많은 도움이 되었습니다.

Ⓐ **임민정** 공부를 처음 시작할 때에는 다른 또래 친구들처럼 놀지 못하는 것이 때때로 우울하게 다가왔습니다. 하지만 수험생활을 통해 공부하면서 알아가는 것들에 대한 즐거움이나 계속해서 실력이 나아지면서 느끼는 만족감도 있었기 때문에 다른 것들을 포기하고 수험생활을 잘 버텨나간 것 같습니다.

서울에서 유예생활을 보낼 때 친언니 외에 수험생인 친구가 없었습니다. 그래서 언니의 2차 시험 이후 약 한 달 반가량 혼자 수험생활을 보내는 것이 외롭게 느껴졌습니다. 독서실에서 정해진 자리에서 반복적으로 공부하다 보면 부정적인 생각이 들 때 그 감정에서 벗어나는 것이 어렵게 느껴졌는데, 그럴 때에는 학원의 자습실에서 공부했습니다. 넓은 자습실로 공부장소를 바꾸는 것이 기분전환이 되었으며, 열심히 하는 다른 수험생들을 보며 공부에 집중할 수 있어 도움이 되었습니다.

저는 학원에 오고 가는 길이나 밥 먹는 시간에 언니랑 말장난을 하거나 수험생활의 고충을 털어놓는 것이 스트레스 해소에 많은 도움이 되었습니다. 답답할 때는 밥 먹고 10분 정도 학원 주변을 걷기도 하였습니다.

점심, 저녁 먹고 싶은 메뉴를 먹거나, 달콤한 커피를 마시면서 공부하는 것도 수험 생활의 소소한 행복이있습니다.

사실 수험생활의 대부분의 스트레스는 공부가 계획대로 잘 되어가지 않는 것에서 기인한다고 생각합니다. 예외적인 상황을 만들지 않고 정해진 생활반경에서 규칙적으로 공부하는 것이 공부에 대한 스트레스를 최대한 줄이는 길이라고 생각합니다.

9. 영어시험대체제도에 따른 주의해야 할 점이나 영어 공부 방법은?

A **홍수연** 제가 영어를 잘하는 편이 아니라 영어 공부 방법은 따로 없습니다. 저는 영어시험을 토익으로 준비하였습니다. 저의 영어 공부 방법은 그저 문제를 많이 푸는 것이었습니다. 모의고사 책을 사서 시간분배 연습을 하며 문제를 많이 푸는 것이 도움이 되었습니다. 다만, 영어를 잘하는 학생이 아니라면 제대로 공부를 시작하기 전에 영어점수를 만들어 놓는 것이 좋습니다. 세무사 공부를 시작하면 방대한 양의 공부를 해야 하는데 영어시험까지 준비하게 되는 경우 많은 부담이 됩니다. 그러지 않기 위해서는 먼저 영어점수를 만들어 놓는 것이 중요합니다.

A **임민정** 고득점을 목표로 하지 않아도 되기 때문에 세무사 공부하는 것과 병행하는 것보다 단기간 집중적으로 공부해서 자격요건을 충족하는 것을 추천합니다.

저는 한권으로 끝내는 해커스 토익 700+라는 책으로 약 3주간 독학으로 공부하였습니다. 유형별로 정리된 문제를 학습하며, 각 유형별 문제풀이 방식을 익혔던 것이 도움이 되었습니다.

듣기와 독해 모두 토익 시험에 출제되는 단어나 상황들이 반복되기 때문에 여러 번 풀어보며 그러한 것들에 익숙해진다면 빠른 문제풀이가 가능해질 것입니다.

토익 시험 응시경력이 없다면 시험 전 3~5회분 모의고사 정도를 구매해서 실전 연습을 하는 것을 추천합니다.

10. 수험생들께 당부하고 싶은 말은?

A **홍수연** 공부를 하다보면 남들과 비교되는 자신의 성적과 합격할 수 있을까라는 불안함에 스트레스를 많이 받으실 겁니다. 저는 공부방법은 사람마다 다르고 잘하는 부분과 못하는 부분 또한 다 다르다고 생각합니다. 너무 주변사람들과 자신을 비교하여 스트레스를 받지 않으셨으면 좋겠습니다. 타인과의 적당한 경쟁은 공부를 할 때 많은 도움을 줍니다. 동기부여가 될 수도 있습니다. 하지만 타인과의 과한 비교는 스트레스만 만들어 줄 뿐입니다. 공부에는 약간의 스트레스는 도움이 되지만 과한 스트레스는 적이라고 생각합니다.

제 주변을 보니 끝까지 포기하지 않고 꾸준히 공부한 사람들은 합격을 하는 것 같습니다.

매일 매일을 타이트한 스케줄로 공부하면 몸이 많이 지칩니다. 공부를 하실 때에도 잠시 여유를 갖는 시간을 만들어 스트레스를 해소하며 꾸준히 공부한다면 꼭 합격하실 수 있습니다. 수험기간은 단거리 달리기가 아닌 장거리 마라톤과 같기 때문에 너무 빠르게 달려 나가는 것 보다는 꾸준히 너무 힘들면 잠깐 쉬더라도 꾸준히 하는 것이 중요한 것 같습니다.

Ⓐ **임민정**　저는 기본 과정에서 개념들이 쉽게 망각되었을 때, 객관식 과정에서 세법 계산 문제를 두 번 정도 회독했음에도 또 다시 틀렸을 때, 동차과정에서 이해가 충분히 되지 않았음에도 세법학을 버겁게 암기해 나갈 때, 유예 과정에서 실력이 뛰어난 남들과 비교 됐을 때 힘들었습니다.

　이러한 과정들은 나 혼자만 겪는 과정이 아닌, 수험생 대부분이 경험하는 과정입니다. 그때마다 스스로를 자책하기보다, 모두가 겪는 과정임을 받아들이고 묵묵히 버텨나간 다면 어느 순간 실력이 상승되어 있는 자신을 발견하게 될 것입니다.

　시험을 앞두고는 결과가 행복을 좌우하는 것만 같아 불안해하기 쉽습니다.

　하지만 시험 직전만큼은 열심히 해왔던 스스로를 칭찬해주고, 후회 없는 수험 생활을 보내면 그 뿐이라고 생각하며 마음을 다잡는 것이 중요합니다. 그러한 마음가짐이 시험 종이 치는 마지막 순간까지 포기하지 않고 최선을 다할 수 있게 하는 것 같습니다.

🎤 11. 앞으로의 계획은? 끝으로 하고 싶은 말은?

Ⓐ **홍수연**　지금까지는 세무사합격이라는 목표만을 가지고 달려왔습니다. 그러다보니 막 상 합격을 한 지금 앞으로 무엇을 할까에 대한 고민을 많이 하게 됩니다. 이제 합격한지 얼마되지 않았기 때문에 세무사 수습기간동안 세무사 업무에 대해 배워보며 앞으로의 나아갈 방향에 대해 고민하고 설정하는 시간을 가지려 합니다.

　저의 수험기간에 대한 내용을 적은 이 글이 많은 수험생들에게 도움이 되었으면 좋겠 습니다.

Ⓐ **임민정**　실력 있는 세무사가 되기 위해서 세법뿐만 아닌 다른 영역 공부도 많이 필요하 다는 것을 수험생활을 거치면서 알게 되었습니다. 그래서 남은 학기동안 전문가로서의 자질을 충분히 갖출 수 있도록 여러 분야의 공부해 보고 싶습니다. 그리고 비슷한 진로 에 종사하고 있는 분들을 만나보면서 구체적인 진로에 대해 고민할 예정입니다.

　제가 공부했던 방법이 모두 정답이라고 생각하지는 않습니다. 다만 비슷한 시행착오를 겪고 있는 수험생 분들에게 작은 도움이나마 될 수 있다면 좋겠습니다.

　마지막으로 자신감을 가질 수 있도록 수험생활을 적극적으로 도와준 언니와 변함없는 응원과 지지를 보내 준 가족들에게 고맙다는 말씀을 전하고 싶습니다.

2018년 제55회 세무사시험

최고득점·최연소 합격자 인터뷰

임 윤 아
1995년 06월 29일 출생
상산고등학교 졸업
연세대학교 재학
2018년 제55회 세무사 제2차시험
최고득점 합격자

손 은 서
1997년 6월 20일 출생
성균관대학교 경영학과 재학
2018년 제55회 세무사 제2차시험
최연소 합격자

🎙 1. 자기소개, 응시동기, 합격소감은?

A **임윤아** 안녕하세요. 55기 세무사 시험에 수석합격 한 임윤아 라고 합니다. 주변 사람들로부터 성실하다는 평을 많이 들어왔는데 그 성실함이 좋은 결과의 바탕이 되었던 것 같습니다. 과분한 축하와 격려 정말 감사합니다.

　많은 합격생분들도 같으시겠지만 합격소식은 저에게 기쁨과 안도감, 두려움과 당황스러움을 모두 불러일으켰습니다. 우선 합격했다는 기쁨과, 수험생활이 끝났다는 안도감이 느껴졌고 그 다음으로는 이제 학생에서 사회인이 될 첫 단추를 끼우고 있다는 두려움과, 교육 등록, 수습처 문제 등 밀려드는 할 일들에 당혹감이 함께 찾아왔습니다. 저는 특히 아직 학생이기 때문에 이러한 사건이 더욱 급격한 변화로 느껴졌던 것 같습니다. 물론 하나를 꼽자면 역시 합격의 기쁨이 가장 컸습니다.

저는 안정적인 생활조건을 보장해주면서도 중장년이 되어서도 새로운 도전을 지속할 수 있는 직업을 바랐습니다. 또 전문인력으로서 내가 속한 사회에 봉사한다는 자부심도 느낄 수 있는 직업을 원했습니다. 그러한 제 소망에 세무사보다 더 잘 맞는 직업은 없을 것이라고 생각합니다.

Ⓐ **손은서** 이번에 제55회차 세무사 시험에 합격한 손은서입니다. 2017년 대학교 2학년 1학기를 마치고 1년 휴학계를 내고 8월말에 시작하는 가을기본종합반에 들어가면서 시험 준비를 시작하였습니다. 2017년 6월 여름방학부터 수험공부를 시작하여 약 1년 2개월 정도 세무사 시험을 준비했습니다.

부모님의 권유로 세무사에 대해서 알기 시작했습니다. 세무사에 대해서 막연히 생각했는데 전공수업을 들으면서 회계 쪽이 적성에 맞음을 느꼈고 세법 또한 제 적성과 잘 맞아 세무사 시험을 진지하게 생각해 보기 시작했습니다. 이후 세무사라는 직업이 고객과 소통하는 직업이라 마음에 들었고 조금은 안정적인 생활을 보장해줄 것 같아 제대로 준비해 보자고 마음을 정했습니다.

합격할 것이라고 생각지도 못한 채 복학을 했고 수업 중에 합격 사실을 알게 되었습니다. 합격했다는 것을 믿을 수가 없어서 발표 창을 다섯 번 정도 들어갔다 나갔다 를 반복했습니다. 수업 중이었는데 이후 수업은 하나도 들리지 않았습니다. 믿기지가 않아 기분이 좀 얼떨떨하기도 했고 외로웠던 수험생활 동안 노력한 만큼 보답 받는 것 같아 뿌듯한 감정이 들기도 했습니다. 운이 좋았다고 또는 노력의 성과라고 느끼지만 이제까지 응원해준 사람들 덕분이기도 하다는 생각에 응원해주고 함께 공부해왔던 친구들과 부모님에게 바로 감사인사를 전했습니다.

🎤 2. 1, 2차 시험대비 수험대책으로 자신만의 효율적인 각 과목별 공부방법과 준비요령은? (수험기간, 공부시간, 수험정보 입수경로 등 포함)

Ⓐ **임윤아** 수험가에는 흔히 이해와 암기, 개념과 문제풀이를 따로 생각하는 경향이 있습니다. 그러나 이들은 결코 떨어져서는 안되는, 이를테면 성적이라는 쌍두마차의 두 말과 같은 관계입니다. 저는 학원 커리큘럼에 따라서 기본반 – 심화반 – 객관식반 – 2차대비로 총 4시즌으로 나눠서 공부방침에 약간씩 변화를 주었습니다. 기본반은 무조건 완벽히 '이해'하는 것에 중점을 두었고, 심화반과 객관식 반에서는 이미 이해한 것을 정확히 출력하는 '연습'하는 것에 초점을 두었습니다. 2차대비 시즌에는 새로 배우며 이해하는 것과 암기 및 출력연습을 동시에 했습니다. 각 과목의 기본반과 서술형 과목은 전부 강의

를 듣되 실강과 인강을 적절히 혼합하였고 객관식과 2차시즌에서는 많은 강의를 생략하고 연습에 집중하였습니다.

기본반 이전(2017년 이전)

대학교를 다니며 틈틈이 1차 공부의 기본이 되는 공부를 했습니다. 학교 수업으로 회계원리를 수강하였으며, 김판기 선생님의 경제학 입문을 인강으로 들었습니다.

기본반 시즌 (2017년 1월~8월)

저는 2017학년도 1학기를 휴학하고 재무회계(나무 김현식), 원가회계(나무 김용남)를 당시 나무경영학원에서 회계사준비생들에게 운영하던 기본종합반으로 들었습니다. 수강이 끝나고 회계사 세법강의(나무 이승철)가 열리기 전까지 한 달 반 정도의 시간 동안엔 혼자 도서관에 다니며 회계학내용을 복습하였는데 각각 1.5회씩 더 보았던 것 같습니다. 이후엔 세법강의를 시작했고 재정학(나무 김판기), 민법(나무 김춘환) 강의가 열리기까지 세법과 재무회계 원가회계를 다시 반복학습 했습니다. 세법은 이때 1회독, 재정학 강의가 열리고 1회독을 더 추가하여 총 3회독 하였으며 회계도 3회독하였습니다. 재정학과 민법은 강의와 복습, 그 이후 1회독을 추가해 총 2회독하였습니다.

첫 개념을 배우는 기본반 시즌이 수험기간을 통틀어 가장 중요한 시기라고 생각합니다. 김현식 선생님께서 중급회계 시간에 자주 하시는 말씀이 있었는데 "똑똑한 아이들은 벌써 다 외웠다."라는 것이었습니다.

1교시에 들은 내용을 1교시 쉬는 시간이 되면 이미 외워뒀어야 한다는 것이었습니다. 저는 이 말에 깊이 공감했습니다. 곧 그 말 대로 매수업시간마다, 수업을 듣는 중에는 치열하게 집중해 들으며 한마디 한 마디 무슨 의미인지 알아들으려 노력하였고, 쉬는 시간에는 무조건 그 전 시간의 내용을 혼자 되뇌어 보았습니다.

여유가 되면 이전 수업시간까지 했던 내용들도 되짚어 보았습니다. 복습을 할 때는 수업시간에 다룬 부분의 교재 본문을 찾아 읽었습니다. 여유가 되면 보론까지 찾아 읽었습니다.

특히 재무회계, 세법개론, 민법, 재정학은 이 방법이 적합했습니다. 강의를 들으며 바로바로 외운 내용을 교재 본문에서 서술형 텍스트로 한 번 더 읽으니 저절로 복습효과도 있었고 이해가 심화되는데 도움이 많이 되었습니다.

재무회계와 그 외 과목은 이때 교재를 외우다시피 읽으며 이해한 것이 이후까지 개념 공부의 대부분을 커버해주었습니다. 세법 개론서를 읽은 것은 이후 세무회계, 세법학으로 점차 심화되는 세법을 제 특기로 삼게 된 큰 계기가 되었습니다.

세법 공부는 특히 법조문을 이해하는 것이 중요하기 때문입니다. 그날 배운 내용은 ① 강의를 들으며 한 번, ② 쉬는 시간에 한 번, ③ 끝나고 전체 강의를 복기하며 한 번, ④ 교재를 읽으며 한 번, ⑤ 교재와 강의를 한 번에 복기하며 마지막으로 한 번까지 총 5번정도 씩은 반복했습니다.

위에 말씀드린 회독 수를 쌓아갈 때마다 각 개념에 대해 이런 식으로 촘촘히 반복했습니다. 이 시점에는 문제풀이는 선생님이 찍어 주시는 문제에만 도전했습니다. 다만 원가회계는 논리 흐름을 이해하고 연습문제까지 풀어 보았고 문제를 풀며 공손품이 있을 때의 차이 배분 등 기본강의에서 다루지 않는 심화주제가 궁금해질 때는 주저없이 시간을 들여 고민했습니다. 이때는 시간이 많다는 생각을 가지고 정말 열심히, 성실하게 개념을 '이해'하는 것이 중요합니다.

저는 가르쳐주지 않은 것을 궁금해 할 정도로 개념의 의미를 음미해보는 시간을 가져 보려고 했습니다.

또, 심화반이 되면 강사님들이 해주시는 작업이지만 저는 이 때부터 강의 앞부분의 개념과 뒷부분의 연관된 개념을 함께 떠올리는 연습을 했습니다. 적합한 예는 아니지만 법인세법에서 중소기업에 대한 특례를 손/익금, 귀속시기 등 최대한 파트별로 기억나는 대로 적어보는 식이었습니다.

심화반 시즌 (2017년 6월~12월)

일찍 공부를 시작한 덕에 회계와 세법을 미리 다독할 수 있었습니다. 그러나 5-6월쯤이 되자 재정학과 선택법 강의는 아직 개강하지 않은 상태에서 세법, 회계의 기본개념만 반복하는 것이 점차 무의미하게 느껴졌습니다. 저는 공부에 대한 의욕을 잃지 않기 위해 다음 과정인 세무회계를 6월부터 수강하기로 결정했습니다. 다만 이때는 아직 회계사반에서도 세무회계가 촬영되지 않은 때였기 때문에 과감히 세무사/회계사대상 유예 세무회계(나무 이승철)를 인강으로 수강하기 시작했습니다.

곧 재정학과 민법이 개강하여 함께 수강했습니다. 9월이 되었을 때는 세무사 심화종합반 실강을 신청하였고 다만 이미 인강으로 들은 적 있는 세무회계 수업은 수강하지 않았습니다.

다만 고급회계는 친숙해지기 위해 수강했습니다. 시간이 많이 남았다는 생각을 가지고 세법학을 제외한 모든 2차과목의 모든 문제를 수기로 풀어보았습니다. 이때 2차연습서는 강의포함 세무회계는 3회, 재무, 원가회계는 2회, 세법학은 2회정도 본 것 같습니다.

2차대비 강의는 논술형인데 처음에는 학습 포인트를 잡는 것이 어려웠습니다. 선생님께서 복기해주시는 내용은 대부분 이미 기본강의로 배운 것이었고, 저는 그 내용을 거의 암기한 상태였기 때문입니다.

세무회계 강의 법인세를 다 들어갈 쯤에야 2차대비 강의의 수강포인트가 '연습'에 있다는 것을 알게 되었습니다. '연습'에 초점을 둔 이후 저는 모든 2차 강의는 기본반 때 배운 것을 바로바로 기억해내는 연습, 세법 같은 경우는 소득세 소득공제기준 등 디테일을 암기하는 연습을 열심히 하며 들었습니다. 반복과 이해로 큰 골격은 암기한 상태였지만 이해와 무관한 세법요건 등은 새로 암기하는 수밖에 없었고 이때가 그 기회라고 생각했습니다.

또 2차는 논술 시험이므로 이때부터 답안지 작성을 충분히 연습했고, 풀이 과정은 맞았더라도 답이 틀리면 틀린 문제로 치면서 계산실수를 줄여 나갔습니다. 다만 심화반 세법학(나무 정병창) 강의는 아예 새로 배우는 것이었으므로 기본반 시즌에서 하는 것과 똑 같은 과정을 다시 거쳤습니다. 물론 법인세, 소득세, 부가세는 이미 들은 내용이므로 이를 감안해 반복횟수를 줄이고 교재 상의 연습문제를 수기로 작성해보는 연습을 병행했습니다. 심화반 시즌은 1차와 2차 사이의 기간으로 애매한 시기로 느끼실 수 있지만 늘 시험을 바로 치룰 수 있는 실력인지 검토하면서 지치지 않고 연습하는 것이 중요합니다.

처음 공부를 시작할 때는 모든 것이 새롭고 막막할 것입니다. 저는 우선 응시과목의 종류와 특성을 파악하고 일반적인 공부순서를 알기 위해 유명한 학원 홈페이지에 들어가 1년 일정과 강의목록을 정독했습니다. 그렇게 몇 군데의 홈페이지를 비교해보고 학원에서 진행하는 강의 순서대로 공부를 시작했습니다.

중간중간에 길을 잃을 때는 '예비세무사의 샘'이라는 카페의 관련된 합격수기를 찾아 읽기도 했습니다. 다만 내용 전부를 참고하지는 않았으며, 동차기간에 다른 동차생의 수기를 보는 등 필요한 부분만 골라가며 참고했습니다.

학원에서는 마음이 불안해질 때 조교님과 상담을 곧잘 했던 것 같습니다. 그러면 마음을 안정시켜주시기도 하고 때로는 제가 알지 못했던 공부방법을 알려주시기도 해서 도움이 많이 되었습니다. 기본적으로 정보수집은 저 스스로 필요하다고 느낄 때만 했으며 평상시에는 인터넷 카페에 자주 들어가는 편은 아니었습니다. 필요할 때 필요한 정보만 검색해서 읽는 것이 좋다고 생각합니다.

객관식 시즌 (2018년 1월~4월)

객관식 강의는 필요하다고 느꼈던 재정학(나무 김판기) 강의 한 개만 들었습니다. 개인적으로는 1차준비 기간동안 가장 불안하고 공부가 지겨운 시기였습니다. 기본반 시즌과 심화반 시즌동안 충분히 숙지한 개념을 다시 반복하며 또 문제를 풀어야 했는데 너무 여러 번 반복하다 보니 지쳤었던 것 같습니다.

그래서 이때 저는 세가지 결단을 했습니다. 우선 공부 방법에서는, 불안하지만 개념 반복은 그만두고 문제가 잘 풀리면 안심하고 넘어가기로 했습니다. 그래도 불안한 개념은 문제 옆에 낙서처럼 계속 다시 써보았습니다. 두 번째로는 심화반 때 만난 수험생 친구들과 스터디를 꾸린 것입니다. 혼자하는 공부에 지쳐 참여한 스터디로 세법이나 가끔 재무회계를 시간재고 풀어보곤 했습니다.

마지막으로 3월에는 눈 딱 감고 정병창 선생님의 작년 스터디가이드 특강으로 심화반 때 다루지 않은 세법학부분을 수강한 것입니다. 비록 2주 정도 국세기본법과 개별소비세와 지방세 일부만 들을 수 있었지만 충분히 자극이 되어 좋았습니다.

세법학 수강 덕분에 이제 다루지 않은 범위가 없다는 자신감이 생겨 동차기간 공부에도 유리했던 것 같습니다. 객관식 교재는 전 과목을 1.5회차 정도까지는 모든 문제를 풀며 헷갈리는 것을 표시해두고, 그 이후부터는 회독을 늘려가며 점차 푸는 문제를 줄여 나갔습니다. 이 때도 필요할 땐 기본서를 보았습니다. 객관식 교재는 총 4번정도 푼 것 같습니다.

시험 직전에는 학원별 전국 모의고사에 두 번 응시하였습니다. 이 때까지의 노력이 결실을 맺어 그 중 한번은 수석을 했었습니다. 모의고사에 응시한 것은 실력을 점검해보고, 시험 전날 넓은 범위를 훑는 연습을 미리 해보기 위함이었습니다. 모의고사의 예행연습을 통해 실제 시험 전에 이틀에 걸쳐 전과목 주요부분을 복습하는 계획을 세울 수 있었습니다.

2차준비 시즌 (2018년 4월~8월)

1차시험이 끝나고 일주일정도 고향집에 머물며 푹 쉬었습니다. 푹 쉬고 나서 다시 열심히 할 생각이었기 때문에 크게 불안하지는 않았습니다. 심화반 때 수강을 열심히 했기 때문에 회계학은 수강하지 않았고, 세법학(나무 정병창)인강과 GS동차모의고사 전과목 실강반을 수강하였습니다. 2차강의는 세법학만 듣는데도 시간이 매우 부족해 회계학 연습서는 1.5-2회 정도로 주요문제만, 세법학 교재는 2-3회정도로만 연습하고 시험을 쳐야했던 것 같습니다. GS모의고사 반에서는 회계학 8회와 세법학 10회 모두 1번을 빼고 모의고사에 이름을 올렸습니다.

공부를 시작한 이래로 가장 시간이 부족한 시기였습니다. 그러나 마음은 최대한 여유롭게 가지고 한 주 한 주를 충실히 살아가는 것에만 신경을 썼습니다. 공부비중은 이렇게 해도 되나 싶을 정도로 세법학에만 많은 시간을 투자했습니다. 세법학은 GS모의고사 진도에 맞춰서, 해당 주의 범위를 반드시 전부 보고 시험에 임했습니다. 강의 진도도 GS

에 맞춰 약간씩 조정했습니다. 세법학은 범위가 너무 넓고 교재가 두꺼워 다 읽는다는 생각은 버려야했습니다.

정병창 선생님의 스터디가이드를 기본으로 강의에서 짚어준 내용을 다 암기했는지 확인해가며 범위를 둘러보았고 모의고사 응시일인 주말이 다가왔는데 다 보지 못한 범위는 과감히 중요한 것만 제대로 외워서 시험을 치루었습니다. 한 회도 포기하지 않는게 중요했기 때문입니다.

회계학은 매주 시험 전 1-2일에 걸쳐 기본적인 문제들만 풀어보았고 나중에 반복할 수 있게 표시해 두었습니다. 시험을 볼 때는 답안지 작성요령과 계산 실수, 시간관리에 매 회 신경 써가면서 성실히 임했고, 시험이 끝나고 첫 몇 주 정도는 모범답안과 제 답안을 비교하며 득점요인을 분석해보았습니다. GS모의고사가 끝나고는 한달이 약간 넘는 시간이 남아있었는데 이때는 GS모의고사를 묶어 제본하여 들고 다니며 보았으며 세법학 책의 연습문제를 골라서 풀었고 전국 모의고사에 두 차례 응시했습니다.

세법학은 GS모의고사에 나온 문제와 모범 답안의 개요를 물어보면 전부 대답할 수 있을 정도로 외웠고, 출제되지 않은 부분은 스터디가이드를 통해서 외웠습니다. 회독을 반복하며 스터디가이드에 있는 모든 정보를 외우려 노력했습니다. 선생님께선 필요 없다고 하셨지만 저는 내용의 흐름을 이해하기 위해 소목차도 외워갔으며 지엽적인 주제와 조특법도 거의 전부 보았습니다. 회계학은 GS모의고사만 다시 풀어보고 시험장에 들어갔습니다. 이 시즌에는 전 범위를 회계학은 1.5회, 세법학은 4-5회정도 보았던 것 같습니다.

Ⓐ **손은서** 처음에는 일상 생활만 하던 몸이 아침부터 저녁까지 공부하는 힘든 학원 스케줄에 적응하려고 하니 너무 힘들었습니다. 또한 이 시험을 과연 내가 붙을 수 있을까 라는 불안감에 수험 생활 초반은 조금 많이 우울했던 것 같습니다. 그래서 이 불안감을 이기고 체계적인 공부를 하기 위해 계획을 짜서 하루하루 실행하는 공부방법을 선택했습니다.

분기 계획, 달 별 계획, 주 별 계획, 그리고 일별 계획 등 큰 틀을 그려 놓고 구체적인 계획으로 좁혀 나가면서 서서히 이 공부를 어떻게 해야 할지 눈에 들어왔습니다. 하루하루 계획대로 공부하기 위해 최선을 다하고 주말에는 밀린 공부를 하면서 일주일을 정리하면서 공부량을 늘려갔습니다. 하루하루 계획에 따라 실천하게 되면 불안함이 하나씩 해결되는 느낌이라 정서적인 면에서 안정감을 찾았던 것 같습니다.

1차 시험을 준비할 때 처음에 수험생활에 적응하는 문제로 인하여 일찍 돌아갔습니다. 학원에 8시 40분쯤 도착해서 수업을 듣고 되도록 그날 배운 수업 내용을 그 날 정리하고 복습하려고 했습니다. 처음에는 9시에 하원하였지만 나중에 수업 진도가 빨라지고 서서히 몸이 학원에 적응하면서 9시 30분 이후에는 10시 40분에 하원하였습니다. 1차

시험 전날을 제외하고는 8시 40분에 학원에 도착하여 저녁 10시 40분에 귀가하는 이 루틴을 반복했습니다.

　1차 시험을 본 후 일주일정도를 쉰 뒤에 바로 2차 시험 준비를 시작했습니다. 2차 시험을 준비할 때에는 1차 시험과 마찬가지로 8시 30분 즈음에 학원에 도착하여 10시 40분까지 공부했습니다. 대신 2차 시험은 학원에서 현장 강의로 계속 수강했던 1차 시험과 다르게 시간의 촉박함을 어느 정도 해결하고자 온라인 강의로 2차 시험 과목에 대한 개념강의를 수강했습니다. 대신 세법학 모의고사반을 학원 현장강의로 수강하여 실전감각을 익혔습니다.

　그리고 공부장소는 절대 학원을 벗어나지 않았습니다. 학원 내 독서실에서 꾸준히 공부했는데 학원 내 다른 사람들 역시 세무사 또는 회계사 준비생이기 때문에 같은 화제로 이야기를 나누고 정보도 교환이 용이하고 세무 관련 수험서를 살 때도 바로 옆에서 살 수 있어서 더 좋았던 것 같습니다. 저는 주변에 세무사 공부를 준비하는 사람이 없어서 학원에서 같은 수업을 듣는 사람들과 이야기를 하며 부족한 정보를 교환했고 다른 것들은 인터넷 사이트를 통해서 정보를 얻었습니다.

1. 1차시험

1) 재무회계

　처음배우는 개념이었기 때문에 기본강의를 들을 때 복습강의를 철저히 했습니다. 이후 객관식 문제집을 꼼꼼히 풀었고 모의고사도 여러 번 풀면서 기본기와 푸는 속도를 높여갔습니다. 시험 이틀 전에 4시간 안에 1회독을 하게 끔 복습했고 시험 날에는 중요 문제를 표시해서 다시 풀면서 안정감을 찾았습니다.

2) 원가회계

　개념 수업을 듣고 그날 배운 원가회계 문제를 다시 풀어보았습니다. 특히 2차 대비를 위해서 문제풀이를 되도록 꼼꼼하게 쓰면서 복습했습니다. 그리고 객관식 문제집과 모의고사를 반복해서 풀었고 시험 이틀 전에 3시간 안에 어려웠던 문제들 위주로 복습하였고 시험 날에는 중요 문제를 표시해서 보고 시험을 봤습니다.

3) 세법

　최대한 말문제를 다 맞힐 수 있게 세법 이론 관련 부분을 꼼꼼히 준비했습니다. 간과하기 쉬운 부분 또는 자주 틀리는 부분은 이론서에 표시를 해놓고 자주 보았습니다. 물론 계산문제 또한 잔 실수가 많이 나오는 부분 빠르게 풀지 못하는 부분 위주로 여러 번 회독을 돌렸습니다. 이론서와 문제집 둘 다 똑같이 회독 수를 올리는 것이 중요한 것 같습니다.

4) 재정학

이영우 선생님의 강의와 정병열 선생님의 교재로 공부했습니다. 재정학이 고득점을 받을 수 있는 과목 중 하나이기 때문에 소홀히 하지 않았고 일주일 중 하루를 정해서 재정학 이론과 기출 중 최근 문제 위주로 여러 번 풀었습니다.

5) 행정소송법

정선균 선생님의 강의와 교재를 통해 공부했습니다. 법령이 가장 중요하기 때문에 법령을 전부 외웠고 그 다음에 판례를 중심으로 정리했습니다. 최근 5개년 기출 문제를 위주로 반복해서 풀었고 시험날에는 요약된 책에 중요 판례를 더 적어서 가져갔습니다.

2. 2차5시험

1) 재무회계

동차로 준비하면서 김재호 선생님의 강의와 교재로 공부했습니다. 강의를 빠르게 들은 이후에 재무회계 연습서 안의 문제를 계속 반복해서 풀었습니다. 특히 연습서 안의 분개 문제가 재무회계를 이해하는데 많은 도움을 줬습니다. 또한 마지막에는 실전 감각을 위하여 김기동 선생님의 모의고사 중 몇 개를 풀었고 틀린 문제를 반복해서 써보면서 정리했습니다.

2) 원가회계

강의는 따로 듣지 않고 이승근 선생님의 연습서를 풀었습니다. 이승근 선생님의 1차 강의에서 배운 방법을 토대로 연습서를 풀었습니다. 틀린 문제나 중요 문제는 여러 번 반복해서 풀면서 푸는 과정을 손에 익히려고 했습니다. 또한 마지막에는 실전 감각을 위하여 이승근 선생님의 모의고사 중 몇 개를 풀었고 반복하면서 정리했습니다.

3) 회계학 2부

수험생활 중 가장 큰 벽이라고 느껴졌고 끝까지 제대로 정리했다는 느낌을 받지는 못했습니다. 시험장에 가서도 문제를 풀었습니다. 먼저 세무회계 관련된 기본 강의를 전부 완강한 다음에 연습서를 3회독정도 돌리고 모의고사를 통해 실전감각을 익히자고 큰 줄기를 그린 다음 처음 한 달 반 정도는 세무회계 완강을 위해 일주일 중 월 수 금 오후 1시부터 6시까지 강의를 듣고 그 날 들은 강의 내용을 그 날 최대한 복습하려고 했습니다. 또한 법인세, 소득세, 그리고 부가세 관련 이론이 요약된 책을 계속 다시 보면서 세무회계 문제 풀이를 위한 이론을 다졌습니다. 그 중 이해가 안 되는 부분이 있다면 더 자세히 적혀 있는 기본서를 펴서 이해하고 넘어갔습니다. 이후에는 실전 모의고사를 5회 정도 풀면서 실전 감각을 익혔고 다른 새로운 문제를 풀기보다 푼 5회를 다시 돌리면서 낯선 문제들에 익숙해지고 자신감을 얻으려고 했습니다.

4) 세법학

기본 강의를 듣고 필기를 전부 따라하며 기본을 익혔습니다. 이후 주요 법령과 판례가 요약된 책에 필기를 옮겨 적고 최근 판례나 모의고사에서 배운 주요 판례를 포스트잇을 붙여 단권화 했습니다. 새로 배운 중요한 내용을 더해가면서 이 책을 들고 다니면서 매일 매일 봤습니다. 선생님이 중요하다고 한 법령과 판례를 정말 전부 외우는 것이 핵심이라고 생각합니다. 초반에는 월요일부터 금요일까지 한 세목을 외우고 토요일에 모의고사 시험을 보면서 복습하였고 나중에는 일주일에 세목 전부를 볼 수 있도록 암기했습니다. 마지막 2주에는 이제까지 보았던 모의고사 중에서 중요하다고 생각하는 논제를 몇 개 뽑아서 실제 시간을 재고 풀면서 실전 감각을 익혔습니다. 까먹지 않기 위해서 자주 요약된 책을 보고 암기하는 것이 중요합니다.

3. 1, 2차 수험기간동안 Group Study는 어떻게 이루어졌으며 실전 시험에는 어느 정도의 효과가 있었습니까?

A 임윤아   기본적으로 공부는 혼자 하는 것이라고 생각해 스터디를 많이 활용하진 않았습니다. 출석체크 스터디는 수험기간 동안 계속 참여하였고, 문제풀이 스터디는 1차시험 직전에만 진행했습니다.

출석체크 스터디는 각각 다른 시험을 준비하는 친구들과 네이버 밴드 어플이나 카카오톡을 통해 출석을 인증하는 방식으로 진행했습니다. 기본적인 생활습관을 잡는데 큰 도움이 됐습니다. 잠을 7시간 정도로 많이 자고 8시반-9시에 느즈막히 등원하면서도 그 스케줄을 꾸준히 유지할 수 있었던 것은 출석스터디 덕분이었습니다.

문제풀이 스터디는 객관식 시즌에 들어가 공부에 점차 지루함을 느끼고 있을 때 시작했습니다. 심화커리큘럼 때 만난 친구들 중 마음 맞는 사람들을 모아 객관식 세법(이승철, 이승원)을 단원별로 시간을 재고 풀었습니다. 실전 감각을 익히는 용도였기 때문에 문제 선별에는 크게 신경 쓰지 않았습니다. 4명의 스터디원이 돌아가며 풀 문제를 정해오면 시간을 정해놓고 함께 그 문제를 풀고 점수를 매겨보았습니다. 최대한 단원별로 다양한 유형을 풀어보되 강사님들이 강조하신 문제들 위주로 볼 수 있도록 정했습니다. 일주일에 3번씩 모이며 한달 동안 법인세, 소득세, 부가세범위를 전부 보았습니다.

세법 외에도 간간히 모여 재무회계 기출BEST(김기동)을 한 회씩 풀어보거나 작년도 기출문제를 뽑아서 쭉 풀어보기도 했습니다. 저는 스터디에 참여하기 전에 범위가 되는 단원의 부족한 점을 보충하거나 문제를 풀어보고 스터디에 임했습니다. 문제풀이스터디는 이런 식으로 빠른 호흡으로 객관식 공부를 진행하는데 도움을 주었습니다. 시험 직전에 마킹실수, 계산실수 등 감점요인을 파악할 수 있었으며, 실제 시험과 같이 점수를 매겨보며 합격가능여부를 점쳐볼 수도 있었습니다. 높은 점수를 유지한다면 안심하고 정진하면 되고, 그렇지 않은 부분은 집중적으로 보완하는 식으로 공부계획에 반영했습니다. 한편 문제풀이 후 잠시 이야기를 나누는 시간은 반복학습에 지친 저에게 허락하는 휴식시간이기도 했습니다.

A 손은서 그룹 스터디를 하게 되면 서로 모르는 부분을 알려주거나 놓친 부분을 찾게 되는 등 시너지 효과가 날 수는 있지만 이는 스터디 하는 과목에 대해 잘 알고 있는 경우에 가능한 것이라고 생각합니다. 그리고 저는 친해지면 수다를 즐기는 편인데 맺고 끊는 걸 잘 못하기 때문에 되도록 그룹 스터디를 자제하려고 했습니다. 1차 시험을 준비하는 기간에는 그룹 스터디를 전혀 하지 않았습니다. 재무회계나 세법, 재정학, 그리고 행정소송법 등 새로 배우는 과목들이 많았기 때문에 그룹 스터디를 하기에 다른 사람들과 공유할만한 지식이 없기도 했고 시간이 절대적으로 부족했습니다. 학원에서 가을기본종합반과 객관식 종합반을 들으며 수업에서 배운 내용들을 공유하기 전에 제 것으로 만들기 위해 하루하루 계획한대로 복습하려고 했습니다.

2차 시험을 준비하게 되었을 때에도 마찬가지였습니다. 동차를 목표로 하기에 약 4개월은 절대적으로 부족한 시간이었습니다. 그룹 스터디를 하게 되면 결국 시간을 뺏길 수도 있다고 생각했지만 세법학은 좀 달랐습니다. 세법학은 서로 암기의 내용을 확인하고 한 판례를 돌아가면서 여러 번 외울 수 있습니다. 그래서 처음에 세법학을 외우는 것에 감이 잘 잡히지 않을 때 두 번에서 세 번 정도 동차를 목표로 같이 공부하던 친구 두명과 함께 세목을 외우기 위해 그룹 스터디를 진행했습니다. 초반에 세법학이라는 과목에 적응하기 위해 그룹 스터디를 했지만 적응한 후에는 시간 절약을 위해 각자 외우기로 했습니다. 혼자 계속 외우다 보면 지치고 재미없어질 때가 있습니다. 그럴 때 몇 명과 함께 한 짧은 그룹 스터디는 수험생활에 긍정적인 활력소 역할을 했다고 생각합니다.

🎙️ 4. 최근 1, 2차 시험과목별 출제경향과 수험대책은 어떤 것이 있습니까?

Ⓐ 임윤아　첫 응시에 동차로 합격하여 출제경향에 대해 드릴 말씀이 많지는 않습니다. 다만 최근 몇 년 간 1차와 2차 공히 넓은 범위에서 많은 문제가 출제되고 있음을 알려드립니다. 1차 객관식 시험 같은 경우 고난이도 문제가 많기 보다는 각 범위 별로 한 문제씩 나오는 식입니다. 따라서 최대한 버리는 범위를 줄이고 모든 범위의 기본사항을 충실히 가져가는 것이 중요합니다.

처음에는 이해 위주로 깊게 공부하다가도 시험이 다가올수록 기본 사항을 간결하게 반복하는 것이 넓은 범위 학습에 효과적입니다. 1차 객관식 시험 같은 경우 간혹 판례문제가 나오긴 합니다. 강사님들이 주요 판례는 다뤄주시기 때문에 아예 새로운 내용은 아니지만 그렇다고 추가로 가져가기도 어려운 부분입니다. 꼼꼼히 가져갈 자신이 없다면 너무 세부적인 판례문제 등은 과감히 포기하시는 것도 좋습니다. 1,2차 시험 공히, 세법 및 회계기준 개정사항은 필수적으로 외워 가야 합니다. 개정범위에 비해 출제되는 문제수는 많은데다가 기본적인 개념만 물어보는 문제가 대부분이므로 꼭 가져가시길 바랍니다. 당 해 회계사 시험에 출제된 개정사항은 출제확률이 더 높다고 볼 수 있습니다. 문제수가 제한된 2차 시험에서는 주력해서 공부할 범위를 정하는 것이 더욱 중요합니다.

회계학에서는 1부의 현금흐름, 2부의 합병, 연결 등 수험목적상 부수적인 주제들 중 직전 2~3년간 출제된 것들은 포기하셔도 좋습니다. 세법학은 역시 개정사항 위주로 보시되 2부 중 조세제한특별법은 중요주제만 확실히 알아 가시는 것도 좋습니다.

Ⓐ 손은서　이번 1차 시험은 쉬운 과목이라고 여겨져 왔던 재정학과 선택과목이 생각보다 어렵게 출제되었습니다. 재정학에서 난이도 있는 이론이 나오기도 했고 행정소송법에서는 처음 보는 판례들이 몇 개 있었고 예전에는 재정학이나 행정소송법 둘 다 문제은행식이었다면 최근 출제경향은 이론을 바탕으로 응용하는 문제가 많았습니다. 회계학과 세법학은 전통적으로 어려웠지만 특히 최근 회계학의 말문제가 점점 기준서의 지엽적인 부분에서 출제하다 보니 맞추기 쉽지 않았습니다. 그렇기에 회계학에서 계산문제도 확실하게 맞춰야 과락을 피할 수 있게 되었습니다.

재정학과 선택과목이 쉬운 과목이라고 불리지만 절대 방심해선 안되고 되도록 세법과 회계학과 비슷하게 비중을 두어 공부하고 정리해서 시험장에 가져가야 합니다. 또한 회계학과 세법학에서는 말문제를 다 맞힐 수 있다는 생각을 접고 계산문제도 확실히 맞춰야 한다는 생각을 가지고 계산문제도 여러 번 복습해서 시험장에서 당황하지 않고 풀 수 있도록 가져가는 게 중요하다고 생각합니다. 말문제 또는 계산 문제 중 한 부분에만 집중하기보다는 두 부분 다 포괄적으로 공부하고 여러 번 반복해서 보는 것을 추천합니다.

2차 시험에서는 회계학 1부의 경우 과거에는 재무회계가 2문제 모두 각각 한 주제에서 깊게 파고드는 형식으로 문제가 출제되었지만 이번에는 2문제 모두 다른 주제들을 섞어서 응용해야만 답이 나오게 출제되었습니다. 그리고 숫자가 아닌 분개를 적으라는 문제가 여러 개 있었습니다. 원가회계에서는 항상 공부하던 주요 주제가 아닌 주제에서 한 문제가 크게 출제되었습니다. 전체적으로 원가회계를 복습하지 않았다면 아마 풀기 어려웠을 것이라고 생각됩니다. 회계학 2부에서는 여전히 시간 안에 전부 문제를 풀 수 없도록 어렵고 많은 양을 물어봅니다. 이번에는 부가가치세가 쉽게 나왔기에 부가가치세를 먼저 푸는 게 유리했다. 소득세에서는 퇴직소득을 물어보는 등 전반적으로 넓은 범위의 세무회계 문제를 풀 수 있는 것이 중요했습니다. 세법학 1부에서는 주요 논제의 전반적인 내용에 대해 묻거나 새로운 판례에 대한 법 해석 능력을 판단하는 문제가 출제되었습니다. 세법학 2부에서는 여전히 지엽적인 부분에서 많이 출제된 편입니다.

2부의 이러한 출제 경향을 고려해 볼 때, 회계학의 경우 한 주제의 지엽적인 부분까지 전부 암기하고 문제를 맞히려고 하기 보다는 전반적인 틀을 잡고 어느 주제에 대한 소홀함 없이 차근차근 공부하는 것이 필요한 것 같습니다. 선택과 집중보다 전반적인 틀을 잡고 회독 수를 올린 다음 익숙해지면 주제에 대해 조금씩 깊이 있게 공부해야 할 것입니다. 회계학 1부의 경우 기본적인 지식을 기반으로 묻는 문제가 많았으므로 분개 형식의 문제를 여러 번 풀면서 기초를 다지면 도움이 될 것으로 보입니다. 세법학의 경우에는 법령을 기본으로 판례까지 암기할 수 있도록 최대한 회독 수를 올리고 무엇보다 판례의 판단의 이유를 이해하면서 암기하는 것이 중요하다고 느꼈습니다. 판례를 통해 상황과 법령과 여러 다른 판례 간의 연결고리를 이해할 때 조금 더 구조적인 글이 나올 수 있었습니다.

5. 수험생활 중에 본 1, 2차 각 과목별 도서목록을 정리해 주시면 고맙겠습니다.

임윤아
- 재무회계 : 김현식 IFRS중급회계와 서브노트, 고급회계, 재무회계연습, 객관식재무회계 / 김재호 기출BEST모의고사
- 원가회계 : 김용남 원가관리회계, 원가관리연습서
- 세법 : 정정운 세법개론 / 이승철 세무회계연습, 서브노트, 객관식세법 / 정병창 스터디가이드,
- 세법학 I, II / 주민규, 하루에끝장내기
- 민법 : 김춘환 세무사민법, 객관식민법
- 재정학 : 정병열 재정학연습

1차 대비서

- 회계 : IFRS중급회계(김기동), IFRS 객관식재무회계(김기동),
        IFRS 재무회계 워크북(김기동), 원가관리회계(이승근),
        객관식 원가관리회계(이승근)
- 세법 : 세법 워크북(정우승, 유은종, 이철재), 객관식 세법(정지선),
        엣지 세법(이철재), 하루에 끝장내기 세법(주민규),
- 재정학 : 재정학(정병렬),
- 행정소송법 : 세무행정법(정성균)

2차 대비서

- 회계학 1부 : 재무회계연습(김재호), IFRS 재무회계 워크북(김기동),
            세무사2차대비 원가관리회계(이승근)
- 회계학 2부 : 세무회계연습1,2(주민규), 세법노트북(주민규),
            워크북(정우승)
- 세법학 1, 2부 : 임팩트 세법학1,2(유은종), 코어세법학(유은종)

6. 수험공부 시 학원 강의, 인터넷강의, 강의tape중 이용도 측면에서 어떤 방법을 선호했습니까?

Ⓐ **임윤아** 최근의 수험경향에서 강의tape는 거의 활용되고 있지 않습니다. 저는 어떤 과목이든 처음 배울 때는 강의를 통해서 확실히 배우고자 했고, 그 이후에는 중복되는 내용의 강의는 줄여가며 기본개념을 착실히 반복하는 방식을 선호했습니다. 강의는 학원강의와 인터넷강의를 적절히 혼합해 활용했습니다. 완전히 새로 듣는 내용은 인터넷강의일지라도 어차피 1배속으로 들었기 때문에 저에게 둘의 차이는 거의 없었다고 볼 수 있습니다.

아무래도 다른 수험생들과 수업을 들으면 집중력을 유지하는데 도움이 되므로 학원에서 운영하는 커리큘럼 중 들을 수 있는 과목이 있으면 되도록 실강을 들었습니다. 예를 들어 2017년 1월에는 회계사종합반의 회계학특강으로 재무, 원가회계를 실강으로 수강하였고, 2017년 세무사 심화종합반에서는 이미 들은 세무회계를 제외한 나머지 과목을 실강으로 수강하였습니다. 저는 독자적인 커리큘럼으로 공부했기 때문에 학원과 진도가 맞지 않는 과목은 인터넷강의로 수강했습니다. 예를 들어 세법은 세무사기본반개강 전 회계사반에서 촬영된 세법개론을 인강으로 들었으며 세무회계도 세무사심화반개강 전에 유예생들을 위해 촬영된 강의를 들었습니다. 객관식종합반시즌에는 종합반은 듣지 않고 재정학강의와 지방세법과 개별소비세법에 대하여 세법학 요약강의를 인강으로 듣기도 했습니다.

도합하여 실강보다 인강을 더 많이 활용한 것 같습니다. 인강을 들을 때도 실강과 마찬가지로 100%몰입해서 들으려 하였고 인강수강중 SNS사용은 지양했습니다. 또 인강을 들으며 생긴 질문점은 학원 질문게시판을 적극 활용하거나 강사님께 직접 물어봐 바로바로 해결해가며 인강의 단점을 극복했습니다.

Ⓐ **손은서** 1차 시험을 준비하느냐 2차시험을 준비하느냐에 따라 다른 것 같습니다. 기본적으로는 학원강의를 선호합니다. 저는 책상에 앉아서 진득하게 공부를 오래 하는 편은 아닙니다. 그래서 저는 1차 시험 공부할 때는 개념강의와 객관식 강의 모두 학원에서 실강을 들었습니다. 저는 저의 게으름을 알고 있었기 때문에 제 스케줄을 전부 학원에 맡겼습니다. 학원 강의는 제가 진도를 조절할 수 없기 때문에 수업 내용 중 버릴 것은 버리고 가져갈 것만 가져가면서 진도를 따라잡아야 합니다. 물론 중요 부분이 이해가 안 되거나 잠이 와서 못 들은 부분은 온라인 강의로 보충하기도 했지만 선택과 집중을 통해 진도를 따라가며 복습할 수 있었습니다. 처음 개념을 배우고 너무 빠른 진도에 큰 좌절을 겪었습니다. 그렇기에 그런 순간에 제가 정지 버튼을 누를 수 없게 하고 다른 생각 없이 학원 진도를 따라잡는 것에 전념할 수 있는 학원강의가 저에게 도움이 되었다고 생각합니다.

하지만 2차 시험을 공부할 때는 시간이 없었기 때문에 개념강의는 온라인 강의로 원하는 강사님을 선택하여 수강하였고 세법학 모의고사 과정만 학원에서 수강하였습니다. 시간이 여유가 있었다면 아마 2차 준비도 학원 강의를 종합반으로 등록하였을 것입니다. 하지만 정말 시간이 부족했고 책상에 앉아서 진득하게 공부하지 않으면 동차 합격을 목표로 하기 힘들었습니다. 그래서 조금이라도 빠르게 개념강의를 듣기 위하여 인터넷 강의를 수강하였습니다. 인터넷 강의의 장점은 제가 1차 시험을 준비하면서 배웠던 부분, 아는 부분 등에 대해서 넘기면서 중요부분을 선택해서 들을 수 있다는 것입니다. 배속강의 그리고 중간 중간 넘기면서 선택해서 들으면서 남들보다 조금 빠르게 개념강의를 전부 듣고 연습서 복습으로 넘어갈 수 있었습니다. 하지만 모의고사는 정말로 학원 강의를 선호하고 추천합니다. 모의고사를 본 후 바로 시험 친 내용에 대한 수업이 있습니다. 모의고사를 본 후엔 너무 지쳐 공부하기 싫어지지만 학원 강의이기에 다시 책상에 앉아서 수업을 들어야 합니다. 학원 강의여서 의지가 약해진 저를 다시 책상에 앉게 했다고 생각합니다. 그리고 모의고사를 학원에서 수강할 경우 시험을 친 후 궁금한 내용이나 이해가 안 되는 판례에 대해서 선생님께 직접 질문을 드릴 수 있어서 효과를 많이 봤던 것 같습니다.

7. 수험생활 중 애로사항과 본인만의 스트레스 해소방법은?

Ⓐ **임윤아**   저는 어릴 적부터 체력이 안 좋은 편으로 무리를 한 날엔 몸에 두드러기가 나는 체질입니다. 공부시간을 쪼개 운동하는 것이 두려워 처음에는 공부만 했습니다만 어느 날 반나절만 공부하고도 온 몸에 두드러기가 나는 것을 보고 운동을 시작했습니다. 그때는 2017년 10월이었는데 1차까지 기간의 반절 이상이 지난 시점에서 운동을 시작하는 것은 상당히 위험부담이 따르는 일로 느껴졌지만 시작할 수밖에 없었습니다. 운동을 시작한 달엔 부모님께 부탁드려 보약도 함께 먹었습니다. 매주 평균 3회정도 꾸준히 운동했습니다. 또 학원이 좁고 높은 형태였는데 모든 층을 계단으로 움직였습니다. 한 삼 주가 지나자 체력이 회복된 것을 느낄 수 있었습니다. 처음에는 달리기 어플(런데이)을 깔아 40분정도 훈련했고 1차시험 1달쯤 전부터 2차시험때까지는 방에서 나이키트레이닝클럽(NTC) 어플을 깔아 트레이닝 했습니다.

저는 사회적인 문제와, 인간관계 문제에 예민한 편이어서 안좋은 뉴스를 듣거나 친구나 가족으로부터 안좋은 소식을 들으면 감정동요가 심하게 일었습니다. 그런 때는 거의 반나절씩 공부에 온전히 집중할 수 없었습니다. 그러다보니 시험이 가까워질수록 자연스럽게 인터넷 뉴스도 잘 보지 않게 되고 친구들과의 연락도 잦아들게 되었습니다.

저는 매일 학원에 나와서 공부했기 때문에 휴일을 따로 두진 않았습니다. 대신 토요일이나 일요일 중 하루에는 반나절 정도를 푹 자면서 쉬었습니다. 또 평상시에도 7시간이상씩 충분히 자려고 했고 혹여 며칠 늦게 등원하거나 식사를 30분-1시간정도 더 오래 먹더라도 크게 개의치 않으려했습니다. 매일매일 시간에 쫓긴다고 생각하면 스트레스가 커져 결국 일상이 무너지기 때문입니다. 이런식으로 일상적인 완급조절을 했습니다. 또 1차시험 끝나고 2차시험 대비 전까지는 일주일간 고향집에 내려가 푹 쉬는 시간을 가졌습니다. 그 외에는 거의 매일 커피집을 바꿔가며 커피메뉴를 고르는 것을 재미 삼았고, 수험생활 초반에는 지겨우면 무작정 나가 학원근처를 구경하기도 했습니다. 또 일주일에 3번정도 달리기를 했는데 그때는 경복궁근처 한적한 밤거리를 라디오를 들으면서 뛰었습니다. 추운 겨울에 땀을 쪽 뺄 정도로 뛰고 나면 생각지 못한 즐거움이 있었습니다. 보시다시피 정해진 스트레스해소방법은 없었고 매일매일의 공부에 크게 스트레스 받지 않기위해 그때그때 필요한 것들을 적극적으로 찾아서 했던 것 같습니다. 특히 사소한 시간관리에 조급해하지 않으려는 것이 중요했던 것 같습니다.

Ⓐ **손은서**   수험기간 중 대부분의 시간을 혼자 보내다 보니 도중 큰 외로움이 찾아왔습니다. 같이 학교를 다니던 친구들이 보고 싶고 쉬러 여행을 가고 싶고 놀고 싶다 등의 여러 생각 때문에 공부에 잘 집중이 안됐습니다. 외로움과 같은 잡생각에 공부가 잘 안될 때

는 과감히 쉬는 시간을 가지는 방법을 선택했습니다. 공부에 집중이 잘 안되거나 지쳐서 그런 스스로에게 짜증이 날 때 그 돌파구로 같이 학원에서 세무사 시험을 준비하고 있는 친구들과 함께 아이스크림을 먹으면서 잠깐의 수다를 했습니다.

　같은 길을 달려가고 있는 친구들이기에 서로의 처지를 가장 잘 이해했습니다. 힘든 건 서로 공감하며 잘 하고 있는 부분은 축하하며 그리고 또 다시 공부하러 가자고 응원하는 하루의 작은 시간이 저에게 힘이 되었습니다. 그리고 서로 어떤 식으로 공부하고 있고 강의는 얼마나 진도가 나갔는지에 대해 이야기하거나 이해가 안 되는 문제를 앞에 두고 어떻게 풀면 되는지 같이 해결하면서 외로움을 이겨내려고 했습니다. 또한 아침부터 저녁까지 공부하는 생활이 어느 날 너무 피곤할 때 카페에서 커피를 사서 잠깐 쉬는 시간이 제겐 힐링이었던 것 같습니다.

🎙 8. 영어시험대체제도에 따른 주의해야 할 점이나 영어 공부 방법은?

Ⓐ **임윤아**　영어시험은 무슨 시험을 보시든 상관이 없다고 생각합니다. 다만 되도록 본격적인 수험공부가 시작되기 전에 어학성적을 준비해두시길 바랍니다. 제가 일반적인 커리큘럼보다 진도를 빠르게 끝내갈 수 있었던 것은 영어성적을 미리 준비해뒀기 때문이기도 합니다. 저는 2016년 2학기에 다니면서 토플 성적을 준비했습니다. 토익은 해본적이 없었고 토플에 응시한 경험이 있었기 때문이었습니다. 영어공부방법을 특별히 조언해 드릴 것은 없을 것 같습니다. 다만 세무사시험에서 영어성적은 일정 점수만 맞추면 되는 것이기 때문에 방심하고 대충 공부하시다보면 영어시험이 수험공부의 발목을 잡는 경우가 종종 생기게 됩니다. 그 점에 유의하여 약간 높은 점수를 목표로 두고 공부하시어 되도록 한번에 준비를 끝내시길 바랍니다.

Ⓐ **손은서**　토익이나 지텔프 관련한 시험을 가능한 한 빨리 기준을 넘기는 것을 추천합니다. 대체되는 영어시험 자격을 빨리 충족시켜 놓아야 마음 편하게 세무사 시험을 준비할 수 있는 것 같습니다. 저 같은 경우도 2018년 세무사 시험을 준비하면서 2016년 9월에 영어시험을 미리 보았습니다. 봄기본종합반이나 가을기본종합반을 수강하면서 같이 영어시험을 준비하는 건 추천 드리지 않습니다. 수험 기간동안 마음 편하게 공부하기 위해 그 전에 빠르게 집중해서 영어시험 기준을 넘기는 것이 더욱 효과적이라고 생각합니다.

　영어시험을 준비할 때 다른 것들을 제쳐두고 딱 영어시험 공부에만 집중했습니다. 기간을 정해 놓고 그 기간동안 토익 리스닝과 리딩을 매일 풀고 복습했습니다. 최대한 짧은 시간 안에 영어시험 자격을 넘기고 싶어서 실전 모의고사 5편 정도를 매일 풀고 틀린 문제 위주로 단어를 암기하고 유형을 표시해서 자주 보는 등 집중해서 공부했습니다. 그래서 영어 공부를 안 한지 꽤 되었는데도 불구하고 빠르게 자격을 넘길 수 있었던 것 같습니다.

🎙️ 9. 수험생들께 당부하고 싶은 말은?

🅰️ **임윤아** 지금까지 적은 내용을 통해서 제게 도움이 되었던 마음가짐을 모두 소개해 드렸습니다. 수험생 여러분들, 수험생활은 정말로 마음이 무너지기 쉬운 시기입니다. 인간답지 못한 삶이라는 절망감이 들 수도 있고 그 외의 여러 현실적인 어려움들도 많을 것입니다. 그렇지만 우리 부디 제때 올바른 결단을 할 줄 아는 사람들이 됩시다. 설령 이 도전에 실패하더라도 우리 앞으로는 다른 길들이 많이 있을 것이라고 스스로를 위로해 줍시다. 물론 수험생활의 실패가 실제로 인생에 큰 타격을 줄 수도 있겠지만 당장 공부를 하고 있는 지금 실패를 미리 두려워하는 것만큼 괴롭고 비생산적인 일은 없습니다. 헛된 희망일지라도 믿고 나아가는 것이 결국 성공을 향한 길이라는 것을 저와 함께 되새겨 주셨으면 좋겠습니다. 모든 수험생 여러분들 정말 존경합니다. 보잘 것 없는 제 얘기를 경청해 주셔서 감사합니다.

🅰️ **손은서** 제게 맞는 공부 방법이라 위와 같이 공부했지만 이 방법이 모두에게 맞는 방법이라고 생각하지는 않습니다. 저의 공부 생활패턴과 공부 방식이 누군가에게는 정답이 아닐 수도 있습니다. 그저 이 글을 통해서 수험 생활 중 답답함을 없애거나 세무사 시험 준비 방법에 대한 고민을 덜어내는데 조금이나마 도움이 된다면 좋겠습니다.

그리고 계속되는 공부패턴에 힘들고 지칠 때가 분명 올 것입니다. 그럴 때 계속 책상에 앉아있기보다 머리를 쉬어 줄 겸 잠시 20분 정도 자신만의 쉬는 시간을 가져보는 것도 괜찮은 것 같습니다. 저는 그래서 시험 날까지 공부가 끊기지 않고 포기하지 않고 끝까지 공부할 수 있었습니다. 그리고 시험 전 1달이 수험기간 중 가장 중요한 시간이라고 생각합니다. 이 한 달간 포기하고 내년에 도전하고 싶은 생각이 가장 크게 밀려듭니다. 하지만 이 한 달은 이제까지 공부한 내용이 시너지 효과를 내서 회독 수가 제일 빠르게 올라가는 시기이자 가장 시험과 연결되는 시기입니다. 이 때 포기하지 않고 집중해서 시험 당일까지 최선을 다해 공부한다면 좋은 결과가 꼭 기다리고 있을 것이라고 생각합니다.

🎙️ 10. 앞으로의 계획은? 끝으로 하고 싶은 말은?

🅰️ **임윤아** 우선 한 명의 세무사 몫을 다할 수 있는 전문가로 성장하고 싶습니다. 차례로 눈앞에 오늘 과제들을 수행해 나가며 기반을 다진 뒤에는 지금까지와 같이 새로운 도전들

을 계속 하는 삶을 살고 싶습니다. 세무사라는 직업 안에서의 도전과 밖에서의 도전을 게을리 하지 않는 사람이 되고 싶습니다.

모두 이름을 남기진 못하지만… 관계를 소홀히 돌봤는데도 내 곁에 남아준 소중한 고등학교 친구들, 대학교 친구들, 그리고 사랑하는 우리 가족들 다 너무너무 감사합니다. 특히 나와 함께 수험생활을 보낸 유민이와 지인이, 재도에게 사랑의 마음을 담아 감사의 말을 전합니다.

A 손은서 아직 장래에 대해 깊게 생각해본 적은 없지만 사람들에게 정확하게 도움이 되는 세무사가 되고 싶습니다. 일단 다니고 있는 대학교 생활에 충실히 하려고 합니다. 학교를 다니면서 전공 수업을 들으면서 세무사의 직업과 접목시킬 수 있는 점을 찾으면서 제 지식의 영역을 넓혀보고 싶습니다. 그리고 법에 대해 더욱 구체적으로 배우려고 생각하고 있습니다. 미래에 회계나 법 그리고 마케팅 등 여러 분야에 대해 지식을 쌓고 연결하여 사회에 적용하려고 합니다. 그렇게 되기 위해서 전공 수업 내용을 잘 익히고 세법을 비롯한 민법, 상법, 형법 그리고 행정법 등 다른 법들을 더 많이 배우고 익혀서 정확한 판단을 할 수 있는 조세 전문가로 성장해 나가고 싶습니다.

끝으로 함께 세무사 시험 공부를 시작했던 이선정, 이경형, 전예라 와 2차 시험을 함께 공부했던 김효원, 조상우, 김희진, 박진범 친구들에게 너무나 고마운 마음을 전하고 싶습니다. 그리고 항상 곁에서 응원해주신 부모님에게 정말 감사하다는 말씀을 전하고 싶습니다. 부족한 글 읽어 주셔서 감사합니다.

2016년 제53회 세무사시험

최고득점·최연소 합격자 인터뷰

이 예 림
1991년 2월 25일생(25세)
부산국제고등학교
서울대학교 경제학부(경영학 복수전공)
현대라이프 3년 근무
2016년 제53회 세무사 제2차 시험
최고득점 합격자

최 소 희
1995년 3월 24일생(21세)
풍문여자고등학교
서울시립대학교 세무학과 3학년 재학
2016년 제53회 세무사시험 합격
최연소 합격자

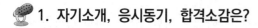 1. 자기소개, 응시동기, 합격소감은?

이예림 안녕하세요? 저는 제53회 세무사시험에 합격한 이예림입니다.

직장 생활을 하면서 나만의 전문성을 갖는 것이 무엇보다 중요하다는 생각이 들어서 전문 자격증 시험을 준비하게 되었습니다. 경제와 경영을 전공한 만큼 회계와 세무에는 기초지식이 있었고, 연말정산 등을 경험하며 절세에도 관심이 많아졌기 때문에 자연스럽게 세무사 시험에 끌렸습니다. 또한 세무는 누구나 필요로 하는 서비스이며 부가가치를 창출할 수 있는 영역이라는 생각이 들었습니다.

2년여 간의 수험생활 끝에 합격의 기쁨을 누릴 수 있었습니다. 마지막 5개월을 제외하면 회사생활과 시험공부를 병행했기 때문에 늘 시간에 쫓겼고 과연 합격할 수 있을지 불안한 마음도 많았습니다. 시험 결과가 발표되기 직전까지 마음을 졸였는데 수석합격이라는 것을 알게 되자 믿기지 않았습니다. 조금은 얼떨떨했고, 한편으로는 그동안의 노력이 보상받은 기분에 뿌듯했습니다.

Ⓐ **최소희** 안녕하세요. 저는 제53회 세무사 시험에 최연소로 합격한 최소희라고 합니다. 저는 현재 서울시립대학교 세무학과 3학년에 재학 중이며 2015년 9월에 휴학 후 본격적인 수험생활을 시작하여 이번에 동차로 최종합격하게 되었습니다.

사실 수험기간이 짧았기 때문에 이번에 합격할 것이라는 기대는 전혀 하지 않았습니다. 발표일에 도서관에 갈 준비를 하면서 결과를 확인했는데 합격이라는 단어를 보고는 믿기지 않았고 얼떨떨했습니다. 그러던 중 한국산업인력공단에서 최연소 합격자라는 연락을 받았고 이루 말할 수 없이 기뻤습니다.

고등학생 때 막연히 세무사가 되겠다는 꿈을 가지고 세무학과에 진학했습니다. 그 후 전공 수업을 들으며 관련 직업에 관심이 생겼고 가능한 한 빨리 자격증을 취득해야겠다는 생각이 들어 세무사 준비를 시작하게 되었습니다. 많은 관련 직업 중 세무사를 선택한 이유는 세무공무원으로 일하시는 삼촌의 영향이 컸고 개인적으로도 회계보다 세법에 관심이 많았기 때문입니다.

🎤 2. 1, 2차 시험대비 수험대책으로 자신만의 효율적인 각 과목별 공부방법과 준비 요령은?(수험기간, 공부시간, 수험정보 입수경로 등 포함)

Ⓐ **이예림** 저는 2014년 10월부터 2016년 8월까지 약 2년에 걸쳐 세무사 시험을 준비했습니다. 직장인이었기 때문에 1차 시험에 합격하고 난 후 동차를 준비할 때는 시간이 부족해 세법학을 거의 공부하지 못했고 결국 2016년 3월 공부에 매진하기 위해 퇴사를 결심하게 되었습니다.

학원에 다닐 시간적 여유가 없었기 때문에 1차와 2차 시험 모두 인터넷 강의를 보며 공부했습니다. 1차 대비반, 2차 동차대비반, 2차 유예반 종합 강의를 들었으며 모의고사 강의는 별도로 듣지 않았습니다. 평일에는 하루 3~4시간 공부를 목표로 했고, 주말에는 8시간 이상 공부에 매진했습니다. 학원을 다니지 않고 혼자 공부하다보니 수험 정보가 부족했습니다. 인터넷 강의 홈페이지의 공지사항과 교재 추록 업데이트 내용을 늘 확인하며 세법 개정이나 수험 관련 정보를 수집했습니다.

　1차 시험을 준비할 때는 세법학 개론과 상법 과목이 가장 까다로웠습니다. 두 과목 모두 용어부터 낯설어 강의를 들을 때에도 잘 와 닿지 않았습니다. 그래서 세법학 개론과 상법의 주요 내용을 직접 정리한 노트를 만들어 출퇴근 시간마다 암기하였습니다. 암기가 선행되고 나니 강의 내용도 훨씬 잘 이해가 되었고 문제도 풀 수 있었습니다. 또한 1차 시험은 80분 동안 두 과목의 시험을 치게 되는데 자신 있는 과목부터 빠르게 풀고 막히는 문제는 과감하게 뛰어넘는 방법으로 효율적으로 문제를 풀었습니다.

　2차 시험 중 회계학 1부는 1차 시험 때부터 공부한 내용이 그대로 이어지기 때문에 비교적 부담이 작습니다. 다만 재무회계의 법인세, 연결회계, 지분법 등과 같이 까다로운 주제라 할지라도 가능한 한 공부하고 문제도 풀어볼 필요가 있습니다. 올해만 하더라도 법인세 문제가 총 30점 배점으로 출제되었는데, 법인세 주제를 아예 공부하지 않은 수험생은 점수를 크게 잃었을 것입니다. 재무회계와 원가회계 모두 전체 주제를 빠짐없이 준비하되 이해하기가 어려운 부분이 있다면 이해할 수 있는 부분까지라도 공부하는 자세가 필요합니다. 재무회계와 원가회계 교재를 반복해서 풀었던 것도 도움이 되었습니다. 신기하게도 처음 풀 때 틀린 문제는 두 번째, 세 번째 풀 때도 틀리는 경우가 많아 그 부분은 더욱 중점적으로 공부했습니다. 교재 한권을 반복해서 푸는 것만으로 충분한 지 불안할 때도 있었지만 문제 풀이 방법이 중요한 것이라 생각하고 반복 학습하였고, 그 결과 시험문제도 무리 없이 풀 수 있었습니다.

　회계학 2부의 경우 문제를 푸는 틀 자체를 암기하는 것이 중요합니다. 시험 시간이 부족하기 때문에 빠르고 정확하게 문제를 풀어나가기 위해서는 각 주제별로 어떻게 문제에 접근할 지를 미리 암기하는 것이 필요합니다. 저는 동일한 교재를 3번 이상 반복해서 풀면서 문제를 푸는 틀을 암기하였고, 실제 시험장에서 문제를 풀 때에 암기한 방법을 그대로 적용하여 좋은 결과를 얻을 수 있었습니다. 또한 세무회계 문제를 풀 때는 꼭 손으로 직접 쓰면서 푸는 것이 중요합니다. 눈으로 보고 푸는 것보다는 직접 양식을 그리고 계산 근거를 적어가며 문제를 푸는 것이 훨씬 도움이 됩니다.

　세법학의 경우 시중에 나온 요약서를 다섯 번씩 반복해서 읽으며 중요한 내용을 암기하려 했습니다. 2차 시험은 서술형이기 때문에 답안으로 작성할 수 있는 기본 내용을 암기하지 않으면 답안 작성이 불가능합니다. 따라서 암기가 선행이 되어야 하며, 암기를 바탕으로 이해가 이루어진다고 생각합니다. 직접 요약노트를 만들 만한 시간도 없고 직접 만들기에는 분량도 부담스러웠기 때문에 시중에 나온 교재를 활용해 매일 조금씩 반복해서 읽으며 암기에 힘썼습니다. 이후에는 판례를 공부하며 살을 덧붙였고 교재에 있는 문제에 대해 직접 답안을 작성하여 교재 내용과 비교하면서 시험에 대비했습니다. 세법학 2부 중 조세특례제한법은 모두 암기하기가 불가능하다고 생각해 비슷한 유형을 묶어서 정리하고, 시험 직전에 중요한 조항 위주로 반복해서 보았습니다.

A 최소희

1) 2015년 7월

본격적으로 시험공부를 하기에 앞서 토익 시험에 응시하여 공인어학성적을 취득하였습니다.

2) 2015년 9월~2015년 12월

학원 가을 종합반을 통해 수험생활을 시작했습니다. 많은 정보가 없었을 때라 공부습관을 기르기 위해 학원에 가서 실제 강의를 듣는 방법을 선택했습니다. 학원에서 실시하는 진도별 모의고사에 따라 누적복습을 할 수 있었고 부족한 부분을 보완하였습니다.

(1) 재정학

이 기간에는 기본 개념을 배우고 이해하는 것에 집중했습니다. 각 단원별 문제는 개념을 이해했는지 체크하는 용도로 이용했고 가능한 한 많은 문제를 풀었습니다. 그래프는 직접 그려보며 남에게 설명할 수 있을 정도로 복습했고 암기할 부분이 많은 단원은 표를 그려가며 한 눈에 파악할 수 있게 정리했습니다.

(2) 세법

기본 강의를 들을 때는 잊는다는 것에 대한 두려움을 가지지 않는 것이 중요합니다. 세법은 휘발성이 가장 강한 과목으로 알려진 만큼 복습을 했음에도 불구하고 금방 다시 잊어버리게 됩니다. 그래서 저는 당일 배운 것을 밀리지 않고 복습하는 것만 지키고 진도별 모의고사에 맞춰 한 번 더 공부했습니다.

(3) 회계

재무회계는 계산 문제를 눈으로 볼 때는 알 것 같다가도 직접 손으로 풀다보면 막힐 때가 많았습니다. 그래서 초반에는 분개하는 연습을 하면서 개념을 정확하게 이해하는 것에 치중하여 공부했습니다.

원가관리회계는 강의를 들은 후 이론을 보고 모든 예제와 연습문제, 객관식 문제까지 다시 풀었습니다. 그리고 나서 잊기 전에 한 번 더 풀면서 문제를 빨리 풀 수 있도록 연습했습니다. 이 시기에는 무엇보다 개념을 확실하게 다지는 것이 중요합니다. 왜냐하면 기초가 흔들리면 후에 2차 시험을 준비할 때 개념을 다시 공부해야 하는 상황이 생겨 시간이 많이 소요될 수 있기 때문입니다.

(4) 행정소송법

행정소송법은 민법이나 상법에 비해 조문이 적기 때문에 기본 강의를 듣는 데에 부담이 없었습니다. 또 내용 중 이해하기 어려운 부분들이 적어서 강의를 듣고 복습하는 데에도 많은 시간이 소요되지 않았습니다. 다른 과목과 달리 행정소송법은 인터넷 강의로 수강했는데 짧은 기간에 몰아서 공부해서 회계나 세법 공부에 더 많은 시간을 투자할 수 있었습니다.

3) 2016년 1월~2016년 4월

1차 시험에 대비해서 객관식 강의를 들었습니다. 이 때 무엇보다 중요한 것은 회독수와 관계없이 문제를 기계적으로 풀 수 있을 때까지 반복, 숙달하는 것입니다. 일반적으로 재정학과 행정소송법에서 고득점을 얻고 회계, 세법에서 과락만 면하자는 전략으로 가는 수험생들이 많은데 그러면 2차 시험을 준비할 때 부담이 너무 커지게 됩니다. 그래서 동차를 생각하고 있는 수험생이라면 최대한 많은 부분을 공부해서 1차 시험을 보는 것을 추천합니다.

저는 회계 과목은 고급회계를 제외하고 전부 공부했지만 세법은 도저히 다 보고 시험장에 들어갈 수 없다고 판단되어 시간이 많이 소요되는 계산형 문제는 부가가치세 부분만 공부했고 나머지는 이론형 문제 위주로 공부했습니다. 일부분을 포기한 대신에 가지고 가는 부분은 완벽하게 준비하려고 노력했습니다.

또한 아침에 집중이 잘되는 편이어서 주로 아침에 세법이나 행정소송법 같은 암기과목을 공부했고 오후에 잠이 올 때 계산이 필요한 회계와 재정학 공부를 했습니다.

시험 2주 전부터는 시간을 재면서 기출문제를 반복하여 실전감각을 키웠고 마지막으로 학원에서 실시하는 전국 모의고사에 응시하여 정리했습니다.

4) 2016년 5월~2016년 8월

학원에서 2차 동차반 수업을 듣고 독서실에서 자습을 했습니다. 3개월이라는 짧은 시간동안 모든 범위를 다 공부해서 시험장에 들어간다는 것은 불가능에 가깝기 때문에 강사님들이 중요하다고 강조하시는 것 위주로 정리해서 공부했습니다.

(1) 회계학 1부

회계학 1부는 1차 때의 난이도와 큰 차이가 없기 때문에 실수를 줄이는 연습을 하는 것이 중요합니다. 또한 2차는 서술형이기 때문에 연습을 할 때부터 계산 과정을 상세히 쓰는 습관을 길러 혹여나 답이 틀리더라도 부분 점수를 얻을 수 있도록 해야 합니다.

원가관리회계 문제는 길게 나올 때가 있는데 문제에 제시된 정보를 틀에 맞춰 정리하는 연습을 하다보면 훨씬 수월하게 풀 수 있습니다.

(2) 회계학 2부

세무회계 공부를 시작했을 때는 수업을 따라가기도 벅찼고 실수도 많이 해서 좌절했습니다. 그래서 저는 강사님이 문제를 풀어주실 때 그것을 그대로 기억해 잊기 전에 혼자 풀면서 문제 와 함정들을 외웠습니다. 그리고 주말에는 한 주간 배운 문제들을 다시 풀며 되새겼습니다. 또한 시험이 얼마 남지 않았을 때는 각 주제별로 종합문제 하나씩을 정한 다음 풀었는데 이것이 마지막 정리에 도움이 되었습니다.

(3) 세법학

세법학은 암기하는 것도 중요하지만 그것을 어떻게 풀어내느냐가 더 중요하다고 생각합니다. 그렇기 때문에 답안지를 작성하는 요령을 익히는 연습이 필요한데 처음에는 시간이 오래 걸리더라도 목차에 따라 답안을 직접 써보는 것이 도움이 됩니다. 다만, 시험을 한 달 정도 앞두고 있는 시점에서는 시간을 효율적으로 사용하는 것이 중요합니다. 그래서 각자가 가진 요약집에 부족하다고 생각되는 부분을 추가한 다음 페이지가 사진처럼 머리에 새겨질 정도로 반복하는 것이 좋습니다.

3. 1, 2차 수험기간동안 Group Study는 어떻게 이루어졌으며 실전 시험에는 어느 정도의 효과가 있었습니까?

🅰 **이예림** 인터넷 강의를 들으며 혼자서 시험을 준비했기 때문에 별도의 그룹 스터디는 이루어지지 않았습니다.

🅰 **최소희** 1차 시험을 준비할 때는 그룹 스터디의 필요성을 느끼지 못했습니다. 왜냐하면 1차 시험은 짧은 시간 안에 많은 객관식 문제를 푸는 것인데 이를 위해서는 반복과 숙달이 중요하다고 생각했기 때문입니다. 스스로 시간을 정해놓고 문제를 푸는 것에 익숙해진 수험생이라면 1차 시험 때 그룹 스터디 보다는 혼자 공부하는 것을 추천합니다.

2차 시험 때는 일반적으로 세법학 구술 스터디나 세무회계 그룹 스터디를 많이 하지만 저는 동차기간에는 시간이 절대적으로 부족하기 때문에 혼자 정리하고 한번이라도 더 보는 것이 효율적이라고 생각해 하지 않았습니다. 대신에 귀가한 후 집에서 30분 이상 각자 공부하고 인증하는 스터디를 했습니다. 왜냐하면 집에 가면 해이해져 그날 한 공부의 효과가 떨어진다는 생각이 들었기 때문입니다. 이를 통해 매일 조금씩이라도 공부를 더 하게 되어 불필요한 시간 낭비를 줄일 수 있었고 핸드폰을 하면서 생기는 잡생각을 줄여 공부의 효과를 극대화할 수 있었습니다.

🎤 4. 최근 1, 2차 시험과목별 출제경향과 수험대책은 어떤 것이 있습니까?

🅰 **이예림** 1차 시험의 경우 기출문제와 유사한 난이도와 유형으로 출제되었습니다. 기출문제와 교재의 예상문제를 충분히 풀어보면 크게 무리 없이 준비할 수 있다고 생각합니다.

2차 시험의 경우 회계학 1부는 전년도와 유사한 난이도로 출제되었다고 생각합니다. 재무회계에서 개념을 묻는 문제는 매년 출제되고 있는데, 회계사 시험의 기출문제를 참고하여 준비했던 것이 도움이 되었습니다. 회계사 시험에 출제된 기본 개념을 묻는 문제는 모두 암기하였고 그 외에도 중요하다고 생각되는 개념을 암기하고 시험에 임했습니다. 원가 회계의 경우 차분하게 문제를 푸는 것이 중요합니다. 중간에 계산해야 할 것을 놓치거나 잘못 계산한 경우 그 이후의 답이 쭉 틀릴 수 있습니다.

회계학 2부는 자료별로 구분하여 세무조정 문제를 출제해 부분점수를 획득할 수 있게 한 것이 돋보였습니다. 아는 부분은 가능한 한 답안을 작성하여 부분점수를 얻는 것이 중요합니다. 또한 부가가치세 문제는 전년과 동일한 양식에 기재하도록 출제되었는데, 전년도 기출문제를 접한 수험생들은 훨씬 거부감 없이 문제를 쉽게 풀 수 있었으리라 생각합니다. 세법 개정사항인 업무용승용차 관련 문제가 출제된 것도 기억에 남습니다. 세법 개정내용을 시험 전에 숙지할 필요가 있습니다.

세법학의 경우 기본적인 개념을 묻는 문제가 최근 꾸준히 출제되고 있습니다. 판례를 공부하기에 앞서 과세 대상, 과세 요건, 과세 방법 등의 기본 개념을 충분히 암기할 필요가 있다고 생각합니다. 사례형 문제는 사례를 꼼꼼하게 읽고 지문 속에서 핵심을 찾는 것이 중요합니다. 세법학 2부 문제 중 지방세법의 개정 취지를 묻는 문제도 기억에 남았습니다. 개정 내용뿐만 아니라 개정 사유도 기억해 둔다면 좀더 깊이 있는 답안을 작성할 수 있습니다. 무엇보다도 출제 의도에 맞는 답안 작성이 중요합니다. 아무리 많은 내용을 기재하더라도 문제에서 묻고자 하는 내용이 아니라면 점수를 크게 얻지 못한 채 시간만 허비하는 결과를 가져올 수 있습니다. 문제에 대한 핵심 내용을 위주로 답안을 기재하고 시간적 여유가 있다면 좀 더 살을 붙이는 방향으로 답안을 작성한다면 좀 더 좋은 점수를 얻을 수 있을 것이라 생각합니다.

🅰 **최소희**

1) 1차 시험

(1) 재정학
개인적으로 이번 1차 시험 때 가장 까다로웠던 과목이 재정학이었습니다. 최근에는 기본 개념만 알고 있다면 풀 수 있는 틀에 박힌 문제보다 새로운 유형의 문제들이 많이 나오고 있습니다. 그럴수록 이론을 정확하게 암기하여 빠르게 떠올리는 능력이 중요합니다. 어려운 문제를 맞히기 위해 매달리다보면 재정학뿐만 아니라 같이 보는 세법에도 영향을 미쳐 시간관리에 실패할 수 있습니다. 따라서 자신이 풀 수 있는 문제를 빨리 파악하고 어려운 문제들은 나중에 시간이 남았을 때 푸는 전략으로 접근해야 합니다.

(2) 세법

법인세법, 소득세법, 부가가치세법의 경우 난이도의 변화가 크지 않은데 비해 국세기본법, 국제조세조정에관한법률, 국세징수법, 조세범처벌법은 갈수록 어렵게 출제되고 있습니다. 따라서 앞으로는 더 상세한 부분까지도 암기하고 준비해야 할 것입니다.

(3) 회계

회계 과목은 항상 어려운 문제들과 비교적 쉬운 문제들이 골고루 출제 됩니다. 대부분이 계산형 문제여서 모든 문제를 풀기는 어렵기 때문에 빨리 풀 수 있는 문제들을 골라내는 능력이 가장 중요합니다. 만약 풀 수 있는 문제일지라도 시간이 오래 걸릴 것 같다면 후순위로 보내 나중에 시간이 남으면 푸는 전략으로 접근하는 것이 좋습니다.

(4) 행정소송법

강사님께서 행정소송법은 이미 가장 어려운 난이도로 나오고 있다고 하셨습니다. 법조문 수 자체가 적기 때문에 기출문제를 분석하다 보면 같은 지문이 여러 나오는 것을 알 수 있습니다. 따라서 이론을 바탕에 깔고 기출문제를 수없이 반복하면서 헷갈리는 지문만 따로 정리해 외우면 고득점을 얻을 수 있습니다.

2) 2차 시험

(1) 회계학 1부

재무회계의 경우 1차 시험과 난이도 측면에서는 차이가 별로 없습니다. 몇 년간 2문제가 모두 중급회계 상권에서 나오다가 올해는 법인세 회계가 출제되었습니다. 그렇기 때문에 이제 모든 범위를 빠짐없이 보는 것이 좋으며 기본적인 문제가 나왔을 때 실수하지 않도록 연습하는 것이 중요합니다.

(2) 회계학 2부

요즘에는 부가가치세 문제가 서식 작성 형태로 나오면서 단순히 값을 구하는 문제에 비해 복잡해졌습니다. 서식 작성 문제에서는 하나의 항목에서 실수하면 두 부분이 달라지기 때문에 더 신중을 기하여 문제를 풀 필요가 있습니다.

(3) 세법학 1부

최근에는 주로 사례를 제시하고 그 사례에 관련된 법령을 적용하여 판단하는 문제가 출제됩니다. 자칫하면 법 개념은 알고 있음에도 불구하고 논점 이탈로 인해 점수를 얻지 못할 수도 있기 때문에 주요 판례들은 외우면서 공부하는 것이 좋습니다.

(4) 세법학 2부

세법학 2부는 아직 개념을 묻는 문제들 위주로 출제되는 경향이 있습니다. 하지만 이번처럼 지방세법이나 조세특례제한법 등이 간단한 사례형으로 출제될 수도 있기 때문에 이론 공부에 초점을 두되 몇몇 사례들은 기억하고 있어야 합니다.

5. 수험생활 중에 본 1, 2차 각 과목별 도서목록을 정리해 주시면 고맙겠습니다.

이예림

1) 1차 시험

(1) 회계학 개론
세무사 재무회계연습/ 김영덕 저/ 도서출판 다임/ 2014.09
원가관리회계/ 임세진 저/(도)파란/ 2013.04

(2) 세법학 개론
교재를 분실하여 도서명을 확인할 수 없습니다.

(3) 상법
회사법강의/ 김학묵 저/ 이지문화/ 2014.05
세무사 객관식상법/ 이수천 저/(주)세경북스/ 2014.09

(4) 재정학
재정학연습/ 정병열 저/(주)세경북스/ 2014.07
재정학 기출문제/ 정병열 저/(주)세경북스/ 2014.11

2) 2차 시험

(1) 회계학 1부
세무사 재무회계연습/ 김영덕 저/ 도서출판 다임/ 2015.10

세무사 2차 연습 원가관리회계/ 임세진 저/(도)파란/ 2015.02

(2) 회계학 2부
세무회계연습 1,2/ 강경태 저/(주)샘앤북스/ 2016.02
세법강의 Summary 1,2/ 강경태 저/(주)샘앤북스/ 2016.02

(3) 세법학 1부 및 2부
세법학 기본서의 바이블 1,2/ 정연대, 김효상 공저.(주)세경북스/ 2016.02
세법학 Drill Book 1,2/ 정연대, 김효상 공저/ 상경사/ 2016.03

최소희

1) 1차 시험
- 재정학 : 재정학연습(정병열), 황정빈 재정학 check-point(황정빈)
- 세법 : 세법개론(강경태), 세법 강의 Summary(강경태)
  세법워크북 1,2(정우승, 유은종), 객관식 세법(정우승, 유은종, 정지선)
- 회계 : IFRS 중급회계 상,하(김영덕), 재무회계 워크북(김기동),
  IFRS 객관식 재무회계(김기동), 재무회계 기출 BEST 문제(김재호),
  원가관리회계(임세진), IFRS 객관식 원가관리회계(이승근)
- 행정소송법 : 세무사 행정소송법(정인국)

2) 2차시험
- 회계학1부 : 재무회계 워크북(김기동), IFRS 세무사 재무회계연습(김기동),
  세무사 2차 연습 원가관리회계(임세진)
- 회계학 2부 : 세법 워크북 1,2(유은종, 정우승), 세무회계연습 1,2(정우승)
- 세법학 : IMPACT 세법학(유은종), 코어 세법학(유은종), Perfect
  세법학 모의고사집(유은종)

6. 수험생입장에서 구하기 어려웠다거나 보강되었으면 하는 특정 과목이나 내용의 수험서가 있습니까?

이예림 특별히 구하기 어려운 과목이나 내용은 없었습니다. 다만 세법 개정 내용이 오랫동안 반영되지 않은 수험서의 경우 공부에 혼란을 초래하기도 했습니다.

A **최소희** 　재무회계, 원가관리회계, 세법은 1차 과목이자 2차 과목이므로 책도 다양하고 각종 수험 정보를 얻기도 비교적 수월합니다. 반면에, 재정학은 1차 과목에만 포함되고 대부분의 강사님들이 재정학연습(정병열)이라는 동일한 책으로 강의하시기 때문에 문제를 풀다가 모르는 부분이 생겼거나 좀 더 구체적인 설명이 필요할 때 따로 찾아볼 책이 없어 난감했던 적이 많습니다.

그러다보니 푸는 문제도 한정되어 있고 같은 문제만 계속 반복하여 풀다보니 저의 실력이 어느 정도인지 가늠할 수 없었을 뿐만 아니라 마치 내용을 잘 알고 있는 듯한 착각에 빠지게 되었습니다. 저는 학원에 다니며 공부했기 때문에 진도별 모의고사를 통해 보충할 수 있었지만 해당 수험서로만 공부하는 수험생이라면 실력을 확인할 기회가 적어 나중에 학원에서 실시하는 전국모의고사를 통해 늦게 수준을 확인하게 되는 문제가 생길 수 있겠다는 생각이 들었습니다.

개인적으로는 기본 개념을 응용한 새로운 유형의 문제들로 구성된 문제집이 나와 재정학에 대한 시야를 넓히고 개념을 문제에 적용하는 실력을 기를 수 있는 기회가 생겼으면 좋겠습니다.

7. 수험공부 시 학원 강의, 인터넷강의, 강의tape중 이용도 측면에서 어떤 방법을 선호했습니까?

A **이예림** 　학원 강의를 듣고 싶었지만 직장생활과 시험공부를 병행해야 했기 때문에 인터넷 강의를 활용하여 공부했습니다. 시간적 여유가 있다면 학원 강의를 듣는 것이 좋다고 생각합니다. 매일 궁금한 부분을 대면으로 질문할 수 있으며, 다른 수험생들과 수험 정보를 교류하고, 공부가 잘 되지 않을 때에는 함께 공부하며 마음을 다잡을 수 있기 때문입니다.

그러나 직장인처럼 시간이 부족한 수험생이라면 인터넷 강의도 나쁘지 않습니다. 휴대폰을 활용하여 인터넷 강의를 들을 수 있기 때문에 출퇴근시간이나 점심시간 등 짬이 날 때마다 모바일 강의를 들을 수 있고, 궁금한 부분은 인터넷 홈페이지를 통해 질의할 수 있습니다. 자신 있는 부분은 배속을 높여 들을 수 있기 때문에 효율적인 시간 관리도 가능하며, 학원에 오가는 시간도 절약할 수 있습니다. 다만, 학원에서 모의고사를 치거나 직접 채점 평을 받을 수 없다는 아쉬움이 있습니다. 지방에서 공부하는 수험생처럼 학원에 다니기 힘든 경우 인터넷 강의만으로도 충분히 시험에 합격할 수 있다고 말씀드리고 싶습니다.

A **최소희** 　처음 세무사 시험 준비를 시작하기로 마음먹었을 때는 어떤 것부터 시작해야할

지 언제까지 기본 강의를 다 들어야할지 아무 것도 몰랐습니다. 그래서 일단 학원에 등록하고 학원 일정에 맞춰 따라가기로 했습니다. 저처럼 공부 습관을 기르지 못했을 때는 스스로 통제해가며 들어야 하는 인터넷 강의 보다는 학원에서 실강을 듣는 것이 더 좋다고 생각합니다. 왜냐하면 시간을 조절해가며 들을 수 있다는 인터넷 강의의 특성이 자칫하면 단점으로 작용할 수 있기 때문입니다.

제가 학원 강의를 들으면서 느낀 장점은 크게 세가지입니다.

첫째, 진도별 모의고사를 통해 실력을 점검할 수 있다는 것입니다. 이것이 제가 생각하는 가장 큰 장점입니다. 주기적으로 보는 모의고사를 통해 나태해지는 것을 막고 부족한 부분을 파악하여 보완할 수 있었습니다.

둘째, 같은 공부를 하는 사람들끼리 모여 있어 서로가 서로의 자극제가 되면서 공감대를 형성할 수 있다는 점입니다. 의지가 약해질 때마다 주변 사람들을 보며 스스로 마음을 다잡을 수 있어 큰 도움이 되었고 같은 고민을 나눌 수 있어 큰 위로가 되었습니다.

마지막으로 학원 수업은 항상 같은 시간에 시작하기 때문에 규칙적인 생활을 할 수 있었고 어떻게 시간을 활용해야 할지 알 수 있었습니다.

다만 한 가지 아쉬웠던 점도 있습니다. 저는 2차 동차반 수업도 학원에서 수강했는데 남은 시간이 짧은데 비해 배워야할 내용이 많다보니 모든 진도가 끝났을 때 스스로 마지막 정리를 할 시간이 한 달 밖에 남지 않아서 회독 수를 많이 늘릴 수 없었습니다. 그래서 개인적으로는 동차생이라면 2차 수업을 인터넷 강의로 듣는 것이 시간 활용 측면에서는 더 좋다고 생각합니다.

8. 수험생활 중 애로사항과 본인만의 스트레스 해소방법은?

🅰 **이예림** 시간이 무엇보다 부족했습니다. 회사 업무도 잘 해내고 싶고 시험공부도 충분히 하고 싶었기 때문에 최대한 시간을 쪼개야만 했습니다. 그래서 출근 전 새벽에 일어나 공부하고, 출퇴근하는 지하철 안에서는 늘 인터넷 강의를 듣거나 요약서를 암기했으며, 퇴근 후와 주말에는 운동하는 시간을 제외하고는 공부에 매진했습니다. 야근을 하거나 회식이 있는 날에는 공부를 할 수 없어 계획이 밀리기도 했습니다.

시험일까지 남은 기간을 고려해 월별, 일별로 공부 계획을 짠 다음 매일 공부해야할 양을 달력에 적어두고 매일 지키고자 노력했습니다. 단, 매일 공부해야할 양을 채우고 난 이후에는 친구를 만나거나 맛있는 음식을 먹으며 스트레스를 해소했습니다. 공부가 잘 되는 날에 그 다음날 공부해야 할 부분도 미리 공부하는 방식으로 시간적 여유를 만들어 공부가 잘 안 되는 날에는 영화를 보러 가거나 예능 프로그램을 보며 마음의 여유를 찾고 재충전하는 시간을 가졌습니다.

A **최소희** 공부하면서 가장 힘들었던 것은 얼마나 노력했는가에 관계없이 결국 합격 또는 불합격이라는 결과만 남기 때문에 지금 쏟는 1년이라는 시간이 무의미해질 수 있다는 불안감이었습니다. 사실 이 고민은 모든 수험생이 가지고 있을 것이라고 생각합니다. 저는 그럴수록 멀리 보기보다는 하루하루 최선을 다하자는 생각으로 그 날 세운 계획을 지키는데 집중했고 적어도 나중에 '조금만 더 할 걸'이라는 후회는 들지 않도록 노력했습니다.

외로움도 큰 문제 중 하나였습니다. 2차 시험 준비기간에는 거의 모든 연락을 끊다시피 했기 때문에 하루에 열 마디도 하지 않을 때도 많았습니다. 어디선가 '외롭다는 것은 공부를 제대로 하고 있다는 증거이다.'라는 말을 들은 적이 있는데 힘들 때마다 이 말이 위로가 되었고 확신을 가지고 공부할 수 있었습니다.

수험생활 중 공부만큼 중요한 것이 휴식이라고 생각합니다. 만약, 단기간 동안 준비해서 치르는 시험이라면 모든 것을 쏟아 부어 준비하는 것이 맞지만 보통 1년 이상 장기간 준비하기 때문에 적당한 휴식은 필수입니다. 그래서 저는 일주일 중 하루는 쉬면서 재충전하고 다음 한 주간의 계획을 정비하며 보냈고 이 일주일간의 생활패턴을 유지했습니다.

가끔씩 슬럼프에 빠지거나 스트레스를 받을 때는 학원 주위를 산책하며 기분전환을 했습니다. 집중이 되지 않을 때 계속 멍하니 앉아있는 것보다는 잠깐이라도 걸으면서 돌아보는 것도 좋은 스트레스 해소방법이 됩니다.

9. 영어시험대체제도에 따른 주의해야 할 점이나 영어공부 방법은?

A **이예림** 영어시험 점수의 경우 입시, 취업 등 다양한 부분에서 활용되고 있습니다. 따라서 시험공부를 시작하기 전에 미리 영어시험 점수를 취득해 두는 것이 가장 효율적이라고 생각합니다. 그러나 아직 영어 시험을 치지 않았다면 시중에 나오는 교재를 통해 충분히 혼자 준비할 수 있습니다. 학원수업이나 인터넷 강의를 선호하는 분들도 있지만 저는 혼자 교재를 보며 영어시험을 준비했습니다. 운동하면서, 혹은 출퇴근길에 리스닝 파일을 반복적으로 들었고, 회사에서 짬이 날 때마다 영어 단어를 외웠으며, 자기 전에 30분씩 리딩 지문을 풀었습니다. 꾸준히 공부하는 의지와 끈기가 있다면 얼마든지 영어점수를 올릴 수 있다고 생각합니다.

A **최소희** 영어 시험이 토익, 토플, G-TELP 등 공인어학성적으로 대체되면서 수험생 입장에서는 부담이 줄었습니다. 어떤 시험으로 대체하는가에 관계없이 본격적으로 세무사 시험을 준비하기 전에 영어 성적부터 미리 취득해야 합니다. 왜냐하면 미루다 나중에 시험 과목도 아닌 영어 때문에 발목 잡히는 상황이 발생할 수 있기 때문입니다.

저는 9월에 학원을 다니기 전 토익 시험에 응시하여 영어성적을 취득했습니다. 그냥 시작하면 목표가 없어 전에도 그랬듯이 공부기간이 길어질 것 같아 우선 한 달 뒤에 있는 시험에 접수한 뒤 공부를 시작했습니다. 우선 L/C와 R/C 기본서를 하나씩 정하고 진도는 책 앞부분에 정해진 대로 따라했습니다. L/C 같은 경우 많이 들어보는 것과 주로 나오는 문장의 패턴을 알아두는 것이 도움이 됩니다. 또한 문제가 나오기 전에 질문과 답을 먼저 빠르게 확인하는 실력을 키워 듣기 지문이 나올 때 키워드 위주로 파악하여 더 쉽게 접근할 수 있습니다.

R/C는 L/C 시간에 틈틈이 몇 문제라도 풀고 문법 문제를 푼 다음 맨 뒷장으로 넘어가 역순으로 풀었습니다. 독해 문제를 풀다보면 시간이 부족한 경우가 많기 때문에 빠르고 정확하게 푸는 연습이 필요합니다. 그래서 저는 독해 문제를 풀 때 항상 시간을 정해 놓고 그 시간에 맞춰서 푸는 방법으로 공부했습니다. 이렇게 연습하는 것이 실전 감각을 기르는데 큰 도움이 되었고 요령을 터득하는 계기가 되었습니다.

그리고 단어 같은 경우 따로 토익 단어장을 사서 보지 않고 문제를 풀면서 모르는 단어를 체크하고 그 단어들을 모아 시험을 보는 방식으로 공부해서 기본서에 나오는 단어들을 외우는 데에 초점을 맞췄습니다.

🎙 10. 수험생에게 당부하고 싶은 말은?

🅰 **이예림**　직장생활을 하며 세무사 시험을 준비하는 분들께는 체력 관리가 무엇보다 중요하다는 말씀을 드리고 싶습니다. 회사에서도 장시간 앉아서 업무를 보고 집에 와서도 앉아서 공부를 하다보면 금세 지치고 피곤해지기 쉽습니다. 틈틈이 운동하며 회사 생활과 공부를 병행할 수 있는 체력을 만들어 둔다면 수험생활에 큰 도움이 될 것입니다. 수험 기간이 길기 때문에 중간에 슬럼프가 오거나 포기하고 싶다는 생각이 들 수 있습니다. 세무사 시험을 마라톤이라고 생각하고 공부가 힘들 때에는 친구를 만나거나 짧게 당일치기 여행이라도 다녀오며 잠시 쉬어가는 것도 좋다고 생각합니다. 또한 왜 세무사가 되고 싶은지를 되새기며 다시 공부에 집중한다면 좋은 결과를 얻을 수 있으리라 생각합니다.

🅰 **최소희**　제가 지금까지 해온 공부방법들이 모두 정답은 아니라고 생각하고 저도 부족한 것이 많아 앞으로도 계속 많은 것들을 배워나가야 한다는 것을 알고 있습니다. 그래도 제가 이 시험을 준비하면서 느낀 가장 중요한 점은 꾸준함이었습니다. 많은 사람들이 처음에는 의욕이 넘쳐 열심히 공부하지만 시간이 지날수록 반복되는 일상에 지쳐 나태해집니다. 저 또한 마찬가지였습니다. 그럴 때 단기적으로 목표를 세우는 방법을 통해 극

복할 수 있었습니다. 하루 또는 한 주의 계획을 세우고 그것을 이루면서 조금씩 합격이라는 최종 목표에 다가가는 것입니다.

그리고 꼭 체력 관리를 해가면서 공부하시기를 바랍니다. 저도 평소에 크게 아팠던 기억이 없을 정도로 나름대로 건강에는 자신이 있었고 운동도 하루에 30분씩 했기 때문에 체력 때문에 고생하는 일은 없을 것이라고 생각했었습니다. 그 덕분에 1차 시험을 볼 때 까지는 몸이 피곤해서 힘들다는 생각은 들지 않았습니다. 하지만 1차 시험이 끝난 후부터 체력이 급격히 떨어지는 것을 느꼈고 매일 커피를 마셔가며 겨우 버텼습니다. 가장 중요한 시기에 몸이 힘들어지면 그에 따라 스트레스도 많이 받고 그렇다고 마음 놓고 쉴 수도 없기 때문에 여러모로 복잡한 문제가 생깁니다. 따라서 공부도 중요하지만 체력 관리도 소홀히 하지 않으시길 바랍니다.

후회 없이 최선을 다했을 때 운은 따라온다고 믿으며 하루하루 공부하다 보면 꼭 좋은 결과를 얻을 수 있다고 생각합니다. 힘들 때 마다 합격 후의 긍정적인 미래를 생각하면서 모든 수험생분들이 힘내셨으면 좋겠습니다.

🎤 11. 앞으로의 계획과 끝으로 하고 싶은 말은?

Ⓐ **이예림** 세무사 합격은 끝이 아닌 시작이라고 생각합니다. 금융시장에서 근무한 경험을 활용하고, 영어와 중국어 공부도 다시 시작해 다양한 수요에 대응하며, 세법뿐만 아니라 민법 등 법률 공부도 꾸준히 하여 깊이 있는 전문가가 되고자 합니다. 누구나 믿고 찾을 수 있는 세무사로서의 미래를 꿈꾸고 있습니다.

Ⓐ **최소희** 사실 합격 소식은 전혀 기대 하지 않고 유예 공부 준비를 하고 있었기 때문에 7급 세무직 공무원과 취업 사이에서 고민하고 있는 중입니다. 아직 학교에 재학 중이기 때문에 여러 지인들에게 조언을 구한 후 결정할 계획입니다.

이 글을 마치며 우선 합격하게 해주신 하나님 아버지, 주위에서 항상 조용히 지켜봐준 가족, 힘들 때 위로가 되어준 친구들 그리고 많은 정보를 주신 선배와 삼촌께 감사한다는 말 전하고 싶습니다.

저는 누구보다 열심히 한다고는 했지만 그와 함께 운이 많이 따라줬기 때문에 합격할 수 있었던 것 같습니다. 수험기간이 상대적으로 짧아 경험한 것이 많지 않았던 만큼 전할 것이 적지만 그래도 저의 글이 한분에게라도 도움이 된다면 좋겠습니다. 감사합니다.

2015년 제52회 세무사시험

최고득점·최연소 합격자 인터뷰

변 지 혜
1984년 9월 2일생(31세)
공항고등학교 졸업
경희대학교 행정학과 졸업
2015년 제52회 세무사 제2차 시험
최고득점 합격자

이 태 승
1995년 3월 12일생(20세)
천안중앙고등학교 졸업
웅지세무대 중퇴
2015년 제52회 세무사시험 합격
최연소 합격자

 1. 자기소개, 응시동기, 합격소감은?

Ａ **변지혜**   2015년 세무사시험 수석합격자입니다. 평소 직장생활을 하던 중 전문분야에서 능력을 키우고 싶어 전문 자격증에 도전하고자 했고, 마침 아버지께서 오랜 공직생활 후 세무사로 활동하고 계셔서 세무사 자격증에 자연스레 관심이 가게 되어서 준비하게 됐습니다. 열심히 공부했고 최선을 다해 시험을 봤다고 생각했을 뿐 합격은 기대하지 않았는데 최고득점으로 합격하게 되어 정말 기쁩니다.

🅰 이태승

(1) 자기소개

안녕하세요. 95년생 이태승입니다. 저는 천안중앙고등학교를 졸업하고 웅지세무대에 진학하였으나 1학년 1학기에 자퇴하고 세무사시험에 집중하여 이번 세무사시험에 합격하였습니다.

(2) 응시동기

아버지는 세무공무원에 근무하시고 지금은 세무법인 원원에서 근무하시는 세무사이십니다. 저는 이러한 아버지의 영향을 받아 세무사공부를 시작 하였습니다. 저도 아버지의 모습을 보며 아버지와 같이 세무법인에서 일하고 싶다는 생각을 하고 고등학교3학년 때 수학능력시험을 준비하는 대신에 세무사시험에 집중하게 되었습니다.

(3) 합격소감

시험발표를 기다리는 것이 시험공부를 하는 것 보다 힘들고 버티기 어려웠습니다. 정말 피가 말라가는 느낌 이였습니다. 합격이라는 두 글자를 보고 날아갈 것 같은 기분이었습니다. 그 순간 공부하며 힘들었던 순간들이 머릿속에서 빠르게 스쳐지나갔습니다. 그리고 공단에서 최연소합격자라는 사실을 접하고 한 번 더 놀랐습니다.

🎙 2. 1, 2차 시험대비 수험대책으로 자신만의 효율적인 각 과목별 공부방법과 준비 요령은?(수험기간, 공부시간, 수험정보 입수경로 등 포함)

🅰 **변지혜** 총 수험기간은 약 2년이고, 하루 공부시간은 평일 11시간, 주말 6시간 가량입니다. 수험정보는 주로 인터넷 수험카페, 학원 등에서 입수하였습니다.

(1) 1차시험

2014년 1차시험까지 온라인 기본강의 1회 수강, 회계학·세법개론 온라인 객관식대비반 1회 수강밖에 하지 못한 채 시험장에 들어가게 되었습니다. 결과는 당연히 탈락이었습니다. 시간도 부족했지만 공부의 깊이도 없었고 전략도 없었습니다. 1차시험 탈락 후 어차피 다음해 1차 시험까지 시간이 많이 남았으므로 2차 동차 종합반을 수강하면서 무작정 2차 대비 공부를 시작했습니다. 2015년 2월경부터 다시 1차 대비를 하면서 1차시험 1주일 전까지 2차 대비를 병행했습니다. 결과적으로 2차 대비를 해야 실력이 깊어지면서 1차 대비가 자연스레 이뤄졌던 것 같습니다. 정말로 시간이 부족한 경우가 아니라면, 어느 정도 2차 대비를 해두는 것이 1차 시험을 합격하기 위한 비법이라고 생각합니다.

1차시험은 짧은 시간 내에 주어진 문제를 정확하게 풀어내는 것이 관건입니다. 1교시에 두 과목씩 시험을 치르므로, 상대적으로 수월한 과목을 최대한 빠른 시간 내에 풀어 어렵거나 자신 없는 과목의 시간을 더 확보하는 것이 중요합니다. 또한 주어진 시간 내에 모든 문제를 푸는 것은 불가능에 가까우므로 시험장에 들어가기 전에 미리 자신 있는 파트, 풀 수 있는 문제 난이도 등을 본인 실력에 견주어 가늠해본 뒤, 실제 시험장에서 문제들을 빠르게 파악하면서 끝까지 풀어낼 것인지, 포기하고 넘어갈 것인지를 빠르게 판단해내야 합니다. 이러한 여러 가지 전략을 가지고 시험장에 들어가야 과락 없이 평균 점수를 넘길 수 있을 것입니다.

(2) 2차시험

2차시험은 기본적인 실력을 바탕으로 문제를 꼼꼼하게 풀어나가는 것이 중요합니다. 그러므로 평소 공부할 때 적당히 이해하고 넘기는 식의 공부는 지양하시라고 말씀드리고 싶습니다. 출제 확률이 아주 낮거나 도저히 이해가 안 되는 부분 몇 가지를 제외하고는 최대한 모든 영역의 실력을 갖추겠다는 자세로 공부하여야 실제 시험에서 불안감도 떨칠 수 있고 착실하게 풀어나갈 수 있습니다.

특히 세무회계의 경우 방대한 양과 문제 스케일이 크기 때문에 해당 주제를 정확하게 이해하고 있다는 자신감이 없이 문제를 풀 경우 곳곳에 파놓은 함정에 걸려버리기 십상입니다. 그러므로 최대한 모든 분야를 꼼꼼하게 모두 공부하여야 실전에서 자신감을 가질 수 있게 되고, 그래야 시험 문제를 정확하고 꼼꼼하게 풀어나갈 수 있습니다.

세법학 역시 방대한 양에 수험생들이 질려버리곤 합니다. 그럴 때일수록 기본 법령을 최대한 암기해놓고 논리적으로 접근하여야, 처음 보는 사례형 문제가 출제됐다 하더라도 기본 법령 개념을 바탕으로 기승전결 식의 답안을 작성할 수 있습니다. 아무리 복잡하고 외워지지 않는다 해도 계속 반복하다보면 나름의 체계가 잡히기 마련이므로 포기하지 않고 반복 숙달하는 것이 중요합니다.

🅰 이태승

(1) 세무사1차시험 준비과정

1) 재무회계

김기동 선생님은 객관식 문제를 논리적인 접근방식과 직관적이고 빠르게 푸는 문제방식을 둘 다 가르쳐주셔서 저의 공부 방법과 일치하여 많은 효과를 보았습니다. 1차시험에서 말문제에 더 큰 비중을 두었지만 계산형 문제도 비중이 커서 합격여부를 결정하는 것 같아서 계산형 문제도 많이 준비하였습니다. 계산형 문제는 해당 문제 푸는 방식을 떠올리는 것이 중요하다고 생각합니다.

2) 원가관리회계

말 문제는 기본서의 중요부분 위주로 암기하였고, 이승근 선생님의 "알맹이콕"을 자투리시간에 활용하여 암기하였습니다. 계산형 문제는 시간이 조금 더 필요하여도 최대한 이해하는 것이 중요하다고 생각하고, 먼저 기본문제를 위주로 공부하였으며, 나중에는 응용문제를 풀고 다양한 문제풀이방식을 익혀서 빠르고 정확하게 객관식문제를 풀어내고자 하였습니다.

2) 세법

세법은 회계를 완벽하게 공부한 후 해야만 이해가 쉽고 학습 능률이 오르겠지만, 저는 시간이 부족하여 회계와 병행하였습니다. 부가가치세는 이해하는데 큰 지장이 없었지만, 법인세와 소득세는 재무회계와의 조정부분에서 서로 연결이 되기 때문에 많이 힘들었습니다. 처음에는 이해가 안 되는 부분을 암기하고, 나중에 반복하면서 이해하고 습득하였습니다. 특히, 세법개론을 정독하면서 전체적인 윤곽을 잡고 세부적인 내용을 숙지한 것이 많은 도움이 되었습니다.

3) 상법

김혁붕 선생님은 해당 수업과 관련된 문제풀이와 복습을 강조하셔서 서브노트에 목차를 정리하고 계속 복습하였으며, 문제풀이 후 반드시 다음 수업을 수강하였습니다. 상법은 상법전이 중요한 것으로 생각되어, 상법전을 계속 반복하여 공부하였으며, 어떤 지문이 나오더라도 거의 정확하게 그 문장의 오답여부를 판단할 수 있었습니다.

3) 재정학

주말반을 선택한 탓에 재정학은 온라인강의로 기본강의를 수강하였습니다. 경제학 기본 개념이라고는 고등학교 때 잠깐 배운 내용 뿐이었습니다. 그리고 기초경제학수업을 수강할 시간조차 없다는 것을 알고 저는 재정학수업을 바로 수강하였습니다. 공식과 그래프 및 문장 전부 처음 접하여 이해가 제일 힘들었던 거 같습니다. 제가 선택한 방법은 오직 암기뿐 이였습니다. 제 생각은 처음에는 암기로 이 문제를 해결하고 나중에는 경제학에 대한 지식을 쌓아 초반내용을 이해하는 방법을 선택하였습니다.

(2) 세무사 2차시험 준비

1) 재무회계

김기동 선생님의 문제에 대한 푸는 틀을 먼저 이해하고 그 틀로 문제를 익혔습니다. 또한 분개도 연습하여 해당 문제에대한 대비도 철저하게 준비하였습니다. 재무회계는 빠르고 실수없게 풀어야 하기 때문에 저만의 문제푸는 방법의 틀을 만들었습니다. 귀찮더라도 손으로 푸는 것이 중요하며 매 챕터의 목차에는 제가 실수했던 부분을 항상 손으로 적어 좀 더 뚜렷하게 확인하고 실수를 줄였습니다.

2) 원가관리회계

원가회계는 각 챕터의 정해진 문제풀이형식을 잘 숙지하여 모든 문제를 그 틀에 대입하는 능력과 이해를 통해 생소한 문제를 잘 접근하는 능력이 중요하다고 생각합니다. 원가회계는 많은 문제를 풀면서 실수를 반복하다보면 실력이 향상되는 것 같습니다.

관리회계의 경우에는 얼마나 많은 유형의 문제를 접해보았느냐에 달려있습니다. 관리회계의 경우 처음 접해본 유형의 문제는 답을 도출해내기가 힘들기 때문입니다. 많은 유형의 문제를 접하여 사이즈를 키워나가도록 준비하였습니다.

3) 세무회계

정우승 선생님의 연습서로 공부를 하였습니다. 문제풀이는 모든 문제를 다 풀이 하였습니다. 세무회계 또한 실수를 얼마나 줄이고 그 실수를 문제풀이 시 떠올리려고 노력하면서 문제풀이에 집중하였습니다. 워크북으로 지엽적인 부분까지 학습하였고, 세무회계의 책과 기본서를 링크시켜서 좀 더 체계적으로 학습하였습니다. 연습서의 문제를 한문제도 빼지 않고 전부 풀며 공부하였으며, 앞에서도 언급하였듯이, 이번 시험에도 청산소득, 동업기업과 같이 지엽적인 부분도 모두 준비한 것이 합격의 중요한 부분이 되었던 것 같습니다.

4) 세법학

유예 1기에는 암기보단 이해에 초점을 두었지만, 유예 3기에서는 이해를 바탕으로 한 암기를 시작하였습니다. 절대적인 공부시간이 생각보다 적어서, 주요논제와 세법학적인 사고능력이 다르기 때문에 다양한 생각들 접해보며 공부하였습니다.

유예 2기는 유은종 선생님의 임팩트 강의와 정연대 선생님의 세법학M을 수강하였으며, 세법 회독수를 늘리기 위하여 IMPACT(임팩트) 강의를 최대한 빠르게 수강하였으며, 목차를 모두 암기하였습니다.

목차를 외우며 체계적으로 세법학을 정리하게 되면서, 해당 목차에 맞게 어떤 내용이

더라도 생각나는 대로 적을 수 있도록 되었습니다. 책은 유은종 선생님의 임팩트를 전체를 암기하여 모의고사 진도에 맞추려고 노력하였고, 스킵없이 모든 논제를 공부하였습니다. 따라서 세법학core는 내용암기용이 아닌 목차암기와 내용요약용으로 항상 들고 다녔습니다.

3. 1, 2차 수험기간동안 Group Study는 어떻게 이루어졌으며 실전 시험에는 어느 정도의 효과가 있었습니까?

변지혜 저는 그룹스터디를 하지 않았으므로 장점을 알 수는 없으나, 공부하는 내내 스케줄을 같이 관리할만한 친구가 있었으면 좋겠다는 생각은 여러 번 하였습니다.

이태승 저는 공부는 혼자서 하는 것이라는 생각을 가지고 있었습니다. 따라서 그룹스터디는 가급적이면 피하였습니다.

1차시험을 준비할 때에는 어떠한 스터디도 참여하지 않았습니다. 학원독서실에서만 있었고 밥도 혼자 먹었습니다.

2차시험을 준비할 때에는 출첵스터디와 퇴첵스터디를 하였습니다. 출첵스터디의 경우 아침 8시에 학원까지 도착하여야했고 퇴첵스터디는 초반에는 밤 11시까지 하였으나 시험이 3달가량 남았을 때 11시 30분에 학원을 나왔습니다. 그 외에 세무회계(세법)스터디에 참여하였지만 저한테 맞지 않았고 시간상의 이유로 참여하지 않았습니다.

4. 최근 1, 2차 시험과목별 출제경향과 수험대책은 어떤 것이 있습니까?

변지혜

(1) 1차시험

실제 시험장에서 풀 수 있는 문제와 포기할 문제를 정확하게 판단하여 빠른 시간 내에 푸는 것이 관건이므로 평소 공부할 때에도 최대한 빨리 정확하게 푸는 방법을 연습하는 것이 좋습니다. 자신 있는 주제가 무난한 난이도로 출제되는 문제를 쏙쏙 골라서 풀어 정답을 내야 합격할 수 있습니다. 평소 자신 있었던 주제지만 난이도가 높아 풀어내더라도 답을 확신할 수 없는 경우, 자신은 없지만 난이도가 낮아 왠지 풀 수 있을 것 같은 문제들에 매달리는 순간 합격은 멀어지게 됩니다. 시험장에서 문제를 풀어내면서 동시에 그러한 판단을 끊임없이 하여야 합니다. 그러므로 평소 공부할 때 웬만한 주제들을 전부 공부하되, 투입 대비 산출이 좋지 않은(예를 들어 기본적으로 시간이 오래 걸리는 주제, 이해가 깊지 않아 조금만 꼬아서 출제해도 풀 수 없는 주제 등) 주제는 과감하게 포기하고, 풀 수 있는 주제의 문제들을 최대한 빨리 풀 수 있는 자신만의 노하우를 만들어 풀어내는 것이 중요합니다.

(2) 2차시험

2차시험은 별다른 방도가 없습니다. 무조건 꼼꼼하게, 차근차근 공부하는 것이 합격의 비법입니다. 그렇지 않으면 운에 맡기거나 하는 수밖에 없습니다. 굉장히 지루하고 아무리 공부해도 자꾸 까먹어서 좌절하게 되더라도, 포기하지 않고 최대한 많은 주제를 꼼꼼하게 공부하면서 실제 시험에서도 빠트리는 부분 없이 적어낼 수 있도록 목차를 정리해가면서 공부하여야 합니다.

Ⓐ 이태승

(1) 1차 시험과목별 출제경향과 수험대책

1) 회계학

회계학의 경우 재무회계와 원가관리회계가 출제되고 있습니다. 이중 재무회계의 비중이 더 커서 출제되는 문제수가 더 많습니다. 회계학의 경우 말문제도 중요하지만 계산형 문제를 얼마나 정확하고 빠르게 푸느냐에 따라서 합격여부가 결정됩니다. 회계학의 경우 40점인 과락을 피하는 과목으로 인식되고 있습니다. 회계학이 그만큼 어렵기 때문에 방어적으로 공부하는 것이 필수라고 생각됩니다. 저 같은 경우 계산과정이 복잡한 재무회계보다는 논리적으로 접근하는 원가관리회계를 좀 더 집중적으로 선택하여 공부하였습니다.

2) 상법

상법은 다른 과목에 비해 비교적으로 쉽게 이해하고 공부할 수 있고 시험출제 또한 어렵게 출제는 되지 않습니다. 본시험에서 반드시 고득점을 하여야하고 상법기본서도 중요하지만 시험보기가 대부분 상법전의 조문으로 구성되어 틈틈이 상법전을 보는 것이 중요합니다.

3) 재정학

재정학 또한 상법과 마찬가지로 하나의 전략과목으로 볼 수 있습니다. 하지만 재정학에 대해서 어려움을 겪는 수험생들이 의외로 많습니다. 저 같은 경우에도 경제학적 개념이 부족하여 이해하는데 많은 시간이 걸렸습니다. 이에 대한 대책으로 암기를 하여 극복하였습니다.

4) 세법

세법이 1차시험에서 가장 까다로운 과목이라고 생각됩니다. 저는 계산형 문제보다는 말문제에서 점수를 따자는 생각을 하였습니다. 그리고 법인세, 소득세, 부가가치세도 중요하지만 국기법, 국징법, 조세범처벌법을 철저하게 공부하였습니다

(2) 2차 시험과목별 출제경향 및 수험대체

우선 2차시험은 한과목당 4문제밖에 출제가 안 되기 때문에 스킵하는 부분없이 꼼꼼히 공부하는 것이 중요하다.

1) 회계학 1부(재무회계, 원가관리회계)

재무회계경우 논리적인 접근 보다는 자신만의 문제를 푸는 틀에 대입하면 대부분 풀 수 있다. 따라서 그 틀을 익히는 것이 중요하다. 원가관리회계 또한 재무회계와 비슷하지만 올해 시험을 제외하고 시험출제문제가 어렵게 출제되어 준비를 많이 하여야 하고 많은 유형을 문제를 접하여야 한다.

2) 회계학 2부(세무회계)

최근 회계학 2부는 예전에 시험에 나오지 않았던 부분과 학생들이 공부하지 않은 부분을 출제한다. 또한 어렵게 출제되기 보다는 많은 량의 물음을 통해 문제수를 늘리고 있다. 따라서 빠르게 문제를 푸는 방법을 익히고 연습하는 것이 중요하다.

3) 세법학 1부

세법학 1부는 최근 대법원의 판례를 통한 출제경향 그리고 세무회계와 결합된 문제의 출제경향이 많이 보이는 것 같습니다. 판례를 철저하게 준비하고 세무회계와 결합된 문제는 어떻게 풀어야할지 생각을 많이 하는 것이 중요합니다.

4) 세법학 2부

세법학 2부는 아직도 암기가 주를 이루지만 개별소비세문제는 사례형문제로 출제도 되고, 조세특례제한법은 판례가 출제가 되기도 했습니다. 따라서 조문암기를 우선으로 하고 모의고사를 통하여 여러 유형의 문제를 다루고 익히는 것이 중요합니다.

5. 수험생활 중에 본 1, 2차 각 과목별 도서목록을 정리해 주시면 고맙겠습니다.

변지혜

1, 2차 모두 나무경영 아카데미에서 온라인 강의를 수강하였습니다.

- 재무회계 : 최창규, 김현식
- 원가관리회계 : 김용남
- 세무회계 : 이승철, 이승원
- 세법학 : 정병창
- 재정학 : 김판기
- 상법 : 오수철

A 이태승

(1) 1차 각 과목별 도서목록
- 재무회계 : 김기동 선생님의 중급회계, 김영덕 선생님의 중급회계,
　　　　　　　김기동 선생님의 객관식 재무회계
- 원가관리회계 : 이승근 선생님의 원가관리회계기본서,
　　　　　　　　　김용남 선생님의 원가관리회계기본서,
　　　　　　　　　이승근 선생님의 객관식 원가관리회계
- 세법 : 정우승 선생님의 세법 워크북, 객관식세법
- 재정학 : 정병열 선생님의 재정학 연습
- 상법 : 김혁붕 선생님의 세무사 상법 신강 및 상법전

(2) 2차 각 과목별 도서목록
- 재무회계 : 김기동 선생님의 재무회계연습서, 김현식 선생님의 재무회계연습서
- 원가관리회계 : 이승근 선생님의 원가관리회계연습서,
　　　　　　　　　김용남 선생님의 원가관리회계연습서
- 세무회계 : 정우승 선생님의 세무회계연습서
- 세법학 : 유은종 선생님의 세법학 기본서와 IMPACT세법학과 CORE세법학,
　　　　　정연대 선생님의 세법학 기본서와 세법학M

6. 수험생입장에서 구하기 어려웠다거나 보강되었으면 하는 특정 과목이나 내용의 수험서가 있습니까?

A 변지혜 없음

A 이태승 학원사이트에서 인터넷주문으로 전부다 쉽게 구할 수 있습니다.

🎙 7. 수험공부 시 학원 강의, 인터넷강의, 강의tape중 이용도 측면에서 어떤 방법을 선호했습니까?

Ⓐ **변지혜** 온라인 강의를 선호합니다. 강의 시간과 스케줄을 마음대로 조정할 수 있는 장점이 있어서 입니다.

Ⓐ **이태승** 저는 인터넷강의로 선호하였습니다. 인터넷강의의 장점은 빠른 배속으로 수강과 쉬는 시간의 단축을 통한 시간절약이 가장 크다고 생각됩니다. 학원 강의 또는 인터넷강의 선택은 개인의 공부방법에 맞추는 것을 추천합니다.

🎙 8. 수험생활 중 애로사항과 본인만의 스트레스 해소방법은?

Ⓐ **변지혜** 공부하는 동안 반복해서 공부해도 같은 부분에서 반복해서 틀릴 때 크게 좌절하게 되었습니다. 그럴 때마다 더욱 더 매진해서 확실하게 파악하겠다는 각오로 끈질기게 공부했습니다. 처음부터 잘하는 사람은 없다, 모두가 이런 과정을 겪는다 하는 다짐을 하며 공부했습니다.

스트레스가 많이 쌓일 때는 평소 먹고 싶었던 음식을 생각해 두었다가 주말에 휴식을 취하면서 먹었습니다.

Ⓐ **이태승** 수험생활 중 가장 힘들었던 것은 외로움 이였습니다. 아무래도 서울에 올라와서 혼자공부하고 생활하다보니 외로움을 많이 느꼈습니다. 외로움을 느끼게 되면 공부에 집중을 할 수 없고 놀고 싶은 마음이 더 커지게 되었습니다.

저의 해소방법은 잠을 자는 것입니다. 주로 잠을 자고 나면 그러한 생각이 많이 사라지고 피로도 많이 풀렸습니다. 그 외에도 집에서 영화를 보거나 하루 날을 잡아 고향을 내려가기도 하였습니다. 대부분의 수험생들은 술을 마시거나 친구들을 만나 스트레스를 풀지만 이러한 해소방법은 다음날 공부에도 지정이 있기 때문에 추천하지 않습니다.

🎙 9. 영어시험대체제도에 따른 주의해야 할 점이나 영어공부 방법은?

Ⓐ **변지혜** 수험공부도 방대한데 영어까지 공부하는 것은 여간 스트레스가 아닙니다. 본격적으로 공부하기 전에 영어점수 먼저 획득해 놓는 것이 스트레스를 덜 받는 방법입니다. 빠른 시간 내에 그리 높지 않은 점수를 획득하면 되므로 실전 모의고사 종류를 2,3회 반복하여 빠르게 감을 익힌 뒤 시험을 보는 것이 좋습니다.

Ⓐ **이태승** 저의 경우 영어시험은 토익으로 응시 하였습니다. 많은 수험생들은 세무사공부와

영어공부를 병행하지만 이런 공부는 추천하지 않습니다. 영어공부는 세무사시험 응시자격요건으로 갖추지 못한 경우 그 불안감이 공부를 방해하여 악의 악순환이 됩니다. 따라서 먼저 영어공부를 하여 응시자격을 갖추는 것이 우선이라고 생각합니다.

R/C의 경우 가장 중요한 것은 단어라고 생각합니다. 단어암기는 누적적으로 학습하여 암기량을 늘렸습니다. 누적학습은 전에 외운 단어를 누적으로 암기하는 방법으로 진행되었습니다. 단어는 꾸준히 반복적으로 보는 것이 가장 효율적으로 공부하는 것이라 생각하여 자투리시간을 잘 활용하였습니다. 문법은 고등학교시절에 배운 영어문법을 기초로 하여 공부하였고 그 외에 토익에 출제빈도가 높은 문법은 암기를 하였습니다. 독해는 끊어 읽기를 하여 읽는 속도를 높이는 연습을 많이 하였습니다. 주어진 시간에 100문제를 풀어내는 것이 중요하다고 생각하여 시중의 모의고사문제집을 시간을 제어서 풀었습니다.

L/C의 경우 유형을 익히는 것에 초점을 두었습니다. 토익만의 출제경향에 맞춰 공부하였고 단어의 소리를 숙지하는 것에 신경을 많이 썼습니다.

🎤 10. 수험생에게 당부하고 싶은 말은?

🅐 **변지혜** 공부를 하는 것은 자신과의 싸움이므로, 자신과의 싸움에서 항상 이겨내시기 바랍니다. 자고 싶은 유혹, 포기하고 싶은 문제, 놀러가고 싶은 마음 등등과 항상 싸워서 꼭 이겨내셔야 그 기분을 유지해서 끝까지 공부할 수 있습니다. 노력과 성취의 기쁨을 모든 수험생 분들께서 느끼셨으면 좋겠습니다.

🅐 **이태승** 세무사 시험이 비록 어렵지만 그래도 포기하지 않으면 합격할 수 있다고 생각합니다. 그리고 합격은 절실함의 순서에 따라 합격한다고 생각합니다. 처음 시험공부를 시작할 때의 절실함을 잊지 않으면 모두 내년의 세무사시험에 합격할 수 있습니다.

🎤 11. 앞으로의 계획과 끝으로 하고 싶은 말은?

🅐 **변지혜** 앞으로도 계속 공부하고 연구하는 세무사가 되고 싶습니다. 기회가 된다면 어려운 분들을 위한 무료 세무상담 등 사회공헌 활동도 하고 싶습니다. 감사합니다.

🅐 **이태승** 지금 세무사 시험이후 저는 회계사시험을 준비하고 있습니다. 회계사시험에 합격하고 로스쿨에 진학하여 세무전문변호사가 되어 조세불복에 대한 변호를 맡고 싶습니다.

2014년 제51회 세무사시험

최고득점·최연소 합격자 인터뷰

송 병 호
1990년 2월 7일생(24세)
가평고등학교 졸업
가천대학교 회계세무학과
2014년 제51회 세무사 제2차 시험
최고득점 합격자

박 영 진
1993년 9월 10일생(22세)
밀양고등학교 졸업
웅지세무대 졸업
2014년 제51회 세무사 제2차 시험
최연소 합격자

 1. 자기소개, 응시동기, 합격소감은?

Ⓐ **송병호**   안녕하세요. 제 51회 세무사 시험에 수석으로 합격하게 된 송병호(가천대학교, 회계세무학과)라고 합니다. 합격만을 바라며 달려왔었는데, 동차합격을 넘어서 수석이라는 큰 영광을 얻게 되어 감사한 마음뿐입니다.

　제가 처음으로 세무사에 대한 목표를 가진 것은 학과 수업을 들으면서 교수님께서 조세쟁송에 대한 이야기를 해주실 때였습니다. 납세자를 위하여 합법적인 범위 안에서의 쟁송의 과정을 설명해주실 때에는 제가 쟁송을 담당하는 세무사가 된다면 어떨까라는 상상을 수없이 했었고, 그 결과로 제 머릿속에서 세무사라는 목표가 구체화 된 것 같습니다.

△ **박영진** 안녕하세요. 제 51회 세무사 시험에 최연소 합격하게된 박영진(웅지세무대)이라고 합니다.

세무사시험은 대학진학을 할 때 친구를 통해 우연히 세무사라는 직업에대해 알게되었고, 자세하게 알아보니 관심이 생기기 시작했습니다. 그때 당시 우스갯소리로 최연소로 꼭 붙는다고 했던 것이 이렇게 세무사시험 합격이 막상 찾아오니 얼떨떨하면서도 최연소라는 타이틀까지 얻게 되어 그저 감사할 따름입니다. 합격수기를 적어본다는 생각조차 않다가 이렇게 막상 수기를 적으려니 어떻게 적어야할지는 모르겠으나 이 글을 보고 한 분이라도 또 다른 동기가 되는 글이 되기를 바라면서 작성했습니다. 부족하더라도 작은 도움이 되었으면 합니다.

🎙 2. 1, 2차 시험대비 수험대책으로 자신만의 효율적인 각 과목별 공부방법과 준비 요령은?(수험기간, 공부시간, 수험정보 입수경로 등 포함)

△ 송병호

(1) 수험기간, 공부시간, 정보입수 경로

집안 사정이나 저 스스로도 장기간의 공부는 할 수 없을 것 같았고, 그 때문에 최대한 단기간 내에 승부를 보려하였습니다. 개인적인 생각으로 단기간 내에 끝낼 수 있는 방법은 학원의 도움을 받는 방법이 가장 효과적인 방법이라고 생각했으며, 수험기간의 대부분의 정보 역시 학원을 통하여 얻을 수 있었습니다. 아래의 수기 역시 학원의 커리큘럼에 따라 서술 된 것이므로 이해해주시기 바랍니다.

수험기간은 2013년 5월부터 2014년 8월까지 1년 3개월 정도였습니다.

공부시간은 스탑워치로 쟀을 때 수업이 없는 날을 기준으로 하루에 10시간정도였습니다. 또 수험기간 초창기에는 일주일에 한번정도는 오전에는 공부, 오후에는 휴식을 취하였고, 시험 3개월 전부터는 2주에 한 번씩 오전, 오후에는 공부, 저녁에는 휴식을 취했습니다.

1) 2013년 3월~2013년 4월

세무사시험을 응시하기 위해서는 공인어학성적이 필요하며, 그 점수를 획득하기 위하여 하루에 80%를 넘는 시간을 영어공부에 투자했습니다. 그리고 남는 시간에는 회계원리와 재정학과목을 가벼운 마음으로 인터넷으로 수강하였습니다.

2) 2013년 5월~2013년 8월

학원을 가야할지, 인터넷강의로 수업을 들을지 많은 고민을 하였고, 제 스스로 의지가 강하지 않다고 생각하여 학원에 기본반 수업을 접수하고, 학원근처 고시원에서 생활을 하였습니다. 이때부터 본격적인 수험생활을 시작하였습니다.

지방에 계시는 많은 수험생 분들이 고시원 고민을 많이 하시는 것 같습니다. 심적으로는 저의 1년 3개월 정도의 고시원생활이 정말 외롭고 쓸쓸한 기간이었지만, 또 그로 인해서 이렇게 좋은 결과가 나오지 않았을까 라는 생각도 듭니다. 스스로 충분히 고민하신 후에 결정하셔야 하며, 통학이 가능하신 분들께서는 최대한 통학을 하시는 편이 좋다고 생각합니다.

3) 2013년 9월~2013년 11월

이 기간에 학원가에서는 심화반을 개강하는데 1차와 2차를 동시에 수업하는 강의입니다. 처음으로 학원을 다니신 분들이 이 심화반을 들어야하는지 말아야하는지에 대해 가장 큰 고민을 하시는데, 제 개인적인 의견으로는 1차보다는 2차를 중점적으로 준비할 목적이고, 의지가 굉장히 강하신 분들은 심화반을 수강하는 것보다는 차라리 그 해 촬영되었던 동차종합반 인터넷강의를 듣는 것이 훨씬 유익하다고 생각합니다. 그 이유는 1차를 패스하지 못한 심화반의 특성상 2차보다는 1차에 많은 비중을 가지고 수업을 하고 난이도 역시 동차종합반이나 동차gs반에 비하여 떨어진다고 생각하기 때문입니다. 다만, 저처럼 의지가 강하지 않고 혼자서 그 긴 기간을 버티기 힘들다고 생각한다면 심화반을 듣는 것이 괜찮다고 생각되며, 합격하는데 에는 전혀 지장이 없다고 생각합니다.

제가 동차합격에 있어서 가장 큰 도움이 되었던 과정이었으며, 실력 역시 가장 크게 상승되었던 기간인 것 같습니다. 제가 생각하기에 심화반과정의 효과를 극대화시키기 위해서는 반드시 예습이 선행되어야 하므로, 강의를 수강하기 전에 30분이라도 스스로 수업준비를 해보는 것이 좋다고 생각합니다.

4) 2013년 12월~1차 시험

1월 초부터 객관식반이 개강하여 수강하였으며, 수업을 들으면서 선생님보다 먼저 문제를 풀고, 그 다음에 수업을 듣는 방법으로 공부하였습니다. 또 2월까지는 회계학 1부, 2부의 주관식 문제풀이를 병행 하였고, 3월부터 4월까지는 객관식 문제에 집중하였습니다.

1차 시험의 합격을 위해서는 하루 전에 모든 과목을 다 볼 수 있어야 한다고 하여서 그렇게 할 수 있도록 노력하였으나, 저한테는 너무 벅찬 것 같아서 2일에 걸쳐서 모든 과목을 다보고 시험을 보았습니다. 1일 또는 2일 전에 모든 과목을 보기 위해서는 단권화를 반드시 시키셔야하며, 회계학 같은 경우에는 마지막 날에 풀고 갈 문제를 몇 주 또는 몇 달에 걸쳐서 반드시 준비해놓으셔야 합니다.

5) 2014년 5월~2차 시험

1차 시험이 끝나고 일주일정도 쉰 다음에 동차gs반을 수강하였습니다. 이 기간에 심화반을 수강하신 분은 무조건 동차gs반을 수강하시는 것을 추천 드립니다.

이 기간 동안에는 주중에 유은종 선생님의 임팩트세법학 강의를 인터넷으로 수강하였고, 회계학 1부, 2부를 정리하였으며, 주말에는 gs반 모의고사를 보고 강평을 들었습니다. 이 때 저의 공부 비중은 세법학에 60%, 회계학 2부에 25%, 회계학 1부에 15% 정도를 투자했던 것 같습니다.

동차생분들이시라면 세법학 공부방법이 가장 궁금하실 텐데 제가 생각하기에 서브노트를 하나 정해서 그곳에 이해할 내용, 암기할 내용, 공부할 모든 내용을 옮겨서 계속 반복해서 공부하시는 것이 가장 스트레스도 덜 받고 효과적으로 공부하는 방법인 것 같습니다. 2차 시험 역시 2일에 걸쳐서 모든 과목을 정리하고 시험을 보았습니다.

(2) 과목별 공부방법

제가 1차 시험을 준비하면서 가장 효과를 본 방법은 많은 분들이 사용하는 방법인 단권화와 누적복습입니다. 재정학은 서브노트를 직접 만들어 그곳에 단권화시켰고, 세법은 워크북에 단권화시켰으며 다른 과목 역시 마찬가지입니다. 누적복습의 중요성은 말하지 않아도 다 아시리라 생각합니다.

1) 1차 시험

① 재정학

재정학은 아시다시피 경제학의 마지막에 있는 학문입니다. 따라서 경제학에 대해 원론정도의 수업밖에 듣지 않았던 저로서는 1차 시험을 준비하는데 있어서 가장 준비하기가 까다로웠던 과목인 것 같습니다.

재정학은 수업을 듣고 그에 따른 판서와 그래프를 노트에 정리하여 저만의 필기노트를 만드는 방법으로 공부 하였습니다. 또 이론서에 있는 문제나 기출문제에서 모르는 부분을 다시 노트에 정리하여 1차 전날에는 그 노트만 4시간동안 보았고, 정리 할 수 있었습니다. 시중에도 재정학교재와 관련하여 많은 서브노트가 나와 있지만, 재정학은 많은 그래프를 그려봐야 스스로 그에 대해 깊게 생각하게 되며, 자신만의 논리를 잡을 수 있다고 생각합니다.

② 세법

처음 세법수업을 수강하기 전에는 전공인 만큼 많은 두려움은 없었습니다. 하지만 본격적인 수험생활을 시작하고 나서는 왜 세법이 가장 수험생들이 까다로워 하는 과목인지 절실히 깨달았습니다. 복습하고 정리 했던 것은 채 일주, 이주가 가지 않으며, 매번 배울 때 마다 새로운 것을 공부하는 느낌에 막막해지곤 했습니다.

세법을 공부하는데 가장 좋은 방법은 정말 힘든 방법인 것은 알지만 세법을 좋아하고, 이해하기 위해 노력하는 것이라고 생각합니다. 저는 무작정 암기하는 방법으로는 그 방대한양을 암기할 수 없다고 생각했고, 각 파트별 조문마다 입법취지가 무엇인지 생각하기 위해 노력했으며, 이해를 통해 암기하려고 노력했습니다. 그 방대한 양의 입법취지를 어떻게 이해하냐고 물으실 수도 있겠지만 수많은 누적복습을 통해서 볼 때마다 조금이라도 생각하려고 노력하신다면 충분히 이해를 통해 암기가 가능하다고 생각합니다.

③ 상법

법인만큼 법학을 전공하지 않은 수험생들은 처음 공부를 시작하면 가장 감을 잡기 힘든 과목이라고 생각합니다. 저 역시 처음 배우는 부분에 대한 어려움이 있었지만, 재미있고 이해하기 쉽게 설명해주시는 강사님 덕분에 잘 따라갈 수 있었습니다.

제가 상법을 공부한 방법은 앞서 밝혔던 서브노트를 활용한 방법이었으며, 기존의 서브노트에 새로운 내용들을 추가시켜 단권화시켰습니다.

④ 회계

1차 시험과목 중에 가장 시간이 부족한 과목입니다. 따라서 누가 빠르고 정확하게 푸느냐가 가장 중요한 과목이며, 저도 그에 따라 연습하고, 공부하였습니다. 시험당일에는 어려운 문제들을 제외하고는 계산기만으로 풀 수 있을 정도가 되어야 한다고 생각합니다.

- 재무회계 : 재무회계를 공부하는데 있어서 가장 중요한 것은 큰 그림을 봐야한다는 점인 것 같습니다. 각각 다른 파트로 나누어져 있지만, 큰 그림으로 본다면 재무회계는 발생주의, 대응주의 등 큰 그림을 그릴 수 있다는 특징이 있는 것 같습니다. 이에 따라 너무 좁게 생각하시지 마시고 큰 그림을 그리면서 접근하다고 보면 어려운 회계를 조금이나마 쉽게 이해할 수 있다고 생각합니다.
- 원가관리회계 : 원가관리는 정말 혼자만의 사고가 필요한 것 같습니다. 어렵지 않은 것 같지만, 또 깊게 들어가면 가장 어려운 과목이 원가관리회계라고 생각합니다. 각 파트를 공부하면서 왜라는 물음을 가지고 깊은 사고를 통해 자신만의 논리를 잡아야 한다고 생각합니다.

2) 2차 시험

2차 시험에는 정말 감사하게도 많은 운이 따라 준 것 같습니다. 제가 감히 2차 시험공부에 대해 후기를 써도 될지는 모르겠지만, 2차를 준비하는 동차생들의 막막함을 조금이나 줄여드리기를 바라면서 아래의 공부 방법을 작성 하였습니다.

① 회계학 1부

제가 생각하기에 동차의 관건은 '회계학 1부와 2부를 1차전에 얼마나 공부하고 왔느냐'라고 생각합니다. 1차 시험이 끝나고 2차 시험을 준비하게 되면 정말 시간이 너무나도 부족하다는 것을 느끼실 겁니다. 더군다나 세법학이라는 정말 어려운 과목을 공부하게 되면 회계학 1부와 2부를 공부할 시간은 턱없이 부족합니다. 1차 시험 전에 심화반 또는 인터넷강의 아니면 독학으로 주관식 문제를 손으로 직접 많이 풀어보셔야 하며, 1차전에 회계학 1부는 끝내고 가겠다는 마음가짐으로 공부하시는 것이 좋다고 생각합니다. 또 주관식 공부를 하다보면 1차 객관식 문제는 정말 계산기만으로 풀 수 있다는 것을 느끼실 수 있으실 것입니다.

② 회계학 2부

회계학 1부와 마찬가지로 1차 시험 전에 최대한 많은 양의 공부를 하고 2차 공부를 시작하시는 것이 동차의 관건이라고 생각합니다. 또 회계학 2부의 경우에는 2차 시험 과목 중 가장 시험시간이 모자라는 과목이므로 하나하나 꼼꼼하게 풀겠다는 마음보다는 조금은 실수가 나오더라도 문제를 모두 풀겠다는 마음으로 공부하고 시험을 치시는 것이 좋은 방법이라고 생각합니다. 저는 회계학 1부, 2부의 경우에는 1차 시험 전에 3번 이상 손으로 풀어보았으며, 2차 공부기간동안 손으로는 딱 한번 풀어보았고, 이후에는 눈으로 2~3회독 정도 하였습니다.

③ 세법학 1부

세법학 1부는 국세기본법, 법인세법, 소득세법, 상속세 및 증여세법으로 이루어져 있는데 상속세 및 증여세법을 제외하고는 1차 때 이미 공부한 내용이기 때문에 세법학 2부보다는 조금은 가벼운 마음으로 공부하였습니다. 동차생의 경우에는 상속세 및 증여세법이 낯설기 때문에 1부의 다른 법보다는 상속세 및 증여세법에 많은 시간을 투자하는 것이 좋다고 생각하고, 소득세법 및 법인세법은 입법취지와 기본적인 내용을 숙지하는 것이 어려운 논제를 자꾸 찾아보는 것보다 좋다고 생각합니다. 국세기본법 역시 어려운 내용을 공부하는 것보다는 기본적인 조문을 암기하는 것이 보다 안전하게 세법학 1부를 공부하는 방법인 것 같습니다. 세법학 1부는 유은종 선생님의 임팩트와 퍼팩트를 보았고, 부록으로 정리하여 암기했습니다.

④ 세법학 2부

세법학 2부는 강의를 듣는 순간부터 '정말 동차를 할 수 있을까'라는 의문을 만들어주는 과목입니다. 그 강력한 휘발성으로 인해서 가장 많은 스트레스를 받았고, 어떻게 공부해야하는지 감이 잡히지 않던 과목이었던 것 같습니다. 저는 그 양에 질려서 일단 부록으로 외우기 쉽게 만들어야겠다는 생각을 하고, 임팩트나 퍼팩트, gs문제에서 배운 것들을 부록에 모두 옮겨 적었고, 샤워할 때, 화장실에 있을 때, 집에 돌아갈 때 등 짜투리 시간을 최대한 활용하여 암기하였습니다. 부가가치세법, 개별소비세법, 지방세법은 스스로 생각하고, 암기해야하므로 혼자만의 공부가 필요하다고 생각하며, 조특법은 하루에 한 시간 정도 스터디를 통해 암기하는 방법이 굉장히 효과가 있다고 생각합니다. 동차생이시더라도 포기하지 않고 일몰된 조문을 제외하고는 모두 가져가겠다는 각오로 스킵 없이 공부하는 것이 세법학 2부의 과락을 면하는 방법인 것 같습니다.

박영진 저같은 경우 웅지세무대학을 입학하기 전부터 반드시 1~2년 안에 붙는다는 생각으로 매일을 공부했던 것 같습니다.수험기간은 2년 4개월 정도 되는 것 같습니다. 남들 다하는 동아리활동, 엠티 등 공부외적인 것에는 관심을 딱 끊어버리고, 마치 고등학교 4학년처럼 매일을 공부했습니다. 학교가 이러한 시험자격증 취득을 목적으로 수업을 한다하지만 제가 계획하는 시간 내에 따내기 위해서 학기 수업과 별도로 더욱더 진도를 나가야했고 같이 병행함에 있어서 학점과 자격증 취득 이두마리토끼를 다잡을 수 있을까에 대한 망설임도 있었지만 그것이 큰 착각임을 공부를 하면서 깨닫게 되었습니다. 어차피 같은 길을 감에 있어서 돌다리 건너듯이 하나하나 준비해나가니 학점과 더불어 1차 시험합격을 얻을 수 있었던 것 같습니다.

(1) 1차시험

1) 재정학

재정학은 경제학의 한 부분적인 학문입니다. 저같은 경우 고등학교시절에 경제를 공부한 경험이 있어서 처음 이해하는 데에는 거부감은 없었던 것 같습니다. 당시 주위에 형들은 재정학같은 경우 1차시험이 다가올 때 공부해도 된다는 식으로 말했었지만 공부를 하다보니 생소한 단어들과 그 양 또한 지금 미리 조금씩이라도 하지 않으면 발목을 잡을 수도 있겠다는 생각에 학교입학과 동시에 기초이론부분은 먼저 한번 본 것 같습니다.

재정학은 아무래도 경제학의 일부분이라서 그런지 처음보는 그래프와 기호, 공식이 있었는데 그때당시 처음보자마자 이것을 이해하려고만 애를 쓰고 공부하자니 머리에 들어 오지도 않고 외워지지도 않았습니다. 그래서 따로 필기노트를 작성했습니다. 기본서를 보고 작성하는 방식이 아닌 기출문제를 풀어가며 그 해당 파트별로 문제와 직접적으로 매칭이되는 이론들은 큰틀로써 작성을 마치고 그 후에 각 파트별로 여분의 공간에 지엽적인 부분을 채워나가는 식으로 두껍지도 않고 얇은 공책 한 권 정도로 정리를 마쳤습니다. 그후 틈틈이 필기노트를 보았고 1차시험 전날에도 1시간이면 다훑어 볼 수

세무사편

있을 정도로 반복해서 보았던 것 같습니다.

재정학의 경우 계속해서 기출문제를 풀어보고 자기만의 논리를 먼저 잡으신 뒤 문제에다 접목시켜나가는 방식으로 공부하는 것이 효율적이라고 생각합니다.

① 회계

1차시험의 최대 난코스 중 하나라고 볼 수 있는 과목입니다. 1차시험 1주일 전까지 스터디 식으로 모의고사를 쳐봤지만 시간 안에 다풀어 본적이 없는 과목입니다. 하지만 그렇다고 해서 기피할 과목은 아니라고 봅니다. 핵심은 짧은 시간 안에 정확하게 풀어야 과락을 면할 수 있는 과목이라고 생각하시면 될 것 같습니다.

② 재무회계

재무회계의 경우 처음부터 외우려 하지 말고 회독수를 늘려가면서 큰 틀을 잡는 것이 가장 중요하다고 생각합니다. 예를 들어 금융자산 파트면 그것에 대한 정의, 그와 관련된 문제 풀이방식 등을 완벽하게 정리하고 머릿속으로 해당 파트가 나오면 그에 정확한 정의와 계산풀이방식이 떠올릴 수 있는 정도가 되어야 합니다. 그래야만 실제 시험의 경우 그 짧은 시간 안에 확실히 자기 점수를 챙길 수 있습니다. 또한 계속적으로 계산기를 옆에 두고 손으로 직접 푸는 습관을 가지셔야 합니다. 눈으로 대충 이런 식으로 하면 답이 나오겠구나 하면서 넘어가는 것은 제대로 알지도 못할뿐더러 실제 시험에서 예측하지 않은 곳에서 당황하는 문제가 발생할 수 있습니다. 이 과목 역시 각파트별로 정의와 계산공식을 필기노트에 정리를 하였고 시험 전까지 계속해서 본 것이 도움이 많이 되었습니다.

③ 원가관리회계

세무사 시험의 경우 원가관리회계는 원리를 가지고 응용문제를 요구한다기보다는 기본이론만 착실히 외우고 숙달하면 어렵다고 느끼는 과목은 아닐 것이라고 생각합니다. 문제 유형이 정해져 있고 객관식 문제를 반복해서 풀다보면 실수 하지 않는 이상 원가관리 때문에 떨어질 가능성은 낮다고 봅니다. 아시다시피 재무회계와 원가관리회계, 고급회계를 더불어 1차시험에서 회계학으로 시험을 보는데 저같은 경우 짧은 시간 안에 점수를 챙기기 위해 원가관리문제를 먼저 풀고 재무회계문제를 풀었습니다. 그렇다고 원가문제를 다풀고 재무회계문제를 풀어라는 말은 아닙니다. 문제를 보고 풀 수 있겠다는 문제만 풀고 전체적으로 다푼뒤 다시 건드릴 수 있는 문제에 돌아와서 푸는 방식으로 계속 연습하고 공부했습니다.그러니 시험장에서도 과락은 충분히 면할 수 있는 점수를 받을 수 있었습니다. 다시 한번 말씀드리지만 회계학 과목은 말그대로 전략과목입니다. 땅따먹기 하듯이 제한된 시간 안에 야금야금 먹어나가듯이 공부해나가면 충분히 득점하실수 있을 것입니다.

④ 세법

세법....이라 주위 형들도 그렇고 제일 어렵고 힘든 과목이라고 입학 때부터 들어왔습니다. 그래도 그까짓거 어려워 봤자 얼마나 어렵겠나하고 달려들었다가 만만치 않다는 것을 깨달았습니다. 많은 수험생들이 까다로워하고 힘들어 하는 과목이라고 하는 것도 이해할 수 있었습니다. 지금 이글을 읽고 계신 분 중 세법을 처음으로 접하신 분들은 세법을 배우기 전에 재무회계 공부를 완벽히 하는 것을 권장합니다. 세법의 대부분 문제가 기업회계와 세법과의 차이를 조정하는 문제인데 대부분 수험생이 회계가 틀이 잡혀지지 않은 상태에서 세법을 배우려다 보니 막막하기만 하고 어렵게 느끼는 것 같습니다. 저의 경우 세법공부를 하기 전에 회계과목을 최소 5회독은 하고 접한 것 같습니다. 처음에는 생소했지만 이해가 되고 회계과목과 비교해가면서 공부하니 오히려 제일 재미있는 과목이 되었습니다. 세법의 경우 이론을 다독하고 다독했습니다. 그 양이 방대해서 이틀만 지나도 기억이 안 날 정도로 어려운 과목인 것은 확실합니다. 하지만 우리가 한 두번 겪은 것도 아니고 이런 것도 계속 보다보니 다 외워집니다. 1차시험 3~4달 전에는 객관식 문제로 시간체크하며 푸는 연습을 했고, 회독수를 늘릴수록 몇 시간만 해도 전체를 훑을 수 있을 정도로 되었던 것 같습니다. 실제 시험에서도 생각보다 좋은 점수를 받아 기분이 좋았던 것 같습니다.

⑤ 민법

선택과목이죠. 상법·민법·행정소송법 매년 말이 많습니다. 이 과목은 쉽다니 양이 적다니 폐지해야 한다니 저도 당연히 상법을 하려 했지만 선배들이 민법을 추천해서 제대로 된 교재없이 공인중개사 민법책을 가지고 공부했습니다. 굳이 비교하자면 상법보다 양이 확실히 적은 것은 사실입니다. 하지만 출제유형이나 저희 시험에 맞는 교재가 없었던 상태라 불확실성을 가지고 공부했습니다. 민법 같은 경우 꼭 한번은 조문들을 써 볼 필요성이 있다고 생각합니다. 귀찮기도 하고 대충 외우면 외워지겠지 했지만 생각처럼 외워지지도 않고 이해하기 힘든 부분도 있었습니다. 학교에서 조문을 정리해오는 과제가 있었는데 억지로라도 한 번 쓰고 나니 대충 보아왔던 조문도 확실히 이해가 되고 효율적으로 암기 할 수 있었던 것 같습니다.

제가 민법 공부한 방법은 최근 몇 년간 기출문제집을 사서 이론서와 끊임없이 반복해서 풀고 외우고를 반복했고, 이는 따로 필기노트를 정리하지 않았습니다.

(2) 2차 시험

세무사 2차시험이 '아! 이것이 세무사 시험이구나!' 하고 느끼게 해주는 시험인 것 같습니다. 1차 붙었다고 자만하는 분들 모두 겸손하게 만드는 시험이죠. 저는 동차를 광탈하고 유예로 이번시험에 붙게 되었습니다. 2차시험은 조심히 제가 공부한 방법을 알려드릴까합니다.

1) 회계학 1부

회계학1부 과목은 1차시험과 별개로 새로운 공부를 하지 않아도 되는 과목입니다. 하지만 그렇다고 만만하게 보아서는 안될 과목임은 분명합니다. 2차시험의 합불 여부는 회계학 1부와2부가 얼마나 튼튼하게 공부되어 있느냐가 판가름된다고 보아도 과언이 아닙니다.

회계학 1부의 경우 다른 특별한 방법이 없습니다. 눈으로 풀지마시고, 출제 나올 파트를 예상하지 마십시오. 회계학 1부는 이번시험에도 느꼈다시피 최소 1문제 정도는 예상하지 못했던 파트에서 출제가 된다고 볼 수 있습니다.그러니 꾸준히 연습서 문제 푸시고 '이건 올해 안나올 거야'라는 생각으로 공부하지 마십시오.

2) 회계학2부

제가 제일 취약한 과목이 회계학2부였습니다. 동차 공부시기에는 문제풀다가 실수하나한 것이 줄줄이 틀려지는 것에 대해 무섭기도 하고 어떻게 해야할 지 두려움도 제일 컸던 과목이었습니다. 물론 시간이 없어 동차기간에는 목차를 스킵하면서 공부를 하였던 것이 과락이라는 결과로 나타나더군요. 그 이후 회계학 2부 같은 경우 목차를 빠트리지 않고 전부 공부하였고 그렇게 하다보니 큰 그림이 그려지고 예전에는 그냥 이해도 안가고 어렵기만 했던 파트들이 자연스럽게 이해가기 시작했습니다. 그뒤로 연습서 문제를 계속해서 풀었고 그 감을 잃지 않기위해 매주 시간을 정해놓고 실제시험처럼 모의 연습을 하면서 공부했습니다.

3) 세법학 1부

세법학 1부는 국세기본법, 법인세법, 소득세법, 상속세 및 증여세법으로 이루어지는데 1차시험 때 본 것들이라서 이를 쉽게 공부될 것이라고 보면 공부하다 크게 낙담할 수 있습니다. 유예생의 경우 세법학2부 보다는 1부를 더욱더 확실히 공부해야 합니다. 친숙한 것들처럼 보이지만 1차 때와 달리 세법학 측면에서 보는 관점도 조금씩은 다르다는 것은 생각해두시고 회계학2부 공부와 함께 더불어 비교 해가면 공부하시면 더욱 더 효율적으로 공부하실 수 있을 것입니다. 상속세 및 증여세법은 생소하지만 확실히 공부를 하셔서 일정점수를 획득하셔야 되고 법인세법과 소득세법의 경우 회계학2부 공부와 더불어 입법취지와 내용을 완벽히 숙달하셔야 됩니다. 이는 곧바로 회계학2부 공부에 연계가 되므로 중요하다고 생각합니다. 국세기본법은 관련법령을 단순히 암기한다고 쉽게 풀 수 있는 과목이 아니고 점수또한 후하게 주지 않기 때문에 문제마다 최대한 관련 법령과 사례판단은 확실히 하는 것이 중요하다고 봅니다.

4) 세법학 2부

세법학 2부는 암기과목입니다. 물론 지방세법의 경우 암기만 한다고 되는 것은 아니지만 부가가치세, 개별소비세, 조세특례제한법 등 은 큰 틀은 암기에서 시작한다고 볼 수 있습니다. 저 같은 경우 동차 때는 시간도 없으니 무작정 적어보기만 했습니다. 큰 틀로써 정리를 하지 않고 무작정 외우기만 하니 모의고사를 풀 때나 머릿속에서 내용들이 뒤죽박죽으로 생각나고 그렇게 시험을 보다보 동차시험을 치른 기억이 있습니다. 그 후로 부가가치세의 경우 제일 배점이 큰 문제이므로 완벽하다시피 1순위로 반복해서 공부를 하였고, 개별소비세법은 시간 날 때마다 써보고 머리로 계속 되뇌어서 생각하는 식으로 공부했습니다. 지방세는 판례를 위주로 공부를 하였으며 부분점수를 받기 위해 판례에 관련된 법령을 맞춰서 공부했습니다. 조특법의 경우 따로 시간을 내서 책상에서 공부하자니 시간이 아까운 느낌이 들어 당시 고시텔에 살았었는데 독서실을 왕래하면서 머릿속으로 생각하고 법령을 말할수 있을 때까지 매일을 그런 식으로 공부한 것 같습니다. 조세특례제한법의 경우 막판에 일부분 챙겨간다고 생각하지마시고 공부시작과 동시에 자기가 제일 버리는 시간에 꾸준히 공부하시면 오히려 다른 공부하는데 집중할 수 있다고 생각합니다.

3. 1, 2차 수험기간동안 Group Study는 어떻게 이루어졌으며 실전 시험에는 어느 정도의 효과가 있었습니까?

송병호　1차 수험기간에는 스터디를 하지 않았고, 필요하지도 않다고 생각합니다. 1차를 처음 준비하는 수험생들 간에는 많은 실력차이도 없고, 모르는 부분도 비슷하다고 생각합니다. 스터디를 통해 시간을 소비하기 보다는 혼자만의 사고를 통해 확실한 뿌리를 박아두는 것이 가장 중요하다고 생각합니다.

2차 수험기간에는 세법학 스터디를 통하여 많은 도움을 받은 것 같습니다. 구성원으로는 동차생 3명이었으며, 스터디 방식은 정해진 기한 동안 정해진 공부를 하고, 만나서 간단한 토론과 서로 모르는 부분을 질의하는 방법으로 이뤄졌습니다. 동차생들끼리 해봤자 똑같이 모르는 것일 텐데 무슨 소용이 있겠느냐고 말씀하시는 분들도 있으실 수 있지만, 개인적인 생각으로는 각자가 쉽게 생각하고 넘어갔던 부분을 토론이나 스터디를 통해 다시 보게 되는 경우도 있고, 잘 못 생각 했던 부분을 올바르게 잡는 부분등 상당한 긍정적인 효과가 있다고 생각합니다. 다만, 동차생분들의 경우에 유예생분들과 스터디를 하시는 분들도 계신데, 이 방법은 오히려 자괴심과 과도한 스트레스를 줄 뿐 효과적이지 않다고 생각합니다. 그 이유는 유예생분들은 많은 범위와 깊은 논제까지 가져가지만 동차생은 그만한 시간도 없을뿐더러 실력 또한 초기에는 상당한 차이가 있을 것이라고 생각하기 때문입니다. 할 수 있는 범위 내에서 최선을 다하는 것이 중요하지 않을까 사료됩니다.

조세특례제한법의 경우에 많은 어려움을 겪으실 텐데, 조세특례제한법은 특히 스터디를 활용하면 많은 효과를 볼 수 있다고 생각합니다. 특히 조세특례제한법은 단순 암기사항이 많은 만큼 스터디 구성원들끼리 모여서 빠른 시간 안에 집중하여 암기하고, 확인하는 방식의 스터디를 활용하신다면 좋은 효과를 볼 수 있지 않을까 생각합니다.

Ⓐ **박영진** 이 부분에 대해서는 딱히 드릴말씀이 없습니다. 저의 경우 학교에서 1차 시험 공부기간에도 스터디는 하지 않았고, 2차시험 기간에도 따로 스터디는 하지 않았습니다. 사람 사귀는 것을 좋아하고, 스터디를 하면 공부에 집중할 수 없을 것 같다는 느낌이 강하게 들었습니다. 물론 스터디를 살 활용한다면 시너지 효과도 큰 것은 확실합니다. 하지만 여러 변수가 생기고, 혼자 공부하는 것이 정말 하기 힘드신 분이 아닌 경우는 스터디를 군이 추천하고 싶지 않습니다.

🎤 4. 최근 1, 2차 시험과목별 출제경향과 수험대책은 어떤 것이 있습니까?

Ⓐ **송병호** 제가 감히 출제경향과 그 대책에 대해서 언급해도 될지 모르겠지만, 조금이나마 수험생 분들에게 도움이 되고자 하는 마음에 제 나름대로의 생각을 정리하였습니다.

(1) 1차

제가 생각하기에 1차 시험을 준비하는 과정에서는 특정 과목에 편중되지 않고 골고루 준비하는 것이 가장 중요한 것 같습니다. 한 과목만 과락이 나도 떨어지는 시험의 특성상 모든 과목을 준비해야 하는 것은 당연하고, 어느 과목에서 어렵게 나올지는 아무도 예상할 수 없기 때문에 혼자만의 생각으로 난이도를 정하여 공부하는 방법은 위험한 것 같습니다. 많은 수험생 분들이 회계와 세법이 1차 시험에서 굉장히 어려울 것이라고 생각하고, 시험 막바지로 갈수록 회계와 세법의 공부는 과락을 넘을 수준에서만 공부하고 재정학과 상법에 많은 시간을 투자합니다. 하지만 작년과 올해 모두 회계와 세법의 난이도가 높기보다는 오히려 전략과목으로 생각하는 재정학과 상법의 난이도가 높았으며, 재정학과 상법을 빠르게 풀고 회계와 세법에서 고득점을 받는 전략이 재정학과 상법을 노리고 들어갔던 전략보다 유용했던 것 같습니다. 시험의 난이도는 어느 누구도 알 수 없으므로 항상 보수적인 생각을 가지고 준비해야 한다고 생각하며, 그러한 편중된 공부 방법은 시험에 대한 예의 또한 아니라고 생각합니다.

1) 재정학

시험 당시 이슈가 되는 경제현상과 연관되어 문제화 되는 경우가 많은 것 같습니다. 하지만 이를 일일이 대비할 수는 없기 때문에, 기본적인 이론에 충실한 공부를 하는 것이 관건인 것 같습니다. 제 개인적인 생각으로 1차 시험 과목 중 가장 어려운 과목인 것 같습니다.

2) 세법

기출문제가 반복되는 경우가 많은 것 같습니다. 계산형 문제보다는 이론형 문제가 많이 출제되는 1차 세법과목의 특성상 이론서를 다독하여 조문을 정확히 암기하는 것이 가장 중요하다고 생각합니다.

3) 회계

빠르고, 정확하게 푸는 연습을 많이 하여야 합니다. 전 범위에 걸쳐서 골고루 출제되기 때문에, 또 2차 시험을 위해서라도 어려운 주제들을 스킵하지 않고 모두 준비해야합니다. 1차 시험 과목 중에서 가장 시간이 부족한 과목이고, 가장 많은 과락이 나오는 과목입니다. 정말 철저히 준비해야하는 과목이라고 생각합니다.

4) 상법

암기의 싸움인 것 같습니다. 누가 정확히 많이 외웠냐가 중요하다고 생각되며, 다른 과목에 비하여 범위가 작으므로 완벽한 암기가 선행된다면 고득점을 맞을 수 있는 과목이라고 생각합니다.

(2) 2차(금년 기준)

1) 회계학 1부

기본에 충실한 공부가 정말 중요한 것 같습니다. 쉽게 생각하는 주제라서 당연히 안다고 생각하고, 넘어갔던 부분이 상당 수 출제되는 것 같습니다. 너무 깊은 과정에 있는 회계학 문제를 푸는 것보다는 기본적인 문제에 충실 하는 것이 회계학 1부에서는 중요한 것 같습니다. 재무회계의 경우 회계처리가 필요한 부분은 반드시 많은 반복을 통하여 자동적으로 할 수 있어야 시간을 절약할 수 있을 것 같습니다.

2) 회계학 2부

회계학 2부의 경우 이번 시험을 통해서 스킵하는 전략으로는 절대 합격의 문을 넘을 수 없다는 점이 증명된 것 같습니다. 모든 범위에 대해서 공부하는 것이 필요하다고 생각하며, 혼자만의 생각으로 시험범위에서 제외하는 오류를 범해서는 안 된다고 생각합니다. 시간도 부족하고 난이도도 있는 과목인 만큼 반복적인 문제풀이와 확실한 개념의 정립이 중요하다고 생각합니다.

3) 세법학 1부

올해는 법령의 입법취지를 위주로 질의 했으며, 복잡한 판례문제보다는 법령에 대하여 얼마나 자세히 암기가 되었는가를 물어보았습니다.

세법학 1부의 경우 많은 수험생분들이 판례를 중심적으로 공부하지만, 법령에 대한 충분한 암기가 선행되어야 한다고 생각하며, 이를 통해 복잡한 판례 역시 세법학적인 마인드로 접근해 나가시는 것이 중요하다고 생각합니다.

4) 세법학 2부

세법학 2부의 경우 스킵 없이 완벽히는 아니더라도(동차를 기준) 어느 정도는 전범위의 흐름을 암기하고 들어가야 과락을 면할 수 있다고 생각합니다. 2차 시험의 당락을 결정하는 과목이라고 생각하고 공부하였으며, 이번 시험 역시 회계학 2부와 함께 당락을 좌우한 것 같습니다. 힘드시겠지만 포기하지 않으시고 끝까지 버티면서 암기하신다면 좋은 결과를 보실 수 있다고 생각합니다.

1차시험

회계학

회계학시험의 경우 고급회계부분과 통합하여 출제를 하고 있습니다. 또한 재무회계와 원가관리회계 각 파트별로 기본적인 계산풀이 형식과 정의를 알고 있는지 여부를 묻는 문제를 출제해오고 있습니다. 따라서 너무 지엽적인 것을 맞추려 하지 말고, 기본적인 문제를 확실히 푼다는 생각으로 공부에 임하는 것이 효율적이라고 생각합니다. 회계학 시험은 시간싸움의 문제이므로 짧은 시간 안에 정확히 챙길 수 있는 문제를 늘려나간다는 식으로 공부하시면 도움이 되실 것 같습니다.

세법

1차 시험에서의 세법은 말문제가 계산문제보다 압도적으로 많은 부분으로 출제되어오고 있습니다. 또한 국기법, 국징법, 조처법, 국조법으로 이루어진 문제들 역시 매년 출제됩니다. 세법의 경우 수험생들이 각 세법이 어떻게 구분되는지를 확실히 알고 있는지를 묻는 문제를 출제하는 경향을 볼 수 있습니다. 계산문제보다는 말문제를 확실히 맞추어 나가는 식으로 공부하시고, 계산문제는 어렵고 지엽적인 부분보다는 기본계산문제를 실수하지 않고 푸는 연습을 하시면 될 것같습니다.

재정학

재정학은 최근들어 난이도가 어려워지고 있다는 것은 사실입니다. 간혹 최신 경제적인 이슈문제가 출제되는 경우도 있습니다. 하지만 이론서를 충분히 익히시고, 기출문제를 복습하면서 정형화된 문제를 대비하고 확실히 맞추는 것이 고득점하실 수 있는 방법인 것 같습니다.

민법

민법의 경우 난이도가 어려운 해도 있고, 쉬운 해도 있습니다. 하지만 대체적으로 난이도가 높지 않고, 문제유형이 기본조문을 얼마나 잘 암기 하고 있는 문제들이기 때문에 반복된 복습으로 인해 고득점을 챙기실 수 있을 것입니다.

2차 시험

회계학1부

재무회계의 경우 매년 1문제 이상은 예상하지 못했던 부분에서 출제하는 경향입니다. 따라서 공부를 하실 때 스스로 출제될 파트를 예상하여서 공부를 하지 않으셨으면 합니다. 원가관리회계의 경우 회계사 시험에 비해 응용 문제는 거의 출제하지 않고, 기본을 바탕으로 큰 틀에서 묻는 식의 문제들이 출제되고 있습니다. 기본이론을 충분히 습득하시고 연습서를 통해 반복적으로 숙달하시면 무리는 없다고 봅니다.

회계학2부

1차 시험의 세법개론과 달리 큰 그림을 얼마나 이해하고 있는가를 묻는 경향입니다. 또한 문제에서 물음이 많고, 실무에서 다루는 표를 작성하는 식의 문제를 최근들어 출제하고 있습니다. 단순 암기보다는 법들을 서로 상호 관련해서 명확하게 구분해서 알고, 시간 안에 정확하게 풀 수있게 실수하지 않는 연습이 반드시 필요합니다.

세법학1부

세법학1부의 경우 단순 법령을 암기해서 풀 수 있는 문제보다는 법령을 바탕으로 사례판단을 하는 문제들이 출제되고 있습니다. 따라서 법령 암기에 초점을 주기보다는 법령을 가지고 어떻게 사례판단을 하는지 초점을 두고 대비할 필요성이 있습니다.

세법학2부

세법학 1부와 반대로 법령암기가 얼마나 완벽하게 잘 되었는가를 묻는 문제를 출제하는 경향입니다. 특히 배점이 큰 부가가치세법의 경우 빠짐없이 공부하는 것이 반드시 필요합니다. 따라서 기본적인 바탕을 암기에 초점을 두시고, 지방세법의 경우 사례판단을 연습하는 식으로 대비하시면 될 것 같습니다.

5. 수험생활 중에 본 1, 2차 각 과목별 도서목록을 정리해 주시면 고맙겠습니다.

(1) 1차

1) 재무회계
IFRS 중급회계1,2(김기동 저) / IFRS 세무사 고급회계(김기동 저) / 객관식 재무회계(김기동 저)

2) 원가관리회계
원가관리회계(이승근 저) / 객관식 원가관리회계(이승근 저) / 원가관리회계연습 1.5(이승근 저)

3) 재정학
재정학연습(정병열 저)

4) 상법
세무사 상법신강(김혁붕 저) / 이상수 상법전(이상수 저)

5) 세법학개론
세법워크북1, 2(정우승, 유은종 저) / 객관식 세법(정우승, 유은종, 정지선 저) / Edge 세법(정우승, 유은종 저)

(2) 2차

1) 회계학 1부
세무사 재무회계 연습(김기동 저) / 세무사 원가관리회계연습(이승근 저)

2) 회계학 2부
세법워크북1, 2(정우승, 유은종 저) / 세무회계연습 1, 2(정우승 저)

3) 세법학 1부, 2부

임팩트세법학, 퍼팩트세법학(유은종 저)

A 박영진

(1) 1차

1) 회계
- 2013 중급회계(김현식 저) 2013 원가관리회계(임세진 저)
- 2013 객관식 회계학(웅지) 2013객관식 원가관리회계(임세진 저)

2) 세법
- 2012 세법개론(웅지)
- 2013 객관식 세법(김문철 저)

3) 재정학
- 2012 재정학연습(정병열 저)

4) 민법
- 2013 세무사대비 객관식민법총칙(이찬석 저)

(2) 2차
- 회계학 1부: 세무사 2차재무회계연습(김기동), 세무사2차대비 원가관리회계(이승근)
- 회계학 2부: 세무회계연습1,2(정우승)
- 세법학 1,2(정정운 저)

6. 수험생입장에서 구하기 어려웠다거나 보강되었으면 하는 특정 과목이나 내용의 수험서가 있습니까?

A 송병호 세무사, 공인회계사를 준비하는 수험생들이 공무원이나 경찰 등을 준비하는 수험생들보다는 적기 때문에 관련된 서적들은 대부분 각 학원이나, 세무사나 공인회계사 관련서적을 전문적으로 취급하는 서점에서 밖에 구할 수 없다는 불편사항이 있습니다. 그 외에는 불편하다고 느낀 점은 없었던 것 같습니다.

A 박영진 저의 경우 선택과목을 민법으로 했었는데 그때당시 세무사시험대비 민법책이

없어서 많은 고민을 했었던 것이 생각납니다. 요즘들어 점점 목적적합한 책들이 나오고 있지만 민법을 선택하신 분들이 믿고 볼 수 있는 책이 더 많이 나왔으면 합니다.

7. 수험공부 시 학원 강의, 인터넷강의, 강의tape중 이용도 측면에서 어떤 방법을 선호했습니까?

송병호 학원 강의에 대부분 의지를 하였지만, 인터넷강의도 종종 활용하였습니다.

학원 강의를 들으실 수 있는 여건이 되신다면 학원 강의를 수강하는 것이 인터넷 강의를 수강하는 것보다 집중도 측면에서는 좋습니다. 다만, 시간의 절약이나 효율성측면에서 본다면 인터넷 강의도 나쁘지 않다고 생각합니다. 각기 다른 장점과 단점이 있으니 수험생 분들께서 잘 생각하셔서 결정하시는 방법이 맞는 방법일 것이라고 생각합니다.

박영진 저의 경우 학교에서 1차시험을 대비하였기 때문에 인터넷 강의를 자주 이용하였고, 2차 시험의 경우 직접 종로로 나와 학원을 다니면서 공부를 하였습니다.

8. 수험생활 중 애로사항과 본인만의 스트레스 해소방법은?

송병호 수험생활 중 주 1회 또는 주 2회는 반드시 조금이라도 휴식을 취했습니다. 여기서 휴식을 취한다는 것은 잠을 자거나 술을 마신다거나 하는 것이 아니라 공부에 관한 생각을 안했다는 것입니다. 저는 주로 그 시간동안 여자 친구를 만나서 데이트를 하였으며, 영화를 보고 공부외의 이야기도 나누면서 재충전의 시간을 가졌습니다.

수험생활 중 친구들과 멀어질 걱정 등 인간관계에 관한 많은 고민을 하고 계시는 수험생 분들이 많으신데, 일주일에 한 번 정도는 무리하지 않는 범위에서 친구들을 만나는 것도 나쁘지 않다고 생각됩니다. 다만, 미래를 위하여 나아가는 친구를 이해해주지 못하는 친구는 진정한 친구라고 할 수 없을뿐더러 공부 외의 또 다른 복잡한 고민을 하게 하므로 만나는 것을 자제하는 것이 좋다고 생각합니다.

수험생활을 시작하면, 단 하루도 쉬지 않고, 달리시는 분들이 많이 있습니다. 각기 다른 공부 방법을 가지고 있기 때문에 제가 감히 이런 말을 해도 될 자격이 있는지는 모르겠지만, 능률이나 스트레스, 체력을 위해서라도 자신만의 스트레스 해소방법을 만들어서 휴식을 취하는 것이 좋다고 생각합니다.

박영진 애로사항이라기 보다는 수험생활은 외로움을 많이 느낍니다. 하지만 나만 그런 것이 아니기 때문에 스스로 다독일줄 알아야한다고 생각합니다. 스트레스를 받는 경우 별다른 해소방법은 없었고, 주말마다 맛있는 음식을 먹거나 예능시청 하는 것 이 도움이 되었다고 생각합니다.

🎤 9. 영어시험대체제도에 따른 주의해야 할 점이나 영어공부 방법은?

🅰 **송병호** 많은 분들이 영어성적을 미리 취득하지 못하고 8월, 9월, 늦으면 시험 직전까지 많은 걱정과 불안 속에서 영어를 붙잡고 계십니다. 편안한 마음으로 시험과목만을 공부 하려면 3월에서 4월안에, 늦어도 6월까지는 영어성적을 취득하셔야 합니다. 현재 토익 뿐만 아니라 많은 공인성적을 인정해주기 때문에 토익에 너무 의존하기 보다는 지텔프 등 빠르게 시험결과를 확보할 수 있는 다양한 방법을 통하여 최대한 빨리 어학성적을 취득하셔야 한다고 말씀드리고 싶습니다.

🅰 **박영진** 영어 공부방법은 다른 것이 아닙니다. 주위에서 보면 토익이나 그 밖의 영어시 험을 패스 하지 않은 상태에서 시험공부를 병행하는 분들을 많이 보았습니다. 대부분 영 어시험이 세무사시험을 보는 데 발목을 잡더군요. 제가 드리고 싶은 말씀은 영어공부만 한다고 시간아깝다고 생각하지마시고 빠른 시간 내에 영어시험을 패스하는 것이 가장 중요하다고 생각합니다.

🎤 10. 수험생에게 당부하고 싶은 말은?

🅰 **송병호** 수험생활은 혼자만의 수험생활이 아닌 것 같습니다. 지켜봐주고 힘이 되어주는 가족들과 친구들, 모두가 함께 하는 과정입니다. 이 점 생각하시면서 남들보다 조금은 더 절실하게, 조금은 더 열심히 하신다면 좋은 결과가 있으실 것이라고 라고 확신합니다. 절실함과, 확실한 목표, 끈기를 항상 품고 계셨으면 좋겠습니다.

🅰 **박영진** 어떤 시험이든 자기가 충분하다고 느낀 상태에서 시험장에 들어가는 경우는 흔치 않다고 생각합니다. 누구나 시험날짜가 다가오면 긴장하고, 공부가 안되고, 잡생각 이 많이 드실 겁니다. 저 역시도 매번 시험치기 전에 그 경쟁률을 뚫고 내가 붙을 수 있을까 아주 많이 걱정한 기억이 있습니다. 하지만 경쟁률같은 이런 수치에 일희일비하 지 마시고, 결국 합격이냐 불합격이냐 50%확률입니다. 복잡할수록 단순하게 생각하시고 단 1%라도 합격 쪽으로 기울 수 있게 노력하시면 좋은 결과 있으실 거라 믿습니다.

🎤 11. 앞으로의 계획? 끝으로 하고 싶은 말은?

🅰 **송병호** 합격하고 얼마 되지 않아 아직 구체적인 계획은 없지만, 먼저 교육과정과 수습

생활을 마치고, 근무세무사로서 많은 경험을 쌓고 싶습니다. 그 후에 국제적인 조세업무와 조세쟁송을 담당하는 능력 있는 세무사가 되고 싶습니다. 선배 세무사님들과 많은 분들의 조언을 얻어 좋은 세무사가 될 수 있도록 노력하겠습니다.

1년 3개월이라는 기간 동안 많은 배움이 있었고, 좋은 경험도 많이 한 것 같습니다. 많이 고생하신 어머니, 아버지, 옆에서 지켜봐준 여자 친구와 학교 및 학원 교수님들, 함께 힘든 생활을 같이 한 친구들에게 정말 감사하다는 말을 전하고 싶고, 이러한 좋은 결과에는 결코 저 혼자만의 힘으로 된 것이 아니라는 것을 항상 명심하고 감사하며 살도록 하겠습니다.

Ⓐ **박영진** 저는 아직 군대도 가지 않았고, 진정한 세무전문가가 되기 위해 하고 싶은 일이 너무도 많습니다. 일단은 최대한 군대를 빨리 다녀오고, 편입하여 좀더 학문을 쌓고, 많은 경험을 해보고 싶습니다. 끝으로 긴 글을 읽어 주셔서 정말 감사하고, 그동안 응원해주신 부모님, 동생, 친구, 친척, 교수님들 모두 감사합니다. 마지막으로 수험생 여러분들도 공부를 포기하시지만 않는다면 머지않아 합격수기를 쓰실 수 있다는 것은 확신합니다. 포기하시지 마세요.

2013년 제50회 세무사시험

최고득점·최연소 합격자 인터뷰

 황 성 윤
1985년 4월 16일 출생
광주인성고등학교 졸업
서울시립대학교 세무학과
2013년 제50회 세무사 제2차 시험
최고득점 합격자

 서 정 민
1992년 2월 7일 출생
인천외국어고등학교 졸업
서울시립대학교 세무학과
2013년 제50회 세무사 제2차 시험
최연소 합격자

1. 자기소개, 응시동기, 합격소감은?

황성윤   안녕하세요. 제50회 세무사 시험에 수석합격 하게 된 황성윤입니다.

발표당일 합격이라는 사실에 너무도 기뻤지만 더욱이 수석의 영예를 얻게 되었고 서울시립대 세무학과의 이름을 알릴 수 있는 기회가 된 것 같아 정말 영광으로 생각하고 있습니다.

처음 서울시립대 세무학과에 입학하면서부터 세무사란 직업에 매력을 느껴왔고 학교에서 전공과목들을 공부하면서 세무사 시험에 대하여 공부를 시작하게 되었습니다.

A **서정민** 안녕하세요. 이번 제 50회 세무사시험에 최연소 합격한 서정민입니다. 수험기간 중 공부가 안 되는 날이나, 다시 한 번 합격에 대한 의욕을 충전하기 위해 찾아 읽었던 합격수기를 제가 직접 쓰게 되어 사실 조금 얼떨떨합니다. 저의 합격수기를 읽으시고 홀로 공부하시는 분들이 조금이라도 도움이 되셨다 느끼셨으면 좋겠습니다.

세무사시험에 대한 응시 동기는 아무래도 재학 중인 학과의 영향이 많았습니다. 물론, 수능을 치른 후 대학을 정할 때도 막연하게 '세무사, 회계사가 되겠다.'라는 정도의 생각으로 현 학과를 지원했지만, 말 그대로 막연한 미래의 계획이었습니다. 세무사 시험에 대해서 확고한 응시동기가 생긴 것은 12년도 4월경이었습니다. 저의 성격과 공부스타일, 그리고 현재 저의 상황을 고려하여 세무사로 갈 것인지 회계사로 갈 것인지에 대하여 고민하였는데, 미래에 사무소 개업을 고려하여 세무사로 결정하였습니다.

합격소감은 합격하신 모든 분들과 똑같이 실감이 나지 않으면서도 이룰 수 없이 기쁩니다. 거기에 저는 생각지도 못한 최연소라는 또 다른 선물을 받아서 더욱 더 실감이 나지 않는 것 같습니다. 1년간의 기간이 헛되지 않았다는 성취감과 저의 진로계획에 한걸음 더 다가갔음에 대한 기쁨이 가장 큽니다.

🎙 2. 1, 2차 시험대비 수험대책으로 자신만의 효율적인 각 과목별 공부방법과 준비 요령은?(수험기간, 공부시간, 수험정보 입수경로 등 포함)

A **황성윤**

(1) 1차 시험대비

세무사시험 과목에 대하여 학교 전공과목으로 공부하던 중에 2011년 세무사 가을기본종합반을 시작으로 본격적으로 2012년 세무사 1차 시험에 대하여 준비를 하게 되었습니다.

가을기본종합반을 들으면서 일단 회계학개론, 세법학개론, 재정학과 선택과목인 상법에 대하여 1회독을 마쳤고, 이후 객관식종합반을 다니면서 객관식 문항에 대한 실전감각을 쌓았습니다.

학원과정이 모두 끝난 후에는 매일 암기과목인 재정학과 상법문제를 빠짐없이 풀었고, 회계학개론과 세법학개론 역시 틀린 문제 위주로 반복 숙달해서 푼 결과 짧은 수험기간에도 불구하고 1차 합격이라는 좋은 결과가 있었던 것 같습니다.

1) 재정학

재정학은 이해도 필요하지만 암기도 필요한 과목이라 할 수 있습니다.

학교생활 당시 경제학에 대한 어려움이 있어 재정학과목에 막연한 두려움이 있었지만, 기본강의를 예습복습을 충분히 하면서 들은 결과 자신감을 가질 수 있게 되었고, 쉽게 공부할 수 있었습니다.

재정학 공부 시 객관식 문제의 답을 맞히는 것도 중요하지만, 문제의 다섯 문항 모두 읽어보고 모르는 문항이 없는지 확인하는 게 중요하다고 생각합니다. 각 문항마다 모두 다른 문제의 답이 될 수 있기 때문입니다. 그래서 저는 문제풀이 시 답을 고르는데 집중하기 보다는 다섯 문항 모두 꼼꼼히 읽어보고 모르는 문항이 없는지 확인한 후 모르는 문항이 있다면 따로 정리한 후, 기본서를 살펴 본 뒤에 반복 숙달하였습니다.

2) 상 법

상법 역시 암기가 필요한 과목입니다.

기본강의 시 서브노트를 따로 만들어서 이동 중이나 밥 먹을 때 틈틈이 암기 하였습니다.

문제풀이 시 재정학과 마찬가지로 각 문제의 다섯 문항 모두 다른 문제의 답이 될 수 있기 때문에 문제풀이 시 각 문항마다 꼼꼼히 살펴보고 모르는 문항이 있으면 따로 정리 후 반복 숙달 하였습니다

3) 회계학개론

회계학개론은 2차 시험 과목과도 연결되기 때문에 중요한 과목입니다. 다만 수험기간이 짧았던 관계로 고급회계부분은 보지 못했지만 중급회계와 원가회계를 꾸준히 한 결과 좋은 결과가 있었던 것 같습니다.

저는 기본강의와 객관식강의를 들었던 기간에는 강의의 진도에 따라 챕터마다 공부를 하였지만, 강의과정이 모두 끝난 이후에는 각 챕터마다 감을 잃지 않기 위하여 2~3문제씩 꾸준히 풀고, 틀린 문제는 따로 오답노트를 만들어서 정리하였습니다. 또한 이론문제 역시 포기하지 않고 헷갈리던 이론들을 기본서를 통해 정리한 후 자주 나오는 문구역시 노트에 따로 정리하여 공부하였습니다.

4) 세법학개론

세법학개론 역시 2차 시험과목과 연결되고 회계학개론과 마찬가지로 문제에 비하여 시간이 촉박하기 때문에 충분한 공부가 필요한 과목이라 생각됩니다.

법인세법, 소득세법, 부가가치세법은 당연 중요하지만 세법학개론 시험에서 과락을 넘기 위해 중요한 법은 국세기본법, 국세징수법, 조세범처벌법, 국제조세조정에 관한 법률

등이 중요하다고 생각됩니다. 해당 국세기본법을 비롯한 법들의 문제는 조금만 공부하면 쉽게 맞출 수 있는 수준으로 출제되기 때문에 포기하지 않고 해당 법의 문제를 맞힐 수 있다면 충분히 과락을 넘을 수 있습니다. 그래서 저는 법인세법, 소득세법, 부가가치세법은 평소에 공부하였고, 국세기본법을 비롯한 법들은 1차 시험 한 달 이전에 기본강의를 들은 후 객관식 문제풀이를 통해 대비하였습니다.

또한 세법학개론에서 중요한 것은 시간이 촉박하기 때문에 문제순서대로 푸는 것이 아닌 자기가 풀 수 있는 문제부터 맞추는 게 중요합니다. 저의 경우에는 이론문제와 국세기본법등 문제부터 빠르게 푼 이후 평소에 자신이 있었던 부가가치세법과 소득세법문제를 푼 후, 남은 시간을 법인세법문제에 할애하였습니다.

(2) 2차 시험대비(동차)

1차 시험합격 후 기뻐할 여유도 없이 2차 시험 동차를 위해 학원의 동차종합반강의를 수강하였습니다.

하지만, 2차 시험의 과목 중 세법학 과목을 처음 접해보았고 그 방대함에 지친 것과, 유예의 기회가 있다는 안일함으로 세법학과목을 거의 포기하고 회계학과목만 보았습니다. 그 결과 동차시험의 기회를 터무니없이 날려버리는 결과를 가져왔습니다.

제가 세무사시험 유예수험기간에 제일 후회 했던 것이 동차시험의 기회를 너무 쉽게 포기한 거라 생각합니다. 동차 때 세법학과목을 포기하지 않고 힘들지만 조금이라도 더 토대를 닦아 놓았다면 유예 때 세법학의 압박을 더 쉽게 견딜 수 있었을 것이기 때문입니다.

따라서 내년 동차를 준비하시는 수험생 분들은 절대 저처럼 쉽게 세법학과목을 포기하지 않고, 공부한다면 동차합격의 결과 또는 유예수험생활을 더욱 원활히 할 수 있을 꺼라 생각됩니다.

(3) 2차 시험대비(유예)

동차와 달리 유예2차 시험은 떨어지는 끝이란 심정으로 정말 열심히 노력하였습니다.

1) 2012년 10월~2013년 1월

동차2차 시험 불합격발표 이후 정신을 다잡고 유예1순환 세법학기본강의부터 다시 수험생활을 시작하였습니다. 세법학기본강의를 들은 후에 회계학 1,2부는 기본강의를 따로 듣지 않고 기본서와 연습책을 통하여 2회독 이상 하였습니다.

2) 2013년 2월~2013년 4월

유예2순환모의고사반의 진도표에 따라 밀리지 않고 예습 후 모의고사를 치른 다음 틀린 문제와 부족한 곳을 철저하게 복습하였습니다.

모의고사 초반에는 답안지 작성법이 익숙지 않아서 어려움이 있었지만, 모범답안지를 통해 작성법을 배우고 세법학 같은 경우 유은종 강사님의 작성법에 따라 답안지를 작성하게 되면서 점차 답안지작성에 재미를 느끼고 잘 할 수 있었다고 생각합니다.

3) 2013년 5월~2013년 7월

이 기간에는 시험장에 들어가기 전날에 모든 과목을 빠짐없이 1회독 가능한 상태로 만드는 데 주력하였습니다. 유예3순환모의고사 진도표에 따라 처음에는 한 달 만에 1회독, 이후 2주 만에 1회독, 남은 기간엔 1주 동안 1회독 이런 식으로 시험보기 전날 1회독을 목표로 열심히 공부하였습니다. 또한 전범위 모의고사를 항상 실전시험처럼 긴장을 풀지 않고 보면서 실전감각을 익혔습니다.

① 회계학 1부
㉠ 학습방향

회계학 1부 과목은 2차 시험에서 난이도가 상당히 높지 않기 때문에 2차 시험에서 높은 점수가 요구되는 과목이라 할 수 있습니다. 난이도가 그리 어렵지 않기 때문에 연습책의 어려운 문제보다는 기본문제와 예제수준의 문제를 중점으로 대비하였습니다. 다만 유예이기 때문에 작년 기출이라도 건너뛰는 챕터가 없이 정리하고 1차 시험 때 포기하였던 고급회계 역시 중요한 챕터는 빠짐없이 정리하였습니다.

㉡ 학습방법

회계학 1부의 경우 2순환 모의고사과정은 거치지 않고 연습책을 통하여 재무회계와 원가회계를 정리하였고, 틀린 문제가 있다면 기본서를 통하여 이론을 다시 한 번 정리하였습니다. 또한 틀린 문제를 표시해 놓고 반복 숙달을 통하여 다시 틀리지 않게 대비하였고 틀린 문제의 이론을 포스트잇에 간단하게 정리해 챕터순서별로 오답노트를 만들었습니다.

3순환 모의고사과정에서는 시험이 얼마 남지 않았기 때문에 모든 챕터의 문제 푸는 감을 유지하는데 주력하였습니다. 따라서 연습책의 각 챕터마다 2문제나 한 문제씩 실제 답안지 작성처럼 풀면서 모든 챕터의 이론들을 잊지 않기 위하여 준비하였고, 전 범위 모의고사를 통하여 실전연습을 하였습니다. 또한 그 동안 만든 오답노트를 평소에 들고 다니며 반복해서 정리하였습니다.

② 회계학 2부

㉠ 학습방향

회계학 2부는 법인세법, 소득세법, 부가가치세법, 상속세 및 증여세법을 범위로 하여 방대한 양이지만 세법학과 연결시켜 공부하면 일석이조를 달성할 수 있는 과목이었습니다.

㉡ 학습방법

회계학 2부의 경우도 회계학1부와 마찬가지로 2순환 모의고사과정은 거치지 않고 연습책의 회독 수를 늘리면서 틀린 문제와 기본문제 위주로 정리하였습니다. 다만 문제를 풀 때 실전처럼 답안지를 작성하고 틀린 문제의 이론은 회계학1부와 같이 오답노트를 만들어 챕터별로 정리하였습니다.

3순환 모의고사과정에서는 실전감각을 유지하기 위하여 챕터마다 기본문제와 중요문제위주로 회독 수를 늘리면서, 시험보기 한 달 전에는 그 동안 만든 오답노트를 통해서 헷갈렸던 이론을 빠짐없이 정리하였고, 전범위모의고사를 통해 실전감각을 쌓았습니다.

㉢ 답안지 작성요령

회계학 2부의 경우 문제에 비해 시간이 촉박한 경우가 많았습니다. 그래서 처음 문제를 풀기 전에 빠르게 문제를 본 뒤 자신 있거나 쉬워 보이는 문제부터 접근해 보았습니다. 일단 빠르게 내가 풀 수 있는 문제부터 빠르게 푼 뒤, 이후 잘 모르는 문제인 경우 도입부라도 접근해서 풀이과정이라도 꼭 적을 수 있도록 하였습니다.

㉣ 상속세 및 증여세법

상속세 및 증여세법은 회계학 2부 범위에 속하지만 출제된 적이 없다고 알고 있습니다. 하지만 언제 출제될지 모르고 세법학 1부의 범위에 해당하는 부분이기 때문에 세법학을 공부한다고 생각하면서, 과세표준까지는 계산할 수 있게 대비하였습니다. 또한 이번에 나오지는 않았지만 일감몰아주기같은 시사성 있는 주제들은 까다로운 문제까지 대비하였습니다. 어차피 세법학에서도 대비해야하는 논제이므로 빠짐없이 대비해야한다고 생각됩니다.

③ 세법학 1부, 2부

㉠ 학습방향

세법학이야 말로 세무사2차 시험의 합격을 위해서는 대충 공부할 수 없는 과목이라 생각합니다.

세법학 1부의 경우 법령암기를 바탕으로 사례중심으로 세법학적 마인드를 키우는데 주력하였고, 세법학 2부의 경우 부가가치세법과 개별소비세법은 법령암기중심, 지방세법과 조세특례제한법은 최근출제경향에 맞춰 세법학 1부와 마찬가지로 법령암기를 바탕으로 사례에 적용하는 연습을 하였습니다.

ⓒ 서브노트 만들기

세법학을 공부하면서 유은종 강사님의 기본서와 임팩트를 그대로 외우기보다는 기본서와 임팩트의 챕터별로 해당 책의 내용을 제가 쉽게 이해하고 외울 수 있는 말로 바꾸어 삼공노트를 이용해 서브노트를 만들었습니다.

처음 1순환 기본강의를 들으면서 한번 써서 정리해 본다는 마음으로 쉽게 이해하고 외울 수 있는 말로 바꾸어 정리하고 이후 임팩트 책에서 추가된 판례나 개정된 부분, 나중에 모의고사를 보거나 강평 시 모르는 부분의 경우도 마찬가지로 추가하여 서브노트를 계속 보충하였습니다.

ⓒ 학습방법

세법학의 경우 회계학과는 달리 답안지를 처음 작성해 보는 과목이므로 2순환 모의고사과정부터 3순환 모의고사과정까지 수강하였습니다.

2순환 모의고사과정에서는 진도표대로 서브노트를 통해 예습 후 모의고사를 본 뒤에 모르는 부분과 추가된 부분을 서브노트에 정리하였습니다.

3순환 모의고사과정에서는 처음엔 한 달 1회독, 2주 1회독, 1주 1회독, 시험보기전날에는 세법학 1, 2부 모두 서브노트를 통해 1회독이 가능할 수 있게 공부하였습니다.

ⓔ 답안지 작성요령

세법학 답안지 작성할 때 배점이 10점 이상인 경우에는 문제제기, 관계법령, 판례(알고 있는 경우), 사례적용, 결어의 목차로 작성하였고, 10점미만의 문제인 경우 관계법령 및 판례(알고 있는 경우), 사례적용 및 결어의 목차로 작성하였습니다.

- 세법학 1부의 경우 시간이 촉박하기 때문에 문제를 읽음과 동시에 문제제기를 쟁점이 파악된다면 쟁점을 부각시키고 쟁점이 정확하게 보이지 않는다면 물음을 변형하여 문제제기분량을 채웠습니다.
- 관계법령의 경우에 배점에 따라 높은 문제인 경우 문제에 언급되거나 관계된 법령을 모두 서술하였고 낮음 배점의 문제의 경우에는 문제에서 중요한 법령만 서술하였습니다.
- 사례적용에서는 문제가 법령의 요건에 관계된 경우에는 요건을 하나씩 따져보았고, 세법학적 마인드를 요구하는 문제의 경우에는 조세평등주의, 조세법률주의 등 국세기본법의 원리를 바탕으로 사례를 분석한 후 결론을 이끌어 내었습니다.
- 결어부분은 사례적용에서 도출한 결론을 깔끔하게 한 문장으로 서술하였습니다.

ⓑ 절대 백지는 내지 말자!

모르거나 정확히 알지 못하는 논제라도 자신감을 가지고 일정부분의 관계법령과 결론을 이끌어 서술하는 연습이 꼭 필요하다고 생각되어집니다.

저의 경우에도 이번 50회 세무사 2차 시험의 1부에서는 소득세법과 법인세법, 2부에서는 개별소비세법에서 예상하지 못한 논제가 나와 많이 당황스러웠지만, 차근차근 일정부분 아는 법령과 국세기본법을 통해 서술하여 좋은 점수를 받을 수 있었습니다.

ⓑ 조세특례제한법

법령의 양이 상당하기 때문에 조세제한특례법을 다른 법처럼 완벽하게 대비한다는 생각보다는 큰 틀을 가지고 정리하는 게 중요하다고 생각합니다. 또한 꾸준히 조세특례제한법을 들여다보면 공식처럼 중복되는 부분이 보여 한결 법령 암기가 쉬워지므로 인내를 가지고 접근하여 일정 수준에 올라선다면 다른 법보다 훨씬 쉽게 회독수를 늘릴 수 있습니다.

또한 사례형 문제의 경우 조세특례제한법의 성격상 조세혜택을 주는 법에 해당하므로 사례 적용 시 임격해석의 원칙을 서술하고 결어를 이끌어 내는 것이 무난한 점수를 받을 수 있을 꺼라 생각됩니다.

Ⓐ **서정민** 공부하고 계신 분들 중에서 유예제도에 따라 1차를 우선 합격하기 위해서 상대적으로 1차 과목 중 회계나 세법 파트를 면과락인 40점을 넘는 수준만큼만 하시는 분들이 계신 것 같습니다. 지극히 개인적인 사견으로는 조금 위험한 방법이라고 생각합니다.

1차를 합격해야만 2차 시험을 볼 수 있는 자격이 생기지만, 공부하는 분들의 모든 소원이 동차합격인만큼 단기간 합격을 위해선 결코 1차 과목 중 회계와 세법을 소홀히 할 수 없습니다. 1차 과목 중 상법과 재정학이 타 과목에 비해 고득점 과목임은 맞지만, 처음 기본 개념공부를 하실 때에는 회계와 세법에 더 많은 노력을 쏟으셔야 추후 2차 공부를 하실 때에도 과목에 대한 어려움이 없을 뿐만 아니라 시간도 절약된다고 생각합니다. 따라서 처음 세무사공부를 생각하고 시작하신 계신 분이시라면, 꼭 회계와 세법 공부에 어려움이 있으시더라도 포기하시지 말고 조금 더 노력을 쏟으시길 바랍니다.

또한 공부하는 장소에 있어서도 본인의 성격과 성향을 고려하여 선택하는 것이 좋은 것 같습니다. 저의 경우에는 친구들과 이야기하거나 노는 것을 좋아함을 알고 있었기에 학교 도서관에서 공부하는 방법은 맞지 않다고 생각하여 홀로 공부 할 수 있는 집 근처 독서실을 선택했습니다. 공부 장소는 지극히 주관적인 선택이라 본인에게 맞는 장소를 고민하고 선택하셔야 추후 장소를 옮기지 않고 집중하여 공부할 수 있습니다.

저는 다른 분들에 비해서 수험기간이 다소 짧은 듯합니다. 독서실에 들어가서 공부를 시작한 날은 2012년 7월 1일입니다. 50회 세무사 2차 시험이 7월 20일이였으니 대략 1년 조금 넘게 공부하였습니다. 짧은 기간에 기본 개념을 소화해야 되었기 때문에 저는 순환하여 복습하는 방식보다는 하나의 과목을 확실히 하여 넘어가는 방식을 택했습니다. 저의 학습플랜을 예로 들자면, 7월에는 중급회계를 수강하고 매일매일 누적 복습을 하였습니다. 처음에는 양이 적어 널찍해 보여도 추후 앞부분이 제대로 복습되지 않았으면 시간이 배로 걸리기 때문에 앞부분을 꼼꼼히 할 수밖에 없었습니다. 이런 방식으로 8월은 원가 9월은 세법 10월 중순은 재정학 12월은 상법을 수강했습니다. 당연히 세법을 수강하는 기간에는 세법 복습은 기본이고 앞부분에서 누적복습을 한 중급회계나 원가회계는 계속 복습을 하여서 나중에 객관식 문제 풀이에서 시간을 아낄 수 있었습니다. 또한 누적학습이 계속 이루어져야 돼서 매일매일 스터디 플랜을 아침에 짜는 식으로 하여 하루의 공부를 시작했습니다.

개인적으로 스터디 플랜의 덕을 많이 봤다고 생각합니다. 스터디 플래너를 이용하여 공부를 하면 공부를 열심히 했는지 여부가 여실히 드러나기 때문에 하루를 반성하는 계기로도 이용할 수 있고, 일주일 공부 플랜 성취도에 따라 내가 휴식을 취할 수 있는지도 체크할 수 있습니다.

또한 하루 평균 공부시간에 대해서도 자신에게 맞는 시간을 찾으시는 것이 중요하다고 생각합니다. 저의 경우에는 1차를 치루기 전까지는 평균적으로 하루 8시간~9시간정도 공부했습니다. 주단위로 따진다면 51~52시간 정도된 것 같습니다. 많은 분들이 주단위로 55시간을 잡고 하시는 것 같아서 처음에는 저도 시간에 연연하여 공부를 했었습니다. 그런데 오히려 집중력도 떨어지고 저 스스로에게 스트레스로 작용하여 그냥 제가 최대한 집중할 수 있는 시간만큼이 8~9시간 이였습니다. 2차를 준비할 때는 상대적으로 해야 할 일이 많아서 더욱 더 집중력과 지구력이 높아졌던 것 같습니다. 2차에는 5월에는 대체적으로 10시간 정도를 공부했던 것 같고, 6월부터 시험보기 전까지는 하루 12시 반에서 13시간 정도를 공부했습니다.

〈과목별 준비요령〉

재정학- 학교에서 미리 미시, 거시를 수학하신 분이거나 경제적 센스가 있으시다면 다른 분들에 비해 조금 수월하게 배우는 것 같습니다. 저는 공부 전에 전공과목으로 미시와 거시를 모두 수강한 적이 있기 때문에 시작이 조금 수월하였고 개인적으로 미적분을 공부한 적이 있어 기본 개념을 듣기에는 어려움이 없었습니다. 다만 재정학의 경우에는 시판되는 문제집도 적다보니 풀 수 있는 문제가 한정되어있어 복습하면서도 불안감을 떨칠 수 없었던 것 같습니다. 따라서 기본 개념을 인강으로 들을 때는 저만의 서브노트를 만들면서 기본 개념을 정확하게 이해하고 넘어가려 노력했습니다.

재정학 서브노트는 한 챕터당 조금 여유 페이지를 두어서 만들면 나중에 1차가 가까워져 문제풀이 할 때 보충하거나 새로운 개념들을 여유 페이지에 정리하여 나중에 하나의 책으로 연결될 수 있게 하였습니다.

재정학이나 상법은 모두 1차 시험에서만 필요한 과목이다 보니, 1차 시험 전에 객관식 인강을 듣는 것은 개인의 선택이지만, 저는 본인에게 정말 필요하다고 생각지 않는다면 시간절약과 강사가 해주는 정리가 아닌 본인만의 정리를 위해서 객관식 강의를 수강하지 않는 것이 좋다고 생각합니다. 이런 생각 때문에 저는 객관식 강의는 재정학과 세법만 수강하였고 기본 개념을 설명하는 부분 중에 내가 확실하게 안다고 생각하는 부분은 과감하게 넘어가서 최대한 인강 시간을 단축시켰습니다.

상 법

상법에 경우에는 휘발성이 다른 과목보다 훨씬 강하고 집중적인 공부가 필요한 과목 같습니다. 저는 다른 과목들이 어느 정도 익숙해졌다 싶을 때인 12월에 상법을 수강하였습니다. 저의 경우에는 상법 문제를 많이 풀기보다는 기본 법 조항이 중요하다고 생각하여 기출문구가 각 조항 밑에 정리되어 있어서 o, x로 풀 수 있는 상법전을 구입하여 매일 하루에 조항과 같이 o, ×를 눈으로 훑는 식으로 시간 날 때마다 보았습니다.

상법에 경우에는 전체 부분을 서브노트 만들기에는 시간도 오래 걸리고 효과도 적을 듯해서 기본 개념이나 조항 중에서 헷갈리는 부분만 서브노트를 만들어 내용의 흐름이나 비슷한 조항과의 차이를 정리했습니다. 저는 1차 때 상법은 객관식을 수강하지 않고 혼자 문제를 풀면서 헷갈리는 문장이나 기억해야하는 개념은 만들어 두었던 서브노트에 추가하는 식으로 하여 객관식 인강 듣는 시간을 줄이고 그 시간을 다른 부족한 과목에 투자하였습니다.

중급회계

많은 분들이 공부를 시작하시면 가장 먼저 수강하는 과목인 듯합니다. 저도 역시 중급회계부터 공부를 시작하였는데 생각보다 중급회계가 휘발성이 강하다고 생각합니다. 이런 휘발성 때문에 주변 사람들 중에 중급회계를 꼼꼼히 복습하지 않아 1차가 가까워져서 객관식으로 다시 개념을 잡는 경우가 있는데, 이는 다른 사람들보다 인강에 쓰는 시간뿐만 아니라 복습하는 시간까지 더 들기 때문에 막바지 공부의 몰입도가 떨어지고 시간이 부족한 일이 발생하여 힘들어 하는 것을 보았습니다.

따라서 처음에 공부할 때 꼼꼼하게 책을 읽고 예제나 각 파트에 대한 추가적인 문제를 반복적으로 푸는 것이 기억에도 오래남고 나중에 객관식 문제 소요시간 조절에도 도움이 되는 것 같습니다. 또한 단순히 문제를 푸는 것에만 초점을 맞추면 각 문제 유형에 맞는 프레임만 공부하면 되지만 그렇게 되면 추후 2차 공부를 할 때 개념이 흔들리는 일이 발생하여 공부의 능률이 떨어지게 안타까운 상황이 일어날 수 있기 때문에 위험한 듯합니다.

단편의 예로 제가 중급회계 개념을 수강하던 때에 꼼꼼히 기본개념을 공부했던 유형자산이나 재고자산의 경우에는 2차 공부에 있어서도 힘들지 않았는데, 대충 문제 푸는 방식만 공부했던 현금흐름표나 자본흐름의 경우에는 2차에 공부에 있어서 애를 먹었습니다. 비단 2차와의 연계성뿐만이 아니라 개념이 탄탄하지 않으면 중급회계 1차 문제 유형 중에서 서술형을 정확히 맞추는 것이 어려운 것 같습니다. 저도 공부하면서 매번 서술형 때문에 힘들어했는데 문장 자체의 말이 어려운 것뿐만 아니라 개념이 모두 정확하게 학습되지 않으면 풀 수 없기 때문입니다.

당장 1차 시험이 가까워져 시간이 부족하거나 막바지 공부에는 당연히 선택과 집중을 하여 상대적으로 정답 확률이 높은 단순 계산 형이나 자주 나오는 문제를 공부 하는 게 중요합니다. 하지만 조금 여유가 있으시다면 개념을 꼼꼼히 잡고 가시는 것이 2차에서 조금 더 유리한 고지에 서게 되는 것 같습니다.

원가관리회계

원가는 개인적으로 중급회계보다 휘발성도 약했고, 타 과목에 비해서 이 과목으로 인한 큰 어려움이 없었습니다. 중급회계가 끝난 8월 초부터 원가회계와 관리회계를 묶어서 수강하였는데, 이 과목은 초기에 기본개념을 얼마나 탄탄하게 잡는지에 정말 큰 차이를 일으키는 것 같습니다.

저의 경우에는 8월 원가관리회계 개념과 이론부분 인강을 들은 후 1차뿐만 아니라 2차도 추가적인 인강을 수강하지 않고 혼자서 객관식과 주관식을 모두 대비했습니다.

위에서도 계속 언급했다시피 초기에 개념정립에서 쓰는 인강 외에는 인강을 적게 들으면 들을수록 좋은 것 같습니다.

원가관리도 마찬가지로 1차 시험 전에 객관식강의를 수강하는 시간에 혼자 문제를 풀고 오답풀이를 하면서 혼자서 마무리를 한 것이 큰 이점이 된 것 같습니다. 모르는 문제가 생기면 독학하는 상황이기 때문에 최대한 책을 찾아서 이해하고 스스로 풀어보려 노력했습니다. 그리고 모르거나 헷갈리는 경우에는 수강했던 강사분께 문자로 여쭤보아서 해결했습니다. 8월에 기본개념을 수강한 후에는 중급회계와 마찬가지로 매일 일정 분량만큼 복습하여 각 파트별 핵심 프레임을 잊어먹지 않도록 노력했습니다.

세 법

여기서 말씀드리는 세법의 경우에는 1차에 세법과 2차에서 세무회계만 포함하는 단어입니다. 공부를 시작하는 많은 분들이 처음으로 의지가 흔들리는 과목이 세법인 것 같습니다. 난생 처음 배우는 용어나 개념일 뿐만 아니라 메인 파트인 법인세, 소득세, 부가가치세만 해도 양이 많고 또 단순히 문제풀이 스킬만 알아 가는 게 아니라 서술형을 위하여 기본 내용까지 모두 익혀야만 하기 때문입니다.

저는 세법을 9월초부터 시작했는데 지금 생각해보면 세법을 다른 사람들 보다 조금 늦게 시작한 것 같습니다. 학원의 세무사 가을 종합반이 대부분 9월에 개강하는데 제가 세법을 끝낸 시기와 학원에서 세법진도를 끝낸 시기가 엇비슷하기 때문입니다.

9월부터 매일 세법 기본개념 인강을 3강씩 수강하여 10월 중순쯤 완강하였습니다. 세법 시작시기가 늦어서 저는 1차 준비기간에 세무회계를 미리 들을 수가 없었고, 오로지 기초 개념수업과 객관식 인강으로 1차를 준비했어야 했습니다. 그래서 제가 선택한 방법은 기초 개념을 나가면서 복습의 의미로 미리 객관식 세법을 사서 스스로 풀었습니다.

책 자체가 문제 풀이식이나 설명이 잘 되어있어서 큰 어려움은 없었지만 아무래도 처음 배우는 과목이다 보니 실수가 잦아 틀리는 문제가 많아서 더욱 더 반복해서 세법 개념서를 읽고 문제를 풀었습니다. 간혹 1차 준비하시면서 양이 너무 많은 이유로 법인세를 버리고 가시는 분들이 계신데 이는 동차와 점점 멀어지는 행동이라고 생각합니다.

세무회계에서는 법인세 소득세 부가가치세에서 각 한 문제씩 나오기 때문에 어느 하나를 버리면 절대 점수를 획득할 수 없습니다. 따라서 힘이 들고 점수가 잘 나오지 않아도 끝까지 법인세를 안고 가시는 것을 나중에 2차를 위해서도 추천 드립니다. 세법이 양도 방대하고 특히 법인세의 경우에는 익금, 손금항목에 따라 문제를 푸는 강사들만의 틀이 있기 때문에 자신에게 맞는 강사를 정하는 게 가장 중요하다 생각합니다. 설명하는 방식이나 문제 푸는 속도와 틀이 자신과 맞지 않으면 세법은 고득점이 힘들뿐만 아니라 세무사라는 공부를 하는데 있어서 자신감과 의욕을 하락시킬 수 있기 때문입니다.

세무회계는 2차를 준비할 때 세법학과 함께 인강으로 수강했습니다. 1차 때 세법학이 잘되어 있다면 인강을 들으면서도 넘어갈 수 있는 부분이 많기 때문에 기본 개념이 얼마나 잘 잡혀있는지가 가장 중요한 것 같습니다. 또한 모든 요소를 다 고려하여 문제를 풀어야 하기 때문에 계속적인 반복이 가장 큰 포인트라고 생각합니다.

1차에서 공부했던 객관식 세법과는 문제의 길이도 다를 뿐만 아니라 고려해야하는 요소들이 많기 때문에 꼼꼼하고 차근차근 풀어내는 연습을 해야만 2차 시험장에서 가서도 실수하지 않고 꼼꼼하게 풀어낼 수 있다고 생각합니다.

세법학

2차 과목에서 모든 수험생들이 힘들어하는 세법학의 경우에는 특별한 공부노하우가 없다고 생각합니다. 특히 저는 동차생이었기 때문에, 1차가 끝난 직후 일주일정도의 휴식기를 갖고 나면 2달 반이라는 기간 동안에 세무회계와 세법학 인강을 우선적으로 수강해야 하기에 부담감이 더욱 더 컸습니다.

또한 세무회계의 경우에는 1차 과목이었던 세법의 연장선이여서 추가적인 세부사항만 더 공부하면 되었지만 세법학의 경우에는 답안지 쓰는 방법부터 낯설고 힘들었습니다. 그래서 2차를 공부할 때는 답안지 작성방법을 연습하기 위해서 주말마다 동차 gs반을 수강하여 2차 시험과목 답안 작성을 미리미리 연습하였습니다. 세법학은 서술형이기 때문에 답안 작성요령도 충분히 중요하다고 생각하여서 혼자 공부하는 것은 어렵다고 생각합니다.

학교에서 공부하는 분들이나 유예를 하신 분들은 그룹을 모아서 하나의 논제에 대해서 여러 방면으로 토론하는 세법학 토론 스터디를 만들어서 공부한다고 들었는데 저의 경우에는 근처에서 스터디를 할 모임도 없었고, 학교는 거리상으로 너무 멀어서 스터디는 해보지 못했습니다.

세법학을 공부하는 정답은 없는 것 같습니다. 유예생분들이나 빠르게 공부를 시작하여 미리 세법학을 선수강한 분들보다 공부할 수 있는 시간이 짧았기 때문에 더욱 더 시간을 쪼개서 썼습니다. 먼저 세법학 인강을 들으면서 자신만의 서브노트를 만들 시간이 없기 때문에 제공된 요약 집에 저만의 추가적인 내용을 기입해 나갔습니다. 헷갈리거나 이해가 잘 안되어지는 부분은 포스트잇으로 표시하여 주말에 학원에서 질문하거나 잠자리에 들기 전이나 혹은 아침에 독서실에 가서 다시 한 번 읽어보고 풀어보려 노력했습니다. 최대한 한번 본 부분에 대해서 전반적인 흐름을 잊어버리지 않으려고 단순암기보다는 흐름을 이해하려고 했고 왜 이런 법안이 제정되었는지를 연관시켜서 공부했습니다.

또한 저에게는 세법학 1부는 국세기본법, 법인세법, 소득세법, 상증세법이 나오면서 상대적으로 상증세만 처음 배우기 때문에 어려움이 덜한 반면에 세법학 2부는 부가가치세를 제외하고는 모두 처음 배우는 내용이여서 더욱 더 힘이 들었습니다.

그래서 시간 배분을 세법학 2부를 정리하는데 조금 더 할애했습니다. 특히나 동차생은 세법학에 있어서만큼은 선택과 집중을 해야 한다는 이야기가 많아서 조세특례제한법을 공부할지 말지를 고민했었지만 성격상 무엇 하나를 빼먹고 가는 것이 잘 안되어서 그냥 조금 더 힘들지만 조특법을 공부했습니다. 결과적으로 조특법을 공부한 것이 세법학 2부 점수를 내는데 큰 기여를 했다고 생각합니다. 따라서 조금만 더 노력한다면 충분히 조특법까지 챙겨서 세법학을 공부하실 수 있고 그러한 노력이 시험장에서 빛을 바라실 거라 생각합니다.

3. 1, 2차 수험기간동안 Group Study는 어떻게 이루어졌으며 실전 시험에는 어느 정도의 효과가 있었습니까?

황성윤 저의 경우에는 스터디를 하지 않고 2순환 3순환 모의고사반의 진도표를 바탕으로 꾸준히 공부해서 좋은 결과를 이끌어 낼 수 있었던 것 같습니다.

스터디를 통하여 반강제적으로 공부하는 것도 좋은 점이 있지만, 자칫 잘못하면 스터디하는 분과 어울려 시간낭비가 될 수 있고 자기가 부족한 부분을 중점적으로 봐야함에도 스터디의 진도를 따라가느라 놓치는 부분이 생길 수도 있다고 생각합니다. 따라서 진도표대로 정해진 목표를 밀리지 않고 할 수 있다는 의지가 있다면 스터디를 하는 것보다 더 유리하다고 생각합니다.

서정민 저는 그룹스터디를 하지 않아서 따로 수기를 쓸 말이 없습니다.

4. 최근 1, 2차 시험과목별 출제경향과 수험대책은 어떤 것이 있습니까?

황성윤

(1) 1차 시험

1) 재정학, 상법

재정학, 상법의 경우 예전에 나오던 기출성향과 비슷하게 출제되므로 문제를 꾸준히 풀어보고 문항체크를 꼼꼼히 하는 것이 필요합니다. 실제시험에서는 최대 25분 이내에 풀 수 있도록 해야 합니다.

2) 회계학개론, 세법학개론

문제에 비하여 시간이 촉박하게 출제되므로 맞출 수 있는 문제부터 확실하게 푼 뒤 모르는 문제를 접근해야 합니다.

(2) 2차 시험

1) 회계학 1부

난이도의 경우 무난하게 출제되고 있으므로 기본문제와 예제를 중심으로 정리하고 유예생의 경우에는 난이도가 있는 문제도 꾸준히 연습해야 합니다.

2) 회계학 2부

난이도의 경우 어렵게 나오거나 올해처럼 무난하게 나온 적도 있는 등 편차가 크다고 보입니다. 따라서 세무회계연습책의 기본문제와 중요문제를 꾸준히 반복하고 어려운 챕터의 경우에도 기본문제정도는 꾸준히 반복 숙달하여 실제시험에서 아주 어려운 문제가 나오더라도 백지를 내는 일이 없도록 해야 합니다.

3) 세법학 1부

올해 2차 시험의 출제 경향을 보자면 그 동안 요약서에 기초했던 공부 방식을 바꿔야 할 것으로 보입니다. 따라서 꼼꼼하게 정리된 기본서를 바탕으로 빠진 내용 없이 정리하고 세법학적 마인드를 키워 모르는 문제가 나오더라도 백지를 내는 일이 없도록 해야 합니다.

4) 세법학 2부

세법학 1부와 마찬가지로 요약서 보다는 꼼꼼하게 정리된 기본서를 바탕으로 빠진 법령 없이 정리하고 설사 기출문제라 하더라도 법령정도는 숙지해야할 것으로 보입니다.

🅰 **서정민** 기출문제집에서 기출문제들의 추세를 보면 전반적으로 문제가 복잡해지는 것 같습니다. 특히 회계의 문제가 점점 복잡해지는 추세인 듯합니다. 과거에 비해 문제의 길이도 길어지고 하나의 섹션만 묻는 게 아니라 복합적인 문제 풀이를 요구하는 문제가 과거에 비해 늘어났습니다. 재정학이나 상법의 경우에는 회차에 따라서 난이도가 다른 것 같습니다.

저는 1차 대비를 계속 꾸준히 해왔다고 생각합니다. 어느 정도 개념의 틀이 잡혔다고 생각되면 먼저 객관식 책을 사서 혼자 풀어보고 오답정리를 했기 때문입니다. 다만 1차 시험보기 한 달반 전부터 기출문제집을 사서 시간체크를 하며 풀어봄으로서 실전 감각을 높였습니다.

처음에는 80분에 80문제를 시간 내에 푸는 작업이 벅차서 스트레스를 받기도 했지만 시간이 지나고 나름의 시간 조절 요령이 생기면서 점점 자신감이 붙었습니다. 또한 학원 별로 두 번의 모의고사를 신청하여 제 나름의 현 위치와 부족한 부분을 체크했습니다.

2차의 경우에는 시간이 너무 짧아서 어떠한 방법론적인 공부보다는 쫓아가기 바쁜 공부였습니다. 다행히 매주 학원에서 보는 모의고사로 실전 감각을 쌓았고 답안지 작성방법 등을 연습했습니다. 또한 모범답안지를 보면서 같은 내용이여도 어떤 방법으로 서술해야하는지를 자꾸 눈으로 익히려 노력했습니다.

🎤 5. 수험생활 중에 본 1, 2차 각 과목별 도서목록을 정리해 주시면 고맙겠습니다.

🅰 황성윤

(1) 1차 시험

- 재정학 : 재정학연습(정병열)
- 상법 : 세무사 상법신강(김혁붕)
- 회계학개론 : IFRS중급회계1, 2(김기동), IFRS객관식재무회계(김기동),
  원가관리회계(이승근), 객관식원가관리회계(이승근)
- 세법학개론 : Edge 세법(유은종·정우승), 세법워크북 1, 2(유은종·정우승),
  객관식세법(유은종·정우승)

(2) 2차 시험

- 회계학 1부 : IFRS세무사재무회계연습(김기동), 세무사2차대비원가관리회계(이승근)
- 회계학 2부 : 세법워크북 1, 2(유은종·정우승), 세무회계연습 1, 2(정우승)
- 세법학 1, 2부 : 세법학 1, 2(유은종), 임팩트세법학(유은종)

🅰 서정민

- 중급회계 : IFRS중급회계(신현걸·김현식 저), 2012년도 객관식 재무회계(김현식)
  세무사 2차대비 재무회계(김기호)
- 원가회계 : 원가관리회계(임세진), IFRS 원가관리회계 객관식(이승근)
  세무사 2차대비 원가관리회계(임세진)
- 세법 : 세법워크북 1, 2(유은종·정우승), 객관식 세법(정우승)
  세무회계연습 1, 2(정우승), 임팩트 세법학, 퍼펙트 세법학(유은종)
- 재정학 ; 재정학연습(정병열)
- 상법 : 세무사 상법(신강)
- 세무사 1차, 2차 5개년 기출문제집(월간회계)

🎤 6. 수험생입장에서 구하기 어려웠다거나 보강되었으면 하는 특정 과목이나 내용의 수험서가 있습니까?

🅰 **황성윤**　이번 세법학 출제경향에 비추어 보았을 때 꼼꼼하게 빠짐없이 서술된 세법학 기본서가 필요할 것으로 보입니다.

🅰 **서정민**　재정학을 공부할 때 관련된 다양한 문제를 풀 수 있는 문제집이 없어서 힘이

들었습니다. 재정학의 경우에는 다양한 그래프문제와 말 문제를 접하는 게 중요하다고 생각하는데 교재로 쓰는 책에 있는 문제만 풀게 되어 복습이 누적 될수록 답을 외워서 푸는 듯한 느낌도 들었습니다. 또한 제가 공부했던 책인 재정학연습은 해설이 필요한 부분만 기재되어 있어서 오답에 힘이 들었습니다.

재정학 과목 특성상 서술형 문제를 무시할 수 없는데 답에 해당되는 문항에 대해서만 해설을 해두고 다른 문항에 대한 설명은 없어서 기출문제를 통해서 개념을 다지고 심화하는 작업을 진행하기가 어려웠습니다. 좀 더 풍부한 문제와 상세한 해설이 보완된다면 수험생입장에서는 더욱 좋을 것 같습니다.

7. 수험공부 시 학원 강의, 인터넷강의, 강의tape중 이용도 측면에서 어떤 방법을 선호했습니까?

황성윤 1차 시험을 처음 공부했던 가을기본종합반은 마음을 다잡고자 학원강의를 들었지만, 이후에는 원할 때 들을 수 있고 배속수강이 가능한 인터넷강의로 객관식강의와 2차동차강의, 2차1순환세법학강의를 수강하였습니다. 다만 모의고사과정인 2순환과 3순환과정은 실전경험을 쌓기 위하여 학원에 가서 직접 모의고사를 보았습니다.

모의고사과정을 제외한 기본강의의 경우에는 밀리지 않고 진도를 충분히 따라갈 의지가 있다면 학원강의보다 인터넷강의가 더 효율적이라고 생각됩니다.

서정민 저는 집 앞 독서실을 이용했기 때문에 인터넷강의로 대부분의 과목을 수강했습니다. 하지만 공부하는 방식을 인강으로 할 것인지 혹은 학원에서 현강으로 할 것인지는 자신의 성격 등을 고려하여 선택해야 한다고 생각합니다.

저의 경우에는 제 성격이나 공부 스타일에 맞는 강사의 강의를 선택적으로 수강하기를 원했는데 그 강사들이 하나의 학원에 있는 경우는 거의 없기 때문에 필요적으로 인강으로 공부를 했습니다. 또 다른 인강의 장점으로는 배속을 개인의 수업속도와 맞출 수 있다는 점입니다.

저는 대부분 강사들의 말의 속도가 느리다고 생각해서 2배속으로 강의를 들었습니다. 강의 중간 중간에 필기를 하거나 강의가 살짝 이해되지 않는다 싶으면 정지를 해두고 책의 설명부분을 읽는다든지, 잠시 생각을 하여 그 자리에서 이해하려 했습니다.

또한 추후 순간적으로 이해가 되지 않는 부분이 생기면 언제든지 수강기간 내에서는 다시 들을 수 있기 때문에 복습측면에서도 인강이 저에게 더 맞았던 것 같습니다. 다만 같이 공부하는 친구나 선후배 중에 종합반을 수강하는 사람이 있다면 꼭 과목별 모의고사를 응시하여 문제를 풀어봤으면 좋겠습니다.

저의 경우에는 남자친구가 회계사 종합반을 수강하였기 때문에 남자친구의 모의고사를 온라인으로 응시했습니다. 현재 자신의 공부상태를 체크하기에도 좋고, 새로운 유형의 문제를 접함에 따라 문제 대응능력도 길러지기 때문에 주변에 종합반을 수강하시는 분이 있으시다면 꼭 부탁해서 모의고사를 보시길 바랍니다.

8. 수험생활 중 애로사항과 본인만의 스트레스 해소방법은?

황성윤 아무래도 계속 똑같은 생활의 반복으로 인한 스트레스가 수험생활 중 애로사항이었습니다. 그래도 일주일 중 하루인 학원에서 모의고사를 본 날에는 친구들과 맛있는 것도 먹고 영화를 보거나 하면서 한 주간에 쌓인 스트레스를 풀 수 있었던 것 같습니다.

서정민 집 앞에서 홀로 공부를 하다 보니 대화를 할 상대가 없기 때문에 외로움이 가장 힘들었습니다. 평소 성격이 외향적이고 사람을 만나는 것을 좋아하다 보니 더욱더 외로움이 크게 다가왔던 것 같습니다.

외로움이 너무 심해서 공부에 지장이 되는 날이 가끔씩 있었는데 그런 날에는 어머니와 간단하게 맥주를 마시면서 이런저런 고민얘기를 하거나 동네 친구와 잠깐이라도 근처 카페에서 만나서 이야기를 나누었습니다. 홀로 공부하는 저의 상황에서 가장 다행이었던 것은 남자친구도 같은 계열을 공부하기 때문에 공감대가 형성되어 저를 이해하고 북돋아 주었다는 것입니다. 또 일주일에 하루인 일요일에는 휴식을 가졌습니다. 다만 제가 일주일동안 공부한 시간이나 양이 만족스럽지 못한 경우에는 일요일에 추가적으로 보충해서 공부했습니다. 그 밖에 저만의 특별한 해소법은 몸이 너무 힘들고 체력이 부족하다고 느낄 때 오히려 운동을 몸이 녹초가 되도록 했습니다. 숨이 턱턱 막힐 때까지 운동하고 씻고 다른 날보다 일찍 잠자리에 들면 숙면도 취하고 그 다음날 몸의 컨디션도 한결 가뿐해져서 자주 사용했던 방법입니다.

공부를 하다보면 홀로 해결해야하는 힘든 점도 있지만 인간관계 때문에도 힘들었습니다. 친구들의 생일이거나 기타 지인들과 만남이 뜸해질 수밖에 없고 그에 따라서 지인들과의 인연이 조금씩 끊어지는 느낌을 받았습니다. 하지만 주변사람들을 다 챙겨가면서 공부할 수는 없는 상황이었고, 정말 저를 생각하는 사람이라면 수험생활이 끝날 때까지 묵묵히 있어줄꺼라고 계속 생각하면서 다독였습니다.

가끔 꼭 참석해야하는 자리에 생기게 되면 저 스스로 그 앞뒤 한주씩에 더욱 더 열심히 공부해서 하루의 공백을 메우는 식으로 일정을 잡았습니다. 개인적으로는 무작정 모든 지인들과의 만남을 끊고 공부하는 것은 본인에게도 스트레스라고 생각합니다. 따라서 자신이 스스로 자기제어가 된다는 가정 하에서 어느 정도 선에서는 친구나 선후배를 만남으로서 기분전환도 하고 타인의 삶도 알 수 있게 되는 것 같아 괜찮다고 생각합니다.

9. 영어시험대체제도에 따른 주의해야 할 점이나 영어공부 방법은?

A 황성윤 토익의 경우 성적인정기간이 2년에 해당하므로, 유예생으로 합격한 경우에는 해당 토익성적이 합격 후에는 소멸되어 취직 시 토익성적이 없는 불상사가 일어날 수 있습니다. 따라서 시간이 난다면 토익점수가 있더라도 동차시험 후 합격자 발표까지의 기간에 토익점수를 받아 놓는 것이 좋다고 생각됩니다.

A 서정민 대부분의 분들이 직접 1차에서 영어시험을 보시는 대신에 인정되는 영어성적표를 제출하시리라 생각합니다. 저 역시 영어성적표를 제출하는 방식으로 영어시험을 대체했습니다. 마음 편하게 수험생활을 하시기 위해서는 미리 영어성적을 받아놓으시고 시작하시는 게 좋을 것 같습니다.

주변에서 일정 점수조건을 만족하지 못해서 안 그래도 촉박한 수험기간에 영어공부까지 병행하며 점수에 대한 엄청난 스트레스를 받는 경우를 보았기 때문입니다. 일정 점수를 받고나서 공부를 시작하면 영어에 대한 스트레스가 없기 때문에 한결 더 편안한 상황에서 공부를 시작하실 수 있으리라 생각됩니다. 또한 회계사와 달리 세무사는 토익 텝스 토플 이외에 다른 공인성적도 인정하기 때문에 수험생 스스로 영어에 자신이 없다고 생각한다면 각 시험의 특징을 보고 선택하시는 것도 하나의 방법이라고 생각합니다.

10. 수험생에게 당부하고 싶은 말은?

A 황성윤 새롭게 세무사시험에 도전하는 수험생 여러분들과 유예생 여러분. 내년이 되기 전까지 올해 남은 기간이 정말 중요하다고 생각합니다. 올해 남은 기간 동안 차근차근 해당과목들을 1회독이상 하신다면 내년이 되더라도 큰 어려움 없이 수험생활을 마치고 합격의 영광을 얻을 수 있을 것입니다.

내일부터라고 미루지 마시고 오늘부터 꼭 시작하십시오!! 파이팅입니다.

A 서정민 공부하시는 많으신 분들이 각자 개인의 꿈을 더욱더 화려하게 펼치기 위해서 세무사 공부를 시작하셨으리라 생각합니다. 저 역시 제가 생각하는 저만의 꿈을 이루기 위해서 1년이라는 시간동안 정말 후회할 틈도 없이 공부를 했습니다. 조금 건방진 말일 수도 있지만 혹여 유예를 하시거나 조금 오래 공부를 하셨음에도 만족스러운 결과를 얻지 못하셨다면, 후회할 틈조차 없이 공부하셨는지를 꼭 생각해보시길 바랍니다. 정말 미친 듯이 공부를 하셨다면 시험 본 후에든, 결과를 확인한 후에든 그때 '뭐하지 말고 좀 더 열심히 할걸' 이라는 생각이 들지 않는다고 생각합니다.

본인이 해내겠다는 굳건한 마음으로 공부를 시작하셨다면 끝까지 그 마음 놓치지 않고 가시길 바랍니다. 이러한 초심을 잃지 않기 위해서 개인적인 방법으로 공부를 시작하는 2012.7.1.일에 독서실 자리 정중앙에 제가 왜 세무사가 되어야만 하는지를 A4용지에 번호를 붙여서 썼습니다.

그 이유가 돈을 많이 벌기위해서와 같이 남들이 보기에는 속물적으로 보이고 대단치 않은 이유라 해도 본인을 합격하는 순간까지 지칠 때 마다 이끌어줄 수 있다면 충분하다고 생각합니다. 중간에 여러 가지 일들이 일어나면서 공부에 대한 열정, 합격에 대한 믿음이 점점 엷어짐을 느끼게 될 때마다 본인이 쓴 세무사가 되어야하는 이유를 다시 한번 찬찬히 읽어보시면 처음과 동일한 마음가짐은 아니어도 다시 힘을 내서 달릴 수 있는 계기가 되시리라 생각합니다. 또한 제가 여기서 기술한 요령이나 공부방법은 저에게 맞춰진 것들이기 때문에 방법 등을 참조하셔서 더 좋은 방법이 나오길 바라는 마음으로 서술한 것입니다. 저의 방법을 무차별하게 받아들이셔서 저와 같은 방식으로만 공부하시는 일은 물론 없겠지만, 저의 방법이 정답은 분명 아니기 때문에 좋은 점만 추려서 가졌으면 좋겠습니다.

공부는 엉덩이 싸움이라고 하듯이 누가 더 집중력 있게 오래 앉아있냐가 수험기간에서는 가장 중요한 것 같습니다. 자신이 남들보다 샤프한 머리를 갖고 있다해도 그것은 합격을 위한 하나의 플러스 요인이지 절대적 합격요인은 아니라고 생각합니다. 본인이 남들보다 이해나 습득하는 것이 느리다고 생각하신다면 남들보다 두 배 더 열심히 하시면 되고, 본인이 남들보다 머리가 좋다고 생각하신다면 자만하지 않고 꾸준히 하시면 반드시 본인에게 합격이라는 행운이 자연스럽게 다가온다고 생각합니다. 또한 이 글을 읽으시는 모든 분들께 노력이라는 필수품과 합격이라는 행운이 찾아오기를 바랍니다.

11. 앞으로의 계획? 끝으로 하고 싶은 말은?

A 황성윤 앞으로 제 인생의 목표는 세무사 자격증에 부끄럽지 않은 실력을 갖춘 조세전문가가 되는 것입니다. 세무사 자격증을 딴것에 안주하지 않고 더욱더 열심히 배우고 공부하여 모든 사람이 인정하는 조세전문가가 되도록 노력하겠습니다.

끝으로 제가 제 50회 세무사 수석합격영광을 얻을 수 있게 밀어주시고 밤낮으로 기도해준 부모님, 할머니, 누나와 모르는 부분이 있을 때 도움을 주거나 수험생활을 원활히 할 수 있게 도와준 고민수 세무사, 김현수 세무사, 공진혁, 권영칙을 비롯한 서울시립대 세무학과 04학번 학우와 세무학과 선배님, 세무학과 교수님께 고마움을 전하고 싶습니다.

A 서정민 아직 대학생이기 때문에 졸업까지는 1여년의 시간이 남아있습니다. 지금은 이

1년의 시간을 어떻게 쓸지에 대해서 여러 가지 방안을 두고 고민하고 있는 중입니다. 당분간은 개인적으로 미리 준비하고 있었던 공인중개사 공부를 마무리하고 시험을 볼 계획입니다. 1년 후 졸업을 하게 되면 수습을 그때 받고 법인에 입사를 하려 합니다. 회계법인에 세무사가 들어가는 것이 모래밭에서 바늘 찾는 것처럼 어려운 일임은 알고 있지만, 그래도 지원할 생각입니다. 혹여 회계법인에 들어가지 못했다 하여도 기본 기장업무를 베이스로 하여 제가 특수, 전문화하고 싶은 조세 파트를 전문적으로 하시는 분 밑에서 일을 배우고 배우는 동안에 저만의 네트워크를 형성하여 결과적으로는 개인사무실을 개업하는 것이 최종적인 계획입니다.

끝맺으면서 1년간 짜증내고 힘들다고 투정 부릴 때마다 힘이 되어주고 응원해준 사랑하는 엄마, 아빠 감사드립니다. 그리고 연년생 저의 남동생에게도 앞으로는 좋은 일만 있을꺼라고 말하고 싶습니다. 마지막으로 투정부리고 짜증이 한껏 늘어난 여자 친구를 항상 이해하고 보듬어준 남자친구에게도 정말 고맙다는 말 하고 싶습니다.

이 글을 읽으시게 되는 수험생 분들에게 저희 어머니가 해주신 말씀을 꼭 드리고 싶습니다.

제가 너무 힘이 들고 가능성이 없어보여서 동차준비를 중간에 포기할까 고민했을 때 해주신 말씀입니다.

'저기 보석상자가 있대는 정말 말 그대로 있대야. 불확실한 거지. 그런데 정민아, 너는 위에 보석상자가 있어야. 그런데 이걸 포기한다는 건 너무 아깝지 않니'

저희 어머니 말씀처럼 모든 수험생 분들이 자신의 코앞에 보석상자가 놓여 있다는 걸 믿고 공부하셨으면 좋겠습니다.

2012년 제49회 세무사시험

최고득점·최연소 합격자 인터뷰

 윤 누 리
1993년 1월생
병점고등학교 졸업
2012년 제49회 세무사시험
최연소 합격자

1. 자기소개, 응시동기, 합격소감은?

안녕하세요. 제49회 세무사 시험에 최연소로 합격한 윤누리라고 합니다.

미래가 불확실한 만큼 누구에게나 단기 합격은 정말로 절실한 것일 것이라고 생각합니다. 사회생활에 있어 이제 막 첫발을 디딘 예비 세무사로서 미흡하나마 많은 세무사 수험생들 분들께 도움이 되기를 바라며 글을 시작하고자 합니다.

2. 1, 2차 시험대비 수험대책으로 자신만의 효율적인 각 과목별 공부방법과 준비요령은?(수험기간, 공부시간, 수험정보 입수경로 등 포함)

(1) 동차합격에 있어 가장 큰 요인이 되었다고 생각하는 것

1) 장기적 관점에서의 준비

단기에 합격하는 것을 목표로 하고 있었기 때문에, 1차 준비와중에 일부 2차 과목을 병행하였습니다. 다른 수험생들이 느끼기에 범위를 초과하는 감도 없지 않아있지만, 회계학1·2부 또한 결국 1차 과목의 연장선이기 때문에 해당 과목의 70%는 1차 이전에 마무리했으며, 덕분에 3개월간의 2차 준비기간에 세법학 1·2부에 정말, 부담 없이 치중할 수 있었습니다.

2) 평가

항해에 있어 필수 불가결한 것은 나침반입니다. 학습을 항해에 비유한다면 주위의 객관적인 평가나 조력 없는 학습은 지표 없는 망망대해를 거니는 것과 같습니다. 저는 과목의 편향적인 정도가 굉장히 심한 편이었기 때문에 균형 있는 공부를 하는 데 있어 학원의 도움이 정말로 컸습니다. 지금에 와서 생각해보면 교수님들께 다소 무례해 보였을지도 모르겠지만 수업을 항상 대답으로(속된 말로 나대는 정도로)일관했습니다. 오답을 말할지도 모른다는 불안에 수업 시간 내내 긴장을 했고, 진도 이전에 최소 3회 이상의 선행을 준비를 하여, 결과적으로 수업내용의 90%은 현장에서 확실하게 흡수할 수 있었습니다.

또한 주기적인 시험으로 현재 위치한 자리를 가늠할 수 있어 공부에 대한 객관적인 평가가 가능했으며 자신감을 고취시키는 데 많이 도움이 되었습니다.

3) 전략과목에만 너무 치중하지 말 것

전략은 중요합니다. 다만 전략에만 '너무' 치중한 학습은 그다지 권해드리고 싶지는 않습니다. 저 같은 경우 1차 응시 전 3개월 전부터 상법과 재정학을 준비하였으나 세법과 회계를 최우선순위로 하였기 때문에 1차에 있어서 합격에는 전혀 지장이 없었습니다. 앞서 말씀드렸다시피 광범위한 분량을 자랑하는 세법학을 무난히 통과하기 위해서는 3개월을 내리 그것에 집중할 수 있어야 하므로 1차에 있어 회계학 1·2부 전반을 끝내 놓는 것이 좋다고 생각됩니다. 때로는 전략에 치중하지 않는 것이 득이 될지언정 오히려 해가 되지 않는 다는 것이 저의 생각입니다.

(2) 과목별 코멘트

1) 세법

문제의 정형성을 단정 짓기 가장 난해한 과목이라고 느꼈기 때문에, 최대한 지나치는 챕터 없이 포괄적인 공부를 했습니다. 실체법을 제외한 절차법만을 두고 보았을 때 시간과 노력의 투입비율이 법인세>소득세>부가가치세 로, 수험생들이 가장 난항을 겪는 법인세를 우선적으로 좇다보니 이후 소득세 등을 공부하는 데 있어 자신감이 고무되었으며 이해에도 굉장히 용이했습니다.

수험 초기에 실무에 관련한 지식 및 경험이 전무했으므로 이론적 틀이 없었고 따라서 최선이 아닌 차선에 해당하는 공부를 했습니다. 대게, 이론 내용을 먼저 적립한 이후에 문제를 푸는 것이 가장 좋다고 여기지만, 시험에서 요구하는 것은(특히 계산형) 결국 이론을 어떻게 실례에 있어 적용하는 것인가, 였기 때문에 이론에 대한 고도 이해는 잠시 뒤로하고 오히려 문제에 대한 친숙도를 우선으로 하였습니다. 수험을 시작한지 6개월이 되던 때에 세무회계를 토대로 세무조정과정을 익혔으며 이해가 되지 않았던 것은 풀이방법을 '외워서'라도 익숙해지려 노력하였습니다. 결과적으로 이해에 있어 가장 난점으로 느꼈었던 최저한세와 퇴직급여/연금충당금이 약 6-7회 정도의 풀이부터 점차 이해가 되기 시작하였습니다. 이를 선두로하여 이론 독파에 있어서도 점차 가속도가 붙었습니다.

수험의 후반으로 갈수록 풀이보다는 이론중점적인 공부를 하였는데 초기에 문제풀이 위주의 공부가 이해에 있어서의 진입장벽을 없애 주었습니다.

2) 재무회계

서술형 문제의 경우 대체로 기준서의 문구를 크게 벗어나지 않기 때문에 다독이 정말로 중요한 과목이라고 생각됩니다. 회독 1차에 많은 것이 보이지 않는 것이 정상이라고 생각합니다. 어느 과목에 있어서나 현재 지면상의 내용이 후반의 내용이 보조가 되어야 이해가 되는 내용이 있는 반면, 후반과 동일한 논리로서 이해가 되는 내용도 있습니다.

회독 4-5차에서 부터는 회전율을 늘리기 위해 활자의 문구 하나하나를 탐색하는 것이 아닌 문단의 덩어리로서 인지를 해나갔습니다. 가령 페이지 101의 좌측 상방의 문단은 A에 대해서 설명하고 있지, 라고 식별할 수 있다면 완전하지는 않아도 그에 대한 이해가 어느 정도는 되어있다는 뜻입니다. 이로써 이전 회독에서는 보지 못했던 내용에 좀 더 집중할 수 있어 정밀한 공부를 할 수 있었습니다.

계산형 문제의 경우 동일한 문제를 최소 10회 이상은 직접 손으로 풀었습니다. 매회 풀이방향의 연상에 있어 조력이 있어서는 안되기 때문에 이론서는 스스로의 이해를 돕기 위한 수기로 지면이 번잡했던 반면 문제지는 절대로 더럽혀가며 풀지 않았고 답안에도 의존하지도 않았습니다.

아는 문제라하여 풀이를 생략하지 않는 것이 좋다고 생각합니다, 알고 있는 문제라 할지라도 수 회의 풀이를 통하여 자구적으로도 문제 도출과정을 단축하는 방법을 구할 수 있기 때문에 시간적인 여건이 뒷받침되어진다면 정말로 많이 풀어보는 것이 점수 획득에 있어 많은 도움이 된다고 여겨집니다.

3) 세법학 1·2부

분량이 워낙에 방대하다보니 출제 포인트도 워낙에 가변적이고 변칙적이어서 수험생들을 가장 곤란하게 하지 않는 과목이 아닐까 합니다. 판례의 적용에 있어서도 법적 근거는 당연히 동반되는 것이므로 빈출 챕터의 경우 최소, 해당 내용에 관련한 이론적 프레임을 다른 무엇을 참조하지 않고도 작성할 수 있을 정도의 훈련을 하시는 것이 좋다고 생각합니다. 저 같은 경우에는 짧은 수험생활로 인해 법적인 판단능력이 많이 부족했기 때문에, 최소 책을 이해하고 모사하여 쓰는 것에 1차적으로 전력했고, 일부 판례에 대해서는 교수님의 판단근거를 준용하여 서술했습니다. 과목에서 요구하는 내용을 완벽하게 작성하기위해서는 3개월이라는 기간이 턱없이 부족할 것입니다, 때문에 전략적인 방법이 가장 요구되는 과목중 하나라고 여겨집니다.

또한 회계학 1·2부를 앞서 준비하면서 2차 준비기간 동안에 순수하게 세법학에만 투입할 수 있는 시간을 많이 확보해 두었던 것이 정말로 많은 도움이 되었습니다.

3. 수험생활 중에 본 각 과목별 도서목록을 정리해 주시면 고맙겠습니다.

(1) 재무회계
〈K IFRS 객관식 회계학〉(김정호 著)
〈K IFRS 중급회계1, 2〉(김정호 著)
〈재무회계연습I, II〉(김정호 著)

(2) 원가관리회계
〈원가관리회계〉(구순서, 이남재 著)

(3) 세법개론
〈2012년 PRIME 객관식 세법〉(김갑순, 양성희 著)
〈분개법 원리로 배우는 세법개론〉(양성희 著)

(4) 재정학
〈재정학 연습〉(조정조 著)

(5) 상법
〈세무사 회사법(세무사 시험대비 필독서)〉(이상수, 정태덕 著)

(6) 세무회계
〈세무회계연습I, II〉(최태규, 주민규 著)

(7) 세법학
〈세법학 연습 1〉(노희양 著)
〈세법학 연습 2〉(노희양 著)

4. 수험생에게 당부하고 싶은 말은?

지금까지 저의 글을 읽어주셔서 감사합니다.

앞서 서술한 내용은 합격을 위한 여러 가지의 수단 중 극히 일부에 불과하며 모두에게 일률적으로 통용되는 것이 아님을 다시 한 번 말씀드리고 싶으며, 글을 읽어주신 세무사 수험생 분들께도 합격의 영광이 있기를 진심으로 바랍니다.

끝으로 아낌없는 사랑과 지원을 해주신 가족과 많은 가르침을 주신 아이파 교수님들, 48회 세무사 선배님들께 감사의 말씀을 드리고 싶습니다.

2011년 제48회 세무사시험

최고득점·최연소 합격자 인터뷰

서 정 환
1968년 10월 26일 출생
마산경상고등학교
한양대학교 재료공학과 졸업
2011년 제48회 세무사 제2차시험
최고득점 합격자

정 용 문
1990년 2월 25일 출생
서울보성고등학교 졸업
웅지세무대학 회계정보과 졸업
2011년 제48회 세무사 제2차시험
최연소 합격자

🎙 1. 자기소개, 응시동기, 합격소감은?

Ⓐ **서정환**   서울지방국세청 성북세무서 운영지원과 징세계 6급 서정환입니다.

국세 공무원으로 일하면서, 마음 한구석에 자격증의 필요성을 인식하게 되었고 더 나
이 들기 전 공부를 시작해야겠다고 결심하였습니다.

수석합격이라는 연락을 받았을 때 얼떨떨하고 당황스러웠습니다. 합격했다는 사실만
으로도 흥분되고 기뻤는데, 수석이라니 믿기지가 않았습니다.

🅰 **정용문**   안녕하세요. 2011년에 치러진 48회 세무사 시험에 최연소 합격한 정용문입니다.

합격자 발표가 있은 지 벌써 일주일이 지났지만, 일주일 전 그때 그 설렘은 일주일이 지난 지금까지도 여전히 제 가슴을 뛰게 합니다. 수험공부를 할 때와는 또 다른 느낌의, 시험을 본 후부터 '합격'이라는 두 글자를 제 눈으로 확인하는 순간까지 지고 온 커다란 짐을 이제야 내려놓은 것 같아 정말 홀가분하네요. 아직 솔직히 합격이라는 사실이 실감 나지 않고, 잘 믿겨지지 않는데 여러 지인 분들과 친인척 분들께서 축하해주시기 위해 보내주신 메시지와 축하선물들을 보고 이제야 제가 세무사가 되었음을 조금씩 실감하고 있습니다. 게다가 '최연소' 합격이라는 사실은, 합격자 발표 당일 합격임을 알게 된 것만 큼이나 제 개인적으로는 너무나 영광이고 기쁩니다.

처음 '세무사(CTA)' 라는 직업을 알게 해 주신 건 아버지셨어요. 현직 세무사로 일하고 계신 아버지의 모습을 보고 세무사란 직업에 매력을 느끼게 되었습니다. 그렇게 알게 된 세무사. 학창시절부터의 목표였던 터라 대학 역시 관련 학교로 진학하게 되었고, 학교에서 전공과목을 공부하게 된 것이 저의 수험생활의 출발이었습니다.

🎤 2. 1, 2차 시험대비 수험대책으로 자신만의 효율적인 각 과목별 공부방법과 준비 요령은?(수험기간, 공부시간, 수험정보 입수경로 등 포함)

🅰 **서정환**

(1) 수험생활

1) 2월~4월

학원 모의고사반에 들어가기 전에 어느 정도 기본을 갖춰야 모의고사반을 따라갈 수 있다는 생각으로 공부를 하기 시작하였습니다.

먼저, 격무부서인 서울청 조사4국에서 일선 세무서로 전출을 희망하였습니다. 그래서 집에서 출·퇴근이 용이한 성북세무서 운영지원과로 전입하게 되었습니다.

오후 6시 칼퇴근, 간단한 저녁식사를 한 후 집 근처에 있는 독서실에서 새벽 2시까지 공부를 하는 계획을 세웠고 그렇게 실천해 나갔습니다.

짧은 공부기간이었기 때문에 세법학은 주로 출·퇴근 시간을 활용하면서 모의고사반에 들어가서 그때 모의고사를 따라가자. 라는 생각을 갖고 있었기 때문에 이 기간 동안 많은 시간을 재무회계와 세무회계에 할애를 하였던 것 같습니다.

제 생각으로는 수험생활에 공부기간도 중요하지만 더 중요한 것은 어떤 생각을 가지고 공부를 하느냐가 아닌가 라는 생각이 듭니다.

저는 수험생활을 할 당시부터 고사장에 들어갈 때까지 매일 아침 일어나서 '나는 한 번에 합격할 수 있다.' '나는 모조건 합격한다.' 라는 자기최면을 걸었으며 주변에서 '2년 정도 준비를 해야지' 오버하는 것 아닌가 라는 말을 들을 때에도 당당하게 올해를 목표로 하고 있고 합격할 자신이 있다. 라고 말을 하면서 자기 최면과 끊임없는 동기부여를 하였던 것이 합격하는데 많은 도움이 되지 않았나 생각합니다.

2) 5월~7월

학원 모의고사반에 등록하여 학원에서 출제한 문제가 나온 파트를 다시 정독해서 이론과 문제를 풀어보는 방식으로 공부를 하였습니다.

처음 모의고사반에 수강 신청을 하고는 시간 배분부터 문제를 푸는 순서 등을 많은 도움이 되었던 것 같습니다. 단, 처음 준비하시는 분들은 모의고사 점수에 연연해하지 않고 자기 수험계획에 따라 계속적으로 공부를 하는 것이 중요하다고 생각합니다.

저도 처음 모의고사를 보았는데 시간 배분, 기본지식 미흡 등으로 점수가 좋지 않았지만 7월 중순까지 최소한 3~4번 정도 반복한다는 생각으로 모의공사를 따라갔던 것 같습니다. 가령, 재무회계 모의고사 시험문제에 주식매입선태권 1문제, 고정자산 재평가 1문제가 나왔다면 그 파트에 해당하는 기본서를 다시 한 번 정독하였습니다.

모의고사 전에 나름 이해를 했다고 생각했는데 문제에서 요구하는 내용을 기술하지 못한 것이 개념부족인지, 암기사항 미비인지를 확인, 인지하면서 다시 한 번 기본서 정독 및 모의고사와 유사한 예제 및 연습문제를 반복하여 푸는 방식으로 공부를 하였던 것 같습니다.

저의 입장에서 보면 이러한 공부방식이 실제 시험에 많은 도움이 되지 않았나 생각됩니다.

(2) 과목별 수험대책

1) 재무회계 : 송상엽 중급회계

세무사 공부를 한 직장 동료들로부터 송상엽 중급회계를 추천받아 기본내용을 정독하고 예제 및 연습문제를 빠지지 않고 풀었던 것 같습니다. 수험고사장에 들어가기 전까지 4~5번 정도 반복하였던 것 같습니다. 간혹, 중급회계 책을 보면서 이해가 되지 않는 부분이 나오면 국세청 인트라넷 동영상 강의 중에서 해당 부분에 대한 강의를 듣는 방식으로 공부시간을 단축하였습니다.(공부시간 비중 : 35% 정도)

모의고사반 수강신청 후로는 모의고사 시험에 나온 파트를 중심으로 다시 한 번도 기본서를 정독하면서 개념에 대한 이해와 암기사항을 병행하였던 것 같습니다.

저는 공무원 7급 공채시험 및 세무사 시험에도 기본서 1권으로 이를 반복해서 개념을 이해하는데 주력하고 학원에서 출제한 모의고사 문제를 보면서 이해했다고 생각한 부분에 대한 개념 재정립 등을 하면서 다시 한 번 기본서를 정독하는 방식으로 공부를 하였습니다.

세무사 시험은 얼마나 많은 문제를 풀었느냐의 싸움이 아니라 아는 문제를 얼마나 정확하게 개념적으로 이해하고 있냐를 보는 것 같습니다.

2) 원가·관리회계 : 임태종 원가·관리회계 100선

'98년도 국세청 자체 부기 2급 시험을 준비할 때에 관리회계가 상당히 이해하기 어려웠다는 잔상이 남아 있어 약간 부담이 되었는데 임태종 원가관리회계 100선을 추천받아 동영상 강의를 2배속으로 하여 들었는데 체계적이고 논리적으로 강의를 해주셔서 가장 적은 시간을 투자하였던 것 같습니다.(공부시간 비중 10% 정도)

저의 경우 동영상 강의를 1번 듣고 100선에 나와 있는 모든 문제를 풀었던 것 같습니다.

그 다음부터는 공부하다가 잠이 오거나 몸이 피곤하여 재무회계나 세무회계를 보기에 부담스러울 때 원가·관리회계 100선 문제를 풀었던 것 같습니다.

수험기간 동안 공부시간을 아주 조금 할애해도 될 만큼 강의가 좋았고 그래서 재무회계와 세무회계에 전력투구를 할 수 있었던 것 같습니다.

3) 세무회계 : 강경태 세무회계

서울청 조사국 시절 업무를 하면서 조사대상업체의 회계처리 내용을 분석하여 세법에서 요구하는 세무회계에 부합하는 지를 검토하기 위해 틈틈이 세무회계 공부를 하였던 것이 실제 세무사 수험기간을 짧게 가져갈 수 있는 원동력이었던 것 같습니다.

처음 강경태 세무회계를 1번 보는데 시간이 많아 걸렸지만 계속적으로 반복 학습함으로써 관련내용을 4~5번 정도 반복하였던 것 같습니다.(공부시간 비중 35% 정도) 모의고사반에서 강경태 세무회계를 모의고사 시험 진도에 따라 공부를 하였던 것 같습니다.

공부를 하다가 느낀 점은 세무회계는 절대 모든 문제를 풀 수 없다. 가능한 한 부가가치세, 소득세 문제를 먼저 푼 후 법인세 문제를 푸는 순서로 가야만 과락을 면할 수 있고, 부가가치세 및 소득세의 경우 생각을 하지 않고 기계적으로 풀 정도로 반복 학습이 되어야만 법인세 세무회계를 어느 정도 풀어 합격의 영광을 볼 수 있는 것 같습니다.

통상 수험생들이 법인세 세무회계가 당락을 좌우한다고 생각하는데 저는 부가가치세와 소득세가 당락을 좌우한다고 생각합니다. 즉, 다시 말해 부가가치세 및 소득세는 실수없이 기계적으로 풀어 최대한 시간절약을 한 후 법인세 세무회계 문제를 풀게 되면 세무회계 때문에 떨어졌다. 라는 생각이 들지 않을 것 같습니다.

4) 세법학 1, 2부 : 유은종 세법학 1부, 2부 및 임팩트

업무를 하면서 조사검토 보고서, 불복청구에 대한 답변서 등을 작성해 본 경험이 많아 큰 어려움이 없어 공부시간 할애를 많이 하지 않아도 된다는 주변 동료들의 말을 듣고 주로 출퇴근 등 자투리 시간을 활용했습니다.(공부시간 비중 20% 정도)

실제, 원가회계 다음으로 공부비중이 작았습니다. 그러나 모의고사반에 들어가서 첫시험을 본 결과 점수는 과히 좋지 않았고 특히 세법학 2부는 거의 공부가 되어 있지 않아 거의 빵점에 가까웠던 것 같았습니다.

시험에서 요구하는 답의 내용이 관련 법령의 취지, 과세요건, 사후관리, 판례, 사례적용 순으로 작성되어야 한다는 것도 알게 되고 관련 법령내용을 정확히 암기해야겠다는 생각이 들어 5월 달부터 열심히 법령을 암기하였던 것으로 기억합니다.

5월부터는 모의고사 답안지와 분철된 임팩트 세법학을 출퇴근 시, 학원갈(올) 때 버스 안에서 계속 중얼거리면 반복하였던 것이 좋은 점수를 받을 수 있었던 것 같습니다.

마지막으로 과목별로 1권을 정해서 계속·반복적으로 공부를 하는 것이 세무사 시험에 합격하는데 효과적이라고 생각합니다. 과연 1권으로 가능할 까 기본서를 보고 별도 문제집을 봐야지 라는 생각이 들수록 기본서 위주로 공부하면서 부족하다고 느끼는 것은 학원 모의고사반에서 보충하면 되지 않나 생각합니다.

Ⓐ 정용문

(1) 1차 시험

다른 시험 역시 마찬가지겠지만, 세무사 1차 시험은 그 어떤 시험보다도 자기 나름대로의 시험 '전략'이 당락의 중요한 비중을 차지한다고 생각합니다. 1차 시험장에서 수험생이 80문제를 모두 푼다는 것은 80분이라는 시간의 제약이 있기에 결코 쉽지 않은 일이기 때문입니다. 따라서 각자 자신의 현재 위치를 잘 파악하고 그에 맞는 전략을 세우는 것이 여러분들에게 1차 시험에서 좋은 결과를 얻기 위한 발판이 되어줄 것입니다.

1) 회계학 개론

재무회계와 원가·관리회계로 구성된 회계학은 세무사 시험의 1차, 2차를 통틀어 가장 어려운 과목 중 하나라는 것은 그 누구도 부인할 수 없을 것입니다. 세법과 더불어 1차뿐만 아니라 2차 시험에도 포함되어있는 정말 중요한 과목이기도 하구요.

회계학을 공부하는데 있어서 가장 중요한 것은 '인내'라고 생각합니다.

회계학 특히, 재무회계는 수험기간 중 가장 많은 시간을 할애하셔야 할 과목이고, 그렇게 열심히 투입함에도 산출되는 실망스러운 결과에 여러 번 좌절을 느끼게 해주는 과목입니다.

  회계학에서 좋은 점수를 받으시기 위해 가장 중요한 것은 앞서 말씀드린바와 같이 인내를 갖고 여러 문제와 기본서를 병행하여 여.러.번. 그리고 손.으.로. 직접 풀어보시는 것입니다. 시험이 점차 다가올수록 조급한 마음에 기본서를 상대적으로 소홀히 하고 객관식 문제에만 치중하시는 분들이 정말 많은데, 여기서 제가 말씀드리고 싶은 두 가지는「기본서를 중요시 하라」는 것과「예제의 해답과 유사한 형식의 풀이를 연습하라」는 것입니다.

  먼저, 기본서를 중요시 하라는 것.

  EBS채널에 안경 쓴 수능고득점자가 교과서를 겨드랑이에 끼고 한 인터뷰에나 나올법한 뻔한 이야기라 어쩌면 지금 이 이야기를 등한시 할 분도 계실지 모르겠지만, 2차 시험 직전까지도 기본서를 병행한 저는 시험 당일에도 정말 큰 도움이 되었습니다. 읽고 돌아서면 잊어버리고 헷갈리는 '회계학'은 기본서 다독을 통한 확실한 개념 정립이 훗날 모든 단원을 공부하신 후에도 흔들리지 않는 기준을 세워주기 때문입니다. 또한 이미 지나간 단원은 회독이 끝나기 전까진 자칫 소홀해지기 쉬운데, 잠깐 시간을 내어 기본서로 지나간 단원을 가볍게 읽는 것만으로도 충분한 복습이 되므로 여러모로 회계학을 정복하는데 큰 도움을 줄 것이라 생각합니다.

  또한, 예제의 해답과 유사한 형식의 풀이 연습. 이론문제보다는 상대적으로 계산문제의 비중이 큰 회계학은 수험생 여러분께서 직접 손으로 풀어보시며 공부하는 것이 무엇보다도 중요합니다. 여기서 이야기하는 예제의 해답과 유사한 형식이란, 책에 나오는 해답 그대로를 암기하여 적으라는 것이 아니라 자신만의 풀이방법을 그 순서에 맞게 '열 맞춰' 풀어나가는 것을 의미합니다. 세법과 마찬가지로 회계학은 자신만의 계산 방법이 머릿속에 각인이 되어있어야 실제시험에서 시간 내에 풀어낼 수 있는데 연습장에 아무렇게나 적은 풀이과정은 각인시키는데 별로 도움이 되지 못하기 때문입니다.

  i. 기본서를 소홀히 하지 말 것.
  ii. 계산문제풀이는 꼭! 열을 맞춰서 풀 것.

2) 세법학 개론

  1차 시험의 세법학개론은 앞서 말씀드린 '자신의 현재 위치에 맞는 공부전략'이 가장 크게 작용되는 과목이라고 생각합니다. 세법이란 법인세, 소득세, 부가가치세(일명 '법·소·부')를 포함해 세법개론 전반적으로 기초가 탄탄하다면, 시험문제가 아무리 어렵게 출제된다 하더라도 안정적인 고득점이 가능한 과목이기에 세법에 자신 있는 수험생 분들은 전략과 무관하게 다른 과목과 똑같이 기초부터 탄탄히 다져 수준을 일정궤도 이상으로 올려놓아야 합니다. 그렇게 되면 세법이라는 과목을 남들과는 차별화되는 자신만의 전략과목으로 만드실 수 있습니다.

그러나 많은 수험생께서는 그렇지 못한 경우가 대부분일 것입니다. 저 역시 세법공부를 시작하면서 집에서 키우는 금붕어에게 동병상련을 느낀 적이 한두 번이 아닐 정도로 세법의 휘발성은 대단하다는 것을 여러분 모두 공감하실 거라 생각됩니다. 그 휘발성을 이겨내고 밑 빠진 독의 물을 끝까지 채워 넣는 특별한 비법은 없다고 생각합니다. 단지 끝까지 채워 넣는 방법만이 존재할 뿐이라고 생각하는데, 그 방법은 회독수를 늘리면서 꾸준히 외우는 것. 즉, 자신의 눈을 세법에 쉴 새 없이 노출시키고 암기하는 것이 바로 그 방법입니다. 여러분들의 대부분이 저와 같이 사회경험이 적은 대학생이실 거라 생각됩니다. 세금한번 자기 힘으로 내 본적 없는 새내기 대학생들에겐 세법이란 과목은 정말 생소하고 어려운 용어들로 가득한 학문인데, 그것을 이겨내는 방법은 다독과 암기만이 해결책이라고 생각합니다.

지금은 이해되지 않는 부분도 열심히 암기하시며 회독수를 늘려간다면, 2회독…3회독… 이전에 암기했던 부분과 조금씩 이해하는 단계가 매치가 되면서 완전히 이해가 되는 것을 느끼실 수 있을 겁니다. 또한 한 가지 꼭 당부 드리고 싶은 말씀은 계산문제를 푸는데 있어 절대 답을 미리 확인해서는 안 됩니다. 막히는 부분은 앞으로 돌아가 이론 부분을 다시 숙지하고 오셔서라도 끝까지 풀어보시려고 하는 '오기'가 필요합니다. 혼자 찾아보고 풀어보는 그러한 과정에서 세법실력은 금방금방 높아지기 때문입니다.

ⅰ. 세법에 자신을 자꾸만 노출(?)시킬 것.
ⅱ. 회독수, 암기, 오기
ⅲ. 말 문제 먼저풀기, 기타세법위주로 공부하기 등 시험 전략을 세울 것.

3) 재정학

저 역시 그랬듯이, 1차 시험을 준비하고 계신 많은 수험생 여러분들께서 시험을 위한 재정학 공부를 언제부터 시작해야하는지 궁금해 하고, 여쭤보십니다. 특히 수험목적의 본격적인 공부가 아닌, 수강목적의 공부를 이제 막 시작하신 분들은 '분명 선배 합격자 분들께서 재정학은 고득점 과목이라고 하셨는데 나만 이렇게 어려운건가?' 하는 걱정으로 불안해하시기도 합니다. 물론 이 질문에 대하여 정답이 있을 순 없다고 생각합니다. 그래서 제 경험만 말씀드리자면, 저는 시험일로부터 넉넉하게 약 5개월 정도 남겨놓은 12월부터 본격적인 재정학 공부를 시작했었습니다. 시험 직전 단기간에 집중해서 공부하는 것이 효율적이기에 2~3개월 전에 하는 것이 좋다는 의견이 다수이지만, 저는 좀 더 넉넉한 기간을 두고 공부하는 것이 좋다고 생각합니다. 재정학을 처음 접하신 분들께서는 '세법보다 더 어렵다'라는 말씀을 많이들 하시는데, 그만큼 난해한 이론들로 구성된 과목이기에 경제학에 두각을 나타내는 분이 아니시라면 한 번의 수강으로는 이해하기 어려운 과목입니다. 이렇게 쉽지 않은 과목을 시험 날로부터 불과 2~3개월 앞둔 시기에 공부를 시작하신다면, 시간에 쫓기게 되어 필승을 해야 하는 재정학 과목을 정복하지 못하고 시험장에 들어가게 되는 경우가 발생하기 때문입니다. 따라서 '넉넉한 시간'을 두고 회계학과 세법의 공부시간을 틈틈이 쪼개어, 정병열 교수님의 책에 실려 있는 객관식문제들만을 반복해서 공부하시는 것이 좋다고 생각합니다.

   i. '넉넉한 기간'을 두고 재정학 공부를 시작할 것.
   ii. 책 한권만을 반복해서 공부해 문제에 익숙해 질 것.

4) 상법

상법은 세무사 1차 시험에 있어서 재정학과 마찬가지로 고득점을 해야만 하는 과목입니다. 고득점뿐 아니라 시험장에서 같은 시간에 치르는 '회계학개론'에 더 많은 시간을 할애할 수 있도록 최단시간 만에 풀어내야하는 것이 '상법'입니다. 그러나 이전 기출문제들을 한곳에 모아 비교해보면 해가 지날수록 상법 시험의 난이도는 점차 높아지는 경향을 보이고 있다는 것을 느끼실 수 있을 것입니다. 여기서 난이도가 높아지고 있다는 것은 어렵고 난해한 이론들로 문제가 구성된다기보다 좀 더 세부적인 내용을 출제하거나, 수험생이 익숙한 문장들에서 단어하나만 슬쩍 바꿔 헷갈리게 만드는 형식의 문제들의 비중이 더 높아지고 있다는 뜻입니다. 따라서 최근 출제경향에 맞게 상법 과목을 준비하기 위해서는 '꼼꼼함'이 필요하다고 생각합니다.

최근문제는 깊숙한 내용까지 출제되므로 꼼꼼하게 세부적인 내용까지 공부할 필요가 있고 '법(法)'과목의 특성상 법전에 실린 그대로의 문구가 보기에 등장하므로 법 문구 그대로에 익숙해져야 합니다. 저는 상법공부를 지하철을 타고 집에 가거나, 고시원이나 식당으로 가는 등 주로 이동하는 시간 즉, 자투리 시간을 활용했습니다. 주로 출제되는 헷갈리는 문구나 기출이 많이 되었던 부분, 실수했던 부분의 문구들을 적은 자그마한 오답노트와 상법전을 익숙해져 암기될 때까지 읽고 또 읽었던 것이 실제시험에서도 실수하지 않고 풀 수 있도록 해 준 계기가 되었던 것 같습니다. 그리고 상법은 빠른 시간 안에 풀어야 하는 것이 중요한 관건이므로, 평소에 모의고사를 풀 때 실제시험과 같이 시간을 재놓고 25분 내외로 푸는 연습을 했던 것 또한 실제시험에서 시간 내에 풀어낼 수 있도록 해 주었습니다.

   i. 법 문장의 세세한 부분까지 문구 그대로에 익숙해질 것.
   ii. 목표시간 내에 풀 수 있는 연습을 할 것.
   iii. 자투리 시간을 잘 활용할 것.

(2) 2차 시험

1차 시험과 2차 시험의 가장 큰 차이점은 모든 수험생 분들께서 잘 알고 계시듯이 '객관식'과 '서술형'의 차이입니다. 1차 시험에 막 합격하고 올라오신 동차생 여러분께서는 처음 답안작성이 쉽지 않으실 거라 생각됩니다. 2차 시험은 쌓여가는 연습장과 늘어가는 다 쓴 펜의 개수가 여러분들을 합격에 한걸음 더 다가갈 수 있도록 해줄 것입니다.

1) 회계학 1부

1차 시험을 치른 후 처음 2차 시험문제를 본 소감은 '후회'였습니다. 그때까지만 해도 모든 문제를 연습장에 내키는 대로 끄적거리며 아무렇게나 적고 풀었었는데, 처음으로 2차 시험문제를 보며 제 머릿속 풀이과정들을 답안지에 질서정연하게 옮겨 적는 것이 정말 어려운 것이라는 걸 알았기 때문입니다. 분명 아는 문제임에도 어떤 과정부터 적어야할까 머릿속에는 그러한 생각들이 꼬리에 꼬리를 물며 저를 망설이게 했고, 결국 시간 내에 절반도 다 풀지 못하고 답안지를 제출했던 기억이 납니다. 1차 시험을 준비할 때 답안작성을 미리 숙달해놓지 않고 동차수험기간으로 접어들게 된 것이 정말 후회되고 게시판에 걸려있는 모범답안을 보며 심지어 열등감마저 느꼈는데 저와 같은 후회를 지금 하고 계신다면, 지금부터라도 한 문제 한 문제 풀어갈 때마다 정성스럽게 답안 작성하는 시간을 익숙해지실 때까지 하셔야합니다. 또한 답안작성을 연습하신 답안지들은 모아두었다가 시험 직전에 하나하나 되짚어 보며 풀이과정들을 눈도장 찍어두는 것도 합격을 위한 필수 과정 중 하나이기 때문에 회계학 1부는 1차 시험과 마찬가지로 강조하고 싶은 것이 기본서를 절대 소홀히 해서는 안 된다는 것입니다. 특히 세법학 과목에 시간을 많이 투자하셔야하는 동차생분들은 회계학 1부에 할애할 시간은 상대적으로 너무나 적게 됩니다. 이럴 경우 기본서 없이 문제만 푸는 사상누각을 쌓기보다는, 문제는 적게 풀더라도 기본서를 토대로 탄탄한 성을 쌓는 것이 훨씬 더 합격 점수에 다가갈 수 있을 것입니다.

또한 대부분의 세무사시험을 준비하시는 수험생들이 간과하는 고급회계는 올해 '지분법회계'의 출제로 간과해서는 안 될 파트로 부상하게 되었으니, 유의하여야 할 부분으로 생각됩니다.

2) 회계학 2부

세법학개론시험을 법인세를 공부하지 않고 기타세법만으로 준비하셨던 동차생에겐 어쩌면 가장 힘든 과목이 회계학 2부가 아닐까 생각됩니다.

회계학 2부 전체 중 거의 절반이 법인세에서 출제되기 때문입니다.

3달이 채 안 되는 기간 동안 법인세만 공부하기에도 그리 넉넉지 않은 시간이기에 회계학 2부에 정말 많은 시간을 할애해야합니다. 저는 수험기간 중 매일 아침 공부를 시작하기 전 세무회계연습서에서 2문제, 자기 전 1문제. 즉, 하루에 3문제는 꼭 풀려고 노력했던 기억이 나는데, 그렇게 조금씩 풀어나갔던 것이 쌓이고 쌓여 시험 때까지 실력뿐만 아니라 시험이 다가올수록 세법학 과목에 치중할 때에도 감을 유지할 수 있었던 것 같습니다.

다른 과목도 마찬가지지만 회계학 2부 시험은 시간이 정말 부족한 것이 보통입니다. 실제시험에서 한 번의 실수가 곧 불합격으로 인도하므로 공부하는 동안에도 실제시험과 동일한 마음가짐으로 한 문제 한 문제 김현식 선생님께서 말씀하시는 심박수를 올리고 긴장하며 푸셔야합니다. 그리고 법인세, 소득세, 부가가치세, 상속세 및 증여세 모두 세법학과 겹치는 세목이므로 회계학 2부를 열심히 준비하신다면 세법학 점수에서 시너지 효과를 얻으실 수 있습니다.

3) 세법학

세법학을 처음 접해보시는 분들은 그 방대한 양에 처음 놀라고, 아무리 공부해도 오르지 않는 점수에 또 한 번 놀라시게 되는데 동차준비를 하시는 많은 수험생은 과락을 면하는 것을 목표로 공부하는 과목이 바로 세법학입니다.

학원 모의고사에서 처음 세법학 시험지를 받았을 때는 도무지 답안을 어떻게 작성해야할지 감이 잡히지 않아 단답형으로 적어 10점을 받았던 기억이 나는데 그 후론 학원 게시판에 점수와 함께 게시되는 모범답안을 참고하면서 답안작성의 큰 힌트와 요령을 배울 수 있었습니다. 처음에 세법학 답안작성이 어렵고 쉽게 써내려가지 못하신다면 다른 수험생의 모범 답안을 보고 비슷하게 따라하는 것도 좋은 방법입니다.

각 시험 당 4문제가 출제되는 세무사시험의 특성상 근래에 출제됐던 부분이 다시 출제되기란 쉽지 않은 점을 이용하신다면 세법학 공부의 부담을 조금은 더실 수 있을 걸로 생각됩니다.

세법학 1부(국세기본법, 법인세법, 소득세법, 상속세 및 증여세법)에서는 판례를 이용한 사례문제가 출제되는 것이 요즘 시험의 경향이므로 많은 판례와 여러 사례를 접해보는 것이 중요합니다.

세법학 2부(부가가치세법, 개별소비세법, 지방세법, 조세특례제한법)에서는 이론형 문제 특히, 부가가치세법과 개별소비세법의 모든 이론은 꼭 숙지하셔야 세법학 2부에서 과락을 면하실 수 있습니다. 따라서 저는 이론형 문제에 대비하기위해 마지막까지 세법학 2부만큼은 요약된 책이 아닌 기본서 책으로 대비하였고, 다른 수험생들보다 기본서를 토대로 더 많은 분량을 채운 것이 세법학 2부에서 좋은 점수를 얻을 수 있었던 것 같습니다. 그 밖의 지방세법은 주로 사례형 문제가 주로 출제되므로 여러 사례들을 통해 흔히들 말하는 '세법학적 마인드'를 키우는 연습을 하셔야합니다. 그리고 2차 수험생 여러

분께서 가장 많이 궁금해 하시는 부분이 바로 조세특례제한법인데, 저는 상대적으로 시간이 부족하신 동차생께서도 절대 포기하시면 안 된다고 생각합니다. 25점이라는 배점을 포기하고 시험에 임하신다면 과락의 위험이 그만큼 크고, 다른 수험생과 세법학 2부에서 차별화를 둘 수 있는 유일한 세목이기 때문입니다. 공부를 조금만 하시다보면 일종의 공식처럼 쓰이는 부분이 있다는 것을 알게 되는데, 그 부분만이라도 암기하여 익히시고 실제시험에서 응용하신다면 타 세목에 비해 적은 분량으로도 고득점이 가능하므로 세법학 2부의 과락 걱정은 덜게 되실 거라 생각됩니다.

🎙 3. 1, 2차 수험기간동안 Group Study는 어떻게 이루어졌으며 실전 시험에는 어느 정도의 효과가 있었습니까?

🅰 **서정환** 그룹 스터디는 하지 않았습니다.

🅰 **정용문** 수험기간 중 Group Study를 따로 하지 않았습니다.

🎙 4. 최근 1, 2차 시험과목별 출제경향과 수험대책은 어떤 것이 있습니까?

🅰 **서정환**
- 재무회계 : 전체적으로 평이했던 것으로 생각됩니다.
- 원가·관리회계 : 최근 추세와 다르게 원가파트에서 출제되어 수험생들이 당황했을 가능성은 있으나 전체적으로 평이했다고 생각합니다.
- 세무회계 : 절대적으로 시간이 부족할 정도로 문항수가 많아 기계적으로 풀지 않으면 좋은 점수를 받지 못할 것 같습니다. 특히, 4문항 중 1문항은 거의 포기하고 문제를 풀어야 할 것 같습니다. 문제당 문항 수 조절이 필요할 것 같습니다.
- 세법학 1, 2부 : 전체적으로 어려웠다고 생각합니다.

🅰 **정용문** 근래 몇 년간 세무사시험의 기출문제를 보면 해를 거듭할수록 지엽적인 부분에서 출제되면서 체감난이도가 점점 상승하고 있다는 것을 알 수 있습니다. 또한 특히 회계학 1부에서는 여러 단원을 한 문제에서 복합적으로 묻는 문제들도 다수 출제되고 있고, 앞으로도 기존에 공부했던 문제집에서는 접해보지 못한 새로운 문제들을 시험장에서 처음 접해보는 경우가 점차 많아질 것입니다.

그러나 난이도가 높아졌다고 해서 절대 어려운 고난이도의 문제집들만 고집해서 공부하시는 것은 피하셔야합니다. 난이도가 올라갈수록 기본서를 소홀히 해서는 안 된다는 것은 합격하신 분들께서는 모두 공감하실 거라 생각합니다. 1차 시험이든 2차 시험이든 백점을 받기위한 시험이 아니기에 모든 수험생들이 접근하기 어려운 고난이도 문제보다는 기본적인 문제를 얼마나 빠른 시간 내에 정확하게 풀어내는 것이 중요하므로 그런 의미에서도 기본서는 합격에 있어서 중요한 역할을 해 줄 것입니다. 그리고 비록 IFRS 이전에는 중급회계에 실려 있었던 '지분법 회계'였지만, 올해 시험의 변수였던 회계학 1부의 고급회계 파트의 출제는 세무사시험에서 앞으로도 고급회계에서 출제 될 수 있다는 가능성을 보여준 것이므로 시험범위 내에 있는 부분은 절대 스킵하는 부분이 있어서는 안 될 것입니다.

5. 수험생활 중에 본 1, 2차 각 과목별 도서목록을 정리해 주시면 고맙겠습니다.

Ⓐ **서정환**   1, 2차 공부를 하시면서 보았던 기본서와 참고서, 문제집을 과목별로 정리해 주시면 고맙겠습니다.
- 재무회계 : 송상엽 중급회계, 김영덕 고급회계 및 모의고사 정리
- 원가관리회계 : 임태종 100선
- 세무회계 : 강경태 세무회계
- 세법학 1, 2부 : 유은종 세법학 1, 2부 및 임팩트

Ⓐ **정용문**

(1) 1차 시험

1) 회계학개론
- 기본서 : IFRS 중급회계(신현걸, 최창규, 김현식 공저) / 원가·관리회계(김용남)
- 실전서 : 2010 객관식 재무회계(신현걸, 최창규, 김현식 공저)
          2010 객관식 원가관리(김용남)
- 세법학개론
  - 기본서 : 세법개론(정정운)
  - 실전서 : 객관식 세법(이승원, 이승철 공저)
- 재정학
  - 기본서 : 재정학연습(정병열)
  - 실전서 : 재정학기출문제(정병열)
- 상법
  - 기본서 : 오수철 상법(오수철) / CTA 회사법전(이상수)
  - 실전서 : 세무사 회사법(이상수) / 모의고사식 회사법 480선(윤승욱)

(2) 2차 시험

- 회계학 Ⅰ부
  - 동차 준비 : 2010 세무사 재무회계연습(신현걸, 최창규, 김현식 공저)
  - 유예 준비 : BASIC 중급회계 1,2(이배식) / BASIC 고급회계(이배식)
    실전 재무회계연습(이배식)
- 회계학 Ⅱ부
  - 동차 준비 : 세무회계연습(정재연, 이승원, 이승철 공저) / 워크북(정우승)
  - 유예 준비 : 세무회계연습(강경태) / 세무회계리뷰(강경태, 박준철 공저)
    Sub Note(강경태)
- 세법학
  - 동차 준비 : 세법학Ⅰ,Ⅱ(정정운) / PERFECT 세법학(유은종)
  - 유예 준비 : 세법학Ⅱ(유은종) / IMPACT 세법학(유은종) /
    PERFECT 세법학(유은종)

6. 수험생입장에서 구하기 어려웠다거나 보강되었으면 하는 특정 과목이나 내용의 수험서가 있습니까?

서정환 없습니다.

정용문 몇 해 전까지만 해도 수험서의 대부분이 세무사와 공인회계사 공용으로 되어있었던 걸로 알고 있습니다. 상법과 같은 경우 세무사시험에는 회사법 부분만 출제됨에도 불구하고 수업을 듣기위해서는 상법 전반을 신청하여야하고 책도 두꺼운 상법 책을 구입했어야 했지만, 요즘은 상법뿐만 아니라 2차 수험과목에서도 세무사 수험생들만을 위한 수험서가 출간되고 있어 큰 번거로움은 줄어들었고 더욱 목적적합하게 공부할 수 있어 좋았습니다.
　　하지만 1차 시험의 '재정학'이나, 2차 시험의 '세법학'과목은 강사님과 수험서가 다양하지 않아 한 곳에만 편중되는 경향을 보이는데 이 점은 보강되어야 할 부분이라고 생각합니다.

7. 수험공부 시 학원 강의, 인터넷강의, 강의tape중 이용도 측면에서 어떤 방법을 선호했습니까?

서정환 인터넷 동영상 강의 및 학원 모의고사반으로 공부하였습니다.

정용문 저는 수험기간 중 주로 학원강의를 듣고 자습 하는 방법을 선호했습니다. 부득이하게 학원 수업을 듣지 못한 날은 인터넷강의를 통해 보충하며 공부를 했지만, 개인적으로 학원 수업을 수강하는 것이 더 효율적이라고 생각합니다. 자신과 같은 목표를 향해 나아가는 사람들과 함께 공부하는 것은 단지 수업을 듣는 것 그 이상의 의미가 있기 때문입니다. 동행자로서 서로의 정보를 공유하며, 때로는 경쟁자로서 성적을 비교하며 동기부여도 하고 합격에 대한 의지를 더욱 굳힐 수 있는 것이 큰 메리트라고 생각합니다.

🎤 8. 수험생활 중 애로사항과 본인만의 스트레스 해소방법은?

Ⓐ **서정환** 절대적인 공부량이 필요한데 이 부분에 대한 스트레스가 많았던 것 같습니다.

Ⓐ **정용문** 최연소라는 이름이 남들에게는 정말 짧은 시간 안에 공부하여 합격한 것으로 보여 질 수도 있으나 약 3년이라는 짧지 않은 수험기간, 게다가 유예생의 신분으로 공부한다는 것은 결코 쉽지만은 않았습니다. 유예생의 시험에 대한 압박감과 스트레스는 동차 때의 약 백배정도라고 생각하면 된다는 선배 세무사님의 말씀을 저 또한 실감하면서 지금 돌이켜보면 하루하루를 정말 긴장 속에 살았던 것 같습니다.

그리고 가족들 곁에서 떨어져 혼자 고시원에서 생활하면서 공부한 시간들… 혼자 밥을 먹으며 지냈던 시간들이 길어지면서 시험이 다가올수록 느끼는 외로움도 더욱더 깊어지는 것 같았습니다. 저에게 있어 수험기간은 외로움과의 싸움이기도 했습니다. 외로움으로 인한 슬럼프로 몇 번이나 포기하고 싶기도 했지만 포기하지 않고 노력한 것이 수험생활의 종지부를 찍을 수 있었던 힘이었던 것 같습니다.

🎤 9. 영어시험대체제도가 시행됨에 따른 어려웠던 점이나 영어 공부한 방법은?

Ⓐ **정용문** 영어시험대체제도 시행 후에 공부를 시작했기 때문에 제가 영어 공부를 하기 어려웠던 점을 비교하기는 힘들 것 같습니다.

대체된 영어 시험으로는 토익을 준비했고, 학교에서 들은 영어수업과 약 2개월간의 개인적인 공부로 시험 자격 요건을 충족시킬 수 있었습니다.

🎤 10. 수험생들께 당부하고 싶은 말은?

Ⓐ **서정환** 공부를 시작할 때 수험기간을 2년이상으로 잡는 것보다 동기부여와 공부에 대한 집중도를 위해서 1년 안에 합격하겠다는 마음가짐으로 수험계획을 세워 그 계획대로 하려고 부단히 노력하고 가능한 당일 공부하려고 세웠던 계획분량을 채우는 방식으로 수험생활을 하는 것이 수험기간을 단축하는 지름길이라고 생각합니다.

시험은 운도 무시하지 못한다고 생각합니다. 그래서 단기간 수험계획을 세워 최선을 다했을 때 합격의 행운도 오는 것 같습니다. 만약, 합격을 하지 못해도 2년 계획을 세운 수험생보다 공부량이 훨씬 더 많을 것 같고 그 다음해 합격의 영광을 안을 확률이 훨씬 높아지지 않을 까 생각됩니다.

🄰 **정용문**　찬바람이 부는 11월. 이 시기 모든 수험생의 공통점은 '초조함'을 느낄 때라는 것입니다. 시험이 점차 다가올수록 연필이 손에 잡히지 않거나 책상 앞에 앉아도 급한 마음에 이 과목 저 과목 허둥지둥 보게 되는 일명 '슬럼프'에 빠지시는 분들이 정말 많으실 텐데, 많은 선배 세무사님들께서 저에게 말씀해주셨듯이 지금 이 시기엔 '믿음'이라는 단어가 정말 중요하다고 생각합니다. 저 역시 이 시기에 슬럼프를 겪고 혼자 힘들어했던 기억이 나지만, '지금 펼친 이 페이지만큼은 꼭 나올 거야', '오늘 공부한 이 부분이 시험에 꼭 출제될 거야'라는 믿음과 끊임없는 자기암시를 하며 슬럼프를 이겨냈던 기억이 납니다.

세무사시험에 합격하는 그 날을 꿈꾸며 지금 이 시간에도 책상 앞에 앉아 열심히 책과의 사투를 벌이시는 예비 세무사님들께서도 '믿음'을 갖고 오늘 하루하루에 최선을 다하신다면 분명 머지않아 좋은 결과가 여러분 앞에 기다리고 있을 줄 믿습니다.

🎙 11. 앞으로의 계획은? 끝으로 하고 싶은 말은?

🄰 **서정환**　집에서 가족과 충분히 진로를 고민한 후 판단할 생각입니다.

🄰 **정용문**　앞으로의 제 인생 목표이자 계획은 조세, 세무 분야에 있어서만큼은 모든 사람에게 인정받을 수 있는 최고가 되는 것입니다. 다른 사람들보다 조금 더 일찍 저에게 기회를 허락해 주신 만큼 어리다고 자만하지 않고, 이 자리에서 안주하지 않고, 한 발 더 앞서나가는 조세 전문가가 되고 싶습니다.

불과 일주일 전까지만 해도 "용문아"라고 부르시던 주변 분들께서 지금은 "정용문 세무사"라고 불러주시는데 그 호칭이 아직은 많이 어색합니다. 어렵게 이루어낸 결실인 만큼 지금 제게는 아직 과분한 호칭일지는 몰라도 훗날 저를 찾아와 주시는 고객님들께 믿음과 신뢰를 주는, 그리고 세무사라는 타이틀에 걸맞은 훌륭한 조세전문가가 될 수 있도록 열심히 노력할 것입니다.

"출발이 늦은 사람이 아니라, 준비를 더 충분히 하는 사람일 뿐입니다."

이 글귀는 모 기업의 광고 카피입니다. 혹여나 얼마 전 발표에 좋지 않은 결과로 힘들어 하고 계시는 수험생 여러분께 조금이나마 힘이 되었으면 하는 바램입니다.

예비세무사님들 앞날에 합격의 영광이 함께하기를 진심으로 기원하며… 파이팅~!

2010년 제47회 세무사시험

최고득점·최연소 합격자 인터뷰

신 상 수
1960년 출생
인천고등학교
국립세무대학 1기
2010년 제47회 세무사 제2차시험
최고득점 합격자

정 소 희
1989년 11월 17일 출생
영파여자고등학교
중앙대 수학과
2010년 제47회 세무사 제2차시험
최연소 합격자

 1. 자기소개, 응시동기, 합격소감은?

Q 공인회계사 시험을 선택하게 된 동기와 합격 후 소감은 어떠했나요?

A 신상수

(1) 응시동기

국세공무원으로 국세청 등 일선세무서를 근무하면서 승진 정체현상은 해가 갈수록 심화되어 갔고, 제자신의 미래에 대한 불확실성은 한층 더 점증되어 갔습니다. 이에 따라 그에 대한 돌파구로 공부를 해야겠다는 마음은 굴뚝같았지만 결국 마음만 있었지 시기를 잡지 못하고 있었습니다.

2008년 8월 암울한 장래를 걱정하며 현실과 타협하면서 정년이라는 멀지않은 종착역으로 향할 즈음 직장 동료의 권유로 험난한 수험생활을 시작하였습니다.

(2) 합격소감

아직도 믿겨지지 않고 어리둥절합니다.

제46회 세무사2차시험에서 한 번의 실수를 경험한 터라 더더욱 합격여부만이 관심사항이었는데, 최고득점으로 합격하였다는 연락은 놀라움 그 자체였습니다.

수식어가 붙은 합격이 아직도 믿기지 않습니다.

A **정소희** 안녕하세요. 47회 세무사 자격시험에 최연소로 합격한 정소희입니다. 힘든 공부를 하면서 최대한 빨리 끝내자는 다짐을 하면서 시작했는데 이렇게 최연소라는 타이틀까지 주셔서 너무 영광입니다. 수험기간 동안 힘든 일이 너무 많아서 공부를 시작한 것을 많이 후회했었습니다. 그러나 포기하지 않고 끝까지 공부에 매달려 합격이라는 기쁨을 느끼게 해준 부모님께 감사드립니다.

세무사 공부를 하게 된 동기는 고 3때 수능을 준비하는 동안 너무 힘들었습니다. 그래서인지 대학교에 입학한 후에는 공부를 별로 하지 않았고, 성적도 많이 안 나왔습니다. 그리고 1학년을 마칠 때쯤 목표 없는 대학생활에 회의감을 느끼고 휴학을 결심했습니다. 그리고 수학과 관련 있는 분야를 찾다가 아는 분에게 세무사 시험이 있다는 것을 듣고 시작하게 되었습니다.

2. 자신만의 효율적인 공부방법과 과목별 준비요령

Q 1, 2차시험대비 수험대책으로 자신만의 효율적인 과목별 공부방법과 준비요령은?
(수험기간, 공부시간, 수험정보 입수경로 등 포함)

A **신상수**

(1) 수험생활 전반

제 나이 49세(공부를시작할 2008년 당시), 적지 않은 나이에 공부를 시작하면서 45회에 합격한 학교 후배 신기철 세무사님으로부터 공부방법등에 대한 조언을 자세히 들은 다음 저도 똑 같이 실행에 옮기기로 마음먹었습니다.

(2) 2008.8~2009.1 : 수험생활의 기초를 다지며

직장동료의 권유로 시작한 수험생활이기에 마음을 더욱 굳게 다잡고 기본서를 중심으로 인터넷강의를 청취하면서 책과 씨름하기 시작하였습니다.

근무경력 20년으로 2차 일부과목 면제에 따라 회계학1,2부를 준비하면서 회계학2부는 나름대로 실무경험을 기반으로 공부비중을 낮추고 회계학1부에 모든 시간을 할애하는 것으로 계획을 세웠습니다.

근무경력 20여년 이상이 암시하듯 그간의 생활습관을 바꾸는 것은 괴로움과 고통 그 자체였습니다.

모든 모임과 경조사, 집안 대·소사일은 인터넷강의 시간으로 대체하여가며 주위사람들의 이해를 구했고 하루 빨리 그간의 젖었던 생활에서 탈피해 수험생활에 적응 할 수 있도록 노력하였습니다.

그러나 20여년 세월이 낳은 퇴적물은 쉽게 벗겨지지 않았고, 중급회계와 원가관리회계의 학습진도는 날이 갈수록 지지부진하기만 하였습니다.

힘들고 학습효과가 떨어질 때 마다 제 자신을 질책하기 보다는 민저 고난의 길을 길어간 선배님들의 합격수기를 꺼내들고 마음을 다잡아 보곤 하였습니다.

(3) 2009.2~2009.8 : 도약의 시기

수험생활을 시작한지 6개월이 흘러가면서 몸은 점차 수험생활로 적응해갔고, 회계학 1, 2부 기본서에 대한 반복횟수도 속도가 나기 시작하였습니다.

2009.2월 인사이동으로 생활의 근거지를 수도권에 있는 집이 아닌 강원도 원주의 기숙사에서 수험생활을 이어갔습니다.

출·퇴근에 대한 부담이 없었고 회사근처에 시설 좋은 도서관이 있어 수험공부하기에 더없이 좋은 환경이었습니다.

출근 전 2시간, 퇴근 후 5시간 모두 도서관에서 책과 씨름하였고 식사도 도서관 구내식당에서 모두 해결하였습니다.

점차 시간이 흐를수록 가슴에 희망이 움트기 시작하였고 학습진도의 속도가 배가 될때마다 합격의 무지개동산이 안개속에서 희미하게 보이는 듯하였습니다.

그러나 혼자 가는 수험 생활 길은 결코 쉬운 길이 아니었습니다.

때로는 가족과 떨어져 찾아오는 외로움이라는 암벽이 길을 막았고, 때로는 부실한 식사로 인한 체력저하의 늪이 길을 막았습니다.

그때마다 먼저 걸어간 선배님들의 합격수기를 꺼내들고 하루라도 빨리 고난의 고산준령을 넘어야겠다며, 희망의 씨앗을 틔워갔습니다.

2009년 4월 지난해 45회에 합격한 주봉선 세무사님의 권유로 주말 학원 모의고사반을 수강하면서 선·후배님들의 수험생활에 대한 조언을 듣고 참고하였으며, 또한 모의고사를 통하여 나의 현재 위치를 파악하는 계기로 삼았습니다.

드디어 2009.8.10 46회 세무사시험수험장, 떨리는 가슴을 부여잡고 시험을 치르고 수험장을 나서는 발걸음은 결코 가볍지 못했습니다.

1교시에 치러진 회계학 1부를 어떻게 시작과 마무리를 했는지 도무지 생각이 나지 않았고, 생각하기도 싫었습니다.

(4) 2009.8~2009.10 : 악몽에 시달리며

시험이 끝난 후 시간이 지나면서 마음은 한결 가벼웠지만, 가슴 한구석에는 46회 세무사시험 1교시에 대한 불안한 잔상이 움츠리고 있었습니다.

하지만, 한결 여유로운 마음으로 새벽에는 기숙사 체력단련장에서 체력을 키웠고, 퇴근 후에는 도서관 멀티미디어실에서 새로운 IFRS중급회계 동영상강의를 들으며 혹시나 모를 불확실성에 대비하였습니다.

밤마다 시험에 떨어지는 악몽은 시간이 갈수록 더해만 같고, 발표일이 다가올 즈음에는 입맛도 잃어 버려 식사도 거르는 일이 잦아들었습니다.

2009.10.26 오전 9시 합격자명단 인터넷검색창에 신상수 이름 석 자가 보이지 않는 순간 얼굴은 창백해지고 정신은 혼미해져만 갔습니다.

정신을 차리고 점수를 검색해본 순간 커다란 망치가 머리를 내려치는 듯한 고통에 빠져들었습니다.

회계학 1부 과락, 회계학 2부 84점, 또다시 인고에 1년을 기약해야 한단 말인가…?

만감이 교차하면서도 마음 한구석에 가족에 대한 그리움과 미안함이 엄습해 왔습니다.

퇴근 후 조용히 도서관을 찾아 오늘의 실패를 복귀해보기로 하고 실패에 원인을 조목조목 짚어 보았습니다.

역시 세무사시험은 일반인이 손쉽게 준비하는 운전면허시험이 아니라는 점과 준비되지 않은 자는 결코 합격을 허락하지 않는다는 명백한 진실을 깨닫게 되었습니다.

(5) 2009.11~2010.2 : 실패는 성공의 어머니

실패를 거울삼아 나 자신을 더더욱 채찍질하기로 마음을 다잡고 또다시 도서관 문을 두드렸습니다.

이제는 수험생활 초기와는 다른 방법으로 공부하기로 하였습니다.

모든 문제는 시간을 정해놓고 정해진 시간 내에서 해결하도록 하였고, 기본예제를 중심으로 기본에 충실하도록 공부패턴을 바꾸었습니다.

또한, 전 범위에서 출제된다는 마음으로 어느 한 단원도 건너뛰지 않는 농구경기에서의 전면강압 수비 전법을 구사하기로 하였습니다.

또한, 시험일에 다가올수록 스트레스와 체력의 한계를 극복하기 위해 체력단련도 수험과목의 일부로 생각하고 체력훈련도 게을리하지 않았습니다.

(6) 2010.3~2010.4 : 새로운 고통을 감내하며

2010년 2월 정기 인사철이 돌아왔습니다.

가족들에게는 미안하지만, 가족과 1년 더 떨어져 수험생활을 하기로 마음먹고 이제는 물러설 수 없는 1번의 기회를 움켜잡기 위하여 강원도 원주에 잔류를 신청하였습니다.

처음 시작할 때보다는 수험생활에 적응되어 신체적 컨디션이 좋아졌고 학습효과도 훨씬 좋았습니다.

다만, 재무회계의 변화된 회계기준에 대한 시험대비가 변수로 다가왔고, 각종 중급회계 수험서 저자들마다 미묘한 차이가 있어 수험생입장에서는 혼란스럽기까지 하였습니다.

수험서마다 미묘한 차이는 추후 학원 모의고사반에서 수강하면서 해결하기로 하고 회계학 1, 2부 전 분야를 한 분야도 건너뛰는 법 없이 차근차근 공부하였습니다.

(7) 2010.5~2010.8 : 영광의 그날을 위하여

2010.5월 다시 주말 학원모의고사반에 수강을 신청하고는 시간배분부터 문제 푸는 순서 등 매회를 실전과 동일한 마음가짐으로 임했습니다.

매회 시험결과가 게시판에 게시될 때마다 합격할 수 있다는 희망과 자신감은 날로 더해만 갔고 작년에 비하여 실력과 시험문제를 해결하는 테크닉이 달라졌다는 것을 스스로 느낄 수가 있었습니다.

오히려 모의고사반에서 시험을 치르면서 선·후배, 동료 수험생들과 수험생활에 대한 대화를 통하여 수험생활의 괴로움과 스트레스를 이겨낼 수 있는 계기로 삼았습니다. 아니 모의고사시간을 즐겼습니다.

매회 모의고사를 치르는 동안 매 과목마다 과락에 대한 무서움을 인식하고 계산실수나 문제의 요구사항을 잘못 이해하는 누를 범하지 않도록 특히 신경을 곤두세우며 문제를 풀었습니다.

2010.8.8 수험장인 여의도 윤중중학교로 향하는 발걸음은 작년과는 사뭇 달라져 있음을 스스로 느낄 수가 있었습니다.

고사장에 앉아 1교시 시작을 기다리는 동안에도 전혀 떨림이 없이 차분함 그 자체였습니다.

1교시가 시작되고 2교시를 치루고 고사장을 나서는 발걸음은 한결 가벼웠으나, 한편으로는 지금까지 걸어온 인고의 세월을 생각하니 오히려 허탈하다는 생각마저 들었습니다.

(8) 구체적인 2차 과목별 수험준비

1) 회계학 1부

국세청근무 수많은 수험생이 합격의 성패가 달린 과목이다 라고 먼저 걸어간 선배님들로부터 손쉽게 들을 수 있는 과목이었습니다.

수험생활 중 가장 많은 시간을 할애하여 기본서를 중심으로 각 단원별 토씨 하나도 놓치지 않고 꼼꼼히 공부했습니다.

더군다나 작년에 과락이라는 쓰디쓴 고배를 마셨기에 더더욱 기본에 충실하고 어느 한 단원도 스킵하지 않았습니다.

5회독 이상 기본서를 본 후 시중에 출간된 거의 모든 재무회계 2차 연습문제지를 1회 이상 풀어보았습니다.

원가관리회계는 원가100선(임태종 저)을 연습서로 선택하여 기본원리위주로 문제에 접근하였고 문제해결방법에 학원모의고사도 많은 도움이 되었습니다.

역시 원가 및 관리분야 어느 한 단원도 스킵하지 않고 다만 관리분야인 의사결정분야에 비중을 좀 더 두고 학습하였습니다.

2) 회계학 2부

국세청 근무경력자로서 회계학 1부에 비하여 상대적으로 시간비중을 적게 할애하고 학습하였습니다.

하지만, 실무경험은 문제해설을 이해하는 데 도움이 될지언정 세무사시험문제에서 득점으로 연결하는 데는 오히려 독으로 작용한 것 같았습니다.

예를 들어 실무에서는 금액의 많고 적음이 가장 중요한데 시험에서 금액의 많고 적음이 아니라 출제자의 의도에 따라 원 단위까지 정확하게 계산을 요구한다는 점입니다.

각론에서 법인세와 부가가치세분야는 문제를 해결하고 이해하는데 커다란 어려움이 없었으나 소득세분야는 열거주의에 따른 다양한 소득에 대한 소득분류에 상대적으로 많이 힘들었고 많은 시간도 할애 되었습니다.

🅰 **정소희**　저는 대부분의 과목을 암기보단 이해 위주로 공부했습니다. 이해만 잘 되면 암기는 자연스럽게 된다고 생각했기 때문입니다. 물론 시험 막판에는 전체적인 내용을 암기하는 데 주력했지만, 그 외에는 거의 내용 이해에 중점을 두었습니다.

수험정보는 주로 '예비세무사의 샘' 카페에서 얻었습니다. 처음 공부를 시작하시는 분들은 카페가 좋은 정보의 장이 될 것입니다.

(1) 1차시험

1) 2009년 3월

처음 공부를 시작할 때에는 무엇을 어떻게 해야 하는지 잘 모르고 무작정 회계원리와 미시경제학부터 시작했습니다. 독서실에서 오전 9시부터 1시까지는 인강을 듣고 2시부터 12시까지는 복습을 했습니다. 두 과목 모두 후에 중급회계, 원가관리회계, 재정학의 기본이 될 것들이라 꼼꼼히 공부를 했습니다. 회계원리는 책에 있는 문제들도 하나씩 풀어가면서 이해했습니다.

2) 2009년 4~6월

이 기간에는 회계원리를 마치고 중급회계와 원가관리회계를 공부했습니다. 기본강의는 학원에 가지 않고 독서실에서 인강을 들었습니다. 세법은 중급회계 공부 후에 하는 것이 좋다고 하여 세법은 나중으로 미뤘습니다.

원가관리회계는 내용이 어렵지 않아 금방 이해할 수 있었습니다. 그러나 중급회계는 용어도 생소했고 이해도 잘 되지 않아 공부하는데 시간이 오래 걸렸습니다. 강의를 들은 후 기본서를 읽으면서 예제문제들만 풀었습니다.

3) 2009년 7~9월

중급회계 후 바로 세법과 재정학 공부를 시작했습니다. 세법은 중급회계 이상으로 처음에 이해하는데 애를 먹었고, 방대한 암기량도 많은 부담이 되었습니다. 세법도 오전에 인강을 듣고 오후에는 기본서를 읽고 연습장에 대략적인 정리를 했습니다. 세법은 예제문제를 풀지 않고 기본서를 읽으면서 머릿속으로 정리하려고 노력했습니다.

그리고 중급회계와 원가관리회계는 기본서의 연습문제까지 풀며 세법 공부와 병행했습니다.

4) 2009년 10~11월

세법개론을 어느 정도 공부한 후에 학원에서 심화종합반을 들으려 했었습니다. 그러나 기본서 공부가 조금 부족하고, 세법학은 2차 때 하는 것이 좋다고 생각하여 세무회계만 인강을 듣고 공부했습니다. 세법개론 공부가 덜 된 상태에서 공부하여 이해가 잘 안되어 스트레스를 많이 받았으나 지금 하지 않으면 나중에 공부할 시간이 부족할 것이라 생각되어 한 문제씩 천천히 풀어나갔습니다.

5) 2009년 12월

세무회계를 계속 하면서 상법을 시작했습니다. 상법은 회계사 시험과 달리 회사법만 공부하면 되었기에 상대적으로 부담이 적었습니다.

6) 2010년 1~4월

전 과목 기본강의를 다 듣고 공부한 후 객관식 종합반을 수강했습니다. 종합반 스케줄을 따라 공부계획을 세웠고, 매주 보는 모의고사로 실력을 체크해 나갔습니다. 오전 9시부터 오후 1시까지 수업을 듣고, 학원자습실에서 2시부터 6~7시까지 복습한 후에 집에 와서 부족한 과목을 따로 공부했습니다.

그리고 4월에는 전국모의고사를 3번 정도 보며 정리를 해나갔습니다. 전국모의고사를 일주일에 1번 정도 봤는데, 매주 마다 최저점을 받은 과목이 달라 막판에 한 과목도 긴장을 놓지 않고 공부할 수 있었습니다.

(2) 2차시험

1) 2010년 5~6월

1차시험 합격 후에 한 주일 정도 휴식을 취한 후에 동차종합반을 수강했습니다. 객관식 종합반 때와 마찬가지로 오전 9시부터 오후 1시까지 수업 후 자습실에서 2시부터 8시까지 복습 후에 집에 와서 휴식하고 부족한 과목을 잠깐 정리한 후 12시쯤 잠자리에 들었습니다. 동차종합반 때는 오후 수업도 많아 수업을 따라가기도 힘들었고, 매주 보는 모의고사에서도 등수가 좋지 않아 스트레스를 많이 받았으나 긴장을 풀지 않고 공부할 수 있어서 좋았습니다.

2) 2010년 7월

종합반이 끝난 후에 학원 주변에서 공부하는 것이 좋다고 생각되어 학원 독서실을 끊었습니다. 매일 오전 9시부터 회계학 1부, 회계학 2부, 세법학 1, 2부 순서로 저녁 11시까지 공부를 했습니다.

회계학은 1차시험 전부터 준비해서 공부하는데 어렵지 않았으나 세법학은 처음 접하는 과목이고 종합반 때도 수업을 잘 못 따라가서 과락을 걱정했습니다. 그래서 시험 2주 전부터 일주일 동안은 거의 하루 종일 세법학을 암기하는 데 주력했습니다.

과목별 준비요령은 다음과 같습니다.

① 1차시험

㉠ 회계학(67.5점)

회계학 공부의 핵심은 이해라고 생각합니다. 세법이나 상법은 암기가 중요하지만, 회계학은 기본적인 내용을 응용하여 문제에 적용할 줄 알아야 하기 때문에 이해하는 것이 중요합니다.그래서 기본서의 내용을 꼼꼼히 읽어보고 문제에 적용해보기 위해 예제문제, 연습문제를 꼭 풀었습니다. 객관식 공부를 시작하기 전에 예제, 연습문제까지 풀었던 것이 2차 공부를 할 때에도 이점이 되었습니다.

그리고 회계학은 단원별로 연계성이 있다고 생각되어 전지에 각각의 단원들을 마인드맵으로 키워드만 표시한 후 각각 연계되는 부분들을 화살표로 이어 큰 그림을 그려 벽에 붙여놓고 수시로 보며 머릿속으로 그림을 그려나갔습니다.

객관식 공부를 할 때에는 객관식 문제집과 기출문제를 풀면서 말문제는 기본서에 형광펜으로 표시해 두어 자주 읽었습니다. 계산문제는 여러 문제를 풀기보다는 틀린 문제 위주로 여러 번 반복하여 풀었습니다.

㉡ 세법(70점)

세법은 처음 1, 2회독 때에는 내용을 이해하는 데 주력했습니다. 처음에는 내용을 이해하는 것도 어려웠습니다. 그러나 계속 반복하다 보면 어느샌가 이해도 되고 암기도 빠르게 할 수 있었습니다. 세법개론을 어느 정도 이해한다고 생각된다면 2차 공부 전에 세무회계를 공부해보시는 것이 좋다고 생각됩니다. 세법개론에서 이해한 내용을 세무회계 문제에 적용해 보면서 내용암기도 되고 객관식 문제에서 계산문제를 조금 빠르게 접근할 수 있습니다.

그리고 세법은 양이 많아 간혹 1차시험 전에 법인세와 소득세를 스킵하는 경우도 있습니다. 그러나 스킵한 부분은 2차 때 2배 이상의 공부량으로 돌아옵니다. 그러니 부담되더라도 스킵하는 부분 없이 공부하시는 것이 좋습니다. 기타세법 부분은 점수를 확보하기 아주 좋은 부분입니다. 그러니 기타세법은 꼼꼼히 구석진 부분까지 암기해야 합니다.

객관식 공부를 할 때에는 문제풀이도 많이 했지만 말문제가 많이 나오기 때문에 학원 선생님이 만드신 워크북과 서머리를 수없이 반복하며 외웠습니다.

㉢ 재정학(87.5점)

재정학은 다른 과목과 달리 기본강의를 들으면서 서브노트를 상세히 작성했습니다. 작성하는데 시간은 좀 오래 걸렸으나 1차시험 직전에는 서브노트 하나만으로 빠르게 1

회독을 할 수 있어 오히려 많은 도움이 되었습니다. 기본서의 내용을 간략하게 적은 후 객관식 강의를 들으면서 추가로 내용을 덧붙여 나갔습니다. 그리고 틀린문제 오답도 서브노트에 정리해 노트 한권으로 모든 공부를 할 수 있었습니다.

재정학은 말문제와 계산문제가 골고루 출제되어 모두 대비를 해야 합니다. 개인적으로 기본서의 각 단원별 뒤의 문제들을 여러 번 반복하면서 풀고 마지막에 전국 모의고사와 기출문제로 정리를 하면 충분하다고 생각합니다.

㉣ 상법(85점)

상법은 다른 과목에 비해 공부 범위가 작아 투입대비 산출이 큰 과목입니다. 저는 처음엔 기본강의를 들은 후에 기본서를 읽고 상법전을 정리하면서 기본서 뒤의 문제를 풀기를 반복했습니다. 1차시험 2달 전부터는 모의고사집을 풀면서 자주 나오는 판례를 암기했습니다.

상법은 법전과 판례만 확실히 암기하면 고득점을 할 수 있는 과목입니다. 법전은 ox 위주로 공부를 하고, 판례는 모의고사를 여러 번 풀면서 객관식 지문에 나와 있는 내용을 암기했습니다. 특히 잘 안 외워지는 문구는 포스트잇에 따로 적어 독서실 벽이나 집의 구석구석에 붙여놓고 수시로 외웠습니다.

② 2차시험

㉠ 회계학 1부(68점)

회계학 1부는 1차시험의 회계학과 내용이 같기 때문에 1차 때 스킵없이 공부하셨다면 2차 때 부담이 가장 적은 과목입니다. 저는 2차 연습서를 여러 번 풀면서 잘 모르는 부분은 기본서를 찾아보며 공부를 했습니다.

2차시험은 한 문제당 배점이 20~30점이므로 한 문제 한 문제를 실수없이 푸는 것이 중요합니다. 그래서 문제를 풀고서 검토를 꼭 했습니다. 실제 시험장에서도 검토를 여러 번 해서 함정을 피할 수 있었습니다.

㉡ 회계학 2부(53점)

세무회계는 무엇보다도 반복이 최선인 과목입니다. 복잡한 세무조정이 많고, 시험장에서는 시간이 부족하기 때문에 생각할 시간을 줄이기 위해 문제를 여러 번 풀어 몸에 익혀놔야 합니다. 이론은 1차 때 성실히 공부했다면 이해하는데 어렵지 않습니다. 그러나 직접 문제에 적용하는 것은 1차 때 해보지 않은 부분이라 처음에는 복잡할 수 있습니다. 그래서 세무회계 기본서를 반복해서 풀어봐야 합니다. 여러 번 풀다보면 틀리는 문제가 일정하게 나오게 되고, 후에는 틀린 문제 위주로 공부를 하면 될 것입니다.

그리고 소득세와 부가가치세의 경우는 종합문제로도 많이 나오기 때문에 세무회계 기본서를 3번 정도 본 후에는 종합문제집도 풀었습니다. 법인세도 풀면 좋겠지만 동차 때는 시간이 부족하기 때문에 소득세와 부가가치세만 해도 충분할 것입니다.

ⓒ 세법학 1부, 2부(1부 : 54점, 2부 : 53점)

세법학의 핵심은 암기입니다. 전체 내용을 암기해서 목차를 잡을 수 있어야 합니다. 저는 처음 공부를 시작했을 때에는 암기를 어느 정도 해야 하는지 감을 잡지 못했었습니다. 그래서 요약집의 내용 전체를 거의 비슷하게 암기하려 했었습니다. 그러나 그렇게 암기를 하는 것은 동차기간동안 불가능해 보였고 종합반 기간 내내 모의고사에서 하위권을 맴돌았습니다.

종합반이 끝난 후에 세법학을 다시 처음부터 하자는 생각으로 암기를 했습니다. 목차는 요약집과 특강 자료를 토대로 외운 후에 그 안의 내용은 책을 보고 똑같이 외운다기보다는 스스로 만들어가려고 노력했습니다. 직접 쓰면서 하면 더 좋았겠지만 시간이 없어서 많이 써보지는 못했습니다.

세법학 1부는 사례형 문제도 많이 나오기 때문에 판례와 다수설의 내용도 외웠습니다. 그러나 암기량이 너무 많아서 법령위주로 외우고 판례와 다수설은 중요도가 높은 몇 가지만 뽑아서 외웠습니다.

세법학 2부에서 개별소비세와 지방세는 함께 공부하던 언니가 종이 한 장에 요약한 자료를 주어 그것을 외웠습니다. 개별소비세와 지방세는 내용이 적어 앞글자를 따거나 키워드만 뽑아 요약한 자료를 만들어 외우는 것이 도움이 많이 되었습니다. 조세특례제한법은 중요한 규정을 20개 정도 뽑아서 외우려 했으나 범위가 워낙 넓어서 제대로 외우질 못했습니다. 그러나 시험장에서 그 20개 내에서 문제가 나와 제대로 외우지 않은 것을 후회했습니다. 조세특례제한법은 양이 많아도 포기하지 않고 하는데 까지 최선을 다해 암기하길 바랍니다.

3. 1, 2차 수험기간 동안 Group Study는 어떻게 이루어졌으며 실전 시험에는 어느 정도의 효과가 있었습니까?

Ⓐ **신상수** 수험준비를 하면서 Group Study는 하지 않았습니다

Ⓐ **정소희** 혼자 공부하는 습관이 있어서 수험기간 동안 스터디는 따로 하지 않았습니다. 그러나 나중에는 혼자 공부하기가 힘들어 2차 기간에는 학원에서 같이 공부하던 언니, 오빠와 독서실에서 함께 공부했습니다. 그리고 세법학을 잘 외우지 못해 시험 3주 전부터는 밥 먹으러 이동하는 동안 세법학 목차 따기를 했습니다. 그렇게 외운 것이 시험장

에서는 많은 도움이 되었습니다.

스터디가 효과가 있느냐 없느냐는 개인차가 있는 것 같습니다. 다만 혼자 공부하기가 외롭거나 공부방향을 정하지 못하는 분들은 같이 공부하는 사람들을 만나서 함께 하는 것도 좋다고 생각합니다.

4. 최근 1, 2차시험과목별 출제경향과 수험대책은 어떤 것이 있습니까?

신상수

(1) 최근 출제경향 및 대비책

작년과 금년에 시험을 치르면서 수험생으로서 느낀 점은 최근 출제경향은 어느 한 분야를 단편적으로 물어보는 것이 아니라 여러 분야를 함께 아우르는 복합적인 문제로 출제되고 있다는 점입니다. 따라서 절대로 문제의 패턴을 외우거나 또는 문제풀이법만을 통한 공부 방법은 결코 바람직한 수험공부방법이 아닌듯합니다

반드시 기본서를 충실히 이해하고 암기를 통한 기본서 숙달방법은 권하고 싶지 않습니다.

기본서에 충실하고 완벽한 원리이해가 다양화되는 문제출제경향에 대비하는 가장 좋은 수험대비책이라고 생각합니다.

기본서의 내용을 충실하게 이해하였다면 다양한 문제지를 시간을 미리 설정하여 두고 시간 내에서 해결하는 숙달의 과정이 반드시 필요합니다.

실전에서는 시간과의 싸움이며, 시간배분에 실패하면 합격의 순간도 멀어진다는 평범한 진리를 명심하시면 좋겠습니다.

모든 과목을 매일 매일 공부하십시오

단 몇 분이라도 매일 매 과목을 공부하지 않으면 벌써 감이 떨어진다는 것을 피부로 즉감할 것입니다.

(2) 47회 과목별 출제 경향

첫째시간에 치른 회계학1부 재무회계는 평이한 듯 하였으나 쉽게 접근하였다가는 출제자의 의도에 빠지기 쉽게 출제되었고, 원가관리는 예년과 달리 의사결정문제로 두 문제를 구성하여 출제되었습니다.

마지막 4번 포아송분포도 문제는 긴 지문과 처음접하는 문제여서 결국 포기하고 다른 문제에 남은시간을 할애하였습니다.

둘째시간에 치른 회계학2부는 법인세분야가 상당히 난이도있게 출제되었으나, 소득과 부가분야는 상대적으로 평이하였습니다.

10분 정도 시간이 남아 법인분야에 남은 시간을 할애 하였으나 생각보다는 점수가 나오지 않았던 것 같습니다

A **정소희** 개인적으로 영어공부와 1차시험공부를 병행하는 것은 힘들다고 생각합니다. 토익은 1차시험 전에 넘겨놓는 것이 수험기간 동안에 영어에 대한 부담을 줄일 수 있습니다.

수험생들은 매년 응시자수 변화에 따라 시험 난이도에 대한 얘기를 많이 합니다. 그러나 응시자수가 많다고 하여 시험이 어렵게 나오거나, 응시자수가 적다고 하여 시험이 쉽게 나오거나 하는 관계는 없다고 생각합니다. 따라서 응시자수에 관계없이 자기가 하던 방향으로 공부하는 것이 최선입니다. 매년 1차, 2차시험에서 예상문제보다는 예상하지 못했던 문제들이 많이 출제됩니다. 그것은 공부할 때 스킵하는 부분이 없어야 한다는 뜻입니다. 조금 부담이 되더라도 스킵없이 공부하는 것이 수험생 입장에서도 마음이 편할 것입니다.

회계를 공부하는 과정에서 고급회계를 공부해야 하는지 말 것인지가 고민이 되었습니다. 그것은 개인의 공부 진도에 따라 결정해야 한다고 생각합니다. 저는 고급회계를 다 보진 않고, 학원 선생님이 뽑아주신 연결 등의 일부분만 공부를 했습니다. 특히 앞으로는 고급회계가 시험에 나올 가능성이 높다고 생각됩니다.

🎤 5. 수험생활 중에 본 1, 2차 각 과목별 도서목록을 정리해 주시면 고맙겠습니다.

Q 1·2차 공부를 하시면서 보았던 기본서와 참고서, 문제집 과목별 정리

A **신상수**

(1) 회계학1부
- 기본서
  중급회계(상, 하)(김영덕 저), 원가관리회계(임세진 저)
  세무사 고급회계(이만우, 신현걸, 최창규, 김현식 저)
- 심화학습
  세무사2차 재무회계연습(김재호 저), 실전재무회계연습(이배식 저)
  세무사2차 재무회계연습(신현걸, 최창규, 김현식 저)
  원가관리회계100선(임태종 저), 세무사원가관리회계연습(김용남 저)

(2) 회계학2부
- 기본서 : 세무회계연습(강경태 저)
- 심화학습 : 세무회계연습(이철재 저), 학원모의고사종합문제

A 정소희

(1) 1차시험
- 중급회계 : 김기동 중급회계, 이배식 객관식 재무회계
- 원가관리회계 : 임세진 원가관리회계, 이승근 객관식 원가관리회계
- 세법 : 강경태 세법개론, 강경태 객관식 세법
  강경태 세법강의 summury(법인세), 정우승 세법워크북(소득세, 부가가치세)
- 재정학 : 정병렬 재정학연습
- 상법 : 김혁붕 세무사 상법, 이상수 CTA 상법전, 윤승욱 모의고사

(2) 2차시험
- 회계학 1부 : 이배식 재무회계연습, 이승근 원가관리회계
- 회계학 2부 : 강경태 세무회계연습, 이철재 세무회계 종합문제집
  강경태 세법강의 summury(법인세),
  정우승 세법워크북(소득세, 부가가치세)
- 세법학 1부, 2부 : 정연대 파이널 세법학, 유은종 퍼펙트 세법학

6. 수험생입장에서 구하기 어려웠다거나 보강되었으면 하는 특정 과목이나 내용의 수험서가 있습니까?

A **신상수** 시중에 많은 수험서들이 출간되어 특별히 어려운 점은 없었습니다

A **정소희** 2차 공부를 하는 동안 2차 기출문제를 구할 수 없어서 답답한 점이 많았습니다. 수험생이나 공부를 시작하려는 분들의 입장에서 2차 기출문제 공개를 하루 빨리 이루어져야 한다고 생각합니다.

7. 수험공부 시 학원 강의, 인터넷강의, 강의tape 중 이용도 측면에서 어떤 방법을 선호했습니까?

A **신상수** 처음 기본서를 이해할 때에는 인터넷강의를 통하여 준비하였고 문제풀이 등

심화학습시에는 교재를 중심으로 다른 매체의 도움없이 혼자 준비하였습니다

다만 수험당일 2, 3개월 전에는 학원모의고사반을 통하여 제한된 시간내에서 실전과 같이 문제풀이능력을 향상시켰습니다.

Ⓐ **정소희** 각각의 방법은 모두 장단점을 갖고 있는 것 같습니다. 인터넷강의는 이동시간을 줄이고 경제적 부담이 적은 반면, 학원강의보다 집중도가 떨어지고 자칫 잘못하면 강의가 밀릴 수 있습니다. 반면 학원강의는 정해진 커리큘럼을 따라가고 바로 앞에서 선생님을 보며 수업을 듣기 때문에 긴장하여 집중해서 수업을 들을 수 있지만, 집이 먼 사람들에게는 긴 이동시간이 불편할 수 있습니다.

저는 처음에는 학원과 집이 멀어 독서실에서 인강을 들었습니다. 그러나 시험 직전에는 강의에 좀 더 집중하고, 모의고사도 보고, 학원선생님께 질문할 것도 많아서 학원에서 수업을 들었습니다. 저는 인터넷강의보다는 학원강의가 더 좋았으나 이동시간이 길어 체력적으로는 조금 힘들었습니다.

🎤 8. 수험생활 중 애로사항과 본인만의 스트레스 해소방법은?

Ⓐ **신상수**

(1) 체력적인 측면

부모님으로부터 건강한 육체를 물려받은 것을 가장 큰 축복으로 생각하며 담배는 전혀 피우지 않았고 술은 잘하거나 즐기지는 않았지만 수험생활을 시작하며 일절 하지 아니했습니다.

항상 매일 새벽5시에 기상하여 체력단련을 1시간씩 규칙적으로 했던 것이 건강을 유지하는 방법이었던 것 같습니다.

(2) 정신적인 측면

가족들과 떨어져서 수험생활과 직장생활을 병행하다보니 가족들에 대한 그리움과 외로움이 가슴 깊숙이 찾아들었고, 46회 시험실패에 대한 정신적 스트레스로 심적 고통이 컸지만 같이 수험생활을 하는 동료, 선·후배 수험생들과 수험생활에 대한 대화를 통하여 정신적 강박관념을 해소 하였고 가족들에 대한 그리움과 외로움은 선배세무사님들의 합격수기를 꺼내들고 가벼운 마음으로 읽어가며 하루 빨리 수험생활을 마무리 하겠다며 마음을 다잡았습니다.

A **정소희** 저는 비전공자이고 처음에는 학원을 가지 않았기 때문에 주변에 같이 공부하는 사람들 만나지 못했습니다. 그러면서 처음 시작하는 공부에 방향을 잡지 못하고 매일 혼자 생활하였기 때문에 외로움도 많이 느꼈습니다. 그러나 학원을 간 후부터는 함께 공부하는 사람들을 만나 애로사항을 해결할 수 있었습니다.

또 공부하는 과정에서 엄청난 공부량과 언제 끝날지 모르는 수험기간으로 많은 스트레스를 받았습니다. 그럴 때는 남자친구와 전화를 하거나 친구들을 잠깐 만났습니다. 그리고 힘들 때에는 집에 와서 티비를 보거나 근처 공원을 산책하기도 했습니다.

그리고 스트레스와 운동부족으로 건강이 많이 악화되었습니다. 그래서 수험기간 내내 집 근처 한의원에서 한약을 먹었습니다.

9. 영어시험대체제도가 시행됨에 따른 어려웠던 점?

A **신상수** 경력자 1차 면제됨

A **정소희** 작년부터 영어시험이 토익으로 대체되었습니다. 1차시험 전에 토익을 먼저 해야 한다는 것은 부담이 되나 긍정적으로 보면 1차시험과목에 영어가 포함되어 있는 것보다 나을 수도 있다는 생각도 듭니다.

영어는 하나의 언어이지만 토익은 몇 가지 요령만 익히면 어느 정도의 점수는 얻을 수 있다고 생각합니다. 그래서 저는 문법책이나 독해책을 따로 보지 않고, 모의고사집을 사서 일주일에 2~3번 정도 모의고사를 보며 단어를 외웠습니다. 듣기는 질문에서 힌트를 얻는 연습을 했고, 독해는 지문을 대략적으로 읽으면서 키워드만 뽑아내는 연습을 했습니다. 처음에는 500점대 정도의 점수가 나왔으나 모의고사를 반복적으로 풀어 2달 안에 700점대의 점수를 얻을 수 있었습니다.

10. 월간회계에 신설 또는 게재하였으면 하는 내용은?

A **신상수** 대학가의 최근 중간, 기말시험에 출제된 문제들을 수집, 게재하여주시면 교수님들의 출제경향들을 파악하는 데 수험생들에게 많은 도움이 될 듯합니다.

A **정소희** 공부를 처음 시작하는 사람은 누구나 동차를 생각할 것입니다. 저도 처음부터 동차를 다짐하고 공부를 시작했습니다. 동차를 하기 위해서는 공부 방향을 잘 잡아야 한다고 생각해 여러 동차생들의 합격수기를 찾아봤습니다. 그러나 동차생들 중에는 3차생이나 5차생이 많아 생동차생들에 관한 자료는 많이 얻지 못했습니다. 합격수기나 인터뷰, 공부방법 등에 관한 자료에 생동차생에 관한 자료가 따로 나온다면 수험생들에게 많

은 도움이 될 것이라고 생각합니다.

 11. 수험생들에게 당부하고 싶은 말

A 신상수

(1) 자신의 능력을 폄하하지 마십시오.

"나는 나이가 있어서, 또는 나는 머리가 좀 …" 등등 여러 가지 사족을 달아가며 자기 자신의 능력을 폄하하지 않았으면 합니다

나이는 결코 숫자에 불과 할 뿐이고 머리는 쓰기 나름인 것 같습니다.

(2) 늦었다고 생각하는 지금이 가장 빠른 시간입니다.

이제나 저제나 현실과 타협하며 수험생활 시작의 시점만을 저울질하는 선, 후배님들에게 지금 이 순간이 가장 빠른 시간이라고 전하고 싶습니다.

결코 시간은 선, 후배님들을 위하여 기다려 주지 않는 다는 평범한 진리를 명심하시기 바랍니다.

시계는 돈을 주고 살 수있지만 시간은 돈을 주고 살 수 없습니다.

(3) 꾸준함이 합격의 비결입니다

"하루가 무너지면 이틀이 무너진다"는 생각으로 모든 생활을 단순화하여 책과 함께하였습니다.

업무상 필연적으로 가질수 밖에 없는 직장동료들과의 회식자리에도 참석후 도서관에서 퇴실시까지 단 몇분이라도 책과 씨름하였습니다.

(4) 항상 기본에 충실하십시오

각 과목별 기본교재를 선택한 후 기본교재에 서술된 이론부분을 완벽할 정도로 원리를 이해 하려 했으며, 기본예제를 통하여 이론부분에 대한 이해정도를 체크하고 출제자 입장에서 나름대로의 기본문제도 구성해보는 습관을 가졌습니다.

(5) 시간 관리는 합격의 성패를 좌우합니다.

수험시간은 각 과목별로 90분에 지나지 않기 때문에 제한된 시간 안에 알고 있는 지식을 얼마나 잘 표현하느냐 하는 것이 화두이기에 모든 문제풀이는 제한된 시간을 정해두고 풀었습니다.

(6) 나는 문제를 출제하는 출제자가 아님을 명심하십시오

각 과목별로 공부해야 할 단원이 많은 관계로 난이도가 있고, 하기 싫은 단원에서는 내가 출제자인 양 출제되지 않을 것이라고 속단하고 단원을 건너뛰는 그런 누를 절대 범하지 않았습니다.

설령 어렵고 하기 싫은 단원이 있어도 기본이라도 맞추겠다는 심정으로 모든 단원을 이해해 보려고 노력하였습니다.

A **정소희** 공부를 하다보면 많은 좌절을 경험하게 됩니다. 그럴 때마다 포기를 생각하기도 합니다. 그러나 최선을 다한다면 누구나 좋은 결과를 얻을 수 있습니다. 긍정적으로 생각하면 정말 긍정적인 결과가 나옵니다. 저는 공부하다가 힘이 들 때는 눈을 감고 합격한 후의 행복한 미래를 생각했습니다. 그리고 꼭 그렇게 되리라 수없이 다짐했고, 유예는 생각하지 않으려 애썼습니다.

그리고 공부하는 동안 건강관리에 신경써주시길 바랍니다. 많은 수험생들이 스트레스와 운동부족으로 건강이 악화됩니다. 저도 건강관리를 잘 하지 못해 위염이 걸리는 등 많은 고생을 했습니다. 건강이 좋으면 공부도 2배 이상으로 열심히 할 수 있을 것입니다.

마지막으로 자기만의 공부방법을 찾으시길 바랍니다. 다른 사람들의 조언을 듣는 것도 좋지만 무작정 따라하기보다는 자신에게 맞는 부분만을 걸러서 듣고 참조하시길 바랍니다. 모두 노력하셔서 좋은 결과를 얻기를 바랍니다.

12. 앞으로의 계획과 하고 싶은 말은?

A **신상수**

(1) 앞으로의 계획

제 실무 경력 중 대부분을 차지하는 법인업무와 조사업무를 경험삼아 합법적인 법인의 절세방안이나 또는 법인조사에 따른 합리적인 대응방안 등 회계법인, 세무법인에 몸담고 싶습니다.

(2) 고마움을 전하며

마지막으로 서신으로 고마움을 표현하기에는 부족함이 많지만 수험기간동안 물심양면으로 도와주신 고마운 분들께 글로나마 고마움을 전합니다.

저를 믿고 묵묵히 자신의 위치에서 최선을 다해준 가족들에게 가장 먼저 고맙다는 말을 전하고 싶고, 오늘 이 순간이 있도록 마음을 다잡아준 직장동료 수원세무서 법인세과

김혜령 조사관에게 고마움을 표하고 싶습니다.

항상 공부할 수 있도록 마음으로 응원해주신 전 원주세무서 김정배서장님, 현 원주세무서 이승수서장님, 원주세무서 납세자보호담당관 유청자과장님과 우리 원주세무서 민원실 직원 여러분들에게 가슴 저미도록 고마움을 느낍니다.

저에게 이 험난한 수험생활의 시작의 계기를 제공하게 되어 마음의 짐을 한껏 지고 있을 후배에게도 이제는 무겁디 무거운 마음의 짐을 내려 놓아달라고 조심스럽게 전하고 싶습니다.

꽃망울도 피우지 못하고 헤어져야 했던 중부청 조사국 같은 반 직원동료들에게 지어주었던 씻을 수 없는 마음의 멍에를 이제야 조금이나마 마음으로 청산할 수 있어 다행으로 생각합니다.

오늘 이 합격의 순간을 아쉽게 함께하지 못한 선,후배 수험생님들에게 안타까움을 전하며, 꿈은 이루어진다는 진리 아닌 진실을 믿고 돌아오는 48회에는 꼭 합격이라는 합격호에 승선할 것을 기원하겠습니다.

A 정소희 이제 책상 앞에서 일어나 새로운 시작을 한다는 생각이 듭니다. 학교도 다시 가야하고 해야 할 것, 하고 싶은 것들이 너무 많습니다. 앞으로 무슨 일을 하든지 수험기간 동안의 일은 인생에 좋은 경험이 될 것 같습니다. 세무사로서 저의 분야에서 훌륭한 전문가가 되고 싶습니다.

그리고 공부하는 동안 너무나 많은 분들의 도움을 받았습니다. 우선 항상 따듯하게 안아주고 기도해준 부모님, 많은 조언을 주었던 언니 감사합니다. 그리고 힘들 때마다 자신감을 불어넣어준 덕혁 오빠, 항상 응원해준 지혜, 연정이, 희선이에게도 고맙다고 인사하고 싶습니다.

또 좋은 강의를 해주신 김기동 선생님, 이배식 선생님, 임세진 선생님, 이승근 선생님, 강경태 선생님, 정우승 선생님, 정연대 선생님, 김판기 선생님, 김혁붕 선생님 감사합니다. 많은 조언을 해주셔서 큰 도움이 되었습니다.

그리고 아플 때마다 도와주신 한의원 선생님, 간호사 선생님 감사합니다. 몸이 아픈 것뿐만 아니라 스트레스 받을 때도 정신적으로 도와주셔서 많은 도움이 되었습니다.

마지막으로 공부하는 동안 많이 이끌어준 희성언니, 영훈 오빠 감사합니다. 함께 공부하던 윤정 언니, 소영 언니, 다혜 언니도 감사합니다. 모두 다 앞으로 하는 일 다 잘되길 응원할게요.

2009년 제46회 세무사시험

최고득점·최연소 합격자 인터뷰

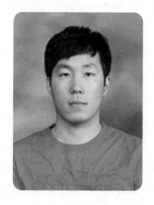

 이 재 민
1983년 6월 3일 출생
서대전고등학교 졸업
충남대학교 회계학과
2009년 제46회 세무사자격 제2차시험
최고득점 합격자

 이 종 창
1989년 1월 5일 출생
청원고등학교 졸업
카톨릭대학교 경영학부
2009년 제46회 세무사자격 제2차시험
최연소 합격자

1. 자기소개, 응시동기, 합격소감

A **이재민**　안녕하십니까? 저는 이번 46회 세무사 2차시험에 최고득점의 영예를 얻은 이재민입니다.

　제가 세무사시험에 응시하게 된 동기는 제 전공이 회계학이다 보니 대학신입생 시절부터 자연스럽게 학교 내 세무사, 회계사 합격 소식을 접하면서 저도 모르게 꿈을 키워왔던 것 같습니다. 군 제대 후 그 꿈에 대한 확신이 들어 공부를 시작하게 되었습니다.

　유예생활을 열심히 하면 시험장을 나서면서 내가 합격할 수 있겠구나 하는 느낌이 든다는 선배님들의 말이 있었습니다. 2차시험 후 합격자 발표까지 약 2달의 시간동안 시험 결과 생각에 얽매여 보내지 않으려면 시험을 잘 봐야겠다는 욕심이 있었습니다. 하지만 역대 최저 커트라인답게 시험장을 나서면서 합격여부를 감히 예상할 수 없었습니다. 그렇게 합격여부 조차도 의심하던 저에게 합격의 영광을 주셨고 또 최고득점이라는 연락까지 받아서 아직도 멍하고 심장이 두근거립니다. 그리고 무엇보다도 함께 고생한 주변 선배님들과 후배님들이 함께 합격하여서 더욱 기분이 좋습니다.

Ⓐ 이종창 안녕하세요. 저는 제46회 세무사자격시험 최연소 합격자 이종창이라고 합니다.
합격이라는 영광이라도 저에겐 과분한 결과인데, 최연소라는 영광까지 더해져 몸둘 바를 모르겠습니다.

10월 21일은 잊을 수 없는 날일 겁니다. 합격이라는 소식에 저를 끌어안아주셨던 아버지, 저를 자랑스럽게 바라보시던 할머니, 눈물을 훔치시던 어머니. 저 보다 더 고생하셨을 기간을 생각해보면 정말 못된 일을 해왔나 싶었습니다. 다행히 합격을 했기 때문에 이제는 부모님께 떳떳한 아들이 된 것 같습니다. 사랑합니다. 학창시절 내내 사고뭉치였기 때문에 마음고생이 심하셨을텐데, 끝까지 저를 믿어주셔서 감사합니다. 더 이상의 걱정거리는 끼치지 않을 것이고, 앞으로 부모님과 할머니께 효도하는 사람이 되겠습니다.

학교 도서관 열람실에서 회계원리 한권을 끼고 분개를 수없이 해왔던 시간이 얼마 지나지 않은 것 같았는데, 달력을 보니 시간이 벌써 1년이 훌쩍 지나간 것에, 이렇게 시간이 많이 흘렀나 하고 생각해봅니다. 수기를 쓰기 위해 저의 수험 생활을 돌아보는 계기를 갖게 되었는데 저 자신이 그동안 난생 처음으로 치열하게 공부를 해왔구나 생각이 듭니다.

지금 제가 쓰고 있는 합격수기가 세무사라는 직업에 도전하는 모든 분들께 얼마나 도움이 될진 잘 모르겠습니다만, 최소한 적은 도움이라도 되었으면 합니다.

🎙 2. 1·2차시험대비 수험대책으로 자신만의 효율적인 공부방법과 과목별 준비요령

Ⓐ 이재민

(1) 1차시험 준비기간

1) 2006년 1월 ~ 2007년 1차시험 전까지

2006년 새해를 맞이하면서 공부를 시작하게 되었습니다. 대학 1학년을 마치고 회계학과 전공 선택 후 바로 군대를 가서 회계에 대하여 아무것도 모르는 상태였고 학교생활도 병행해야했기 때문에 크게 욕심내지 않고 회계와 친해지려고 노력했습니다. 이제까지 공부와는 인연이 없던 저는 1000page가 넘는 중급회계 책을 보면서 이 공부를 해야 되는 게 옳은지 진지하게 고민 했던 게 수십 번이 넘습니다. 그럴 때마다 앞으로 먹고 살아갈 문제라는 생각으로 하루에 3~4페이지 정도라도 이해하면서 동영상강의를 통해 공부하였습니다. 그렇게 약 16개월 동안 중급회계, 원가회계, 법인세, 영어 공부만 하였던 것 같습니다. 그래서 2007년 1차시험에 응시하여 내년 1차시험합격을 다짐하며 공부한 것만 풀고 나왔습니다.

2) 2007년 4월 ~ 2007년 8월

중급회계 이후의 최고의 산이 세법이었습니다. 동영상강의를 통하여 공부했기 때문에 이해하는 데에는 큰 어려움이 없었으나 방대한 암기 분량이 문제였습니다. 이 기간에 가장 힘들었던 것은 세법을 공부하는 동안 회계를 보지 않는 실수를 하였습니다. 다시 중급회계를 공부하면서 다시 고생하였고, 머릿속에서 지워지고 다시보고를 몇 번 반복 후 하루에 일정시간은 회계 공부를 하도록 계획하고 실천하였습니다. 같은 내용을 한번이라도 반복하여 공부하기 위해 학교에서 수강하는 강의는 모두 세무사시험 관련과목(중급회계, 원가회계, 세법, 상법)으로 신청하여 효율적으로 할 수 있었습니다.

3) 2007년 9월 ~ 2007년 12월

9월과 10월은 재정학 공부를 하였고, 11월과 12월에는 상법 공부를 하였습니다. 전의 실수를 반복하지 않기 위하여, 재정학 공부를 할 때에는 하루에 일정시간은 꼭 회계와 세법에 투자하였고, 상법 공부를 할 때에는 일정시간 회계, 세법, 재정학 공부를 하였습니다. 학교에서는 9학점만을 수강하여 시험 준비시간을 확보하였습니다.

4) 2008년 1월 ~ 2008년 4월 1차시험

휴학신청을 하고 시험 준비에 매달렸습니다. 최대한 많은 객관식 문제를 풀도록 노력했으며, 자주 틀리는 문제는 기본서로 다시 정리했습니다. 하루에 단 10문제라도 전 과목의 문제를 풀어보았습니다. 시험 한 달 전부터는 매주 주말에 서울에 올라가서 학원에서 시행하는 1차 대비 모의고사를 보았습니다. 한 6번 정도 올라가서 본 것 같습니다. 아무래도 지방에서 혼자 공부하다 보니 시간에 맞춰서 모의고사를 본 적이 없었기 때문에 처음 모의고사 볼 때는 저의 실력에 대한 첫 평가라 너무 긴장해서 잠을 설치고 가서 봤던 기억이 납니다. 덕분에 그 때 긴장을 다 해버려서 막상 시험 당일 날에는 숙면을 취하고 긴장도 안하고 편하게 시험을 봤습니다. 실전대비 모의고사를 보면서 시간배분 및 스킵판단능력을 기를 수 있었기 때문에 꼭 서울에 가지 않더라도 구입해서 보는 것이 좋을 것 같습니다.

실전 점수는 재정학 80점, 세법 70점, 회계학 80점, 상법 75점, 영어 45점 이었습니다.

(2) 2차시험 준비

1) 동차기간

1차시험 합격 후 동차합격의 욕심과 2차 준비에 대한 막막함에 일주일만에 짐을 싸서 서울로 올라갔습니다. 학원에서 동차 종합반을 수강하였습니다. 오전 9시부터 오후 6시까지 수업이 진행되는데 회계학1부와 회계학2부는 1차시험과 연계되고 1차시험 준비시 2차까지 생각하며 꼼꼼하게 준비하려 노력하였기 때문에 따라가는데 큰 어려움은 없었는데 세법학은 강의를 들을 때마다 정말 벅찼습니다. 상속세·증여세법, 개별소비세법, 조세특례제한법은 처음 보는 내용이라 이해하기 힘들었고, 국세기본법이 그렇게 어려운 건지는 그 때 처음 알았습니다. 그냥 단순히 암기하라고 알려주시는 거 뜻도 모르고 외우기에 바빴습니다. 동차생은 2차시험 준비기간이 매우 짧기 때문에 최대한 효율적으로 해야 되는데, 이대로라면 세법학 과락 넘기기도 힘들 거라는 생각이 들었습니다. 그래서 서울에 올라간 지 한 달 만에 온라인강의로 바꾸고 다시 짐을 싸서 대전에 내려왔습니다. 그래서 회계학1부와 회계학2부 강의는 최대한 빠른 배속으로 보고 자신 있는 부분은 스킵도 하면서 세법학에 시간을 더 안배했습니다. 결과는 커트라인 점수는 넘겼으나 세법학1부 과락으로 아쉽게 낙방하였습니다. 과락의 원인은 출제 비중이 낮아 미처 보지 못한 부분에서 시험이 출제된 것과 일부 논점에 어긋나는 서술을 했기 때문인 것 같습니다.

2) 유예기간

유예기간에는 회계학1부와 회계학2부는 이미 동차 때 수강했기 때문에 혼자 문제풀이 하는 것이 효율적이라는 생각에 또 강의를 듣지는 않았고, 세법학은 학원모의고사 단과반을 1월부터 5월까지 수강하였습니다. 그리고 6월부터 8월 시험 전까지는 학원 유예 종합반 3기에 들어가서 전 범위 모의고사를 보면서 2차시험을 준비하였습니다. 2차시험 과목은 학원에서 주말에 수업이 있기 때문에 주말에만 기차타고 서울에 올라가서 시험 보고 내려오는 생활을 하였습니다.

① 회계학 1부 공부

기본서는 모두 보지 않았고 필요한 부분만 보충하는 식으로 보았습니다. 2차 연습서를 계속 반복적으로 풀어보면서 시간 내에 정확히 푸는 연습과 시간단축 및 깔끔한 답안지 작성을 위해 노력했습니다. 또 1차 때 보지 않았던 고급회계를 공부하였습니다.

실전 시험점수는 동차 때는 72.5점, 유예 때는 60점을 받았습니다.

② 회계학 2부 공부

세무회계 기본서를 꼼꼼히 반복적으로 보았습니다. 이 후 최대한 많은 문제를 풀어보도록 노력하였고, 자주 틀리는 부분은 이론 요약집에 따로 정리하여 시험 막바지에는 이론 요약집을 모두 훑어보고 들어갔습니다.

실전 시험점수는 동차 때는 68.5점, 유예 때는 91점을 받았습니다.

③ 세법학 공부

세법학기본강의를 동강으로 수강했습니다. 이 후 기본서를 2번 정도 정독한 후에 계속 요약집으로 정리하면서 요약집을 전부 암기했습니다. 이후 기본서는 잘 이해가 되지 않는 부분을 찾아볼 때만 꺼내보았습니다. 또한 1월부터 매주 일요일에 학원에 올라가서 모의고사를 보면서 답안지 작성능력을 길렀고 새로운 사례를 접할 때마다 요약집에 따로 메모를 해놓았습니다. 이 후 요약집 한권으로 단권화하여 반복적으로 보았습니다.

실전 시험점수는 세법학 1부는 동차 때는 34점, 유예 때는 61점을 받았습니다. 세법학 2부는 동차 때는 41점, 유예 때는 72점을 받았습니다.

Ⓐ 이종창

(1) 1차 수험기간 전반(평균 72.5점)

3월 회계원리를 수강하고, 바로 5월에 시작하였던 봄 기본 종합반에 등록하였습니다. 월요일부터 금요일까지 아침수업을 기준으로 한 강의일정이었습니다. 매주 진도별 모의고사도 포함되어 있습니다. 매일 수업이 끝나면 수업내용을 정리하고 밑줄을 치는데 하루 종일 시간을 소비하였습니다. 최대한 깔끔하게 책을 사용하고 싶었기 때문입니다. 깔끔하게 정리를 해놓지 않으면 회독을 늘려나갈 때 책을 기피하지 않을까 하는 우려에서 비롯되었습니다.

봄 기본 종합반의 과정이 모두 끝난 후에는 심화 종합반을 수강하였습니다. 심화반이란 동차합격을 목표하는 수험생들을 대상으로 한 과정인데, 심화반의 과목은 세무사2차 시험에 맞추어져 있습니다. 총 회계학1·2부, 세법학1·2부로 나누어져있습니다. 회계학1·2부의 경우에는 1차 과목과 연결되기 때문에 공부하는데 당황스럽지 않았지만 세법학1·2부의 경우에는 처음 보는 법 과목이었습니다. 문제 풀이방식도 세법조문을 하나하나다 외운 상태에서 출제 된 논제 내에서 가능한 일치하고, 연관된 조문을 생각하여 기술해야 한다는 것인데, 방대한 세법학 양에 지레 겁먹었습니다. 회계학1·2부의 경우에는 나름대로 예습하고 복습하는 등의 과정이 진행될 수 있었는데 반해, 세법학1·2부는 예습은 생각치도 못하였고 복습하기에 바빴습니다. 이해되지도 암기되지도 않았습니다. 1차 합격하면 보게 될 것이니깐 세법의 큰 틀에서 이해하는 정도로만 끝내자 생각하고 복습만 하였습니다.

심화 종합반의 과정이 끝난 후에는 객관식 종합반을 수강하진 않았습니다. 객관식 종합반에는 기본 종합반에서 수강한 상법과 재정학이 있었기 때문입니다. 그리하여 재무회계, 원가관리회계, 객관식 세법을 단과 형식으로 수강하였습니다. 원가관리회계를 제외한 과목의 수업이 저녁 6시 30분부터 10시 30분까지 있었기 때문에, 아침에 나태해질 수 있는 위험이 있었습니다. 그리하여 생활 스터디를 했습니다.

객관식 수업이 모두 끝난 2월 말 생활 스터디를 그만 두었습니다. 각자 공부할 시간의 필요성 때문이었습니다. 생활스터디의 여파로 규칙적인 생활이 몸에 배어 있긴 했지만 한순간에 흐트러질 수 있는 습관이기도 했습니다. 여전히 혼자서라도 생활스터디를 하겠다는 생각으로 매일 시간을 맞춰 일어났습니다. 일어나선 도서관에서 가서 공부하였습니다. 또한 집에 와서 밥을 먹었는데, 밥 먹는 동안만이라도 TV를 시청하고자 하면 한 두 시간을 훨씬 넘긴 시간을 소비했습니다. 이를 방지하고자 도서관 근처에서 식사를 해결하였습니다. 1차시험이 있는 전날까지 도서관에서 공부를 하였습니다.

(2) 2차시험 전반(평균 56점)

1차시험은 다행히 합격하였습니다. 합격하였지만 이제 2차시험 대비는 어떻게 해야 하는지 고민이었습니다. 동차 기본반을 수강할지, 동차GS(모의고사)를 수강하여야 할지 몰랐습니다. 정우승 세무사님께 문의한 결과 GS가 낫다는 결론을 하고 GS를 수강하였습니다. 매주 토요일과 일요일 2시부터 10시까지의 모의고사와 강평의 연속이었습니다. 8주의 진도별 모의고사와 2주의 전 범위 모의고사의 진도였습니다. 매주 모의고사 범위에 맞춰 공부를 하여야 했는데 총 4개목을 모두 완벽하게 끝내는 것은 무리였습니다. 그리하여 세법학의 경우에는 1차 합격 후 GS시작 전까지 'Impact 세법학(유은종 저)'을 인터넷 강의로 수강하기로 하였습니다. 허나 1차 합격만으로 나태해졌는지, 개별소비세법 이후에는 수강하지 못하고 GS기간 내에 수강하였습니다.

GS의 모든 일정이 끝난 후 20일 정도의 시간이 남았습니다. 20일 내에 모든 과목을 정리하여야 했습니다. 6일 정도에 모든 과목을 복습하였습니다. 이 기간 내의 복습이라고 함은 이론 정리였습니다. 그리고 2주 기간 내에는 과목당 3~4일 간격을 1회독으로 복습을 하였습니다. 공부에 사용한 필기구는 펜으로 하였습니다. 펜으로 공부를 하다보면 자연스레 펜글씨가 나아질 것이라는 기대감 때문이었습니다.

2차시험 전 날에는 서브노트로만 가지고 복습하는 정도로 끝냈습니다. 새로 산 TV와 VOD 장비가 도착하여서 이리저리 만져보았습니다. 시험 전 날이라는 스트레스와 긴장감을 해소하기 위해서 어쩔 수 없는 행동이었습니다. 책을 본다고 외워지는 시간이 아니기 때문에 최대한 긴장을 풀고 가족과 저녁식사 후에 10시 정도 잠을 들었습니다. 물론 GS 과정이 끝난 후부터 10시에 잠드는 연습을 해 두었기 때문에 가능한 일이었습니다.

(3) 1차 과목별 공부방법

1) 회계학원론

회계학원론이란 과목은 재무회계와 원가관리회계로 이루어져 있습니다. 회계원리 수강 시 가졌던 회계에 대한 호기심으로 세무사 공부를 시작하게 되었는데, 막상 기본 종합반 때 회계용어가 친숙하지 않아 그 과목에 다가가기가 두려웠습니다. 결과적으로 노력을 기울인 데 비해 높은 점수를 획득할 수가 없었습니다. 저의 회계학원론 공부방법은 특별히 다를 바가 없었습니다. 원가관리회계를 주력과목으로 하여 공부하였습니다. 원가관리회계만 하기에는 위험부담이 상당히 컸으므로 재무회계에도 힘을 쓰지 않을 수 없었습니다. 객관식 문제집과 기업회계기준해설을 수없이 번갈아 보면서 이해하는데 힘썼습니다. 회계의 이해는 객관식 수업 전까지는 해두셔야 됩니다. 객관식 수업에는 일종의 정답을 도출해 내는 스킬을 배울 차례입니다. 스킬은 공부를 하지 않은 상태에서는 절대로 익힐 수 없습니다. 객관식 강의가 끝난 후 어떻게 하면 각 유형별로 최대한 빠르게 답을 도출해 낼 수 있을까, 고민하며 회독하였습니다. 같은 문제를 반복하여 풀면서 이렇게도 풀어보고 저렇게도 풀어보면서 스킬을 연습하는 길밖엔 없었습니다. 재무회계의 경우 기본서 5회독, 객관식 문제집 3회독, 기업회계기준서 3회독을 하였습니다. 원가관리회계의 경우 기본서 2회독 1.5차 교재 3회독 객관식 문제집 5회독을 하였습니다.

2) 세법학개론

세법학개론은 저의 주력 과목 중 첫 번째 과목이었습니다. 주력 과목이 될 수 있었던 계기는 우선 세법이 재밌었기 때문입니다. 계산 문제에는 취약했지만 하나하나 '세법 규정이 왜 만들어졌을까' 라는 취지로 공부하다 보니 재미가 따라왔습니다. 그 재미가 따라오게 된 계기는 세법 규정을 외워 실무에는 어떻게 쓰이나 확인해보는 작업을 했었기 때문이 아니었나 싶습니다. 허나 재미는 재미일 뿐이었습니다. 기본서의 공부로는 이해가 잘 되지 않았기 때문에 세무회계연습서를 접했습니다. 세무회계연습서는 파트별로 연관되어 나올 수 있는 문제들이 엮어져 있기 때문에 공부를 하게 되면 세법 체계를 이해할 수 있습니다. 기본서 정도의 공부를 가지고는 세법 체계를 이해하기에는 너무 어렵지 않나 생각됩니다. 동차 합격을 도모하시는 분들이라면 세무회계연습서를 보는 것은 동차합격 필요충분조건에 부합하지 않나 생각됩니다. 객관식 수업이 끝난 뒤 정리 기간 동안 기타세법을 정리하였습니다. 법인세법, 소득세법, 부가세법 공부는 강의노트(정우승 저)를 가지고 공부하였습니다. 기타세법은 학원마다 올려져 있는 강의를 하나 취사선택하여 듣고 기본서를 가지고 공부하였습니다. 세법 역시 암기과목과 마찬가지입니다. 암기되어 있는 이론체계와 공식을 가지고 문제를 접근해야 합니다. 따라서 수많은 회독을 하면서 세법 규정이 머리에 입력이 되도록 하여야 합니다. 처음에 1~2회독의 시간은 오래 걸릴지 몰라도 그 이후에는 가속도가 붙기 때문에 회독수를 늘려가실 수 있습니다. 저는 강의노트를 기준으로 법인세법 8회독, 소득세법 10회독, 부가세법 9회독을 하였고 강의노트가 없던 기타세법은 객관식 문제집을 활용하여 국기법 7회독, 국징법 4회독, 국조법 5회독, 조처법 5회독을 하였습니다. 객관식 세법 문제집은 세목당 3번씩 풀었습니다.

3) 재정학

'재정학 공부는 어떻게 하는 것이 맞을까' 라고 고민하였습니다. 알 수 없는 경제용어와 그래프, '어떻게 분석을 해야 하는 것일까' '미시경제학을 공부하고 재정학을 공부할까' 수많은 걱정들이 눈앞에 아른거렸습니다. 그리하여 바로 기출문제를 보았습니다. 풀었다는 것이 아닙니다. 40문제 중 계산 문제는 얼마나 될까, 소위 '말 문제'는 얼마나 되는 것일까 손가락으로 하나하나 세었습니다. 결과적으로 제46회 세무사 1차시험에선 말 문제가 32문제였습니다. 저의 재정학 기출문제 3년간 출제 경향 분석 결과 약 70~80% 정도가 말 문제였습니다. 그리하여 저는 그래프를 분석하고, 경제학을 전체적으로 이해하는 대신에 그래프와 각 이론의 결론들만 암기하였습니다. 암기노트를 만들고 그 안에 외어야 할 개념을 한 줄 내로 적었습니다. 서술형으로 기재하지 않고 단답형으로 기재하고, 암기되지 않는 부분은 결론 도출 과정을 해설로 한 두 줄 내로 적었습니다. 암기 노트로만으로 결론만 암기하는 것이 걱정되었기 때문에 기본서와 암기노트를 번갈아 봤습니다. 결과적으로 기본서는 9회독, 암기노트는 6회 암기 하였습니다. 따로 객관식 문제집은 보지 않았습니다.

4) 상법

상법은 강의로만으로 저는 매료되었습니다. 고등학교 때부터 법조인을 꿈꿔왔기 때문에 법 과목은 흥미로웠습니다. 기본서에 있는 모든 내용을 빠짐없이 이해하려 했습니다. 하지만 이해는 되었지만 머리에 암기되는 건 없었습니다. 그리하여 재정학과 마찬가지로 암기노트를 만들었고 결론만 적었습니다. 각 이론마다 비교해서 알아야 할 것들은 번호를 적고 찾아가도록 연계작업을 하였습니다. 1차시험 전국 모의고사를 보고 난 뒤 법전을 봐야겠다는 생각에 세무사용 법전을 구매하여 법전을 보기도 했습니다. 객관식 문제집과 법전에 모르는 내용이 있거나 암기노트에 암기되지 않는 부분들은 형광펜으로 체크하고 회독을 늘여갈 때마다 그 체크된 부분을 줄여 나갔습니다. 결과적으로 기본서는 6회독, 암기노트 5회 암기, 객관식 문제집 2회독, 법전 5회독을 하였습니다.

(4) 2차 과목별 시험 과목

1) 회계학1부

회계학1부는 동차 기간 동안 제일 많은 신경을 쓴 부분입니다. 1차시험에서 그리 만만하게 나오지 않았던 과목이고, 그 여파가 '2차시험에도 미칠 것 같다'라고 생각했기 때문입니다. GS 과정 동안 진도별로 2차 연습서에 있는 모든 문제를 풀었습니다. GS 과정 중 제일 어려웠던 부분이기도 합니다. 회계학1부에 매달려 있었기 때문에 다른 과목에 신경을 소홀히 하면 안 된다는 불안감에 쌓여있었습니다. 후에 중요한 문제들만 취합하여 풀었습니다. 고급회계의 경우 동차생 상황에서도 공부하였습니다. 파생부분은 아예 손도 대질 않았지만 합병, 분할, 연결 모두 공부를 했습니다. GS 과정이 끝난 후 중요한 논제 10가지를 가지고 그에 따른 문제들만 3일을 1회독으로 하여 총 3회독 하였고, 그 외로 고급회계를 중점적으로 다루었습니다. 물론 고급회계는 올해에 출제되지 않았습니다만 고급회계까지 공부해놨기 때문에 다른 동차생과는 다르다는 생각에 시험 전날까지 자신감에 차 있었습니다.

2) 회계학2부

회계학2부의 공부 방법은 수 없이 반복하여 문제를 접하는 것 외에는 왕도가 없다고 봅니다. 저 역시 1차 수험 기간 동안 반복하여 법인세법, 소득세법, 부가세법을 보아왔지만 이론을 안다는 것과 계산을 할 줄 아는 것은 약간은 달랐습니다. 계산 문제 풀이를 용이하게 하기 위해 반복 또 반복을 거듭하였습니다. 또한 스킵을 하지 않았습니다. 법인세법의 경우에는 합병, 분할, 최저한세까지 해두었는데 2차 법인세법 토픽별 문제에서 합병, 분할이 나왔습니다. GS 과정 기간 동안에는 세무회계연습서를 보았고, 과정이 끝난 뒤에는 종합문제집을 보았습니다. 남은 기간 동안 종합문제집 보다는 세무회계연습서를 복습하는 게 낫다는 정우승 세무사님의 말씀이 있으셨지만 한 번에 모든 논제를 접할 수 있다는 장점에 종합문제집을 보았습니다. 전 범위 10회분만 보았고 따로 해설 강의는 듣지 않았습니다. 특히 소득세법은 종합문제 형식으로 기출되기 때문에 기출 유형을 익히는데 큰 도움이 되었습니다.

3) 세법학1부

세법학1부의 핵심은 주어진 논제에서 원하는 관계법령의 서술과 사례적용 결론이 주를 이룹니다. 물론 법조문만을 나열하는 문제 등의 경우도 있지만 역시나 세법학1부는 사례를 가지고 결론을 도출하도록 하는 문제 형식이 많습니다. 그리하여 법조문의 암기뿐만 아니라 자신이 사례 해결을 위해 적용하여야 할 일종의 세법 논리가 머릿속에 자리 잡아야 합니다. 법조문만을 암기했다고 문제를 풀 수 있는 게 아니라 사례에 적용 가능한 논제들만을 집어낼 수 있는 사고력이 있어야 합니다. 그리하여 저는 GS기간 동안 세법학1부의 법조문을 모두 암기하였습니다. C급 논제에는 힘을 들이진 않았지만 스킵하지 않았고, B급 논제와 A급 논제들을 위주로 암기하였습니다. GS 기간이 끝난 뒤에는 모의고사집을 보았는데 모의고사집을 보는 방법은 문제를 보고 답안지에 인덱스만 나열하였습니다. 모든 문제들을 보기를 원했기 때문에 한 글자 한 글자 모든 내용을 쓰기에는 20일 시간 안에 그리고 세법학1부만 할 수 없었기 때문입니다. 인덱스를 나열하는 동안 실전 시험에서는 어떻게 내용을 적어나가야 할지 생각해 두었고 인덱스 길이는 실전 답안지의 길이처럼 칸을 충분히 띄어 놓았습니다. 인덱스 작성 후 해설을 보았고, 저의 논리와 모의고사해설집의 논리가 맞는지 보았습니다. 그리하여 20일 안에 모든 문제들을 풀 수 있었습니다. 그리고 마지막 기간 동안 법조문의 암기는 서브노트를 활용하였습니다.

4) 세법학2부

세법학2부의 핵심은 관계 법령을 '얼마나 나열했는가' 입니다. 일명 소제목 싸움이기도 합니다. 어떡해서든 수많은 소제목을 나열하기 위해서 법조문의 암기는 필수적입니다. 세법학1부와 마찬가지로 인덱스 공부 방식으로 공부하였는데, 이때에는 최대한 소제목을 암기하기 위해서 관계 법령을 앞글자로 많이 외웠습니다. 이 외에는 세법학2부의 다른 공부 방법은 없다고 생각합니다. 최대한 많이 외우는 것. 조세특례제한법의 경우에는 C급 논제를 제외한 A급과 B급 논제들은 모두 암기하였습니다. 조세특례제한법을 스킵할 경우 최소 25점에서 30점을 포기하는 것과 마찬가지 때문에 포기할 수가 없었습니다. 시험에는 생전 처음 보는 규정에 대해 논하는 것 이였는데 저는 신 규정인 '미분양주택의 취득자에 대한 양도소득세의 과세특례'를 위주로 기술하였습니다.

3. 1·2차 수험기간동안 Group Study는 어떻게 이루어졌으며 실전시험에는 어느 정도의 효과가 있었습니까?

이종창 저는 생활 스터디를 하였습니다. 심화 종합반 과정이 끝나고부터 시작하였는데 아침 7시 30분까지 학원 앞에서 만나는 것이었습니다. 학원 수업이 아침 수업인 경우 9시에 시작하였고, 저녁 수업의 경우 6시 30분에 시작하였지만 그것에 무관하게 생활스터디를 객관식 수업 기간 동안 진행하였습니다. 아침을 다 같이 함께 하면서 간단하게 입으로 재무회계부터 상법까지 모든 과목의 문제 내용을 말하면 맞추는 정도로만 하였습니다. 그때에는 입으로 하는 스터디의 효능을 잘 몰랐지만 공부를 해 오면서 점점 효능은 배로 늘어났습니다. 아침을 먹으면서 간단하게 입으로 하는 것이기 때문에 따로 시간을 내지 않아도 되었고 그리 시간도 오래 걸리지 않았습니다. 더욱이 마음이 맞는 사람들끼리 하였기 때문에 효과가 더했지 않나 싶습니다. 특히 제가 말 문제에서 고득점할 수 있었던 것은 공부한 내용을 아침마다 말로 복습한 결과가 아니었나 싶습니다.

4. 최근 1·2차 수험과목별 출제경향과 수험대책은 어떤 것이 있습니까?

이재민

(1) 1차 과목

올해부터 영어시험이 토익 등으로 대체되었습니다. 영어공부와 세무사공부의 성격이 다르기 때문에 가급적 먼저 영어 점수를 확보한 후 시험에 전념하는 게 좋을 것 같습니다. 또 올해 1차시험의 회계학처럼 어느 한 과목이 일명 '폭탄'이 될 수도 있습니다. 40점 과락이 있는 시험이다 보니 부족한 부분과 자신 있는 부분에 적절한 공부시간 안배를 하셔서 4과목 모두 평균적인 실력을 만드시는 게 중요한 것 같습니다.

1) 재정학

재정학은 고득점이 용이한 과목입니다. 재정학 공부 전 미시경제학을 먼저 학습한다면, 재정학 공부가 좀 더 수월합니다. 하지만 미시경제학을 꼭 봐야 하는 건 아닙니다. 저의 경우는 재정학 공부만 하다가 필요한 부분은 찾아서 보는 방법으로 하였습니다. 따라서 이 부분은 개인적으로 시간적인 여유에 따라 판단하시면 될 것 같습니다. 재정학이라는 과목이 문제를 조금만 비틀어서 내면 받아들이기엔 굉장히 생소하게 느껴지기 때문에 가급적 많은 문제를 접해보셔서 조금 난이도가 조절되더라도 당황하지 않도록 하는 준비가 필요할 것 같습니다.

시험 한 달 전부터는 40문제를 시간에 맞춰 푸는 연습을 해서 최대한 빠르고 정확하게 풀도록 하여야 합니다. 저 같은 경우는 20분 안에 풀도록 노력하고 남은 시간은 모두 세법에 투자했습니다.

2) 세법

주위에 보면 기타세법 부분만 열심히 하여 과락만 넘기자는 생각을 갖고 계신 분들도 계시고 실제 그렇게 해서 1차 합격 하시는 분도 있지만, 동차합격을 하기에는 좀 무리가 있지 않을까 생각합니다. 기타세법부분은 세법의 고득점의 수단이 되어야 합니다.

2차 4과목 중에서 세법이 3과목이나 차지하기 때문에 기초가 튼튼해야 한다는 생각으로 1차 때부터 꼼꼼히 준비하셔야 합니다. 1차시험 몇 달 전에 객관식 세법을 보시는 것보다 기본서 한 번 보시고 객관식 문제 풀어보면서 다시 기본서 보고 다시 문제 풀고 이렇게 반복적으로 하는 게 이해하고 암기하는데 보다 효율적입니다.

2차 대비용으로 세무회계를 미리 풀어보는 것도 좋지만, 시간이 부족한 경우 굳이 볼 필요는 없다고 생각합니다. 객관식 문제를 실제 손으로 직접 풀어보시면, 이후 세무회계를 공부하실 때에도 크게 당황하지 않을 것입니다.

3) 회계학

회계도 세법과 마찬가지로 2차를 생각하시면서 공부하셔야 됩니다. 세법과 마찬가지로 기본서 - 객관식문제집을 병행하여 반복적으로 풀어보는 것이 가장 좋은 방법입니다. 기본서를 보실 때에는 눈으로만 보지 말고, 직접 손으로 분개도 해보면서 공부하시길 권해 드립니다. 손으로 직접 푸실 때 이해하기에 좀 더 수월하며, 2차시험에서는 분개 문제가 주를 이룹니다.

여러 가지 책을 볼 필요는 없습니다. 한 가지 책만 반복적으로 보시는 게 효율적입니다. 또한 회계학 과목은 휘발성이 강하기 때문에 하루에 한 두 문제라도 풀어보셔서 감을 유지 하시는 게 좋습니다.

실제 시험에서는 시간이 많이 부족한 과목입니다. 따라서 자신이 못 풀 것 같은 문제는 빠르게 그냥 넘어가는 게 현명합니다. 때문에 2~3문제 정도 나오는 고급회계 문제는 시간이 부족하시면 미뤄두셔도 좋을 것 같습니다. 또한 세무사 시험에서는 재무회계 문제보다 원가회계 문제가 좀 더 쉽게 출제되는 경향이 있지만, 반대로 원가회계가 더 어렵게 나올 가능성도 배제할 수 없기 때문에, 시험지를 받아보신 후 빠르게 훑어본 뒤 판단하셔야 합니다.

4) 상법

상법은 재정학과 마찬가지로 고득점을 할 수 있는 과목입니다. 우선은 기본강의를 통해 상법을 이해하시고, 법전을 많이 보셔서 암기하는 것이 좋습니다. 상법은 조문의 내용이 그대로 지문에 출제되거나, 조금만 바꿔서 틀린 지문을 구성하는 경우가 많습니다. 제가 본 상법전은 각 조문별로 밑에 기출지문이 정리되어 있어서, 출제비중 및 중요성을 파악하여 공부하는데 크게 도움이 되었습니다.

상법은 어디선가 본 듯한 문제들이 많이 나오기 때문에, 많은 문제를 풀어보시면 시간 단축하는데 크게 도움이 됩니다. 따라서 최대한 빠르게 문제를 푸시고 회계학에 투자할 시간을 확보하셔야 합니다.

끝으로 잘 틀리는 파트나 이해가 되지 않는 조문들은 따로 정리해두셔서 시험장에서 쉬는 시간을 이용하여 읽어보시는 것이 크게 도움이 됩니다.

(2) 2차 과목

동차생의 경우는 최근 2년 출제 파트는 대부분 스킵하고, 유예생의 경우도 크게 비중을 둬서 공부하지 않습니다. 하지만, 작년 회계학1부에서 유형자산, 전환사채가 출제되었고, 2007년에는 충당부채 문제가 출제되었는데 올해 회계학1부에서 무형자산, 사채, 충당부채가 출제되었습니다. 올해 시험이 이렇게 출제된 이상, 작년에 출제가 되었다하더라도 어느 정도 준비를 해야 되며, 좀 더 확대하여 고급회계도 충분히 출제가능성이 있다고 판단됩니다.

세법학의 경우 워낙 사례가 다양하다 보니 매년 전혀 예상치 못했거나 처음 보는 사례가 나오는 것 같습니다. 올해 세법학2부의 취득세 문제가 그 예가 될 수 있습니다. 하지만 상대적인 평가라 대부분이 쓰기 어려워하기 때문에 관련된 규정을 조금이라도 쓰셔서 논리를 펼쳐 가시면 일정점수를 확보하실 수 있습니다. 그러기 위해선 많은 사례를 접하시고 모의고사를 통하여 직접 써보면서, 어떤 사례가 나오더라도 답안을 작성하시는 능력을 키우시면 될 것 같습니다.

1) 회계학 1부

1차 준비 때 꼼꼼히 하셨다면, 새로운 이론을 배우는 것은 아니기 때문에 2차에 큰 어려움이 없을 것으로 판단됩니다. 2차 과목은 주관식이라 문제를 답안지에 작성하는 것이 생소할 뿐이고, 시간적인 면에서는 1차시험처럼 시간이 촉박한 것은 아닙니다. 따라서 연습서를 반복적으로 많이 풀어보시고, 부족한 부분은 모의고사를 통해서 보충하시면 됩니다. 무엇보다 중요한 건, 한 문제를 풀더라도 실전이라 생각하시고 답안지 작성연습을 하여야 합니다. 그럼 실제 시험장에서 긴장하지 않고 임할 수 있습니다.

2) 회계학 2부

세무회계는 세법의 이론적 바탕을 토대로 법인의 세무조정, 개인의 소득세 계산, 부가가치세액의 계산을 요구하는 과목입니다. 따라서 정확한 이론적 바탕이 없는 상태에서는 절대 문제를 풀어 나갈 수 없습니다. 세무회계 기본서의 각론은 세법의 각 이론이 문제화되어 적용되는 사례를 다루고 있습니다. 따라서 세무회계 기본서를 다독하시고 많이 풀어보신다면 이론을 쉽게 이해하실 수 있습니다. 동차생의 경우라면 시간이 없기 때문에 선택적으로 풀어보시고 유예생은 가급적 꼼꼼히 풀어보시길 권합니다.

이후 어느 정도의 이론숙지가 된 상태에서 종합문제 또는 모의고사 문제를 풀어보셔야 합니다. 종합문제집을 풀다가 부족한 부분은 다시 기본서로 보충하는 식으로 피드백하신다면 세무회계 과목이 전략과목이 되실 수 있습니다.

세무회계는 2차 과목 중 가장 시간이 부족한 과목입니다. 하지만 기출유형은 매년 비숫하기 때문에 자신만의 답안지 작성 양식을 정해놓으면 시간단축에 매우 효율적입니다.

이제 어느 정도의 실력이 되셨다면, 매번 틀리는 문제만 틀린다는 걸 느끼실 수 있을 것입니다. 점수향상을 위해서는 틀리는 부분에 대한 관리가 필요하기 때문에 자주 틀리는 파트에 대한 오답노트를 작성한다든지, 시중에 나와 있는 요약집으로 정리하여 반드시 시험 일주일 전에 한번 훑어보고 시험장에 들어가셔야 합니다.

3) 세법학 1부, 2부

사실 동차생, 유예생 모두 가장 부담스러운 과목이 세법학입니다. 동차생은 방대한 양에 비하여 준비할 수 있는 시간이 턱없이 부족하며, 유예생의 경우는 어디서 나올지 모르기 때문에 그 많은 양을 모두 정리하는 것이 많은 부담이 되기도 합니다.

제 생각에 결론부터 말씀드리면 세법학은 전부 암기입니다. 제한된 시간 안에 점수를 얻을 수 있는 분량을 쓰려면 머릿속에 목차, 내용이 전부 입력되어 있어야 합니다. 생각할 시간이 없습니다. 하지만 세법학 기본서 그 방대한 양을 결코 달달 외울 수는 없습니다. 세법학 모든 분량을 축소하고 압축하여 시험장에 들어가는 겁니다. 그래서 서브노트를 작성하라고 하는 겁니다. 서브노트 작성은 본인의 선택입니다. 전 서브를 잘 못해서 시중에 있는 요약집을 통해서 공부했습니다.

기본서를 통해 이해하시고, 계속 서브노트나 요약집을 통해서 정리하고 부족한 부분은 추가하면서 공부하셔야 합니다. 반드시 이해가 되신 후에 암기하셔야 합니다. 이후 세법학 모의고사를 통해 사례를 판단하시는 법을 배우시고, 답안지 작성능력을 배우시는 것이 좋습니다. 세법학은 다른 과목과는 달리 논술이기 때문에 혼자 시간 맞춰서 풀고, 채점하고, 피드백하는 일이 쉽지 않습니다. 자신이 답을 작성했어도 이게 어느 정도의 수준인지 판단하기가 쉽지 않습니다. 따라서 학원을 다니시는 것을 추천해드립니다. 또한 본인이 중요한 사례나 판례를 선별할 수도 없을뿐더러 그 많은 사례들을 다 볼 수도 없기 때문이기도 합니다.

일정시간이 지나면, 세법학에 다른 시각이 형성됩니다. 어떤 문제가 주어지더라도 자기만의 답안지 작성 양식을 통하여 문제가 원하는 논리를 전개해 나가실 수 있을 겁니다.

이종창 최근 1, 2차의 모든 시험 과목들은 출제 경향이 따로 없는 것 같습니다. 올해 제46회 세무사 2차시험에서 보여 진 바와 같이 최근 1, 2년 내에 기출된 논제까지도 예외 없이 출제되었습니다. 물론 올해에만 그런 문제들이 발생한 것처럼 보이지만 제 생각엔 역시 최근 1, 2년 내에 기출된 논제를 시험범위에서 제외한다는 규정이 없기 때문에 내년에도 내 후년에도 최근 1, 2년 내에 기출된 논제가 다시 기출되었다고 해서 문제

가 될 것은 아니라고 봅니다. 또한 올해 2차에서 약술형 문제에서 진화된 것으로 보이는
O, X 문제, 대체원가에서 합병을 관련짓는 등 새로운 문제 유형이 등장했습니다. 고로
최근 출제경향에 대한 수험대책은 수험 기간 동안 전 과목 빠진 부분 없이 공부를 하는
것입니다.

🦋 5. 수험생활 중에 본 도서목록 정리

Ⓐ 이재민

(1) 1차시험
- 중급회계 : 신현걸 중급회계, 신현걸 객관식 재무회계
- 원가회계 : 김용남 원가관리회계, 김용남 객관식 원가관리회계
- 세   법 : 김문철 세법개론, 김문철 객관식 세법
- 상   법 : 이상수 세무사 회사법, 이상수 CTA 회사법전
- 재 정 학 : 정병열 재정학연습, 정병열 재정학 기출문제집, 정병열 경제학연습

(2) 2차시험
- 회계학1부 : 신현걸 재무회계연습, 최창규 세무사 고급회계, 임태종 재무회계 100선,
            임태종 원가관리회계 100선
- 회계학2부 : 강경태 세무회계연습, 강경태 세무회계리뷰, 정우승 세무회계이론요약집
- 세법학1부, 2부 : 유은종 세법학1부 세법학2부, 유은종 임팩트 세법학,
                유은종 퍼펙트 세법학 모의고사집

Ⓐ 이종창

(1) 1차시험

1) 재무회계
- 기업회계기준해설(저 김기동), 객관식재무회계(저 김기동)
  재무회계1, 2, 3(저 임태종, 이배식)

2) 원가관리회계
- 원가관리회계(저 박호근, 임명호, 배수진), 원가관리회계1.5(저 이승근, 이동욱)
  객관식원가관리회계(저 이승근, 이동욱)

3) 세법
- 세법개론2008(저 강경태), 세무회계이론요약집2008 (저 정우승),
  객관식세법2009(저 강경태)

4) 상법
- 모의고사식 회사법 480선(저 윤승욱), CTA 회사법전(저 이상수),
  객관식상법신강(저 김혁붕)

5) 재정학
- 재정학연습(저 정병열)

6) 토익
- 토마토 Compact 실전 리딩, 토마토 Compact 실전 리스닝

7) 고시서적
- 불합격을 피하는 법(저 최규호), 포기하지 않으면 불가능은 없다(저 고승덕)

(2) 2차시험

1) 회계학1부
- 재무회계 100선 3판, 4판(저 임태종), 원가관리회계100선 3판(저 임태종)

2) 회계학2부
- 세무회계연습 2008·2009(저 강경태), 세무회계강의노트 I, II(저 정우승)
  세무회계리뷰(저 정우승)

(3) 세법학1, 2부
세법학 I, II부(저 유은종), Impact세법학(저 유은종), Perfect세법학(저 유은종)

6. 수험생 입장에서 구하기 어려웠다거나 보강되었으면 하는 특정 과목이나 수험서

이재민 1차 과목의 경우에 시험 한달 전 정도부터는 하루에 한 과목식 실전처럼 시간에 맞춰서 문제를 풀어보면 좋을 것 같은데, 지금 현재 시중에는 객관식 문제집 맨 뒤편에 있는 전범위 모의고사 4~5회분 정도 뿐입니다. 이것보다는 전범위로 되어있는 모의고사집이 따로 출판 되었으면 좋겠습니다.

⑩ 전범위 40문제로 되어 몇 회분이 포함되어 있는 모의고사집(세법, 회계, 상법, 재정학)

Ⓐ **이종창**   수험생 입장에서 가장 힘들었던 점은 1차시험은 아니나, 2차시험에서 기출문제가 공개되지 않는다는 점입니다. 여타의 시험에서는 2차시험 문제 역시 공개 되는 데에 비해 유독 세무사 2차시험에선 그리되지 않고 있다는 점에 놀라지 않을 수 없었습니다. 이에 따라 한시 빨리 세무사 2차 문제가 공개 되어 2차 기출문제해설집이 출간되었으면 합니다.

🎙 7. 수험공부시 학원강의, 인터넷강의, 강의tape 중 이용도 측면에서의 선호했던 방법

Ⓐ **이재민**   저는 1차 과목은 모두 인터넷강의를 이용하였으며, 2차 동차기간에도 인터넷 강의를 이용하였습니다. 유예기간에는 세법학 과목에 대해서만 모의고사를 보기 위해 학원 강의를 이용하였습니다.

Ⓐ **이종창**   저는 수험 공부시 학원 강의의 방법을 선호하였습니다. 학원 강의의 최대 장점은 저 같은 의지박약의 성격 소유자들을 공부하게 만드는 것입니다. 인터넷강의나 강의 tape는 통원하는 시간을 줄일 수 있지 몰라도, 저 같은 성격에는 오히려 학원에 나와 수업을 듣는 게 더 효과적이었습니다.

　이뿐만 아니라 저는 학원 수업이 맨 앞자리에 앉도록 노력하였습니다. 맨 앞자리가 아니더라도 수업시 선생님과 호흡할 수 있는 정도의 거리에 있으려고 노력하였습니다. 그리하여 학원에 일찍 오는 습관도 생겼습니다.

　강의 도중 선생님들이 시선을 돌리면 질문을 할 때 하나하나 눈을 마주치며 대답을 하였습니다. 큰 소리는 내지 못하고, 작은 소리나 입모양으로 대답하였습니다. 선생님들과 눈을 마주치면 공부한다는 게 마치 과외를 받는 기분이었습니다. 그래서 강의 하나하나가 재미있고 그에 따른 공부능률도 좋았습니다.

🎙 8. 수험생활 중 애로사항과 본인만의 스트레스 해소방법

Ⓐ **이재민**   수험생활 중 건강관리에 있어서 저는 빵점인 것 같습니다. 운동은 전혀 하지 않았고, 밥만 잘 먹었습니다. 몸 관리 잘못해서 시험에 실패했다는 말들은 모두 남 얘기일 줄 알았는데, 막상 시험을 앞두고 긴장도 되고 하루 종일 책상에 앉아있던 것이 화근이 됐는지 허리근육이 뭉쳐서 시험 전 3일은 잠도 설치고, 진통제 먹고 시험을 봐야만

했습니다. 수험생활 하시면서 다만 한 시간이라도 무리한 운동하지 마시고, 산책을 가볍게 하는 것이 오히려 수험기간을 단축할 수 있는 길인 것 같습니다.

전 별다른 스트레스 해소방법은 없고, 주말에는 여자친구와 데이트를 하면서 잠시 시험에 대한 생각은 잊고 월요일에 다시 새로운 마음으로 시작했습니다. 덕분에 남들처럼 슬럼프 같은 건 없었던 것 같습니다.

A 이종창 저의 수험생활 중 최대의 애로사항은 외로움이었습니다. 사람에 대한 외로움이 아닌 제 자신에 대한 외로움이었습니다. 제 친구들은 대학생활을 즐기며 살아가고 있는데 난 무엇을 바라면서 이 공부를 시작했나, 주로 내 나이 또래들이 하고 있는 생활들을 하지 않고 공부를 하는 게 정말 옳은 일인가. 남들과 다른 저를 보면서 많이 힘들었습니다.

저의 스트레스 해소방법은 역시 MP3듣기입니다. 주로 말랑말랑한 노래보다는 신나고 주위에 잡음소리가 들리지 않을 록 음악과 댄스 음악을 들었습니다. MP3을 손에 잡고 가수가 된 마냥 립싱크도 해보고 립싱크로 풀리지 않으면 직접 노래방에가 신나게 한 시간 놀면 스트레스가 풀어졌습니다.

말랑말랑한 노래 중에는 'GOD - 길'을 추천하고 싶습니다.

🎤 9. 영어시험대체제도가 시행됨에 따른 어려웠던 점이나 영어공부한 방법은?

A 이재민 저는 작년에 1차시험에 합격해서 토익 등을 준비하지는 않았습니다. 다만 영어에 대해서 드리고 싶은 말은 제가 작년에 영어를 45점으로 간신히 합격하였으나 1차시험 전에 영어 때문에 낙방할 것을 대비해서 토익 시험에 응시했었습니다. 토익 준비를 따로 하지는 않았으나 5번 응시 만에 715점을 획득하였습니다. 이런 경험을 통해 느낀 것은 영어시험대체제도가 오히려 좋은 기회가 되었다는 점입니다. 어려운 고시영어를 피해갈 수 있게 된 것과 또 1년에 한번의 기회를 영어 때문에 실패하지 않고, 반대로 1년 동안 12번의 기회가 있기 때문입니다.

A 이종창 영어시험대체제도가 시행되고 있는지 몰랐습니다. 세무사라는 직업에 대해 어떠한 일을 하는지 알고만 있을 뿐 무슨 과목이 있는지 몰랐습니다. 심화 종합반에 수강할 때 토익 점수가 필요하다는 것을 알았고 부랴부랴 본격적으로 토익공부를 매일 하기 시작했습니다.

영어시험대체제도는 개인적으로 저에겐 희망적인 제도라고 생각했습니다. 고시영어가 어렵다는 얘기는 고등학교 때부터 수 없이 들어왔기 때문에 익숙한 토익이 괜찮을 거라 생각했습니다. 다행히 제가 영어를 좋아했기 때문에 학교에 입학한 이후에도 등하교시 영어 뉴스를 듣고 영어 단어를 외우고 있었기 때문에 영어가 낯설지 않았습니다.

저의 토익영어 공부를 모의고사 문제집을 풀어보는 것으로 하였습니다. 영어가 낯설지 않았고 그동안 계속 토익은 아니지만 영어를 접해오고 공부해왔기 때문이었습니다. R/C의 경우 모의고사를 풀고 채점하고 모의고사에 나온 영어단어와 문법체계를 암기하는데 그쳤습니다. L/C의 경우 모의고사를 풀고 난 뒤 반복하여 지문을 들으면서 각 미국, 영국, 호주의 발음이 어떻게 다른가 유심히 듣고 지문을 외우면서 L/C 능력을 키워갔습니다.

결국엔 영어 공부 방법은 영어와 친숙해지기인 것 같습니다. 저 역시 영어 공부를 쉽게 할 수 있었던 이유는 영어와 친숙했기 때문입니다. 주위에 토익 점수를 가지고 고생한 분들을 보면, 대부분 영어와 오랜 시간 담을 쌓고 있었습니다. '영어가 재미없다. 난 영어가 싫다.' 라는 영어에 대한 낯설음 때문에 토익이 발목을 잡는 것 같습니다. 제가 생각하는 영어 공부 방법은 얼마나 영어와 친숙하도록 노력할 것인가가 영어시험대체제도에 따른 공부 방법입니다. 그 친밀함의 정도는 하루에 얼마나 영어를 듣고 말하고 쓰고 읽고 하는가에 따라 달려있다고 봅니다.

10. 월간회계에 신설 또는 게재했으면 하는 내용이나 바라는 점

Ａ **이재민** 수험 기간 중에 월간회계에서 출간하는 세무사 1차, 2차 기출문제집을 사서 보았는데요. 물론 출제 경향 및 수험대책을 세우는 데에는 도움이 됐으나, 세법이나 상법, 회계 등의 개정사항을 반영하지 않고 출제되었던 그대로 문제와 풀이를 수록하는 건 활용도 면에서 큰 의미가 없다고 보여집니다. 개정사항을 반영한 기출문제집이 된다면 보다 유용할 것 같습니다.

Ａ **이종창** 현재 회계사, 세무사의 전국 모의고사는 학원 별로 시험 일정에 가까워서야 시행되고 있습니다. 그 기간 전에 전국 모의고사를 보며 자신의 문제점과 공부 방법의 개선 등을 할 수 있는 기회가 주어져야 한다고 생각합니다. 2차시험의 전국 모의고사가 힘들다면 적어도 1차 객관식 시험의 경우에는 전국 모의고사가 매월 필요하다고 생각합니다. 각자 공부한 기간이 다름에도 불구하고 일괄적으로 비슷한 시기에 전국모의고사를 치니 자신의 실력을 확인할 방법이 그 때 뿐입니다. 그래서 아쉽습니다.

그래서 저는 월간회계에서 매월 전국모의고사가 시행되었으면 합니다.

11. 수험생들에게 당부하는 말, 앞으로의 계획, 하고 싶은 말

Ａ **이재민** 먼저 새롭게 공부를 시작하시려는 분들에게 세무사 시험이 쉽게 오르지 못할

산이지만, 그렇다고 못 오를 산도 아니라는 말을 드리고 싶습니다. 물론 머리가 좋거나 공부를 잘하는 사람은 좋은 장비를 갖췄다고는 할 수 있으나, 그건 중요하지 않습니다. 결국에 그 산을 오를 수 있는 방법은 목표를 잃지 않고 꾸준히 노력하는 마음가짐일 것입니다.

또 이미 시작하신 분들은 주위 말에 흔들리지 않고 자신만의 루트를 창조하시길 바랍니다. 쉽게 예를 들어, 주위의 많은 경우가 동영상강의와 실강을 고민하시는 분들이 계신데 짜여진 스케줄에 따라가는 걸 좋아하신다 생각하면 실강을 선택하시고 시간과 장소에 구애받지 않고 공부하고 싶으시면 동영상강의를 선택하시는 겁니다. 선택의 기준이 누가 이게 좋다더라가 되어서는 안됩니다. 또 공부시간이나 회독수는 중요하지 않습니다. 주위 사람들의 의견이나 경험담은 여러분의 선택에 있어서 참고만 하시면 됩니다.

시험을 준비하시면서 때로는 좋아하는 것도 다음으로 미뤄야 되며, 시험에 방해가 되는 것은 버릴 줄도 아셔야 합니다. 그러한 노력들은 결코 거짓말을 하지 않을 것입니다. 여러분의 건승을 기원합니다. 수험기간 중 공부한 부분은 빙산의 일각에 불과하다는 말을 많이 듣습니다. 저는 이제 세무사가 되기 위한 자격만 갖췄을 뿐이기에 조금은 두렵기도 하고 새로운 출발에 설레이기도 합니다. 겸손하게 더욱 더 열심히 하여서 납세자에게 신뢰를 줄 수 있는 세무전문가가 되고 싶습니다.

마지막으로 글로 표현하기에는 부족하지만, 수험기간 동안 고마웠던 분들에게 글로나마 고마움 마음을 전하겠습니다. 4년 가까이 공부하는 동안 항상 응원해주시고 지원을 아끼지 않으셨던 부모님과 저를 믿어주고 격려해줬던 우리 누나, 매형 감사드립니다. 공부에 전념하도록 항상 배려하고 또 믿어줬던 숙정이 사랑한다. 함께 합격해서 더욱 기쁜 태우형님, 성철형님, 정만형님, 혁이형님, 준호형, 차석 동국이형, 관형이, 합격하도록 기도해주고 응원해주었던 예비 세무사 구식형님, 용운이형, 찬신, 제범, 상민, 예비 회계사 회선재 실장 종옥이형, 재용, 승준, 민희, 승욱이 모두 감사합니다. 마지막으로 좋은 강의 해주셨던 충남대학교 교수님들과 한성학원 강사님들께 감사드립니다.

🅐 이종창

(1) 수험생들에게 당부하고 싶은 말

이제 가을이 지나고 겨울이 오려하고 있습니다. 제가 작년 이때쯤 저 나름대로의 공부 방법을 구축하는데 시간을 보냈습니다. 1차시험이 반년 정도는 남았다고 생각되지만, 이때 공부 방법을 확실하게 구축해 놓지 않으면, 정말 열심히, 누구보다 더 열심히 공부했지만 시험에 불합격될 수도 있습니다.

시험에 합격할 수 있는 공부 방법은 자신감이라고 생각 됩니다. 내 자신을 믿지 않으면 자신감이 생길 수 없습니다. 그 자신감에 근원이 없어도 상관없습니다. 자신감만 있으면 됩니다. 물론 공부를 적당히 해서는 자신감이 생기질 않습니다. 만약 공부를 적당히 했는데도 자신감이 있다면 그건 아마 오만일 가능성이 높습니다. 세무사 자격시험은 공부를 적당히 해서 되는 시험이 아닙니다. 저는 그 어느 시험보다도 어렵다고 생각합니다. 그래서 정말 제대로 공부하지 않으면 안 됩니다. 저 역시 제 인생에서 제일 치열하게 공부해왔습니다. 그리하여 합격이라는 영광을 받았습니다. 물론 제가 어린 나이에 인생을 운운하는 건 우습게 보일 가능성이 큽니다. 그래도 한 말씀 올리자면 정말 인생에서 제일 치열하게 공부해야지 얻을 수 있는 자격이 세무사인 것 같습니다. 다들 공부를 시작하셨다면 '시작이 반이다.'라는 말처럼 반은 우선 하신 것과 같습니다. 이제 나머지 반을 '인생을 걸고 제일 치열하게 공부하겠다.' 라고 공부하시면 합격하실 겁니다.

(2) 앞으로의 계획

저는 아직 부족한 점이 많습니다. 그리하여 공부를 좀 더 해야 되지 않을까 생각됩니다. 지금 이 상태에서 공부를 더 하지 않으면 세무사라는 이름에 누를 끼치게 될 뿐입니다. 그런 일이 없도록 더욱 더 공부하여 조세전문가가 되겠습니다.

(3) 끝으로 하고 싶은 말은?

할머니, 아버지, 어머니, 그리고 유리야! 정말 감사했습니다. 고등학교 졸업이후 매년 공부한다고 당신들에게 걱정만 끼쳐드렸는데, 이제야 저도 당신들의 자랑스러운 손자, 아들, 그리고 오빠가 되었습니다. 당신들의 변함없는, 무한한 사랑이 지금의 저를 만들었습니다. 가끔가다가 책상위에 말없이 편지를 써 놓고 가시던 아버지, 지금도 그 편지를 읽을 때면 마음 한 구석이 아른합니다. 당신의 나를 향한 응원과 사랑이 말 대신 글로 전해졌을 때 그 감동은 말 할 수 없었습니다. 수험생활 도중에 고등학교 졸업 이후 써주셨던 편지를 모아서 읽을 때면 그 당시의 나태함이 사라졌습니다.

매일 저를 위해 기도해 주시는 어머니, 아침마다 공부 열심히 하라는 인사와 서로 얘기 할 때마다 느껴지는 나를 향한 믿음은 수험 생활 내내 큰 슬럼프 없이 꿋꿋하게 이겨낼 수 있는 원동력이었습니다.

그리고 말은 하지 않았지만 계속 곁에서 지켜봐주던 동생 유리와 할머니께 다시 한 번 감사의 말씀을 드리고 싶습니다.

내 친구 남궁준, 이승룡, 이원재, 주광영, 서상일.

우선 준이는 아직 일병이다. 너 제대 아주 까마득하지? 난 이제 가야 된다. 네가 부럽구나. 바보 같은, 아니 바보인 네가 내 옆에 없으니깐 수험 생활 내내 지루한 감이 있었다. 다시 옛날처럼 다 같이 모이는 날이 빨리 왔으면 좋겠다.

승룡아, 넌 이제 제대할 날이 진짜 얼마 안 남았다. 준이보다 네가 더 부럽다. 내가 종로에 있다고 너도 종로에 있다고 매주 주말에 불렀잖아. 물론 난 갔지. 가면서 공부해야한다고 툴툴 거렸는데 사실 가고 싶었는데 튕겨 본 거야. 너도 이제 제대하고 나면 마음껏 술잔을 기울이도록 하자.

원재야, 나도 너 처럼 권투할까? 내가 널 지켜줄게. 물론 저 말은 네가 군대 가기 전에 나한테 수도 없이 했던 말이다. 이번에 휴가 나올 때 작년을 떠올리며 인사동 가자고 했지? 벌써 1년 전이다. 내가 학원에서 자습할 때 너도 자습한다고 자주 나 공부하는 데 왔지. 메마른 수험기간동안 단비는 너였다.

광영이, 넌 뭐냐. 지금 하는 공부를 잘 되 가냐. 그동안은 내가 계속 수험생이었는데 이제는 네가 수험생이 될 듯싶구나. 어서 빨리 수험생을 챙기는 경험을 하고 싶다. 그동안은 네가 나 챙기곤 했으니까.

상일아, 넌 얼굴 보기 힘들다. 물론 멀리 있고, 네가 바쁜 건 사실이지만 보고 싶은 맘에 섭섭해 한 적이 한 두 번이 아니다. 너의 올해 겨울 방학은 나랑 보낼 시간이 많겠구나. 작년엔 내가 너무 바빴기 때문이지. 겨울에 보자.

다들 벌써 6년 이라는 시간이 지났다. 우리가 고등학교 1학년 같은 반에서 다 같이 앉아 있던 적이 언제인지 가물가물한 시간이다. 다들 군대 가고 안간 사람들은 공부하고, 어서 빨리 고등학교 때처럼, 아니면 07년도 겨울부터 08년도 봄까지 매일 지냈던 날들처럼 지내고 싶다. 사랑한다.

그리고 같이 공부했던 김관형, 정나리, 서지혜

관형이형, 작년 5월부터 너무 고생 많았어요. 그리고 고마웠어요. 형이 먼저 생활스터디 하자고 제안하지 않았다면, 난 그 기회를 놓치고 말았겠지. 2차시험이 끝난 후 형이 집으로 내려가는 바람에 볼 수 없어서 아쉽다. 우리 조만간 봐요.

나리누나, 누나는 1차도 2차도 왜 이렇게 반전을 주는 거야. 누나도 공부하는 기간 동안 고생 많았어. 공부하는 내내 열심히 하자고 서로 파이팅 해주었던 게 생각나네. 그동안 같이 생활하면서 정도 많이 들었어. 자주 만나자.

지혜누나, 누나도 고생 많았어요. 누나를 보면 우리 처음 만난 게 기억나. 수줍음을 많이 타서 나만 말 했잖아. 물론, 서서히 시간이 지나면서 누나가 본 모습을 드러냈지만. 누나도 관형이 형처럼 내려가는 바람에 연락이 뜸했는데 자주 연락해. 조만간 봐.

다들 빨리 만나고 싶어. 보고 싶다.

마지막으로 제게 합격이라는 영광을 주신 임태종 세무사님, 김기동 회계사님, 이승근 회계사님, 강경태 회계사님, 정우승 세무사님, 김혁붕 선생님, 김판기 선생님, 이배식 회계사님, 유은종 세무사님께도 감사하다는 말씀 전해드리고 싶습니다.

2008년 제45회 세무사시험

최고득점·최연소 합격자 인터뷰

 강 상 희
1980년 8월 31일 출생
한영고등학교 졸업
강원대학교 관광경영학과 졸업
2008년 제45회 세무사자격 제2차시험
최고득점 합격자

 원 희 경
1987년 10월 6일 출생
창원 신월고등학교 졸업
서울시립대학교 세무학과
2008년 제45회 세무사자격 제2차시험
최연소 합격자

1. 자기소개, 응시동기, 합격소감

강상희 유예생으로 이번에 떨어지면 끝이라는 압박감에 부디 합격하기만을 간절히 바라고 있었는데 뜻밖에 수석합격이라는 큰 영광을 얻게 되었습니다. 무엇보다 부모님이 많이 기뻐하시는 모습을 보니 저의 기쁨 또한 배가 되는 것 같습니다.

제가 세무사시험을 공부하게 된 계기는 대학수업을 통해서였습니다. 회계학과 관련 수업을 수강신청하여 듣던 도중 회계학과 세법에 대해 흥미를 느끼게 되었고, 그 결과 회계학과를 복수전공 하게 되었습니다. 학교 졸업 후 세법에 대한 보다 전문적인 지식을 갖추고 싶어 세무사시험에 도전하게 되었습니다.

🅰 **원희경**　처음 합격소식을 들었을 때, 제일 먼저 꺄악 소리를 지르고 소식을 전해준 아빠께 몇 번이나 정말이냐고 장난 아니냐고 연거푸 여쭈었다. 막상 기다리고 기다리던 합격이었지만 큰 기쁨에 오히려 실감이 안 날 지경이었으니까. 2차시험이 끝난 지 두 달밖에 되지 않았는데도 왠지 아득한 기억으로 느껴졌는데, 막상 소식을 들으니 나도 모르게 눈물이 나왔다. 시간이 흐르고 나서야 '아! 이제 정말 합격한 것이구나' 하는 느낌이 들면서 기쁨과 안도감이 몰려왔다. 지금은 그저 참 감사하다는 마음이 가득하고 사랑하는 엄마 아빠께 좋은 소식을 안겨 드리게 된 것이 뿌듯하다. 중급회계 한 권 들고 도서관을 왔다 갔다 하면서 시작한 때가 엊그제 같은데, 아른거리는 11개월의 수험 생활을 짧게나마 다시 되짚어 보고자 한다. 시험을 준비하시는 분들에게 조금이라도 도움이 되었으면 하는 진심을 담아서.

🌻 2. 1·2차시험대비 수험대책으로 자신만의 효율적인 공부방법과 과목별 준비요령

🅰 **강상희**

(1) 1차시험 준비

1) 4월~6월

주위에 딱히 아는 세무사나 공부선배가 있지 않았고 세무사 시험에 대한 자세한 정보 또한 몰랐기 때문에 학원에서 운영하는 기본종합반 강의를 통해 1차시험을 준비하게 되었습니다. 월요일부터 금요일까지 수업이 오전에 수업이 있어 오전에는 수업을 듣고 오후에는 10시까지 학원자습실에서 오전에 들었던 수업내용을 복습하는 것으로 하루를 보냈습니다. 예습보단 완벽한 복습을 하려고 최대한 노력하였습니다. 주말에는 그 주에 배운 내용을 전체적으로 복습하였고 월요일 오후에는 학원에서 자체적으로 보는 모의고사를 통해 한 주의 공부를 점검하는 방식으로 6월까지 공부하였습니다. 특히 매주 치루었던 모의고사 덕분에 긴장을 늦추지 않고 공부할 수 있었던 것 같습니다.

2) 7월~8월

기본종합반이 끝난 후 7~8월은 연계되는 종합반인 심화종합반을 수강하였습니다. 당시 심화종합반은 세법학을 제외한 회계학1부·2부 수업이었는데 기본 공부스케줄은 기본종합반 때와 동일합니다. 비록 2차과목이긴 하나 1차시험과 중복되는 과목이었으므로 1차시험에도 도움이 되었던 것 같습니다.

3) 9월

9월 한달간은 기본종합반때 들었던 수업을 전체적으로 복습하였습니다. 특히 기본종합반때 잘 이해가 안되었던 재정학과 세법, 회계학 위주로 공부하였습니다. 특히 재정학은 함께 공부하던 친구가 미시경제학을 공부한 후 본다면 도움이 크게 될 것이라고 충고를 해주어 '재정학을 위한 미시경제학'이란 책을 구입하여 먼저 공부 후 재정학을 공부하였습니다. 큰 도움이 되었던 것 같습니다.

4) 10월~12월

10월부터는 객관식 종합반을 수강하였습니다. 이때부터 본격적으로 객관식을 대비하였습니다. 기본 스케줄은 기본종합반과 동일하였고 이때부터 기본서보단 객관식 책 위주로 공부하였고, 잘 이해가 안가는 부분만 기본서를 참고하는 방식으로 공부를 진행하였습니다.

5) 1월~4월 1차시험전까지

학원자습실에서 최대한 많은 문제를 풀어보려 노력하였습니다. 특히나 회계학은 시간이 모자르는 과목이므로 최대한 많은 문제를 풀어 문제유형을 익혔습니다. 여러 책을 보기보단 객관식 회계학책 1권을 여러번 풀어보았습니다.(1차때 회계학을 열심히 해 놓는다면 2차때 큰 도움이 되더군요.) 기본서보단 객관식책 위주로 풀되, 모르는 문제가 있는 경우에만 기본서를 참고하였습니다. 상법 또한 회계학과 함께 보는 시험이므로 최대한 빨리 풀기위해 여러 문제를 경험해보기 위해 기본서와는 별도로 2권의 객관식회사법문제를 구입하여 풀어보았습니다. 3월부터는 재정학 및 상법, 세법중 국기법 등 기타세법 위주로 공부하였습니다.

(2) 2차시험 준비

1) 동차기간

수험생활 중 가장 힘들었던 기간인 것 같습니다. 동차종합반을 수강하였는데 일단 수업시간이 오전 9시부터 오후 6시까지였으므로 수업을 듣는 것만으로 피곤이 절정에 달하더군요. 회계학1부는 1차준비때 열심히 한 덕에 따라갈만 하였고, 회계학2부는 동차생으로서 스킵할 부분은 과감히 스킵하고 공부하여 쫓아갈만 하였으나, 세법학은 수업조차 듣기 힘들었습니다. 그냥 포기하게 되더군요.

세법학을 포기 후 그냥 2차시험 경험을 쌓는다는 생각으로 동차로 시험을 치루었습니다. 회계학1, 2부는 어찌저찌 풀었고, 뜻밖에 세법학1부가 쉬운 이론형 논제들이 나왔던 것으로 기억합니다. 하지만 세법학2부는 역시 쓸 말이 없더군요. 결과는 역시 세법학2부 과락이었습니다. 20점대의 점수였던 것으로 기억합니다. 역시 포기한 자에겐 합격은 오지 않더군요.

2) 유예생활

유예기간동안은 그 동안 이용하였던 학원자습실을 떠나 독서실을 끊었습니다. 학원강의가 주말에 있었으므로 주중에 공부할 곳이 필요하였는데 학원자습실보다는 독서실이 더 집중할 수 있을 것 같아 학원근처 독서실을 끊었습니다. 공부는 2차 결과가 나오기 전인 9월부터 시작하였습니다. 어차피 떨어질 것을 알고 있었기 때문입니다.

① 회계학2부 공부

9월~10월 두 달간 단과수업을 들었습니다. 수업을 듣고, 복습을 한 후, 수업이 종강했을때 다시 한번 1회독을 하였습니다. 그 후는 종합문제집을 구입하여 종합문제집 위주로 풀었습니다. 풀다가 모르는 부분이 있는 경우 세무회계책을 참조하는 방식으로 공부하였습니다. 이렇게 12월까지 종합문제집 2권을 2번씩 풀어보았습니다. 그리고 08년 개정판 세무회계책이 출간 되었을때 다시 한번 세무회계책을 1회독하였고, 종합문제집 2권을 구입하여 한 번씩 풀어보았습니다. 그리고 1월부터 시험때까지 매주말마다 학원 모의고사종합반에서 실시한 모의고사(총 24회)를 본 후, 강평을 듣고, 다시 한번 풀어보는 형식으로 준비하였습니다. 모의고사때 틀렸던 부분은 따로 노트를 구입하여 그부분 이론을 노트에 정리하였습니다. 시험 약 25일 전부턴 모아놓았던 모의고사를 하루에 1개씩을 풀어나가 시험 전날까지 문제푸는 감을 유지토록 하였고, 시험 전날에는 만들어놓았던 오답노트를 한번 쭉 훑어보았습니다.

실전 시험점수는 동차때는 65점, 유예 때는 92.5의 좋은 점수를 받을 수 있었습니다.

② 회계학1부 공부

기본서는 충분히 보았다고 생각하였기 때문에 2차용 문제집 위주로 공부하고, 모르는 부분만 기본서를 참고하는 방식으로 공부하였습니다. 9월, 10월에 2차용 문제집 2권을 한 번씩 풀어보았습니다. 역시 1월부터 주말에 학원 모의고사를 보고, 강평을 듣고, 다시 한번 풀어 본 후, 시험 약 25일 전부터 모아놓은 모의고사를 하루에 1개씩 풀어나가 감을 유지하였습니다. 또한 1월부터 시험전까지 2차용 문제집을 한권 더 구입해 2번 풀어보았습니다. 역시 오답노트를 작성하였습니다.

실전 시험점수는 동차때는 62점, 유예때는 85.5의 점수를 받을 수 있었습니다.

③ 세법학 공부

저의 가장 취약한 과목인 세법학은 10월, 11월에 단과 수업을 들었습니다. 이때는 이해 위주로 수업을 듣고, 복습은 간단히 하였습니다. 본격적으로 1월부터 시험전까지는 학원 모의고사 진도에 맞추어 공부해 나가며 암기를 시작하였습니다. 4월부터는 세법학을 최우선순위로 하여 공부해 나갔습니다. 따로 서브노트를 한권 작성해 보았으나, 시중에서 파는 요약된 책이 더 좋길래 그냥 버렸습니다. 세법학은 지루해지기 쉬운 과목이므로 최대한 연습장에 쓰면서 공부해 나갔습니다.

실전 시험점수는 세법학1부의 경우 동차 때는 42점, 유예 때는 68.5를 받았고, 세법학 2부의 경우 동차 때는 22점, 유예 때는 65점을 받을 수 있었습니다.

🅰 원희경

(1) 1차 준비를 시작하면서

내가 1차시험을 준비하기 시작한 것은 2007년 8월 7일로 기억한다. 이렇게 날짜까지 정확하게 기억하는 건 세무사 시험을 본격적으로 시작하고자 작심하고 짐을 챙겨 서울로 상경한 날이기 때문이다. 2006년 서울시립대 세무학과에 진학한 나는 과의 특성과 전통에 따라 세무사 시험을 준비하려고 생각해 왔는데, 학교를 다니면서 어영부영한 결심만으로는 실천에 옮기기가 쉽지 않았다. '본격적으로 시작하지 않더라도 회계 기초라도 얼른 다지자'라는 결심도 흐트러지기 일쑤였고, 2007년 1학기는 회계원리 재수강만으로도 빠듯해 하면서 한 학기를 보냈다. 여름방학을 맞이해서 집에 내려와 있던 나는 역시 집에서도 독하게 공부하기란 정말 어렵다는 것을 깨닫고, 아예 장소를 서울로 옮겨서 스타트를 끊자는 마음으로 상경했던 것이다.

일단 세법을 비롯 모든 과목의 기초가 되는 중급회계부터 배워야 했으므로, 선배의 추천을 받아 김현식·최창규·신현걸 3인 공저 중급회계를 기본 교재로 선택하고 김현식 강사님의 중급회계 동영상 강의로 공부를 시작했다. 나는 장소를 이동하면서 공부하는 것을 좋아하지 않고 독학이 성격에 맞았으므로 2차 때 학원 모의고사반을 다닌 것을 제외하고는 모든 과목을 동영상 강의로 수강했다. 학교 근처 하숙집에서 중앙도서관을 다니면서 공부했는데 이동 동선이 짧았던 것도 여러 모로 시간 절약에 도움이 컸다.

2008년 4월 1차시험까지는 많이 남은 기간이 아니므로 시간을 쪼개서 아껴 써야 했다. 한 달에 한 과목 새로운 진도를 나가고, 그 전까지 학습한 과목은 계속 복습하는 방향으로 계획을 세웠다. 그에 따라 8월에는 중급회계, 9월에는 원가·관리회계를 수강하면서 중급회계 복습, 10월에는 세법을 수강하면서 중급회계와 원가·관리회계를 복습 이런 식으로 학습했으며 11월부터는 재정학과 상법을 수강했다. 12월 말부터 객관식 교재가 나왔으므로 12월말~1월초부터 원가 관리회계와 재무회계 객관식 문제집을 풀고 2월부터 객관식 세법을 풀었다.

나는 공부를 늦게 시작하여 고시반 시험에는 응시하지 못했었는데, 같은 학과 고시반 선배님들과 모의고사를 칠 기회가 있어 2월 말부터 4월 시험 전주까지 매주 일요일마다 모의고사를 쳤다. 처음에는 매주 모의고사를 칠 실력이 될까 고민도 많이 했었는데 지금 돌아보면 가장 잘 한 선택 중의 하나라는 생각이 든다. 당시 모의고사를 추천해 주신 선배님께 무척 감사드린다. 정기적으로 자극이 되고 내 실력을 체크하여 그 주의 공부 방향을 잡을 수 있었으므로, 다른 분들도 일주일에 한번은 아니더라도 정기적으로 모의고사를 치는 것을 권해드리고 싶다. 또 모의고사 때 마킹 관리를 철저히 하지 않았더니 실전에서 마킹 시간이 생각보다 너무 빠듯하여 진땀을 흘렸던 기억이 난다. 세무사 시험은 1차시험이 시간이 매우 촉박하므로 실전처럼 시간 관리를 철저히 하여 모의고사를 칠 것을 당부 드린다.

(2) 공부 시간

나는 아침 8시 반부터 밤 11시까지 공부하는 시간 계획을 세웠다. 2007년 2학기까지는 학교를 다닐 생각이었으므로 틈틈이 공강 시간을 활용하며 공부했고 자투리 시간을 허비하지 않으려 노력했다. 나는 현장 강의는 듣지 않았으므로 유일한 통로인 동영상 강의를 들으면서 강사님들의 말씀에 자극을 받곤 했는데, 그 중 가장 크게 공감한 것이 자투리 시간을 잘 활용하는 것이었다. 한번 두 번을 생각하면 2~30분 되는 시간이 크지 않게 느껴지지만, 한 달, 몇 개월이 모이면 큰 시간이 되는 것을 아실 것이다. 그 시간을 모아서 공부를 한다고 생각하면 그것 또한 엄청난 양이다. 이동시에 무언가를 보는 것은 머리에 잘 들어오지 않으므로 mp3나 테이프 강의를 듣는 것을 추천한다. 또 조금이라도 시간을 허비하지 않는 것이 시험 준비에 대한 성의라고 생각해서 자기 전에 잠이 안 올 때나 시간이 날 때 머릿속으로 틈틈이 공부한 것을 떠올리고 생각하려고 노력했다.

1차시험을 두어 달 앞두고부터는 도서관에서 밤 11시 40분까지 공부 양을 늘렸고 자는 시간은 하루 7시간은 꼭 숙면을 취하려고 노력했다. 잠을 자는 것도 공부의 연장선이다. 왜냐하면 잠을 충분히 자서 피로를 회복하는 것이 낮 공부의 제일 큰 밑바탕이기 때문이다. 잠을 잘 못 자면 그 다음 날 책상에 기절하는 것으로 이어졌기 때문에, 12시부터 7시까지는 숙면을 위해 열심히 노력했다. 1차 합격 후 2차를 준비 할 때, 초반에는 동차 합격이 무척 어렵다는 얘기를 들어 그에 대한 대책으로 잠자는 시간을 줄여 보려고 했는데 줄인 잠 시간의 두배 이상을 낮에 결국 허비하게 된다는 것을 깨닫고 원상 복귀했다. 개인마다 알맞은 수면 양은 다르겠지만 잠이 정말 중요하다는 것을 강조하고 싶다.

보통 일주일에 하루는 쉬는 날을 정하는 분이 많은데, 나는 쉬는 날을 따로 두지는 않았다. 친구를 만나는 등 공부를 빼먹어야 하는 날이 한 달에 몇 번은 생기기 때문에 그것을 대비해서였다. 이것은 본인에게 맞는 스타일대로 하는 것이 최선이라고 생각하지만 자기가 생각하기에 빡빡하다 싶을 정도로 공부 양을 돌리는 것이 실력 향상에 중요하다고 생각된다. 하루 동안의 과목 배분은 진도 기준으로 하지 않고 '몇 시부터 몇 시까지는 무슨 과목을 공부한다'

라고 계획을 세웠다. 진도를 기준으로 하면 이 과목을 다 끝내느라 다른 과목 공부할 시간을 침범하는 일이 비일비재하기 때문이었다. 대신 정해진 시간 안에 그날의 대략의 목표를 다 해내려고 노력했다.

(3) 과목별 공부 방법

1) 재무, 원가관리회계, 세법

재무회계는 처음 접할 때 정말 난해한 과목이다. 과목 특성상 내용이며 용어며 회계학 체계가 너무 낯설기 때문이다. 하지만 익숙해질수록 편안해지는 속도도 빠르다. 처음 볼 때 아무리 머리를 쥐어짜도 이해가 안가는 부분은 과감히 스킵해 가면서 공부하는 것이 좋다고 생각하는데, 처음엔 도저히 이해가 안 가던 것이 전체적으로 한 번 다 읽은 후 다시 보면 이걸 왜 내가 이해를 못했지 라고 느꼈던 경험이 종종 있었기 때문이다. 따라서 너무 조급해 하지 말고 꾸준히 학습해 나가면 분명 오르는 실력을 느끼실 수 있을 거라 믿는다. 처음 1, 2회독 시에는 이론에 집중했고 회독을 늘리면서 이론서 단원 끝마다 있는 문제를 같이 풀었다. 객관식 문제 풀이를 할 때는 그 긴 문제들이 굉장히 부담스럽고 독해가 잘 안되었는데, 계속 풀어보니 전형적으로 출제되는 문제들의 형식이 매우 비슷했다. 어느 정도 했다 싶을 때 같은 문제 유형끼리 풀이 방법을 정리해 보면 풀이 속도를 크게 향상시킬 수 있을 것이다. 기업회계 기준 해설(김기동 저)책과 강의는 소위 '말 문제'에 대비하여 이론 정리에 큰 도움이 되어서 추천한다.

세법 역시 방대한 체계가 머리에 자리 잡기 위해서는 어느 정도 시간이 필요하므로 너무 조급해 하지 마셨으면 좋겠다. 세법 역시 2, 3회독부터 기본서에 같이 있는 객관식 문제를 함께 풀었다. 더 이상 글만 읽어서는 머리에 잘 들어오지 않을 때 객관식 문제집을 풀면 내가 모르는 부분이 무엇인지 잘 알 수 있다. 나는 객관식 세법이 늦게 발매되는 바람에 2월 중순부터 풀기 시작했는데 그보다 좀 더 일찍 풀어 보는 것도 좋다고 생각한다.

2) 재정학, 상법

보통 상법이 수험생의 효자 과목이라고 말씀하시는데 나의 경우는 약간 달랐다. 재무회계와 세법에 밀려 재정학은 하루 한 시간 정도 투자를 했는데, 그것이 꾸준히 쌓이니 가장 안정적인 점수를 제공하는 과목이 되었기 때문이었다. 따라서 다른 사람들의 본보기를 귀담아 듣고 따르되, 과목 간 융통성을 두는 것이 좋다고 생각한다. 1차시험 시간 배분에 있어서도 나는 재정학을 다른 분보다 좀 길게 120분 중 딱 사십분, 정확히 삼분의 일을 투자했는데(120분동안 영어, 세법, 재정학을 치름) 그 대신 평균 점수를 올려주는 과목이 되었으므로 나에게 맞는 방법을 찾은 것이라 생각된다. 또 그래프를 보지 않고 그려보는 등 재정학은 그 원리를 이해하기 위해 끊임없이 노력하라고 말씀드리고 싶다. 궁금한 것을 해결한다는 것은 그물의 빈틈을 메우는 것과 같다. 끝까지 질문하여 답을 알아내다 보면 어려운 문제를 접했을 때 내 이론 체계의 꼼꼼함이 실력 발휘를 하는 것을 느끼실 수 있다. 책의 저자님들이 강의를 하고 계시고 질문 하면 답변도 잘 해 주시므로, 적극 활용하라고 권해 드리고 싶다. 상법은 시중에 보기 좋게 세무사용 법전이 나와 있으므로 이론서와 함께 꾸준히 공부 하시면 좋은 점수를 받으실 것이다.

(3) 2차 준비
동차생의 시간 관계상 그룹 스터디는 하지 못했다.

1) 재무회계 원가관리회계
재무회계와 원가관리회계는 1차에 비하여 난이도가 크게 다르지는 않다. 다만 주관식이고 문제의 크기가 크기 때문에 위에서 하나를 틀려버리면 줄줄이 틀릴 위험성이 있고 처음 풀 때는 객관식이랑 느낌은 많이 다르다. 계속 손으로 써가면서 계산기 두드려 가면서 풀면 어렵지 않게 익숙해지실 것이다. 나는 재무회계만 동영상 강의를 빠르게 한 번 듣고 시간이 별로 없었으므로 혼자 문제를 풀면서 공부했다. 하루에 각각 한 시간 반 정도 투자하였다.

2) 세무회계
정말 강조해서 말씀드리고 싶은 것은 1차 때 아무리 시간이 없어도 없는 시간을 쪼개서 한 번은 세무회계를 손으로 풀어보라고 권하고 싶다. 2차 준비하면서 1차 때 세무회계를 봐둘걸 하는 생각이 제일 많이 들었기 때문이다. 2차뿐만 아니라 1차 계산 문제에 세무회계는 정말 큰 도움이 됐을 거란 생각이 든다. 2007년 말 경에 법인세만 복습 없이 강의로 빠르게 한 번 돌렸었는데, 손으로 풀어보지 않고 복습도 없이 강의만 본 것은 안 한 것과 마찬가지로 효과가 없었다. 눈으로만 읽는 것은 세무회계에는 정말 도움이 되지 않는다. 한 문제라도 꼭 손으로 풀어보시길 바라며, 2차시험 직전에 전형적인 유형의 문제들은 반드시 한 번 풀어보고 가시길 바란다. 이번 시험에 출제된 불공정 자본거래로 인한 이익분여 문제를 시험 치기 며칠 전에 풀어본 것이 정말 큰 도움이 되었다. 종합문제는 학원 모의고사 반에서 1회에 네 문제씩 총 8회 정도 풀어 보았는데, 이 정도 풀어 보고 복습한다면 큰 종합문제집을 꼭 풀 필요는 없다고 생각한다.

3) 세법학1, 2부
기본서는 가끔씩 참조하는 수준으로만 보고 시간이 없어 요약서로 외우는 방법으로 공부했다. 기본서는 양이 너무 방대하여 다 외우는 것은 정말 힘들 것이므로 깊이는 기본서로 채우되 답안 작성은 요약서를 보면서 연습하는 것이 좋다고 생각한다. 하지만 요약서에만 의존하는 것은 어떤 문제가 출제될 지 예측할 수 없다는 점에서 상당히 위험하고, 최대한 기본서로 세법의 다양한 부분을 이해하려고 노력하면서 요약서로 목차 짜고 정리해서 쓰는 연습을 하시는 것이 좋겠다.

한 두 문제 이상은 예측하지 못한 문제가 나오기 마련이므로 절대 어떤 부분이든 가능성을 배제하지 말고 어떤 문제가 나오든 쥐어짜서라도 한 두 줄 이상 쓸 수 있도록 공부하라고 말씀드리고 싶다. 답안을 비우고 내는 것과 한 줄이라도 쓰고 나오는 것은 천지차이이다. 또 그것을 위해서 제일 중요한 것은 기본 개념이다. 개념을 알면 어떤 문제가 나와도 쓸 거리가 있기 때문이다. 기본 개념을 충실히 하고, 개인적으로 조세특례제한법도 포기하지 말고 최대한 다 외우는 것이 좋다고 생각한다. 특히 동차 준비할 때는 세세콜콜 외우지는 못하더라도 중요 요건과 요점 정도는 지레 겁먹지 않는다면 생각보다 외울 만 하다고 생각한다.

3. 1·2차 수험기간동안 Group Study는 어떻게 이루어졌으며 실전시험에는 어느 정도의 효과가 있었습니까?

강상희 저는 따로 스터디를 하는 것보다, 혼자 계획에 따라 공부해가며, 모르는 부분은 학원 강사에게 질문을 통해 해결하였습니다.

4. 최근 1·2차 수험과목별 출제경향과 수험대책은 어떤 것이 있습니까?

강상희 최근 세무사 합격생 수를 줄여나가는 추세이므로 최대한 빨리 합격하는 것이 유리하다고 생각됩니다. 영어가 토익으로 대체됨에 따라 토익만 준비되었다면, 1차시험 문제풀이시 예전보다는 시간부족이 덜할 것 같습니다. 2차는 올해는 회계학1, 2부가 쉽게 출제되었다고 생각하는데 내년에도 쉽게 나온다는 보장은 없으므로 어느 정도 수준있게 공부하는 것이 현명하다고 생각됩니다. 세법학1부의 경우는 사례문제와 이론문제에 대한 대비가 필요하며, 세법학2부의 경우는 이론문제위주로 공부하는 것이 좋을 것 같습니다.

원희경 재정학은 예상치 못한 시사 관련 문제가 출제되는 듯하다. 이번 시험에서도 종합부동산세의 중과세 등 경제 시사 관련 문제가 나와 당황했던 기억이 난다. 따라서 평소 경제 전반에 관심을 가지고 상식을 넓히는 것도 도움이 되리라고 생각한다.

2차시험에서도 1차시험과 마찬가지로 모의고사는 수험 생활을 타이트하게 잡아주고 정기적으로 자극이 된다는 점에서 추천한다. 그리고 나의 경우에는 동영상 강의를 들었기 때문에 매주 쏟아지는 궁금증을 해결할 길이 없었으므로 주말마다 모의고사반 학원 선생님께 여쭈어 보는 것이 크게 도움이 되었다. 세법학에 있어 모의고사를 치는 것은 답안 작성 연습에 큰 도움이 된다. 나는 학원에서 모의고사를 칠 때에는 항상 답안의 양이 모자란 것이 문제였는데, 막상 실전에 가서는 모자라지 않기 위해 길게 늘여 쓰려고 하다 보니 생각보다 앞 문제의 답이 너무 길어져서 당황했던 기억이 있다. 다시 지우고 쓰기엔 시간이 부족하므로 모의고사를 쳐 보면서 이런 저런 상황을 고려하여 실전처럼 연습해 두기를 권해드린다.

5. 수험생활 중에 본 도서목록 정리

강상희

(1) 1차용

- 중급회계 : 김영덕 중급회계, 김영덕 객관식 재무회계
- 원가회계 : 임세진 원가관리회계, 임세진 객관식 원가관리회계
- 세 법 : 이철재 세법개론, 이철재 객관식세법
- 상 법 : 김학묵 상법강의, 김학묵 객관식회사법, 윤승욱 객관식회사법
- 재 정 학 : 정병열 재정학을 위한 미시경제학, 정병열 재정학연습,
  정병열 재정학기출문제

(2) 2차용

- 회계학1부 : 김영덕 회계학1부, 세무사재무회계연습(최창규,김현식), 임태종 재무
  100선, 임태종 세무사고급회계, 임세진 세무사2차 원가관리회계, 임
  태종 원가100선
- 회계학2부 : 강경태 세무회계연습, 강경태 종합문제집, 최태규 종합문제집,
  이철재 종합문제집
- 세법학1, 2부 : 유은종 세법학1부, 2부, 유은종 임팩트세법학

원희경

(1) 1차

1) 재무회계, 원가·관리회계
- 김현식 외 3인 공저 중급회계

- 김용남 저 원가관리회계
- 김현식 외 3인공저 객관식 재무회계
- 김용남 저 객관식 원가관리회계
- 김기동 저 재무회계개념체계 기업회계기준 해설

2) 세 법
- 강경태 저 세법개론
- 이철재 저 객관식세법

3) 재정학, 상법
- 정병열 저 재정학연습
- 김학묵 저 상법

(2) 2차
- 유은종 저 임팩트 세법학
- 임태종 저 원가관리회계 100선, 재무회계 100선
- 강경태 저 세무회계연습

6. 수험생 입장에서 구하기 어려웠다거나 보강되었으면 하는 특정 과목이나 수험서

A 강상희 요즘 학원강의나 수험서의 질이 너무 좋아서 없는 것 같습니다.

7. 수험공부시 학원강의, 인터넷강의, 강의tape 중 이용도 측면에서의 선호했던 방법

A 강상희 저는 학원강의가 집중과 효율이 좋아 학원강의 위주로 공부하였습니다.

A 원희경 대부분의 강의는 모두 동영상 강의로 들었다. 현장 강의는 이동 시간이 많이 소요되고 학원에 도착하면 피곤해서 졸음이 쏟아지는 경우가 많았으므로 진도를 밀리지 않을 자신이 있는 분이라면 동영상 강의를 적극 추천해 드린다. 테이프나 mp3는 이동시 귀에 꽂고 들으면서 돌아다닐 수 있다는 점에서 또한 크게 추천한다.

8. 수험생활중 애로사항과 본인만의 스트레스 해소방법

강상희　애로사항은 자취를 하였으므로 매 끼니를 항상 밖에서 사먹는 것이 좀 불편하였습니다. 스트레스를 받을때면 함께 공부하던 친구와 함께 독서실 옥상에서 몇시간이고 수다를 떠는 것으로 해소하였습니다.

원희경　주로 스트레스를 해소하던 방법은 역시 가족과 친구들과의 수다였다. 밤 12시가 다 되어서 귀가하는 딸에게 졸음을 이겨내고 하루도 빠짐없이 전화해서 고민 스트레스 들어주시고 격려해주신 엄마, 아빠께 가장 큰 감사를 드린다. 군 복무 중에도 몇 시간 동안 동생의 말에 귀기울여준 우리 오빠에게도 너무 고맙다. 또한 친구들과의 수다는, 수험생활 중간 중간의 오아시스와도 같은 존재였다. 수험생 고민 받아주고 격려해 준 고마운 친구들과의 수다는 마음이 뻥 뚫리는 활력소였다. 혼자서 휴식을 취할 때는 음악을 들으면서 스트레스를 많이 풀었다. 피곤해서 휴식을 취할 때는 드라마나 영화같은 것을 보지 말고, 자거나 잠이 안 오면 눈감고 가만히 누워 있더라도 아무것도 하지 말고 휴식을 취하라고 권해드리고 싶다. 제일 빨리 피로를 회복하는 방법이기 때문이다. 무엇인가를 하면서, 특히 컴퓨터 모니터를 쳐다보고 있으면 오히려 더 피곤해질 수 있다.

9. 월간회계에 신설 또는 게재했으면 하는 내용이나 바라는 점

강상희　지금처럼 회계관련 뉴스들을 계속 전하는 전통있는 월간지가 되길 바랍니다.

10. 수험생들에게 당부, 앞으로의 계획, 하고 싶은 말

강상희　수험생 여러분, 지금 공부하는 것이 많이 힘드시겠지만 포기하지 마시고 꾸준히, 열심히 공부해 나가신다면 합격의 기쁨을 누릴 수 있으리라 생각합니다. 상당히 어려운 상황임에도 포기하지 않고 주경야독하여 합격을 하시는 분들을 많이 보았습니다. 포기하지만 않는다면 합격으로 이어진다고 생각합니다.

앞으로 더욱더 열심히 공부하고 노력하여 세무사란 이름이 아깝지 않는 세무전문가가 되고 싶습니다. 세무전문가가되어 고객분들께 질 좋은 세무지원서비스를 제공하고 납세자 권익보호에 기여하고 싶습니다.

부족한 제 글이 얼마나 도움이 될지는 모르겠지만 수험생 분들께 티끌만큼이라도 도움이 되었으면 하는 바램입니다. 공부하는 동안 믿고 지켜봐주시고 아낌없이 지원을 해주신 부모님과, 좋은 강의를 해주신 강사분들, 자취한다고 잘 챙겨주신 임세진 회계사님,

질문할 때마다 친절히 답해주신 강경태 회계사님과 정우승 세무사님, 그리고 함께 수다 떨며 공부한 우성이, 택조, 형록이에게 감사의 말을 전합니다.

Ⓐ 원희경　내 수험생활을 통해서 가장 강조 드리고 싶은 것은 신념을 가지고 자신만의 합격수기를 창조해 나가시라는 것이다. 수험생활 내내 흔들리지 않을 자신만의 신념을 먼저 가지라고 말씀드리고 싶다. 슬럼프를 걱정하시는 분들이 많은데, 나의 경우 힘든 적은 많았지만 세무사 준비를 하는 것 자체에 대하여 흔들린 적은 한 번도 없었던 것 같다. 그게 내가 가진 신념 덕분이라고 생각한다. 다른 조건에 의해서 흔들리지 않을 신념과 확신을 가지고 준비를 시작하라고 말씀드리고 싶다.

　또 다른 사람의 경험을 그대로만 받아들이지 말고 자신만의 방법을 찾으셨으면 좋겠다. 다른 분들의 조언을 진심으로 귀 기울여 듣되, 시행착오도 겪고 해 나가면서 개개인의 특성에 맞게 융통성을 발휘하여 공부법을 찾으라고 말씀드리고 싶다. 분명히 모든 사람이 똑같을 수는 없고, 다른 사람 눈에는 어떻게 보일지라도 스스로가 확신만 있으면 그것이 그 사람에겐 최선의 방법이다. 따라서 불가능이란 없다고 말씀드리고 싶다. 절대 무언가를 시작하기 전에 너무 어려울 거라고 겁먹지 말고 불가능하다고 생각하지 마시길 바란다. 정확한 예측은 필요하지만 필요 이상으로 과대평가하거나 자신을 깎아 내리지 말고 내가 가능하다고 생각되면 그건 가능한 것이라는 확신을 가지시길 바란다. 정말 진심으로 모든 분들이 열심히 노력한 보답과 기쁨을 듬뿍 얻으시길 바라고, 또 그러리라고 확신한다.

　끝으로, 말로 표현하기에 너무 부족한 듯 하지만, 고마운 분들께 감사함을 전하고 싶습니다. 끊임없는 격려와 사랑을 보내주시고 수험생활 동안 공부에 지쳐 힘들 때에도 웃음을 잃지 않도록 해 주신, 내가 세상에서 가장 사랑하는 잉꼬부부 아빠, 엄마(그 크신 사랑 어떻게 다 갚을 수 있을까요. 사랑합니다), 대한민국 늠름한 공군으로 복무하며 동생 카운슬러가 되어준 자랑스러운 오빠 원경천, 먼 미국에서 낮과 밤을 달리며 기도해주신 이모와 이모부, 사랑하는 동생 채운이, 희승이 무한한 감사함을 전합니다. 멀리 떨어져 있었지만 우정은 깊어만 가는 소중한 친구 지영이, 내 힘의 원동력인 씩씩한 민희와 청순 가련 혜민이 열애중인 은진이, 수험생의 고민 스트레스 다 받아주고 입만 열면 삼백육십 오일 수다 이어나갈 수 있는 사랑스럽고 보고 싶은 친구들 경현이, 유진이, 보람이, 예비 회계사 예지언니 정말정말 고마워!! 같이 2차 공부했던 세무학과 동기 기석오빠, 군주언니를 비롯한 세무학과 06학번 동기들(시험 준비하는 모든 친구들 합격 기원합니다), 세무학과 선배님들, 함께 학원 다니며 도움 주신 정혜 언니, 선주 언니, 동준 오빠, 기동 오빠, 깊은 조언 주신 선배님들(규환 선배, Tru-hz영찬 오빠 정말 감사합니다), 수험생활동안 만 같이 살아서 너무 아쉬운 룸메 유진 언니, 합격 응원해준 친구들 고맙습니다. 모든 분들의 격려 한마디가 저에게 정말 큰 힘이었습니다. 감사함을 깊이 깊이 전합니다.

2007년 제44회 세무사시험

최고득점·최연소 합격자 인터뷰

 박 동 선
1986년 2월 22일 출생
마산제일고등학교 졸업
창원대학교 세무학과 졸업
2007년 제44회 세무사자격 제2차시험
전체 수석 및 최연소 합격자

 **이 미 경**
1985년 5월 16일 출생
강릉 강일여자고등학교 졸업
속초 동우대학 치기공과 자퇴
2007년 제44회 세무사자격 제2차시험
여성최고득점 합격자

1. 응시동기 및 합격소감

Q 공인회계사 시험을 선택하게 된 동기와 합격후 소감은 어떠했나요?

A 박동선 안녕하십니까! 이번에 제44회 세무사자격시험에서 최연소 및 수석으로 합격하게 된 박동선이라고 합니다. 사실 고등학교 때는 세무사란 직종에 대해 잘 알지도 못했고 딴 세상의 얘기와 같다고 생각했으나 대학 진로를 세무학과로 잡으면서 세무사에 대한 정보도 알게 되었고 제 목표 역시 세무사로 잡게 되었습니다. 제 성격이 게으른 편인지라 어지간한 각오가 아니면 이 시험에 도전할 수도 없었는데, 다른 동기나 선후배들처

럼 1학년을 마치자마자 군대에 가는 대신 이를 미루어 공부를 할 수밖에 없는 상황을 만들어 도전하게 되어 필사적으로 공부했는데, 나이가 어린 편이라 최연소는 기대했었으나 수석은 꿈도 꾸지 않았었습니다. 그런데 수석이라니… 제가 주위에 자주 말했었지만 10년치 운은 다 쓴 것 같습니다. 무엇보다 더 이상 부모님께 부담을 주지 않아도 된다는 생각에 마음이 편안합니다.

A 이미경 안녕하세요! 제44회 세무사 시험에 합격한 이미경이라고 합니다. 합격수기를 읽고 제 나름대로 공부방법을 찾아서 수험생활을 지내왔던 시절이 엊그제 같은데 벌써 시간이 많이 흘렀네요. 아무쪼록 제 글을 읽고 나름대로 공부방법에 대해 윤곽을 잡으시는데 도움이 되길 바랍니다.

제가 세무사 시험을 공부하게 된 계기는 아는 언니의 소개로 알게 되었고, 또 제 적성에 맞는 것 같아 시작하게 되었습니다.

저는 어떤 시험이든 먼저 처음이 중요하다고 생각합니다. 처음엔 용어들도 낯설어 힘든 점이 많았지만 꾸준히 하신다면 반드시 좋은 결과가 있을 시험이 세무사 시험이라고 생각됩니다. 제게 항상 되새겨서 하는 말이 있는데 "모로 가도 서울만 가면 된다", "갈 만한 곳엔 지름길이 없다" 라는 말입니다. 이것은 자기가 수험생활 중 빠지기 쉬운 것 중에 하나가 내 방법이 맞나 하는 의구심과 나만 왜 이렇게 힘들까라는 생각입니다. 세무사 시험이란 쉽지 많은 않은 시험입니다. 그렇다고 하여 합격하기 힘들 정도로 어려운 시험도 아닙니다. 세무사 시험을 시작한 이상 자신에게 맞는 수단과 방법을 찾아서 합격 이라는 단계에 오를 수 있도록 바라는 바입니다.

🎙 2. 자신만의 수험생활 및 효율적인 공부방법

Q 1·2차시험대비 수험대책으로 자신만의 효율적인 공부방법과 과목별 준비요령은 어떠했나요?

A 박동선

(1) 2005년 1월~2006년 2월

제가 처음 세무사 공부를 시작하게 된 것은 2005년 1월이었습니다. 당시 학교 회계원리 강의에서 C학점을 받고 난 이후 '이래서는 안 되겠다.' 싶어 상경하여 심요순 회계사님의 중급회계 강의와 김용남 회계사님의 원가관리 강의를 들은 것이 본격적으로 시험전선에 뛰어든 계기가 되었습니다. 그래도 평소 게으름을 완벽히 타파하지 못했던 당시에는 강의를 듣지 않고 서울에 있던 친구들과 놀아버리기도 했고, 개강 날짜와 학원 강의의 종강 날짜가 어긋나서 끝까지 수강하지 못하고 집으로 내려와야 했었습니다. 무엇보다 당시에는 제 공부스타일이 어떤가, 어떻게 공부해야 하는가 등의 마음가짐도 다 잡지 못하였고, 수험정보를 미처 수집하지 못하였던지라 이후 1년 가까이 시행착오를 겪어야 했습니다.

보다 적극적인 마음가짐과 지피지기, 즉 저에 대한 정보와 시험에 대한 정보를 확실하게 수집하여 시험공부에 대한 완벽한 준비를 끝낸 것이 2006년 1, 2월이었습니다. 당시 이철재 회계사님의 세법개론 강의와 정병열 강사님의 재정학 강의를 들으면서, 강의 자체를 따라가기 보다는 마음을 다 잡을 수 있게 되어 이후 대학생활과 수험생활을 동시에 하여도 부담이 없었습니다. 그와 함께 카페에서도 세무사에 대한 정보를 많이 얻을 수 있어 혼자 공부한다는 불안감도 없었습니다.

2006년 3월부터 2007년 2차시험을 칠 때까지는 주로 학교 내 학과 공부방과 집 근처 독서실에서 공부하였습니다. 특히 06년 시험을 올림픽 정신으로 처음 쳐 봤는데, 당시 영어시험문제 파동에도 불구하고 제 점수는 좋지 못하였으나 회계학 점수와 세법 점수는 학습량에 불구하고 좋은 점수가 나와 '조금만 더 하면 되겠다.' 라고 제 자신에게 격려를 했었습니다.

2006년 겨울방학을 하기 전까지는 학과 공부방에서 매주 월요일부터 금요일까지 하루 8시간 정도 공부하였고, 겨울방학부터 2차시험 때까지는 집 근처 독서실에서 되도록 하루도 거르지 않고 하루 10~11시간을 공부한 것 같습니다. 그러나 저는 공부시간 자체에는 연연하지 않았고, 월 단위로 목표 학습량을 정하여 못해도 그 목표의 70~80%는 해내려고 노력하였습니다. 처음에는 70%을 해내는 것도 힘들었으나, 학습량이 누적되면서 100% 이상의 목표 달성율을 보여 힘들었던 수험생활에서 몇 되지 않았던 자신감의 근거가 되어줬습니다.

(2) 2007년 3월~2007년 4월 15일

이 시기에는 주로 객관식에 대한 준비를 하였습니다. 시중의 객관식 문제집 중 과목당 한권 씩 정하여 반복하여 풀어보는 방법을 선택하였습니다. 그리고 학원 모의고사를 총 4부 정도 풀어보았는데, 모의고사 점수가 너무나 잘 나와서 오히려 당황하였습니다. 그도 그럴 것이, 고등학교 3학년 때에도 모의고사 점수는 잘 나왔으나 막상 실전에서 점수가 좋지 못하여 좌절했던 경험이 있었기 때문입니다. 생각해보면, 고 3때의 경험 때문에 모의고사 점수에 자만하지 않았고, 그 결과 1차시험의 점수 역시 기분 좋게 나오게 되었다고 봅니다.(당시 재정학 82.5점, 세법 70점, 영어 75점, 회계학 75점, 상법 77.5점, 평균 76점)

(3) 2007년 4월 16일~2007년 7월 8일

가채점 후 바로 2차용 교재를 주문하였고, 그 주말에는 상경하여 친구들과 술 한 잔 하면서 2차 붙으면 한 턱 거하게 내겠다 라는 농담과 함께 새로이 각오를 다졌습니다.

동차생의 공통된 고민거리 중 하나가 바로 세법학이었는데, 저는 정정운 세무사님의 세법학 강의를 인터넷으로 들으며 나올법한 논제를 정리하고 목차 암기를 통한 흐름 잡기에 초점을 잡고 공부하였습니다.

재무회계, 원가관리회계는 자신감이 있었던지라 2차 준비에도 별 어려움이 없었고, 세무회계는 06년 여름부터 꾸준히 준비해왔기 때문에 그동안 봤던 교재를 빠르게 복습하여 감을 회복하고 종합문제를 통하여 마무리하는 방법으로 공부하였습니다.

그리고 시험 이틀 전에 의정부에 계신 이모댁에 묵으면서 마무리 공부보다는 마음을 다 잡는데 온 정신을 쏟았고, 특히 전날에는 친구와 칵테일 한 잔 하면서 응원을 받아 크게 긴장하지 않고 다음 날 시험장에 들어갈 수 있었습니다.

회계학 1부는 솔직히 당황스러웠습니다. 생각지도 않았던, 아니 객관식 문제에나 나올 법한 충당부채 문제가 나와 제 뒤통수를 한 대 쳤으나, 원가관리회계가 평이하게 나와서 과목 전체를 망칠 정도로 당황스럽지는 않았습니다.(점수는 81점)

회계학 2부는 그 당시 심정을 표현하면 '이런 귀여운 문제를 봤나!' 였습니다. 모의고사나 이전 복원문제를 보면 소득세와 부가가치세의 경우 큰 그림을 그려야 했던 문제였고, 법인세 항목별 조정문제 역시 각 소문항이 연결되는 경우가 많았으나, 올해는 소득세의 경우 소문항 여러 개로 출제되었고, 부가가치세도 시중 문제에서 많이 볼 수 있었던 오류수정 문제, 그리고 법인세 항목별 조정 역시 소문항별로 분리되어 있어 부담이 없었습니다. 그래서 법인세 토픽 문제(외국납부세액공제)의 마지막 약술 문항을 제외하고 모두 쓸 수 있었고, 이후 복원 단계에서 소득세 소문항 하나 확실히 틀린 것 말고는 딱히 더 틀렸다거나 하는 생각은 들지 않았었습니다.(점수는 89점)

세법학 1, 2부에서 제 10년치 운이 다 쓰였다고 생각합니다. 세법학 1부에는 소급과세 원칙 / 이월결손금 통산 / 합병 시 승계 / 비상장주식 물납 문제라는 메이저한 논제가 나와 물납 문제를 제외하고는 자신있게 쓸 수 있었습니다. 세법학 2부 역시 영세율 / 제조·판매의제 / 창업중소기업 과세특례 / 취득세 계약해제 문제라는 메이저한 논제가 나와 취득세 문제를 제외하고는 자신있게 쓸 수 있었습니다. 특히 세법학 1부의 경우 4문항을 모두 쓰고도 15분이 남아 제가 덜 썼는가 싶었을 정도였고, 세법학 2부에서는 답을 써내려가다 잠이 조금씩 밀려왔던 것 말고는 크게 문제가 없었습니다.(점수는 63, 64점)

(4) 그룹 스터디?

전 혼자서 공부하는 스타일이었던지라 스터디의 필요성을 크게 느끼지 못하였습니다.

사실 스터디 경험이 전무하여 스터디에 대한 장점 및 단점도 잘 모르겠습니다. 다만, 제가 하고자 싶은 말은 자신의 공부스타일에 따라 스터디를 할 것인지를 정해야 한다는 것입니다. 저처럼 혼자서 해야 능률이 좋은 사람은 오히려 스터디가 독이 될 수 있으니까요.

(5) 과목별 공부방법

1) 재무회계, 원가회계

기본서에 충실하는 것이 정석적이고 가장 효과가 좋습니다. 시중 기본서 내 문제들은 2차시험까지도 충분히 커버할 수 있기 때문에 꾸준히 기본서를 반복해서 보시다가 1차시험 2~3달 전부터 객관식 문제집을 풀어보시는 것을 추천합니다. 1차시험은 무엇보다 신속, 정확이 생명이므로 연습을 통하여 문제 선별과 빠르게 풀 수 있도록 하여야 합니다.

2차시험 때는 시간이 촉박하기 때문에 2차 연습서만 보았는데 지금 생각해 보면 위험한 공부방법이 아니었나 생각합니다. 올해의 경우에도 충당부채 문제를 풀 때 시중 교재의 출제범위를 벗어나 1차 객관식 공부를 하던 때의 기억을 겨우 되살려서 풀 수 있었기 때문입니다.

② 세법개론, 세무회계, 세법학

동차 합격을 위한 중요한 문제 중 하나가 바로 세법의 공부 단계입니다. 무엇보다 세무회계를 공부해야 할 시점이 중요한데, 저는 '세법개론 책을 3회 이상 보았는데 불구하고 그 이상 실력이 늘지 않은 기분이 들 때'로 보고 있습니다. 세법개론 책만으로 방대한 세법을 이해하기는 역부족이기 때문에 세무회계로 계산문제와 이론의 깊숙한 부분을 익혀 차후 1차시험 및 2차시험에 대비하는 것이 동차 합격을 위해서는 중요합니다. 물론 1차시험 전까지 세무회계의 반복이 이루어진다면 객관식 교재는 크게 필요하지 않을 것입니다.

2차시험 과목인 세법학은 1차 공부 때 보지 못했던 세법이 늘어나고 그동안 봐 왔던 세법들도 내용이 심화되어 동차생 입장에서는 부담이 될 수밖에 없습니다. 저의 경우에는 강의를 들으면서 목차를 써내려가며 맥을 잡는데 초점을 두었고, 시험 1달 전부터는 국세기본법, 상증세법, 특별소비세법, 지방세법을 집중적으로 보며 조세특례제한법은 강사님께서 찍어주신 큰 논제를 최우선으로 암기하려고 노력하였습니다.

3) 재정학, 상법, 영어

재정학은 무엇보다도 이론에 대한 정리가 필요합니다. 저 같은 경우에는 교재의 이론 부분만 2~3회독 한 뒤 이후 문제를 반복하여 풀면서 정리하였습니다. 재정학과 같은 경제학 과목을 처음 접하는 분들은 미시경제학을 먼저 훑어보신 후 재정학을 보시는 것을 추천합니다.

상법은 반복하여 책을 읽으며 조문을 하나하나 외워가는 것이 가장 단순하지만 확실한 방법입니다. 저는 기본서를 무수히 반복하여 보면서 시험 1달 전부터는 상법전을 읽으면서 조문을 최대한 많이 암기하려고 하였습니다.

영어는 내년이 시험과목에 포함되는 마지막 해입니다. 올해는 특히 단어 문제와 독해 문제가 쉬운 편이었던 만큼 단어암기와 독해연습에 최대한 노력을 하셔야 합니다. 물론 확실한 점수 확보를 위해서는 문법 공부도 필요하기 때문에 결론적으로 제가 말씀드리고 자 하는 것은 하루 2시간 이상 꾸준히 하여야 한다는 것입니다. 2009년 이후 시험을 준비하시는 분은 토익 등으로 대체되기 때문에 한결 마음이 편하시리라 생각합니다.

🅐 이미경

(1) 1차시험 준비

본격적으로 세무사 시험을 준비하게 된 시기는 2005년 7월이었습니다. 이 때 먼저 세무사 시험을 치루어 본 언니에게 조언을 얻어 과목을 알았고, 시험 날짜 등 수험 스케 줄을 알게 되었습니다. 먼저 내년에 있을 1차시험에 맞추어 재무회계, 원가관리회계, 세 법, 재정학, 영어, 회사법 일주일 간의 계획을 매주 단위로 작성하여 실행하였습니다.

우선 월수금, 화목일로 나누어 월수금은 영어, 회계학, 회사법을 공부하기로 정하고 화목일은 영어, 세법, 재정학을 공부하기로 정했습니다. 아침 8시에 영어 단어, 독해 공 부를 시작하여 3시간 영어에 집중하였어요. 특히 영어 단어를 외우는 것이 제일 싫어해 서 매일 아침 먼저 시작했어요. 원래 하기 싫어하는 부분을 먼저 끝내면 마음이 가볍잖 아요. 그리고 월수금 점심먹기 전 2시간 정도는 원가관리회계를 공부했어요. 개인적으로 원가관리회계를 좋아했어요. 처음에 가장 어려운 과목이기도 하고 머리에 와 닿지도 않 아 힘들었지만 2회독 정도 하고 나니 그 이후엔 쉽게 공부할 수 있는 과목중 하나였어 요. 그리고 나서 점심식사 후 졸리는 시간을 쫓기 위해 재무회계를 공부했어요. 재무회 계와 원가관리회계 특히 2차시험 준비시 소홀할 수 있다는 점에 염두하여 1차 준비시 스킵 없이 전체를 훑어 보면서 자세히 공부했어요. 1차때 고급회계 부분은 스킵하기 쉬운데 시간이 부족하시다면 스킵이 나을 거라 생각되는데 시간이 충분하시다면 고급회계 분야를 꼭 보라고 말 씀드리고 싶네요. 깊숙이는 아니더라도 최소한의 정도만 보시더라도 2차 때 큰 변별력이 있 을 거라 생각됩니다. 재무회계를 공부한 후 저녁 시간대에는 회사법을 주관식문제가 없 으니 객관식 문제만 풀 수 있을 만큼만 넓고 얕게 공부했어요.

화목일에는 월수금 아침과 동일하게 영어단어, 독해를 시작하여 오전시간을 준비하였 고, 이후엔 저녁시간 전까지 세법만을 정독하면서 세법개론에 실려 있는 예제문제 중심 으로 공부하여 나갔습니다. 저녁 시간대는 재정학을 공부하였습니다. 재정학은 개인적으 로 회사법과 함께 공부하기 싫은 과목 중에 하나였던거라 기본서를 보지 않고 동영상 강의를 중심으로 예샘카페에 있는 서브노트 자료를 활용하여 공부하였어요.

그리고 1차과목을 공부하면서 제 생각에 중요시 되어야 하는 점은 중요 과목별로 깊이와 스킵여부를 판가름하는 잣대를 기르셔야 하는 점입니다. 회계학과 세법을 중요시여겨 기본서를 2회독 후 11월부터 시험 보기 전까지 객관식용 문제집을 병행하여 수회독 하였습니다.

그래서 저의 1차시험 성적 목표는 회계학과 세법은 고득점 전략과목이었고, 회사법은 70점, 재정학은 55점, 영어는 60점을 목표로 하였어요. 그런데 결과는 판이하게 다르게 나왔지만요. 결과는 회계학 65점, 세법이 62.5점, 재정학이 57.5점, 영어가 60점, 회사법이 70점 정도 나왔던 것으로 생각됩니다. 보통의 경우 회사법과 재정학을 고득점 전략과목으로 생각하시는데 43회 1차시험에서는 이 예상을 비웃기라 한 듯 회사법과 재정학에서 고득점 전략은 빗나갔습니다. 저의 경우도 재정학 공부에 소홀하였지만 운이 좋아서 붙었지 절대 실력이 아니라 생각했습니다. 1차시험에서는 모든 과목을 열심히 하되요령있게 공부한 것이 도움이 많이 되었습니다.

(2) 2차시험을 위한 준비과정(동차)

1차시험 가채점 후 붙었겠구나 싶어 일주일간 휴식후 약 두달간 동차로 붙을 심정으로 서울로 상경하여 공부하였습니다. 동차종합반에 등록후 한달간은 종로쪽에 거주하면서 정독도서관에서 학원 진도 위주로 공부하였습니다. 1차때 가장 공들인 세법이 2차때와는 판이하게 다르다는 사실을 깨닫고 많이 어려웠습니다. 거의 반나절을 세무회계에 투자하고 나머지는 처음 접하는 세법학 2부를 공부하는데 시간을 보냈습니다. 그러다보니 회계학 1부에 소홀해지고 세법학 1부의 깊이를 동차때는 느끼지 못하였습니다. 동차때 2차시험 결과는 회계학 1부 66점, 회계학2부 53점, 세법학 1부는 40범, 세법학 2부는 44점으로 기억됩니다. 커트라인에서 아쉽게 떨어졌지만요. 그래도 유예때 보다 나은 결과가 나올거라 믿고 11월부터 유예생활을 시작하게 되었습니다.

(3) 2차시험 완벽대비 과정(유예)

또 다시 서울로 상경하여 신촌에 있는 웅지 학원 근처로 거주지로 정하였습니다. 부대시설이 괜찮아서 웅지학원 자습실에서 주로 공부하면서 지하식당에서 식사를 해결하였습니다. 혼자 공부할 때의 어려움을 누구보다 잘 알기에 우선 매일 같은 생활 패턴을 유지해 가기 위해 생활스터디를 구성해 보기로 생각후 정말 소중한 분들을 만나게 되었습니다. 그 분들이 없었더라면 힘든 유예생활을 헤쳐나가지 못하였을 것입니다. 지금 모두들 합격했다는 희소식에 너무 감격스럽고 기쁨도 더 크구요. 11월부터 꾸준히 12월까지 회계학 1, 2부를 동영상 강의를 들으며 기본서 정독하였습니다. 그리고 세법학 1, 2부는 동강보다는 테잎이 낫다 싶어 기본서 테잎을 사서 들었구요. 2달간은 매일 아침 9시에

2시간씩 세무회계 스터디를 통해 시간 정해서 풀고, 점심 먹기 전까지 오답을 체크해가면서 풀이 과정을 답안지에 간결하고 깔끔하게 쓰려고 노력하였습니다. 점심 후 졸린 시간을 활용하여 재무회계, 원가관리회계를 100선에 있는 문제집을 시간을 정하여 풀고 채점하는 식으로 공부하였습니다.

저녁 먹은 후에는 세법학 2부 강의 듣는데 주력하였고, 시간이 남는 경우에 기본서 1부를 정독하는 식으로 공부해 나갔습니다. 두달간은 매일을 똑같이 반복되는 하루를 보냈습니다. 그리고 나서 1월부터는 실전느낌을 내기 위해서 전과목 모의고사를 등록하였습니다. 회계학 1부는 임태종 선생님, 2부는 정우승 선생님, 세법학 1, 2부는 장보원 선생님 모강반을 등록하여 매주 실전 연습을 하였습니다. 세무회계의 경우 두달간의 스터디 덕분에 모의고사 1등을 경험하기도 하였습니다. 1월 새해 첫달을 기분 좋게 시작하여 한달을 마무리후 세법학 1, 2부는 모의고사를 꾸준히 보았고, 회계학 1, 2부는 기본이 약하다 싶어 기본서를 중심으로 공부하기 시작하였습니다. 특히 회계학 1부가 난제다 싶어 강경보 선생님의 회계사용 토스재무회계를 테잎을 들으면서 반복학습하기로 한 것이 회계학 공부에 큰 도움이 되었습니다.

세무회계의 경우 동차때 열심히 했지만 유예때라 더 긴장되는 과목이었고, 시간싸움이란 사실이 더 와닿았습니다.

2월에 정우승 선생님의 기본강의반을 수강하여 기초실력을 쌓는데 주력하였고, 나머지 시간에는 세법학 1, 2부 모의고사 대비하는데 시간을 할애하였습니다. 회계학 1부가 보통 고득점 과목으로 알려져 있는데 저에겐 고득점 과목이 아닌 과락 면하자는 과목으로 여겨져 있어 다른 과목보다 여러권의 책을 사서 이것저것 문제를 풀어보았습니다. 그래서 미래에서 출판되어 나온 회계사용 재무회계연습도 사서 참고하고 나니 더 혼잡스러워진 느낌이었습니다.

책은 1권만 사서 그 책의 80퍼센트를 뽑아내자는 각오가 회계학 1부에서 무너지고 말았습니다. 이 때 유예였던지라 고급회계부분은 스킵하지 않았고, 합병과 연결, 외화환산 부분까지만 공부하였습니다. 회계학 1부의 경우 매일 3시간을 투자하였습니다. 회계학 2부의 경우 저의 고득점 과목이자 제일 자신있었던 과목입니다. 동차때 열심히 하였고, 모의고사 성적 또한 잘나와서 실전시험에서도 잘 나와주기를 바랬던 과목입니다. 회계학 2부의 경우는 한권의 책으로 매일 반복하는 수밖에 없다는 생각이 듭니다. 필히 손으로 풀어보고 풀기 전엔 답을 보지 않고 푸는 연습이 필요합니다. 그래야지 오랫동안 기억에 남습니다. 그리고 무엇보다도 답안지를 어떻게 써야 간단 명료하면서 시간이 오래 걸리지 않을까라는 생각을 풀면서 실행에 옮기셔야 합니다. 풀이과정을 가득 메우는 것보다는 꼭 필요한 풀이과정을 기재하는 식으로 연습하시면 시간 줄이는데 상당한 도움이 되실 것입니다.

그리고 세법학 1부의 경우 모의고사 반을 통하여 많은 도움을 얻을 수 있었습니다. 동차때는 남는 시간을 활용하여 공부했던 과목인데 유예때는 과락을 대비하여 가장 많은 시간을 활용하여 공부하였습니다. 2월부터 장보원 선생님의 기본강의반을 시작으로 평일에 있는 모강반을 병행하면서 4월달엔 동차대비반까지 수강하면서 가장 많은 강의를 들었던 과목입니다. 혼자 공부 해나갈 자신이 없었기에 강의라도 의존하여 공부방법을 익혀나갔습니다. 덕분에 세법의 깊이가 깊다는 것을 실감하였고 합격 후에도 많은 공부가 필요한 과목이라 생각도 되었습니다. 이렇게 유예준비하여서 44회 세무사 2차시험에서 좋은 결과를 얻을 수 있었다고 생각됩니다. 2차시험 성적은 회계학 1부 63점, 회계학 2부 82점, 세법학 1부 65점, 세법학 2부 59점으로 평균 67.2점을 얻었습니다.

3. 최근 1·2차시험과목별 출제경향과 대책

박동선   내년 1차시험은 영어가 시험과목에 포함되는 마지막 해라 공인회계사의 경우를 생각해 볼 때 상당한 난이도로 출제될 가능성이 있습니다. 그리고 세법의 경우 이번에 국기법 등의 기타잡법의 난이도가 상당했던지라 난이도가 완화될지도 모르고요.

무엇보다 내년부터 500명으로 최소합격인원을 줄일지도 모르기 때문에 2차생 인원수 조절을 위하여 전체적인 난이도 상승이 있을지도 모르니 주의하셔야 합니다.

2차시험의 경우 유예생의 수가 적고, 1차 합격생 인원수에 따라 난이도가 조절되는 경향이 있기 때문에 쉽게 예상하기가 어렵습니다. 그러나 유예생의 수가 워낙 적은지라 유예생 여러분들은 특별한 일이 생기지 않는 한 무난하게 합격하시리라 믿습니다.

이미경

(1) 1차시험을 치루어 본 결과 저의 개인적인 견해 및 준비방법

우선 1차시험 모든 과목을 60점 이상을 넘도록 목표를 잡으세요. 43회 1차시험의 경우 전략과목과 과락만을 면하자는 전략을 내세운 분은 그리 좋은 결과는 얻지 못했을 것입니다. 그리고 소위 말하는 폭탄과목이 무슨 과목인지 모르는 상태에 시험장에 들어갔다가는 긴장하기 쉽습니다. 모든 과목을 평이하게 공부하라고 전해주고 싶습니다.

과목별로 세분하자면 우선 재무회계, 원가관리회계는 출제경향이 작년 기출문제를 응용하여 출제하는 부분도 있고, 회계사 기출문제도 참고하여 보시면 많은 도움 얻으실 수 있을 거라 생각됩니다. 세법의 경우 점차 매년 중요시되는 부분도 간과해서는 안되지만 지엽적인 부분도 점차 많이 출제되는 것으로 볼 수 있습니다. 이렇다 하여 지엽적인 부분을 모두 공부하기에는 역부족이라 생각됩니다. 중요부분 출제시 모두 맞추겠다는 생각과

세법은 특히 계산문제 비중보다는 서술문제 비중이 60%를 차지하고 있기 때문에 국기법, 국징법, 국조법, 조처법 등 서술형 문제에 각별히 신경 쓰시면 1차시험에서의 세법은 단 시간 안에 60점 이상을 받을 수 있는 과목입니다. 그리고 재정학의 경우 행시 등의 재정학시험 보다는 난이도가 낮다는 생각이 많았지만 제가 시험을 치루어 본 바로는 점점 난이도가 높아지는 추세인 거 같습니다. 암기 위주보다는 이해 위주로 공부하시는 것이 낫고, 행시 등 다른 시험의 재정학 기출문제도 한번쯤 풀어보시고 시험장에 들어가시는 것이 많은 도움이 됩니다. 재정학의 경우 정병열 선생님의 얇은 기출문제집을 보시면 다른 시험의 재정학 기출문제도 들어가 있어 도움이 많이 되실 것입니다. 그리고 상법의 경우 예전에 기출형태는 옳지 않은 것을 고르는 문제가 대다수인데 반해 제가 본 시험이 후로는 옳은 것을 고르는 문제가 대부분이었다는 것을 감안해보면 대충 눈도장만 찍는 식으로 회사법을 공부하기에는 불합격을 좌우할 수 있는 과목입니다. 법조문을 정확히 이해하시고 객관식 문제를 풀어 감을 유지하시면 고득점 과목으로 충분히 좋은 점수를 얻으실 수 있는 과목입니다.

그리고 영어 과목의 경우 제 주변에도 그렇고 저 또한 영어 과목 때문에 불안감을 많이 가졌던 과목인데요. 영어공부를 하고 있을 때는 점수가 오르고 있다는 느낌이 나지 않는 과목이므로 더더욱 그럴 것입니다. 하지만 시간 투자하시면 성적은 반드시 오르게 되어있습니다. 영어는 해마다 변수가 되어 과락이 속출되는 과목이에요. 우선 영어의 경우 영단어 꾸준히 철자위주로 암기하시고, 독해는 매일 하시면 더 이상 과락 걱정은 없을 것 같아요.

(2) 2차시험을 치루어 본 결과 저의 개인적인 견해 및 준비방안

우선 제 개인적인 견해로 2차시험에서는 고득점 과목이 없습니다. 매년 회계학 1부의 경우 고득점 과목으로 알려져 왔는데 동차, 유예를 거치면서 저에게는 회계학 1부가 과락 위험을 느낄 정도로 어려움이 많았던 과목입니다. 그래서 제 생각으로는 공부한 만큼 나오는 세법학 2부가 오히려 고득점은 아니더라도 점수를 올릴 수 있는 과목으로 생각됩니다.

회계학 1부의 경우 기본서를 몇 회독 정독 후 연습서로 마무리 하시면 충분히 좋은 점수 얻을 수 있을 것입니다.

회계학 2부의 경우 동차 때는 난이도가 좀 높았지만 유예 때는 시간을 많이 투자해서 공부한 과목치고는 난이도가 낮아 변별력이 없었습니다. 그래도 회계학 2부의 경우 해마다 난이도가 변할 수 있으니 조금 지엽적이라도 중요한 부분을 중심으로 지엽적인 것도 아우를 수 있을 만큼 연습이 필요한 것 같습니다. 세법학 1, 2부의 경우 최신출제 경향을 파악하기 위해서는 학원 모강반을 통해 판례 등을 익힐 필요가 있다는 생각을 해봅니다. 1부의 경우 아직까지는 판례보다는 기본이론을 중요시하고, 2부의 경우는 기본서 중심으로 암기를 하는 것이 점수 높이는데 도움이 될 것입니다.

🎙 4. 수험생활 중에 본 도서목록 정리

Ⓐ **박동선**   제가 단과 강의를 위해 학원에 간 것을 제외하면 대부분 동영상강의나 독학이었기 때문에 강의를 추천하기에는 좀 무리가 있다고 봅니다.

(1) 1차 교재
- 회계학개론 : 웅지 중급회계, 박호근 중급회계, 박호근 외 공저 파이널 객관식 회계학
- 세법학개론 : 이철제 세법강의, 이철재 객관식 세법
- 상　법 : 김학묵 상법
- 재정학 : 정병열 재정학, 최영한 객관식 재정학
- 영　어 : 이성철 SRS 독해, 슈퍼 문법, 유종건 15회 모의고사 등

(2) 2차 교재
- 회계학 1부 : 임태종 재무회계 100선, 원가회계 100선
- 회계학 2부 : 강경태 세무회계, 정우승 파이널 세무회계
- 세법학 1부 : 정정운 세법학, 변천수 홍재봉 응용논제 120선
- 세법학 2부 : 정정운 세법학, 변천수 홍재봉 응용논제 120선

Ⓐ **이미경**

(1) 1차 수험서
- 재무회계 : 웅지 중급회계, 고급회계, 객관식 회계학
- 원가관리회계 : 웅지 원가관리회계
- 세　법 : 웅지 세법개론, 객관식 세법
- 재정학 : 예샘 카페에 올려진 서브노트 및 모의고사
- 회사법 : 오수철 상법
- 영　어 : 신성일 어휘집, 신성일 독해, 신성일 영문법, 신성일 단어 테이프
(2) 2차 수험서
- 회계학 1부 : 임태종 재무 100선, 원가 100선, 강경보 토스재무회계,
　　　　　　　 미래 재무회계연습
- 회계학 2부 : 강경태 세무회계, 정우승 세무회계
- 세법학 1부 : 장보원 세법학 1부, 장보원 세법학 200선,
　　　　　　　 장보원 선생님의 모강반 총정리집
- 세법학 2부 : 장보원 세법학 2부

5. 수험생 입장에서 구하기 어려웠다거나 보강되었으면 하는 특정 과목이나 내용의 수험서

박동선   저같은 경우에는 회계학 1부와 세법학이 좀 더 보완되었으면 하는 점이 있습니다. 회계학 1부의 경우에 기본서에 있는 예제들이 1차시험 수준에 그치는 생각이 들어 좀 더 기본서에 심화되는 문제들이 많이 실려 있는 기본서가 만들어졌음 하구요. 세법학의 경우는 암기 위주라고 감히 말씀드리겠지만 이해하고 암기하는 데도 한계가 있다고 생각이 들었습니다. 그래서 저의 경우 앞글자를 따서 공부하기도 했어요. 시간이 많이 걸려서 애를 먹었지만 몇 년 전만 해도 조재하 세법학이 앞 글자 따서 효과를 톡톡히 보신 분들이 있기에 이런 책이 하나 쯤은 있어도 상당한 도움이 많이 될 거라는 생각을 해봅니다.

6. 수험공부시 학원강의, 인터넷 강의, 강의TAPE 중 이용도 측면에서 어떤 방법을 선호했습니까?

박동선   아무래도 지방에서 공부했던지라 학원강의는 겨울방학 때 두어번 다녀온 것을 제외하고는 들을 기회가 없었고, 주로 인터넷강의를 통하여 공부하였습니다. 인터넷강의는 배속재생 등의 장점이 있는 반면, 듣는 중 딴 짓을 할 수 있다는 단점도 있기 때문에 집중력이 필요하다고 생각합니다.

  학원강의의 경우에는 지방에서 공부하시는 분들이라도 한 번 쯤은 들어보시는 걸 추천합니다. 강의 진도를 따라가는 문제는 둘째치고 시험 외 마음가짐을 잡는 데에도 좋았기 때문입니다. 저 같은 경우 학원 자습실에서 공부하시는 수많은 분들을 보면서 각오를 새롭게 다졌었습니다.

이미경   저는 1차 수험시절에는 지방에서 공부하여 학원강의를 듣지 못했어요. 거의 테잎 강의 위주로 들었습니다. 그렇다보니 테잎이 더 익숙하고 공부하기 수월했어요. 그런데 처음 공부 시작하시는 분들은 학원강의나 인터넷강의를 추천해 드리고 싶네요. 인터넷강의나 테잎 강의의 가장 큰 단점은 다른 생각을 하게 되어 집중력이 좋으신 분들에게만 권해 드리고 싶어요.

  우선 회계학과 세법은 산식이 대부분이라 테잎 강의 보다는 학원강의를 추천해 드리고 싶고, 저처럼 지방이신분들은 인터넷 강의도 도움 많이 될 수 있습니다. 재정학은 인터넷강의를 활용하여 필기를 하면서 시험 직전에 한번 훑어 볼 수 있어서 많은 도움을 얻을 수 있었습니다. 그리고 회사법은 강의는 따로 듣지 않고 다독을 하였습니다. 영어는 단어, 독해, 영문법 모두 테잎을 활용하여서 강의를 모두 들었습니다. 제가 지방이 아니라 학원가에 거주하였다면 실강을 한번쯤 듣는 것을 추천하지만 군이 지방이시라면 1차시험은 충분히 지방에서도 준비하실 수 있어요.

　1차 합격후 동차 2개월 남짓한 수험기간 동안에는 서울에 상경하여 동차종합반을 수강하게 되어 학원강의를 들을 수 있는 기회가 있었는데요. 동차때는 2차시험의 감을 느낄 수 있는 종합반도 추천해드리고 싶네요.

　2차 동차 실패 후 유예생활 또한 서울에 상경하여 공부를 하였는데 이 때는 학원 기본강의보다는 모강반을 들은 것이 실전 감을 유지하는데 많은 도움을 얻었네요. 2차 유예 정도면 혼자 공부할 수 있는 수준이라 생각되어 부족한 과목은 테잎을 사서 들었습니다.

🎙 7. 수험생활 중 애로사항과 본인만의 스트레스 해소방법은?

Ⓐ **박동선**　지방에서 공부하고, 주위에 저와 학습량이 비슷한 수험생이 거의 없다시피 하였기 때문에 스트레스나 애로사항은 저 혼자서 극복하여야 했습니다. 그러나 생각해 보면 수험생활 중에 주위로부터 "군대에는 언제 가느냐?" 라는 말을 들을 때 외에는 크게 애로사항은 없었고, 간혹 쌓이는 스트레스는 책을 덮고 친구와 술 한 잔 하거나 동전노래방에서 한껏 소리를 지르는 걸로 해소했었습니다.

Ⓐ **이미경**　저는 유예생활 때 많은 스트레스를 받았습니다. 이번에 떨어지면 어떡하지 라는 생각과 집이 너무 그립고 공부가 안될 때는 이렇게 하면 분명 떨어질텐데 라는 많은 걱정을 했습니다.

　분명 공부가 잘 되는 날이 있는가 하면 반면 안 되는 날도 있습니다. 그럴 때마다 오늘은 공부가 안되서 힘들었지만 내일은 잘 되겠다 라고 마음을 다지곤 했습니다. 공부 안될 때 스트레스를 많이 받는 건 사실이지만 안 되는 공부를 더욱 감싸고 있는 것은 비효율적이라고 생각됩니다. 공부 안 되는 날이면 산책을 하면서 머릿속의 잡념을 비우려 했고, 고시원에 가서 좋아하는 TV시청을 하면서 쌓인 스트레스를 해소하였습니다.

🎙 8. 수험생에게 당부하고 싶은 말

Ⓐ **박동선**　1차시험의 경우 1교시가 120문제에 120분, 2교시가 80문제에 80분이라 시간이 촉박합니다. 그러므로 어떤 과목부터 풀 것인지 계획을 미리 생각해 두는 것이 중요하고, 평정심이 무엇보다 중요하다고 봅니다. 특히 2006년 시험의 경우 평정심이 크게 요구되는 시험이었다고 생각합니다.

　올해 2차시험을 칠 때 동차생 중 몇 명은 세법학 전에 나가버리거나 세법학 1부를 치고난 후 나가버리는 일이 있었는데, 이는 마음가짐에 문제가 있다고 봅니다. 비록 모르는 문제가 나오더라도 일단은 덤벼들겠다는 소위 '발악'이 없다면 시험합격은 조금 멀어질 수 있다고 생각합니다.

Ⓐ **이미경**　처음 시작하시는 분들에게는 나만 힘든 것이 아니고 모두가 똑같은 생각을 하고 있고, 합격까지 그리 멀지 않다는 것을 알려드리고 싶어요. 그리고 어려울수록 부딪혀서 이겨내는 것이 현명하지 이 부분은 내일하자는 식으로 차일피일 미루시다보면 내일 또한 그런 반복되는 생각을 하게 됩니다. 처음 시작이 어렵지 차츰 익숙해지면 자기도 모르는 사이에 쉽게 다가와 있을 것입니다. 항상 공부하면서 자기 것을 만드시길 바랍니다. 힘든 고비가 많을수록 합격의 기쁨은 그것의 몇 배가 될 테니 좀 더 힘내서 꼭 합격하시길 바랍니다.

🎤 9. 월간회계에 바라는 점

Ⓐ **박동선**　회계, 세법 분야에 유명한 교수님을 초빙하여 인터뷰를 갖는 코너가 있었으면 좋겠습니다. 최근에 타계하신 최명근 교수님은 우리나라 세법에 저명한 교수님이라 들었으나, 저 같은 경우 그 외에는 전혀 몰랐기 때문입니다. 교수님들을 초빙함으로써 회계, 세법에 대한 노하우를 전수받게 된다면 여러모로 도움이 되리라 생각합니다.

Ⓐ **이미경**　월간회계를 보다보면 잡지에 가까운 특성이 있어서 그런지 단계별로 학습하는 것보다는 너무 많은 자료가 산재되어 있다는 느낌이 들 때가 있습니다. 그리고 모의고사 자료는 넘치는 데 반해 기본이론이 좀 부족하다는 느낌이 드는 것이 제 개인적인 생각입니다. 이 부분만을 보충하신다면 앞으로의 수험생에게는 더할 나위 없는 좋은 수험서가 될 것이라고 생각됩니다.

　앞으로도 좋은 책 많이 만들어 주셔서 수험생의 합격에 보다 빠른 지름길을 마련해 주셨음 합니다.

🎤 10. 앞으로의 계획은?

Ⓐ **박동선**　수습 후 군 입대 예정입니다. 군 미필자다 보니까 군대 문제가 가장 신경쓰이네요. 특히 제 전공을 살릴 수 있는 방위산업체에 갈 수 있는지 알아보고 있습니다.

Ⓐ **이미경**　우선 수습할 세무법인이나 개인사무소를 구하여 차츰 실력을 쌓아서 인정받는 근무세무사로 일하고 싶습니다.

조세전문가로서 많은 것을 보고 익혀서 세무법인이나 개인사무소에 도움이 되는 세무사가 되는 것이 저의 계획이자 세번째 소원입니다. 저는 치기공과를 자퇴하고 세무사 시험을 준비하였습니다. 치기공과를 선택한 것에 대해 후회는 있지만 자퇴한 것에 대해 후회는 없습니다. 제게 더 적성에 맞는 돌파구를 만난 느낌이 들면서 대학교를 자퇴하게 되어 취업의 관문은 많이 좁아졌지만 저를 택해주시는 세무법인이나 개인사무소에서 제가 배운 것을 토대로 실력을 인정받고 싶습니다.

🎤 11. 끝으로 하고 싶은 말

Ⓐ **박동선**   비록 '운칠기삼'이라고 하나 그 운은 자신의 실력에서 비롯된다고 생각합니다. 앞으로 세무사 시험을 준비하시는 수험생 여러분들은 보다 '기'에 충실하여 '공부한 이상으로 결과가 나오는' 운이 따라주기를 빌겠습니다.

그리고 그동안 공부하면서 저에게 힘을 실어줬던 부모님, 세무학과 교수님, 세무학과 동기들, 선배님들, 후배들, 성격 좋지 않은 내 곁에 계속 있어주면서 응원해주던 친구 현이, 동희, 원진이, 해권이, 승훈이, 고운이, 건수 형, 순범 형, 시험공부에 필요한 조언과 정보를 주었던 카페 '예비세무사의 샘' 여러분들에게 감사한다고 말씀드리고 싶습니다.

Ⓐ **이미경**   우선 수험 생활 기간 동안 많은 어려움이 있었지만 항상 옆에서 버팀목이 되어준 분들이 많습니다.

세무회계 스터디를 하기 위해서 매일 아침 번거로울텐데 한번도 빠지지 않고 같이 공부할 수 있게 해준 준호오빠 너무 고마워요. 그리고 매일 아침, 점심, 저녁 세끼를 함께 식사할 수 있어서 외롭지 않게 해준 인천오빠, 소영언니 너무 보고 싶고 그 시간들 잊지 못 할 거에요. 그리고 매일같이 반갑게 인사해주고 간식거리를 제공해준 희은언니도 너무 고마워요. 작년 동차 때 함께 공부한 동욱오빠, 남훈오빠 함께 있어서 더욱 즐거웠던 것 같아요.

동욱오빠! 힘든 수험생활 해나갔던 오빠 보면서 많이 배우고 짧은 동차 수험 기간이었지만 옆에 있어줘서 고맙고 올해 결혼 축하드려요. 그리고 남훈오빠! 한달에 한번씩 찾아와서 밥 사주시고 격려의 말들 해주셔서 너무 고맙게 생각하고 있어요. 그리고 정독스터디 멤버 현석오빠, 민종오빠, 선희언니, 애랑언니 모두 합격해서 기분 좋아요. 스터디 덕분인거 같아요. 그리고 끝으로 수험 생활 기간 동안 너무 많은 사랑을 느끼게 해주신 아빠, 엄마 감사합니다.

기본에 집중했던 것이 합격의 이유

문 은 식

1995년 11월 13일생
창원 남고등학교 졸업
경희대학교 경영대학 회계세무학과
2017년 54회 세무사시험 합격(최연소합격자)

1. 들어가면서

안녕하세요. 제 54회 세무사 자격시험에서 최연소로 합격하게 된 문은식입니다. 사실 이번 2차 시험에서 몇몇 실수도 있었고, 세법학 2부에서 대비하지 않은 주제가 나와 합격발표가 나기 전까지 전혀 결과가 예상되지 않았습니다. 때문에 합격 결과를 보고 나서 정말 많은 기쁨과 안도감을 느꼈습니다. 게다가 최연소 합격의 기쁨까지 누리게 되어, 아직 얼떨떨한 기분이 더 큽니다. 저는 세무사가 세금과 관련된 복합적인 업무를 하는 전문직이라는 것에 흥미를 느껴 관심을 가지게 되었습니다. 대부분의 사람들은 세금을 부담할 의무를 가지기 때문에, 대부분의 사람들에게 도움을 줄 수 있는 위치에 있다는 점이 매력으로 다가왔습니다. 세무사 자격시험에서의 합격은 끝이 아니라, 세무사로서의 첫 발걸음을 내딛는 것이라고 생각합니다. 이제 막 첫 발걸음을 내디딘, 많이 부족한 실력이지만 수험생 분들에게 조금이나마 도움이 될 수 있을까 하는 마음에 합격수기를 써 봅니다.

2. 최근 1, 2차 시험 출제경향 및 수험대책

(1) 영어 시험

세무사 1차 시험을 치르기 위해선 영어 점수가 필요합니다. 세무사 1차 시험 원서접

수일을 기준으로 영어 점수가 있으면 됩니다. 토익, 지텔프, 토플 등 많은 시험 중 하나의 성적만을 취득하면 되는데, 저는 토익을 응시하였습니다. 저는 영어 시험을 준비할 때에는 회계나 세법 공부와 병행하지 않고 영어만을 공부해서 빠르게 점수부터 취득하였습니다. 평소에 영어를 잘하는 편이 아니었기 때문에, 어설프게 회계 세법과 병행하며 공부하다가는 영어 점수를 한 번에 취득하지 못하는 낭패를 볼 것이라고 생각했기 때문입니다. 영어는 기준점수를 빠르게 넘기는 것이 제일 좋으니 영어에 자신 없는 분들은 회계 세법과 병행하지 말고 영어에 올인하여 빠르게 기준 점수부터 취득하는 것을 추천합니다.

(2) 학원과 인터넷강의

세무사 시험을 준비하는 초시 수험생 분들의 가장 큰 고민 중 하나는 학원을 다닐지, 인터넷 강의를 수강할지 선택하는 것이라고 생각합니다. 저는 2015년 가을종합반은 학원을 다녔고, 2016년 1차 객관식반과 2차 동차반은 인터넷 강의를 수강하였습니다. 2016년 유예 1순환 종합반은 학원을 다녔으며, 2017년에는 학원에서 모의고사를 응시하고 강의는 모두 인터넷으로 수강하였습니다. 실강은 내 의지와는 관계없이 정해진 시간에 강의가 매번 진행되기 때문에, 학원의 생활패턴을 몸에 익히고 싶은 분들이나 강제성을 두고 공부하고 싶은 분들에게 추천합니다. 하지만, 한편으로 내가 제대로 이해하지 못하여도 강의는 계속 진행된다는 점, 강의 진도를 내 스케줄에 맞게 조정할 수 없다는 점, 몸이 아프다든지 개인적인 사정으로 강의를 들을 수 없는 날에도 강의는 계속 진행된다는 점 등이 단점으로 작용할 수도 있습니다. 복습강의가 주어지지만, 학원 진도는 생각보다 빠르기 때문에 하루 이틀 빠지게 되면 진도가 밀릴 가능성이 큽니다. 저는 이러한 이유로 인해 1차 시험 준비에 있어서는 인터넷 강의를 선호하였고, 2차 시험 준비에 있어서는 정해진 시간에 실제 시험처럼 답안지를 써보는 것이 매우 중요하다고 생각했기 때문에 모의고사만큼은 학원에서 응시해보려고 하였습니다. 하지만 학원이냐 인터넷 강의냐는 단순한 취향차이이기 때문에 많은 점을 고려하여 신중하게 선택하시기 바랍니다.

(3) 그룹스터디

그룹스터디는 보통 학원 종합반을 다니면서 혹은, 인터넷 카페를 통해서 구할 수 있습니다. 저는 그룹스터디를 개인적으로 많이 해보지는 않았지만, 2차를 유예로 준비하면서 세무회계 재무회계 원가회계 문제를 주어진 시간 안에 푸는 간단한 스터디를 하였습니다. 제가 느꼈던 스터디의 장점은 학원과 같이 약속한 시간에 강제적으로 공부를 할 수 있다는 점과 실제 시험과 유사하게 문제를 시간재서 풀어볼 수 있다는 점 등이었습니다.

하지만, 수험생들끼리 모이게 되면 같이 긴장이 풀어져 분위기가 흐려지기도 하고, 만나서 스터디는 안 하고 술을 마시는 등 놀게 되는 경우도 종종 봤습니다. 스터디는 양날의 검이라고 생각합니다. 공부를 해서 스터디원들끼리 시너지를 일으키는 경우도 봤지만, 같이 공부를 포기하게 되는 경우도 많이 보았습니다. 긴장을 늦추지 않고 그룹스터디의 장점을 이끌어 낸다면 좋은 효과를 볼 수 있을 거라고 생각합니다.

(4) 전반적인 1, 2차 학습방법

제가 공부했었던 1, 2차 학습방법은 이후 아래에서 자세하게 다룰 예정이지만, 전반적인 것들만 간략하게 서술하려 합니다. 저는 1차를 준비하는 기간에 슬럼프가 와서 실질적으로 공부했었던 시간은 4개월 정도로, 매우 적었습니다. 짧은 시간에 1차를 합격할 수 있었던 이유는 현실적으로 지금 상황에서 맞히기 힘든 파트는 과감하게 포기하고, 대신에 맞출 수 있는 문제는 확실하게 맞히도록 반복해서 공부했기 때문이라고 생각합니다. 1차 회계는 2차 회계학 1부와 달리, 40문항이나 나오기 때문에 일부 파트를 포기하더라도 합격 점수는 충분히 만들 수 있습니다. 물론 이것이 2차 회계학 1부에 긍정적인 효과를 주는 것은 절대 아니지만, 1차를 합격해야 2차로 넘어갈 수 있다는 생각에 시도하였고, 결과는 빠른 시간 내에 1차를 합격했기에 긍정적이었다고 생각합니다. 일부 파트를 포기하는 대신 나머지 파트를 확실하게 맞히지 못한다면 붙을 수 없습니다. 저는 여러 가지 책을 보기보다 과목당 한 가지의 책을 여러 번이고 반복해서 보았습니다. 주변 1차 수험생 지인들이 그렇게 하면 풀었던 문제 답이 외워지지 않느냐고 물어본 적이 많았는데, 저는 답에 집중하기 보다는 그 문제를 푸는 식을 도식화해서 학습하는 데에 집중했습니다. 대표적인 유형을 푸는 방법을 확실하게 안다면, 실제 시험에서도 대부분의 문제를 무난히 풀 수 있을 것이라고 생각했기 때문입니다.

2차에서도 저는 개인적으로 세세한 파트를 모두 공부할 시간도, 공부할 수 있는 머리도 나에게는 없다고 판단했습니다. 여태까지의 2차 기출 문제를 분석해보았더니, 매년 세세한 파트가 어느 정도 나오기는 하지만 생각보다 비중은 크지 않았습니다. 모든 세세한 파트를 모르더라도, 기본적인 파트 위주로 공부하며 거기에 일부 세세한 파트를 더한다면 충분히 합격 점수가 나올 수 있겠다는 판단이 들었습니다. 때문에 2차 공부를 할 때에도 과목당 1~2개 정도의 책으로 기본적인 유형을 맞히는 방법을 반복해서 학습하여 까먹지 않게 하였습니다.

(5) 수험기간 중 공부시간

저의 수험기간은 2015.09~2017.08입니다. 저는 시험에만 매진하였기 때문에, 수험기간 동안은 슬럼프 기간을 제외하면 매일 8시간 정도를 공부하려고 했습니다. 솔직히 다른 수험생 분들에 비해 하루 공부시간이 많은 편은 아니어서, 웬만해선 일주일 중 하루도 쉬지 않고 매일 공부하였습니다. 개인적으로 매일 공부할 수 있는 체력, 집중력, 노력도 모두 재능이라고 생각합니다. 몇몇 수험생 분들은 하루에 10시간 이상을 공부할 수 있는 체력과 집중력, 노력이 있는 반면 다른 수험생 분들은 도저히 하루 10시간은 공부할 수 없기도 합니다. 제가 그랬는데, 대신 쉬는 날 없이 매일매일 공부하기로 하였습니다. 하루에 10시간을 공부할 수 없다면, 일주일에 55시간은 하자고 생각했습니다. 공부시간이 최소한 어느 정도 확보되지 않으면 합격할 수 없는 시험이라고 생각했기 때문입니다. 8시간 동안은 인강과 개인 공부시간을 1:2 정도로 배분해서 혼자 공부할 수 있는 시간을 늘리려고 하였습니다. 혼자 문제를 풀어보지 않으면 내 것이 될 수 없기 때문입니다.

(6) 슬럼프

전체 수험 기간 동안, 처음 시험을 준비하고 얼마 지나지 않아 2015년 10월부터 2015년 12월까지 2016년 1차 합격 후부터 2016년 10월까지 크게 두 번 슬럼프가 찾아왔습니다. 2015년엔 학원을 다니던 시기였는데, 매일 늦잠을 자 학원에 거의 가지 않았습니다. 진도가 점점 밀리자 아예 포기하는 상태가 되었습니다. 공부를 거의 하지 않는 날이 계속해서 이어졌습니다. 처음 한 번 늦잠을 자서 진도가 밀리기 시작하니 다음 진도에 차질이 생겼고, 그렇게 꼬리를 물고 이어져 나중에는 그냥 다 포기하고 싶은 심정이었던 것 같습니다. 이 슬럼프를 탈출했던 방안은 '환경을 바꾸는 것'이었습니다. 문제는 '늦잠을 자면 진도가 밀리는 환경'이라고 생각했기 때문에, 혹여나 한 번 실수로 늦잠을 자더라도 진도가 밀리지 않는 환경을 만들기로 했습니다. 또한 '놀 수 있는 환경'도 문제라고 생각했습니다. 곧장 학원대신 인강을 듣기 시작했고 주변 친구들이 없는 지방으로 내려가서 공부를 시작했습니다. 결과는 성공적이었고, 다행히 다음 해 1차에 합격할 수 있었습니다. 두 번째 슬럼프는 2차 과목에 대한 공부 방법 감을 잡지 못해서 발생했습니다. 도저히 2차를 어떻게 대비할지 감이 잡히지 않았고, 그 해 2차를 붙지 못할 것 같다는 생각이 커져갈수록 공부가 손에 잡히지 않았습니다. 공부 방법을 알지 못하겠다는 이유로 점점 공부를 하지 않게 되었습니다. 그렇게 10월까지 공부를 거의 하지 않는 기간이 이어졌습니다. 이 슬럼프를 탈출하기 위해 다시 학원을 등록하면서 환경을 바꾸려고 하였습니다. 2차 유예반은 매일 학원을 가는 것도 아니어서 전과 같은 실패는 하지 않을 거라는 생각도 있었습니다. 또한 합격 수기나 강사님들의 말을 들으며 슬럼프의 원인이었던 공부 방법을 어떻게든 찾으려고 노력했습니다. 방법에 대한 감을 잡으면 자연스레 슬럼프도 탈출할 수 있을 거라는 기대가 있었기 때문입니다. 또한 강제성을 위해 그룹스터디도 참가하면서 슬럼프를 이겨냈습니다.

3. 1차시험 과목별 공부방법

(1) 회계

1차시험에서 회계는 총 40문항으로, 재무회계 25문제 원가관리회계 15문제가 출제됩니다. 먼저 재무회계는 기본강의를 들을 때부터 기본서를 여러 번 읽었는데, 이것이 나중에 큰 도움이 되었던 것 같습니다. 모든 과목이 기본이 중요하지만, 재무회계가 특히 기본서가 중요하다고 생각합니다. 강의를 들으면서 이해한 후엔 금액을 계산하는 방식을 공식으로 외우다시피 학습했고, 거래 내용을 분개하는 것을 보면서 분개가 어떤 흐름으로 일어나는지도 꼼꼼하게 봤습니다. 1차 시험에서 분개를 하면 시간이 부족한 것은 사실이고, 저도 대부분의 문제를 계산으로만 풀었지만 재무회계에서 분개를 이해하는 것은 매우 중요하다고 생각합니다. 기본서를 공부할 때부터 분개를 놓치지 않고 본다면 나중에 2차 회계학 1부를 공부할 때도 분명 긍정적으로 작용하리라고 생각합니다. 또한, 1차 문제는 한 책을 여러 번 풀며 대표유형을 학습하는 것이 중요합니다. 재무회계는 전형적으로 물어보는 유형이 존재하기 때문에 그 유형을 푸는 방법, 그 유형에서 자주 나오는 함정 등을 반복해서 학습한다면 분명 좋은 결과가 있으리라고 생각합니다.

원가관리회계는 대표적으로 나오는 유형들도 있지만, 개념들의 의미를 기반으로 응용이 되어 출제되는 경우도 많습니다. 따라서 개념들의 의미를 완벽하게 이해하는 것이 중요합니다. 시험에서는 당연히 새로운 유형의 문제보다 전형적인 유형의 문제가 많이 등장하지만, 보통 그나마 쉬운 원가관리회계에서 고득점을 받아야 회계에서 좋은 점수를 받을 수 있기 때문에 응용되는 문제들도 풀 수 있게 대비해야한다고 생각합니다. 기본강의를 들을 때는 문제 풀이 위주보다는 개념들의 의미를 꼼꼼히 이해하는데 중점을 둔다면 좋은 결과가 있으리라고 생각합니다.

(2) 세법

1차 시험 세법에서는 법인세 10문제, 소득세 10문제, 부가세 8문제, 기타세법 12문제가 출제됩니다. 저는 기타세법에서는 국세기본법과 조세범처벌절차법만을 보았는데, 국세기본법은 이후 세법학 1부에서도 출제되기 때문에 미리 공부하고자 보았고 조세범처벌절차법은 다른 기타세법에 비해 분량이 작았기 때문에 보았습니다. 1차 시험 세법에서는 생각보다 말문제의 비중이 높습니다. 하지만 그렇다고 1차 시험에서 계산을 소홀히 한다면 2차 시험에서 너무 큰 악영향을 받기 때문에 대표적인 계산 문제들은 다 풀 수 있을 정도로 공부하는 것이 좋다고 생각합니다. 세법은 다른 과목에 비해서 매우 휘발성이 높기 때문에 반복해서 학습하는 것이 가장 중요한 과목이라고 생각합니다. 매일매일 조금이라도 요약서를 보며 주요 개념들을 눈에 익혔는데, 이것이 짧은 기간 안에 좋은 점수를 받게 한 요인이라고 생각합니다. 1차 시험에 가까워지고 나서도 문제 한 두 문제를 더 못 풀더라도 매일 요약서만큼은 꾸준히 보았습니다.

(3) 회사법

선택과목은 회사법을 보았습니다. 다른 선택과목에 비해 분량이 많았지만, 회계를 이해하는데 도움이 될 것 같아서 선택하였습니다. 사실, 회사법을 선택할 당시에는 다른 선택과목에 비해 회사법이 가장 많은 분량을 차지한다는 것을 알지 못하였습니다. 행정소송법이 다른 과목들에 비해 분량이 작아 인기가 많으니 행정소송법을 선택하는 것도 좋은 선택이 될 것 같습니다. 회사법은 전체적인 체계를 잡는 것과, 외워야할 개념과 외우지 않아도 될 개념을 선발하는 것이 중요하다고 생각합니다. 전체적인 체계를 잡는 데에는 계속 정독하기 보다는 소설책을 읽듯 다독을 하며 읽어나가는 것이 좋다고 생각합니다. 또한, 시험에서 자주 물어보는 부분이 있으므로 문제를 맞히고 틀리는 것에 일희일비하기보다는 무엇을 자주 물어보는 지를 본 다음 이후 다독할 때에는 그 부분을 위주로 외웠습니다. 강행규정들은 다 중요하다고 생각했기 때문에 문제와 상관없이 다 외우려고 노력했습니다. 1차시험에서 회계와 회사법은 총 80분 안에 풉니다. 즉, 회사법을 빠른 시간 내에 푼다면 회계에 더 많은 시간을 할애할 수 있습니다. 따라서 회사법 문제를 빠르고 정확하게 푸는 연습을 하였고, 덕분에 회계에서도 고득점을 받을 수 있었습니다.

(4) 재정학

재정학은 시험이 2달 남은 2월에도 감이 잘 안 잡혔던 과목입니다. 기본서가 잘 이해가 되지 않았고, 어떻게 공부해야할지 감이 잘 잡히지 않았습니다. 그러다가 하끝과 같은 요약서를 보기 시작했는데, 그러한 요약서를 보고서야 어떻게 공부할지 감이 잡혔습니다. 요약서가 기본서보다 내용이 많지는 않지만 잘 정리되어있어 체계를 잡기에 유리했던 것 같고, 외워야할 개념과 외우지 않아도 될 개념을 선별해줘서 좋았습니다. 기본서를 보고 하끝을 보니 전체적으로 재정학을 어떻게 공부해야할지 감이 잡혔고, 덕분에 좋은 점수를 받을 수 있었습니다.

4. 2차시험 과목별 공부방법

(1) 회계학 1부

2차 회계학 1부에서는 재무회계 60점, 원가관리회계 40점 배점으로 출제되며 각각 2문항이 출제됩니다. 개인적으로 재무회계는 1차에 비해 많이 심화된 개념으로 출제되지는 않는다고 느꼈습니다. 1차 시험을 준비할 때처럼 금액을 계산하는 방식과 분개를 하는 방식을 위주로 공부했습니다. 사실 따로 문제는 거의 풀지 않았고 계산하는 방식을 외우는 것에 시간을 투자했습니다. 최종적으로 2차 시험에서는 재무회계 파트에서 실수를 하여 평소보다 좋은 점수를 받지는 못했지만, 시험이 평소보다 어려웠던 것에 비해 좋은 점수를 받은 것 같습니다. 계산하는 방식과 분개 내용을 공부하는 것에 중점을 두되, 연습서에 실린 문제들을 풀어본다면 좋은 점수를 받을 수 있을 거라고 생각합니다. 원가관리회계는 정해진 문제 풀이 틀을 사용하는 것이 오히려 빠른 시간 내에 정확하게 풀 수 있는 방법이라고 생각했습니다. 때문에 재무회계보다는 훨씬 많은 문제를 풀며 문제풀이 틀을 익히려고 노력했습니다. 덕분에 실제 2차 시험에서 좋은 점수를 획득할 수 있었습니다.

(2) 회계학 2부

2차 회계학 2부에서는 법인세 50점, 소득세 30점, 부가가치세 20점 배점이 나옵니다. 1차 세법에 비해 2차 회계학 2부는 매일매일 문제를 조금이라도 풀어보는 것이 중요하다고 생각합니다. 당연히 세법 개념을 외우는 것은 기본적으로 전제가 되어있어야 하지만, 회계학 2부 같은 경우는 전형적으로 등장하는 함정들이 여럿 있기 때문에, 이러한 함정에 익숙해지기 위해 문제를 자주 풀어주는 것이 좋다고 생각했습니다. 또한 여러 가지 책을 보기 보다는 한 가지 연습서만을 풀려고 했습니다. 시간 안배를 숙달하고자 모의고사 문제집을 사서 풀었던 것을 제외하면 연습서만을 수험기간 내내 보았습니다. 연습서의 문제 길이가 2차 문제에 비해 길지 않지만, 나오는 개념은 오히려 더 세세하다고 생각합니다. 연습서를 반복적으로 풀어 연습서에 있는 개념들을 숙달한다면 회계학 2부에서 좋은 점수를 받을 수 있을 거라고 생각합니다.

(3) 세법학 1부

세법학 1부는 국세기본법 20점, 법인세법 30점, 소득세법 30점, 상속세 및 증여세법 20점이 출제됩니다. 동차기간 때 가장 힘들었던 과목이 세법학이었습니다. 도저히 어떻게 공부할지 감이 잡히지 않았고, 답안은 어떻게 작성해야하는지 더 감이 잡히지 않았습니다. 유예로 넘어가면서 제가 선택한 방법은 법령을 암기하는 것이었습니다. 동차 기간에는 판례에 집중하며 세법학 너무 어렵다고 생각했었는데, 유예 기간에는 판례는 결론만 외우고 법령만을 공부하기로 하였습니다. 결론적으로 최종 GS에 이르러서는 드디어 좋은 점수가 나오기 시작했습니다. 세법학은 법령을 이해하고 암기하는 데 주력해야하는 과목이라고 생각합니다. 법령을 글자 그대로 외울 필요는 없지만, 내용을 빠짐없이 기술하기 위해 목차를 기억하고 내용을 이해한대로 기술하여 주면 기본적인 점수는 나옵니다. 사례형 문제의 경우에는 판례의 결론을 기억하고 그러한 결론을 도출해내는 관련 법령을 적었더니 좋은 점수가 나왔습니다.

(4) 세법학 2부

세법학 2부는 부가가치세법 35점, 지방세법 20점, 개별소비세법 20점, 조세특례제한법 25점이 출제됩니다. 세법학 1부와 마찬가지로 세법학 2부도 동차기간에 가장 힘들었던 과목입니다. 세법학 2부는 세법학 1부에 비해 법령 암기가 더더욱 중요시 됩니다. 세법학 1부에 비해 사례문제의 비중이 작기 때문입니다. 실제로 이번 2차 시험에서도 법령 위주로 출제되었다고 생각합니다. 세법학 1부와 같이 법령의 체계(목차)와 내용을 이해하고 기술하는 것에 중점을 두고 공부하였으나, 1차 세법에서 배우지 않은 부분이 많이 나오기 때문에 처음엔 세법학 1부보다 개인적으로 더 이해가 가지 않았습니다. 법의 체계가 좀처럼 잡히지 않았던 점이 가장 힘들었는데 이해 안 되는 부분은 넘어가며 다독을 하니 회독수가 더해질수록 이해가 안 되던 것이 새롭게 읽히고 체계가 잡혔습니다. 동차기간에 세법학 공부를 제대로 하지 못하여 유예기간에도 시간이 부족해서 조세특례제한법은 끝내 보지 못했습니다. 심지어 부가가치세법과 지방세법에서도 제대로 대비하지 못한 주제가 나와서 더욱 낮은 점수를 받은 것 같습니다. 시험을 치른 후에 느꼈지만, 세법학은 대비하지 못한 주제가 나오면 아예 물음 전체를 쓰지 못하기 때문에 최대한 넓은 범위를 가져가는 것이 현명한 것 같습니다.

5. 수험기간 중에 본 도서목록 정리

(1) 1차시험
- 재무회계 : IFRS 중급회계 1,2 - 김기동 김태동 저
  IFRS 중급회계 상,하 - 김영덕 저
  2016 IFRS 객관식 재무회계 - 김영덕 저
- 원가관리회계 : 세무사대비 최적서 원가관리회계 - 임세진 저
  객관식 원가관리회계 - 임세진 저
- 세법 : 2015 세법개론 - 강경태 저 / 2016 세법강의 Summary 1,2 - 강경태 저
  2016 객관식 세법 - 이철재, 주민규 저
- 재정학 : 재정학연습 - 정병열 저 / 2016 하루에 끝장내기 재정학 - 정병열 저
- 회사법 : 회사법강의 - 이수천 저 / 회사법강의 핸드북 - 이수천 저
  2016 객관식 회사법 - 이수천 저

(2) 2차 시험

• 재무회계 : 2016년 세무사 재무회계연습 - 김영덕 저

　　　　　세무사 2차 대비 모의고사 문제집 회계학 1부 - 김영덕·이승우 저

• 원가관리회계 : 세무사 2차 연습 원가관리회계 - 임세진 저

• 회계학 2부 : 2016, 2017 세무회계연습 1,2 - 강경태 저

　　　　　2016, 2017 세법강의 Summary 1,2 - 강경태 저

　　　　　2017 세무회계 리뷰 - 강경태 저

• 세법학 : 2017 세법학 1부, 2부 - 정연대·김효상 저

　　　　2016, 2017 세법학 M - 정연대·김효상 저

　　　　2016 세법학 DRILL BOOK - VOL. 1,2 - 정연대·김효상 저

6. 마무리하면서

　수험생활 중 힘들었던 때도 많았지만, 결국 합격의 기쁨을 누리게 되어서 감격스럽다. 수험기간동안 불안했던 적이 없지는 않았지만, 그 때마다 지금까지의 노력은 배신하지 않을 것이며, 떨어지더라도 지식은 사라지지 않으니 언제든 붙을 수 있을 거라고 계속 생각했다. 많은 수험생 분들도 꾸준히 공부를 이어나가다보면 분명 합격할 수 있으리라고 생각한다. 많이 부족한 글이지만 부디 몇몇의 수험생분들에게라도 도움이 되었으면 한다.

좁히는 공부보단, 넓히는 공부. 자신만의 차별성을 가져라

조 용 석

1992년 3월 18일생
진주 대아고등학교 졸업
서울시립대 경제학부
2017년 54회 세무사시험 합격(공동 최고득점 합격자)

1. 들어가면서

안녕하세요. 저는 제54회 세무사 시험에 수석 합격한 조용석이라고 합니다. 현재 서울시립대 경제학부(4학년)에 재학 중이며, 올해 1차, 2차 시험에 동시 합격하게 되었습니다. 제가 세무사 시험에 응시하게 된 계기는 아버지의 영향이 컸습니다. 어릴 때부터 법과 세금 관련하여 중요성을 알려 주셨고, 그 중 우리 실생활과 가장 밀접한 세금과 관련하여 관심이 많았기 때문에 세금에 대한 법적 지식, 전문성을 갖추기 위하여 세무사 시험을 준비하게 되었습니다.

올해 2차 시험 중 세법학 2부가 난해하게 출제 되어 불안한 감이 없지 않아 있었으며, 합격자 발표 당시에도 학교에서 중급재무회계 강의를 듣고 있어서 정신이 없었습니다. 또한 발표 전날 갑자기 세법학 2부가 과락 할 것 같은 예감이 들었으나, 다행히 시험에 합격했고, 한국산업인력공단으로 부터 수석합격자라는 전화를 받고 그 때서야 정신을 차리고 부모님께 기쁜 소식을 전할 수 있었습니다.

공부 방법에는 왕도가 없습니다. 자신만의 공부방법, 요령을 찾는 것이 수험기간 단축과 공부의 효율성 측면에서 중요합니다. 이하에서는 저의 공부방법 등을 소개하고자 하는데, 단순히 따라 하기보다는 참조하는 방향으로만 보시면 좋겠습니다.

2. 최근 1, 2차 시험 출제경향 및 수험대책

최근 1차 시험 뿐만 아니라 2차 시험 모두 난해하게 출제하고 있습니다.

1차 시험은 전통적으로 회계학개론과 세법학개론의 경우 어렵게 출제되고 있으며, 특히 올해 회계학개론의 경우 세무사 수험생들이 잘 공부하지 않는 파트인 고급회계에서 많이 출제되었습니다. 세법학개론의 경우에는 서술형문제 중 대법원 판례의 태도를 묻는 문제가 많이 있었습니다.

2차 시험을 살펴보면, 회계학 1부의 경우 문제가 총 4문제 출제되는데, 재무회계는 작년의 경우 1문제당 1가지 주제만 이용하여 출제하였으나, 올해는 2가지 이상의 주제를 종합하여 출제하는 종합형 문제가 주를 이루었습니다. 원가관리회계 역시 주요 주제를 중심으로 세부 물음에서 다른 파트를 묻는 문제가 출제되었습니다. 회계학 2부의 경우 매년 시간 내에 풀 수 없는 방대한 양으로 출제 되었으며, 올해 특히 수험생들이 잘 공부하지 않는 연결납세에 대한 종합문제로 많은 사람들이 해당 문제를 풀지 못했습니다. 세법학의 경우 올해 주요논제를 바탕으로 세법학적 기본을 묻는 문제가 많이 출제 되었습니다.

이러한 출제경향을 분석해 보면, 앞으로의 올바른 수험방향은 공부하지 않고 넘기는 파트 없이 하나하나 꼼꼼히 공부해야 한다는 것입니다. 물론 선택과 집중이 중요 할 수 있겠지만, 아는 것을 또 공부하기 보다는 점진적으로 공부 방향을 넓혀 전 범위를 커버 할 수 있도록 준비해야 할 것입니다. 또한 1차 회계학개론과 세법학개론의 경우 2차 시험수준에 해당하는 문제들이 출제되고 있어 1차와 2차 시험간의 경계가 많이 사라지고 있다고 사료됩니다. 저 역시 1차 시험 공부(객관식 문제풀이)와 2차 시험 공부(서술형 문제풀이)를 병행 했으며, 주로 2차 시험 공부에 중점을 두고 공부하였습니다. 2차 시험 범위가 1차 시험 범위보다 더 넓기 때문에 2차 시험 공부만으로도 상당량의 1차 시험 공부가 커버가 됩니다. 세법학의 경우 지엽적인 논제보다는 중요하고 기본적인 논제를 중심으로 법령암기와 판례 분석에 중점을 두고 공부하시는 것이 바람직하다고 생각됩니다.

다음으로 과목별 균형 측면을 살펴보면, 1차 시험의 경우 짧은 기간에 재정학 80점, 선택법 80점, 회계학개론 40점, 세법학개론 40점 전략으로 합격하려고 하는 수험생들이 더러 있는데, 개인적으로 추천하지 않는 공부 전략입니다. 세무사 시험의 경우 2차 시험을 합격해야 최종합격하므로 2차 시험에 중점을 두고 공부해야 합니다. 따라서 2차 시험과 연관이 많은 회계학개론, 세법학개론을 고득점으로 받는 전략으로 공부하시길 추천드립니다. 회계, 세법 객관식을 열심히 하면, 2차 주관식 문제도 보다 쉽게 접근 할 수 있으며, 그 중 계산문제에 더욱 강점을 두고 공부 하시면 좀 더 수월해 질 것입니다.

2차 시험의 경우 당연히 회계학 1부,2부와 세법학 1부,2부 모두 균형 있게 공부하셔야 합니다. 작년에는 회계학2부로 대거 수험생들이 과락 했는데, 올해는 세법학 2부를 많은 수험생들이 과락 했습니다. 내년에는 어떤 과목에서 대거 과락 할 난해한 문제가 출제 될 지 알 수 없으므로 4과목 모두 일정 수준 이상으로 균형 있게 공부하는 방향으로 수험계획을 세워야 합니다.

다음으로 저의 전반적인 수험공부 방법 및 요령을 설명 하겠습니다.

저는 휴학 없이, 학교수업 이후와 방학을 이용하여 세무사 시험에 응시 하였습니다. 학교수업으로 회계원리와 중급회계1을 수강하였고, 2016년 4월에 회계원리 인터넷강의를 시작으로 본격적인 수험기간에 돌입했습니다. 학교 수업이 있는 날에는 하루5~8시간, 없는 날에는 하루 10~12시간 평균적으로 공부하였으며, 1주일에 60시간을 채우려고 노력했습니다. 경제학 전공자로 재정학과 학교수업으로 수강한 재무회계를 제외하고는 나머지 과목은 베이스 없이 시작 하였습니다.

공부 장소는 16년 12월 까지는 학교 도서관에서 공부하다가, 16년 2학기 종강 이후, 여자 친구 집 앞 독서실로 옮겨서 수험공부를 하였습니다. 학교 수업이 끝나면 바로 독서실로 와서 수험공부를 하였습니다.

필기노트의 경우 회계, 세법이 양이 매우 방대하여 한 번 만들면 상당한 시간이 소요되며 필기노트 만들 시간에 요약서, 기본서 한 번 더 읽자는 생각으로 따로 만들지 않았습니다. 대신 강의 중 선생님이 필기 해주는 모든 내용을 요약서, 기본서에 필기 하여 회독 시 강의 내용이 기억 날 수 있게 하였습니다.

공부 계획의 경우 월 단위로 세워서 공부를 해봤으나, 잘 지켜지지 않았고 계획을 세우는데 소요되는 시간이 아까워 따로 계획을 세우지는 않았습니다. 대신 하루하루를 열심히 공부하자는 마인드로 매일 독서실에 도착하면 하루 목표 공부 량을 정하여 계획서에 적고, 하루에 성취하는 양으로 다음 날 공부 량을 조절해 나갔습니다.

수험기간에 따로 스터디를 하지는 않았고, 여자친구가 7급 공무원시험을 준비했는데, 함께 독서실을 다니며 서로 페이스메이커 역할을 했습니다. 대규모 스터디를 하는 거 보단, 공부에 대한 열의가 크거나 서로 시간 뺏기지 않는 선에서 열심히 하는 사람과 출퇴근체크 정도는 추천 드립니다.

공부 범위의 경우 세무사 시험 범위에 대하여 버리는 부분 없이 모든 부분 다 공부하였고, 어느 파트도 소홀히 하지 않으려고 노력했습니다. 다만 1차 세법의 경우 법인세, 소득세, 부가가치세가 자신 있었기 때문에 국세기본법과 국세징수법만 공부하였고, 국제조세조정법과 조세범처벌법은 공부하지 않았습니다.

모든 강의는 인터넷강의로 수강하였습니다. 1.4~1.6배속으로 수강하여 수강시간을 단축하였고, 인터넷강의의 특성상 강의 도중 중단하여 필기하는데 유용했습니다. 다만 모의고사 과정의 경우 학원에 직접 가서 시험을 응시하였습니다. 이를 통해 다른 수험생들과 시간을 재고 모의고사를 응시하면서 성적분포를 보고 저의 위치를 파악 할 수 있었습니다. 모의고사 과정은 실전감각을 익히는데 굉장히 효과적인 방법이라고 생각됩니다. 강의 음원을 따로 듣지는 않았고, 독서실 왔다 갔다 하는 버스 안에서 동차GS 모의고사 응시 후 나눠주는 세법학 보충 프린트를 보고, 법령 암기를 하였습니다.

휴식의 경우 1차 시험까지는 2주에 한 번 또는 1달에 한 번 휴식 하였습니다. 시험 준비 전 헬스를 미리 해두었던 터라 어느 정도 체력이 비축되어 있었기 때문에 체력이 부족하지 않았습니다. 그러나 1차 시험이 끝난 후 2차 시험 기간에는 급격히 체력이 떨어져 1주일에 한 번은 꼭 휴식을 하였습니다. 2차 기간 중 동차생이라 급한 마음에 휴식 없이 공부를 해보았지만 몸살이 나서 하루 종일 앓아누운 적이 몇 번 있었기 때문에, 휴식에 대한 기준을 철저히 세워 지키려고 하였습니다. 휴식은 정말 중요합니다. 자신의 체력에 대한 한계를 알고 한계까지 도달하지 않도록 하기 위해서는 일정한 휴식을 하는 것이 필요합니다.

동차생이라 유예생들보다 항상 실력이 부족하다는 생각을 가지고 있었습니다. 이러한 압박감 속에 심리적으로 많이 불안했고, 급한 마음이 앞서서 힘들었습니다. 그러나 불안감들은 여자 친구의 응원에 의해 많이 사라졌고, 주 1회 휴식 시 영화감상, 예능 시청을 통해 스트레스를 많이 풀었던 것 같습니다.

또한 학원에서 응시하는 모의고사의 경우 '모의고사 점수'라는 엑셀 파일을 만들어 과목별 나의 점수, 나의 등수, 응시 인원, 백분율, 평균 점수를 매주 작성하여 성적이 향상하는 모습을 보며 공부하는 데에 대한 성취감을 얻었습니다. 이를 통해 나의 위치가 어느 정도 되는 지 한 눈에 파악할 수 있어 좋았습니다.

3. 1차 시험 과목별 공부 방법

(1) 재무회계(기본강의 → 동차강의 → 객관식강의＋유예2기 동영상강평)

학교 강의로 아주 기본적인 부분은 이해하고 공부를 시작 하였습니다. 기본강의 수강 시 기본서 만을 가지고 인터넷강의를 통하여 중급회계, 고급회계(세무사대비) 모두 수강 하였습니다. 기본강의 수강 이후 이론 회독수를 늘리고, 기본서에 있는 객관식문제, 주관식문제 모두 풀어보며 문제유형과 출제경향 등을 파악 하였습니다.

이후 2016년 9월쯤 심화강의는 따로 수강하지 않았으며, 세무사 동차 재무회계연습 인터넷 강의를 수강하였습니다. 이 때 공부 방법은 요약서를 통해 이론을 한 번 더 정리하며, 연습서에 있는 모든 문제를 풀었습니다. 하루에 한 파트씩 요약서 읽기 -〉 연습서 풀기 순서로 12월 말까지 회독수를 꾸준히 높여 갔습니다.

11월쯤부터 토요일, 일요일 마다 시간을 재고 학원별 16년 동차GS문제를 1회씩 풀었고, 1월부터 객관식강의를 통해 요약서 이론정리 이후 객관식 문제풀이를 시작하였습니다.

1차 기간(1~4월)에 평일에는 객관식 강의를 통해 이론내용을 다시 정리하고, 객관식 문제를 풀며 공부하였습니다. 주말에는 유예2기 동영상강평 모의고사를 신청하여 토요일에는 시험 범위 까지 2차 공부 후 일요일에는 학원에 직접 가서 모의고사 응시 후 동영상 강평을 수강하였습니다. 연습서 회독수가 많이 쌓여있었기 때문에 하루에 유예2기 모의고사 시험범위 정리가 가능 하였습니다. 저는 회계학 1부와 회계학 2부의 경우 1차와 2차 시험 간 구분이 따로 필요하지 않다고 생각했고, 2차 공부 위주로 깊이 있게 공부했습니다. 그 과정에서 실력이 많이 쌓였고, 1차 시험은 수월하게 응시하였습니다.

(2) 원가관리회계(기본강의 → 동차강의 → 객관식강의 + 유예2기 동영상강평)

재무회계 기본강의를 다 듣고, 바로 원가관리회계를 시작하였습니다. 공부과정은 재무회계와 전반적으로 동일합니다. 기본강의 이후 심화과정은 듣지 않았으며, 바로 세무사 동차 원가관리회계연습 인터넷 강의를 수강하였습니다. 다른 점이 있다면, 16년 2학기에 학교에서 원가회계, 관리회계를 수강하였고 학교수업 시간에 틈틈이 연습서 문제를 많이 풀어 수험과 같이 병행하였습니다. 1차 기간 평일에는 역시 객관식 강의를 통해 이론내용을 재정비하고, 객관식 문제를 풀었습니다. 주말에는 유예2기 모의고사를 응시했습니다.(재무회계와 동일한 방식, 과정으로 공부했습니다)

(3) 세법개론(기본강의 → 심화강의 → 동차강의 → 객관식강의 + 유예2기 동영상강평)

원가관리회계 기본강의를 다 듣고, 세법 기본강의를 수강 하였습니다. 기본강의(7월) 수강 시 요약서를 중심으로 이론 암기를 하였고, 기본서에 있는 객관식 문제는 선생님이 풀어주는 문제만 다시 풀면서 복습을 하였습니다. 기본강의를 다 듣고 바로 심화세무회계(9월)를 수강하였습니다. 이때 역시 요약서를 중심으로 이론을 한 번 더 정리하고, 선생님이 풀어주는 연습서 문제를 다시 풀면서 복습했습니다. 심화세무회계를 다 듣고 바로 동차세무회계 (10월)강의를 수강하였습니다. 마찬가지로 요약서를 통해 이론을 또 다시 정리하고, 연습서 문제 중 선생님이 풀어 주지 않은 문제도 혼자서 풀어보며 범위를 넓혀 갔습니다. 기본, 심화, 동차강의 모두 회계사용으로 수강하여 계산문제에 더 중점을 두고 공부를 하였습니다.

요약서 회독은 셀 수 없을 만큼 많이 했습니다. 하루에 법인세, 소득세, 부가세 전 범위가 요약서로 정리 될 정도가 되면 어느 정도 이론이 암기되었다고 판단했고, 11월쯤부터 재무회계, 원가관리회계와 마찬가지로 토요일, 일요일마다 시간을 재고 16년 동차GS 문제를 하루에 1회씩 풀었습니다.

1차 기간 평일에는 객관식 세법 인터넷 강의를 통해 요약서 내용을 한 번 더 정리하고, 객관식 문제는 선생님이 풀어주는 것 외에도 모두 풀어보았습니다. 객관식 강의는 세무사용으로 수강하여 말문제에 대한 비중을 넓혀나갔습니다. 주말에는 유예2기 모의고사 응시 및 수강을 하였으며 2차 시험에 대한 대비를 꾸준히 해놓았습니다.

(4) 재정학(기본강의 → 객관식강의)

경제학을 전공하여 미시경제학과 관련된 지식은 있다고 자신감을 가지고, 기초경제학 수강 없이 재정학 기본강의를 수강 하였습니다. 재정학은 2차와 관련된 과목이 아니라서 객관식 문제풀이에 중점을 두고 공부했습니다. 16년 2학기에 재정학 관련된 학교 과목(조세경제론, 현대사회와 세금의 이해)을 수강하였고, 학교수업 시간에 틈틈이 객관식 문제를 많이 풀어 수험과 같이 병행하였습니다. 또한, 1차 기간의 객관식 강의 수강이 큰 도움이 되었던 것 같습니다. 재정학 연습에 있는 모든 문제를 다 풀었고, 객관식 강의에서 계산문제를 빠르게 풀 수 있는 방법과 시간 단축 요령 등을 익혔습니다.

(5) 민법(기본강의)

선택법의 경우 수강생들이 가장 적게 선택하는 민법을 선택하였습니다. 민법총칙의 경우 모든 법의 기초가 되며 추후 세법학 수강하는데 법 기본 용어와 판례적용 등 많은 부분에 도움이 되었습니다. 선택법들 중 아직 선택하지 못한 수험생이 있는 경우 민법을 추천해 드리고 싶습니다. 민법은 기본강의만 수강하였고, 1차 기간에 객관식 강의는 따로 수강하지 않았습니다. 기본강의에서 이론을 완벽하게 정리하였고, 문제는 타 시험 문제는 따로 풀지 않았고, 세무사 기출문제만 풀었습니다.

1차 시험 전 주에 메이저 3사 학원의 1차 모의고사를 구매하여 실제 시험과 같은 일정으로 실전 연습을 하였습니다.

1차 수험 기간 공부 비중의 경우 재무회계, 원가관리회계 30%, 세법 45%, 재정학 15%, 민법 10%로 하여 2차 시험과 연계된 과목에 중점을 두고 공부 하였습니다.

4. 2차 시험 과목별 공부 방법

(1) 회계학 1부(유예3기 동영상강평)

1차 기간 까지 대부분 공부를 완성 시켜놓았고, 2차 기간(5~8월)에는 하루에 재무회계 30분, 원가관리회계 30분 정도만 할애하여 하루에 한 파트씩 공부 하였습니다. 1차 시험이 끝나고 다음 주 부터 유예3기 동영상강평 모의고사를 신청하여 시간조절, 실전감각을 유지하였습니다.

(2) 회계학 2부(유예3기 동영상강평)

회계학 1부와 마찬가지로 1차 기간 까지 대부분 공부를 완성 시켜 놓았으며, 2차 기간에 하루에 2시간을 할애 하여 1시간은 요약서 암기, 1시간은 연습서 문제풀이를 통해 법인세, 소득세, 부가가치세를 1파트씩 정리해 나갔습니다. 유예3기 모의고사 응시 및 수강 등 재무, 원가관리회계와 동일한 과정으로 공부 했습니다.

(3) 세법학(유예기본강의2번 → 동차GS 동영상강평 → 일일특강3개)

제가 세법학을 처음 공부하게 된 시기는 2017년 3월쯤입니다. 3월 초에 1차 시험대비가 거의 완성되었다고 판단하여 세법학 유예강의를 신청하여 수강하였습니다. 이 때 2차에 처음 등장하는 세목이 많은 세법학 2부를 먼저 수강하였고, 1차 시험이 끝날 쯤 부가가치세법, 개별소비세법, 지방세법은 다 들었고, 조세특례제한법은 반 정도 수강하였습니다.

이후 2차 기간에 돌입하여 세법학 1부까지 수강 완료 하였습니다. 한 번 수강하여 완벽하게 알 수 없기 때문에, 들었던 강의를 다시 한 번 처음부터 끝까지 재수강 하였습니다. 그러니 어느 정도 세법학이 틀에 잡히고, 판례 분석을 꼼꼼하게 할 수 있었습니다. 2차 기간(5~8월)에는 동차GS 모의고사 응시 및 수강을 하였고, 독서실 가는 길, 오는 길 틈틈이 동차GS 응시 후 나눠주는 보충프린트를 통해 법령 암기를 하려고 노력 하였습니다.

공부 방식은 일반적인 방법과 같이, 먼저 법령을 암기하고 이후 판례를 통해 사례적용 능력을 키워 나갔습니다. 또, 대법원 주요판례들을 살펴보면 일정한 사실관계에 적용되는 법령에 대한 취지를 항상 설명하는데, 그러한 부분을 하나의 근거로 삼고 답안지에 녹여 쓰기 위해 노력했습니다. 공부해 보시면 아시겠지만, 명의신탁증여의제나 간주취득세, 재조사금지원칙 등 주요 주제들을 살펴보면 판례의 판시사항에 해당 법령과 관련된 일련 취지를 설명하는데, 그러한 부분을 체크해 놓고 세법학을 큰 틀에서 공부했습니다.

또한, 세법학의 방대한 양에도 불구하고 저는 조세특례제한법도 버리는 부분 없이 모든 특례를 암기하려고 했습니다. 또 동차GS 수강하는 학원 제외 타 메이저 학원 유예2기 문제와 해설을 읽어 보았습니다. 문제에 대한 답안을 따로 써보지는 않고, 선생님이 작성하신 모범답안을 토대로 선생님 별로 답안작성 방식, 구성, 주요문제 등을 비교 하며, 공부 범위를 넓혀갔습니다.

1차나 2차 관련하여 한 번도 일일특강은 수강하지 않았지만, 세법학의 경우 메이저3사의 일일특강을 모두 수강하였고, 선생님들이 체크 해주는 주요 주제별로 비교해 가며 파트별 강약을 조절했습니다.

시험 3주 전부터 메이저 3사의 세무사 2차 모의고사 문제를 구매하여 매주 토요일에 실제 시험과 동일한 일정으로 문제를 풀었습니다. 이후 답안작성 한 것을 해답과 비교하며 자체적으로 채점을 해보고 부족한 부분, 답안을 수정해 가는 등 시행착오를 거쳤습니다.

2차 수험기간 공부 비중의 경우 회계학 1부 10%, 회계학 2부 20%, 세법학 70%로 하여 처음 공부하는 세법학에 큰 비중을 두고 공부를 하였습니다.

5. 수험생활 중에 본 도서목록 정리

(1) 1차 시험

① 재무회계
IFRS회계원리(고완석, 김종대, 임석식) / IFRS중급회계(신현걸, 최창규, 김현식)
IFRS회계원리(최창규, 김현식, 김용남) / IFRS중급회계 1,2(김기동, 김태동)
재무회계워크북(김기동) / IFRS 세무사 재무회계연습(김기동), IFRS 객관식 재무회계(김기동)

② 원가관리회계
원가관리회계(임세진) / 세무사 원가관리회계(임세진) / 객관식 원가관리회계(임세진)

③ 세법
세법강의(이철재, 정우승, 유은종) / 세법워크북1,2(정우승, 유은종)
객관식세법(정지선, 윤성만, 유은종, 정우승) / 세법 기출실록(이철재, 유은종, 정우승)
세무회계연습1,2(정우승, 유은종)

④재정학
재정학연습(정병열) / 재정학(이준구, 조명환) / 재정학 필기노트(김판기)

⑤ 민법
세무사민법(정인국)

(2) 2차시험

① 회계학 1부
재무회계워크북(김기동) / IFRS 세무사 재무회계연습(김기동)
세무사 원가관리회계(임세진)

② 회계학 2부
세법워크북1,2(정우승, 유은종) / 세무회계연습1,2(정우승, 유은종)

세무회계 기출실록(이철재, 정우승, 유은종)

③ 세법학
임팩트 세법학1,2(이철재, 유은종, 정우승) / 퍼펙트 세법학(유은종)
법인세법론(김완석, 황남석) / 소득세법론(김완석, 정지선) / 세법학 스터디가이드(정병창)

6. 마무리하면서

앞서 말씀 드렸던 것처럼, 저의 공부 방법이 저에겐 최선이었지만, 다른 수험생에겐 목적적합하지 않을 수도 있습니다. 단순히 참고 목적으로만 봐주시면 좋겠습니다. 저는 수험계획을 세울 때 무조건 동차로 합격한다고 목표를 기준으로 세웠기 때문에 남들과는 다르게 독특한 공부 방향을 잡았습니다. 보통 동차이면 회계학 1,2부의 경우 동차GS를 수강하는데, 저의 경우 세법학은 유예생들보다 못한다고 확신을 했기에, 회계학 1,2부라도 유예생보다 잘 할 수 있는 차별성을 만들기 위해 1차 기간부터 유예생들이 수강하는 유예모의고사 과정을 수강하였습니다. 그 것이 효과가 컸으며, 제54회 세무사 2차 시험 수석에 대한 신의한수가 될 수 있었습니다. 물론 1차생 입장에서 이 과정을 듣기 위해선 회계, 세법에 대한 기본기가 잘 쌓여 있어야 했으며, 그러기 위해 부단히 노력을 했던 것 같습니다. 만약 제가 기본을 잘 쌓지 못했었다면, 유예 과정을 잘 따라 가지 못 했을 것이고, 그러면 수험과정이 틀어져 좋은 성적을 거두지 못 했을 수도 있습니다. 객관적인 입장에서 자신의 역량을 잘 판단하고, 어떤 선택을 했다면 최선을 다해 노력하여 최고의 결과물을 산출해야 합니다.

저는 8월 19일 세무사 2차 시험을 응시 후, 약 1주일간 휴식을 하고 8월 말부터 바로 7급 세무직렬 시험을 준비하였습니다. 향후 세무공무원으로 과세관청 입장에서 세무행정을 처리해보고, 이후 세무사로 납세자 입장에서 세무업무를 하고 싶습니다.

매년 개정되는 세법을 놓치지 않고 공부하며, 더욱 더 성장하는 세무전문가가 되겠습니다. '수석'이라는 영광과 합격수기를 쓰면서 저의 수험기간을 되돌아보며 정리할 수 있는 기회를 주셔서 감사드립니다.

세무사 합격수기

간절한 하루하루가 모여 결과를 만든다

1991년 10월 27일생
고양외국어고등학교 중국어과 졸업
서울시립대학교 경영학과 졸업
이 하 늘 (2017년 제54회 세무사시험 최고득점자)

1. 들어가면서(자기소개, 응시동기, 합격소감)

올해 세무사 시험에 합격한 이하늘입니다. 합격하는 것만으로도 영광인데 수석합격이라는 예상 밖의 좋은 결과를 얻어서 정말 행복하고 감사합니다.

세법 자체도 어렵지만 세무사가 된 이후에도 끊임없이 공부하고 업데이트해야 한다는 점이 진정한 전문가답다고 생각했고 매력적으로 느껴져 도전하게 되었습니다.

2. 최근 1, 2차 시험 시험 출제경향 및 수험대책

1) 학습방법

하나를 해도 제대로 하자는 마음가짐으로 공부와 강의에 임했습니다. 이번이 이 문제를 풀 수 있는 마지막이다, 이번이 아니면 이 강의를 더 이상 들을 수 없다는 마음가짐으로 공부했습니다. 또 문제를 하나 풀고 나서 제가 어떤 방식으로 풀어냈고, 어떤 부분이 잘못되었는지 꼼꼼이 되짚고 틀린 사고과정을 노트와 책에 표시하며 공부했는데, 이 방식은 처음에는 시간이 걸리지만 점점 오답이 줄고 제가 어떤 유형에 약하고, 어떤 실수를 잦게 하는지 파악하는데 많은 도움이 되었습니다.

2) 그룹스터디

그룹스터디는 진도를 위해 활용했습니다. 어느 기간동안 몇회독 할 것인지 목표를 세우고 그 목표를 이루기 위해 오늘 공부해야 할 할당량을 정했습니다. 이 할당량을 같이 공부하는 스터디원들과 함께 지켜나가며 질문이 있거나 중요하다고 생각하는 부분에 대해서는 이야기를 나누었습니다. 하루가 비면 전체 계획이 어그러지게 되기에 하루하루 꾸준하게 공부할 수 있게 되었고 제가 오늘의 목표를 채우지 못한다면 조원들에게 나쁜 영향을 끼칠 수 있기에 책임감을 가지고 충실히 공부할 수 있었습니다. 시험 막바지에는 각자 공부를 마치고 중요하고 생각하는 세법학 법령을 랜덤으로 서술하는 스터디를 했는데 많은 도움이 되었습니다.

3) 선호하는 강의

저는 대체로 개념강의는 온라인 강의를, 모의고사 과정은 실강을 수강하였습니다. 온라인강의는 모르는 부분을 반복해 들을 수 있고 컨디션이 좋지 않거나 피곤한 경우 잠시 멈춘 후 들을 수 있기 때문에 놓치는 부분이 적다는 장점이 있습니다. 개념강의에는 빠지거나 놓치는 부분, 잘못 이해하는 부분이 없어야 한다고 생각해 온라인 강의를 선호하였습니다. 하지만 모의고사 과정은 실강을 수강하였습니다. 실전처럼 문제를 푸는 것도 중요하고, 모의고사 후 바로 강평을 들을 수 있기에 문제를 풀어갔던 사고과정이나 풀이법을 바로 피드백 할 수 있다는 장점이 크다고 판단했기 때문입니다. 저는 바로바로 피드백하기 위해 시험이 끝나면 핸드폰으로 제 답안지를 찍어 답지와 비교하고 강의를 들으며 체크했습니다. 모의고사가 중요하지 않다는 분들도 많지만 일주일의 범위를 공부하고 시험보고 틀린부분을 체크하면서 다시 공부할 수 있기 때문에 저는 굉장히 효과를 많이 보았습니다.

4) 수험생활 중 본인만의 스트레스 해소 방법

저는 모의고사가 끝난 다음 날은 학원에 가지 않았습니다. 대부분 집에서 밀린 잠을 보충했고 시험 본 모의고사를 눈으로 보고 정리해야 할 부분은 노트에 정리했습니다. 초반에는 학원에 가지 않는 것이 불안하여 학원에 매일 가본 적도 있었지만 오히려 너무 피곤해 한 주의 효율성이 떨어졌습니다. 꾸준히 공부하려면 지치지 않고 지속적으로 공부하는데 필요한 본인만의 휴식법을 찾으셔야 한다고 생각합니다.

5) 영어시험 준비

시험 공부 시작 전에 영어점수를 넘겨 놓는 것을 추천드립니다. 공부 시작 전에 영어점수를 넘겨 놓지 못한 분들이 스트레스 받거나 영어와 시험공부를 병행하며 어려움을 겪는 것을 몇 번 본적이 있습니다. 영어에 약하신 분들이라면 영어 전문 학원의 도움을 받는 편이 좋을 거라 생각합니다.

3. 1차시험 과목별 방법

1) 재무회계
재무회계는 기출문제를 정리해놓은 문제집을 여러번 반복해 풀었습니다. 시험장에서 시간내에 많이 풀고 정확성 있게 푸는 것이 중요한 과목이기에 공부할 때도 빠르고 확실하게 풀 수 있는 방법을 생각하며 공부했습니다.

2) 원가회계
원가회계는 어느 정도의 궤도에 오르면 그 다음부터는 어렵지 않게 점수를 획득할 수 있는 과목이라 생각합니다. 저는 기본 교재와 2차 연습서의 예제와 수록되어 있는 문제를 여러번 풀었습니다. 따로 객관식 문제집을 풀지는 않았고 기출문제를 뽑아 시간을 맞춰 보는 정도로 객관식을 준비했습니다.

3) 세법
계산문제와 말문제가 고루 출제되고 각 세목에서 골고루 출제되기 때문에 빠지는 것 없이 잘 공부해야 하는 과목이라 생각합니다. 말문제만 준비하거나 기타세법만 준비한다면 난이도에 따라 합격 영향을 많이 받을 수밖에 없습니다. 기본적인 것은 모두 준비하고 들어가셔야 안전하게 합격하실 수 있다고 생각합니다.

4) 상법
기출문제 위주로 준비했습니다. 5개년 기출문제를 출력해 지문 하나하나 제가 아는 것과 모르는 것, 헷갈리는 것을 표시하고 수십번 보면서 눈에 익혔습니다. 시험장에 가니 오답이 눈에 보이며 쉽게 골라낼 수 있었고 빠르게 풀어내는데도 도움이 되었습니다.

5) 재정학
정병열 선생님의 강의와 교재를 보았습니다. 강의를 들으면서 문제를 충실하게 풀었고 당일 공부한 부분은 얇은 교재에 정리하며 단권화 시켰습니다. 시험 막바지에는 단권화 시킨 교재와 표시해놓았던 문제를 반복했습니다.

4. 2차시험 과목별 방법

1) 재무회계

2월까지 재무회계에 많은 시간을 들여 공부했고 유예2기 개강 이후에는 김기동 선생님의 연습서와 워크북을 하루 한 두시간씩 꾸준히 풀었습니다. 워크북에 있는 예제를 꼼꼼히 풀면서 많은 도움을 받았던 것 같습니다. 그리고 유예2,3기에 나온 문제와 추가문제 모두 다 꼼꼼히 봤습니다.

2) 원가회계

재무회계와 마찬가지로 유예2기 개강 전인 2월초반까지는 시간을 많이 들여 공부했고 개강 이후에는 하루 한 두시간씩 꾸준히 모의고사 진도에 맞춰 이승근 선생님의 연습서를 풀었습니다. 한 번 제대로 공부해놓으면 점수를 쉽게 딸 수 있는 과목이라 생각합니다. 저는 자주 실수하는 부분을 실수노트에 정리했습니다. 나중에는 문제 유형을 보고 제가 자주 빠지는 함정을 바로 떠올릴 수 있게 되었고 정답률이 크게 높아졌습니다.

3) 회계학2부

가장 어렵게 느꼈고 이 과목에 가장 많은 시간을 할애해 공부했습니다. 2월까지는 서브노트를 정독하는데 시간을 많이 썼고, 유예2기 개강과 함께 진도별로 연습서를 푸는 시간을 늘렸습니다. 유예3기가 종강하고는 스터디원들과 하루에 유예2,3기 한 회씩 시간을 맞춰 풀고 같이 검토하며 완벽하게 숙지하고자 했습니다. 회계학2부의 양이 많다보니 계획을 짜는데 어려움을 겪을 수 있습니다. 그래서 저는 모의고사 과정을 적극 활용했습니다. 일주일동안 공부해야할 양이 정해질 뿐만 아니라 시험을 봐야 하기에 집중해서 공부할 수 있었습니다.

책은 연습서 한 권과 종합문제집 한 권을 풀었습니다. 종합문제집은 난이도가 너무 높은 문제는 건너뛰면서 풀었고 연습서는 기본적인 문제에 초점을 두며 풀었습니다. 문제를 풀 때는 지금이 이 문제를 풀 수 있는 마지막이라는 마음가짐으로 풀었던 것 같습니다. 문제를 하나 풀고나서 제가 어떤 방식으로 풀어냈고 어떤 부분이 잘못되었는지 꼼꼼히 되짚고 틀린 사고과정을 노트와 책에 표시하며 공부했는데, 이 방식은 처음에는 시간이 많이 걸리지만 제가 어떤 부분에 약하고 어떤 부분에서 잦게 실수하는지 파악하는데 도움이 되었고 실력이 상승하는데 큰 도움이 되었습니다.

4) 세법학

법령위주로 공부하며 판례는 추가하는 식으로 공부했습니다. 12월부터 법령 암기 스터디를 했고 살을 입히는 식으로 강의를 듣고, 모의고사 자료를 공부했습니다. 유예과정을 수강하며 선생님이 주시는 자료가 많았는데 수업중에 강의를 들으며 중요한 부분을 밑줄그어 다음에 볼 때 편하도록 정리해놓았습니다. 수업이 끝난 다음날 한 번 읽고, 유예3기 종강 후 하루에 한 회씩 읽으며 판례를 정리했습니다.

회계학2부와 세법학을 연동시키며 공부하는 방법도 좋았습니다. 회계학2부나 1부에 시간을 많이 투입해야 할 때는 회계학2부 진도와 세법학 진도를 맞춰 공부하는 방법도 사용했습니다. 세법학 개념이 잘 이해되지 않을 때는 회계학2부 문제를 푼다던지 개념을 읽기도 했습니다.

시험 막바지에는 하루에 모의고사 한 회씩 정리했고, 랜덤으로 법령을 서술하는 스터디를 했습니다. 같이 공부하는 조원들과 각자가 중요하다고 생각하는 법령을 랜덤으로 정하고 서술하는 방식이었는데 내가 중요하다고 생각하는 법령 뿐 아니라 다른 사람이 중요하다고 생각하는 법령까지 서술해볼 수 있어서 도움이 되었고 실제 시험에도 많이 나와 좋은 점수를 얻을 수 있었습니다.

5. 수험생활 중에 본 도서목록 정리

1) 1차 도서

김재호 선생님의 기출실록베스트, 정병렬 선생님의 재정학과 하루에 끝장내기 교재를 사용했습니다. 이 외의 과목은 기출문제를 뽑거나 2차 연습서로 보았습니다.

2) 2차도서

김기동 선생님의 워크북과 재무회계연습, 이승근 선생님의 원가관리회계, 정우승 선생님의 워크북과 세무회계 연습서, 유은종 선생님의 임팩트 세법학1,2와 코어세법학, 이철재·정우승 선생님의 Actual test를 보았습니다.

6. 마무리하면서

다른 사람과 비교하지 않고 본인만의 길을 묵묵히 가셨으면 좋겠습니다. 다른 사람이 가진 것을 부러워 하기보다는 자신이 가지고 있는 강점을 잘 활용하며 수험기간을 보내셨으면 합니다. 힘든 기간이지만 잘 버텨내시길 바라고 모두 진심으로 응원합니다.

나를 믿어야 한다

서 진 우

1982년 10월 14일생
화정고등학교 졸업
홍익대학교 영어영문학과 졸업
2016년 53회 세무사시험 합격

안녕하세요. 저는 제 53회 세무사 시험에 합격한 서진우입니다.

이 합격수기가 세무사 시험을 준비하시는 모든 분들에게 조금이라도 도움이 되었으면 하는 바람입니다.

저는 32살이었던 2013년 5월 6일부터 학원에 다니며 공부를 시작해서 2016년 8월 2일 2차 시험을 보기까지 3년 3개월을 전업수험생으로 지냈습니다. 그 이전에는 대학교 시절 경영학 복수전공을 하면서 세무사 시험과 관련된 수업으로 회사법 경제학원론 미시경제학 회계원리 중급회계1 원가관리회계를 수강하였습니다.

동차기간과 유예기간 그리고 흔히 수험생들이 말하는 3차기간으로 나누어 수기를 적도록 하겠습니다.

1. 동차기간(13년 5월~14년 8월)

전체 수험기간을 통틀어 처음 6개월 정도는 학원에서 직접 강의를 들으며 공부를 했고 그 이후로는 모두 인터넷 강의를 들으면서 공부를 하였습니다. 처음에 실강으로 들은 이유는 졸업을 한 이후 오랜 기간 앉아서 공부를 하지 않은 탓에 공부 습관을 다시 되찾기 위함이었습니다. 처음에는 40~50분이 넘으면 앉아있기도 힘들었지만 개강 후 한달 정도 지나니 공부패턴이 어느 정도 자리 잡혔습니다.

학원에서는 10명 정도씩 조를 만들어줘서 같이 밥도 먹고 공부도 하고 외로움을 달랠 수 있었습니다. 일부는 현재까지도 연락하면서 친분을 유지하고 있습니다. 같이 공부하는 동료를 만드는 것은 좋다고 생각합니다. 다만 그 모임이 공부 이외의 방향으로 나아가게 된다면 가급적 빨리 모임에서 나오시라고 말씀드리고 싶습니다.

(1) 봄기본종합반

여기서 제가 특별히 뭘 하지는 않았습니다. 정해진 커리큘럼에 충실했습니다. 지각 결석 없이 학원 수업을 듣고 모의고사는 빠지지 않았습니다. 하지만 제가 조금 자만했습니다. 졸업 후 오랜만에 하는 공부였지만 강의를 조금 들으니 재무나 원가 상법 등이 그리 어렵지 않았습니다. 세법이 어렵긴 했지만 아예 이해가 안 되는 정도는 아니었던 탓에 전반적으로 복습을 게을리 하였습니다. 성실하지 못한 복습이 결국 1차 시험을 전략적으로 공부하게 되었고 유예를 거쳐 3차까지 가게된 것이 아닌가 생각합니다.

하지만 다시 한 번 강조하는 것은 적어도 수업과 모의고사는 게을리 하지 않았습니다. 그나마 팁이 될 만한 공부법이라고 한다면 밥 먹을 때나 학원을 오가는 버스에서 상법전을 반복적으로 읽었습니다. 재정학은 직접 그래프를 그려가며 필기를 하고 저만의 서브노트를 만들었습니다.

(2) 가을심화종합반

지금 생각하면 저에게는 잘못된 선택이었던 것 같습니다. 부실한 기본종합반을 거치고 나서 들어간 심화반은 조금 버거웠습니다. 할 만하다고 생각했던 재무, 원가도 심화반에 오니 부실한 기초로 인해 힘들었습니다. 문제를 풀긴 풀어도 흔들리는 기초에 원리를 제대로 파악하지 못했던 것 같습니다.

세법은 더더욱 심각하여 법인세를 듣는 동안 아랍어 수업을 듣는 기분이었습니다. 소득세와 부가가치세는 상대적으로 나았지만 말 그대로 상대적이었습니다.

세법학은 정병창 선생님의 수업을 들었는데 세법개론이 부실하니 제대로 이해될 수가 없었습니다. 그래도 정병창 선생님의 강의 스타일이 밑줄을 그어주고 외울 부분을 딱딱 정해주는 스타일이라서 듣지 않았던 것 보다는 나았으나 그 당시 수준의 저에게 세법학 수업 자체가 효과적인 수업은 아니었던 것 같습니다.

(3) 1차 객관식종합반

이때부터 학원 실강수업 대신 학교 도서관에서 인터넷 강의를 들으면서 공부를 하였습니다. 학원까지의 출퇴근이 부담스러운 탓도 있었고 인강에서는 잠시 딴생각으로 놓쳐도 바로 다시 볼 수 있기에 선택하였습니다.

하지만 어정쩡한 심화반을 거치고 나니 불안한 마음만 커졌고 스트레스를 많이 받아 잠도 제대로 못 잤습니다. 1차 시험 합격여부조차도 너무 막막해 보였기 때문에 어떻게든 수업은 잘 듣자는 목표를 세웠습니다. 법인세를 빼고는 끝까지 모든 강의를 밀리지 않고 들었습니다. 법인세를 듣지 않은 것은 기본종합반부터 부실하게 해 온 공부 때문에 객세를 듣기보다는 다시 기본을 보기로 하였습니다. 이전까지는 이승원 선생님의 법인세를 들었지만 이승철 선생님 법인세 기본강의를 다시 수강하였습니다. 그나마 이해는 어느 정도 되었지만 법인세 문제풀이와 복습이 너무 늦어져서 1차 시험에 전략적으로 임하게 되었습니다.

기본종합반과 심화종합반은 실강으로 들으면서 정말 선생님들이 시키는 것만 했습니다. 수업시간에 넘어가면서 숙제 내주시면 그것만은 꼭 풀어보고 질문하고 미리 읽으라고 하면 다른 것은 못해도 미리 읽어가는 식으로요.

마지막 정리가 중요하다는 선생님들 말을 믿고 일단은 수업을 끝까지 따라갔습니다. 3월 초 객관식반이 끝나고 한 달여 시간이 남았을 때 스스로를 돌아보니 제대로 회독 수가 이뤄진 과목도 없고 이대로는 불합격하겠다는 생각만 들었습니다. 결국 저는 제가 부족하다고 생각하는 부분들을 과감하게 버리기로 마음먹었습니다.

시험장에 들어가면 어차피 모든 문제를 풀지는 못한다는 최창규 선생님 말씀에 재무회계를 절반가량만 공부하였습니다. 결과적으로 1차 시험에는 유효했습니다.

원가관리회계는 재무회계에 비해 상대적으로 공부가 잘 되어 있었기 때문에 버리는 부분 없이 객관식 문제들을 준비했습니다. 원가관리는 문제들마다 사이즈가 커서 부담스러운 대신 함정이 거의 없다는 장점이 있습니다. 그걸 이용해서 시험 때도 원가관리에 충분히 시간을 주고 한문제당 2분이라는 생각으로 풀었습니다.

상법은 이동 중에 법전을 읽고 헷갈리는 부분들만 포스트잇에 따로 정리하고 객관식 문제는 기출위주로 풀고 정말 짬나는 대로 OX문제를 많이 봤습니다.

재정학은 서브노트 따로 안사고 기본반 때부터 필기해 온 노트에 정리와 요약을 해서 마지막엔 그 노트만 봤습니다. 노트 1회독에 3시간여 정도만 걸리게 되었는데 자연히 사람 이름같이 짜증나는 암기도 해결됐습니다.

상법과 재정학은 어느 부분도 버릴 수가 없으니 시험에 가까워서는 집중적으로 암기를 해야 합니다. 특히 전략적으로 1차를 다가가는 사람이라면 더욱 이 두 과목에 집중해야 합니다.

법인세는 정말 객관식 반이 끝나고 아예 공부하지 않았습니다. 말 문제는 이전 수업에서 배운 내용으로 풀자고 마음먹었고, 계산문제는 시험장에서 풀 수 있는 수준이 아니라고 생각했습니다. 찍는 거나 푸는 거나 비슷할 거라는 생각이 들면 찍는 게 낫다는 생각을 했습니다.

소득세는 세액계산은 이후로 공부하지 않았습니다. 나와도 못 풀 것 같았습니다.

부가가치세는 거의 다 공부하긴 했는데 역시 세액계산 관련 문제들은 거의 공부하지 않았습니다.

전 기타세법에 많은 투자를 했습니다. 객관식 종합반이 끝나고 나서 공개강의로 들었고 마지막 한 달 동안 기타세법 부분만 문제풀이포함 6~7회독 했습니다. 기타세법은 확실히 시간 대비 효율이 좋은 과목이라고 생각합니다.

이렇게 전략적으로 다가간 저의 1차 시험 성적은 재정학 70점 세법학개론 60점 회계학개론 57.5점 상법 82.5점으로 평균 67.5점 이였습니다.

계산문제보다 말문제가 많은 1차이기에 가능했던 전략인 것 같습니다. 그리고 하나 더 중요한 1차의 특징은 내가 풀 수 있는 것과 풀 수 없는 것을 빨리 파악해야 합니다. 1차 시험의 많은 문제들이 어려워서 못 풀기보다는 시간이 부족해서 못 풀게 됩니다. 객관식 문제들을 많이 풀어보시면 그런 문제들을 골라내는 감이 생기는 것 같습니다. 저는 이때까지 문제풀이에 대한 연습이 아주 많이 부족했습니다. 회계, 세법을 말문제 위주로 공부를 해 놓으니 막상 동차생이 되었을 때의 그 막막함은 이루 말할 수 없었습니다.

1차 시험 모의고사는 적어도 두 군데 이상 보시면서 문제풀이 전략을 세워보시길 바랍니다.

두 과목을 한 교시에 같이 보기 때문에 과목별 시간배분을 잘 하는 것이 매우 중요합니다. 예를 들어 저는 두 번 모의고사 보면서 상법을 25분 내로 풀자고 계획했습니다. 한번은 25분 한번은 35분이 걸렸는데 두 모의고사에서 회계학개론 점수가 천차만별 이었습니다. 실제 시험에서는 시간 배분이 정말 중요합니다.

1차 시험은 평균 60점을 맞는 시험이라는 걸 절대 잊지 마시길 바랍니다.

(4) 동차종합반

이때 저에게 슬럼프가 찾아왔습니다. 책도 펴기 싫었고 손가락도 까딱하기가 싫었습니다. 사실은 1차가 끝난 그 순간 동차는 불가능하다는 사실을 너무 잘 알고 있었기 때문이었던 것 같습니다. 1차를 통과하기 위해서 공부하지 않은 부분들이 너무 많아서 2차 공부에 집중할 수 없었습니다. 차라리 유예합격을 목표로 해서 다시 기초부터 다졌더라면 합격이 조금 더 빠를 수 있었을 수도 있었겠다는 생각이 들기도 합니다.

이 시기에는 아무것도 한게 없으니 쓸 수기도 없습니다. 다만 이 글을 읽으시는 분들께서는 절대로 포기하지 말고 공부를 하시기를 바랍니다.

첫 저의 2차 시험은 시험이 어려웠다 쉬웠다 판단할 자격도 능력도 없는 수준이었습니다.

2. 유예기간(14년 11월~15년 8월)

동차기간을 완전히 낭비하고 난 후, 정신을 차리고 9월부터 바로 공부를 시작했으면 좋았겠지만... 11월 성적 발표 때까지 열심히 쉬었습니다. 슬럼프도 다 지났는데 그냥 11월에 시작해도 충분하지 않을까 하는 근거 없는 자신감에 스스로 속아버렸습니다. 동차기간을 정말 충실하게 보냈더라면 그동안 1, 2차를 거치며 지친 몸과 마음을 다시 충전하기 위해 11월 발표까지 휴식을 취하는 게 좋습니다. 근데 저처럼 무늬만 유예생인 상태가 되셨다면 발표 후 공부 시작은 조금 늦은 감이 있습니다. 동차기간에 공부 안 한 만큼 일찍 유예생활을 들어가는 것이 상식적이지 않은가 반성해 봅니다.

유예기간 공부는 학교 도서관에서 조금 특이한 공부패턴으로 공부를 하였습니다. 24시간 도서관이었기 때문에 도서관에 오후 4시에 가서 밤새 공부를 하고 다음날 오전 6~8시 사이에 귀가하여 잠을 자는 패턴으로 공부를 했습니다. 이런 밤샘 공부 방식은 제가 중학교 시절부터 대학시절까지 시험기간이면 늘 하던 방식이었습니다. 새벽1~2시가 넘어가면 오히려 더욱 머리가 맑아지는 느낌이었고, 넓은 학교 도서관을 개인 도서관처럼 사용할 수 있는 장점이 있었습니다. 다만 단점이라면 주말이면 교회를 가야해서 취침시간이 4시간가량 밖에 확보되지 않았습니다. 오히려 체력 충전이 필요한 때에 피로가 더 쌓이는 단점이 있었습니다. 하지만 전반적으로 내 바이오리듬에 맞춘 공부패턴은 효과가 좋았다고 생각합니다.

저는 동차부터 유예기간 내내 단 한 번도 스터디를 하지 않았습니다. 도움이 될 수도 있고 안 될 수도 있었겠지만 그냥 싫었습니다. 스터디를 하기 위해 장소를 이동해야 하는 것도 번거로웠고 스터디 본연의 목적 이외에 음주나 남녀문제 같은 일들이 발생할 수도 있다는 생각이 있었습니다. 그래서 혼자 공부를 하였습니다. 공부를 하던 중에 도서관에서 다른 세무사 2차생과 알게 되어 가끔 모르는 내용에 관한 의견교환 정도는 있었지만 규칙적인 스터디는 하지 않았습니다. 스터디는 어떻게 활용하느냐에 따라 혹은 자신의 성격에 따라 그 효과는 천차만별이기에 해라 마라 제가 드릴 말씀은 없는 것 같습니다.

어떻게 유예 공부를 해야 할지 참 막막했습니다. 유예 1기를 들어야 하나, 내 부족한 부분을 보충해야 하나, 생각이 많았습니다. 사실 모든 부분에서 부족했지만 결론적으로 제가 필요하다고 생각하는 과목만 그때그때 수강하면서 공부를 했습니다. 이하로는 유예기간에 과목별로 공부한 방식을 설명하도록 하겠습니다.

(1) 회계학2부(세무회계)

세무회계에 대한 부담은 여전했습니다(특히 법인세). 그래서 가장 먼저 시작한 과목입니다. 11월 유예에 들어서면서 이승철 선생님의 세무회계 연습서를 강의 없이 전수로 풀기 시작했습니다. 처음 1회독은 풀었다기 보다는 그냥 답을 베꼈습니다. 이해되지 않는 부분이 많았지만 그냥 베꼈습니다. 첫 1회독은 거의 한달 정도 걸렸습니다. 그리고 다시 2회독 3회독 4회독까지 연달아서 전수로 풀었습니다. 조금씩 나아지긴 했지만 여전히 많은 부분을 해답을 보고 베꼈습니다. 그렇게 2월 달까지 거의 3개월을 세무회계 1과목에만 투자했습니다. 세무회계만 온전히 4회독 정도를 한 후에 3월쯤부터는 다른 과목도 함께 병행하면서 문제를 풀었는데도 진도가 잘 나갔습니다. 5회독 정도부터는 자주 틀리는 문제 위주로 풀었습니다. 다만 회독 수가 늘어날수록 문제를 외워서 푸는 기분이 들었습니다. 하지만 어쨌든 문제가 풀렸기 때문인지 내 실력이 많이 늘었다는 착각을 했습니다. 너무 한 책만 보는 건가 하는 생각도 했지만 그렇다고 다른 연습서를 보기에는 시간이 부족한 기분이 들었습니다. 유예 초반 세무회계에만 집중했으니 나머지 과목들도 해야 한다는 심적 압박감이 있었습니다.

　결과적으로 법인세는 9회독 소득세 부가가치세는 7-8회독 정도 했는데도 실제 시험 점수는 실망스러웠습니다. 아무것도 준비 안 된 상태로 치른 동차 때와 비교했을 때 고작 7점 오른 사실이 너무 비참했습니다.

　제가 파악한 제 세무회계의 문제는

① 이론에 소홀하고 문제를 암기해서 풀었다. 세무회계 강의 듣는 시간에 직접 문제를 푸는 게 더 효과적일 것이라고 생각했습니다. 하지만 이론이 탄탄해야 어떤 방식으로 변형되어 나와도 흔들리지 않고 문제를 풀어낼 수 있습니다. 특히 15년도 부가가치세는기출 서식 문제는 정말 내용 자체는 쉬웠는데 처음 보는 시험 스타일에 흔들려 버리면서 시험 자체를 망쳤습니다.

② 시간 관리 연습 부족과 마인드 컨트롤 실패. 저는 유예 2기만 나무에서 모의고사를 봤습니다. 이승철 선생님 책으로 공부했기에 문제는 풀만했지만 과목별 시간 안분 연습을 제대로 하지 않았습니다. 실제 시험에서 법인세 1번을 풀고 부가가치세로 넘어갔다가 헤매면서 패닉에 빠졌고 거의 35분 가까이 시간을 들이고도 제대로 정답을 못 맞췄습니다. 부가가치세는 이전까지 점수밭이라는 인식이 있었기 때문인지 잘 안 풀리거나, 풀더라도 시간이 많이 소요될 경우 우선 다른 문제부터 풀어야 하는데 저는 그러지 못했습니다.

(2) 회계학1부(재무회계, 원가관리회계)

　재무회계는 기본으로 돌아갔습니다. 1차 때 사용하던 기본서 책을 꺼내들고 예제들을 한문제도 빼놓지 않고 풀었습니다. 재무랑 원가도 강의를 듣지 않았습니다. 처음 재무회계를 시작한 게 3월이라 마냥 시간적 여유가 없었습니다. 그래도 기본서의 예제문제들은 분개할게 많고 손이 많이 가지만 전혀 어렵지가 않아서 회독수를 늘리기에는 아주 좋았습니다. 제가 기본서를 꺼내들은 이유는 세무사 시험이 재무회계와 원가관리회계는 1차와 2차의 문제 난이도가 거의 차이가 없다고 느꼈기 때문입니다. 그리고 큰 4문제(재무 2, 원가2)에서 각각 5개 정도의 소문제로 구성되는데 그중 2~3개의 소문제들은 예제수준의 지식만 있으면 풀 수 있는 난이도였습니다. 모든 과목을 골고루 잘하면 가장 좋겠지만 그렇지 못하다면 주어진 시간을 잘 배분해서 사용해야 합니다. 저는 상당 시간을 세무회계에 투자했고 상대적으로 적은 시간을 재무와 원가에 사용해야 했습니다. 최소의 시간 투자로 효율적인 점수를 받기 위해서는 회계학 1부 고득점을 하지는 못하더라도 안정적인 득점을 하자는 것이 제 계획이었습니다.

2차 시험장에 들어갈 때까지 재무회계의 기본서와 각 단원 뒷부분의 간단한 주관식 문제만 풀었습니다.

원가관리회계도 기본적인 계획은 재무회계와 같았습니다. 다만 공부는 기본서가 아닌 김용남 선생님의 2차 연습서로 하였습니다. 문제풀이는 마찬가지로 연습서의 예제들을 위주로 연습했습니다. 1차를 공부할 때 전략적으로 공부하면서 원가관리회계는 전부 가져갔던 덕분인지 예제들로 연습하는 데에 큰 어려움은 없었습니다. 그리고 연습문제도 세무사 기출문제와 김용남 선생님이 필수문제라고 찍어주신 문제들만 풀어보았습니다. 즉 원가관리회계는 전수로 단 한 번도 풀지 않았습니다. 총 배점이 40점이라는 이유도 있었고 회계학1부에 세운 제 계획대로 전체문제를 맞추려는 것이 아닌 기본적인 2~3문제를 맞추기에는 예제와 필수문제만으로도 충분하다는 판단이었습니다.

결론적으로 회계학 1부는 투입시간 대비 만족할만한 점수가 나왔습니다. 유예기간에 강의도 듣지 않고 유예 모의고사도 보지 않고 단지 재무회계 기본서와 원가관리회계 연습서의 예제 위주 공부치고는 성공이었습니다.

(3) 세법학

저의 유예 세법학 공부는 두 단계로 나눠집니다.

① 1단계

11월~3월까지 임팩트 책을 소설책 읽듯이 하루 20~30페이지씩 읽었습니다. 하루 30분에서 1시간이 넘지 않는 시간만 투자해서 읽었습니다. 이 시기는 거의 하루 종일 세무회계만 하던 시기로 다른 과목을 공부할 마음의 여유는 없었지만 세법학을 그냥 둘 수는 없었기에 택한 방법이었습니다. 대신 임팩트 책을 읽어가면서 법령들을 따로 A4 종이에 정리했습니다. 동차기간에 제대로 혼자 세법학을 천천히 읽고 고민해보지 않은 탓인지 판례들이나 조금 어려운 부분들은 이해가 되지 않았습니다. 정리해 놓은 법령들은 핸드폰 음성녹음 어플을 이용해서 세 번씩 반복녹음을 하였습니다. 그리고 밥 먹는 시간 이동시간 가리지 않고 앉아서 공부하지 않는 시간에는 항상 듣고 중얼거리며 암기를 하였습니다. 이 법령암기 방법은 제가 추천하는 방법입니다. 자투리 시간을 이용하기에도 좋고, 3차기간에 들어가서도 다시 듣기를 했을 때에 법령암기 부분들은 금세 다시 떠올랐습니다. 그리고 실제 시험에서 답안을 작성할 때 관련 법령을 먼저 적으면 답안의 틀을 잡아가기 수월하기 때문에 법령암기는 절대 소홀하지 않을 것을 말씀드리고 싶습니다.

② 2단계

4월이 시작함과 동시에 정정운 선생님의 유예1기 강의를 12일만에 다 들었습니다. 90강이 넘는 강의였기에 하루 8~9개씩 들었습니다. 정정운 선생님은 약간 발음이 느리셔서 배속으로 듣기에 유리했습니다. 제가 세법학 기초가 아주 부족했지만 이전에 정병창 선생님의 동차강의를 들으면서 얼핏 들은 내용들과 밑줄 쳐 놓은 부분들을 읽어가면서 정정운 선생님의 수업을 들으니 정말 이해가 쏙쏙 잘 되었습니다. 아쉬운 점이라면 정정운 선생님의 세법학 기본서는 요약서가 없는 것입니다. 선생님은 요약서를 스스로 만들라고 하셔서 저는 4월이라는 한참 늦은 때에 세법학을 시작했는데도 불구하고 12일간의 강의를 다 듣고 난 후에 정독을 하며 스스로 서브노트를 만들기 시작했습니다. 한 달이 넘는 시간을 들여서 서브노트를 완성했는데 장점이라면 만들면서 많은 공부를 했고 세법학에 대한 이해의 폭이 넓어졌지만 단점은 너무 많은 시간을 소비했다는 것이었습니다. 유예3기에서 세법학 모의고사를 치르면서 정리해야 했기에 다독할 시간이 부족했습니다. 그 와중에 조특법도 듣고 정리해야 했기 때문에 늦게 시작한 세법학 공부가 아쉽기만 했습니다. 하지만 이것은 모두 제가 동차생활을 아무것도 안하고 허비했기 때문이고 그로 인해 세무회계에 많은 시간이 필요했기 때문인지라 스스로를 탓할 수밖에 없었습니다.

저의 유예시험 성적은 회계학1부 66점 회계학2부 39점 세법학1부 48점 세법학2부 48점 평균 50.25점으로 불합격이었습니다.

합격 커트라인이 평균 52.25점 이었으니 그렇게 아깝게 떨어진 것도 아니고 그냥 떨어질 수준이었습니다.

유예 불합격의 원인을 파악해보자면 뭐 하나 제대로 정리되지 못한 채 너무 일을 벌려놓은 상태에서 시험에 들어갔던 겁니다. 조금만 더 시간이 있었더라면... 1주일, 10일만 더 있었더라면 하는 마음이었습니다. 하지만 이 유예기간은 정말 누구와 비교해도 부끄럽지 않을 정도로 열심히 했습니다. 그리고 이 유예기간이 밑거름이 되어 3차를 준비하는 기간 많은 도움이 되었다는 것을 확실히 말씀드릴 수 있습니다. 다만 유예공부의 시작점이 저는 다른 유예생들에 비해 너무나 뒤쳐져 있었습니다. 많은 유예생들이 0에서 시작했다면 저는 -30에서 시작했던 것이고 그 차이를 결국 따라잡지 못한 것입니다.

3. 3차기간(15년 11월~16년 8월)

3차를 준비하면서 초반에 가장 큰 선택은 선택법의 변경이었습니다. 동차때 함께 학원에서 공부를 했던 동생의 조언을 받아 행정소송법을 공부하기로 결정하였습니다. 새로운 과목을 공부한다는 것이 부담스러웠지만, 가장 큰 이유는 분량의 차이였습니다. 상법과 비교하는 것 자체가 무의미할 정도로 분량이 적었습니다. 실질적으로 공부할 조문 수가 40개 정도였습니다. 사실 1차만을 두고 본다면 상법이나 행소법이나 어떤 것을 선택하든 합격에는 지장이 없을 것이지만, 최종 목표는 2차이기 때문에 1차에 최소로 시간을 투자하고 가급적 2차 공부에 시간을 사용하는데 있어서 행소법 선택은 아주 좋은 선택이었습니다.

유예 불합격 발표 후 다음날부터 바로 3차에 돌입했습니다. 3차를 시작하면서 가장 어려운 점은 도대체 1차와 2차를 어떻게 적절하게 조합해서 준비해야 하는가 였습니다. 1차에 시간 투자를 많이 하자니 2차가 걸리고 2차 위주로 공부하자니 이러다가 1차에서 떨어지면...? 하는 마음이 들었습니다. 오랜만에 선택법과 재정학을 하면 얼마나 기억날까 하는 걱정도 있었습니다. 주변에 3차 이상을 준비한 사람이 없어서 기합격자들의 합격수기를 읽고 스스로 계획을 짤 수밖에 없었습니다. 올해도 적지 않은 3차생 분들이 있으실 것이라고 생각합니다. 이 수기가 도움이 되길 바랍니다. 하지만 참고만 하시고 자기 학습수준에 맞춰서 잘 준비하시기를 바랍니다.

유예 불합격 발표를 확인했을 때 의외로 담담한 기분이 들었습니다. 합격을 기대하지 않았다면 거짓말이겠지만, 어쨌거나 8점 차이면 그렇게 아까운 차이가 아니라서 그랬는지 결과를 쉽게 받아들였습니다. 그리고 발표 다음날 아침 종로의 서점으로 가서 3차를 위한 교재를 구입했습니다. 제가 새로 산 책은 행정소송법(정인국), 재무회계final(김재호), 세무사재무회계연습(김재호), 재정학일일특강(김판기) 등 네 권뿐이었고, 2016년에 5월 조특법 공부를 위해서 세법학II(정정운)와 세법학 정리를 위해서 스터디가이드(정병창)를 구입하였습니다. 별도 추가 교재로 2015년 정우승 세무회계 책을 회계사 시험을 공부하는 동생으로부터 얻었습니다.

이외에 동차때 사용하던 재정학연습(정병렬), 2014년판 객관식 재무회계(최창규), 2014년판 객관식 원가관리(김용남), 유예때 사용하던 2015년판 세무회계연습(이승철), 2014년판 원가관리연습(김용남), 2015년판 세법학I, II(정정운) 등 교재는 그대로 사용했습니다.

3차 공부하면서는 공부패턴을 오전9시 ~ 밤11시로 했습니다. 큰 이유는 없었습니다. 절박하면 어느 시간에 공부를 하는지는 중요한 것 같지 않습니다. 다행히 3차 기간에 슬럼프는 없었습니다. 사실 슬럼프를 걱정할 여유도 없었다고 보는 게 맞습니다. 취침시간은 적어도 6시간 보통 7시간을 확보했습니다. 이전에는 조급한 마음에 4시간 5시간만 자면서 공부하기도 했는데 어차피 피곤해서 집중력만 떨어졌기 때문에 그냥 충분히 자는 쪽을 택했습니다. 2차 직전까지도 잠은 충분히 자면서 공부했습니다. 운동은 주1~2회 규칙적으로 축구를 했습니다. 체력관리 목적도 있지만 좋아하는 운동을 통해서 스트레스 해소를 하는 목적도 있었습니다. 운동은 꾸준히 하다가 2차시험이 100일쯤 남았을 때부터 하지 않았습니다. 일요일에도 교회를 가기는 했지만 그렇다고 푹 쉬거나 하지 않았습니다. 오후부터는 평일과 다름없이 공부를 했습니다.

3차시기의 과목별 수기를 적도록 하겠습니다.

(1) 재정학

재정학 공부는 3월 초에 시작하였습니다. 동차때 직접 만들었던 필기노트는 꺼내보지 않았습니다. 우선 김판기 선생님 일일특강을 15년도 강의로 수강했습니다. 강의 수가 적어서 금방 부담없이 볼 수 있습니다. 일일특강 교재가 워낙 잘 구성되어 있어서 거기에 필기를 보태서 이론 공부는 일일특강 교재로만 하였습니다. 객관식 문제 풀이는 재정학 연습 책에서 심화문제는 풀지 않고 기본문제에 있는 세무사 기출문제만 반복해서 풀면서 문제 하단부의 해설들을 일일특강 책에 보충했습니다. 기출문제들만 반복하니 짧은 시간에 회독수 늘리기 좋았습니다. 동차때 재정학 선택법이 고득점 전략과목이지만 3차때 재정학 선택법은 면과 과목 이라는 생각으로 공부했습니다. 그렇다고 40점을 목표로 한 것은 아니지만 가급적 투입시간을 줄이려고 노력했습니다. 그리고 시험막판에는 일일특강교재 한번 읽고 교재 뒤에 최근5년 기출문제가 있어서 시간 30분 정도로 하고 문제풀이 연습을 했습니다.

사실 결과적으로 3월 초 시작도 충분했습니다. 내심 3월 중순이나 말에 시작해도 됐겠는데 하는 생각도 들지만 너무 늦게 시작하면 괜한 부담감이 스트레스로 다가오니 3월 초 시작을 다른 3차생들께도 추천드립니다. 16년 재정학이 최근 기출 중에서는 어려운 편이었는데 점수는 낮지만 재정학 공부 투입대비 만족스러운 결과라고 생각합니다.

(2) 행정소송법

수험생들 사이에 행소법은 행복소송법이라고 불립니다. 저도 이 말에 전적으로 공감합니다. 상법이 분량이 많다고는 하지만 어쨌든 한번 공부했던 과목이라 선뜻 바꿔지지는 않았습니다. 하지만 분량이 훨씬 적고 정인국 선생님 강의가 좋다는 말에 바꾸게 되

없습니다. 행정소송법 교재는 이론과 기출10년 문제가 섞여 있습니다. 따로 객관식 강의를 듣거나 객관식 책을 살 필요가 없이 기본강의 한 번에 책 한권으로 대비할 수 있는 점도 좋습니다. 저는 11월에 행정소송법 강의를 빠르게 수강하였습니다. 처음 해보는 과목이라 불안한 마음이 있어서 먼저 수강했습니다. 선생님 강의가 워낙 좋아서인지 내용이 적어서인지 딱히 어려움 없이 쉽게 공부했습니다. 강의를 끝내고 책을 2일 정도에 걸쳐서 천천히 1회독 하고 기출문제를 풀었습니다. 20분이 걸렸고 점수는 80점이었습니다. 그 후로 4월 초까지는 행정소송법 책을 보지 않았습니다. 그 사이 기간에는 행정소송법 조문을 출력해서 일주일에 다섯 번 정도 읽었습니다. 워낙 조문이 적어서 1회독에 20분 정도면 충분했습니다. 화장실에 오래 앉아계시는 분이라면 화장실에서도 1회독으로 끝낼 정도인 것 같습니다.

4월에는 3일에 한 번씩 기본서를 1회독했고(하루1.5시간 정도 투입) 1회독이 끝날 때마다 기출문제 10년치 중 한 두개씩을 풀었습니다. 10번 모두를 풀면서 단 한번도 80점 밑으로 내려가지 않았고 20분 이상 걸린 적도 없었던 것 같습니다. 막판에는 최근 3년 기출문제만 반복했고 암기해야 판례나 법조문을 읽었습니다.

성적은 기대 이상으로 나왔는데, 그보다도 더 충격적인 것은 시험 시작 전 파본 검사하는 시간에 7문제를 풀 수 있었고 이후 시험이 시작하여 행소법 마킹을 끝내기까지 17분이 걸렸습니다. 당연히 재무/원가에 투입할 수 있는 시간이 충분했고 시간이 충분하니 문제도 편안한 마음으로 풀 수 있었습니다. 이런 저런 이유로 가급적 행정소송법을 추천 드리고 싶습니다.

(3) 재무회계

52기로 합격한 동생의 추천을 받아 김재호 선생님의 객관식final을 구입하였는데 결론적으로 1회독 후 보지 않았습니다. 이유는 교재는 세시회시 공용인데 주관적인 느낌으로는 회시에 포인트가 맞춰져 있었습니다. 즉 세시 재무회계 기준에는 문제 난이도가 너무 높아서 목적적합하지 않았습니다. 그래서 동차때 풀었던 나무학원 객관식재무회계 책을 반복해서 풀었습니다. 문제는 기출문제만 풀었습니다. 말문제도 기출문제만 풀었습니다. 재무회계는 2차 연습서도 같이 공부했는데 말문제 공부는 세무사재무회계연습서(김재호)가 잘 정리되어 있어서 준비하기가 편했습니다.

재무회계 연습서와 객관식 책을 거의 같이 풀었습니다. 왜냐하면 세무사 시험의 재무회계와 원가관리회계는 1차와 2차의 갭이 거의 없다고 봐도 무방합니다. 심지어 1차 문제가 2차 문제보다 더 까다로운 경우도 많이 있습니다. 그래서 객관식을 풀어도 2차까지 공부한다는 생각으로 기출문제들을 꼼꼼히 풀었습니다.

전체적인 강의는 듣지 않았습니다. 다만 회시생 후배의 강의를 조금 빌려서 재무회계 뒷부분만 김현식 선생님의 강의로 조금 더 공부했습니다.

재무회계 공부는 1월 정도에 시작했던 것 같습니다. 위에서 말씀드렸듯 1, 2차 책을 같이 풀어나갔습니다.

그리고 고급회계는 따로 공부하지 않았습니다. 지분법회계를 동차때 심화반에서 수강한 적이 있었지만 거의 잊은 상태였고, 왠지... 안 나올 것 같아서 안했습니다. 2차 시험 막판가서 조금 불안해져서 고급회계 기본이론을 한번 읽기는 했는데 문제가 만약 나왔다면 풀 수 있었을지는 미지수입니다.

(4) 원가관리회계

이 과목 역시 14년도 연습서와 14년도 객관식 교재를 같이 보면서 공부했습니다. 그리고 유예 공부 때와 마찬가지로 상당히 적은 시간을 투입해서 공부했습니다. 1차는 15문제뿐이고 2차는 40점뿐이니 그에 맞는 시간투입을 해야 한다고 생각했습니다.

1월에 시작하기는 했지만 1차까지는 주로 객관식 원가의 기출문제를 풀었습니다. 그리고 1차가 끝난 이후부터 연습서를 주로 보았는데 그나마도 유예 때보다 더 간소하게 공부했던 것 같습니다. 연습서의 예제들을 2회독 정도 하고나서 기출문제를 풀어보았습니다. 2차 막판으로 갈수록 예제들 위주로 공부했습니다. 유예수기에도 적었듯이 다 맞추겠다는 생각은 전혀 없었고 60~70% 정답률을 기대하며 공부했기 때문에 많은 시간을 투자하지 않았습니다.

동차시절의 원가관리회계는 제 전략과목 이었는데 이후로 오면서 점차 밀려났습니다. 아무래도 낮은 배점이 이유였습니다. 고득점 맞기에는 투입해야 할 시간이 너무 많이 필요해서 오히려 비효율이라고 판단했습니다.

(5) 세무회계

동차와 유예를 거치면서 저를 가장 힘들게 했던 과목입니다. 당연히 11월 행소법 강의를 듣는 동시에 세무회계 공부도 시작하였습니다. 유예때와 같은 실수를 반복하지 않기 위해 이번에는 이승철 선생님의 강의를 들었습니다. 11월 한 달간 열심히 강의를 들으면서 동생에게 받은 다른 세무회계 책을 진도에 맞춰서 풀어보았습니다. 이승철 선생님 교재는 너무 많이 풀어서 다른 책을 풀 필요가 있다는 생각이었습니다. 서브노트는 원래 사용하던 이승철 선생님 15년 서브노트를 사용했고 16년이 넘어와서도 새로 사지 않고 개정사항을 추가로 정리해서 사용하였습니다.

강의가 끝나고 본격적으로 세무회계 공부를 시작했습니다. 우선 처음이자 마지막으로 세무회계 스터디를 시작했습니다. 도서관에서 같이 공부하던 3차생 동생과 둘이서 모의고사 스터디를 하기로 했습니다. 일단 위너스, 우리학원의 15년도 유예2, 3기 모의고사를 모두 구해서 일주일에 두 개씩 90분 시간을 재고 문제를 풀었습니다. 별도로 저 혼자서는 정우승 세무회계 필수문제들 위주로 문제를 풀었고, 나무학원 15년도 유예2, 3기 모의고사를 구해서 일주일에 한, 두개씩 시간을 재고 풀었습니다. 거의 일주일에 모의고사를 3~4회씩 풀었습니다.

같이 도서관에 앉아서 공부했고 둘 뿐이었기 때문에 바로 휴게실에 앉아서 채점하고 리뷰도 함께 하였습니다. 모르는 건 같이 고민하고 연구하고 알려주었습니다. 문제풀이에 90분 리뷰에 한 시간 정도 걸렸습니다. 이 스터디를 12월에 시작해서 1차 시험 전 2주간 쉬고 다시 시작해서 7월 초까지 했습니다.

1차가 끝나고 나서는 위너스, 우리 학원의 16년 유예 2기를 구해서 일주일에 2회씩 풀었고 저 혼자 나무 16년 유예2기를 구해서 풀었습니다.

유예기간에 다양한 문제풀이와 실전연습이 부족했다는 압박 때문인지 모의고사 풀이에 많은 시간을 투자했습니다. 이걸로 끝이 아니었고 회계사 시험을 유예중인 학교 동생과 함께 주민규Final 모의고사 10회분을 주2회 5주간 스터디를 따로 하였습니다. 이 기간 동안은 하루에 1회씩 모의고사를 연습했습니다. 주민규 선생님 모의고사는 제 기준으로 너무 조잡하고 너무 지엽적이었습니다. 다만 시험장에서 어떤 문제를 만나든 당황하지 않도록 멘탈강화 연습용으로 아주 적절했다는 위안을 삼았습니다.

이 모의고사들은 이후에 혼자서 모두 한 번씩 다시 풀어보았습니다. 그리고 다시 틀리는 부분을 잘 체크해 놓았다가 시험 막판 열흘정도에 그 부분들만 다시 풀어보았습니다.

3차 기간 동안에 주민규final 10회치, 15년분 3개 학원 모의고사 60회치, 16년분 3개 학원 모의고사 36회치 등 100회가 넘는 모의고사를 2번 이상씩 풀어보았습니다. 중간중간 정우승 세무회계 연습서도 풀고 있었으니 스스로 정말 열심히 했다고 생각합니다.

대부분의 모의고사는 시간 내에 풀었고 자체평균 60~70점 정도를 유지했습니다. 근데 제가 생각하는 가장 효과적인 세무회계 공부는 따로 있습니다.

바로 서브노트 정독입니다. 3차 기간 동안에만 서브노트 정독을 15회 정도는 한 것 같습니다. 정말 깨알 같은 글씨도 그냥 넘어가지 않고 한 글자 한 글자 음미하면서 읽다보니 많은 부분에서 원리가 이해됐습니다. 참 졸리고 지루한 일이었는데 읽을 때마다 새롭게 이해가 되었습니다. 서브노트를 정독할수록 어느 학원 모의고사를 풀든 상관없이 새로운 유형이 나와도 적응하기가 수월했습니다. 스스로 느끼기에도 읽을수록 실력 향상이 느껴져서 정말 막판까지 시험장까지 들고가서 읽었습니다.

16년 2차 세무회계는 쉬워 보였지만 사실은 까다로웠습니다. 저는 모든 문제를 다 풀고도 시간이 5분가량 남았는데 점수는 예상보다 낮았습니다. 많은 함정에 빠진 탓이었던 것 같습니다. 그래도 이정도 공부했던 덕분에 과락 75%의 이번 16년 세무회계 시험을 무사히 통과했다고 생각합니다.

덧붙여서 1차 세법을 어떻게 다시 준비했는지 말씀을 드리자면, 3월 달에 객세책을 조금 풀어보았습니다. 근데 세무회계 공부를 많이 하고 있던 덕분에 객세를 풀 필요가 없었습니다. 완전 시간낭비라는 느낌을 받아서 특히 법소부는 아예 풀지 않았습니다. 기타세법은 3월말쯤 강의를 한번 듣고 2~3회독 정도 객세문제만 풀어보았습니다. 2월 달에 세법학 강의를 한번 들었었기 때문에 국기법 강의는 듣지 않고 문제만 풀었고 이외 부분만 들었는데 세무회계로 법소부가 탄탄해져 있다 보니 기타세법에 큰 미련을 갖지는 않았습니다. 그리고 이 부분은 암기가 주된 부분이다 보니 1차 막판에 조금 집중하면 1차 시험 수준에 맞추기에는 큰 부담이 없는 것 같습니다.

결국 세무회계와 세법학을 미리 해 놓았더니 1차 세법은 전혀 부담이 없었습니다.

(5) 세법학

유예 때 4월에 세법학을 시작해서 아쉬움만 가득했던 경험을 다시 할 수는 없었습니다. 그래서 2월 초 유예1기 실강이 끝났을 때 정정운 선생님의 강의를 신청해서 인강으로 수강하였습니다. 저는 강의를 몰아서 듣고 복습을 하는 스타일이었기 때문에 10일 만에 90강 정도를 끝내고 바로 복습을 시작하였습니다.

법령 암기는 유예때와 마찬가지로 녹음파일을 핸드폰에 가지고 다니면서 수시로 반복하여 듣고 암기하였습니다.

그리고 유예때와의 결정적인 차이는 서브노트입니다. 유예때 한 달 이상이 걸려 만든 서브노트는 너무 시간이 오래 걸려서 결국 제대로 된 마무리를 하지 못하였습니다. 그래서 5월초에 정병창 선생님의 스터디가이드(스가)를 구입하여 단권화를 하였습니다. 하지만 기본서(노랭이) 역시 거의 막판까지 반복 회독하였습니다. 특히 노랭이의 판례와 실전예제는 정말 그 내용이 충실하고 다수가 기출되며 답안 구성을 익히는데 좋습니다. 그래서 스가를 읽으면서도 노랭이 판례와 예제를 꾸준히 읽어주었습니다.

조특법은 5월 중순쯤 정정운, 정병창 두 선생님 강의를 모두 듣고 스가에 정리해서 보았습니다. 아무리 3차생이라도 모든 조특을 다 들고가는 것은 어려웠고 내용을 완벽 숙지하는 것은 거의 불가능하다고 느껴져서 스가 위주로 꼼꼼히 읽었습니다.

그리고 결정적으로 시험 막판 일일특강을 정정운 정병창 선생님 모두를 들었는데 신의 한수라고 할 만 했습니다. 정병창 선생님 일특에서는 장애인에 관한 보충설명이 있었고 정정운 선생님 일특에는 올해 지방세 문제가 정말 복사해 놓은 것처럼 나와 있었습니다. 특히 정정운 선생님 일특은 추천드립니다. 사실 일일특강 자료가 A4 100페이지 정도라서 도무지 읽을 엄두가 안 나는데 막상 읽어보면 술술 읽히게 서술되어 있고 시험장 답안을 이렇게 쓰면 되는구나 라는 느낌을 받을 수 있습니다. 정병창 선생님의 일특은 따로 프린트만 구해서 봐도 괜찮지 않을까 생각합니다. 강의자체는 그냥 스가를 한번 읽어주는 것 외에는 그다지 특별할 것이 없다는 느낌이었습니다.

세법학은 쓰는 연습도 중요했기 때문에 유예3기를 등록해서 주말마다 나무학원에 가서 시험을 보았습니다. 수업을 정정운 선생님께 들었기 때문에 유예3기는 정병창 선생님을 선택하였습니다. 점수는 들락날락 했지만 어떻게 나와도 과락은 안 나겠다는 자신감 정도를 얻을 수 있었습니다.

3차생 기간의 제1,2차 시험점수는 다음과 같았습니다.

우선 1차 시험은 재정학 67.5점 세법학개론 75점 회계학개론 77.5점 행정소송법 97.5점으로 평균 79.37점 이었고 2차 시험은 회계학1부 65점 회계학2부 54점 세법학1부 56점 세법학2부 63점으로 평균 59.5점이었습니다.

글을 마무리하면서 제가 3차 합격이라는 결과를 받으면서 제일 중요한 것은 기본이라는 결론을 얻은 것 같습니다.

재무와 원가는 항상 예제 위주로 공부하였고 3차생에 접어들면서 세무회계도 서브노트 정독에 집중하였더니 실력이 향상하는 것을 느낄 수 있었습니다.

세무사 시험이 적은 문제수로 복불복이라고들 하지만 시험에 있어서 운이라는 것은 비단 세무사 시험에만 적용되는 것은 아니라고 생각합니다. 그리고 그 운이라는 것도 준비된 사람에게 오는 것이라고 저는 믿고 싶습니다.

길게 썼지만 제 공부방식은 절대로 정답이 아닙니다. 저는 그저 634명의 합격자중 한 명일 뿐이고 다른 합격자들 모두 자신만의 공부방식이 있습니다. 공부방식보다 중요한 것은 스스로를 믿고 긍정적인 마음으로 흔들림 없이 한결같이 하루하루 공부에 충실한 자세입니다.

여러모로 부족한 이 글을 읽어주신 모든 분들께 감사드리고 앞으로 시험을 준비하시는 모든 분들께 행운이 함께 하시길 기원합니다.

감사합니다.

세무사 합격수기

강력한 이유는 강력한 행동을 낳는다

1992년 2월 11일생
권선고등학교 졸업
아주대학교 경영학부
김 동 현   2015년 52회 세무사시험 합격

안녕하세요. 52회 세무사 시험에 합격한 김동현이라고 합니다. 늘 합격수기를 써보고 싶다는 생각을 했었는데, 생각보다 이른 시기에 쓸 수 있게 되어 다행입니다.

Ⅰ. 수험생활

1. 수험생활 전 배경지식.

저는 고등학교 때 경제과목을 독학했습니다. 수능시험에서 2등급이 나왔었습니다. 그리고 2010년에 아주대학교 경영학과에 입학하고 나서는 경제원론, 미시경제학, 회계학원론을 수강하였습니다. 이후 2012년에 군입대하여 2014년 1월에 전역하였습니다. 그당시에는 세무사 시험과 상관없이 배웠던 과목들이었고, 전역한 이후에는 이미 다 잊어버린 내용이었지만 그래도 재정학 같은 경우에는 훨씬 친근하게 접근할 수 있었습니다.

2. 세무사 시험준비, 나무경영아카데미 가을기본종합반 수강(2014.09~2014.12)

2014년 1월에 전역한 이후에는 갓 전역한 군인답게 놀기 바빴습니다. 낮에는 아르바이트하고 밤에는 친구들과 열심히 놀았습니다. 1년 정도 휴학할 생각이었는데, 여름쯤 아버지가 이왕 휴학하는 동안 회계를 좀 배워보는게 좋을 것 같다고 말씀하신 것을 계기로 때마침 나무경영아카데미에서 세무사가을기본종합반을 모집하고 있기에 곧장 등록하였습니다. 전 세무사시험에 모든 걸 걸어보자란 마인드보다는 이왕 회계를 배우는 거라면 회계사, 세무사 레벨의 강의를 듣고 조금이라도 남겨가는게 더 나을 것 같다란 마인드였기 때문에 조금 더 편안한 마음가짐으로 가을기본종합반을 등록하였습니다.

그런데 학원 개강일의 풍경은 굉장히 충격적이었습니다. 9시 수업이라서 9시에 도착하였는데, 굉장히 넓다고 생각했던 301호가 꽉꽉 들어차있었습니다. 거의 맨 뒤쪽 자리에 앉아서 혼자 "와 진짜 여긴 장난 아니구나" 라고 생각하며 경쟁심이 생겨났습니다. 이때부터 세무사 시험에 몰입하게 되었습니다.

저는 집이 수원이어서 학원까지 오는데 한 시간 반 정도 걸렸습니다. 종합반 학생들을 대상으로 아침출석이벤트를 진행했는데, 8시30분 출석100%를 목표로 매일아침 5시30분 기상, 8시 30분까지 학원도착을 다행히 전부 다 지켰습니다. 단 한번이라도 지각을 하지 않으려고 애쓴 것이 4개월간의 성실함과 규칙적인 생활로 이어졌습니다.

3. 토익준비, 독학.(2015.01~02)

학원강의가 끝난 다음에는 정말 세무사시험이 끝난 기분이 들 정도로 마음이 후련하고, 뿌듯했습니다. 객관식종합반도 들어야하나 고민을 많이 했었는데, 그 당시 아직 토익성적이 없었다는 점, 2015년 1학기에 복학을 해야 한다는 점, 쉴틈없이 달려온 4달로 인해 9월에 뭘 배웠는지 가물가물하다는 점 등을 고려해봤을 때 저 스스로의 공부시간이 필요하다고 생각하여 객관식종합반은 듣지 않았습니다. 제가 아직 문제 풀 수준이 안 되는데 객관식종합반을 듣는 것은 모래위에 성을 쌓는 기분이 들 것 같다고 느꼈습니다.

학원이 끝나자 스스로 나태해질 것 같아서, 아침을 강제로 일찍 시작할 수 있도록 학교근처 토익학원 아침반을 한 달 수강하였습니다. 8시30분부터 10시30분까지 토익공부를 하고 그 이후에는 학교에서 밤10시30분까지 세무사시험공부를 하였습니다. 1월 한 달동안 한 단원씩 짧게 복습하고 바로 문제풀이하는 방식으로 객관식 문제집을 1회독 하였습니다.(재정학과 원가관리회계는 기본서로만 하였습니다.) 상법은 이때는 공부하지 못했습니다. 2월 한 달 동안은 계속 공부하고 문제풀이하면서 재정학과 세법의 요약노트를 만들어보았습니다. 선생님들의 필기노트를 비슷하게 써놓고, 구석에 있어서 잘 안보이는 문장이나 선생님이 읽어주시는 것들은 옆에 따로 적어놓았습니다. 이 요약노트를 통해서 재정학과 세법은 정말 많은 도움을 얻었습니다.

4. 복학, 1차시험(2015.03~04)

3월에는 복학을 했습니다. 3학년 1학기였고 16학점을 수강했습니다. 세무사관련과목으로 12학점을 채우고 중간고사가 없는 과목으로 4학점을 채웠습니다. 2월까지 저만의 요약노트를 만들어놓고는 3월부터는 객관식세법, 상법기본강의를 온라인으로 수강하였습니다.

　상법강의를 다시 듣게 된 계기는, 종합반에서 상법강의를 들을 때 상법 특유의 말장난 같은 법조문들이 너무나도 힘들었습니다. 헷갈리는 용어들이 너무 많았고, 그래서 혼자 공부할 때도 상법은 손이 가지 않아 공부하지 못했습니다. 그런데 2월쯤 회계사 수험생들을 대상으로 상법 일일특강이 있었는데, 세무사시험범위까지만 듣고 올 생각으로 저도 참석했습니다. 첫글자로 암기하는 방법이나 강의노트 등이 저에게 잘 맞았고, 제가 인터넷강의로 다시 복습하는 것이 혼자 문제풀어보는 것보다 도움이 될 것 같다고 생각해서 수강했습니다.

　객관식세법과 상법 모두 2배속으로 들었습니다. 처음에 적응하는 것이 힘들었지만, 2배속으로 듣자 제가 질문을 받았을 때 답변을 떠올릴 시간이 2배로 단축되며 머리가 더 빨리 회전되는 기분이 들었습니다. 하루에 5~7개정도의 인터넷강의를 듣고 1~3개의 학교강의를 듣고 남은 시간에 혼자 복습을 하였습니다. 객관식세법과 상법 모두 4월이 되기전에 다 들었습니다. 시험준비를 접시돌리기에 비유를 많이 하는데, 저 또한 단원별로 나누어서 하루에 재무회계-재고자산, 재정학-I챕터, 원가관리회계-변동원가, 세법-익금 이런 식으로 모든 과목을 공부했습니다. 학교강의를 듣는 시간이 쉬는 시간이라고 생각하고 그 외에 시간에 바짝 공부했습니다.

　중간고사 마지막 날 다음날이 1차시험이었는데, 마지막 한 달동안 계속해서 문제풀이에 집중했습니다. 객관식 원가관리회계책을 새로 구입하고 여태 했던 것처럼 모든 과목을 한 챕터씩 계속 풀었습니다. 재정학, 원가관리회계는 무조건 1시간 안에 한 개 챕터 및 단원을 풀 수 있도록 연습했습니다. 시험날이 다가올수록 상법에 조금 더 집중을 해서 공부했습니다. 1차시험보기 2주전에 나무학원과 우리경영아카데미의 전국모의고사를 봤는데, 그때의 평균점수는 60점 약간 웃도는 정도였습니다. 전국모의고사 보고 난 뒤에 2주 동안 여태까지 해왔던 문제풀이 감을 잃지 않으려 했고, 여태 했듯이 꾸준히 문제풀이를 했습니다.

1차시험성적	점수	총점	평균
재정학	85		
세법학개론	72.5	305	76.25
회계학개론	60		
상법	87.5		

5. 동차준비(2015.05~08)

　1차시험이 끝나고 일주일정도는 부담감을 내려놓고 마음껏 쉬었습니다. 그리고 5월부터는 동차종합반을 온라인으로 수강하였습니다. 재무회계, 원가관리회계, 세무회계는 2배속으로 듣고 세법학은 1.5배속으로 들었습니다. 최대한 강의를 미루지 않기 위해서 업데이트가 될 때마다 바로바로 챙겨들으려고 노력했습니다. 그렇지만 기말고사 기간에는 아무래도 강의를 6개씩 듣기는 무리여서 기말고사가 끝난 뒤에 진도를 따라잡느라 주말에도 나와서 인터넷강의를 들었습니다. 이때 인터넷강의를 들을 때는 선생님들이 문제 풀라고 하는 것이 있으면 그 자리에서 바로 일시정지해두고 문제풀고 다시 강의를 들었기 때문에, 인터넷강의만 들어도 금방 집에 갈 시간이 되었습니다. 혼자 복습하는 시간은 적었지만, 그래도 수업시간에 언급하는 문제는 최소한 한 번씩은 다 직접 풀었다는 점을 위안삼으며 공부했습니다.

1~2주에 한 번씩 오프라인으로 모의고사 볼 때마다 학원에 가서 모의고사를 봤습니다. 매 모의고사가 실제 시험인 것처럼 스트레스 받으며 공부한 결과 세법학의 경우에는 1등을 해본 적도 있었습니다. 모의고사 성적을 확인할 때마다 그동안 받은 스트레스가 풀리는 기분도 들고 잘 따라가고 있구나 라고 위로를 많이 받았습니다.

강의가 7월 초에 끝났는데, 저는 온라인으로 수강하며 기말고사 기간도 있던 터라 전부 수강하는데 일주일 정도 더 걸렸습니다. 학원강의가 끝난 뒤에는 1차시험때와 마찬가지로 접시돌리기식 공부를 하였습니다. 한 챕터당 문제수가 많고 규모가 커서 시간이 오래 걸리는게 아니라 내가 처음 풀어보고, 실력이 아직 부족하기 때문에 시간이 오래 걸리는 것이라고 스스로를 채찍질하며 공격적으로 공부하였습니다. 세법학의 경우에는 판례는 따로 챙겨볼 틈이 없었습니다. 정병창 선생님의 스터디가이드를 죄다 외우겠다는 마음으로 오로지 외우는 데에만 집중했습니다. 별표친 것만 따로따로 외우는 것이 아니라 그냥 아예 책의 순서를 통째로 외우도록 했습니다. 예를 들어 연습장에 취득세. 라고 써두고 과세권자, 납세의무자, 과세요건, 과세표준, 세율, 간주취득세 이런 식으로 큰 나무를 외우고 그 안에 작은 나뭇가지들을 외워나갔습니다.

세법학 일일특강도 듣고, 1차 시험처럼 막판 스퍼트를 올리며 2차 시험을 치렀습니다.

2차시험성적	점수	총점	평균
회계학 1부	75		
회계학 2부	63	238	59.5
세법학 1부	50		
세법학 2부	50		

II. 과목별 학습후기

1. 재무회계

재무회계는 세무사시험의 가장 기본이 되는 과목입니다. 회계를 탄탄히 해두어야 이후에 배울 세법(법인세)에서도 어려움을 겪지 않을 수 있습니다.

국제회계기준은 규칙보다는 원칙 중심이기 때문에 세법처럼 세세하게 규정이 있는 것이 아니라 굉장히 모호하게 작성되어있다고 생각합니다. 저는 이 부분에서 어려움을 많이 느꼈습니다. 세법을 배울 때에는 '계량컵'을 가지고 정확하게 요리하는 느낌이라면, 회계는 적당히 '손맛'으로 요리하는 기분이었습니다.

많은 유형의 문제를 접하는 것보다는 똑같은 문제라도 반복적으로 손으로 직접 분개해보며 감각을 익히는 것이 중요합니다. 눈으로 문제를 풀 수 있는 것과 직접 손으로 문제를 풀어보는 것은 매우 큰 차이입니다. 회계에는 지름길이 존재하지 않습니다. 오랜 시간이 걸리더라도 계정 한 과목 한 과목 직접 분개를 해봐야 머릿속에 분개가 기억되고 자연스럽게 요령이 생깁니다.

2. 원가관리회계

원가관리회계는 문제 하나하나를 푸는 것보다 전체적인 흐름을 볼 줄 알아야합니다. 원재료-재공품-제품-매출원가로 이어지는 하나의 큰 그림을 파악해야 공부한 것이 하나로 잘 비벼질 수 있습니다. 그러므로 공부 초반에는 손으로 직접 큰 그림을 그려보며 문제를 풀어야 합니다. 직접 T계정을 그려가며 공부하는 것과 눈으로 보며 이해했다고 생각하는 것은 굉장히 큰 차이입니다. 재무관리가 되었든 원가관리회계가 되었든 회계의 기본틀은 분개입니다. 원가관리회계에서 분개를 요구하는 부분은 많지 않지만, 단지 문제에서 요구하지 않을 뿐이지 알아야한다는 사실에는 변함없습니다.

큰 그림을 외우는데 가장 중요한 것은 각 개념들을 완벽히 암기해야한다는 점입니다. 원가관리회계에서 암기하는 양은 많지 않기 때문에 최대한 확실하게 암기하는게 좋습니다. 개념이 헷갈리는 순간 전체적인 틀이 무너질 수 있기 때문입니다. 예를 들어, '당기제품제조원가', '당기제품총원가'라는 단어들은 서로 비슷하게 보이지만 그 역할은 전혀 다릅니다. 때문에 확실하게 암기를 해두어야 두 개념이 헷갈릴 일이 없고, 그래야 문제를 풀 때 실수하지 않을 수 있습니다.

원가관리회계는 하나의 공통된 기준이 없기 때문에 문제마다 제각각의 케이스가 나옵니다. 따라서 강의 때 배우는 공식들을 무작정 암기하여 일관되게 적용하다가는 낭패를 볼 수 있습니다. 때문에 무조건 암기하는 것보다는 공식이 도출되는 과정을 잘 이해하여 올바르게 적용하는 것이 핵심입니다. 원가관리회계는 앞서 배웠던 재무회계, 세법들에 비하면 분명히 훨씬 흥미있는 과목입니다. 복잡하고 낯선 개념들이 아니라 실생활에서 쉽게 생각할 수 있는 상황들이 주어지기 때문에 몰입하기에도 더 수월합니다.

3. 세법

세법과목의 가장 어려운 점은, 규정들이 너무할 정도로 상세하게 되어있다는 것입니다.

반듯하게 접혀진 종이접기의 느낌이 아니라 테이프를 덕지덕지 붙인 느낌입니다.

세법은 무작정 암기하기에는 너무도 방대한 양입니다. 원칙이 있으면 예외가 있고, 다시 그 예외에 대한 예외가 있습니다. 한 마디로 정말 복잡합니다. 이렇게 복잡한 세법을 최대한 쉽게 외우려면 '왜' 이러한 것을 만들었는지 이해해야 합니다. 국민에게서 세금을 걷기 위해선 그만큼의 정당성이 있어야 합니다. 바로 이 '정당성'을 이해하는 것이 세법공부를 잘 할 수 있는 비결입니다. 세법을 만들 때는 각각의 조항마다 이유가 있습니다. 국민들의 조세저항을 줄이고 과세형평을 이루기 위한 이유를 이해한다면, 그 뒤에 나오는 예외사항도 자연스럽게 왜 예외가 되는지 이해가 되고 암기가 됩니다.

세법공부할 때 서로 유사한 것이 있거나 다른 부분이 있으면 꼭 메모를 해두었습니다. 완전 연관성이 없는 부분이더라도 똑같은 문구가 들어가는게 하나라도 있으면 같이 외우는 것이 훨씬 더 잘 외워졌습니다. 개념을 따로 따로 외우기보다는, 서로 비교해가면서 공통점과 차이점으로 외우는 것이 훨씬 더 암기가 잘 되고 헷갈리지 않습니다. 초기에 이런 방법으로 공부하기에는 아직 법인세 정리도 되지 않았는데 소득세에서 법인세 부분을 연관지어 얘기한다면 스트레스로 다가올 것입니다. 그렇지만 긍정적으로 생각해야합니다. 소득세를 공부하면서도 법인세를 떠올릴 요소들이 많다고, 소득세뿐만 아니라 법인세도 공부하니 이중의 복습효과를 누리고 있다고 위안삼으면서 익숙해져야합니다.

1차시험 당시 저는 조처법을 제외하고 국기법, 국징법, 국조법을 모두 다 준비했습니다. 공부 양이 생각보다 많지 않으며 나올만한 곳에서만 나오기 때문에 공부 대비 점수 효율이 좋은 부분이라고 생각합니다. 국기법, 국징법, 국조법을 공책에다가 요약노트를 만들고 3월부터 주말마다 한 번씩 읽고 객관식문제를 다 풀었습니다. 제가 1차시험 성적 중 세법에서 72.5점을 얻은 데는 국기법, 국징법, 국조법이 굉장히 큰 역할을 했습니다. 그리고 정병창 선생님의 국기법 강의 중에서 납세의무의 성립-확정-소멸은 이후 세법학 공부할 때에도 큰 흐름을 이해할 때에 많은 도움이 되므로 국기법만큼이라도 꼭 공부하시길 바랍니다.

4. 재정학

경제학에 관한 기초가 없는 수험생들에게 가장 낯선 과목은 재정학입니다. 재정학은 개념의 도출과정을 이해하는 데까지 오랜 시간과 노력이 필요합니다. 하지만 문제에 나오는 것은 마지막 결론 한 문장입니다. 따라서, 재정학을 공부할 때 이해하는 과정에 과도한 투자를 하는 것은 비효율적입니다. 재정학은 인풋 대비 아웃풋이 높은 과목 중 하나입니다. 이해하는 데에 과도한 시간투자를 하면 결국 회계나 세법에 쏟아부을 시간을 낭비하게 되므로, 좀 더 효율적으로 공부할 필요가 있습니다.

재정학은 이해하고 암기하는 과목이 아니라 암기하고 문제를 풀어보면서 이해하는 과목입니다. 반복적인 문제풀이를 하다보면, 문제를 통해 새롭게 알게 되는 사실이 있고 풀이과정을 통해 이해되는 경우가 많습니다. 과정을 이해하기보다 결론을 암기하다보니 문제를 풀지 못하겠다는 분들도 있을 것입니다. 과정을 이해하면서 공부하다보니, 이해 없이 마냥 암기해서 문제만 푸는 것을 불편하게 느끼곤 합니다. 당연한 불편함이지만 당연하지 않게 느껴야 하는 불편함입니다. 학문을 갈고 닦는 공부를 하고 있는 것이 아니라 시험에 붙기 위한 공부를 하고 있다는 것을 확실히 해야 합니다.

재정학공부의 핵심은 누적적·반복적으로 문제를 푸는 것입니다. 예를 들어, 오늘 강의 내용이 2장까지 진도가 나갔다면, 2장에 대한 문제를 풀고 다시 1장으로 돌아가 문제를 풉니다. 다음날 3장까지 진도가 나간다면, 3장에 대한 문제를 풀고 다시 1,2장 문제를 푸는 방식입니다. 5장쯤 나갔을 때 점점 쌓여나가는 문제풀이 양에 기겁하겠지만, 가만 생각해보면 1,2,3장 등은 이미 예전에 수도 없이 반복해서 풀었던 부분이기 때문에 문제의 답은 이미 머릿속에 다 들어가 있습니다. 다만 왜 그게 정답이 되는지 이유만 떠올리면 되는 것입니다. 결국 가장 최근의 범위만 집중해서 복습하면 전범위를 꾸준히 누적적 반복적으로 복습하게 됩니다. 당연히 전범위를 복습하는건 부담스럽게 느껴집니다. 그래서 이때 저는 누적적 문제풀이범위를 진도별 모의고사 범위에 맞추었습니다. 매주단위로 보는 모의고사범위에 맞추어 누적적 문제풀이를 하자, 학원강의가 다 끝난 시점에서 전범위에 걸쳐서 문제를 최소 3번씩은 풀 수 있었습니다.

재정학이나 선택법의 경우에는 빠르게 풀고 회계학과 세법에 더 많은 시간을 쓸 수 있도록 준비해야합니다. 저의 경우에는 전국모의고사의 경우에는 재정학을 푸는데 25~30분정도 걸렸는데 1차시험에서는 20~25분 사이에 풀어 세법을 조금 더 여유롭게, 자신감있게 풀 수 있었습니다.

5. 상법

상법은 고등학교 때 사회문화란 과목과 유사하게 말장난을 파악하는 것이 핵심이라고 생각합니다. 상법은 수험생들에게 중급회계, 재정학, 세법, 원가회계와는 다른 느낌의 스트레스로 다가옵니다. 강의를 들을 때는 당최 무슨 소리인지 모르겠으며, 책에 수록된 OX문제나 객관식문제를 풀 땐 모두 다 정답같고 모두 다 오답같습니다. 상법은 문제의 난이도가 어려운 과목은 아닙니다. 아 다르고 어 다르단 느낌으로 문제를 받아들여야 합니다. 조급하게 다가가선 안됩니다.

상법은 문제의 난이도가 높지 않지만, 상법 특유의 말장난이라는 특성 때문에 다른 과목보다 더 집중력을 요구합니다. 난이도가 높은 작업은 아니지만, 디테일이 필요하기 때문에 짧은 시간에 높은 집중력을 요구합니다. 다른 과목들이 꾸준히 오랜 시간 공부하며 기초를 쌓는다면, 상법은 단기간에 집중력을 끌어올려 암기하여야 합니다. 그러기 위해서는 강의시간에 들었던 개념들이 낯설지 않게 꾸준히 자주 봐줘야 한다는 것입니다. 이때 본다는 의미는 말 그대로 '읽어본다'는 개념이지 '복습한다' 또는 '공부한다'는 느낌은 절대 아닙니다. 상법은 책에 있는 법령이 그대로 문제에 출제되기 때문에 법령을 친숙하게 만드는 것이 중요합니다.

6. 세무회계

2차시험 수험생들의 가장 큰 적은 세법학이라고 흔히들 알고 있습니다. 하지만 그런 부담감과 걱정 때문에 생각보다 세법학에서는 과락률이 높지 않습니다.(2015년 30%/43%, 2014년 49%/33%) 반면 세무회계의 경우에는 엄청난 과락률을 보입니다.(2015년 70%, 2014년 62%) 즉, 1차시험에서도 겪어보았던 부분이라는 생각에 수험생들이 세법학에 비해 크게 신경쓰지 않은 점뿐만 아니라 출제되는 문제 사이즈에 비해 턱없이 부족한 시험시간(90분)으로 인해 나타난 결과입니다. 결국 세무회계 역시 세무사 2차시험을 합격하기 위해선 엄청난 노력을 기울여야 합니다.

객관식 시험이었던 1차시험과 달리 2차시험은 주관식으로 이루어지기 때문에 답안을 작성할 때 실수없이 작성하여야 합니다. 1차시험을 볼 때는 숫자 단위도 줄여쓰기 편하게 백만단위로 쓰고, 기타사외유출 같은 것도 기사 라고 줄여쓰곤 하는데 2차시험에서는 이렇게 쓰면 안 된다고 생각합니다. 확실하게 점수를 확보할 수 있는 만큼 답을 좀 더 꼼꼼하게, 문제생길 부분이 없도록 확실하게 기재하는 습관을 들여야 합니다.

소득세의 경우에는 물음 한 가지를 풀기 위한 호흡이 길기 때문에 최대한 문제를 꼼꼼히 읽어두고 잊어버릴 것 같은 사항들은 그때그때 메모해두어야 합니다. 예를 들어, 소득공제를 위한 자료에 세액공제 자료가 들어가 있으면 1차시험에서는 이를 함정이라고 여기고 피해가면 되지만 2차시험에서는 뒤에 세액공제 자료에 이를 더해서 고려해야하기 때문에 지문을 읽어가면서 그때그때 메모해두어야 합니다.

부가가치세는 1차시험과 마찬가지로 2차시험 역시 고득점을 목표로 공부해야 합니다. 1차시험과 2차시험의 수준차이가 심하지 않으며, 규모가 커진 정도입니다. 다만 앞서보았던 법인세, 소득세와 부가가치세의 가장 큰 차이점은 '답안 양식'입니다. 문제가 어려워서 풀지 못하는게 아니라, 정답을 기재하는 요령을 몰라서 틀리는 건 실력이 부족해서가 아니라, 해당 답안양식을 접해본 경험이 없는 것뿐입니다. 때문에 공부를 할 때 미리미리 낯선 양식들을 접해보면 좋습니다.

요약하자면, 세무사 2차시험을 겪어본 입장에서는 세법학보다 더 무서운 것이 바로 세무회계입니다. 서술형으로 답을 기재하는 세법학의 특성상 높은 점수를 받기는 어렵지만 최소한의 점수를 확보할 수 있는 과목인 반면, 세무회계는 계산문제이기 때문에 정답과 오답을 확실하게 구분지을 수 있어서 점수를 얻는 편차가 큽니다. 세법학을 걱정하는 것만큼 세무회계 역시 탄탄히 대비해두어야 합니다.

7. 세법학

세법학은 1부와 2부로 나누어지며 각각 4가지 법을 포함합니다. 각각 90분의 시간이 주어집니다.

세법학은 흔히 이론형 문제와 사례형 문제로 나누어집니다. 이론형 문제는 말그대로 관련법령을 숙지하고 있는지 물어보는 것이고 사례형 문제는 사례에 대해서 법령을 적용하고 해석할 수 있는지 물어보는 것입니다. 최근 추세는 점점 더 이론형 문제에서 사례형 문제를 출제하는 방향으로 바뀌어 가고 있는데 이러한 추세에 발맞추어 사례판단문제를 접하는 것도 물론 바람직한 방향이겠지만, 저는 3개월 동안 공부해서 사례를 해석하는 것은 어렵다고 생각했습니다. 당장 관련법령 암기만 해도 시간이 턱없이 모자랐기 때문입니다.

저는 공부하는 동안 강의 중간에 선생님이 설명해주는 사례 외에 다른 사례를 보지 않았습니다. 아니 정확히 말하자면 보지 '못'했습니다. 3개월이란 시간동안 4가지의 새로운 세목을 배우고 총 8가지의 세목을 시험보는 스케줄 속에서 사례판단에 쏟아부을 시간은 없었습니다. 괜히 어중간하게 이런저런 사례를 접하는 것보다는 가장 기초가 되는 관련법령에 모든 공부시간을 쏟아부었습니다. 뱁새가 황새를 따라가면 다리가 찢어진다는 말처럼 본인이 소화할 수 있는 공부를 해야 한다고 생각했습니다.

관련법령을 죄다 암기하고 나니, 오히려 사례형 문제를 풀 때, 암기한 관련법령에 따라 어떻게 문제를 풀어야할지 방향설정하기가 훨씬 수월했습니다. 관련법령을 다 알기 때문에 해당 사례에서 어떤 답을 원하는지 짐작할 수 있었고, 대다수의 경우는 외워놓은 관련법령 속에 답이 있었습니다.

지문에서 공부했던 내용을 떠올릴 수 있는 객관식문제와 달리, 2차시험 서술형문제는 대개 백지상태에서 수험생 스스로 관련법령을 떠올리고 써내려가야 합니다. 문제를 읽자마자 답안지를 써내려가기 위해서는 목차를 암기하는 것이 매우 중요합니다. 목차를 어설프게 암기하는 것이 아니라 최대한 완벽하게, 개수 위주로 암기했습니다. 예를 들어, 명의재산증여의제에 대해서는 8가지의 소목차가 있었다 라고 암기해두면 법령을 쓸 때 어떤 순서로 작성해야하는지 구성을 짜기 쉽고, 목차의 개수가 몇 개인지 알고 있기 때문에 빠진게 어떤 부분인지 쉽게 캐치할 수 있었습니다. 써야할 것이 8개인데 5개를 썼다면 3개를 못 썼다는걸 알아차리고 떠올리려고 하겠지만, 써야할 것이 몇 개인지 모르는 상태에서 5개를 썼다면, 나머지 3개를 떠올리기는 쉽지 않았을 것입니다. 세세한 내용을 외우는 것보다 먼저 목차를 외우는 것이 합격을 위한 지름길이라고 생각합니다.

III. 팁

1. 편식하지 말 것

법인세를 버린다든지, 선택과목과 재정학에 집중투자하고 회계학과 세법은 과락을 면하는 정도의 전략적인 공부를 한다는 것은 2차시험까지 붙어야 하는 입장에서는 약간은 위험한 전략이라고 생각합니다. 2차시험 과목을 보면 회계학1과목 세법관련과목이 3과목인데 법인세를 포기한다든가, 국기법을 포기한다면 동차 준비할 때 훨씬 더 시간이 촉박하고 훨씬 더 정신적으로 힘들 수밖에 없습니다. 전략적으로 공부하는 것은 시험보기 1달 전부터 고민해도 충분하다고 생각합니다.

2. 멘탈관리

최소 6개월 이상의 시험공부를 해야 되는 수험생에게 멘탈관리는 선택이 아니라 필수입니다. 수험생활은 단거리 달리기가 아니라 끝이 보이지 않는 마라톤입니다. 이런 사실을 알고 있음에도 불구하고 수험생활 초반에 온힘을 쏟아 붓고 포기하는 수험생들이 많습니다. 세무사시험공부는 초반보다 오히려 시험보기 전 2~3주가 훨씬 더 중요하다고 생각합니다. 이때 달릴 체력을 잘 비축해두어야 합니다.

조급해하지 않아도 됩니다. 수험생활동안 매일 시험에 합격할 수준이 되라고 요구하는 사람은 아무도 없습니다. 1차시험 보는 날 그 하루만 1차시험 합격할 수준이 되면 됩니다. 마찬가지로 2차시험 역시 2차시험 보는 날 하루만 합격할 수준이 되면 됩니다. 수험생들에게 필요한 것은 여유와 자신감입니다. 자신감 넘치는 사람도 합격하기 힘든 시험인데, 자신감 없는 사람은 훨씬 더 많은 핸디캡을 지고 시험장에 들어가는 거라고 생각합니다. 붙기 위해 시작한 시험인데 떨어질 생각을 한다는 것 자체가 말이 안 된다고 생각합니다.

본인의 능력범위 내에서 공부량을 정하는 것도 중요합니다. 개개인마다 최대한 공부할 수 있는 양이 다르겠지만, 중요한 것은 본인이 소화할 수 있는 만큼만 공부하는 것입니다. 할 수 없는 양을 목표치로 설정하고 목표달성에 실패했다고 좌절하는 것은 쓸데없이 스트레스만 받을 뿐입니다. 주어진 공부시간을 성실히 소화해내는 것도 굉장히 어려운 일이라고 생각합니다.

멘탈이 무너졌을 때 주변의 도움을 받는 경우는, 비슷한 이유로 금방 다시 무너질 수 있습니다. 멘탈은 타인의 도움을 받아 단단해지는 것이 아니라 본인의 의지와 결심으로 견고하게 만들어 나가는 것입니다. 본인이 '왜' 이 공부를 하고 있는지에 대해 물어보고 그 대답을 얻었다면, 그 대답을 위해 '오늘' 뭘 해야 할지만 정하면 됩니다. 앞으로 이어질 길고 긴 수험생활을 버텨내는 방법은 간단합니다. 매일 반복될 '오늘'만 열심히 잘 하면 됩니다.

3. 목차를 암기하자

제가 공부하다가 집에 갈 때가 되어 책을 덮고 일어났을 때 불현 듯 떠오르는 생각이 있었습니다. '내가 오늘 어떤 부분을 공부했더라?' 분명 하루 종일 강의를 듣고, 복습도 철저히 한 것 같은데 막상 집에 갈 때가 되면 오늘 뭘 공부했는지 책을 보지 않고는 쉽사리 생각나지 않았습니다.

이때 책의 세세한 내용을 보기보다는 앞부분의 큼지막한 목차를 쭈욱 훑어보았습니다. 그리고 최대한 암기하려고 했습니다. 머리를 지끈지끈 아프게 했던 세세한 내용들이 아니라 큼지막하게 한 줄씩 써져 있는 목차는 생각보다 금방 암기할 수 있었습니다. 뿐만 아니라, 이렇게 목차를 외워두고 나면 지금 내가 어느 부분을 공부하고 있는 건지 쉽게 기억나고, 이 부분 앞에 나왔던 단원, 이 부분을 끝내고 공부할 단원이 기억나고 예측되므로 공부범위가 자연스럽게 연결되어 과목 전반적으로 큰 그림을 그리는데도 상당히 유용하였습니다.

재정학의 경우에는, 목차를 외워두지 않으면 시험문제에 비슷한 주제가 나올 때 이 부분이 1장에 있는 것인지 3장에 있는 것인지 헷갈릴 때가 있습니다. 시험문제 40문제를 합친 범위는 분명 전국구라고 볼 수 있지만, 문제별로 보았을 때는 각각의 시험문제가 1군데의 지역구를 나타낸다고 볼 수 있습니다. 즉, 1번 문제를 풀기 위해서 필요한 지식은 '경기도 수원시'정도의 지식인 것이지, '대한민국' 전 범위를 아우르는 지식이 필요한 것은 아닙니다.

즉, 해당 문제가 위치한 단원을 기억해내어 문제해결에 필요한 최소한의 정보만을 기억에서 꺼내는 것이 핵심입니다. 이렇게 함으로써 문제해결에 전혀 필요없는 지식을 불러오는 시간낭비가 줄어들게 되고, 활용하는 지식의 양이 적어지게 되어 정답과 오답을 판단하는 속도가 높아졌습니다.

학원생활 이후 저는 외롭게 공부하였습니다. 그래서 더 합격수기를 쓰고 싶었습니다. 세무사공부를 하며 좋은 일이 있든지 힘든 일이 있든지, 같이 공부를 하는 사람이 아니고서는 즐거움과 어려움을 완벽하게 이해해주기는 쉽지 않습니다. 아니, 심지어 같이 공부하는 사람조차도 이해하기 어려울 것이라고 생각합니다. 그 외로움을 잘 견뎌내고 꾸준히 공부했던 것이 제 수험생활을 단축시킬 수 있던 이유라고 생각합니다.

어제도 힘들었고, 오늘도 힘들고, 내일도 힘들겠지만 그래도 최대한 세무사시험에 몰입하셨으면 좋겠습니다. 집에 가는 길에도 스트레스받고, 잠들기 직전에도 스트레스받고, 시험끝나고 정말 후회없다고 말할 수 있을 정도로 몰입하셨으면 좋겠습니다. 쉬운 길이 아니기에 합격의 기쁨이 더 달콤하게 느껴지는 것 같습니다. 제가 지금 느끼고 있는 이 달콤함을 여러분도 최대한 빨리 느꼈으면 좋겠습니다. 힘내시길 바랍니다.

마지막으로 늘 저를 응원해주고 믿어준 모든 분들, 특히 가족들에게 감사의 말씀 전합니다.

수험생활은 지루해지면 안 되며, 똑같은 일상이 되어야 한다

서 동 량

1989년 2월 10일생
서울 양정고등학교 졸업
건국대학교 자율전공학부
2015년 52회 세무사시험 합격

1. 들어가며

안녕하세요. 52기 세무사 2차 시험에 최종합격자 서동량입니다. 이번에 유예합격을 하면서 많은 사람들에게 도움을 받았고, 가장 먼저 그분들에게 감사의 말씀을 전합니다. 저는 무엇을 할 지 고민하던 차에 세무사 시험이 있는 것을 알게 되었고 여름방학 때부터 휴학을 하고 바로 세무사 시험을 준비하기 시작하였습니다.

공부를 시작하며 정말 나중에 떨어지고 나서라도 후회하지 않을 정도로 열심히 해보자는 생각으로 수험 생활을 시작하였고, 결과적으로 좋은 결과가 있게 되어 다행이라고 생각합니다. 저는 머리가 남들보다 좋은 편이 아니고, 잠도 보통 사람들보다 많은 편이었으므로 책상에 앉아있을 때는 누구보다 더 집중을 하고 효율적으로 공부하려고 노력하였습니다. 또한 아침에 아주 일찍 일어나서 학원에 등원을 하는 것이 저에겐 너무 힘들고 지치는 상황이라, 수업은 절대 빼먹지 않되 항상 정해진 시간에 학원에 가서 학원이 끝날 때까지 공부하는 방법을 택하여 정말 예외 없이 지속적으로 공부를 했습니다.

이하로는 이 글을 읽으시는 1차, 2차 수험생 분들께 제가 어떤 식으로 공부했는지 서술하여 작게나마 도움이 되었으면 하고자 합니다.

2. 1차 시험(심화 종합반, 객관식 종합반 수강)

회계사 시험을 준비하면서 기본적인 과정은 수강을 했던 터라 바로 심화강의를 등록하여 공부를 시작하였습니다.

항상 8시 20분~30분에는 학원에 도착하여 학원 수업을 듣고 바로 복습을 하다 보니 어느새 여름이 훌쩍 지나가 있었습니다. 재정학과 선택과목(상법)은 심화종합반에서 다루지 않으므로 학원 수업이 끝나고 그날 배운 것에 대한 복습을 한 후에는 따로 동영상 강의를 시청하여 꾸준히 복습하였습니다. 심화강의를 듣던 시절에는 재무회계와 세무회계에 가장 많은 집중을 하였습니다. 사실 세법학까지 따라가기에는 너무나 벅차다는 생각이 들어 1차와 겹치는 부분, 즉 국세기본법, 법인세, 소득세, 부가가치세정도만 수업을 듣고 책을 한번 읽어봤습니다. 이 시기는 이후 1차 직전 객관식을 준비하는 시간보다는 시간의 중요성이 상대적으로 떨어지나, 이때 2차 연습서로 회계학 1부와 2부의 기틀을 잘 잡아놓으면 향후 동차시기에도 큰 도움이 될 거라 생각합니다.

심화종합반이 끝난 후 객관식 종합반을 수강하게 되었는데, 1차생에게는 이 시기가 가장 중요한 시기라 생각이 됩니다. 다만 하나 꼭 강조하고 싶은 것은 객관식 강의를 수강할 때에는 절대적으로 예습을 하라는 것입니다. 시간이 없어 문제를 풀어가지는 못하더라도 적어도 그날 배울 개념들은 책이나 서브노트 등을 통하여 미리 학습을 하시는 게 좋다고 생각됩니다. 예습을 하지 않고 수업에 들어가면 강사 분들이 얼마나 문제를 잘 푸는지 구경만 하다가 나오는 꼴이 되기 십상입니다. 따라서 저는 학원이 11시에 문을 닫는 관계로 10시부터 11시까지 1시간은 항상 그 다음날 수업에서 배울 내용들을 예습하였고, 미리 수업을 확실히 들어야 할 부분을 잘 체크해서 수업을 듣는 도중에 제가 꼭 들어야 할 부분에서 더욱 집중력을 발휘하여 수업을 듣곤 하였습니다.

1차 시험은 시간과의 전쟁입니다. 따라서 전략이 굉장히 필요합니다. 공부를 열심히 한 수험생에게 시간을 충분히 주고 문제를 풀라고 하면 대다수가 고득점이 나올 수 있을 거라 생각됩니다. 한정된 시간에 합격을 위한 점수를 따내는 과정이 어려운 것입니다. 사람마다 잘하는 과목이 다르고 특정 과목 내에서도 잘하는 파트가 다 다르므로 이건 개인이 자신의 특성을 반영하여 푸는 순서, 할애할 시간 등을 연구하셔야 할 것입니다.

저는 개인적으로 1차 시험을 준비하는 과정에서 세법을 효율적으로 공부했다고 여겨져 팁을 하나 드리고자 합니다. 객관식 세법 강의를 듣기 전에 예습하는 건 물론이거니와 시험 막판 한 달~두 달 전부터 객관식 말 문제를 전부 옳은 것으로 바꿔놓는 작업을 하였습니다. 예를 들면 '옳은 것을 고르시오'라면 정답 이외에 오답 4개를 전부 옳은 문장으로, '틀린 것을 고르시오'라면 정답인 틀린 것을 옳게 고쳐놓고 막판엔 서브노트나 기본서보다는 객관식 책의 말 문제를 기본서 읽듯이 정독하였습니다. 계산문제는 시간관계상 확실히 풀 수 있는 것만 골라서 풀었습니다. 이것이 기반이 되어 1차에서 세법점수가 70점 정도로 나와 무난히 합격할 수 있던 점수가 나왔습니다.

3. 2차(동차)

1차 시험은 당일에 바로 채점이 가능하기에 자신의 합격여부를 알 수 있습니다. 저는 채점할 때 긴장은 하였지만 그 동안 열심히 공부했다고 자부하며 채점을 하고, 1차 시험을 무난한 점수로 합격을 하였습니다. 딱 사흘을 친구들 만나서 맥주도 한잔 하고, 잠도 좀 많이 자면서 동차를 어떻게 준비를 할지 고민을 많이 하였습니다. 세무사 시험은 1차 시험과 2차 시험 사이의 기간이 다른 시험에 비해 짧은 것으로 알고 있습니다. 따라서 학원 실강을 수강하기엔 시간에 너무 쫓길 것만 같아 독서실에서 세법학과 회계학 2부 인터넷 강의를 수강하였습니다. 저는 비록 결과적으로 동차로 합격하진 못하였지만, 이때 공부를 하면서 보니 동차합격이 절대 불가능할 것 같다는 생각은 들지 않았습니다. 따라서 4월말부터 2차 시험인 8월초까지 정말 열심히 인터넷 강의를 배속을 빠르게 하여 듣고 복습하고를 반복하였습니다.

세법학의 경우 거의 처음이나 마찬가지라 정말 공부하는데 힘들었던 과목이었습니다. 이것은 어느 수험생이던 마찬가지일 것이라 생각합니다. 항상 과락이 날 것을 걱정을 하며 동차 수험기간 내내 5할 이상의 시간을 세법학에 투자하였습니다. 끊임없이 써보고 또 써보고 하였습니다. 동차생들은 지엽적인 부분까지 하기 힘이 드므로 기본개념을 확실히 외우고 그것을 사례에 적용하는 연습이 필요하다 보입니다. 또한 모의고사는 안보면 안 될 것 같아 집으로 배송시켰고, 혼자 시간재고 푸는 연습을 하였습니다. 당연히 잘 풀지는 못하지만, 잘 풀지 못한 제 자신에 대한 벌로 모의고사 답안지를 영어단어 외우듯이 깜지로 써보기도 하였습니다. 재무회계와 원가회계는 1차 시험 이후로 어느 정도 실력이 올라왔다고 생각하고 하루에 1시간 정도 할애를 하여 보았고, 회계학 2부는 강의 듣고 복습을 하고 하다 보니 어느새 시험 날이 되었습니다. 이때는 정말 정신없이 시간이 빨리 지나갔습니다.

막상 시험을 치고 나서 결과를 보니 과락걱정을 하였던 세법학은 과락이 안 났고, 점수가 잘 나올 거라 생각했던 회계학 1부의 점수가 생각보다 잘 안 나왔습니다. 총점이 조금 부족하였는데, 제 점수를 보고 정말 너무 아쉬워서 눈물이 뚝뚝 떨어졌습니다. 그래도 하나 위안이었던 것은 이정도 점수면 유예시기에 열심히 하면 붙을 수 있을 것이란 자신감은 가지게 되었습니다.

4. 2차(유예)

동차시험을 치고 학교를 복학했던 터라 합격자 발표가 나고 바로 공부를 시작할 수는 없었습니다. 따라서 세법학만 11월쯤부터 단과반으로 수강하고 나머지 강의는 1월 2일부터 듣기 시작하였습니다.

12월, 1월은 사실 세법학은 강의 듣고 복습위주로 하였고, 제대로 시간을 투자한 것은 재무회계와 원가회계였습니다. 제가 동차시절 회계학 1부를 얕보고 강의도 안 듣고 혼자 공부했던 기억이 나서 더 열심히 하게 되었던 것 같습니다.

2월부터는 학원에 단과 실강반으로 등록하여 본격적으로 학원에서의 수험생활이 시작되었습니다. 제 유예생활은 뭐라 특별히 어떤 공부 방법을 취했다고 말할 수는 없습니다. 다만 2기 gs 과정부터 학원 커리큘럼을 단 한 번도 빼놓지 않고 들었습니다. 모의고사를 칠 때는 매주 자리를 바꿔가며 시험 때 일어날 수 있는 우발적 상황에 대비를 하였고, 펜도 이것저것 다 써보며 시험날 최고의 상태를 만들기 위해 준비하였습니다. 그리고 3기 gs과정 종료 후에는 3명이서 스터디를 조직하여 세법학 위주로 굉장히 짜임새 있게 구술 스터디를 하였고 시험 일 주일 전쯤에는 회계사 2차 기출문제를 모여서 풀어보고 답을 맞춰보기도 하였습니다.

세법학 구술스터디는 처음엔 2기와 3기 모의고사로, 나중에는 정병창 선생님의 a/b 주요논제 프린트로 각자 중요하다고 생각하는 파트들을 찍어 구술하고, 틀린 점을 다른 스터디원이 바로바로 지적하는 형식으로 진행 했습니다. 이 스터디로 세법학 시험지를 받자마자 고맙다는 생각이 들 정도로 다루었던 논제들이 많이 나왔습니다.

많은 수험생들이 세법학 2부에서 조특법을 어려워하는데 저 또한 예외는 아니었습니다. 유예생이었는데도 외우면 까먹고 막상 다시 읽으면 잘 안 읽혔습니다. 그래서 조특법에서 고득점을 노린다기보다는 방어목적으로 얇고 넓게 공부하였습니다. 저는 책이 잘 안 읽혀서 아예 나무경영아카데미 어플리케이션을 이용하여 조특법 공개특강을 다운받아놓고 집에 갈 때 1.8~2배속으로 2달 가까이 반복하여 귀로 들었습니다.

저는 동차 때 떨어진 기억이 너무 끔찍하여서 시험 두 달 전부터는 학원이 문 닫는 11시에 나와 집에 12시 조금 전에 도착하여 새벽1시정도까지 1시간 정도 매일 공부할 것을 가져가 공부하였습니다. 집에서는 일부러 공부하기 쉬운 것들을 가져가 공부하여 잠자리에 들기 전에 기분 좋게, 즉 자신감을 가지고 잠들 수 있게 하였습니다.

시험 전날도 평소 공부하던 시간과 똑같이 공부하고 집에 가서 잠을 잘 청하고 시험장에 들어갔고, 시험시간보다 1시간 정도 일찍 가서 재무회계와 원가회계 모의고사 문제를 1문제씩 풀어보면서 아침에 머리를 활성화시키도록 하였습니다.

저는 다행히 시험 30분 전에 풀었던 원가관리회계문제가 거의 그대로 나오다시피 하여서 회계학 1부에서 괜찮은 점수를 받았고 세법학 또한 스터디에서 대부분 다뤄봤던 주제가 시험에 출제되어 잘 쓰고 나왔다는 생각이 들 정도로 썼습니다.

　　다만 회계학 2부는 부가가치세 문제를 제일 먼저 풀다가 중간에 실수를 하고 당황하여 제대로 풀지 못하였습니다. 5분 정도 시간을 소비하다가 안 되겠다 싶어 바로 법인세로 넘어갔고 법인세 2문제를 굉장히 열심히 풀도록 노력 하였습니다. 소득세 역시 풀수 있는 문제를 확실하게 선별하여 풀도록 노력하였습니다.

　　마지막 1~2분 남았을 때엔 풀지 못한 문제는 지푸라기라도 잡는 심정으로 답안 양식에 0을 전부 채워 넣었습니다. 회계학 2부 과락걱정을 하였으나 실제 점수가 나왔을 땐 50점이 나와 다행히 최종합격을 할 수 있게 되었습니다.

5. 마치며

　　공부를 할 때 가장 중요한 것은 자신의 의지와 주위 환경이라고 단언 할 수 있습니다. 주위 환경이 아무리 조성되어도 자신이 하지 않으면 안 됩니다. 이 공부는 마라톤과 같아서 호흡을 천천히 가져가는 게 중요하다고 봅니다. 매번 급하게 모의고사를 잘 보려고 실력을 쌓을 생각보단 마지막 실전에서 제대로 실력발휘를 다음 위해 천천히 기본개념부터 차근차근 완벽히 익힌다면 어떤 응용문제가 나오더라도 기본개념을 잘 이용하여 문제에 손을 대보고 어느 정도 잘 접근하여 풀 수 있을 것입니다.

　　같이 공부하는 사람(주위 환경) 역시 무척 중요합니다. 저의 경우 막판에 세법학 구술스터디를 조직하여 큰 도움을 얻었었고, 가장 친한 학교동기가 독서실 옆자리에서 공부하게 되어 힘들 때 잠시 나가서 쉬고, 주말엔 같이 맛있는 것도 먹으러 다니며 수험생활을 지루하지 않게 보냈습니다.

　　수험생활이 지루해지면 공부도 탄력을 받기 어렵고, 공부 자체가 지루하게 되어 좋은 결과를 내기 힘들 것입니다. 학창시절 등교를 하면서 지루하단 생각은 하지 않으셨을 겁니다.

　　이것은 분명 '일상'이 되었기 때문이라고 생각합니다. 마찬가지로 수험생활도 매일의 일상이 되어 긍정적으로 생각하고 목표를 향해 나아가신다면 좋을 결과가 있을 것이라고 봅니다.

　　이 수기가 많은 수험생들에게 도움이 되기를 바라며, 공부를 열심히 하는 모든 분들이 합격하기를 기원합니다.

세무사 합격수기

하늘은 스스로 돕는 자를 돕는다

오 상 훈

1991년 8월 11일생
한양대학교 행정학과
2015년 52회 세무사시험 동차합격

안녕하세요. 한양대학교 행정학과 11학번 25살, 52회 세무사 합격생 오상훈입니다. 저는 의경 복무를 하면서 2014년 2월 말 처음 세무사 공부를 시작했었고, 2015년 1월 전역 후 올해 동차 합격을 하게 되었습니다. 저의 합격 수기가 많은 분들에게 도움이 되길 바라며, 주어진 환경에서 최선을 다한다면, 많은 분들에게 좋은 결과가 있지 않을까 생각합니다.

1. 1차준비(2014년 2월말~2015년 4월말)

저는 의경 복무를 하면서, 2014년 2월말에 처음 회계원리 인강을 들었습니다. 원래 그 전에는 은행이나 공기업, 아니면 공무원 쪽에 관심을 가지다가, 아무래도 전문직 자격증을 보유하게 되면 차후에 무엇을 하든지 유리할 것이라는 생각도 들었고, 한 번 도전해보고 싶다는 생각이 들었습니다. 그리고 그 때 세무사 공부를 해볼까 하는 생각이 들었고, 기출문제가 상당히 어려워 보여서 자신감이 많이 떨어지곤 했었습니다. 그래도, 남들도 하는 데 끝까지 해보자 라는 생각으로 시작하게 되었습니다.

(1) 공부순서와 마음가짐
- 회계원리(2월말~3월 중순)
- 중급회계(3월 중순~4월말)

- 세법(5월초~6월말)
- 원가관리회계(6월말~8월말)
- 재정학(8월 중순~10월 중순)
- 행정소송법(8월말~10월 중순)

으로 전 과목을 듣고 10월 초부터는 중급회계 1,2를 다시 들었고, 12월 중순이후부터는 법인세 강의를 다시 들었습니다. 저 같은 경우는, 군대에서 처음 회계원리를 들었고, 2014년 1월말에 휴가를 나와서 토익 시험을 봤었는데 토익 시험을 준비하면서 말차 전까지 비번 외출을 나오면 단 한 번도 빠짐없이 도서관에 가서 인강을 듣거나 pmp로 강의를 들었고, 공부가 안 될 때면 카페나 목욕탕을 가곤 했습니다. 그리고 외박이나 휴가를 나와도 항상 책은 가지고 다녔고, 약속 시간 전에 pc방에서 강의를 듣거나, 친구 시험기간엔 같이 도서관에서 공부를 하기도 했었습니다. 그 때 당시 외출을 나오면 항상 종이백에 공부할 책과 필통, pmp를 넣어서 나오곤 했는데 작년 늦가을에서 초겨울 쯤엔 편의점에서 파는 가루커피를 사서 도서관 정수기에 물을 받아 손을 녹이며 홀로 컴퓨터실에서 강의를 들었던 기억이 납니다. 그만큼 절실하고 최선을 다해 공부를 했었고, 그렇기 때문에 올해 동차 합격을 할 수 있지 않았나 생각합니다.

(2) 2014년 2월말~2014년 4월말

2월말에 김현식 선생님의 회계원리를 들었고, 회계가 어렵기는 하지만, 나름 재미있다고 생각했습니다. 그 시절, 짬이 날 때마다 이면지에 대차대조표를 그리면서 연습했고 분개가 이해가 안 갈 때도 많았지만 강의를 2배속으로 들으면서 최대한 빨리 진도를 나갔습니다. 그리고 저는 행정업무를 맡았기 때문에, 남들에 비해선 인강을 들을 수 있는 기회가 좀 더 많았고, 진도를 최대한 빨리 빼기 위해 대부분 강의는 2배속으로 들었습니다. 그렇게 저는 4월말까지 김현식 선생님의 중급회계 1,2 강의를 들었고 그 때 당시, 주말에 일이 없을 때는 하루에 6강 정도 들었습니다. 그러나, 그렇게 진도욕심에 강의만 듣고, 제대로 복습을 안 하게 되면서 앞부분 내용은 까먹을 때가 많았지만 그래도 서브노트와 기본서 위주로 최대한 열심히 보려고 노력했었습니다.

(3) 2014년 5월초~2014년 6월말

5월초에 저는 중급회계를 다시 한 번 복습을 할 지, 아니면 세법 강의를 들을지 고민을 하다가, 일단 세법 강의를 듣는 게 나을 것 같아서 바로 이승철 선생님의 법인세 강의를 들었습니다. 그 때 당시, 저는 세법을 처음 접했는데, 저에게는 세법이 정말 커다란 산이었습니다. 세법 강의를 처음 들을 땐 무슨 말인지 잘 이해도 가지 않았고 이 길이 내 길이 아닌 가 싶을 때도 있었습니다. 특히, 저 같은 경우는 중급회계 복습이 잘 안

되어 있는 상태였기 때문에, 익금부분부터 잘 이해가 되지 않았습니다. 그래도 최대한 진도는 빨리 나가려고 했고, 5월말까지 법인세 강의를 듣고, 6월초부터는 소득세와 부가가치세 강의를 들었습니다. 그리고 저는 이승철 선생님의 필기를 제가 서브노트에 최대한 받아 적으려고 노력했고, 강의를 듣고 난 후에는 기본서보다는 서브노트 위주로 복습을 하였습니다.

(4) 2014년 6월말~2014년 8월 중순

이때 당시, 저는 제 월급을 모아 pmp를 하나 구매했고, 진도도 중요하지만 복습이 더 중요한 것 같아 중급회계 기본서를 다시 읽기 시작했습니다. 그래서 남는 시간엔 중급회계 기본서와 법인세 서브노트를 읽었고, 주말엔 pmp로 김용남 선생님의 원가회계 강의를 들었습니다. 이때도 원가회계를 복습보다는 진도위주로 공부했고, 원가회계를 다 듣고 나서, 7월말쯤에 관리회계를 pmp로 들었습니다. 원가회계는 앞부분은 어느 정도 이해를 했지만, 표준원가 이후부터는 제대로 이해를 못한 상태로 넘어갔고, 관리회계 역시 강의만 들은 채 복습은 제대로 하지 않고 넘어갔습니다. 원가관리회계의 같은 경우, 주말이나 비번 외출 때 하루에 강의를 몰아 들으면서 공부를 했고, 8월 중순쯤엔 인강으로 재정학을 듣기 시작했습니다. 이때는 강의를 듣는 데 치중하기보다는 중급회계와 세법을 복습하는 데 더 초점을 두었습니다. 그리고 8월초쯤에 이승철 선생님의 합병·분할과 양도세 공개특강을 들었는데, 이때도 제대로 복습하지 않고 듣기만 하고 넘어갔습니다.

(5) 2014년 8월중순~2014년 9월말

8월 중순부터 재정학 강의를 인강으로 듣기 시작했고, 8월말에 관리회계를 pmp로 다 듣고 난 후에는 행정소송법을 pmp로 들었습니다. 이때는 학원 봄 종합반이 끝나고, 심화반과 가을 종합반이 개강할 시기입니다. 저 같은 경우에는, 봄 종합반 수업에 최대한 맞춰서 진도를 나가려고 했고, 많은 합격수기에서 언급하듯이 동차를 위해선 세무회계 선행이 필요하다고 생각했습니다. 그러나, 현실적으로 제가 제대로 이해도 못한 상태에서, 심화반 진도를 쫓아가는 것은 무리였고, 이때 당시에는 중급회계 복습에 가장 많은 공을 들였고, 틈틈이 소득세와 부가가치세 서브노트를 공부했습니다. 중급회계의 경우, 기본서에 있는 주관식 문제도 최대한 풀어보려고 노력했고, 특히 금융자산, 부채, 주식기준보상, 법인세회계의 경우 수회독을 하며 이해하려고 노력했습니다. 그리고 매일매일 할 일을 네이버 캘린더에 기록해가며 원가관리회계를 제외한 전 과목을 조금씩 공부하려고 노력했습니다.

(6) 2014년 10월초~2014년 11월말

10월초까지 중급회계 전 범위를 제 나름대로 복습을 한 상태에서 저는, 심화반 강의를 들을지, 아니면 다시 기본강의를 들을 지 고민을 했습니다. 그런데 제가 심화반 강의를 듣기에는 제대로 이해하지 못한 채 넘어온 부분이 많다고 생각했고, 이때 최창규 선생님의 기본강의를 다시 듣기 시작했습니다. 이 당시에는, 재정학 뒷부분 기본강의를 들으면서 중급회계1 강의를 빠르게 들었습니다. 그리고 10월 중순이 넘어갈 때쯤, 재정학 강의와 행정소송법 강의를 다 들었고, 그 때 이후로 다시 중급회계2 강의를 pmp로 듣기 시작했습니다. 그리고 이때 당시 제가 생각한 건, 2015년 1차를 어떻게든 합격하기 위해서는 재정학과 행정소송법의 점수를 높여야 할 것이고, 그러기 위해서 기본강의를 들은 후에 바로 재정학과 행정소송법을 복습하기 시작했습니다. 특히, 재정학의 경우 한번 틀이 잡히면, 휘발성이 낮기 때문에, 그 때 당시 최대한 이해하면서 기본문제는 대부분 풀려고 했고, 그 때 이후로는 볼 시간이 없을 것 같아서 객관식 수업 때 2회독을 할 생각이었습니다. 그리고 저는 2015년 1월에 전역을 하면, 바로 서울로 올라가서 객관식 종합반 실강을 들을 생각이었고, 학원이 12월말에 개강을 하기 때문에 미리 객관식 공부를 해야겠다고 생각했습니다. 그래서 11월 초가 되면서, 객관식 재무회계와 객관식 원가관리회계 책을 사서 혼자 풀었습니다. 재무회계의 경우에는, 중급회계 2 기본강의를 뒷부분부터 제가 약한 파트 먼저 다시 들었고, 강의를 들은 후 기본서를 복습하며 객관식 책을 풀었습니다. 원가관리회계의 경우에는, 제가 기본강의만 듣고 제대로 복습을 안한 채 넘어왔기 때문에, 저 혼자 기본서와 서브노트를 다시 공부하고, 기본서에 있는 문제와 객관식 문제를 병행하며 풀었습니다. 이때 세법의 경우는, 주로 서브노트 위주로 읽어보려고만 했고, 나중에 객관식 수업을 들으면서 감을 익히고 특히, 1차에만 나오는 소위 '잡법'과 부가가치세를 통해 어떻게든 면과를 해서 1차를 합격해야겠단 생각이었습니다.

(7) 2014년 12월초~2015년 1월초

이때는, 중급회계가 어느 정도 이해가 가면서 객관식도 조금씩 풀리고 자신감을 가졌던 때 였습니다. 원가관리회계의 경우에는 원가회계는 표준원가와 변동원가를 제외한 부분은 혼자서도 객관식 문제를 풀 수 있을 정도로 연습을 했었고, 제가 말차를 2015년 1월 7일에 나왔는데, 그 전까지 관리회계 CVP 앞부분까지 객관식 문제를 풀었었습니다. 그리고 그 때 당시 이미 12월말에 객관식 재무회계와 원가관리회계가 개강했었는데, 그때에는 도저히 학원 진도만큼 강의를 듣는 게 힘들어서, 약점이던 원가관리회계를 위주로 듣고 재무회계는 들을 수 있는 만큼만 들었습니다. 이때는, 제가 과목별로 노트를 한

권 씩 사서 선생님들이 필기해주신 내용을 노트에 받아 적고 복습을 했었습니다. 그리고 당시 가장 걱정이었던 부분이 세법이었는데, 공개특강에 올라온 국세기본법 기본강의를 이때쯤 들었고, 결국 12월 20일 들어온 월급으로 이승원 선생님의 법인세 기본강의를 pmp로 구매해서 들었습니다. 세무사 객관식 강의는 이승원 선생님이 담당하셨는데, 객관식 강의를 듣기 전에 이승원 선생님의 풀이방식에 익숙해지고 전에 들었던 선생님이 아닌 다른 선생님의 강의를 들어보는 것도 좋다고 판단했습니다. 그리고 강의를 구매 한 다음날부터, 말차 전날까지 매일 법인세 강의를 3강씩 들으며 최대한 꼬박꼬박 복습을 하고자 노력했습니다. 물론, 때에 따라선 진도가 밀리는 경우가 있었지만 그런 경우에는 그 다음날 4~5강씩을 들으려고 했고, 저 같은 경우는 이승원 선생님의 강의를 서브노트가 아닌 제가 노트를 하나 사서, 거기에 판서를 다 받아 적었습니다. 그리고 이 때 들었던 법인세 합병·분할 강의는 제가 1차 준비를 하는 데 있어 정말 큰 힘이 되었습니다.

(8) 2015년 1월초~2015년 3월말

저는 2015년 1월 7일 말차를 나왔고, 당일 부모님이 알아놓으신 종각역 근처 고시원에 가서 짐을 풀고 바로 학교 도서관에 가서 당일 올라온 원가관리회계 강의를 들었습니다. 그리고 그 다음날부터, 학원 객관식 반에서 수업을 들었습니다. 그러다가, 1월 17일이 제 전역 날이라 그 전 날 부대에 내려갔다가, 17일에 전역식을 하고 오후 늦게 서울에 올라왔는데, 12월 말부터 올라온 재무회계 강의를 그 때까지도 다 듣지 못해서, 학교 도서관에서 다음날 첫 지하철을 탈 때까지 인강을 들으면서 졸다 깼다 했던 점이 기억에 많이 남습니다.

그리고 객관식 종합반을 들었던 것이 저에게는 1차 실력 향상을 하는 데 가장 큰 도움이 되었다고 생각하는데, 그 때 만큼은 당일 배운 부분들을 당일 복습하려고 노력하였고, 학원 진도별 모의고사를 보면 상위 20~30%정도의 성적이 나왔습니다.

객관식 수업을 들을 당시, 관리회계의 경우에는 기본강의만 듣고, CVP 이후 부분은 복습을 제대로 안 해서 수업 듣기 전에 기본서를 다시 보고 수업을 들었는데 원가회계와 비슷한 부분도 많았고, 공식을 외워서 푸는 느낌이라 생각보다 할 만 했습니다.

세법의 경우에는 1월 말부터 부가가치세, 법인세, 소득세 순으로 진도가 나갔는데 그 때 당시 주말에 세법 공부에만 거의 반 이상을 투자했던 것 같습니다. 그래도 부가가치세는 수업을 듣고 복습을 하면 풀 만 했는데, 법인세 같은 경우에는 기본 강의를 다시 들었음에도 문제가 어려워서 암기가 될 때까지, 최대한 반복해서 풀었습니다. 그리고 2월 중순쯤이 되면서 들었던 생각이, 다른 과목은 그래도 할 만 한데, 세법이 너무 어려워서 소득세를 버리고 나머지 부분에서 점수를 따서 면과를 할 생각을 했습니다.

그리고 이때쯤에 객관식 국세기본법과, 기타세법 기본강의를 들었습니다. 2월 말이 되면서 객관식 종합반이 끝날 때쯤엔, 재무회계의 경우에는 제가 부대에 있으면서 한 번 풀고, 강의를 듣고 복습을 하면서 3회독 정도 했었고, 원가관리회계의 경우에도 원가회계는 2~3회독, 관리회계는 1~2회독을 하면서 문제풀이 틀을 외우려고 노력했습니다.

재정학의 경우에도, 객관식 강의를 들을 때, 김판기 선생님이 기본 이론 설명을 해주시는 걸 통해 내용 정리를 하고, 객관식 문제를 반복해서 풀었습니다. 이 때 재정학의 경우에도 단원별로 객관식 문제를 1~2회독 하였었고, 행정소송법의 경우에는 정인국 선생님이 나눠주신 객관식 문제 프린트 물을 수업이 끝나고 고시원에 가서 자기 전에 읽어보는 식으로 복습을 했습니다.

행정소송법의 경우에는 객관식 문제보다 기본서를 반복해서 읽는 데 더 초점을 두었고, 3월초 이후로 기본서 회독수가 늘어나면서 실력이 급상승 한 것 같습니다. 3월초가 되고 객관식 종합반이 끝난 이후에는, 재무회계는 객관식 책 위주로 공부를 하면서, 이해가 잘 가지 않는 부분이나 말문제 목적으로 기본서를 다시 읽었었고, 이 때 객관식 재무회계 기출문제를 한 권 사서 3월말까지 2번 정도 반복해서 풀어보았습니다.

원가관리회계 또한 객관식 책을 3월초부터 3월말까지 반복해서 어려운 단원 위주로 여러 번 풀었고, 따로 기본서나 다른 교재를 보지는 않았습니다.

재정학의 경우는, 이 때 기본서 2장부터 17장까지를 매일 범위를 나눠서 이론과 내용을 이해하고 정리하며 암기 하는데 신경을 많이 썼고, 재정학 기출문제집을 사서(9회분 기출문제+3회분 모의고사) 매일 3회분씩 풀었고, 3월 말까지 3회독을 했습니다.

행정소송법의 경우에는 객관식 보다는 기본서 위주로 공부하면서, 기본서 뒤에 붙어 있는 10년치 기출문제를 하루에 4년치씩 반복해서 공부하였습니다. 세법의 경우는, 3월 초에 양도세 기본강의를 다시 들었고, 소득세 중에서 소득공제, 세액공제는 제외하고 할 만 해 보이는 몇몇 파트만 가져갈 생각이었습니다. 그리고 이 때 객관식 기타세법 강의를 들으면서 저의 목표는, 부가가치세와 기타세법 그리고 법인세 말문제와 소득세 몇 문제를 풀어서 면과를 하는 것이었습니다.

객관식 세법 책을 보면 국세기본법이 8장, 국세징수법이 3장, 국제조세조정에 관한 법률, 조세범처벌법이 있는데, 저는 국세기본법을 2장씩 묶어서 4일에 1번씩 회독수를 늘렸고, 국세징수법은 1,2장과 3장을 나눠서 2일에 1번씩, 그리고 나머지 2개 법은 시간이 날 때마다 틈틈이 보았습니다. 이 때 당시, 조세범처벌법과 행정소송법 법조문 같은 경우에는 프린트물을 가지고 다니면서 화장실에 가거나 시간이 날 때마다 계속해서 보았습니다. 그리고 부가가치세 역시 7장으로 구성되어있는데 버리는 부분 없이, 과표와 매출세액, 매입세액 부분은 하루나 이틀에 1장씩, 나머지 부분은 하루에 2장씩 보면서 회독수를 늘렸습니다.

법인세는 부당행위계산 부인까지는 풀 수 있는 객관식 문제는 반복해서 풀려고 노력하였고, 그 뒷부분은 말 문제 목적으로 보면서 전 범위를 공부했습니다. 그리고 소득세 역시 말 문제 목적으로 나올 법한 부분과 간단한 계산문제를 공부했습니다.

(9) 2015년 4월초~2015년 4월말

저는 3월말까지만 하더라도 제가 1차를 합격할 수 있을지 걱정이 되었는데, 특히 세법실력이 많이 부족하다고 생각했습니다. 그리고 3월말에 타 학원에서 처음으로 전국 모의고사를 보았는데, 전체 등수가 10위권에 든 것을 보고 믿기지가 않았습니다. 그 때 당시, 실력이라는 게 계단식으로 조금씩 상승하는 것이 아니라, 어느 순간 폭발적으로 상승한다는 느낌을 받았습니다. 그리고 그 후 4월에 2번의 전국모의고사를 더 보았는데, 두 번 다 성적은 10위권 안에 들었습니다. 그리고 이 때 저는, 1차는 합격할 것이라는 나름의 확신을 가졌고, 회독수를 반복해서 늘렸습니다.

재무회계의 경우에는, 기출 베스트 모의고사 문제집을 한 권 더 사서, 객관식 문제집과 기출문제집 총 3권의 책을 반복해서 풀었고, 기본서도 말 문제 목적으로 읽곤 했습니다. 원가관리회계의 경우에도 기출문제집을 한 권 사서, 회계사 1차와 세무사 1차 각각 2000년도부터의 문제를 하루에 4~5년치씩 풀었고, 객관식 교재를 반복해서 보면서 마지막엔 일일특강 교재를 구매해서 보았습니다.

세법의 경우에는, 부가가치세를 집중적으로 반복해서 보았고, 국세기본법 같은 경우에는 1~4장, 5장~8장식으로 2틀에 한 번씩 회독수를 늘리기도 하였고, 그 외 다른 기타세법 역시 객관식 교재에 나와 있는 설명 부분과 문제를 반복해서 보았습니다.

법인세와 소득세의 경우에도, 풀 수 있는 계산문제는 꾸준히 연습했고, 말 문제에도 신경을 쓰면서, 기출문제집을 한 권 사서 풀었습니다. 그리고 이 시기 동안 재정학과 행정소송법의 경우에는 기출문제를 매일 각각 3,4개년씩 반복해서 보았고, 3월 초부터 누적적으로 10회독 가까이 보았습니다. 그리고 올해 1차에서 평소보다도 더 좋은 성적을 거둘 수 있었습니다.

- 1차 시험 평균 83.75점
  - 재정학 : 90점
  - 세 법 : 77.5점
  - 회 계 : 75점
  - 행소법 : 92.5점

2. 2차준비(2015년 4월말~2015년 8월초)

저 같은 경우에는 2차 연습서를 처음 공부하는 입장에서, 주관식 공부를 위해서는 학원 종합반에 가서 채점을 받아보는 것이 좋다고도 생각했지만, 진도를 빨리 빼야겠다는 생각에 2차강의는 전부 인강으로 듣고, 세법학만 동차gs 실강을 들었습니다. 처음에는 누구나 동차를 목표로 열심히 해야겠다는 생각이 들겠지만, 저 같은 경우는 6월 초 이후로 동차가 가능할지에 대한 의문이 많이 들었습니다. 특히, 처음 접하는 세무회계는 1차에 비해서 문제 수준도 확실히 올라가고, 답안 양식에 맞춰서 풀어야 하는 것에 신경이 많이 쓰였습니다. 또, 세법학 역시 세법학 1부만 모의고사를 보고, 후반부에는 세법학 2부는 시험지만 받고 나올 정도로 암기할 양이 너무 많았고, 성적 편차도 꽤 컸기 때문에 붙을 자신이 없었습니다. 그럼에도 불구하고, 마지막 1달 동안에는, 세무회계는 제가 풀 수 있는 부분을 정확하게 풀고, 부분점수를 받는 데 신경을 많이 썼고, 세법학 역시 스터디 가이드에 있는 내용을 중점적으로 앞자를 따서 외우면서, 기본서에 있는 내용을 첨가해서 적어놓고 반복해서 여러 번 보았습니다.

(1) 회계학1부

재무회계의 경우에는 최창규 선생님의 2차 동차 강의를 들었고, 1차와 큰 난이도 차이는 없다고 생각합니다. 그러나 아무래도 2차는 주관식이다 보니 계산근거를 적고, 분개를 적어야 할 때도 있기 때문에 그런 부분은 신경을 많이 썼습니다. 올해 2차의 경우에는 무형자산과 금융자산이 나왔는데 금융자산의 경우에는 작년에 출제가 된 부분이라 문제 2번 같은 경우에는 소문항 중 몇 몇 문항의 답은 정확하게 못 쓰기도 했습니다. 그리고 올해는 또 특이하게 회계학 1부에서 말문제가 유독 많이 나왔는데, 제가 2차 시험 전날 독서실 자리에 있던 포스트잇을 정리하면서, 우연히 무형자산의 요건 3가지를 앞글자를 따서 외웠는데, 그게 다음날 문제에 그대로 나오게 되면서 합격을 할 수 있지 않았나 생각이 듭니다.

원가관리회계의 경우에는 2차강의를 들으면서, 나름 전략적으로 공부하였습니다. 아무래도 동차다 보니, 전 범위를 보기는 부담스러워서 올해 나올 수 있는 부분을 집중적으로 공부하였고, 범위를 넓히기 보다는 풀 수 있는 부분에서 최대한 실수하지 않고 확실히 풀려고 노력했습니다. 그리고 다행히 올해는 예상가능 한 범위에서 문제가 나오긴 했지만, 변동원가 부분에서는 시간이 부족하여 정확하게 다 풀지는 못했습니다. 동차생 입장에서는, 나름 리스크가 있지만, 어느 정도 단원별로 편차를 두어 공부하는 것도 도움이 될 것 같습니다.

(2) 회계학2부

세무회계의 경우에는 2차 공부를 하면서 처음 접했고, 올해 이승철 선생님의 회계사 동차강의를 인강으로 들었습니다. 저 같은 경우는 공부할 시간도 부족했고, 면과가 목적이었기 때문에 법인세의 경우에는, 문제 1번을 정확하게 푸는 데 초점을 두어서 익금부터 부당행위계산 부인까지 반복적으로 공부하였고, 문제 2번은 혹시 나올지 모를 외국납부세액과 미환류소득에 대한 법인세를 추가로 공부하였습니다. 그리고 올해 같은 경우에는, 법인세 1번이 비교적 쉽게 나왔기 때문에 여기서 최대한 많은 점수를 얻음으로써 면과가 가능했던 것 같습니다.

소득세의 경우에는 1차 공부할 때, 가장 공부량이 적었기 때문에 2차 공부할 때에는 가장 많은 시간을 투자했습니다. 특히, 소득공제와 세액공제의 경우는 중간에 개정이 되면서 거의 나올 것이 확실시 되었기 때문에 틈이 나는 대로 외웠지만, 시험장에서는 미처 제대로 준비를 못한 조특법 성실사업자가 나와서 실수를 하기도 했습니다. 그래도 최대한 양식에 맞춰서 답을 보기좋게 적으려고 노력했고, 여기서 어느 정도 부분점수를 받은 것 같습니다. 그리고 올해는 특히 양도세 문제가 어렵게 나왔고, 저 역시 문제를 풀면서도 제대로 풀고 있는 건지 의심이 들었지만, 틀린 답을 적더라도 양도세 기본공제만큼은 정확하게 적었던 것 같습니다.

또, 올해 출제된 동업기업 문제의 경우에는 미처 준비를 하지 못했기 때문에 풀지는 못했고, 금융소득의 경우에는 제가 2차 시험을 보기 몇 주 전에 다른 선생님의 파이널 강의를 들었는데, 거기서 강조하신 부분이 나와서 비교적 정확하게 푼 것 같습니다. 보기 중에서 집합투자기구에 지급한 보수를 차감할지, 가산할지에 대한 판단을 묻는 문항과 답안지에 배당소득에 대한 그로스업을 해야 할 지 말아야 할지가 중요한 포인트였던 것 같습니다.

부가가치세의 경우에는 연습서 문제를 수회독 하면서, 빠짐없이 보려고 노력했지만 막상 실전에서는 물음1번만 정확하게 풀고 나머지 문제는 제대로 풀지는 못했습니다. 물음2번의 경우에는, 연습서 책에 없는 문제였기 때문에 답을 도출하지 못하였고, 물음3번의 경우에는 부가가치세 양식을 제대로 학습하지 않았기 때문에, 풀 수 있는 부분만 눈에 보이는 대로 풀었습니다. 저는 회계학 2부를 순서대로 풀었는데, 마지막 부가가치세 문제를 풀면서는 과락이 나올까 걱정을 많이 했었고, 다행히 43점으로 과락은 면할 수 있었습니다.

(3) 세법학1부
세법학 1부는 동차생 입장에서 어느 정도 익숙하지만 범위는 넓고, 난이도도 꽤 어려운 편이라고 생각합니다.

특히, 법인세, 소득세 같은 경우에는 1차 공부와 세무회계를 공부하면서 겹치는 부분도 많지만, 세법학 측면에서 공부하기에는 조금 어려운 면도 있는 것 같습니다.국세기본법 같은 경우에는 1차 때 열심히 공부한다면, 좀 더 어렵고 세부적인 내용이 들어가긴 하지만, 마무리 시점에 법령을 외우는 측면에서는 법 중에서 가장 깔끔하게 외울 수 있지 않나 생각합니다.

상증세 같은 경우에는 2차 때 처음으로 접하게 되었고, 저는 정병창 선생님의 올해 3월 유예반 강의를 인강으로 들었습니다. 처음에는 낯설고 정말 외울 것도 많아 보이지만 스터디가이드 기준으로 회독수를 늘리다보면, 정말 안 나올 것 같은 주제를 제외하고는 그래도 후반부에는 익숙한 법으로 만들 수 있을 것이라고 생각합니다. 저 같은 경우는 세법학gs를 들으면서 일요일 시험을 보기 위해 시험 보기 2~3일 전부터는 거의 세법학만 스터디가이드를 기준으로 공부했었고, 성적 편차가 크기는 했지만 상위 20%에 한 2~3번 정도 들었던 것 같습니다. 세법학gs를 볼 때, 스터디가이드를 꺼내놓고 시험을 보시는 분들도 꽤 있었던 것 같은데, 저 같은 경우에는 모르는 내용은 소설을 쓰더라도 제가 최대한 말을 만들어서 쓰려고 노력했었습니다.

그리고 특히 법인세 같은 경우에는 제가 너무 피상적으로만 이해를 하고 있는 것 같아서, 기본서를 기준으로 여러 차례 읽어보려고 노력했고, 조금은 깊게 공부하는 것이 중요할 것 같습니다. 시험을 한 달 정도 앞둔 7월초가 되면, 동차gs 9회분 모의고사가 끝나고, 한 달 가량 정리할 시간이 남는 데 이때가 가장 중요한 시점인 것 같습니다.

이 시점에 무엇을 어떻게 정리하느냐에 따라 막판 뒤집기가 가능하지 않나 싶습니다.

세법학1부의 경우에는, 국세기본법과 상증세법은 스터디가이드에 있는 내용을 충실히 외우려고 했고, 특히 국세기본법은 기본서에 있는 내용을 어느 정도 읽으면서 이해의 폭을 넓히려고 했습니다. 법인세와 소득세는 기본서를 읽고, 필요한 내용을 스터디가이드에 옮겨적는 식으로 공부했고, 스터디가이드에 있는 내용을 기반으로 암기했습니다. 법인세 뒷부분 같은 경우에는 언제든 출제가능하다고 생각했기 때문에, 좀 더 신경을 써서 외웠습니다. 모의고사를 칠 때나 시험을 볼 때도 마찬가지였지만, 세법학 1부는 항상 시간이 부족했습니다. 저는, 문제를 순서대로 풀었었는데 항상 상증세법은 10분~15분정도 밖에 시간이 없었습니다. 그래서 항상 모의고사를 칠 때, 시간을 확인하는 습관을 기르고, 답안을 작성하는 양을 늘리기 위해 법인세나 소득세에서 너무 불필요한 내용까지 적을 필요는 없을 것 같습니다.

(4) 세법학2부

세법학 2부는 동차기간에 보기에는, 가장 암기할 양이 많은 과목이라고 생각합니다. 저 같은 경우에는 스터디가이드에 있는 내용을 앞자를 따서 많이 외웠고 고시원에서 학원까지 거리가 10분정도 인데, 마지막 1달 가량은 오고가는 길에 mp3를 듣는 대신 앞자 딴 내용을 머릿속에서 생각하면서 걸어다녔습니다.

부가가치세법의 경우에는 세무회계와 내용이 많이 겹치기 때문에, 세무회계 서브노트와 스터디 가이드를 병행하면서 외웠고, 정병창 선생님이 중요하다고 하신 내용은 좀 더 중점적으로 보았습니다. 올해 문제의 경우에는, 면세포기와 영세율 상호주의, 전자적 용역에 관한 문제가 나왔는데, 특히 전자적 용역의 경우에는 개정이 되어서 중요하다고 생각했음에도 내용이 낯설고 이런 게 설마 나올까 싶기도 했었습니다.

그래서 방어목적으로 스터디가이드에 있는 내용을 앞자를 따서 외웠고, 기본서에 있는 내용을 이해목적으로 봤는데, 시험장에서 약간은 당황했습니다. 그래도 최대한 말을 만들어 내면서, 이번 시험에서는 부가가치세를 35분 동안 5페이지 반을 적었습니다.

저 같은 경우, 동차gs와 2차 전국모의고사를 학원마다 봤었는데, 세법학2부는 단 한 번도 시간이 부족했던 적이 없었습니다. 왜냐하면, 암기가 덜 되어 있었기 때문에, 그 내용만으로는 답안을 작성하기에 시간이 남았고, 그래서 따로 문제별로 시간배분은 하지 않았었습니다. 그러나 실전에서는, 생각보다 부가가치세에 시간을 많이 소비하고, 그 뒤 문제인 개별소비세에서도 문제파악이 어려워서 두 문제에만 57~58분을 소비했습니다. 올해 개별소비세의 경우에는 사례형 문제가 나왔는데, 지금까지 법령문제가 주로 나왔던 점과는 차이가 있는 것 같고, 시험장에서는 최대한 스터디가이드에 있는 내용 중 암기한 내용을 빠뜨리지 않고 적으려고 했습니다. 저 같은 경우는, 개별소비세 중에서도 약간의 리스크를 감수하고 최근 2년도 기출문제 관련 법령은 제외하고 들어갔는데, 결과적으로는 좋은 선택이었던 것 같습니다.

지방세법의 경우에는, 처음 들었을 때 세법학1,2부 중 가장 어려운 법이라고 생각했습니다. 낯선 용어에, 익숙하지 않은 주제들도 많았고 내용도 어렵게 느껴졌습니다. 그러나 회독수가 늘고 3~4회독쯤엔 생각보다는 할 만하다는 생각도 들었고, 비슷한 내용이 많았기 때문에 그 내용들을 비교하면서 앞자를 따서 열심히 외웠습니다.

올해는, 과점주주에 대한 간주취득세가 나왔는데, 2008년 이후 출제된 적이 없어서, 나올 법한 주제라고 생각은 했지만 저 같은 경우에는 처음 보는 사례였기 때문에 스터디 가이드에 있는 내용과 알고 있던 내용을 토대로 논리적으로 풀어가려고 했고 풀고 나니 남은 시간이 12~13분 정도였습니다.

조세특례제한법의 경우에는, 저는 5월초에 정병창 선생님의 공개특강을 들었고, 동차 gs범위에 맞춰서 강의를 한 번 더 들었습니다. 그리고 어려운 부분은 1번 더 강의를 들었고, 선생님이 중요하다고 하신 내용을 위주로 암기했습니다. 자기 전에 고시원에서 중요한 내용을 보다 잠들었고, 조특법 역시 앞자를 따서 많이 외웠습니다.

올해 시험에서는, 다들 예상범위 내에 있던 중소기업 통합에 대한 양도소득세 이월과세가 나오긴 했지만, 관련 조문이 그대로 나오면서 쓸 말이 없어 조금 당황했습니다. 그리고 남은 시간이 얼마 없는 상태에 배점이 25점이었기 때문에 정말 그동안 외웠던 내용과 관련된 생각나는 내용을 최대한 빨리 적어나갔고 종이 치기 직전까지 세법학 2부 총 12페이지를 채웠습니다. 제가 지금까지 모의고사에서 가장 많이 채웠던 적이 10페이지였던 점과 비교하면, 시험장에서는 정말 절실함과 합격에 대한 열망으로 답안을 적어나갈 수 있지 않았나 생각합니다.

3. 마치며

작년 2월말 이 공부를 처음 시작할 때가 기억이 많이 남습니다. 어떤 길을 가야할 지, 이 길이 내게 맞는 길인지, 그리고 내가 합격할 수 있을지에 대한 고민과 걱정이 많았습니다. 그 땐 올해 1차라도 합격하면 좋겠다는 생각이었고, 올 초까지만 하더라도 1차합격에 대한 자신이 없었습니다. 특히, 2차 기출문제 특히 세무회계를 보면서 이걸 제시간에 풀 수 있을지, 문제가 너무 어려워 보여서 자신감이 떨어질 때도 많았습니다. 그러나 포기하지 않고 하루하루 최선을 다한다면 하늘이 돕는다고 생각합니다. 저는, 작년 10월 최창규 선생님의 중급회계 강의를 다시 들었을 때 그 때 해주신 말이 너무 기억에 남아 올해 2차시험 볼 때까지 제 독서실 책상 포스트잇에 적어놓은 말이 있습니다. '오늘만 생각하자' 즉, 내일 할 일, 모레 할 일 등을 걱정하며 시간을 보내는 게 아니라, 오늘 하루를 열심히 살면 하루가 모여서 이틀이 되고, 그 기간이 일주일이 되고, 1달이 되는 것 같습니다. 그리고 그렇게 열심히 살다보면, 어느 순간 합격의 기쁨이 오지 않을까 생각합니다. 군 시절 동안 제가 공부 할 수 있도록 배려해주시고 따뜻한 격려와 응원해주신 직원 분들, 그리고 같이 고생하며 마음을 나누던 선·후임들과 힘들 때마다 옆에 있어준 친구들, 저를 항상 아끼고 지금까지 헌신하신 부모님께 정말 감사의 말씀 드립니다. 앞으로, 제가 무엇을 할 지, 어떤 일을 할지는 모르겠지만, 그동안의 노력과 열정만큼 한다면 못 할 일은 없다고 생각합니다. 이 글을 읽으시는 많은 분들도 공부하는 것이 힘드시겠지만, 정말 주어진 환경에서 최선을 다하신다면 좋은 결과가 있을 것이라고 생각하며 저도 앞으로도 열심히 살도록 노력하겠습니다. 긴 글 읽어주셔서 감사합니다.

- 2차시험 평균 : 52.5점
  - 회계학1부 : 66점
  - 회계학2부 : 43점
  - 세법학1부 : 49점
  - 세법학2부 : 52점

세무사 합격수기

노력과 간절함, 그리고 합격

안 호 전

1990년 7월 28일생
경기외국어고등학교 3기(전 명지외국어고등학교) 졸업
성균관대학교 경제학과 졸업
2015년 52회 세무사시험 합격

　수기 작성에 앞서 이 수기는 나의 수험생활을 돌이켜봄과 동시에, 합격에 도움을 주신 많은 분들에게 감사의 말씀을 전하고, 또한 앞으로 세무사 시험을 공부할 많은 수험생들에게 조금이나마 도움이 되고자 작성함을 서두에 밝힌다. 수기는 기간별 공부 방법, 수험생활, 동차 합격의 팁의 순으로 작성하였다. 공부 방법은 열 사람이 있으면 열 사람에게 맞는 공부법이 모두 다르므로 이 방법이 꼭 정답이라 생각지 말고 취할 것은 취하고 버릴 것은 버려서 이 수기를 읽는 수험생들의 공부에 조금이라도 도움이 되었으면 좋겠다.

1. 총 수험기간별 공부 방법(2014년 1월~2015년 8월)

(1) 2014년 1월~2014년 8월(학교수업과 병행)

　2014년 1월, 3학년 2학기를 마치고 나서 진로에 대한 고민이 많았다. 너무 평범하게 살아왔다는 생각이 항상 머릿속에 많았고 일반 기업에 별다른 꿈 없이 입사하는 것은 언제든지 대체가능한 인력이 된다는 생각에 꺼려졌다. 남들과 차별된 전문성을 가진 사람이 되고 싶은 열망이 가득하였고 고민 끝에 세무사 시험을 준비해야겠다는 생각을 하였다.

　토익 시험을 봄과 동시에 1,2월에는 김현식 선생님의 회계원리를 인강으로 공부하였다. 3월에 학교가 개강하고 세무사 1차 시험에 도움이 될만한 과목(회계원리, 재정학, 소득세 등)들로 수강 신청하여 학교수업을 들었다. 회계원리를 1월, 2월에 선행학습 하였기 때문에 소득세를 제외한 학교 수업은 따라가기 쉬웠다. 소득세 수업의 경우 중급회계를 모두 공부하지 않은 상태, 그리고 법인세를 공부하지 않은 상태였기에 너무나 어려웠고 결국에는 C+를 맞게 되었다. 학교수업과는 별도로 김현식 선생님의 중급회계1 수업을 인강으로 신청하여 틈틈이 듣기 시작하였다.

6월말 학기가 끝나고 7월부터 중급회계2를 집 앞 독서실에서 인강으로 공부하였다. 그러나 학기가 끝나고 지쳐있었고 혼자 독서실에서 공부하기란 쉽지 않았다. 결국에는 독서실에서 인강만 1.4배속으로 빨리 듣고 전혀 복습하지 않은 채로 PC방에 가기 일쑤였다. 그렇게 7,8월이 끝이 났다. 길게 적었지만 실질적으로 이 8개월 기간에 공부한 것은 중급회계 1회독이 거의 전부였다. 4월에 시작하는 봄기본 종합반을 가지 않은 것이 후회되었다.

(2) 2014년 9월~2014년 12월(가을기본 종합반)

9월부터 종로에 있는 N학원 가을기본 종합반에 다니게 되고 실질적인 수험생활이 시작되었다. PC방을 가지 않도록 다짐하고 게임 아이디를 삭제한 후 새 마음으로 시작하였다. 가을기본 종합반은 중급회계, 원가회계, 세법개론, 재정학, 상법 모두를 1회독을 하는 커리큘럼이다.

중급회계의 경우 8개월 간 수박 겉핥기식으로 공부하였던 것이 어찌되었던 빛을 발하는 순간이었다. 김현식 선생님 수업을 두 번 들으니 어느 부분에서 농담을 했던 지도 기억이 나고 남들보다 조금이나마 이해가 쉬웠다. 어느 부분에서 어려웠는지 알기 때문에 그 부분에서는 특히 더 주의를 기울여서 듣고 복습하였다. 중급회계는 종합반 생활 중 절반이 지나면 강의가 종료된다. 이 때 대부분의 사람들은 세법 및 다른 공부에 집중을 하게 되는데, 난 중급회계를 까먹지 않기 위하여 객관식 책을 미리사서 매일 14문제 씩 풀었다. 1장~7장, 8장~14장으로 책을 나누어, 1장에 2문제씩 총 14문제를 풀게 되면 뒷부분을 풀 때 앞부분을 까먹는 경우가 덜하고 하루에 풀어야 하는 문제 수도 많지 않기 때문에 부담스럽지도 않았다.

재정학의 경우에는 김판기 선생님 수업을 들었다. 굉장히 훌륭한 강의이고 어느 부분이 시험에 나오고 중요한지 정확하게 짚어주시는 강의였다. 수업이 끝나면 재정학연습 책 뒤의 문제를 그날 배운 부분까지 모두 풀었다. 나는 경제학과였기 때문에 재정학 공부에 거의 시간을 투자하지 않을 수 있었고 어려운 회계, 세법 공부시간을 많이 확보할 수 있었다. 경제학과가 아닌 수험생들은 미시경제학을 꼭 먼저 공부하길 바란다.

상법은 오수철 선생님 수업을 들었다. 상법은 내가 아예 접해보지 못한 과목이기에 더욱 집중하였다. 강의를 듣고, 그날 배운 부분을 내 머릿속으로 암기 및 이해하고 책의 문제를 푸는 방식으로 공부했다.

원가회계는 김용남 선생님 수업을 들었다. 재무회계와 달리 처음 접하는 과목이었고 용어도 생소할뿐더러 한 번 들은 학생과 그렇지 않은 학생의 실력이 많이 차이나는 과목이기에 처음에 고생하였다. 모의고사 점수가 30점이 나오기도 하였고 너무나도 나에겐 어려운 과목이었다. 최대한 문제 스타일마다의 틀을 외우려고 노력하였고 너무 어려운 문제는 굳이 오래 붙들고 있지 않도록 하였다. 특히 표준원가와 변동원가 파트가 어려웠는데 오래 걸리더라도 2차 시험을 대비하는 것처럼 큰 그림을 손으로 직접 써서 공부하니 감이 잡히기 시작했던 것 같다.

세법은 이승철 선생님께 법인세, 이승원 선생님께 소득세 강의를 들었다. 두 분 다 훌륭한 강의를 해주셨다. 세법이 가장 어려움과 동시에 가장 잘해야 할 과목이기에 열심히 복습했다. 따로 객관식 세법 책을 샀으나, 공부량이 적어 잘 풀리지도 않아서 조금 풀다가 거의 풀지 않았다. 문제 풀이는 이후 객관식 과정 때 해도 충분하니 이해와 복습을 최우선으로 하면 된다. 나의 경우에 소득세 부분은 3월에 학교에서 한 번 공부해보았던 것을 다시 공부하게 되어 다른 파트에 비해 수월하였다.

(3) 2015년 1월~2015년 4월(객관식 종합반)

가을기본 종합반이 끝나고 객관식반을 수강하였다. 이 때 재무회계의 경우 중급회계1까지는 이미 가을기본 때까지 합하여 2번이나 수업을 들었고 객관식 책도 이미 절반은 푼 상태, 모의고사 점수도 꽤나 안정적이었기 때문에 그 시간에는 따로 독서실로 가서 이승철 선생님의 세무회계 법인세 인강을 신청하여 수강하였다. 동차생들의 합격수기를 읽어보면 1차 공부할 때 세무회계의 중요성을 많이 강조하였는데, 나는 가을기본 종합반으로 시작하여서 봄기본 학생들보다 늦었다고 생각되었기 때문이었다. 세무회계 법인세 수강이 끝날 때 즈음 소득세와 부가세를 추가로 신청하여 들을지, 중급회계2 뒷부분 실강 강의를 들을지 고민하다가 1차 시험에 탈락하면 2차 시험의 기회마저 없다고 생각되어 불안한 마음에 재무회계 뒷부분은 수업시간에 가서 강의를 들었다. 나머지 수업과정은 별다른 특이사항 없이 학원 진도표대로 수강하였다.

객관식 반이 끝나고 1차 시험 전까지 학원 자습실에서 공부했다. 매일 전 과목을 조금씩 공부했고 객관식 문제풀이에 집중했다. 국기법, 국징법, 국조법, 조처법은 공개강의를 듣고 버리는 파트 없이 모두 공부하고 문제를 풀었다. 특히 국기법 국징법은 2차 시험에도 도움이 되니 반드시 공부를 열심히 하기를 바란다. 같은 문제를 계속 여러 번 푸는 방식으로 객관식 책들을 모두 반복하여 풀었다. 시험이 다가오면 사람이 불안해진다. 괜히 수업시간에 풀어주지 않은 문제에서 나올 것 같은 불안함이 엄습해지고 이 때 공부

범위를 늘리는 사람들이 있다. 하지만 책들의 문제를 모두 풀려면 시간이 부족하므로 수업시간에 푼 문제, 내가 풀 수 있는 문제를 반복해서 풀었다. 모의고사도 3번 정도 응시하였다. 1차 시험의 경우 모의고사장과 분위기가 매우 비슷해서 오히려 모의고사 때 더떨리고 실제 시험 때는 모의고사 같다는 느낌이 많이 들었다. 시험 후 결과는 재정학 82.5 / 세법 70 / 회계학 72.5 / 상법 90 으로 합격하였다.

(4) 2015년 5월~2015년 6월(동차 종합반, 세법학 GS 모의고사반)

1차 시험 합격 후 동차 종합반 개강날까지 약 4일간 휴식 후 다시 학원에 나왔다. 이때 며칠에 불과하지만 아무 생각 없이 쉬었던 것이 공부리듬에 다소 방해가 되었다. 대부분의 가을기본 종합반 학생들과 같이 나 또한 모든 목표가 1차 시험에 집중되어있고 동차는 큰 기대를 하지 않았기 때문에 종합반 시작 후 다시 공부 리듬을 찾는 데 1~2주 정도 걸렸던 것 같다. 수업을 듣다보니 동차에 대한 욕심이 생겨 다시 공부할 힘을 얻었고 체력적으로 힘들었지만 다시 공부에 매진하였다.

재무회계의 경우에는 1차 시험과 2차 시험의 간극이 크지 않고, 객관식 종합반까지 3번이나 수업을 들은 상태였다. 동차 종합반을 통해 4번째 강의를 듣게 되고, 손으로 열심히 써버릇 하는 연습을 길렀다. 객관식에 익숙해져서 분개를 소홀히 하였던 점을 빨리 극복하려고 노력했다.

원가회계의 경우에는 나에게 너무나 산과 같은 과목이었다. 1차 때도 가장 좋아하지 않았던 과목이고 문제의 크기가 재무회계에 비해 너무나 커지기 때문에 막막했다. 김용남 선생님께서는 회계사 기출문제와 홈그린 책에서 가져온 어려운 문제를 위주로 수업을 주로 하셨던 것 같다. 수업이 어려웠기에 수업 전에 반드시 그날 배울 문제를 미리 풀고 수업에 들어갔다. 1차 때 강의와 달리 직접 풀어보는 시간을 많이 주시지 않기 때문에, 이 문제에서 어려운 점이 무엇인지를 파악하지 못한 채로 수업시간에 들어가면 4시간 동안 멍해지고 멘탈만 흔들리는 일이 초반에 많이 발생하였기 때문이다. 고득점은 원가회계에서 바라지 않았기에 1차 때와 마찬가지로 너무 어려운 문제는 풀지 않고, 기초적인 것에 집중하여 평균만 맞자라는 생각으로 공부하였다.

세무회계는 객관식 수업 때 법인세 부분을 미리 한번 들었던 것이 정말 많은 도움이되었다. 불과 2~3달 전에 들은 똑같은 수업이었기에 익숙했고, 같은 선생님 수업을 두번 들으면 정말 효과가 뛰어나다는 것을 다시 한 번 느꼈다. 법인세가 수월하였기에 그날 복습하는 것은 오래 걸리지 않았고 조금 여유가 생겼다. 그래서 오전 수업만 있는 날은 오후에 이승철 선생님의 소득세와 부가세 세무회계 수업을 인강으로 따로 신청하여 들었다. 1차 시험을 치른 수험생은 알겠지만 막판 며칠 사이에 엄청난 양을 공부할 수 있게 된다. 가뜩이나 동차생은 시간이 절대적으로 부족하기에, 수업을 얼른 다 듣고 공부하는 시간을 조금이라도 더 벌려고 인강을 따로 신청했다. 실제로 이렇게 하여 다른 학생들보다 막판 1주일 정도를 더 벌게 된 것 같다.

세법학은 정병창 선생님 수업을 들었다. 세법학 수업은 듣고 있으면 재밌는데, 끝나고 외우려고 하면 정말 막막했다. 1차 시험과 가장 이질감이 느껴지는 과목이고, 항목들을 모두 떠올려서 적어내야 하기 때문에 암기가 필수인 과목이다. '한 번 보고 외우는 사람은 거의 없다, 내가 외우기 힘들면 남들도 힘들다' 하고 되뇌며 반복적으로 많이 보려고 노력했다. 암기해야 할 것에는 무작정 암기해야 하는 것과 취지를 이해하고 암기하면 수월한 것이 있다. 무작정 암기해야 하는 것은 '주수상조시기소과종' 이런 말도 안 되는 앞 글자를 따서라도 입으로 반복하여 외웠다. 수업시간에 선생님도 최대한 암기를 도와주려고 노력해주시므로 열심히 따라 가야한다. 모든 것을 앞 글자 따기로 암기할 수 없으므로 취지의 이해 후 암기할 수 있는 것은 그렇게 하였다. 또한 정병창 선생님께서 수업시간 초반에 조특법의 경우 미리 공개특강으로 3번을 들으라고 하셨다. 절대적으로 부족한 시간 속에서 짜내고 짜내어 조특법 공개특강을 2회독 하였다. 암기할 것은 나중에 수업시간에 집어주시므로 일단 익숙해지는 것이 당시 목표였다. 이렇게 한 것이 막판에 조특법을 버리지 않게 되는 원동력이 되었다.

합격에 결정적이었다고 생각되는 부분은 주말에 GS동차 모의고사반을 신청하여 일요일마다 세법학을 답안지 작성 연습을 했던 것이었다. 오픈 북으로 모의고사를 보는 사람들도 많고, 나도 아는 문제는 최대한 써보려고 하고 아예 모르는 문제는 오픈 북하여 목차를 어떻게 구성하면 좋을까를 생각해보고 썼다. 가장 중요한 것은, 문제가 요구하는 핵심 포인트를 집어내는 것과 관련된 법령의 암기(문제제기와 관련법령)라고 생각한다. 이 둘이 된다면 자연스럽게 내가 생각하는 답을 논리적으로 이끌어 낼 수 있다. 동차 종합반 수업 과정 중의 모의고사만으로는 아무래도 답안작성 연습 기회가 부족하기에, GS 모의고사를 통해 연습했다. 점수는 대부분 20점에서 40점 사이정도 나왔다. 실제 시험이 아닐뿐더러 아직 수업을 배우지 않은 부분이라 점수에 연연해하지 않도록 멘탈관리를 중요시 했다. 답안작성을 하고 난 뒤 선생님의 해설을 듣고 모범답안을 읽어보는 식으로 피드백하였다. 아직 암기가 충분하게 되어있지 않은 상태이기에 답안지를 써본다는 데에 의의를 두고 절대 남과 점수를 비교하여 좌절하는 행동을 하지 않도록 노렸했다.

(5) 2015년 7월~2015년 8월

모든 수업과정이 끝나고 나 홀로 공부해야하는 시기가 되었다. 공부장소를 학교도서관으로 옮겨서 막판 정리에 매진하였다. 하루에 반드시 모든 과목을 다 보았고 식사, 쉬는 시간 제외 순 공부시간 12시간을 목표로 공부하였다. 시험이 4과목이므로 각 과목별로 3시간 공부량을 잡으면 12시간에 목표한 공부를 할 수 있다. 회계학1은 재무와 원가를

1시간 반씩, 회계학2는 법·소·부 1시간씩, 세법학1을 3시간, 세법학2를 3시간 목표로 공부하였다. 재무, 원가, 세무회계는 무조건 답안지에 써서 문제를 반복적으로 풀었고 세법학은 스터디가이드라는 요약집 책을 반복 숙달 및 암기함과 동시에 기본서 중 정병 창 선생님이 집어주신 판례와 사례를 읽었다. 세법학은 요약집만 암기하다보면 나중에 이것을 내가 진짜 완벽하게 외운 것인지, 외우는 목적이 뭔지 혼란스러울 때가 온다. 이 럴 때 기본서에 있는 사례와 판례를 읽으면 정말 많은 도움이 된다. 판례를 읽으면 판사 들의 말이 얼마나 논리적으로 구성되어 있는지를 감탄할 수 있고, 사례들을 보면 대충 이런 식으로 문제가 출제되는구나, 어떻게 답안 작성을 하면 되겠다하는 것을 머릿속으 로 그려볼 수 있다. 시간이 부족하기에 선생님을 절대적으로 믿을 수밖에 없었다. 수업 시간에 별표 친 것을 위주로 암기하였고 별표가 없는 것은 보지 않았다. 다른 과목과 달 리 세법학은 써보는 연습은 동차 GS이후로 거의 하지 않았고 머릿속으로 암기 및 목차 떠올리기를 많이 했던 것 같다.

시험 날 시험장에 일등으로 가서 미리 준비한 회계학 1부 학원 모의고사 문제를 풀었 다. 시험 시작이라고 생각하고 계산기 치는 연습을 하며 머리를 예열시켰다. 실제 1교시 시작 후 손이 너무 떨려서 계산기도 제대로 못 칠 정도였으나 최대한 평소보다 천천히 풀도록 노력했다. 2교시 세무회계는 평소 연습했던 순서인 부가세 - 소득세 - 법인세 순으로 풀었다가 멘탈 붕괴가 왔다. 부가세가 너무나 어렵고 생소한 유형의 문제가 나왔 기 때문이다. 시험장에서 모르는 문제가 나오는 것은 당연하지만 그것이 부가세일 것은 예상 못했고 부가세에서 15분~20분 컷을 예상했기에 더욱 망했다는 생각이 머릿속을 휘감았다. 시험 시작 후 10분이 지나고 1문제 밖에 못 풀었는데 다음 문제들이 아예 감 이 잡히지 않았다. 이 때 잠시 눈을 감고 시험지를 덮었다. 속으로 '호랑이 굴에 들어가 도 정신만 차리면 산다.', '여기서 정신 못 차리면 끝장이다.'라고 1~2분 정도를 명상했 다. 그리고 바로 부가세를 덮고 법인세로 넘어갔다. 세무조정에서 아는 문제들이 보이자 자신감이 생겼다. 나머지 문제도 최대한 부분점수를 받기 위해 노력했다. 세법학은 정말 운이 좋게도 정병창 선생님이 수업시간에 강조하신 부분에서 거의 모두 출제가 되었다. 쓰면서도 기분이 너무 좋았고 침착하게 목차와 내용을 떠올리며 적으려고 노력했다. 시 험장을 나올 때 느낌은 '회계학 2부만 과락이 아니면 합격할 수 있을 것도 같다'라는 느 낌이 들었고 실제 시험 결과는

회계학 1부 80/ 회계학 2부 53 / 세법학 1부 50 / 세법학 2부 52 / 평균 58.75 합격이었다.

2. 전반적인 수험생활

(1) 거주 및 식사

나는 집이 안산이고 학원은 종로에 있기 때문에 통학에 많은 시간이 소요되었다. 따라서 가을기본 종합반부터 1차 시험까지 시청역에 있는 고시원에서 잠을 잤다. 아침은 김밥, 토스트 등으로 때웠고 점심과 저녁은 무조건 학원에서 먹었다. 식권을 100장짜리를 3번, 공동구매로 몇 번 구매했던 기억이 있다. 동차 종합반부터는 아침 먹는 것이 너무 힘들어서 학교 앞(혜화역)에 있는 하숙집으로 옮겨서 생활했다. 통학과 아침밥 등 수험생활에 굳이 필요하지 않은 스트레스 요인을 최대한 제거하려고 노력했다.

(2) 핸드폰

핸드폰을 없애는 행위는 내가 얼마나 수험생활에 모든 것을 집중 하였는지를 반증하는 행위라고 생각한다. 그렇지 않은 사람들도 있겠지만 나에게 핸드폰은 생각 이상으로 수험생활에 방해가 되는 물건이었다. 1차 시험 준비할 때는 고시원에 핸드폰을 두고 학원으로 나왔고, 동차생 때는 밤에 잠깐이라도 핸드폰을 만지작거리면 그 날 배운 내용이 머릿속에서 잊혀질까봐 아예 배터리와 본체를 분리해서 본체는 하숙집에, 배터리는 도서관에 두고 생활했다. 핸드폰이 없어서 주위 사람들과 오히려 더 이야기도 많이 하게 되고 감정적 교류도 깊어졌다. 내가 공부하는 시간도 확보가 가능할뿐더러 집중력도 올라갔다. 처음에는 누군가에게 연락이 와있을까 불안했지만 내 모든 신경은 시험에 집중되었기에 나중에는 오히려 자유로운 기분을 느꼈던 것 같다.

(3) 공부시간 및 수면시간

아침 8시 반 정도부터 저녁 11시까지 공부하였다. 스트레스가 많은 편이라 수험기간 내내 잠을 잘 못 잤다. 항상 잠들기까지 기본 1시간 이상 걸렸고 이 사실이 너무나 나를 힘들게 했다. 약국에서 수면유도제를 사서 먹어도 보았지만 오히려 아침에 더 피곤할 뿐이었다. '빨리 자서 조금이라도 수면시간을 확보해야 다음날 수업에서 졸지 않을 텐데'라는 생각은 더욱 나에게 긴장감을 안겨줘서 수면에 더 어려움을 겪었던 것 같다. 하지만 불면증은 수험생으로서 당연히 겪는 것이고 오히려 수험 생활을 잘하고 있다는 반증이라 생각하려 노력했다. 자기 전에 자신에게 오늘 하루도 수고했다는 칭찬을 해주고 '내일도 한 번 잘해보자'라고 다짐하여 편안한 정신을 유지하도록 노력했다. 사실 노력은 했지만 수험생활 내내 불면증에 시달렸고 굉장히 괴로웠다.

(4) 친구관계

원래 알던 친구들은 거의 만나지 않았다. 가끔 고생한다고 밥을 사주러 오면 종각에서 밥을 먹거나 했다. 핸드폰도 안 들고 다니니 거의 연락을 하지 않고 지냈다. 학원에서 친해진 사람들과는 쉬는 시간이나 수업 전에 잠깐씩 인사하고 이야기했다. 밥은 가끔씩 시간 맞을 때 같이 먹고 대부분은 혼자 먹고 지냈다. 식사시간에는 모의고사가 있으면 모의고사 생각, 오전에 배운 수업 중에 암기해야할 부분을 떠올리거나 책을 들고 가서 암기하기, 아니면 음악을 들으면서 합격하는 내 모습 상상하기 등을 밥 먹으면서 주로 했던 것 같다. 많은 학원 사람들은 점심시간에 같이 밥을 먹으면서 웃고 떠들고 스트레스를 풀어내는 듯 했다. 수험생 시절은 굉장히 예민한 편이라서 누군가와 같이 식사할 때는 장점도 있지만 단점도 적지 않다고 생각했다. 종합반 생활을 하다보면 점심시간 5분 10분 동안 꿀같은 낮잠을 잘 수도 있고 그로 인해 오후 수업 때 맑은 정신을 유지할 수도 있는데 누군가와 같이 식사를 하다보면 이야기를 많이 하게 되기도 하고, 상대방이 약간 꾸물거리는 시간 등 그로 인해 식사시간이 늦어지거나 하는 것이 꽤나 불편했다. 또한 가끔 식사시간에 얘기를 하다가 마음에 거슬리는 말을 상대방에게 듣게 되거나 하면 머릿속에 맴돌아서 다음 공부에 너무나 방해가 되는 것이 싫었다. 이러한 불안 요소들을 애초에 만들지 않도록 하기 위해, 같이 먹게 된다면 합석하여 같이 먹지만 굳이 누군가와 약속하여 항상 밥을 같이 먹거나 하지는 않았다. 친구를 만들려고 학원에 온 것이 아니기 때문에 적당한 관계를 유지하며 지냈다.

3. 내가 생각하는 동차합격의 지름길

(1) 학교공부와 병행하지 않기

나는 2014년 1월부터 8월까지 최초 계획에 비해 터무니없이 적은 공부를 하였기에 동차 준비 기간에 많이 후회하였다. 학교공부와 병행하면 아무래도 학교 시험 등에 신경이 쓰이게 되고 수험 공부에 온 집중을 하기가 힘들다. 연초에 공부를 시작하시는 수험생들은 나와 같이 학교공부와 병행해서 시너지를 노린다는 계획을 세우지 말고 연초부터 봄기본 종합반에 가서 미리 체계적으로 공부하기를 추천 한다. 봄기본 종합반을 다니면 가을부터 심화종합반을 듣게 되고 이 때 세법학과 세무회계를 한 번 공부하기 때문에 동차생이 되었을 때 훨씬 수월할 것이다.

(2) 가을에 시작하여 늦었다면 남들보다 한 번 더 예습강의를 듣기

위에서 언급했지만 나는 가을기본종합반 전에 중급회계를 먼저 1회독 공부를 했기에 가을기본 때 쉽게 이해하였고, 따라서 재무회계 객관식을 혼자서 먼저 풀 수 있었다. 재무회계 객관식을 먼저 풀어보았기에 객관식 반에서 세무회계 법인세를 들을 수 있었고, 세무회계 법인세를 들었기에 동차 기간에 법인세가 수월했고 소득세와 부가세도 미리 들어서 세법학 공부시간을 확보할 수 있었다. 시간은 누구에게나 24시간으로 주어져 있다. 부족한 시간을 짜내서 같은 강의를 두 번 듣는 것이 나에게는 수험생활의 전략이었으며 아주 큰 힘이 되었다.

(3) 기본을 지키자

결석을 하지 않는 것, 그날 배운 것을 반드시 복습하는 것, 모든 파트를 버리는 것 없이 공부하는 것, 모의고사를 절대로 빠지지 않는 것 등 선생님들이 강조하시는 모든 것을 빠짐없이 이행하고 이 부분은 굳이 누군가 강조하지 않더라도 수험생이라면 당연히 해야 할 일들이라 생각한다. 특히 실강을 듣는 학생들은 합병이나 청산소득, 양도세 등은 시간관계상 공개특강으로 따로 인강을 들어야 하는 경우가 많다. 나중에 들어야지 하시면 절대로 안 된다. 1차 때 버리고 간 파트는 동차 때 더욱 공부하기 힘들고 부담스럽다. 물론 시험 막판에는 집중해야 할 부분과 그렇지 않은 것을 나누는 것이 전략이지만, 평소에는 절대로 버리는 습관 들이지 않고 다 공부 하는 습관을 가져야 한다.

(4) 내가 언제 흔들리는지는 내가 제일 잘 안다

공부를 하다보면 공부가 하기 싫어지는 때가 있고, 이에는 원인이 꼭 있다. 나는 주말만 되면 꼭 마음이 뒤숭숭해지고 도서관을 나가고 싶어졌다. 이유를 생각해보니, 목요일 금요일 밤에 잘 때 즈음 핸드폰으로 야구하이라이트를 보거나 인터넷에 올라온 LOL게임영상을 보거나 했고, 이것이 토요일 일요일에 생각이 나서 마음이 뒤숭숭해진다는 사실을 자각하였다. 이 사실을 알자마자 핸드폰을 없앴다.

자신의 체력 상태도 자신이 제일 잘 안다. 많은 수기에서 월요일부터 토요일 밤까지 공부하고 일요일 오전에 쉬고 오후부터는 공부를 했다는 이야기를 나도 수험생시절 많이 읽었다. 특히 학원 수업이 종료된 1차 시험 전이나 2차 시험 전처럼 혼자 공부하는 시기가 되면 자신만의 공부리듬을 만드는 것이 중요한데, 타 수기에 나온 것처럼 따라서 해보려고 했으나 나는 남들보다 주기가 조금 짧았다. 6일이 아닌 5일 공부하면 체력적, 정신적으로 너무나 부담이 되어 머리가 스톱했고 따라서 5일에 한번 쉬는 것으로 패턴을 유지하였다. 주말에 마음이 뒤숭숭해지는 습관도 이렇게 하면 요일에 구애받지 않게 되어 공부 리듬을 유지하기 수월하였다.

(5) 모든 것을 이 공부에 집중하자

내가 생각하는 올바른 수험생의 태도는 공부, 합격 외에 다른 것을 생각하지 않는 것이다. 수험생은 무척이나 예민하다. 조금이라도 외부환경에 변화가 생기거나 마음에 거슬리면 수험생은 공부 외의 것을 계속 머릿속으로 생각하게 된다. 이것을 발생시키는 요인은 자신이 제일 잘 알고 있고 요인 자체를 없애는 것이 중요하다고 생각한다. 그렇게 되면 오로지 머릿속에는 세법과 회계뿐인 상태가 된다. 자다가 꿈에서도 조특법 목차와 항목을 암기하게 된다. 인생의 중요 우선순위를 1순위도 세무사시험, 2순위도 세무사시험, 3순위도 세무사시험으로 정하고 그것에 집중하는 것이 빠른 합격의 노하우라고 생각한다.

4. 끝맺음말

2014년에 회계원리를 처음 공부한 내가 열심히 공부하여 다음해인 2015년 세무사 시험에 합격하였다. 내 자신의 노력, 주위 사람들의 도움 그리고 운이 모두 적절히 조화되어 남들에 비해 짧은 수험기간에도 불구하고 좋은 결과가 있었던 것 같다. 짧으면 짧고 길다면 긴 수험 기간 동안 나에게 최고의 강의 해주신 김현식 선생님, 최창규 선생님, 김용남 선생님, 이승철 선생님, 이승원 선생님, 정병창 선생님, 김판기 선생님, 故 오수철 선생님께 감사드리고 멀리서 모든 수험 생활을 지원해주시고 응원해주신 부모님께 감사드린다.

합격한 후 1년 즈음이 지난 지금, 나의 삶이 합격 전에 비해 완전히 송두리째 달라지거나 하지는 않았다. 갑자기 엄청나게 비싼 음식을 매일 먹거나, 엄청난 부자가 된 것도 아니고 매일 매일을 합격의 기쁨에 취해 사는 것도 아니다. 수험생 때는 합격이 모든 것을 해결해 주리라 굳게 믿고, 이 터널만 지나면 모든 것이 끝나고 너무 행복하리라 생각했다. 하지만 여느 시험이나 과정이 그렇듯이 끝이 있으면 새로운 시작이 있고 또 다른 과정과 상황에 직면하게 된다. 나 역시 합격 후 또 다른 과정 속에서 현재 다시 고군분투 중이다. 그러나 한 가지 달라진 점이 있다. 조세전문가가 되겠다는 나의 꿈이 생겼고, 그 꿈을 위해 한 발짝 다가가는 데에 성공한 나의 모습을 발견했다는 점이다. 노력은 배신하지 않는다는 믿음을 갖게 하고 나에게 자신감과 자존감을 심어준 소중한 수험생활. 젊은 날의 이 경험이 먼 훗날 큰 자산이 될 것이라 믿어 의심치 않는다.

수험 생활 중 가장 중요한 것은 '자기중심을 잃지 않고 자신의 노력을 믿는 것'이라고 생각한다. 시험장에 들어가기 전까진 아무것도 정해진 게 없다. 모의고사 점수에 연연해하지 말고, 자신의 노력을 바탕으로 분출되는 자신감을 근거로 활력 있고 긍정적인 수험 생활을 하기를 바란다. 이 수기를 읽는 모든 이들, 그리고 새로운 도전을 하는 나 자신에게 건투를 빌고 격려의 박수를 보낸다.

【제8판】 공인회계사 · 세무사
합 격 수 기

2004년 4월 16일 초판 발행
2006년 11월 9일 2판1쇄 발행
2008년 10월 6일 3판1쇄 발행
2011년 2월 15일 4판1쇄 발행
2014년 1월 15일 5판1쇄 발행
2017년 1월 12일 6판1쇄 발행
2020년 1월 16일 7판1쇄 발행
2022년 1월 6일 8판1쇄 발행

편저자   月刊會計 編輯室
발행인   李   振   根
발행처   會   經   社

서울시 구로구 디지털로33길 11, 1008호(구로동 에이스테크노타워 8차)
TEL : (02) 2025－7840, 7841   FAX : (02) 2025－7842
homepage : http://www.macc.co.kr ☒ e-mail : macc7@macc.co.kr
登錄 : 1993. 8. 17.   제16－447호
ISBN 978－89－6044－238－2   13320